BRUNO GEBHARDT · HANDBUCH DER DEUTSCHEN GESCHICHTE

GEBHARDT

HANDBUCH DER DEUTSCHEN GESCHICHTE

9. AUFLAGE

HERAUSGEGEBEN

VON

HERBERT GRUNDMANN†

BAND 4

2. TEILBAND

KLETT-COTTA

KARL DIETRICH ERDMANN

DIE ZEIT DER WELTKRIEGE

2. TEILBAND

DEUTSCHLAND UNTER DER HERRSCHAFT
DES NATIONALSOZIALISMUS 1933—1939

DER ZWEITE WELTKRIEG

DAS ENDE DES REICHES UND DIE ENTSTEHUNG
DER REPUBLIK ÖSTERREICH,
DER BUNDESREPUBLIK DEUTSCHLAND
UND DER DEUTSCHEN DEMOKRATISCHEN REPUBLIK

KLETT-COTTA

BAND 1

FRÜHZEIT UND MITTELALTER

BAND 2

VON DER REFORMATION
BIS ZUM ENDE DES ABSOLUTISMUS

BAND 3

VON DER FRANZÖSISCHEN REVOLUTION
BIS ZUM ERSTEN WELTKRIEG

BAND 4

DIE ZEIT DER WELTKRIEGE

CIP - Kurztitelaufnahme der Deutschen Bibliothek

Handbuch der deutschen Geschichte / Gebhardt. Hrsg.
von Herbert Grundmann. — Stuttgart: Klett-Cotta.
Ausgabe in Teilbänden
NE: Gebhardt, Bruno [Begr.]; Grundmann, Herbert [Hrsg.]
Bd. 4. → Erdmann, Karl Dietrich: Die Zeit der
Weltkriege

Erdmann, Karl Dietrich:
Die Zeit der Weltkriege / Karl Dietrich Erdmann.
— Stuttgart: Klett-Cotta.
Teilbd. 2. Deutschland unter der Herrschaft des
Nationalsozialismus 1933—1939; Der Zweite Welt-
krieg; Das Ende des Reiches und die Entstehung der
Republik Österreich, der Bundesrepublik Deutschland
und der Deutschen Demokratischen Republik. —
9. Aufl., Nachdr. — 1978.
(Handbuch der deutschen Geschichte: Ausgabe
in Teilbänden; Bd. 4)
ISBN 3-12-902550-2

Einband- und Umschlagentwurf: Prof. Eugen Funk
Verlagsgemeinschaft Ernst Klett-J. G. Cotta'sche Buchhandlung
Nachfolger GmbH

Nachdruck 1978
Druck: Druckhaus Dörr, Ludwigsburg

Vorbemerkung

Wie beim ersten Teilband, so habe ich auch für die hiermit vorgelegte Darstellung der Zeit von 1933 bis 1949/50 vielen zu danken. Entwürfe und Texte sind wieder und wieder sorgfältig geschrieben worden von Frau Emmy Koch. Die kaum zu überblickende Fülle der Literatur hätte nicht erfaßt werden können ohne die bibliographische Hilfe der Herren Hans Peter Mensing und Rüdiger Wenzel. Sie haben den Hauptanteil auch an der Erstellung des Registers. Die Materialbasis einzelner Paragraphen und des tabellarischen Anhangs ist erarbeitet bzw. ergänzt worden durch Frau Ute Meyn und die Herren Dr. Wolfgang Wittwer und Dr. Peter Wulf. In allen Phasen der Entstehung dieses Teilbandes ist mir die ständige Assistenz besonders bei der Verarbeitung von Literatur durch Frau Dr. Agnes Blänsdorf zugute gekommen. Professor Eric Kollman, USA, hat als Kenner der Geschichte Österreichs die Paragraphen über die Entstehung und die Anfangsjahre der Zweiten Republik im Manuskript gelesen. Professor Dr. Jürgen Rohwer, Direktor der Bibliothek für Zeitgeschichte in Stuttgart, hatte die Freundlichkeit, den Abschnitt über den Zweiten Weltkrieg im Manuskript durchzusehen und besonders für den Seekrieg kritisch zu kommentieren. Mancherlei Hinweise verdanke ich den Mitarbeitern an der Edition der Reichskanzleiakten aus dem Bundesarchiv in Koblenz. Dem Dank für die gute Zusammenarbeit im Historischen Seminar der Universität Kiel füge ich die an den Leser gerichtete Bitte hinzu, Unstimmigkeiten und Irrtümer anzumerken und sie den Verfasser wissen zu lassen.

Karl Dietrich Erdmann

Inhaltsverzeichnis

C. Deutschland unter der Herrschaft des Nationalsozialismus

D. Der Zweite Weltkrieg

E. Das Ende des Reiches und die Entstehung der Republik Österreich, der Bundesrepublik Deutschland und der Deutschen Demokratischen Republik

Abkürzungsverzeichnis

AA	= Auswärtiges Amt
Abh. Ak.	= Abhandlung(en) der Akademie der Wissenschaften ..., phil.-hist. Klasse (wenn nicht anders angegeben)
ADAP	= Akten zur Deutschen Auswärtigen Politik
AHR	= The American Historical Review (New York 1895 ff.)
Adm.	= Admiral
all.	= alliiert
AöR	= Archiv des öffentliches Rechts (1886 ff.)
Ausw. Pol.	= Hamburger Monatshefte für auswärtige Politik (1934 ff.)
B.	= Bund(es)
BA	= Bundesarchiv
Berl. Mh.	= Berliner Monatshefte (1929—1944)
Bes.	= Besatzung
BGBl.	= Bundesgesetzblatt
Dem., dem.	= Demokrat, demokratisch
DW[10])	= Dahlmann-Waitz, Quellenkunde der deutschen Geschichte, 10. Aufl., hg. v. H. Heimpel u. H. Geuss (seit 1965 im Erscheinen)
DZA	= Deutsches Zentralarchiv Potsdam oder Merseburg
EA	= Europa-Archiv, hg. v. W. Cornides (1947 ff.)
Ebf.	= Erzbischof
Ehg.	= Erzherzog
EHR	= The English Historical Review (London 1886 ff.)
GBl.	= Gesetzblatt
Gen.	= General
GFM	= Generalfeldmarschall
GWU	= Geschichte in Wissenschaft und Unterricht, Zeitschrift des Verbandes der Geschichtslehrer Deutschlands (1950 ff.)
FAZ	= Frankfurter Allgemeine Zeitung
Hdb.	= Handbuch
Hdwb.	= Handwörterbuch
Hg.	= Herausgeber; hg. v. = herausgegeben von
Hist. Vjschr.	= Historische Vierteljahrsschrift (1898 ff.)
HJb.	= Historisches Jahrbuch der Görresgesellschaft (1880 ff.)
HZ	= Historische Zeitschrift (1859 ff.)
Hzg.	= Herzog
ICJ	= International Court of Justice
IMT	= International Military Tribunal
IWK	= Internationale Wissenschaftliche Korrespondenz zur Geschichte der deutschen Arbeiterbewegung, im Auftrag der Historischen Kommission Berlin (1965 ff.)
Jb., Jbb.	= Jahrbuch, Jahrbücher
JbbGOsteur.	= Jahrbücher für Geschichte Osteuropas (1936—1939; NF 1953 ff.)
JCS	= Joint Chiefs of Staff
K.	= Kaiser
Kg.	= König
Komm., komm.	= Kommissar, kommissarisch
Kons., kons.	= Konservativer, konservativ
Lab.	= Labour Party
lib.	= liberal
Lt.	= Leutnant
Marsch.	= Marschall
MdB	= Mitglied des Bundestages

MdL	=	Mitglied des Landtages
MdR	=	Mitglied des Reichstages
MEW	=	Karl Marx und Friedrich Engels, Werke. 40 Bde. (Berlin-Ost 1957 ff.)
Min.	=	Minister, Ministerium
MIÖG	=	Mitteilungen des Instituts für österreichische Geschichtsforschung (Wien 1880 ff.); MÖIG = Mitteilungen des österreichischen Instituts für Geschichtsforschung, Bd. 39—55 (1928—1944)
Mon. Paed.	=	Monumenta Paedagogica, hg. von der Kommission für Deutsche Erziehungs- und Schulgeschichte der Deutschen Akademie der Wissenschaften zu Berlin. Reihe C: Entwicklung des Bildungswesens und der Pädagogik nach 1945 (Berlin-Ost 1968 ff.)
Ndr.	=	Neudruck
NF	=	Neue Folge
NPL	=	Neue Politische Literatur (1956 ff.)
OB	=	Oberbürgermeister
Ob.	=	Oberbefehlshaber
o. G.	=	ohne Geschäftsbereich
OKH	=	Oberkommando des Heeres
OKW	=	Oberkommando der Wehrmacht
Polit. Vjschr.	=	Politische Vierteljahresschrift. Zeitschrift der Deutschen Vereinigung für Politische Wissenschaft (1960 ff.)
Präs.	=	Präsident
R.	=	Reich(s)
ref.	=	reformiert
Reg.	=	Regierung
Rep.	=	Republikaner, republikanisch
RGBl.	=	Reichsgesetzblatt
RH	=	Revue historique (Paris 1876 ff.)
Rhein. Vjbll.	=	Rheinische Vierteljahrsblätter, Mitteilungen des Instituts für geschichtliche Landeskunde der Rheinlande an der Universität Bonn (1931 ff.)
RK	=	Reichskanzlei; Reichskanzler
RSHA	=	Reichssicherheitshauptamt
SB	=	Sitzungsberichte der Akademie der Wissenschaften . . ., phil.-hist. Klasse
StIG	=	Ständiger Internationaler Gerichtshof
StS.	=	Staatssekretär
Tb.	=	Taschenbuch
VB	=	Völkerbund
VfZG	=	Vierteljahrshefte für Zeitgeschichte (1953 ff.)
Vors.	=	Vorsitzender
VSWG	=	Vierteljahrsschrift für Sozial- und Wirtschaftsgeschichte (1903 ff.)
VuG	=	Vergangenheit und Gegenwart, Zeitschrift für den Geschichtsunterricht und für staatsbürgerliche Erziehung (34 Bde., Leipzig 1911—1944)
WaG	=	Welt als Geschichte, Zeitschrift für universalgeschichtliche Forschung (23 Bde., 1935—1963)
Wehrwiss. Rdsch.	=	Wehrwissenschaftl. Rundschau (1951 ff.)
WRV	=	Weimarer Reichsverfassung
ZfG	=	Zeitschrift für Geschichtswissenschaft (Berlin-Ost 1953 ff.)
ZRG KA	=	Zeitschrift der Savigny Stiftung für Rechtsgeschichte. Kanonistische Abteilung (1911 ff.)
Zs.	=	Zeitschrift

Abkürzungen für Parteien und Organisationen sowie für einzelne Staats- und Parteiämter finden sich im Register.

In den Buchtiteln der biographischen Literaturzusammenstellungen vor den einzelnen Abschnitten sind historisch wichtige Personen bei ihrer ersten Nennung zur Erleichterung der Orientierung durch Großbuchstaben hervorgehoben, ebenso wie allgemein die Autorennamen.

C. Deutschland unter der Herrschaft des Nationalsozialismus

Allg. Lit. u. Hilfsmittel s. S. 1 ff.

Bibliographien: DW Abschn. 397; HERRE / AUERBACH (s. S. 2), 666—1752; Bibliographie z. Zeitgesch., Beilage zu VfZG; W. BENZ, Quellen z. Zeitgesch., in: Dt. Gesch. seit dem Ersten Weltkrieg, hg. vom Inst. f. Zeitgesch., Bd. 3 (1973). — K. KLOTZBACH, Bibliographie z. Gesch. der dt. Arbeiterbewegung 1914—1945 (1975).

Dokumente: DW 397/9—18 c. — V. BRUNS (Hg.), Polit. Verträge (s. S. 145), Bd. 3,1 für 1936—37, Bd. 3,2 für 1938—40 (1938—42); M. MICHAELIS / E. SCHRAEPLER (Hg.), Ursachen u. Folgen (s. S. 2), Bde. 9—22, reicht jetzt bis Anfang 1945. — Aufschlußreiche Zusammenstellungen: W. HOFER (Hg.), Der Nationalsozialismus, Dokumente 1933—45 (Tb. 1957); L. POLIAKOV / J. WULF (Hg.), Das Dritte Reich u. die Juden (1955); dies., Das Dritte Reich u. seine Diener (1956); dies., Das Dritte Reich u. seine Denker (1959). — Akten z. dt. ausw. Politik 1918—1945, Serie C 1933 bis 1937 (1971 ff., bisher 3 Bde. für 1933 bis März 1935); Serie D 1937—1941 (1950 bis 1970), 13 Bde., liegt vollständig vor); Serie E 1941—1945 (bisher 4 Bde. für 12. 12. 1941 bis 31. 12. 1942); in der parallelen engl. Ausgabe: Documents on German Foreign Policy 1918—1945, ist die Serie C bis zum 31. Okt. 1936 vorangeschritten; Dokumente u. Materialien aus der Vorgesch. des Zweiten Weltkrieges, hg. vom Min. f. Ausw. Angeleg. d. UdSSR, Bd. 1, Nov. 1937—38, aus dem Arch. d. dt. Ausw. Amtes (1948); Bd. 2, D. Archiv Dirksens, 1938/39 (1949); Documents on British Foreign Policy 1919—39, 2. Serie 1929 bis 1938 (1946 ff., bisher 13 Bde. für 1929 bis März 1936), 3. Serie 1938—1939 (1949 ff., 10 Bde.); Documents diplomatiques français 1932—1939, 1. Serie 1932—1935 (1966 ff., bisher 6 Bde. für 1932 bis Juli 1934); 2. Serie 1936—1939 (1963 ff., bisher 7 Bde. für 1936 bis Jan. 1938); Documents diplomatiques belges 1920—1940 (Bde. 3—5 1964—1966 für 1931—1940); I Documenti dipl. Italiani, 8. Serie 1935—1939 (1952/53, bisher 2 Bde. für Mai—Sept. 1939); 9. Serie 1939—1943 (1954 ff., bisher 5 Bde., reicht bis Okt. 1940); Foreign Relations of the United States, Diplomatic Papers (1950 ff.); Jane DEGRAS (Hg.), Soviet Doc. on Foreign Policy (s. S. 145), Bd. 3 (London 1953); X. J. EUDIN / R. M. SLUSSER, Soviet Foreign Policy (s. S. 145 f.); amtl. russ. Dokumentenausgabe: Dokumenty vnešnej politiki SSSR (Moskau 1957 ff., bisher 19 Bde. für Okt. 1917 bis 31. Dez. 1936).

Der Prozeß gegen die Hauptkriegsverbrecher vor dem Internat. Militärgerichtshof (42 Bde., Nürnberg 1947—49); Trials of war criminals before the Nuernberg Military Tribunals (15 Bde., Washington 1950—53); W. MOMMSEN, Die Akten der Nürnberger Kriegsverbrecherprozesse u. die Möglichkeit ihrer histor. Auswertung, Archivar 3 (1950); Bibliogr. zu den Nachkriegsprozessen in u. außerhalb Dtlds. bei HERRE / AUERBACH, Teil 4, u. Bibl. z. Zeitgesch. Gr. 14 in VfZG.

Erinnerungen, Aufzeichnungen, Lebensbeschreibungen:

Deutschland: DW 397/30—103.

1. *Hitler*: s. §§ 40 u. 51.

2. *Die führenden Männer*: GÖRING, HIMMLER, GOEBBELS, HESS, BORMANN, ROSENBERG s. § 52; HEYDRICH s. § 58; DARRÉ s. § 53, Anm. 4; A. SPEER, Erinnerungen (1969, Tb. 1974); ders., Spandauer Tagebücher (1975); s. auch § 80; B. v. SCHIRACH, Ich glaubte an Hitler (1967); H. J. NEUMANN, Arthur SEYSS-INQUART (Graz 1970); FREISLER s. § 56, Anm. 19; J. v. RIBBENTROP, Zwischen London u. Moskau, hg. v. Annelies RIBBENTROP (1954); O. DIETRICH, Mit Hitler an die Macht ([35]1944); ders., Zwölf Jahre mit Hitler (1955); H. FRITZSCHE, Hier spricht Hans Fritzsche. Nach Gesprächen, Briefen, Dokumenten bearb. v. Hildegard SPRINGER (1949); H. FRANK s. § 77, Anm. 20; R. LEY, Die große Stunde, Das dt. Volk im totalen

Kriegseinsatz, Reden u. Aufsätze 1941—43 (1943); K. HIERL, Ausgew. Schriften u. Reden (2 Bde. 1941); ders., Im Dienst für Dtld. 1918—45 (1954); v. PAPEN, SCHACHT, SCHWERIN v. KROSIGK s. S. 147; ders., Persönliche Erinnerungen (2 Bde., 1974); H. SCHACHT, Abrechnung mit Hitler (1949); HUGENBERG s. § 42, Anm. 24.

3. *Diplomaten*: DIRKSEN, SCHMIDT, NADOLNY, HILGER s. S. 147; O. MEISSNER, Staatssekretär unter Ebert—Hindenburg—Hitler ([3]1950); L. FRHR. GEYR v. SCHWEPPENBURG, Erinnerungen eines Militärattachés, London 1933—37 (1949); erweit. engl. Ausg.: The critical years (London 1952), m. Material aus den Jahren 1937 bis 1944; O. ABETZ, Das offene Problem. Ein Rückblick auf zwei Jahrzehnte dt. Frankreichpolitik (1951); W. v. BLÜCHER, Gesandter zwischen Diktatur u. Demokratie, Erinnerungen aus den Jahren 1935—44 (1951); R. RAHN, Ruheloses Leben (1949); KORDT u. WEIZSÄCKER s. § 65, Anm. 5; zum Weizsäcker-Prozeß Margret BOVERI, Der Diplomat vor Gericht (1948); E. v. RINTELEN, Mussolini als Bundesgenosse. Erinnerungen des dt. Militärattachés in Rom 1936—1943 (1951).

4. *Soldaten*: H. SPEIDEL, Ludwig BECK in: Die Großen Deutschen, Bd. 4 ([2]1966); weitere Lit. zu BECK s. § 68, Anm. 13; HALDER s. S. 491; F. HOSSBACH, Zwischen Wehrmacht u. Hitler 1934—1938 ([2]1965); S. WESTPHAL, Heer in Fesseln (1950); K. H. ABSHAGEN, CANARIS, Patriot u. Weltbürger (1949); H. KRAUSNICK, Aus den Personalakten von Canaris, VfZG 10 (1962); H. FRAENKEL / R. MANVELL, Canaris. Spion im Widerstreit (1970); A. BRISSAUD, Canaris. Le »petit amiral«-Prince de l'espionnage allemand, 1887—1945 (Paris 1970); H. GROSCURTH, Tagebücher eines Abwehroffiziers 1938—1940, hg. v. H. KRAUSNICK / H. C. DEUTSCH (1970); E. RAEDER, Mein Leben (2 Bde. 1956/57).

5. *Kirchenführer u. Theologen*: v. GALEN, GRÖBER, FAULHABER, BARTH, WURM, NIEMÖLLER s. § 63; BONHOEFFER s. § 82, Anm. 24 a; O. DIBELIUS, Reden, Briefe 1933—1967 (Zürich 1970); J. KLEPPER, Unter dem Schatten deiner Flügel. Aus den Tagebüchern des Jahres 1932—1942 (1971).

6. *Sonstige*: A. KREBS, Tendenzen u. Gestalten der NSDAP, Erinnerungen an die Frühzeit der Partei (1959), von dem 1932 aus der Partei ausgeschlossenen ehemal. Gauleiter von Hamburg; R. DIELS, Lucifer ante portas, Es spricht der erste Chef der Gestapo (1949); E. HANFSTAENGL, Zwischen Weißem u. Braunem Haus. Erinnerungen eines polit. Außenseiters (1970); F. WIEDEMANN, Der Mann, der Feldherr werden wollte. Erlebnisse u. Erfahrungen des Vorgesetzten Hitlers im Ersten Weltkrieg u. seines späteren Persönlichen Adjutanten (1964); E. DOLLMANN, Dolmetscher der Diktatoren (1963); F. G. v. TSCHIRSCHKY, Erinnerungen eines Hochverräters (1972); Ursula LAACK-MICHEL, Albrecht HAUSHOFER u. der Nat.soz. (1974); H. B. GISEVIUS, Bis zum bittern Ende (2 Bde. 1947); ders., Wo ist Nebe? Erinnerungen an Hitlers Reichskriminaldirektor (Zürich 1966); W. HAMMER, Hohes Haus in Henkers Hand (1956), Einzelschicksale dt. Parlamentarier während der nat.soz. Verfolgung; Th. DUESTERBERG, Der Stahlhelm u. Hitler (1949); P. FECHTER s. S. 148; H. J. SCHOEPS, Die letzten dreißig Jahre (1956); Babette GROSS, Willi MÜNZENBERG. Eine polit. Biographie (1967); V. KLEMPERER, LTI. Die unbewältigte Sprache. Aus dem Notizbuch eines Philologen (1949, Tb. 1969).

7. *Biographisches zum Widerstand* s. § 82.

Österreich: DOLLFUSS, SCHUSCHNIGG, Kardinal INNITZER s. § 67.

Frankreich: G. BONNET, Défense de la paix (1946); ders., Fin d'une Europe (1948); ders., De Munich à la guerre (1967); ders., Vingt ans de vie politique, 1918—1938 (1969); A. FRANÇOIS-PONCET, Als Botschafter in Berlin 1931—1938 ([3]1962); ders., Botschafter in Rom 1938—1940 (1962); J. PAUL-BONCOUR, Entre deux guerres. Souvenirs de la Troisième République, Bde. 2 u. 3 (1945—46); R. COULONDRE, Von Moskau nach Berlin 1936—1939. Erinnerungen des franz. Botschafters (a. d. Franz. 1950).

England: CHAMBERLAIN, HOARE, HALIFAX s. § 67; CHURCHILL s. S. 493; N. HENDERSON s. § 70, Anm. 13; H. NICOLSON, Diaries and Letters 1930—1962 (London 1967/68); Earl of AVON, The EDEN Memoirs (3 Bde. London 1960—65); ders., Foreign Affairs (London 1939), Reden; H. MACMILLAN, Winds of Change 1914—1939 (London 1966).

Italien: Zu MUSSOLINI s. S. 148; ferner R. de FELICE, Mussolini il duce. Gli anni del consenso 1929—1936 (Torino 1974); G. CIANO, Tagebücher 1937/38 (dt. 1949); ders., Tagebücher 1939 bis 1943 (dt. ²1947); Ciano's diplomatic papers (London 1948); F. ANFUSO, Rom—Berlin in diplomat. Spiegel (dt. 1951).

USA: F. D. ROOSEVELT, The Public papers and addresses (13 Bde. 1938—50); ders., His personal letters, hg. E. ROOSEVELT (3 Bde. 1947—50); E. B. NIXON (Hg.), Franklin D. Roosevelt and Foreign Affairs (3 Bde. Cambridge Mass. 1969), reicht von 1933—1937; J. M. G. BURNS, Roosevelt (2 Bde., New York 1956 u. 1970); R. E. SHERWOOD, Roosevelt und Hopkins (dt. 1950); C. HULL, Memoirs (2 Bde. 1948); Ambassador DODD's Diary 1933—39 (1941, dt. 1963), USA-Botschafter in Berlin; G. F. KENNAN, Memoiren eines Diplomaten (a. d. Amerik. 1968), für die Zeit 1925 bis 1950; ders., Diplomat in Prag: 1938—1940. Berichte, Briefe, Aufzeichnungen (a. d. Amerik. 1972); W. L. SHIRER, Berlin Diary. The Journal of a Foreign Correspondent 1934—1941 (London 1941).

Sowjetunion: STALIN, Werke. Bde. 11—13 (1954—1955); M. DJILAS, Gespräche mit Stalin (a. d. Amerik. 1962); I. DEUTSCHER, Stalin (dt. ²1962); M. M. LITWINOW, Against Aggression. Speeches (London 1939); I. M. MAISKI, Memoiren eines sowj. Botschafters (a. d. Russ. 1967), russ. Botschafter in England.

Polen: LIPSKI s. § 65; BECK, SZEMBEK, RAZCYNSKI s. § 69; W. JEDRZEJEWICZ (Hg.), Diplomat in Paris 1936—1939. Papers and Memoirs of Juliusz LUKASIEWICZ, Ambassador of Poland (New York 1970).

Tschechoslowakei: BENESCH, JAKSCH, CZECH, HENLEIN s. § 68.

Rumänien: GAFENCU s. S. 492.

Spanien: G. HILL, FRANCO. The Man und His Nation (London 1967); B. CROZIER, Franco (London 1967); B. NELLESEN (Hg.), PRIMO de RIVERA: Der Troubadour der spanischen Falange. Auswahl u. Kommentar seiner Reden u. Schriften (1965).

Darstellungen und Analysen: DW 397/19—29. — E. FRAENKEL, Der Doppelstaat (amerik. 1941, dt. 1974); H. BUCHHEIM, Das Dritte Reich. Grundlagen u. polit. Entwicklung (1958); W. L. SHIRER, Aufstieg u. Fall des Dritten Reiches (a. d. Amerik. 1961); dazu M. BROSZAT, W. Shirer u. die Gesch. des Dritten Reiches, HZ 196 (1963); J. C. FEST, Das Gesicht des Dritten Reiches. Profile einer totalitären Herrschaft (1963); M. BROSZAT, Der Staat Hitlers (Tb. ⁴1974); K. D. BRACHER, Die dt. Diktatur. Entstehung, Struktur, Folgen des Nat.soz. (1969); W. HOFER, Die Diktatur Hitlers bis zum Beginn des Zweiten Weltkrieges, 1933—1939, in: L. JUST (Hg.), Handbuch der Dt. Gesch. (als Studienausgabe ³1971); H. MAU / H. KRAUSNICK, Hitler u. der Nat.soz., in: P. RASSOW (Hg.), Dt. Gesch. im Überblick (³1973). — Darstellungen zur Wirtschaftsgesch. s. § 59; zur Sozialgesch. § 57; zur Gesch. des Rechts u. der Justiz § 56, Anm. 19, ferner: H. SCHORN, Die Gesetzgebung des Nat.soz. als Mittel der Machtpolitik (1963); H. JÄGER, Verbrechen unter totalitärer Herrschaft. Studien zur nat.soz. Gewaltkriminalität (1967); NS-Selbstdarstellung des Staatsrechts: E. R. HUBER, Verfassungsrecht des Großdt. Reiches (1939); zahlreiche Einzelfragen bes. über Verfolgung u. Institutionen in: Gutachten des Inst. f. Zeitgesch. (2 Bde. 1958, 1966).

NSDAP als Partei: DW 395/552—594. — s. § 52; Lit. zur Parteisoziologie in § 53; Parteistatistik, hg. vom Reichsorganisationsleiter der NSDAP (1935); H. VOLZ, Daten der Gesch. der NSDAP (1934).

Propaganda: s. § 52, Arbeiten von BURDEN, VONDUNG, ZEMAN, BRAMSTED, KESSEMEIER; ferner H.-J. GAMM, Der braune Kult. Das Dritte Reich u. seine Ersatzreligion. Ein Beitrag zur polit. Bildung (1962); H. K. MÜLLER (Hg.), Facsimile-Querschnitt durch »Das Reich« (1964); Hildegard v. KOTZE / Sonja NÖLLER, Völkischer Beobachter. Faksimile-Querschnitt (1967); Vgl. auch Lit. über Film, Kunst, Lit. u. Publizistik im Dritten Reich in § 64.

Ideologie: Zu ROSENBERG u. dem »Mythus« s. § 52, Anm. 14; H. G. ZMARZLIK, Sozialdarwinismus, s. § 51, Anm. 11; J. F. NEUROHR, Der Mythos vom

Dritten Reich, Zur Geistesgesch. des Nat.soz. (1957); P. KLUKE, Nat.soz. Europaideologie, VfZG 3 (1955); M. BROSZAT, Der Nationalsozialismus (1960); F. GLUM, Der Nationalsozialismus. Werden u. Vergehen (1962); H. BOTT, Die Volksfeind-Ideologie. Zur Kritik rechtsradikaler Propaganda (1969); H.-J. LUTZHÖFT, Der nordische Gedanke in Dtld. 1920—1940 (1971); G. BAKKER, Duitse Geopolitiek 1919—1945. Een imperialistische Ideologie (Assen 1967); K. BERGMANN, Agrarromantik u. Großstadtfeindlichkeit (1970); M. STOLLEIS, Gemeinwohlformeln im nat.soz. Recht (1974). Zur Rassenidee u. zum Antisemitismus s. § 60.

Ankläger aus der Zeit: E. R. CURTIUS, Dt. Geist in Gefahr (1932); K. KRAUS, Die dritte Walpurgisnacht (1952), aus dem Nachlaß, geschrieben 1933; H. RAUSCHNING, Die Revolution des Nihilismus, Kulisse u. Wirklichkeit im Dritten Reich (Zürich ²1938); E. NIEKISCH, Das Reich der niederen Dämonen, eine Analyse des nat.soz. Systems (1953), geschrieben in den ersten Jahren der nat.soz. Herrschaft; Th. MANN, Deutsche Hörer! (Stockholm 1945), enthält Radiosendungen aus der Zeit des Krieges; F. NEUMANN, Behemoth. The Structure and Practice of Nat.Socialism 1933—1944 (Toronto 1944).

Deutungen: Lit. zur Faschismusdiskussion s. § 54; zu den gesellschaftl. Voraussetzungen des Nat.soz. s. § 53.
Deutung aus der Sprache: D. STERNBERGER / W. E. SÜSSKIND / G. STORZ, Aus dem Wörterbuch d. Unmenschen (²1957, Tb. 1962); Cornelia BERNING, Vom Abstammungsnachweis zum Zuchtwart. Vokabular des Nationalsozialismus (1964); von der *philos. Entwicklung* her: Th. LITT, Philosophie u. Zeitgeist (1935); H. PLESSNER, Die verspätete Nation (²1959); G. LUKÁCS, Die Zerstörung der Vernunft (1953). — *Theologisch:* W. KÜNNETH, Der große Abfall, Eine geschichtstheolog. Untersuchung (1947); O. SÖHNGEN, Säkularisierter Kultus (1950). — *Psychologisch:* M. PICARD, Hitler in uns selbst (³1946). — Verbreitet ist eine *liberal-demokratische Interpretation* des Nat.soz., wonach dieser das historische Produkt der besonderen obrigkeitsstaatlichen Entwicklung in Dtld. u. des preuß.-dt. Militarismus sei; hiermit setzt sich in zahlreichen Werken auseinander unter Hinweis auf den revolutionär-demokratischen Ursprung des Einparteienstaates G. RITTER, Europa u. die dt. Frage, Betrachtungen über die geschichtl. Eigenart des dt. Staatsdenkens (1948); ders., Staatskunst u. Kriegshandwerk, Das Problem des »Militarismus« in Dtld. (4 Bde. 1954—1968). — Von der *außenpolit. Thematik* der europ. Gesch. her beurteilt den Nat.soz. L. DEHIO, Gleichgewicht oder Hegemonie, Betrachtungen über ein Grundproblem der europ. Staatengesch. (1948); ders., Dtld. u. die Weltpolitik im 20. Jhdt. (1955). — Ergiebig für eine Interpretation des Nat.soz. sind Studien zum *Nationalismusproblem* allgemein, wie R. WITTRAM, Nationalismus u. Säkularisation, Beiträge zur Gesch. u. Problematik des Nationalgeistes (1949); E. LEMBERG, Gesch. des Nationalismus (1950); H. ROTHFELS, Zur Krise des Nationalstaats, VfZG 1 (1953); Margret BOVERI, Der Verrat im 20. Jhdt. (Bd. 1 u. 2 ³1958, Bd. 3 1958, einbändige Gesamtausgabe 1976).

Auswärtige Beziehungen: s. S. 3 f. u. 150 f. — DW 397/376—498.

Allgemein: s. § 65: JACOBSEN, WEINBERG, GRAML, HILDEBRAND; ferner E. KORDT, Wahn u. Wirklichkeit, Die Außenpolitik des Dritten Reiches (1947); P. SEABURY, The Wilhelmstraße (Berkeley 1954, dt. 1956); G. A. CRAIG, The German Foreign Office from Neurath to Ribbentrop, in: The Diplomats 1919—39 (Princeton 1953); M. BAUMONT, Les Origines de la Deuxième Guerre Mondiale (Paris 1969); O. HAUSER (Hg.), Weltpolitik 1933—1939. 13 Vorträge für die Rankegesellschaft (1973).

Frankreich: E. BONNEFOUS, Histoire politique de la IIIème République, Bde. 5—7 (Paris 1962—1967).

England: s. § 65, Anm. 7 und 21; § 67, Anm. 1; § 68; § 69, Anm. 1.

Italien: s. § 65, Anm. 16 u. 28; § 69, Anm. 12. — J. PETERSEN, Die Außenpolitik des faschist. Italien als historiographisches Problem, VfZG 22 (1974); G. SALVEMINI, Preludio alla seconda guerra mondiale (Mailand 1967); A. AQUARONE, L'Organizzazione dello Stato totalitario (Torino 1965).

Spanien: s. § 65, Anm. 29. — R. de la GIERVA (Hg.), Bibliografia general sobre la Guerra de España (1936—1939) y sus antecedentes históricos (Madrid 1968); Lit.-berichte von R. KONETZKE in HZ (Sonderheft 1969) u. R. WOHLFEIL in VfZG 16 (1968); C. SECO SERRANO, Historia de España, Bd. 6 (Barcelona 1962); G. JACKSON, The Spanish Republic and the Civil War 1931—1939 (Princeton 1965); B. NELLESEN, Die verbotene Revolution. Aufstieg u. Niedergang der Falange (1963).

USA: Lit.berichte v. W. LINK u. H. J. SCHRÖDER in NPL 15 (1970) u. 18 (1973); ferner § 76.

Sowjetunion: s. § 65, Anm. 17; § 68, Anm. 7; § 69, Anm. 16. — W. MARKERT / D. GEYER (Hg.), Osteuropa-Handbuch. Sowjetunion (3 Bde. 1965—1972), im Band über die Außenpolitik 1917—1955 zahlreiche Angaben auch über die russ. Lit. — Wichtige Darstellungen: BELOFF (s. S. 150); W. G. TRUCHANOWSKI (Hg.), Gesch. der internat. Beziehungen (2 Bde., a. d. Russ. Berlin-Ost 1963—65); Gesch. der sowj. Außenpolitik 1917—1966, Bd. 1: 1917—1945 (a. d. Russ. 1969); J. WEGMÜLLER, Das Experiment der Volksfront. Untersuchungen zur Taktik der kommunist. Internationale der Jahre 1934 bis 1938 (1972).

Polen: s. § 65, Anm. 11 u. 12; § 69. — Um Verständigung mit Dtld. bemüht W. STUDNICKI, Irrwege in Polen (dt. Übers. als Ms., Göttingen 1951); ders., Polen im polit. System Europas (1938); H. ROOS, Polen u. Europa, Studien zur poln. Außenpolitik 1931—39 (1965); W. MARKERT (Hg.), Osteuropa-Handbuch. Polen (1959); A. GIEYSZTOR u. a., History of Poland (Warschau 1968).

Danzig: L. DENNE, Das Danzig-Problem in der dt. Außenpolitik 1934—1939 (1959); C. J. BURCKHARDT, Meine Danziger Mission 1937—1939 (1960, Tb. 1962); H. S. LEVINE, Hitler's Free City: A history of the Nazi Party in Danzig, 1925—39 (Chicago 1973).

Österreich: s. § 67. — Erika WEINZIERL / K. SKALNIK (Hg.), Gesch. der Zweiten Republik (1975).

Tschechoslowakei: s. § 68. — K. BOSL (Hg.), Handbuch der Gesch. der böhm. Länder 4 (1970); ders. (Hg.), Die »Burg«. Einflußreiche polit. Kräfte um Masaryk u. Beneš (2 Bde. 1973 u. 1974); J. K. HOENSCH, Gesch. der tschechoslowak. Republik 1918—1965 (1966); V. S. MAMATEY / R. LUZA (Hg.), A History of the Czechoslovak Republic, 1918—1948 (Princeton 1973).

Japan: s. § 65, Anm. 26. — Guter Überblick: R. STORRY, A History of Modern Japan (Penguin Books 1960); J. TOLAND, The Rising Sun. The decline and fall of the Japanese Empire 1936—1945 (New York 1970); D. BERGAMINI, Japan's imperial conspiracy (London 1971). Überblick über die japan. Forschung bei M. BROSZAT, Zeitgesch. in Japan, VfZG 22 (1974).

Emigration: DW 397/162—170. — Eine umfassende Darstellung der Emigration liegt noch nicht vor; die wissenschaftl. Voraussetzungen für eine solche sind noch zu schaffen. Hierzu gehört das in Herstellung befindliche biographische Verzeichnis der Emigration, das vom Institut für Zeitgeschichte betreut wird. Zum Forschungsstand: P. U. HOHENDAHL / E. SCHWARZ (Hg.), Exil u. innere Emigration (2 Bde. 1972 u. 1973), enthält Referate zweier internat. Symposien über die dt. Exilliteratur; in Bd. 2 Beitrag von W. ROEDER, Zur Situation der Exilforschung in der Bundesrepublik; W. STERNFELD / Eva TIEDEMANN, Dt. Exil-Lit. 1933—1945. Eine Bio-Bibliographie (1962). — Zentrale Dokumentationsstelle: die Abt. »Dt. Emigration« in der »Dt. Bibliothek« in Frankfurt, ferner die »Wiener Library« in London. — Wichtigste Zeitungen der dt. Emigration: Pariser Tageblatt (1933—36), dann Pariser Tageszeitung (1936—40); Der Aufbau (New York 1934 ff.); Das neue Tagebuch (Paris u. Amsterdam 1933—40, hg. von L. SCHWARZSCHILD); Die Sammlung (Amsterdam 1933—35, hg. von K. MANN). — Erster Versuch einer Gesamtdarstellung: R. GROSSMANN, Emigration. Gesch. der Hitler-Flüchtlinge 1933—1945 (1969). — Bibliographie der dt.sprachigen Emigration in den Vereinigten Staaten 1933 bis 1963, in: Jb. f. Amerikastudien 11 (1960). — Teilaspekte: H. MÜSSENER, Exil in Schweden. Politische u. kulturelle Emigration nach 1933 (1974); F. GOLDNER, Die österr. Emigration 1938—1945 (Wien 1972); P. STAHLBERGER, Der

Zürcher Verleger Emil Oprecht u. die dt. polit. Emigration 1933—1945 (1970); Ursula LANGKAU-ALEX, Dt. Emigrations-Presse, in: Internat. Review of Soc. History 15 (1970); J. RADKAU, Die dt. Emigration in den USA. Ihr Einfluß auf die amerik. Europapolitik 1933—1945 (1971); R. E. CAZDEN, German exile literature in America 1933—1950. A history of the free German press and booktrade (Chicago 1970); D. FLEMING / B. BAILYN (Hg.), The intellectual immigration. Europe and America, 1930—1960 (Cambridge Mass. 1969). — H. DUHNKE, Die KPD von 1933 bis 1945 (1972); A. SYWOTTEK, Dt. Volksdemokratie. Studien zur polit. Konzeption der KPD 1935 bis 1946 (1971); weitere Lit. zum kommunist. Exil in Moskau s. § 82. — E. MATTHIAS, Sozialdemokratie u. Nation. Ein Beitrag zur Ideengesch. der soz.dem. Emigration in der Prager Zeit des Parteivorstandes 1933—38 (1952); ders. (Hg.), Mit dem Gesicht nach Dtld. Eine Dokumentation über die soz.dem. Emigration aus dem Nachlaß von Friedrich STAMPFER (1968); L. J. EDINGER, Sozialdemokratie u. Nat.soz. Der Parteivorstand der SPD im Exil von 1933—1945 (a. d. Amerik. 1960); Jutta v. FREYBERG, Sozialdemokratie u. Kommunisten. Die Revolut. Soz. Dtlds. vor dem Problem der Aktionseinheit 1934—1937 (1973); G. PLUM, Volksfront, Konzentration u. Mandatsfrage. Ein Beitrag zur Gesch. der SPD im Exil 1933—1939, VfZG 18 (1970); W. RÖDER, Die dt. sozialist. Exilgruppen in Großbritannien (1969). — W. KIESSLING, Alemania Libre in Mexiko (2 Bde. Berlin-Ost 1975). — H.-A. WALTER, Dt. Exilliteratur 1933—1950, 9 Bde., bisher erschienen Bd. 1, 2 u. 7 (1972 u. 1974). — H. BRÜNING, Briefe u. Gespräche 1934—1945 (1974); S. R. TREVIRANUS, Für Dtld. im Exil (1973); E. PORTNER, Koch-Wesers Verfassungsentwurf. Ein Beitrag zur Ideengesch. der dt. Emigration, VfZG 14 (1966); E. FISCHER, Erinnerungen u. Reflexionen (1969); A. BRECHT, Mit der Kraft des Geistes. Lebenserinnerungen. Zweite Hälfte. 1927—1967 (1967); Margarete BUBER-NEUMANN, Kriegsschauplätze der Weltrevolution (1967); dies., Als Gefangene bei Hitler u. Stalin (1962); J. DEUTSCH, Ein weiter Weg. Lebenserinnerungen (1960); — A. KANTOROWICZ, Exil in Frankreich (1971); ders., Dt. Schicksale. Intellektuelle unter Hitler u. Stalin (1964); G. W. HALLGARTEN, Als die Schatten fielen. Erinnerungen vom Jahrhundertbeginn bis zur Jahrtausendwende (1966); L. SCHWARZSCHILD, Die Lunte am Pulverfaß. Aus dem »Neuen Tagebuch« 1933—1940 (1965); W. BENJAMIN, Briefe (Bd. 2, 1966); H. KESTEN (Hg.), Dt. Lit. im Exil. Briefe europ. Autoren 1933 bis 1949 (1964); Th. MANN, Briefe 1937—1947, hg. von Erika Mann (1963); Th. MANN / H. MANN, Briefwechsel 1900—1949 (1968); Lit. zu Th. MANN s. § 62 u. 64; H. MANN, Ein Zeitalter wird besichtigt (1946); K. MANN, Der Wendepunkt. Ein Lebensbericht (1944), Tb. 1963); R. LEMP, Annette KOLB. Leben u. Werk einer Europäerin (1970); K. WOLFSKEHL, Zehn Jahre Exil. Briefe aus Neuseeland 1938—1948 (1959); K. TUCHOLSKY, Ausgewählte Briefe 1913—1935 (1962); A. DÖBLIN, Briefe (1970); H. GRAF KESSLER, Tagebücher 1918—1937 (1962); A. EINSTEIN / Hedwig u. Max BORN, Briefwechsel 1916—1955 (1969); A. EINSTEIN, Lebenserinnerungen (1952); — Zur jüd. Emigration s. § 60 u. § 78. H. E. TUTAS, Nat.soz. u. Exil. Die Politik des Dritten Reiches gegenüber d. dt. polit. Emigration (1975).

§ 51 Hitler und sein Programm

Hitler war nach seinem mißglückten Putsch (§ 40) am 1. April 1924 wegen Hochverrats zu fünf Jahren Festungshaft verurteilt worden. Schon am 20. Dezember wurde er jedoch entlassen. Während der Haft, die er in Landsberg verbüßte, hat er seine Rechenschafts- und Programmschrift »Mein Kampf« begonnen[1]). Diesem Buch kommt als Quelle für die Erfassung der Gedanken Hitlers und für die Zielsetzung der nationalsozialistischen Bewegung eine zentrale Bedeutung zu. Bis Ende 1932 wurden 287 000 Exemplare verkauft. Die Gesamtauflage des Werkes bis zum Ende des Nationalsozialismus erreichte einschließlich zahlreicher Geschenkexemplare fast 10 Millionen. Als Hitler dieses Buch schrieb, stand er nicht in unmittelbarer Verantwortung für die täglichen Aufgaben der Parteiführung. Die erzwungene Ruhepause während der Festungshaft gab ihm die Möglichkeit, den bisherigen Weg zu überdenken und, für die zukünftige Entwicklung weiter ausholend als es in dem Parteiprogramm von 1920 der Fall gewesen war, seine politischen Gedanken zu entwickeln. Hitler hat den Text des ersten Bandes seinen Mithäftlingen Maurice und Heß herunterdiktiert. Der erste Band erschien 1925, der zweite, nach der Haft entstanden, folgte 1927. Die

Schrift ist nicht als logisches Gebäude gefügt, sondern schnell herausgesetzt als Zeugnis seiner Vorstellungswelt. Man hat die vielen einander folgenden Auflagen miteinander verglichen. Das Ergebnis war die Feststellung, daß der Text zwar an zahlreichen Stellen stilistische Änderungen erfahren hat, daß jedoch mit Ausnahme einer Verschärfung des Diktaturprinzips[2]) der Inhalt der gleiche blieb. Was Hitler 1924 niederschrieb, behielt also für die Gesamtperiode des Nationalsozialismus seine richtungweisende Bedeutung. Sicherlich ist die Schrift ein echterer Ausdruck seiner Gedanken als etwa seine öffentlichen Reden nach 1933. Damals hatte er noch nicht die taktisch bedingten, namentlich außenpolitischen Rücksichten zu nehmen wie später als Kanzler. Fragt man bei der Lektüre des Buches nach Hitlers Vorstellung von der erstrebten inneren politischen Ordnung, so bleiben die Aussagen unbestimmt und allgemein. Deutlich wird der italienische Faschismus als Vorbild gesehen. Dazu kommt ein unpräziser, in seiner ökonomischen Bedeutung nicht festgelegter Begriff von »Sozialismus«. Es wurde schon darauf hingewiesen, wie Hitler diejenigen Elemente in der Partei, die mit sozialistischen Forderungen Ernst machen wollte, hinausdrängte[3]). Er selbst verstand unter dem Wort Sozialismus in etwa die nationale Volksgemeinschaft mit sozial-egalitärer Tendenz. Deutlich und genau ist Hitler jedoch in der Negation: Ablehnung des Parlamentarismus, Vernichtung des »Systems«.

Wichtig ist das Buch wegen der Aufschlüsse, die es über die rassen- und raumpolitischen Zielsetzungen Hitlers gibt. Der frühere völkische Antisemitismus Hitlers, der sich gelegentlich bereits zu der Forderung nach »Entfernung« der Juden gesteigert hatte, wird jetzt radikalisiert und in eine universale sozial-darwinistische Geschichtsideologie eingebettet: dem Anspruch auf Herrschaft für die hochgezüchtete nordische Rasse steht die Forderung nach »Ausrottung« der Juden gegenüber. Nun mußte »Ausrottung« im Sprachgebrauch Hitlers nicht notwendigerweise physische Vernichtung bedeuten. So sprach Hitler gelegentlich von der Ausrottung des Deutschtums in der Habsburgermonarchie und meinte damit einen Prozeß der langsamen Entdeutschung. Aber die spätere Methode des Massenmordes am europäischen Judentum zeichnet sich in »Mein Kampf« doch bereits in einem Vokabular ab, das, wo von den Juden die Rede ist, dem Bereich der Parasitologie entstammt[4]).

Der Brutalisierung des Antisemitismus entspricht das in »Mein Kampf« vorgetragene Raumprogramm. Ursprünglich hatten sich Hitlers außenpolitische Zielvorstellungen im Rahmen eines nationalen Revisionismus gehalten: Kampf gegen Versailles, Wiederherstellung der früheren Größe des Reiches, Rückgewinnung der Kolonien. In »Mein Kampf« entwickelte er eine hiervon unterschiedene Lebensraumprogrammatik, in der sich Ostexpansion, Vernichtung des Bolschewismus und Ausrottung des Judentums verbinden[5]).

Hitler gewinnt den Ansatz für sein außenpolitisches Programm aus einer Beurteilung der deutschen Außenpolitik vor dem Ersten Weltkrieg, die er für verfehlt erachtet. Für Deutschland habe es zwei Möglichkeiten gegeben: entweder Exportindustrie und Handel zu entwickeln oder territoriale Expansion auf dem Kontinent zu suchen. Der erste Weg habe mit Notwendigkeit zum Krieg mit England, der andere zum Kampf gegen Rußland führen müssen. Deutschland sei in dem ersten Falle auf Rückendeckung bei Rußland, im anderen Falle auf England angewiesen gewesen. Hitler wirft dem Vorkriegsdeutschland vor, daß es weder das eine noch das andere konsequent gewollt, sondern sich gegenüber England mit dem Risikogedanken begnügt und gegenüber Rußland überhaupt auf den Gedanken der Expansion verzichtet habe. Wenn die bürgerlich-nationale Kriegsschuldforschung in Deutschland in ihrem Kampf gegen den Artikel 231 des Versailler Vertrags darauf hinwies, daß Deutschland kein Ziel besessen habe, das nur durch Krieg erreichbar gewesen wäre, und daß die deutsche Politik friedlich gewesen sei, so stimmt Hitler dieser Feststellung zu, indem er zugleich der deutschen Politik eben dies vorwirft, daß sie nicht so gewesen sei, wie die Kriegsschuldanklage es wahrhaben wollte. In dem möglichen Entweder-Oder einer ausgreifenden Machtpolitik entscheidet sich Hitler für die kontinentale Expansion im Osten. Dies ist sein mit aller Schärfe aufgestelltes außenpolitisches Programm: »Damit ziehen wir Nationalsozialisten bewußt einen Strich unter die außenpolitische Richtung unserer Vorkriegszeit. Wir setzen dort an, wo man vor sechs Jahrhunderten endete ... Wir schließen endlich ab die Kolonial- und Handelspolitik der Vorkriegszeit und gehen über zur Bodenpolitik der Zukunft. Wenn wir aber heute in Europa von neuem Grund und Boden reden, können wir in erster Linie nur an Rußland und die ihm untertanen Randstaaten denken.« Hier setzt nun eine höchst merkwürdige, nur aus der Verblendung der Rassenideologie zu erklärende Denkweise ein. Ein solcher Expansionskrieg gegen Rußland nämlich schien ihm erfolgversprechend, weil durch die bolschewistische Revolution das führende germanische Element vernichtet worden sei. Von den Slawen redet er als von einer »minderwertigen Rasse«, und die Juden, die an die Stelle der germanischen Führerschicht getreten seien, erscheinen in seinen Augen als »Ferment der Dekomposition«, unfähig zur Staatsführung. So erklärt er: »Das Riesenreich im Osten ist reif zum Zusammenbruch.«[6])

Mit solchen Zielsetzungen greift Hitler weit über den bürgerlichen Nationalismus hinaus. Den Ruf nach Wiederherstellung der alten Grenzen vor 1914 verwirft er kategorisch. Er sei nur geeignet, Deutschland mit allen Nachbarn zu verfeinden, und raube die Voraussetzungen für eine Bündnispolitik, die über Kleinigkeiten hinwegsehen müsse — damit meinte er den Verzicht auf Südtirol, das er einem Bündnis mit Italien[7]) im Dienste seines großen Kriegs um Lebensraum gegen Rußland aufzuopfern bereit war, und ebenso den Verzicht auf eine außereuropäische Wirtschaftsexpansion und Kolonialpolitik, durch den er England als zweiten Verbündeten Deutschlands zu gewinnen hoffte. »Deutschland wird entweder Weltmacht oder überhaupt nicht sein« — ein irrsinniges Entweder-Oder, das für ihn neben der Forderung des Krieges gegen Rußland auch die Niederwerfung Frankreichs einschloß. Sein klares Programm für einen deutschen Hegemonialkrieg in Europa lautet in der Formulierung von »Mein Kampf«: »Duldet niemals das Entstehen zweier Kontinentalmächte in Europa. Seht in jeglichem Versuch, an den deutschen Grenzen eine zweite Militärmacht zu organisieren, und sei es auch nur in Form der Bildung eines zur Militärmacht fähigen Staates, einen Angriff gegen Deutschland und erblickt darin nicht nur das Recht, sondern die Pflicht, mit allen Mitteln, bis zur Anwendung von Waffengewalt, die Entstehung eines solchen Staates zu verhindern, beziehungsweise einen solchen, wenn er schon entstanden, wieder zu zerschlagen.«[8])

Welches Recht besaß Deutschland in den Augen Hitlers, um solcher Ziele willen Krieg zu entfesseln? Hitler erkannte für den Besitz von Grund und Boden keinen anderen Rechtstitel an als den der Gewalt, »denn kein Volk besitzt auf dieser Erde auch nur einen Quadratmeter Grund und Boden auf höheren Wunsch und laut höherem Recht«[9]). Er erkannte kein Recht auf Heimat an, weder für die Südtiroler, die er Italien preiszugeben bereit war, noch für die Baltendeutschen und andere deutsche Volksgruppen in Osteuropa, die später seine Politik gewaltsam aus ihrer Heimat reißen sollte; erst recht nicht für die Polen, die er aus dem Warthegau vertrieb, und für die Russen, die er der deutschen Herrschaft unterwerfen wollte. Die Basis dieses moralischen Nihilismus in der Politik, dem Humanität als eine »Mischung von Dummheit und Feigheit«[10]) erschien, war ein primitiver Geschichtsdarwinismus[11]), der mit seiner Anschauung vom »natürlichen Kampf um das Dasein, der nur den Allerstärksten und Gesündesten am Leben läßt,« einer weitverbreiteten populären Anschauung entsprach, aber erst von dem Fanatiker Hitler mit skrupelloser Konsequenz in die politische Praxis übertragen wurde: »Ein stärkeres Geschlecht wird die Schwachen verjagen, da der Drang zum Leben in seiner letzten Form alle lächerlichen Fesseln einer sogenannten Humanität der einzelnen immer wieder zerbrechen wird, um an seine Stelle die Humanität der Natur treten zu lassen, die die Schwäche vernichtet, um der Stärke den Platz zu schenken.«[12])

Es gibt ein zweites Buch von Hitler, das seine außenpolitischen Vorstellungen noch deutlicher herausstellt[13]). Anlaß zu seiner Niederschrift war der im Kampf um die Reichstagswahlen vom Mai 1928 gegen ihn auch von völkischer Seite erhobene Vorwurf, mit seiner pro-faschistischen Einstellung in der Südtirolfrage deutsche Interessen zu verraten. Die Wahlen brachten den Nationalsozialisten nur zwölf Sitze im Reichstag. Hitler hielt es daher zunächst für geboten, gegen das »Gekläff der feigen bürgerlichen Köter sowohl als der vaterländischen Verbändler« die Zielsetzung seiner ausgreifenden Raumpolitik, die den Verzicht auf eine nationale Revisionspolitik voraussetzte, noch einmal im Zusammenhang darzustellen. Ausschweifender noch als in »Mein Kampf« läßt Hitler in seinem zweiten Buch seine Phantasie spielen, die sich künftige Kriege ausmalt. Wenn erst Rußland erobert und Frankreich niedergeworfen sein werden, muß sich Deutschland früher oder später darauf vorbereiten, »der drohenden Überwältigung der Welt durch die amerikanische Union« entgegenzutreten. Aber die Vorstellung, daß es eines Tages notwendig sein werde, »Nordamerika ... die Stirn zu bieten«, war eine Zukunftsvision. Das erste und überragende Ziel hieß für ihn Eroberung von Lebensraum im Osten[14]). Das Gebiet Deutschlands betrug damals ca. 470 000 qkm; 500 000 hinzugewonnene Quadratkilometer, so spekulierte er, können »Millionen deutscher Bauern neue Heimstätten bieten, der deutschen Volkskraft für den Ernstfall aber Millionen von Soldaten zur Verfügung stellen«. Mit »stümperhaften Grenzregulierungen«, wie sie die bürgerlichen Nationalisten anstrebten, mit einer Wiederherstellung der Grenzen von 1914, die er für »die allerdümmste außenpolitische Zielsetzung« hielt, und selbst mit dem Zusammenschluß aller von Deutschen bewohnten Gebiete wollte er sich nicht begnügen. Er verachtete das Bürgertum, dessen Nationalrevisionismus sich in solchen begrenzten Vorstellungen bewegte. Aber zunächst brauchte er es als Bundesgenossen auf dem Wege zur Macht. Hier ist wohl der Grund dafür zu suchen, daß der im Sommer 1928 verfaßte Entwurf nicht in eine druckreife Form gebracht und veröffentlicht wurde[15]).

Das raumpolitische Programm Hitlers war in seiner Eindeutigkeit und Klarheit so herausfordernd, daß kaum jemand, der das Buch »Mein Kampf« las, ihn beim Wort nahm[16]). Man kann mit Sicherheit sagen, daß es nicht diese ausschweifenden Eroberungsziele waren, die dem Hakenkreuz die Massen zuführten. Oben (§ 49) wurde auf den Zusammenhang hingewiesen, der zwischen Wirtschaftskrise und Nationalsozialismus in ihrem parallelen Ablauf bestand. Hitler hat in der Zeit der Massenarbeitslosigkeit propagandistische Möglichkeiten, die sich aus der wirtschaftlichen Krisensituation im Zusammenhang mit dem Aufbegehren gegen den »Schandfrieden von Versailles« und der Unzufriedenheit mit dem »System« ergaben, meisterhaft auszunutzen verstanden. Die Abschnitte seines Buches, die sich mit massenpsychologischen Problemen befassen, verraten einen Demagogen, der mit unheimlichem Geschick und in kalter Berechnung die großen Worte und die großen Ideen ebenso wie das äußere Arrangement seiner Massenversammlungen und Aufmärsche als Instrument zu verwenden wußte, um die ihres eigenen Willens beraubten, in der Masse untergehenden Menschen seinen Zwecken zu unterwerfen. Der Meister der Massenpsychologie und politischen Taktik überwand sie alle, seine Widersacher innerhalb der Partei, die Stennes und Strasser[17]), ebenso wie die bürgerlich-aristokratischen Koalitionspartner vom 30. Januar 1933, die geglaubt hatten, Hitler für sich zu engagieren, und gleich zu Beginn die Partie verloren.

Mit Hitler trat eine ungewöhnliche Figur in den Vordergrund der deutschen Geschichte. Kann man ihm, der das Gewissen für eine jüdische Erfindung hielt, historische Größe zusprechen? Daß die weltgeschichtliche Persönlichkeit nicht mit normalen sittlichen Maßstäben gemessen werden könne, war eine Überzeugung Hegels, und Burckhardt stellte für die historische Größe eine Dispensation von dem gewöhnlichen Sittengesetz fest. Aber beiden stand hierbei nicht die Möglichkeit von baren Verbrechen vor Augen, wie sie Hitler gegenüber den Juden, gegenüber anderen Völkern und nicht zuletzt gegenüber dem deutschen Volke selbst verübte. Diese Feststellung darf nun allerdings nicht den Blick dafür verstellen, daß in Hitler jenes erste Attribut, durch das Burckhardt die historische Größe bestimmt, gegeben ist, nämlich die »in einzelnen Individuen konzentrierte Weltbewegung«. Friedrich Meinecke hat in seinen Betrachtungen über die deutsche Katastrophe darauf hingewiesen, daß Hitler mit seiner Bewegung am Kreuzungspunkt der beiden großen, die Massen ergreifenden Strömungen des 20. Jahrhunderts gestanden habe, des Nationalismus und des Sozialismus. Er vollzog in der Tat eine grandiose negative Synthese dieser beiden Tendenzen[18]), indem er mit Hilfe der modernen technischen Mittel der Massenbeeinflussung wie Funk und Film, mit den theatralischen Schaustellungen der Parteitage und Massenversammlungen, durch Terror und Theater und genialische Rhetorik an die unterrationalen, unkontrollierten Ressentiments und Emotionen appellierte und in bewußt manipulierten Ausbrüchen nationaler Hysterie die Kontrolle durch Vernunft und Gewissen beiseite schob. Die Besucher seiner Massenversammlungen und diejenigen, die ihm persönlich begegneten, hatten den Eindruck des Ungewöhnlichen, wenn es auch unabhängige Geister gab, die der Taktik seiner Psychologie und dem, was man die Magie seiner Persönlichkeit genannt hat, nicht verfielen. Es bleibt aber außerordentlich, in welchem Maße in seiner Gegenwart Bedenken und selbständige Meinung hinwegschmolzen. Burckhardt sagt in seinem Kapitel über die historische Größe: »Ordinärer Gehorsam gegen irgendwie zur Macht Gekommene findet sich bald, hier dagegen bildet sich die Ahnung der Denkenden, daß das große Individuum da sei, um Dinge zu vollbringen, die nur ihm möglich und dabei notwendig seien. Der Widerspruch in der Nähe wird völlig unmöglich, wer noch widerstehen will, muß außer dem Bereich des Betreffenden, bei seinen Feinden leben und kann ihm nur noch auf dem Schlachtfeld begegnen.«[19]) Worin die faszinierende Kraft Hitlers beruhte, läßt sich aber nun in einigen Momenten auch noch deutlicher fassen. So besaß er ein erstaunliches Gedächtnis und überraschte die Generale durch die Breite seiner waffentechnischen Kenntnisse. Er besaß ein ausgesprochenes Gespür für die in einer politischen oder auch in einer militärischen Situation liegenden taktischen Möglichkeiten, unbegrenztes Vertrauen in die Kraft seines Willens und die Witterung des Raubtieres für ihm drohende Gefahren und für den rechten Moment des Absprungs. Mit dieser lauernden Beweglichkeit und der Bereitschaft zum großen Risiko war freilich, wie es Generalfeldmarschall v. Manstein für den Bereich der Kriegführung sehr deutlich heraushebt[20]), auf der anderen Seite eine merkwürdige Starrheit, ja geradezu Ängstlichkeit verbunden. Er besaß nicht die freie, in Erfahrung und sachlicher Überschau begründete Kenntnis vielschichtiger Gesamtzusammenhänge und wagte darum z. B. 1940 nicht, nach dem großen Durchbruch im Westen, während sich der Ring um die feindlichen Armeen in Nordfrankreich und Belgien schloß, zugleich nach Südwesten hin durch einen Vorstoß über die Aisne hinweg die französische Armee daran zu hindern, hier eine neue Abwehrfront aufzubauen; ebenso wagte er es nicht, in der Verteidigung in Rußland und später im Westen sich vom krampfhaften Festklammern an den einmal erreichten Positionen zu lösen. Die gleiche Starrheit eignet auch seinen politischen Grundvorstellungen. Sein dogmatisch starres Rußlandbild ist eine der Ursachen der Katastrophe.

Er wurde schließlich zum Gefangenen des Bildes, das er sich von sich selber machte. In den frühen Jahren des Parteikampfes hat er sich mehr in der Rolle des Trommlers gesehen als in der eines zukünftigen absoluten Gewalthabers. Aber zur Technik seiner Massenwerbung gehörte die Propagierung des Führermythos, der sich durch die großen politischen Anfangserfolge der Zeit von 1933—1938 und dann durch die großen Siege in den Feldzügen der ersten Kriegsjahre, die gegen das Zögern oder gar den Widerspruch des Generalstabs errungen wurden, in ihm selbst als Überzeugung festigte. Wenn der Hitler der zwanziger Jahre noch in einer historischen Rolle, die er sich selbst zuschrieb, theatralisch posierte, so glaubte der wie durch ein Wunder von dem Bombenanschlag des 20. Juli Gerettete, daß durch den »Willen der Vorsehung« sein Geschick und das Deutschlands identisch seien. Oder war auch dies nur Pose? War er, wie es etwa Rauschning sieht, immer nichts anderes als der radikale Nihilist, der in Wirklichkeit nicht einmal an seine eigene Schicksalsberufung glaubte[21])? Es bleibt hier ein im letzten nicht zu durchdringendes Dunkel seiner Person. Wie dem auch sei, er züchtete den Führermythos, wenn er die beiden Parolen seiner Propaganda ernst zu nehmen verlangte, in denen die Grundordnung der Werte auf den Kopf gestellt wurde: »Recht ist, was dem Volke nützt« und »Der Führer hat immer recht«. Das Griechische gibt hierfür den prägnanten Begriff mit dem Worte ›diaballein‹ = verwirren, irreführen. Die welthistorische Größe Hitlers, der das Denken verwirrte, um nach kurzen Jahren eines steilen Anstiegs seiner Macht die Welt in Flammen zu setzen und mit seinem eigenen Sturz sein Volk mit hinabzureißen, ist diabolisch.

Zu Hitler bis 1923 s. Lit. zu § 40. DW 393/937 u. 397/59—78.
Selbstzeugnisse: A. HITLER, Mein Kampf. (Bd. 1: Eine Abrechnung 1925, Bd. 2: Die nat.-soz. Bewegung 1926; zahlreiche Neuauflagen bis 1944); G. L. WEINBERG (Hg.), Hitlers Zweites Buch. Ein Dokument aus dem Jahre 1928 (1961); H. PICKER, Hitlers Tischgespräche im Führerhauptquartier 1941—1942, hg. v. G. RITTER (1951); anstelle der hier vorgenommenen Aufgliederung nach Sachgesichtspunkten werden die Gespräche chronologisch dargeboten in der von P. E. SCHRAMM besorgten Neuausgabe (1963), wichtig auch wegen des vom Hg. in der Einleitung gezeichneten Bildes der Persönlichkeit Hitlers. Diese dt. Ausgaben enthalten von Picker u. H. Heim im Auftrag Bormanns angefertigte Niederschriften über Hitlers Tischmonologe. Auf Bormanns Redigierungen der Aufzeichnungen Heims u. Pickers (Bormann-Vermerke) beruhen die franz., engl. u. amerik. Ausgaben: ADOLF HITLER, Libres propos sur la guerre et la paix, recueillis sur l'ordre de Martin Bormann (Paris 1952) umfaßt nur die Zeit von Juli 1941 bis März 1942; der gesamte Bestand aus dem Bormann-Nachlaß, zeitlich weiter reichend als die dt. Ausgabe, in engl. Übersetzung in: H. R. TREVOR-ROPER (Hg.), Hitler's Table Talks 1941—1944 (London 1953); amerik. Parallelausgabe: Hitler's Secret Conversations 1941—1944 (New York 1953). Zur Textüberlieferung vgl. neben der Einleitung von P. E. Schramm E. JÄCKEL, Dokumentationen z. Gesch. des Zw. Weltkrieges, NPL 9 (1964). Äußerungen Hitlers von Februar u. April 1945, die Bormann aufnahm, in: H. R. TREVOR-ROPER (Hg.), Le Testament Politique de Hitler, Notes recueillis par Martin Bormann (Paris 1959, engl. Ausg. London 1961). — M. DOMARUS (Hg.), Hitler, Reden u. Proklamationen 1932—1945 (2 Bde. 1962/63); E. KLÖSS (Hg.), Reden des Führers. Politik u. Propaganda Adolf Hitlers 1922—1945 (Tb. 1967); Hildegard v. KOTZE / H. KRAUSNICK (Hg.), Es spricht der Führer. 7 exemplarische Hitler-Reden (1966); Reden aus der Zeit vor 1933: E. BOEPPLE (Hg.), Adolf Hitlers Reden (1934); H. PREISS (Hg.), Adolf Hitler in Franken. Reden aus der Kampfzeit (o. J., 1939); E. DEUERLEIN, Hitlers Eintritt in die Politik u. die Reichswehr, Dokumentation, VfZG 7 (1959); R. PHELPS, Hitler als Parteiredner im Jahre 1920, Dokumentation, VfZG 11 (1963); ders., Hitlers »grundlegende« Rede über den Antisemitismus, VfZG 16 (1968), Rede vom 13. 8. 1920; W. HORN, Ein unbekannter Aufsatz Hitlers aus dem Frühjahr 1924, VfZG 16 (1968); W. JOCHMANN, Im Kampf um die Macht. Hitlers Rede [28. 2. 26] vor dem Hamburger Nationalklub von 1919 (1960); H. A. TURNER, Hitlers geheime Broschüre für Industrielle 1927, in: ders., Faschismus u. Kapitalismus in Deutschland (1972); F. DICKMANN, Die Regierungsbildung in Thüringen als Modell der Machtergreifung. Ein Brief Hitlers aus dem Jahre 1930, VfZG 14 (1966); Th. VOGELSANG, Hitlers Brief an Reichenau v. 4. Dez. 1932, VfZG 7 (1959); W. TREUE, Hitlers Denkschrift zum Vierjahresplan 1936, VfZG 3 (1955). — W. MASER, Hitlers Briefe u. Notizen (1973); E. NOLTE, Eine frühe Quelle zu Hitlers Antisemitismus, HZ 192 (1961) sieht Hitler auch als Mitautor an von D. ECKART, Der Bolschewismus von Moses bis Lenin. Zwie-

gespräche zwischen Adolf Hitler u. mir (1925); dagegen mit guten Argumenten S. ESH, Eine neue literarische Quelle Hitlers?, GWU 15 (1964). — Dokumente zu Hitler als Parteiführer vor 1933 bei A. TYRELL, § 52; ferner zur Außenpolitik § 65, Anm. 9, § 69, Anm. 2; zur Kriegführung S. 491. — Zahlreiche frühere Hitlerbiographien u. Lebensbilder überholt durch die breit angelegte, anschaulich erzählende, psychologisch meisterhafte Darstellung v. J. C. FEST, Hitler. Eine Biographie (1973), dort auch ausführliches Lit.-Verz.; kritisch hierzu H. GRAML, Zur neuen Hitler-Biographie von J. Fest, VfZG 22 (1974). Zu den verschiedenen Deutungen Hitlers in der Forschung K. HILDEBRAND, Der »Fall Hitler«. Bilanz u. Wege der Hitler-Forschung, NPL 14 (1969). Von der zu Hitlers Lebzeiten erschienenen Literatur behält ihren Wert als Zeitdokument: Th. HEUSS, Hitlers Weg. Eine hist.-polit. Studie über den Nat.Soz. (1932), neu hg. u. eingeleitet v. E. JÄCKEL (1968), als erster Versuch einer objektivierenden, wissenschaftlichen Darstellung; ferner K. HEIDEN, Adolf Hitler (2 Bde. Zürich 1936/37). Bleibende Bedeutung kommt auch der ersten nach dem Ende Hitlers verfaßten wissenschaftlichen Biographie v. A. BULLOCK, Hitler. A Study in Tyranny (London 1951, erw. Aufl. dt. 1967), insofern zu, als hier entgegen der Zeittendenz zur Minimalisierung der Person Hitlers, die in ihm nur das Werkzeug von Junkern, Schwerindustrie u. Reichswehr sehen wollte, seine nihilistische Genialität herausgearbeitet wird. Wichtig für biographische Einzelheiten, aber nicht immer zuverlässig W. MASER, Adolf Hitler. Legende, Mythos, Wirklichkeit ([3]1972). — Eine knappe Systemdarstellung bietet E. JÄCKEL, Hitlers Weltanschauung. Entwurf einer Herrschaft (1969), dort auch Überblick über die Lit. zu der Frage, ob Hitler ein nihilistischer Machtpolitiker war ohne klare Ziele oder ob er über ein festes konsequent verfolgtes Programm verfügte; die programmatische Konsequenz betont H. R. TREVOR-ROPER, Hitlers Kriegsziele, VfZG 8 (1960); Herausarbeitung der irrationalen, letztlich nihilistischen Komponenten in Denken u. Sprache Hitlers bei M. BROSZAT, Betrachtungen zu »Hitlers Zweitem Buch«, VfZG 9 (1961). Zur Bedeutung der von Hitler vertretenen Vorstellungen für die Ideologie der NSDAP insgesamt sowie auch für die Politik nach 1933 ders., Soziale Motivation u. Führer-Bindung des Nat.soz., VfZG 18 (1970). — Zur Frage des »Stufenplans« s. u. Anm. 14; zur Nihilismus-Frage s. u. Anm. 21.

1) H. HAMMER, Die dt. Ausgaben von Hitlers »Mein Kampf«, VfZG 4 (1956); W. MASER, Hitlers Mein Kampf (1966). **2)** Zur Abwandlung des Begriffs der »germanischen Demokratie« vgl. unten § 56. **3)** Vgl. § 49. Zur Bewertung des nat.soz. »Sozialismus«: M. H. KELE, Nazis and Workers (Chapel Hill 1972); s. Lit. § 57, Anm. 20 u. 21. **4)** So zutreffend herausgearbeitet mit vielen Belegen bei E. JÄCKEL, Hitlers Weltanschauung, S. 75. **5)** Die Entwicklung vom Revisionismus zur Lebensraumprogrammatik ist in ihren einzelnen Schritten nachgewiesen bei A. KUHN, Hitlers außenpolitisches Programm. Entstehung u. Entwicklung 1919—1939 (1970); K. LANGE, Der Terminus »Lebensraum« in Hitlers »Mein Kampf«, VfZG 13 (1965). **6)** Mein Kampf (einbändige Ausg.), S. 742 u. 743. **7)** Zur Entwicklung dieses Aspektes im außenpolit. Programm Hitlers: W. W. PESE, Hitler u. Italien 1920—1926, VfZG 3 (1955); K.-P. HOEPKE, Die dt. Rechte u. der ital. Faschismus (1968); J. PETERSEN, Hitler—Mussolini. Die Entstehung der Achse Berlin—Rom 1933—1936 (1973). **8)** Mein Kampf, S. 742. **9)** Ebd., S. 740. **10)** Ebd., S. 148. **11)** H. G. ZMARZLIK, Der Sozialdarwinismus in Dtld. als geschichtl. Problem, VfZG 11 (1963), ergänzte Neuausgabe in: ders., Wieviel Zukunft hat unsere Vergangenheit? Aufsätze u. Überlegungen eines Historikers vom Jahrgang 1922 (1970). **12)** Mein Kampf, S. 145. **13)** Hitlers Zweites Buch (s. o.). **14)** Für die Abfolge solcher Zielsetzungen ist der Begriff »Stufenplan« in die wissenschaftl. Diskussion eingeführt worden von A. HILLGRUBER, Hitlers Strategie, Politik u. Kriegführung 1940—1941 (1965); ders., Kontinuität u. Diskontinuität in der dt. Außenpolitik von Bismarck bis Hitler (1969); ders., England in Hitlers außenpolit. Konzeption, HZ 218 (1974); in diesem Aufsatz, der einen Überblick über die unterschiedlichen Interpretationsansätze der Forschung gibt, werden Thesen zu der Frage aufgestellt, welche Rolle England für die verschiedenen »Stufen« der Planung von Hitler zugedacht war und in welchen »Etappen« sich das deutsch-brit. Verhältnis tatsächlich entwickelte. Der Begriff »Stufenplan« ist noch umstritten. Er suggeriert eine Systematik, von der es zweifelhaft ist, ob mit ihr die Visionen u. Inprovisationen Hitlers zutreffend bezeichnet werden. Auf jeden Fall aber hat sich dieses Konzept als ein fruchtbarer Anstoß für die Forschung erwiesen. Von ihm gehen aus u. a.: K. HILDEBRAND, Vom Reich zum Weltreich. Hitler, NSDAP u. koloniale Frage 1919—1945 (1969); ders., Dt. Außenpolitik 1933—1945. Kalkül oder Dogma? ([2]1973); J. HENKE, England in Hitlers polit. Kalkül 1935—1939 (1973); J. DÜLFFER, Weimar, Hitler u. die Marine — Reichspolitik u. Flottenbau 1920—1939 (1972). — Zu Hitlers Äußerungen über Weltmacht u. Weltherrschaft auch G. MOLTMANN, Weltherrschaftsideen Hitlers, in: Festschrift E. Zechlin (1961). **15)** Gespräche, die Hitler 1931 mit einem angesehenen bürgerlichen Journalisten, dem Chefredakteur der Leipziger Neuesten Nachrichten, Richard Breiting, führte, bekunden auch für diese Periode die Kontinuität seiner raumpolitischen Vorstellungen: E. CALIC, Ohne Maske. Hitler—Breiting Geheimgespräche 1931 (1968); Bedenken gegen die Verläßlichkeit dieser Quelle werden erhoben v. H. MOMMSEN in »Der Spiegel«, 27. 1. 1972. **16)** Zur Wirkung des Buches bis 1933 vgl. K. LANGE, Hitlers unbeachtete Maximen. »Mein Kampf« u. die Öffentlichkeit (1968); aufschlußreich für die zeitgenössische Beurteilung Hitlers u. seiner Partei auch P. W. FABRY, Mutmaßungen über Hitler. Urteile von Zeitgenossen (1969). **17)** Schriften der Brüder Strasser s. § 49, Anm. 12. **18)** F. MEINECKE, Die deutsche Katastrophe (1946), verweist auf frühere Bestrebungen, Nationalismus und Sozialismus zu verbinden, insbesondere auf Friedrich Naumann, der in seiner nationalsozialen Bewegung nach einer positiven Synthese der beiden Tendenzen gesucht hatte. Wenn der damalige Versuch — so Meinecke —, »Bürgertum und Arbeiterschaft in den großen Hauptphasen des öffentlichen Lebens in Harmonie zu bringen«, gelungen wäre, »so würde es wohl nie zu einer Hitlerbewegung gekommen sein« (S. 34). Theodor Heuß, Sachwalter des geistigen Erbes von Friedrich Naumann, hatte schon in seinem Buch über »Hitlers Weg« (1932) einen Problemzusammenhang zwischen national-sozial und national-sozialistisch gesehen (S. 164), verwahrt sich aber in seiner Friedrich-Naumann-Biographie mit Recht gegen Versuche, Friedrich Naumann wegen seiner Idee einer national-sozialen Synthese unter die »Vorläufer« Hitlers einzureihen, indem er feststellt: »Die Männer, die in ihren Jugend- und werdenden Reifejahren von Naumann erfaßt und bestimmt wurden, haben sich nach 1918, auch nach 1945 in die verschiedenen politischen Gruppen verteilt. Kein einziger, der irgendeinmal in einer, wenn auch nur bescheidenen Verantwortung gestanden hatte, ist nach 1933 in Hitlers Gefolgschaft als aktive Kraft sichtbar geworden ... Wer von Naumann aus den Weg in das öffentliche Leben fand, war durch einen elementaren sittlichen Impuls bestimmt gewesen. Nur dies feite ihn gegen eine Bewegung, deren Führerschicht auch den ganz primitiven sittlichen Maßstab verwarf, verhöhnte und verlachte, weil sie das Spannungsproblem zwischen Ethik und Macht überhaupt nicht empfand.« Th. HEUSS, Friedrich Naumann. Der Mann, das Werk, die Zeit (^{2}1949), S. 512; vgl. auch die Einleitung von E. JÄCKEL zur Neuauflage von »Hitlers Weg« (1968). **19)** J. BURCKHARDT, Weltgeschichtliche Betrachtungen (Kröner-Ausgabe 1946), S. 234. **20)** E. v. MANSTEIN, Verlorene Siege (1955). **21)** So in den Schriften des ehemaligen nat.soz., später emigrierten Senatspräsidenten von Danzig, Hermann RAUSCHNING, Die Revolution des Nihilismus (Zürich 1938, gekürzte Neuausg. v. G. MANN, 1964), ders., Gespräche mit Hitler (Zürich 1940). Nach E. JÄCKEL (a. a. O., S. 14) ist den Schriften Rauschnings kein Quellenwert für Hitler zuzubilligen. Er verwirft namentlich die These aus Rauschnings Nihilismusbuch, daß es kein Ziel gegeben habe, »das nicht der Nat.Soz. um der Bewegung willen jederzeit preiszugeben oder aufzustellen bereit« gewesen wäre. Differenzierter urteilt hierüber Th. SCHIEDER, Hermann Rauschnings »Gespräche mit Hitler« als Geschichtsquelle (1972). Die in den Jahren 1932/34 geführten, anhand von Notizen Rauschnings später aufgezeichneten, also nicht wörtlich zu nehmenden Gespräche mit Hitler bezeugen jedenfalls die Kontinuität von Hitlers Raum- und Rassendogmatik, wie sie in «Mein Kampf« zum erstenmal entwickelt vorliegt. Rauschning selbst — so Schieder — habe in den »Gesprächen« seine ursprünglich pointiert vorgetragene These vom doktrinlosen Nihilismus Hitlers durch Aufzeigen von inhaltlich konstanten Elementen seiner »Weltanschauung« korrigiert. Es ist zu fragen, ob nicht zutreffender als mit dem von Hitler verwendeten Begriff »Weltanschauung« der Komplex seiner Fundamentalüberzeugungen mit dem Begriff »Ideologie« bezeichnet wird, insofern die Rasse- und Raumdoktrin nichts ist als die Verhüllung eines in sich selbst sinnlosen Machtwillens. Daß diese Ideologie nicht inhaltsleer ist, sondern, wie bei Jäckel nachgewiesen, dogmatische Elemente enthält, an denen sich Hitlers Denken kontinuierlich orientiert hat, ist kein Einwand gegen die Subsumierung dieser »Weltanschauung« unter den Begriff des Nihilismus, sondern macht diesen Begriff wegen des spezifischen Inhalts des Hitlerschen Credo geradezu erforderlich. Überzeugend wird der Nihilismusbegriff im Zusammenhang einer Reflexion über den Faschismus von Richard Löwenthal verwendet, wenn er schreibt: »Doch das geschichtliche Element in den Bedingungen der Entstehung und des Sieges des Faschismus geht über die Sphäre der aufzählbaren wirtschaftlichen, sozialen und politischen Institutionen, der gewissermaßen greifbaren Überreste einer vordemokratischen Vergangenheit weit hinaus. Besonders der deutsche Nationalsozialismus hat eine zerstörende explosive Wucht, eine Berserkerwut in der Verneinung anerkannter Werte der europäischen Tradition entfaltet, deren Wurzeln wir in einer anderen Dimension des geschichtlichen und gesellschaftlichen Geschehens suchen müssen. Die tierische Auffassung vom Menschendasein, deren konsequente Durchführung von der Rassentheorie über die ›Vernichtung lebensunwerten Lebens‹ bis zur Ausrottung von Millionen mit den sonst für schädliche Insekten reservierten Methoden geführt hat, ist mehr als eine Begleiterscheinung der totalen Kriegswirtschaft oder eine Folgeerscheinung der totalen Diktatur: Sie ist der Ausdruck eines umfassenden geschichtlichen Prozesses — der nihilistischen Revolte gegen Europa. Diese Revolte hat eine gesamteuropäische und eine spezifisch deutsche Seite. Die humanistische Tradition, die in christlichen, liberalen oder sozialistischen Formen jeder Art von zivilisierter Gemeinschaft in Europa zugrunde liegt, ist wie jede Errungenschaft menschlicher Gesittung immer wieder vom Hereinbrechen des Chaos bedroht.«; aus P. SERING, pseud. für R. LÖWENTHAL, Jenseits des Kapitalismus (1946), Neudruck in E. NOLTE (Hg.), Theorien über den Faschismus (1967), S. 412. Zum Nihilismus des »Geistes der Entschlossenheit« als des Kerns der Weltanschauung Hitlers auch M. BROSZAT, Betrachtungen zu »Hitlers Zweitem Buch«, VfZG 9 (1961).

§ 52 Die Hitlerbewegung

Die nationalsozialistische Partei befand sich bei der Rückkehr Hitlers aus der Haft Ende 1924 in einer tiefen Krise. Sie war im ganzen Reichsgebiet verboten worden, und ihre Anhänger waren in mehrere miteinander rivalisierende Gruppen gespalten. Ein Teil hatte sich in der »Großdeutschen Volksgemeinschaft« gesammelt, in der Alfred Rosenberg, Julius Streicher aus Nürnberg, der schamloseste der Antisemiten, Herausgeber der pornographischen Zeitung »Der Stürmer«, und Philipp Bouhler, der spätere Chef der »Kanzlei des Führers«, eine führende Rolle spielten. Daneben bildete sich in Bayern ein »Völkischer Block«, der sich mit der norddeutschen, 1922 gegründeten »Deutschvölkischen Freiheitspartei« zur »Nationalsozialistischen Freiheitsbewegung« verband[1a]). An der Spitze standen der Deutschvölkische v. Graefe, der Nationalsozialist Gregor Strasser und Ludendorff. Diese Partei errang bei den Wahlen zum Reichstag im Mai 1924 32 Mandate, davon 10 Nationalsozialisten, aber bei den Wahlen im Dezember des gleichen Jahres nur noch 14 Mandate, davon lediglich 4 Nationalsozialisten. Hitler ist es nach seiner Entlassung sehr bald gelungen, den größten Teil der rivalisierenden Anhänger wieder unter seiner Führung zusammenzufassen. Die »Nationalsozialistische Freiheitsbewegung« zerfiel. Die norddeutschen Völkischen gingen unter Graefe ihre eigenen Wege, ohne daß sie noch einmal parlamentarische Bedeutung erlangt hätten. Am 27. Februar 1925 wurde die NSDAP erneut gegründet. Die »Großdeutsche Volksgemeinschaft« und der »Völkische Block« lösten sich auf. Von Bedeutung war es, daß die Partei, die bis 1924/25 im wesentlichen auf Bayern beschränkt war, in der Folgezeit auch das Erbe der völkischen Vereinigungen in Norddeutschland antreten konnte. Dort entstand im Herbst 1925, größtenteils ohne Hitlers Zutun, die »Arbeitsgemeinschaft Nordwest«, die sich in mancher Hinsicht von dem süddeutschen Nationalsozialismus unterschied und sich anfangs als dessen Konkurrent empfand. Es gelang Hitler jedoch, die wichtigsten Führer der Arbeitsgemeinschaft für sich zu gewinnen bzw. sie durch die Ernennung des populären und loyalen Gregor Strasser zum Organisationsleiter der Partei an seine Person zu binden. Die Wahlerfolge der Partei waren bis 1928 gering. Dann setzte durch die Förderung, die Hitler durch das Bündnis mit Hugenberg und Seldte zuteil wurde, durch die beginnende Weltwirtschaftskrise und den durch den Übergang zur Präsidialregierung heraufbeschworenen Verfassungskonflikt der rasche Aufstieg des Nationalsozialismus ein. Die Mitgliedsnummern — die nicht der Zahl der tatsächlich in einem bestimmten Zeitpunkt vorhandenen Parteimitglieder entsprechen — stiegen von 32 373 im März 1926 über 85 464 im März 1928 auf 1 002 157 im März 1932. Die Zahl der Parteimitglieder betrug am Tage des Hitlerputsches 1923 55 287, am Tage der Machtübernahme 1933 849 009 (ohne die Angehörigen der SA und anderer Glierungen der Partei, soweit sie nicht Mitglieder der Politischen Organisation, PO, waren).

Der Nationalsozialismus verstand sich selbst als Hitlerbewegung. Die Parteijugend nannte sich nach ihm, und die Menschen, die der Hakenkreuzfahne folgten, versicherten einander mit dem »Heil Hitler«-Gruß, daß sie im Zeichen dieses Namens eine Erfüllung erwarteten, die jenseits nüchterner politischer Zielsetzungen lag. In der Tat war diese Bewegung unverwechselbar geprägt durch diesen Menschen. Wenn man sich im Kreise derer umsieht, die seit der »Kampfzeit« in der nationalsozialistischen Bewegung standen und später zu den Mächtigen im Dritten Reich gehörten, so ist es undenkbar, daß sich die Hitler zuströmenden Massen mit irgendeinem von ihnen so identifiziert hätten wie mit ihm. Martin Bormann[1]) war in den letzten Jahren der nationalsozialistischen Herrschaft der einflußreichste von allen, aber er wirkte als Leiter des Stabes des persönlich unbedeutenden Rudolf Heß[2]) (Privatsekretär Hitlers, Dezember 1932 Vorsitzender der Politischen Zentralkommission, April 1933 »Stellvertreter des Führers«) und nach dessen England-Flug seit 1941 als Leiter der Parteikanzlei hinter den Kulissen, eine Bürokratennatur, die zu jeder Art von öffentlichem Auftreten ungeeignet war. Der Gegentyp zu ihm war Hermann Göring[3]), lange Zeit der populärste unter den »Paladinen« des Führers. Kampfflieger im Ersten Weltkrieg, Führer der berühmten Richthofen-Staffel, Träger des Pour le mérite, der höchsten Tapferkeitsauszeichnung, vor der Feldherrnhalle am 9. November 1923 als Führer der SA verwundet, ins Ausland entkommen und erst 1927 nach einer Amnestie zurückgekehrt, galt er als der »Zweite Mann« nach Hitler, dem er den Weg zur Macht durch seine gesellschaftlichen Beziehungen in Berlin ebnen half. Hier fungierte er nach dem Juli 1932 als Reichstagspräsident. Zu dem »ideologischen Kram« der NS-Gläubigkeit hatte er ebensowenig ein Verhältnis wie zum Recht, das der Gewalt Grenzen setzt. Seine joviale Robustheit, sein zur Schau gestellter Macht- und Lebensgenuß, seine zuletzt am Schein der Macht mit den Orden und Phantasieuniformen eines »Reichsmarschalls« sich noch mehr als an der Macht selbst befriedigende Eitelkeit gab seiner Figur einen Zug ins Lächerliche. Er fiel mit seiner Mentalität ganz und gar aus der permanenten weltanschaulichen Überanstrengung des NS-Klimas heraus. Der prahlerische »Zweite Mann« hätte nie ein Erster sein können.

Sehr bescheiden waren die Anfänge des späteren SS-Gewaltigen und Herrn über die Polizei, Heinrich Himmler[4]). Er gehörte zu den Kriegsfreiwilligen, deren Weg nach dem Zusammenbruch in die Verbände des revolutionären Nationalismus führte. Beim Marsch auf die Feldherrnhalle war er dabei, arbeitete zeitweilig mit Gregor Strasser zusammen, trat aber nicht hervor, bis ihn Hitler 1929 mit der Führung der SS betraute. Er war ohne Wärme und Ausstrahlungskraft und im Gegensatz zu Göring ein engstirniger Fanatiker des Rassegedankens und der Blut-und-Boden-Ideologie, die er bis in ihre absurdesten Konsequenzen durchzog und zu verwirklichen suchte, kein Volksführer, der des Appells an die Massen fähig gewesen wäre, sondern ein kalter Rechner beim systematischen Aufbau eines von ihm beherrschten Machtapparates, der von innen her die Bewegung durchdrang.

Das größte demagogische Talent des Nationalsozialismus war Joseph Goebbels[5]). Er hatte bei dem berühmten jüdischen Literaturwissenschaftler Friedrich Gundolf in Heidelberg studiert, danach mit schriftstellerischen Versuchen aber keinen Erfolg gehabt und schließlich in der NS-Bewegung das Wirkungsfeld gefunden, auf dem sich seine propagandistischen Fähigkeiten entfalten konnten. Dem Strasser-Kreis angehörend, kokettierte er ideologisch zunächst mit den Kommunisten[6]). Er sprach verächtlich von den »Münchener Bonzen« und dem »kleinen Bourgeois Hitler«, bis er 1926 sein Damaskus erlebte und von nun an einen hemmungslosen Führerkult inszenierte. Seiner physisch-psychischen Erscheinung nach war er als Intellektueller, der sich mit Gewaltanstrengung gegen sich selbst zum Glauben zwang, und als körperlich Behinderter mit einem verkrüppelten Fuß der leibhaftige Kontrast zur nordischen Heldenfigur der NS-Ideologie. Wenn er die »Kanaille Mensch«, wie er sie nannte, im Berliner Sportpalast zur Raserei aufzuputschen verstand, blieb er selbst kühl und beherrscht. Er war zu klug, um zu glauben, was er sagte. Im Grunde ohne eigene politische Substanz, löschte er sich in widerlichem Byzantinismus vor der Person Hitlers selber aus, in dieser Hinsicht aber konsequent bis zum schmachvollen Ende hin.

Der Aufstieg des Nationalsozialismus als einer national-revolutionären Bewegung ist unter den politischen, wirtschaftlichen und sozialen Gegebenheiten Deutschlands im 20. Jahrhundert schließlich denkbar ohne diese Namen, aber als Sammlungsbewegung, in die Zuflüsse aus allen Schichten des Volkes einmündeten, nicht ohne die Integrationsfigur Hitlers. Natürlich hat Hitler die Bewegung nicht aus dem Nichts geschaffen, wie er sich selber gerne stilisierte, wenn er die »Kampfzeit« vor seinen Zuhörern ausbreitete. Es schien dann so, als habe am Anfang der Entschluß des einsamen, verwundeten Soldaten gestanden, Politiker zu werden, und als habe es für die stetig wachsende Partei keine inneren Rivalitäten und Kämpfe, sondern nur äußere Feinde gegeben. In Wirklichkeit war die Führerideologie, der Anspruch Hitlers, in der Bewegung der Alleinbestimmende zu sein, zwar schon vor dem Putsch im November 1923 angemeldet, aber endgültig setzte sie sich als das die Organisation der Partei und ihrer Gliederungen bestimmende Führungsprinzip erst in den Jahren nach der Rückkehr Hitlers aus der Festungshaft in Landsberg durch. Das Problem des Nationalsozialismus liegt im Kern nicht in der Person Hitlers, der trotz der Außerordentlichkeit seiner rednerischen Begabung und seines taktischen Geschicks ohne innere, einen Biographen lockende Spannweite gewesen ist. Es liegt auch nicht in seiner Ärgernis erregenden, in seelischer Erstarrung und mit unbewegter Konsequenz befolgten Weltanschauung. Die Frage, die der Erklärung bedarf, lautet, warum ihm die Menschen in Deutschland in solcher Menge zuströmten.

In den Kapiteln über die Weimarer Republik wurde dargelegt, aus welchen inneren und äußeren Gründen die parlamentarische Demokratie in Deutschland versagte. Zurückblieb das durch die Republik unerfüllte und eben durch ihr Scheitern als objektiv berechtigt erwiesene Verlangen vieler, über der gesellschaftlichen Zerrissenheit und dem Parteienstreit das Verbindende wieder zur Geltung gebracht und das Gemeinwohl als Richtschnur politischen Handelns anerkannt zu sehen. Dem Klassenkampf von oben und unten und der Ideologie des permanenten gesellschaftlichen Konflikts stellte sich ein elementares Verlangen nach Autorität, Ordnung und »Volksgemeinschaft« entgegen. Die Binsenwahrheit, daß Gemeinnutz vor Eigennutz geht, wurde von der Propaganda Hitlers als Schlagwort für seine in der Zielsetzung die Klassen übergreifende Sammlungsbewegung aufgegriffen. Man kann dieses Verlangen nach Gemeinschaft als irrational bezeichnen, insofern es sich in rückwärtsgewandte Traumbilder einer idealisierten bäuerlich-handwerklich-ständischen Ordnung verlor. Ein rationaler Kern steckte insofern darin, als gerade eine demokratische Industriegesellschaft mit ihren organisierten legitimen Gruppeninteressen auf die Bereitschaft zum Ausgleich als Bedingung ihres Gedeihens angewiesen ist. In die Verachtung des versagenden Parteienstaates mischte sich das durch Propaganda aufgepeitschte Gefühl der nationalen Frustration und in der Wirtschaftskrise die Angst der bürgerlichen Massen vor dem gesellschaftlichen Abgleiten und dem Verlust der überkommenen Lebensformen. Vielen so Gestimmten erschien Hitler als die Verkörperung der gleichen Ängste und Sehnsüchte. Man nahm ihm ab, was er sagte. In ihm empfand die ihm zuströmende Menge zugleich die personifizierte Zuversicht einer kommenden Befreiung und Erfüllung. Entscheidend aber war, daß diese Erfüllung in pseudoreligiösen politischen Ritualen der Bewegung vorweggenommen und als hier und jetzt sich schon vollziehend erlebt wurde: in der ziellosen Dynamik der marschierenden Kolonne, in der Gleichmachung durch die politische Uniform, im Symbol der Fahne, in der sich das Rot der Revolution mit dem Schwarz-weiß-rot der nationalen Reichserinnerung verband, in dem mystifizierenden Zeichen des Hakenkreuzes. Sakramentalen Charakter hatten der Märtyrerkult, der Blutorden, die Standartenweihen mit der Blutfahne, die Strahlendome und, millionenfach erlebt, die Liturgie der Hitlerversammlungen, die sich zum besinnungslosen Aufschrei der versammelten Massen steigerte. In diesen auf die Person Hitlers bezogenen Erlebnissen unkontrollierter Selbstpreisgabe lag zu einem guten Teil die Realität der Bewegung. Sie hatte mit konkreter politischer Programmatik wenig zu tun und war völlig bar jedes durchdachten Angebots für politische, gesellschaftliche oder wirtschaftliche Sachlösungen.

Die ihm zujubelnde Menge legte sich keine Rechenschaft darüber ab, daß Hitler es gerade mit den extremen Vorstellungen seiner Weltanschauung ernst meinte und daß in »Mein Kampf« offen ausgesprochen war, was er wollte. Es hat keine »Geheimlehre« Hitlers gegeben, die er nur einem engeren Kreis anvertraut hätte und die Rauschning zu enthüllen meinte. Was in Rauschnings Gesprächen mit Hitler über die Antriebe seines Denkens und Handelns gesagt wird, hätte schon vor dem 30. Januar 1933 den fast 300 000 unter die Leute gebrachten Exemplaren von »Mein Kampf« entnommen werden können. Man hat zu Recht dieses Buch als den wohl am wenigsten gelesenen Bestseller bezeichnet[7]). Und die wenigen, die die Qual einer genauen Lektüre auf sich nahmen, vermochten es nicht für möglich zu halten, daß gerade in den horrenden Vorstellungen von Judenausrottung und Ostkrieg um Lebensraum die zentrale programmatische Aussage Hitlers enthalten war[8]). Eine solche Feststellung erklärt, warum man Hitler weithin für einen anderen nahm als er war, aber sie entschuldigt nicht die diesem Mißverständnis zugrunde liegende Blindheit. Nur einer zutiefst unpolitischen und aus religiösen Bindungen gelösten Denkweise war es möglich, sich einem solchen politischen Propheten als einem Heilsverkünder auszuliefern.

Zur Nichtbeachtung des in Hitlers Buch enthaltenen Programms mußte auch beitragen, daß Hitler in seinen Reden dieses allenfalls vage andeutete. Den größten Raum nahmen in seinen Reden die Angriffe auf das Weimarer System, auf die Demokratie und das Parteiwesen überhaupt sowie auf die jeweilige Regierung ein. Sie waren eine Artikulation verbreiteter Unzufriedenheiten — wobei er die Schwerpunkte nach den Vorstellungen der jeweiligen Zuhörerschaft setzte — und eine Beschwörung der aus der sozialen, wirtschaftlichen und politischen Lage sich ergebenden Gefahren. Demgegenüber blieben seine Aussagen über die Ziele des Nationalsozialismus so unbestimmt, daß man sich zwischen 1930 und 1933 allgemein fragte, was Hitler neben der Diktatur eigentlich wolle und welche politischen Lösungen er anzubieten habe. Stellt man zusammen, was Hitlers Reden an positiven Zielsetzungen enthalten, so erscheinen als konstante Faktoren die Beseitigung des Marxismus, die Überwindung des Klassenkampfes durch die »nationale Volksgemeinschaft«, die Ablehnung der »pazifistischen« Gesinnung, die Anerkennung des Kampfes als allgemeines »Lebensprinzip«, die Erziehung des deutschen Volkes zu nationaler Gesinnung und »Wehrfreudigkeit«, der Führergedanke als Alternative zum Parlamentarismus und die Wiederherstellung der nationalen Größe Deutschlands. All dies bleibt jedoch ohne konkrete Aussagen über die politische Ausführung. Hitler operierte mit Schlagworten, die jeder in seinem Sinn auslegen konnte. Der Rassegedanke und der Antisemitismus, bis 1928/29 der hervorstechende Zug seiner Äußerungen, traten in den Reden der folgenden Jahre zurück. In ihnen erschien der Marxismus als letzte Ursache des inneren und äußeren Niedergangs Deutschlands. Wenig war in dieser Zeit vom Lebensraumgedanken die Rede, der doch in den Reden aus den Jahren 1927—1929 häufig ein Drittel des ganzen Textes ausgemacht hatte und dort ziemlich deutlich mit dem Ziel der Eroberung von »Siedlungsland« im Osten verbunden gewesen war[9]). Weiter trug zur Verwischung der Konturen im politischen Programm der Partei bei, daß verschiedene Redner die Schwerpunkte anders setzten als Hitler oder sich auch gegenseitig widersprachen. Diese Vielfalt vergrößerte sich noch, als seit 1928 in den Sonderabteilungen der Partei Programme für spezifische Bevölkerungsgruppen ausgearbeitet wurden, die genau auf deren Belange zugeschnitten waren, ohne daß sie in einem systematisierten Gesamtprogramm der NSDAP aufeinander abgestimmt worden wären. Hitler lehnte es ausdrücklich ab, sich auf eines dieser Programme oder auch nur auf spezielle politische oder wirtschaftliche Forderungen festzulegen, weil jede Festlegung Angriffspunkte schaffen und die Möglichkeit beeinträchtigen konnte, alle Schichten der Bevölkerung anzusprechen. So bemühte er selbst sich seit 1929, insbesondere die sozialrevolutionären Elemente im Programm der Partei herunterzuspielen und sich gegenüber dem Bürgertum als konservativ darzustellen; gleichzeitig betonte die Partei jedoch den nationalen Sozialismus, um in den Großstädten, vor allem in Berlin, einen Einbruch in die Arbeiterbevölkerung zu erzielen. In den Vordergrund der gesamten nationalsozialistischen Propaganda rückte nun der Kampf gegen die marxistischen Parteien und die massive Diffamierung der Regierungen von Müller bis Schleicher. Um die christlich-konservativen Wähler zu gewinnen, schaltete die Partei von der anfangs stark betonten Kirchenfeindlichkeit um auf die Betonung ihrer positiven Einstellung zum Christentum[10]) und ihrer Ablehnung des marxistischen Atheismus. Der vieldeutige Charakter dieser Propaganda minderte nicht ihre Werbekraft, sondern trug im Gegenteil wesentlich zum Erfolg der Partei bei. Denn jede Gruppe von Anhängern war bereit zu glauben, daß Hitler sich gerade ihrer Sorgen annehme.

Um das Verhältnis zwischen Hitler und seiner »Gefolgschaft« zu begreifen, liegt der Begriff des charismatischen Führertums[11]) bereit. Bei Max Weber, der diesen Begriff geprägt hat, heißt es: »Das ewig Neue, Außerwerktägliche, Niedagewesene und die emotionale Hingenommenheit dadurch sind hier Quellen persönlicher Hingebung ... Ganz ausschließlich dem Führer, rein persönlich, um seiner persönlichen, unwerktäglichen Qualitäten willen wird gehorcht, nicht wegen gesatzter Stellung oder traditionaler Würde ... Der Verwaltungsstab ist ausgelesen nach Charisma und persönlicher Hingabe: dagegen weder nach Fachqualifikation (wie der Beamte) noch nach Stand (wie der ständische Verwaltungsstab) ... Es fehlt der rationale Begriff der ›Kompetenz‹ ebenso wie der ständische des ›Privilegs‹ ... Der Verwaltung — soweit dieser Name adäquat ist — fehlt jede Orientierung an Regeln ... Tat und Beispiel, Entscheidung von Fall zu Fall ... charakterisiert sie.«[12]) Im Falle des Nationalsozialismus war die mit dem Begriff des charismatischen Führertums bezeichnete Irrationalität und besonders die in den Massenversammlungen erzeugte rauschhafte Identifikation mit der in der Person des Führers inkarnierten Idee zugleich das Ergebnis einer kühlen Zweckrationalität. Der Ablauf der Kundgebungen war in seinem Ritual auf den gewünschten emotionalen Effekt hin psychologisch genau durchkalkuliert. Auch von der Technik wurde bei der Anlage von Kundgebungskampagnen planmäßig Gebrauch gemacht. Wohlorganisierte Deutschlandflüge erlaubten es Hitler, mehrere solcher Kundgebungen an einem Tage zu bedienen und die harrende Menge durch die Erscheinung des gleichsam allpräsenten »Führers« hinzureißen. Seine Legitimation als Führer war plebiszitär. Sie wurde unmittelbar und ständig von der Basis her erneuert. Dem kam zugute, daß die in vielen Ländern wie Preußen, Sachsen und Bayern bestehenden Redeverbote für Hitler in den Jahren 1927/28 aufgehoben wurden. Seine Einbürgerung in Braunschweig 1932 — er wurde dort von einer bürgerlich-nationalsozialistischen Koalitionsregierung zum Regierungsrat ernannt — ermöglichte es ihm, sich um die Reichspräsidentenschaft gegen Hindenburg zu bewerben und eine Wahlkampagne von einer bis dahin unerhörten Vehemenz zu führen.

Der ständig in Gang gehaltene Prozeß einer Legitimierung von der Basis her versetzte Hitler in die Lage, seinen Führungsanspruch auch innerhalb der Parteiorganisation im Verhältnis zu den Unterführern und gegenüber der Parteiapparatur zur schließlich unbestrittenen Geltung zu bringen. Am 22. Mai 1926 war auf einer Generalversammlung der Partei in München das Parteiprogramm vom 24. Februar 1920 für unabänderlich erklärt worden. Hitler beanspruchte in der Folgezeit das Monopol für die Programminterpretation, die Unfehlbarkeit für diese Interpretation und die unbeschränkte Vollmacht für die Führung der Bewegung auch dann, wenn er sich mit dem Parteiprogramm in Widerspruch setzte. Das ging nicht ohne innerparteiliche Auseinandersetzungen ab; waren doch die Orts- und Gauverbände der Partei vielfach spontan und keineswegs zentral gesteuert entstanden. Es gab lokale und regionale Führer mit eigenem Anspruch und eigener Zielsetzung. Hitler bediente sich ihnen gegenüber der alten Herrschaftsregel des »teile und herrsche«. Dies galt insbesondere gegenüber dem sog. linken Flügel der Partei, der zeitweilig seinen Rückhalt in der »Arbeitsgemeinschaft Nordwest« hatte. Es gelang Hitler, den dazu gehörenden Joseph Goebbels im Laufe des Jahres 1926 ganz auf seine Seite herüberzuziehen und die von dieser Gruppe ausgehenden Versuche zu einer Revision des Programms zu vereiteln, indem er alle Richtungskämpfe in der Partei untersagte. Die Arbeitsgemeinschaft wurde aufgelöst. Wie bei allen anderen Auseinandersetzungen um die Ziele und die Ideologie des Nationalsozialismus vermied Hitler es jedoch, abweichende Meinungen als falsch zu verbieten und damit den Konflikt mit bestimmten Gruppen in der Partei zu provozieren. Er ließ die verschiedenen Auffassungen weiterbestehen, sofern nicht seine Führerstellung und seine Taktik gefährdet wurden. Sah er sich zum Eingreifen veranlaßt, so führte er die Auseinandersetzungen unter Berufung auf persönliche Unzulänglichkeiten, nicht aber als Kampf gegen eine programmatische Richtung.

Das zeigte sich sehr deutlich 1930 beim Ausscheiden Otto Strassers, des Wortführers des sozialrevolutionären Flügels[13]). Strasser und sein Kreis opponierten gegen Hitlers Legalitätskurs und das Bündnis mit dem nationalen Bürgertum. Obwohl das Unbehagen daran von einem nicht unbeträchtlichen Teil der Parteimitglieder geteilt wurde, konnte Hitler Strasser isolieren und damit erreichen, daß ihm nur wenige Führer des linken Flügels folgten. Dasselbe galt für den Konflikt mit Gregor Strasser Ende 1932, der zu einer ernsthaften Krise in der Partei hätte führen können. Er entzündete sich an der Frage, ob sich die Partei nach dem Wahlerfolg im Juli 1932, der sie zur stärksten Partei im Reichstag gemacht, aber nicht in den Besitz der absoluten Mehrheit gebracht hatte, weiterhin, wie Hitler es wollte, auf die parlamentarische Obstruktion und die Forderung nach dem Kanzleramt in einer Präsidialregierung festlegen sollte. Die Richtigkeit dieses Standpunktes des »alles oder nichts« wurde von einem größeren Teil der Parteimitglieder so weit in Frage gestellt, daß spürbare Zweifel an Hitlers Alleinzuständigkeit für die Festlegung der Kampftaktik auftraten. Gregor Strasser machte sich zum Sprecher derer, die die erreichte Macht zur Zusammenarbeit mit anderen Parteien der Rechten und zur Beteiligung an einem Koalitionskabinett auch unter einem nicht nationalsozialistischen Kanzler ausnutzen wollten. Als Strasser eigenmächtig mit Schleicher über den Eintritt in dessen Regierung verhandelte, entschloß sich Hitler, ihn aus der Partei hinauszudrängen. Er warf ihm vor, seine eigenen Bemühungen um die Kanzlerschaft zu untergraben. Strasser nahm den Kampf nicht auf; er legte resigniert seine Parteiämter nieder und zog sich zurück.

Ein Beispiel dafür, in welchem Maße Hitler sein Interpretationsmonopol zu wahren wußte, ist der Fall Rosenberg[14]. Alfred Rosenberg, der zum Münchener Gründerkreis der NSDAP gehörte, hatte als Chefredakteur des »Völkischen Beobachter« eine einflußreiche Stellung. In seinem Buch »Der Mythus des zwanzigsten Jahrhunderts« (1930) verkündete er in scharfer Wendung gegen das Christentum eine politischvölkische Religiosität. Hitler hielt solche Spekulationen für überflüssig und taktisch schädlich. Der »Mythus des zwanzigsten Jahrhunderts« wurde deswegen als Äußerung privater Ansichten abgetan und ihm jede parteiprogrammatische Verbindlichkeit bestritten, ohne daß jedoch die Tätigkeit Rosenbergs eingeschränkt worden wäre.

Hitler hat in seiner Bewegung nur einen einzigen Rivalen gehabt, der ihm das Führermonopol ernsthaft streitig machte: Ernst Röhm[15]). Als Stabsoffizier im Münchener Reichswehrkommando in den ersten Nachkriegsjahren mit der Organisation und Bewaffnung von Wehrverbänden befaßt, hat Röhm durch seine Verbindungen dem von ihm protegierten Hitler den Weg in die Politik eröffnet. Zwei Monate vor dem Novemberputsch des Jahres 1923 faßte er mehrere Wehrverbände, unter ihnen die damals unter der Leitung Görings stehenden Sturmabteilungen der NSDAP, zum »Deutschen Kampfbund« zusammen. Nach dem Scheitern des Putsches hielt der inzwischen aus der Reichswehr ausgeschiedene Soldat an der Vorstellung fest, die SA als Wehrverband neu zu schaffen, während Hitler aus dem 9. November die Lehre zog, daß eine gewaltsame Eroberung der Macht durch Putsch und Bürgerkrieg nicht möglich sei. Der SA schrieb Hitler die Aufgabe zu, nicht den Staat, sondern die Straße zu erobern, die Macht der Partei zu demonstrieren und die Kundgebungen der Bewegung zu schützen. Er wollte die SA als ein Propagandainstrument in seiner Hand und nicht länger als eigenständigen Wehrverband, der mit einer gewissen Verachtung auf die politische Organisation der Partei herabsah. 1925 kam es zum Bruch zwischen den beiden Männern. Nach einem gescheiterten Versuch, im bürgerlichen Leben Fuß zu fassen, folgte Röhm einem Ruf als militärischer Berater nach Bolivien. Von hier holte ihn Hitler zurück und ernannte ihn im Jahre 1930 zum »Stabschef« der SA, nachdem er zuvor die SA-Führer persönlich auf sich als »Obersten SA-Führer« verpflichtet hatte. Durch die formelle Unterordnung Röhms unter Hitler wurde freilich der Dualismus Partei-Wehrverband nicht aus der Welt geschafft. Unter Röhms Führung schwoll die SA in den Krisenjahren der Weimarer Republik nicht zuletzt durch den Zustrom zahlreicher, von den SA-Küchen und SA-Heimen angelockter Arbeitsloser zu einem mehrere Hunderttausende umfassenden Verband an. Die Rivalität zwischen Wehrverband und politischer Bewegung, zwischen Röhm und Hitler, spitzte sich gerade aufgrund der Erfolge, die die SA für die NSDAP einbrachte, erneut zu, bis der schwelende Konflikt schließlich im Jahre 1934 durch Hitler gewaltsam gelöst werden sollte[16]).

Die latente Unzuverlässigkeit der SA war der Grund, warum als militanter Kern und Elite der Bewegung, aus einem »Stoßtrupp Hitler« und der sog. »Stabswache« Hitlers hervorgehend, die »Schutzstaffeln« gebildet wurden. Die SS, durch ihre schwarze Uniform aus dem Braun der Massenorganisationen von SA und Politischer Organisation hervorgehoben und mit dem mystifizierenden Symbol des Totenkopfes geschmückt, wurde durch Heinrich Himmler, 1929 zum »Reichsführer SS« ernannt, ganz und gar auf die Ideologie und Person Hitlers eingeschworen[17]). Die SS war damals noch der SA-Führung unterstellt, verstand sich aber zugleich als ein Organ zu deren Überwachung. So wurden 1931 mit Hilfe der SS gegen Hitler gerichtete Putschabsichten des Berliner SA-Führers Stennes aufgedeckt und vereitelt. Himmler baute die SS durch strenge Aufnahme- und Dienstvorschriften zur Parteielite aus. Deren von Hitler formulierte Losung lautete: »SS-Mann, Deine Ehre heißt Treue«. Der Elite- und Korpsgedanke der SS gab sich auch als Idee eines politischen Ordens. Man pflegte romantische Erinnerungen an den Deutschen Ritterorden, wie überhaupt die Ideologen der SS die mittelalterliche Geschichte mit der Ostkolonisation, Heinrich dem Löwen und Herzog Widukind und vor allem auch die Vor- und Frühgeschichte bemühten. Im August 1931 begann unter Himmlers Leitung Reinhard Heydrich mit dem Ausbau eines eigenen Sicherheitsdienstes (SD), der 1932 den ganzen Nachrichten- und Abwehrdienst der Partei übernahm. Im Januar 1932 errichtete Himmler ein eigenes Rasseamt der SS unter dem agrarpolitischen Experten der NSDAP Walter Darré[17a]).

Die auf die Person Hitlers hin entwickelte und durch ihn zusammengehaltene Massenbewegung, zu der der ursprüngliche Kampfbund bis zur Zeit der Machtübernahme angeschwollen war, zeigte in ihrer inneren Gliederung ein organisatorisches Bild, das man zutreffend als »Konsens eines vielfältigen Interessen-Pluralismus« bezeichnet hat (Broszat). Die Politische Organisation der Partei (PO) beruhte auf den Gauen mit Unterteilungen in Kreise, Ortsgruppen, Sektionen, Zellen, Blocks. Die Gauleiter bedurften der Bestätigung durch Hitler, verdankten ihre Stellung aber in der Regel ihrer eigenen Fähigkeit, lokale Parteigruppen ins Leben zu rufen und sich gegenüber Rivalen zu behaupten. Diese »alten Kämpfer« verfügten über eine ansehnliche Hausmacht und behielten trotz der von Hitler geforderten Unterordnung eine beträchtliche Machtfülle. Für die zentrale Parteiführung hatte Hitler unterschiedliche Weisungsvollmachten an Amts- (später Reichs-)leiter übertragen. Zwischen diesen gab es keine institutionalisierte kollegiale Absprache, nicht einmal eine räumliche Zusammenfassung am offiziellen Sitz der Partei in München. So war der Reichspropagandaleiter Goebbels (seit 1926) zugleich seit 1926 Gauleiter von Berlin. Mit dem Reichsorganisationsleiter Gregor Strasser (1926 bis Dezember 1932, dann Robert Ley) stand er auf schlechtem Fuße. Innerhalb der Bewegung, aber mit unterschiedlichen Graden von Selbständigkeit gegenüber der Politischen Organisation, bildeten sich mit jeweils eigenen Befehlsträgern eine Fülle von Sonderorganisationen für verschiedene Funktionen, Stände, Berufe. Um die wichtigsten zu nennen: 1926 entstand die »Hitler-Jugend«, an deren Spitze 1931 Baldur v. Schirach trat; 1927, von Hans Schemm begründet, der »Nationalsozialistische Lehrerbund«; im Oktober 1928 gründete der Münchener Rechtsanwalt Dr. Hans Frank den »Bund Nationalsozialistischer Deutscher Juristen«; im Jahre 1929 entstanden der »Kampfbund für deutsche Kultur« unter Alfred Rosenberg und der »Nationalsozialistische Deutsche Ärztebund«. Von größerer Bedeutung waren der seit 1930 von Darré innerhalb der Politischen Organisation aufgebaute agrarpolitische Apparat und die Ansätze zur Erfassung der Arbeiter in der Nationalsozialistischen Betriebszellenorganisation.

Dieses Organisationsbild der Partei wurde in der Zeit der NS-Herrschaft, wie zu zeigen sein wird, in mancherlei Hinsicht verändert und ergänzt. Charakteristisch für die »Hitlerbewegung« war, daß sie keine in klaren vertikalen und horizontalen Kompetenzabgrenzungen durchorganisierte Einheit besaß. Der Interessenpluralismus der verschiedenen Teilorganisationen, Gliederungen, Verbände und Dienststellen fand seinen Zusammenhalt allein in der Unterordnung aller unter die Person Hitlers. Die Folge dieses Zustandes waren beständige Rivalitäten unter den Cliquen und Machthabern der Partei, die zur Verteidigung ihrer Position Rückhalt bei Hitler suchten und damit zugleich dessen Stellung als »Führer« befestigten.

Dessen politische Taktik stand in der »Kampfzeit« im Zeichen der »Legalität«. Was er hierunter verstand, beschrieb Hitler am 25. September 1930 im Leipziger Reichswehrprozeß, der durch nationalsozialistische Agitation unter jungen Offizieren ausgelöst worden war, mit folgenden Worten: »Die Verfassung schreibt nur den Boden des Kampfes vor, nicht aber das Ziel. Wir treten in die gesetzlichen Körperschaften ein und werden auf diese Weise unsere Partei zum ausschlaggebenden Faktor machen. Wir werden dann allerdings, wenn wir die verfassungsmäßigen Rechte besitzen, den Staat in die Form gießen, die wir als die richtige ansehen«[18]). Und noch herausfordernder hatte Goebbels schon vor den ersten großen Wahlerfolgen der Nationalsozialisten am 30. April 1928 in seiner Berliner Zeitung »Der Angriff« erklärt: »Wir gehen in den Reichstag hinein, um uns im Waffenarsenal der Demokratie mit deren eigenen Waffen zu versorgen. Wir werden Reichstagsabgeordnete, um die Weimarer Demokratie mit ihrer eigenen Unterstützung lahmzulegen ... Uns ist jedes gesetzliche Mittel recht, den Zustand von heute zu revolutionieren. Wenn es uns gelingt, bei diesen Wahlen 60 bis 70 Agitatoren unserer Partei in die verschiedenen Parlamente hineinzustecken, so wird der Staat selbst in Zukunft unseren Parteiapparat ausstatten und besolden ... Wir kommen als Feinde! Wie der Wolf in die Schafherde einbricht, so kommen wir. Jetzt seid ihr nicht mehr unter euch!«[19])

DW 393/273—288/916 f., 395/552—594. — Für die Frühzeit vgl. § 40; ferner A. TYRELL (Hg), Führer befiehl ... Selbstzeugnisse aus der Kampfzeit der NSDAP. Dokumentation u. Analyse (1969); ders., Vom »Trommler« zum »Führer«. Der Wandel von Hitlers Selbstverständnis zw. 1919 u. 1924 u. die Entwicklung der NSDAP (1975); A. KREBS, Tendenzen u. Gestalten der NSDAP. Erinnerungen an die Frühzeit der Partei (1959); J. NYOMARKAY, Charisma and Factionalism in the Nazi Party (Minneapolis 1967); vor allem W. HORN, Führerideologie u. Parteiorganisation in der NSDAP 1919—1933 (1972); zur inneren Struktur der NSDAP auch P. HÜTTENBERGER, Die Gauleiter, Studie zum Wandel des Machtgefüges in der NSDAP (1969). Zum linken Flügel der Partei bes. M. H. KELE, Nazis and Workers (Chapel Hill 1972); G. SCHILDT, Die Arbeitsgemeinschaft Nord-West. Untersuchungen zur Geschichte der NSDAP 1925/26 (Diss. Freiburg 1964). Zu Propaganda u. Kult des Nat.soz. Z. A. B. ZEMAN, Nazi-Propaganda (London 1964); H. T. BURDEN, Die programmierte Nation. Die Nürnberger Reichsparteitage 1923—1938 (London 1967, dt. 1970); K. VONDUNG, Magie u. Manipulation. Ideologischer Kult u. politische Religion des Nat.soz. (1971). — E. DEUERLEIN (Hg.), Der Aufstieg der NSDAP in Augenzeugenberichten (1968), enthält Dokumente u. Statistiken; als Beispiele regionalbezogener Forschung: W. JOCHMANN (Hg.), Nat.soz. u. Revolution. Ursprung u. Gesch. der NSDAP in Hamburg 1922—1933 (1960); M. BROSZAT (Hg.), Die Anfänge der Berliner NSDAP 1926/27, VfZG 8 (1960); E. SCHÖN, Die Entstehung des Nat.soz. in Hessen (1972); W. BÖHNKE, Die NSDAP im Ruhrgebiet (1974); J. NOAKES, The Nazi party in Lower Saxony 1921—1933 (London 1971).

1a) R. WULFF, Die Deutschvölkische Freiheitspartei 1922—1928 (Diss. Marburg 1968). **1)** H. R. TREVOR-ROPER, Martin Bormann, in: Der Monat (1954); ders. (Hg.), The Bormann Letters. The Private Correspondence between M. Bormann and his Wife from Jan. 1943 to April 1945 (London 1954); J. WULF, Martin Bormann — Hitlers Schatten (1962). **2)** DW 397/54. — R. HESS, Reden ([2]1938); Ilse HESS, England—Nürnberg—Spandau. Ein Schicksal in Briefen (1952); R. MANVELL / H. FRAENKEL, Hess. A biography (London 1971); W. SCHWARZWÄLLER, Der Stellvertreter des Führers, Rudolf Heß (1974). Vgl. ferner § 73, Anm. 5. **3)** DW 397/49. — H. GÖRING, Aufbau einer Nation (1934); ders., Reden u. Aufsätze (1942); W. BROSS, Gespräche mit H. Göring während des Nürnberger Prozesses (1950); H. FRAENKEL / R. MANVELL, Hermann Göring (a. d. Engl. 1964). **4)** DW 397/57. — H. HEIBER (Hg.), Reichsführer! ... Briefe an u. von Himmler (Tb. 1968); Agnes PETERSON / B. F. SMITH (Hg.), Heinrich Himmlers Geheimreden 1933 bis 1945 u. andere Ansprachen (1974); L. Gf. SCHWERIN v. KROSIGK, Der Methodiker des Schreckens, H. Himmler, in: Es geschah in Dtld. Menschenbilder unseres Jahrhunderts (1951); J. WULF, Heinrich Himmler. Eine biograph. Studie (1960); F. KERSTEN, Totenkopf u. Treue. Heinrich Himmler ohne Uniform. Aus den Tagebuchblättern des finnischen Medizinalrats F. Kersten (o. J.); B. F. SMITH, Heinrich Himmler: A Nazi in the Making, 1900—1926 (Stanford 1971); J. ACKERMANN, Heinrich Himmler als Ideologe (1970); H. FRAENKEL / R. MANVELL, Heinrich Himmler. Kleinbürger u. Massenmörder (a. d. Engl. 1965, Tb.). **5)** DW 397/48. — H. HEIBER (Hg.), Das Tagebuch von Joseph Goebbels 1925/26 ([2]1961); J. GOEBBELS, Vom Kaiserhof zur Reichskanzlei. Eine historische Darstellung in Tagebuchblättern, vom 1. Januar 1932 bis 1. Mai 1933 ([41]1943); L. P. LOCHNER (Hg.), Goebbels Tagebücher aus den Jahren 1942/43 (1948). — H. HEIBER (Hg.), Goebbels Reden, 1932—1945 (2 Bde. 1971/72). — Carin KESSEMEIER, Der Leitartikler Goebbels in den NS-Organen »Der Angriff« u. »Das Reich« (1967). — H. FRAENKEL / R. MANVELL, Goebbels. Eine Biographie (1960); H. HEIBER, Joseph Goebbels (1962, Tb. 1965); V. REIMANN, Dr. Joseph Goebbels (1971); E. K. BRAMSTED, Goebbels u. die nat.soz. Propaganda 1925—1945 a. d. Engl. 1971). S. auch u. S. 496. **6)** J. GOEBBELS, Die Zweite Revolution. Briefe an Zeitgenossen (1926). **7)** E. JÄCKEL, Hitlers Weltanschauung (1969). **8)** Das galt auch für die drei scharfsinnigsten Analysen des Nat.soz., die in den Endjahren der Weimarer Republik in Dtld. vorgelegt wurden: S. NEUMANN, Die Parteien in der Weimarer Republik (1931, Neuausgabe v. K. D. Bracher 1965) gab eine genaue Aussage über die gesellschaftliche Zusammensetzung des Nat.soz., blieb aber unbestimmt in der Beschreibung der Zielsetzung; Th. HEUSS, Hitlers Weg (1932) hielt Hitlers Lebensraumideologie auf Grund eines statistischen Vergleichs der Bevölkerungsentwicklung u. angesichts der machtpolitischen Verhältnisse in Europa für undurchführbar, eine Phantasterei ohne ernsthafte Bedeutung; K. HEIDEN, Geschichte des Nat.soz. (1932) sah den Untergang der Partei für bevorstehend an, u. ihr »Marsch ohne Ziel« schien ihm eine Äußerung des »deutschen Hangs zum Absurden«. Hierzu Ph. W. FABRY, Mutmaßungen über Hitler. Urteile von Zeitgenossen (1969) u. K. LANGE, Hitlers unbeachtete Maximen. »Mein Kampf« u. die Öffentlichkeit (1968). **9)** Eine Untersuchung über die in Hitlers Reden genannten polit. Ziele fehlt. Hinweise bei D. GRIESWELLE, Propaganda der Friedlosigkeit (Diss. Stuttg. 1972), u. H. BALLE, Die propagand. Auseinandersetzung des Nat.soz. mit der Weimarer Republik u. ihre Bedeutung für den Aufstieg des Nat.soz. (Diss. Erlangen 1963). Für die Einschätzung Hitlers in der Zeit vor 1933 vgl. neben der in Anm. 8 genannten Lit. Eva PFEIFER, Das Hitlerbild im Spiegel einiger konservativer Zeitungen in den Jahren 1929—1933 (Diss. Heidelberg 1966); K. KAISER, Braunschweiger Presse und Nat.soz. (1970). **10)** Die Bedeutung dieser Veränderungen in der Propaganda für den Erfolg des Nat.soz. betont M. BROSZAT, Der Staat Hitlers, S. 45 f. **11)** Der Begriff wird verwendet von M. Broszat, K. D. Bracher u. a., neuerdings von J. NYOMARKAY; Bedenken hiergegen bei W. HORN, S. 14 f. **12)** M. WEBER, Wirtschaft u. Gesellschaft (⁴1956), S. 555. **13)** Lit. zu den Brüdern Strasser s. § 49, Anm. 12; ferner U. WÖRTZ, Programmatik u. Führerprinzip. Das Problem des Strasser-Kreises in der NSDAP (Diss. Erlangen 1966). **14)** DW 397/91. — A. ROSENBERG, Der Mythus des 20. Jhdts. (1930); ders., Letzte Aufzeichnungen (1955); H. G. SERAPHIM (Hg.), Das polit. Tagebuch Alfred Rosenbergs 1934/35 u. 1939/40 (1956, Tb. 1964); R. CECIL, The Myth of the Master Race. Alfred Rosenberg and Nazi Ideology (London 1972). Ferner R. BOLLMUS, § 56, Anm. 26. **15)** Ernst RÖHM, Die Geschichte eines Hochverräters (⁵1934). **16)** H. BENNECKE, Hitler u. die SA (1962); vor allem A. WERNER, SA u. NSDAP (Diss. Erlangen 1964). **17)** s. Lit. zu § 58. **17a)** H. GIES, Zur Entstehung des Rasse- u. Siedlungsamtes der SS, in Festschr. P. Kluke (1968). **18)** Zit. bei E. O. SCHÜDDEKOPF, Linke Leute von rechts (1960), S. 265 ff. **19)** Zit. bei K. D. BRACHER, Die dt. Diktatur (1969), S. 154.

§ 53 Die soziale Struktur der NSDAP Mittelständische Sammlungsbewegung, Arbeit und Kapital

Als nationale Sammlungspartei, die im Zeichen der Legalitätstaktik um Mitglieder und Wähler warb, wandte sich die NSDAP in ihrer Propaganda unter Zurückstellung ihrer extremsten Weltanschauungselemente an alle Schichten des Volkes. Es gelang ihr auch tatsächlich, hinsichtlich der Zusammensetzung ihrer Mitgliederschaft eine alle Berufsstände umfassende Volkspartei zu werden. Nur sehr wenig Frauen (5 %) gehörten ihr an, aber im Vergleich zu allen anderen Parteien unverhältnismäßig viele junge Menschen. Bei einem Mitgliederstand von annähernd 850 000 Ende Januar 1933 lag der Anteil der Arbeiter mit 275 000 bei einem Drittel, der Anteil der Angehörigen des neuen Mittelstandes (Beamte und Angestellte) etwas unter einem Drittel und der Anteil der Selbständigen einschließlich mithelfender Familienangehöriger etwas über einem Drittel. Bei diesem in sich ausgewogenen Bild darf jedoch nicht übersehen werden, welch ungleichmäßige Repräsentanz der verschiedenen Gruppen von Berufstätigen sich hierin widerspiegelt, betrug doch der Anteil der Arbeiter an der Gesamtzahl der Berufstätigen in Deutschland 45,1 %, des neuen Mittelstandes aber nur 20,2 % und der Selbständigen einschließlich der mithelfenden Familienangehörigen 34,7 %. Bei der Zahl der Arbeiter unter den Parteimitgliedern ist ferner zu berücksichtigen, daß etwa die Hälfte von ihnen Arbeitslose waren, deren Zustrom in der Zeit der Wirtschaftskrise besonders anschwoll. Man hat zu Recht festgestellt, die Berufsstatistik im einzelnen zeige den »relativ hohen Anteil der mittelständischen bzw. ›kleinbürgerlichen‹

Sozial- und Berufsgruppen«[1]). Dabei darf jedoch nicht übersehen werden, daß von allen nichtmarxistischen Parteien die NSDAP den relativ höchsten Anteil von Arbeitern gehabt hat[2]).

Eine andere Frage ist die nach der sozialen Zugehörigkeit des Führerkorps. Genauere Untersuchungen, die alle Stufen der Führungshierarchie erfassen, liegen nicht vor. Es läßt sich aber folgendes sagen: Für die Gruppe der Gauleiter ist charakteristisch, daß sie mit einigen Ausnahmen eine gehobene Schulbildung hatten und daß bei vielen ihre weiterführende Universitäts- oder Berufsausbildung durch den Krieg unterbrochen wurde. Nach der Revolution konnten sie nicht oder wollten sie nicht im bürgerlichen Leben Fuß fassen. Nur wenige aus dem höheren Führerkorps erwarben eine abgeschlossene Universitätsbildung wie Dr. Goebbels und Dr. Ley. Einige kamen aus dem Offiziersberuf. Ehemalige Soldaten und Freikorpskämpfer bestimmten die Mentalität des SA-Führerkorps. Der Kern von Partei und SA fand sich in den Jahren 1925 bis 1930 zusammen, in einer Zeit also, in der der spätere Aufstieg zur Massenpartei und die Eroberung der staatlichen Macht noch keineswegs mit Sicherheit vorauszusehen war. Der sozialen Herkunft nach gehörten, von wenigen Adligen abgesehen, die führenden Männer in der NS-Bewegung zum kleinen und mittleren Bürgertum. Aber sie waren aus dem soldatischen oder einem geregelten zivilen Berufsgang herausgeschleudert worden und im Risiko der »Kampfzeit« in ihrer Existenz nicht primär an einem bürgerlichen Sekuritätsinteresse orientiert.

Genau hier, in dem Verlangen nach Wiedergewinnung von Existenzsicherheit, lag jedoch die Erwartung der Bauern und Handwerker und der Angehörigen des neuen Mittelstandes, die mit dem Einbruch der Wirtschaftskrise in Massen Hitler zuströmten, so unterschiedlich im übrigen die wirtschaftlichen Interessen dieser verschiedenen Mittelstandsgruppen waren. Aus den Ängsten, zwischen Marxismus und Kapitalismus zerrieben zu werden, suchten sie den Ausweg in einer »Partei über den Parteien«[3]). Insofern war die NSDAP eine »Sammelpartei des Mittelstandes« (Bracher). Es gelang ihr, berufsständische Organisationen von Handwerkern, Angestellten und namentlich Bauern zu durchdringen. Auf dem flachen Lande hat der Nationalsozialismus relativ spät, dann aber in großer Dichte namentlich im protestantischen Norden und Osten Deutschlands Fuß gefaßt. In keinem Berufsstand hatte er schon vor dem 30. Januar 1933 einen so starken Rückhalt gefunden wie in der Landwirtschaft. Dem diente der von Walter Darré[4]) aufgebaute »agrarpolitische Apparat« der NSDAP, keine eigene Bauernorganisation, sondern ein Instrument zur Beeinflussung und Steuerung von agrarischen Interessenverbänden und Landwirtschaftskammern. Ein Blick auf die Wahlstatistik und Wahlgeographie der ausgehenden Weimarer Republik macht allerdings deutlich, daß das Wahlverhalten keineswegs zwingend durch wirtschaftlich-gesellschaftliche Gegebenheiten bestimmt wurde. Die bäuerlich-mittelständischen Schichten in den noch stark von der katholischen Kirche geprägten Regionen des Reiches blieben politisch weitgehend am Zentrum orientiert. Diese Partei konnte im Unterschied zu den Deutschnationalen und zu den dahinschmelzenden bürgerlichen Parteien ihren Stimmenanteil mit nur geringen Einbußen halten. Das Zentrum hat sich von allen politischen Organisationen gegenüber dem Ansturm der Feinde des Rechtsstaates am stärksten behauptet.

Außerhalb des mittelständisch-bäuerlichen Einzugsbereichs der NSDAP war der Rückgang der sozialdemokratischen Stimmen bei den Reichstagswahlen sehr hoch. In der Zeit vom Mai 1928 zum November 1932 fielen sie von 9,15 auf 7,24 Millionen, anteilsmäßig von 29,8 % auf 20,4 %. Die Kommunisten wurden im gleichen Zeitraum im Verhältnis zu den Sozialdemokraten erheblich stärker. Von 3,26 Millionen stiegen sie auf 5,98 Millionen Stimmen, anteilsmäßig von 10,6 % auf 16,9 %. Die beiden »Arbeiterparteien« zusammengerechnet konnten bei einer deutlichen

Gewichtsverlagerung zum antidemokratischen linken Flügel ihre absolute Stimmenzahl von 12,41 Millionen im Mai 1928 auf 13,22 Millionen im November 1932 erhöhen, wobei zugleich ihr Gesamtanteil an den Stimmen von 40,4 % auf 37,3 % sank. Das erklärt sich nicht nur aus der erhöhten allgemeinen Wahlbeteiligung (75,6 % 1928, 80,6 % Nov. 1932), sondern auch daraus, daß der Zuwachs an Wahlberechtigten von 41,2 Millionen auf 44,4 Millionen sich in erster Linie zugunsten der Nationalsozialisten auswirkte. Ohne Zweifel hatte die Sache der parlamentarisch-demokratischen Republik in den sozialen Schichten, aus denen sich die politisch organisierte Arbeiterschaft rekrutierte, an Werbekraft eingebüßt. Wie ein Teil der traditionellen sozialdemokratischen Wählerschicht abbröckelte, so ging auch die Mitgliederzahl der Partei zurück (Anfang 1932 1,008 Millionen, Ende 1932 0,971 Millionen). Drastischer war der Mitgliederschwund bei den Freien Gewerkschaften; er betrug mehr als ein Viertel im Zeitraum von 1929 bis 1932 (Ende 1929 ADGB und Afa-Bund 5,3 Millionen, Ende 1932 3,9 Millionen). Aufschlußreich ist die Mitgliederbewegung im Deutschen Metallarbeiterverband. Den Höhepunkt der Entwicklung hatte die Revolution gebracht. Die Zahl schnellte von 786 000 im Jahre 1918 auf 1,6 Millionen im Jahre 1919 empor. Inflation und Stabilisierungskrise brachten einen tiefen Einschnitt; 1924 zählte der Verband nur noch 710 000 Mitglieder. Dann stieg in den Jahren des wirtschaftlichen Aufschwungs der Bestand 1929 auf 965 000, um in der wirtschaftlichen und politischen Krise der Weimarer Endzeit auf 690 000 im Jahre 1932 abzufallen, wenn sich auch im letzten Quartal 1932 die Verlustquote deutlich abschwächte. Man sprach von den »verlorengegangenen Massen« und von einer »Erschütterung in dem Glauben an die Richtigkeit der ökonomischen Grundsätze, die wir marxistisch nennen«[5]). Aber der Kern der Arbeiterorganisationen hielt stand. An ihnen und am politischen Katholizismus brach sich vorerst die nationalsozialistische Sammlungsparole.

Von der Bildung eigener nationalsozialistischer Gewerkschaften wollte Hitler trotz des beachtlichen Zuzugs von Arbeitern zur Partei nichts wissen[6]). Als eine Sektion der Partei zur politischen Erfassung ihrer Anhänger in den Betrieben entstand zuerst in Berlin 1928 die »Nationalsozialistische Betriebszellenorganisation« (NSBO). Sie unterstand dem Reichsorganisationsleiter Gregor Strasser, dem nach dessen Bruch mit Hitler im Dezember 1932 Robert Ley nachfolgte. Ihre Mitgliederzahl war im Augenblick der Machtergreifung immer noch gering im Verhältnis zu den millionenstarken Freien Gewerkschaften. Immerhin hatte sie sich aber im Verlaufe eines Jahres fast verzehnfacht, von über 43 000 im Januar 1932 auf etwa 400 000 im Januar 1933. Innerhalb der Partei stellten die Nationalsozialistischen Betriebszellen ein unruhiges und herausforderndes Element dar. Mit dem linken Flügel der Partei versuchten sie, die sozialistischen Forderungen des Parteiprogramms ernst zu nehmen. Daß es ihnen um die aktive Verteidigung von Arbeiterinteressen ging und sie insofern tatsächlich die Funktion von Gewerkschaften übernahmen, bekundeten sie durch die Teilnahme an zahlreichen Arbeitskämpfen. Beim Streik der Berliner Verkehrs-A. G. im November 1932 agitierten sie gleichzeitig mit den Kommunisten gegen die dem Streik fernbleibenden Freien Gewerkschaften.

Solche Aktivitäten fügten sich nicht in die taktische Generallinie der Partei. Man hat zutreffend auf die problematische Situation eines »Führers« hingewiesen, »der seinen Anhängern die alle Klassengegensätze überwindende ›Volksgemeinschaft‹ predigte, dabei aber selbst um seiner eigenen Erfolgschancen willen einem Votum in den Kämpfen sozialer und wirtschaftlicher Interessen nicht ausweichen konnte«[7]). Für Hitler, dem es nicht gelungen war, entsprechend seinem angekündigten Ziel den deutschen Arbeiter zu überzeugen, schien in der gegebenen Parteienkonstellation der Weg zur Macht auf legalem Wege, wenn überhaupt, so nur dann möglich, wenn es die NSDAP vermochte, die Unterstützung des liberalen und konservativen Bürgertums zu gewinnen. Die von Hitler vorgenommene propagandistische Akzentverlagerung auf einen staatsautoritären nationalen Revisionismus diente diesem Zweck. Auf der anderen Seite mußte die Fähigkeit der NSDAP, Massen unter der nationalen Parole zu mobilisieren, den bürgerlich nationalen Parteien die Frage eines Zusammengehens mit der Hitler-Bewegung nahelegen. So konvergierten beide Seiten zueinander mit vielen gegenseitigen Vorbehalten, bis es schließlich zur Koalitionsbildung des 30. Januar 1933 kam.

Welche Rolle hat hierbei die Industrie gespielt[8]), deren Führer dem liberal-nationalen oder konservativ-nationalen Lager angehörten? Diese Frage stellt sich auf verschiedenen Ebenen: 1. In welchem Ausmaße ist die NSDAP von seiten der Industrie finanziell unterstützt worden? 2. In welchem Ausmaß hat sich die Industrie durch eigene Bemühungen in den politischen Prozeß eingeschaltet, der zur Bildung der Hitler-Regierung führte? 3. In welchem Ausmaß ist die Industrie mitverantwortlich dafür, daß in Deutschland eine politische Situation entstand, in der die NSDAP zur stärksten Partei werden und ihren Anspruch auf Führung mit Erfolg geltend machen konnte?

Was die finanziellen Zuwendungen betrifft, so ist diese Frage schwer zu beantworten, weil die wichtigste Quelle, das Tagebuch des Schatzmeisters der Partei, nicht mehr existiert; es ist von diesem selbst kurz vor dem Zusammenbruch verbrannt worden. So läßt sich im einzelnen nicht ausmachen, welche Summen von der Industrie an Hitler gingen. Es steht fest, daß solche Zahlungen erfolgten. Bis zur Wirtschaftskrise Anfang der 30er Jahre zeigte die Großindustrie im allgemeinen keine Neigung, die Nationalsozialisten zu unterstützen, abgesehen von den Zuwendungen durch die Industriellen Fritz Thyssen[9]) und Emil Kirdorf[10]). Offen ist, ob die finanzielle Unterstützung durch Mittel- und Kleinindustrie stärker zu Buche schlug. Als in den Jahren der Depression die Hitler-Bewegung Massen anzuziehen begann, änderte sich das Bild. Die Großindustrie mußte mit ihr als einem Machtfaktor rechnen. Nachweislich haben Friedrich Flick, der die Vereinigten Stahlwerke beherrschte, und die IG-Farben im Jahre 1932 Wahlgelder an die Nationalsozialisten gezahlt. Ähnliches gilt auch für die AEG und für die Dachorganisation der Kohlenindustrie im Ruhrgebiet, den Bergbauverein. Auch über die sog. Ruhrlade, einen privaten Zusammenschluß von zwölf führenden Ruhrindustriellen, flossen der NS-Bewegung Gelder zu. Sie dienten teils der Rückversicherung für den Fall, daß Hitler zur Macht gelangte, teils dem Bestreben, über bestimmte Adressaten innerhalb der Bewegung wie Göring oder Stennes oder Strasser die wirtschaftspolitische Richtung der Partei zu beeinflussen. Diese Zuwendungen sind insgesamt relativ begrenzt gewesen, und zwar einmal im Verhältnis zu dem Geldbedarf der NSDAP — man weiß aus den Goebbels-Tagebüchern, daß die Partei in dem entscheidenden Jahre des Aufstiegs zur Macht von ständigen Geldsorgen geplagt wurde —, zum anderen im Verhältnis zu den Zuwendungen für diejenigen Parteien, die sich bei der Reichspräsidentenwahl hinter Hindenburg und gegen Hitler stellten und die bei den Reichstagswahlen vom Juli und November 1932 Papen unterstützten. Eine systematische Aufbringung größerer Mittel durch die Industrie für Hitler setzte auch nicht, wie bisher angenommen, schon nach der Unterredung vom 4. Januar 1933 zwischen Hitler und Papen im Hause des Bankiers Schröder ein, sondern erst nachdem Hitler Kanzler geworden war[11]). »Hätte Geld politische Macht kaufen können«, so faßt Turner das Ergebnis seiner Untersuchung zusammen, dann »wäre auf die Republik Papens ›Neuer Staat‹ gefolgt und nicht Hitlers ›Drittes Reich‹. Aber der Versuch, Geld in Wählerstimmen zu verwandeln, erwies sich als ein niederschmetternder Fehlschlag.«

Hat die Industrie, so lautet die nächste Frage, das Zustandekommen der Hitlerregierung, wenn schon nicht in entscheidendem Maße finanziert, so doch vielleicht politisch gefördert? Ein Stein des Anstoßes auf dem Wege zu einer möglichen Annäherung zwischen Hitler und der Industrie war das Parteiprogramm der NSDAP. Die darin vorgesehene »Brechung der Zinsknechtschaft«, die »Verstaatlichung aller (bisher) bereits vergesellschafteten (Trusts) Betriebe« und die geforderte »Gewinnbeteiligung an Großbetrieben« war für die Großindustrie unannehmbar. Dieses Parteiprogramm war 1926 für unabänderlich erklärt worden. Es war ein wesentliches Element der Legalitätstaktik Hitlers, der Industrie klarzumachen, daß die sozialistischen Forderungen des Parteiprogramms trotz ihrer Unabänderlichkeit, an der er aus propagandistischen Gründen festhielt, in Wirklichkeit unverbindlich seien. Dies geschah, indem er auf der einen Seite die Regungen des linken Parteiflügels aufs Ganze gesehen zu kontrollieren wußte und indem er sich auf der anderen Seite intensiv um die Industrie bemühte. Ein frühes Dokument dieser Bemühungen ist eine Emil Kirdorf 1927 übersandte Denkschrift, die zur Verbreitung in Kreisen der Industrie bestimmt war. Hier wird zur Beruhigung der Empfänger der Begriff »Sozialismus« gleichgesetzt mit »Volks- und Vaterlandsliebe«. Mit dem Bekenntnis zu einer »unabhängigen nationalen Wirtschaft«, zu einem starken Staat als Beschützer der Wirtschaft, zu einer starken Wehrmacht und zum Werte der Persönlichkeit appellierte er an eine national-autoritäre Gesinnung, mit der er bei den Empfängern rechnete[12]). Auch den Grundbesitz beruhigte er, indem er entgegen der Forderung des Parteiprogramms auf »Schaffung eines Gesetzes zur unentgeltlichen Enteignung von Boden für gemeinnützige Zwecke« 1928 erklärte, dieser Programmpunkt richte sich »in erster Linie gegen die jüdischen Grundstücksspekulationsgesellschaften«. Unter den mancherlei Begegnungen mit Industriellen hebt sich eine Rede vor dem Industrieklub in Düsseldorf vom 27. Januar 1932 heraus. Hier stellte sich Hitler ganz auf sein liberales und konservatives Publikum ein, sprach von Arbeit, Leistung, Gehorsam, Persönlichkeit und einem starken Staat, appellierte an die nationale Gesinnung, ließ aber seine eigentlichen Gedanken, Kampf gegen das Judentum und Eroberung im Osten, unausgesprochen[13]). Als besonderer Beauftragter Hitlers gegenüber den Unternehmern diente Wilhelm Keppler. Als dieser, Mitinhaber eines chemischen Werkes, im Jahre 1927 der Partei beitrat, ließ er Hitler nicht im Zweifel darüber, daß er die wirtschaftlichen Forderungen des Parteiprogramms ebenso wie die Theorien Feders über die Brechung der Zinsknechtschaft für abwegig hielt. Eben deswegen war er der richtige Mann für Hitler in seinen Bemühungen um die Unternehmer. Im Auftrage Hitlers bildete er einen Kreis aus Männern der Wirtschaft[14]), der Hitler in Wirtschaftsfragen beraten sollte, aber diese Funktion tatsächlich nie ausgeübt hat. Diesem etwa 20 Personen umfassenden Kreis gehörten der ehemalige Reichsbankpräsident Hjalmar Schacht und der Kölner Bankier v. Schröder, von den einflußreicheren Industrieführern aber nur Albert Vögler, der Generaldirektor der Vereinigten Stahlwerke, an. Die Mehrheit der Großunternehmer war politisch anders orientiert. Nach den Septemberwahlen 1930 setzte sich das geschäftsführende Präsidialmitglied des Reichsverbandes der Deutschen Industrie, Kastl, für die Wiederherstellung der Großen Koalition ein. In den Jahren 1930 bis 1932 unterstützten breite Kreise der Industrie einen von Paul Reusch, dem Generaldirektor der Gutehoffnungshütte, u. a. entwickelten Plan, eine antimarxistische bürgerliche Einheitspartei zu gründen. Aber trotz des auf die bestehenden bürgerlichen Parteien ausgeübten finanziellen Drucks weigerten sich diese, ihre Sonderexistenz aufzugeben. In den zwei Reichspräsidenten- und zwei Reichstags-Wahlkämpfen des Jahres 1932 setzte die Industrie durchweg auf Hindenburg und Papen gegen Hitler. Ein Aufruf zur Novemberwahl zugunsten Papens trug die Namen führender Unternehmer. Nachdem auch diese Wahl Papen keine parlamentarische Basis verschafft hatte und es zugleich deutlich wurde, daß die NS-Bewegung ihren Kulminationspunkt überschritten hatte, versuchten Keppler, Schacht und Schröder, Hitler als Kanzlerkandidaten bei der Industrie und bei Hindenburg doch noch ins

Spiel zu bringen. Sie sammelten Unterschriften für eine Eingabe an Hindenburg, in der dieser aufgefordert wurde, Hitler als Reichskanzler zu berufen. Die Eingabe wurde aber nur von etwa 20 Männern aus Finanz, Industrie und Landwirtschaft unterzeichnet. Es fehlten hingegen, abgesehen von Thyssen, die maßgeblichen Namen der Ruhrindustrie[15]). Die Eingabe hatte keinen Erfolg, weil Hindenburg Hitler zwar in ein Kabinett Papen zu berufen bereit war, es jedoch damals noch ablehnte, ihm die Führung der Regierung zu übertragen. Nach der Berufung Schleichers, der ebenso wie von den Gewerkschaften mit wenigen Ausnahmen von den Unternehmern, wenn auch aus entgegengesetzten Gründen, abgelehnt wurde, unternahm Keppler von neuem einen Versuch, Hitler zur Kanzlerschaft zu verhelfen. Diesmal hatte er Erfolg. Er war es, der jene entscheidende Unterredung zwischen Papen und Hitler vom 4. Januar 1933 im Hause des Bankiers Schröder zustande brachte (vgl. o. S. 325). Kurz darauf traf sich v. Papen mit einigen führenden westdeutschen Wirtschaftlern, um sie über den Stand der Dinge zu unterrichten. Diese gewannen den Eindruck, daß es zu einer Koalitionsregierung mit den Nationalsozialisten unter Papen kommen werde. Hiergegen hatten sie keine Einwände. Als aber dann aus dem Berliner Intrigenspiel im Januar 1933 offensichtlich überraschend für sie der von ihnen als Kanzler nicht gewünschte Hitler als Sieger hervorging, akzeptierten sie auch diese Lösung. Sie glaubten, dies tun zu können, weil ihnen die Zusammensetzung des Kabinetts mit Papen als Vizekanzler die Gewähr für eine Wahrnehmung der Interessen der Wirtschaft zu bieten schien. Es wäre also falsch, die Unternehmerschaft als ganze oder auch nur ihren überwiegenden oder wirtschaftlich bedeutendsten Teil direkt dafür verantwortlich zu machen, daß Hitler Kanzler wurde. Es besteht jedoch eine indirekte Verantwortung, und zwar darin, daß sie dem letzten Versuch, Hitler den Weg zur Macht zu versperren, ihre Unterstützung versagten. Statt dessen setzten sie in kurzsichtiger Interessenblindheit und in Verkennung der tatsächlichen Kräfteverhältnisse auf den Intriganten Papen.

Daß es aber überhaupt zu einer Situation kommen konnte, in der das Schicksal Deutschlands in so entscheidendem Maße von den Hofintrigen um einen politisch seiner Aufgabe nicht gewachsenen Reichspräsidenten abhing, war das Ergebnis einer Entwicklung, in der das Großunternehmertum nicht neutral abwartend beiseite gestanden, sondern zu seinem Teil dazu beigetragen hatte, die Existenzvoraussetzungen der Weimarer Republik zu zerstören. Weil es ihm in der Klassenauseinandersetzung mit den Gewerkschaften nicht möglich gewesen war, die Wirtschafts- und Gesellschaftspolitik der Republik in dem von ihm gewünschten Maße unter seine Kontrolle zu bringen, hat es wie jene dazu beigetragen, daß die Flügelparteien der Großen Koalition in der Krise Anfang 1930 einander den Kompromiß verweigerten und den Regierungsmechanismus der parlamentarischen Demokratie funktionsunfähig machten. Die in diesem Vakuum sich entwickelnde präsidiale Regierungsweise entsprach seinem am Erinnerungsbild einer autoritären Monarchie und einer Privilegiengesellschaft orientierten Herrschaftsverständnis in weit höherem Maße als der verachtete, glanzlose Parteienstaat der Weimarer Republik. Vor diesem politischen Hintergrund der mangelnden Bereitschaft der organisierten Interessengruppen zum wirtschaftlichen und sozialen Ausgleich wuchsen unter dem Antrieb der Wirtschaftskrise Kommunismus und Nationalsozialismus zu Massenbewegungen. In der durch diese beiden Namen bezeichneten Scheinalternative wurde der Nationalsozialismus durch seine konservativen Koalitionspartner in den Sattel gehoben und gelangte zur Macht.

Für dieses Kap. als Darstellung u. Analyse grundlegend die entspr. Abschnitte aus: W. SCHÄFER, NSDAP. Entwicklung u. Struktur der Staatspartei im Dritten Reich (1957); M. BROSZAT, Der Staat Hitlers (Tb. 1969); K. D. BRACHER, Die dt. Diktatur ([3]1970); H.-A. WINKLER, Mittelstandsbewegung oder Volkspartei? Zur sozialen Basis der NSDAP (Referat Historikertag Braunschweig 1974, Ms); ders., Extremismus der Mitte? Sozialgeschichtl. Aspekte der nat.soz. Machtergreifung, VfZG 20 (1972).

1) M. BROSZAT, Der Staat Hitlers, S. 50; Zahlenangaben in: Parteistatistik, hg. vom Reichsorganisationsleiter der NSDAP (3 Bde. 1935). Nach W. BÖHNKE, Die NSDAP im Ruhrgebiet 1920—1933 (1974), S. 198 f. ergibt sich hier folgendes Bild: 1925—1929/30 betrug der Arbeiteranteil im Gau Essen 33,1 % (im Reichsdurchschnitt 26,1 %) gegenüber 31,6 % Angestellte (Reichsdurchschnitt 24 %); im Gau Westfalen-Süd waren es 35,3 % Arbeiter u. 29,8 % Angestellte; im Gau Westfalen-Nord 32,4 % Arbeiter u. 28,1 % Angestellte. 1930—1933 waren im Gau Essen 39,6 % der Partei Arbeiter (26,4 % Angestellte); im Gau Westfalen-Süd 43,8 % Arbeiter (24,1 % Angestellte) u. im Gau Westfalen-Nord 37,5 % Arbeiter (21,1 % Angestellte). Im Reichsdurchschnitt betrug der Anteil der Arbeiter zu dieser Zeit 31,5 % u. der der Angestellten 21,1 %. — Für die Frühzeit der Partei vgl. § 40, Anm. 9. 2) Gegen die Interpretation des Naz.soz. als einer bloßen Mittelstandsbewegung wendet sich in Kritik an diesem in der Lit. verbreiteten Mißverständnis M. H. KELE, Nazis and Workers. Nat.Soc. appeals to German labor 1919—1933 (Chapel Hill 1972), S. 215 ff. 3) H. LEBOVICS, Social Conservatism and the Middle Classes in Germany 1914—1933 (Princeton 1969); vgl. Lit. in § 43, Anm. 4, § 47, Anm. 9; ferner M. SCHUMACHER, Mittelstandsfront u. Republik. Wirtschaftspartei—Reichspartei des dt. Mittelstandes 1919—1933 (1972); M. LIPSET, Soziologie der Demokratie (a. d. Amerik. 1962). 4) R. W. DARRÉ, Das Bauerntum als Lebensquell der nord. Rasse (1929); ders., Neuadel aus Blut u. Boden (1930); Um Blut u. Boden. Reden u. Aufsätze (1940). — R. GIES, Walther Darré u. die nat.soz. Bauernpolitik 1930 bis 1933 (Diss. Frankfurt/M. 1966); ders., NSDAP u. landwirtschaftl. Organisationen in der Endphase der Weim. Rep., VfZG 15 (1967), Auswertung der Rundschreiben des agrarpolit. Apparates im Nachlaß Darré; K. BERGMANN, Agrarromantik u. Großstadtfeindlichkeit (1970); s. ferner § 43, Anm. 3. 5) Äußerungen des Gewerkschaftsführers Grassmann u. des Parteivorsitzenden Crispien auf der Sitzung des Parteiausschusses am 10. Nov. 1932, H. SCHULZE (Hg.), Anpassung oder Widerstand? Aus den Akten des Parteivorstandes der dt. Sozialdemokratie 1932/33 (1975), Nr. 2. — Zur Mitgliederbewegung der Gewerkschaften vgl. die von G. BEIER zusammengestellten Angaben im Anhang, Tab. Nr. 28, in Korrektur zu H.-G. SCHUMANN, s. u. Anm. 6 u. F. OPEL / D. SCHNEIDER, Fünfundsiebzig Jahre Industriegewerkschaft. Vom Dt. Metallarbeiter-Verband zur Industriegewerkschaft Metall (1966). 6) H.-G. SCHUMANN, Nat.soz. u. Gewerkschaftsbewegung (1958). 7) W. HORN, Führerideologie u. Parteiorganisation in d. NSDAP (1972), S. 429. 8) D. PETZINA, Hitler u. die dt. Industrie. Ein kommentierter Lit.- u. Forschungsbericht, GWU 17 (1966). — Aus der älteren Lit. heben sich heraus: G. F. W. HALLGARTEN, Hitler, Reichswehr u. Industrie (1955), vor allem auf dem Material der Nürnberger Industrieprozesse beruhend; A. HEINRICHSBAUER, Schwerindustrie u. Politik (1948), Verf. war Wirtschaftsjournalist u. Mittelsmann der Ruhr zu Hitler; L. P. LOCHNER, Die Mächtigen u. der Tyrann (1955). Diese Lit. ist weitgehend überholt durch die zuerst in amerik. Zeitschriften 1968 bis 1972 veröffentlichten, u. a. auf neuem Material aus Werksarchiven beruhenden Forschungen von H. A. TURNER jr., Faschismus u. Kapitalismus in Dtld. Studien zum Verhältnis zwischen Nat.soz. u. Wirtschaft (a. d. Amerik. 1972). In der DDR ist die ältere, z. B. von A. NORDEN, Lehren dt. Geschichte. Zur polit. Rolle des Finanzkapitals u. der Junker (1947), vertretene These, daß eine Verschwörung der als monolithische Gruppe verstandenen »Monopolkapitalisten« u. Junker Hitler zur Macht gebracht habe, auch in einer mehr differenzierenden, unterschiedliche industrielle Gruppen mit unterschiedlichen wirtschaftlichen u. polit. Interessen feststellenden Lit. nur wenig verändert beibehalten worden. So kommt E. CZICHON, Wer verhalf Hitler zur Macht? Zum Anteil d. dt. Industrie an der Zerstörung der Weim. Rep. (1967), zu der Feststellung, »daß eine Mehrheitsgruppe dt. Industrieller, Bankiers und Großagrarier Hitlers Kanzlerschaft gewollt und organisiert« habe (S. 54). Ähnlich F. KLEIN, Zur Vorbereitung der faschistischen Diktatur durch die dt. Großbourgeoisie 1929—1931, in: ZfG 1 (1953). Die Gegenthese TURNERs lautet, »daß die große Mehrheit der deutschen Großunternehmer Hitlers Triumph weder gewünscht noch materiell zu ihm beigetragen hat« (S. 30), ohne daß er damit eine Mitverantwortung in Abrede stellen will. In Auseinandersetzung mit Turner u. ergänzend zu Czichon wichtig als Dokumentenveröffentlichung D. STEGMANN, Zum Verhältnis von Großindustrie u. Nat.soz. 1930—1933, in: Archiv f. Soz.gesch. 13 (1973); die Quintessenz seiner Untersuchung, eine Definition des »deutschen Faschismus« als einer »Sonderform traditioneller autoritärer Herrschaftstechnik«, wird sich so nicht halten lassen. Kritische Replik auf Stegmann: H. A. TURNER, Großunternehmertum u. Nat.soz. 1930—1933, HZ 221 (1975). 9) F. THYSSEN, I Paid Hitler (New York

1941); hierzu H. A. TURNER jr., Fritz Thyssen u. das Buch ›I Paid Hitler‹, in: Faschismus u. Kapitalismus. **10)** H. A. TURNER jr., Emil Kirdorf u. die NSDAP, in: Faschismus u. Kapitalismus. **11)** Hierzu H. A. TURNER jr., Faschismus u. Kapitalismus, S. 28, Anm. 47. Auch STEGMANN, der von der entscheidenden Rolle der Industrie als Wegbereiter Hitlers überzeugt ist, muß sich, nachdem er die massive finanzielle Unterstützung der bürgerlichen Parteien für die Novemberwahl durch die Schwerindustrie durch ein eindrucksvolles Dokument über die entscheidende Besprechung belegt hat, für die nachfolgenden Monate damit begnügen zu »unterstellen — exakte Belege dafür liegen bisher nicht vor —, daß seit dieser Zeit ganz erhebliche Geldmittel der NSDAP zuflossen«, Zum Verhältnis von Großindustrie u. Kapitalismus, S. 438. **12)** A. HITLER, Der Weg zum Wiederaufstieg (1927), wiederabgedruckt in H. A. TURNER jr., Faschismus u. Kapitalismus. **13)** Text der Rede bei M. DOMARUS (Hg.), Hitler. Reden u. Proklamationen 1932—1945 (2 Bde. 1962/63), Bd. 1, S. 68—90. **14)** R. VOGELSANG, Der Freundeskreis Himmler (1972), aus dem Keppler-Kreis hervorgegangen. **15)** Text der Eingabe von Mitte November 1932: Ursachen u. Folgen 8 Nr. 1909; dazu Schreiben Schachts an Hitler vom 12. Nov. 1932, ibid. Nr. 1903, in dem er sich über die mangelnde Zustimmung der Schwerindustrie beklagt. Zur unterschiedlichen Interpretation der Eingabe vgl. einerseits: A. SCHREINER, Die Eingabe dt. Finanzmagnaten, Monopolisten u. Junker an Hindenburg für die Berufung Hitlers zum Reichskanzler Nov. 1932, in: ZfG 4 (1956); E. CZICHON, Wer verhalf Hitler zur Macht? (1967), S. 42 ff. u. in Anlehnung an Czichon D. STEGMANN, Zum Verhältnis von Großindustrie, S. 435; andererseits: H. A. TURNER jr., Faschismus u. Kapitalismus, S. 26, Anm. 44.

§ 54 Nationalsozialismus — Faschismus — Totalitarismus

Der Nationalsozialismus erklärt sich in der Entwicklung der deutschen Geschichte aus einer bestimmten Konstellation ineinandergreifender gesellschaftlicher, wirtschaftlicher und politischer Faktoren. Ohne sie hätte das Auftreten der Person Hitlers keinen Erfolg gehabt. Aber nicht nur aus der Besonderheit der deutschen Geschichte ist die Hitlerbewegung in ihrer Verschränkung überindividueller und individueller Wirkungskräfte zu verstehen. Ähnliche Bewegungen zeigen sich in anderen Teilen Europas. Sie werden unter dem Begriff des »Faschismus« zusammengefaßt. Was gibt dieser Begriff für das Verständnis des Nationalsozialismus her?

Der historische Ausgangspunkt für den Faschismus ist die Situation, wie sie sich in Europa am Ende des Ersten Weltkrieges darbot. Die Niederlage der Mittelmächte schien, von dem noch ungeklärten Ausgang des Bürgerkriegs in Rußland abgesehen, den endgültigen Triumph der Demokratie zu bedeuten. Als zwei Jahrzehnte später Hitler mit dem Zugriff auf die Tschechoslowakei den Kampf um »Lebensraum« über das deutsche Siedlungsgebiet hinaus vortrug, waren in Südeuropa sowie in den größten Teilen Mittel- und Südosteuropas diktatoriale Herrschaftsformen verschiedener Art entstanden, in denen es nicht mehr den freien Wettbewerb mehrerer um politischen Einfluß ringender Parteien gab. Außer der Tschechoslowakei, der Schweiz und einzelnen kleineren Staaten im Baltikum und in Südosteuropa konnten nur Frankreich, Belgien, die Niederlande, England und die skandinavischen Staaten als demokratisch und liberal gelten. Unter den diktatorischen Regierungsformen, die sich entwickelten, lassen sich drei Typen unterscheiden: der sowjetische, der autoritäre und der faschistische. Der autoritäre und der faschistische haben sich weitgehend in Reaktion gegen das geschichtliche Auftreten des Sowjetkommunismus und in Ausnutzung einer propagandistisch gesteigerten Angst vor der Revolution gebildet. Autoritäre Staaten erscheinen entweder als Militärdiktaturen unterschiedlicher Intensitätsgrade und Legitimierungen wie in Polen, Spanien, Portugal und Griechenland oder als Königsdiktatur wie in Jugoslawien.

Die faschistischen Bewegungen sind in ihrem Selbstverständnis alle am italienischen Prototyp orientiert, so tiefgreifend auch im übrigen die national bedingten Unterschiede sind. Das gilt besonders auch für den Nationalsozialismus. Es gibt zahllose Zeugnisse für die Bewunderung, die Hitler Mussolini gegenüber empfand. Dem Marsch auf Rom suchte er es 1923 mit einem Marsch auf Berlin gleichzutun. Den Faschistengruß übernahm er als »Deutschen Gruß« in seine Bewegung. Den Weg zur Überwindung des Bolschewismus sah er in einer »Faschistisierung der europäischen Staaten«[1]). Außer dieser subjektiven Bezogenheit auf Mussolini und seine Bewegung lassen sich im Erscheinungsbild der verschiedenen Faschismen folgende Gemeinsamkeiten nennen: ein aus der Empfindung einer nationalen Frustration erwachsener aggressiver Nationalismus, eine mit Vehemenz vorgetragene Propaganda unter dem Leitwort der sozialen Gerechtigkeit bzw. des Sozialismus, eine scharfe Frontstellung sowohl gegen den Kommunismus wie gegen die bürgerlich-liberale Staats- und Gesellschaftsordnung, eine das politische Monopol beanspruchende Partei mit paramilitärischen Verbänden als terroristischen Hilfsorganisationen und die Führerideologie. Bewegungen dieses Typs hat es außer in Italien und Deutschland auch in Finnland, Estland, Rumänien und Ungarn gegeben. In Ländern mit fester parlamentarischer Tradition blieb der Faschismus eine Randerscheinung. Unter den europäischen Hauptmächten ist der Faschismus nur in Italien und Deutschland imstande gewesen, aus eigener Kraft von innen her den Staatsapparat zu erobern. An den Vorgängen in diesen beiden Staaten orientieren sich daher mehr als an den anderen faschistischen Bewegungen die unterschiedlichen Faschismustheorien.

Bevor die wichtigsten Faschismustheorien beschrieben werden, ist freilich einem Einwand Rechnung zu tragen, der sich gegen eine verallgemeinernde Verwendung des auf italienischem Boden erwachsenen Faschismusbegriffs richtet: In dem Maße, wie ein solcher Begriff, der ursprünglich eine zeitlich und räumlich begrenzte Erscheinung bezeichnet, sich von seinem historischen Ursprung entfernt und zu einem Gattungsbegriff erweitert wird, verliert er an inhaltlicher Bestimmtheit, Aussagekraft und Farbe. Im Falle des »Faschismus« geht dies so weit, daß der heutige Sprachgebrauch dazu neigt, diesen Begriff als inhaltsleeres Schlagwort zur Kennzeichnung sehr unterschiedlicher, je nach Standort für mißliebig gehaltener politischer Erscheinungen zu verwenden. Ein solcher inflationärer Gebrauch des Faschismusbegriffs bedeutet aber, so K. D. Bracher, »im Grunde eine Bagatellisierung totalitärer Diktatur, weil damit alles in einen Topf geworfen wird: ob es sich um Militärregime, Entwicklungsdiktaturen, lateinamerikanische Oligarchien handelt oder ob gar westliche Demokratien an ihren Krisenpunkten als faschistisch beschimpft werden. Das läuft entweder auf eine Dämonisierung aller Diktaturtendenzen oder aber auf eine Bagatellisierung derjenigen Regime hinaus, die sich wie das nationalsozialistische Gewalt- und Vernichtungssystem auch vom italienischen Faschismus weit und prinzipiell unterscheiden.«[2])

Die Verwendbarkeit des Begriffs ist demnach an einem Vergleich der analogen italienischen und deutschen Bewegungen zu prüfen[3]). Hier springen Unterschiede und Gemeinsamkeiten in die Augen:

1. die größere Geschlossenheit der nationalsozialistischen Weltanschauung mit ihrer Aufeinanderbezogenheit von Rasse- und Raumideologie — obwohl sich auch im italienischen Faschismus Elitebewußtsein und Imperialismus miteinander verbinden, hier wie dort gestützt auf eine ideologische Verherrlichung von Kampf und Krieg;

2. die Bezogenheit des Totalitätsanspruchs beim Nationalsozialismus auf die Bewegung, beim italienischen Faschismus auf den Staat — wobei hier wie dort die Geltendmachung dieses Anspruchs Sache der privilegierten Partei und ihrer terroristischen Kampfverbände war;

3. das stärkere Vorhandensein eines proletarisch-sozialistischen Faktors in der Anfangs- wie in der Endphase des italienischen Faschismus — der aber auch im Nationalsozialismus nicht fehlte;

4. der italienische Faschismus verfügte im Augenblick des Marsches auf Rom nur über 7 % der Parlamentssitze, er war stärker noch als der Nationalsozialismus auf die anfängliche Stützung durch konservative Kräfte in Staat und Gesellschaft angewiesen und hat stärker als der Nationalsozialismus an dem Vorhandensein solcher Elemente (König, Kirche, Armee) eine Begrenzung seines Totalitätsanspruchs erfahren — aber beider hier wie dort scheinlegaler Weg zur Macht wäre ohne eine solche Unterstützung nicht möglich gewesen;
5. die Verherrlichung des »Duce« trägt weniger pseudoreligiöse Züge als der Kult des »Führers« — aber in beiden Fällen hat die Diktatur eine plebiszitär-akklamatorische Grundlage.

Dieser Vergleich zwischen dem italienischen Faschismus und dem deutschen Nationalsozialismus, der durch Einbeziehung anderer »faschistischer« Bewegungen erweitert werden könnte, zeigt, daß die festgestellten Unterschiede Modifikationen bzw. stärkere oder schwächere Intensitätsgrade von beiden gemeinsamen Strukturelementen sind. Die Modifikation und unterschiedliche Intensität bestimmen die historische Individualität der beiden Bewegungen. Das hier wie dort kongruent angelegte Grundmuster erlaubt es jedoch, sie (abweichend von Bracher) dem gleichen Typus zuzurechnen und den Terminus »Faschismus« trotz der genannten Vorbehalte als Gattungsbegriff zu verwenden.

Wie aber ist das Phänomen des Faschismus selber zu verstehen? Die mannigfachen Theorien, die hierauf eine Antwort zu geben versuchen, reduzieren sich im wesentlichen auf drei Haupttypen des methodischen Vorgehens:
entweder geht man von den wirtschaftlich-sozialen Gegebenheiten des kapitalistischen Wirtschaftssystems aus und *erklärt* den Faschismus aus dem mehr oder weniger als zwangsläufige Determination verstandenen Kausalzusammenhang zwischen diesen Gegebenheiten als Ursachen und den politischen Folgen als deren Wirkung (marxistische Faschismustheorien); oder man legt den Akzent auf die Feststellung von Strukturanalogien zwischen Faschismus und Bolschewismus und *subsumiert* beide unter dem übergreifenden Gattungsbegriff des Totalitarismus, der einen neuen Typus von Herrschaft bezeichnet (liberale Totalitarismustheorien); oder aber man verharrt bei der analysierenden Beschreibung des Phänomens und *interpretiert* unter Zurückweisung sowohl der kausal erklärenden wie der begrifflich subsumierenden Methode den Faschismus von dem in seinen Aktionen wie in seinen Proklamationen zutage tretenden Selbstverständnis her als eine unableitbare und nur mit sich selbst vergleichbare Erscheinung (phänomenologische Faschismusinterpretation, besonders bei Ernst Nolte).

Von kommunistischer Seite sind zum ersten Male die verschiedenen antimarxistischen Massenbewegungen unter dem Begriff des Faschismus zusammengefaßt und unter einem einheitlichen Aspekt gedeutet worden. Man hat diese Deutung zu Recht als heteronomistisch bezeichnet (Nolte), insofern der Faschismus hier als politische Sekundärerscheinung eines anderen und eigentlich bestimmenden ökonomischen Faktors erklärt wird. Die im Bereich des sowjetischen Kommunismus bis heute Geltung beanspruchende Definition wurde im Dezember 1933 vom 13. Plenum des Exekutivkomitees der Komintern gegeben. Sie lautet: »Der Faschismus ist die offene terroristische Diktatur der am meisten reaktionären, chauvinistischen und imperialistischen Elemente des Finanzkapitals«. Diese Theorie hatte sich im Verlaufe der 20er Jahre unter Stalin gegen eine realistischere Einschätzung der Eigenbedeutung des Faschismus durch Radek und die deutsche Kommunistin Clara Zetkin durchgesetzt[4]). Sie führte zu einer verhängnisvollen Fehleinschätzung dessen, was in den Krisenjahren der Weimarer Republik und am 30. Januar 1933 in Deutschland eigentlich vor sich ging. Sie ist dafür verantwortlich zu machen, daß die Kommunisten die Eigenart und Stärke der nationalsozialistischen Massenpartei nicht zu erkennen vermochten und glaubten, den Hauptstoß gegen die Sozialdemokraten richten zu sollen, wie es Ulbricht noch am 18. Januar 1933 forderte[5]). Aber auch bei den von den Kommunisten als »Sozialfaschisten« diffamierten Sozialdemokraten gab man sich der gleichen Täuschung hin. Man verkannte das Eigengewicht des Nationalsozialismus und ordnete ihn in die gewohnten Denkschemata ein. Am Tage nach der Ernennung Hitlers zum Reichskanzler erklärte Rudolf Breitscheid vor dem Parteiausschuß der SPD: »Wir stehen jetzt in einem Klassenkampf in seiner reinsten Form. Es stehen zwei Fronten einander gegenüber: die Arbeiterklasse auf der einen, die vereinigte Reaktion, der vereinigte Kapitalismus, unterstützt von den braunen Scharen des Herrn Hitler, auf der anderen Seite. Nie gab es eine klarere, einwandfreiere Klassenkampfsituation ... Wir müssen uns bewußt sein, daß nach Hitler nichts anderes mehr kommen kann und kommen darf als eine Regierung, auf die die Arbeiterschaft den maßgebenden Einfluß ausübt.«[6]) Und noch stärker simplifizierend hieß es in einem Bericht der »Internationalen Information« über diese Rede: »Die Reaktion hat ihre letzte Karte ausgespielt, die Söldnerscharen des Faschismus eingesetzt. Wenn sie nicht sticht, und sie wird nicht stechen, dann ist die Stunde gekommen, in der die Arbeiterschaft das entscheidende Wort spricht.«[6a]) Die marxistische Einschätzung des Verhältnisses zwischen bürgerlichem Kapitalismus und nationalsozialistischer Massenpartei entsprach in gewisser Hinsicht dem Selbstverständnis der konservativen Koalitionspartner Hitlers. Sie waren ja gewillt und glaubten in der Lage zu sein, die NS-Bewegung vor den Wagen ihrer Interessen spannen zu können. Entsprechend erschien in sowjetischer Sicht Hugenberg als die entscheidende Figur der neuen Regierung, Hitler hingegen lediglich als ein Werkzeug in den Händen des Monopolkapitals[7]).

Die Agententheorie beherrscht bis heute die Sichtweise der Geschichtsschreibung in der DDR über den Nationalsozialismus[8]). Allerdings sind im Rahmen des dogmatischen Gehäuses dieser Theorie verschiedene Modifizierungen möglich. Wenn etwa der Kapitalismus nicht mehr als undifferenzierte Einheit, sondern als Feld von Interessenkämpfen unterschiedlicher Wirtschaftszweige erscheint, kann der Nationalsozialismus als Instrument innerkapitalistischer Auseinandersetzungen gedeutet werden. Sein Sieg erscheint dann als der Sieg einer bestimmten wirtschaftlichen Interessengruppe über ihre Rivalen. Eine andere Differenzierung ist die zeitliche. Sie trägt der Tatsache Rechnung, daß das Verhältnis des Kapitalismus zum Nationalsozialismus situationsbedingt war und zu verschiedenen Zeiten sehr verschieden sein konnte. Eine weitere Unterscheidung betrifft die Formen der Einflußnahme des Kapitalismus auf den Nationalsozialismus, wobei die finanzielle Unterstützung an Bedeutung zurücktritt hinter spezifisch politischen Faktoren[9]). Aber auch bei solchen Modifizierungen wird in der heteronomen kommunistischen Faschismusdeutung die These festgehalten, daß die historische Funktion des Nationalsozialismus darin bestanden habe, die »Diktatur der reaktionärsten Schichten des deutschen Monopolkapitals« zu ermöglichen: »Hitler erreichte sein Ziel, weil er den gesellschaftlichen Auftrag des deutschen Monopolkapitals erfüllte.«[10])

Nicht erklärbar wird durch die sowjet-marxistische Faschismustheorie die Tatsache, daß der Faschismus in den am meisten entwickelten bürgerlich-kapitalistischen Gesellschaften des Westens — USA, England, Frankreich — nichts auszurichten vermochte, sondern daß er sich im Gegenteil gerade dort entfaltete, wo in Gesellschaft und Staat noch starke vorindustrielle Elemente vorhanden waren wie in Italien und Deutschland. Nicht genügend berücksichtigt wird in dieser Theorie auch die Tatsache, daß der Faschismus, jedenfalls was den Nationalsozialismus betrifft, erst zu einer Zeit für die kapitalistische Wirtschaft interessant wurde, als er bereits zu der stärksten politischen Massenbewegung in Deutschland geworden war. Es ist absurd, die Erfolge der nationalsozialistischen Propaganda in irgendeinem beträchtlichen Ausmaß darauf zurückzuführen, daß erst die finanzielle Unterstützung durch das Großkapital den Aufbau des Propagandaapparates ermöglicht habe[11]).

Eine Deutung des Faschismus als einer Sekundärerscheinung des Kapitalismus findet sich auch in der westlichen marxistischen und vom Marxismus beeinflußten historischen Literatur, wenn auch die simplifizierende Agententheorie durchweg abgelehnt wird. Mit Abweichungen im einzelnen wird die These vertreten, daß zwischen Unternehmertum und Faschismus eine situations-, interessen- und strukturbedingte Konvergenz bestanden habe[12]). Für die Bemühung neomarxistischer Historiker um eine gegenüber der kommunistischen Dogmatik differenziertere Einschätzung des Verhältnisses sozialökonomischer und politischer Faktoren hat eine Schrift des kommunistischen Oppositionellen August Thalheimer über den Faschismus (1930) besondere Beachtung erlangt[13]). Thalheimer überträgt die Bonapartismusdeutung von Karl Marx auf den Faschismus[14]): in bestimmten Situationen, in denen das von Rückschlägen getroffene Proletariat noch nicht die Kraft besitzt, die Gesellschaft zu ändern, und die Bourgeoisie nicht mehr imstande ist, sich aus eigener Kraft zu behaupten, komme es zu einer »Verselbständigung der Exekutivgewalt«, durch die die politische Macht der Bourgeoisie gebrochen werde, um ihre gesellschaftliche Macht unversehrt zu erhalten. Der Faschismus sei demnach »nicht eine einfache Funktion des ökonomischen Entwicklungsgrades der bürgerlichen Gesellschaft«. Entscheidend sei vielmehr »die Gesamtheit der Klassenverhältnisse«. Im Unterschied zum Bonapartismus besitze der Faschismus eine breite Massenbasis. Es bestehe jedoch ein innerer Widerspruch »zwischen den sozialen Interessen dieser Massen und den Interessen der herrschenden Klasse, denen [er] dienstbar gemacht wird«. Dies ist nach Thalheimer neben der Verselbständigung der Staatsgewalt ein weiteres Charakteristikum des Faschismus. Als Thalheimer diesen Gedanken formulierte, war die kommunistische Faschismusdogmatik noch nicht kanonisiert. In direkter Auseinandersetzung mit dieser und radikaler formulierend als Thalheimer spricht der englische Historiker Tim Mason geradezu von einem »Primat der Politik« im Nationalsozialismus. Als Marxist stellt er sich die paradoxe Aufgabe, diesen Primat der Politik sozialökonomisch zu erklären. Er weist dabei u. a. zutreffend hin auf das Versagen der parlamentarischen Demokratie vor der Aufgabe, den für ihre Existenz notwendigen Ausgleich der Klasseninteressen herbeizuführen. Er betont die gegenüber der Schwerindustrie wachsende Bedeutung der chemischen Industrie für die Autarkiepolitik des Dritten Reiches und die zentrale Stellung des Staates als Auftraggeber für die Rüstungsindustrie. Sozialwirtschaftliche Faktoren dieser Art müssen in der Tat bedacht werden, um den äußeren Bedingungsrahmen für Entstehung, Ausbau und Wirkung der von eigener Dynamik getriebenen nationalsozialistischen Herrschaft zu erstellen. Hierin liegt ein richtiges Moment der heteronomen marxistischen Faschismustheorie und zugleich die Grenze ihrer Aussagefähigkeit. Die Frage, wer nach dem 30. Januar 1933 wen beherrschte, ist in der heutigen Forschung jedoch noch nicht ausdiskutiert[15]). Gab es einen Primat der Politik oder der Wirtschaft, oder ist das Verhältnis als eine Dyarchie zu begreifen?[16]) Der Weg zur Beantwortung dieser Frage muß im Rahmen einer empirischen Erforschung der politisch-wirtschaftlichen Verhältnisse Deutschlands in der Zeit der nationalsozialistischen Herrschaft gesucht werden.

Zum marxistischen Faschismusverständnis gehört auch die soziologische Charakterisierung des Faschismus als einer kleinbürgerlichen Mittelstandsbewegung. Auch in der westlichen Literatur wird der Nationalsozialismus im allgemeinen so gesehen. Richtig hieran ist, daß das soziale Substrat der faschistischen Bewegungen und auch des Nationalsozialismus weitgehend mittelständisch ist. So hat man den Nationalsozialismus als einen »Faschismus der Mitte« gekennzeichnet und ihn nicht nur gegen den Extremismus der Linken, sondern auch gegen einen konservativen Extremismus der Rechten abgegrenzt[17]). In der Tat haben die Nationalsozialisten bei den Wahlen bis 1933 mehr Stimmen auf Kosten der Liberalen als auf Kosten der Konservativen gewonnen. »Im Jahre 1932 war der idealtypische Wähler der Nationalsozialistischen Partei ein selbständiger protestantischer Angehöriger des Mittelstandes, der entweder auf einem Hof oder in einer kleinen Ortschaft lebte und der früher für eine Partei der politischen Mitte oder für eine regionale Partei gestimmt hatte, die sich der Macht und dem Einfluß von Großindustrie und Gewerkschaften widersetzte.«[18]) Dabei muß jedoch der Tatsache Rechnung getragen werden, daß der Begriff des Mittelstandes und selbst der des kleinbürgerlichen Mittelstandes durchaus gegensätzliche ökonomische Interessenrichtungen umschließt (Kleinbauern, städtische kleine Angestellte, beamtete Lehrer, Handwerker und Kleinhandel). Mit Recht wird deshalb von K. D. Bracher betont, daß der Nationalsozialismus als eine »Einigungsbewegung verschiedener antagonistischer Gruppen« zu verstehen sei und »nicht als sozial geschlossene Interessenbewegung des Mittelstandes«, d. h. nicht als »Klassenbewegung«[19]). Die Reduzierung des Nationalsozialismus auf eine mittelständische Klassenbewegung übersieht zudem den nicht unerheblichen proletarischen Faktor sowohl in der Zusammensetzung der Mitgliedschaft der Bewegung wie in ihrer antibürgerlichen Ideologie und in dem Stil ihres politischen Kampfes. Schließlich wird an der Geschichte des Faschismus im allgemeinen und des Nationalsozialismus im besonderen deutlich, daß innergesellschaftliche Konflikte nicht nur durch Klassengegensätze bestimmt sind. Es gibt Massenbewegungen, die, von einer eigenen Ideologie geleitet, als politische Gruppe und nicht als Klasse eine eigene Dynamik und für ihre Mitglieder eine eigene Bindekraft entfalten, die sich nicht mehr ökonomisch zutreffend erfassen lassen. Die Geschichte ist nicht nur eine Abfolge von Klassenkämpfen. Der Faschismus läßt sich nicht einfach auf die Nenner Kapitalismus und Mittelstand bringen. Diese gehören zu den von Land zu Land sehr unterschiedlichen Bedingungen seiner Entstehung, sagen aber als solche noch nichts über sein eigentliches Wesen aus[20]).

Wenn die marxistische Theorie den Faschismus und die bürgerlich-kapitalistische Gesellschaft in einen Determinationszusammenhang stellt, so bringt im Gegensatz hierzu der vom liberal-demokratischen Ansatz her entwickelte Totalitarismusbegriff den Faschismus und Kommunismus in einen Klassifikationszusammenhang. Unter dem Eindruck der Zerstörung der rechtsstaatlichen Institutionen und der bürgerlichen Freiheiten haben schon in den 20er Jahren zuerst italienische Liberale den Faschismus seinem eigenen Selbstverständnis entsprechend von seinem Totalitätscharakter her verstanden und verurteilt[21]). Der ehemalige liberale italienische Ministerpräsident Francesco Nitti verglich unter diesem Gesichtspunkt Bolschewismus und Faschismus: Sie »beruhen nicht auf entgegengesetzten Grundsätzen, sie bedeuten die Verleugnung derselben Grundsätze von Freiheit und Ordnung ...« Sie waren für ihn eine »Verleugnung aller Grundlagen der modernen Zivilisation«[22]). Diese frühen Vergleiche von Bolschewismus und Faschismus zeigen, daß der historische Ansatz für die Entstehung der Totalitarismustheorie keineswegs in der Zeit des »Kalten Krieges« liegt. Allerdings führte die Konfrontation zwischen dem sowjetischen Kommunismus und den Westmächten nach dem Zweiten Weltkrieg dazu, daß die begriffliche Zusammenspannung von Faschismus und Bolschewismus theoretisch systematisiert wurde. Das geschah insbesondere durch die beiden in den Vereinigten Staaten lebenden deutschen Emigranten Hannah Arendt und Carl Joachim Friedrich[23]). Der Totalitarismus wird bei ihnen als eine geschichtlich neuartige Staatsform beschrieben. Hannah Arendt sieht das Wesen der totalitären Herrschaft, die durch einen Dualismus von Staats- und Parteiorganisation gekennzeichnet ist, im Terror, den die Staat und Partei durchdringende Geheimpolizei ausübt. Der Terror dient dem Vollzug eines für objektiv erachteten historischen Bewegungsgesetzes, zu dessen Verwirklichung auch gegen den

Willen der unerleuchteten Masse sich die elitären Träger der politischen Gewalt für berufen halten.

C. J. Friedrich stellt einen Katalog der charakteristischen Merkmale des Totalitarismus auf: »Eine Ideologie, eine Partei, eine terroristische Geheimpolizei, ein Nachrichtenmonopol, ein Waffenmonopol und eine zentral gelenkte Wirtschaft. Aus ihnen setzt sich das Modell zusammen ... Es ist in jedem Fall so, daß diese sechs Wesenszüge, die untereinander in enger Verbindung stehen, zusammen den Charakter der totalitären Diktatur bestimmen ... Man darf deshalb nicht in den Fehler verfallen, den einen oder den anderen dieser Züge herauszugreifen und ihn zur Grundlage von Vergleichen zu machen und etwa zu behaupten, daß Caesar, weil er eine terroristische Geheimpolizei entwickelt habe, der erste totalitäre Diktator gewesen sei, oder zu sagen, daß die katholische Kirche, weil sie eine ideologische Gedankenlenkung anstrebt, im Grunde totalitär sei — und was derartiger Behauptungen mehr sind.«[24]) Aufgrund einer Übereinstimmung der faschistischen und kommunistischen Diktaturen in diesen sechs Punkten gelangte Friedrich zu der Feststellung, »daß sie sich untereinander mehr ähneln als anderen Systemen staatlicher Ordnung, einschließlich älterer Formen der Autokratie.«[25]) Natürlich bezieht sich diese Übereinstimmung nicht auf die jeweiligen Besonderheiten der wirtschaftlichen und gesellschaftlichen Ursprünge, nicht auf den Inhalt der totalitären Ideologien und nicht auf das Selbstverständnis der totalitären Mächte in ihrem Verhältnis zueinander. Die mit dem Begriff Totalitarismus bezeichnete Gemeinsamkeit ist eine solche der Herrschaftstechnik und der Herrschaftsstruktur, aber nicht des Herrschaftszweckes. Ist dies nun ein formales oder ein inhaltliches Kriterium? Betrifft dies nur die äußere Form oder auch das Wesen einer Herrschaft? Wenn man mit K. D. Bracher der Meinung ist, daß »das entscheidende Kriterium zur Beurteilung der modernen Staaten das Kriterium der politischen Freiheit« sei, dann ergibt sich die Konsequenz, daß mit dem Totalitarismusbegriff ein gemeinsamer Wesenszug von Parteidiktaturen unterschiedlicher Ideologien adäquat bezeichnet wird[26]).

Nun ist die Verwendung des Totalitarismusbegriffs nicht unumstritten. Daß er von kommunistischer Seite zurückgewiesen wird, liegt auf der Hand. Aber auch in der westlichen Geschichts- und Gesellschaftswissenschaft wird seine Brauchbarkeit in Frage gestellt[27]). Das ist besonders bei solchen Forschern der Fall, die bemüht sind, liberalisierende Strukturveränderungen in Staaten des sowjetischen Herrschaftsbereiches zu registrieren. Der Begriff des Totalitarismus hat idealtypischen Charakter, und er vermag als solcher nicht alle Variationsformen und vielleicht heute in den sozialistischen Staaten sich vollziehende Entwicklungen zu decken. Aber eine solche Begrenztheit teilt der »Totalitarismus« mit schlechthin jedem historischen Allgemeinbegriff, der der ständigen Kontrolle und Ergänzung und gegebenenfalls der Revision durch die Empirie bedarf.

Ein Verzicht auf die Verwendung des Totalitarismusbegriffs in seiner umfassenden Bedeutung leuchtet am ehesten dort ein, wo eine immanente Faschismusinterpretation von dessen eigenem Selbstverständnis her vorgenommen wird. Dies geschieht in dem Werk von Ernst Nolte[28]). Nolte hat das Verdienst, zum ersten Male den Faschismus als ein in seinen mannigfachen Erscheinungsformen einheitliches Phänomen in einem dreifachen philosophisch-analytischen, historisch-deskriptiven und politologisch-systematischen Ansatz umfassend und anschaulich beschrieben zu haben. Er nennt seine Methode »phänomenologisch«. Damit kennzeichnet er seine Absicht, die Faschismen und, in ihnen sichtbar gemacht, *den* Faschismus von ihren Selbstäußerungen her zu erfassen. Zu diesen Selbstäußerungen gehört als Kern ihrer Bewegungen und Aktionen ihr Denken über sich selbst in Abgrenzung gegen das, was bekämpft wird. Bekämpft wird die bürgerlich-liberale Demokratie und besonders der Marxismus. Der Gegensatz zum Marxismus wird trotz ähnlicher Herrschaftsmethoden als radikal gesehen. Nolte gibt folgende Definition: »Faschismus ist Antimarxismus, der den Gegner durch die Ausbildung einer radikal entgegengesetzten und doch benachbarten Ideologie und die Anwendung von nahezu identischen und doch charakteristisch umgeprägten Methoden zu vernichten trachtet, stets aber im undurchbrechbaren Rahmen nationaler Selbstbehauptung und Autonomie.«[29]) Nolte bestreitet aber nicht nur die Tragfähigkeit des Totalitarismusbegriffs, wofür er von den Anhängern des marxistischen Interpretationsansatzes gelobt wird, sondern auch die Ergiebigkeit der sozio-ökonomischen Methode für die Erhellung des Faschismus, wofür er von den gleichen kritisiert wird. Natürlich hat Nolte weder den Totalitarismusbegriff noch die Berechtigung eines sozio-ökonomischen Zugangs zum Faschismusproblem widerlegt. Er benötigt sie nicht für seinen Interpretationsansatz. Denn weder die vergleichende Einordnung des Faschismus in ein übergreifendes Begriffsraster wie das der »Totalitarismus«-Theorie noch dessen Zurückführung auf außerhalb seiner selbst liegende Bedingungen wirtschaftlich-gesellschaftlicher Art widersprechen der radikalen Rückbezogenheit auf sich selbst, die Nolte als seine eigene Interpretation des Faschismus von diesem übernimmt. Diese Rückbezogenheit auf sich selbst artikuliert sich einmal als extremer Nationalismus, negativ als die Verwerfung aller übernationalen, humanitären, kosmopolitischen und völkerrechtlichen Tendenzen, die den einzelnen wie die einzelne Nation auf eine übergreifende Rechtsordnung verweisen. Dieser Nationalismus ist reaktionär, insofern er in romantischem Rückgriff sich an vorindustriellen und vorbürgerlichen, ständischen und kriegerischen Verhaltensweisen orientiert. Sowohl die bürgerlich-kapitalistische wie die kommunistische Industriegesellschaft sind, mit einem von Nolte verwendeten Begriff, auf »praktische Transzendenz« angelegt, d. h. ihrer Intention nach weisen sie über sich selber hinaus. Den Faschismus und hierin besonders den Nationalsozialismus begreift Nolte als den radikalen Gegensatz dazu. In der Tat stellt der antimodernistische Zug den Faschismus, wenn er sich auch der modernsten Machtmittel zur Steigerung seiner Herrschaft bedient, in einen Gegensatz zum bürgerlichen Kapitalismus wie zum sowjetischen Kommunismus[30]).

Die drei geschilderten Faschismustheorien, nämlich die marxistische, die liberale und die phänomenologische, entsprechen den drei Hauptausformungen der Gesellschaft im 20. Jahrhundert. Von jeder dieser drei Positionen, nämlich der marxistischen, der bürgerlich-liberalen und der faschistischen, her erscheinen die jeweils beiden anderen in einer gewissen Gemeinsamkeit. In diesem Dreiecksverhältnis begreift sich der sowjetische Kommunismus als Gegensatz zum bürgerlich-liberalen wie zum faschistischen Kapitalismus, der liberal-bürgerliche Kapitalismus als Gegensatz zum kommunistischen und faschistischen Totalitarismus und der Faschismus als Gegensatz zum Rationalismus und zur Modernität des demokratischen Liberalismus und des Kommunismus. Die genannten Gegensätze und Gemeinsamkeiten in diesem Dreieck sind nicht konstruiert. Die hieraus abgeleiteten Theorien besitzen ihren Wahrheitsgehalt, aber es ist jeweils nur eine Teilwahrheit. Historisch erschlossen wird jedes dieser drei Phänomene, wenn es in den dreifachen Bezug des Selbstverständnisses und der Doppelinterpretation von außen gestellt wird. Kann man das Zeitalter der Weltkriege als Epoche des Faschismus bezeichnen, wie es Nolte vorschlägt? Das oben Gesagte spricht dagegen. Nicht der Faschismus allein prägt das Gesicht unseres Jahrhunderts, sondern die wechselnden Bündnisse und Feindschaften in dem Dreiecksverhältnis von liberalem Bürgertum, Faschismus und Kommunismus.

DW 393/255—272, 916; 397/19—29. — Zur Lit. über den Faschismus als Gesamterscheinung u. in den einzelnen Ländern sei verwiesen auf die Verzeichnisse in den Werken von E. NOLTE, s. u. Anm. 28 u. bei W. SCHIEDER, Faschismus, Art. in: Sowj. System u. Demokrat. Gesellschaft. Eine vergleichende Enzyklopädie 2 (1968). Neben Nolte hervorzuheben E. WEBER, Varieties of Fascism (Princeton 1964), F. L. CARSTEN, Der

Aufstieg des Faschismus in Europa (1968); W. LAQUEUR / G. L. MOSSE (Hg.), Internationaler Faschismus 1920—45 (a. d. Engl. 1966); S. J. WOOLF (Hg.), European Fascism (London 1968); ders. (Hg.), The Nature of Fascism (London 1968); A. J. MAYER, Dynamics of Counterrevolution in Europe (New York 1971). Nützlicher Überblick bei W. WIPPERMANN, Faschismustheorien. Zum Stand der gegenwärtigen Diskussion (1972); O.-E. SCHÜDDEKOPF, Bis alles in Scherben fällt: die Gesch. des Faschismus (1973); G. SCHULZ, Faschismus — Nationalsozialismus. Versionen u. theoretische Kontroversen 1922—1972 (1974); R. de FELICE, Le interpretazioni del fascismo (Bari ²1970).

1) Zum nat.soz. Faschismusverständnis K.-P. HOEPKE, Die dt. Rechte u. der ital. Faschismus. Ein Beitrag zum Selbstverständnis u. zur Politik von Gruppen u. Verbänden der dt. Rechten (1968), zit. S. 140; zur allg. Rezeption des ital. Faschismus in Dtld. Einleitung zu J. PETERSEN, Hitler—Mussolini. Die Entstehung der Achse Berlin—Rom 1933—1936 (1973). 2) K. D. BRACHER, Der Faschismus (Sonderbeitrag aus Meyers Enzyklopädischem Lexikon 8, 1973), S. 551. 3) I. FETSCHER, Faschismus u. Nationalsozialismus. Zur Kritik des sowj. Faschismusbegriffs, in: Pol. Vjschr. 3 (1962); W. SCHIEDER, Fascismo e Nazionalsocialismo. Profilo d'uno studio comparativo, in: Nuova Riv. Storica 54 (1970). 4) Zur Entwicklung d. kommunistischen Faschismustheorien im einzelnen vgl. den Überblick bei W. SCHIEDER, Faschismus, in: Sowjetsystem u. Demokratische Gesellschaft. Eine vergleichende Enzyklopädie 2 (1968), S. 454 ff., u. Th. PIRKER (Hg.), Komintern u. Faschismus 1920 bis 1940. Dokumente zur Geschichte u. Theorie des Faschismus (1965). 5) Inprekor 18. Jan. 1933, nach Carola STERN, Ulbricht (1963), S. 59 f.; zur verhängnisvollen Fehleinschätzung des Nat.soz. durch die Komintern bes. Th. WEINGARTNER, Stalin u. der Aufstieg Hitlers. Die Deutschlandpolitik d. Sowjetunion u. d. Kommunistischen Internationale 1919—1934 (1970), u. P. H. LANGE, Stalinismus versus ›Sozialfaschismus‹ u. ›Nationalfaschismus‹. Revolutionspolit. Ideologie u. Praxis unter Stalin 1927—1935 (1969). 6) Text in: H. SCHULZE (Hg.), Anpassung oder Widerstand? Aus den Akten des Parteivorstands d. dt. Sozialdemokratie 1932/33 (1975), Nr. 5. 6a) Internat. Information, hg. von d. Sozialist. Arbeiter-Internationale, Zürich, 8. 2. 1933. — Der ehemalige soz.dem. Finanzminister R. HILFERDING, Das historische Problem, in: Z. f. Politik 1 (1954) gelangt als marxist. Theoretiker umgekehrt zu dem Ergebnis: »Der totale Staat dagegen unterwirft die Wirtschaft seinen eigenen Bedürfnissen; er legt ihr nicht allgemeine Regeln auf, er schafft keinen Rahmen, innerhalb dessen sich die Wirtschaft und die Produktionsagenten frei und unabhängig bewegen können, ihren eigenen Motiven folgend, ihre eigenen Wirtschaftszwecke erfüllend. Er unterwirft alle Wirtschaftszwecke und alle Wirtschaftsangehörigen unmittelbar seinen Befehlen. An Stelle der Wirtschaftszwecke der einzelnen Produktionsagenten setzt er seinen Staatszweck. Es ist diese Substituierung der Zwecke, die den totalen Staat charakterisiert« (S. 297). 7) Hierzu S. BAHNE, Die Kommunistische Partei Dtlds, in: E. MATTHIAS / R. MORSEY (Hg.), Das Ende der Parteien 1933 (1960), S. 689 f. 8) Von einer marxist. Grundposition her kritische Auseinandersetzung mit der Agententheorie bei B. BLANKE / R. REICHE / J. WERTH, Die Faschismus-Theorie der DDR, in: Das Argument 7, H. 2 (³1970). 9) S. z. B. F. KLEIN, Zur Vorbereitung der faschist. Diktatur durch die dt. Großbourgeoisie 1929—1930, ZfG 1 (1953), Nachdr. in: G. JASPER (Hg.), Von Weimar zu Hitler 1930—1933 (1968); H.-J. BARTMUSS u. a. (Hg.), Dt. Geschichte in drei Bänden (1968) Bd. 3; E. CZICHON, Der Primat der Industrie im Kartell der NS-Macht, in: Das Argument 10 (1968); D. EICHHOLTZ / W. SCHUMANN, Anatomie des Krieges (1969). Einleitung. 10) F. KLEIN, op. cit. 11) So F. KLEIN, op. cit. 12) Zeugnisse älterer sozialistischer bzw. nicht konformistisch kommunistischer Autoren neu vorgelegt in W. ABENDROTH (Hg.), Otto Bauer, Herbert Marcuse, Arthur Rosenberg u. a.: Faschismus u. Kapitalismus. Theorien über die sozialen Ursprünge u. die Funktion des Faschismus (³1968). Aus der neueren marxist. westlichen Faschismusliteratur hervorzuheben T. MASON, Der Primat der Politik. Politik u. Wirtschaft im Nat.soz., in: Das Argument 8 (1966, ⁴1970); R. KÜHNL, Formen bürgerlicher Herrschaft. Liberalismus—Faschismus (Tb. 1971); E. HENNIG, Thesen zur dt. Sozial- u. Wirtschaftsgesch. 1933 bis 1938 (1973). 13) Abgedr. in W. ABENDROTH (Hg.), Otto Bauer etc., s. o. Anm. 12. 14) K. MARX, Der achtzehnte Brumaire des Louis Bonaparte (1852), MEW 8. 15) Diskussion hierüber auf dem Dt. Historikertag 1974 in Braunschweig. — Die durch die Forschung überholte kommunistische Faschismustheorie vom Jahre 1933 wird neuerdings gegen westliche bürgerliche u. marxistische Historiker verteidigt von Elfriede LEWERENZ, Neue bürgerliche Angriffe auf die Einschätzung des Faschismus durch die KI, in: Beitr. z. Gesch. d. Arb.beweg. 16 (1974). 16) So spricht etwa A. KUHN, Das faschistische Herrschaftssystem u. die

moderne Gesellschaft (1973), von einer »symmachistischen Faschismustheorie«. **17)** S. M. LIPSET, Soziologie d. Demokratie (1962), Auszug hieraus unter dem Titel »Nationalsozialismus — ein Faschismus der Mitte«, in: G. JASPER (Hg.), Von Weimar zu Hitler 1930—1933 (1968): »Konservative oder rechtsradikale Bewegungen hat es in der modernen Geschichte zu verschiedenen Zeiten gegeben, angefangen von der Horthy-Partei in Ungarn, der Christlich-Sozialen Partei von Dollfuß in Österreich, dem Stahlhelm und anderen Nationalisten in Deutschland vor Hitlers Tagen und Salazar in Portugal, bis zu den gaullistischen Bewegungen in Frankreich vor 1958 und den Monarchisten im heutigen Frankreich und Italien. Die Rechtsextremisten sind keineswegs revolutionär, sondern konservativ. Sie versuchen, politische Institutionen zu verändern, um kulturelle oder wirtschaftliche Einrichtungen zu bewahren oder wiedereinzuführen. Die Extremisten der Linken und der Mitte dagegen bedienen sich politischer Mittel, um eine kulturelle und gesellschaftliche Revolution herbeizuführen.« (Lipset in Jasper, S. 103). **18)** S. M. LIPSET, ibid., S. 114. f. **19)** K. D. BRACHER, Die dt. Diktatur (1969), S. 173. Ähnliche Kritik an der Reduzierung des Nationalsozialismus auf eine bloße Mittelstandsbewegung bei M. H. KELE, Nazis and Workers (1972). Erörterung des Problems bei E. NOLTE, Der Nationalsozialismus (Tb. 1970), Anhang: Zur Soziologie des Nat.soz., u. bei H. A. WINKLER, Extremismus der Mitte? Sozialgeschichtl. Aspekte d. nat.soz. Machtergreifung, VfZG 20 (1972). **20)** Ein Musterbeispiel für sorgfältige, differenzierende Abwägung der sozialökonomischen Entstehungsbedingungen faschistischer Bewegungen bietet der ungarische Historiker M. LACKÓ, Ostmitteleuropäischer Faschismus. Ein Beitrag zur allg. Faschismus-Definition, VfZG 21 (1973). Dieses auf dem internationalen Historikertag in Moskau 1970 gehaltene Referat wendet sich gegen »jene vulgär-marxistische Anschauung ..., die mit der Betonung eines ganz allgemein und stereotyp definierten, so gar nicht auf alle Länder applizierbaren Klassencharakters des Faschismus dessen vielgestaltige Problematik glaubt lösen zu können«. — Ähnlich Th. NIPPERDEY, Der Faschismus in seiner Epoche. Zu den Werken von E. Nolte zum Faschismus, HZ 210 (1970), S. 632: »Das ›cui bono‹, selbst wenn es eindeutig beantwortbar wäre — und das ist bei der Ambivalenz des Faschismus nicht möglich —, ist nicht die Frage nach der Sache selbst und führt nicht zu ihrer Beantwortung. Vor allem aber, der Vergleich faschistischer Bewegungen ergibt, daß sie in wirtschaftlich und sozial sehr unterschiedlich strukturierten Ländern aufkommen und daß wirtschaftlich und sozial sehr ähnlich strukturierte Länder in ganz verschiedener Weise betroffen sind. Die Sozialgeographie spricht gegen die simple soziologisch-ökonomische Erklärung des Faschismus.« **21)** F. TURATI, Fascimo, Socialismo e Democrazia (1928), dt. in: E. NOLTE (Hg.), Theorien über den Faschismus (1967). **22)** F. NITTI, Bolschewismus, Faschismus u. Demokratie (1926), S. 53. Ähnlich E. v. BECKERATH, Wesen u. Werden des faschistischen Staates (1927); vor dem Hintergrund der Erklärung der Menschenrechte von 1789 stellt er Ähnlichkeiten zwischen Bolschewismus u. Faschismus fest unter gleichzeitiger Betonung der »Tiefe des Gegensatzes zwischen beiden Ideologien« (S. 147). In der modernen italienischen Faschismusforschung spielt der Totalitarismusbegriff trotz der Propagierung des totalen Staates durch Mussolini im Gegensatz namentlich zur angelsächsischen und deutschen, teilweise auch zur französischen Literatur keine Rolle. Sie betont statt dessen den gesellschaftlichen Pluralismus im faschistischen Italien (Kirche, König, Armee) und die geringe Durchdringungstiefe des weithin unerfüllten totalen Staatsanspruchs. Vgl. hierzu A. AQUARONE, L'organizzazione dello Stato totalitario (Torino 1965). Sie neigt zudem dazu, die Unterschiede zwischen Faschismus und Nationalsozialismus stärker herauszustellen, als es sich halten läßt, so: R. de FELICE, Intervista sul fascismo (Bari 1975); hierzu kritisch J. PETERSEN, Der it. Faschismus zw. polit. Polemik u. hist. Analyse, GWU 27 (1976). — Daß der im Unterschied zum Bolschewismus und Nationalsozialismus geringere Grad der totalitären Durchdringung der Gesellschaft kein Gegenargument sein kann gegen die Subsumierung auch des italienischen Faschismus unter den Oberbegriff des Totalitarismus, ist in klarer Weise formuliert worden von L. SHAPIRO, Totalitarianism (London 1972), S. 118 f.: »Totalitarianism is a new form of dictatorship which grew in the conditions of mass democracy after the First World War. It was characterized by the predominance of the Leader of the victorious movement, who, with the aid of his subordinate élite and a manipulated ideology, aimed at total control over state, society and the individual. Leader and élite, by claiming the right to interpret the official ideology, in effect embodied both church and state: they subverted the law to their own ends and claimed to control private morality. They mobilized mass enthusiasm and support, from which they claimed to derive their legitimacy. In National Socialist Germany and in Stalin's Russia these aims were achieved as nearly, perhaps, as it is ever possible to achieve them, since man's resistance to tyranny is never easily quenched. In Mussolini's Italy the aims remained to a much greater extent in the realms of rhetoric. The survival of the monarchy and of the Catholic Church and Mussolini's inability in practice to break the resistance and independence of powerful institutions such as the police and the army all served to render much of the so-called ›totalitarian state‹ which he invented a ramshackle sham. The concept on which these three régimes were based was nevertheless a new one. The failure of Mussolini merely served to underline the features which were essential to justify the application of the new term; and to emphasize the obvious fact that in a society based primarily on leadership the ultimate, determining factor will always be the personality of the Leader.« **23)** Hannah ARENDT, Elemente u. Ursprünge totaler Herrschaft (New York 1951, dt. 1955) u. C. J. FRIEDRICH, Totalitäre Diktatur (Harvard 1957, dt. 1957). — H. BUCHHEIM, Totalitäre Herrschaft. Wesen u. Merkmale (1962). — Schon in der Zeit der nat.soz.-sowjetischen Freundschaft hatte im Jahre 1939 in den USA ein Symposion stattgefunden, in dem beide Systeme unter dem Aspekt des Totalitarismus verglichen wurden: Symposium on the Totalitarian State, Nov. 1939. Proceedings of the American Philosophical Society 82 (Philadelphia 1940). **24)** C. J. FRIEDRICH, Totalitäre Diktatur, S. 19. **25)** Ebd., S. 15. **26)** Die Stelle bei K. D. BRACHER, Der Faschismus, S. 551, lautet im Zusammenhang: »Faschistisch oder nicht, alle Diktaturbewegungen, ob rechts oder links, leben vor allem aus der Kampfansage an liberale Demokratie, an Toleranz und Kompromiß. Seit Lenins und Mussolinis Machtergreifungen sind es diese modernen Versionen von Diktatur, die mit Verführung und Terror, Unterdrückung und Manipulation der Bevölkerung einen Großteil der Erde beherrschen oder bedrohen. Eine bloß ideologische oder sozio-ökonomische Klassifizierung, die dem modischen Schema faschistisch-sozialistisch folgt, verkennt das entscheidende Kriterium zur Beurteilung der modernen Staaten: das Kriterium der politischen Freiheit. Vor ihm sind alle Systeme, die auf Unterdrückung beruhen, durchaus vergleichbar — seien es rechte oder linke Diktaturen. Faschismus- oder Sozialismustheorien, die das verschleiern, sind selbst ideologisch und jedenfalls ungeeignet, den wahren Charakter jener Systeme aufzudecken.« **27)** Hierzu B. SEIDEL / S. JENKNER (Hg.), Wege der Totalitarismusforschung ([3]1974); K. HILDEBRAND, Stufen der Totalitarismusforschung, in: Pol. Vjschr. 9 (1968) u. W. SCHLANGEN, Der Totalitarismus-Begriff. Grundzüge seiner Entstehung, Wandlung u. Kritik, in: Das Parlament B 44 (1970); M. JÄNICKE, Totalitäre Herrschaft — Anatomie eines politischen Begriffs (1971); P. Gf. KIELMANSEGG, Krise der Totalitarismustheorie?, in: Z. f. Pol. 21 (1974); D. ALBRECHT, Zum Begriff d. Totalitarismus, GWU 26 (1975). **28)** E. NOLTE, Zur Phänomenologie des Faschismus, VfZG 10 (1962); ders., Der Faschismus in seiner Epoche ([4]1971); hieraus erweiterter Auszug: ders., Der Nationalsozialismus (Tb. 1970); ders., Die Krise des liberalen Systems u. die faschistischen Bewegungen (1968 = erweit. Fassung nach: ders., Die faschistischen Bewegungen, Tb. [3]1971); ders. (Hg.), Theorien über den Faschismus (1967); ders. (Hg.), Der Faschismus. Von Mussolini zu Hitler. Texte, Bilder u. Dokumente (1968). **29)** E. NOLTE, Der Faschismus in seiner Epoche, S. 51. **30)** Hierzu auch H. A. TURNER jr., Faschismus u. Antimodernismus, in: ders., Faschismus u. Kapitalismus in Dtld. (1972), möchte den Gattungsbegriff »Faschismus«, der »für ernsthafte analytische Zwecke wertlos« sei, durch den Begriff des »utopischen Antimodernismus« ersetzen.

§ 55 Nationale Erhebung oder nationalsozialistische Machtergreifung?

Es war keine nationalsozialistische, sondern eine Koalitionsregierung des »Nationalen Zusammenschlusses«, die mit Hitler als Reichskanzler am 30. Januar 1933 von Hindenburg vereidigt wurde. Die Nationalsozialisten waren sogar in der Minderzahl. Frick, der schon 1923 als bayerischer Amtmann der Hitlerpartei Hilfestellung geleistet hatte und 1930 in Thüringen als erster Nationalsozialist Minister geworden war, erhielt das Innenministerium. Göring wurde Minister ohne Geschäftsbereich (seit 28. April Minister für Luftfahrt) und zugleich preußischer kommissarischer Innenminister (seit 11. April Ministerpräsident). Als vierter Nationalsozialist trat am 13. März Goebbels in die Regierung ein, für den ein »Ministerium für Volksaufklärung und Propaganda« geschaffen wurde. Diesen wenigen Nationalsozialisten standen gegenüber Hugenberg als Wirtschafts- und Landwirtschaftsminister, v. Papen als Vizekanzler und Reichskommissar für Preußen und nicht weniger als vier Minister aus seiner eigenen letzten Regierung, nämlich Gürtner für die Justiz, v. Neurath für das Auswärtige, Graf Schwerin v. Krosigk für die Finanzen und Frh. Eltz Rübenach für Post und Verkehr. Mit dem Arbeitsministerium wurde der Stahlhelm-Führer Seldte betraut. Zur großen Enttäuschung Schleichers erhielt das Reichswehrministerium v. Blomberg, der bisher Befehlshaber des ostpreußischen Wehrbereichs gewesen war.

Das Kabinett stellte seinen Kurs unter das Schlagwort der »nationalen Erhebung« und appellierte an die Zusammenarbeit aller nichtmarxistischen politischen Richtungen. Die Figur, die für die Stimmung jener Tage das beherrschende Symbol darstellte, war Hindenburg und nicht Hitler. Endlich, so glaubte man, war es gelungen, alle diejenigen nationalen Kräfte, die in der Weimarer Republik nur eine Übergangserscheinung gesehen hatten, zu vereinigen. In den Fackelzügen, Feiern und dem nationalen Überschwang jener Tage bekundete die von den Konservativen und bürgerlichen Nationalisten, vom Reichspräsidenten, der Reichswehr und dem Stahlhelm repräsentierte Tradition ihre Bereitschaft, sich mit dem Erneuerungswillen der von Hitler geführten Partei zu verbünden, wobei das Verhältnis dieser beiden Kräfte in jenem weitverbreiteten Bild vom Staatsakt in Potsdam am 21. März dargestellt zu sein schien, wo Hitler barhäuptig und sich tief verneigend vor dem in seiner Generalfeldmarschallsuniform prangenden Hindenburg steht. Die Illusion jener Tage, das konservative Mißverständnis der »nationalen Erhebung«, ist bewußt und viele Gutwillige irreleitend von der geschickten Propaganda, die Joseph Goebbels inszenierte, weitergeführt worden. Auch der Aufruf der Reichsregierung vom 1. Februar an das deutsche Volk war ganz auf diesen Ton der Versöhnung und der Ehrfurcht vor den alten Traditionen eingestimmt[1]).

Hugenberg und vor allem v. Papen, die damals allgemein als die Hauptfiguren des Kabinetts angesehen wurden, glaubten, durch die Art der Ämterverteilung die Nationalsozialisten wirkungsvoll »eingerahmt« zu haben. Sie waren überzeugt, daß es ihnen gelingen werde, diese zu »zähmen« oder zu überspielen. »In zwei Monaten haben wir Hitler in die Ecke gedrückt, daß er quietscht«, äußerte v. Papen gegenüber einem deutschnationalen Kritiker der Koalition; seine Meinung war: »Wir haben ihn uns engagiert«[2]). In Wirklichkeit hatte es sich schon am 30. Januar, und zwar vor der Vereidigung gezeigt, wer von den Partnern der Stärkere war. Hugenberg hatte die Koalitionsverhandlungen mit Hitler unter der Voraussetzung geführt, daß keine neuen Reichstagswahlen stattfinden sollten. Die beiden Parteien, auf die sich das Kabinett stützte, verfügten in dem bestehenden, am 6. November 1932 gewählten Reichstag zusammen über 42 % der Stimmen. Das war zwar keine Majorität, aber eine breitere parlamentarische Basis als diejenige der Präsidialkabinette Papen und Schleicher. Von Neuwahlen konnten sich die Deutschnationalen nichts versprechen. Zudem war das Zentrum zunächst bereit, die Regierung Hitler/Papen zu dulden bzw. sich an ihr zu beteiligen[3]). Ein abermaliger Appell an den Wähler widersprach auch einer Verfassungsentwicklung, die nach dem Wunsche der Deutschnationalen zu einer stärkeren Herausbildung der Präsidialgewalt hinführen sollte. Nun erhob jedoch Hitler noch vor der Vereidigung die Forderung nach sofortiger Reichstagsauflösung und Neuwahlen in der Erwartung, im Besitz der Regierungsmacht die Mehrheit zu gewinnen. Hugenberg, der sich heftig dagegen wehrte, gab schließlich auf Drängen Papens nach, um nicht die Bildung des neuen Kabinetts überhaupt zu gefährden. Sein Nachgeben in dieser Frage war symptomatisch. Die national-konservativen Koalitionspartner haben durch beruhigende Erklärungen zu den Vorgängen der nächsten Wochen wesentlich dazu beigetragen, die Illusion der »nationalen Erhebung« aufrechtzuerhalten.

Am 1. Februar wurde der Reichstag aufgelöst und die Neuwahlen für den 5. März angesetzt. Im Wahlkampf entfaltete sich die nationalsozialistische Propaganda in ungehemmter Weise, der Terror der SA und SS wurde nun von keiner staatlichen Gewalt mehr gezügelt. Noch vor dem Ermächtigungsgesetz schuf Hitler sich durch Notverordnungen aufgrund des Art. 48 die Machtbasis, von der aus er seine Herrschaft in Deutschland errichten konnte. Am 4. Februar wurde unter Hinweis auf eine kommunistische Aufforderung zum Generalstreik vom 31. Januar eine Verordnung »zum Schutze des deutschen Volkes« erlassen, die dehnbare Bestimmungen zur Kontrolle von Zeitungen und politischen Versammlungen enthielt und eine weitgehende Behinderung der Propaganda gegnerischer Parteien im Wahlkampf ermöglichte[4]). Am 4. Februar verfügte Papen als Reichskommissar für Preußen die Auflösung sämtlicher kommunaler Vertretungen und setzte Neuwahlen fest. Eine Notverordnung »zur Herstellung geordneter Regierungsverhältnisse in Preußen« vom 6. Februar übertrug alle der Regierung Braun-Severing noch verbliebenen Befugnisse auf die Kommissariatsregierung. Am gleichen Tage löste Papen den preußischen Landtag auf[5]). Schon im Februar wurden in Preußen zahlreiche republikanische Beamte entfernt. Göring übernahm die Polizei. Damit waren die Voraussetzungen für die nationalsozialistische Machtergreifung in Preußen geschaffen.

Am 27. Februar brannte der Reichstag. Bis heute ist umstritten, wer die Hintermänner der Brandstiftung waren. Von seiten der Nationalsozialisten wurden sofort und noch vor jeder Untersuchung die Kommunisten für schuldig erklärt. Umgekehrt gab die Frage des cui bono sowie eine Reihe von kriminologischen sowie von brandtechnischen Anhaltspunkten der Vermutung Nahrung, daß die Nationalsozialisten selber die Täter oder Mittäter seien. Das Reichsgericht erklärte am 23. Dezember 1933 nur den Holländer van der Lubbe für schuldig und verurteilte ihn zum Tode. Die mitangeklagten Kommunisten wurden freigesprochen. Neuere Untersuchungen schienen die Alleintäterschaft van der Lubbes erhärten zu können. Andere Forscher halten mit guten Argumenten daran fest, daß hinter der Brandstiftung die Nationalsozialisten gestanden hätten[6]). Von dieser offenen kriminologischen Frage nach der Täterschaft ist zu unterscheiden die historische Frage, wie der Brand von den Machthabern für ihre Zwecke ausgenutzt wurde. Hierin liegt seine eigentliche Bedeutung.

Noch in der Brandnacht ordnete Göring die Verhaftung der Abgeordneten und der führenden Funktionäre der KPD, das Verbot ihrer Presse und die Schließung der Parteibüros an, außerdem ein vierzehntägiges Verbot der sozialdemokratischen Presse in Preußen. Eine eilig vom Kabinett beschlossene »Verordnung zum Schutz von Volk und Staat« wurde schon am 28. Februar von Hindenburg erlassen[7]). Durch diese »Reichstagsbrandverordnung« wurden die laut Strafgesetz für Hochverrat, Brandstiftung u. a. vorgesehenen lebenslänglichen Zuchthausstrafen zur Todesstrafe verschärft und die Grundrechte außer Kraft gesetzt. An sich lag eine Aufhebung der Grundrechte durchaus innerhalb der Möglichkeiten des Art. 48, aber im Unterschied zu früheren Notverordnungen wurde jetzt keine Appellationsmöglichkeit der Verhafteten an das Gericht vorgesehen. Da der Verordnung keine Ausführungsbestimmungen durch den Innenminister folgten, war von vornherein die Möglichkeit zu willkürlicher Auslegung und Ausweitung gegeben. Hier und nicht erst im späteren Ermächtigungsgesetz wurde die Basis des Rechtsstaates verlassen und noch mitten im Aufschwung der »nationalen Erhebung« das Instrument für die Willkürherrschaft der Partei geschaffen[8]). Göring, dem die preußische Polizei unterstand, erklärte: »Meine Maßnahmen werden nicht angekränkelt sein durch irgendwelche juristische Bedenken. Meine Maßnahmen werden nicht angekränkelt sein durch irgendeine Bürokratie. Hier habe ich keine Gerechtigkeit zu üben, hier habe ich nur zu vernichten und auszurotten, weiter nichts.«[9]) Vor allem gegen die Kommunisten richtete sich der Terror. Der Parteiapparat wurde zerschlagen. Tausende von KPD-Funktionären wurden verhaftet. Ein Teil der KPD-Führung ging in die Emigration (so Willi Münzenberg, Wilhelm Pieck); andere hielten sich noch einige Monate in Deutschland auf und versuchten, eine illegale Organisation aufzubauen. Zu den Verhafteten gehörten aber auch Sozialisten und namhafte Personen der intellektuellen Linken wie Erich Mühsam, Carl v. Ossietzky oder der Pazifist Lehmann-Rußbüldt. Allein in Preußen wurden im März und April 1933 rund 25 000 Personen verhaftet.

Gleichzeitig mit der Brandverordnung wurde ebenfalls am 28. Februar eine schon am Vortage beschlossene, also nicht als Reaktion auf den Reichstagsbrand zu verstehende »Verordnung gegen Verrat am Deutschen Volke und hochverräterische Umtriebe« erlassen[10]). Sie setzte die Todesstrafe auch für bestimmte Landesverratsdelikte fest. Die Einführung der Todesstrafe für Hoch- und Landesverrat durch die Verordnungen vom 28. Februar 1933 gab der späteren nationalsozialistischen Terrorjustiz eine scheinlegale strafrechtliche Grundlage. Die Strafbestimmungen wurden zusammengefaßt und neu formuliert in einem Gesetz vom 24. April 1934[11]). Im übrigen blieb die Reichstagsbrandverordnung bis zum Ende der nationalsozialistischen Herrschaft in Kraft. Sie diente bis in die Endphase des Krieges zur Begründung der Todesstrafe wegen Vorbereitung zum Hochverrat[12]).

Durch die Reichstagsbrandverordnung wurde die Reichsregierung auch ermächtigt, die Befugnisse der Länder vorübergehend wahrzunehmen, wenn diese nicht »die zur Wiederherstellung der öffentlichen Sicherheit und Ordnung nötigen Maßnahmen« trafen. Teilweise unter Berufung darauf, teilweise durch gezielten Einsatz der SA und durch den Druck der nationalsozialistischen Bewegung von unten wurden in den Tagen zwischen dem 5. und 9. März Vorwände für die Einsetzung nationalsozialistischer Reichskommissare in den nicht nationalsozialistisch regierten Ländern geschaffen. Auf diese Weise wurde deren Gleichschaltung eingeleitet und die Alleinherrschaft der NSDAP faktisch begründet, noch bevor diese eine staatsrechtliche Form erhielt (vgl. § 56). Durch die willkürliche Anwendung der Verordnungen vom 28. Februar und die unter ungezügelter Beteiligung von SA und SS vollzogene Machtergreifung in den Ländern trat im März 1933 ein Zustand allgemeiner Rechtsunsicherheit ein.

Für die Reichstagswahlen vom 5. März 1933 erhielt die »Regierung der nationalen Konzentration« massive Unterstützung von seiten der deutschen Wirtschaft. Im Anschluß an eine Rede Hitlers vor den am 20. Februar in Berlin versammelten Vertretern von Großindustrie und Großfinanz wurde für die Wahlfonds der die Regierung stützenden Parteien die Summe von 3 Millionen RM aufgebracht. Aber trotz der äußersten Entfaltung der Propaganda, trotz Terror und einer Rekordwahlbeteiligung von über 88 % erhielt die Regierungskoalition in diesem Plebiszit nur 51,9 % der Stimmen (die NSDAP 43,9 %). Die bürgerlichen Mittelparteien verschwanden fast ganz, das Zentrum und die SPD behaupteten sich, und auch die KPD erlitt trotz des Terrors nur eine verhältnismäßig geringe Einbuße. Das Kabinett verfügte nun im Parlament über eine einfache Mehrheit. Es hätte also die Möglichkeit gehabt, mit diesem Reichstag in parlamentarischer Weise zu regieren und die Gesetzgebung wieder in der von der Verfassung vorgeschriebenen Form durchzuführen. Wenn Hitler mehr forderte und vom Reichstag ein Ermächtigungsgesetz verlangte, das ihm volle Handlungsfreiheit ohne Rücksicht auf die verfassungsmäßige Begrenzung der Exekutive geben sollte, so war dieses Verlangen aus der parlamentarischen Situation heraus nicht begründet und ließ als solches bereits Hitlers Absicht erkennen, die verfassungsmäßige Möglichkeit eines Ermächtigungsgesetzes zu mißbrauchen, um die Verfassung selber auszuhöhlen. Für dieses Gesetz war eine Zweidrittelmehrheit im Reichstag erforderlich. Es gehört zu den merkwürdigsten, verhängnisvollsten und umstrittensten Geschehnissen der jüngsten deutschen Geschichte, daß es Hitler tatsächlich gelang, über die Deutschnationalen hinaus das Zentrum und die bürgerlichen Mittelparteien zu gewinnen. Das dem Reichstag am 23. März vorgelegte Gesetz forderte, daß der Regierung neben dem normalen Gesetzgebungsverfahren auf vier Jahre das Recht gegeben werden sollte, ohne Beteiligung des Reichstages und des Reichsrates Gesetze zu erlassen[13]). Die seit dem Bruch der Großen Koalition 1930 vollzogene Selbstausschaltung des Reichstages sollte legalisiert werden. Die freiwillige Preisgabe der »funktionellen und regionalen Gewaltenteilung« mußte die Entwicklung eines unkontrollierten Führerregimes beschleunigen. An sich war die Erteilung einer besonderen Ermächtigung an die Regierung nichts Ungewöhnliches. Stresemann sowohl wie Marx hatten in dem kritischen Jahr 1923 außergewöhnliche Verordnungsvollmachten erhalten. Der jetzige vom Kabinett beschlossene Entwurf ging aber über jene früheren Ermächtigungsgesetze wesentlich hinaus, insofern sich die Gesetzgebungsbefugnis der Regierung auch auf Kreditfragen, den Haushalt und allgemein auf solche Gebiete erstreckte, die unter besonderer Verfassungsgarantie standen. Zudem sollte der Reichstag auf das Recht verzichten, über völkerrechtliche Verträge zu entscheiden. Aus der verfassungsändernden Gesetzgebungsvollmacht der Reichsregierung wurden lediglich die Rechte des Reichspräsidenten und der Bestand des Reichstages und des Reichsrates als solche ausgenommen.

Gegen dieses Gesetz erhoben sich bei allen Parteien außerhalb der Nationalsozialisten schwere Bedenken, auch bei den deutschnationalen Koalitionspartnern[14]). Hier war es vor allem der Fraktionsführer Oberfohren, der in seiner Partei vor der gefährlichen Entwicklung zur Willkürherrschaft warnte, in die das Regime Hitlers hineinführe. Größer waren die Bedenken beim Zentum[15]). Eine Minderheit um Brüning und Wirth, die vor der Annahme des Gesetzes warnten, stand einer Mehrheit unter dem Parteivorsitzenden Kaas gegenüber, der für die Zustimmung eintrat. Kaas wollte erreichen, daß der Fortbestand des Zentrums gesichert werde und der Partei die Möglichkeit zur Mitarbeit im Staat erhalten bleibe. Daher wollte er den offenen Gegensatz zur Regierung vermeiden. Da dem Zentrum für die Erreichung der Zweidrittelmehrheit eine Schlüsselposition zukam, hoffte Kaas, die Zustimmung zu dem Gesetz von Bedingungen gegen den Mißbrauch der Ermächtigung abhängig machen zu können. Es haben in der Tat Verhandlungen zwischen Hitler und der Zentrumsführung stattgefunden, in denen von seiten der Regierung Zusicherungen hinsichtlich der Stellung der Kirche, der bestehenden Länderkonkordate, der dem Zentrum angehörenden Staatsbeamten, der Unabhängigkeit der Richter, des Weiterbestehens von Reichstag und Reichsrat sowie der Rechte des Reichspräsidenten gemacht wurden. Diese vom Zentrum anschließend auch schriftlich fixierten Forderungen sind von Hitler nicht ausdrücklich unterschrieben worden. In seiner geschickt formulierten Regierungserklärung, die am 23. März der Vorlage des Ermächtigungsgesetzes voranging, übernahm Hitler, wenn auch in vager Formulierung, die vom Zentrum gestellten Bedingungen. War seine Rede als eine ausreichende Bestätigung anzusehen? Aus dem Protokoll der Sitzungen der Zentrumsfraktion vom 23. März geht hervor, daß die Meinungen geteilt waren, daß sich aber schließlich die Gesamtfraktion auf den Standpunkt stellte, Fraktionsdisziplin zu wahren und dem Votum der Mehrheit zu folgen, die sich für Annahme des Ermächtigungsgesetzes aussprach[16]). Das Protokoll nennt als Motiv dieses Beschlusses die »Rücksicht auf die Partei und ihre Zukunft«. Karl Bachem faßte in einer Niederschrift vom 25. März die Meinung der Zentrumsmehrheit folgendermaßen zusammen: Die Ablehnung hätte die sofortige Zerschlagung der Partei und die Entlassung aller Zentrumsbeamten nach sich gezogen. Die Partei hätte »einen heroischen Abgang gehabt, aber ohne daß der katholischen Sache oder der Sache der Zentrumspartei etwas genützt worden wäre. Dann wäre das Tischtuch zwischen Zentrum und Nationalsozialismus völlig entzweigeschnitten gewesen, jede Mitarbeit mit den Nationalsozialisten und jede Möglichkeit einer Einflußnahme auf ihre Politik von vornherein unmöglich geworden«[17]). Ein entscheidender Grund für die Zustimmung des Zentrums war wohl die Überzeugung, daß Hitler bei Ablehnung des Gesetzes seine Ziele auf anderem Wege durchsetzen und eine hemmungslose Willkürherrschaft errichten werde, die Annahme jedoch vielleicht noch eine Chance bot, Hitler auf die wenigen im Gesetz enthaltenen Garantien festzulegen und die seit dem Reichstagsbrand herrschende Willkür zu beenden. Diese Erwägung scheint auch die bürgerlichen Parteien bestimmt zu haben, für das Gesetz zu stimmen. Damit war die Zweidrittelmehrheit erreicht. Von den bei der Abstimmung anwesenden 538 Abgeordneten stimmten 444 mit »Ja«.

Als einzige Partei wandten sich die Sozialdemokraten mit den 94 anwesenden Stimmen gegen das Gesetz. Als ihr Sprecher gab der Parteivorsitzende Otto Wels im Reichstag eine mutige Erklärung ab, das letzte freie Wort, das im deutschen Parlament gesprochen wurde[18]). Man mag fragen, ob nicht die SPD durch eine andere Taktik, nämlich durch parlamentarische Obstruktion, das Zustandekommen des Gesetzes hätte verhindern können. Für Gesetze, die eine verfassungsändernde Zweidrittelmehrheit der abgegebenen Stimmen erforderten, war nämlich laut Verfassung Voraussetzung, daß mindestens zwei Drittel der gesetzlichen Abgeordnetenzahl anwesend waren, von den 647 Abgeordneten also 432. Bei der Abstimmung am 23. März waren weit mehr, nämlich 538 Abgeordnete zugegen, darunter 94 Sozialdemokraten. Zur Obstruktion wäre das Fernbleiben von mindestens 216 Abgeordneten erforderlich gewesen; man hätte also außer den vom Reichstag ausgeschlossenen Kommunisten und den Sozialdemokraten mit insgesamt 201 Mandaten etwa 20 bürgerliche Abgeordnete für diese Taktik gewinnen müssen. Frick befürchtete, daß die SPD diesen Versuch machen würde. Daher legte die Regierung noch vor der Abstimmung über das Ermächtigungsgesetz einen Antrag auf Änderung der Geschäftsordnung vor, der besagte, daß die »unentschuldigt Fehlenden« als anwesend zu gelten hätten, d. h. praktisch alle Nichtanwesenden, da es in das Belieben des Reichstagspräsidenten gestellt sein sollte, wer als unentschuldigt zu gelten habe und wer nicht. Alle kommunistischen und auch einige sozialdemokratische Abgeordnete, die entweder verhaftet oder vor dem Zugriff der Polizei geflohen waren, konnten demnach als anwesend gezählt werden. Dieser Geschäftsordnungsänderung haben unbegreiflicherweise auch das Zentrum und die bürgerlichen Parteien zugestimmt, obwohl die SPD in der Sitzung vom 23. März den Antrag demaskierte und darauf hinwies, daß es sein Zweck sei, eine Obstruktion von vornherein unmöglich zu machen. Durch diese Änderung der Geschäftsordnung wurde bereits der Boden der Weimarer Verfassung verlassen. Angesichts der widerspruchslosen Zustimmung der bürgerlichen Parteien zu dieser Änderung der Geschäftsordnung hätte keine Chance für eine Obstruktionstaktik der SPD bestanden.

Nach dem Zusammenbruch Deutschlands ist die Frage lebhaft umstritten worden, ob das Ermächtigungsgesetz als legal zu gelten habe[19]). Auszuscheiden ist dabei die in der Literatur verschiedentlich vertretene These, daß die Zweidrittelmehrheit, mit der das Gesetz angenommen wurde, erst durch die Ausschaltung der KPD ermöglicht worden sei. Denn die tatsächlich abgegebenen 444 Ja-Stimmen machten mehr als zwei Drittel der Gesamtzahl von 647 Abgeordneten einschließlich der Kommunisten aus. Die Frage der Legalität bezieht sich neben dem Zustandekommen des Gesetzes auch auf seinen Inhalt. Was diesen anbetrifft, so wurde der Art. 76 der Weimarer Verfassung, der von der Verfassungsänderung auf dem Wege der Gesetzgebung handelt, in der herrschenden Rechtslehre, u. a. von G. Anschütz, so verstanden, daß er sich auf alle Inhalte der Verfassung beziehen konnte und dem Reichstag faktisch eine unbegrenzte verfassungsändernde Kompetenz verlieh. Die Gegenthese vertrat Carl Schmitt, der in seiner »Verfassungslehre« aufgrund der Unterscheidung von verfassunggebender und verfaßter Gewalt die Grundstruktur der Verfassung als nicht in die Kompetenz des Art. 76 fallend betrachtete[20]). Schließlich erhebt sich die Frage, ob nicht der Reichstag durch den Ausschluß einer großen Zahl seiner Abgeordneten bereits in seinem Wesen so verändert worden war, daß seine Beschlüsse keine Rechtskraft mehr beanspruchen konnten. Dieser Schluß ist aber damals nicht gezogen worden. Der gewichtigste Einwand gegen die Legalität bezieht sich auf den Reichsrat. Laut Weimarer Verfassung ist für ein verfassungsänderndes Gesetz eine qualifizierte Mehrheit von zwei Dritteln der abgegebenen Stimmen auch im Reichsrat erforderlich. Im Reichsrat waren die 13 preußischen Stimmen aufgrund des Reichsgerichtsurteils nach dem Papenschen Staatsstreich gegen Preußen (s. § 49) weiterhin von der legalen preußischen Regierung wahrgenommen worden. Durch Verordnung des Reichspräsidenten vom 6. Februar 1933 wurde der Regierung Braun dieses ihr zustehende Recht genommen. Die preußischen Stimmen im Reichsrat sollten hinfort durch den Reichskommissar v. Papen instruiert werden. Eine ähnliche Situation bestand bei den sieben sächsischen Reichsratsstimmen. Dies waren insgesamt 20 von den 23 Stimmen, die erforderlich gewesen wären, um einen Zweidrittel-Beschluß des Reichsrats zu verhindern. Ob diese 23 Nein-Stimmen zustande gekommen wären, wenn die preußischen und sächsischen Stimmen noch verfassungsmäßigen Charakter gehabt hätten, ist natürlich eine offene Frage, aber ohne Zweifel liegt hier ein starkes Argument gegen die Legalität. Die Frage der Legalität ist auch in der Rechtspraxis seit 1945 verschiedentlich aufgetaucht und verschieden beantwortet worden. Besonders akut wurde sie durch den Entscheid des Bundesverfassungsgerichts über die Rechtsgültigkeit des zwischen der Kurie und der deutschen Regierung aufgrund des Ermächtigungsgesetzes am 20. Juli 1933 abgeschlossenen Reichskonkordats, das zustande kam ohne die laut Weimarer Verfassung notwendige Mitwirkung des Reichstages und Reichsrates[21]).

Eine nur staatsrechtliche Betrachtungsweise trifft jedoch nicht die politische Bedeutung und den Zweck des Ermächtigungsgesetzes. Dieser erklärt sich aus dem bestimmenden Charakterzug der Geschehnisse jener Monate, in denen sich scheinbar eine nationale Erhebung vollzog, in Wirklichkeit aber hinter der nationalen Drapierung und unter der Maske der Legalität die Errichtung der nationalsozialistischen Einparteienherrschaft sich vorbereitete und die rechtsstaatliche Ordnung aufgelöst wurde.

DW 397/115. — H. O. MEISSNER / H. WILDE, Die Machtergreifung. Ein Bericht über die Technik des nat.soz. Staatsstreichs (1958); K. D. BRACHER / W. SAUER / G. SCHULZ, Die nat.soz. Machtergreifung, Studien zur Errichtung des totalitären Herrschaftssystems in Dtld. 1933/34 ([2]1962, Tb. 1974); G. JASPER (Hg.), Von Weimar zu Hitler, 1930—1933 (1968). Zur Rolle des Reichspräsidenten: A. DORPALEN, Hindenburg in der Gesch. d. Weimarer Republik (a. d. Amerik. 1966).

1) Text in Ursachen u. Folgen 9, Nr. 1970. **2)** Zitate aus E. v. KLEIST-SCHMENZIN, Die letzte Möglichkeit, in: Politische Studien 10 (1959), H. 106, S. 92, u. L. Gf. SCHWERIN v. KROSIGK, Es geschah in Deutschland (1951), S. 147. Zu Papen vgl. J. C. FEST, Franz v. Papen u. die Konservative Kollaboration, in: G. JASPER (Hg.), Von Weimar zu Hitler. Zu Hugenberg vgl. F. HILLER v. GAERTRINGEN, Das Ende der Deutschnat. Volkspartei, in: Das Ende der Parteien (s. u. Anm. 14). **3)** D. JUNKER, Die dt. Zentrumspartei u. Hitler 1932/33 (1969); R. MORSEY, Hitlers Verhandlungen mit der Zentrumsführung am 31. Januar 1933. Dokumentation, VfZG 9 (1961). **4)** RGBl. 1933 I, Nr. 8. **5)** Verordnung des Reichspräsidenten vom 6. 2. 1933, in: RGBl. I, Nr. 9; R. MORSEY, Der Beginn der Gleichschaltung in Preußen, Dokumentation, VfZG 11 (1963). **6)** DW 397/119. Die Alleintäterschaft van der Lubbes halten für gegeben F. TOBIAS, Der Reichstagsbrand. Legende u. Wirklichkeit (1962); H. MOMMSEN, Der Reichstagsbrand u. seine politischen Folgen, VfZG 12 (1964); A. BERNDT, Zur Entstehung des Reichstagsbrands, VfZG 23 (1975); dagegen W. HOFER / E. CALIC / K. STEPHAN / F. ZIPFEL, Der Reichstagsbrand, Bd. 1 (1972), hierin u. a. eine Expertise des Instituts für Thermodynamik der TU Berlin vom 17. 2. 1970, aus der sich schwerwiegende Bedenken gegen die Möglichkeit einer Alleintäterschaft ergeben; W. HOFER / Chr. GRAF, Neue Quellen zum Reichstagsbrand, GWU 27 (1976); der Reichstagsbrand aus kommunistischer Sicht bei P. STOJANOFF, Reichstagsbrand. Die Prozesse in London u. Leipzig (Wien 1966). Hauptfiguren im Reichstagsbrandprozeß waren der bulgarische Kommunist Dimitroff u. der deutsche Kommunist Torgler; vgl. G. DIMITROFF, Reichstagsbrandprozeß, Dokumente, Briefe u. Aufzeichnungen ([3]1953); E. TORGLER, Der Reichstagsbrand u. was nachher geschah, DIE ZEIT 3 (1948), Nr. 44—46. **7)** RGBl. 1933 I, Nr. 17. **8)** Über den Unterschied der Verordnung zu früheren Außerkraftsetzungen der Grundrechte vgl. A. BRECHT, Vorspiel zum Schweigen (1948), S. 125 ff. Ferner K. D. BRACHER, Stufen totalitärer Gleichschaltung: Die Befestigung der nat.soz. Herrschaft 1933/34, VfZG 4 (1956); U. KOLBE, Zum Urteil über die »Reichstagsbrand-Notverordnung« vom 28. 2. 1933, GWU 16 (1965). **9)** H. GÖRING, Reden u. Aufsätze (1942), S. 27. **10)** RGBl. 1933 I, Nr. 18. **11)** RGBl. 1934 I, Nr. 47. Dieses Gesetz trat an die Stelle der »Verordnung gegen Verrat am Deutschen Volke und hochverräterische Umtriebe« u. des § 5, Abs. 1 der »Verordnung zum Schutz von Volk und Staat«; Näheres bei W. WAGNER, Der Volksgerichtshof im nat.soz. Staat (1974), S. 50—58. **12)** Als Beispiel die Dokumente zur Strafsache gegen den am 10. Mai 1943 hingerichteten Rentner Wilhelm Lehmann, in G. WEISENBORN (Hg.), Der lautlose Aufstand (1953), S. 278 ff. **13)** Text u. Dokumente zur Entstehung u. Annahme des Gesetzes in: R. MORSEY, Das »Ermächtigungsgesetz« vom 24. März 1933 (1968); über die Vorgänge um das Zustandekommen des Gesetzes u. das Rechtsproblem: H. SCHNEIDER, Das Ermächtigungsgesetz vom 24. März 1933. Bericht über das Zustandekommen u. die Anwendung des Gesetzes ([2]1961). **14)** Vgl. zum Folgenden E. MATTHIAS / R. MORSEY (Hg.), Das Ende der Parteien 1933 (1960). **15)** R. MORSEY (Hg.), Die Protokolle der Reichstagsfraktion u. des Fraktionsvorstandes der Dt. Zentrumspartei, 1926—1933 (1969); ders., Ermächtigungsgesetz, Nr. 22—25; D. JUNKER, s. o. Anm. 3. **16)** Die Motive des Zentrums für die Zustimmung zum Ermächtigungsgesetz werden in der Lit. unterschiedlich beurteilt, umstritten ist dabei bes. die Person u. die Rolle des Parteivorsitzenden Kaas. E.-W. BÖCKENFÖRDE, Der dt. Katholizismus im Jahre 1933, in: Hochland 53 (1960/61) u. 54 (1961/62), abgedr. bei G. JASPER, op. cit.; J. BECKER, Das Ende der Zentrumspartei u. die Problematik des polit. Katholizismus in Dtld., in: Welt als Geschichte 23 (1963), in überarb. Form auch bei G. JASPER, op. cit.; K. v. ARETIN, Prälat Kaas, Franz v. Papen u. das Konkordat von 1933, VfZG 14 (1966). **17)** Zit. in: Ende der Parteien, S. 431. **18)** E. MATTHIAS in: Das Ende der Parteien; H. SCHULZE (Hg.), Anpassung oder Widerstand? Aus den Akten des Parteivorstands der dt. Sozialdemokratie 1932—33 (1975); H. ADOLPH, Otto Wels u. die Politik der dt. Sozialdemokratie 1894—1939 (1971). **19)** Zum Problem Legalität u. Legitimität des Ermächtigungsgesetzes s. H. SCHNEIDER, op. cit. **20)** C. SCHMITT unterscheidet zwischen Verfassungsänderung u. Verfassungsbeseitigung, die durch den Art. 76 nicht gedeckt sei; Verfassungslehre (Neudruck 1954), S. 102 ff. **21)** Zum Reichskonkordat s. § 63, Anm. 8.

§ 56 Der Führerstaat

Die Weimarer Republik war in der Abwehr der drohenden Räterevolution aus einem Zusammenwirken sozialistisch-demokratischer mit konservativ-monarchischen und bürgerlich-nationalen Kräften entstanden. Sie vermochte so lange zu leben, wie in dieser oder jener Form die Zusammenarbeit dieser Gruppen unbeschadet verschiedener Staatsanschauungen fortbestand. Seit Ende der zwanziger Jahre wandten sich die bürgerlich-nationalen und konservativ-monarchischen Elemente vom Weimarer Staat ab, bis sie über Konservative Revolution und Harzburger Front schließlich in der Stunde der »nationalen Erhebung« im Nationalsozialismus einen neuen Partner gefunden zu haben glaubten, mit dessen Unterstützung sie die Werte der Tradition zur Geltung zu bringen und einen Umbau der Verfassung im Sinne einer Stärkung der personalen Obrigkeit, sei es des Präsidenten, sei es einer wiederhergestellten Monarchie, zu erreichen hofften. Die Voraussetzungen dieses Bündnisses, dessen konkrete Form das Koalitionskabinett vom 30. Januar 1933 war, erwiesen sich jedoch als Illusion. Die Alternative zum Parteienstaat und zur Herrschaft des Parlaments war nicht eine konservative Erneuerung des Staatslebens aus gewachsenen Grundordnungen des Volkes mit der Autorität einer verfassungsmäßig abgesicherten personalen Obrigkeit, sondern der Einparteienstaat mit der despotischen Herrschaft eines »Führers«. Ausgangspunkt für diese Entwicklung zum Führerstaat waren die Verordnungen nach dem Reichstagsbrand und das Ermächtigungsgesetz. Der Prozeß vollzog sich in vier

Schichten, nämlich als Ausschaltung der Länder, als Beseitigung aller politischen Organisationen außerhalb der NSDAP, als Zerschlagung einer inneren Opposition in der nationalsozialistischen Gesamtbewegung und als Kontrolle über Wirtschaft und Kultur. Für diese Vorgänge, die gemäß der nationalsozialistischen Ideologie eigentlich der Ermöglichung einer organischen Volksgemeinschaft hätten dienen sollen, wurde in der Sprache der Zeit der dem technischen Bereich entstammende Begriff der »Gleichschaltung« verwendet.

Der Aufbau der nationalsozialistischen Machtstellung begann mit dem Zugriff auf die Polizei. Göring, im Reichskabinett Minister ohne Geschäftsbereich, wurde durch die Betrauung mit dem Amt eines kommissarischen preußischen Innenministers zum Herrn des größten Polizeiapparates innerhalb Deutschlands, der, im wesentlichen von dem preußischen sozialdemokratischen Innenminister Severing aufgebaut, bis zum Staatsstreich Papens gegen Preußen als eine besonders zuverlässige Stütze der Republik gegolten hatte. Während des Wahlkampfes im März 1933 erhielten in Preußen SA und Stahlhelm als bewaffnete Hilfspolizei freie Hand. In den übrigen Ländern wurde, soweit sie noch keine Mehrheit der Parteien der nationalen Koalition besaßen, die tatsächliche Staatsgewalt, von der Übernahme der Polizeigewalt ausgehend, gleichgeschaltet[1]). Die unmittelbar im Anschluß an die Wahl in Bayern, Sachsen, Württemberg, Baden, Hessen, Schaumburg-Lippe und den drei Hansestädten eingesetzten nationalsozialistischen Reichskommissare instruierten die Stimmen der Länder im Reichsrat und legten die Polizeigewalt zumeist in die Hände von SA-Führern als Polizeikommandeuren. Das Sondergebiet der politischen Polizei wurde zur Domäne der SS. Ihr Führer Heinrich Himmler übernahm zunächst in Bayern das Kommando über die politische Polizei, innerhalb Jahresfrist auch in allen anderen deutschen Ländern, im April 1934 in Preußen, wo Göring die politische Polizei als Geheime Staatspolizei (Gestapo) aus dem Zusammenhang mit der übrigen Verwaltung herausgelöst hatte[2]). Die Länder waren also faktisch ihrer Eigenständigkeit beraubt, schon bevor durch das »Gesetz zur Gleichschaltung der Länder mit dem Reich« vom 31. März 1933 die Länderparlamente auch außerhalb Preußens entsprechend den Ergebnissen der Reichstagswahl ohne eigene Neuwahlen umgebildet wurden[3]). Auch die Selbstverwaltungskörperschaften der Gemeinden wurden in der gleichen Weise neu zusammengesetzt. Das Gesetz ermächtigte außerdem die Landesregierungen, Gesetze zu erlassen und die Landesverwaltung neu zu ordnen, ohne die Zustimmung der Landtage einzuholen. Am 7. April wurden durch das »Zweite Gesetz zur Gleichschaltung der Länder mit dem Reich« die Länderkommissare als Reichsstatthalter institutionalisiert und als Vollstreckungsorgane des Reiches »für die Beobachtung der vom Reichskanzler aufgestellten Richtlinien der Politik« in den Ländern eingesetzt[4]). Die Reichsstatthalter erhielten die Befugnis, die Länderregierungen zu ernennen und zu entlassen entsprechend den ihnen von der Berliner Zentrale erteilten Weisungen. Das bedeutete formal das Ende der parlamentarischen Regierungsweise in den Ländern. Die Länderparlamente selbst wurden schließlich durch ein »Gesetz über den Neuaufbau des Reiches« vom 30. Januar 1934, dem Reichstag und Reichsrat zustimmten, beseitigt[5]). Die Hoheitsrechte der Länder fielen an das Reich, die Länderregierungen wurden der Reichsregierung unterstellt, der Reichsrat aufgelöst[6]). An die Stelle der bundesstaatlichen Struktur, wie sie seit der Bismarckschen Reichsgründung bestanden hatte, trat ein rigoroser staatlicher Zentralismus.

Dieser setzte sich bis zu der untersten Stufe der staatlichen Verwaltung, den Gemeinden, durch. Die Städte erfreuten sich in Deutschland einer alten Tradition kommunaler Selbstverwaltung. Abgeordnetenwahl und Verantwortlichkeit des Bürgermeisters gegenüber der Gemeinde hatten gerade in der Selbstverwaltung der Städte dem Bürger Möglichkeiten freier verantwortlicher Tätigkeit geboten, wie sie sich im eigentlich staatlichen Bereich erst in der Weimarer Republik eröffneten. Der nationalsozialistische Staat aber brachte auch in der Gemeindeverwaltung das Führerprinzip zur Geltung, d. h. Bürgermeister, Beigeordnete und Ratsherren (Stadtverordnete) wurden nunmehr von Partei bzw. Staats wegen ernannt und dem Gemeinde- oder Stadtrat die Mitwirkung an der kommunalen Willensbildung entzogen. Die Gemeindeordnung vom 30. Januar 1935 bedeutete das Ende der freien kommunalen Selbstverwaltung[7]).

Ein weiterer Schritt auf dem Wege der Gleichschaltung war das »Gesetz zur Wiederherstellung des Berufsbeamtentums« vom 7. April 1933. Es sah die Entlassung aller Beamten vor, die nicht die berufsmäßige »Eignung« besaßen oder »nicht arischer Abstammung« waren und auch aller derer, die nach ihrer bisherigen politischen Betätigung nicht die Gewähr dafür boten, »daß sie jederzeit rückhaltlos für den nationalen Staat eintreten« würden[8]).

Der Reichstag, der dem »Neuaufbau des Reiches« zustimmte, war aber nicht mehr der gleiche, der das Ermächtigungsgesetz erlassen hatte. Der Verfolgung der KPD nach der Reichstagswahl folgte am 22. Juni 1933 das Verbot der SPD. Dieser Partei hatte es nichts genutzt, daß sie trotz ihrer Opposition gegen den Nationalsozialismus sich ihrer Tradition entsprechend und in der Hoffnung, den Fortbestand ihrer Organisation retten zu können, loyal verhielt. Sie ging in der Betonung ihres loyalen Verhältnisses zum Staat so weit, daß sie am 17. Mai gemeinsam mit allen übrigen Parteien eine Reichstagsrede Hitlers über Außenpolitik und Abrüstung billigte und daß sie sich öffentlich von den Erklärungen distanzierte, die ein Teil des SPD-Vorstandes erließ, der sich im Mai in Prag als neue Parteileitung etabliert hatte[9]).

Die übrigen Parteien warteten angesichts des auf sie ausgeübten Druckes gar nicht erst ab, daß Hitler ihnen den Todesstoß gab. Sie lösten sich selber auf: am 27. Juni die Deutschnationalen, am 28. Juni die Staatspartei, am 4. Juli die Deutsche Volkspartei und die Bayerische Volkspartei und als letzte, am 5. Juli, das Zentrum[10]). Der Führer der Deutschnationalen, Hugenberg, schied am 29. Juni aus der Regierung nach nur fünfmonatiger Zugehörigkeit aus. Hitler hatte seine Koalitionspartner überspielt. Ein »Gesetz zur Sicherung der Einheit von Partei und Staat« verlieh schließlich am 1. Dezember 1933 der Monopolstellung der NSDAP eine Scheinlegalität[11]). Die NSDAP wurde als alleiniger politischer Willensträger eine Körperschaft des öffentlichen Rechts mit eigener Disziplinargerichtsbarkeit. Der Reichstag sank auf den unwürdigen Status eines bloßen Instruments für die Akklamation von Regierungsmaßnahmen ab. Durch die fundamentale Veränderung des Reichstags und durch die Auflösung des Reichsrates waren nun gerade die beiden Institutionen betroffen, für deren Bestand und Geltung eine ausdrückliche Garantie in das Ermächtigungsgesetz vom 23. März 1933 eingebaut worden war. Der tatsächliche Verfassungsbruch unter dem Firnis der Legalität liegt hier offen zutage.

Man hat diesen Vorgang, der unter Verwendung äußerlich verfassungsmäßiger Formen in Wirklichkeit das Wesen des Staates radikal veränderte, treffend als gleitende Revolution bezeichnet. Dieser im staatlichen Bereich ablaufende Vorgang wurde vorangetrieben durch die Dynamik der »Bewegung«, deren revolutionärer Kern die SA war.

Seit 1930 stand diese wieder unter der Führung des aus Bolivien zurückgekehrten Ernst Röhm. Obwohl er sich seit seiner Rückkehr mit der Stellung als »Stabschef« begnügte, trat nach der Machtergreifung im Verlaufe der gleitenden Revolution der alte Gegensatz zwischen Hitler und Röhm erneut zutage, der sich aus der Doppelstruktur der Bewegung als Partei und Wehrverband ergeben hatte. Während für Hitler die SA ein Instrument der Partei war und deren stärkste Waffe im Kampf um die politische Macht, vertrat Röhm den Primat des Soldaten vor dem Politiker[12]). Die Machtergreifung verlief in parlamentarischen Formen, aber die SA verlangte eine revolutionäre Aktion. Hitler erklärte am 6. Juli 1933 nach der Selbstauflösung des Zentrums, d. h. sobald alle Machtpositionen des alten Staates beseitigt waren, die nationalsozialistische Revolution für beendet. Aber die Geister, die er gerufen, ließen sich nicht mehr in die ruhigere Bahn einer Evolution hineinleiten. Das Wort von einer »zweiten Revolution« ging um, die notwendig sei, um die eigentlichen Ziele, für die die Bewegung ihren Kampf geführt habe, gegen die Reaktion durchzusetzen. Röhm hatte in den Jahren von seiner Rückkehr bis zur nationalsozialistischen Machtergreifung die SA von etwa 100 000 auf 300 000 Mann erhöht. Im Laufe des Jahres 1933 wurde sie weiter vergrößert und weitgehend bewaffnet. Ihr Aktionsdrang entlud sich im Terror gegen politische Gegner. Die Folterung, als Mittel zur Erpressung von Geständnissen und als Methode der Justiz durch die Aufklärung des 18. Jahrhunderts in Europa abgeschafft, wurde im nationalsozialistischen Deutschland wieder üblich. Aber die SA ließ sich nicht mit der unbefriedigenden Rolle einer Hilfspolizei abspeisen. Sie geriet in eine natürliche Rivalität zur Reichswehr. Im Grunde war das Mißtrauen Röhms gegen das konservativ-monarchisch gesonnene Offizierskorps das gleiche wie bei Hitler. Es war das ehrgeizige Ziel Röhms, die Reichswehr mit der SA als einer Miliz zu verschmelzen und in seiner Hand zu vereinigen. Damit hätte die SA die beherrschende Stellung im Staate gewonnen. In der SA wirkten zudem die sozialistisch-revolutionären Forderungen des Parteiprogramms weiter. Die konservativ und bürgerlich Gesonnenen sahen daher dem Treiben der SA weithin mit Besorgnis und auch mit Abscheu zu. Indessen nahmen landauf, landab Hunderttausende von wohlmeinenden, aber verblendeten Leuten den Schein für die Wirklichkeit und marschierten in Braunhemd, Breecheshose und Reitstiefeln hinter der Hakenkreuzfahne her in der Meinung, einer guten Sache zu dienen. Die aktiven Gegner Röhms saßen in der Reichswehrführung, wo unter Blomberg als Reichswehrminister der General v. Reichenau das Ministeramt leitete und Frhr v. Fritsch als Chef der Heeresleitung im Februar 1934 den Frhr. v. Hammerstein abgelöst hatte. Reichenau war überzeugter Nationalsozialist, Blomberg wurde es in seinem Amte, und Fritsch sah als militärischer Fachmann die Chancen, die die nationalsozialistische Staatsführung für den Aufbau der Wehrmacht bot. Zu den natürlichen Gegnern der SA-Führung gehörten aber ebenso die Parteiführung mit Göring, Goebbels und dem Stellvertreter des Führers Heß wie vor allem die SS mit Himmler und Heydrich. Die Machtstellung, die diese beiden von der politischen Polizei her sich aufzubauen begannen, mußte bei einem Sieg der SA zusammenbrechen.

Hitler entschied sich für die Reichswehr gegen die SA. Denn so wesensfremd ihm von Hause aus der Typ des Reichswehroffiziers war, so konnte er doch mit der Loyalität der Reichswehr rechnen. Sie war seiner eigenen Machtstellung auf alle Fälle weniger gefährlich, als es das SA-Führerkorps unter Röhm sein würde, wenn es zugleich über das Machtinstrument der Reichswehr verfügte. Man rechnete damals zudem mit dem baldigen Tode Hindenburgs. Hitler erstrebte für diesen Fall die Vereinigung der Ämter des Reichspräsidenten und des Reichskanzlers. Eine Vereidigung der Reichswehr aber auf Hitler als Staatsoberhaupt war nicht gegen den Willen der Reichswehr möglich. Zudem brauchte er die militärischen Fachleute für die Aufrüstung. In dieser Konstellation der Kräfte schaffte eine geschickte Regie, die sich in einzelnen Punkten in aller Deutlichkeit greifen läßt, einen Zustand gegenseitiger Alarmierung zwischen Reichswehr und SA. So lag z. B. in Breslau die Reichswehr in Alarmbereitschaft gegen einen angeblichen Putschplan der SA und die SA in Abwehrbereitschaft gegen einen angeblich geplanten Handstreich der Reichswehr. In diesem besonderen Falle ist der Willkürcharakter der gegenseitigen Alarmierung durch eine Aussprache zwischen dem zuständigen Reichswehr- und dem SA-Kommandeur geklärt worden. Jedenfalls konnte von einer unmittelbar bevorstehenden Putschabsicht Röhms keine Rede sein, als die

Regie am 30. Juni 1934 eine Situation herbeiführte, in der sich Hitler plötzlich entschloß, nach München zu fliegen und den in Bad Wiessee zusammengerufenen SA-Führern entgegenzutreten. Dies war der Auftakt zu einem dreitägigen Morden. Neben Röhm und einem größeren Teil der höheren SA-Führerschaft wurde eine Anzahl von Personen beseitigt, einfach weil sie politisch unliebsam waren, obwohl sie mit den Plänen der SA nicht das geringste zu tun hatten, wie Gregor Strasser, die Generäle v. Schleicher[13]) und v. Bredow, der ehemalige Staatskommissar v. Kahr — Rivale und schließlich Gegner Hitlers beim Putsch 1923 —, Klausener, der Führer der Katholiken in Berlin[14]), und zwei der engsten Mitarbeiter Papens, v. Bose und der Schriftsteller Edgar Jung[15]). Die Aktion wurde von der SS mit indirekter Hilfestellung der Reichswehr durchgeführt. Das Schamloseste an diesem nackten Ausbruch der Gewalt war aber die moralische Verbrämung, die Goebbels dem Verbrechen gab und die Hitler vor dem Reichstag wiederholte. Hier wurde Hitler als der Wahrer der deutschen Ehre und Sittenreinheit gefeiert. Die SA-Führerschaft erschien als ein Ring von Homosexuellen, deren sittenverderbende Umtriebe Hitler als Schützer der deutschen Jugend zunichte gemacht habe. Dabei war die Homosexualität Röhms seit vielen Jahren gerichtsnotorisch, aber das hatte Hitler nicht daran gehindert, ihn, als es ihm nützlich erschien, mit der SA-Führung zu beauftragen.

Der Zusammenhang der Vorgänge ist damals im deutschen Volke nur wenigen bewußt geworden. Viele beschwichtigten ihr Gewissen über die unerhörten Mordtaten, indem sie sich einredeten, daß hier im Grunde doch die guten Kräfte über die bösen gesiegt hätten. Der von der Staatsführung organisierte Mord, der jeder Vorstellung eines Rechtsstaates ins Gesicht schlug, wurde vom Reichskabinett am 3. Juli durch Gesetz als Staatsnotwehr für rechtens erklärt[16]). Hindenburg und selbst Papen, dessen treueste Mitarbeiter ein Opfer der Mörder geworden waren und der jetzt aus dem Kabinett ausschied, um den Botschafterposten in Wien zu übernehmen, beglückwünschten Hitler öffentlich zu seinem Vorgehen. Dieser nahm nun vor dem Reichstag die höchste richterliche Gewalt für sich in Anspruch[17]). Nachdem das Ermächtigungsgesetz bereits den Unterschied zwischen Exekutive und Legislative verwischt hatte, wurde jetzt mit der Aufhebung jeder Rechtssicherung das Prinzip der Gewaltenteilung, das bisher als die Grundlage rechtsstaatlicher Ordnung und persönlicher Freiheit gegolten hatte, auch theoretisch verworfen. Der Begriff des Rechts wurde zu einer Vokabel für die Gewalt. Carl Schmitt, mit Formeln flink bei der Hand, rechtfertigte das Geschehen in einer Schrift unter dem Titel »Der Führer schützt das Recht«. Darin hieß es: »Der Führer schützt das Recht vor dem schlimmsten Mißbrauch, wenn er im Augenblick der Gefahr kraft seines Führertums als oberster Gerichtsherr unmittelbar Recht schafft ... Der wahre Führer ist immer auch Richter. Aus dem Führertum fließt das Richtertum ...«[18])

Hitler und die Nationalsozialisten standen dem überkommenen Recht und Gerichtswesen negativ gegenüber, nahmen aber nicht eine systematische Umformung der liberalen Rechtsverfassung vor. Von einzelnen Erneuerungsversuchen abgesehen, arrangierte sich das Regime mit der bestehenden Justiz ebenso wie mit der Bürokratie und der Wehrmacht, griff aber laufend in ihre Geschäfte ein oder drängte sie zur Seite, wenn sie den Zielen des Führers oder den »Sondergewalten« des Dritten Reiches im Wege stand. Während das bürgerliche Recht, das Handelsrecht und das einfache, nicht politische Strafrecht im allgemeinen von Eingriffen verschont und in diesen Bereichen Inseln des Rechtsstaats bestehen blieben, wurden das öffentliche Recht und die politische Strafjustiz durch Sonderanordnungen und Sondergerichte immer stärker dem normalen Rechtsgang entzogen. Durch Verordnung vom 21. März 1933 wurden Sondergerichte bei allen Oberlandesgerichten geschaffen. Sie erhielten die Zuständigkeit für Straftaten gemäß einem gleichzeitigen »Heimtückegesetz« und der drei

Wochen zuvor erlassenen Reichstagsbrandverordnung. Durch stärkere Einwirkung des Gerichtsvorsitzenden auf den Prozeßverlauf, durch Beschneidung der Einspruchsmöglichkeiten und durch den Wegfall der gerichtlichen Voruntersuchung wurden Schnellverfahren ermöglicht. Am 14. Juli 1934 setzte Hitler anstelle des Reichsgerichts als oberste Instanz in politischen Strafsachen den berüchtigten Volksgerichtshof ein, der unter der Leitung zuverlässiger Nationalsozialisten, seit 1942 unter Roland Freisler als Vorsitzendem, stand. Eine grundsätzliche »Korrektur der Justiz« bedeutete die Verselbständigung der Gestapo mit ihrer jeder rechtlichen Kontrolle entzogenen Vollmacht zur Verhängung von »Schutzhaft« oder »Vorbeugehaft« in den von der SS geleiteten Konzentrationslagern. Damit wurde ein rechtlicher Ausnahmezustand auf Dauer institutionalisiert. Hatten zunächst die nationalsozialistischen Juristen versucht, die polizeiliche Ausnahmepraxis unter ihren Einfluß zu bringen und bestimmten Normen zu unterwerfen, so mußten sie mit Kriegsbeginn völlig vor der Gestapo und der SS kapitulieren. Zu Anfang des Dritten Reiches waren Vorstellungen eines völkisch autoritären Rechtsstaats, der auf der Wiederbelebung germanischer Rechtsauffassungen beruhen sollte, propagiert worden, so z. B. von Hans Frank, dem Führer des »Bundes Nationalsozialistischer Deutscher Juristen«[19]). Im Gegensatz zu solchen Erwartungen löste sich der Führerstaat aber aus allen geschichtlich gewordenen rechtsstaatlichen Bindungen, ohne irgendeine andere Norm anzuerkennen als den absolut gesetzten Führerwillen.

Dieser Entwicklung ist weder von seiten der Rechtswissenschaft noch in der Justiz, von Einzelfällen abgesehen, Widerstand entgegengesetzt worden. Wenn sich die Justiz an das vom Nationalsozialismus gesetzte unrechte Recht z. B. in der Judengesetzgebung gebunden und auf seine Handhabung verpflichtet fühlte, so hat man zutreffend eine der Ursachen hierfür im Rechtspositivismus erkannt, der die Rechtswissenschaft und die Justiz im späten Kaiserreich und in der Weimarer Zeit fast ausschließlich beherrschte und keine übergeordneten Normen des Naturrechts als verbindliche Rechtssätze anerkannte. Gustav Radbruch, Rechtsgelehrter von Rang und ehemaliger sozialdemokratischer Reichsjustizminister, hatte noch im Jahre 1932 erklärt: »Für den Richter ist es Berufspflicht, den Geltungswillen des Gesetzes zur Geltung zu bringen, das eigene Rechtsgefühl dem autoritativen Rechtsbefehl zu opfern, nur zu fragen, was rechtens ist und niemals, ob es auch gerecht ist.« Dem entsprach es, wenn es in einem Spruch des Reichsgerichts der Weimarer Zeit hieß: »Der Gesetzgeber ist selbstherrlich und an keine anderen Schranken gebunden als diejenigen, die er sich selbst in der Verfassung oder in anderen Gesetzen gezogen hat.«[20])

Eine solche Selbstherrlichkeit ist von Hitler in unbeschränkter Weise in Anspruch genommen worden. Nach der Ermordung Röhms hatte er keinen Rivalen mehr. Er allein entschied in politischen Fragen. Das Kabinett wurde praktisch außer Funktion gesetzt[21]). Seine Mitglieder erfuhren später den Kriegsausbruch aus Funk und Zeitung. Beim Tode Hindenburgs am 2. August 1934 übernahm Hitler aufgrund eines am Vortage durch die Regierung erlassenen »Gesetzes über das Staatsoberhaupt des Deutschen Reiches« das Amt des Reichspräsidenten[22]). Als »Führer und Reichskanzler« ließ er noch am Todestag Hindenburgs die durch einen Befehl des allzu beflissenen Blomberg überrumpelte Reichswehr auf seine Person vereidigen[23]). In der Eidesformel fehlte die bisher übliche Verpflichtung auf die Verfassung, während die persönliche Gehorsamsbindung als eine unbedingte abverlangt wurde, auch dies im Gegensatz zum früheren Soldateneid. Auch die Beamten und Minister wurden statt auf die Verfassung jetzt auf die Person Hitlers vereidigt.

Der Reichswehr bestätigte Hitler, daß sie der alleinige Waffenträger der Nation sei. So schien von außen her betrachtet die Reichswehr der Sieger geblieben zu sein. Wie durch diese Vorgänge jedoch das Wesen der Reichswehr betroffen wurde, läßt sich nicht besser sagen als mit den Worten Hermann Maus, der als erster in die verworrenen Zusammenhänge des 30. Juni Licht brachte: »Der 30. Juni hat einen Schatten auf die Integrität ihrer Führung geworfen. Gewiß war die Reichswehr nicht an den eigentlichen Exekutivmaßnahmen des 30. Juni und der beiden folgenden Tage beteiligt worden. Aber diejenigen, die in ihrem Namen an den Vorbereitungen der Aktion sich beteiligt haben, mußten wissen, daß sie das große Morden riskierten, das sich dann abspielte. Sie sind von der Mitverantwortung nicht freizusprechen. Daß die Reichswehrführung selbst die Ermordung zweier ihrer Generäle, trotz empörtem Widerspruch aus Armeekreisen, stillschweigend hinnahm, zeigt, daß sie sich auf eine dunkle Weise gebunden fühlte. Mit Notwendigkeit erwuchs daraus Zwiespalt in einem Offizierskorps, das seinen inneren Zusammenhalt vor allem in der Gemeinsamkeit der sittlichen Überzeugungen gesichert glaubte. Die kalte Revolution hatte die Keime der Zersetzung auch in das geschlossenste Gefüge gesenkt, das es in Deutschland noch gab. Das war Hitlers größter Triumph am 30. Juni.«[24])

Die SA wurde als Machtfaktor bedeutungslos. Wenn Röhm seit Dezember 1933 Mitglied des Reichskabinetts gewesen war, so wurde dem neuen Stabschef Lutze diese Stellung nicht mehr zugebilligt. Die SS wurde aus ihrer bisherigen Unterstellung unter die SA-Führung herausgelöst. Das war eine entscheidende Stufe im Aufstieg Himmlers. Die Partei insgesamt stand dabei in einem unklaren Verhältnis zum Staat. Dies war charakteristisch für das Herrschaftssystem des Nationalsozialismus. Auf der einen Seite blieb der hierarchisch strukturierte bürokratische Apparat des Staates mit seinen besonderen Qualitätsanforderungen und Befehlssträngen erhalten, auf der anderen Seite erhob die nach dem personalen Führerprinzip aufgebaute Partei Ansprüche auf die Kontrolle des Staatsapparates und auf die Besetzung von Staatsämtern. Dem gab Hitler nur insofern nach, als er es geschehen ließ, daß während der »nationalen Revolution« die Partei in zahlreiche öffentliche Ämter eindrang und im Laufe der Zeit die Verwaltung mit Parteianhängern durchsetzt wurde. An einigen Stellen wurden Staats- und Parteifunktionen personell verklammert (Gauleiter/Oberpräsidenten; Polizei-/SS-Führer). Vor allem erhielten zuverlässige Nationalsozialisten diejenigen Positionen, die für die politische Steuerung des Staates zentrale Bedeutung hatten (Reichsinnenministerium, Polizeiführung, Propagandaministerium, Erziehungsministerium, Reichsstatthalter). Aber der Staatsapparat insgesamt und in den ersten Jahren des Regimes besonders das Reichswehrministerium und das Reichswirtschaftsministerium mit Generalität und Großindustrie im Hintergrund behielten gegenüber der Partei zunächst ihr eigenes politisches Gewicht. Andererseits verhinderte Hitler aber auch die vom Reichsinnenministerium getragenen Versuche, eine neue Reichsverfassung zu erarbeiten, in die die Partei mit einem bestimmten und klar umgrenzten Platz einbezogen worden wäre. So zeigte das Herrschaftssystem des Führerstaates in den ersten Jahren des »Dritten Reiches« ein Nebeneinander von Staat und Partei, das vielfach zu einem Gegeneinander wurde. Auf allen Stufen der Verwaltung standen sich Ämter des Staates und der Partei gegenüber, die Zuständigkeit für die gleichen Bereiche beanspruchten und sich in ihrer Legitimation alle auf den Führer beriefen. Das System wurde, wie besonders für den Bereich der Wirtschaft zu zeigen sein wird, dadurch zusätzlich kompliziert, daß im Laufe der Zeit durch Führerbefehl für verschiedene Aufgaben Sonderbeauftragte mit weitreichenden Vollmachten eingesetzt wurden. Eine Abgrenzung wurde von Hitler bewußt unterlassen. Die Partei konnte, gestützt auf Hitlers Anspruch, daß sie dem Staate zu »befehlen« habe[25]), immer wieder Aufgaben aus dem Bereich der staatlichen Stellen an sich heranziehen und in eigene oder zumindest konkurrierende Verwaltung übernehmen. Nach außen wirkte der von einer Propagandawolke umhüllte Staat Hitlers als ein monolithisches Gebilde. In Wirklichkeit jedoch war er gekennzeichnet durch chaotische Machtkämpfe innerhalb der Führungsschicht. Der Führerstaat bot das Bild eines »institutionellen Darwinismus«, der durch den von Hitler begünstigten Kompetenzwirrwarr heraufbeschworen wurde[26]). Auf dem Gebiet der Kulturverwaltung z. B. rivalisierten Rust als Kultusminister, Goebbels als Propagandaminister, Rosenberg als Beauftragter für die weltanschauliche Schulung, Ley als Führer der Arbeitsfront und Himmler. Ein anderes Beispiel ist die Außenpolitik. Hier gab es neben dem Auswärtigen Amt das halb private »Büro Ribbentrop«, das parteioffizielle »Amt Rosenberg«, die Auslandsorganisation der NSDAP und eine SS-Stelle für die Verbindung zu den nordischen Ländern. Neben dem Wirtschaftsministerium stand der Beauftragte für den Vierjahresplan, neben dem Arbeitsminister ein Reichskommissar für die Arbeitsbeschaffung, neben der Wehrmacht die Waffen-SS. Durch die Taktik des »divide et impera« versuchte Hitler die Bildung stabiler Zwischenschichten von Machtträgern zu verhindern, um damit seine eigene Position abzusichern. Die Unangreifbarkeit der Führerstellung Hitlers und die Rivalität von Personen und Institutionen, die unter seinem Befehl standen, bedingten sich gegenseitig. Außerdem widerstrebte ihm grundsätzlich jede verfassungsrechtliche oder gesetzliche Festlegung. »An die Stelle des Staates als höchster Rechtseinheit und rechtlicher Organisation sollte im Dritten Reich der unbeschränkte und potentiell jederzeit wandelbare Wille des Führers als ›oberstes Gesetz‹ treten.«[27]) Dessen Ausdruck war die in die Form von Ausnahmeverfügungen und Sondermaßnahmen gekleidete Willkür. Der Staat wurde zum bloßen Werkzeug für die Durchführung der Befehle des »Führers«, der selber über dem Staat stand und durch keine staatliche Rechtsnorm gebunden war.

Hitler hat niemals ein inhaltlich gegliedertes und durchgestaltetes Bild der ihm vorschwebenden Herrschaftsorganisation entwickelt. Die von der Partei auf den Staat übertragene Praxis, Rivalitäten zu pflegen, Kompetenzen zu verwischen und durch Schaffung von Paralleleinrichtungen das Machtgefüge in den nachgeordneten Rängen undurchsichtig zu machen, widersprach jedem Gedanken an eine rationale Strukturierung des Staatsaufbaues. Man würde in Hitlers Schriften und Reden vergeblich nach einem durchdachten Verfassungsbild suchen. Sein Interesse an verfassungsrechtlichen Fragen beschränkte sich auf die Legitimation der Führerstellungen, d. h. der Macht und ihrer Ableitung. Dabei ist es bemerkenswert, daß die Antwort auf diese Frage der einzige Gedanke ist, der im Verlaufe der verschiedenen Auflagen von »Mein Kampf« eine erhebliche sachliche Abwandlung erfahren hat. Bis 1928 hieß es von der »germanischen Demokratie«, daß sie auf der Wahl des Führers und zugleich auf dessen Autorität beruhe, wobei dieses Prinzip auf allen Stufen der Hierarchie von der Ortsgruppe bis zur Reichsführung durchzuführen sei: »Immer wird der erste Vorsitzende gewählt, allein damit auch mit unbeschränkter Vollmacht und Autorität bekleidet.« Seit 1930 las man: »Immer wird der Führer von oben eingesetzt und gleichzeitig mit unbeschränkter Vollmacht und Autorität bekleidet. Nur der Führer der Gesamtpartei wird aus vereinsgesetzlichen Gründen in der Generalmitgliederversammlung gewählt.«[28]) Übertragen auf den nationalsozialistischen Staatsaufbau bedeutete dieses Prinzip, daß alle Funktionen und Verantwortlichkeiten von oben her bestimmt wurden und daß sich der Führer selber von Zeit zu Zeit durch plebiszitäre Abstimmungen in seiner Politik bestätigen ließ. Es ist charakteristisch für diese Abstimmungen der nationalsozialistischen Zeit, daß es bei ihnen niemals um die Aufforderung zur Wahl zwischen mehreren Personen, mehreren politischen Programmen oder mehreren Entscheidungsmöglichkeiten in einer bestimmten außen- oder innenpolitischen Situation ging. Sie waren lediglich eine staatlich und parteilich gelenkte Akklamation der Wählermassen für den »Führer«.

Das erste dieser Plebiszite wurde am 12. November 1933 veranstaltet. Deutschland war aus dem Völkerbund ausgetreten, und Hitler ließ mit einem »Ja« oder »Nein«

zu seiner Politik zugleich die Abgeordneten für einen neuen Reichstag wählen, die diesmal dem deutschen Volke in einer Einheitsliste präsentiert wurden. Die zweite Abstimmung fand am 19. August 1934 statt und bestätigte die Zusammenlegung der Ämter des Reichspräsidenten und Reichskanzlers. Das Ergebnis waren im ersten Falle 95 %, im zweiten 90 % der Stimmen aller Wahlberechtigten für Hitler. Hitler bekannte sich aus Anlaß dieser Volksabstimmung zum Gedanken der plebiszitären Führerdemokratie, »fest durchdrungen von der Überzeugung, daß jede Staatsgewalt vom Volke ausgehen und von ihm in freier und geheimer Wahl bestätigt sein muß«[29]). Es handelte sich hierbei lediglich um die Akklamation zu einem bereits in Kraft gesetzten, vorweg verkündeten Regierungsgesetz und nicht um einen Gesetzgebungsakt. Zudem steht gerade für diese Abstimmung eindeutig fest, daß sie bereits manipuliert war und weitgehend von einer freien oder geheimen Stimmabgabe keine Rede mehr sein konnte.

Um eine möglichst breite Zustimmung zu erreichen, pflegte Hitler die plebiszitären Abstimmungen an solche wehr- und außenpolitischen Ereignisse anzuhängen, von denen aus an das Nationalbewußtsein schlechthin appelliert werden konnte, ohne eine besondere nationalsozialistische Gesinnung anzusprechen: 1933 nach dem Austritt aus dem Völkerbund wegen des deutschen Anspruchs auf Gleichberechtigung Volksabstimmung und Reichstagswahl, 1936 nach der Wiederbesetzung des Rheinlandes Reichstagswahl, 1938 nach dem Anschluß Österreichs Volksabstimmung und Reichstagswahl. Es läßt sich nicht abschätzen, wie viele bei diesen Plebisziten etwa aus Überzeugung, aus allgemeinen nationalen Motiven, aus Mitläufertum oder bloßer Feigheit ihre Stimme abgegeben haben. Unbezweifelbar ist es, daß der »Führer und Reichskanzler« Hitler es vermocht hat, die große Masse des deutschen Volkes so oder so hinter sich zu bringen und zwölf Jahre lang auf seinem politischen Kurs festzuhalten. Das ist, neben dem Eindruck seiner wirtschafts- und außenpolitischen Erfolge, von denen noch die Rede sein wird, ein Ergebnis auch der systematischen Gleichschaltung aller tragenden Institutionen der Gesellschaft und des Kulturlebens. Die Umwandlung der parlamentarischen Demokratie in einen Führerstaat dadurch, daß neben den Volksabstimmungen auch der Reichstag zu einem Forum für gelegentliche Akklamation des Führerwillens wurde und daß zudem das Reichskabinett als Regierungsorgan ausgeschaltet wurde, sei abschließend in einer Tabelle verdeutlicht.

Sitzungen des Reichskabinetts (Min.Besprechgn.)	**Wahlen und Volksabstimmungen**		**Reichstagssitzungen**	
1933 70	5. 3. 33	Reichstagswahl		
			21. 3. 33	Tag von Potsdam
			23. 3. 33	Ermächtigungsgesetz
			17. 5. 33	Billigung einer Erklärung Hitlers (Friedensrede zur Beschwichtigung des Auslands) durch alle Parteien
	12. 11. 33	Reichstagswahl, Volksabstimmung (Austritt aus dem Völkerbund)		
			12. 12. 33	Eröffnung des neuen Reichstages (gewählt nach Einheitsliste)

C. Deutschland unter der Herrschaft des Nationalsozialismus

Sitzungen des Reichskabinetts (Min.Besprechgn.)	Wahlen und Volksabstimmungen		Reichstagssitzungen	
1934 21			30. 1. 34	Gesetz über den Neuaufbau des Reiches
			13. 7. 34	Entgegennahme einer Erklärung Hitlers (Röhm-Putsch)
			6. 8. 34	Trauerkundgebung — Hindenburg
	19. 8. 34	Volksabstimmung (Zusammenlegung der Ämter von Reichspräsident und Reichskanzler)		
1935 11			21. 5. 35	Entgegennahme einer Erklärung Hitlers (Einführung der Wehrpflicht)
			15. 9. 35	Außerkraftsetzung der Geschäftsordnung des Reichstages — Nürnberger Gesetze
1936 2			7. 3. 36	Entgegennahme einer Erklärung Hitlers (Wiederbesetzung des Rheinlandes)
	29. 3. 36	Reichstagswahl		
1937 6			30. 1. 37	Verlängerung des Ermächtigungsgesetzes bis zum 1. 4. 41. Entgegennahme einer Erklärung Hitlers (zur Spanienpolitik, an England gerichtet, daß »die Zeit der sogenannten Überraschungen abgeschlossen ist«)
1938 1 (5. 2.)			20. 2. 38	Entgegennahme einer Erklärung Hitlers (Maßnahmen gegen Österreich und die Tschechoslowakei)
			18. 3. 38	Entgegennahme einer Erklärung Hitlers (Anschluß Österreichs)
	10. 4. 38	Reichstagswahl, Volksabstimmung (Anschluß Österreichs)		
1939 Keine	Keine		30. 1. 39	Verlängerung des Ermächtigungsgesetzes bis zum 10. 5. 43. Entgegennahme einer Erklärung Hitlers (Drohung der Judenvernichtung)

Sitzungen des Reichskabinetts (Min.Besprechgn.)	**Wahlen und Volksabstimmungen**	**Reichstagssitzungen**	
		28. 4. 39	Entgegennahme einer Erklärung Hitlers (gegen Quarantänerede Roosevelts)
		1. 9. 39	Gesetz über Eingliederung Danzigs. Entgegennahme einer Erklärung Hitlers (Krieg gegen Polen)
Keine	Keine	6. 10. 39	Entgegennahme einer Erklärung Hitlers (Polenfeldzug)
		19. 7. 40	Entgegennahme einer Erklärung Hitlers (»Friedensangebot« an England)
		4. 5. 41	Entgegennahme einer Erklärung Hitlers (Balkanfeldzug)
		11. 12. 41	Entgegennahme einer Erklärung Hitlers (Kriegserklärung an die USA)
		26. 4. 42	Bestätigung Hitlers als Oberster Gerichtsherr. Entgegennahme einer Erklärung Hitlers (der Führer nicht an bestehende Rechtsvorschriften gebunden)

E. FRAENKEL, The Dual State — A Contribution to the Theory of Dictatorship (New York 1940, 2. Aufl. 1969, dt. 1974) stellte als erster die Unanwendbarkeit des bisherigen Staatsbegriffs auf das nat.soz. System heraus u. charakterisierte diesen als »Doppelstaat«, mit der Unterscheidung zwischen dem zum »Normenstaat« erstarrten Apparat der staatlichen Behörden u. dem daneben von der Partei ausgeübten »Maßnahmenstaat«, der nach u. nach bis in alle gesellschaftlichen Bereiche eindrang u. das alte Staatsgefüge aushöhlte. Neben Fraenkel als früher wichtiger Beitrag zur Struktur der nat.soz. Herrschaft: F. NEUMANN, Behemoth. The Structure and Practice of National Socialism 1933—1944 (1. Aufl. New York 1941, ^{2}1944, Neudruck 1963). Neumann sah in Partei u. Armee die herrschenden Faktoren im NS-Staat, die zur Sicherung ihrer Herrschaft vor allem drei Methoden anwandten: monistische Organisation anstelle des soz. Pluralismus, »Atomisierung« der »Individuen« u. Zersplitterung aller gesellschaftlichen Gruppierungen. Das Dritte Reich sei ein »Chaos«, für das es keine Bezeichnung gebe, ein »nonstate«, die »Herrschaft der Gesetzlosigkeit«. — Neue Arbeiten über die Struktur des NS-Regimes haben den Dualismus von Staat u. Partei deutlicher beschrieben u. den chaotischen Charakter des von Machtkämpfen u. Kompetenzwirrwarr gekennzeichneten Hitler-Staates herausgearbeitet: G. SCHULZ, Die Anfänge des totalitären Maßnahmenstaates, in: K. D. BRACHER / W. SAUER / G. SCHULZ, Die nat.soz. Machtergreifung (^{2}1962); P. DIEHL-THIELE, Partei u. Staat im Dritten Reich. Untersuchungen zum Verhältnis von NSDAP u. allgemeiner innerer Staatsverwaltung 1933—1945 (1969); J. KLENNER, Verhältnis von Partei u. Staat 1933—1945, dargestellt am Beispiel Bayerns (1974); E. N. PETERSON, The Limits of Hitler's Power (Princeton 1969); H. MAZERATH, Nationalsozialismus u. kommunale Selbstverwaltung (1970); H. MOMMSEN, Beamtentum im Dritten Reich (1966); P. HÜTTENBERGER, Die Gauleiter. Studien zum Wandel des Machtgefüges in der NSDAP (1970). Allgemein: M. BROSZAT, Der Staat Hitlers (^{4}1974). Zur nat.soz. Staats- u. Rechtsauffassung D. KIRSCHENMANN, »Gesetz« im Staatsrecht u. in der Staatsrechtslehre des Nat.soz. (1971). — B. VOLLMER (Hg.), Volksopposition im Polizeistaat. Gestapo- u. Regierungsberichte 1934—1936 (1957).

1) W. BESSON, Württemberg u. die dt. Staatskrise 1928—1933 (1959); H. REHBERGER, Die Gleichschaltung des Landes Baden 1932/33 (1966); K. SCHWEND, Bayern zw. Monarchie u. Diktatur (1954); F. WIESEMANN, Die Vorgesch. d. nat.soz. Machtübernahme in Bayern 1932/33 (1974); O. DOMRÖSE, Der NS-Staat in Bayern von der Machtergreifung bis zum Röhm-Putsch (1974). E. SCHÖN, Die Entstehung des Nat.soz. in Hessen (1972); E.-A. ROLOFF, Bürgertum u. Nat.soz. 1930—1933. Braunschweigs Weg ins Dritte Reich (1961); H. SCHWARZWÄLDER, Die Machtergreifung der NSDAP in Bremen 1933 (1966); H. TIMPKE (Hg.), Dokumente zur Gleichschaltung des Landes Hamburg 1933 (1964); R. THÉVOZ / H. BRANIG / Cécile LOWENTHAL-HENSEL, Pommern 1934/35 im Spiegel von Gestapo-Lageberichten u. Sachakten, in: Die Geh. Staatspolizei in den Preuß. Ostprovinzen 1934—1936 (2 Bde. 1974). **2)** Dazu im einzelnen H. BUCHHEIM, Die organisatorische Entwicklung der polit. Polizei in Dtld. in den Jahren 1933 u. 1934, in: Gutachten des Inst. f. Zeitgesch. (1958), S. 294 ff.; Lit. zu SS u. Gestapo in § 58. **3)** RGBl. 1933 I, Nr. 29. **4)** RGBl. 1933 I, Nr. 33. **5)** RGBl. 1934 I, Nr. 11. **6)** RGBl. 1934 I, Nr. 16. **7)** RGBl. 1935 I, Nr. 6. Ausführl. Darstellung der Entwicklung in den Kommunen nach 1933 bei H. MAZERATH. Als Beispiel für die Gesch. einer Großstadt im Dritten Reich: H.-P. GÖRGEN, Düsseldorf u. der Nat.soz. (Diss. Köln 1968); F. J. HEYEN (Hg.), Nat.soz. im Alltag. Quellen zur Gesch. des Nat.soz. vornehmlich im Raum Mainz-Koblenz-Trier (1967). — Aufschlußreich auch W. S. ALLEN, The Nazi seizure of power. The experience of a single German town 1930—1935 (Chicago 1965, dt. 1966). **8)** RGBl. 1933 I, Nr. 34. Zur Bedeutung u. Anwendung H. MOMMSEN, op. cit., S. 39 ff. Mommsen kommt hinsichtlich der Anwendung zu dem Schluß, daß zwar im höheren Dienst eine nicht unbeträchtliche Veränderung erfolgte, die Veränderungen im Beamtenkörper als ganzem jedoch begrenzt blieben, da die Säuberungsmaßnahmen »weitgehend an der inneren Geschlossenheit des Beamtenapparates abprallten, mit Ausnahme der Entlassung von Kommunisten und Juden ... Das weiteste Vordringen der NSDAP erfolgte auf kommunaler Ebene, danach auf der Stufe der Landrats- und Bezirksämter, Landeshauptmannschaften, dann in den Regierungs- und Oberpräsidien« (S. 59). Jedoch schuf das Gesetz die Grundlage für die Einschüchterung u. Kontrolle der Beamtenschaft. Während die fortbestehenden alten Ministerien sich um die Erhaltung des Berufsbeamtentums bemühten, bekämpfte die Führungsschicht der NSDAP das Fachbeamtentum als politisch unzuverlässig u. versuchte, möglichst viele Parteianhänger in die Ministerialbürokratie einzuschleusen. In den ersten Jahren des Nat.soz. konnte der Beamtenapparat im wesentlichen seine Geschlossenheit wahren. Mit dem »Deutschen Beamtengesetz« vom Januar 1937 wurden die Stellung der Beamten erneut erschüttert u. diese noch stärker der Kontrolle durch die Partei unterstellt. Schließlich hob der Reichstag am 26. April 1942 durch eine Generalbevollmächtigung für Hitler alle beamtenrechtlichen Garantien auf. Nach dem Willen der Nat.soz. u. Hitlers, der »für das Prinzip der Gesetzmäßigkeit der Verwaltung und damit für die besondere Funktion des Beamtentums überhaupt« kein Verständnis hatte (S. 119), sollten die Juristen aus der Verwaltung verdrängt u. das Beamtentum in eine »Dienstgefolgschaft« des Führers umgewandelt werden. Dieses Ziel wurde nicht erreicht. Es gelang der Partei jedoch, den Beamtenapparat u. die Ministerien seit 1937 immer mehr in die Isolierung zu drängen. **9)** Dokumentation der Entwicklung, die zur Absage des Berliner Parteivorstandes u. der soz.demokrat. Fraktionen des Reichstags u. des preuß. Landtags an den Prager Parteivorstand führte, in: H. SCHULZE (Hg.), Anpassung oder Widerstand? Aus den Akten des Parteivorstands der dt. Sozialdemokratie 1932/33 (1975); Lit. zur Gesch. der SPD in der Emigration s. S. 336. **10)** E. MATTHIAS / R. MORSEY (Hg.), Das Ende der Parteien 1933 (1960), enthält Beiträge über Staatspartei, SPD, Zentrum, BVP, DVP, DNVP u. KPD. Zum Ende der Zentrumspartei vgl. § 55, Anm. 13 u. § 63, Anm. 2. Dokumente zum Ende des Stahlhelm, dessen Auflösung der der DNVP vorausging, hg. von V. R. Berghahn, VfZG 13 (1965). **11)** RGBl. 1933 I, Nr. 135. **12)** E. RÖHM, Geschichte eines Hochverräters (^{5}1934), S. 349. Zur SA vgl. § 52, Anm. 16. Zum Folgenden grundlegend H. MAU, Die »Zweite Revolution«. Der 30. Juni 1934, VfZG 1 (1953); W. SAUER, Die Mobilmachung der Gewalt, in: K. D. BRACHER / W. SAUER / G. SCHULZ, Die nat.soz. Machtergreifung (^{2}1962); Ch. BLOCH, Die SA u. die Krise des NS-Regimes 1934 (1970); H. BENNECKE, Die Reichswehr u. der »Röhm-Putsch« (1964); K.-J. MÜLLER, Reichswehr u. »Röhm-Affäre«. Aus den Akten des Wehrkreiskommandos VII, in: Militärgeschichtl. Mitteilungen (Nr. 1, 1968); ders., Das Heer u. Hitler (1969), Kap. 3. — Dokumente zum 30. Juni 1934 in: Ursachen u. Folgen 10, Nr. 2377 ff. **13)** Th. ESCHENBURG, Zur Ermordung des Generals v. Schleicher, Dokumentation, VfZG 1 (1953). — Hitler gab die Zahl der Opfer in der Reichstagsrede vom 13. Juli 1934 mit 77 an. Die tatsächliche Zahl ist unbekannt; H. MAU schätzt sie auf das Zwei- bis Dreifache. **14)** L. GRUCHMANN, Erlebnisbericht Werner Pünders über die Ermordung Klauseners am 30. Juni 1934 u. ihre Folgen, Dokumentation, VfZG 19 (1971). **15)** Jung u. Bose gehörten einem jungkonservativen Oppositionskreis an, der sich im Amt Papens gebildet hatte u. der sich mit einer von Jung verfaßten Rede Papens vor den Marburger Studenten vom 17. Juni 1934 zum erstenmal an die Öffentlichkeit wandte. Papen kritisierte darin ziemlich offen die Allmacht der Partei im neuen Regime u. spielte auf eine Restauration der Monarchie an. Goebbels hatte die Verbreitung der Rede des Vizekanzlers verboten. Text in: Ursachen u. Folgen 10, Nr. 2375 a; zu dem Kreis um Papen neben dessen Erinnerungen F. G. v. TSCHIRSCHKY, Erinnerungen eines Hochverräters (1972); zum Ende E. Jungs: B. JENSCHKE, Zur Kritik der konservativ-revolutionären Ideologie in der Weimarer Republik. Weltanschauung u. Politik bei Edgar Julius Jung (1971). **16)** RGBl. 1934 I, Nr. 7. Verfahren gegen die Mordaktionen vom 30. Juni, die einige wenige Gerichte einzuleiten wagten, wurden niedergeschlagen. Nur vereinzelte bemühten sich Juristen, Geistliche u. Militärs streng vertraulich um die Rehabilitierung der Opfer oder die Versorgung ihrer Hinterbliebenen. In wenigen Fällen wurde auf dem Amtswege Kritik erhoben. Vgl. neben dem Bericht Pünders (Anm. 14) H. ROTHFELS, Promemoria eines bayerischen Richters zu den Juni-Morden 1934, Dokumentation, VfZG 5 (1957). **17)** Reichstagsrede vom 13. Juli 1934, M. DOMARUS, Hitler. Reden u. Proklamationen 1, S. 410 ff. Göring am 13. Juli 1934, Rede zur Röhm-Revolte vor den preuß. Staatsanwaltschaften: »... wir sehen das Recht nicht als etwas Primäres an, sondern das Primäre ist und bleibt das Volk ... Das Recht und der Wille des Führers sind eins ... Das Handeln der Staatsführung in diesen Tagen war die höchste Verwirklichung des Rechtsbewußtseins des Volkes ... Keine Stelle [kann] mehr das Recht zu irgendeiner Nachprüfung dieser Aktion für sich in Anspruch nehmen ... Es kann nur eine Rechtsauffassung gelten, und zwar die, die der Führer selbst festgelegt hat.« Zit. bei H. WEINKAUFF (s. u. Anm. 19), S. 44. **18)** Zit. bei W. HOFER (Hg.), Der Nat.soz. 1933—1945 (Tb. 1957), Nr. 55. **19)** H. FRANK, Im Angesicht des Galgens (1953); Frank wurde wegen seiner Kritik an den rechtsfeindlichen Bestrebungen der SS durch Hitler seiner Ämter als Präsident der Akademie f. Dt. Recht, als Führer des NS-Rechtswahrerbundes u. als Leiter des Rechtsamtes der NSDAP enthoben. Aufschlußreiches Dokument für die Absage an das rechtsstaatliche Denken bei P. SCHNEIDER, Rechtssicherheit u. richterliche Unabhängigkeit aus der Sicht des SD, VfZG 4 (1956). Zum Thema Recht u. Justiz sind in den letzten Jahren zahlreiche Veröffentlichungen erschienen; die wichtigsten: Die dt. Justiz u. der Nat.soz., hg. vom Inst. f. Zeitgesch., Teil 1: H. WEINKAUFF, Die dt. Justiz u. der Nat.soz. Ein Überblick; gibt eine hervorragende Einführung in Voraussetzung, Problematik u. Entwicklung; A. WAGNER, Die Umgestaltung der Gerichtsverfassung u. des Verfahrens- u. Richterrechts im nat.soz. Staat (1968); Teil 2: R. ECHTERHÖLTER, Das öffentliche Recht im nat.soz. Staat (1970); Teil 3: W. WAGNER, Der Volksgerichtshof im nat.soz. Staat (1974). Ferner W. JOHE, Die gleichgeschaltete Justiz. Organisation des Rechtswesens u. Politisierung der Rechtsprechung 1933—1945, dargestellt am Beispiel des Oberlandesbezirks Hamburg (1967); Ilse STAFF (Hg.), Justiz im Dritten Reich. Eine Dokumentation (Tb. 1964). Gute zusammenfassende Darstellung bei M. BROSZAT, Der Staat Hitlers, S. 403 ff. Zur Umwandlung der Rechtstheorie im Nat.soz.: B. RÜTHERS, Die unbegrenzte Auslegung. Zum Wandel der Privatrechtsordnung im Nat.soz. (1968); M. STOLLEIS, Gemeinwohlformeln im nat.soz. Recht (1974). Biographie Freislers bei G. BUCHHEIT, Richter in roter Robe (1968). **20)** Zit. nach H. WEINKAUFF, op. cit., S. 31; dort weitere Ausführungen über Rechtspositivismus u. Naturrecht im Zusammenhang der Frage nach den geistigen Grundlagen des Richtertums; zur Naturrechtsproblematik vor allem: F. WIEACKER, Zum heutigen Stand d. Naturrechtsdiskussion (1965); ders., Privatrechtsgeschichte d. Neuzeit ([2]1967), S. 586 ff. **21)** Dazu M. BROSZAT, S. 349 ff. **22)** RGBl. 1934 I, Nr. 89. — Ein Testament Hindenburgs vom 11. Mai 1934 wurde im Völk. Beob. am 15. August 1934 veröffentlicht. Text in: Ursachen u. Folgen 10, Nr. 2414. Außer diesem allgemein gehaltenen Vermächtnis hat Hindenburg — nach Angabe v. PAPENS, Der Wahrheit eine Gasse, u. seines Mitarbeiters F. G. v. TSCHIRSCHKY, Erinnerungen eines Hochverräters (1972) — einen Brief an Hitler gerichtet, in dem er die Wiederherstellung der Monarchie empfahl. Dieser Gedanke war nach Papen auch in dem Entwurf des Testaments ausgesprochen, den Papen selber für den Reichspräsidenten ausgearbeitet hatte; Wortlaut dieses Briefes mit Warnung Hindenburgs, das Amt des Staatsoberhauptes nicht mit dem des Regierungschefs in einer Person zu verquicken, bisher nicht sicher belegt. Eine Version in: Neue Zeitung, Münchener Ausg., 26. November 1945, ist nicht authentisch; vgl. W. HUBATSCH, Hindenburg u. der Staat (1966), Dok. 115 b. Zum Ende Hindenburgs A. DORPALEN, Hindenburg in der Gesch. d. Weimarer Republik (a. d. Amerik. 1966). **23)** K.-J. MÜLLER, Das Heer u. Hitler (1969), S. 133 ff.; Th. SCHIEDER, Der Fahneneid als polit. Problem in der dt. Gesch., in: Der Fahneneid

(Kappenberger Gespräche der Frhr.v.Stein-Gesellschaft 4, 1970). 24) VfZG 1 (1953), S. 136. 25) Hitler auf dem Nürnberger Parteitag 1933, s. Die Reden Hitlers am Reichsparteitag 1933 (1934). 26) Ausführliche Darstellung dieser Machtkämpfe am Beispiel Rosenbergs bei R. BOLLMUS, Das Amt Rosenberg u. seine Gegner. Studien zum Machtkampf im nat.soz. Herrschaftssystem (1970). 27) P. DIEHL-THIELE, Partei u. Staat im Dritten Reich, S. 8. 28) Vgl. H. HAMMER, Die dt. Ausgaben von Hitlers »Mein Kampf«, VfZG 4 (1956), S. 171 f. Zu der auf die »Führergewalt« bezogenen Verfassungstheorie des Dritten Reiches vgl. E. R. HUBER, Verfassungsrecht des Großdeutschen Reiches ([2]1939). Zum »Führerprinzip« ausführlich KIRSCHENMANN, op. cit. 29) So im »Erlaß des Reichskanzlers zum Vollzug des Gesetzes über das Staatsoberhaupt des Dt. Reiches vom 1. August 1934«, wörtlich auch auf dem Stimmzettel vom 19. August 1934, RGBl. 1934 I, Nr. 93.

§ 57 Die Gleichschaltung der Gesellschaft und der deutschen Volksgruppen

Die nationalsozialistische Bewegung bot in ihrem Bestreben, alle Bereiche der Gesellschaft zu durchdringen, das Bild einer weitgefächerten organisatorischen Vielfalt. Im Kernbereich der Macht standen die Politische Organisation (PO) und in Rivalität zu ihr zunächst die SA, später die SS. Um ihn herum gruppierten sich weitere sogenannte »Gliederungen der NSDAP« und »angeschlossene Verbände«. Dieser definitorische Unterschied wurde erst im März 1935 rechtsverbindlich festgelegt; er ist zivilrechtlicher Art: die Gliederungen waren vereinsrechtlich Teile der Partei, die angeschlossenen Verbände besaßen eigene Rechtspersönlichkeit[1]). Zu den Gliederungen zählten neben SA und SS das Kraftfahrer-Korps (NSKK), die Hitlerjugend (HJ), die NS-Frauenschaft, der NS-Deutsche Studentenbund (NSDStB) und der NS-Deutsche Dozentenbund, zu den angeschlossenen Verbänden der NS-Deutsche Ärztebund, der NS-Rechtswahrerbund, der NS-Lehrerbund, die Volkswohlfahrt, die NS-Kriegsopferversorgung, der Reichsbund der Deutschen Beamten, der NS-Bund Deutscher Technik. Alle diese Gliederungen und Verbände erhoben für ihr jeweiliges Tätigkeitsfeld monopolistische Ansprüche, mit gewissen Vorbehaltsrechten lediglich für innerkirchliche Vereine. Sie alle waren nach dem Führerprinzip organisiert und für die Legitimierung bzw. Ausübung ihrer Funktionen abhängig von den Machtkonstellationen im inneren Raum der Bewegung und letztlich von den Entscheidungen des »Führers«. Zu ihren wichtigsten Aufgaben gehörte die weltanschaulich-politische Schulung, die für die Gesamtbewegung zentral, wenn auch infolge der Rivalitätskämpfe der damit Befaßten nicht einheitlich gesteuert wurde. Eigene Schulungskompetenz beanspruchten insbesondere der Reichsführer SS Himmler, der Reichspropagandaminister Goebbels, der Reichsjugendführer v. Schirach und der Führer der zahlenmäßig größten nationalsozialistischen Organisation, der Deutschen Arbeitsfront, Robert Ley.

Die Zerstörung der Gewerkschaften und die Formierung der Deutschen Arbeitsfront sind entscheidende Vorgänge im Prozeß der Gleichschaltung der Gesellschaft. Die Gleichschaltung auf diesem Gebiet, so schrieb Goebbels am 17. April 1933 in sein Tagebuch, werde zur Folge haben, daß in einem Jahr »ganz Deutschland in unserer Hand« ist[2]). Es begann im März 1933 mit zahllosen lokalen Aktionen gegen Gewerkschaftshäuser. Sie wurden durchgeführt von der nationalsozialistischen Betriebszellenorganisation mit Unterstützung von SA und SS. Diese wilden Aktionen lagen jedoch nicht im Sinne der Parteiführung. Es bestand die Gefahr, daß es zu Streiks kommen würde, die für das wirtschaftliche Wiederaufbauprogramm nicht tragbar gewesen wären. Zudem war es offensichtlich unmöglich, auf diesem Wege die mit ihren Gewerkschaften verbundenen Massen der Arbeiter für den neuen Staat zu gewinnen. Deshalb verfügte z. B. der bayerische Staatskommissar Adolf Wagner am 15. März, daß im Interesse der öffentlichen Sicherheit und Ruhe die Arbeit in den Gewerkschaftshäusern sofort wiederaufzunehmen sei. Gleichzeitig verbot er den Gewerkschaften aber jede parteipolitische Betätigung[3]). Ähnliches geschah in anderen Ländern. Wenn man die Gewerkschaften unter Kontrolle bringen wollte, mußte die Gleichschaltung als ein zentral gesteuerter Vorgang angelegt werden. Die Pläne hierfür wurden im Laufe des Monats April entwickelt. Bevor die eigentliche Aktion der Gleichschaltung begann, schien es notwendig, die Massen psychologisch so vorzubereiten, daß sie die Zerschlagung ihrer bisherigen Organisation hinnehmen würden. Dem diente ein verbal und regiemäßig außerordentlich geschickt angelegtes Täuschungsmanöver. Ein Gesetz vom 10. April 1933 erhob den 1. Mai, den Tag der internationalen Arbeitersolidarität und des Klassenkampfes, zum »Feiertag der nationalen Arbeit«. Gleichzeitig wurde ein detailliertes, geheimgehaltenes Programm entwickelt, um sofort im Anschluß an diese Feier sich der Gewerkschaften zu bemächtigen. Man war sich des Risikos bewußt. Es war nicht sicher, daß das Täuschungsmanöver gelang. »Ein kleiner Fehler könnte bei den Riesenmassen, die wir auf die Beine bringen wollen, zur Katastrophe führen.«[4])

In der Tat verfügten die Gewerkschaften noch über einen beträchtlichen Anhang. Das zeigten die im März durchgeführten Betriebsratswahlen. Wenigstens 75 % der Stimmen wurden für Gewerkschaftsvertreter abgegeben[5]). Unter dem Eindruck dieser für die Nationalsozialisten so enttäuschenden Teilergebnisse wurden deshalb durch Reichsgesetz vom 4. April »aus Gründen der öffentlichen Sicherheit und Ordnung« weitere Betriebsratswahlen ausgesetzt. Aber trotz ihrer starken Stellung in den Betrieben zeigten die Gewerkschaften keinen energischen Willen zur Selbstbehauptung. Gegenüber den wilden Aktionen, die zur Besetzung von lokalen Gewerkschaftshäusern geführt hatten, begnügten sie sich mit schriftlichen Beschwerden beim Reichspräsidenten und dem Vizekanzler v. Papen[6]). Der Verzicht auf jede reale Widerstandsaktion wurde eben damals durch die Auflösung der »Eisernen Front« unterstrichen, deren Kern die »Hammerschaften« der Gewerkschaften gewesen waren. Der Vorstand der Freien Gewerkschaften, der um die sozialpolitischen Errungenschaften eines 40jährigen Gewerkschaftskampfes ebenso besorgt war wie um das Weiterbestehen der Organisation, versicherte am 20. März 1933 Hitler seiner Loyalität. Die Freien Gewerkschaften sagten ihrer bisherigen engen Verbindung mit der SPD ab und bekannten sich zu einer Verpflichtung ihren sozialen Aufgaben gegenüber, »gleichviel welcher Art das Staatsregime ist«[7]). »Diese Erklärung wurde Hitler am Tag von Potsdam durch Leipart übermittelt — gleichsam als gewerkschaftlicher Beitrag zur konservativen Versöhnung.«[8]) Man rechnete damals irrigerweise bei den Gewerkschaften damit, daß Hitler eine Einheitsgewerkschaft bilden wolle. Die Bereitschaft, hieran mitzuwirken, brachte der Vorstand des ADGB in einer Erklärung an die Reichsregierung vom 9. April 1933 zum Ausdruck[9]). Er bekundete, daß er gewillt sei, die »Selbstverwaltungsorganisation der Arbeitskraft in den Dienst des neuen Staates zu stellen«, sprach von dem »höheren Recht des Staates«, an dem die gewerkschaftliche Bewegungsfreiheit ihre Grenzen finden müsse, und ging in seiner ideologischen Selbstgleichschaltung so weit, »an dem von der Regierung geplanten berufsständischen Aufbau der Wirtschaft« mitarbeiten zu wollen. Was die christlichen Gewerkschaften anlangte, so sprach Goebbels in seinem Tagebuch vom 11. April verächtlich von ihren Vertretern, die ihn aufsuchten und »in plumper Vertraulichkeit um gut Wetter bitten und dafür versprechen, daß ihre Gefolgschaft am 1. Mai mit uns marschieren werde«[10]). Den Gewerkschaftsführern aller Richtungen schien die Schaffung einer Einheitsorganisation der rettende Gedanke zu sein. Über die Einheitsgewerkschaft sprach der ADGB-Vorstand am 13. April ohne Ergebnis mit Vertretern der NSBO. In letzter Minute, am 28. April, schlossen die drei Gewerkschaftsrichtungen ein Abkommen, durch das sich ein »Führerkreis der vereinigten Gewerkschaften« bildete mit der Aufgabe, den Zusammenschluß herbeizuführen. Sie bekannten sich zum Grundsatz der parteipolitischen Neutralität und zur Beschränkung auf die Vertretung der sozialen und wirtschaftlichen Interessen. In der Präambel hieß es in einer Sprache, die auf das Wohlwollen der Mächtigen ausgerichtet war und sich dem Stil der Zeit angepaßt hatte: »Die nationale Revolution hat einen neuen Staat geschaffen. Dieser Staat will die gesamte deutsche Volkskraft einheitlich zusammenfassen und machtvoll zur Geltung bringen. Aus diesem volklichen Einheits- und Machtwillen heraus kennt er weder klassenmäßige Trennung noch volksabgewandte Internationalität. Diese Tatsache stellt das gesamte deutsche Volk, jeden seiner Stände und jeden einzelnen vor die Notwendigkeit, seine Haltung zu diesem Staat festzulegen ... Die deutschen Gewerkschaften sind des Glaubens, daß sie der großen Aufgabe des neuen Staates, alle Kräfte des deutschen Volkes zu einer stärkeren Einheit zusammenzufassen, am besten dienen, wenn sie sich über alle Trennungen der Vergangenheit hinweg zu einer einzigen umfassenden nationalen Organisation der Arbeit vereinigen.«[11]) Dieser Anpassungstaktik entsprach es, wenn der Vorstand des ADGB es öffentlich begrüßte, daß die Reichsregierung den 1. Mai zum Volkstag erklärt habe. Der Bundesausschuß des ADGB ging noch einen Schritt weiter. Er forderte am 22. April die Mitglieder auf, sich an den Feiern »festlich zu beteiligen«. Sicherlich hat hierbei die Sorge eine Rolle gespielt, daß die Belegschaften der Betriebe ohnedies öffentlichem Druck ausgesetzt sein würden, bei den Kundgebungen mitzumachen. Man geht aber nicht fehl in der Annahme, daß die Gewerkschaftsführung sich auch der großen Werbekraft bewußt war, die von solchen Parolen ausging, wie sie Goebbels am 24. April in einem Aufruf zum Tag der nationalen Arbeit verkündete. Die Überwindung von Klassenhaß und Standesdünkel, die Ehrung der Arbeit und des Arbeiters, der Aufruf zu Schaffensmut und freudiger Lebensbejahung — das waren Parolen, die sich für die nach den Erfahrungen mit der Weimarer Zeit enttäuschten Massen als elementar einsichtig erweisen sollten. Zu welchen Zwecken sie mißbraucht werden konnten, das ahnten damals nur wenige. Der 1. Mai sah dann in der Tat Millionenmassen auf den Straßen und den Plätzen, freiwillig und unfreiwillig, nicht nur Arbeiter, sondern Angehörige aller Berufe. Hitler hielt eine seiner propagandistisch geschicktesten Reden, die an das soziale und nationale Selbstbewußtsein der Schaffenden appellierte und große Anstrengungen für die Arbeitsbeschaffung ankündigte.

Am nächsten Tag erfolgte nach vorbereitetem Plan, mit dessen Durchführung Robert Ley beauftragt worden war, der Schlag gegen die Gewerkschaften. Im ganzen Reich wurden die Gewerkschaftshäuser durch SA und SS unter Leitung von Funktionären der Partei und der NSBO besetzt und die führenden Gewerkschaftler in Schutzhaft genommen. Im übrigen sollte der Apparat mit seinen mittleren und kleinen Funktionären zunächst unter Aufsicht der NSBO weiterarbeiten. Für diesen Schlag gegen die Gewerkschaften gab es keinerlei gesetzliche Grundlage oder behördliche Anweisung. Es war eine reine Parteiaktion. Sie vollzog sich, ohne auf Widerstand zu stoßen. Dies war wohl das Erstaunlichste an dem Vorgang. Unbegreiflich auch mußte es der internationalen Arbeiterbewegung außerhalb Deutschlands erscheinen, daß die stolzen deutschen Gewerkschaften vor dem Nationalsozialismus nicht nur äußerlich kapitulierten. Schon am 22. April war durch die deutsche Presse die Mitteilung gegangen, daß die in Amsterdam versammelten Vertreter der Gewerkschaftsinternationale beschlossen hatten, die Beziehungen zu ihren deutschen Genossen abzubrechen. Dem ADGB wurde der Vorwurf der »Ehrlosigkeit« gemacht, weil er »der Regierung Hitler seine unbedingte Mitarbeit und die Einverleibung der Freien Gewerkschaften in den faschistischen Staat angeboten habe«. Er habe sich dadurch in Gegensatz gesetzt zu den Prinzipien des Internationalismus und des Klassenkampfes[12]).

Man wird diesen Vorgang der Zerstörung der Gewerkschaften, der in dieser Weise nicht möglich gewesen wäre ohne eine vorherige gewisse Selbstgleichschaltung der

Gewerkschaften, nur dann richtig einschätzen, wenn man ihn in Beziehung setzt zu den gleichzeitigen Illusionen im konservativen Lager. Hier wie dort waren die Intentionen nicht schon deshalb »faschistisch«, weil sie sich, wie etwa in den Gewerkschaftsverlautbarungen vom März und April 1933, eines Vokabulars bedienten und in Vorstellungen bewegten, die sich zum Teil auch in den nationalsozialistischen Kundgebungen finden. Der Gedanke der Einheitsgewerkschaft, das Zurücktreten der Klassenkampfparole gegenüber der Idee des Gemeinwohls und »dem höheren Recht des Staates als Repräsentanten der gesamten Volksgemeinschaft« waren aus der spezifischen Tradition der deutschen Gewerkschaften heraus durchaus erklärbar und legitim. Verhängnisvoll war es jedoch, daß eine solche Bereitschaft jetzt und diesem Staat und dieser Bewegung gegenüber bekundet wurde, während die Praktizierung dieser Grundsätze zu einem früheren Zeitpunkt hätte helfen können, die große Koalition im Jahre 1930 zu retten, einen Ausgleich zwischen Arbeitgeber- und Arbeitnehmerinteressen herbeizuführen und damit vielleicht die Weimarer Republik vor dem Untergang zu bewahren. So aber, zu diesem verspäteten Zeitpunkt, kam das Verhalten der Gewerkschaften nur den Absichten der Nationalsozialisten entgegen, alle Kräfte der Gesellschaft für ihre im Ergebnis zerstörerischen Absichten gleichzuschalten.

Es wurde nichts aus einer Einheitsgewerkschaft. Statt dessen verkündete Robert Ley, der Leiter eines »Aktionskomitees zum Schutze der Deutschen Arbeit«, das die Aktionen des 2. Mai dirigiert hatte, am gleichen Tage die Bildung einer »Deutschen Arbeitsfront« (DAF), die am 10. Mai in Berlin gegründet wurde. Robert Ley, zugleich Stabsleiter der »Politischen Organisation« der NSDAP, übernahm ihre Führung. Durch diese Verklammerung wurde die Gleichschaltung der neuen umfassenden Organisation unter dem Primat der Politik gesichert. In die Deutsche Arbeitsfront wurden zunächst die gleichgeschalteten Verbände der Arbeiter und Angestellten eingegliedert. Die Funktionäre der NSBO und auch Ley hatten ursprünglich die Absicht, für die DAF in Fortführung gewerkschaftlicher Aufgaben die Zuständigkeit für die Festsetzung der Tarife zu sichern. Diese Hoffnung erfüllte sich jedoch nicht. Tariffragen fielen durch Gesetz vom 19. Mai 1933 in die Zuständigkeit der neueingesetzten staatlichen »Treuhänder der Arbeit«. In diesem Gesetz hieß es: »Bis zur Neuordnung der Sozialverfassung regeln die Treuhänder an Stelle der Vereinigungen von Arbeitnehmern, einzelner Arbeitgeber oder der Vereinigungen von Arbeitgebern rechtsverbindlich für die beteiligten Personen die Bedingungen für den Abschluß von Arbeitsverträgen.«[13]) Damit war die Tarifautonomie der Arbeitnehmer sowohl wie der Arbeitgeber, der kollektiv ausgehandelte Tarifvertrag als wichtigstes Element der bisherigen gewerkschaftlichen Mitbestimmung, aufgehoben. In der Konsequenz dieser Entwicklung lag die Auflösung der Arbeitnehmer- wie auch der Arbeitgeberorganisationen. Die Arbeitsfront wurde im November 1933 umorganisiert und umfaßte nach und nach die Gesamtheit der Arbeiter, Angestellten und Unternehmer (bei formeller Freiwilligkeit ca. 20 Mill. Mitglieder). Zur Hauptaufgabe der Arbeitsfront wurde die Schulung erklärt im Sinne der allgemeinen politischen Zielsetzung der Partei und der sich inzwischen vollziehenden Neuordnung des Arbeitsrechts. Daneben stand die soziale Betreuung in den Betrieben, die Sorge für die hygienische und ästhetische Verbesserung der Arbeitsstätten (»Schönheit der Arbeit«) und die Freizeit- und Reisebetreuung durch die nach dem italienischen Vorbild des »Dopo Lavore« geschaffene Organisation »NS-Gemeinschaft Kraft durch Freude« (KdF).

Das Führungsmonopol der Partei wurde für den gesamten Tätigkeitsbereich der Deutschen Arbeitsfront festgelegt. Die Mitglieder der NSBO-Betriebszellen waren »Parteigenossen«. Das gleiche galt für die »Amtswalter« der »Betriebsgruppen«, in denen jeweils die Belegschaften von Betrieben der gleichen Produktionsrichtung auf den verschiedenen lokalen und regionalen Stufen bis hinauf zu Reichsbetriebsgruppen zusammengefaßt waren. Die regionale Gliederung der Arbeitsfront entsprach der der Partei. Dem Gauleiter sollte in seinem Gebiete, einer Anordnung Leys zufolge, auch die Arbeitsfront in politischer und personeller Hinsicht unterstehen[14]). Freilich gab es in der NSBO Kräfte, die sozialpolitisch stärker an den gewerkschaftlich errungenen Arbeiterrechten hätten festhalten wollen, als es dem tatsächlichen Kurs des Regimes entsprach, das sich für seine Zwecke auf die Unterstützung durch die Mächtigen in der Industrie angewiesen sah.

Durch das »Gesetz zur Ordnung der nationalen Arbeit« vom 20. Januar 1934 wurden die in der Zeit der Weimarer Republik entstandenen arbeitsrechtlichen Verhältnisse tiefgreifend umgestaltet[15]). Unter dem Leitbegriff der »Betriebsgemeinschaft«, die durch ein Fürsorge- und Treueverhältnis zwischen »Führer« und »Gefolgschaft« bestimmt werden sollte, wurden den Belegschaften ihre bisherigen betrieblichen Mitbestimmungsrechte genommen. An die Stelle des Betriebsrates trat ein »Vertrauensrat«, der lediglich beratende Befugnisse besaß. Das bedeutete allerdings nicht eine einfache Rückkehr zum Herr-im-Hause-Standpunkt. Der Vertrauensrat konnte nämlich gegen die Entscheidung des Betriebsführers an den für das Gebiet zuständigen Treuhänder der Arbeit appellieren. Die Treuhänder waren Reichsbeamte unter der Dienstaufsicht des Reichsarbeitsministers. Ihre Aufgabe war die »Erhaltung des Arbeitsfriedens«. Sie erhielten zu diesem Zweck weit in die Betriebe hineinreichende Befugnisse. Sie entschieden in Streitfällen zwischen Vertrauensmännern und Betriebsführung, konnten Entscheidungen des Betriebsführers aufheben und eigene Regelungen treffen. Sie gaben Richtlinien für Tarifordnungen und überwachten deren Durchführung. Bei größeren Entlassungen war der Treuhänder zu hören. Die Wahl der Vertrauensmänner erfolgte aufgrund von Einheitslisten, die von der NSBO-Betriebszelle aufgestellt wurden. Wenn die Liste in den Betriebswahlen abgelehnt wurde, konnte der Treuhänder von sich aus die Vertrauensmänner einsetzen. Am 12. und 13. April 1935 wurden Vertrauensratswahlen durchgeführt[16]). Als Ergebnis verkündete Robert Ley, daß weit über 80 % der Industriearbeiterschaft Deutschlands im nationalsozialistischen Sinne gestimmt hätten. Schriftstücke, die aus den Trümmern der Reichskanzlei geborgen werden konnten, lassen jedoch erkennen, daß man dort genau wußte, wie sehr das wirkliche Ergebnis hinter dem öffentlich verkündeten zurückgeblieben war. Aus den wichtigsten Harburger Betrieben liegen die Ergebnisse vor. Hier gaben für die nationalsozialistischen Kandidaten zum Betriebsrat nur etwa 30—40 % der Belegschaft ihre Stimme. Die große Diskrepanz zwischen den öffentlichen politischen und den innerbetrieblichen Abstimmungen ist daraus zu erklären, daß die Vertrauensratswahlen nicht unter einem so scharfen Druck standen wie die öffentlichen und daß die Mehrzahl der Arbeiterschaft, die in den Gewerkschaften und den Linksparteien organisiert gewesen war, eine Ordnung der Arbeitsverhältnisse mißbilligte, die die früheren Rechte der Arbeiter aufgehoben und an deren Stelle die weitgehenden Eingriffsbefugnisse des Staates und das politische Monopol der Partei in den Betrieben gesetzt hatte. Das für die Partei negative Ergebnis dieser Wahlen hatte zur Folge, daß Vertrauensratswahlen von nun an nicht mehr stattfanden. Durch wiederholte Gesetze wurde die Amtszeit der Vertrauensmänner verlängert, zuletzt unbegrenzt.

Im nationalsozialistischen System der Arbeit kam eine wesentliche Erziehungsaufgabe dem Arbeitsdienst zu. Unter dem späteren Reichsarbeitsdienstführer Konstantin Hierl, einem ehemaligen aktiven Offizier, wurden die in den Endjahren der Weimarer Republik entstandenen zahlreichen freiwilligen Arbeitslager verschiedener, besonders auch kirchlicher Trägerorganisationen zu einem NS-Arbeitsdienst zusammengefaßt. Die allgemeine halbjährige Arbeitsdienstpflicht für Jungen und Mädchen wurde am 26. Juni 1935 eingeführt; sie bestand vorher schon für Studenten. Das entsprach der arbeitspädagogischen Zielsetzung, dem intellektuellen Nachwuchs die Schwere und

Würde der körperlichen Arbeit zum Bewußtsein zu bringen (vgl. § 61). Die ursprüngliche Funktion des freiwilligen Arbeitsdienstes, jugendliche Arbeitslose von der Straße zu holen, trat demgegenüber zurück.

Wie die Arbeiter, so wurden die Bauern in einer Monopolorganisation zusammengefaßt. Anstelle der verschiedenen agrarischen Interessenverbände trat unter Darré[17]), der als Nachfolger des schon im Juni 1933 aus dem Kabinett ausgeschiedenen Hugenberg[18]) das Landwirtschaftsministerium übernahm, der »Reichsnährstand«. Mit seinen drei Hauptverwaltungen »Der Mensch«, »Der Hof« und »Der Markt« versuchte er das ganze bäuerliche Leben vom Bauernkalender und der Pflege des Volkstums über die Betriebsführung und Rechtsordnung der Bauernwirtschaft bis zu den nationalökonomischen Fragen des Absatzes, der Marktordnung und der Preise zu lenken. In den jährlichen Erntedankfestkundgebungen auf dem Bückeberg, auf denen regelmäßig Hitler zu den Massen sprach, erhielt das Bauerntum vom Blut-und-Boden-Mythos der nationalsozialistischen Ideologie her unter den Berufsständen des deutschen Volkes eine völkisch verklärte Sonderstellung zugewiesen.

Weniger tiefgreifend als im Bereich der Arbeitnehmerorganisationen und der Landwirtschaft war die Gleichschaltung der Industrieverbände. Zwar wurden auch sie zu Zwangseinrichtungen umgestaltet und unter staatliche Aufsicht gestellt, aber sie vermochten es doch, ein erhebliches Maß an Selbstverwaltung zu bewahren mit vorherrschendem Einfluß der Großindustrie. In den ersten Monaten der »nationalen Revolution« waren allerdings die Industrieverbände mancherlei Willküreingriffen von seiten der revolutionären Kräfte in der NSDAP ausgesetzt. Aber anders, als es bei den Gewerkschaften der Fall war, konnten mit Hilfe des Staates solche Eingriffe im allgemeinen abgewehrt werden. Es war nur eine äußerliche Anpassung an die Ständeideologie der Partei, wenn der »Reichsverband der deutschen Industrie« sich im Jahre 1933 von innen heraus und nicht durch staatlichen Eingriff unter der Führung von Krupp in den »Reichsstand der deutschen Industrie« umwandelte. Unter Reichswirtschaftsminister Schacht wurde 1934 das industrielle Verbandswesen umfassend geregelt: in der »Reichsgruppe Industrie« — anstelle des »Reichsstandes« — und den ihr angehörenden Wirtschafts- und Fachgruppen behielt sich der Reichswirtschaftsminister das Ernennungs- und Aufsichtsrecht vor, aber weitgehend blieben die bisherigen Personen. Ein Beispiel hierfür aus dem Bereich der Schwerindustrie (nach Broszat): aus dem »Verein deutscher Eisen- und Stahlindustrieller« wurde die »Wirtschaftsgruppe Eisenschaffende Industrie«, aber die Führung unter Ernst Poensgen blieb die gleiche; ähnliches galt für die regionalen Untergruppen in diesem Industriebereich.

Die nationalsozialistische Gleichschaltung konnte unter dem Vorzeichen sehr unterschiedlicher gesellschaftlicher Leitbilder stehen. Die Gleichschaltung der Industrie vollzog sich als Kooperation mit dem Staat, der sich in Verfolg seiner Rüstungsinteressen darauf angewiesen sah, den Industrialisierungsprozeß zu fördern. Innerhalb der nationalsozialistischen Partei jedoch wurde wie schon in der Kampfzeit, so während der nationalsozialistischen Revolution die Idee eines berufsständischen Aufbaus der Wirtschaft mit Selbstverwaltung und korporativen Lenkungsvollmachten als Weg zur Überwindung des Klassenkampfes im Unterschied sowohl zum wirtschaftlichen Liberalismus als auch zu einer staatlich dirigierten Wirtschaft vertreten. So hatte ja auch das Parteiprogramm Art. 25 die Bildung von Stände- und Berufskammern gefordert. Ein »NS-Kampfbund für den gewerblichen Mittelstand« unter Theodor v. Renteln machte sich zum Vorkämpfer dieser Gedanken. Nach der Machtübernahme war es gleichzeitig mit dem SA-Terror gegen politische Gegner und dem NSBO-Terror gegen die Gewerkschaften auch im Bereich der mittelständischen Wirtschaft zu Willkürhandlungen gekommen. Eine Boykotthetze richtete sich unter antisemitischen, antikapitalistischen und antimarxistischen Parolen gegen jüdische Geschäfte, gegen Kaufhäuser und Konsumgenossenschaften. Als Ansätze zur ständischen Ordnung wurden am 3. und 4. Mai, d. h. unmittelbar nach der Auflösung der Gewerkschaften, ein »Reichsstand des deutschen Handels« und ein »Reichsstand des deutschen Handwerks« gegründet. Aber anders, als es Parteiprogramm und Propaganda versprochen hatten, wurden kleinere und mittlere Gewerbetreibende, Handwerker und Geschäftsleute keineswegs vom Regime besonders gefördert. Ein in Aussicht gestelltes Gesetz zum Schutz des Mittelstandes kam nicht zustande. Die mittelständischen Forderungen wurden durch Staat, Industrie und Arbeitsfront zurückgedrängt. Rudolf Heß mußte als Stellvertreter des Führers schon am 7. Juli 1933 den Mitgliedern der Partei im Widerspruch zum Parteiprogramm Art. 16 untersagen, weiter irgendwelche Aktionen gegen Warenhäuser zu unternehmen, und Robert Ley stellte sich schützend vor die Konsumvereine, nachdem diese der Arbeitsfront einverleibt worden waren[19]). Das Handwerk geriet, statt in einer ständischen Organisation korporative Selbstverwaltung zu erlangen, in Form einer obligatorischen Zunftverfassung unter die Aufsicht der staatlichen Wirtschaftsbürokratie. In einer Verordnung über den »vorläufigen Aufbau des deutschen Handwerks« vom 15. Juni 1934 wurde Zwangsmitgliedschaft und Führerprinzip für die öffentlich-rechtlichen Handwerkerinnungen eingeführt. Unter staatlicher Lenkung fand eine »Berufsbereinigung« statt, die dazu führte, daß bis zum Kriege über 10 % der Handwerksbetriebe schließen mußten. Auch gegen die »Überbesetzung des Einzelhandels« wurden Maßnahmen durchgeführt.

In den Zusammenhang dieser Maßnahmen gehört auch die Ausschaltung Gottfried Feders, des Wirtschaftstheoretikers der nationalsozialistischen Frühzeit, dem Hitler wegen seines Kampfes gegen die »Zinsknechtschaft« und wegen seiner Unterscheidung von »schaffendem und raffendem Kapital« Tribut gezollt hatte. Ende Juni 1933 als Staatssekretär in das Reichswirtschaftsministerium berufen, wo er unter Reichswirtschaftsminister Schmitt, dem Nachfolger Hugenbergs, ohne Einfluß blieb, wurde er unter dessen Nachfolger Schacht entlassen. Der Ständestaat hatte auch in der Schwerindustrie einen Anhänger, Fritz Thyssen, den Aufsichtsratsvorsitzenden der Vereinigten Stahlwerke. Von der katholischen Soziallehre herkommend, hatte er die Hitlerbewegung unterstützt, von der er sich die Verwirklichung des Ständestaates erhoffte. In Düsseldorf hatte er nach der Machtübernahme mit eigenen Mitteln ein »Institut für Ständewesen« errichtet, das zunächst mit Zustimmung der dortigen Parteiorgane und Hitlers den Ständegedanken propagierte. Aber nachdem Hitler die Verfechter ständischer Selbstverwaltung, die eine Zeitlang in der Auseinandersetzung mit dem sozialistischen Flügel der NSDAP dienlich gewesen waren, beiseite geschoben hatte, kehrte Thyssen in Absage an die Kriegspolitik Hitlers dem nationalsozialistischen Deutschland den Rücken und emigrierte 1939 in die Schweiz, dann nach Frankreich. Hier wurde er 1940 verhaftet und bis zum Kriegsende in einem Konzentrationslager festgehalten.

Man hat in der Literatur diesen Vorgang der Gleichschaltung seiner sozialen Konsequenzen wegen als eine soziale Revolution bezeichnet[20]). Die Anwendung dieses Begriffes mag insofern gerechtfertigt sein, als trotz Weiterbestehens der kapitalistischen Wirtschaft sich das ausschlaggebende Gewicht von den tradierten Führungsschichten der deutschen Gesellschaft in Industrie, Großlandwirtschaft, Bürokratie, Armee und Kirche auf die NS-Führung und den von ihr dirigierten Staat verlagerte. Insofern war der Prozeß der gesellschaftlichen Gleichschaltung zugleich ein Prozeß der sozialen Einebnung. Dies war vor allem ein Bewußtseinsvorgang. In dem von den Thesen der »Volksgemeinschaft«, des »Gemeinwohls« und der Überwindung von Standesdünkel und Klassenhaß erfüllten Klima des nationalsozialistischen Deutschland entstand in der Tat ein überkommene Vorurteile hinter sich lassendes Verhältnis der Angehörigen unterschiedlicher sozialer Schichten zueinander[21]).

Die Politik der Gleichschaltung griff auch nach den deutschen Volksgruppen im Ausland[22]). Diese arbeiteten in den einzelnen Ländern unter sehr verschiedenartigen geschichtlichen Voraussetzungen. Gab es im Baltikum homogene Gruppen von Deutschen, die auf eine lange gemeinsame Geschichte zurückblickten und sich trotz der durch Agrarreformen erlittenen Verluste eines erheblichen Maßes an Kulturautonomie erfreuten, so setzte sich das Deutschtum in Polen aus sehr unterschiedlichen Elementen in den ehemals russischen, österreichischen und deutschen Landesteilen zusammen. Das Sudetendeutschtum wiederum stand durch seinen Zusammenhang mit dem geschlossenen deutschen Siedlungskörper unter besonderen Bedingungen; es kam dahin, daß es sich weder als Minderheit noch als Volksgruppe, sondern als Teil der politischen deutschen Nation betrachtete. In Rumänien bestand zwischen dem auf kirchlichem Boden fest begründeten Deutschtum der lutherischen Siebenbürger Sachsen sowie der katholischen Banater Schwaben und dem sehr viel lockerer gefügten Deutschtum in der Bukowina und Dobrudscha ein erheblicher Gradunterschied in der volkstumspolitischen Aktivität. Bei allen Besonderheiten im einzelnen waren jedoch den verschiedenen deutschen Volksgruppen in Osteuropa einige Züge gemeinsam, die es verständlich machen, daß die nationalsozialistische Gleichschaltung auch außerhalb des deutschen politischen Machtbereiches gelang. Wenn es in diesen Volksgruppen Parteien gab, so trat vielfach deren Rivalität zurück hinter den gemeinsamen kulturpolitischen Aufgaben gegenüber der jeweiligen Staatsnation. Die Parteien standen in einigen Ländern auf dem Boden einer gemeinsamen deutschen Kulturorganisation. Der Gedanke der Volksgemeinschaft, den die Nationalsozialisten propagandistisch ausschlachteten, war hier gleichsam vorgeformt. Man mißtraute vielfach dem demokratischen Majoritätsprinzip der Gaststaaten, das zwar dem einzelnen bürgerliche Rechte gewährte, aber keine Sicherheit bot für das Fortbestehen der nationalen Minderheit als Volksgruppe. Dazu kam die Enttäuschung über die verhältnismäßig geringe Sicherheit, die durch die Minderheitenschutzverträge und die Völkerbundsgarantie den Volksgruppen in denjenigen Staaten zuteil geworden war, die eine bewußte Nationalisierungspolitik betrieben. Daher schaute man auf das wiedererstarkende Reich in der Hoffnung, daß es die Rolle einer Schutzmacht übernehmen könnte. Finanziell waren die deutschen Volksgruppen ohnehin auf die Unterstützung durch Deutschland angewiesen. Über den Verein für das Deutschtum im Ausland (VDA) flossen ihnen Förderungsmittel für Schulen, Theater, Presse und die politische Arbeit zu. Schließlich konnte die Tatsache, daß in Deutschland der Kampf gegen die Republik unter Berufung auf den Volksgedanken geführt worden war, nicht ohne Rückwirkung auf die Volksdeutschen bleiben; zu spät sollten sie erkennen, daß der Nationalsozialismus hinter einer Fassade von Volkstumsparolen im Grunde eher etatistisch dachte, und sie ahnten nicht, daß gerade im Zeichen des Hakenkreuzes die Losreißung des deutschen Volkstums in Osteuropa aus seinem Heimatboden beginnen sollte, um unter dem Zeichen von Hammer und Sichel weitergeführt zu werden.

Der VDA, dessen Präsident Geßler gewesen war, wurde 1933 als »Volksbund für das Deutschtum im Ausland« einem »Reichsführer« unterstellt, dem im Kärntner Volkstumskampf bewährten Hans Steinacher, bis auch dieser in einer weiteren Stufe der Gleichschaltung seines Amtes enthoben und schließlich die Arbeit dieser Organisation von der »Volksdeutschen Mittelstelle« der SS übernommen wurde. Die Unterstützungsgelder des Reiches flossen mehr und mehr nur den nationalsozialistischen Organisationen der Auslandsdeutschen zu. Der von Deutschland ausgeübte finanzielle Druck beschleunigte die Gleichschaltung. Die deutschen Volksgruppen verloren ihre Eigenständigkeit und gerieten unter das Kommando reichsdeutscher Parteistellen. Es gab allerdings einige klarblickende Sprecher des Auslandsdeutschtums wie den Deutschbalten Paul Schiemann, bis 1933 Führer der deutschen Fraktion im lettischen Parlament, die erkannten, daß der Selbstbehauptungskampf um Volksgruppenrechte die strenge Loyalität gegenüber dem Gastlande zur Voraussetzung hatte und daher mit dem Nationalsozialismus nicht vereinbar war. Angesichts der Tatsache jedoch, daß die Gleichschaltung der deutschen Volksgruppen außerhalb des politischen Machtbereiches des deutschen Staates trotz solcher Ausnahmen weitgehend gelang, wird man sich hüten müssen, in der Gleichschaltung der innerdeutschen Gesellschaft dem Moment des staatlichen Zwanges ein zu großes Gewicht beizulegen.

1) H. BUCHHEIM, »Gliederungen« u. »Angeschlossene Verbände« der NSDAP, in: Gutachten des Inst. f. Zeitgesch. 1 (1958). **2)** J. GOEBBELS, Vom Kaiserhof zur Reichskanzlei (1934), S. 298. **3)** Ursachen u. Folgen 9, Nr. 2264. **4)** GOEBBELS, S. 301. **5)** Schätzungen hierüber unterschiedlich bei H.-G. SCHUMANN, Nationalsozialismus u. Gewerkschaftsbewegung. Die Vernichtung der dt. Gewerkschaften u. der Aufbau der Dt. Arbeitsfront (1958), S. 66, u. G. BEIER, Das Lehrstück vom 1. u. 2. Mai 1933 (1975), S. 32. **6)** Schreiben des ADGB, Bundesvorstand, 5. 4. 1933 an den Reichspräsidenten in: G. BEIER, op. cit., S. 54 ff., als Dokument insofern aufschlußreich, als es einen Überblick über das Ausmaß der antigewerkschaftlichen Aktionen gibt; ADGB-Ortsausschuß Breslau an den Vizekanzler, 8. 3. 1933 in: Ursachen u. Folgen 9, Nr. 2262. **7)** Gewerkschaftszeitung, 25. 3. 1933. **8)** G. BEIER, op. cit. **9)** Text H.-G. SCHUMANN, op. cit., S. 166. **10)** J. GOEBBELS, op. cit., S. 297. **11)** Text nach G. BEIER, Zur Entstehung des Führerkreises der vereinigten Gewerkschaften Ende April 1933, in: Archiv f. Sozialgesch. 15 (1975). — An der Abfassung des Textes war der christliche Gewerkschaftler Jakob Kaiser maßgeblich beteiligt, abschwächende Korrekturen durch Wilhelm Leuschner. Beier stellt fest, daß sich im Führerkreis jene Gewerkschaftler trafen, die später maßgeblich an der Unterstützung des 20. Juli 1944 beteiligt waren. Dennoch läßt sich dieses Dokument kaum, wie es gelegentlich in der Literatur geschieht, als eine Bekundung von Widerstandswillen bezeichnen, wenn auch die Absicht, eine Einheitsgewerkschaft zu schaffen, den Plänen der NS-Führung widersprach. — H. MOMMSEN, Die dt. Gewerkschaften zwischen Anpassung u. Widerstand 1930—1944, in: H. O. VETTER (Hg.), Vom Sozialistengesetz zur Mitbestimmung (1975). **12)** Ursachen u. Folgen 9, Nr. 2270. **13)** RGBl. 1933 I, Nr. 52. **14)** Ursachen u. Folgen 9, Nr. 2281. **15)** RGBl. 1934 I, Nr. 7. **16)** Th. ESCHENBURG, Streiflichter zur Gesch. der Wahlen im Dritten Reich, Dokumentation, VfZG 3 (1955). **17)** Lit. zu Darré s. § 53, Anm. 4. **18)** A. RITTHALER, Eine Etappe auf Hitlers Weg zur ungeteilten Macht. Hugenbergs Rücktritt als Reichsminister. Dokumentation, VfZG 8 (1960). **19)** Zum Scheitern der Ständeideologie u. zur Zurückdrängung mittelständischer Interessen: A. SCHWEITZER, Big Business in the Third Reich (London 1964), Kap. 3—5; D. SCHOENBAUM, Die braune Revolution. Eine Sozialgesch. des Dritten Reiches (a. d. Amerik. 1970), Kap. 2 u. 4; M. BROSZAT, Der Staat Hitlers (Tb. [4]1974), S. 207 ff.; K. D. BRACHER / W. SAUER / G. SCHULZ, Die nat.soz. Machtergreifung ([2]1962), S. 634 ff.; M. SCHNELLER, Zwischen Romantik u. Faschismus (1970). Eine von Th. A. v. Renteln herausgebrachte, von mittelständischen Interessen bestimmte Schrift »Wirtschaftliches Sofortprogramm der NSDAP« ([2]1932) war schon am 8. Sept. 1932 vom Geschäftsführer des Reichsverbandes der dt. Industrie Jacob Herle einer scharfen Kritik unterzogen u. daraufhin auf Veranlassung Hitlers zurückgezogen worden; Text des Schreibens Herles bei D. STEGMANN, Zum Verhalten von Großindustrie u. Nat.soz. 1930—32, in: Arch. f. Soz. Gesch. 13 (1973), Nr. 10. — Ferner K. BLUDAU, Nat.soz. u. Genossenschaften (1968); H. UHLIG, Die Warenhäuser im Dritten Reich (1956). **20)** Dies geschah zuerst durch einen indischen Historiker: S. SURI, Nazism and social Change in Germany (Neu Delhi 1959). Er sprach von der verspäteten bürgerlichen Revolution, die unbeabsichtigt durch die Nat.soz. bewerkstelligt worden sei, indem sie die Alternativen, nämlich den Feudaladel u. die Organisationen der Arbeiterklassen, zerstörten. Infolgedessen sei als Ergebnis der NS-Herrschaft in Dtld. festzustellen, daß sie geholfen habe, »den Übergang Dtlds. von einem halbfeudalen in einen bürgerlichen Staat zu vollenden«. Ähnlich später R. DAHRENDORF, Gesellschaft u. Demokratie in Dtld. (1965) u. bes. D. SCHOENBAUM, Die braune Revolution (s. o.). Anschauliche Schilderung des Lebens im Dritten Reich bei R. GRUNBERGER, Das zwölfjährige Reich. Der Deutschen Alltag unter Hitler (a. d. Engl. 1971); § 51, Anm. 3. **21)** Das Phänomen sozialer Integration, das von den in Anm. 20 genannten Autoren als »braune Revolution« u. ä. beschrieben wird, findet von einem marxistischen Standpunkt her, der von der Fundamentalgegebenheit des Klassenkampfes ausgeht, eine andere Deutung. T. W. MASON, Arbeiterklasse und Volksgemeinschaft. Dok. u. Mat. z. dt. Arbeiterpolitik 1936—1939 (1975) stellt seine Analyse und Auswahldokumentation unter den Gesichtspunkt, daß die Vollbeschäftigung der Arbeiterschaft trotz der Zerschlagung ihrer Organisation eine Machtstellung gegeben habe, der gegenüber die Volksgemeinschaftsideologie nicht mehr ausreichte, um die Arbeiter bei der Stange zu halten; daher zweckkalkulierte Rücksichtnahme von seiten des Regimes und im Kriege Verzicht auf die totale Ausschöpfung und Mobilisierung aller Arbeitskräfte (vgl. dazu § 80). Verf. sieht hierin ein Zeichen der inneren Widersprüchlichkeit des Regimes. **22)** DW 397/104—113. M. BROSZAT / H. BUCHHEIM, Dt. Grenzgebiete — volksdt. Organisationen, in: Gutachten des Inst. f. Zeitgesch. 1 (1958); H.-A. JACOBSEN, Nat.soz. Außenpolitik 1933 bis 1938 (1968), Kap. IV; ders. (Hg.), Hans Steinacher. Bundesleiter des VDA 1933—1937. Erinnerungen u. Dokumente (1970); W. MIEGE, Das Dritte Reich u. die Dt. Volksgruppe in Rumänien 1933—1938 (1972). Zum Sudetendeutschtum vgl. § 68.

§ 58 Der SS-Staat

Wie das gesamte Leben von der nationalsozialistischen Bewegung durchtränkt wurde und dessen eigentümliche Färbung annahm, so wurden die Bewegung selber und weitgehend auch der Staat durchsetzt von den Einflüssen, die die SS unter Himmler in zunehmendem Maße zu gewinnen verstand. In der Geschichte der SS wiederholt sich zu verschiedenen Malen der Vorgang, daß sich kleinere zuverlässige, mit Sonderaufgaben betraute Kader aus einem größeren Verband herausbilden. Aus der persönlichen Leibwache Hitlers entwickelte sich die Schutzstaffel als allgemeine Polizei der Partei für die Gewährleistung von deren innerer und äußerer Sicherheit. Unter Himmler wuchs sie von 280 Mann im Jahre 1929 auf 50 000 im Jahre 1933. Nach der Machtergreifung wiederholte sich nun der frühere Vorgang: Aus Angehörigen der SS wurde unter Sepp Dietrich eine zahlenmäßig zunächst kleine Stabswache für Adolf Hitler gebildet. Diese entwickelte sich zur Leibstandarte, die im Kriege bis zur Divisionsstärke anwuchs. Daneben wurden als zuverlässige SS-Kerntruppen die »Bereitschaften« bzw. »Kasernierten Hundertschaften« geschaffen. Aus diesen »SS-Verfügungstruppen« entstand im Kriege die »Waffen-SS« als eine Wehrmacht neben der Wehrmacht. Sie zählte schließlich 950 000 Mann, darunter neben 300 000 Volksdeutschen 200 000 Ausländer. Neben den Verfügungstruppen entstanden als Sonderformationen für die Bewachung der Konzentrationslager die »SS-Totenkopfverbände«, die auf 40 000 Mann anwuchsen. Auch sie gehörten zur »Waffen-SS«. Die allgemeine SS verlor über dieser Bildung von Sonder- und Kernverbänden an Bedeutung. Aber ihr allgemeines Kennzeichen blieb die persönliche Bindung an den »Führer«.

Als Ergebnis des Röhm-Putsches 1934 gewann die SS Selbständigkeit gegenüber der SA. Von dieser Position aus gelang es Himmler im Juni 1936, die zur Reichsinstitution gemachte Gesamtpolizei in seine Hand zu bringen. Dazu gehörten die uniformierte Ordnungspolizei unter Kurt Daluege und, dem »Reichssicherheitshauptamt« unter Heydrich[1]), seit 1943 Kaltenbrunner unterstellt, die Sicherheitspolizei (d. h. Kriminalpolizei und Geheime Staatspolizei, Gestapo) und zur Beobachtung und Nachrichtenbeschaffung der Sicherheitsdienst (SD). Als »Reichsführer SS und Chef der deutschen Polizei im Reichsministerium des Innern« war Himmler dem Minister, als SS-Führer unmittelbar dem Parteiführer Hitler unterstellt. Das verlieh ihm ein vollkommenes Maß von Unabhängigkeit gegenüber dem Reichsinnenminister Frick, dessen Versuche, den Reichsführer und die SS unter seine Kontrolle zu bringen, scheiterten. Schließlich sollte im Jahre 1943 Frick selber von Himmler als Innenminister verdrängt werden. Die Polizei unter Führung der SS wurde zum Schnittpunkt der Bewegung und des Staates. Das offizielle Schema des Verhältnisses von Partei und Staat, wie es etwa Hitler auf den Reichsparteitagen verkündete, lautete, daß die Partei Richtung und Ziel bestimme und der Staat ausführe. In der eigentümlichen Verklammerung von SS und Polizei war dieses Schema jedoch durchbrochen, da dieser Verband zugleich der

Bewegung und dem Staat angehörte und doch nach beiden Richtungen hin unabhängig war bei ausschließlicher Bindung an den »Führer«. Bei den SS-Verfügungstruppen und Totenkopfverbänden wurde dies besonders deutlich: Sie wurden nicht wie die anderen Gliederungen der NSDAP vom Reichsschatzmeister zivilrechtlich und vom »Stellvertreter des Führers« Rudolf Heß politisch repräsentiert; ebensowenig aber waren die Polizei-SS der Verfügungsgewalt des Innenministers oder die militärischen Formationen der SS der Wehrmacht unterstellt. Gegen Ende des Krieges sollte sich im Verhältnis zur Wehrmacht als Krönung des SS-Staates eine ähnliche Entwicklung anbahnen wie im Verhältnis zwischen SS und Polizei: die Waffen-SS erschien als Kern des zukünftigen Heeres. Wie die Niederwerfung der SA 1934 für Himmler den Weg gebahnt hatte zur Übernahme der vollen Polizeigewalt, so sollte er nach dem Scheitern des Offiziers-Putsches vom 20. Juli 1944 das Kommando über das Ersatzheer erlangen.

Die SS erhielt im Herrschaftssystem des nationalsozialistischen Reiches ihre besondere Bedeutung dadurch, daß sie als Instrument des Führerwillens außerhalb staatlichrechtlicher Normen, aber auch außerhalb der Kontrolle der Partei stand. Da sie das charakteristischste Machtinstrument Hitlers war, läßt sich der Führerstaat als SS-Staat bezeichnen. Dieser Begriff darf freilich nicht dahin mißverstanden werden, als hätten es Himmler und die SS vermocht, alle Rivalen auszuschalten und unterhalb des Führerwillens den Staat zu beherrschen. Die staatliche Bürokratie und die Wehrmacht standen in natürlicher Spannung zum SS-Imperium. Besonders aber galt dies für die Parteiorganisation, die der SS immer mit größtem Mißtrauen gegenüberstand, und für deren einflußreichsten Kopf, Martin Bormann, der in der zweiten Kriegshälfte in dem Maße, wie die äußere Macht des Reiches schwand, mehr und mehr alle Kontakte Hitlers zur Umwelt kontrollierte. Der Begriff SS-Staat darf aber auch nicht so mißverstanden werden, als wenn die SS in sich selbst ein homogenes, geschlossenes, auf einheitliche Aufgaben ausgerichtetes Gebilde gewesen wäre. Denn sie begnügte sich keineswegs mit Sicherungsaufgaben nach innen und außen. Neben dem »Reichssicherheitshauptamt« stand das »SS-Rasse- und Siedlungshauptamt«[2]). Wenige Wochen vor Kriegsausbruch wurde Himmler »Reichskommissar für die Festigung des deutschen Volkstums« mit Weisungsbefugnis gegenüber anderen Partei- und Staatsbehörden. Die SS sah sich als ideologische und, wie sie meinte, biologische Elite der NS-Bewegung (verschärfter Ahnennachweis) in der Rolle einer Gralshüterin der Rasse. Die von der SS geleitete Gesellschaft »Ahnenerbe« betrieb Forschung auf vielerlei Gebieten, die als politisch ergiebig erschienen, so besonders nordisch-germanische Ur- und Frühgeschichte[3]). Die SS betrachtete als ihre besondere Domäne alle Fragen, die sich auf Bewahrung und Mehrung der Volkssubstanz bezogen, mit der zielbewußten Absicht, das »nordische« Element zu verstärken. In charakteristischer Überschneidung mit den Kompetenzen anderer Dienststellen wurde die SS maßgebend für Siedlung, für die Kontrolle der auslandsdeutschen Volksgruppen (»Volksdeutsche Mittelstelle«), für deren Rücksiedlung (»Leitstelle für Ein- und Rückwanderung«) und für die »Ausschaltung« volksfremder Bevölkerungsteile[4]) bzw. deren teilweise »Eindeutschung«. Man sprach von »Umvolkungspolitik« und wollte, wo es lohnend schien, den nichtdeutschen Blutsanteil »ausmendeln«[5]). Die Kartei der »Reichskommission für die Festigung des deutschen Volkstums« umfaßte »Millionen von Zetteln mit der Beschreibung von Rassemerkmalen, besonders der ›Umsiedler‹ und sog. Volksdeutschen, jede mit abgestufter Benotung der betreffenden Person je nach ihrer Eignung zur Nachzucht«[6]). Rassisch erwünschte Nachzucht der SS wurde durch den Verein »Lebensborn« gefördert[7]). Wir wissen aus Hitlers Tischgesprächen und aus Dokumenten, daß man in Planungen für die Nachkriegszeit zur Hebung der Geburtenrate nicht davor zurückschreckte, die Rechtsinstitution der Einehe anzutasten[8]). Die Kehrseite der Rassenzüchtung war mit einem nationalsozialistischen Lieblingswort die »Ausmerzung« der Unerwünschten.

Die SS hat auch hierin eine besonders ihr zukommende Aufgabe gesehen, und sie hat sie mit bürokratischer Gefühllosigkeit und unbarmherziger Konsequenz in ihrem System der Konzentrationslager durchgeführt (zuständig für diese: »Hauptamt Verwaltung und Wirtschaft«)[9]).

Die SS war ein sehr komplexes Gebilde, und ihre Mitglieder stellten keinen einheitlichen Typus dar. Man muß unterscheiden zwischen der allgemeinen SS als einer Art vornehmer SA, der Waffen-SS, die ursprünglich nur aus besonders zuverlässigen Freiwilligen bestand, aber deren Rekruten zuletzt ähnlich wie bei der Wehrmacht eingezogen wurden, und Polizeibeamten, die vom Beruf her den Übertritt zur SS vollzogen. Kriminelle Elemente fanden sich in den Kommandostellen und bei den Bewachungsmannschaften der KZ- und Vernichtungslager. Unter den begabten, oft aus gutbürgerlichem Hause stammenden, nicht selten akademisch gebildeten Mitarbeitern des Reichssicherheitshauptamtes gab es den Typus des Kriminellen aus ideologischer Besessenheit. Von den romantischen Ideologen des »Ordens« wurde der Nationalstaatsgedanke zugunsten einer übernational großgermanischen Reichsideologie aufgegeben. Übrigens schwor der SS-Mann seinen Treueid dem »Führer und Kanzler des Reiches«, nicht »des Deutschen Reiches und Volkes«, wie es im Soldateneid hieß[10]).

Himmler ist in den zehn Jahren von 1933 bis 1943 zu der nächst Hitler mächtigsten Person im nationalsozialistischen Staate geworden. Aber er besaß keinen irgendwie bestimmenden Einfluß auf den Willen Hitlers. Vergeblich wird man auch bei ihm nach einem originalen Gedanken suchen. Das Kennzeichnende seines Wesens war vielmehr die hemmungslose Konsequenz, mit der er die Grundideen Hitlers sich zu eigen machte: Raum für die Herrenrasse, Züchtung der Herrenrasse, Vernichtung der Juden. Sein pedantischer Eifer konnte ihn zu so abgeschmackten und lächerlichen Vorschlägen führen, wie sie sich in einem Brief an seinen Mitarbeiter Kaltenbrunner vom 21. Juli 1944 finden: Es empfehle sich, die in den Konzentrationslagern sitzenden »Ernsten Bibelforscher« für die Missionierung in den eroberten Ostgebieten anzusetzen, um die Russen durch Bekehrung zum Glauben der »Zeugen Jehovas« ebenso arbeitsam wie wehrunlustig zu machen, während er für die Mohammedaner der Sowjetunion als analoges Rezept die Bekehrung zum friedlichen Buddhismus vorschlug[11]). Man könnte sagen, daß Himmler die äußerste Steigerung der Hitlerschen Gedanken darstellt, sowohl in seinen rassischen Forderungen der Züchtung und Vernichtung wie in dem hybriden Instrumentalismus der Ideen, der über Religionen und Menschen einfach nach politischer Zweckmäßigkeit verfügen zu können glaubte, und schließlich in der Konsequenz von alledem, nämlich im Kampf gegen das Christentum. Himmler hat aus dem Quedlinburger Dom mit der Grabstätte König Heinrichs I. ein nationalkultisches SS-Heiligtum gemacht. Im Straßburger Dom hat er das Ewige Licht vor dem Altar ausgelöscht. Auch hier sollte eine nationale Kultstätte entstehen. Aber im Kampf gegen die Kirchen mußten Hitler und Himmler und der Nationalsozialismus insgesamt ihre Grenze erfahren.

DW 393/917. — Aus der SS-Lit.: G. d'ALQUEN, Die SS. Geschichte, Aufgabe u. Organisation der Schutzstaffeln der NSDAP, im Auftrage des Reichsführers der SS (1939); Zeitschrift »Das Schwarze Korps« (1935 ff.); H. HEIBER / Hildegard v. KOTZE (Hg.), Facsimile-Querschnitt durch das Schwarze Korps (1968); über Himmler s. § 52, Anm. 4. — Die Erforschung der SS begann mit einem eindrucksvollen Zeugnis eigener Konzentrationslager-Erfahrungen: E. KOGON, Der SS-Staat. Das System der dt. Konzentrationslager (1946, Tb. 1974). Gegen das von Kogon entworfene Bild der Herrschaft einer monolithischen, in sich einheitlichen SS über Deutschland u. das von ihm eroberte Europa wandten sich K. O. PAETEL, Die SS. Ein Beitrag zur Soziologie des Nat.soz., VfZG 2 (1954), und Ermenhild NEUSÜSS-HUNKEL, Die SS (1956). Beide Verf. erläuterten die Unterschiede zwischen den zahlreichen Gliederungen der SS u. betonten, daß die Beurteilung diesen Unterschieden Rechnung tragen müsse. Grundlegend sind die Arbeiten von H. BUCHHEIM, Die SS in der Verfassung des Dritten Reiches, VfZG 3 (1955);

ders., SS u. Polizei im NS-Staat (1964); ders., Die SS. Das Herrschaftsinstrument, Befehl und Gehorsam, in: H. BUCHHEIM / H.-A. JACOBSEN / H. KRAUSNICK, Anatomie des SS-Staates (Bd. 1, 1965). Gesamtdarstellung der SS: H. HÖHNE, Der Orden unter dem Totenkopf. Die Geschichte der SS (1967). Einzelaspekte: S. ARONSON, Reinhard Heydrich u. die Frühgeschichte von Gestapo u. SD (1971); E. GEORG, Die wirtschaftlichen Unternehmungen der SS (1963); G. H. STEIN, Geschichte der Waffen-SS (a. d. Amerik. 1967); G. PLUM, Staatspolizei u. innere Verwaltung 1934—1936. Dokumentation, VfZG 13 (1965); A. SCHICKEL, Wehrmacht u. SS, GWU 21 (1970). — Biographisches: L. DIELS, Lucifer ante portas. Es spricht der erste Chef der Gestapo (1950). Vom stellvertretenden US-Hauptankläger bei den Nürnberger Prozessen R. M. W. KEMPNER, SS im Kreuzverhör (Tb. 1965). Verf. gehörte seit 1925 dem preußischen Innenministerium an, wo er mit Erich Klausener das preuß. Polizeiverwaltungsgesetz schuf. Er trat vor 1933 mit Nachdruck für die Strafverfolgung u. Ausweisung Hitlers ein. Nach 1933 wurde er verhaftet und konnte nach der Entlassung in die USA entkommen.

1) Zu Heydrich neben ARONSON (s. o.) die treffende Skizze von J. FEST in ders., Das Gesicht des Dritten Reiches (1963). 2) H. GIES, Zur Entstehung des Rasse- u. Siedlungshauptamtes der SS, in: P. Kluke zum 60. Geburtstag (1968). 3) M. KATER, Das »Ahnenerbe« der SS 1935—1945. Ein Beitrag zur Kulturpolitik des Dritten Reiches (1974). 4) Verordnung Hitlers, 7. Dez. 1939, IMT Bd. 26, S. 255 ff.; vgl. BUCHHEIM, VfZG 3 (1955), S. 150. — R. L. KOEHL, RKFDV: German resettlement and population policy 1939—1945. A history of the Reich commission for the strengthening of Germandom (Cambridge 1957). 5) Belege bei BUCHHEIM, VfZG 3 (1955), S. 156. 6) G. RITTER, Wunschträume Heinrich Himmlers am 21. Juli 1944, GWU 5 (1954), S. 163. 7) M. u. Clarissa HILLEL, »Lebensborn e. V.« Im Namen einer Rasse (1975). 8) Denkschrift Bormanns, Führerhauptquartier 29. Januar 1944, engl. Übers. bei O. J. HALE, Hitler and the post-war German birthrate, an unpublished memorandum, Journ. Centr. Europ. Aff. 17 (1957). Vgl. Th. GROPPE, Dokumente u. Geschehen aus den 12 Jahren. Ein Kampf um Recht u. Sitte (1947); Verf. wandte sich als Divisionskommandeur gegen die SS-Anweisung vom 28. Okt. 1939 zur Zeugung unehelicher Kinder. Text S. 14 ff. (= Nürnb. Dok. PS-2825, IMT Bd. 31, S. 181 f.). 9) Zu den KZ vgl. vor allem: Studien zur Gesch. der Konzentrationslager (1970, Schriftenreihe der VfZG 21); ferner M. BROSZAT, Nat.soz. Konzentrationslager, in: Anatomie des SS-Staates, Bd. 2, u. E. KOGON, SS-Staat (s. o.); s. auch Lit. in § 78. 10) Text u. Gegenüberstellung des SS- u. des Soldateneides bei BUCHHEIM, Die SS, S. 191 f., 199. Der Eid der SS der »germanischen Länder« richtet sich an Hitler als »germanischen Führer«, H. D. LOOCK, Zur »Großgermanischen Politik« des Dritten Reiches, VfZG 8 (1960), S. 57, Anm. 102. 11) Veröff. von G. RITTER (s. o. Anm. 6); zahlr. abschreckende Beispiele für die abstrusen Rassen- u. Züchtungsideen Himmlers bei H. HEIBER (Hg.), Reichsführer! Briefe an und von Himmler (1968).

§ 59 Nationalsozialistische Wirtschaftspolitik

Wenn die Gleichschaltung des deutschen Lebens durch den Führerstaat es tatsächlich zuwege brachte, das Volk in seiner Mehrheit wenn nicht innerlich zu überzeugen, so doch jedenfalls dahin zu bringen, daß es das neue Regime gewähren ließ, daß es ihm eine Chance zubilligte und sich ihm in der Mehrheit konformistisch ein- und unterordnete, so lag das entscheidende Argument in den Erfolgen der nationalsozialistischen Wirtschaftspolitik. Es kam den Nationalsozialisten zugute, daß sie in dem Augenblick zur Macht gelangten, in dem die Wirtschaftskrise bereits im Abklingen war (vgl. § 49). Wie die Arbeitslosigkeit und das Wirtschaftselend in den Jahren 1931/32 in Deutschland nur ein Teilaspekt einer allgemeinen Welterscheinung waren, so hat auch der wirtschaftliche Aufschwung Deutschlands nach 1933 gewisse Entsprechungen in anderen von der Wirtschaftskrise betroffenen Ländern. Im Jahre 1929 betrug die Weltproduktion von Stahl 129 Millionen Tonnen, 1932 war sie auf 50 Millionen gesunken, aber 1935 hatte sie die alte Höhe mit 122 Millionen Tonnen fast wieder erreicht. Zur Bekämpfung der Wirtschaftskrise wurden in den wichtigsten Industrieländern typische, einander verwandte Maßnahmen ergriffen. England ging schon 1930 vom Goldstandard ab, die meisten anderen Länder folgten. Auf der Reichskonferenz von Ottawa 1932 gewährten die Mitgliedstaaten des Commonwealth sich als Maßnahme protektionistischer Wirtschaftspolitik gegenseitig Vorzugszölle. Die Landwirtschaft wurde in England ebenso wie in Frankreich und Italien mit einem besonderen Zollschutz versehen. In den Vereinigten Staaten führte entgegen der amerikanischen Wirtschaftstradition der 1932 gewählte Präsident Roosevelt eine energische staatliche Wirtschaftstätigkeit ein, die in erster Linie den Zweck hatte, die Arbeitslosigkeit zu beseitigen. Staatliche Arbeitsbeschaffung, Geldschöpfung, hohe Landwirtschaftszölle und protektionistische Außenhandelspolitik gehören auch zu den Kennzeichen der nationalsozialistischen Wirtschaftspolitik.

Schon Brüning hatte geplant, nach der Durststrecke der Deflation dem erwarteten wirtschaftlichen Wiederaufstieg durch staatliche Arbeitsbeschaffung einen zusätzlichen Impuls zu geben. Papen betrieb eine antizyklische Konjunkturpolitik. An das unter Schleicher entwickelte Programm zur staatlichen Arbeitsbeschaffung knüpften die Nationalsozialisten an. Sie erweiterten es und setzten die ganze Energie ihrer Bewegung zum Kampf gegen die Arbeitslosigkeit ein. Sie förderten vor allem solche öffentlichen Arbeiten, die Menschenkraft erforderten, wie Straßenbau, Autobahnbau, Landmeliorationen, Flugplatzanlagen, Kasernenbauten. Bei der Vergabe von Staatsaufträgen galt zunächst der Grundsatz, daß maschinelle Hilfsmittel nur benutzt werden durften, wo sie völlig unerläßlich waren. So verfügte ein Runderlaß der preußischen Regierung, daß beim Straßenbau dem Handsteinschlag der Vorzug zu geben sei vor dem Maschinensteinschlag. In der chemisch-pharmazeutischen Glasindustrie wurde die Aufstellung neuer Maschinen untersagt, wenn hierdurch menschliche Glasbläser überflüssig würden. So wurde für einen Augenblick der Rationalisierungsprozeß der Technik im Interesse der Arbeitsbeschaffung angehalten. Durch Ehestandsdarlehen, die mit ihrem bevölkerungs- auch einen wirtschaftspolitischen Zweck verbanden, sollten Frauen vom Arbeitsmarkt weggezogen werden. Auch die am 26. Juni 1935 eingeführte sechsmonatige Arbeitsdienstpflicht für Jungen und Mädchen[1]) wirkte sich neben ihrem ideologischen Erziehungszweck (vgl. S. 394 u. S. 423) zunächst als eine Maßnahme gegen die Arbeitslosigkeit aus. Dazu kam der schnelle Ausbau der Wehrmacht mit der einjährigen Dienstpflicht am 16. März 1935, der zweijährigen am 24. August 1936[2]). Die Arbeitslosigkeit sank infolge der allgemeinen wirtschaftlichen Erholung und dieser Maßnahmen bereits in den beiden ersten Jahren der NS-Herrschaft von 6 auf 3 Millionen; nach einem weiteren halben Jahr betrug sie einschließlich des Saargebietes nur noch 1,7 Millionen, um bis zum Vorabend des Krieges praktisch ganz zu verschwinden.

Die staatliche Wirtschaftsförderung in Deutschland unterschied sich von der in vergleichbaren westlichen Industrieländern sowohl durch ihr finanzielles Volumen als auch durch ihre Zwecksetzung. Vom Volkseinkommen wurden für Staatsausgaben im Jahre 1938 in Anspruch genommen: in Deutschland 35 %, Frankreich 30 %, Großbritannien 23,8 %, USA 10,7 %. Dabei beanspruchte die Aufrüstung einen in den Jahren vor dem Kriege seit 1934 ständig wachsenden, schließlich alle anderen Staatsausgaben weit überholenden Anteil unter Vernachlässigung ziviler Staatsausgaben wie etwa des Wohnungsbaues.

Für die Finanzierung der Staatsaufträge entwickelte der Reichsbankpräsident Schacht, der nach dem Rücktritt Luthers im März 1933 dieses Amt erneut übernahm, ein besonderes System[4]). Bei der Finanz- und Wirtschaftslage des Reiches fielen in der Anlaufzeit inländische und ausländische Anleihen aus. Die Steuern wurden nicht erhöht mit Ausnahme der Körperschaftssteuer. Deren Anhebung hatte den Zweck, einen Teil der Konjunkturgewinne der Kapitalgesellschaften abzuschöpfen unter Begünstigung der Eigentümerfirmen. Auch die Schaffung von Geld durch Notendruck verbot sich nach den Erfahrungen der Inflation und der aus einer solchen Maßnahme zu erwartenden Vertrauenseinbuße. Schacht beschritt den Weg der Finanzierung durch Handelswechsel. Auf eine sogenannte Metallforschungs-GmbH (Mefo), die mit geringem Kapital ausgestattet wurde, konnten von den Lieferanten des Staates Wechsel gezogen werden. Die Akzepte der Mefo wurden durch das Reich gegenüber der Reichsbank garantiert. Ihre Laufzeit betrug fünf Jahre. Die Reichsbank verpflichtete sich zur Diskontierung. Wie jeder Wechsel, so bedeuteten auch diese durch Reichsbankdiskont gesicherten Mefowechsel eine Mobilisierung von Zahlungsmitteln, die sonst brachgelegen hätten und jetzt der Arbeitsbeschaffung zugute kamen. Auf der anderen Seite legt der Wechsel demjenigen, der ihn garantiert, eine strenge Zahlungsverpflichtung auf. Die Mefowechselschöpfung mußte sich mit Schachts eigenen Worten »im Rahmen dessen halten, was der Markt an kurzfristigen Geldbeständen hergeben konnte ... Nach fünf Jahren mußte die Rückzahlung der Mefowechsel beginnen, und die dafür erforderlichen Beträge gingen dem Budget verloren, mußten also auf anderen Aufgabengebieten ausfallen.«[5]) 1938 hatten diese Wechsel mit 12 Milliarden Reichsmark ihren Höchstbestand erreicht. Die Finanzierung der Reichsausgaben erfolgte aber nicht nur auf diesem Wege. Die Steuereinnahmen des Reiches nahmen mit wachsender Konjunktur zu. Dennoch steigerten sich die Fehlbeträge im Haushalt von 2,4 Milliarden im Jahre 1933 auf 10,5 Milliarden im Jahre 1938. Nach den ersten Jahren der wirtschaftlichen Erholung wurden seit 1935 langfristige Reichsanleihen aufgelegt, die bis 1938 eine Summe von 8 Milliarden erreichten. Die gesamte lang- und kurzfristige Reichsverschuldung (Mefowechsel, Schatzanweisungen u. a.) stieg von 12,9 Milliarden im Jahre 1933 auf 31,5 Milliarden 1938. Das war ein gefährlicher Weg, denn er bedeutete, daß das Reich sich finanziell übernahm. Tatsächlich hat sich die Finanzierung der deutschen Wirtschaft nicht in den Grenzen gehalten, die ihr Schacht setzen wollte. Schacht hat für zwei Jahre von 1934 bis 1936 auch das Amt des Wirtschaftsministers bekleidet, trat aber dann wegen seiner Kritik am Vierjahresplan zurück.

Reichsausgaben (in Mrd. RM)	1928	1932	1933	1934	1935	1936	1937	1938[3])
Rüstung	0,8	0,6	0,7	3,3	5,2	9,0	10,9	15,5
Sonstige	9,5	5,0	5,6	5,9	7,3	7,9	9,5	10,7
davon für Wohnungsbau	1,3	0,15	0,18	0,27	0,22	0,17	0,2	0,25

Die Schuldenwirtschaft des Reiches zugunsten einer überzogenen Aufrüstung führte im Jahre 1936 auch zum Bruch zwischen Hitler und der späteren Zentralfigur des politischen Widerstandes, dem Leipziger Oberbürgermeister Goerdeler. Goerdeler befürwortete eine Deflationspolitik. Unter Brüning war er nach Austritt aus der Deutschnationalen Volkspartei als Reichskommissar für Preisüberwachung tätig gewesen. Hitler berief ihn im November 1934 in das gleiche Amt, das er bis Mitte 1935 innehatte. In Schacht und Goerdeler waren zwei einander entgegengesetzte wirtschaftspolitische Tendenzen verkörpert: Wirtschaftsankurbelung durch deficit-spending oder durch Preis- und Lohnkostensenkung und Haushaltsausgleich. Die nationalsozialistische Wirtschaftspolitik in der Ära Schacht war eine teilweise Kombination von beiden, nämlich Arbeitsbeschaffung durch hohe staatliche Kreditschöpfung bei einem gleichzeitigen Einfrieren von Preisen und Löhnen etwa auf dem Niveau von 1932. Beide, Schacht wie Goerdeler, setzten sich mit Entschiedenheit für die deutsche Wiederaufrüstung als Instrument einer nationalen Revisionspolitik ein. Aber beide sahen, daß der

Wiederaufrüstung wirtschaftliche Grenzen gesetzt waren. Goerdeler befürwortete eine verstärkte staatliche Förderung von Stadtrand- und Kleinsiedlung. Als er nun in einer Denkschrift vom September 1936 seiner Skepsis gegenüber einer zu sehr beschleunigten Aufrüstung dadurch Ausdruck verlieh, daß er den hierfür zu verantwortenden jährlichen Betrag mit nicht mehr als 1—2 Milliarden RM angab, trennten sich die Wege zwischen ihm und Hitler[6]). Schacht forderte vergeblich die Wiedereinsetzung Goerdelers als Preiskommissar.

Der Nachfolger Schachts als Reichswirtschaftsminister wurde 1936 Walter Funk, von Haus aus Wirtschaftsjournalist und seit 1932 Vorsitzender der Kommission für Wirtschaftspolitik der NSDAP. Er erklärte, daß das Reich die Mefowechsel nicht einlösen, sondern der Reichsbank statt dessen langfristige Reichsschuldverschreibungen geben werde. Hierzu sagt Schacht: »Das war etwas Ungeheuerliches. Die Wechselunterschrift des Reiches wurde nicht honoriert, und zwar nicht etwa, weil das Reich zahlungsunfähig gewesen wäre, sondern weil das Reich es vorzog, sein Geld für andere Ausgaben, nämlich für die Rüstung, zu verwenden. Das war nicht Unfähigkeit oder Fahrlässigkeit, das war böswilliger Betrug. Dieser Betrug, wenn er Wahrheit werden würde, bedeutete nicht nur eine Täuschung der Reichsbank, sondern auch eine Gefährdung der Währung, die die Reichsbank im Interesse des deutschen Volkes zu schützen hatte. Damit war für das Reichsbankdirektorium das Signal zum äußersten Widerstand gegeben.«[7]) Das Reichsbankdirektorium sprach in einer Eingabe an Hitler vom 7. Januar 1939 eine deutliche und mutige Warnung aus gegen die »hemmungslose Ausgabewirtschaft der öffentlichen Hand«, der Einhalt geboten werden müsse im Interesse der Währungsstabilität wie der sozialen Erfordernisse der Bevölkerung[8]). Hitler sah hierin Meuterei und entließ Schacht nun auch aus dem Amt des Reichsbankpräsidenten. Sein Nachfolger als Reichsbankpräsident, wie vorher als Reichswirtschaftsminister, wurde Walter Funk. Die Rotation der Notenpresse begann. Der Zeitpunkt des Bruches zwischen Hitler und Schacht liegt nach dem Anschluß Österreichs und vor der Besetzung der restlichen Tschechoslowakei, dem Beginn der unmittelbaren Kriegspolitik Hitlers. Die Zielsetzungen Schachts waren bürgerlich-nationalstaatlich. Als eine der Hauptfiguren der Harzburger Front hatte er sich im Sommer 1932 Hitler angeboten. Das Verhältnis dieses genialen Finanztechnikers zu Hitler ist typisch für das nationalbürgerliche Mißverstehen des Nationalsozialismus. Hier liegt eine klare Mitverantwortung Schachts. Aber er hat dann, als der unüberbrückbare Gegensatz deutlich wurde, Widerstand geleistet.

Die Reichsbank wurde nach dem Rücktritt Schachts dem Führerprinzip unterworfen und ihr die Verpflichtung auferlegt, dem Reich Kredite in jeder von Hitler gewünschten Höhe zu geben. Man kann das Finanzierungsproblem und seine Konsequenzen auch so ausdrücken: Es war möglich, die Wirtschaft durch kontrollierte Zahlungsmittelbeschaffung (Wechsel oder Noten) in dem Maße anzukurbeln, wie hierdurch unausgeschöpfte Produktionsreserven aktiviert und durch Güterproduktion Gegenwerte für die neuen Zahlungsmittel geschaffen wurden. Die Aufrüstung aber war unproduktiv. Wenn durch sie das Gefüge der Wirtschaft nicht aus dem Gleichgewicht gebracht werden sollte, mußte sie sich in bestimmten Grenzen halten. Hitler hat die Folgen einer wirtschaftlich überzogenen Aufrüstung deutlich gesehen. Am 5. November 1937 erklärte er (Hoßbach-Protokoll): »Auf der einen Seite die große Wehrmacht mit der Notwendigkeit der Sicherstellung ihrer Unterhaltung, auf der anderen Seite die Aussicht auf Senkung des Lebensstandards und Geburteneinschränkung ließen keine andere Wahl als zu handeln . . . Entschluß: spätestens 1943/45 die deutsche Raumfrage zu lösen.«[9])

Von der Raumgewinnung im Osten erwartete Hitler die Bildung eines autarken Großwirtschaftsraumes. Im Unterschied zu der hier erhofften bäuerlichen Siedlung großen Umfanges war die Möglichkeit zur Binnensiedlung in Deutschland nur gering. So stand die deutsche innere Agrarpolitik unter dem vorläufigen Ziel einer möglichst hohen Selbstversorgung im Interesse der Rüstungswirtschaft und im Hinblick auf den zukünftigen Krieg. Der Agrarprotektionismus der nationalsozialistischen Wirtschaftspolitik lag in der Linie von Zielsetzungen, wie sie die landwirtschaftlichen Verbände seit der Zeit der Hochindustrialisierung verfolgt hatten. Die neue straffe Organisation der agrarischen Interessen im »Reichsnährstand« unter dem »Reichsbauernführer« Walter Darré diente diesen wirtschaftlichen Zwecken. Sie war dabei zugleich geleitet von der volkspolitischen Vorstellung der Erhaltung und Mehrung einer breiten mittleren Bauernschicht. Die nationalsozialistische Agrarpolitik brachte stabile Preise, Entschuldung des bäuerlichen Besitzes und eine Stabilisierung der mittleren bäuerlichen Besitzverhältnisse durch das Reichserbhofgesetz vom 29. September 1933[10]). Die Erbhöfe in Größe von 7,5 bis 125 ha konnten hinfort weder durch Hypotheken belastet noch im Erbgang geteilt, noch auch veräußert werden, und die Rechte der Miterben beschränkten sich auf Berufsausbildung, Ausstattung und Heimatzuflucht. Die landwirtschaftliche Produktion wurde durch die Zuweisung von Anbaukontingenten gesteuert. Die NS-Agrarpolitik erreichte in erheblichem Umfange ihr Ziel. Trotz Schmälerung der landwirtschaftlichen Nutzfläche um mehr als 700 000 ha durch Autobahnen, Westwall, Truppenübungsplätze und Flugplätze und trotz Bevölkerungswachstum stieg der Anteil der deutschen Landwirtschaft an der Versorgung des deutschen Volkes von 75 % im Jahre 1932 auf 81 % im Jahre 1937. Die stabilisierte Rentabilität der Landwirtschaft führte dazu, daß weniger Land für die Siedlung angeboten wurde als früher. Der wachsende Arbeitskräftebedarf in der Industrie dämpfte zudem die Nachfrage nach bäuerlichem Siedlungsland. Im Ergebnis war daher die Binnensiedlung in der nationalsozialistischen Zeit trotz aller Blut- und Bodenromantik, wie sie Darré propagierte, geringer an Umfang als unter der geschmähten Weimarer Republik: 20 748 neue Siedlerstellen mit 325 611 ha in den Jahren 1933 bis 1938 gegenüber 38 771 Stellen mit 429 934 ha in den Jahren 1927 bis 1932[11]).

Auch die Handelspolitik war von dem Bestreben geleitet, die Abhängigkeit von der Weltwirtschaft möglichst zu mindern. Dieses Bestreben ergab sich für Deutschland ebenso wie für andere Industrieländer aus der Tatsache der Weltwirtschaftskrise. Die plötzliche Abberufung von kurzfristigen Auslandsanleihen hatte sich für Deutschland besonders verhängnisvoll ausgewirkt. Daher wurde, nachdem die Reparationen bereits 1932 liquidiert worden waren, unter Hitler für private Auslandsschulden die Möglichkeit der Transferierung aufgehoben. Bei einer zentralen Clearing-Stelle in Berlin wurden für die ausländischen Gläubiger Reichsmarkkonten angelegt und der gesamte Devisenverkehr einer strengen Bewirtschaftung unterworfen. Ausländische Zahlungsmittel durften ausschließlich für Rohstoffe und in dem notwendigen Umfange für Lebensmittel verwendet werden. Insgesamt gelang es, die deutsche Handelsbilanz bei gesunkenem Anteil am sich wiederbelebenden Welthandel (1929 9,9 %, 1936 6,8 %) einigermaßen ausgeglichen zu halten mit einem Ausfuhrüberschuß von 1,5 Milliarden RM in der Bilanz der Jahre 1933 bis 1939. Zweiseitige Handelsverträge wurden vor allem mit den Südoststaaten abgeschlossen auf der Basis von Ware gegen Ware[12]). Der Gesichtspunkt der Wirtschaftlichkeit trat bei Import und Export zurück. Dumping-Methoden wurden angewendet, um Devisen zu erlangen, und bei deren Verausgabung zum Ankauf der notwendigen Rohstoffe traten Preiserwägungen ebenfalls zurück. Der von Schacht 1934 entwickelte »Neue Plan« war auf der Voraussetzung aufgebaut, daß die ausländischen Lieferanten für die anfallenden Reichsmarkkonten eine freie Verwendungsmöglichkeit fänden zum Einkauf von Waren in Deutschland bei einem reichen und vielfältigen Angebot auf dem deutschen Markt und bei Sicherstellung der deutschen Lieferfähigkeit. Diese Voraussetzungen waren nicht mehr gegeben, als durch die Steigerung der Rüstung ein immer größerer Teil der deutschen Produktionskapazität in Anspruch genommen wurde. Eine weitere Voraussetzung für das Funktionieren des Außenhandels auf der Basis des Clearing war die Wertstabilität der Mark. Diese wurde durch die Ingangsetzung der Notenpresse 1939 gefährdet.

Mit besonderem Nachdruck wurde die heimische Gewinnung der industriellen Grundrohstoffe Kohle und Eisen gesteigert. Die Kohlenförderung stieg von 1933: 109,7 Millionen t auf 1938: 186,4 Millionen t (einschließlich Saarland und Österreich). Die Eisenerzgewinnung betrug 1932: 2,6 Millionen t, 1938: 15 Millionen t. Hierbei wurde von Reichs wegen unter Außerachtlassen von Rentabilitätsbedenken die Verhüttung auch minderwertiger Erze in Angriff genommen. Die Reichswerke Hermann Göring, die diesem Zwecke dienten, entwickelten sich zu einem der größten Industrieunternehmen Deutschlands. Dazu kam die Entwicklung neuer Rohstoffe wie Buna und die Gewinnung von Brennstoffen durch Kohlehydrierung. Der industriellen Entwicklung gab Hitler in einem »Vierjahresplan« eine bestimmte Zielsetzung[13]). Für die Gegenwart sah er in seiner im Sommer 1936 verfaßten Denkschrift nur eine »vorübergehende Entlastung« vor und betonte die Notwendigkeit, »Opfer auf dem Gebiet der Ernährung« zu bringen, aber er versprach »für die Zukunft eine endgültige Lösung ... in einer Erweiterung des Lebensraumes bzw. der Rohstoff- und Ernährungsbasis unseres Volkes«. Dieses Zukunftsziel erlaubte es nicht, Devisen für die Hebung des gegenwärtigen Lebensstandards zu verwenden. Die Denkschrift schloß mit den Worten: »Ich stelle damit folgende Aufgabe: 1. die deutsche Armee muß in vier Jahren einsatzfähig sein; 2. die deutsche Wirtschaft muß in vier Jahren kriegsfähig sein.« Bemerkenswert ist der Unterschied im Tenor dieser geheimen Denkschrift gegenüber der Proklamation des Wirtschaftsprogramms auf dem Parteitag am 9. September 1936. Darin hieß es: »Der Neuaufbau dieser großen deutschen Rohstoffindustrie wird auch die nach Abschluß der Rüstung freiwerdenden Menschenmassen nationalökonomisch nützlich beschäftigen«; es stellte in Aussicht, »die aus unserm Export stammenden Eingänge in erster Linie für die Lebensmittelversorgung bzw. für die Versorgung mit den uns dann noch fehlenden Rohstoffen zu reservieren«. In Wirklichkeit ging es mit den Worten der Denkschrift darum, »den Krieg im Frieden vorzubereiten«. Mit dieser Aufgabe, die »mit derselben Entschlossenheit eines Krieges anzufassen und durchzuführen« sei, wurde Göring als »Beauftragter für den Vierjahresplan« betraut. Er stand in scharfem Gegensatz zu Schacht, der damals aus der wirtschaftspolitischen Führung des Reiches ausschied. Göring legte seine Auffassung über die Durchführung des Vierjahresplans in einer Rede vom 17. Dezember 1936 dar: »Die Auseinandersetzung, der wir entgegengehen, verlangt ein riesiges Ausmaß von Leistungsfähigkeit. Es ist kein Ende der Aufrüstung abzusehen. Allein entscheidend ist hier der Sieg oder Untergang. Wenn wir siegen, wird die Wirtschaft genug entschädigt werden. Man kann sich hier nicht richten nach buchmäßiger Gewinnrechnung, sondern nur nach den Bedürfnissen der Politik. Es darf nicht kalkuliert werden, was kostet es. Ich verlange, daß Sie alles tun und beweisen, daß Ihnen ein Teil des Volksvermögens anvertraut ist. Ob sich in jedem Fall die Neuanlagen abschreiben lassen, ist völlig gleichgültig. Wir spielen jetzt um den höchsten Einsatz. Was würde sich wohl mehr lohnen, als Aufträge für die Aufrüstung?« Göring schloß seine Rede mit der Erklärung, daß sich jetzt schon die letzten Auseinandersetzungen ankündigten: »Wir stehen bereits in der Mobilmachung, es wird nur noch nicht geschossen.«[14]) Es scheint, daß bei dieser Rede die »führenden Männer der gesamten deutschen Industrie und Wirtschaft, insgesamt ungefähr 100 Personen«, anwesend waren[15]).

Wie gestaltete sich im Zeichen dieser Rüstungspolitik und ihrer Zielsetzungen das Verhältnis zwischen dem nationalsozialistischen Regime und der deutschen Industrie?

Der Vierjahresplan ist ein Wendepunkt. Er wurde in einem Augenblick ins Werk gesetzt, als diese Beziehungen kritisch geworden waren. Der Rücktritt Schachts vom Amt des Reichswirtschaftsministers und die Zurückweisung der Vorschläge des in der Wirtschaft hoch angesehenen Goerdeler durch Hitler und Göring sind Anzeichen hierfür. Im Sommer 1932 hatte ein Devisendefizit von einer halben Milliarde RM bestanden, und Teile der Industrie waren wegen Rohstoffmangels nicht in der Lage gewesen, ihre Kapazität voll auszunutzen. Wie sollte man der Rohstoff- und Devisenprobleme Herr werden? Sollte man, wie es Schacht und Goerdeler wollten, unter Absage an Autarkievorstellungen den Ausweg in einer verstärkten Pflege des Außenhandels, also in einer Wiedereingliederung Deutschlands in die Weltwirtschaft suchen unter Verlangsamung des Tempos der Aufrüstung, und das hieß in der Konsequenz, unter Verzicht auch auf den von Hitler jetzt direkt anvisierten Eroberungskrieg? Oder sollten, wie Hitler, Göring und Blomberg es wollten, unter Verzicht auf Wirtschaftlichkeit bei absolutem Vorrang der Aufrüstung einheimische eisenarme Erzlager, die bisher von der Privatwirtschaft vernachlässigt worden waren, ausgebeutet und die Produktion von Ersatzstoffen mit dem Ziel der Rohstoffautarkie vorangetrieben werden? In der Denkschrift Hitlers zum Vierjahresplan wurden massive Drohungen gegen die Privatwirtschaft erhoben. Gegenüber der zögernden, teils widerstrebenden (Poensgen, Vereinigte Stahlwerke; Reusch, Gutehoffnungshütte), teils zustimmenden (Röchling-Werke; Mannesmann-Konzern) privaten Eisenindustrie kündigte Göring im Juli 1937 die Gründung der reichseigenen »A. G. für Erzbergbau und Eisenhütten Hermann Göring« an, die die Förderung und Verhüttung von Erzen mit Schwerpunkt um Salzgitter vorsah. Im Endergebnis arrangierten sich die Widerstrebenden und beteiligten sich gegen ihre eigenen Interessen an deren Aufbau. Hierzu Petzina, dem wir die eingehendste Analyse des Vierjahresplans verdanken: Hitler und Göring hätten notfalls nicht gezögert, »den schon mit der Gründung der Reichswerke eingeleiteten staatskapitalistischen Wirtschaftskurs weiter zu intensivieren. Derartige Befürchtungen und die Angst der einzelnen Unternehmen, bei weiterer Ablehnung nicht am Aufbau des Reichswerke-Konzerns zu partizipieren, entschieden den internen Konflikt der Eisen- und Stahlindustrie letztlich im Sinne Görings. Die bisher so einflußreiche Schwerindustrie war nicht mehr in der Lage, gemeinsam den staatskapitalistischen Ansprüchen des Vierjahresplans Paroli zu bieten, und fand sich mit den ›Realitäten‹ ab. Trotz dieses Ergebnisses bleibt der Streit bemerkenswert genug, da er deutlich macht, daß sich privatindustrielle Interessen nicht automatisch mit den Interessen des Regimes deckten und im Konfliktfall das Regime sich nicht scheute, seine Ziele auch gegen den Widerstand von Teilen der Schwerindustrie zu verwirklichen.«[16])

Im Unterschied zur Eisenindustrie, die bisher der Hauptträger der Rüstungswirtschaft gewesen war, gewann die Großchemie an Bedeutung. Die IG-Farbenindustrie, in der die Verfahren zur Kohleverflüssigung und zur Herstellung von Buna und anderen kriegswichtigen Ersatzstoffen entwickelt worden waren, besaß ein unmittelbares wirtschaftliches Interesse an dem Ausbau dieser Produktionszweige. Schon im Dezember 1933 war zwischen dem Reich und der IG-Farben der sogenannte »Benzinvertrag« abgeschlossen worden, der die Erstellung leistungsfähiger Anlagen für die Kohleverflüssigung und den Absatz auf viele Jahre garantierte. Auf der staatlichen Seite besaß hieran Göring das stärkste Interesse wegen des Aufbaues der Luftwaffe. Unter Göring als dem Bevollmächtigten Hitlers wurden in der leitenden Behörde des Vierjahresplans der IG-Farben-Direktor Carl Krauch und neben ihm zahlreiche Angehörige des Konzerns tätig. Carl Krauch lebte in der Vorstellung einer besonders nach Südosteuropa gerichteten deutschen Wirtschafts- und Machtexpansion. In einer Rede vor dem Generalrat des Vierjahresplans am 28. April 1939 berichtete er über die Produktions- und Rohstofflage auf dem Gebiete der Chemie. Die »offene Einkreisungspolitik der Gegner« erzwinge die Mobilisierung aller wirtschaftlichen Kräfte zur Vorbereitung dieses »Verteidigungskrieges der Koalition«. Verteidigungsideologie und imperialistische Zielsetzungen gingen dabei Hand in Hand. So betonte er die Notwendigkeit einer »zunächst friedlichen Ausweitung des Wirtschaftsraumes auf dem Balkan und Spanien«. Besonders zur »Befriedigung der wirtschaftlichen Mineralölzwecke« wies er auf den »erfolgreich eingeschlagenen Weg nach Südosteuropa« hin. Dieser zeige »die einzige und hoffnungsfreudige Möglichkeit, durch Einbeziehung eines wehrmachtmäßig zu sichernden Raumes die Mineralölwirtschaft auf lange Jahre hinaus völlig zu sichern«. Die Nähe der IG-Farben zum nationalsozialistischen Staat zeigte sich auch darin, daß sie sehr im Unterschied zu anderen Unternehmen nationalsozialistischen Parteistellen einen deutlichen Einfluß auf ihre innere Personalpolitik einräumte. Diese im wirtschaftlichen Interesse begründete Verklammerung mit dem nationalsozialistischen Staat ergab sich unbeschadet der Tatsache, daß weder Carl Duisberg, der Begründer der IG-Farben und deren Aufsichtsratsvorsitzender, gestorben 1935, noch dessen Nachfolger Carl Bosch Nationalsozialisten waren, sondern im Gegenteil dem Regime mit ablehnender Distanz gegenüberstanden[17]).

Gegenüber den rüstungswichtigen Industrien wurde die Verbrauchsgüterindustrie vernachlässigt. Deren Anteil an den industriellen Gesamtinvestitionen sank von 31 % im Jahresdurchschnitt 1928/29 über 25 % 1934/35 auf 17 % 1937/39[18]).

Was bedeutet diese deutliche Bevorzugung der rüstungswichtigen Industrie und hier besonders der Schwerindustrie und der Großchemie politisch? Die Forschung ist sich — wenn man von der sowjetisch-marxistischen Geschichtsschreibung absieht — darin einig, daß sich ein bestimmender industrieller Einfluß auf die außen- und kriegspolitischen Entscheidungen Hitlers aufgrund der Quellen nicht nachweisen läßt. Das gilt für die Zeit sowohl vor als auch besonders unter dem Vierjahresplan. Allerdings besaß die Industrie in der Zeit vor dem Vierjahresplan eine relativ große Autonomie. Es war ihr gelungen, anfängliche Versuche der Partei, in ihr inneres Organisationsgefüge einzugreifen und sie von außen her gleichzuschalten, abzuwehren. Die Großindustrie war in den ersten Jahren der nationalsozialistischen Herrschaft ein parteifreier Raum. In dieser Hinsicht glich sie der Wehrmacht. Wehrmacht und Industrie waren gleicherweise an der Aufrüstung interessiert. Dies verband beide mit Hitler, der für sich und seine Partei den ausschließlichen politischen Führungsanspruch geltend machte. Die Gewichte in diesem Verhältnis zwischen dem politischen Totalanspruch des nationalsozialistischen Regimes und der relativen Autonomie der Großindustrie werden in der Forschung unterschiedlich eingeschätzt. Dem entsprechen die verwendeten Begriffe: »Primat der Politik« (Mason), »zweiseitiges Machtsystem« (A. Schweitzer) oder »Sozialkontrakt« (D. Schoenbaum, beide in Anlehnung an E. Fraenkel), »Symmachie« (A. Kuhn). Der am Vierjahresplan sich entzündende Streit zwischen Hitler/Göring und Teilen der Industrie um Autarkie oder Weltwirtschaft, forcierte oder begrenzte Rüstung, führte dann zum verstärkten Einfluß der Partei im Bereich der Wirtschaft und zur Unterwerfung der Industrie unter den Willen Hitlers. Einige Jahre später sollte der politischen Entmachtung der Industrie die Unterwerfung der Wehrmacht in der Blomberg/Fritsch-Krise folgen. Ebenso unbestreitbar jedoch wie die Tatsache der im Kerne nicht durch wirtschaftliche Rücksichten bestimmten Entscheidungen Hitlers ist es, daß zu den Voraussetzungen für die Durchführung seiner auf den Krieg angelegten Politik auch die breite Unterstützung gehörte, die er nach der Machtübernahme in der Führungsschicht der Industrie wie in der Masse der arbeitenden Bevölkerung fand und die bei unterschiedlichen Graden der Identifizierung mit den nationalsozialistischen Zielsetzungen oder der Distanzierung von ihnen weithin gewährt wurde.

Die kapitalistische Grundlage blieb in der nationalsozialistischen Wirtschaft erhalten. Dabei nahm die Industrie in der besonderen Art ihrer Verklammerung mit staatlichen Interessen eine Form an, die völlig verschieden war von dem Bild der Wirtschaftsordnung, wie es sich in verschwommenen Umrissen in der nationalsozialistischen Ständeideologie findet. Das Wirtschaftssystem des Dritten Reiches kann aber auch nicht als Staatskapitalismus bezeichnet werden. Allerdings wuchs der Anteil der öffentlichen Hand an der Gesamtwirtschaft (Anteil der öffentlichen Hand an den Gesamtinvestitionen 49 % im Jahre 1933, 57 % im Jahre 1938). Der Dispositionsspielraum des privaten Kapitals wurde manchen Beschränkungen unterworfen. Emissionssperren sowie Devisen- und Investitionskontrollen hatten den Zweck, die verfügbaren privaten Mittel auf die Rüstungsfinanzierung zu lenken. Die Dividenden der Aktiengesellschaften wurden auf 6 % als Höchstsatz beschränkt und die Körperschaftssteuer erhöht. Ein neues Gesellschaftsrecht stärkte die Befugnisse des Vorstandes gegenüber Aufsichtsrat und Aktionärsversammlung. Viele Tausende von kleinen Kapitalgesellschaften wurden in Eigentümer- bzw. Teilhaberfirmen umgewandelt[19]). Aber die für den Privatkapitalismus charakteristische Institution der Aktiengesellschaft als solche, von der nationalsozialistischen Diffamierung des ›anonymen Kapitals‹ her im Grunde nicht tragbar (Parteiprogramm Art. 11: Abschaffung des arbeitslosen Einkommens; Art. 12: Brechung der Zinsknechtschaft; Art. 13: Verstaatlichung der vergesellschafteten Betriebe), erwies sich als eine Unternehmensform, die für den durch die Rüstung verstärkten Kumulationsprozeß der Wirtschaft unentbehrlich war. Wie die Kapitalgesellschaften, so vermochten sich entgegen der nationalsozialistischen Ideologie die Kartelle als typische Organisationsformen der kapitalistischen Wirtschaft nicht nur zu behaupten, sondern sie gewannen an Ausdehnung und Macht. Freiwillige Kartelle wurden in Zwangskartelle umgewandelt. Wirtschaftsbereiche, die bisher weitgehend außerhalb des Kartellwesens gestanden hatten (Fertigwaren- und Kleinindustrie), wurden in dieses einbezogen. Die Kartelle wurden einer gewissen Staatsaufsicht unterworfen (Festsetzung von Minimalpreisen, Normierung von Kalkulationsmethoden), die sich im Ergebnis in einer Begünstigung der größeren Unternehmen und in Fusionierungen auswirkten, wobei zahlreiche kleinere Betriebe geschlossen wurden. Die Praxis der staatlichen Kartellaufsicht in der nationalsozialistischen Zeit unterschied sich erheblich von der Funktion der staatlichen Kartellgerichte in der Weimarer Republik, die gerade dem Schutze von Außenseitern und Konsumenten gedient hatte. Im Gesamtgefüge der Wirtschaft konnte die privatkapitalistische Großindustrie ihre Position gegenüber der Kleinindustrie verstärken und sich gegenüber der nationalsozialistischen Ideologie und der Übermacht des Staates, dem sie für seine Rüstung unentbehrlich wurde, behaupten. Doch die Gewichte verschoben sich im Verlaufe der Jahre. Zutreffend formuliert M. Broszat, daß sich zuletzt »nur noch schwer unterscheiden ließ, wo die interessenpolitische Selbstverwaltung aufhörte und die staatliche Auftragsverwaltung anfing«. Für die Symbiose von Wirtschaft und Staat wurde ein Typus von Wirtschaftsführer charakteristisch, »der halb Funktionär, halb privater Unternehmer war. Und auch diejenigen Unternehmen und Industriezweige, die im Dritten Reich besonders prosperierten, hatten dies mit der Unterwerfung unter zunehmend stärker werdende Bedingungen der Unfreiheit zu erkaufen.«[20])

Bei allem Anwachsen des Staatseinflusses gegenüber der Wirtschaft besonders im Zeichen des Vierjahresplans kann man dennoch nicht von einer staatlichen Planwirtschaft sprechen. Die mit diesem Begriff verbundene Systematik in Zielsetzung und Lenkung der Gesamtwirtschaft in allen ihren Bereichen ist im Nationalsozialismus vor dem Kriege nicht vorhanden gewesen und kaum in der Periode des erst spät verkündeten »totalen Krieges«. Charakteristisch war vielmehr ein Kompetenzwirrwarr vieler mit Wirtschaftsfragen befaßter ziviler, militärischer und parteiamtlicher Behörden, wozu noch Sonderbevollmächtigte inner- und außerhalb des Vierjahresplans traten — ein ähnliches Bild wie in den anderen Bereichen des Führerstaates.

Zur Kennzeichnung des wirtschaftlichen Systems der ersten Jahre des Nationalsozialismus ist von A. Schweitzer der von Hilferding geprägte Begriff des »organisierten Kapitalismus« übernommen worden[21]). Der Begriff als solcher ist in seiner verbalen Aussage blaß. Er besagt nichts über Ziel und Art der Organisation. Schweitzer versteht darunter eine Wirtschaftsform, die durch Wegfall oder Veränderung charakteristischer Institutionen des Privatkapitalismus ohne dessen Abschaffung gekennzeichnet ist. Diese Metamorphose, nämlich: Außerkraftsetzung des Grundsatzes der gleichen wirtschaftlichen Rechte für alle Firmen; Abschaffung der wirtschaftlichen Freiheit durch die Priorität der Rüstung; Beseitigung des freien Wettbewerbs; Veränderung des Assoziationsrechts, hatte folgendes Ergebnis: »Der Monopolkapitalismus der vorhergehenden Weimarer Zeit formte sich in einen durchorganisierten Kapitalismus um. Diese Wandlung ermöglichte es dem Großkapital, die Wirtschaftspolitik der nationalsozialistischen Regierung zu bestimmen und als Partner der Generäle die wirtschaftliche Aufrüstung wirksam zu unterstützen. Die Macht des Großkapitals jedoch konnte sich nicht auf andere Lebensbereiche ausdehnen. Die monopolistische Herrschaft war durch die Partei auf die Privatwirtschaft und die staatliche Wirtschaftspolitik eingeschränkt. Die vorwiegend politischen und ideologischen Gebiete wurden durch die Partei allein beherrscht. Das Resultat war eine neuartige Machtverteilung zwischen Großkapital und diktatorischer Partei. Das Nebeneinander von durchorganisiertem Kapitalismus und Parteidiktatur führte zu einem System von zwei sich gegenseitig unterstützenden, aber auch begrenzenden Machtträgern in der Gesellschaft.«[22]) Mit dieser Definition steht der Begriff des »organisierten Kapitalismus« im Gegensatz zum Begriff des »staatsmonopolistischen Kapitalismus«, mit dem die sowjetisch-marxistische Ideologie seit Lenin das Ineinandergreifen von staatlicher und wirtschaftlicher Macht und die behauptete, aber nicht bewiesene Beherrschung des Staates durch die Monopolindustrie bezeichnet. Nach Ansicht der neueren westlichen Forschung verlief die Entwicklung im nationalsozialistischen Deutschland jedoch in umgekehrter Richtung: Bis zum Vierjahresplan von 1936 bestand in der beschriebenen Weise das im Begriff des »organisierten Kapitalismus« gemeinte Verhältnis eines mehr oder weniger gleichgewichtigen Nebeneinander von wirtschaftlicher und politischer Macht. Danach gelang es den Nationalsozialisten, »die wirtschaftliche und später die militärische Führung an sich zu reißen und die früheren Teilhaber zu zweitrangigen Machtträgern zu erniedrigen«[23]). Nach Hitlers eigenen Worten in der Denkschrift zum Vierjahresplan sah das so aus: »Das Wirtschaftsministerium hat nur die nationalwirtschaftlichen Aufgaben zu stellen, und die Privatwirtschaft hat sie zu erfüllen. Wenn aber die Privatwirtschaft glaubt, dazu nicht fähig zu sein, dann wird der nationalsozialistische Staat aus sich heraus diese Aufgabe zu lösen wissen.« In Wirklichkeit ist weder das Wirtschaftsministerium jemals zur zentralen Planungs- und Weisungsstelle noch die Industrie zum bloßen Befehlsempfänger geworden. Zutreffend aber ist die Formulierung Hitlers, insofern tatsächlich nach seinem Willen die Wirtschaft vorgegebenen politischen Zielsetzungen gänzlich dienstbar gemacht wurde, wobei die Frage nach den Eigentumsverhältnissen und der Rechtsform der Wirtschaft, ob Privatkapitalismus oder Staatskapitalismus, nicht nach Grundsätzen, sondern nach politischer Zweckmäßigkeit entschieden wurde.

Wie entwickelten sich in dieser Wirtschaft die Einkommensverteilung und der Lebensstandard der Bevölkerung? Bei den privaten Haushalten zeigt die Verteilung des Einkommens aus Löhnen und Gehältern gegenüber dem aus Vermögen und Unternehmen folgendes Bild: Während der stabilen Jahre der Weimarer Republik war der Anteil des Arbeitnehmereinkommens in der Zeit von 1925 bis 1929 von 66,2 % auf 68,5 % gestiegen und der Anteil des Vermögens- und Unternehmeneinkommens von 33,8 % auf 31,5 % gesunken; in der Zeit des Dritten Reiches fiel umgekehrt der Anteil des Arbeitnehmereinkommens in den Jahren 1933 bis 1939 von 68,0 % auf

63,5 %, aber der Anteil des Vermögens- und Unternehmeneinkommens stieg von 32,0 % auf 36,5 %[24]). Diese zur Einkommensverteilung der Weimarer Republik gegenläufige Entwicklung wird noch deutlicher, wenn man berücksichtigt, daß infolge der Dividendenbegrenzung das unverteilte Einkommen der Kapitalgesellschaften erheblich wuchs. Die Einkommenspolitik im nationalsozialistischen Deutschland war also ausgesprochen besitz- und unternehmerfreundlich. Gleichzeitig wurden die Stundenlöhne der Arbeitnehmer bei steigenden Lebenshaltungskosten auf dem Niveau der Depression von 1932 festgehalten. Diese Begünstigung der Unternehmer und Benachteiligung der Arbeitnehmer erfolgte, um im Interesse der Rüstung die Steigerung der Nachfrage nach Konsumgütern zu dämpfen. Denn — und dies ist die andere Seite der Entwicklung — die Nachfrage nach Konsumgütern war gewachsen als Folge der erheblichen Zunahme des Gesamtvolumens des Arbeitnehmereinkommens. Dieses stieg von 13,6 Milliarden RM 1933 auf 29,4 Milliarden RM 1939. Die Ursache dafür waren die Herstellung eines Zustandes der Vollbeschäftigung und bei knapp werdenden Arbeitskräften schließlich der Überbeschäftigung. Bei festgehaltenen Stundenlöhnen wuchs der Wochenverdienst der Arbeiter durch Erhöhung der geleisteten Arbeitszeit und infolge wachsender Nachfrage nach Fachkräften durch mancherlei Zulagen zum Stundenlohn. René Erbe gelangt in seiner Untersuchung über Löhne und Arbeitszeit zu folgendem Ergebnis: »In den Jahren 1937 und 1938, d. h. nach Erreichung der Vollbeschäftigung, wurden wieder Überstunden-Vergütungen und andere Zulagen ausgerichtet, so daß die effektiven realen Stundenverdienste wieder anstiegen und das Niveau von 1928 überschritten. Aufschlußreich ist schließlich auch eine Betrachtung der realen effektiven Wochenverdienste, da diese die Veränderungen der Arbeitszeit berücksichtigen und somit das vom Arbeiter verdiente Realeinkommen widerspiegeln. Die effektiven realen Wochenverdienste lagen im Jahre 1929 noch leicht über dem Stand von 1928, sanken jedoch von da an stark und erreichten mit einem Index von 86,5 im Jahre 1932 ihren Tiefpunkt. In jenem Jahr erreichte auch die durchschnittliche tägliche Arbeitszeit mit 6,9 Stunden ihren tiefsten Stand. Nach der nationalsozialistischen Machtergreifung stiegen die realen Wochenverdienste, blieben jedoch bis einschließlich 1936 unter dem Stand von 1928. Die Steigerung der Wochenverdienste war bis 1936 allein eine Folge der Erhöhung der Arbeitszeit, während nach 1936 auch die Erhöhung der realen Stundenverdienste in derselben Richtung wirksam war.«[25]) Bei der Einschätzung des Lebensstandards der Arbeiter im Dritten Reich sind ferner bestimmte, durch die Arbeitsfront bewirkte Sozialleistungen nicht zu übersehen, wie die hygienische und ästhetische Verbesserung der Arbeitsplätze durch die Aktion »Schönheit der Arbeit« und das Angebot an Unterhaltung und organisierten Urlaubsreisen durch die Organisation »Kraft durch Freude«. Nach dem Elend der Arbeitslosigkeit in der Zeit der Depression ging es ohne Zweifel der Masse des arbeitenden deutschen Volkes jetzt besser — wenn auch die mythische Stilisierung der »Gestalt des deutschen Arbeiters«, die Propagierung der »Ehre der Arbeit« und die Einebnung sozialer Vorurteile, alles das also, was man die »braune Revolution« genannt hat, nicht darüber hinwegtäuschen konnte, daß die Arbeiterschaft die gewerkschaftliche Vertretung ihrer Interessen und ihre in der Revolution und in der Weimarer Republik errungenen politischen Rechte verloren hatte. Vor allem vermochte das arbeitende deutsche Volk nicht zu verhindern, in einen Produktionsprozeß eingespannt zu werden, der auf die Herbeiführung eines von seiner Mehrheit nicht gewünschten Eroberungskrieges hin angelegt war.

Allg. Überblicke bieten K. HÄUSER in: G. STOLPER / K. HÄUSER / K. BORCHARDT, Dt. Wirtschaft seit 1870 (^{2}1966); W. FISCHER, Dt. Wirtschaftspolitik 1918—1945 (^{3}1968); D. PETZINA, Grundriß d. dt. Wirtschaftsgesch. 1918 bis 1945, in: Dt. Gesch. seit d. Ersten Weltkrieg 2, hg. vom Inst. f. Zeitgesch. (1973); W. TREUE / G. FREDE, Wirtschaft u. Politik 1933—45 (^{4}1962); W. TREUE, Die Einstellung einiger Großindustrieller zu Hitlers Außenpolitik, GWU 17 (1966). — R. STUCKEN, Dt. Geld- u. Kreditpolitik 1914—1963 ([3]1964).

Zu einzelnen Sachbereichen im Überschneidungsfeld von Industrie u. Politik: D. PETZINA, Autarkiepolitik im Dritten Reich. Der nat.soz. Vierjahresplan (1968); ders., Hitler u. die dt. Industrie. Ein kommentierter Lit.- u. Forschungsbericht, GWU 17 (1966); ders., Hauptprobleme der dt. Wirtschaft 1932—1933, VfZG 15 (1967); W. BIRKENFELD, Der synthetische Treibstoff 1933—1945. Ein Beitrag zur nat.soz. Wirtschafts- u. Rüstungspolitik (1964); M. RIEDEL, Eisen u. Kohle für das Dritte Reich. Paul Pleigers Stellung in der NS-Wirtschaft (1973); W. SÖRGEL, Metallindustrie u. Nat.soz. Eine Untersuchung über Struktur u. Funktion industrieller Organisationen in Dtld. 1929 bis 1939 (1965); J.-J. JÄGER, Die wirtschaftl. Abhängigkeit des Dritten Reiches vom Ausland, dargestellt am Beispiel der Stahlindustrie (1969); Ingeborg ESENWEIN-ROTHE, Die Wirtschaftsverbände von 1933 bis 1945 (1965); G. THOMAS, Gesch. der dt. Wehr- u. Rüstungswirtschaft 1918—1943/45, hg. von W. BIRKENFELD (1966), eine im Auftrag des OKW geschriebene Studie des ehemaligen Chefs des Wehrwirtschafts- u. Rüstungsamtes im OKW nach dessen Entfernung aus diesem Amt. Vf. gehörte als einer der maßgeblichen Organisatoren der Wiederaufrüstung zugleich zum militärischen Widerstand. Die hieraus sich ergebenden schwierigen Interpretationsfragen werden in der Einleitung des Hg. abgewogen erörtert, s. dort u. a. zum Begriff des »Ressortwiderstands«. — Empirische Analyse u. theoretische Durchdringung verbinden folgende Werke: R. ERBE, Die nat.soz. Wirtschaftspolitik 1933—1939 im Lichte der modernen Theorie (Zürich 1958). In einem Vergleich mit der Theorie von Keynes kommt Vf. zu dem Ergebnis, daß die Sekundärwirkungen des öffentlichen deficit-spending auf die Wirtschaft nur gering gewesen seien, da Konsumausweitung u. private nicht rüstungswichtige Investitionen durch wirtschaftspolitische Maßnahmen der Regierung bewußt gedämpft wurden. Zwischen den Ideen von Keynes' General Theory und der Schachtschen Politik lasse sich keine sinnvolle Beziehung herstellen. Die Aufrüstung sei alles andere als ein von Keynes' Theorie her zu rechtfertigender Weg der Krisenüberwindung gewesen. Einen theoretischen Ansatz bei Max Weber sucht A. SCHWEITZER, Big Business in the Third Reich (London 1964); darin enthalten die vorweg veröffentlichte Abhandlung: ders., Organisierter Kapitalismus u. Parteidiktatur 1933—1936, in: Schmollers Jb. 79 I (1959). Von der Frage nach wirtschaftlich-sozialen Interessen als dem Bedingungsrahmen für Entstehung und Politik des Dritten Reiches ausgehend, aber der Vielschichtigkeit wirtschaftlicher, sozialer, ideologischer und politischer Voraussetzungen Rechnung tragend, gelangt er in eingehender Untersuchung von Lage, Beweggründen und Handlungen zur These einer »bilateral power« für die ersten Jahre des Dritten Reiches (Wirtschaft/Wehrmacht-Partei), während sich in der zweiten Phase ab 1936 die nicht primär wirtschaftlich begründete Ideologie und Macht Hitlers auch gegenüber Industrieführern und Generälen voll durchgesetzt habe. Die von T. MASON, Der Primat der Politik — Politik u. Wirtschaft im Nationalsozialismus, in: Das Argument 8 (1966), gemäß dieser Titelformulierung vertretene These hat unser Beteiligung von E. CZICHON u. D. EICHHOLTZ / K. GOSSWEILER u. T. MASON eine aufschlußreiche Diskussion ausgelöst, ibid. 10 (1968). Von der DDR-Forschung wird der Argumentationsgang Masons entgegen dessen methodischem Selbstverständnis als unmarxistisch deklariert. — Die Geschichtswissenschaft in der DDR stellt die Wirtschaftspolitik des nat.soz. Deutschland unter den Leitbegriff des »staatsmonopolistischen Kapitalismus«, so D. EICHHOLTZ, Geschichte d. dt. Kriegswirtschaft 1939—45, Bd. 1: 1939—41 (1969); ders., Probleme einer Wirtschaftsgeschichte des Faschismus in Dtld., in: Jahrbuch für Wirtschaftsgeschichte (1963); D. EICHHOLTZ / W. SCHUMANN (Hg.), Anatomie des Krieges. Neue Dokumente über die Rolle des dt. Monopolkapitals bei der Vorbereitung u. Durchführung des Zweiten Weltkrieges (1969); G. HASS / W. SCHUMANN, Anatomie der Aggression. Neue Dokumente zu den Kriegszielen des faschistischen dt. Imperialismus im Zweiten Weltkrieg (1972). In Unterscheidung des »monopolistischen« vom »staatsmonopolistischen« Kapitalismus wird letzterer im Anschluß an Lenin definiert als »das Verwachsen von Monopolen und Staat zu einem einzigen Mechanismus imperialistischer Herrschaftsausübung«. Dabei wird von Eichholtz bei der Anwendung dieses Begriffs auf die Verklammerung von industriellen mit staatlichen Interessen und Institutionen der Tatsache Rechnung getragen, daß es durchaus unterschiedliche Richtungen gab, verkörpert etwa einerseits in den Personen Schacht / Thomas / Poensgen und andererseits Göring / Krauch / Röchling. Eichholtz sieht diese Unterschiede jedoch lediglich durch rivalisierende wirtschaftliche Interessen und divergierende taktische Beurteilung der zu setzenden Rüstungsprioritäten motiviert. Er umgeht die Frage, ob die in der von Thomas, Schacht u. a. geforderten »Tiefenrüstung« im Gegensatz zur auf Blitzkrieg angelegten »Breitenrüstung« enthaltene Warnung vor einem langen Abnutzungskrieg nicht als ressortspezifische Warnung vor einer Aggressionspolitik überhaupt verstanden werden muß und ob nicht eine nationale Revisionspolitik, die ihre Vertreter in verblendeter Kurzsichtigkeit zunächst im Bündnis mit Hitler betreiben zu können meinten, in ihrer Zielsetzung grundsätzlich anders zu sehen ist als das, was Hitler wollte. Dieser selber spielte, wenn man Eichholtz u. a. folgen will, lediglich die Rolle eines Befehlsempfängers von »Aufträgen des Finanzkapitals an seinen Nazi-Faschismus« (D. EICHHOLTZ, Probleme, S. 105). Es scheint auf eine Unsicherheit im sowjet-marxistischen Geschichtsverständnis hinzuweisen, wenn im Gegensatz zu dieser Formulierung Eichholtz bei anderer Gelegenheit erklärt, daß es »als ganz und gar unzulässig« erscheine, »die präzisen Abstraktionen Dimitroffs [d. h. die Faschismusthese der Komintern vom Jahre 1933] auf eine Agenturtheorie oder gar ›Agenten‹-Theorie zu verkürzen«, D. EICHHOLTZ / K. GOSSWEILER in Auseinandersetzung mit T. MASON, in: Das Argument 10 (1968), S. 213. Eine unkritische Anwendung der These vom »staatsmonopolistischen Kapitalismus« auf das Verhältnis von Staat und Wirtschaft treibt den Teufel durch Beelzebub aus. Sie verfällt anstelle einer falschen Dämonisierung der Person Hitlers in eine ebenso falsche pseudo-ontologische Hypostasierung anonymer industrieller Interessen als der eigentlichen geschichtsbestimmenden Mächte. — Hervorzuheben als marxistische Gesamtanalyse: Ch. BETTELHEIM, Die dt. Wirtschaft unter dem Nat.soz. (a. d. Französ. 1971). — Guter Überblick über die verschiedenen Aspekte der nat.soz. Wirtschaftspolitik, insbes. unter dem Gesichtspunkt der Kriegsvorbereitung, sowie über den gegenwärtigen Forschungsstand bei F. FORSTMEIER / H.-E. VOLKMANN (Hg.), Wirtschaft u. Rüstung am Vorabend des Zweiten Weltkrieges (1975). — S. auch Lit. zu § 53, Anm. 8 u. 14, u. § 54.

1) RGBl. 1935 I, Nr. 64; H. KÖHLER, Arbeitsdienst in Dtld. Pläne u. Verwirklichungsformen bis zur Einführung der Arbeitsdienstpflicht im Jahre 1935 (1967); W. BENZ, Vom freiwilligen Arbeitsdienst zur Arbeitsdienstpflicht, VfZG 16 (1968). **2)** RGBl. 1935 I, Nr. 28 u. RGBl. 1936, Nr. 80. **3)** Zahlen nach R. ERBE, Nat.soz. Wirtschaftspolitik, S. 35 u. S. 100. **4)** R. STUCKEN, Dt. Geld- u. Kreditpolitik 1914—1963 (^{3}1964); H. STÜBEL, Die Finanzierung der Aufrüstung im Dritten Reich, Europa-Archiv 6 (1951). **5)** H. SCHACHT, Abrechnung mit Hitler (1948), S. 8 f. **6)** G. RITTER, Carl Goerdeler u. die dt. Widerstandsbewegung (1954), 4. Kap. **7)** H. SCHACHT, Abrechnung, S. 20. **8)** Text in: Ursachen u. Folgen 10, Nr. 2479. **9)** F. HOSSBACH, Zwischen Wehrmacht u. Hitler (1949), S. 212 f. **10)** RGBl. 1933 I, Nr. 108. **11)** Zahlen nach »Wirtschaft u. Statistik« bei A. SCHWEITZER, Big Business in the Third Reich, S. 205. **12)** W. TREUE, Das Dritte Reich u. die Westmächte auf dem Balkan. Zur Struktur der Außenhandelspolitik Dtlds., Großbritanniens u. Frankreichs 1933 bis 1939, VfZG 1 (1953); Dörte DOERING, Dt. Außenwirtschaftspolitik 1933—35. Die Gleichschaltung der Außenwirtschaft in der Frühphase des nat.soz. Regimes (Diss. rer. oec. F. U. Berlin 1969); ferner die Beiträge von Volkmann, Fischer u. Teichowa in FORSTMEIER / VOLKMANN, op. cit. **13)** W. TREUE, Hitlers Denkschrift zum Vierjahresplan 1936, VfZG 3 (1955). **14)** Nürnberger Dok. NI-051. **15)** Eidesstattl. Erklärung von Paul Körner, Nürnberger Dok. NI-5955. **16)** D. PETZINA, Autarkiepolitik, S. 105; zu den inneren Auseinandersetzungen der Eisenindustrie, insb. zu Poensgen s. M. RIEDEL, Eisen u. Kohle für das Dritte Reich, S. 181 ff.; einige Denkschriften Hermann Röchlings, die seinen Antisemitismus, seine Vorstellung von der Unvermeidlichkeit des Krieges u. sein Interesse an einem Autarkieprogramm belegen, bei E. EICHHOLTZ / W. SCHUMANN (Hg.), Anatomie des Krieges, Nr. 47 u. 52. **17)** Die Rede Krauchs vom 28. 4. 1939: Nürnb. Dokument EC — 282. — Die besondere Nähe der IG-Farben zum nat.soz. Staat wird wie von Petzina und Schweitzer u. a. auch betont von W. TREUE, Die Einstellung einiger dt. Großindustrieller zu Hitlers Außenpolitik, GWU 17 (1966); hierzu zwei gegensätzliche Beiträge von Curt DUISBERG, dem Sohn des Konzernbegründers, u. D. PETZINA, Zur Geschichte des dt. Unternehmertums u. der IG-Farben-Industrie, in: Tradition (1968). **18)** Nähere Angaben bei D. PETZINA, Autarkiepolitik, S. 186 f. **19)** Nach A. SCHWEITZER, Organisierter Kapitalismus, S. 47, wurden nach Angaben der offiziellen Statistik hiervon bis Dezember 1940 1860 Aktiengesellschaften u. 18 883 Gesellschaften mit beschränkter Haftung betroffen. **20)** M. BROSZAT, Der Staat Hitlers, S. 228 u. 229 f. Ein in diesem Sinne idealtypischer Technokrat mit Einfallsreichtum u. Sachverstand (Winterbekleidung für das Ostheer 1942), privater Unternehmer u. Wirtschaftsorganisator in staatl. Funktion (zuletzt Chef des Rohstoffamtes im Rüstungsministerium unter Speer), dessen Memoiren tiefen Einblick in die Struktur der nat.soz. Wirtschaftsführung geben, war H. KEHRL, Krisenmanager im Dritten Reich. 6 Jahre Frieden — 6 Jahre Krieg. Erinnerungen (1973), mit einem diesen Typus vortrefflich analysierenden Nachwort von E. Viefhaus. **21)** Zum Begriff: H. A. WINKLER (Hg.), Organisierter Kapitalismus (1974). **22)** A.

SCHWEITZER, Organisierter Kapitalismus, S. 73. **23)** Ebd., S. 79. **24)** Siehe Anhang Tabelle 18. **25)** R. ERBE, Die nat.soz. Wirtschaftspolitik, S. 90.

§ 60 Nationalsozialistische Rassenpolitik

Sehr viel stärker noch als in der Wirtschaftpolitik liegt das Spezifische des »Dritten Reiches« in der Rassenpolitik. »Auslese« und »Ausmerze« wurden zu Leitbegriffen der nationalsozialistischen Ideologie. Maßnahmen der »Ausmerze« richteten sich gegen Juden wie gegen »lebensunwertes Leben« überhaupt. Dieser lange vor dem Nationalsozialismus in der deutschen Psychiatrie geprägte und umstrittene Begriff[1]) konnte in der Vorstellungswelt des »Dritten Reiches« schließlich alles Leben umfassen, das als Inbegriff des Verworfenen und als dunkles Gegenbild zum idealisierten arischen Menschen erschien: das Erbkranke, Schwache, Asoziale, Unnütze, Verachtete, Rassefremde. Hitler erklärte schon im Jahre 1929 auf dem Nürnberger Parteitag: »Würde Deutschland jährlich eine Million Kinder bekommen und 700 000—800 000 der schwächsten beseitigen, dann würde am Ende das Ergebnis vielleicht sogar eine Kräftesteigerung sein.«[2]) Solche Visionen der Vernichtung des Lebens zum Zwecke seiner biologischen Höherzüchtung wurden im Kriege verwirklicht. Der Weg dorthin begann alsbald nach der Machtübernahme mit Maßnahmen der Eugenik, die an vornationalsozialistische Absichten anknüpften, aber diese in charakteristischer Weise verschärften. Schon am 14. Juli 1933 wurde ein »Gesetz zur Verhütung erbkranken Nachwuchses« erlassen, das die Unfruchtbarmachung Erbkranker bezweckte[3]). Ihm lag der Text eines im Preußischen Landesgesundheitsamt im Jahre 1932 entworfenen Gesetzes zugrunde, das allerdings noch keine Zwangssterilisation vorsah. Die Möglichkeit zur Sterilisierung gab es auch in anderen Ländern, wie z. B. in der Schweiz oder den USA, von wenigen Sonderfällen (Geisteskrankheit) abgesehen jedoch auf der Grundlage der Freiwilligkeit[4]). Im Gesetz vom 14. Juli 1933 ist die Unfruchtbarmachung als eine Kannvorschrift formuliert. Jedoch wurde jedem behandelnden Arzt Anzeigevorschrift auferlegt, wenn er einem Fall begegnete, für den das Gesetz eine Unfruchtbarmachung vorsah, und auch jeder Amtsarzt hatte den Antrag auf eine solche zu stellen, wenn es ihm bei einem Kranken seines Bezirks als geboten erschien. Die Fälle, für die das Gesetz Sterilisierung vorsah, waren bestimmte für unheilbar gehaltene Erbkrankheiten wie manisch-depressives Irresein, Fallsucht u. a. Die Entscheidung über die unter Umständen nicht von dem Betroffenen selbst gestellten Anträge wurde einem »Erbgesundheitsgericht«, d. h. dem Staat gegeben, der jetzt — mit den Worten des offiziellen Kommentars — auf dem Gebiet des Lebens, der Ehe und der Familie endgültige Autorität beanspruchte. Das Gesetz wurde rigoros angewendet. Die Zahl der meist gegen den Willen der Betroffenen durchgeführten Unfruchtbarmachungen lag zwischen 200 000 und 350 000. Das Gesetz wurde abgesehen von Vorbehalten der katholischen Kirche, die in der Encyclica Casti Connubii vom 31. Dezember 1930[5]) begründet waren, im allgemeinen hingenommen[6]). Zu seiner Begründung ließen sich so vernünftig scheinende Argumente wie der Hinweis auf die Notwendigkeit der Erbgesundheit ins Feld führen. Aber wenn dieses Gesetz, das der Staatsgewalt den Eingriff in die leibliche Existenz des schuldlosen Staatsbürgers gestattete, nicht im Sinne höchster Achtung vor dem Leben gehandhabt wurde, konnte durch einen solchen Schritt Tür und Tor geöffnet werden für verbrecherische Willküreingriffe. Dann lag in der Konsequenz der Verhütung erbkranken Nachwuchses die Tötung Erbkranker und in der Konsequenz der Tötung Erbkranker die Beseitigung als lästig empfundener pflegebedürftiger Menschen überhaupt. Die Vorbereitungen hierzu wurden noch im Frieden getroffen. So forderte der bayerische Staatskommissar für das Gesundheitswesen 1934 über die Sterilisierung hinaus die Ausmerzung von Psychopathen, Schwachsinnigen und Minderwertigen. Er wies damals schon auf die in Konzentrationslagern geübten Praktiken als vorbildlich hin[7]).

Die Schwelle von der Verhütung der Zeugung »lebensunwerten Lebens« zu seiner Vernichtung wurde mit der sogenannten »Kinderaktion« einige Monate vor Beginn des Krieges überschritten. Mit Hilfe der Tarnorganisation »Reichsausschuß zur wissenschaftlichen Erfassung von erb- und anlagebedingten schweren Leiden« wurden ärztliche Geburtshelfer und Hebammen veranlaßt, idiotische und mißgebildete Neugeborene auf vorgeschriebenen Fragebogen zu melden. Die ausgefüllten Formulare gingen dann an bestimmte ärztliche Gutachter, die aufgrund dieser schriftlichen Unterlagen ohne persönlichen Augenschein ein Votum abgaben über den Befund der so »erfaßten« Kinder[8]). Ein Obergutachter, d. h. die Kanzlei des Führers, befand weiter, ob Überweisung in eine der in verschiedenen Krankenanstalten eingerichteten »Kinderfachabteilungen« zur »Behandlung« aufgrund der einschlägigen Erlasse, d. h. aus der nationalsozialistischen Tarnsprache in die Wirklichkeit übersetzt: zur Tötung, erfolgte. Den Eltern und der örtlichen Gesundheitsbehörde gegenüber hieß es, daß in diesen Abteilungen »auf Grund der durch den Reichsausschuß geschaffenen Einrichtungen die beste Pflege und im Rahmen des Möglichen neuzeitliche Therapie« durchgeführt werde. Es war kennzeichnend für dieses Verfahren, daß es ohne gesetzliche Grundlage lediglich auf Führerweisung hin erfolgte und daß man es soweit wie möglich zu verschleiern suchte. Diese Aktion war gleichsam die Überleitung vom »Gesetz zur Verhütung erbkranken Nachwuchses« zu der im Kriege vorgenommenen Massentötung im Rahmen des sogenannten »Euthanasieprogramms« (s. § 78). Die »Kinderaktion« wurde fortgeführt, auch als das Euthanasieprogramm eingestellt werden mußte. Die Zahl der Opfer wird auf 5000 geschätzt.

Im Kampf gegen die Juden ist der negative Aspekt der Rassenpolitik von vornherein sichtbar. Ideologisch ist der nationale Antisemitismus nicht originell. Die von Hitler, Goebbels und Streicher vertretenen Argumente finden sich alle schon im früheren deutschen Antisemitismus, der es im Reichstag von 1893 schon einmal auf 16 Abgeordnete gebracht hatte. Das Neue des nationalsozialistischen Rassenantisemitismus liegt in seiner Konsequenz und seiner Methode. Es gehörte zu den von Hitler vertretenen propagandistischen Grundsätzen, daß das Volk immer nur den Kampf gegen einen Gegner und eine Sache verstehe. So wurde für die nationalsozialistische Propaganda der Jude zur Verkörperung des Bösen schlechthin und ohne Ausnahme. Die widerwärtigsten Formulierungen fand Goebbels, wenn er in seinen »Fragen und Antworten für den Nationalsozialisten« 1932 den Juden mit Ungeziefer verglich, das unschädlich gemacht werden müsse. Ein pornographisches Element fügte Streicher hinzu, wenn er die Spalten seines »Stürmer« mit Berichten von Verführungen, Schändungen, Ritualmorden anfüllte. Durch Berufung auf angebliche Erkenntnisse der Erblehre, Prähistorie und Geschichte trat dieser Antisemitismus mit dem Anspruch einer wissenschaftlichen Wahrheit auf.

Im Augenblick der Machtübernahme gab es in Deutschland rd. 500 000 Juden; dazu kamen später 185 000 österreichische Juden. Bis zum Kriegsausbruch hatte sich diese Zahl durch Auswanderung und Vertreibung auf 275 000 reduziert. Schon 1933 kam es zu vereinzelten Boykottmaßnahmen, aber erst die sogenannten Nürnberger Gesetze[9]) vom September 1935 begannen mit einer systematischen Verwirklichung der Forderungen aus Hitlers »Mein Kampf«. Den Juden wurde die bürgerliche Gleichberechtigung genommen. Das Nürnberger Reichsbürgergesetz unterschied zwischen Reichsbürgern und Staatsangehörigen. Es besagte, daß ein Jude nicht Reichsbürger sein konnte. Kein Jude in dem durch das Gesetz definierten erweiterten Sinn durfte dem Staat als Beamter dienen, nachdem die meisten von ihnen bereits 1933 in den Ruhestand versetzt worden waren. Durch das gleichzeitige »Gesetz zum Schutz des deutschen

Blutes und der deutschen Ehre« wurden rassische Mischehen sowie »der außereheliche Verkehr zwischen Juden und Staatsangehörigen deutschen oder artverwandten Blutes« verboten. Verboten wurde den Juden ferner, nichtjüdische weibliche Angestellte unter 45 Jahren zu beschäftigen und die deutschen Flaggen und Farben zu zeigen. Durch insgesamt 13 Ergänzungsverordnungen wurden im Laufe der Jahre von diesem Gesetz ausgehend den deutschen Juden alle Lebensmöglichkeiten genommen. In der Frage, was nun eigentlich mit den Juden geschehen solle, zeigt die nationalsozialistische Politik gewisse Schwankungen. Während Göring die Auswanderung und Deportation von Juden unter dem Gesichtspunkt der Devisengewinnung oder -einbuße ansah, verfolgte Heydrich als Chef des Sicherheitsdienstes und der Geheimen Staatspolizei die Methode, die jüdische Bevölkerung möglichst schnell und vollständig aus dem Reich hinauszudrängen. Juden polnischer Staatsangehörigkeit wurden in Massen deportiert. Der siebzehnjährige Sohn eines dieser Zwangsdeportierten, Herschel Grynspan, faßte den Plan, als Rache den deutschen Gesandten in Paris zu erschießen; aber er traf statt dessen einen der Sekretäre der Botschaft, Herrn v. Rath, der selbst als Gegner der Antisemiten bei der Gestapo verdächtig war[10]). Das wurde zum Anlaß für die planmäßige Organisation von Gewalttaten gegen die jüdischen Bürger und ihr Eigentum in der Nacht vom 9. zum 10. November 1938[11]). Synagogen gingen in Flammen auf, Friedhöfe wurden geschändet, Sachwerte zerschlagen und auch eine nicht genau feststellbare Anzahl von Menschen ermordet (nach Angabe Heydrichs 36). Das Reich forderte von den Juden die Zahlung von einer Milliarde Mark, ferner die Wiederherstellung aller durch den Mob angerichteten Sachschäden. Aus dem Wirtschaftsleben wurden sie, nachdem sie schon vorher aus allen freien Berufen hinausgedrängt worden waren, nunmehr vollends vertrieben. Sie durften weder Ladeninhaber, Börsenmakler, selbständige Kaufleute oder Leiter eines Industrieunternehmens sein. Sie durften weder auf Märkten oder Messen, weder als Anleihenehmer noch als Käufer auftreten. Sie gingen des Kündigungsschutzes verlustig und wurden aus den Genossenschaften ausgeschlossen. Der Besuch von Bädern, Theatern, Konzerten, Kinos und die Benutzung öffentlicher Verkehrsmittel wurde ihnen verboten. Die höheren Schulen wurden für Juden gesperrt. Für jüdische Kinder wurde im November 1938 die Schulpflicht aufgehoben. Schließlich wurde den Juden das Tragen eines gelben Sterns als öffentliche Diffamierung auferlegt.

Schacht, der damals noch Reichsbankpräsident war, entwickelte in London in Diskussion mit Vertretern des Weltjudentums einen Plan für eine geregelte Auswanderung: das Reich würde die auf 1,5 Milliarden RM geschätzten jüdischen Guthaben beschlagnahmen als Garantie für eine ausländische Anleihe, mit deren Hilfe die Emigration finanziert werden sollte. Hitler ernannte Anfang 1939 Schacht zum Sonderbeauftragten für jüdische Auswanderung. Aber Schacht konnte diesen Plan nur kurze Zeit hindurch ernsthaft verfolgen; denn wenige Wochen später verlor er wegen seines Protestes gegen die Finanzpolitik sein Amt als Reichsbankpräsident und fiel in Ungnade. In Wien war inzwischen 1938 eine »Zentralstelle für jüdische Auswanderung« unter Adolf Eichmann eingerichtet worden. Im Februar 1939 wurde eine »Reichszentrale für jüdische Auswanderung« in Berlin geschaffen, die Heydrich unterstellt war und an deren Spitze im Oktober 1939 Eichmann trat[12]). Als die Entwicklung auf den Krieg zutrieb, erhob sich die Frage, was mit den Juden geschehen würde, die bei Kriegsausbruch noch im Lande wären. Das »Schwarze Korps«, die Zeitung der SS, hatte schon am 24. November 1938 für diesen Fall die Losung der Vernichtung ausgesprochen[13]), und am 30. Januar 1939 erklärte Hitler selbst in einer Reichstagsrede, daß er für einen kommenden Krieg die »Vernichtung der jüdischen Rasse in Europa« voraussage. Wie am Vorabend des Krieges und damit zugleich der »Endlösung« der jüdischen Frage die Rechtsstellung der Juden in Deutschland aussah, sei mit den

Worten eines führenden nationalsozialistischen Staatsrechtlers geschildert[14]):

»Die Juden genießen im Reich nicht die Stellung einer fremdvölkischen Minderheit, sondern ihnen ist eine Sonderstellung zugewiesen, die sich aus dem Ziel einer völligen Ausscheidung des Judentums erklärt ... So können Juden und jüdische Mischlinge nicht Beamte werden. Sie werden nicht als Rechtsanwalt, Patentanwalt, Verwaltungsrechtsrat, Notar oder Schriftleiter zugelassen. Sie erhalten nicht die Bestallung als Arzt oder Tierarzt; sie werden nicht zur Kassenpraxis zugelassen; sie erhalten die Erlaubnis zur Ausübung der Krankenpflege und zur Tätigkeit des Heilpraktikers nicht. Jüdische Mischlinge unterliegen zwar der Wehr- und Arbeitsdienstpflicht; sie können aber nicht Vorgesetzte werden. Weitergehende wirtschaftliche Einschränkungen finden sich im Bauernrecht. Bauer kann nur sein, wer die deutsche oder stammesgleiche Abstammung bis zum 1. Januar 1800 nachweisen kann ... Zahlreiche weitere Einschränkungen treffen nur die Juden, aber nicht die jüdischen Mischlinge. So sind die noch im Amt befindlichen jüdischen Beamten mit dem 31. Dezember 1935 in den Ruhestand getreten. Die Zulassung der noch vorhandenen jüdischen Rechtsanwälte und Patentanwälte ist zum 30. November 1938 zurückgenommen worden. Juden werden nicht als Rechtsberater zugelassen, ebenso nicht zur Hilfeleistung in Steuersachen und in Devisensachen, ferner nicht zur Tätigkeit des genossenschaftlichen Wirtschaftsprüfers. Juden sind von der Bestallung als Arzt ausgeschlossen; frühere Bestallungen sind mit dem 30. September 1938 erloschen. Die Ausübung der Heilkunde einschließlich der Zahnheilkunde und der Tierheilkunde ist ihnen verboten; die Bestallungen jüdischer Zahnärzte, Tierärzte und Apotheker sind mit dem 31. Januar 1939 erloschen. Juden können nicht als Apotheker bestallt werden; sie können keine Apotheken pachten und müssen Apotheken, deren Besitzer sie sind, verpachten.

Juden ist ferner verboten die Ausübung des Bewachungsgewerbes, die gewerbsmäßige Auskunfterteilung, der Handel mit Grundstücken, die Immobilien- und Darlehnsvermittlung, die Haus- und Grundstücksverwaltung, die Heiratsvermittlung, das Fremdenführergewerbe; der Wandergewerbeschein und die Legitimationskarte zum Aussuchen von Warenbestellungen oder zum Aufkaufen von Waren sind ihnen zu versagen. Der Betrieb von Einzelhandelsverkaufsstellen, Versandgeschäften und Bestellkontoren, sowie der Betrieb eines Handwerks ist Juden seit dem 1. Januar 1939 untersagt. Gleiches gilt für das Angebot von Waren auf Märkten und Messen. Auch können Juden nicht mehr Betriebsführer im Sinne des Arbeitsordnungsgesetzes sein. Schließlich können sie einer Genossenschaft nicht mehr angehören.

Jeder Jude hat sein gesamtes in- und ausländisches Vermögen bei den zuständigen Verwaltungsstellen anzumelden. Jüdische Gewerbebetriebe, d. h. Unternehmungen, deren Inhaber oder deren Gesellschafter Juden sind oder in deren Vorstand oder Aufsichtsrat Juden als Mitglieder sind oder an deren Kapital oder Stimmrecht Juden entscheidend beteiligt sind, werden in ein Verzeichnis eingetragen; die öffentliche Kennzeichnung dieser Betriebe ist vorbehalten. Einem Juden kann aufgegeben werden, seinen Gewerbebetrieb zu veräußern oder abzuwickeln; zur einstweiligen Fortführung des Betriebes kann in diesem Fall ein Treuhänder bestellt werden. Ferner kann einem Juden aufgegeben werden, sein land- und forstwirtschaftliches Vermögen oder sein sonstiges Grundeigentum zu veräußern. Grundstücke, grundstücksgleiche Rechte und Rechte an Grundstücken können von einem Juden durch Rechtsgeschäft nicht erworben werden. Die Verfügung über Grundstücke und grundstücksgleiche Rechte bedarf der behördlichen Genehmigung. Wertpapiere sind bei einer Devisenbank in Depot zu legen. Juwelen, Schmuck und Kunstgegenstände dürfen durch Juden nicht erworben, nicht verpfändet und nicht freihändig veräußert werden. Gegenstände aus Gold, Platin oder Silber sowie Edelsteine und Perlen sind an die öffentlichen Ankaufsstellen abzuliefern. Das Halten von Kraftfahrzeugen ist Juden untersagt; die Fahrerlaubnis ist ihnen entzogen. Mietverträge mit Juden können unter Einhaltung der gesetzlichen Kündigungsfrist gelöst werden.

Im Steuerrecht werden Kinderermäßigungen für Juden nicht gewährt. Reisepässe von Juden müssen besonders gekennzeichnet sein; Juden unterliegen außerdem dem Kennkartenzwang. Juden dürfen nur bestimmte Vornamen beigelegt werden, die in einer vom Reichsminister herausgegebenen Liste zusammengestellt sind. Soweit es im Rechts- und Geschäftsverkehr üblich ist, den Namen anzugeben, müssen Juden wenigstens einen Vornamen angeben. Im Falle der Hilfsbedürftigkeit von Juden hat die freie jüdische Wohlfahrtspflege einzugreifen. Vom aktiven Wehr- und Arbeitsdienst sowie vom Dienst in der Hitlerjugend sind Juden ausgeschlossen ... Das Hissen der Reichs- und Nationalflagge und das Zeigen der Reichsfarben ist Juden verboten.«

DW 397/217—224; 138—242; vgl. Lit. zu § 78. — K. DÖRNER, Nat.soz. u. Lebensvernichtung, VfZG 15 (1967); L. GRUCHMANN, Euthanasie u. Justiz im Dritten Reich, VfZG 20 (1972); Hedwig CONRAD-MARTIUS, Utopien der Menschenzüchtung. Der Sozialdarwinismus u. seine Folgen (1955), ferner ZMARZLIK (§ 51, Anm. 11). — Der Erforschung des nat.soz. Kampfes gegen das Judentum widmen sich neben dem Inst. f. Zeitgesch. in München mehrere ausländische Stellen; Überblick u. Beschreibung in W. BENZ, Quellen zur Zeitgesch. (Dt. Gesch. seit dem Ersten Weltkrieg 3, 1973), S. 57 ff. — G. KISCH / K. ROEPKE, Schriften zur Gesch. der Juden. Eine Bibliographie der in Dtld. u. der Schweiz 1922—1955 erschienenen Diss. (1959); J. ROBINSON / P. FRIEDMAN, Guide to Jewish History under Nazi Impact (New York 1960). — Fortlaufende bibliograph. Angaben im Jahrbuch des Leo Baeck Inst. (London 1956 ff.). — Zur Gesch. des Judentums in Dtld.: Wanda KAMPMANN, Deutsche u. Juden. Studien zur Gesch. des dt. Judentums (1963), sehr informative Darstellung der Gesch. der Juden in Dtld. vom Mittelalter bis zum 1. Weltkrieg; R. WELTSCH (Hg.), Dt. Judentum. Aufstieg u. Krise. Gestalten, Ideen, Werke (1963); E. HAMBURGER, Juden im öffentl. Leben Dtlds. Regierungsmitglieder, Beamte u. Parlamentarier in der monarch. Zeit 1848 bis 1918 (1968); J. TOURY, Die polit. Orientierungen der Juden in Dtld. Von Jena bis Weimar (1966). — Zum Antisemitismus: K. THIEME (Hg.), Judenfeindschaft. Darstellung u. Analysen (Tb. 1963), knappe Darlegung der verschiedenen Wurzeln der Judenfeindschaft seit dem Altertum; Eva G. REICHMANN, Die Flucht in den Haß. Die Ursachen der dt. Judenkatastrophe (1956); Eleonore STERLING, Judenhaß. Die Anfänge des polit. Antisemitismus in Dtld. 1815—1850 ([2]1969); P. G. J. PULZER, Die Entstehung des polit. Antisemitismus in Dtld. u. Österreich 1867—1914 (a. d. Amerik. 1966); M. BROSZAT, Die antisemit. Bewegung im Wilhelmin. Dtld. (Diss. Köln 1952); H. G. GERLACH, Agitation u. parlamentar. Wirklichkeit der dt. Antisemiten-Parteien 1873—95 (Diss. Kiel 1956); W. E. MOSSE (Hg.), Entscheidungsjahr 1932. Zur Judenfrage in der Endphase der Weimarer Republik (1965); A. PAUCKER, Der jüdische Abwehrkampf gegen Antisemitismus u. Nat.soz. in den letzten Jahren der Weimarer Republik ([2]1969); vgl. auch die Lit. o. S. 153 f. — Zur NS-Judenpolitik verschiedene Beiträge in Gutachten des Inst. f. Zeitgesch. (2 Bde. 1958 u. 1966); U. D. ADAM, Judenpolitik im Dritten Reich (1972); K. DROBISCH / R. GOGUEL / W. MÜLLER, Juden unterm Hakenkreuz, Verfolgung u. Ausrottung der dt. Juden 1933—1945 (Berlin-Ost 1973); H. GENSCHEL, Die Verdrängung der Juden aus der Wirtschaft im Dritten Reich (1966); A. G. v. OLENHUSEN, Die »nichtarischen« Studenten an den dt. Hochschulen. Zur nat.soz. Rassenpolitik 1933 bis 1945, VfZG 14 (1966); H. GÖPPINGER, Die Verfolgung der Juristen jüdischer Abstammung durch den Nat.soz. (1963). — Wichtige Dokumentation: L. POLIAKOV / J. WULF (Hg.), Das Dritte Reich u. die Juden (1955); B. BLAU, Das Ausnahmerecht für die Juden in Dtld. 1933—45 (3. Aufl. 1965). — Zum Schicksal der Juden im Hitlerreich aufschlußreich u. eindrucksvoll die Erinnerungen des Romanisten V. KLEMPERER, »LTI«. Die unbewältigte Sprache. Aus dem Notizbuch eines Philologen (1949, Tb. 1969); ferner die in den letzten Jahren erschienenen Veröffentlichungen über einzelne Gebiete u. Städte, u. a. H.-J. FLIEDNER (Hg.), Die Judenverfolgung in Mannheim 1933—1945. Darstellung u. Dokumente (2 Bde., 1971); P. SAUER, Die Schicksale der jüd. Bürger Baden-Württembergs während der nat.soz. Verfolgungszeit 1933—1945 (1969); J. FRAENKEL (Hg.), The Jews of Austria. Essays on their Life, History and Destruction (London 1967).

1) K. BINDING / A. HOCHE, Die Freigabe der Vernichtung lebensunwerten Lebens ([2]1922); dagegen E. MELTZER, Das Problem der Abkürzung ›lebensunwerten‹ Lebens

(1925); zur Auseinandersetzung mit Binding / Hoche: W. v. BAEYER, Die Bestätigung der NS-Ideologie in der Medizin unter bes. Berücksichtigung der Euthanasie, in: Universitätstage 1966 der FU Berlin. Nat.soz. u. die dt. Universität (1966), u. K. D. ERDMANN, »Lebensunwertes Leben«, GWU 26 (1975). 2) Völk. Beob., Bayernausg. 7. Aug. 1929, zit. K. DÖRNER, Nat.soz. u. Lebensvernichtung, S. 131. 3) RGBl. 1933 I, Nr. 86; Kommentar: A. GÜTT / E. RÜDIN / F. RUTTKE, Gesetz zur Verhütung erbkranken Nachwuchses (1934). 4) H. NACHTSHEIM, Für u. wider die Sterilisierung aus eugenischer Indikation (1952), gibt Überblick über die Sterilisierungsgesetzgebung u. ihre Anwendung außerhalb Dtlds.; ders., Das Gesetz zur Verhütung erbkranken Nachwuchses aus dem Jahre 1933 in heutiger Sicht, in: Ärztl. Mitteilungen 47/59 (1962), S. 1640 ff.; Diskussion hierzu ibid., S. 2515 ff. 5) Lat. u. dt. autorisierte Ausg. Freiburg 1931. 6) Mit welchem Grade von Zustimmung oder Vorbehalten dies geschah, ist eine Frage, die noch genauer Untersuchung bedarf. Sehr unterschiedlich beurteilt wird die Einstellung der dt. Psychiatrie bei K. DÖRNER, Nat.soz. u. Lebensvernichtung, der eine Prädisponiertheit u., mit Ausnahmen, eine Bereitwilligkeit zur Unterstützung der eugenischen Maßnahmen des Regimes bis hin zur Lebensvernichtung feststellen zu können meint, u. W. SCHULTE, »Euthanasie« u. Sterilisation im Dritten Reich, in: A. FLITNER (Hg.), Dt. Geistesleben u. Nat.soz. (1965), der zu der Feststellung gelangt, daß der eine oder andere die Sterilisationsgesetze bejaht habe, die meisten jedoch sie »als ungeheure Belastung u. Infragestellung ihrer Arbeit empfunden hätten«. 7) Vgl. K. DÖRNER, Nat.soz. u. Lebensvernichtung, S. 138. 8) Zu den Gutachtern gehörte der angesehene Kinderarzt Prof. W. CATEL. Seine Schrift: Grenzsituationen des Lebens. Beitrag zum Problem der begrenzten Euthanasie (1962), zeigt die Schwierigkeit der Beurteilung der hier behandelten Probleme u. der in sie verstrickten Personen; ders., Leidminderung richtig verstanden (1966); ders., Leben im Widerstreit. Bekenntnisse eines Arztes (1974). — Zu den Einzelheiten des Verfahrens der Kinderaktion s. bes. die in § 78, Anm. 23 genannten Schriften von G. SCHMIDT u. H. EHRHARDT. 9) RGBl. 1935 I, Nr. 100; J. WULF, Die Nürnberger Gesetze (1960); grundlegend für das Folgende jetzt U. D. ADAM, Judenpolitik im Dritten Reich. 10) H. HEIBER, Der Fall Grünspan, VfZG 5 (1957). 11) H. GRAML, Der 9. Nov. 1938, in: Parlament B 45 (1953); H. MOMMSEN, Der nat.soz. Polizeistaat u. die Judenverfolgung von 1938, VfZG 10 (1962); H. GENSCHEL, Die Verdrängung der Juden aus der Wirtschaft im Dritten Reich (1966). 12) W. FEILCHENFELD / D. MICHAELIS / L. PINNER, Haavara-Transfer nach Palästina u. Einwanderung dt. Juden 1933—1939 (1972). 13) Ohne hier im einzelnen auf den Antisemitismus vor dem Ersten Weltkrieg eingehen zu können, sei darauf hingewiesen, daß sich die Forderung nach der Vernichtung des Judentums mehr oder weniger verklausuliert wiederholt findet, bes. kraß z. B. in den von der Deutsch-Sozialen Reformpartei angenommenen Leitsätzen vom 10. Sept. 1899 (WIPPERMANN, Bd. 2, S. 71). Darin heißt es, im zwanzigsten Jahrhundert werde »die Judenfrage eine Weltfrage sein und als solche von den anderen Völkern gemeinsam und endgültig durch völlige Absonderung und — wenn es die Notwehr gebietet — schließliche Vernichtung des Judenvolkes gelöst werden«. 14) E. R. HUBER, Verfassungsrecht des Großdt. Reiches (1939), S. 181 ff.

§ 61 Nationalsozialistische Schulpolitik

Wie in jedem totalitären Staat, so wurde auch im nationalsozialistischen Deutschland die »Erziehung« als ein wesentliches Instrument für die Verwirklichung der von der Partei gesetzten politischen Zwecke angesehen. »Das Wesentliche der Revolution« war nach Hitler »nicht die Machtübernahme, sondern die Erziehung des Menschen.«[1]) Das Regime war seinem Selbstverständnis nach ein »Erziehungsstaat«, in dem eine Reihe unterschiedlicher »Erziehungsmächte«, unter ihnen die Schule als eine neben anderen, tätig waren und in dem die »Erziehungshoheit« teils bei den staatlichen Kulturbehörden, teils bei der Partei lag. Im staatlichen Bereich wurde den Ländern die Schulhoheit genommen. Das preußische Kultusministerium übernahm am 1. Mai 1934 unter Bernhard Rust die Aufgabe einer zentralen Schulbehörde des Reiches als »Reichs- und Preußisches Ministerium für Wissenschaft, Erziehung und Volksbildung«. Die Zuständigkeit für Kunst blieb charakteristischerweise dem Reichspropagandaministerium vorbehalten, und für die traditionell vom Kultusministerium verwalteten kirchlichen Angelegenheiten wurde 1935 ein eigenes Reichskirchenministerium unter Kerrl geschaffen. In den auf diese Weise zentralisierten, aber sachlich begrenzten Aufgabenbereich des Erziehungsministers regierten mehrere Parteidienststellen hinein, insbesondere der für die gesamte politische Schulung verantwortliche Reichsorganisationsleiter Robert Ley, der Führer der Hitlerjugend Baldur v. Schirach und der Leiter der Prüfungsstelle für das amtliche Schrifttum der NSDAP Philipp Bouhler, der u. a. die Schulbücher und Lehrmittel zensierte. Verhältnismäßig gering war daneben der Einfluß des »Beauftragten des Führers für die Überwachung der gesamten geistigen und weltanschaulichen Schulung und Erziehung der NSDAP« Alfred Rosenberg. Schließlich ist noch die z. T. starke Einflußnahme der SS auf die Schulpolitik des Erziehungsministeriums zu nennen. Das Neben-, In- und Gegeneinander der verschiedenen für Erziehungsfragen zuständigen Dienststellen ist ein charakteristisches Beispiel für den Kompetenzwirrwarr im Hitlerreich.

Was wurde nun im Zeichen des Nationalsozialismus aus den drei großen Fragen, die die Schulpolitik in der Zeit der Weimarer Republik beherrscht hatten, nämlich Strukturreform, pädagogische Reform und Verhältnis von Kirche und Schule? In der Struktur der Bildungseinrichtungen hat der Nationalsozialismus das traditionelle dreigliedrige, auf der von der Weimarer Republik geschaffenen vierjährigen Grundschule aufbauende Schulsystem mit einigen Veränderungen beibehalten. Dem rassenbiologischen Grunddogma entsprach der Gedanke vorgegebener Begabungstypen mit frühzeitiger Auslese für weiterführende Schulen. Deren bisherige Vielfalt wurde auf drei Formen beschränkt: Oberschule für Jungen, Oberschule für Mädchen je mit naturwissenschaftlichem und sprachlichem Zweig und in begrenztem Umfang humanistisches Gymnasium. Der Koedukationsgedanke der modernen Pädagogik, der sich allerdings in der Weimarer Zeit nicht hatte durchsetzen können, wurde von den Nationalsozialisten gänzlich verworfen. Aus bevölkerungs-, wehr- und wirtschaftspolitischen Gründen verordnete Rust 1936 im Zeichen des Vierjahresplans den Wegfall des dreizehnten Schuljahres. In der Berufsbildung hielt man am dualen System fest. Hier beanspruchte für die betriebliche Ausbildung die Arbeitsfront die entscheidende politische Steuerungsfunktion. Dem von Robert Ley propagierten Ziel, daß jeder deutsche Arbeiter ein Facharbeiter sein solle, diente die in die Kompetenz des Erziehungsministeriums verlagerte intensive Förderung von Fach-, Techniker- und Ingenieurschulen. Der besondere Wert, den man einer praxisorientierten beruflichen gegenüber einer theoretisch-akademischen Bildung beilegte, fand seinen Ausdruck in den alljährlich mit großem Propagandaaufwand durchgeführten Reichsberufswettkämpfen. Man sorgte dafür, daß den Siegern dieser Wettkämpfe ebenso wie den qualifizierten Abgängern der höheren Fachschulen der Übergang zur Technischen Hochschule offenstand.

Wie stand es überhaupt mit der sozialen Forderung des Parteiprogramms nach »Ausbildung geistig besonders veranlagter Kinder armer Eltern ohne Rücksicht auf deren Stand oder Beruf auf Staatskosten«? Daß mit dieser Forderung nicht eine breit angelegte Förderung der Volksschüler gemeint war, ergibt sich aus der von den Nationalsozialisten durchgeführten Senkung des Niveaus der Volksschullehrerausbildung. Die preußischen pädagogischen Akademien verloren ihren Charakter als wissenschaftliche Hochschulen. Reichseinheitlich wurden Hochschulen für Lehrerbildung geschaffen, denen später im Kriege Lehrerbildungsanstalten unter Verzicht auf das Abitur als Eingangsvoraussetzung folgten. Die soziale Zusammensetzung der Schülerschaft auf den weiterführenden allgemeinbildenden Schulen blieb im wesentlichen die gleiche wie in der Weimarer Zeit. Stärker als auf den höheren Schulen war der Anteil von Arbeiterkindern auf den politischen Ausleseschulen[2]), die in Konkurrenz von Staat und Partei geschaffen wurden. Eine Gründung des Erziehungsministeriums waren die

»Nationalpolitischen Erziehungsanstalten«[3]). Die Auslesekriterien für die Zulassung standen in der von Hitler selbst als Erziehungsziel dieser Schulen genannten Prioritätenfolge: »körperlich hart, charakterlich fest und geistig elastisch«[4]). Sie dienten der Heranbildung einer politisch bewußten Führungselite für die Berufe, die eine höhere Schulbildung voraussetzten. So blieb der Lehrplan auch an der Vermittlung von Kenntnissen entsprechend den Erfordernissen der Oberschule orientiert und schloß mit dem Abitur. Im Unterschied hierzu wurde in den von Partei und HJ gegründeten »Adolf-Hitler-Schulen«[5]) das antiintellektuelle, politisch-elitäre Erziehungsziel stärker ausgeprägt. Hier trat an die Stelle eines Schulzeugnisses, das über Fächerqualifikation Auskunft gegeben hätte, eine Beurteilung für die Parteiakten. Dennoch wurde auf Befehl Hitlers das Abschlußdiplom mit dem Abitur gleichgesetzt und berechtigte zum Hochschulbesuch. Eine Stufe darüber standen im politischen Erziehungsgang der Ausgelesenen und Privilegierten drei sogenannte »Ordensburgen«[6]), deren Absolventen nach einem dreijährigen Lehrgang sich ausrechnen mochten, besondere Chancen des Fortkommens im Herrschaftsapparat zu besitzen. Von einer klaren hierarchischen Folge dieser verschiedenen Stufen politischer Erziehung konnte jedoch keine Rede sein. Die »Ordensburgen« besaßen keinerlei objektive Eingangsqualifikationen und kein objektivierbares Lehrgangsziel. Sie waren neben dem im Vordergrund stehenden physischen Training abgestellt auf Gehorsamsdrill gegenüber dem Führerbefehl und auf geistige Unterordnung unter die NS-Doktrin. Der romantisierende Name der »Ordensburgen«, dem ihre architektonische Gestaltung entsprach, und das von Robert Ley forcierte elitäre Bewußtsein der »Junker«, einem »Orden« anzugehören, kontrastierten mit der Inhaltsleere der Ausbildung. Die Arroganz solcher Ansprüche stieß auf Abwehrreaktionen unter dem normalen Funktionärsvolk der Partei. Die tatsächlichen Aufstiegschancen, die die Ordensburgen vermitteln sollten, blieben unbestimmt. Die Absolventen wurden während des Krieges mit Vorliebe in den annektierten Ostgebieten verwendet. In der nur kurzen Dauer der NS-Herrschaft konnte das System der gestuften politischen Eliteausbildung nicht voll zur Auswirkung gelangen. Deutlich ist jedoch der Nivellierungseffekt in der sozialpsychologischen Wirkung: das nationalsozialistische Deutschland praktizierte die Überzeugung, daß die ständische oder berufliche Zugehörigkeit zu einer der traditionellen Führungsschichten der deutschen Gesellschaft kein politisches Führungsprivileg bedeutete.

Neben den Schulen und Ordensburgen waren Hitlerjugend und Arbeitsdienst wesentliche Elemente des nationalsozialistischen Erziehungssystems. Beide erhielten den Charakter von monopolistischen Organisationen, die jeder Junge und jedes Mädchen zu durchlaufen hatte. Dem Gleichschaltungsprozeß der ersten Jahre nach 1933 fielen alle nicht-nationalsozialistischen Jugendorganisationen, unter ihnen die der bündischen Jugend und der kirchlichen Jugend wie zuvor der Arbeiterjugend und der politischen Jugendgruppen, zum Opfer.

Durch Gesetz vom 1. Dezember 1936 wurde die Parteijugend zur Staatsjugend; v. Schirach erhielt den Titel »Jugendführer des Deutschen Reiches«. Die Hitlerjugend[7]) (mit ihren Untergliederungen Jungvolk, Jungmädelbund und Bund deutscher Mädel) umfaßte zu Beginn der nationalsozialistischen Herrschaft ca. 100 000 Mitglieder und bei Kriegsbeginn als Pflichtorganisation der Jugendlichen zwischen 10 und 18 Jahren ca. 8 Millionen. Steht diese Mammutorganisation im Zusammenhang mit der letzten Phase der Jugendbewegung, die mit dem Wandervogel begann und mit der bündischen Jugend endete?[8]) Die Frage ist nicht mit einem einfachen Ja oder Nein zu beantworten. In der bündischen Jugend galt wie in der Hitlerjugend der Grundsatz, daß Jugend von Jugend geführt werden solle. Aber anstelle der in der Jugendbewegung üblichen freien Wahl des Gruppenführers oder spontaner Gruppenbildung durch einen solchen trat in der Hitlerjugend ein von oben her eingesetzter Funktionärsapparat mit besoldeten Stellungen bei den oberen Chargen. In der bündischen Jugend war wie in der Hitlerjugend der Parteienstaat durchweg mit Skepsis betrachtet oder abgelehnt worden. Abseits der modernen Gesellschaft hatte die Jugendbewegung versucht, eine eigene Jugendwelt aufzubauen. Sie hat dabei vor allem in der Jugendmusik und im Laienspiel alte Kulturschätze zu neuem Leben gebracht. Form- und Stilelemente der Jugendbewegung fanden Eingang auch in die Hitlerjugend, besonders beim Jungvolk, in dem nicht wenige bündische Führer tätig wurden. Die Gedankenwelt der Konservativen Revolution, der Mythos von Führer und Volk und »Drittem Reich« hatte ein Echo in der Romantik der zumeist unpolitischen bündischen Jugend gefunden, so daß viele »Bündische« von der Begeisterung des 30. Januar 1933 miterfaßt wurden und sich der Hitlerbewegung anschlossen. Manche Führer der bündischen Jugend huldigten auch allzu beflissen dem neuen Regime in dem Bestreben, die Eigenständigkeit der im März 1933 zum Großdeutschen Bund zusammengeschlossenen bündischen Jugend zu bewahren. Dem ideologischen und organisatorischen Totalitätsanspruch der Hitlerjugend sich freiwillig zu beugen, waren die Jugendbünde, auch wo sie sich zur »nationalen Revolution« bekannten, im allgemeinen jedoch nicht bereit. Mit Gewalt besetzte die Hitlerjugend am 5. April 1933 die Geschäftsstelle des Reichsausschusses der Deutschen Jugendverbände in Berlin und verdrängte den Vorstand. Dessen Geschäftsführer Hermann Maass, der aus der sozialistischen Jugendbewegung kam und wie mancher andere aus den bündischen, politischen und kirchlichen Jugendorganisationen den Weg in den Widerstand[9]) fand, wurde nach dem 20. Juli 1944 hingerichtet. Im Grunde stand die Hohen-Meißner-Formel von der Selbstbestimmung des Menschen in vollem Gegensatz zu dem Ungeist, der sich in dem byzantinischen Führerkult der Hitlergedichte Baldur v. Schirachs ebenso kundtat wie in der Hochstilisierung des Verzichts auf eigenes Denken und der Blindheit des Gehorsams zu politischen Tugenden.

Auch die durch Reichsgesetz am 26. Juni 1936 eingeführte halbjährige Arbeitsdienstpflicht[10]), zunächst für Jungen, später auch für Mädchen, hatte bestimmte Wurzeln in der vornationalsozialistischen Zeit. Gruppen der bündischen Jugend (Deutsche Freischar) hatten auf ihren Balkanfahrten den obligatorischen Arbeitsdienst in Bulgarien kennengelernt. Durch Mitarbeit dort sammelten sie Erfahrungen, die sie in eigenen freiwilligen Lagern verwendeten und in die während der Krisenjahre entstehende Arbeitsdienstbewegung einbrachten. Deren Träger waren Kirche, bündische Jugend und Verbände der politischen Rechten. Sie war angesichts der Not von Hunderttausenden arbeitsloser Jugendlicher entstanden, die man aus ihrer Hoffnungslosigkeit herausreißen und in ein sinnvolles Gruppenleben und nützliche Arbeit eingliedern wollte. Der Gedanke der Volksgemeinschaft spielte als sekundäres Motiv mit hinein. Im nationalsozialistischen staatlichen Reichsarbeitsdienst hingegen trat neben dem in den ersten Jahren noch wirksamen Beweggrund, Arbeitslose von der Straße zu bringen, die politische Erziehungsfunktion in den Vordergrund. Der Arbeitsdienst sollte durch seine Betonung von Wert und Ehre körperlicher Arbeit Standesvorurteile abbauen helfen. Im Jargon der Zeit waren »Arbeiter der Stirn und der Faust« gleichwertig. Ohne Zweifel ist der Arbeitsdienst eines der wesentlichsten Instrumente in jenem gesellschaftlichen Egalisierungsprozeß gewesen, den man in der neueren Forschung als die »braune Revolution« bezeichnet hat[11]). Diesem »deutschen Sozialismus« entsprach es, daß auch in der Wehrmacht, der »Schule der Nation«, nach Wiedereinführung der allgemeinen Dienstpflicht keine ständischen Privilegien in der Art der im kaiserlichen Heer bestehenden verkürzten Dienstzeit für die Einjährigen mehr gewährt wurden.

Die Absicht, Erziehungsvorrechte bestimmter gesellschaftlicher Schichten abzubauen, hat im Schulwesen zur schrittweisen Zurückdrängung und schließlich fast gänzlichen Aufhebung aller Privatschulen geführt. In vielen Fällen wurden hierbei private Heimschulen, die in der Weimarer Zeit das eigentliche Versuchsfeld pädagogischer Neuerungen gewesen waren und die aus der Entwicklung fortschrittlicher Erziehungsmethoden nicht wegzudenken sind, in staatliche Heimschulen umgewandelt und damit der gleichförmigen Norm politischer Indoktrination unterworfen.

Denn inhaltlich stand aller Unterricht in der Schule ebenso wie das Leben in den außerschulischen »Erziehungsmächten« unter dem Primat der politischen Überzeugungsschulung. In den Adolf-Hitler-Schulen, auf den Ordensburgen, in der Hitlerjugend und in den übrigen Formationen der Partei geschah dies in einer direkteren und gröberen Weise, als es im Schulunterricht möglich war, der auch jetzt durch den üblichen vorgegebenen Fächerkanon im wesentlichen bestimmt blieb. Das galt insbesondere für die höhere Schule. Wie tiefgreifend die Umwertung der Werte aber auch hier trotz weiterwirkender Traditionselemente war, zeigen die vom Erziehungsministerium 1938 herausgegebenen reichseinheitlichen Lehrplananweisungen[12]). In einer grundsätzlichen Einleitung grenzte sich die nationalsozialistische höhere Schule gegen die der Weimarer Zeit ab. Es ging hierbei um die Richertsche Reform, durch die 1925 die »Deutsche Oberschule« geschaffen worden war (vgl. § 45). Zwar sei es damals, so hieß es jetzt, auch um Nationalerziehung gegangen, aber um eine falsch verstandene, rückwärtsgewandte, politisch unentschiedene, am Bildungsidealismus des 19. Jahrhunderts orientierte. Die Weimarer Reformer hätten geglaubt, »durch eine Reform des Bildungswesens das einzuholen, was wir an politischer Macht verloren hatten«. Mit einer solchen Kritik am »pädagogischen Optimismus« der Weimarer Zeit trafen die Verfasser dieser nationalsozialistischen Richtlinien zugleich die idealistische Grundüberzeugung der preußischen Bildungsreform der Humboldt-Zeit, die von dem Gedanken geleitet gewesen war, der Staat müsse durch geistige Kräfte ersetzen, was er an materiellen verloren hatte. Und im Gegensatz zu den preußischen Reformern, die den Ertrag einer autonomen Bildung für die politische Erneuerung in der durch die Zucht wissenschaftlicher Arbeit gewonnenen Charakterformung sahen, wurde jetzt in den nationalsozialistischen Richtlinien einem politischen Dezisionismus das Wort geredet: Durch die vorgegebene politische Tat werde der Erziehung Ziel und Richtung gegeben. Im Rahmen eines so geforderten Vorranges der Politik vor der Pädagogik mit dem Ziel, den tätigen, nicht den beschaulichen Menschen zu bilden, wurden nun allerdings eine Reihe von Gedanken ausgesprochen, die von traditionellen pädagogischen Überzeugungen geprägt waren: so das Leistungsprinzip, so der Gedanke, zur nationalen Selbsterkenntnis dadurch zu gelangen, daß man »über die Grenzen seines Volkes hinauszuschauen« und »Achtung vor dem Lebensrecht anderer Völker« lerne, so vor allem die Forderung, daß die höhere Schule zur Selbständigkeit des Denkens erziehen solle, zu »wissenschaftlicher Gediegenheit, Sachlichkeit und Wahrhaftigkeit«. Wenn es in den Richtlinien ferner heißt, daß »Logik und das unerbittliche Gesetz der Sachlichkeit ... nicht die schlechtesten Erzieher des Charakters« seien, so liest sich dies wie eine Absage an ideologische Indoktrination. Ob es sich nun bei solchen Formeln um die gedankenlose Übernahme gewohnter Begriffe handelte oder ob sie bewußt von Mitarbeitern des Ministeriums, die noch nicht ganz der neuen Lehre verfallen waren, in den Text hineingebracht worden sind, die Stoffpläne im einzelnen zeigen, in welcher Weise der Unterricht nach der Absicht des Ministeriums zu einer nationalsozialistischen Weltanschauungsschulung umfunktioniert werden sollte. Das gilt neben den weltanschaulichen Zentralfächern Biologie, Deutsch und Erdkunde insbesondere auch für die Lehrpläne in Geschichte[13]). Sie waren, von der Antike abgesehen, fast gänzlich auf den Unterricht in deutscher Geschichte beschränkt. Negativ wurde die Geschichte in das Beurteilungsraster von Antisemitismus, Antiliberalismus, Antikapitalismus und Antimarxismus hineingepreßt. Ohne den geringsten Ansatz eines kritischen Kulturvergleichs wurde die »nordische Rasse« zur zentralen Bewertungsnorm erhoben. Als die eigentliche geistige Gegenmacht gegen deren und des deutschen Volkes Tugenden erschien das Christentum. Wo es in diesen Lehrplänen beim Gang durch die Geschichte auftaucht, wird es negativ bewertet. Die folgenden Schlagworte kennzeichnen das Beurteilungsschema: »Bruch in der germanisch-deutschen Kulturentwicklung«, »mittelmeerische Überfremdung«, die »völkischen Werte« von Luthers religiöser Tat, die »Machtansprüche der Kirche«, die »überstaatlichen Bindungen des Zentrums« usw.

Es ist charakteristisch, daß sich die Richtlinien des Reichserziehungsministeriums über den Religionsunterricht nicht äußerten. Dies führte zu der Frage nach dem Verhältnis zwischen dem nationalsozialistischen Erziehungswesen und der Kirche, die als Erziehungsmacht ausgeschaltet werden sollte. Wie entwickelte sich die Stellung von Religionsunterricht und Konfessionsschule? Hitler hatte in seiner Regierungserklärung vom 23. März 1933 zugesichert, daß die nationale Regierung »in Schule und Erziehung den christlichen Konfessionen den ihnen zukommenden Einfluß einräumen und sicherstellen« werde. Für die katholische Kirche hatte zudem das Konkordat vom 20. Juli 1933[14]), Art. 19—22 die schulischen Rechte noch einmal ausdrücklich bestätigt. Hier wurde der Religionsunterricht als ordentliches Lehrfach und sogar ein kirchliches Aufsichtsrecht zugestanden. Für den evangelischen Religionsunterricht erhob die Partei in der Zeit des Kirchenkampfes die Forderung, ihn im Sinne der Deutschen Christen umzugestalten. Dies bedeutete mit den Worten eines charakteristischen württembergischen Ministerialerlasses, daß »Stoffe, die dem Sittenempfinden der germanischen Rasse widersprechen, im Unterricht nicht zu behandeln sind. Gewisse Teile des Alten Testaments können daher für den Unterricht nicht in Frage kommen, andere werden stark in den Hintergrund treten müssen.« Es solle vermieden werden, »daß durch Einflüsse, die der nationalsozialistischen Weltanschauung entgegenstehen, irgendein Zwiespalt in die Seele der jungen Menschen hineingetragen wird«[15]). Andere Nationalsozialisten gingen weiter. Sie waren der Meinung, man müsse den Religionsunterricht überhaupt abschaffen und durch einen nationalsozialistischen Weltanschauungsunterricht ersetzen[16]). Als die Spannungen zwischen den Kirchen und dem Staat zunahmen, wurden Schritt um Schritt dem an sich rechtlich gesicherten Religionsunterricht zunehmende Schwierigkeiten bereitet. Die folgenden, im einzelnen genannten Schritte sind ein Musterbeispiel dafür, wie durch ein totalitäres Regime eine Rechtsposition untergraben werden kann unter Aufrechterhaltung der Rechtsfassade: a) Geistliche wurden von der Erteilung des Religionsunterrichts ausgeschaltet; b) durch die Nichterstellung von reichseinheitlichen Lehrplänen wurde der Weg frei für Einzeleingriffe in den Religionsunterricht; c) die Abmeldung vom Religionsunterricht wurde Eltern und Schülern nahegelegt und durch Kampagnen der Hitlerjugend gefördert; d) Schulandacht und Schulgottesdienst wurden verboten; e) der Religionsunterricht wurde in Eckstunden verlegt, um die Abmeldung zu fördern; f) an den Hochschulen für Lehrerbildung wurden die religionspädagogischen Lehrstühle nicht besetzt, an den Lehrerbildungsanstalten waren sie überhaupt nicht mehr vorgesehen; g) an den Nationalpolitischen Erziehungsanstalten und an den Adolf-Hitler-Schulen wurde der Religionsunterricht abgeschafft; h) durch Erlaß des Reichserziehungsministeriums vom 20. März 1940 wurde der Religionsunterricht auf die Dauer der Vollzeitschulpflicht beschränkt und damit für die oberen Klassen der höheren Schule aufgehoben; i) der Nationalsozialistische Lehrerbund, in dem sich der Antiklerikalismus großer Teile der früheren Volksschullehrerschaft mit der Christentumsfeindlichkeit des Nationalsozialismus verband, setzte sich zeitweise bei seinen Mitgliedern für die Niederlegung des Religionsunterrichts ein. In Abwehr dieses staatlichen Angriffs auf den Religionsunterricht bauten die Kirchen ihren eigenen katechetischen Unterricht stärker aus.

Zu den Rechten der Kirche gehörte auch die in den Zeiten der Weimarer Republik im allgemeinen aufrechterhaltene konfessionelle Gliederung der Volksschule (vgl. § 45). Ab 1935 setzte eine intensive Propaganda der Partei und des Nationalsozialistischen

Lehrerbundes zugunsten der Gemeinschaftsschule ein. Man verwandte hierbei das taktische Mittel von Elternbefragungen, wobei der von der Partei ausgeübte Druck vielfach den Elternwillen stärker zu bestimmen vermochte als der Einfluß, den die Kirche ausübte. 1938 hatte sich die Gemeinschaftsschule allgemein durchgesetzt. In ihr sah sich der noch verbleibende Religionsunterricht den oben aufgezählten Schikanen ausgesetzt. Auch die konfessionelle Gliederung der Lehrerausbildung wurde aufgehoben.

Der Kampf gegen die konfessionelle Schule ist ein deutliches Beispiel für die Zwielichtigkeit, in der schulpolitische Maßnahmen des NS-Regimes erscheinen mochten. Gegen die konfessionelle Schule konnten gute sachliche Argumente vorgebracht werden. Die Schaffung der nationalsozialistischen Gemeinschaftsschule galt jedoch nicht einer Verständigung zwischen den Konfessionen, sie diente der Entchristlichung des deutschen Volkes.

Der wahre Charakter der von einem humanen oder christlichen Leitbild gelösten nationalsozialistischen Erziehungspolitik zeigt sich in seiner ganzen Unmenschlichkeit, wenn man sich fragt, welches Schicksal dem Nachwuchs der »Minderrassen« zugedacht war. Die Kinder der unterworfenen Völker im Osten sollten durch die Zerschlagung aller weiterführenden Schulen auf ein Helotendasein vorbereitet werden (vgl. § 77). Die jüdischen Kinder, 1938 von den »deutschen« Schulen verwiesen (vgl. § 60), konnten zunächst besondere jüdische Schulen besuchen. Diese wurden im Kriege geschlossen. Im Zusammenhang der Endlösung wurden die noch in Deutschland verbliebenen jüdischen Lehrer und Schüler deportiert. Am Ende dieses Weges standen die Vernichtungslager.

G. GIESE u. Th. WILHELM s. S. 302; R. EILERS, Die nat.soz. Schulpolitik. Eine Studie zur Funktion der Erziehung im totalitären Staat (1963). H.-J. GAMM, Führung u. Verführung. Pädagogik des Nationalsozialismus (1964); hierzu Bespr. S. B. ROBINSOHN, On Nat.-Soc. Education, in: Comparative Education 2 (1966). K. C. LINGELBACH, Erziehung u. Erziehungstheorien im nat.soz. Dtld. (1970). H. STEINHAUS, Nationalsozialismus u. Pädagogik als Thema neuerer pädag. Standardliteratur, in: Neue Sammlung 10 (1970). — Nat.soz. Pädagogen: E. KRIECK, Nationalpolit. Erziehung ([24]1941). A. BÄUMLER, Politik u. Erziehung. Reden u. Aufsätze ([4]1943).

1) Rede vor SA-Führern 3.7.1933, zit. bei S. ESH, »Nationalpolit. Erziehung«. — Ein Eckpfeiler des Nationalsozialismus, in: Internat. Jb. f. Gesch. Unterricht 8 (1961/62), S. 129. 2) H. SCHOLTZ, Nat.soz. Ausleseschulen, Internatsschulen als Herrschaftsmittel des Führerstaates (1973). 3) H. UEBERHORST, Elite für die Diktatur. Die nationalpolit. Erziehungsanstalten 1933—1945. Ein Dokumentarbericht (1969). 4) H. PICKER (Hg.), Hitlers Tischgespräche im Führerhauptquartier 1941—42 (1963), S. 275. 5) D. ORLOW, Die Adolf-Hitler-Schulen, VfZG 13 (1965). 6) H. SCHOLTZ, Die »NS-Ordensburgen«, VfZG 15 (1967). 7) A. KLÖNNE, Hitlerjugend. Die Jugend u. ihre Organisation im Dritten Reich ([3]1960); W. KLOSE, Generation im Gleichschritt. Ein Dokumentarbericht (1964); H.-C. BRANDENBURG, Die Geschichte der HJ. Wege u. Irrwege einer Generation (1968). 8) M. JOVY, Dt. Jugend u. Nat.soz. Versuch einer Klärung ihrer Zusammenhänge u. Gegensätze (Diss. Köln 1952); Ulrike SCHMIDT, Über das Verhältnis von Jugendbewegung u. Hitlerjugend, GWU 16 (1965); vor allem die aus eigener Erfahrung geprägte kritische Betrachtung von K. O. PAETEL, Jugend in der Entscheidung 1913—1933—1945 ([2]1963). Zur Jugendbewegung grundlegend W. KINDT (Hg.), Dokumentation der Jugendbewegung (3 Bde. 1963—1974), umfaßt die Zeit von 1896 bis 1933; weitere Lit. s. S. 154. 9) Über Jugendwiderstand neben JOVY, op. cit., A. KLÖNNE, Gegen den Strom. Bericht über den Jugendwiderstand im Dritten Reich (1958). — Über den aus der Jugendbewegung kommenden, ebenfalls nach dem 20. Juli 1944 hingerichteten Pädagogen Adolf Reichwein: J. L. HENDERSON, A. R., eine polit.-päd. Biographie (1958); W. HUBER, A. R. u. das Erziehungsdenken im dt. Widerstand, in: Hamburger Mittel- u. Ostdt. Forschungen 7 (1970); Ursula SCHULZ (Hg.), Adolf Reichwein: ein Lebensbild aus Briefen u. Dokumenten (1974). 10) Vgl. § 59, Anm. 1. 11) D. SCHOENBAUM, Die braune Revolution. Eine Sozialgesch. des Dritten Reiches (a. d. Amerik. 1968); s. § 57, Anm. 20. 12) Erziehung u. Unterricht in der Höheren Schule.

Amtl. Ausg. des Reichs- u. Preuß. Min. f. Wiss., Erzieh. u. Volksbildung (1938) **13)** H. G. ZMARZLIK, Polit. Biologie im Dritten Reich, in: Der mathem. u. nat.wiss. Unterricht 19 (1966); D. KLAGGES, Geschichtsunterricht als nat.pol. Erziehung (⁴1938); F. SELMEIER, Das nat.soz. Geschichtsbild u. der Geschichtsunterricht 1933—1945 (Diss. München 1970). **14)** S. § 63, Anm. 8. **15)** So der württ. Kultusminister Mergenthaler in einem Erlaß vom April 1937, zit. bei Klara HUNSCHE, Der Kampf um die christl. Schule u. Erziehung 1933—45, in: Kirchl. Jb. f. d. Ev. Kirche in Dtld. 76 (1950), S. 488. **16)** So etwa M. Bormann an A. Rosenberg 22. 2. 1940, oder R. Heß an H. Göring 18. 4. 1940, in: L. POLIAKOV / J. WULF (Hg.), Das dritte Reich u. seine Denker (1959), S. 201 ff. u. 206 f.

§ 62 Die Universität im nationalsozialistischen Deutschland

Für die nationalsozialistische Weltanschauung war ein Dogmatismus kennzeichnend, der seinem Wesen nach zum Prinzip der Selbstverantwortlichkeit freier Forschung in unüberbrückbarem Gegensatz stand. In einem geistigen Klima, das von Schlagworten beherrscht wurde wie: »Der Führer hat immer recht« oder: »Gut ist, was dem Volke nützt«, konnte weder die Sachforschung noch die freie wissenschaftliche Bemühung um Maßstäbe des Denkens gedeihen. Hitlers Kampfschrift wie alle seine Äußerungen bis zum Ende zeugen von einer tiefen Abneigung gegen die Wissenschaft und die Intellektuellen. Die Wissenschaftspolitik des Nationalsozialismus war von dem Bestreben geleitet, die naturwissenschaftliche Forschung den Wirtschafts- und Rüstungsplänen nutzbar zu machen und aus den Geisteswissenschaften Argumente zur Rechtfertigung des eigenen Wesens und der eigenen Ziele zu gewinnen. Den bezeichnendsten Ausdruck hierfür hat der bayerische Kultusminister Hans Schemm geprägt, wenn er vor den Münchener Professoren erklärte: »Von jetzt ab kommt es für Sie nicht darauf an, festzustellen, ob etwas wahr ist, sondern ob es im Sinne der nationalsozialistischen Revolution ist.«[1])

Wie war das Verhältnis der Wissenschaft zu einer Bewegung, die so verächtlich von ihr dachte, und zu einem Staat, der dennoch für die Inganghaltung seiner Wirtschaft und für die Ausbildung seiner Fachleute auf sie angewiesen war? Die Antwort auf diese Frage ist zwiespältig. Es kann weder von einer »Selbstbehauptung der deutschen Universität« noch von einer vollständigen Umwandlung in eine »Braune Universität« die Rede sein. Zunächst ist festzustellen, daß es keinen Berufsstand gab, dem die neuen Machthaber mit solchem Mißtrauen gegenüberstanden und den sie glaubten, so weitreichend säubern zu müssen, wie den der Hochschullehrer. In der revolutionären Anfangsphase des Regimes wurden im Reichsdurchschnitt 14,34 % des akademischen Lehrkörpers und 11 % der Ordinarien entfernt[2]). Im Reichskultusministerium schätzte man, daß in den ersten fünf Jahren seit der Machtübernahme 45 % aller beamteten wissenschaftlichen Stellen neu besetzt wurden[3]). Zur Begründung dieses radikalen Aderlasses läßt sich eine Kette von Äußerungen anführen, die zeigen, daß vom Nationalsozialismus her gesehen die Universität völlig versagt hatte. So klagte etwa Rust am 7. Mai 1933 in der Aula der Berliner Universität die Professoren an, sie hätten sich ohne Kontakt zur Wirklichkeit in ihre Forschung eingekapselt: »Die Jugend marschierte, aber ... Sie waren nicht dabei ... Es verlieren nicht nur Könige ihre Kronen, es verlieren ganze Generationen das Recht der Erstgeburt, wenn sie vor den Problemen der Nation nicht bestehen.«[4])

Unter denen, die aus rassischen oder politischen Gründen Recht und Heimat verloren, waren Forscher von Weltrang wie die Physiker Einstein und Franck, der Theologe Tillich, der Jurist Heller und viele andere hervorragende Wissenschaftler. Diese sogenannte Säuberung der Universität geschah unter tumultuarischen Umständen. Studentischer Mob störte Vorlesungen mißliebiger Professoren, zerrte sie mit Gewalt vom Katheder, fand jedes Mittel der Ehrabschneidung, Verleumdung, Denunzierung und Brutalität recht, um die verhaßte bürgerliche Wissenschaft zu erledigen. Wes Geistes Kinder diese Studenten waren, bezeugt folgendes wirre Dokument. Am 13. April 1933 wurden in allen deutschen Universitäten zwölf Leitsätze der Studentenschaft »Wider den undeutschen Geist« angeschlagen. Darin hieß es u. a.: »Der Jude kann nur jüdisch denken, schreibt er deutsch, dann lügt er ... Jüdische Werke erscheinen in hebräischer Sprache. Erscheinen sie deutsch, sind sie als Übersetzung zu kennzeichnen ... Deutsche Schrift steht nur Deutschen zur Verfügung. Der undeutsche Geist wird aus öffentlichen Büchereien ausgemerzt ... Wir fordern die Auslese von Studenten und Professoren nach der Sicherheit des Denkens im deutschen Geiste.«[5]) Kurt Riezler, der damals aus seinem Amt als Kurator und Professor der Universität Frankfurt entfernt wurde, schrieb zu diesem Vorgang: »Wenn die Studentenschaft von sich aus bestimmen kann, wer zum Examen zugelassen wird, wenn die Studenten angehalten werden, die Vorlesungen der Dozenten nach politisch deutbaren Auslassungen zu überwachen oder gar sich anmaßen, über deutschen und undeutschen Geist von Büchern oder Lehrern auf Grund ihrer tagesgebundenen Vorstellungen zu befinden, wenn durch Drohung mit Störung der Vorlesungen ein Druck auf die Dozenten, durch Drohung mit Nichtzulassung zum Examen ein Druck auf die Studenten ausgeübt werden darf, wenn derartig blamable Elaborate wie die Grundsätze der Studentenschaft gegen den undeutschen Geist auch nur vorübergehend offiziell aushängen können — so ist die Freiheit der Lehre praktisch zerstört und jede offizielle Aufrechterhaltung bleibt ein leeres Wort.«[6]) Im Mai 1933 erreichten die Aktionen ihren Höhepunkt mit öffentlichen Bücherverbrennungen in den deutschen Universitätsstädten. Professoren hielten dabei flammende Reden. Das Ereignis wurde mit schlechten Versen des Literaturwissenschaftlers, Nietzsche-Forschers und langjährigen Freundes Thomas Manns, Ernst Bertram, gefeiert [7]).

Wie reagierte die deutsche Universität als Korporation auf solche Herausforderungen? Sie schwieg! Wohl gab es einzelne tapfere Stimmen wie die des Kieler Soziologen Ferdinand Tönnies, der sich im Februar 1933 in Berlin in öffentlicher Rede für die Freiheit der bedrohten Wissenschaft einsetzte und auf deren unlösbaren Zusammenhang mit einer freien Gesellschaftsordnung hinwies[8]). Aber nirgendwo stellte sich die Universität vor ihre bedrängten, verfemten, verfolgten Kollegen. Einem zeitgenössischen Beobachter des Verhaltens der Universität gegenüber ihren verfolgten Mitgliedern haben sich die Worte der Brüder Grimm über ihre Kollegen nach der Entlassung der Göttinger Sieben 1837 aufgedrängt: Ihre »Charaktere fingen an sich zu entblättern gleich den Bäumen des Herbstes bei einem Nachtfrost«[9]). Dabei war in der Hochschullehrerschaft die Zahl der überzeugten Parteianhänger sehr gering. Einen Namen machten sich als engagierte Nationalsozialisten u. a. der Pädagoge Ernst Krieck und die politisch absonderlichen Physiker und Nobelpreisträger Philipp Lenard und Johannes Stark, die in Polemik gegen Einstein für eine »deutsche Physik« plädierten. Die Universitäten Deutschlands waren im frühen 19. Jahrhundert einmal Rückhalt der dem Geiste der Wissenschaft entsprechenden liberalen Verfassungsbewegung gewesen, jenes großen politischen Aufschwungs, der die Nation durchdrang. Der Nationalsozialismus jedoch, im Kerne wissenschaftsfeindlich, nahm seinen Aufstieg nicht von den Universitäten aus. Nicht sie gaben ihm Ideen und Impetus. Größer als die Zahl der genuinen Nationalsozialisten war in den Reihen der Professoren der Anteil derer, die in einer schwer durchschaubaren Mischung von Opportunismus, Machtbewunderung und subjektiver Ehrlichkeit versuchten, ihre jeweilige Wissenschaft in den Nationalsozialismus einzubringen und ihn in der Soziologie, in der Philosophie, in der Geschichte und der Literaturwissenschaft von konservativen oder bürgerlich-nationalen Vorstellungen her zu deuten.

In solchem Bemühen, den Anschluß herzustellen, huldigten einige namhafte Wissenschaftler in besondes übersteigerten Formulierungen dem Zeitgeist und kündigten die Freiheit auf. Ein Beispiel ist das schon erwähnte »Verfassungsrecht des Großdeutschen Reiches« von Ernst Rudolf Huber. Zu den von Huber hervorgehobenen Kennzeichen des völkischen Führerstaates gehört die Aufhebung des Reservats individueller Freiheitsrechte gegenüber dem Staat. Wir lesen in dieser Staatslehre: »Insbesondere die Freiheitsrechte des Individuums ... sind mit dem Prinzip des völkischen Reiches nicht vereinbar. Es gibt keine persönliche, vorstaatliche und außerstaatliche Freiheit des einzelnen, die vom Staat zu respektieren wäre.« Unter dieses Anathema fällt auch die Freiheit der Wissenschaft. In der Weimarer Verfassung hatte es geheißen: »Die Kunst, die Wissenschaft und ihre Lehre sind frei. Der Staat gewährt ihnen Schutz und nimmt an ihrer Pflege teil.« Diesen Artikel 142 finden wir jetzt ausdrücklich verworfen. Huber bescheinigt der deutschen Universität, daß die Überlieferung des Humboldtschen Humanismus, die sich in diesem Artikel ausdrücke, die Wissenschaft gehindert habe, »gleichen Schritt mit der inneren Entwicklung des Volkes zu halten und an der Spitze der völkischen Wiedergeburt zu stehen«, d. h. ganz und gar dem Nationalsozialismus zu verfallen[10]). Neben Huber ist Carl Schmitt zu nennen, dessen verfassungsgeschichtliche und theoretische Brillanz nach den Morden des 30. Juni zu einer Rechtfertigung der durch kein Gesetz mehr gebundenen Führergewalt degenerierte. Am meisten Aufsehen aber erregte der Fall des Philosophen Heidegger. In seiner Freiburger Rektoratsrede am 27. Mai 1933 schlug er vor, den Geist der Universität aus der Verbindung von Arbeits-, Wehr- und Wissensdienst zu erneuern. Er verkündete gleich Huber: »Die vielbesungene ›akademische Freiheit‹ wird aus der deutschen Universität verstoßen.« Ein halbes Jahr später, immer noch nicht belehrt, mahnte er die Studenten, »der Führer selbst und er allein« sei »die lebendige und künftige deutsche Wirklichkeit und ihr Gesetz.«[11])

Viele Professoren bekundeten im Stile der Zeit durch Beteiligung an Unterschriftensammlungen ihren Konformismus, 300 in einem Wahlaufruf zur Märzwahl 1933, mehr als 700 in einem »Bekenntnis der Professoren an den deutschen Universitäten und Hochschulen zu Adolf Hitler und dem nationalsozialistischen Staat« vom November 1933. Wenn man von den Fällen des sacrificium intellectus der oben geschilderten Art absieht und wenn man menschliche Schwäche und politische Urteilsblindheit als Korrelat zu fachlich-spezialisierter Tüchtigkeit und auch einen pragmatisch-äußerlichen Konformismus aus Selbsterhaltungstrieb in Rechnung stellt, so bleibt doch die Frage, wie es zu erklären ist, daß die Wissenschaft als ganze vor der Aufgabe versagt hat, Recht und Unrecht beim Namen zu nennen.

Die Forschung ist sich darin einig, daß ein wesentlicher Grund hierfür in der unter der Professorenschaft weitverbreiteten geschichtlich und sozial begründeten national-konservativen Einstellung zu sehen ist. Viele, vielleicht die meisten tendierten zur politischen Rechten, wenn es auch keineswegs übersehen werden darf, daß sich eine nicht geringe Zahl an die bürgerlichen Parteien der Mitte, einige wenige an die Sozialdemokraten hielten. Die national-konservativen Professoren befanden sich dem Nationalsozialismus gegenüber in der gleichen Illusion wie die Koalitionspartner Hitlers. Als ein typisches Beispiel sei hierfür der Name des hochangesehenen Pädagogen Eduard Spranger genannt. Er selber hat in einer kritischen Rückschau über sein damaliges Verhalten berichtet[12]). Als der Leipziger Philosoph und Pädagoge Theodor Litt auf dem Hochschulverbandstag (Standesorganisation der Hochschullehrer) im Oktober 1932 in Danzig vorschlug, eine Erklärung gegen die Juden- und Demokratenhetze des Nationalsozialistischen Deutschen Studentenbundes zu beschließen, widersprach Spranger, dem die Weimarer Republik nur als »Schattenstaat« gegolten hatte, mit Erfolg, weil er »die Bewegung der nationalen Studenten noch im Kern für echt, nur in der Form für undiszipliniert« hielt. Der gemeinsame Nenner des

»Nationalen« verstellte diesen Professoren die Einsicht in den fundamentalen Unterschied zwischen ihrem eigenen bürgerlich-konservativen Nationalismus und dem revolutionären Nationalismus der Hitler-Bewegung. Dies ist eine genaue Analogie zu der Einschätzung Hitlers durch Papen und Hugenberg, durch Teile der Großindustrie, durch die Generalität. Man glaubte auch an den Universitäten, der Bewegung eine Chance geben zu müssen in der Meinung, sie auffangen und zähmen zu können. Ein weiteres Motiv kommt in zeitgenössischen Äußerungen stark zum Ausdruck, der Generationenkonflikt[13]). Der Nationalsozialismus war mehr als irgendeine andere politische Strömung auch eine Bewegung der Jugend, die auf den Hochschulen den Gegensatz zu der Generation ihrer Lehrer artikulierte. Auf dem genannten Danziger Hochschultag 1932 zeichnete einer der Berichterstatter zu Studentenfragen folgendes Bild der Lage an den Universitäten: »Wer heute als Akademiker einen Blick auf die Karte Deutschlands wirft, dem erscheinen die Hochschulen, über die einzelnen Landschaften verstreut, wie Vulkane, die jeden Augenblick zu einem plötzlichen Ausbruch kommen können. Es gibt keine, wo nicht wenigstens von Zeit zu Zeit ein dumpfes Grollen unter der Oberfläche dem Rektor das Gefühl bereitet, als säße er auf einem Pulverfaß. Bei mindestens drei Vierteln ist es auch schon zu wirklichen Eruptionen gekommen, bei der Hälfte sogar zu größeren Ausbrüchen, die dann die ganze Tagespresse unter den Stichworten des ›Skandals‹ oder ›Krawalls‹ durchwanderten. Auch die Gruppe ist nicht mehr ganz klein, wo schließlich von außen her gewaltsam in die Hochschulvorgänge eingegriffen werden mußte, wo die Polizei mit dem Gummiknüppel erschien und dahinter sogar in einigen Fällen der Strafrichter mit Gefängnis oder noch Schlimmerem.«[14]) Verschiedene Redner forderten in Sorge um das verlorene Vertrauen, daß man sich um engere Fühlung mit den Studenten bemühen müsse. Denn »es ginge den Studenten regelmäßig um ideelle Güter, um eine oft freilich sehr unsichere und schwankende, auf Mißverständnissen beruhende Weltanschauung«[15]). Es ist deutlich, daß der Glaube an die ideelle Gesinnung der Jugend die volle Einsicht in die Brutalität der Bewegung trübte.

Die tiefste Ursache aber für die zwiespältige Haltung der Wissenschaft in der Stunde, die von ihr eine politische Bewährung erfordert hätte, lag in ihrer eigenen inneren Situation als Wissenschaft. Unmittelbar nach dem Ersten Weltkrieg hatte Max Weber eine präzise Analyse gegeben[16]). Im Prozeß der unvermeidlichen Spezialisierung und beim Verlust des verbindlichen Charakters religiöser und philosophischer Überzeugungen waren auch die Sozial- und Geisteswissenschaften in eine zunehmende Isolierung voneinander geraten. Der Bezug von der Sacherhellung zu den kulturellen, politischen und ethischen Werten, der Schritt von der Seinsfrage zur Sinnfrage, von dem, was ist, zu dem, was gilt und sein soll, wurde in Soziologie, Philosophie und selbst in der Theologie weithin als Akt der Entscheidung begriffen. Im Bereich dieses Dezisionismus herrschte die Willkür der Wertentscheidungen, und nicht der Forscher, sondern der Prophet oder der Demagoge hatte hier das Wort. Konnte vielleicht, nachdem die theologische wie die philosophisch-idealistische Grundlage der früheren Einheit der Wissenschaften verlorengegangen und nicht wiederherzustellen war, eben in der politischen Entscheidung für eine mit dem Anspruch auf totale Lebensgestaltung auftretende politische Bewegung die Einheit der Wissenschaften auf neuer Ebene wiedergewonnen werden? So hat der Gedanke der »politischen Universität« in den Jahren der nationalsozialistischen Revolution manche Geister beschäftigt[17]). Dabei wurde vielfach die Grundtatsache aus den Augen verloren, daß vor allen bewußten und gewollten politischen Wertentscheidungen, die als ein anderes hinzukommen können, die Wissenschaft selbst als fragendes und forschendes Verhalten zur Wirklichkeit auf bestimmten vorausgegebenen, politisch werthaltigen Entscheidungen beruht, mit denen sie steht und fällt: auf dem Respekt vor der freien Forschung, auf der

Bereitschaft, jede Erkenntnis der nachprüfenden Kritik zu unterwerfen, und damit auf der Anerkenntnis der Freiheit von Lehre und Forschung und der Unabhängigkeit des sich selbst verantwortenden, auf die Wahrheit verpflichteten Geistes. Es liegt in der Sinnkonsequenz der Wissenschaft, daß sie politisch auf den freien Rechtsstaat als ihre eigene gesellschaftliche Voraussetzung hin angelegt ist, selbst wenn die Träger der Wissenschaft ihre Augen vor diesem im Wesen der Sache liegenden Zusammenhang verschließen. Dies erklärt, warum die Nationalsozialisten von all der Zustimmung, die sie bei den Hochschullehrern fanden, so wenig beeindruckt waren und bis zuletzt die Universität als Stätte der Wissenschaft mit tiefem Mißtrauen betrachteten. Es gab in der Tat auch in nationalsozialistischer Verkleidung und unter den Bedingungen des totalitären Staates an den Universitäten des »Dritten Reiches« noch ernsthafte Wissenschaft. Verhältnismäßig einfach war es für die Naturwissenschaften, den Modus vivendi zu finden und ihre Forschung weiterzutreiben. Abgesehen von wenigen Übereifrigen, die eine »deutsche Physik« oder eine »artgemäße Mathematik« verkündeten, vermochte es die Naturwissenschaft in ihren der unmittelbaren politischen Wertung entzogenen Sachbereichen den Geist strenger wissenschaftlicher Forschung weiterzupflegen. Sehr viel schwieriger war dies für die Sozial- und Geisteswissenschaften, die mit ihren Themen unmittelbar das politische Interesse berührten. In begrenztem Maße bestand auch hier die Möglichkeit, in politisch ferner liegende Räume, Zeiten oder Sachbereiche auszuweichen und von dort aus in einzelnen Fällen eine indirekte Kritik am Regime auszusprechen oder auch direkt bestimmte Thesen anzugreifen, deren wissenschaftliche Unhaltbarkeit zutage lag. Als Beispiele dafür, daß auch im Bereiche der Geisteswissenschaften an einigen Stellen ernsthafte Forschung weiterging, sei auf zwei epochale Werke verwiesen, für die die Forschungsgrundlage damals in der Stille und abseits der Tagesaktualität erarbeitet wurde: Ernst Robert Curtius, Europäische Literatur und lateinisches Mittelalter (Berlin 1948) und Otto Becker, Bismarcks Ringen um Deutschlands Gestaltung (nach seinem Tode 1958 herausgegeben von A. Scharff).

Weil den Nationalsozialisten die Selbstgleichschaltung der Wissenschaft nicht genügen konnte, die als totale nie vollzogen wurde und auch nicht vollziehbar war, versuchten sie, durch eigene Maßnahmen eine von Grund her nationalsozialistische Wissenschaft zu entwickeln. So schufen sie Lehrstühle für Rassenkunde, politische Pädagogik, Wehrwissenschaft, bemühten sich, Biologie, Psychologie und Geschichte in Dienst zu nehmen, und gründeten einige besondere Institute wie das »Reichsinstitut für Geschichte des neuen Deutschland« und das »Institut zur Erforschung der Judenfrage« oder das »Ahnenerbe« der SS[18]). Alle diese Untersuchungen blieben wissenschaftlich unzulänglich. Rosenberg hatte den ehrgeizigen Plan, eine eigene nationalsozialistische Hochschule zu gründen und den Universitäten entgegenzustellen. Diese Absicht hätte dem dualistischen Prinzip des nationalsozialistischen Staates entsprochen, gelangte aber nicht zur Ausführung. Eine Maßnahme äußerer Gleichschaltung war die Übertragung des Führerprinzips auf die Universität, die ihre bisherige korporative Selbstverwaltung verlor[19]). Der Minister ernannte den Rektor und die Dekane. Dem Senat und den Fakultäten blieb nur noch das Recht der Beratung[20]). Ein neues organisatorisches Element war die Dozentenschaft, zu der alle Hochschullehrer zusammengefaßt wurden. Deren Leitung lag jeweils beim örtlichen NS-Dozentenbundführer. Der Dozentenführer gewann in Rivalität zu Rektor und Dekan stellenweise ein erhebliches Mitspracherecht, besonders bei Berufungen. Schulungskurse und Dozentenlager sollten für die weltanschauliche Gleichschaltung des Lehrkörpers sorgen. Durch eine Reichshabilitationsordnung wurde die wissenschaftliche Qualifikation mit dem neugeschaffenen Titel eines Dr. habil. zu einer bloßen Vorstufe für die entscheidend von politischen Gesinnungskriterien abhängige Erteilung der Lehrbefugnis. Dozenten und Assistenten erhielten in ihrer Besoldung und hinsichtlich ihrer Rechtsstellung einen gegenüber den Ordinarienprivilegien verbesserten Status innerhalb der Universität. Die Studentenschaft wurde jetzt öffentlich-rechtlich anerkannt. Sie hatte während der Weimarer Zeit ihren nach dem Ersten Weltkrieg zunächst gewonnenen öffentlich-rechtlichen Status in Preußen unter dem Kultusminister Becker und nach und nach in den anderen Ländern wieder verloren, weil sie nicht darauf verzichten wollte, volksdeutsche, z. B. österreichische Studentenschaften aufzunehmen, die ihrerseits jüdische Studenten aus ihren Reihen ausschlossen. In ihrer Verfassung vom 7. Februar 1934 wurde der völkisch-großdeutsche Antisemitismus der Studentenschaft sanktioniert. Zu ihr gehörten fortan lediglich »Studenten deutscher Abstammung und Muttersprache«[21]). Damit hatte der Nationalsozialistische Deutsche Studentenbund sein Ziel erreicht, nachdem er bereits auf dem allgemeinen deutschen Studententag in Graz 1931 durch die Mehrzahl der vertretenen Studentenausschüsse der deutschen Universitäten die Führung der »Deutschen Studentenschaft« erlangt hatte. Die Studentenschaft der einzelnen Universitäten wie auf Reichsebene wurde von dem entsprechenden Führer des Nationalsozialistischen Studentenbundes geleitet. Die Verklammerung der amtlichen und der Parteiorganisation war hier also ähnlich wie bei Dozentenschaft und Dozentenbund.

Bei dem Aufstieg der Nationalsozialisten in der Studentenschaft, der sich eher vollzog als der Aufstieg der Partei im Reich, hatten die den Parteienstaat der Weimarer Republik ablehnenden und oft antisemitisch eingestellten Korporationen eine ähnliche durch Illusionen bestimmte Rolle gespielt wie die konservativen Koalitionspartner Hitlers bei dessen Machtübernahme. Schließlich lösten sich die großen Bünde wie die Deutsche Burschenschaft und der Kösener SC auf. Ihre Häuser wurden zu nationalsozialistisch kontrollierten studentischen Kameradschaftsheimen. Unter dem Totalitätsanspruch der nationalsozialistisch geführten Studentenschaft erstickte das ehedem so vielgestaltige und farbige Verbindungsleben.

In der aus eigenem Willen und durch staatliche Maßnahmen gleichgeschalteten Universität gab es trotz allem freiheitliche Regungen. Die für das Dritte Reich bezeichnende Rivalität zwischen staatlichen und parteiamtlichen Stellen auch in der Wissenschaftspolitik ermöglichte es geschickten Rektoren und Dekanen, allzu direkte Bevormundungen abzuwehren und einen gewissen Spielraum für echte wissenschaftliche Betätigung offenzuhalten. In privaten Zirkeln, oft um einzelne Lehrer gruppiert, fanden sich kritische Geister zusammen. Der Widerstand hatte Anhänger auch im Bereich der Wissenschaft[22]).

Th. LITT, The national-socialist use of moral tendencies in Germany, in: The Third Reich, hg. v. UNESCO (1955); A. FLITNER (Hg.), Dt. Geistesleben u. Nat.soz. Eine Vortragsreihe der Univ. Tübingen (1965); Universitätstage 1966 der Freien Univ. Berlin: Nat.soz. u. die dt. Universität (1966); Die dt. Universität im Dritten Reich. Eine Vortragsreihe der Univ. München (1966); K. D. ERDMANN, Wissenschaft im Dritten Reich, Veröff. der Schl.-Holst. Universitätsgesellschaft, NF 45 (1967), auch abgedr. in: FAZ, 16. Juni 1965, Titel: Professoren unter Hitler, dargestellt am Beispiel der Universität Kiel. — H. P. BLEUEL / E. KLINNERT, Dt. Studenten auf dem Weg ins Dritte Reich. Ideologien, Programme, Aktionen. 1918—1935 (1967); A. FAUST, Der Nat.soz. Dt. Studentenbund. Studenten u. Nat.soz. in der Weimarer Republik (2 Bde., 1973); M. FRANZE, Die Erlanger Studentenschaft von 1918—1945 (1972); W. KALISCHER (Hg.), Die Universität u. ihre Studentenschaft. Universitas magistrorum et scholarium (Stifterverband f. d. dt. Wiss. Jb. 1966/67), bringt im Rahmen einer Auswahldokumentation zur Gesamtgesch. der Studentenschaft zahlreiche, nicht mehr zugängliche u. verstreute Materialien zur NS-Zeit. — Zu einzelnen Fachrichtungen der Universitäten: K. F. WERNER, Das NS-Geschichtsbild u. die dt. Geschichtswissenschaft (1967); W. EMMERICH, Germanische Volkstumsideologie. Genese u. Kritik der Volksforschung im Dritten Reich (1968); E. LÄMMERT / W. KILLY / K. O. CONRADY / P. v. POLENZ, Germanistik, eine dt. Wissenschaft (Tb. 1967); H. MAUS, Bericht über die Soziologie in Dtld. 1933—45, in: Kölner Zeitschr. f. Soziologie 11 (1959).

1) E. NIEKISCH, Das Reich der niederen Dämonen (1953), S. 197. 2) Zahlen nach einer in England aufgestellten Berechnung bei K. D. BRACHER / W. SAUER / G. SCHULZ, Die nat.soz. Machtergreifung (1960), S. 321. 3) H. HUBER, Der Aufbau des dt. Hochschulwesens (als Ms. gedr. 1939), zit. bei H. MAIER, Nat.soz. Hochschulpolitik, in: Die dt. Universität im Dritten Reich, S. 88, erklärte: »Ich glaube nicht, daß es einen anderen Bereich staatlicher Verwaltung gibt, nicht zu reden von anderen nichtstaatlichen Einrichtungen, in dem ein Personenwechsel in einem solchen Umfang stattgefunden hätte.« 4) Völk. Beob., Berliner Ausg., 6. Mai 1933; Auszug der Rede in: W. KALISCHER (Hg.), Die Universität u. ihre Studentenschaft, Nr. 144. 5) Ebd., Nr. 141. 6) Zit. in K. D. ERDMANN (Hg.), Kurt Riezler. Tagebücher, Aufsätze, Dokumente (1972), S. 149. 7) H.-W. STRÄTZ, Die studentische »Aktion wider den undeutschen Geist« im Frühjahr 1933, VfZG 16 (1968). Text des Bertramschen Weihespruchs bei Hildegard BRENNER, Die Kunstpolitik des Nat.soz. (Tb. 1963), Anhang; ibid. Text der Rede des Lit.historikers H. Naumann zur Bücherverbrennung in Bonn. — D. AIGNER, Die Indizierung ›schädlichen u. unerwünschten Schrifttums‹ im Dritten Reich, in: Börsenbl. f. d. Dt. Buchhandel 26 (1970). 8) Hierzu K. D. ERDMANN, Wissenschaft im Dritten Reich. 9) So in den Erinnerungen des aufrechten Frankfurter Graecisten K. REINHARDT, Akademisches aus zwei Epochen, in: ders., Vermächtnis der Antike (1960). 10) Hierzu K. D. ERDMANN, Wissenschaft im Dritten Reich. 11) M. HEIDEGGER, Die Selbstbehauptung der dt. Universität (1934), Selbstenthüllung eines Philosophen in seiner Zeit; G. SCHNEEBERGER (Hg.), Nachlese zu Heidegger. Dokumente zu seinem Leben u. Denken (Bern 1962); A. SCHWAN, Politische Philosophie im Denken Heideggers (1965). 12) E. SPRANGER, Mein Konflikt mit der nat.soz. Regierung 1933, in: Universitas 10 (1955). 13) So z. B. auch E. SPRANGER, Über Sinn und Grenzen der Hochschulreform. Rede auf dem 7. dt. Hochschultag, Danzig 5. Okt. 1932, in: Mitteilungen des Verb. d. dt. Hochschulen 12 (1932); Auszug hieraus in: W. KALISCHER (Hg.), Die Universität u. ihre Studentenschaft, Nr. 137. 14) Auszug aus Rede Prof. Hedemann in: W. KALISCHER (Hg.), Die Universität u. ihre Studentenschaft, Nr. 135. 15) Hedemann, ibid. 16) Von den wissenschaftstheoretischen Schriften bes. »Wissenschaft als Beruf« (1919) in: M. WEBER, Gesammelte Aufsätze zur Wissenschaftslehre (1922). 17) A. REIN, Die Idee der polit. Universität (1933); auch die Rektoratsrede von M. HEIDEGGER, Die Selbstbehauptung der dt. Universität (1934). 18) H. HEIBER, Walter Frank u. sein Reichsinstitut für Geschichte des neuen Dtld. (1966); R. BOLLMUS, Das Amt Rosenberg u. seine Gegner (1970); M. H. KATER, Das »Ahnenerbe« der SS 1935—1945 (1973). 19) H. SEIER, Der Rektor als Führer, VfZG 12 (1964). 20) Daß auch dieses übergangen wurde, zeigt die Aberkennung der Ehrendoktorwürde Thomas Manns durch den Dekan der Phil. Fakultät der Univ. Bonn, die ohne Konsultation der Fakultät erfolgte. Th. Mann hatte 1919 die Ehrendoktorwürde verliehen bekommen als Verfasser der »Betrachtungen eines Unpolitischen«. Sie wurde ihm genommen wegen seines späteren Eintretens für Republik und Demokratie in der Weimarer Zeit. Hierzu die biographisch und zeitgeschichtlich tiefgründige Studie von P. E. HÜBINGER, Thomas Mann, die Universität Bonn u. die Zeitgesch. Drei Kapitel dt. Vergangenheit aus dem Leben des Dichters 1905 bis 1955 (1974). Hübinger sieht die Mitverantwortung der Fakultät nicht in diesem Vorgang unmittelbar, sondern in der protestlosen Hinnahme der Abschaffung der korporativen Selbstverwaltung. Die Antwort von Th. MANN an den Dekan in: Ges. Werke 12 (1960). 21) Text der Verfassung in: Reichsministerialblatt 76 (1934), Auszug in: Die Universität u. ihre Studentenschaft, Nr. 149. 22) Zu nennen ist u. a. der lutherische, liberal-nationale Historiker Gerhard RITTER, der in Beziehung zum Goerdeler-Kreis trat, s. dessen Aufsatz: Der dt. Professor im Dritten Reich, in: Die Gegenwart 1 (1946); ferner C. v. DIETZE, Die Universität Freiburg im Dritten Reich, in: Mitteilungen der List-Gesellschaft, H. 3 (1960/61). Zu den Opfern, die der Widerstand gegen Hitler forderte, gehörten auch Studenten u. Hochschullehrer: die Geschwister Scholl u. der Münchener Philosoph Prof. Kurt Huber; Prof. Adolf Reichwein, Sozialist, vor seiner Entfernung aus dem Amt Direktor der Päd. Hochschule in Halle (s. § 61, Anm. 9); Jens Jessen, Konservativer und seinem Selbstverständnis nach ursprünglich Nationalsozialist, 1933 zum Direktor des Inst. f. Weltwirtschaft in Kiel berufen, später in Berlin u. mit Stauffenberg unmittelbar beteiligt an der Planung des Attentats gegen Hitler.

§ 63 Die Kirche im nationalsozialistischen Deutschland

Das Verhältnis der christlichen Kirchen zum Nationalsozialismus war dem der Wissenschaft im Ansatz nicht unähnlich. Auch hier handelte es sich um Lebensbereiche, die einem eigenen Gesetz folgten und sich nicht gleichschalten ließen. Aber auch hier standen am Anfang die Notwendigkeit und das Bemühen, einen Modus vivendi zu finden, und stärker noch als insgesamt gesehen bei der Wissenschaft die Illusion, daß sich ein solcher finden lasse, ja daß im Grunde der Nationalsozialismus eine der Kirche gemäßere politische Ordnung darstelle als die ruhmlos zugrunde gegangene Weimarer Republik.

Wenn der Nationalsozialismus dem Marxismus, dem Materialismus und dem Zerfall der Sitten den Kampf ansagte und sich für Heimat, Volkstum und deutsche Art einzusetzen vorgab, so entsprach dies den Empfindungen der Kirche und des Kirchenvolkes. Autorität und Obrigkeit, Volksgemeinschaft und Überwindung des Klassenkampfes waren christliche Leitvorstellungen für die rechte Ordnung der weltlichen Dinge. Und selbst in seiner Kampfansage gegen das Judentum konnte der Nationalsozialismus mit entsprechenden archaischen Elementen im christlichen Bewußtsein rechnen. Man erinnerte an Luthers Schrift »Wider die Jüden« mit seiner Aufforderung, die Synagogen in Brand zu stecken, und an Ernst Moritz Arndts, des frommen lutherischen Liederdichters, Verherrlichung des »reinen Blutes« und Verächtlichmachung des Judenvolkes. Im Missale Romanum, dem Text der katholischen Meßliturgie, war im Karfreitagsgebet für das Volk der Christusmörder immer noch von den »perfidis Judaeis« die Rede[1]).

In solchen Überlieferungen lag eine Versuchung für die Christen, Kreuz und Hakenkreuz zu verbinden. Das Jahr der »nationalen Erhebung« schien auch ein Jahr der Kirche zu sein. Uniformierte Abteilungen in evangelischen Gottesdiensten, Kirchen- und Parteifahnen vor der katholischen Hedwigskirche in Berlin bei der Feier zum Konkordatsabschluß, Feldgottesdienste von Stahlhelm und SA, christlich-konservatives Vokabular in nationalsozialistischen Reden sowie Huldigungsadressen von kirchlichen Verbänden, Geistlichen und Laien an den Führer konnten ein solches Bild des Einklangs vortäuschen. Doch von der ersten Stunde an fehlte es auf seiten der Kirchen auch nicht an Bemühungen, die Geister zu unterscheiden und bei aller Zustimmung zum neuen Staat der Kirche vorzubehalten, was der Kirche ist. Dies geschah im Katholizismus und im Protestantismus von sehr unterschiedlichen politischen und kirchlichen Voraussetzungen her. Für beide führte der Weg von einer anfänglich großen Kooperationsbereitschaft zu der Erfahrung, daß unter den Gegebenheiten eines totalitären Staates bereits der Wille zur kirchlichen Selbstbehauptung als solcher politischer Widerstand ist.

Hitler war ein religiöser Nihilist, der sich in einen hybriden Schicksals- und Erwählungsglauben hineinsteigerte. Versuche einer Wiederbelebung völkisch-germanischer Religiosität, wie sie von der Ludendorff-Bewegung und von der »Deutschen Glaubensbewegung« unternommen wurden, hielt er für absurd und untunlich. Die dogmatische Kompromißlosigkeit und die hierarchische Organisation der römisch-katholischen Kirche bewunderte er, während er für das protestantische Prinzip der individuellen Wahrheitsverantwortung und der daraus folgenden kirchlichen Zersplitterung nur Verachtung empfand. Das Bekenntnis des Parteiprogramms zum »positiven Christentum« ist nicht im dogmatischen, sondern im praktischen Sinn zu verstehen: Hitler nahm durch diese Bezeichnung für den völkisch-rassischen Wertekodex das moralische Prestige in Anspruch, das die christliche Ethik immer noch bei den Massen des deutschen Volkes traditionsgemäß besaß, und zugleich hoffte er, die Kirchen als organisierte Religionsgemeinschaften mit erheblichem Einfluß auf ihre Anhänger für seine

Zwecke zu gewinnen. Der Staatsakt von Potsdam mit seinem kirchlichen Zeremoniell und die Regierungserklärung Hitlers vom 23. März 1933 mit dem Versprechen, die christlichen Kirchen zu schützen, waren auf diese Wirkung berechnet. Dieses Werben um die Kirchen hinderte ihn jedoch nicht daran, gleichzeitig der radikalen Christentumsfeindlichkeit Alfred Rosenbergs für die Schulungsarbeit der NSDAP freien Spielraum zu gewähren. Rosenberg durfte sich als Chefideologe der Partei betrachten, obwohl diese niemals auf seinen »Mythus« offiziell festgelegt wurde und obwohl seine Rivalen, unter ihnen Goebbels, ihn von dem Zentrum der Macht fernhielten. So gab es im Umkreis Hitlers Männer, die wie der brandenburgische Gauleiter Kube und der spätere Reichskirchenminister Kerrl an die Möglichkeit glaubten, Nationalsozialismus und Christentum zur Deckung bringen zu können, und andere, die wie Rosenberg die Mission des Nationalsozialismus in der Zerstörung des Christentums sahen. Für Hitler zählte weder das eine noch das andere. Für ihn war das Verhältnis zur Kirche eine pragmatisch zu entscheidende Machtfrage. Wieweit würde sie sich für seine Rassen- und seine Eroberungspolitik in Dienst nehmen lassen?

Die katholische Kirche in Deutschland[2]) hatte in den vorhergehenden Jahren in verschiedenen bischöflichen Einzelerklärungen, wenn auch nicht insgesamt durch die Fuldaer Bischofskonferenz, scharf gegen den Nationalsozialismus Stellung genommen. In der katholischen Publizistik wurde in den Jahren 1930 bis 1933 eine intensive Aufklärungsarbeit betrieben, um den Gegensatz zwischen »Weltanschauung« und Glauben klarzustellen. Der Bischof von Mainz ging so weit zu erklären, daß ein Katholik, der sich zu den nationalsozialistischen »Grundsätzen« bekenne, nicht zu den Sakramenten zugelassen werden könne. Die Kritik der Kurie am Nationalsozialismus setzte beim Begriff des »positiven«, d. h. nicht notwendigerweise kirchlich-dogmatisch gebundenen Christentums an. Dabei findet man in einer Erklärung, mit der sich das Blatt der Kurie, der Osservatore Romano, hinter den Bischof von Mainz stellte, folgende charakteristische Unterscheidung: die kirchliche Autorität habe sich gegen die Anhänger Hitlers erhoben »nicht wegen der politischen Ziele und Interessen, die sie anstreben oder vertreten, sondern wegen jener in ihrem Programm enthaltenen Grundsätze, die mit der katholischen Lehre unvereinbar sind«[3]). Nachdem Hitler aber einmal Kanzler geworden war, bemühte sich die Kirche um eine Abgrenzung von Imperium und Sacerdotium auf neuer Grundlage. Die Möglichkeit hierzu boten die Regierungserklärung Hitlers vom 23. März mit ihren beruhigenden Zusicherungen an die Kirche und die Tatsache, daß Zentrum und Bayerische Volkspartei dem Ermächtigungsgesetz zugestimmt hatten. Am 28. März versuchte der deutsche Episkopat seinerseits in einer »Kundgebung der Fuldaer Bischofskonferenz über Kirche und Nationalsozialismus«[4]) den Frieden wieder herzustellen. In dieser Erklärung hieß es: »Ohne die in unseren früheren Maßnahmen liegende Verurteilung bestimmter religiös-sittlicher Irrtümer aufzuheben, glaubt daher der Episkopat das Vertrauen hegen zu können, daß die vorbezeichneten allgemeinen Verbote und Warnungen nicht mehr als notwendig betrachtet zu werden brauchen.« Die Gläubigen wurden aufgefordert »zur Treue gegenüber der rechtmäßigen Obrigkeit und zur gewissenhaften Erfüllung der staatsbürgerlichen Pflichten unter grundsätzlicher Ablehnung allen rechtswidrigen oder umstürzlerischen Verhaltens«. Daran schloß sich die eindringliche Mahnung, für die Freiheit und Rechte der Kirche, wie Konfessionsschule, Jugendorganisationen und kirchliches Vereinswesen, einzutreten. Das Mißtrauen gegen staatliche Grenzüberschreitungen blieb, nicht nur in solchen abwägenden Verlautbarungen der Amtskirche, sondern auch dort, wo eine katholische Reichsromantik im mittelalterlich verklärten Dritten Reich ein Sacrum imperium, ein Heiliges Reich, zu sehen bereit war[5]). Ein Beispiel hierfür ist eine Ansprache von Ildefons Herwegen, Abt des rheinischen Benediktinerklosters Maria Laach, zur Schlageter-Gedächtnisfeier im Kölner Gürzenich am 26. Mai

1933. Das deutsche Volk, so heißt es hier, sei, als Schlageter sein Leben gab, »ohne den ihm gemäßen Staat« gewesen. Aber nun seien »Volk und Staat wieder eins geworden durch die Tat des Führers Adolf Hitler«. Deutschland habe sich selbst wiedergefunden. Der Abt des Klosters, das doch unter seiner Leitung zu einer Stätte der spirituellen und liturgischen Erneuerung der Kirche geworden war, konnte sich in der verbalen Angleichung an den Geist der Zeit zu folgender Erklärung versteigen: »Auf den Glauben des Führers an das Volk antwortet die Gefolgschaft des Volkes. Die treue Gefolgschaft aller gegenüber dem einen schafft ein neues Gemeinschaftserlebnis, das unser Volk zurückfinden läßt zu den letzten Wurzeln seiner Gemeinsamkeit: zu Blut, Boden und Schicksal.« Aber auf diese erschreckende Huldigung an den Führer in dessen eigener Begriffssprache folgt die Warnung: »Würde der Staat es ablehnen, seine Autorität von Gott sich schenken zu lassen und sich dem göttlichen Gesetz zu beugen, würde die Staatsräson selbst die letzte Richtschnur seines Handelns und die letzte Quelle seines Rechtes sein, so müßte seine Selbstvergötterung schließlich zur Knechtung des Volkes führen und es zum rechtlosen Spielball der Staatsorgane machen.«[6]) Dies war gewiß ein Grenzfall, aber ein typischer.

Der Kirche lag daran, sich nach der vollzogenen Anerkennung der Hitlerregierung durch eine frühzeitige bindende Rechtsvereinbarung ihren Wirkungsraum zu sichern. Von Hitler und Papen ging die Initiative zum Abschluß eines Konkordats aus. Man hatte das Beispiel des im Jahre 1929 zwischen dem faschistischen Italien und der Kurie abgeschlossenen Konkordats vor Augen. Hitler erhoffte sich einen internationalen Prestigegewinn, den Verzicht der Kirche auf eine Oppositionsrolle und das Ende des politischen Katholizismus in Deutschland unter kirchlicher Absegnung. Für Papen, der gelegentlich vom »Heiligen Reich« sprach und das »Dritte Reich auf den Grundlagen des Christentums« aufbauen wollte, lag eine rechtliche Sicherstellung der Kirche gegenüber dem Staat in der Linie seines konservativen Zähmungskonzeptes[7]). Schon im April begannen die Verhandlungen über das Reichskonkordat, dessen Verwirklichung sich in der Weimarer Zeit, über die Länderkonkordate mit Bayern, Preußen und Baden hinaus oft angestrebt, wegen mangelnder Reichstagsmehrheit als nicht möglich erwiesen hatte. Am 20. Juli 1933 wurde es unterzeichnet[8]). An seinem Zustandekommen hatte der ehemalige Zentrumsführer Prälat Kaas, jetzt am Vatikan tätig, entscheidenden Anteil. Das Konkordat gewährte der Kirche gegen den Verzicht auf politische Betätigung des Klerus das Recht, »ihre Angelegenheiten selbständig zu ordnen und zu verwalten und im Rahmen ihrer Zuständigkeit für ihre Mitglieder bindende Gesetze und Anordnungen zu erlassen«. Außerdem erhielt die Kirche Zusicherungen in der Schulfrage und für das kirchliche Vereinswesen[9]). Freilich hat sich der Staat von vornherein an diese Konkordatsbestimmungen wenig gehalten. Schulen, Vereine und Jugendbünde der Kirche wurden Schritt um Schritt zurückgedrängt und der Religionsunterricht behindert. Ein Konflikt war unvermeidlich, als sich herausstellte, daß die Thesen Rosenbergs unvermindert in der Schulung propagiert wurden. Der »Mythus« wurde am 5. Dezember 1933 durch das preußische Kultusministerium zur Anschaffung für Lehrer- und Schülerbüchereien empfohlen. Rom setzte ihn am 9. Februar 1934 auf den Index. Als es der Bischof von Münster, Graf von Galen[10]), seinen Diözesanen untersagte, Versammlungen Rosenbergs zu besuchen, als eine von kirchlicher Seite herausgegebene Schrift die Scharlatanerien des »Mythus« entlarvte[11]) und als auch die Fuldaer Bischofskonferenz warnende Hirtenbriefe erließ[12]), kam es zum Konflikt. Die nationalsozialistische Polizei deckte Devisenvergehen katholischer Ordensgeistlicher auf. Es handelte sich hier um Rückzahlungen von kirchlichen Anleihen, an die sich die katholischen Geistlichen in der Befolgung eingegangener Verpflichtungen gebunden fühlten. Zur gleichen Zeit wurden Fälle von homosexuellen Vergehen in Klöstern aufgedeckt[13]). Beides lieferte Monate hindurch Material zur Verächtlichmachung von Mönchen und Priestern. Dennoch vermied die Kirche den Bruch. So erließ die Fuldaer Bischofskonferenz[14]) im Sommer 1936 einen Hirtenbrief, der im Hinblick auf den Bürgerkrieg in Spanien, wo Hitler militärisch zugunsten Francos, d. h. zugleich zugunsten der spanischen Kirche intervenierte, vor dem Bolschewismus warnte[15]). Der Gegensatz zwischen Nationalsozialismus und Kirche erwies sich jedoch als unüberbrückbar. Papst Pius XI. zog mit seiner Enzyklika »Mit brennender Sorge« im Jahre 1937 einen klaren Trennungsstrich[16]).

Sie beruhte auf einem Entwurf, den aufgrund einer Besprechung deutscher Bischöfe in Rom Kardinal Faulhaber[17]) erstellt hatte, und wendete sich an den Gesamtepiskopat der Weltkirche. Über die Feststellung der ständigen Verletzung von Konkordatsvereinbarungen hinausgehend, auf die die Kirche schon in wiederholten Eingaben hingewiesen hatte, bezeichnete der Papst in diesem Rundschreiben in unzweideutiger Sprache diejenigen fundamentalen Gegensätze in Welt- und Lebensdeutung, aus denen sich der akute Streit zwischen Weltanschauung und Glaube, Staat und Kirche ergab. Der Nationalsozialismus wurde expressis verbis der Falschmünzerei bezichtigt wegen der sinnverwirrenden Übertragung christlicher Begriffe wie »Offenbarung« auf die »Einflüsterungen von Blut und Rasse«, »Glaube« auf das Vertrauen in die geschichtliche Zukunft, »Unsterblichkeit« auf das Leben des Volkes. Trotz dieser jetzt völlig illusionslosen Einschätzung des Nationalsozialismus wurde das Konkordat seitens der Kirche nicht aufgekündigt. Die Periode der Koexistenz zwischen dem totalen Staat und der Kirche war beendet. Aber die Kirche konnte kein Interesse daran haben, auf ein Vertragsinstrument zu verzichten, das ihren Beschwerden und Anklagen eine Rechtsgrundlage gab. Von seiten des Staates aber wurde das am 21. März 1937 von den Kanzeln verlesene päpstliche Rundschreiben auch wegen seines starken Echos im Ausland als eine offene politische Kampfansage gewertet und seine weitere Verbreitung untersagt. Verhaftungen von Priestern und Ordensleuten und Prozesse, die wegen der Olympischen Spiele in Berlin 1936 zeitweilig unterbrochen worden waren, gingen von nun an verschärft weiter[18]).

Der Protestantismus[19]) ging in die Auseinandersetzung mit dem Nationalsozialismus nicht mit der gleichen organisatorischen und dogmatischen Geschlossenheit hinein wie der Katholizismus. Dies machte ihn einerseits anfälliger gegenüber der nationalsozialistischen Einheitsparole, führte aber andererseits in der ständigen kirchlichen Auseinandersetzung verschiedener Richtungen zu einer Rückbesinnung auf das Bekenntnis, die so radikal war, daß die Artikulierung des christlichen Selbstbehauptungswillens nicht bei der Geltendmachung kirchlicher Sonderrechte stehenblieb, sondern bestimmte in der nationalsozialistischen Weltanschauung begründete politische Praktiken des Staates direkt angriff. Der Kirchenkampf im Protestantismus war weitgehend eine innerkirchliche Auseinandersetzung verschiedener Richtungen, in die Staat und Partei eingriffen. Der seit 1922 bestehende Deutsche Evangelische Kirchenbund war ein lockerer Zusammenschluß von 28 Landeskirchen, die entweder auf lutherischem oder reformiertem Bekenntnis beruhten oder eine Union von beiden Bekenntnissen darstellten, wie u. a. in der Kirche der Altpreußischen Union, der größten deutschen Landeskirche. Die durch den Gesamtprotestantismus hindurchgehende Gruppierung von liberalem und orthodoxem Christentum war überholt worden durch eine stärkere Rückbesinnung auf die reformatorischen Grundlagen in einer »Luther-Renaissance« und in der dialektischen Theologie. Von dieser Rückbesinnung auf die Reformatoren wurde die Grundüberzeugung des liberalen Kulturprotestantismus in Frage gestellt, daß zwischen Christentum und Kultur eine bruch- und spannungslose Synthese hergestellt werden könne. Von der gleichen Überzeugung eines kulturellen, politisch-christlichen Synkretismus lebte aber die »Glaubensbewegung Deutsche Christen«[20]). Sie betrachtete sich als der innerkirchliche Teil der nationalsozialistischen Bewegung, deren Weltanschauung sie vorbehaltlos bejahte. Sie erstrebte ein »artgemäßes« Christentum, das sich von seinen jüdischen Wurzeln lösen sollte. Im Jahre 1932 gewannen die »Deutschen Christen« bei den preußischen Synodalwahlen ein Drittel der Sitze. Das entsprach etwa dem Anteil der nationalsozialistischen Stimmen bei den politischen Wahlen des gleichen Jahres. Im Unterschied zu diesem Einbruch des Nationalsozialismus in das Kirchenvolk waren die Träger der Amtskirche politisch weitgehend nationalkonservativ eingestellt. Das gleiche galt für den Kern des protestantischen Kirchenvolkes. Im Unterschied zu großen Teilen des deutschen Katholizismus hatte der deutsche Protestantismus, namentlich soweit er lutherisch bestimmt war, im allgemeinen kein positives Verhältnis zur Republik gefunden. Er knüpfte daher mit innerer Bereitwilligkeit an die autoritär konservativen Elemente an, die er im Nationalsozialismus zu finden glaubte. In Verlautbarungen aller evangelischen Landeskirchen wurde der politische Umschwung vom 30. Januar 1933 mit lebhafter Zustimmung begrüßt[21]). Allerdings findet sich in diesen Zustimmungserklärungen, ähnlich wie in gleichzeitigen katholischen Äußerungen, durchweg ein deutlicher kirchlicher Vorbehalt ausgesprochen. Um hier als Beispiel die Worte eines der prominentesten Vertreter des nationalen Protestantismus, des Berliner Generalsuperindentenden Dibelius, zu nehmen: »Es werden unter uns nur wenige sein«, so schrieb er nach den Reichstagswahlen des 5. März 1933 an seine Pfarrer, »die sich dieser Wendung nicht von ganzem Herzen freuen«. Aber andererseits müsse man wissen, »daß das Evangelium nicht den eigenmächtigen Menschen, sondern den gerechtfertigten Sünder kennt, ..., daß nicht das Volkstum, sondern das Gottesreich Gegenstand evangelischer Verkündigung ist, ..., daß das Evangelium im Gegensatz zu jeder menschlichen Ideologie steht, sie mag nationalsozialistisch oder sozialistisch, liberal oder konservativ sein«[22]). Der deutsch-christliche Gauleiter von Brandenburg Kube wertete dieses Schreiben bezeichnenderweise als »unerhörten Angriff« gegen die Bewegung. Aber sowohl diejenigen, die mit Dibelius im Christentum einen Gegensatz zur nationalsozialistischen Ideologie sahen, als auch die »Deutschen Christen«, die eine »Gleichschaltung von Staat und Kirche« wollten, waren überzeugt, daß die Stunde den Zusammenschluß des Protestantismus zu einer deutschen Reichskirche fordere.

Dies entsprach auch dem Wunsche Hitlers, der den Königsberger Wehrkreispfarrer Müller zu seinem Bevollmächtigten für Kirchenfragen ernannte. Es gibt außer dem mit Vorsicht aufzunehmenden Zeugnis Rauschnings keinen Beweis dafür, daß Hitler damals schon die Zerstörung der Kirche im Auge hatte, an die er nach dem Fehlschlag der nationalsozialistischen Kirchenpolitik später dachte. Er wollte zunächst nicht die Zerstörung, sondern die Gleichschaltung und als einen Schritt hierzu die kirchliche Einigung des Protestantismus. Die Kirchen selber ergriffen die Initiative. Alsbald nach der Machtergreifung begannen zwischen den Kirchen Besprechungen über die Schaffung der evangelischen Reichskirche. Als sich im Mai 1933 die in Loccum versammelten Kirchenführer, noch bevor die neue Kirchenverfassung fertiggestellt war, auf die Wahl von Pastor Bodelschwingh, dem Leiter der Betheler Anstalten, zum Reichsbischof einigten, da schien es für einen Augenblick, als ob die weniger aus einem kirchlichen als einem politischen Impuls entstandene Reichskirchenbildung durch die Wahl eines so genuin kirchlichen Geistlichen dem Protestantismus ein neues Gewicht im Leben des deutschen Volkes verleihen könnte. Jedoch kurze Zeit danach schon legte Bodelschwingh sein Amt nieder. Der Grund war der direkte Zugriff des unter Göring gleichgeschalteten preußischen Staates auf die Kirchen Preußens. Staatskommissare betrieben die Gleichschaltung, schoben »Deutsche Christen« in die leitenden kirchlichen Ämter und lösten die gewählten Kirchenvertretungen auf.

Am 23. Juli 1933 fanden im Rahmen der inzwischen durch Beauftragte der Landeskirchen fertiggestellten, von der Reichsregierung gebilligten und im Reichsgesetzblatt vom 14. Juli 1933 veröffentlichten Reichskirchenverfassung Synodalwahlen statt. Im ersten Artikel dieser Verfassung wurde die biblische und reformatorische Grundlage der Reichskirche als unantastbar bezeichnet. Auf diese Reichskirchenverfassung als geltendes Staatsrecht haben sich die Verfechter der kirchlichen Rechte im Protestantismus während der nachfolgenden Kämpfe immer wieder in ähnlicher Weise berufen wie der katholische Episkopat und die Kurie auf das Konkordat. Hitler hatte am Vortage der Synodalwahl in einer Rede das Gewicht der Bewegung in die Waagschale der »Deutschen Christen« geworfen. Diese mobilisierten mit Hilfe der SA und der Partei-Ortsgruppen die nationalsozialistischen Kirchenmitglieder und gewannen fast allenthalben die Mehrheit in den Synoden. Wie in Preußen, so gerieten auch in Sachsen, Thüringen, Mecklenburg, Hessen und Schleswig-Holstein die Landeskirchen unter die Leitung der »Deutschen Christen«. In den lutherischen Landeskirchen von Bayern, Württemberg und Hannover blieben jedoch die legitim bestellten bisherigen Bischöfe im Amt. Auf der Reichssynode wurde nunmehr der der Kirche von Hitler aufgezwungene Müller zum Reichsbischof gewählt. Aufgrund dieser Erfahrung hat sich der radikale Protestantismus in den folgenden Kampfjahren wie gegen das Führerprinzip in der Kirche, so auch gegen ihre Parlamentarisierung gewendet. Müller hat es niemals vermocht, seinem Amt irgendein Gewicht zu geben und sich zwischen den widerstreitenden Gruppen in der Kirche durchzusetzen.

Die »Deutschen Christen« steigerten nach ihrem kirchlichen Wahlsieg ihre Vorstellungen zum Exzeß. Auf einer Kundgebung im Berliner Sportpalast am 13. November 1933 forderte der Hauptredner, ohne daß einer der anwesenden deutsch-christlichen Bischöfe und Theologen seine Stimme dagegen erhoben hätte, die Entfernung aller Juden aus der Kirche, den »grundsätzlichen Verzicht auf die ganze Sündenbock- und Minderwertigkeitstheologie des Rabbiners Paulus« und die Verwerfung des Alten Testaments als eines »Buches von Viehjuden und Zuhältern«. Damit war aber der Bogen überspannt. Die Bewegung spaltete sich. Viele ihrer Anhänger wandten sich ab. Der Staat selber jedoch wurde in der Richtung aktiv, die von den »Deutschen Christen« gewünscht wurde. Er versuchte, der Pfarrerschaft der Kirche den Arierparagraphen des Beamtengesetzes aufzuzwingen. Dies war einer der Anlässe zur Bildung eines »Pfarrernotbundes«, zu der der Dahlemer Pfarrer Martin Niemöller aufrief. Diesem Bunde schlossen sich bis Ende 1933 etwa 6000, das ist etwa ein Drittel der evangelischen Pfarrerschaft in Deutschland, an. Unter der Leitung dieser Pfarrer bildeten sich in der Altpreußischen Union und auch in einigen anderen Landeskirchen Bekenntnisgemeinschaften, die den neugewählten unkirchlichen Instanzen und den der Kirche aufoktroyierten Leitungen das Recht zur Führung der Kirche bestritten[23]).

Niemöller wurde am 11. November 1933 seines Amtes enthoben. Sein Protest gegen die staatlichen Eingriffe in die Kirche hinderten den ehemaligen U-Boot-Kommandanten nicht, Maßnahmen der Hitlerregierung zuzustimmen, die er im nationalen Interesse für richtig hielt. So billigte er etwa ausdrücklich in einem Telegramm an Hitler im November 1933 den Austritt Deutschlands aus dem Völkerbund[24]). Nach Kriegsausbruch fragte er aus der Haft bei Hitler an, ob es für ihn eine Verwendung in der Marine gäbe. Neben Martin Niemöller als dem kirchenpolitisch aktivsten Führer in der Bekennenden Kirche ist deren wichtigster theologischer Gewährsmann Karl Barth zu nennen, damals Ordinarius in Bonn. Auch seine Haltung zum nationalsozialistischen Staat ist bemerkenswert. Ihm war als einem schweizerischen Reformierten und Demokraten der Nationalsozialismus verhaßt. Dennoch war er nach anfänglichen Bedenken bereit, den Beamteneid auf die Person Hitlers zu leisten, nachdem die Bekennende Kirche ein klares Wort über Gewicht und Grenze der Eidesbindung gesagt hatte. In einer weitverbreiteten Schrift »Christliche Existenz heute« (1933) geißelte er die kirchliche Beflissenheit, die sich in ihren Einheitsbestrebungen viel zu sehr vom politischen Zeitgeist habe bestimmen lassen. Er wies statt dessen von seinem Bonner Lehrstuhl aus auf die benachbarte Benediktinerabtei Maria Laach hin, wo das Stundengebet der Mönche unbeirrt von den Wirren der Zeit seinen von eigenem Gesetz vorgeschriebenen Gang gehe[25]).

Von einem primär politischen Widerstand war in der Bekennenden Kirche nicht die Rede und erst recht nicht in den sogenannten intakten lutherischen Landeskirchen von Hannover, Württemberg und Bayern[26]). In ihnen haben sich die Bischöfe Marahrens, Wurm und Meiser, gestützt auf eine breite Zustimmung in den Gemeinden, gegen alle Versuche der Deutschen Christen und ihrer Helfer, sie aus dem Amte zu drängen, zu behaupten vermocht. Sie haben in ihren Verlautbarungen an Pfarrer und Gemeinden immer wieder ihre politische Loyalität unterstrichen. Dennoch wurden die Bischöfe Meiser und Wurm von Bayern und Württemberg, als sie am 13. März 1934 in einer Audienz bei Hitler ihre definitive Opposition gegen den Reichsbischof Müller ankündigten, als »Feinde des Vaterlandes« und »Verräter des Volkes« angeschrien.

Der endgültige Trennungsstrich zwischen dem auf seine reformatorische Grundlage sich zurückbesinnenden Protestantismus und dem staatlichen Reichskirchenregiment wurde auf der ersten Bekenntnissynode der Deutschen Evangelischen Kirche in Barmen vom 29. bis 31. Mai 1934 gezogen. In einer vom »Bruderrat« der Bekennenden Kirche und von den Bischöfen der intakten lutherischen Kirchen unterschriebenen theologischen Erklärung hieß es: »Wir verwerfen die falsche Lehre, als solle und könne der Staat über seinen besonderen Auftrag hinaus die einzige und totale Ordnung menschlichen Lebens werden und also auch die Bestimmung der Kirche erfüllen«[27]). Auf einer zweiten Bekenntnissynode vom 19. und 20. Oktober 1934 wurde die »schriftwidrige Einführung des weltlichen Führerprinzips in die Kirche und die darauf begründete Forderung eines bedingungslosen Gehorsams« verworfen, im Widerstand gegen die unrechtmäßige Kirchenleitung des Reichsbischofs und der Staatsorgane das »kirchliche Notrecht« proklamiert[28]) und aufgrund dieses Notrechts als oberstes Organ der »Bekennenden Kirche« ein »Bruderrat« berufen. Dieser Bruderrat und die Bischöfe der Landeskirchen von Hannover, Württemberg und Bayern beschlossen im November 1934, ein »Vorläufiges Kirchenregiment der Deutschen Evangelischen Kirche« einzusetzen (bis Februar 1936 im Amt).

Durch diese Vorgänge in der Kirche wurden die Vorstellungen Hitlers von einem total gleichgeschalteten Volk auf das empfindlichste gestört. Er ließ den Reichsbischof Müller praktisch fallen, ohne ihn abzusetzen, und ernannte den preußischen Justizminister Hanns Kerrl am 16. Juli 1935 zum Reichskirchenminister. Dieser hoffte durch Kirchenausschüsse, in der alle Gruppen vertreten sein sollten, unter staatlicher Lenkung die kirchliche Opposition abfangen zu können. Über die Frage, wieweit man in solchen Ausschüssen mitarbeiten solle oder nicht, kam es innerhalb der Bekennenden Kirche zu erheblichen Meinungsverschiedenheiten. Einerseits bildete sich ein zur Zusammenarbeit mit den Kirchenausschüssen bereiter »Rat der Evangelisch-Lutherischen Kirche Deutschlands« (»Lutherrat«), andererseits konstituierte sich im März 1936 eine bekenntnischristliche, radikalere zweite »Vorläufige Leitung der Deutschen Evangelischen Kirche«. Zu ihr gehörten insbesondere die Bruderräte der zerstörten Landeskirchen, wie Preussens u. a. Im Endergebnis waren die Versuche des Reichskirchenministers ein Fehlschlag[29]). Der protestierende Teil der Kirche ließ sich nicht mundtot machen.

Ein herausragendes Dokument der kirchlichen Opposition ist eine im Mai 1936 von der Vorläufigen Kirchenleitung an den Führer und Reichskanzler gerichtete Denkschrift[30]). Sie nennt die Gefahr der Entchristlichung des deutschen Volkes beim Namen, durchleuchtet kritisch den Begriff des sogenannten »Positiven Christentums« und macht den Staat für die Zerstörung der kirchlichen Ordnung haftbar. Ausdrücklich wird in dieser Eingabe verworfen: der Antisemitismus, der zum Judenhaß verpflichtet; der nationalsozialistische Grundsatz, daß gut sei, was dem Volke nützt, der Mißbrauch und die Häufung des Eides und die Beeinträchtigung der Wahlfreiheit bei der letzten Reichstagswahl. In voller Deutlichkeit wird die Tatsache angeprangert, »daß es in Deutschland, das sich selbst als Rechtsstaat bezeichnet, immer noch Konzentrationslager gibt und daß die Maßnahmen der Geheimen Staatspolizei jeder richterlichen Nachprüfung entzogen sind«. Schließlich wird der Sorge Ausdruck verliehen, daß dem Führer und Reichskanzler »vielfach Verehrung in einer Form dargebracht wird, die allein Gott zukommt«. Diese geheime Eingabe an den Führer wurde durch Indiskretion bekannt und im Ausland veröffentlicht. Nunmehr bekannte sich die Vorläufige Kirchenleitung in einer Kanzelabkündigung vom 30. August 1936 öffentlich zu ihrer Kritik am Regime[31]). Die Denkschrift löste eine Welle von Verfolgungsmaßnahmen gegen die Kirche aus. In der nationalsozialistischen Presse und Schulung wurde der Kampf gegen das Christentum immer offener geführt, während die Kirche mit Entschiedenheit den »Mythus« Rosenbergs bekämpfte[32]). Alle kirchlichen Veranstaltungen außerhalb des Kirchenraums wurden verboten. Unter dem Druck der Partei auf ihre Anhänger wuchs die Zahl der Kirchenaustritte[33]). Kruzifixe wurden aus den Schulklassen entfernt, die Bekenntnisschulen bedrängt und vermindert. Zahlreiche evangelische Pfarrer wurden vor Gericht gestellt oder in Konzentrationslagern inhaftiert.

Das Resultat der nationalsozialistischen Kirchenpolitik im Bereich des Protestantismus war das Gegenteil der Erwartungen des Jahres 1933. Statt einer einheitlichen Kirche bot sich ein fast chaotisches Bild einander gegenläufiger Tendenzen. Die Gleichschaltung des Gesamtprotestantismus war mißlungen. Statt dessen hatte sich unter dem äußeren Druck im Protestantismus ein bekenntnisbewußter Kern gebildet. Hier wie in der römisch-katholischen Kirche wurde die unabdingbare Eigenständigkeit und allem Staatlichen vorgegebene Autonomie des kirchlichen Auftrags gegen die totalitären Ansprüche des Nationalsozialismus behauptet. Als Deutschland in den Krieg eintrat, war die Kirchenfrage ungelöst. Um den daraus entstehenden inneren Belastungen zu entgehen, ordnete Hitler 1939 gegenüber den Kirchen eine Politik des Burgfriedens an. Offene Konflikte sollten vermieden werden. Um so deutlicher wird aus Bemerkungen Hitlers in seinen »Tischgesprächen« und Äußerungen anderer führender Nationalsozialisten in der Kriegszeit die Absicht erkennbar, nach dem Kriege Deutschland radikal zu entchristlichen.

Unter den Gegebenheiten des totalen Staates war die Selbstbehauptung der Kirche an sich bereits eine Haltung des Widerstandes. Aber das Selbstverständnis der Kirche ging über die Abschirmung des Eigenbereiches von Kultus, Seelsorge und Diakonie hinaus. So beanspruchte die katholische Kirche, mit einem Begriff des kanonischen Rechts, eine unmittelbare Verantwortung auch in den »res mixtae« wie Ehe und Schule, und sie beanspruchte kraft ihres Lehramtes das Recht und die Pflicht, über die Auslegung des Naturrechts und seine Anwendung auf Staat und Gesellschaft zu wachen. Für die Bekennende Kirche hieß es in der theologischen Erklärung der Barmer Synode: »Wir verwerfen die falsche Lehre, als gäbe es Bereiche unseres Lebens, in denen wir nicht Jesus Christus, sondern anderen Herren zu eigen wären.«[34]) Soweit die Amtskirche und ihre Sprecher im Jahre 1933 die Bildung einer autoritären Regierung mit »freudiger Zustimmung« begrüßten, kann man diesen politischen Irrtum der Kirchen als Teil jener allgemeinen konservativen Fehleinschätzung der Hitlerbewegung durch die Führungsschichten des deutschen Volkes ansehen. Wie aber stand es dort mit der Handhabung des Wächteramtes der Kirche, wo der nationalsozialistische Staat das offenkundige Verbrechen organisierte? Die Kirche hat die falsche Ideologie verurteilt, aus denen sich die Massentötungsaktionen ergeben sollten. Sie hat nicht geschwiegen zum sogenannten Euthanasie-Programm. Sie hat sich durch mancherlei organisatorische Hilfe in den Dienst der Verfolgten gestellt[35]). So haben katholische und evangelische Organe unter Ausnutzung ihrer auswärtigen Verbindungen jüdischen Auswanderern materielle und organisatorische Hilfe geleistet. Der Vatikan und der päpstliche Nuntius in Berlin haben vieles getan, um Bedrängten in der Zeit der schwersten Verfolgung zu helfen. Aber die Kirchen in Deutschland und der Vatikan haben ihre Stimmen nicht zu öffentlicher Anklage erhoben, als im November 1938 in Deutschland die Synagogen in Brand gesteckt und die Juden entrechtet und enteignet wurden[36]). Es gab jedoch einzelne Priester und Geistliche, die nicht versagten. Der katholische Propst Lichtenberg von St. Hedwig in Berlin betete im Gottesdienst für die verfolgten Juden und rief seiner Gemeinde zu: »Draußen brennt der Tempel — das ist auch ein Gotteshaus!«[37]) Er wurde später zu mehrjähriger Gefängnisstrafe verurteilt, danach in ein Konzentrationslager überführt und starb auf dem Transport. Der evangelische Pastor Heinrich Grüber[38]), der in Berlin eine Hilfsstelle für nichtarische Christen eingerichtet hatte, wurde 1940 verhaftet. Sein Mitarbeiter Werner Sylten kam im Konzentrationslager Dachau um.

Gegen den Judenmord im Kriege haben die Kirchenführer hier und da ihre Stimme erhoben. Der Papst sprach in seiner in Deutschland durch die bischöflichen Ordinariate verbreiteten Weihnachtsbotschaft 1942 von »den Hunderttausenden, die persönlich schuldlos bisweilen nur um ihrer Nationalität oder Abstammung willen dem Tode geweiht oder einer fortschreitenden Verelendung preisgegeben sind«[39]). Ein gemeinsamer Hirtenbrief der deutschen Bischöfe vom 19. August 1943 prangerte das Unrecht an, das in der angeblich um des Gemeinwohles willen geschehenen Tötung unschuldiger Menschen »fremder Rassen und Abstammung« liege[40]). Ähnlich äußerte sich der Kölner Erzbischof Joseph Frings in mehreren Verlautbarungen. Der württembergische evangelische Landesbischof Wurm, der wiederholt als Sprecher der Kirche gegenüber dem Staat hervortrat, erklärte am 16. Juli 1943 in einem Schreiben an die Reichsregierung, daß die »Vernichtungsmaßnahmen« gegen die Juden »im schärfsten Widerspruch zu dem Gebot Gottes« stünden und »das Fundament allen abendländischen Denkens und Lebens« verletzten. Im Hinblick auf das, was in den besetzten Gebieten geschah, appellierte er an die Reichsregierung, »daß den der Macht des Reiches unterworfenen Nationen und Konfessionen die volle Freiheit der Religionsausübung und eine den Grundsätzen des Rechts und der Gerechtigkeit entsprechende Behandlung ohne Ansehen der Nation oder der Konfession gewährleistet werde«[41]).

Es hat also kirchliche Proteste gegeben, aber anders als in der Euthanasiefrage wurden sie von den Machthabern in den Wind geschlagen. Waren die Proteste nicht laut und nachdrücklich genug (Conway)? Wurden sie deswegen nicht mit genügender Beharrlichkeit und Stärke vorgetragen, weil sich kaum ein Echo im Kirchenvolk erwarten ließ, das zwar empfindlich reagierte, als es durch die »Euthanasie« in seinen Angehörigen unmittelbar getroffen wurde, aber die Deportationen der Juden apathisch geschehen ließ (Lewy)? War der Papst so zurückhaltend in seinen Äußerungen, weil er die Neutralität zwischen den Kriegführenden nicht verletzten wollte? Kam es ihm deswegen nicht in den Sinn, seinen Worten etwa durch Androhung von Interdikt und Exkommunikation Nachdruck zu verleihen, weil die antimarxistisch gesonnene Kirche in dem Krieg der beiden totalitären Systeme zwar nicht den Triumph des Nationalsozialismus, aber noch weniger das Vordringen des Bolschewismus in Europa wünschte (Zahn)? Oder muß man, da die Angehörigen des Volkes gleichzeitig Staatsvolk und Kirchenvolk sind, sich gerechterweise damit begnügen, das Maß des Widerstandes der Kirchen danach einzuschätzen, in welchem Maße sie ihre Eigenständigkeit wahrten und Glaubensgut und Sittenlehre unverkürzt verkündigten (Repgen)? Das Urteil über diese Fragen hängt nicht zuletzt davon ab, an welchen Maßstäben die Kirche selber gemessen werden will.

Unter den Freikirchen und Sekten[42]), die allgemein in ihrer Tätigkeit, sofern diese nicht rein religiösen Charakter hatte, ähnlichen Beschränkungen unterworfen wurden wie die Kirchen, heben sich die Ernsten Bibelforscher, die »Zeugen Jehovas«, wegen ihrer klaren Frontstellung gegen den nationalsozialistischen Staat heraus. Sie verweigerten den Hitlergruß als Mißbrauch einer Heilsanrufung, leisteten keinen Eid und lehnten den Wehrdienst ab. Die meisten Anhänger dieser kleinen Religionsgemeinschaft haben im Gefängnis oder Konzentrationslager gesessen. Viele kamen um oder wurden hingerichtet. Es war eine kleine Minderheit, die frei von den politisch-gesellschaftlichen Verflechtungen und Rücksichtnahmen der großen Volkskirchen konsequent ihrer Überzeugung lebte.

DW 397/127—131, 171—216. — Bibliographien: K. SCHOLDER, Zur gegenwärtigen Situation der Erforschung des Kirchenkampfes, in: Verkündigung u. Forschung 13 (1968); K. MEIER, Der Kirchenkampf im Dritten Reich u. seine Erforschung, in: Theol. Rdsch. 33 (1968); V. CONZEMIUS, Eglises chrétiennes et totalitarisme nat. soc. Un bilan historiographique (Bibliothèque de la Revue d'histoire ecclésiastique (Löwen 1969); U. v. HEHL, Kirche, Katholizismus u. das nat.soz. Dtld. im Spiegel der Forschung 1945 bis 1973 (Phil. Staatsexamensarbeit, Bonn 1973, Ms.).

Forschungseinrichtungen: Komm. f. Zeitgesch. bei der Kath. Akad. in Bayern, seit 1962, Veröffentlichungsreihen: A. Quellen, B. Forschungen, hg. von K. REPGEN u. a. (1965 ff.); Komm. f. d. Gesch. d. Kirchenkampfes in der nat.soz. Zeit, gegr. durch den Rat der EKiD 1955, Vorsitz bis 1964 K. D. Schmidt, seither E. Wolf, veröffentlicht: Arbeiten zur Gesch. des Kirchenkampfes, hg. von K. D. SCHMIDT †, H. BRUNOTTE u. E. WOLF (1958 ff.).

Fast die gesamte bisherige Forschung befaßt sich getrennt mit den Bereichen von Katholizismus u. Protestantismus. Die verschiedenen Kirchen kommen jedoch von der staatlichen Kirchenpolitik aus gesehen in den Blick bei: F. ZIPFEL, Kirchenkampf in Dtld. 1933—1945. Religionsverfolgung u. Selbstbehauptung der Kirchen in der nat.soz. Zeit (1965), berücksichtigt auch Freikirchen u. Sekten, wichtiger Anhang von Dok. aus Verwaltung, Polizei u. Partei, von denen bes. die Lageberichte belegen, in welchem Maße die Haltung der Kirchen vom nat.soz. Staat her gesehen als Widerstand gewertet wurde. Aufschlußreich unter dem gleichen Gesichtspunkt auch B. VOLLMER (Hg.), Volksopposition im Polizeistaat. Gestapo- u. Regierungsberichte 1934—36 (1957), u. H. BOBERACH (Hg.), Berichte des SD u. der Gestapo über Kirchen u. Kirchenvolk in Dtld. 1934—1944 (1971); ders. (Hg.), Meldungen aus dem Reich. Auswahl aus den geheimen Lageberichten des Sicherheitsdienstes der SS 1939—1944 (1965); Leonore SIEGELE-WENSCHKEWITZ, Nat.soz. u. Kirchen. Religionspolitik von Partei u. Staat bis 1935 (1974); in betont krit. Einstellung zur Kirche J. S. CONWAY, Die nat.soz. Kirchenpolitik 1933—1945. Ihre Ziele, Widersprüche u. Fehlschläge (a. d. Engl. 1969).

1) 1948 wurde in einer Reform der auf die Juden bezogenen liturgischen Texte angeordnet, daß lateinische »perfidus« in den neuen Sprachen mit »ungläubig« statt mit »treulos« zu übersetzen. Papst Johannes XXIII. verfügte 1959 den Wegfall dieser Worte; vgl. das Kap. über kirchl. Antisemitismus in: K. THIEME (Hg.), Judenfeindschaft (1963).

2) Für die histor. Selbsteinschätzung der kath. Kirche in ihrem Verhältnis zum Nat.soz. wurde nach dem Kriege zunächst typisch J. NEUHÄUSLER, Kreuz u. Hakenkreuz. Der Kampf des Nat.soz. gegen die kath. Kirche u. der kirchl. Widerstand (1946). Hier wurden Zeugnisse des Widerstandes zusammengestellt, die die Kirche als die konsequente Gegnerin des Dritten Reiches erscheinen ließen. Hiergegen vollzog sich eine krit. Wende durch den Aufsatz eines engagierten kath. Staatsrechtlers: E.-W. BÖCKENFÖRDE, Der dt. Katholizismus im Jahre 1933. Eine krit. Betrachtung, in: Hochland 53 (1960/61); Neudruck in: G. JASPER (Hg.), Von Weimar zu Hitler (1968); Böckenförde stellt positive kath. Äußerungen zum Machtwechsel 1933 zusammen. Hierdurch ausgelöst eine Kontroverse: gegen Böckenförde: H. BUCHHEIM, Der dt. Katholizismus im Jahre 1933. Eine Auseinandersetzung mit E.-W. Böckenförde, in: Hochland 53 (1960/61). Gegenreplik unter Aufrechterhaltung seiner Thesen von E.-W. BÖCKENFÖRDE, Der dt. Katholizismus 1933. Stellungnahme zu einer Diskussion, in: Hochland 54 (1961/62); ders., Kirche u. Politik. Zu einigen Neuerscheinungen über das Verhältnis der kath. Kirche zum

»Dritten Reich«, in: Der Staat 5 (1966). Über die erste Phase der Kontroverse informiert J. BECKER, Das Ende der Zentrumspartei u. die Problematik des polit. Katholizismus in Dtld., WaG 23 (1963), Neudruck in G. JASPER (Hg.), Von Weimar zu Hitler. Den grundsätzlichen Widerstand des Katholizismus gegen den Nat.soz. betont E. DEUERLEIN, Der dt. Katholizismus 1933 (Tb. 1963). Dagegen wird die These eines nur kulturpolit. Widerstandes der kath. Bischöfe gegen den Nat.soz. gestützt von H. MÜLLER (Hg.), Kath. Kirche u. Nat.soz., Dokumente 1930—1935, eingel. von K. SONTHEIMER (1963, Tb. 1965). G. LEWY, Die kath. Kirche u. das Dritte Reich (a. d. Amerik. 1965), sieht einen wesentlichen Grund für die Unterstützung der nat.soz. Politik durch die Amtskirche u. für deren unzureichenden Protest gegen die Judenvernichtung in einem latenten Antisemitismus des kath. Kirchenvolkes, für den er wiederum die Kirche als solche verantwortlich macht. G. C. ZAHN, Die dt. Katholiken u. Hitlers Kriege (a. d. Amerik. 1965), fragt, warum die traditionelle scholastische Unterscheidung von gerechtem u. ungerechtem Krieg auf den Krieg Hitlers nicht angewendet worden sei; im Gegensatz zur offiziellen Haltung der Kirche als Zeugnis für den Gewissensprotest eines einzelnen gegen den Krieg: ders., Er folgte seinem Gewissen. Das einsame Zeugnis des Franz Jägerstätter (a. d. Amerik. Graz 1967). — Krit. abwägend, aber um Verständnis für die Haltung der Kirche werbend: W. BUSSMANN, Der dt. Katholizismus im Jahre 1933, in: Festschr. Heimpel 1 (1971) u. K. REPGEN, Hitlers Machtergreifung u. der dt. Katholizismus. Versuch einer Bilanz (1967). — Aus den Veröffentlichungen der Kommission bei der Kath. Akad. in Bayern: Protokolle der Zentrumsfraktion s. o. § 55, Anm. 15; Konkordatsakten s. u. Anm. 8; B. STASIEWSKI (Hg.), Akten dt. Bischöfe über die Lage der Kirche 1933—1945, Bd. 1: 1933—1934 (1968), Bd. 2: 1934—1936 (1975); D. ALBRECHT, Der Notenwechsel zwischen dem Heiligen Stuhl u. der dt. Reichsregierung (2 Bde. 1965/69), umfaßt den Zeitraum von der Ratifizierung des Konkordats bis Kriegsende; B. SCHNEIDER (Hg.), Die Briefe Pius' XII. an die dt. Bischöfe 1939—1944 (1966); L. VOLK (Hg.), Akten Kardinal Michael v. Faulhabers, 1917—1945, bisher erschienen Bd. 1: 1917—1934 (1975). 3) Zit. bei E. DEUERLEIN, Der dt. Katholizismus 1933 (1963), S. 52. 4) Text u. Entwurf bei B. STASIEWSKI, op. cit., Nr. 14 a, u. H. MÜLLER, op. cit., Nr. 30; P. MIKAT, Zur Kundgebung der Fuldaer Bischofskonferenz über die nat.soz. Bewegung vom 28. März 1933, in: Gundlach-Festschr. (1962). 5) K. BREUNING, Die Vision des Reiches. Dt. Katholizismus zwischen Demokratie u. Diktatur 1929—1934 (1969). 6) Text in Hand des Verf. 7) L. VOLK, Das Reichskonkordat (s. u. Anm. 8), S. 61. 8) A. KUPPER (Hg.), Staatl. Akten über die Reichskonkordatsverhandlungen 1933 (1969); L. VOLK (Hg.), Kirchl. Akten über die Reichskonkordatsverhandlungen 1933 (1969); ders., Das Reichskonkordat vom 20. Juli 1933. Von den Ansätzen in der Weim. Rep. bis zur Ratifizierung am 10. Sept. 1933 (1972); K. O. Frhr. v. ARETIN, Prälat Kaas, Franz v. Papen u. das Reichskonkordat von 1933, VfZG 14 (1966). Die Frage der fortwirkenden Rechtsgültigkeit des Konkordats wurde im Prozeß vor dem Bundesverfassungsgericht 1955—1957 bejaht: F. GIESE / F. A. Frhr. v. d. HEYDTE, Der Konkordatsprozeß (4 Bde. 1957/59). 9) Ein direkter kausaler Zusammenhang zwischen Konkordatsverhandlungen u. Selbstauflösung des Zentrums am 5. Juli 1933 ist quellenmäßig nicht nachweisbar. Er wird behauptet u. a. von K. D. BRACHER, Gutachten in: Der Konkordatsprozeß 3, der von einem »Dolchstoß in den Rücken der Zentrumspartei« spricht, u. wird bestritten von K. REPGEN, Hitlers Machtergreifung u. der dt. Katholizismus (1967), u. ders., Das Ende der Zentrumspartei u. die Entstehung des Reichskonkordats, in: Militärseelsorge (1970), beides auch in: ders., Histor. Klopfsignale für die Gegenwart (1974). Die Tatsache, daß der betr. Art. 32 erst am 2. Juli, wenige Tage vor der Paraphierung, von Staatssekretär Pacelli zugestanden wurde, schließt nicht aus, daß dieser von vornherein wissen mußte, welches der Preis sein würde, den die Kurie für die Konzessionen zu zahlen haben würde, die das Reich in der Frage Elternrecht u. Bekenntnisschule machte (Art. 23). Von diesen Zugeständnissen, die für den Vatikan nicht umsonst zu haben waren, stellt Repgen zu Recht fest, daß für sie früher in der Weim. Rep. nie eine Mehrheit im Reichstag vorhanden gewesen wäre: »Papen bot also zu Verhandlungsbeginn an, was Pacelli [als Nuntius in Berlin] früher als Endresultat komplizierter Verhandlungen vergeblich gefordert hatte«. Kann man glauben, daß Pacelli den Preis nicht gekannt hätte? Natürlich wurde das Ende des Zentrums nicht durch das Konkordat herbeigeführt, wohl aber abgesegnet. 10) H. PORTMANN, Kardinal von Galen. Ein Gottesmann seiner Zeit ([8]1959); ders., Dokumente um den Bischof von Münster, Clemens August Graf v. Galen (1948). 11) Studien zum Mythus des 20. Jahrhunderts, hg. vom Erzbischöfl. Generalvikariat Köln (1934 f.). 12) Hirtenbriefe vom 7. Juni 1934 u. 20. Aug. 1935, in: W. CORSTEN (Hg.), Kölner Aktenstücke zur Lage der kath. Kirche in Dtld. 1933—1945 (1949), Nr. 34 u. 80. 13) H. G.

HOCKERTS, Die Sittlichkeitsprozesse gegen kath. Ordensangehörige u. Priester 1936/37 (1971). **14)** L. VOLK, Die Fuldaer Bischofskonferenz von Hitlers Machtergreifung bis zur Enzyklika »Mit brennender Sorge«, in: Stimmen der Zeit 183 (1969); ders., Die Fuldaer Bischofskonferenz von der Enzyklika »Mit brennender Sorge« bis zum Ende der NS-Herrschaft, ebd. 178 (1966). **15)** Hirtenbrief vom 19. Aug. 1936, CORSTEN, Nr. 112. **16)** S. HIRT (Hg.), Mit brennender Sorge. Das päpstl. Rundschreiben gegen den Nat.soz. u. seine Folgen in Dtld. (1946); L. VOLK, Die Enzyklika ›Mit brennender Sorge‹, in: Stimmen der Zeit 183 (1969); Dok. zu den Vorgängen um die Enzyklika auch in: Ursachen u. Folgen 11, Nr. 2524 a—d. **17)** Gegenüberstellung von Entwurf und Endfassung bei D. ALBRECHT, Notenwechsel Bd. 1, S. 404 ff. **18)** Benedicta M. KEMPNER, Priester vor Hitlers Tribunalen (1966). **19)** Zu den hist. Voraussetzungen s. Lit. § 32, Anm. 18; ferner J. R. C. WRIGHT, ›Above Parties‹. The political Attitudes of the German Protestant Church Leadership 1918—1933 (Oxford 1974). — Grundinformation in: J. BECKMANN (Hg.), Kirchl. Jb. für die Ev. Landeskirchen Dtlds. 1933—44, 60—71 (1947); O. FRIEDRICH, Die kirchenrechtl. Entwicklung des dt. ev. Kirchentums seit 1933, ebd. 72—75 (1949); R. STEINER, Der Weg der reformierten Kirchen u. Gemeinden von 1933—50, ebd. 77 (1950); W. NIEMÖLLER, Die ev. Kirche im Dritten Reich. Handbuch des Kirchenkampfes (1956); H. HERMELINK (Hg.), Kirche im Kampf. Dok. des Widerstands u. des Aufbaus in der ev. Kirche Dtlds. von 1933 bis 1945 (1950); G. KRETSCHMAR (Hg.), Dok. zur Kirchenpolit. des Dritten Reiches, bisher erschienen Bd. 1 u. 2 (1971 u. 1975) für die Jahre 1933—1935. — In der ev. Lit. zum Kirchenkampf wurde wie in der kath. nach dem Kriege zunächst die Tatsache des Widerstands betont, ohne Antwort auf die Frage, ob u. inwiefern die Kirche durch die polit. Einstellung ihrer Träger u. durch das Maß ihrer Loyalitätsbereitschaft gegenüber dem Regime für dieses mitverantwortlich geworden sei. Im Stuttgarter Schuldbekenntnis der ev. Kirche vom Jahre 1945 (vgl. § 101) war aber ein innerkirchl. Ansatzpunkt gegeben, um einer unhistor. Heroisierung des Kirchenkampfes entgegenzuwirken. Eine Revision des Geschichtsbildes forderte F. BAUMGÄRTEL, Wider die Kirchenkampflegenden ([2]1959). Von den »Arbeiten zur Gesch. des Kirchenkampfes« (s. o.) sind zu nennen: H. KATER, Die Dt. Ev. Kirche in den Jahren 1933 u. 1934 (1970); K. D. SCHMIDT (Hg.), Dok. des Kirchenkampfes. Die Zeit des Reichskirchenausschusses 1935—1937 (2 Bde. 1964/65); G. HARDER / W. NIEMÖLLER (Hg.), Die Stunde der Versuchung. Gemeinden im Kirchenkampf 1933—1945. Selbstzeugnisse (1963); H. BRUNOTTE / E. WOLF (Hg.), Zur Gesch. des Kirchenkampfes. Ges. Aufsätze (2 Bde. 1965 u. 1971). **20)** H. BUCHHEIM, Glaubenskrise im Dritten Reich (1953); K. MEIER, Die Dt. Christen. Das Bild einer Bewegung im Kirchenkampf des Dritten Reiches (1964); W. TILGNER, Volksnomostheologie u. Schöpfungsglaube. Ein Beitrag zur Gesch. des Kirchenkampfes (1966). **21)** G. van NORDEN, Kirche in der Krise 1933. Die Stellung der Ev. Kirche zum nat.soz. Staat im Jahre 1933 (1963); K. SCHOLDER, Die ev. Kirche u. das Jahr 1933, GWU 16 (1965). **22)** Vertrauliches Hirtenschreiben 8. März 1933, in: H. HERMELINK (Hg.), Kirche im Kampf, Nr. 2. **23)** W. NIEMÖLLER, Der Pfarrernotbund. Geschichte einer kämpfenden Bruderschaft (1974); Chr. LUTHER, Das kirchl. Notrecht. Seine Theorie u. seine Anwendung im Kirchenkampf 1933—1937 (1969). **24)** M. NIEMÖLLER, Vom U-Boot zur Kanzel (1934); W. NIEMÖLLER (Hg.), Martin Niemöller: Briefe aus der Gefangenschaft Moabit (1975); H. BUCHHEIM, Ein NS-Funktionär zum Niemöller-Prozeß, Dokumentation, VfZG 4 (1956); J. SCHMIDT, Martin Niemöller im Kirchenkampf (1971). **25)** 1935 verließ er Dtld. Über seine fernere Einwirkung auf die Kirche: Karl Barth zum Kirchenkampf. Beteiligung, Mahnung, Zuspruch (1956); P. SCHNEIDER, Zur Staatsauffassung von Karl Barth, in: Zs. ges. Staatswiss. 110 (1954). **26)** E. KLÜGEL, Die luth. Landeskirche Hannovers u. ihr Bischof 1933—1945 (1964); Th. WURM, Erinnerungen aus meinem Leben (1953); G. SCHÄFER, Landesbischof D. Wurm u. der nat.soz. Staat 1940—1945. Eine Dokumentation (1968). **27)** H. HERMELINK (Hg.), Kirche im Kampf, Nr. 52 b. **28)** Ebd., Nr. 94 a u. b. **29)** K. D. SCHMIDT (Hg.), Dok. des Kirchenkampfes (s. o. Anm. 19). **30)** Text H. HERMELINK (Hg.), Kirche im Kampf, Nr. 175. **31)** Ebd., Nr. 176. **32)** Zu nennen vor allem W. KÜNNETH, Antwort auf den Mythus. Die Entscheidung zwischen dem nordischen Mythus u. dem biblischen Christus (1935); ders., Ev. Wahrheit. Ein Wort zu A. Rosenbergs Schrift »Protestantische Rompilger« (1937); ders., Der große Abfall. Eine gesch.-theol. Unters. der Begegnung zw. Nat.soz. u. Christentum ([2]1948). **33)** Statist. Angaben über die Ergebnisse der Entkonfessionalisierungspolitik bei F. ZIPFEL, Kirchenkampf in Dtld. (1965), S. 104 ff. Ein Beispiel: 1943 bekannten sich von den Reichstagsabgeordneten nur noch 27,3 % zu einer der christlichen Kirchen gegenüber 97,8 % 1933. **34)** G. NIEMÖLLER (Hg.), Die erste Bekenntnissynode der Dt. Ev. Kirche zu Barmen, Bd. 1 (1959), S. 111. **35)** »Die Kirche im Dienst der Verfolgten« ist ein informationsreicher

Abschnitt überschrieben in: F. ZIPFEL, Kirchenkampf in Dtld. (1965). 36) Zu Kirche u. Judentum: G. LEWY, Die kath. Kirche u. das Dritte Reich (a. d. Amerik. 1965); K. MEIER, Kirche u. Judentum. Die Haltung der ev. Kirche zur Judenpolitik des Dritten Reiches (1968). 37) A. ERB, Bernhard Lichtenberg. Dompropst von St. Hedwig zu Berlin (1946). 38) H. GRÜBER, Erinnerungen aus sieben Jahrzehnten (1968). 39) Zit. bei G. LEWY, Die kath. Kirche u. das Dritte Reich, S. 327. Das Drama von R. HOCHHUTH, Der Stellvertreter (1963) löste eine leidenschaftliche Diskussion um das Verhalten des Papstes aus: F. J. RADDATZ (Hg.), Summa iniuria oder Durfte der Papst schweigen? (1963); S. FRIEDLÄNDER, Pius XII. u. das Dritte Reich. Eine Dokumentation (a. d. Amerik. 1965); ältere vatik. Darstellg.: M. MACCARONE, Il Nazionalsocialismo e la Santa Sede (Rom, 1947); grundlegende Dokumentation: P. BLET u. a. (Hg.), Actes et Documents du Saint Siège relatifs à la Seconde Guerre Mondiale, Bde. 6, 8 u. 9 (Città del Vaticano 1972—1975). 40) W. CORSTEN (Hg.), Kölner Aktenstücke zur Lage der kath. Kirche in Dtld. 1933—1945 (1949), Nr. 218. 41) H. HERMELINK (Hg.), Kirche im Kampf, Nr. 253. 42) F. ZIPFEL, Kirchenkampf in Dtld., S. 174 ff.; sorgfältige Zusammenstellung von Material, bes. über die Ernsten Bibelforscher u. ihre Verfolgung.

§ 64 Kunst, Literatur und Presse im nationalsozialistischen Deutschland

Es kennzeichnet die Einschätzung von Kunst, Literatur und Publizistik durch den Hitlerstaat, daß sie der Zuständigkeit des Propagandaministers unterstellt wurden. Goebbels erklärte, die nationalsozialistische Idee stelle die gesamte Kultur in eine Verbindung mit bewußter politisch-weltanschaulicher Propaganda[1]). Das Instrument zur Steuerung dieser Bereiche war die durch Gesetz am 22. September 1933 geschaffene Reichskulturkammer mit jeweils besonderen Kammern für Bildende Künste, Schrifttum, Musik, Theater, Film, Rundfunk und Presse. Diesen Kammern gehörten neben den »Kulturschaffenden« alle Berufe und Wirtschaftszweige an, die »bei der Erzeugung, der Wiedergabe, der geistigen oder technischen Verarbeitung, der Verbreitung, der Erhaltung, dem Absatz oder der Vermittlung des Absatzes von Kulturgut« mitwirkten[2]). Die hier vorgetäuschte und von Goebbels proklamierte ständische Ordnung des Kulturlebens hatte jedoch nichts mit korporativer Selbstverwaltung zu tun. Das Führerprinzip galt auch hier. Goebbels übernahm zu seinem Parteiamt als Reichspropagandaleiter und zu seinem Staatsamt als Propagandaminister das des Präsidenten der Reichskulturkammer. Den Kammern konnte nur angehören, wer »arischer Abstammung« war und wer sich in seiner politischen Einstellung zumindest konformistisch verhielt. Allerdings gab es Ausnahmen. Wilhelm Furtwängler, der Dirigent der Berliner Philharmoniker, hat sich in manchen Fällen mit Erfolg für jüdische Musiker eingesetzt[2a]). Auch der polnische Sänger Jan Kiepura oder die Tänzerin Palucca, beide halbjüdisch, durften weiter auftreten. Nichtzugehörigkeit oder Ausschluß aus der Reichskulturkammer kam einem Berufsverbot gleich. Wer ihr nicht angehörte, konnte nicht auftreten, nicht veröffentlichen, keine Bezugsscheine erhalten zum Kauf von Öl und Farbe.

So mächtig die Stellung von Goebbels als Kulturdiktator war, auch hier gab es die charakteristische Gegeninstanz. Am 24. Januar 1934 ernannte Hitler Alfred Rosenberg zum Leiter des neugeschaffenen »Amtes für die Überwachung der gesamten weltanschaulichen Schulung und Erziehung der NSDAP«. Im Jahre 1929 hatte Rosenberg einen »Kampfbund für Deutsche Kultur« ins Leben gerufen. Ihm gehörten Vertreter des national-völkischen Kulturlebens an wie die Schriftsteller Kolbenheyer und Johst, die Verleger Bruckmann und Diesterweg, der Germanist Heusler und der Kunsthistoriker Wölfflin. Er bekämpfte, ohne die nationalsozialistischen Zielsetzungen seiner Gründer zunächst offen in den Vordergrund zu stellen, im Namen von Heimat und deutschem Volkstum die gesamte künstlerische Moderne in Architektur (Bauhaus,

Gropius), Malerei (Expressionismus, abstrakte Malerei), Musik (Zwölftonmusik, Jazz), Literatur (»Asphaltliteraten«) als »Kulturbolschewismus«. Seine ideologischen Gewährsleute waren u. a. der Rassenforscher F. K. Günther und der Volkskundler Schultze-Naumburg. Die von ihnen betriebene Diffamierung der literarischen und künstlerischen Moderne als »Kulturbolschewismus« enthielt eine grobe Irreführung. Denn das bolschewistische Rußland war zwar in den ersten Jahren der Revolution modernen Kunstrichtungen offen gewesen, hatte dann aber, als die Revolution vorbei war, den Kunststil eines sogenannten sozialistischen Realismus kanonisiert, der mit seinen folkloristischen und heroisierenden Elementen dem Geschmack der Massen ebenso entgegenkam wie das, was im Dritten Reich als spezifisch deutsche Kunst produziert wurde[3]). Die Kriterien für das, was als deutsche Kunst zu gelten hatte, wurden dem nationalsozialistischen Kampfstil entsprechend von der Negation her entwickelt. Der »Kampfbund« agierte schon vor der Machtübernahme als »kulturelle SA«, gestützt auf braune Schlägertrupps, mit Terroraktionen gegen unliebsame Filme (»Im Westen nichts Neues«, nach dem gleichnamigen, den Krieg realistisch schildernden Buch von E. M. Remarque) und Theaterinszenierungen (E. Piscator, M. Reinhardt).

Nach der Machtübernahme setzten in der turbulenten Phase der nationalsozialistischen Revolution »von unten« her in großem Stil organisierte Aktionen gegen »undeutsche« Literatur und Kunst ein mit Bücherverbrennungen[4]), »Säuberungen« von Volksbüchereien, Bibliotheken, Museen, Schwarzen Listen, Ausstellungen »entarteter« Kunst, Entlassungen. Zu den Verfemten gehörten neben Heinrich Heine, Karl Marx mit der gesamten marxistischen Literatur und den Klassikern des Expressionismus (Schule des »Blauen Reiter« und der »Brücke«) unter den Lebenden u. a. die Schriftsteller Heinrich und Thomas Mann, Alfred Döblin, Erich Kästner, Sigmund Freud, Georg Kaiser, Carl v. Ossietzky, Alfons Paquet, Kurt Tucholsky, Jakob Wassermann, Franz Werfel und Maler so unterschiedlicher Stilrichtungen wie die Expressionisten Max Beckmann und Christian Rohlfs, die Abstrakten Paul Klee und Wassily Kandinsky, der Impressionist Max Liebermann, die sozialkritischen Realisten Otto Dix und Käthe Kollwitz.

Die Gründung der Reichskulturkammer und des Amtes für die Überwachung der weltanschaulichen Schulung diente nicht zuletzt dem Zweck, die kulturrevolutionären Aktionen, die Entlassungen von Intendanten, Museumsdirektoren, Akademielehrern und die von vielen Partei-, Polizei-, Gerichts- und Verwaltungsstellen ins Werk gesetzten wilden Verbote bürokratisch zu kanalisieren, um möglichst zu einer Art Reichsindex der verbotenen Bücher und Bilder zu gelangen.

Der Prozeß der kulturellen Gleichschaltung war aber von innerparteilichen Machtkämpfen begleitet. Der kunstideologische Anspruch Rosenbergs und des Kampfbundes war nicht unbestritten. So bildete sich im Berliner Nationalsozialistischen Deutschen Studentenbund eine Opposition gegen die Diffamierung der modernen Malerei. Tonangebend in einer Aktion zugunsten des Expressionismus war der im NSDStB führend tätige Fritz Hippler, der sich bei der Verbrennung »undeutschen« Schrifttums auf dem Berliner Opernplatz hervorgetan hatte. Eine Kundgebung im Auditorium Maximum der Berliner Universität wandte sich am 29. Juni 1933 gegen die »Kulturreaktion« des Rosenbergschen Kampfbundes. Man bekannte sich zu Nolde, Barlach, Heckel, Schmidt-Rottluff als den Vertretern einer »neuen deutschen Kunst«. Die liberalbürgerliche Presse bekundete ihre Sympathie. In Berlin wurde eine Ausstellung expressionistischer Maler gezeigt. Ermutigt wurden diese Bestrebungen durch die Tatsache, daß das faschistische Italien die moderne Kunst förderte. Im Jahre 1934 gab es in Berlin eine Ausstellung italienischer futuristischer Malerei. Zu ihren Protektoren gehörte Goebbels. Im Gegensatz zu Rosenberg stand er der modernen Kunst nicht von vornherein ideologisch fixiert und ablehnend gegenüber. Verstanden es doch auch die nationalsozialistischen Apologeten des Expressionismus, gerade diese Stilart als spezifisch deutsch darzustellen: sie stehe in einem Zusammenhang mit der abstrakten germanischen Ornamentalkunst und den früh- und hochmittelalterlichen Ausdrucksformen; die realistische Malerei vom Spätmittelalter bis zum 19. Jahrhundert sei demgegenüber als eine Abirrung vom Wege der deutschen Kunst zu betrachten, der jetzt mit dem Expressionismus zurückgewonnen worden sei. Als Verkörperung dieser Kunsterneuerung aus deutschem Geist galten ihnen die Schleswig-Holsteiner Barlach und besonders Nolde. Aber Rosenberg verstand es, die nationalsozialistischen Anhänger der modernen Kunst zu isolieren und politisch zu verdächtigen. Sie konnten sich nicht durchsetzen gegenüber dem in dem »Kampfbund für Deutsche Kultur«, später in den sogenannten »NS-Kulturgemeinden« angesiedelten Massengeschmack. Die Streitfrage wurde durch Hitler entschieden. In wiederholten Nürnberger Parteitagsreden äußerte er sich zu dem Thema Kunst, für das er sich aufgrund seiner gescheiterten jugendlichen Berufspläne für besonders zuständig hielt. Er spielte den »unverdorbenen und gesunden Instinkt« der nationalsozialistischen Bewegung gegen die modernen »Kunstverderber« aus, verspottete aber gleichzeitig eine nationalvölkische bürgerliche Romantik, die den revolutionären Charakter der Zeit nicht begriffen habe: »So offerieren sie heute Bahnhöfe in originaldeutschem Renaissancestil, Straßenbenennungen und Maschinenschrift in echt gotischen Lettern, Liedertexte frei nach Walther von der Vogelweide, Modeschöpfungen nach Gretchen und Faust, Bilder nach Art des Trompeters von Säckingen.«[5]) Goebbels schwenkte in die vorgezeichnete Linie ein. 1935 wurde die oppositionelle Zeitschrift »Kunst der Nation«, 1936 jegliche Kunst-, Theater- und Literaturkritik überhaupt verboten. An deren Stelle sollten von »anständiger Gesinnung« getragene, durch »Sprachregelungen« von Goebbels gelenkte »Kunstberichte« treten[6]). 1937 begann die systematische »Säuberung« der Museen, ein von Reichs wegen organisierter Bildersturm. Zuletzt verfiel auch privater Besitz unliebsamer Kunst entschädigungsloser Enteignung. Ein Teil der beschlagnahmten Kunstwerke wurde zur Devisenbeschaffung ins Ausland verkauft, andere in Kellern verstaut oder verbrannt. Als »entartet« galten Werke jüdischer Künstler (Liebermann), pazifistische und sozialrevolutionäre Themen (Käthe Kollwitz), Gestalten, die dem nordischen Ideal widersprachen (Barlach) und die Stilarten des Expressionismus (Nolde) und der abstrakten Kunst (Kandinsky)[7]).

Hitler berief sich für die Kunstpolitik des Dritten Reiches auf »einen allgemein gültigen Maßstab für das richtige, weil dem Lebensgesetz unseres Volkes entsprechende Wesen unserer Kunst«[8]). Die Menge stimmte ihm zu. Sie strömte zu der zuerst in München 1937, danach in Berlin gezeigten Ausstellung »entarteter Kunst«, dem massenwirksamsten Vergnügungsrummel, den die Manager des Dritten Reiches inszenierten, und überließ sich hier einem vorprogrammierten Abscheu, wie sie ebenso bereit war, schön zu finden, was im neuerrichteten »Haus der Deutschen Kunst« in München an naturalistischer Landschaftsmalerei, Heimatmotiven, plakativ-politischer Thematik in heroischer Geste und an fadem akademischem Klassizismus bis hin zum evident Kitschigen gezeigt wurde. Diese Veranstaltungen waren ein Triumph des »gesunden Volksempfindens« und zeitigten einen für die Sache des Nationalsozialismus äußerst massenwirksamen Werbeeffekt. Die Sterilität dieser Kunst war jedoch das Gegenteil der proklamierten Erneuerung. Das gilt auch für die Architektur des Dritten Reiches (Braunes Haus und Haus der Deutschen Kunst in München, Reichskanzlei, NS-Schulungsburgen), die zuletzt in der Megalomanie der Entwürfe zu »Totenburgen« am Atlantik und in den russischen Ebenen wie in den von Hitler und Speer entwickelten Plänen für die gigantischen Siegesbauten im zukünftigen Berlin und Nürnberg jedes menschliche Maß vermissen ließen und gerade damit die beabsichtigte Monumentalität verfehlten[9]).

Das Schicksal der verfemten Künstler war die äußere oder innere Emigration. Zu denen, die Deutschland verließen, gehörten neben vielen anderen die Maler Kandinsky, Klee, Feininger, Beckmann, Kokoschka und die Architekten Gropius und Mies van der Rohe. In Deutschland blieben von den führenden bildenden Künstlern u. a. die Maler Rohlfs, Nolde, Schmidt-Rottluff, Heckel, Hofer, Baumeister und Gilles. Soweit ihre Bilder als »entartete Kunst« zur Schau gestellt wurden, konnte dies in besonderen Fällen bei Kunsthändlern und Sammlern durchaus empfehlend wirken. »Seit meine Bilder in München und Berlin auf der ›Schund und Schmutz‹ gehangen haben, sind meine Verkäufe ums Doppelte gestiegen«, schrieb Werner Gilles[10]). Bei Schmidt-Rottluff und Nolde ging die Ächtung bis zum Ausschluß aus der Reichskammer der Bildenden Künste und damit zum Berufsverbot. Nolde ist unter den Malern ein analoger Fall zu jenen Männern der Kirche, die anfangs von dem neuen Regime eine nationale Erneuerung erwarteten, um sehr bald infolge der Unbeirrbarkeit im Vollzug ihres eigenen Auftrags den unvereinbaren Gegensatz zu erkennen. Die trotz Verbots nach 1941 entstandenen »Ungemalten Bilder« Noldes sind ein bleibendes Zeugnis für die Kraft der Selbstbehauptung eines großen künstlerischen Willens auch in jener Zeit. Keinen Illusionen hatte sich der Bildhauer Ernst Barlach hingegeben, obwohl er zunächst keiner eindeutigen und allgemeinen Ablehnung begegnete. Aber dann wurden seine Bildwerke des demütigen und wartenden, des hoffenden und geschundenen, des kreatürlichen und unheroischen »Untermenschen« wegen, den er schilderte, aus Kirchen und Museen entfernt und zum Teil zerstört. Briefe Barlachs aus jener Zeit sind ein erschütterndes Dokument der Leiden, die dem Unbeugsamen der gegen ihn entfesselte Individualterror der HJ bereitete. Unter Entbehrungen und ohne den Rückhalt bei den offiziellen Kunstinstitutionen, aber gestärkt durch den Zuspruch der Nonkonformisten der älteren Generation, reifte im Untergrund das Werk einiger junger Maler heran — unter ihnen Georg Meistermann und Emil Schumacher —, die nach dem Zusammenbruch des Hitlerreiches für die deutsche Malerei den Anschluß an die nichtgegenständliche Kunst der westlichen Welt darstellten.

Der Aderlaß, den das Dritte Reich für das geistige Deutschland bedeutete, war für die Literatur noch spürbarer als für die Malerei. Diese vermochte es eher, im Untergrund zu überdauern, als jene, die auf Mitteilung, auf Vermittlung durch Druck angewiesen ist. Andererseits war für die Schreibenden, die Deutschland verließen, in den meisten Fällen der Verlust des eigenen Sprachraumes eine schwere, ihre Aussagemöglichkeit einengende, nicht nur wirtschaftliche Belastung. Wenn dennoch der Reichstagsbrand das Signal für einen großen Exodus wurde und noch im Verlauf des Jahres 1933 die meisten, mit deren Namen sich der Begriff der deutschen Exilliteratur verbindet, emigrierten, so ist unter den Motiven hierfür bei vielen die bewußte Absage an das Hitlerregime das bestimmende gewesen. Zu den literarischen Emigranten gehörten, um nur einige sich heraushebende Namen zu nennen, Heinrich und Thomas Mann, Arnold und Stefan Zweig, Bert Brecht, Alfred Döblin, Georg Kaiser, Carl Zuckmayer, Anna Seghers, Hermann Broch, Robert Musil. Die Literatur im Exil ist ein wesentlicher Teil der deutschen politischen Geistesgeschichte. Hier kommt den Ansprachen und Aufsätzen besonders Thomas Manns prototypische Bedeutung zu. Sein Weg hatte ihn vom ästhetischen Bildungsbürgertum der »Betrachtungen eines Unpolitischen« nach den Erschütterungen des Zusammenbruchs 1918 zum entschiedenen Vernunftsrepublikaner werden lassen, der sich dem Weimarer Staat zuwandte und sich zu dessen unpathetischem Lebensgesetz bekannte (s. § 44). Die Erschütterungen der Hitlerzeit gaben ihm schließlich den Mut zur lapidar einfachen Aussage über Politik und Moral, in bitterer Anklage und doch nicht ohne Zuversicht. »Ich habe es oft gesagt«, so schrieb er im Jahre des abermaligen Kriegsausbruchs, »ehe es besser werden könne in Deutschland, müsse es dahin kommen, daß die Menschen dort bei dem Wort ›Freiheit‹ in Tränen ausbrechen.« Die Weigerung des deutschen Geistes, »die Politik als ein Zubehör der humanen Aufgabe anzuerkennen, ist ausgegangen in den politischen Schrecken selbst ...; die Frucht seines ästhetizistischen Kulturbürgertums ist ein Barbarismus der Gesinnung, Mittel und Ziele, wie die Welt ihn noch nie sah ... Er konnte sich anti-demokratisch gebärden, weil er nicht wußte, daß Demokratie identisch ist mit jenen Gründen und Stützen, daß sie nichts ist als die politische Ausprägung abendländischer Christlichkeit, und Politik selbst nichts anderes als die Moralität des Geistes, ohne die er verdirbt. Wir wollen feststellen: während im äußeren Völkerleben eine Epoche des zivilisatorischen Rückschlags, der Vertragsunwürdigkeit, Gesetzlosigkeit und des Dahinfallens von Treu und Glauben angebrochen zu sein scheint, ist der Geist in ein moralisches Zeitalter eingetreten, will sagen: in ein Zeitalter der Vereinfachung und der hochmutlosen Unterscheidung von Gut und Böse.«[11]) Thomas Mann ist im Exil in die Reihe der großen Moralisten der europäischen Literatur eingerückt. Neben ihm ist Bertold Brecht zu nennen, neben dem liberal-konservativen Bürger der Marxist und Revolutionär. Sie repräsentierten in der Polarität ihrer Überzeugungen die beiden Antworten, die sich dem deutschen Denken im Exil auf die Frage nach den Richtmaßen für die Zukunft ergaben.

Zu denen, die Deutschland verließen, gehörte auch Stefan George. Er entzog sich den Feiern und Ehrungen, mit denen die Nationalsozialisten ihn 1933 aus Anlaß seines 65. Geburtstages für sich beanspruchten. Das Dritte Reich war nicht das von ihm verkündete »Neue Reich«. Nichts konnte dem Vereinsamten in seiner Tessiner Zuflucht ferner sein als »die laute Horde« in der Heimat. George schwieg. Er schwieg auch zu dem Unmenschlichen, das sich in Deutschland ankündigte und schon zutrug. So blieb seine Gestalt in ihrer gewollten Entrücktheit zwielichtig. Zu den jungen Freunden, die dem am 4. Dezember 1933 Gestorbenen die Totenwache hielten, gehörte Claus Graf Schenk von Stauffenberg, der Führer des Aufstandes vom 20. Juli 1944. Auf dem Grab lag ein Kranz des Deutschen Reiches.

Zu denen, die George für den Führerstaat zu reklamieren suchten, gehörte Gottfried Benn. In seiner im Auftrage des Präsidenten der Reichsschrifttumskammer Hanns Johst verfaßten Rede für die dann abgesagte Trauerfeier hieß es: »Die Schöpfung ist das Verlangen nach Form, der Mensch ist der Schrei nach Ausdruck, der Staat ist der erste Schritt dahin, die Kunst der zweite ... Sagen Sie für Form immer Zucht oder Ordnung oder Disziplin oder Norm oder Anordnungsnotwendigkeit, alle diese Worte, die uns so geläufig wurden, weil in ihrem Namen die neue geschichtliche Bewegung sich zu prägen versucht hat, das ist Georgesches Gebiet.«

Benn, 1932 als führender expressionistischer Lyriker in die Preußische Akademie der Künste berufen, setzte sich mit Leidenschaft für den Futurismus und Expressionismus als die dem Faschismus und Nationalsozialismus entsprechenden Stilformen ein. In einem Briefwechsel mit Klaus Mann gab er eine »Antwort an die literarischen Emigranten« zur Rechtfertigung dafür, daß er nicht mit Heinrich Mann und Käthe Kollwitz aus der Preußischen Akademie ausgeschieden war und daß er in Deutschland blieb. Biedermännisch klang das Argument, »... ich erkläre mich ganz persönlich für den neuen Staat, weil es mein Volk ist, das sich hier seinen Weg bahnt. Wer wäre ich, mich auszuschließen ...« Aber der Grund lag tiefer. Ein verblendeter ästhetischer Irrationalismus, der das Leben auf Form und Ausdruck reduzierte, ließ ihn im rauschhaften Miterleben des nationalen Enthusiasmus von 1933 den plebejischen Charakter des Vorgangs verkennen, den er als »das Hervortreten eines neuen biologischen Typs« bezeichnete. Klaus Mann behielt recht mit seiner Feststellung, »daß eine zu starke Sympathie mit dem Irrationalen zur politischen Reaktion führt, wenn man nicht höllisch genau achtgibt. Erst die große Gebärde gegen die ›Zivilisation‹ — eine Gebärde, die, wie ich weiß, den geistigen Menschen nur zu stark anzieht —; plötzlich ist man beim Kultus der Gewalt, und dann schon beim Adolf Hitler.« Benn entging trotz seiner 1933 abgelegten Bekenntnisse zum »totalen Staat« als dem »höchstgezüchteten Exekutivbegriff, den die abendländische Geschichte kennt«, trotz seiner Verherrlichung des Führers als des »höchsten geistigen Prinzips«, trotz seiner Absage an die Geistesfreiheit als »Zersetzungsfreiheit«, trotz seiner Visionen von Rassezüchtung — »Gehirne muß man züchten, große Gehirne, die Deutschland verteidigen, Gehirne mit Eckzähnen, Gebiß aus Donnerkeil« —, trotz aller Demonstration der rechten Gesinnung also, nicht dem Schicksal, als Entarteter verfemt zu werden. Als ehemaliger Sanitätsoffizier trat er 1935 wieder in die Armee ein; er hielt dies für »eine aristokratische Form der Emigration«, wie er an Ina Seidel schrieb. 1938 wurde er aus der Reichsschrifttumskammer ausgeschlossen und erhielt Schreibverbot. Sein Schicksal als expressionistischer Künstler, dem auch seine politische Einstellung nicht half, war hierin dem Noldes nicht unähnlich[12]).

Es gab auch die umgekehrte Konstellation. So entschloß sich Ricarda Huch, deren neuromantische Lyrik und Prosa wie ihr historisches Werk künstlerisch auf der Gegenseite zu Benn stand, zum Austritt aus der Preußischen Akademie der Künste, trotz der Bemühungen des Präsidenten Max v. Schillings, sie wegen der »deutschen Gesinnung und nationalen Einstellung«, die sich in ihrem künstlerischen Schaffen darstelle, zu halten. In dem tapferen Schreiben, mit dem sie ihren Austritt ankündigte, hieß es: »Daß ein Deutscher deutsch empfindet, möchte ich fast für selbstverständlich halten; aber was deutsch ist und wie Deutschtum sich betätigen soll, darüber gibt es verschiedene Meinungen. Was die jetzige Regierung als nationale Gesinnung vorschreibt, ist nicht mein Deutschtum. Die Zentralisierung, der Zwang, die brutalen Methoden, die Diffamierung Andersdenkender, das prahlerische Selbstlob halte ich für undeutsch und unheilvoll ... Abgesehen davon, daß ›eine loyale Mitarbeit an den satzungsgemäß der Akademie zufallenden nationalen kulturellen Aufgaben im Sinne der veränderten geschichtlichen Lage‹ eine Übereinstimmung mit dem Programm der Regierung erfordert, die bei mir nicht vorhanden ist, würde ich keine Zeitung oder Zeitschrift finden, die eine oppositionelle Meinung druckte.«[13]) Ricarda Huch hat nach dem Kriege Zeugnisse des Widerstandes gesammelt[14]). Zu den »treuen Begleitern« für manche, die im verfinsterten Deutschland nach geistiger Hilfe suchten, gehörte auch Ernst Wiechert. Seine naturhafte Empfindungswelt, sein Lob des einfachen Lebens und die Schlichtheit seiner Sprache rückten ihn in die Nähe der »volkhaften« Dichtung. Aber er wollte ein Haus bauen für »die Erniedrigten und Beleidigten. Die Tiere gehören dazu, die Kinder, die Armen, die Mißhandelten, die Entrechteten. Die im Besitz sind, lächeln darüber, und die an der Macht sind, zucken die Achseln.«[15]) Er wurde wegen einer Rede, die er vor Studenten in der Münchener Universität hielt, und wegen seines öffentlichen Eintretens für Martin Niemöller im Jahre 1938 für einige Monate im Konzentrationslager Buchenwald inhaftiert[16]).

Andere der daheim gebliebenen Schriftsteller gaben sich anfangs und für kurze Zeit wie so viele ihrer Zeitgenossen der konservativen Illusion über die »nationale Erhebung« hin, so der formenstrenge und vielgelesene Rudolf G. Binding. Vieldeutig ist der Begriff der »inneren Emigration«. Er kann Flucht in unverbindliche Innerlichkeit oder Rückbesinnung auf zeitlos verbindliche Werte, Resignation oder Beharrlichkeit in der Fortführung des eigenen Werkes bedeuten. Die Variationsformen des Nonkonformismus und des Konformismus fließen ineinander über. Sie reichen von der weltfrommen, aus Goethe und Stifter lebenden Menschlichkeit Hans Carossas, der es widerwillig ertrug, daß man ihn 1941 zum Präsidenten einer »Europäischen Schriftstellervereinigung« machte und das Reich sich so mit seinem Namen schmückte, zu Hans Friedrich Blunck, dem im Dritten Reich vielgeehrten Präsidenten der Reichsschrifttumskammer 1933 bis 1935, der aber nach dem Kriege meinte, sich als »Antifaschisten auf dem

Sessel der Reichsschrifttumskammer« bezeichnen zu sollen[17]). Sein Nachfolger Hanns Johst war zudem Präsident der in »Deutsche Akademie der Dichtung« umbenannten und personell neubesetzten Abteilung für Dichtung der »Preußischen Akademie der Künste«. Hier war das »volkhafte« Schrifttum sehr unterschiedlicher Qualität versammelt. Wenn man sich die wichtigsten Namen vergegenwärtigt — Agnes Miegel, Ina Seidel, Werner Beumelburg, Hermann Claudius, Guido Kolbenheyer, Heinrich Lersch, Wilhelm Schäfer, Hermann Stehr —, so ist, abgesehen vielleicht von Will Vesper, niemand darunter, den man als einen genuinen Nationalsozialisten bezeichnen möchte. Aber sie alle haben sich, mit sehr unterschiedlichen Graden und Zeiten der Zustimmung, in Dienst nehmen lassen, weil sie sich in ihrer schriftstellerischen Aussage bestätigt fühlten, deren geistesgeschichtlicher Hintergrund Romantik, Heimatdichtung, Arbeiterdichtung, weltanschaulicher Irrationalismus und zum Teil auch der Expressionismus waren[18]). Zu ihrem politischen Hintergrund gehört ohne Zweifel auch die Gedankenwelt der »Konservativen Revolution«. Es ist jedoch für das Verhältnis der Konservativen Revolution zum Nationalsozialismus kennzeichnend, daß deren zwei bedeutendste Schriftsteller, die die Hitlerherrschaft erlebten, ein deutliches Nein sprachen. So Oswald Spengler in seinem 1933 erschienenen letzten Buch »Jahre der Entscheidung« mit seinem beißenden Spott über den Provinzialismus der nationalsozialistischen Ideologie; so Ernst Jünger, der die Aufforderung, in die Akademie der Dichtung einzutreten, ablehnte und 1939 sein satirisch verschlüsseltes Spiegelbild des Dritten Reiches »Auf den Marmorklippen« veröffentlichte. Über dem ganzen Treiben stand immer noch der Name Gerhart Hauptmanns. Er verhielt sich loyal gegenüber dem neuen Regime, nahm die ihm dargebrachten Ehrungen entgegen, aber führte sein Werk nach seinem eigenen Gesetz weiter.

Das deutsche Musikleben wurde verarmt durch die Emigration von Arnold Schönberg, Kurt Weill, Paul Hindemith, Otto Klemperer, Anton v. Webern u. a. Wie in anderen Bereichen der Kunst konnten die Nationalsozialisten aber auch in der Musik einige bekannte Namen mit ihrer Sache verbinden. Wilhelm Furtwängler blieb, fand bis 1945 einen Modus vivendi mit dem Dritten Reich und rettete die große Orchestermusik durch die Zeit hindurch. Richard Strauss akzeptierte das Amt des Präsidenten der Reichsmusikkammer (bis 1935, dann zog er sich unter Hinweis auf sein Alter zurück). Carl Orff und Werner Egk, die nach neuen Ausdrucksformen suchten, wurden die erfolgreichsten Komponisten im Dritten Reich. Die Volksmusik wurde gepflegt, aber die Aufführung von Werken jüdischer Komponisten der klassisch-romantischen Zeit wie Felix Mendelssohn-Bartholdy, ganz zu schweigen von Gustav Mahler, war unmöglich. Es sei daran erinnert, daß der Abbruch des Mendelssohn-Denkmals in Leipzig den Oberbürgermeister Goerdeler veranlaßte, sein Amt niederzulegen.

Die Filmproduktion, die sich schon vor der Machtergreifung in der von Hugenberg beherrschten UFA in hohem Maße nationalen Stoffen zugewandt hatte (z. B. Fridericus Rex), wurde nach der Machtergreifung ganz der staatlichen Kontrolle unterworfen. Die entscheidende Lenkung lag in der Hand von Goebbels. Der überwiegende Teil der Spielfilme, die im Dritten Reich produziert wurden, waren Unterhaltungsfilme ohne direkten nationalsozialistischen Bezug. Etwa 14 % jedoch dienten ausgesprochen der politischen Propaganda, darunter der berüchtigte Film »Jud Süß« von Veit Harlan[19]).

Die Presse galt nicht mehr als Instrument einer frei sich bildenden und bewegenden öffentlichen Meinung, sondern als Organ der politischen Führung, für dessen Kontrolle neben Goebbels Max Amann, Leiter des Eher-Verlags, des Zentralverlags der Partei, als Reichsleiter für die Presse und Otto Dietrich als Reichspressechef verantwortlich waren[20]). Die Lenkung und Überwachung der Presse war seit dem Sommer 1933 gesichert. Die Qualifikation zum »Schriftleiter« wurde durch Gesetz an politische und rassische Voraussetzungen geknüpft[21]). 1935 wurde eine obligatorische »Reichspresseschule« errichtet. Die Richtlinien für die Berichterstattung wurden in den »Sprachregelungen« und »Tagesparolen« auf den täglichen »Pressekonferenzen der Reichsregierung« ausgegeben. Die Zahl der immer gleichförmiger berichtenden Zeitungen ging erheblich zurück. Zugleich fand eine Konzentration im Verlagswesen statt. Max Amann konnte einen monopolartigen NS-Pressetrust aufbauen. Nur ganz wenige Zeitungen vermochten eine gewisse Selbständigkeit zu wahren und zwischen den Zeilen Kritik auszudrücken, so bis Ende 1936 das Berliner Tageblatt unter der Leitung Paul Scheffers[22]) und bis 1943 die Frankfurter Zeitung, die wegen ihrer Weltgeltung ein begrenztes Maß an Unabhängigkeit behielt[23]), ferner die von Theodor Heuss, Gertrud Bäumer und Walter Goetz herausgegebene »Hilfe« und die »Deutsche Rundschau« von Rudolf Pechel[24]).

Eine Sonderstellung in der Presse des NS-Staates kam der 1940 von Goebbels gegründeten Wochenzeitung »Das Reich« zu, die die auch von der nationalsozialistischen Führung als nachteilig empfundene Uniformität der Presse durchbrechen und durch einen liberalen, weltoffenen Anstrich das verlorengegangene Interesse an der deutschen Presse wiedererwecken sollte. Hier wurden neben den Leitartikeln von Goebbels Beiträge von namhaften Korrespondenten in aller Welt und fachlich qualifizierten freien Mitarbeitern veröffentlicht[25]).

Ein besonders wirkungsvolles »Instrument der Massenpropaganda, das man in seiner Wirksamkeit heute noch gar nicht abschätzen« könne, sah Goebbels im Rundfunk. Dessen Möglichkeiten wurden perfektionistisch ausgeschöpft. Als erstes sicherte Goebbels sich die Herrschaft über den schon in der Weimarer Republik verstaatlichten Rundfunk[26]). Eine neue Form der Massenbeeinflussung waren die immer häufiger in Schulen, Betrieben, SA und Partei durchgeführten Gemeinschaftsempfänge. Noch 1933 begann die serienmäßige Herstellung eines billigen »Volksempfängers«, und die Zahl der Hörer stieg sprunghaft an. Die Nationalsozialisten stellten den Rundfunk, nach den Worten von Goebbels, »mitten in das Geschehen des Tages hinein; sie gaben ihm bewußt eine Tendenz und überantworteten ihn dem leidenschaftlichen und bedingungslosen Dienst am neuen Regime«[27]).

Überblickt man das gesamte Instrumentarium, dessen sich das Propagandaministerium und die mit ihm rivalisierenden Instanzen zur Indoktrinierung und Willenlosmachung des Volkes bedienten, so sind wahrscheinlich am wirkungsvollsten die Massenmedien Film, Presse und besonders der Funk gewesen und für die emotionale Einstimmung die Ausstellungen »entarteter« und »deutscher« Kunst. Das reiche künstlerische und literarische Leben, das in Deutschland vor 1933 herrschte, wurde weitgehend zerstört oder ins Exil getrieben durch ein Regime, das die Beziehung von Kunst und Staat als eine Mittel-Zweck-Relation im Dienste der Propaganda sah.

J. WULF (Hg.), Die Bildenden Künste im Dritten Reich (1963); ders. (Hg.), Lit. u. Dichtung im Dritten Reich (1963); ders. (Hg.), Theater u. Film im Dritten Reich (1964); ders. (Hg.), Presse u. Funk im Dritten Reich (1963); ders. (Hg.), Musik im Dritten Reich (1963); Hildegard BRENNER, Die Kunstpolitik des Nat.soz. (1963); dies. (Hg.), Ende einer bürgerlichen Kunst-Institution. Die polit. Formierung der Preuß. Akademie der Künste. Eine Dokumentation (1972); nützlicher Überblick auch in: Kunst im Dritten Reich. Dokumente der Unterwerfung (1975), Katalog der gleichnamigen Ausstellung. — D. STROTHMANN, Nat.soz. Lit.politik. Ein Beitrag zur Publizistik im Dritten Reich (1963); D. AIGNER, Die Indizierung »schädlichen u. unerwünschten Schrifttums« im Dritten Reich (1971); F. ANDRAE (Hg.), Volksbücherei u. Nat.soz. (1970). — Ferner E. K. BRAMSTED, Goebbels u. die nat.soz. Propaganda 1925 bis 1945 (a. d. Engl. 1971), sowie R. GRUNBERGER, Das zwölfjährige Reich (s. § 57, Anm. 20).

1) Rede vor den Theaterleitern 8. 5. 1933, vgl. W. HAGEMANN, Publizistik im Dritten Reich. Ein Beitrag zur Methodik der Massenführung (1948). **2)** Erste Verordnung zur Durchführung des Reichskulturkammergesetzes, 1. 11. 1933, RGBl. 1933 I, Nr. 123.

2a) Ursachen u. Folgen 9, Nr. 2199, Briefwechsel Furtwänglers mit Goebbels. 3) Die Feststellung dieses evidenten Sachverhalts ist der Kunstgeschichte geläufig. So zitiert etwa P. VOGT in seiner »Gesch. der dt. Malerei im 20. Jh.« (1972) zustimmend folgende Stelle aus W. HAFTMANN, Malerei im 20. Jh. (1957): »Totalitäre Kunst ist das gleichförmige Stilphänomen jeder Diktatur. Wie diese zur Begründung der Macht die Mobilmachung der Masse vornimmt und den einzelnen freien Geist vernichtet, so anerkennt jene die mittlere Linie des Massengeistes als verbindliches Maß und eliminiert das Besondere. Der Inhalt und seine propagandistische Bedeutung ist das Erstrangige. Er wird illustriert durch einen auf die Sehgewohnheiten der Masse abgestimmten Klischee-Realismus, der sich wie jeder sterile Akademismus — und ebenso unberechtigt — auf das ›Klassische‹ oder die ›große Vergangenheit‹ beruft. Liberalität wird bekämpft. Unmittelbare Nützlichkeit wird gefordert. Im tiefsten Kern zielt das Ganze auf die Vernichtung des Glaubens an den persönlichen Wert und an die Funktion des isolierten Geistes. Gegen ihn wird daher der Vorwurf der Unmoral, des Asozialen und der Zersetzung erhoben.« Hiergegen polemisiert von der Position eines ideologischen Marxismus her unter Anführung des gleichen Zitats B. HINZ, Die Malerei im dt. Faschismus. Kunst u. Konterrevolution (1974). Diese Position läßt ihn den Totalitarismusbegriff und damit auch gegen jeden Augenschein die Vergleichbarkeit des nationalsozialistischen und sowjetischen Realismus verwerfen. Die Evidenz einer solchen Vergleichbarkeit läßt sich auch nicht durch die unzweifelhaft richtige Feststellung aufheben, daß der Sozialismus »am schwersten unter der faschistischen Aggression zu leiden gehabt und sie unter den größten Opfern überwunden« habe (S. 14 f.). Vgl. hierzu die Besprechung von J. FEST in FAZ 16. 11. 1974. Lesenswert sind die Ausführungen von HINZ über die Vorläufer der nat.soz. Kunst, die selber der Originalität entbehrt; illustrativ der Dok.- u. Bilderanhang. 4) S. § 62. 5) Rede auf dem Nürnberger Parteitag 5. 9. 1934, in: Der Kongreß zu Nürnberg vom 5. bis 10. Sept. 1934. Offizieller Bericht über den Verlauf des Reichsparteitages mit sämtlichen Reden (1934). 6) Erlaß von Goebbels 27. 11. 1936, in: Ursachen u. Folgen 11, Nr. 2495 a; Elke FRÖLICH, Die Kulturpolit. Pressekonferenz des Reichspropagandaministeriums, VfZG 22 (1974). 7) F. ROH, »Entartete« Kunst. Kunstbarbarei im Dritten Reich (1962). 8) Rede zur Einweihung des »Hauses der Dt. Kunst«, 19. 7. 1937, DOMARUS 1, S. 705 ff. 9) S. hierzu bes. die Abbildungen in A. SPEER, Erinnerungen (1969), u. bei Anna TEUT, Architektur im Dritten Reich 1933—1945 (1967). 10) Zit. P. VOGT, Gesch. der dt. Malerei im 20. Jhdt. (1972), S. 364. 11) »Kultur u. Politik«, 1939, in: Th. MANN, Ges. Werke 12, S. 857—860; P. de MENDELSSOHN, Der Zauberer. Das Leben des dt. Schriftstellers Thomas Mann, 2 Bde., bisher erschienen Bd. 1: 1875—1918 (1975). 12) Da Benn nach 1945 zu einer erneuten u. noch breiteren Wirkung gelangte als vor 1933, hat sein Werk und seine Person auch in bezug auf das Zeitgeschehen bes. Beachtung gefunden. Krit. Analysen in: W. MUSCHG, Die Zerstörung der dt. Lit. (Bern 1956); P. de MENDELSSOHN, Der Geist in der Despotie. Versuche über die moralischen Möglichkeiten des Intellektuellen in der totalitären Gesellschaft (1953). — G. BENN, Essays. Reden. Vorträge. Werke 1 (1959); die autobiograph. Rechtfertigung »Doppelleben« in: Werke 4 (1961), dort auch der zit. Brief Klaus Manns vom 9. 5. 1933; A. CHRISTIANSEN, Benn. Eine Einführung in das Werk (1976). 13) Briefwechsel Ricarda Huch mit Max v. Schillings, in: Hildegard BRENNER (Hg.), Ende einer bürgerlichen Kunst-Institution, Nr. 36—40. 14) Als Material verwendet in G. WEISENBORN (Hg.), Der lautlose Aufstand. Bericht über die Widerstandsbewegung des dt. Volkes 1933—1945 (1953, Tb. 1962). 15) Aus einer autobiographischen Notiz in: E. WIECHERT, Der Todeskandidat (1935). 16) E. WIECHERT, Der Totenwald (1946). Als ungerecht muß es bezeichnet werden, wenn E. LOEWY, Literatur unterm Hakenkreuz (1966), in seiner sonst um ausgewogenes Urteil bemühten Darstellung erklärt (S. 29), Wiechert habe den »Lesern die Flucht ins Erbauliche, in die Innerlichkeit, in einen sterilen Traditionalismus« empfohlen und hierdurch dazu beigetragen, »daß sich diese mit dem Bösen abfanden« — es sei denn, man hält es für »sterilen Traditionalismus«, daß er seinen jungen Lesern unsterbliche Zeilen von Matthias Claudius, Hölderlin, Mörike ans Herz legte: E. WIECHERT, Von den treuen Begleitern (o. J.); F. SCHONAUER, Dt. Literatur im Dritten Reich (1961), erklärt gar: »Man kann die Wirkungen Wiecherts nicht verhängnisvoll genug ansehen, denn gerade durch seine Lehren verliert der Schriftsteller in der Meinung des bürgerlichen Menschen eine seiner wichtigsten Funktionen, die Funktion einer moralischen Instanz der Öffentlichkeit.« (S. 133). Leider erfährt man nichts über etwaige Untersuchungen, die der Autor angestellt hätte, um diese angeblich so verhängnisvolle Auswirkung Wiecherts zu belegen. Fairerweise gibt er zu, daß Wiechert Mut gezeigt habe in öffentlicher Kritik an dem, was im Dritten Reich geschah, und daß er dafür ins KZ kam. Hätte es nicht nahegelegen zu fragen, ob nicht zwischen der geschmähten »Innerlichkeit« Wiecherts und seinem Mut zum freien Wort eine Beziehung bestand und sich genau jene Moralität der Dichtung erwies, die er fordert? **17)** E. LOEWY, op. cit., S. 339. **18)** Z. B. bei H. Johst; Thomas Mann hörte aus der nat.-soz. Kampflyrik einen »expressionistischen Seelenschrei« heraus, s. E. LOEWY, op. cit., S. 25. **19)** Eingehende Analyse der Filmproduktion der NS-Zeit bei G. ALBRECHT, NS-Filmpolitik. Eine soziologische Untersuchung über die Spielfilme des Dritten Reiches (1969); E. LEISER, Deutschland erwache! Propaganda im Film des Dritten Reiches (Tb. 1968); Dorothea HOLLSTEIN, Antisemitische Filmpropaganda. Die Darstellung der Juden im nat.soz. Spielfilm (1971). **20)** Über die Presse im Dritten Reich liegen eine Reihe von Untersuchungen vor. Die wichtigsten: O. J. HALE, Presse in der Zwangsjacke 1933—1945 (a. d. Amerik. 1965); K.-D. ABEL, Presselenkung im NS-Staat (1968); W. HAGEMANN, Publizistik im Dritten Reich (1948); F. SÄNGER, Politik d. Täuschungen. Mißbrauch d. Presse im Dritten Reich. Weisungen, Informationen, Notizen 1933—1939 (1975). **21)** Schriftleitergesetz vom 4. 10. 1933, RGBl. 1933 I, Nr. 111. **22)** Margret BOVERI, Wir lügen alle. Eine Hauptstadtzeitung unter Hitler (1965). **23)** R. WERBER, Die »Frankfurter Zeitung« u. ihr Verhältnis zum Nat.soz., untersucht an Hand von Beispielen aus den Jahren 1932 bis 1943 (Diss. Bonn 1964). **24)** R. PECHEL, Zwischen den Zeilen. Der Kampf einer Zeitschrift für Freiheit u. Recht. 1932—1942. Aufsätze (1948). **25)** Faksimile-Querschnitt: Das Reich, hg. von H. D. MÜLLER (1964); Erika MARTENS, Zum Beispiel »Das Reich«. Zur Phänomenologie der Presse im totalitären Regime (1972). **26)** J. GOEBBELS, Vom Kaiserhof zur Reichskanzlei (1934), S. 258 f. **27)** Rede vom 17. 8. 1935, zit. bei BRACHER / SAUER / SCHULZ, S. 296; zur Geschichte des Rundfunks H. POHLE, Der Rundfunk als Instrument der Politik. Zur Geschichte des dt. Rundfunks von 1923—1938 (1955).

§ 65 Die Anfänge der nationalsozialistischen Außenpolitik

Der erste Abschnitt der nationalsozialistischen Außenpolitik reicht von einer Erklärung Hitlers vor den Befehlshabern des Heeres und der Marine am 3. Februar 1933 bis zu der Erklärung Hitlers vor den Oberbefehlshabern der Wehrmachtsteile und dem Außenminister am 5. November 1937 (sog. Hoßbach-Protokoll). Die Bedeutung jener durch die Aufzeichnung des Generalleutnants Liebmann bekanntgewordenen Ausführungen Hitlers kurz nach der Machtübernahme liegt darin, daß hier vor dem höheren Offizierskorps der Reichswehr und der Reichsmarine das in »Mein Kampf« entwickelte Expansionsprogramm wiederholt wird. Die einzige Lebensmöglichkeit für Deutschland sieht Hitler in der Siedlung. Die Möglichkeiten hierzu in Deutschland seien begrenzt, folglich bestehe die erste Aufgabe im Aufbau der Wehrmacht. Wozu soll diese gebraucht werden? Die Antwort lautet: »Vielleicht Erkämpfung neuer Exportmöglichkeiten, vielleicht — und wohl besser — Eroberung neuen Lebensraums im Osten und dessen rücksichtslose Germanisierung«[1]). Hitler ist also nicht erst durch die Erfolge seiner Außenpolitik zu seinem Expansions- und Kriegsprogramm verführt worden. Es läßt sich vielmehr mit aller Eindeutigkeit erkennen, daß eine klare, folgerichtige Linie von seinem 1924 entwickelten Eroberungsprogramm bis zum Zweiten Weltkrieg und damit zur Katastrophe Deutschlands hinführt. Freilich scheint man 1933 ebensowenig wie 1924 die Äußerungen Hitlers in Deutschland als die Bekundung eines entschlossenen Willens ernst genommen zu haben. Wie sich innenpolitisch die nationalsozialistische Machtergreifung und der Aufbau des Führerstaates unter der Maske der Legalität vollzog, so war auch die nationalsozialistische Außenpolitik begleitet von ständigen Beteuerungen des deutschen Friedenswillens[2]), und es sah zunächst so aus, als beabsichtige Hitler, die friedliche Revisionspolitik der Weimarer Zeit fortzusetzen. Die Tradition dieser Politik schien nicht zuletzt verbürgt zu sein durch den Beamtenapparat des Auswärtigen Amtes, der in seinem Bestand unangetastet blieb, und durch den Außenminister v. Neurath, der noch von Papen her im Amte war.

Allerdings gab es daneben Parteiinstanzen, die in außenpolitische Fragen hineinwirkten, wie das Außenpolitische Amt der NSDAP unter Rosenberg, die Auslandsorganisation der NSDAP und das halb private Amt Ribbentrop[3]). Ribbentrop war ein Außenseiter. Er gehörte weder zur alten Garde der Partei, noch besaß er diplomatische Schulung. Aber er hatte es verstanden, sich das Vertrauen Hitlers zu erwerben, und wurde dessen gefügiges Werkzeug, zunächst als Sonderbotschafter in mancherlei Missionen verwendet, dann als Botschafter in London von Ende 1936 bis Februar 1938 und von da an bis zum Ende als Außenminister.

Hitler betrachtete die Außenpolitik als seine ureigenste Domäne. Dem Auswärtigen Amt stand er mit ähnlich tiefem Mißtrauen gegenüber wie dem Offizierskorps. In zunehmendem Maße machte er sich im Laufe der Jahre unabhängig von dem, was ihm von seiten des Auswärtigen Amtes und der diplomatischen Vertreter Deutschlands im Ausland an politischer Erfahrung und auch an Warnungen entgegengehalten wurde. Ohne Hitlers letzte Ziele zu durchschauen, ließen sich die Mitglieder des Auswärtigen Amtes im allgemeinen jedoch von Hitler in die Pflicht nehmen und trugen durch ihr Ansehen und ihr Können wesentlich zur Konsolidierung seiner Herrschaft bei[4]). Allerdings arbeitete im Auswärtigen Amt eine kleine Gruppe unter Duldung und Förderung durch Staatssekretär v. Weizsäcker im Rahmen der gegebenen Möglichkeiten der offiziellen nationalsozialistischen Politik entgegen[5]). Schließlich gab es namentlich in den letzten Monaten vor dem Kriege eine Art eigener Außenpolitik Görings, insgesamt ein in Einzelheiten manchmal verworrenes und widerspruchsvolles Kräftespiel, in dem jedoch der Wille Hitlers den Ausschlag gab.

Hitler war ein Gegner der Politik der kollektiven Sicherheit und des Völkerbundes. Er erstrebte zweiseitige Abmachungen mit dem Ziel, Bündnispartner zu gewinnen. Aber zunächst führte er im Rahmen des Völkerbundes[6]) und der im Februar 1932 eingesetzten, 1933 erneut tagenden Abrüstungskonferenz die Politik seiner Vorgänger fort. Deutschland hatte schon am 11. Dezember 1932 die grundsätzliche Zusicherung des Prinzips der Rüstungsgleichberechtigung erhalten. Nach Hitlers Machtergreifung verschlechterte sich die deutsche Verhandlungsposition. Nur Mussolini stand dem Machtwechsel in Deutschland nicht ablehnend gegenüber. Er rechnete damit, daß die Rückwirkung der deutschen Ereignisse auf Europa den Spielraum seiner eigenen Außenpolitik erweitern werde. Daher machte er sich zunächst wiederholt zum Anwalt deutscher Interessen, ohne sich jedoch eindeutig auf die Seite Deutschlands zu stellen. Frankreich reagierte sofort mit äußerstem Mißtrauen, stellte das Prinzip der Sicherung gegen Deutschland mit Nachdruck in den Vordergrund seiner Politik und lehnte die weitere Revision des Versailler Vertrages ab. England verhielt sich abwartend, bis sich von Ende März 1933 an als Folge der Nachricht über den innerdeutschen Terror und insbesondere den Judenboykott Parlament und öffentliche Meinung heftig gegen Deutschland wandten. Die englische Politik ging seitdem darauf aus, eine Mächtegruppierung gegen Hitler unter Einschluß Italiens zustande zu bringen — »to peace away the minor dictator« (Vansittart) — und Frankreichs Position gegenüber Deutschland zu stärken[7]). Um die Empörung des Auslands zu beschwichtigen und auch um das deutsche Volk hinter seine Außenpolitik zu bringen, erklärte Hitler vor dem Reichstag am 17. Mai 1933 unter Betonung seines Friedenswillens, daß die Reichsregierung unter der Voraussetzung der Gleichberechtigung mit jeder Rüstungsbeschränkung und mit einer Übergangsperiode von fünf Jahren für die Herstellung des Rüstungsausgleichs einverstanden sei. Der Reichstag stellte sich einschließlich der damals noch anwesenden Sozialdemokraten hinter diese Erklärung. Versuche, auf der Abrüstungskonferenz in Genf zu einem Abkommen zu gelangen, scheiterten am Widerstand Frankreichs, das von Zugeständnissen nichts wissen wollte und in seiner Ablehnung der sofortigen Rüstungsgleichberechtigung für Deutschland die Unterstützung Englands fand. Als England und Frankreich im Oktober 1933 einen entsprechend abgefaßten Entwurf vorlegten, benutzte Hitler dieses als willkommenen Vorwand, unter Betonung des guten Willens Deutschlands am 14. Oktober 1933 aus der Abrüstungskonferenz und aus dem Völkerbund auszuscheiden, um nunmehr freie Bahn zu gewinnen für die vom Augenblick der Machtübernahme an mit aller Energie betriebene Aufrüstung[8]). Hitler erklärte später, es sei ihm nur »unter der fortgesetzten Betonung des deutschen Friedenswillens und der Friedensabsichten« möglich gewesen, dem deutschen Volk »die Rüstung zu geben, die immer wieder für den nächsten Schritt als Voraussetzung nötig war«[9]). Über die von Deutschland in den Abrüstungsverhandlungen zu befolgende Politik waren sich Hitler, das Auswärtige Amt mit wenigen Ausnahmen und die Wehrmachtsspitze einig. Alle waren von der Notwendigkeit der deutschen Wiederaufrüstung und der Entschlossenheit Frankreichs, diese zu verhindern, überzeugt. Der Austritt aus der Abrüstungskonferenz und dem Völkerbund wurde Hitler von Blomberg und Neurath nahegelegt, während Nadolny, der deutsche Delegierte zur Abrüstungskonferenz, aus Sorge vor einer Zuspitzung der Lage riet, den Verhandlungsweg weiterzuverfolgen. Die Wehrmacht wollte jede Möglichkeit zur Aufrüstung nutzen, damit ein möglichst hoher Stand erreicht sein würde, falls es doch noch zu internationalen Abkommen über Rüstungsbeschränkungen kommen sollte.

In die Linie der Verständigungstaktik gehörte auch die Bereitschaft Deutschlands zum Eintritt in einen seit 1931/32 von Mussolini betriebenen Viermächtepakt zwischen England, Frankreich, Deutschland und Italien, dem unter Ausschluß der kleineren Staaten die gemeinsame Behandlung der großen politischen Probleme zugedacht sein sollte. Frankreich jedoch, das zu keinen Zugeständnissen an Deutschland bereit war, machte geltend, daß die im Völkerbundpakt Art. 19 vorgesehene Revisionsmöglichkeit des Versailler Vertrags jeweils die Zustimmung auch der betroffenen kleineren Staaten voraussetze. Es wurde zur Geltendmachung dieses Rechtsvorbehaltes auch von seinen osteuropäischen Verbündeten gedrängt und fand die weitgehende Unterstützung Englands. Der Viererpakt, am 7. Juni 1933 in Rom paraphiert und am 15. Juli unterzeichnet, wurde wegen des Austritts Deutschlands aus dem Völkerbund nicht ratifiziert und trat niemals in Kraft[10]). Die Erfolge, die die Revisionspolitik in der Weimarer Zeit errungen hatte, schienen sich nicht fortsetzen zu wollen. Deutschland geriet im Westen zusehends in eine außenpolitische Isolierung.

Im Osten entsprach es der in »Mein Kampf« entwickelten Konzeption, wenn Hitler die an Rapallo orientierte bisherige deutsche Rußlandpolitik preisgab, obwohl er die unter Brüning vollzogene, aber danach dem Reichstag nicht vorgelegte Verlängerung des Berliner Vertrags aus dem Jahre 1926 zunächst aufgrund des Ermächtigungsgesetzes am 5. Mai 1933 ratifizierte. Zu den Grundkonstellationen der Weimarer Revisionspolitik hatte es gehört, daß Polen unter russisch-deutschem Doppeldruck gehalten wurde. Seit Beginn der Staatskrise unter Brüning rechneten die deutschen Militärs mit der Möglichkeit eines polnischen Angriffs[11]). Wenn nun Hitler am 26. Januar 1934 mit Polen einen Nichtangriffs- und Freundschaftspakt schloß, dann kündigte sich hier eine neue Linie der Ostpolitik an[12]). In der Bereitschaft zur Aussöhnung mit dem unmittelbaren östlichen Nachbarn, gegen den in erster Linie die territorialen Revisionsforderungen der Weimarer Politik gerichtet gewesen waren, schien Hitler hinter die nationalpolitischen Ziele dieser Revisionspolitik zurückzufallen. In der gleichen Zeit wurde die französische Osteuropapolitik aktiv. Die »Kleine Entente« der osteuropäischen Bundesgenossen Frankreichs schuf sich das Organ eines ständigen Rates. Neben ihr und mit ihr verklammert entstand im Februar 1934 auf Betreiben Frankreichs eine Balkanentente mit Griechenland, Jugoslawien, Rumänien und der Türkei[13]). Estland, Lettland und Litauen schlossen im September 1934 eine Baltische Entente[14]). Österreich schließlich, dessen Gewinnung zu den Grundzielen Hitlers gehörte, suchte bei England, Frankreich und Italien Rückhalt für seine staatliche Selbständigkeit. Nach einem mißglückten Putsch der österreichischen Nationalsozialisten im Juli 1934, dessen

Opfer der Bundeskanzler Dollfuß wurde[15]), ließ Mussolini gegen einen möglichen deutschen Zugriff Truppen am Brenner aufmarschieren. Mussolini war schon in den mit Österreich und Ungarn vereinbarten Römischen Protokollen vom 17. März 1934 den nächsten und unmittelbarsten Interessen Deutschlands im Südostraum entgegengetreten[16]). Auch das Werben Hitlers, der kurz vor dem österreichischen Putsch im Juni 1934 nach Venedig geeilt war und sich um Mussolinis Freundschaft bemühte, hatte wohl zu einer zeitweiligen Besserung des Verhältnisses, aber nicht zu einer Änderung der Grundlinie der italienischen Außenpolitik geführt. Die Isolierung Deutschlands vertiefte sich, als die Sowjetunion, die sich zur Sicherung gegen Deutschland nach dem Abschluß des deutsch-polnischen Vertrages dem Westen zuwandte, am 18. September 1934 dem Völkerbund beitrat. Den Schlußstein in dieser abermaligen »Einkreisung« Deutschlands als dem Ergebnis der beiden ersten Jahre von Hitlers Außenpolitik bildeten die Beistandspakte, die die Sowjetunion am 2. Mai 1935 mit Frankreich und am 16. Mai 1935 mit der Tschechoslowakei abschloß[17]). Hierbei war in das Abkommen mit der Tschechoslowakei allerdings der später so entscheidend wichtige Vorbehalt aufgenommen worden, daß der casus foederis im Falle eines deutschen Angriffs nur gelten sollte, wenn auch Frankreich seiner Beistandspflicht nachkommen würde. Dieser Neuorientierung der sowjetischen Außenpolitik entsprach eine Revision der bisherigen gegen Sozialdemokraten und Bürgerliche gerichteten Konfrontationstaktik der Kommunistischen Internationale. Auf deren 7. Kongreß 1935 wurde die »Volksfront-Taktik« beschlossen, die in den westlichen Staaten die innenpolitische Zusammenarbeit mit den demokratisch-sozialistischen und liberalen Parteien suchte[17a]).

Einen außenpolitischen Prestigegewinn für das nationalsozialistische Deutschland stellte die Rückgewinnung des Saargebietes dar. Am 13. Januar 1935 fand hier die im Versailler Vertrag vorgesehene Abstimmung statt. 91 Prozent der Saarbevölkerung bekannten sich zu Deutschland[18]). In der nationalen Hochstimmung, die die Rückgewinnung des Saargebietes auslöste, proklamierte Hitler offen die Aufrüstung. Am 16. März wurde die allgemeine Wehrpflicht verkündet. Es gewann zunächst den Anschein, als werde hierdurch Deutschland um so tiefer in die selbstgewählte Isolierung hineingeführt. England, Frankreich und Italien verpflichteten sich im Stresa-Abkommen vom 14. April 1935[19]), allen weiteren einseitigen Schritten Deutschlands gemeinsam entgegenzutreten. Auch der Völkerbund protestierte gegen die Aufkündigung der Entwaffnungsbestimmungen des Versailler Vertrages durch Deutschland. Aber hinter diesen Protesten und Entschlüssen verbarg sich in Wirklichkeit nur die Unentschlossenheit, Hitler ernsthaft Halt zu gebieten. Ein Vierteljahr nach der Verkündigung der Wehrpflicht schloß die britische Regierung mit Deutschland am 18. Juni 1935 ein Abkommen über die gegenseitigen Flottenstärken[20]). Das Verhältnis wurde auf 100 zu 35 festgelegt, in diesem Rahmen jedoch Gleichheit der U-Boot-Tonnage zugestanden. Damit war die deutsche Wiederbewaffnung trotz der kaum verklungenen Proteste von Stresa sanktioniert — ein erster großer außenpolitischer Erfolg Hitlers. Die britischen Staatsmänner hofften, durch dieses Abkommen, das von der Regierung MacDonald vorbereitet und unter seinem konservativen Nachfolger Baldwin durch Sir Samuel Hoare mit Ribbentrop als deutschem Sonderbeauftragten abgeschlossen wurde, zu verhindern, daß die deutsche Aufrüstung zu einem ähnlichen Wettrüsten zur See führen werde wie vor dem Ersten Weltkrieg.

In England setzte 1935 eine Reaktion gegen die intransigente Deutschlandpolitik Frankreichs ein, die Hitler nur willkommene Vorwände zur Befreiung von allen internationalen Bindungen und zu eigenmächtigen Alleingängen geliefert habe. Bei der britischen Führung entstand die Überzeugung, daß es notwendig sei, Deutschland politisch entgegenzukommen. Das Flottenabkommen ist der erste Schritt der »appeasement«-Politik, die davon ausging, daß es vielleicht möglich sein werde, Hitler durch

Zugeständnisse in Schranken zu halten und wieder in ein multilaterales System zur Sicherung des Friedens in Europa einbeziehen zu können[21]). Die Wirkung auf Hitler war jedoch entgegengesetzt. Er glaubte, durch den Verzicht auf Flottenrivalität und Kolonialpolitik gegenüber England den ersten Schritt zu einem zweiseitigen, von allen kollektiven Sicherheitspakten gelösten Bündnis mit England erreicht zu haben, um das er sich gemäß seiner in »Mein Kampf« niedergelegten Konzeption seit 1933 als der Grundlage der erstrebten Ostexpansion bemühte[22]). Außerdem deutete er das englische Entgegenkommen als Schwäche und gewann die Überzeugung, daß sich durch seine Politik der vollendeten Tatsachen dem Zögern und der Unentschlossenheit der Mächte noch weitere Erfolge würden abgewinnen lassen. Er war sich bewußt, daß dies ein risikoreiches Spiel war. In jenem Vortrag vor den Wehrmachtsführern vom 3. Februar 1933 hieß es: »Gefährlichste Zeit ist die des Aufbaus der Wehrmacht. Da wird sich zeigen, ob Frankreich Staatsmänner hat; wenn ja, wird es uns nicht Zeit lassen, sondern über uns herfallen.« In »Mein Kampf« findet sich eine für das Denken Hitlers charakteristische Äußerung über das Risiko des politisch-militärischen Handelns: Das Zögern des Generals v. Lossow im Jahre 1923, den Marsch auf Berlin zu wagen, weil es nicht sicher war, daß wenigstens 51 Prozent der Chancen für den Erfolg sprachen, schien ihm schwächlich. Hitler hat wie ein Spieler auch auf die geringen Chancen gesetzt, und er hat damit eine Zeitlang Glück gehabt. Gegen die Warnung seiner militärischen und politischen Ratgeber ließ er am 7. März 1936 einige Bataillone in das entmilitarisierte Rheinland einrücken[23]). Die militärische Führung begann nunmehr, entlang der deutschen Westgrenze Verteidigungsanlagen zu errichten. Deren seit 1938 forcierter Ausbau als »Westwall« diente als Rückendeckung für die deutschen Expansionsbestrebungen im Osten. Der Einmarsch deutscher Truppen ins Rheinland war ein Bruch des Locarno-Vertrages, der Frankreich und die Garantiemächte hätte auf den Plan rufen müssen. Hitler rechtfertigte den Schritt durch den Hinweis auf die kurz vorher erfolgte Ratifizierung des französisch-sowjetischen Bündnisvertrages, den er, obwohl es sich hierbei eindeutig um eine reine Defensivallianz im Rahmen der Völkerbundsbestimmungen handelte, fälschlicherweiser seinerseits für einen Bruch der Locarno-Verpflichtungen erklärte. Wiederum begnügten sich die Westmächte mit bloßen Protesten. Im Sommer 1936 wurden in Berlin die Olympischen Spiele gefeiert. In dem großartig aufgezogenen internationalen Fest schienen für einen Augenblick die europäischen Spannungen vergessen zu sein[24]). Da verkündete Hitler am 24. August als Antwort auf die Wiedereinführung der zweijährigen Dienstzeit in Frankreich die Verlängerung des Dienstes von einem auf zwei Jahre auch für die Wehrmacht, und im September des gleichen Jahres legte er das Programm für den Vierjahresplan fest mit dem ausgesprochenen Ziel, den Krieg wirtschaftlich vorzubereiten[25]).

Jetzt gelang es Hitler auch, politische Entwicklungen außerhalb Deutschlands zu benutzen, um aus der politischen Isolierung auszubrechen. Im Jahre 1932 hatte Japan die Mandschurei als Kaiserreich proklamiert und bereitete sich von dieser Basis her zum Angriff gegen China vor. Es war schon einige Monate früher als Deutschland aus dem Völkerbund ausgetreten. Am 25. November 1936 schlossen die beiden Mächte den Antikominternpakt[26]). Er sah vor, gemeinsame Maßnahmen gegen die Propagandatätigkeit der kommunistischen Internationale zu vereinbaren. In einem Geheimabkommen wurde festgelegt, daß keiner der beiden Partner ohne gegenseitige Zustimmung einen Vertrag mit der Sowjetunion schließen werde, der im Widerspruch zum Geist dieses Abkommens stünde. Tatsächlich war Japan durch seine Ostasienpolitik in eine akute Konfliktsituation mit der Sowjetunion geraten. Ribbentrop, der damals in der Eigenschaft als Sonderbotschafter den vom Auswärtigen Amt abgelehnten Antikominternpakt unterzeichnete, hat ihm auch noch eine andere Deutung gegeben: der Antikominternpakt war kein Bündnis, aber er war ein erster Schritt dazu, und

Ribbentrop sah in der Verbindung mit der japanischen Seemacht ein Gegengewicht gegen England, dessen Neutralität Deutschland für den Fall eines in Osteuropa ausbrechenden Krieges nicht sicher sein konnte[27]).

Eine neue Wendung erhielt die Entwicklung der europäischen Verhältnisse dadurch, daß es Hitler gelang, Italien von der Stresa-Front auf seine Seite zu ziehen. Den Anfang dieser Umgruppierung bildete der Abessinienkonflikt, der die diplomatische Konstellation in Europa gründlich veränderte. Mussolini erstrebte seit den 20er Jahren die Eroberung Abessiniens und zeigte seit Anfang 1935 seine Entschlossenheit, anzugreifen. Deutschland belieferte insgeheim Abessinien mit Waffen, da es am Ausbruch des Krieges zur Verbesserung seiner eigenen außenpolitischen Situation interessiert war: Wenn Italien sich in Afrika engagierte, waren deutsche Fortschritte in der Frage des Anschlusses Österreichs möglich; weiter ergab sich die Chance, daß die Stresa-Front zerbrechen würde. Öffentlich trat Hitler nach Ausbruch des Krieges Ende 1935 an die Seite Italiens, gegen das der Völkerbund wirtschaftliche Sanktionen verhängte, während ihm Deutschland Kohle lieferte. Jedoch waren die deutschen Lieferungen an Italien nicht die einzige Durchbrechung der Völkerbundssanktionen, die nur halbherzig beschlossen und durchgeführt wurden. Auch Frankreich umging sie; es wollte Italien nicht in die Arme Hitlers treiben. England verzichtete aus dem gleichen Grund auf die Sperrung des Suez-Kanals und ein Ölembargo, das Italien empfindlich getroffen hätte. Die wenn auch noch zögernde Zusammenarbeit Hitlers und Mussolinis zu Beginn des Abessinienkonflikts und die gleichzeitige Entfremdung zwischen Italien und dem Völkerbund schufen die Voraussetzung für engere Beziehungen zwischen den Diktatoren[28]).

Der nächste Schritt erfolgte im spanischen Bürgerkrieg. Die am 18. Juli 1936 gegen die Volksfrontregierung von Republikanern, Sozialisten und Kommunisten rebellierenden Militärs unter der Führung Francos fanden Hilfe bei Italien und Deutschland, während die Republikaner von den Westmächten nur zögernd unterstützt wurden, aber den Zuzug vieler Freiwilliger aus dem Lager der internationalen kommunistischen Bewegung erhielten. Die neue deutsche Wehrmacht erlebte hier ihren ersten praktischen Einsatz. Marine-, Luftwaffen- und Heereseinheiten kämpften auf der Seite Francos und der italienischen Interventionstruppen[29]). Am 1. November 1936 sprach Mussolini von der »Achse Berlin—Rom«. Im September 1937 wurde bei einem Staatsbesuch Mussolinis in Berlin die deutsch-italienische Freundschaft gefeiert. Am 6. November 1937 trat Italien dem Antikominternpakt bei. Diesem Pakt schlossen sich ferner am 24. Februar 1939 Mandschukuo und Ungarn, am 27. März 1939 Spanien an.

Die Ausgangspositionen für eine aktive deutsche Ostpolitik waren gewonnen. Am 5. November 1937 entwickelte Hitler vor dem Reichskriegsminister, den Oberbefehlshabern der drei Wehrmachtsteile, v. Fritsch, Raeder und Göring, und dem Außenminister v. Neurath in Gegenwart seines Wehrmachtsadjutanten Oberst Hoßbach sein Programm[30]). Er ging wieder von dem Gedanken aus, daß »die deutsche Zukunft ... ausschließlich durch die Lösung der Raumnot bedingt« sei. Das eigentliche Ziel der deutschen Außenpolitik sah er daher nicht in der Entwicklung des Außenhandels oder im Erwerb von Kolonien, sondern in der Gewinnung von Siedlungsraum und Rohstoffgebieten »in unmittelbarem Anschluß an das Reich in Europa«. Da »jede Raumerweiterung nur durch Brechen von Widerstand und unter Risiko vor sich gehen könne«, erklärte er seinen »Entschluß zur Anwendung von Gewalt unter Risiko«. Nach dieser Grundentscheidung blieb die Frage des Wann und Wo. Als spätesten Termin für den deutschen Angriff im Osten nannte er die Jahre 1943/45, weil nur bis dahin Deutschland einen genügenden Rüstungsvorsprung besäße. Er rechnete auch damit, daß vielleicht Frankreich durch innenpolitische Spannungen gelähmt und

England und Frankreich durch Verwicklung in einen Mittelmeerkrieg mit Italien gebunden sein könnten. Mit dieser letzten Möglichkeit beschäftigte er sich eingehend. Deutschland, so erklärte er, sei nicht an einem hundertprozentigen Siege Francos, vielmehr »an einer Fortdauer des Krieges und der Erhaltung der Spannungen im Mittelmeer interessiert«. Deshalb sollte die deutsche Interventionshilfe zugunsten Francos vermindert werden. Die Fortdauer des Spanischen Bürgerkrieges werde es den Italienern ermöglichen, weiterhin auf den Balearen zu bleiben. Dies aber sei weder für Frankreich noch für England tragbar und könne zum Kriege führen. Wenn derart auf irgendeine Weise damit zu rechnen sei, daß Frankreich und England Deutschland kein Hindernis in den Weg legen könnten, müsse »blitzartig schnell« gehandelt werden. Als erstes Ziel hierfür forderte er »zur Verbesserung unserer militärpolitischen Lage« die Niederwerfung Österreichs und der Tschechoslowakei. Die Idee Großdeutschlands in dem Sinn einer Vollendung des Nationalstaats, überhaupt das Schicksal der Deutschen in Österreich und den Sudetenländern spielte in den im Hoßbach-Protokoll niedergelegten Erwägungen Hitlers keine Rolle. Er rechnete in Divisionen. »Auf eine Million Einwohner eine neue Division«, das gebe die Möglichkeit, zwölf neue Divisionen aufzustellen. Der Bevölkerung wurde ferner zugedacht, »daß eine zwangsweise Emigration aus der Tschechei von zwei, aus Österreich von einer Million Menschen zur Durchführung gelange«. Blomberg und Fritsch hatten Bedenken. Sie wiesen auf das Risiko hin, das in einem solchen Krieg beschlossen liege. Sie rechneten für den Fall eines deutschen Angriffs auf die Tschechoslowakei mit dem Eingreifen der Westmächte. Während der Westwall noch lange nicht beendet sei, hätten die tschechischen Befestigungen den Wert einer Maginot-Linie. Deutschland dürfe unter keinen Umständen die Feindschaft Frankreichs oder Englands auf sich ziehen.

So blieb das entscheidende außenpolitische Problem die Frage, wie sich die Westmächte, d. h. aber vor allem England, verhalten würden. Und innenpolitisch stellte sich für Hitler nun die Aufgabe, die Bedenken und den Widerspruch der Armeeführung zum Schweigen zu bringen.

Was hat Hitler nun eigentlich gewollt? Rückblickend auf diesen ersten Abschnitt seiner Außenpolitik erheben sich zwei Fragen. Die erste ergibt sich aus dem Befund, daß seine Äußerungen über die Ziele seiner Politik so fundamental gegensätzlich sind. Seinen wiederholten und leidenschaftlich vorgetragenen Beteuerungen der Friedensliebe, die nichts wolle als Ausgleich, Revision des bestehenden Unrechts und Gleichberechtigung für Deutschland, stehen jene anderen Äußerungen gegenüber, die sich von »Mein Kampf« über die Ansprache an die Befehlshaber kurz nach der Machtergreifung und die Denkschrift zum Vierjahresplan 1936 zum Hoßbach-Protokoll hinziehen und geradewegs auf den 1939 entfesselten Krieg hinzielen. Das deutsche Volk hat seinen Reden geglaubt, aber auch die westlichen Mächte haben es bei allen Zweifeln für möglich gehalten, ihn beim Wort zu nehmen. Hitler ging es jedoch nicht um nationale Gleichberechtigung, sondern um Eroberung und Raumgewinn! Wie sind aber dann seine leidenschaftlichen Friedensreden zu verstehen? Sind sie nüchtern kalkulierte Veranstaltungen eines »Übermachiavellismus«? Oder waren sie subjektiv ehrlich in dem Zeitpunkt, in dem sie gesprochen wurden? Man wird in Hitler das erste Opfer seiner eigenen Demagogie sehen müssen, den Schauspieler, der mit seiner Rolle identisch ist in dem Augenblick, wo er sie spielt. Aber er blieb zugleich der Regisseur der politischen Bühnenschau. Wer war der wirkliche Hitler? Das psychologische Problem der Identität der Person sei hier ausgeklammert. In sich selbst geschlossen, mit sich selbst identisch ist, was er über die Schwankungen und Schaustellungen hinaus tatsächlich geplant, entschieden und getan hat, von seinem Kampfbuch bis zum Krieg gegen Rußland.

Die Zwiegesichtigkeit der Hitlerschen Außenpolitik könnte aber auch dazu führen, aus dem Nebeneinander eine zeitliche Abfolge zu entwickeln. So ließe sich etwa zwischen einer ersten friedlichen, auf berechtigte Revisionsforderungen abzielenden Phase der Außenpolitik und einer zweiten kriegerischen und ungerechten unterscheiden, und man hätte sich dann zu fragen, zu welchem Zeitpunkt der Umschlag erfolgt sei. War etwa die Rheinlandbesetzung der entscheidende Augenblick, wo das »Schicksal die Pferde wechselte«? Oder bezeichneten der Anschluß Österreichs und die Gewinnung des Sudetenlandes die Wendemarke, bis zu der hin die Hitlersche Außenpolitik einer nationalen »restitutio in integrum« diente, um dann die neue Richtung der Lebensraum- und Eroberungspolitik zu nehmen? Solche Einteilungen sind berechtigt als äußere Markierungen. Unser Einblick in die Planungen Hitlers läßt es jedoch nicht zu, irgendwo einen Bruch in seinen Motiven und Zielen festzulegen. Freilich hat der unerwartete Erfolg, den er mit der Methode des fait accompli der Rheinlandbesetzung und der Wiederherstellung der Wehrhoheit erzielte, ihn darin bestärkt, mit der Lethargie der Westmächte zu rechnen und mit größerem Einsatz und mit höherem Risiko zu spielen.

DW 397/386—444. — H.-A. JACOBSEN, Nat.soz. Außenpolitik 1933—1938 (1968), detaillierte Darstellung von Struktur, Zielen u. Ideologie der nat.soz. Außenpolitik, weniger der außenpolitischen Vorgänge selbst. Darstellung der diplomat. Verhandlungen bei G. L. WEINBERG, The Foreign Policy of Hitler's Germany. Diplomatic Revolution in Europe 1933—36 (London 1970); für die Jahre 1933—34 auch G. WOLLSTEIN, Vom Weimarer Revisionismus zu Hitler. Das Dt. Reich u. die Großmächte in der Anfangsphase der nat.soz. Herrschaft in Dtld. (1973). Zusammenfassende Übersicht: K. HILDEBRAND, Dt. Außenpolitik 1933—1945. Kalkül oder Dogma? ([2]1973). — Diplomat. Dokumente in den dt., engl., franz. u. ital. Aktenreihen (s. S. 331).

1) Th. VOGELSANG (Hg.), Neue Dokumente zur Geschichte der Reichswehr 1930—33, VfZG 2 (1954), S. 435. 2) Vgl. die Sammlung der ersten Reden HITLERS nach der Machtergreifung unter dem Titel: Das junge Dtld. will Arbeit u. Frieden (1933). 3) Lit. zu Rosenberg u. Ribbentrop s. § 52. Zum Gegensatz der Auffassungen des dogmatischen Antibolschewisten Rosenberg gegenüber Ribbentrop, der den Hitler-Stalin-Pakt aushandelte, vgl. SERAPHIMs Einleitung zum Tagebuch Rosenbergs. — Ausführliche Darstellung der verschiedenen, mit der Außenpolitik befaßten Instanzen bei JACOBSEN, Kap. 2. 4) Zur Rolle des Ausw. Amtes u. seinem Anteil an der nat.soz. Außenpolitik der ersten Jahre vgl. WOLLSTEIN (s. o.), der die These vertritt, daß das Ausw. Amt — wie auch die Spitzen der Wehrmacht — Hitlers Außenpolitik unterstützten, weil sie ihren eigenen Zielen einer möglichst weitgreifenden Revision des Versailler Vertrags entsprach. Dagegen stärker differenzierend u. mehr auf die Problematik, vor der das Ausw. Amt nach Hitlers Machtergreifung stand, eingehend P. KRÜGER / E. HAHN, Der Loyalitätskonflikt des Staatssekretärs Bernhard Wilhelm v. Bülow im Frühjahr 1933, VfZG 20 (1972); ferner auch die Schriften WEIZSÄCKERs (s. u. Anm. 5). 5) E. v. WEIZSÄCKER, Erinnerungen (1950); E. KORDT, Nicht aus den Akten. Die Wilhelmstraße in Frieden u. Krieg. Erlebnisse, Begegnungen u. Eindrücke 1928—1945 (1950); ferner L. E. HILL (Hg.), Die Weizsäcker-Papiere 1933—1950 (o. J. [1974]); über die Wilhelmstraße Schriften von CRAIG u. SEABURY, S. 334. Hitler nannte das AA »eine Verschwörergesellschaft«, Rosenbergs Tagebuch, 15. 4. 1934, S. 18. 6) F. P. WALTERS, A History of the League of Nations, Bd. 2 (London 1960), Kap. 44. Kritisch zur Rolle des VB mit dem Vorwurf zu großer Nachgiebigkeit gegenüber Dtld., It. u. Japan: J. BARROS, Betrayal from within. Joseph Avenol, Secretary-General of the League of Nations, 1933—1940 (London 1969). 7) Zu Mussolini vgl. J. PETERSEN, Hitler—Mussolini. Die Entstehung der Achse Berlin—Rom 1933—1936 (1973); zu Frankreich G. CASTELLAN, Le réarmement clandestin du Reich (1930—35) vu par le 2° Bureau de l'Etat-Major Français (Paris 1954); J. M. d'HOOP, Frankreichs Reaktion auf Hitlers Außenpolitik 1933—1939, GWU 15 (1964); A. KIMMEL, Der Aufstieg des Nat.soz. im Spiegel der franz. Presse 1930—1933 (Diss. Bonn 1969). Zu England M. LÜTHI, Das brit. Parlament u. Hitlers Bruch mit dem Versailler System. Ein Beitrag zur parlamentarischen Diskussion über die dt. Wiederaufrüstung in den Jahren 1933—35 (Diss. Zürich 1972); R. KIESER, Englands Appeasementpolitik u. der Aufstieg des Dritten Reiches im

Spiegel der brit. Presse 1933—1939 (Winterthur 1964); O. HAUSER, England u. das Dritte Reich, 1. Bd.: 1933 bis 1936 (1972); vgl. auch u. Anm. 21 u. 22. **8)** Christine FRASER, Der Austritt Dtlds. aus dem Völkerbund (Diss. Bonn 1969); G. MEINCK, Hitler u. die dt. Aufrüstung 1933—1937 (1959); W. BERNHARDT, Die dt. Aufrüstung 1934—1939. Milit. u. polit. Konzeptionen u. ihre Einschätzung durch die Alliierten (1969). **9)** W. TREUE (Hg.), Rede Hitlers vor der dt. Presse (10. 11. 1938), VfZG 6 (1958). **10)** K. H. JARAUSCH, The Four Power Pact 1933 (Madison 1965). **11)** An der These, daß Pilsudski 1933 versucht habe, Frankreich für eine gemeinsame milit. Aktion gegen Dtld. zu gewinnen, hält fest H. ROOS, Die »Präventivkriegspläne« Pilsudskis von 1933, VfZG 3 (1955) gegen B. ČELOVSKÝ, Pilsudskis Präventivkrieg gegen das nat.soz. Dtld., Welt als Gesch. 14 (1954) u. Z. J. GASIOROWSKI, Did Pilsudski attempt to initiate a preventive war in 1933?, Journ. Mod. Hist. 27 (1955); zusammenfassend WEINBERG, op. cit., S. 59 ff., u. M. WOJCIECHOWSKI, Die poln.-dt. Beziehungen 1933—1938 (a. d. Poln. Leiden 1971), der — wie Korbel (s. Anm. 12) — die These vertritt, daß Pilsudski schon vor 1933 die Annäherung an Dtld. erstrebte u. seine bisher erfolglosen Bemühungen nach der Machtergreifung Hitlers sofort wieder aufnehmen wollte. Er habe, ohne einen Präventivkrieg ernsthaft führen zu wollen, mit einem solchen lediglich gedroht in der Absicht, Dtld. einzuschüchtern, den von ihm abgelehnten Viererpakt zu verhindern und nach der zu erwartenden Ablehnung eines Präventivkriegs durch Frankreich den Polen selbst die Notwendigkeit einer Verständigung mit Dtld. vor Augen zu führen. **12)** Ursachen u. Folgen 10, Nr. 2350; Z. J. GASIOROWSKI, The German-Polish Non-aggression Pact of 1934, in: Journ. of Centr. Europ. Aff. 15 (1955); H. ROOS, Polen u. Europa. Studien zur poln. Außenpolitik 1931—1939 ([2]1965); J. KORBEL, Poland Between East and West. Soviet and German Diplomacy toward Poland, 1919—1933 (Princeton 1963); WOJCIECHOWSKI, S. 70 ff.; W. JEDRZEJEWICZ (Hg.), Diplomat in Berlin, 1933—1939. Papers and Memoirs of JÓZEF LIPSKI, Ambassador of Poland (New York 1968). **13)** Balkanpakt 2. 2. 1934 bei BRUNS, Bd. 1, Nr. 144; dort auch Statut der Balkanentente, 2. 11. 1934; G. REICHERT, Das Scheitern der Kleinen Entente. Internat. Beziehungen im Donauraum 1933—1938 (1971); R. KISZLING, Die milit. Vereinbarungen der Kleinen Entente 1929—1937 (1959). **14)** League of Nations Treaty Series, Bd. 154, S. 93 ff. **15)** Lit. zu Österreich s. § 67. **16)** Ursachen u. Folgen 10, Nr. 2400 b; zum Verhältnis Hitler—Mussolini vgl. Elizabeth WISKEMANN, The Rome Berlin Axis (London 1949, überarb. Neuaufl. 1966), u. bes. J. PETERSEN, op. cit. **17)** BRUNS, Bd. 1, Dok. 167 u. 168. Zum dt.-sowj. Verhältnis nach 1933 vgl. K. NICLAUSS, Die Sowjetunion u. Hitlers Machtergreifung. Eine Studie über die dt.-russ. Beziehungen der Jahre 1929—1935 (1966); T. WEINGARTNER, Stalin u. der Aufstieg Hitlers. Die Dtld.politik der Sowjetunion u. der Kommunist. Internationale 1929—1934 (1970); W. E. SCOTT, Alliance against Hitler. The Origins of the Franco-Soviet Pact (Duke 1962). **17a)** J. WEGMÜLLER, Das Experiment d. Volksfront. Untersuchungen zur Taktik der Komm. Internationale d. J. 1934—1938 (1972). **18)** Maria ZENNER, Parteien u. Politik im Saargebiet unter dem Völkerbundsregime 1920—1935 (1966); F. JACOBY, Die nat.soz. Herrschaftsübernahme an der Saar: die innenpolit. Probleme der Rückgliederung des Saargebietes bis 1935 (1971). **19)** Ursachen u. Folgen 10, Nr. 2436. **20)** J. DÜLFFER, Weimar, Hitler u. die Marine. Reichspolitik u. Flottenbau 1920—1939 (1973); M. SALEWSKI, Die dt. Seekriegsleitung, Bd. 1 (1970); N. WIGGERSHAUS, Der dt.-engl. Flottenvertrag vom 18. Juni 1935 (Diss. Bonn 1972). **21)** Die engl. Appeasementpolitik, die lange als eine Politik des schwächlichen Nachgebens gewertet worden ist, erscheint in der neueren Forschung als Ausdruck der realen polit. Situation Englands, das sich einer milit. Auseinandersetzung mit Dtld. allein nicht gewachsen fühlte, auch den von Japan u. Italien drohenden Kriegsgefahren Rechnung zu tragen hatte u. seine Politik auf die der Dominien abstimmen mußte, die eine Verwicklung in die europäischen Angelegenheiten ablehnten. O. HAUSER (s. o. Anm. 7) zählt aufgrund der zugänglich gewordenen engl. Akten zu den Motiven der Appeasementpolitik neben Friedensliebe, Einfluß der Dominien und Kommunistenfurcht die Absicht, Hitler, »wenn er auf die engl. Angebote nicht einging, vor aller Welt moralisch ins Unrecht zu setzen«. — M. GILBERT / R. GOTT, The Appeasers (London 1963); M. GILBERT, The Roots of Appeasement (London 1966); B. J. WENDT, Economic Appeasement, Handel u. Finanz in der brit. Dtld.politik 1933—1939 (1971); F. R. GANNON, The British Press and Germany 1936—1939 (Oxford 1970). Zum Einfluß der Dominien vgl. D. C. WATT, Der Einfluß der Dominions auf die brit. Außenpolitik vor München 1938, VfZG 8 (1960). Auch Vansittart, Sprecher der deutschfeindlichen Richtung im Foreign Office, der seit 1933 vor den von Hitler drohenden Gefahren warnte, unterstützte 1935/36 die Appeasementpolitik. I. COLVIN, Vansittart in Office (London 1965).

Das gilt auch trotz aller Differenzen in der Beurteilung Dtlds. für die konservative Opposition gegen die engl. Regierung. Dazu N. THOMPSON, The Anti-Appeasers. Conservative Opposition to Appeasement in the 30s (London 1971). **22)** Zu Hitlers Englandpolitik: J. HENKE, England in Hitlers polit. Kalkül 1935—1939 (1973); D. AIGNER, Das Ringen um England. Das dt.-brit. Verhältnis. Die öff. Meinung 1933—1939 (1969); A. KUHN, Hitlers außenpolit. Programm. Entstehung u. Entwicklung 1919—1939 (1970). Zur Kolonialpolitik des Hitlerreiches K. HILDEBRAND, Vom Reich zum Weltreich. Hitler, NSDAP u. die koloniale Frage 1919—1945 (1969); zur Flottenpolitik Hitlers DÜLFFER u. SALEWSKI (s. o. Anm. 20). Zu der in der Forschung kontroversen Beurteilung der Rolle Englands in den außenpolit. Planungen Hitlers s. § 51. **23)** M. BRAUBACH, Der Einmarsch dt. Truppen in die entmilitarisierte Zone am Rhein im März 1936. Ein Beitrag zur Vorgesch. des Zweiten Weltkrieges (1956); E. ROBERTSON, Zur Wiederbesetzung des Rheinlandes 1936, VfZG 10 (1962). **24)** A. KRÜGER, Die Olympischen Spiele 1936 u. die Weltmeinung (1972). **25)** § 59, Anm. 13. **26)** RGBl. II 1937, Nr. 4; G. L. WEINBERG (Hg.), Das geheime Abkommen zum Antikominternpakt, VfZG 2 (1954); E. L. PRESSEISEN, Germany and Japan. A study in totalitarian diplomacy 1933—1941 (The Hague 1958); Th. SOMMER, Dtld. u. Japan zwischen den Mächten 1935—1940. Vom Antikominternpakt zum Dreimächtepakt (1962); B. MARTIN, Zur Vorgesch. des dt.-japan. Kriegsbündnisses, GWU 21 (1970); allg. Lit. zu Japan s. u. S. 335. **27)** Vgl. Ribbentrops Schlußbericht nach seiner Londoner Botschafterzeit, ADAP, Serie D, Bd. 1, Nr. 93, S. 136, Ziff. 5. **28)** J. PETERSEN, op. cit., u. M. FUNKE, Sanktionen u. Kanonen. Hitler, Mussolini u. der internat. Abessinienkonflikt (1970). Zum dt.-ital. Verhältnis nach 1936: F. W. DEAKIN, Die brutale Freundschaft. Hitler, Mussolini u. der Untergang des ital. Faschismus (1964); G. W. BAER, La guerra italo-etiopica e la crisi dell' equilibrio europeo (Bari 1970). **29)** M. MERKES, Die dt. Politik im span. Bürgerkrieg 1936—1939 (2. überarbeitete Aufl. 1969); H.-H. ABENDROTH, Hitler in der span. Arena. Die dt.-span. Beziehungen 1936—1939 (1973). — K. A. MAIER, Guernica 26. 4. 1937 (1975); A. VIÑAS, La Alemania nazi y el 18 de julio [1936] (Madrid 1974). — Zu den internat. Brigaden V. BROME, The International Brigades. Spain 1936—1939 (London 1965); A. KANTOROWICZ, Spanisches Kriegstagebuch (1966). — Weitere Lit. zum span. Bürgerkrieg s. S. 335. **30)** Text F. HOSSBACH, Zwischen Wehrmacht u. Hitler (1949), S. 207 ff. Zur Textfrage W. BUSSMANN, Zur Entstehung u. Überlieferung der »Hoßbach-Niederschrift«, VfZG 16 (1968). — H. GAKKENHOLZ, Reichskanzlei 5. Nov. 1937, in: Festschr. Hartung (1958).

§ 66 Die Fritsch-Krise

Die Stellung des Heeres zum nationalsozialistischen Staat war zwiespältig. Auf der einen Seite gab die entschlossene Aufrüstungspolitik Hitlers den militärischen Fachleuten die Möglichkeit, sich nun frei auszuwirken. Aufrüstung, geistige Wehrhaftmachung, Stärkung der Staatsautorität und des nationalen Gedankens waren Ziele, in denen das Heer und der Nationalsozialismus übereinstimmten. Auf der anderen Seite bestand aber ein tiefer Gegensatz zwischen der Zucht der militärischen Haltung und der revolutionären Hemmungslosigkeit der Bewegung. Solange Hindenburg lebte, konnten die Offiziere in ihm einen Rückhalt ihrer traditionellen Denkweise sehen. Freilich zeigte schon der 30. Juni 1934, daß diese Rückverbindung keine Garantie dafür war, daß sich das Offizierskorps in einer moralischen Krisensituation seinem traditionellen Ehrenkodex entsprechend verhielt. Als Papen den Freiherrn v. Fritsch fragte, wie es möglich sei, daß sich das Offizierskorps die Ermordung der Generale Schleicher und Bredow gefallen lasse, antwortete Fritsch, er könne nur handeln, wenn er einen Befehl erhalte[1]). Durch die persönliche Vereidigung der Wehrmacht auf Hitler nach dem Tode Hindenburgs und durch den Erfolg, den er gegen die Warnung der Militärs mit der Rheinlandbesetzung gehabt hatte, waren die Stellung und das Prestige Hitlers in der Armee gewachsen. Blomberg und Fritsch akzeptierten den Nationalsozialismus als die Grundlage des öffentlichen Lebens in Deutschland. Die Angleichung des Heeres an das Regime wurde besonders von dem beflissenen Generalfeldmarschall v. Blomberg vorangetrieben (1933 Reichswehrminister, 1935 Reichskriegsminister und

»Oberbefehlshaber der Wehrmacht«; unter ihm die Oberbefehlshaber der drei Wehrmachtteile: Generaloberst Frh. v. Fritsch, Heer; Generaladmiral Raeder, Kriegsmarine; Generaloberst Göring, Luftwaffe). Er wollte auf diese Weise der Wehrmacht einen herausragenden Platz im Reich Hitlers sichern. Fritsch hingegen wurde durch die Ereignisse des 30. Juni 1934, den Kirchenkampf, fortgesetzte Reibereien mit der SS sowie kritische Berichte von Offizieren wie Halder zur Distanzierung, wenn nicht von Hitler, so doch von der nationalsozialistischen Bewegung veranlaßt. Ihm ging es darum, die Unabhängigkeit und Integrität des Heeres zu wahren, in das als Folge der allgemeinen Wehrpflicht in verstärktem Maße von unten her Nationalsozialisten eindrangen. Spannungen zwischen der Spitze des Heeres und Hitler ergaben sich aus der Außenpolitik. Die Generale waren überzeugt, daß es unmöglich sein werde, einen lokalen militärischen Konflikt begrenzt zu halten, daß aber ein allgemeiner Krieg gegen die Großmächte über die Kräfte Deutschlands ginge. Deshalb warnten sie vor außenpolitischen Schritten, die mit dem Risiko eines Krieges verbunden waren. Wenn in der Sitzung vom 5. November 1937 Blomberg und Fritsch ihre Bedenken äußerten, dann taten sie es nicht durch die Erklärung eines grundsätzlichen Protestes gegen die Ziele Hitlers, sondern als militärische Fachleute, die auf die Schwierigkeiten der Durchführung hinwiesen. Was die Ziele anlangte, so dachten die führenden Militärs bei der Wiederaufrüstung an nationale Revisionspolitik und nicht an ausgreifende Eroberung. Zu den allgemein »divergierenden Tendenzen der bewaffneten Macht und der herrschenden Partei«[2]) kamen also militärische Bedenken der führenden Offiziere gegen die Pläne Hitlers und eine unausgesprochene Verschiedenheit der außenpolitischen Vorstellungen hinzu. Kurze Zeit nach der Äußerung ihrer Bedenken wurden Blomberg und Fritsch aus ihren Ämtern entfernt. Dies geschah auf eine Weise, die nun nicht allein die Fragen des Rüstungsziels und des militärischen Führungsproblems berührte, sondern für die moralische Existenz des Offizierskorps eine noch größere Herausforderung bedeutete, als es die Ermordung Schleichers und Bredows gewesen war.

Es begann mit dem Heiratsskandal um Blomberg. Am 12. Januar 1938 nahmen Hitler und Göring als Trauzeugen an der Hochzeit teil. Blombergs Frau stammte aus sehr einfachen Verhältnissen, die, am traditionellen Gesellschaftskodex des Offizierkorps gemessen, als nicht standesgemäß galten. Kurz nach der Heirat kam aus den Akten der Polizei Material über das Vorleben der Frau Blombergs zutage, das diesen am 27. Januar veranlaßte, seinen Abschied zu nehmen. Bei der Ausschlachtung des »Falles Blomberg« spielte Göring eine zentrale Rolle in der Absicht, dessen Nachfolge anzutreten. Um Fritsch als Konkurrenten um das Amt des Oberbefehlshabers der Wehrmacht auszuschalten, unterbreitete er Hitler gleichzeitig eine Akte über den Generaloberst, die diesen mit dem Vorwurf der Homosexualität belastete. Hitler hatte schon in den ersten Beratungen über die Nachfolge Blombergs beschlossen, selbst das Oberkommando der Wehrmacht zu übernehmen. Er griff die Anklage gegen Fritsch bereitwillig auf, um den ihm unbequemen General zu entfernen. Es kam zu der unglaublichen Szene, daß in Gegenwart des Staatsoberhauptes der Oberbefehlshaber des Heeres einem mehrfach bestraften Zuchthäusler als Belastungszeugen gegenübergestellt wurde und daß Hitler diesem Zuchthäusler gegen die ehrenwörtliche Unschuldsbeteuerung des hohen Offiziers Glauben schenkte. Hitler hatte zunächst den Plan, ein Sondergericht der Gestapo mit dem Fall zu beauftragen. Als sich herausstellte, daß dieser Verstoß gegen alle militärischen Gepflogenheiten große Empörung beim Heer auslöste, wurde ein Ehrengericht unter dem Vorsitz Görings gebildet. Aber daneben betrieb die Gestapo, das Instrument Himmlers, der die Hand im Spiel behalten wollte, eine eigene Untersuchung. Ohne das Ergebnis des ehrengerichtlichen Verfahrens abzuwarten, wurde Fritsch am 4. Februar entlassen, der Intrigant Göring zum Generalfeldmarschall ernannt. Die gerichtliche Untersuchung führte zu dem der

SS und Göring bereits vorher bekannten Ergebnis, daß die Aussagen des Belastungszeugen erlogen waren und daß in den Akten eine Verwechslung vorlag zwischen einem Rittmeister a. D. v. Frisch und dem Generaloberst v. Fritsch. Der Forderung des Grafen v. d. Goltz, des Verteidigers des Freiherrn v. Fritsch, Himmler und Heydrich zu vernehmen, wurde nicht stattgegeben. Statt dessen schrieb Hitler an Fritsch einen weinerlich verlogenen Brief. Er beglückwünschte ihn zur Feststellung seiner Unschuld, ohne mit einem Wort die selbstverständliche Konsequenz anzudeuten, die sich hieraus hätte ergeben müssen, nämlich die Rehabilitierung. In seiner Antwort verlangte Fritsch die Wiederherstellung seiner Ehre gegenüber der Armee und dem Volk und eine Untersuchung des Verhaltens derjenigen, »denen von Amts wegen die Behandlung meines Falles sowie die rechtzeitige und vollständige Unterrichtung Ihrer Person und des Generalfeldmarschalls Göring oblag«[3]). Aber nichts geschah, um die verwischten Spuren aufzudecken. Erst am 13. Juni 1938 hat Hitler zur Beruhigung der Armee in einer Rede vor den Generalen eine Ehrenerklärung für Fritsch abgegeben. Mit tränenerstickter Stimme erklärte er, einem schändlichen Betrug zum Opfer gefallen zu sein. Leider aber »ließen selbstverständliche Gründe der Staatsraison nicht zu, diese erschütternden Zusammenhänge vor aller Welt aufzudecken«[4]). Er appellierte an die Generale, die Fahne nicht im Stich zu lassen, und gab das Versprechen, dem Generalobersten volle Genugtuung zu verschaffen. Was tat er darauf? Er ernannte Fritsch zum Chef eines Artillerieregiments — nach dem, was vorgefallen war, eine Zumutung eher als eine Rehabilitierung. Fritsch hat sie als solche empfunden[5]), hat sie aber dennoch angenommen. Was tat das Offizierskorps? Es sammelte eine Spende für ein »Haus Treue«, das dem Generaloberst zur Verfügung gestellt werden sollte. Es wurde auch das Verlangen laut, Hitler möge Fritsch zum Generalfeldmarschall ernennen und eine öffentliche Ehrenrettung im Reichstag vollziehen. Der neue Oberbefehlshaber des Heeres, Generaloberst v. Brauchitsch, stellte seinem Vorgänger auf einem Truppenübungsplatz ein Gutshaus zur Verfügung und beließ ihm Ordonnanzoffiziere und Pferde. Alles dies war kümmerlich und beschämend. Warum, so wird man sich fragen müssen, zeigte die deutsche Generalität nicht so viel Korpsgeist, daß sie unter Androhung ihres Rücktritts die einzig mögliche Rehabilitierung des von ihnen allen hochverehrten Freiherrn v. Fritsch, nämlich die Wiedereinsetzung in sein Amt, von Hitler erzwang? Wodurch war das Offizierskorps gelähmt? Man wird hier hinweisen müssen auf den Präzedenzfall des Versagens bei der Ermordung Schleichers und Bredows, auf die persönliche Bindung an Hitler im Wehrmachtseid vom August 1934, auf dessen neuen großen außenpolitischen Erfolg, den er inzwischen mit Hilfe der Wehrmacht errungen hatte, den Anschluß Österreichs. Man wird auch bedenken müssen, daß die nationalsozialistischen Überzeugungen in die Wehrmacht selber, vor allem in das jüngere Offizierskorps eingedrungen waren, daß Fritsch und Brauchitsch die Generalität über die Entwicklung des Falles nur mangelhaft unterrichtet hielten. Schließlich wird man das Ungewöhnliche der Situation bedenken müssen, daß sich hier das Staatsoberhaupt zum Komplizen einer infamen Ehrabschneidung gemacht hatte. Es bleibt dennoch unbegreiflich, daß sich Brauchitsch bereit fand, die Nachfolge zu übernehmen ohne Vorbehalt für eine Rehabilitierung Fritschs. Aber auch das Verhalten Fritschs selber, der nichts tat, um mit Nachdruck das Führerkorps der Reichswehr zu informieren, der nicht wollte, daß man seinetwegen eine Aktion unternehme, der im Gegenteil den Offizieren den Rat gab, zu bleiben, und der selbst die Scheinrehabilitierung annahm, wurde nicht der Situation gerecht, in der seine persönliche Sache in eins fiel mit der Sache, für die er stand und in der es darum kein vornehmes Zurückstellen der Person hinter die Sache geben durfte. Er hat später bedauert, nicht gehandelt zu haben, und im Polenfeldzug den Tod gesucht. Es bleibt das Fazit, wie es Hermann Foertsch aus seiner detaillierten Analyse der Fritsch-Krise zieht: »Zielbewußt und mit den übelsten Mitteln wurde hier einer Gemeinschaft das moralische Rückgrat gebrochen, und niemand stand auf, um den Schmerz dieser tödlichen Verletzung in die Welt zu schreien. Solch Urteil ist hart. Es klar auszusprechen kann nur all denen zum Nutzen gereichen, die einst den schwersten Schaden erlitten.«[6])

Die Folge der Fritsch-Krise war der Zugriff Hitlers auf die Führung der Wehrmacht und ihre verstärkte innere Gleichschaltung. Ermöglicht wurde sie ihm durch die Blindheit oder Beflissenheit einer Reihe höherer Offiziere und durch den Eindruck seiner außenpolitischen Erfolge auf die Wehrmacht insgesamt. Dennoch blieb das Mißtrauen Hitlers gegen das Offizierkorps zu Recht wach. Denn es begann sich anläßlich des Prozesses gegen Fritsch von einzelnen ausgehend eine Opposition zu bilden, die schließlich zum Widerstand wurde[7]).

Für den Führungsmechanismus der Wehrmacht war die Folge, daß es nun eine Führung im Sinne eines Austauschs verantwortlicher Meinungen als Vorbereitung der Entschlußbildung nicht mehr gab, denn die Stelle des Oberbefehlshabers der Wehrmacht wurde nicht neu besetzt. Hitler übernahm unmittelbar die Befehlsgewalt. Als sein Befehlsinstrument wurde das Oberkommando der Wehrmacht gebildet unter Keitel, der aber nicht über die Funktion eines abhängigen Behördenchefs hinausgelangte. Das dem Oberkommando zugeordnete Wehrmachtführungsamt unter Jodl hat niemals die Bedeutung eines Wehrmachtsgeneralstabs erlangt. Der Mangel an Koordinierung der drei Wehrmachtsteile wirkte sich später im Kriege spürbar aus. Das Oberkommando der Wehrmacht wurde praktisch zu einer konkurrierenden Instanz für das Oberkommando des Heeres und den Generalstab. Marine und Luftwaffe lehnten es ab, sich von Keitel oder Jodl Anweisungen geben zu lassen. So wurden auch in den inneren Führungsmechanismus der Wehrmacht die den Führerstaat charakterisierenden Kompetenzkonflikte hineingetragen — ganz zu schweigen davon, daß im Kriege die SS schließlich mit 38 Divisionen als ein Konkurrenzheer mit allen Waffengattungen dastand, daß die als Infanterie eingesetzten Fallschirmjägerdivisionen bis zuletzt Göring unterstellt blieben und daß auch die 22 sogenannten Luftwaffenfelddivisionen, die man im Laufe des Krieges aus der personell überbesetzten Luftwaffe herauskämmte, höchstens taktisch den örtlichen Truppenführern des Heeres unterstellt wurden. Nimmt man hinzu, daß während des Krieges im Osten die Befehlsgewalt der Armeeoberkommandos praktisch auf eine 10 Kilometer tiefe Zone hinter der Front beschränkt wurde und in den Bereichen hinter der Front SS, Sicherheitsdienst und die Organisation Todt als von den Heeresbefehlsstellen unabhängige Instanzen auftraten, so wird die mit der Fritsch-Krise einsetzende Verwirrung der Kompetenzen im Sinne des Führerprinzips noch deutlicher sichtbar.

Gleichzeitig mit der Umorganisation der Wehrmachtführung trat auch ein Wechsel in der Leitung des Auswärtigen Amtes ein. Ribbentrop wurde am 5. Februar 1938 als Nachfolger Neuraths zum Außenminister ernannt. Bei der Rückkehr von seinem Botschafterposten in England, den er bis dahin bekleidet hatte, brachte er eine Beurteilung der englischen Politik mit, die eines der bestimmenden konstanten Elemente in der Außenpolitik Hitlers bis zum Kriegsausbruch wurde.

DW 397/123 u. 591. — Zur Wehrmacht nach 1933: K.-J. MÜLLER, Das Heer u. Hitler. Armee u. nat.soz. Regime 1933—1940 (1969); M. MESSERSCHMIDT, Die Wehrmacht im NS-Staat. Zeit der Indoktrination (1969), untersucht den Prozeß der Nazifizierung der Armee. Zur inneren Organisation: R. ABSOLON, Die Wehrmacht im Dritten Reich. Aufbau, Gliederung, Recht, Verwaltung (geplant 6 Bde., davon bisher Bde. 1—3, 1969 bis 1973); B. MÜLLER-HILLEBRAND, Das Heer 1933—1945. Entwicklung u. organisatorischer Aufbau (3 Bde., 1954—1969). Zur Wiederaufrüstung G. MEINCK, Hitler u. die dt. Aufrüstung 1933—1937 (1959); W. BERNHARDT, Die dt. Aufrüstung 1934 bis 1939. Militär. u. polit. Konzeption (1969). — Nach der ersten Darstellung der Fritsch-Krise von J. A. Gf. KIELMANSEGG, Der Fritsch-Prozeß 1938 (1949), umfassende Untersuchung von H. FOERTSCH, Schuld u. Verhängnis. Die Fritsch-Krise im Frühjahr 1938 als Wendepunkt der Gesch. der nat.soz. Zeit (1951), u. neuerdings H. C. DEUTSCH, Das Komplott oder Die Entmachtung der Generale (a. d. Amerik. 1974). Zusammenhang zwischen der Entfernung von Fritsch u. Blomberg mit deren am 5. November 1937 vorgetragenen Bedenken gegen Hitlers Kriegspläne bestreitet GAKKENHOLZ, s. o. § 65, Anm. 30; kritisch hierzu MEINCK, op. cit.: die Bedenken der Generale seien in Wirklichkeit schärfer vorgetragen worden, als es in der überlieferten Form des verstümmelten Protokolls zum Ausdruck gelange; ferner P. Gf. v. KIELMANSEGG, Die militärpolit. Tragweite der Hoßbach- Besprechung, VfZG 8 (1960); ein direkter Zusammenhang wird bei MÜLLER u. DEUTSCH nicht aufgezeigt.

1) PAPEN, Der Wahrheit eine Gasse, S. 357. 2) HOSSBACH, S. 106, s. § 65; GAKKENHOLZ, S. 474. 3) Briefwechsel bei FOERTSCH, S. 126 ff. 4) Ebd., S. 131. 5) Brief vom 17. Juni 1938, ebd., S. 133 f. 6) Ebd., S. 213. 7) Hierzu neben H. KRAUSNICK, Vorgesch. u. Beginn des militär. Widerstandes gegen Hitler, in: Die Vollmacht des Gewissens (1956), auch FOERSTER über Beck, den Chef des Generalstabs, s. § 68, Anm. 13; H. C. DEUTSCH, Verschwörung gegen den Krieg. Der Widerstand in den Jahren 1939—1940 (a. d. Amerik. 1969).

§ 67 Der Anschluß Österreichs

Ribbentrop war Ende 1936 als Botschafter nach London geschickt worden. Premierminister der damaligen konservativen Regierung war Baldwin, Außenminister war Eden. Am 28. Mai 1937 übernahm der bisherige Schatzkanzler Neville Chamberlain die Nachfolge Baldwins als Leiter der Regierung. Die außenpolitische Situation, in der Ribbentrop seine Mission in London antrat, war durch die Tatsache bestimmt, daß die Westmächte sich bei der Besetzung des Rheinlandes durch die deutsche Wehrmacht mit Protesten begnügt hatten, daß die Sanktionspolitik gegen Italien die Begründung des italienisch-äthiopischen Kaiserreichs nicht hatte verhindern können und daß England sichtlich bestrebt war, sich in den europäischen Angelegenheiten zu entlasten, um die Hände frei zu haben für die Wahrnehmung seiner fernöstlichen Interessen im japanisch-chinesischen Konflikt. Chamberlain war ein Politiker des Ausgleichs. Zwar setzte er sich für eine verstärkte englische Rüstung zur See und in der Luft von Anfang an mit Nachdruck ein, war aber zugleich von der Überzeugung geleitet, daß es möglich sein werde, in einer Verbindung von Stärke und Entgegenkommen mit den autoritären Mächten einen modus vivendi zu finden. Diese Politik des appeasement, der Befriedung, wurde in seinem Kabinett vor allem von Simon, Hoare und Halifax, der im Februar 1938 Eden als Außenminister ablöste, unterstützt[1]). Hitler war in seinem Verhältnis zu England von dem Wunschbild geleitet, in freundschaftlichen Beziehungen, womöglich in einem Bündnis die Voraussetzung für die Durchführung der Ostexpansion zu schaffen[2]). Damit verband sich die romantische Vorstellung einer Solidarität der nordisch-germanischen Völker. Das war mehr als eine vorübergehende politische Erwägung. Sie fand ihren Niederschlag z. B. auch in den vom Reichserziehungsministerium herausgegebenen Richtlinien für den Sprach- bzw. Geschichtsunterricht an höheren Schulen[3]), der den germanischen Charakter der englischen Kultur herausarbeiten und Verständnis erwecken sollte für den britischen Wikingergeist und die England zufallende Rolle der Seeherrschaft. Der Auftrag für Ribbentrop lautete, ein Bündnis mit England zustande zu bringen. Ribbentrop ist mit seiner Mission nicht nur wegen seiner persönlichen Taktlosigkeiten gescheitert. Es war ein fundamentaler Irrtum Hitlers und Ribbentrops, wenn sie geglaubt hatten, in der englischen Haltung Anzeichen für die Bereitschaft zu einer Unterstützung der deutschen Pläne sehen zu können. In seinem Schlußbericht vom 2. Januar 1938 entwarf Ribbentrop ein anderes Bild der britischen Politik: England stelle sich »auf alle Fälle mit seinen militärischen und politischen Maßnahmen auf eine Auseinandersetzung mit Deutschland ein«; er glaube nicht mehr an eine Verständigung mit England, das in einem übermächtigen Deutschland eine ständige Bedrohung sehe; England sei als der gefährlichste Gegner Deutschlands zu betrachten. Ribbentrop hat Hitler gegenüber keinen Zweifel an seiner Auffassung gelassen, daß England kämpfen werde, wenn es sich in seinen eigenen vitalen Interessen gefährdet glaube. Er legte sich die Frage vor, wie sich England zur deutschen Expansion verhalten werde, wobei er von der These ausging, daß »eine Änderung des Status quo im Osten im deutschen Sinne ... nur gewaltsam durchzuführen« sei. England sei mit seinen Rüstungen noch im Rückstand und spiele im Augenblick auf Zeitgewinn. Man müsse daher nach außen hin weiter die Verständigung mit England suchen, zugleich aber eine Bündniskonstellation gegen England zustande zu bringen suchen, die einer englischen stärker oder vielleicht ebenbürtig gegenüberstehe. In diesem Fall, so meinte er, »wäre es möglich, daß England lieber doch noch einen Ausgleich versucht«. Was die zunächst begrenzte österreichische und tschechische Frage anbetraf, so glaubte Ribbentrop, daß England »für ein lokales mitteleuropäisches Problem ... einen Existenzkampf um sein Weltreich nicht riskieren« werde: »Entscheidend scheint mir in diesem Zusammenhang die Schnelligkeit, mit der ein solcher mitteleuropäischer Konflikt siegreich beendigt wäre. Bei einem blitzartigen Erfolg glaube ich sicher, daß der Westen nicht eingreifen würde.« Durch dieses Dokument wird die deutsche Einschätzung der englischen Haltung sowohl in der österreichischen und tschechischen Frage als auch später beim Kriegsausbruch verständlich[4]). Ribbentrop rechnete mit Englands Entschlossenheit, seine durch Abrüstung geschwächte Machtstellung wiederzugewinnen und falls nötig gegen Deutschland zu behaupten, glaubte aber, daß es unter zwei Voraussetzungen nicht eingreifen werde: wenn entweder die kontinentaleuropäischen Aktionen Deutschlands blitzartig zu Überrumpelungserfolgen führten, oder wenn es gelänge, eine Koalition von solcher Stärke gegen England zustande zu bringen, daß dieses den Waffengang nicht wagen könnte. Um beides hat sich Ribbentrop in seiner Außenpolitik bemüht. Sein entscheidender Kalkulationsfehler war, daß er 1939 dem Hitler-Stalin-Pakt diese lähmende Wirkung auf England zuschrieb. Im übrigen war er von der Verständigungsbereitschaft Chamberlains und Halifax' überzeugt.

Daß England bei einem deutschen Zugriff auf Österreich nicht eingreifen werde, wurde durch das Verhalten der englischen Politik in der Tat zur Gewißheit. Der österreichische Bundeskanzler Schuschnigg hatte sich schon im April 1937 vergeblich um eine britische Garantieerklärung für die politische Selbständigkeit und territoriale Integrität Österreichs bemüht. Auch eine von der französischen Politik gewünschte gemeinsame französisch-englische Erklärung über Mitteleuropa war nicht zustande gekommen. Chamberlain hatte im Gegenteil dem österreichischen Staatssekretär Schmidt, der zu den Krönungsfeierlichkeiten für Eduard VIII. im Mai 1937 in London weilte, erklärt, England hoffe nicht nur zu einer Verständigung mit Italien, sondern auch mit Deutschland zu kommen. Es wurde deutlich, daß England zwar die Selbständigkeit Österreichs wünschte, es aber deswegen nicht zum Kriege kommen lassen werde. Der neue britische Botschafter in Berlin, Henderson, sagte seinem österreichischen Kollegen, Österreich sei doch »genauso deutsch wie Deutschland«, und seine Selbständigkeitsbestrebungen erschienen ihm daher nicht recht verständlich[5]). Am weitesten ging Lord Halifax, damals Vorsitzender des Geheimen Rates, der am 19. November 1937 Hitler auf dem Obersalzberg besuchte: er begründete die Notwendigkeit für einen Ausgleich mit Deutschland trotz der durch dessen einseitige Methoden hervorgerufenen Schwierigkeiten mit der Überzeugung, von der er und andere Mitglieder der englischen Regierung durchdrungen seien, »daß der Führer nicht nur in Deutschland selbst Großes geleistet, sondern daß er auch durch die Vernichtung des Kommunismus im eigenen Lande diesem den Weg nach Westeuropa versperrt habe und daß daher mit Recht

Deutschland als Bollwerk des Westens gegen den Kommunismus angesehen werden könne«. Er machte das Zugeständnis, daß der Versailler Vertrag revidiert werden müsse und daß auch die Danziger, österreichische und tschechische Frage hierzu gehöre. Als englischen Vorbehalt meldete er jedoch an, »daß diese Änderungen im Wege friedlicher Evolution zustande gebracht würden und daß Methoden vermieden würden, die weitergehende Störungen ... verursachen könnten«[6]). Es lag auf der Hand, daß auf diesem Wege sich niemals die großen Ostpläne Hitlers würden verwirklichen lassen, zugleich aber auch, daß England sich in der österreichischen Frage mit einem fait accompli abfinden würde. Frankreichs Stellungnahme war bei aller Sympathie für ein unabhängiges Österreich von der englischen abhängig. Polen war durch den Nichtangriffspakt mit Deutschland gebunden. Der italienischen Haltung konnte man noch nicht unbedingt sicher sein, aber die Römischen Protokolle hatten durch die Bildung der Achse ihre Bedeutung als Rückhalt der österreichischen Selbständigkeit eingebüßt. Mussolini ließ 1936 während des Abessinienkrieges Hitler gegenüber seine Bereitschaft erkennen, Österreich preiszugeben.

Hitler hat über seine Absichten rückschauend am 30. Januar 1939 erklärt, daß er sich im Januar 1938 entschlossen habe, im Laufe dieses Jahres für die 6½ Millionen Deutschen in Österreich das Selbstbestimmungsrecht zu erkämpfen. Nun hat er hierbei zunächst nicht an den direkten Anschluß gedacht. Er wollte aber Raum schaffen für eine freie Entwicklung des Nationalsozialismus in Österreich. Dies ist der Sinn des Berchtesgadener Abkommens vom 12. Februar 1938.

Wie war die innere Lage in Österreich? Hier hatte sich aus der Wirtschaftskrise der Jahre 1931/32 ähnlich wie in Deutschland eine Staatskrise entwickelt. Wie sich in Deutschland der Reichstag unfähig zur Bildung einer stabilen parlamentarischen Mehrheit gezeigt hatte und durch seine Selbstausschaltung den Weg für die Präsidialkabinette, schließlich für Hitler bereitete, so hatte auch in Österreich der Nationalrat in den Jahren der Krise keine stabile parlamentarische Mehrheit erlebt. Außerparlamentarische Kräfte erlangten entscheidendes Gewicht im politischen Leben: auf der konservativ-katholischen Rechten die Heimwehr, auf der Linken der Republikanische Schutzbund. Unter dem christlich-sozialen Bundeskanzler Dollfuß wurde dem Heimwehrführer Fey das gesamte Sicherheitswesen übertragen[7]). Der Nationalrat schaltete sich selber aus, als am 4. März 1933 seine drei Präsidenten zurücktraten. Damit war der Weg frei geworden, um das parlamentarische durch ein autoritäres Regime zu ersetzen. Hierin lag eine gewisse Parallelität zu der Entwicklung im Reich. Zugleich aber ließen angesichts des Nationalsozialismus die Christlich-Sozialen wie die Sozialisten den Anschlußgedanken fallen. Beiden untereinander verfeindeten Parteien stand als nationale Opposition die »Großdeutsche Front« gegenüber. Das unter Dollfuß entwickelte System des Austrofaschismus arbeitete mit Methoden, wie sie für die diktatoriale Regierungsweise mancher europäischer Staaten wie auch Deutschland charakteristisch waren, ohne daß freilich hinter diesem Regime die zu Exzessen treibende Rücksichtslosigkeit einer revolutionären Bewegung wie der nationalsozialistischen gestanden hätte. Aber auch in Österreich wurden gegnerische Zeitungen und Versammlungen verboten. Die Kommunistische Partei, der Republikanische Schutzbund und die NSDAP mit ihren Gliederungen wurden aufgelöst. Konzentrationslager und Standgerichte wurden errichtet. Die Polizeistrafgewalt wurde erhöht und der Verfassungsgerichtshof ausgeschaltet. Aus der Illegalität heraus versuchten die beiden verbotenen Organisationen des Schutzbundes und der Nationalsozialisten die Diktatur Dollfuß zu brechen. Eine sozialistische Erhebung vom 12.—15. Februar 1934 wurde nach blutigen Kämpfen niedergeworfen[8]). Sie führte zum Verbot der Sozialdemokratischen Partei Österreichs und der Gewerkschaften. Die Vaterländische Front, der auch die Heimwehr angehörte, wurde als alleinige Staatspartei im Mai 1934 privilegiert. Am

24. April 1934 erhielt der Staat eine Verfassung, die sich auf die Gedanken der päpstlichen Sozialenzyklika »Quadragesimo anno« (1931) berief. Es war die Verfassung eines autoritären Ständestaates mit vier aus Berufs- und Sozialständen gebildeten Räten[9]). Aber auch hier zeigte sich, daß der ständische Gedanke als solcher nicht zur klaren politischen Machtbildung führt. Was tatsächlich entstand, war eine reine Regierungsdiktatur, die sich innenpolitisch auf Polizei und Heimwehr, außenpolitisch auf die Römischen Protokolle stützte.

Dem sozialistischen Aufstand folgte am 25. Juli 1934 ein im ersten Anlauf gescheiterter nationalsozialistischer Putschversuch, dem aber Dollfuß zum Opfer fiel[9a]). Damals mobilisierte Mussolini vier Divisionen und drohte, vom Brenner her einzugreifen. Hitler ließ die von Deutschland her unterstützten Putschisten fallen, und Papen übernahm die Aufgabe, als deutscher Botschafter in Wien das deutsch-österreichische Verhältnis zu normalisieren. Am 11. Juli 1936 wurde zwischen Schuschnigg, dem Nachfolger von Dollfuß, und Papen ein Kommuniqué über das künftige Verhältnis der beiden Staaten vereinbart[10]). Die deutsche Reichsregierung erkannte die volle Souveränität Österreichs an und verzichtete auf Einmischung in dessen innere Angelegenheiten. Österreich hingegen erklärte, daß es seine Politik gegenüber dem Reich »stets auf jener grundsätzlichen Linie halten« werde, »die der Tatsache, daß Österreich sich als deutscher Staat bekennt, entspricht«. Dementsprechend erwartete Deutschland von Österreich die Bereitschaft zu einer Zollunion, zur militärischen Zusammenarbeit und zu einer politischen Frontstellung gegen die Tschechoslowakei. Aber dem entzog sich Schuschnigg ebenso wie dem italienischen Ansinnen, sich bewußt in die Achse Rom—Berlin einzugliedern und aus dem Völkerbund auszuscheiden. Innenpolitische Schwierigkeiten ergaben sich aus einer geheimen Zusatzvereinbarung zum deutsch-österreichischen Abkommen vom Juli 1936[11]). Hier war die für Deutschland wichtigste Bestimmung dieser ganzen Übereinkunft festgelegt, nämlich die Zusicherung, daß die nationale Opposition in Österreich in die Vaterländische Front und auch in die Regierung einbezogen werden sollte. Hitler beabsichtigte, den Nationalsozialismus in Österreich unter den dortigen besonderen Verhältnissen analog der Machtergreifung in Deutschland unter Verzicht auf offene Revolution auf scheinbar legalem Wege zur Macht zu führen. In Österreich selbst jedoch schuf das Juli-Abkommen eine innere Unsicherheit unter den Nationalsozialisten. Während Führer der nationalen Bewegung wie der Kriegshistoriker Glaise-Horstenau, der nach dem Juli-Abkommen in die Regierung eintrat, und Seyß-Inquart[12]) den Weg der Legalität gehen wollten, spielte Leopold, der Landesleiter der illegal mit Duldung der österreichischen Regierung weiterbestehenden NSDAP, mit Aufstandsplänen. Als die österreichische Polizei bei einer Durchsuchung des Büros der Landesleitung Pläne für einen gewaltsamen Umsturz mit Hilfe der deutschen Wehrmacht fand (Tavs-Plan), wurde es offenkundig, daß die Regelung vom Juli 1936 Österreich keine genügende Sicherheit gab.

Auf deutscher Seite war durch die unmittelbare Übernahme des Oberbefehls über die Wehrmacht durch Hitler und durch die Betrauung Ribbentrops mit der Leitung des Auswärtigen Amtes die Voraussetzung für einen eventuellen Einsatz der Wehrmacht in der Regelung der österreichischen Frage gegeben. Seit längerer Zeit schon waren noch unter Blomberg und Fritsch generalstabsmäßige Pläne für einen Einmarsch in Österreich ausgearbeitet worden für den Fall einer Restauration der Habsburger, für die die österreichischen Monarchisten und der Prätendent Erzherzog Otto damals eine Chance zu sehen glaubten (»Fall Otto«). Papen gelang es, Schuschnigg zu einem Besuch bei Hitler auf dem Obersalzberg zu bewegen. Bei dieser Unterredung vom 12. Februar 1938, bei der Schuschnigg von dem Staatssekretär für Auswärtige Angelegenheiten Guido Schmidt begleitet wurde, bildeten von Berlin herbeigerufene Generale die Staffage, eine Androhung der ultima ratio, mit deren Notwendigkeit

Hitler jedoch nicht rechnete. Es wurde ein Abkommen geschlossen[13]), das eine Amnestie für die verurteilten österreichischen Nationalsozialisten vorsah und vor allem den Nationalsozialisten freiere Betätigungsmöglichkeiten und stärkeren Einfluß in der Regierung zusicherte. Seyß-Inquart erhielt als Sicherheits- und als Innenminister die Verfügung über die staatliche Exekutive. Die Illegalen Leopold und Tavs wurden nach Deutschland gerufen. Hitler war überzeugt, daß die Durchführung des Berchtesgadener Abkommens mit Sicherheit die Nationalsozialisten in Österreich in den vollen Besitz der Macht bringen werde.

Schuschnigg versuchte eine letzte verzweifelte Abwehr. Am 9. März setzte er plötzlich und kurzfristig für den 13. eine Volksabstimmung an »Für ein freies und deutsches, unabhängiges und soziales, für ein christliches und einiges Österreich! Für Friede und Arbeit! Und die Gleichberechtigung aller, die sich zu Volk und Vaterland bekennen!«[14]). Hier wurde die Frage nach der Unabhängigkeit Österreichs, für die bei einer Befragung eine Mehrheit sicher war, da auch einem großen Teil der österreichischen Nationalsozialisten wie Seyß-Inquart selber der Gedanke an ein Aufgehen Österreichs im Reich fernlag, verknüpft mit der Frage nach dem Regime des den Sozialisten ebenso wie der nationalen Opposition verhaßten »Austrofaschismus«. Um die Jugend von der Abstimmung fernzuhalten, wurde das Wahlalter auf 24 Jahre heraufgesetzt. Es war keine Zeit für sorgfältige und der Verfassung entsprechende Wahlvorbereitungen. Es gab keine Wählerlisten, und es war unsicher, ob die Wahl geheim oder offen sein würde. Diese Ungeschicklichkeiten gaben Hitler den Vorwand, die Absetzung der Wahl zu verlangen, an deren positivem Ergebnis für Schuschnigg er nicht zweifelte. Schuschnigg hat tatsächlich unter dem Druck Berlins und der österreichischen Nationalsozialisten auf die Volksabstimmung verzichtet. Aber inzwischen waren die Dinge ins Rollen gekommen. Auf deutscher Seite war es Göring, der auf eine radikale Lösung drängte und hierbei den sich nicht klar entscheidenden Hitler voranstieß. Hitler wollte sich zunächst mit der Gleichschaltung Österreichs begnügen und die Fiktion aufrechterhalten, daß diese von der österreichischen NSDAP vollzogen werde. Göring wurde von Ribbentrop unterstützt, der damals zur Verabschiedung in London weilte und in Telefongesprächen mit Göring die Zusicherung gab, daß die britische Regierung nicht handeln werde[15]). Von Mussolini erhielt man die Zusage, daß Italien sich anders als 1934 diesmal aus der österreichischen Frage heraushalten werde. Am 11. März wurde die österreichische Regierung vor das Ultimatum gestellt, daß deutsche Truppen einmarschieren würden, falls Schuschnigg nicht zurücktrete und Seyß-Inquart Platz mache. Schuschnigg wich dem Druck. Er richtete vor dem Rücktritt einen verzweifelten Hilferuf an die europäischen Mächte. Diese gaben durch Schweigen oder ausweichende Antworten zu verstehen, daß sie nicht intervenieren würden. Am Abend des 11. März übernahm Seyß-Inquart die Regierung. Dennoch erteilte Hitler an diesem Abend den Befehl zum Einmarsch. Den Anlaß bildete die Weigerung des österreichischen Bundespräsidenten Miklas, Seyß-Inquart zum Bundeskanzler zu ernennen. Am 12. März rückten deutsche Truppen in Österreich ein, obwohl in der Nacht vom 11. zum 12. März Miklas seinen Widerstand aufgegeben und Seyß-Inquart selbst um den Widerruf des Marschbefehls gebeten hatte. Als Vorwand diente nun ein von Göring veranlaßtes Telegramm, das von dem zu Seyß-Inquart gesandten SS-Obergruppenführer Keppler als ein angeblicher Hilferuf der österreichischen Regierung an die Reichsregierung gerichtet wurde. Inzwischen war in den österreichischen Bundesländern die Macht in die Hände der Nationalsozialisten gefallen, während Schuschnigg noch vor seinem Rücktritt die Weisung gegeben hatte, die österreichische Armee solle sich bei einem Einmarsch deutscher Truppen ohne Widerstand zurückziehen.

Als militärische Aktion war die Besetzung Österreichs, die nur als Generalstabsübung vorbereitet gewesen war, improvisiert, und es stellten sich bei den motorisierten Truppen erhebliche technische Mängel heraus. Aber sie war ein großer politischer Erfolg. Mit einem Schlage klärte sich das verworrene innere Bild Österreichs. Die deutschen Truppen wurden mit Jubel begrüßt. Bei allen Bedenken, die bei den österreichischen Sozialisten und Katholiken gegen den Nationalsozialismus bestanden, kam nun die Empfindung der Zusammengehörigkeit der Deutschen in Österreich und im Reich in elementarer Weise zum Ausdruck. Hitler hatte den Einmarsch der Truppen bis Linz begleitet. Er dachte zunächst an eine lockere Union Österreichs mit dem Reich. Von der Situation getragen, entschloß er sich zur vollen staatlichen Vereinigung. Am 13. März entschied sich die Regierung Seyß-Inquart für den Anschluß, am 14. März wurde die Vereinigung der beiden Länder als Reichsgesetz verkündet, das durch eine Volksabstimmung bestätigt werden sollte[16]). Als Hitler von Linz aus Wien erreichte, läuteten die Glocken, und von manchen Kirchen wehten Hakenkreuzfahnen. Die österreichischen Bischöfe mit Kardinal Innitzer von Wien an der Spitze bekannten sich in einem Aufruf »als Deutsche zum Deutschen Reich« und forderten die Gläubigen auf, für den Anschluß an Deutschland zu stimmen, wobei sie hervorhoben: »Wir erkennen freudig an, daß die nationalsozialistische Bewegung auf dem Gebiet des völkischen und wirtschaftlichen Aufbaues sowie der Sozialpolitik für das Deutsche Reich und Volk namentlich für die ärmsten Schichten des Volkes Hervorragendes geleistet hat und leistet. Wir sind auch der Überzeugung, daß durch das Wirken der nationalsozialistischen Bewegung die Gefahr des alles zerstörenden gottlosen Bolschewismus abgewehrt wurde.«[17]) Die evangelische Kirche in Österreich reagierte in der gleichen Weise. Auch der Sozialist Renner, der als ehemaliger Staatskanzler später nach dem Zusammenbruch des Nationalsozialismus der erste Präsident der wiedererstandenen österreichischen Republik werden sollte, ließ seine Bedenken gegen Hitler hinter seine großdeutsche Überzeugung zurücktreten. Er erklärte: »Als Sozialdemokrat und somit als Verfechter des Selbstbestimmungsrechtes der Nationen, als erster Kanzler der Republik Deutschösterreich und als gewesener Präsident ihrer Friedensdelegation zu St. Germain werde ich mit ›Ja‹ stimmen.«[18]) Wie er dachte die Mehrzahl der österreichischen Sozialisten. Am 10. April fand in Österreich und Deutschland die Volksabstimmung statt. Der Anschluß wurde mit 99,7 % der Stimmen gutgeheißen. Es ist unbestreitbar, daß die große Mehrheit in beiden Ländern in dieser Stunde und in dieser Sache Hitler zustimmte, obwohl zu bedenken ist, daß in Wien noch vor der Wehrmacht die SS erschienen war und daß dort ebenso wie in Deutschland Himmler und seine SS-Polizei keine abweichende Meinung sich äußern ließen. Der großdeutsche Jubel wich in Österreich in wenigen Jahren einer bitteren Enttäuschung[19]).

DW 396, 397/446. — Wichtigste Quellen: ADAP, Serie D, Bd. 1; Ursachen u. Folgen 11; Der Hochverratsprozeß gegen Dr. Guido Schmidt vor dem Wiener Volksgericht. Protokolle u. Dokumente (1947). — Memoiren: Neben v. PAPEN vor allem K. v. SCHUSCHNIGG, Dreimal Österreich (Wien 1937); ders., Ein Requiem in Rot-Weiß-Rot (Zürich 1946); ders., Österreichs Erneuerung. Die Reden des Bundeskanzlers (3 Bde. 1935/36); ders., Im Kampf gegen Hitler. Die Überwindung der Anschlußidee (1969). — Wichtigste neuere Darstellungen: U. EICHSTÄDT, Von Dollfuß zu Hitler. Gesch. des Anschlusses Österreichs 1933—1938 (1955); J. GEHL, Austria, Germany and the Anschluss 1931—1938 (London 1963); D. ROSS, Hitler u. Dollfuß. Die dt. Österreich-Politik 1933 bis 1934 (1966); ferner H. BENEDIKT (Hg.), Gesch. der Republik Österreich (1954).

1) Lit. zur Appeasement-Politik s. § 65, Anm. 21; ferner I. COLVIN, The Chamberlain Cabinet (London 1971); K. MIDDLEMAS, The strategy of appeasement. The British government and Germany 1937—39 (Chicago 1972); K. FEILING, The Life of Neville Chamberlain (London 1946), sowie die Erinnerungen von S. H. Viscount of TEMPLEWOOD (Sir Samuel HOARE), Neun bewegte Jahre. Englands Weg nach München (a. d. Engl. 1955), u. Earl of HALIFAX, Fullness of Days (London 1957); The Earl of

BIRKENHEAD, The Life of Lord Halifax (London 1965). 2) Vgl. § 51 u. § 65, Anm. 22. 3) Erziehung u. Unterricht in der Höheren Schule, amtl. Ausg. (1938). 4) ADAP, Serie D, Bd. 1, Nr. 93. 5) G.-Schmidt-Prozeß, S. 44. 6) ADAP, Serie D, Bd. 1, Nr. 31 u. Anlage. Hat England Dtld. gegen Rußland vorgetrieben? Dieser sowjetruss., in der westlichen Forschung verneinten These dienen: Dokumente u. Materialien aus der Vorgesch. des Zweiten Weltkriegs (2 Bde. Moskau 1948), darin auch der Bericht über das Gespräch zwischen Halifax u. Hitler; ferner u. a. B. S. TELPUCHOWSKI, Die sowj. Gesch. des Großen Vaterländischen Krieges (a. d. Russ. 1961); W. G. TRUCHANOWSKI, Neueste Gesch. Englands (1917—1951) (a. d. Russ. Berlin-Ost 1962). 7) Zu Dollfuß G. SHEPHERD, Engelbert Dollfuß (1961). — Zur inneren Entwicklung Österreichs H. BUSSHOFF, Das Dollfuß-Regime in Österreich in geistesgechichtl. Perspektive unter bes. Berücksichtigung der »Schöneren Zukunft« u. »Reichspost« (1968); H.-J. KRÜGER, Faschismus oder Ständestaat. Österreich 1934—1938 (Diss. Kiel 1970). — Zur Heimwehr L. JEDLICKA, Die österr. Heimwehr, in: W. LAQUEUR / G. L. MOSSE (Hg.), Internat. Faschismus (1966); L. KEREKES, Abenddämmerung einer Demokratie. Mussolini, Gömbös u. die Heimwehr (a. d. Ungar. 1966), untersucht vor allem die Unterstützung der Heimwehr durch Mussolini, der einen faschist. Umsturz in Österreich wünschte. 8) Zum Schicksal des Austromarxismus die bedeutenden Erinnerungen des Vorsitzenden der illegalen sozialist. Partei (Pseudonym G. Richter) J. BUTTINGER, Am Beispiel Österreichs. Ein geschichtl. Beitrag zur Krise der sozialist. Bewegung (1953); O. LEICHTER, Zwischen zwei Diktaturen. Österreichs revolutionäre Sozialisten 1934 bis 1938 (1968); zur sozialist. Erhebung L. JEDLICKA / R. NECK (Hg.), Das Jahr 1934: 12. Februar. Prot. des Symposiums in Wien am 5. Februar 1974 (1975). 9) Text H. FISCHER / G. SILVESTRI (Hg.), Texte zur österr. Verfassungs-Gesch. (1970), Nr. 26; zur Theorie des Ständestaates u. ihrer Bedeutung in Österreich neben KRÜGER u. BUSSHOFF: M. SCHNELLER, Die universalistische Staatslehre Othmar Spanns u. seines Kreises, ihr Verhältnis zur Romantik u. zum Nat.soz. (1970). 9a) H. AUERBACH (Hg.), Eine nat.soz. Stimme zum Wiener Putsch vom 25. Juli 1934, VfZG 12 (1964); L. JEDLICKA (Hg.), Die Erhebung der österr. Nat.soz. Bericht der Hist. Komm. des Reichsführers SS (1965). 10) ADAP, Serie D, Bd. 1, Nr. 153. 11) Ebd., Nr. 152. 12) W. ROSAR, Dt. Gemeinschaft. Seyß-Inquart u. der Anschluß (Zürich 1971). 13) ADAP, Serie D, Bd. 1, Nr. 295; Bericht über die Besprechung auf dem Berghof bei SCHUSCHNIGG, Requiem, S. 38 ff. 14) Ursachen u. Folgen 11, Nr. 2618. 15) Niederschrift der von Göring mit Ribbentrop u. Seyß-Inquart geführten Ferngespräche, Dok. Nürnberg 2949-PS; vgl. die Berichte Ribbentrops aus London über die zu gewärtigende brit. Haltung, ADAP, Serie D, Bd. 1, Nr. 146, 147, 149, 150, 151. 16) RGBl. 1938 I, Nr. 21. 17) Text in: Ursachen u. Folgen 11, Nr. 2628. Zum Zustandekommen u. zu der in der Folgezeit häufig verurteilten Haltung Innitzers im März 1938 vgl. V. REIMANN, Innitzer. Kardinal zwischen Hitler u. Rom (1967). Gauleiter Bürckel, der neuernannte Reichskommissar für Österreich, drängte die Bischöfe unter Versprechung einer günstigen Regelung des Verhältnisses von Kirche u. Staat zum Erlaß des Aufrufs, für den er auch einen Textentwurf sandte. Nach mehrfachen Umänderungen durch die Bischöfe u. den Gauleiter entstand daraus der Aufruf in der zit. Form. Neben der großdt. Begeisterung u. neben dem Druck u. den falschen Versprechungen Bürckels lag ein entscheidendes Motiv für die Bischöfe in der Hoffnung, durch eine freiwillige Loyalitätserklärung gegenüber der neuen Staatsgewalt der Kirche in Österreich eine bessere Stellung als in Dtld. zu sichern. Insbes. wollte Innitzer die Garantien des österr. Konkordats von 1934 retten, dessen Gültigkeit von den Nat.soz. jedoch nicht anerkannt wurde. 18) Ursachen u. Folgen 11, Nr. 2630. 19) Zur Gesch. Österreichs im Großdt. Reich G. BOTZ, Die Eingliederung Österreichs in das Dt. Reich. Planung u. Verwirklichung des polit.-administrativen »Anschlusses« 1938—1940 (1972); K. STADLER, Österreich 1938—1945 im Spiegel der NS-Akten (Wien 1966); Maria SZECSI / K. STADLER, Die NS-Justiz in Österreich u. ihre Opfer (1962); zur österr. Emigration s. S. 335.

§ 68 Die Zerschlagung der Tschechoslowakei

Nach dem Anschluß Österreichs stellte sich mit Notwendigkeit das tschechische Problem als nationalpolitische und als machtpolitische Frage. Die Vereinigung Österreichs mit dem Reich gab dem Ringen der Sudetendeutschen neuen Antrieb. Der tschechische Staat war den Verpflichtungen nicht gerecht geworden, die er als Vielvölkerstaat bei seiner Gründung im Jahre 1919 übernommen hatte[1]). Wenn auch der einzelne Sudetendeutsche im tschechischen Staate staatsbürgerliche Gleichberechtigung besaß, so fühlte sich doch das Sudetendeutschtum als Volksgruppe gegenüber dem Tschechentum benachteiligt, sowohl wirtschaftlich als auch politisch. Daß hier wirklich Mißstände vorlagen, geht nicht zuletzt aus dem Bericht Lord Runcimans hervor, der als Beauftragter der englischen Regierung 1938 zwischen den Sudetendeutschen und der tschechischen Regierung zu vermitteln suchte[2]). Die staatsrechtliche Problematik kann nicht treffender als mit den Worten des exiltschechischen Historikers Celovsky geschildert werden: »Die Tschechoslowakische Republik war konstitutionell eine parlamentarische Demokratie, die ihr Vorbild in Frankreich und den Vereinigten Staaten von Amerika sah. Die einzigen Träger der Macht waren die politischen Parteien; die Nationalitäten als solche waren keine Subjekte des Staatsrechtes. Die absolute Mehrheit im Parlament in beliebiger Zusammenstellung der politischen Parteien war auch die Regierungsmehrheit. Die meisten Parteien, sogar die Sozialdemokraten, waren Nationalitätenparteien, so daß die Regierung im wesentlichen notwendigerweise von der stärksten Nationalität, den Tschechen, gebildet wurde. Die Opposition wurde neben der einheitlichen Kommunistischen Partei und den tschechischen extremen Rechtsparteien vor allem von nationalen Minderheiten gebildet: den Ungarn, Polen und teilweise den Slowaken und Deutschen. Alle Kritik am tschechoslowakischen Regime wurde damit fast zwangsläufig zugleich Kritik am parlamentarisch-demokratischen und parteidemokratischen System ... Der einzige einzuschlagende Weg war die Erfüllung der Versprechen aus den tschechoslowakischen Denkschriften von Versailles. Eine vollkommene Autonomie für alle Minderheiten — etwa in der Form des Schweizer Regimes — hätte vielleicht die Integrität der Republik trotz aller späteren außenpolitischen Umwälzungen wahren können.«[3])

Politisch waren die Sudetendeutschen in mehreren Parteien organisiert. Eine 1907 gegründete deutsche Arbeiterpartei, die 1918 den Namen Deutsche Nationalsozialistische Arbeiterpartei angenommen hatte, war im Jahre 1933 ebenso wie die Deutsche Nationalpartei von den tschechischen Behörden verboten worden, weil ihre Führer immer offener die Angliederung des Sudetenlandes an das Deutsche Reich propagierten. Ihre Anhänger schlossen sich zum großen Teil der damals gegründeten Sammlungsbewegung des Turnerführers Konrad Henlein, der Sudetendeutschen Heimatfront, an, die 1935 in Sudetendeutsche Partei umbenannt wurde. Henlein bekannte sich seit 1937 offen zum Nationalsozialismus, obwohl in der Partei auch andere konservativ-nationale Richtungen vertreten waren. Diese SdP gewann bei den Parlamentswahlen 1935 von 66 deutschen Mandaten 44. Die nächstgrößere Gruppe waren die Sozialisten, daneben einige bürgerliche und bäuerliche Parteien. Nach den Vorgängen in Österreich stand das Sudetendeutschtum vor der Frage, ob es wie bisher auf die Gewinnung einer autonomen Stellung innerhalb der Tschechoslowakei oder auf deren Zerschlagung und den Anschluß an das Reich hinarbeiten sollte. Die sudetendeutschen Gebiete hatten für den tschechischen Staat, der nach dem Anschluß Österreichs vom Deutschen Reich wie von einer Zange umgriffen war, eine besondere strategische Bedeutung. In den das böhmisch-mährische Becken umschließenden, von Deutschen bewohnten Gebirgszügen lagen die nach französischem Vorbild errichteten modernen Befestigungen. Ihr Verlust mußte den tschechischen Staat hilflos Deutschland ausliefern. Zwar gab die deutsche Regierung im Augenblick des österreichischen Anschlusses beruhigende Erklärungen ab, aber in allen Hauptstädten Europas rechnete man damit, daß Hitler als nächstes die tschechische Frage anfassen werde.

Die englische Haltung wurde durch die Sorge bestimmt, wegen der Tschechoslowakei keine bindenden Verpflichtungen einzugehen, die zum Kriege führen könnten. Um den deutschen Wünschen entgegenzukommen, stellte man sich in London von vornherein darauf ein, daß den Sudetendeutschen volle Autonomie gewährt werden müsse. Wenn man ferner die Eingliederung der Tschechoslowakei in den deutschen Machtraum verhindern wollte, so schien die einzige Alternative in ihrer Neutralisierung zu liegen. Frankreich war als Bundesgenosse der Tschechoslowakei verpflichtet, dem bedrohten Staate beizustehen. Ohne die Hilfe Englands war es hierzu aber nicht in der Lage. So wurde die Haltung Frankreichs von der Haltung Englands mitbestimmt, wobei schwer auszumachen ist, ob das Verlangen nach englischer Hilfe oder der Wunsch, aus einem möglichen Konflikt herauszubleiben, das stärkere Motiv der schwankenden französischen Politik war. Entschiedener in ihrer Stellungnahme war die Sowjetunion. Seit Mai 1935 besaß sie einen Beistandspakt mit der Tschechoslowakei, wonach russische Hilfe allerdings nur dann gewährt werden sollte, wenn auch Frankreich zu seinen Beistandsverpflichtungen stand. Alsbald nach dem Anschluß Österreichs hatte sich die sowjetische Regierung bereit erklärt, »unverzüglich im Völkerbund oder außerhalb des Völkerbundes praktische Maßnahmen mit anderen Mächten zu erörtern, wie sie durch die Umstände diktiert werden. Morgen kann es schon zu spät sein, aber heute ist die Zeit dafür noch nicht verpaßt, wenn alle Staaten, besonders die Großmächte, im Problem der kollektiven Rettung des Friedens eine feste, unzweideutige Haltung einnehmen werden.«[4]) Die britische Antwort[5]) lag ganz in der Linie des Gespräches, das Lord Halifax mit Hitler am 19. November 1937 gehabt hatte. Halifax war inzwischen britischer Außenminister geworden, nachdem Eden aus Protest gegen die Befriedungspolitik zurückgetreten war. Statt einen Bund der Mächte gegen Deutschland zusammenzubringen, erklärte die britische Regierung es für wünschenswert, die Probleme, die eine Kriegsgefahr in sich bargen, auf dem Wege der Vereinbarung zu lösen.

Warum ist England nicht auf das russische Angebot eingegangen? Man muß sich hier klarmachen, zu welchen Konsequenzen die Verwirklichung des russischen Planes geführt hätte. Rußland konnte der Tschechoslowakei wirkungsvolle Hilfe nur durch polnisches oder rumänisches Gebiet hindurch geben. Polen aber stand vom Beginn seiner Selbständigkeit an in einer kompromißlosen Abwehrstellung gegen die Sowjetunion. Allerdings muß man sich fragen, ob notwendigerweise die von der Sowjetunion erstrebte Herstellung einer gemeinsamen Abwehrfront mit den Westmächten gegen Hitler Polen in den sowjetischen Machtbereich hineingezogen hätte. Hätte doch schon die bloße Existenz eines solchen Systems kollektiver Friedenssicherung mit großer Wahrscheinlichkeit Hitler, der den Zweifrontenkrieg fürchtete, in die Schranken gewiesen, so daß der russische Durchmarsch durch Polen gar nicht akut zu werden brauchte. Wenn es dennoch zum Kriege kam, dann lag allerdings die Hauptlast nicht bei der Sowjetunion, sondern bei den Westmächten, Polen und der Tschechoslowakei. Es wäre ein Krieg kapitalistischer Staaten gegeneinander gewesen. So befürchtete Chamberlain hinter dem russischen Vorschlag eine Intrige mit dem Zweck, den Westen in einen Krieg mit Deutschland zu verwickeln. Man schätzte damals in England den Kampfwert der Roten Armee nach der eben erlittenen Schwächung durch die Säuberungsaktion im höheren Offizierkorps nur gering ein. Vor allem aber wollte Chamberlain den Ausgleich mit Hitler und nicht ein Bündnis gegen ihn. Er war in dieser Politik des appeasement bereit, bis an die Grenze des Tragbaren zu gehen. Damit trug er auch dem Wunsche der überseeischen Commonwealth-Länder, besonders Kanadas und Australiens, Rechnung, die nicht abermals des Mutterlandes wegen in einen europäischen Krieg hineingezogen werden wollten[6]). Zudem hätte ein Militärbündnis mit der Sowjetunion Polen und Rumänien dem Westen entfremdet. Beide Staaten lehnten den Durchmarsch sowjetischer Truppen entschieden ab. Polen war keineswegs auf einen Krieg gegen Deutschland eingestellt. Es hoffte umgekehrt, sich an der tschechischen Beute zu beteiligen. Frankreich war mit der Tschechoslowakei, die sich von Polen, und mit Polen, das sich von der Sowjetunion bedroht fühlte, und mit der

Sowjetunion selbst verbündet. Der französischen Politik mangelte die Entschiedenheit, zwischen diesen drei nicht mehr miteinander zu vereinbarenden Bündnissen zu wählen.

Was wollte Hitler? In den sehr zahlreichen, nach dem Kriege bekanntgewordenen Geheimdokumenten spielt das Schicksal der Sudetendeutschen für Hitler gar keine Rolle[7]). Hitler ging es um die Zerschlagung der Tschechoslowakei. In der Vorbereitung dieser Aktion wurde der Sudetendeutschen Partei eine bestimmte Rolle zugewiesen. Henlein hatte am 19. November 1937 Hitler die zwiespältige Haltung der Sudetendeutschen Partei dargelegt. Ihr Ziel sei die »Einverleibung des sudetendeutschen Gebietes, ja des ganzen böhmisch-mährisch-schlesischen Raumes in das Reich«. Sie müsse aber »nach außen hin für die Erhaltung der Tschechoslowakei und die Integrität ihrer Grenzen eintreten« und ein »real scheinendes Ziel« herausstellen[8]). Ihm gab Hitler in einer Audienz kurz nach dem Anschluß Österreichs am 28. März 1938 die Weisung, gegenüber dem tschechischen Staat Ansprüche anzumelden, »die für die tschechische Regierung unannehmbar sind«[9]). Ähnlich verlangte Ribbentrop von Henlein, »durch den Umfang und die schrittweise Präzisierung der zu stellenden Forderungen den Eintritt in die Regierung zu vermeiden«[10]). Dementsprechend wurden von der Sudetendeutschen Partei am 24. April 1938 im »Karlsbader Programm« Forderungen aufgestellt, deren Erfüllung den tschechischen Staat auseinandergesprengt hätte: neben der vollen Autonomie freie Agitationsmöglichkeit für die »deutsche Weltanschauung« und Wiedergutmachung für die seit 1919 erlittenen wirtschaftlichen Schäden[11]). Programmgemäß steigerten sich die Spannungen im Sudetenland. Die Nervosität zwischen den europäischen Staaten wuchs. Am 20. Mai mobilisierten die Tschechen, weil sie irrtümlich Vorbereitungen für einen unmittelbar bevorstehenden deutschen Angriff zu erkennen glaubten. Die britische Regierung ließ durch den Botschafter Henderson in Berlin ankündigen, daß England an der Seite Frankreichs stehen werde, falls dieses seinem bedrohten tschechischen Bundesgenossen zu Hilfe eile. Gleichzeitig aber war sie bemüht, das ohnehin zögernde Frankreich zurückzuhalten: mit einer unmittelbaren militärischen Aktion durch England zur Rettung der Tschechoslowakei sei nicht zu rechnen. Nach außen hin aber entstand der Eindruck, als hätten die britische Intervention und die tschechische Entschlossenheit Hitler in seine Schranken gewiesen. Dieser fühlte sich herausgefordert und konkretisierte nun seinen Angriffsplan. In einer Weisung an die Wehrmacht vom 30. Mai 1938 (Aufmarsch »Grün«) erklärte er: »Es ist mein unabänderlicher Entschluß, die Tschechoslowakei in absehbarer Zeit durch eine militärische Aktion zu zerschlagen.« Dem Heer stellte er die Aufgabe, in einer Blitzaktion »Böhmen und Mähren rasch in Besitz zu nehmen ... in das Herz der Tschechoslowakei vorzustoßen«[12]). Als Zeitpunkt für die Bereitschaft setzte er den 1. Oktober 1938 fest.

Der Generalstabschef des Heeres Beck lehnte in Denkschriften gegenüber Brauchitsch die Mitverantwortung für diesen Plan ab. Er sah die Gefahr eines allgemeinen europäischen Krieges, der »nach menschlicher Voraussicht mit einer nicht nur militärischen, sondern auch allgemeinen Katastrophe für Deutschland endigen werde«. Der Chef des Stabes der Seekriegsleitung Vizeadmiral Guse beurteilte die Lage ebenso; er sah »den Bestand des Reiches bedroht«. Becks Absicht war es, durch den Oberbefehlshaber des Heeres Brauchitsch die Generalität zu veranlassen, sich der Durchführung der Kriegspläne Hitlers zu versagen. Er erklärte: »Es stehen hier letzte Entscheidungen über den Bestand der Nation auf dem Spiele. Die Geschichte wird diese Führer mit einer Blutschuld belasten, wenn sie nicht nach ihrem fachlichen und staatspolitischen Wissen und Gewissen handeln. Ihr soldatischer Gehorsam hat dort eine Grenze, wo ihr Wissen, ihr Gewissen und ihre Verantwortung die Ausführung eines Befehls verbieten.« Und weiter: »Es ist ein Mangel an Größe und Erkenntnis der Aufgabe, wenn ein Soldat an höchster Stelle in solchen Zeiten seine Pflichten und Aufgaben nur in dem begrenzten Rahmen seiner militärischen Aufträge sieht, ohne sich der höchsten Verantwortung vor dem ganzen Volk bewußt zu werden. Außergewöhnliche Zeiten verlangen außergewöhnliche Handlungen.«[13]) Da Brauchitsch jedoch, obwohl er die Bedenken gegen den Krieg und gegen das Regime Hitler teilte, passiv blieb und nicht die von Beck gewünschte allgemeine Generalsopposition in die Wege leitete, trat dieser am 18. August 1938 von seinem Amt als Generalstabschef zurück. Sein Nachfolger Halder beschritt einen anderen Weg. Im Kontakt mit der Oppositionsgruppe des Auswärtigen Amtes und mit dem Leiter der Abwehr Admiral Canaris und dessen Mitarbeiter Oberstleutnant Oster bereitete er einen Staatsstreich gegen Hitler vor. Falls dieser den Krieg entfesselte, sollte er von Berliner Truppen verhaftet werden. Der Berliner Wehrkreisbefehlshaber General v. Witzleben und der Kommandeur der Potsdamer Division Generalmajor Graf Brockdorff-Ahlefeldt stellten sich für diesen Plan zur Verfügung. Voraussetzung für das Gelingen war eine feste Haltung Englands. Wenn Hitler vor der Entschlossenheit der Westmächte zurückwich, verlor er sein Prestige; wenn er dennoch den Angriff auf die Tschechoslowakei mit dem Risiko eines Weltkrieges befahl, war sein Sturz gerechtfertigt. Die Schwäche des Plans lag in dieser Voraussetzung. Die britische Regierung und auch Churchill wurden von dem Vorhaben in Kenntnis gesetzt und zur Unnachgiebigkeit gegen Hitler aufgefordert. Konnte die britische Regierung ihre Pläne von dem Vorhandensein und der unerprobten Zuverlässigkeit der Opposition im deutschen Heer abhängig machen? Konnte sie das Risiko eines Krieges mit Deutschland auf sich nehmen, ohne die Verständigungsmöglichkeiten bis zum äußersten erprobt zu haben? Halifax und Chamberlain jedenfalls gingen von der Vorstellung aus, daß der Weg der Verständigung mit Hitler vielleicht die Chance in sich schloß, zu einer friedlichen Dauerregelung zu gelangen.

Als daher die Krise sich im September verschärfte, Hitler auf dem Nürnberger Parteitag mit Intervention im Sudetenland drohte und Henlein die Parole »Heim ins Reich« verkündete, entschloß sich der britische Premierminister, Hitler persönlich zu stellen. Er traf ihn am 15. September auf dem Obersalzberg. Er hatte sich, nachdem die Vermittlungsversuche Lord Runcimans gescheitert waren, zu diesem außergewöhnlichen Schritte entschlossen, um den Frieden zu retten und um zu verhindern, daß die ganze Tschechoslowakei unter die Macht Hitlers fiel. Für die Sudetendeutschen erkannte er das Recht auf nationale Selbstbestimmung an. Die französische Regierung machte sich den englischen Vorschlag zu eigen unter der Voraussetzung, daß dem tschechoslowakischen Rumpfstaat eine internationale Garantie gegeben werde und daß die Abtretung durch Vertrag und ohne Plebiszit erfolge. Von der Durchführung einer Volksabstimmung fürchtete Frankreich, daß die gesamten südosteuropäischen Verhältnisse, wie sie 1919 geschaffen worden waren, ins Gleiten geraten würden. Die Tschechoslowakei sah sich im Stich gelassen. Vergeblich berief sie sich auf den Bündnisvertrag mit Frankreich, vergeblich erklärte sie sich bereit, den Sudetendeutschen im Sinne der Autonomie weitestgehende Zugeständnisse zu machen und sich dem Spruch eines Schiedsgerichts zu unterwerfen. Die britisch-französischen Vorschläge kamen einem Ultimatum gleich. Der Staatspräsident Benesch und die Regierung Hodža unterwarfen sich. Zum zweiten Male kam Chamberlain nach Deutschland, um Hitler in Godesberg am 22. September das Ergebnis mitzuteilen[14]). Aber statt Zustimmung zu finden, stieß er zu seiner großen Bestürzung auf Ablehnung. Hitler verlangte den sofortigen Einmarsch der deutschen Wehrmacht und Abstimmung in einem noch näher zu umreißenden Gebiet. Aber nicht Deutschland allein machte gegen die Tschechoslowakei Gebietsansprüche geltend. Polen forderte die Abtretung des Industriegebietes von Teschen (ca. 140 000 Polen von fast 300 000 Einwohnern) und auch die zunächst zögernden Ungarn, die 1919 im Frieden von Trianon ihre von Magyaren, Slowaken und Karpato-Ukrainern bewohnten Nordgebiete an die Tschechoslowakei verloren hatten, rührten sich, von Hitler vorangetrieben[15]). Die Godesberger Konferenz (22.—24. September 1938) scheiterte, und in den nächsten Tagen sah es so aus, als sollte es zum Kriege kommen. Hitlers Forderungen wurden von den Tschechen abgelehnt. Ein deutsches Ultimatum war auf den 28. September befristet, und eine Rede Hitlers vom 26. September im Sportpalast war ganz auf Krieg eingestellt. Inzwischen hatten die Tschechen mobil gemacht, Frankreich rief die Reservisten zu den Fahnen, und England setzte am 25. September die Flotte in Kriegsbereitschaft. Am 27. September erklärte Sir Horace Wilson als der Beauftragte Chamberlains Hitler, daß Frankreich jetzt zu seinen Verpflichtungen gegenüber der Tschechoslowakei stehen wolle und daß, wenn Frankreich eingreife, England ihm beistehen werde.

Hitlers Ziel war die Zerschlagung der Gesamttschechoslowakei und die Besetzung Böhmens und Mährens, nicht des Sudetenlandes allein. Das große Entgegenkommen Englands und Frankreichs in der Sudetenfrage hatte ihn vermuten lassen, daß die Westmächte sich in keinem Fall für die Tschechoslowakei engagieren würden. Deshalb hatte er in Godesberg durch die Erhöhung seiner Forderungen einen Vorwand für den Angriff gesucht. Aber da in der Substanz alle deutschen Forderungen hinsichtlich des Sudetenlandes bewilligt worden waren, bezog sich diese Steigerung des Preises nur auf die Modalitäten der Räumung. Es war eine absurde Situation für die Westmächte, wegen dieser Differenz zwischen den ursprünglichen und neuerlichen Forderungen Hitlers, die nur die Modalitäten betrafen, Krieg führen zu sollen. Daher gab Chamberlain erneut nach. Er übernahm Hitlers Termine und schlug damit diesem jeden Vorwand aus der Hand, jetzt schon das ganze böhmisch-mährische Becken zu besetzen. Wenige Stunden vor Ablauf des Ultimatums schaltete sich auf Veranlassung Chamberlains Mussolini als Vermittler ein. Am 29. September trafen sich Chamberlain, der französische Ministerpräsident Daladier, Mussolini und Hitler in München. Ein von Staatssekretär v. Weizsäcker vorbereiteter, von Mussolini als italienischer Vermittlungsvorschlag unterbreiteter Text wurde im wesentlichen akzeptiert. Die Mächte vereinbarten, daß der deutsche Einmarsch am 1. Oktober beginnen und bis zum 10. Oktober in Etappen durchgeführt sein sollte. Für ein noch zu bezeichnendes Gebiet wurde eine Abstimmung vorgesehen, auf die man aber später verzichtete. Frankreich und England gaben für die restliche Tschechoslowakei eine Garantie-Erklärung, der auch Deutschland und Italien beizutreten versprachen, nachdem die Frage der polnischen und ungarischen Minderheit geregelt sein werde. Die Sowjetunion wurde an der Münchener Vereinbarung nicht beteiligt. Wie die westlichen Mächte im März den sowjetischen Bündnisvorschlag gegen Hitler abgelehnt hatten, so hielten sie Rußland auch jetzt aus den europäischen Angelegenheiten heraus. Sie schufen damit eine der Voraussetzungen, die ein Jahr später zum Pakt zwischen Hitler und Stalin führten. Die Tschechen selbst wurden bei der Münchener Regelung nicht gefragt. Es wurde ihnen zugemutet, einen Urteilsspruch entgegenzunehmen. Der Staat Beneschs zerbrach. Auch Polen gewann seinen Anteil an der Beute. Am 1. Oktober 1938, dem Tag des Einmarsches der deutschen Truppen in das Sudetenland, gab die Tschechoslowakei das Teschener Gebiet preis. Im Innern des verbleibenden Staatsgebietes erhielten die Slowakei und die Karpato-Ukraine autonome Regierungen.

In München kam es noch zu einer Sondervereinbarung zwischen Hitler und Chamberlain. Beide gaben sich die Zusicherung, in Zukunft »Fragen, die unsere beiden Länder angehen, nach der Methode der Konsultation zu behandeln«, und sie erklärten, daß es der Wunsch der beiden Völker sei, niemals wieder gegeneinander Krieg zu führen. Mit Frankreich schloß Hitler am 6. Dezember ein ähnliches Abkommen[16]). Chamberlain und Daladier wurden in ihren Ländern, als sie von München zurückkehrten, mit Begeisterung empfangen. Die furchtbare Kriegsdrohung, die über Europa gelastet hatte, schien gebannt. »Frieden für unsere Zeit« schien der Gewinn von

München zu sein, den die Westmächte durch ihre Konzessionen erkauft hatten.

Das Fazit für Deutschland war die vollständige Erfüllung der nationalstaatlichen, großdeutschen Forderungen. Dem Staatsstreich des Heeres war der Boden entzogen, das Ansehen Hitlers erhöht. »Wenn wir jetzt noch etwas tun«, erklärte General v. Witzleben im Kreise der Verschwörer, als die Nachricht von der Reise Chamberlains nach München eintraf, »dann würde die Geschichte, und nicht nur die deutsche, nichts anderes von uns zu berichten haben, als daß wir dem größten Deutschen die Gefolgschaft aufgesagt haben gerade in dem Augenblick, als er am größten war und die ganze Welt seine Größe anerkannte«[17]). Die Ordnung von Versailles war nun auch in territorialer Hinsicht gänzlich überwunden. Das großdeutsche Reich besaß aufgrund seiner Bevölkerungszahl und seiner Grenzen ein natürliches Übergewicht in Mittel- und Südeuropa. Bis zu diesem Augenblick hin konnten, wenn man die eigentlichen Motive der nationalsozialistischen Außenpolitik nicht sah oder sehen wollte, alle Schritte der Hitlerschen Außenpolitik begründet werden aus der nationalstaatlichen Tradition und — was das Selbstbestimmungsrecht der Deutschen anbetraf — aus den Prinzipien der westlichen Welt, wie sie zu Ausgang des Ersten Weltkrieges von Wilson proklamiert worden waren. Jenseits dieses Punktes lag das Ziel der Eroberung und Unterwerfung anderer Völker, die Forderung nach »Lebensraum«. Das deutsche Volk hat bis zu dieser Scheide hin die Außenpolitik Hitlers gebilligt; aber was ihm als Erfüllung seiner Geschichte erschien, war für Hitler nichts als die Ausgangsstellung für den Kampf um seine eigentlichen Ziele.

Die Illusionen von München verflogen bald. In England war Churchill der heftigste Kritiker. Er nannte die Vereinbarungen eine Niederlage. Aber darin war sich Chamberlain mit Churchill einig, daß England keiner weiteren Erpressung nachgeben dürfe und es daher geboten schien, die eigene Rüstung zu beschleunigen. Schon bald nach München hielt Hitler am 9. Oktober in Saarbrücken eine gegen England gerichtete herausfordernd-aggressive Rede[18]). Der verkleinerten Tschechoslowakei gab er niemals die in München vorgesehene Garantie. Deutschland und Italien regelten gemeinsam durch den ersten Wiener Schiedsspruch vom 29. Oktober 1938 die zwischen Ungarn und der Tschechoslowakei strittige Grenzfrage: in Anwendung des ethnographischen Prinzips wurden die von Magyaren besiedelten südlichen Randgebiete der Slowakei und der Karpato-Ukraine zu Ungarn geschlagen[19]). Dies war aber nur eine Zwischenlösung. Denn schon einige Tage zuvor, am 21. Oktober, hatte Hitler bereits Weisung erteilt, die »Erledigung der Resttschechei« militärisch vorzubereiten[20]). Den Vorwand und Anlaß für einen solchen Zugriff fand er in slowakischen Unabhängigkeitsbestrebungen[21]). Der tschechische Staat brach auseinander. Am 14. März 1939 erklärte der slowakische Landtag — nachdem tags zuvor Hitler dem Slowakenführer Tiso damit gedroht hatte, die Slowakei den Ungarn zu überlassen, falls sie sich nicht von Prag löse — die Souveränität und stellte die Slowakei zugleich unter den Schutz des Deutschen Reiches. Am gleichen Tage wurde der tschechische Staatspräsident Hacha, der Nachfolger Beneschs, nach Berlin gerufen. Hier erfuhr er in der Nacht zum 15. März, daß die deutschen Truppen bereits auf dem Marsch nach Prag seien. Hitler drohte mit der Bombardierung der tschechischen Hauptstadt, falls Widerstand geleistet würde. Unter dieser Erpressung gab Hacha nach. Er erklärte, daß er das Schicksal der Tschechoslowakei »vertrauensvoll in die Hand des Führers« lege[22]). Ohne Kampf wurde das Land besetzt. Am 16. März proklamierte Hitler von der Prager Burg die Errichtung des »Protektorates Böhmen und Mähren«[23]). Die Karpato-Ukraine kam an Ungarn, das nun mit dem befreundeten Polen die lang erstrebte gemeinsame Grenze erhielt.

Die Besetzung Prags war der eklatante Bruch einer freiwillig von Hitler eingegangenen europäischen Regelung. Hitler hatte während der Sudetenkrise feierlich vor der

Weltöffentlichkeit versichert, daß er über das Sudetenland hinaus keine territorialen Forderungen mehr erhebe[24]). Jetzt wurde es offenkundig, daß Hitlers Ziele nicht nationalstaatlich-großdeutsch begrenzt waren. Die Besetzung von Prag war für die britische Politik der Anlaß, um in unmißverständlicher Weise klarzumachen, daß Hitler beim nächsten Schritt auf den Widerstand Englands stoßen werde.

Inzwischen hatte Hitler am 29. Januar 1939 den Befehl zum beschleunigten Ausbau der Flotte gegeben. Die Rüstung der Marine sollte Vorrang erhalten vor der des Heeres und der Luftwaffe. Der in der Seekriegsleitung erarbeitete sogenannte »Z-Plan« legte entgegen den Erfahrungen des Ersten Weltkrieges den Schwerpunkt auf den Bau von Großkampfschiffen. Das Bauprogramm sollte bis zum Jahre 1946 erfüllt sein. Zahlenmäßig hätte sich diese Flotte nach ihrer Fertigstellung noch etwa im Rahmen der 35%-Klausel des deutsch-britischen Flottenabkommens von 1935 gehalten, da man wußte, daß die Briten ihre eigene Flotte im Hinblick auf die forcierte Seerüstung Japans verstärkt ausbauten. Aber die Marine, auf deren Initiative der Z-Plan ausgearbeitet war, wollte freie Hand bekommen und drängte darum auf Kündigung des Flottenabkommens mit England. Welche strategischen Überlegungen lagen diesem Plan zugrunde? Die Marine dachte an atlantische Operationen gegen die britische Handelsschiffahrt, ohne doch die Frage lösen zu können, wie dies ohne Stützpunkte außerhalb der Deutschen Bucht auf lange Sicht möglich sein könnte. Michael Salewski, dem wir die genaueste Darstellung dieser Zusammenhänge verdanken[25]), stellt fest, daß sich der Z-Plan in den Bahnen des Tirpitzschen Denkens bewegte. Nur eine starke Überseeflotte konnte Seegeltung auf den Weltmeeren repräsentieren. Die Funktion der geplanten Flotte gegenüber England, mit dessen möglicher Gegnerschaft man seit der politischen Entwicklung im Jahre 1938 rechnete, wurde wie einst durch Tirpitz, so erneut auch jetzt mit dem Risikogedanken umschrieben. In Wiederholung des fehlerhaften Kalküls von Tirpitz hieß es in der von Fregattenkapitän Heye entworfenen amtlichen Denkschrift der Seekriegsleitung: »Je bedrohlicher dem Engländer die Möglichkeit einer solchen deutschen Seekriegführung durch Bereitstellung der hierfür geeigneten deutschen Schiffstypen erscheinen muß, um so größer wird er das Risiko eines Krieges mit Deutschland einschätzen, um so eher wird er zu einer friedlichen Verständigung bereit sein.« Und der Chef der Seekriegsleitung, Vizeadmiral Guse, forderte geradezu: »Diese Flotte muß eine ›Risikoflotte‹ im Tirpitzschen Sinne sein.«[26]) Es entsprach diesem Gedanken, wenn Heye ebenso wie Guse aus Sorge vor einem Kriegseintritt Englands im Sommer 1938 vor einem Überfall auf die Tschechoslowakei warnte, wenn es auch offen ist, ob Raeder diese Warnung Hitler zur Kenntnis gebracht hat[27]). Wenn man aber damit rechnete, daß sich demnächst Deutschland tatsächlich im Kriegszustand mit England befinden werde, dann war diese Z-Plan-Flotte ein Schlag ins Wasser. Denn ihre Fertigstellung kam zu spät, und ihre Erbauung blockierte in den acht Monaten bis zum Kriegsbeginn, als der Weiterbau eingestellt wurde, die Herstellung von Unterseebooten, die sich im Ersten Weltkrieg als die einzige gefährliche Waffe gegen England erwiesen hatten und sich im Zweiten Weltkrieg erneut als solche erweisen sollten. Zu den schärfsten Kritikern des Z-Planes gehörte daher der Führer der U-Boote, der spätere Großadmiral Dönitz. Er hielt die ihm zugrunde liegende Operationsplanung für verfehlt und sah in der Bevorzugung des Baus von Schlachtschiffen gegenüber dem Bau von U-Booten ein verhängnisvolles Versäumnis[28]).

Wie die Marineleitung, so rechnete auch Hitler nicht mit der sicheren Gegnerschaft Englands in dem kommenden Kontinentalkrieg. Im Gegenteil. Er hoffte, England durch seine Blitzkriegstrategie politisch ausmanövrieren zu können, bevor es militärisch zum Zuge kam. Welche Bedeutung aber hatte dann für ihn der Z-Plan, dessen Vollendung erst für einen Zeitpunkt vorgesehen war, in dem das Reich die europäische Hegemonie bereits errungen haben würde? Man ist hier auf Hypothesen angewiesen. Hillgruber u. a. sehen in den Flottenbauplänen Hitlers ein Zeichen für seine über ein europäisch-kontinentales Hegemonialreich hinausgehenden Weltherrschaftsambitionen[29]). Der Flottenbau als solcher gemäß dem Z-Plan mit seinem im Vergleich zu England und den Vereinigten Staaten immer noch begrenzten Umfang kann jedoch kaum als ein eindeutiges Indiz dafür angesehen werden, daß Weltherrschaftsträume Hitlers sich bereits zu konkreter Planung verdichteten. Denn er könnte auch als Absicherung der maritimen Aktivitäten des demnächst zu errichtenden deutschen Kontinentalreichs verstanden werden. Daß Hitler aber dem Wunsch der Seekriegsleitung entsprechend das Flottenabkommen tatsächlich kündigte, war im Zusammenhang der von ihm auf den Kontinentalkrieg hin gesteuerten Entwicklung eine zusätzliche Herausforderung an England.

Lit. über Tschechoslowakei u. Sudetendeutschtum vgl. § 23, Anm. 5, § 30, Anm. 19 u. S. 151 — DW 397/447—452. Ausführl. Lit. Bericht von F. SEIBT, Bohemica. Probleme u. Lit. seit 1945, HZ Sonderheft 4 (1970). Dok.grundlage für die diplomat. Gesch. in den für diesen Zeitabschnitt vollständig vorliegenden engl. u. dt. Aktenbänden (s. S. 431). W. F. KLOTSCHKO u. a. (Hg.), Neue Dok. zur Gesch. des Münchener Abkommens (Prag 1959), veranstaltet von den Außenministerien der Sowjetunion u. der Tschechoslowakei; dazu H. BODENSIECK in Z. f. Ostforsch. 9 (1960); V. KRÁL (Hg.), Das Abkommen von München 1938. Tschechoslowak. diplomat. Dok., 1937—1939 (Prag 1968); dazu J. K. HOENSCH in HZ Bd. 209 (1969). — Darstellungen: Von einem Historiker der tschech. Nachkriegsemigration, wertvoll für die innertschech. Verhältnisse, B. CELOVSKY Das Münchener Abkommen 1938 (1958); aus kommunist.-tschech. Sicht K. GAJAN / R. KVAČEK, Dtld. u. die Tschechoslowakei (Prag 1965); H. K. G. RÖNNEFARTH, Die Sudetenkrise in der internat. Politik (2 Bde. 1961); R. LUŽA, The Transfer of the Sudeten Germans. A Study of Czech-German Relations, 1933—1962 (New York 1964). — Zur engl. Haltung Lit. in § 67, Anm. 1, ferner K. ROBBINS, Munich 1938 (London 1968, a. d. Engl. 1969); B. J. WENDT, München 1938. England zwischen Hitler u. Preußen (1965). G. BONNET, Vor der Katastrophe. Erinnerungen des franz. Außenministers 1938/1939 (a. d. Franz. 1951); ders., De Munich à la guerre (Paris 1967). — I. M. MAISKI, Memoiren eines sowj. Botschafters (a. d. Russ. 1967). — Für die tschech. Entw. zw. München u. Prag H. BODENSIECK, Die Politik des Prager Kabinetts Beran (Diss. Kiel 1956); ders., Die Politik der Zweiten Tschech. Republik, in: Z. f. Ostforsch. 6 (1957); ders., Zur Vorgesch. des »Protektorats Böhmen u. Mähren«, in: GWU 19 (1968); ferner die Erinnerungen von G. F. KENNAN, Diplomat in Prag: 1938—1940. Berichte, Briefe, Aufzeichnungen (a. d. Amerik. 1972). — E. BENESCH, Gedanke u. Tat. Aus den Schriften u. Reden (3 Bde. Prag 1937); ders., Memoirs, From Munich to New War and New Victory (London 1954); ders., Munich (a. d. Tschech. Paris 1970); zu Benesch: J. W. BRÜGEL, Zum Streit um E. Beneš. Osteuropa 14 (1964) sowie F. PRINZ u. F. SEIBT in: Beiträge zum dt.-tschech. Verhältnis im 19. u. 20. Jhdt. (1967); K. HENLEIN spricht, Reden zur polit. Volksbewegung der Sudetendeutschen (1937); aufschlußreich die Erinnerungen des Führers der sudetendt. Sozialisten W. JAKSCH, Europas Weg nach Potsdam ([3]1968); zu diesem M. K. BACHSTEIN, Wenzel Jaksch u. die Sudetendt. Sozialdemokratie (1974); er stand im Kampf für sudetendt. Autonomie zwischen den Fronten des Tschechoslowakismus Beneschs u. der »Heim-ins-Reich«-Parole Henleins; über seinen Vorgänger im Vorsitz der Partei: J. W. BRÜGEL, Ludwig Czech, Arbeiterführer u. Staatsmann (Wien 1960).

1) Minderheitenschutzvertrag mit der Tschechoslowakei St. Germain 10. Sept. 1919; zum Minderheitenproblem in Ostmitteleuropa: E. VIEFHAUS, Die Minderheitenfrage u. die Entstehung der Minderheitenschutzverträge auf der Pariser Friedenskonferenz 1919 (1960). — Benesch hatte in einer seiner Kriegsdenkschriften in Aussicht gestellt: »Le régime sera semblable à celui de la Suisse«, H. RASCHHOFER (Hg.), Die tschech. Denkschriften für die Friedenskonferenz von Paris 1919/20, in: Beiträge z. ausl. öff. Recht u. Völkerrecht, H. 24 (1937), S. 100. Benesch ist später von seiner Zusage abgerückt; vgl. CELOVSKY, S. 100 f. In den Kriegsdenkschriften Masaryks wird Autonomie wohl der karpato-ukrainischen Volksgruppe, nicht aber der sudetendt. in Aussicht gestellt; vgl. E. BIRKE, Das neue Europa in den Kriegsdenkschriften T. G. Masaryks, in: Festschr. Herzfeld (1958). Zur Lage der Sudentendeutschen: E. NITTNER (Hg.), Dok. zur sudetendt. Frage 1916—1967 (1967); ausführl. Darstellung von dem 1939 nach London emigrierten

langjährigen Sekretär Czechs J. W. BRÜGEL, Tschechen u. Deutsche 1918—1938 (1967). [2] Ursachen u. Folgen 12, Nr. 2684. [3] B. CELOVSKY, op. cit., S. 103—105. [4] Note vom 17. März 1938, Dok. u. Materialien 1 (s. S. 331), Nr. 7, Anm. 3; Brit. For. Pol., 3. Serie, Bd. 1, Nr. 90. [5] Ebd., Nr. 116. [6] Zu dem sowj. Vorschlag u. den engl. Motiven ausführl. G. NIEDHART, Großbritannien u. die Sowjetunion 1934—1939 (1972), S. 357 ff. — Für den sowj. Vorschlag u. a. CHURCHILL, Der Zweite Weltkrieg, Bd. 1, S. 335; der franz. Botschafter in Moskau, COULONDRE, Memorandum März 1938, in: »Von Moskau nach Berlin« 1936—1939 (1950), S. 199; u. der amerik. Botschafter in Moskau, DAVIES, Brief an Sumner Welles 26. März 1938, in: »Mission to Moscow«, Bd. 1, S. 194; als Folge der »complete isolation«, in die die Sowjetunion durch England u. Frankreich getrieben werde, sah er schon damals voraus: »a realistic union of these forces with Germany in the not distant future«. — Bemerkenswert ist die Erörterung der verschiedenen kontroversen Urteile über das russ. Angebot bei R. G. D. LAFFAN, Survey of Internat. Aff. 1938, III (1953). Das vorsichtig formulierte Ergebnis lautet: »Vielleicht kann nicht mehr gesagt werden, als daß es nicht sicher ist, aus der Politik der Sowjetregierung im Jahre 1938 zu folgern, daß sie, wenn ihre Angebote auf Zusammenarbeit 1938 angenommen worden wären, ihr Gewicht nicht in die Waagschale der westlichen Welt geworfen und so den Krieg überflüssig gemacht haben würde« (S. 410). Die offizielle kommunistische These, die aber aktenmäßig nicht erhärtet ist, lautet, daß die Sowjetunion auch ohne das Eingreifen Frankreichs bzw. des Völkerbundes der Tschechoslowakei zu Hilfe geeilt wäre, wenn deren Regierung darum nachgesucht hätte. Ein solches Gesuch sei jedoch unterblieben wegen des Klasseninteresses der tschechischen Regierung. Vgl. z. B. Vorwort zu W. F. KLOTSCHKO (Hg.), Neue Dokumente. Tatsächlich hat die Sowjetunion bei den Verhandlungen über eine militärische Verteidigung der Tschechoslowakei keinerlei Konkretisierungen ihrer Hilfsmöglichkeiten vorgenommen. Russische Hilfe hätte nur wirksam werden können, wenn Polen oder Rumänien den Durchmarsch bewilligt hätten, wozu beide Staaten aus Mißtrauen gegen die Ziele der russ. Politik nicht bereit waren. — Zur sowj. Beurteilung der brit. Politik s. § 67, Anm. 6. [7] So auch G. L. WEINBERG, Secret Hitler-Beneš negotiations in 1936—37, Journ. Centr. Europ. Aff. 19 (1959). Die Verhandlungen wurden unter Umgehung des Ausw. Amtes über die Dienststelle Ribbentrop geführt. Benesch war bereit zu Nichtangriffspakt u. kulturpolit. Zugeständnissen an die Sudetendeutschen. [8] ADAP, Serie D, Bd. 2, Nr. 23. [9] Ebd., Nr. 107. [10] Ebd., Nr. 109. [11] Ebd., Nr. 135. [12] Ebd., Nr. 221. [13] Zit. nach W. FOERSTER, Generaloberst Ludwig Beck. Sein Kampf gegen den Krieg. Aus den nachgelassenen Papieren des Generalstabschefs (1953). Zur Kritik: K.-J. MÜLLER, Probleme einer Beck-Biographie, in: Milit.geschichtl. Mitteilungen 1/1972; ders., Ludwig Beck. Ein General zwischen Wilhelminismus u. Nat.soz., in: Festschr. F. Fischer (1973). Die Kritik Müllers an Beck ist charakteristisch für eine Beurteilung des Widerstandes, die in ihm kein nationales »Vermächtnis« mehr sehen will, sondern ihn »einer vergangenen Epoche« zurechnet, weil seine Träger in ihren innen- u. außenpolit. Handlungsmaximen durch die national-konservative Tradition geprägt waren. So erfolgt schließlich die histor. Einschätzung Becks nicht mehr unter dem leitenden Gesichtspunkt, daß hier schließlich der einzige ernsthafte Versuch gemacht wurde, Dtld. von Hitler zu befreien, sondern in der distanzierenden Feststellung, daß sich in ihm »die folgenreiche, offensichtlich unaufhebbare Schwäche preußisch-konservativer Positionen gegenüber einem Phänomen wie dem Faschismus« gezeigt habe. Vgl. demgegenüber die Beurteilung Becks bei H. KRAUSNICK, Vorgesch. u. Beginn des milit. Widerstandes gegen Hitler, in: »Vollmacht des Gewissens« (1956) u. bei G. RITTER, Carl Goerdeler u. die dt. Widerstandsbewegung (1956), bes. S. 174 ff. Für die folgenden oft dargestellten Begebenheiten neben H. KRAUSNICK u. K.-J. MÜLLER (§ 66): H. C. DEUTSCH, Verschwörung gegen den Krieg (a. d. Amerik. 1972); H. KRAUSNICK / H. C. DEUTSCH (Hg.), Helmuth Groscurth, Tagebücher eines Abwehroffiziers, 1938 bis 1940 (1970). [14] Das Material zur Godesberger u. Münchener Konferenz in ADAP, Serie D, Bd. 2; Doc. Brit. For. Pol., 3. Serie, Bd. 2. [15] Zur Teschener Frage H. ROOS, Polen zwischen den Weltkriegen, in: W. MARKERT (Hg.), Osteuropahandbuch. Polen (1959); J. K. HOENSCH, Der ungar. Revisionismus u. die Zerschlagung der Tschechoslowakei (1967). [16] W. BUSSMANN, Ein dt.-franz. Verständigungsversuch vom 6. Dez. 1938, Nachr. Akad. Göttingen (1953). [17] Aus einer Aufzeichnung von Hpt. Heinz, dem Führer des Stoßtrupps, der sich der Person Hitlers bemächtigen sollte, zit. H. C. DEUTSCH, op. cit., S. 41, Anm. 1. [18] DOMARUS, Hitler. Reden, Bd. 1, S. 954. [19] Dok. zum Wiener Schiedsspruch in ADAP, Serie D, Bd. 4, Nr. 99. [20] Ursachen u. Folgen 12, Nr. 2738. [21] J. K. HOENSCH, Die Slowakei u. Hitlers Ostpolitik. Hlinkas Slowakische Volkspartei zwischen Autonomie u. Separation 1938/39 (1965). [22] Erklärung vom 15. März 1939, ADAP, Serie D, Bd. 4, Nr. 229.

23) Ebd., Nr. 246. 24) Sportpalastrede 26. Sept. 1938: Das Sudetenland ist »die letzte territoriale Forderung, die ich in Europa zu stellen habe!«, DOMARUS, Bd. 1, S. 927. 25) M. SALEWSKI, Die dt. Seekriegsleitung 1935—1945, 1 (1970), S. 38 ff.; W. HUBATSCH, Der Admiralstab u. d. obersten Marinebehörden in Dtld. 1848—1945 (1958). 26) Zit. SALEWSKI, S. 49 u. 53. 27) K. ASSMANN, Dt. Schicksalsjahre (1950), S. 45; M. SALEWSKI, S. 44 f. 28) K. DÖNITZ, Die Schlacht im Atlantik in d. dt. Strategie d. Zw. Weltkrieges, in: Marinerundschau 61 (1964). 29) Vgl. § 51 u. dort Lit. Anm. 14.

§ 69 Von der englischen Garantieerklärung an Polen bis zum Hitler-Stalin-Pakt

Der Einmarsch in Prag mit seiner Auswirkung in der öffentlichen Meinung der Welt ist der sichtbare Wendepunkt der europäischen Politik. England entschloß sich, Hitler ein unmißverständliches »Bis hierher und nicht weiter« entgegenzusetzen. Am 31. März 1939 erklärte Chamberlain vor dem Unterhaus, England werde in voller Übereinstimmung mit Frankreich, dem Bundesgenossen Polens, diesem Beistand leisten »für den Fall irgendeiner Aktion, die in klarer Weise die polnische Unabhängigkeit bedroht und die die polnische Regierung daher für so lebenswichtig ansieht, daß sie ihr mit ihren nationalen Kräften Widerstand leistet«. Das war ein plein pouvoir für Polen, eine Bündniszusage, wie sie weitgehender nicht gedacht werden konnte. Seit den Tagen von Locarno, als sich die französische Politik um ein Ostlocarno bemühte, hatte England es stets abgelehnt, im östlichen Mitteleuropa bindende Verpflichtungen zu übernehmen. Ein wirksamer Schutz für Polen war allerdings ohne die Einbeziehung Rußlands in das Verteidigungsbündnis gegen einen deutschen Angriff nicht möglich. Dennoch übernahm England in Vereinbarungen mit Polen vom 6. April die Verpflichtung hierzu. Dieser ungewöhnliche Schritt läßt sich nur so erklären, daß England zu der Überzeugung gelangt war, nach München nunmehr selber in die Schußlinie Hitlers geraten zu sein. Denn die Bedeutung Münchens für die Gruppierung der Mächte liegt ja doch vor allem darin, daß Hitler an dem schon damals geplanten Ausgriff über den Bereich der Nation in den Bereich des »Lebensraums« durch das Eingreifen Englands gehindert worden war. Seit der Jahreswende 1938/39 tritt in der britischen Politik in zunehmendem Maße die Sorge hervor, daß Hitler seinen nächsten Schlag möglicherweise gegen den Westen führen werde, um die Hand für den Osten freizubekommen[1]). In der Tat hat Hitler am 22. August 1939 rückblickend vor den Führern der Wehrmacht erklärt, daß er »mit Polen ein tragbares Verhältnis« hatte herstellen wollen, »um zunächst gegen den Westen zu kämpfen«[2]).

Die Zeit zwischen München und Prag war mit solchen Versuchen Hitlers, Polen für ein festeres Verhältnis zu gewinnen, angefüllt. Ribbentrop schlug dem polnischen Botschafter Lipski vor, Danzig, das seit Juni 1933 eine nationalsozialistische Regierung hatte[3]), bei Respektierung der wirtschaftlichen Rechte Polens im Danziger Hafen politisch mit dem Reich zu verbinden, durch den Korridor eine exterritoriale Eisenbahn und Autostraße zu bauen und den Freundschaftsvertrag um 25 Jahre zu verlängern[4]). Bei einem Besuch in Warschau Ende Januar 1939 hat Ribbentrop die Möglichkeit einer polnischen Expansion in der Ukraine bis ans Schwarze Meer hin angedeutet[5]). Das Ziel war, Polen als Bundesgenossen für die zukünftige Auseinandersetzung mit der Sowjetunion zu gewinnen. Aber Oberst Beck, der polnische Außenminister, und sein Unterstaatssekretär Szembek wollten eine unabhängige Stellung zwischen der Sowjetunion und Deutschland bewahren, ohne sich nach der einen oder anderen Seite zu binden. Gerade damals verschärfte sich auch das Verhältnis zwischen der deutschen und polnischen Bevölkerung. Viele der mit dem Gebiet von Teschen unter polnische

Herrschaft geratenen Deutschen verließen das Land, in Warschau und Bromberg kam es zu deutschfeindlichen Kundgebungen.

Während so das deutsche Werben um Polen ohne Erfolg blieb, begann sich das Verhältnis zur Sowjetunion zu entspannen. Stalin hielt seit München das von Litwinow vertretene Konzept der »kollektiven Sicherheit« in Zusammenarbeit mit den westlichen Demokratien für gescheitert. Er glaubte, daß England ein Arrangement mit Deutschland auf Kosten Rußlands anstrebe. Deshalb suchte er durch ein besseres Verhältnis zu Deutschland Bewegungsfreiheit zu gewinnen. Am 10. März 1939 hielt er eine bemerkenswerte Rede[6]) — wenige Tage vor Hitlers Entschluß zum Einmarsch nach Prag. Stalin beschuldigte die Westmächte, daß sie verärgert seien, weil Hitler den von ihnen erwarteten Preis für die Zugeständnisse von München, nämlich einen Angriff auf die Sowjetunion, nicht gezahlt habe. Im übrigen erklärte er, daß er sich wegen der Ukraine nicht bedroht fühle. Das war ein deutlicher Wink an Deutschland, und Hitler hat ihn als solchen aufgefaßt. Er verstand, daß sich Stalin seinem Zugriff auf Prag nicht entgegenstellen werde. Er begann damals unter dem Eindruck der polnischen Weigerung und der nun offenen Feindschaft Englands sich mit dem Gedanken einer Annäherung an die Sowjetunion vertraut zu machen. Diese gab am 17. April 1939 ihr Interesse hieran durch eine Erklärung des Botschafters Merekalow zu erkennen. In einer Aufzeichnung des Staatssekretärs v. Weizsäcker hierüber heißt es: »Die russische Politik sei immer geradlinig gewesen. Ideologische Meinungsverschiedenheiten hätten das russisch-italienische Verhältnis kaum beeinträchtigt und brauchten es auch Deutschland gegenüber nicht zu stören ... Es bestehe für Rußland kein Grund, warum es nicht mit uns auf normalem Fuße leben sollte. Aus normalen Beziehungen könnten auch wachsend bessere werden.«[7])

Nach der Errichtung des Protektorats wurde die Position der Achsenmächte weiter ausgebaut. Am 22. März gab Litauen das Memelgebiet an das Reich zurück[8]). Am folgenden Tage wurde mit Rumänien ein Handelsvertrag geschlossen, der die ganze Wirtschaft dieses Landes mit seinen Schätzen an Getreide und Öl auf die Bedürfnisse des Reiches einstellte[9]). Am 27. März trat Spanien dem Antikomintern-Pakt bei. Am 28. März zogen Francos Truppen in Madrid ein. Der Bürgerkrieg war beendet. Am 7. April besetzte Mussolini, durch die Erfolge Deutschlands angetrieben, Albanien und brachte damit den Eingang zur Adria unter italienische Kontrolle. Dem hierdurch bedrohten Griechenland wie dem unter dem Druck der deutschen Ölinteressen stehenden Rumänien gaben darauf England und Frankreich Hilfsversprechen gegen einen Angriff, ähnlich der Polen gewährten Garantie. Darüber hinaus schloß England mit der Türkei einen gegenseitigen Beistandspakt ab. Auch die Vereinigten Staaten versuchten, der auf den Krieg tendierenden Dynamik der Achsenmächte entgegenzuwirken. Präsident Roosevelt richtete am 14. April an Hitler und Mussolini eine Botschaft mit der Aufforderung, sich zu verpflichten, in den nächsten Jahren gegen eine Anzahl von namentlich genannten Staaten keinen Angriff zu führen[10]). Beide wiesen den Vorschlag Roosevelts als Zumutung mit großer Geste zurück, Hitler in einer sarkastischen, überaus geschickten und wirkungsvollen Rede vor dem Reichstag vom 28. April. Gleichzeitig kündigte er als Antwort auf die englische Garantieerklärung für Polen den Flottenpakt und den deutsch-polnischen Freundschaftsvertrag und forderte die Nachbarstaaten zu Nichtangriffspakten auf. Mit Dänemark (31. Mai), Estland und Lettland (7. Juni) kamen solche Verträge zustande[11]). Am 22. Mai bekräftigten Deutschland und Italien ihr Zusammengehen durch ein formelles Bündnis, den »Stahlpakt«, der auch in seiner Formulierung nicht auf gegenseitigen Beistand im Falle des Angriffs beschränkt wurde, sondern der Sicherung des »Lebensraumes« und anderer »Lebensinteressen« dienen sollte[12]). Die zwischen Italien und Deutschland bestehende Grenze wurde als endgültig anerkannt. In der Folge trafen Hitler und

Mussolini ein Abkommen über die Aussiedlung der Deutschen aus Südtirol[13]).

Entscheidend war die Frage, wie sich die Sowjetunion zu den beiden Bündnisgruppierungen verhalten würde. In England verlangte die Opposition innerhalb der konservativen Partei unter Führung Churchills, einen energischen Versuch zu unternehmen, um Rußland in das Bündnis gegen Hitler einzubeziehen. Auch Chamberlain hatte statt der einseitigen britischen Garantie für Polen an eine gemeinsame Erklärung der beiden Westmächte, Polens und der Sowjetunion gedacht. Ein solcher gemeinsamer Schritt war aber an der Weigerung Polens gescheitert, sich von der Sowjetunion helfen zu lassen. Die führenden polnischen Staatsmänner fürchteten, durch eine Verteidigungsabsprache mit der Sowjetunion in deren Machtbereich hineingezogen zu werden. Im Besitz der einseitigen britischen Garantieerklärung waren sie weniger als je geneigt, sich auf russische Hilfe einzulassen. Auch überschätzten sie die militärische Stärke ihres Landes[14]). Es lag jedoch auf der Hand, daß in Osteuropa eine wirksame Abwehr gegen Hitler nur mit Hilfe der Sowjetunion aufgebaut werden konnte. Am 15. April schlug daher die britische Regierung vor, die Sowjetunion möge unter Verzicht auf die Vertragsform ähnlich wie Großbritannien von sich aus eine Garantieerklärung für Polen abgeben[15]). Stalin bestand jedoch auf einem gegenseitigen Beistandspakt. Im Verlaufe der Verhandlungen steigerte er seine Bedingungen hierfür: Einbeziehung auch der baltischen Staaten und Finnlands, die dies keineswegs wünschten, da sie ebenso wie Polen in sowjetischer Hilfeleistung eine Gefahr für ihre Unabhängigkeit sahen; Ausdehnung des casus foederis auch auf den Fall »indirekter Aggression«; Abschluß einer Militärkonvention. Der Gang der Verhandlungen war schleppend. Chamberlain und Stalin waren von tiefem Mißtrauen gegeneinander erfüllt. Schließlich wurden die russischen Wünsche weitgehend akzeptiert. Am 24. Juli 1939 wurde in Moskau eine französisch-britisch-sowjetische Übereinkunft paraphiert, die nach Abschluß einer Militärkonvention in Kraft treten sollte. Der hier vereinbarte volle gegenseitige Beistand sollte für den Fall einer direkten oder indirekten Aggression auf Finnland, die baltischen Staaten, Polen, Belgien, Rumänien, Griechenland und die Türkei gelten. Unlustig gingen die Briten an die nun folgenden Militärbesprechungen heran. Die Militärmission, die sie nach Moskau schickten, bestand aus Fachleuten untergeordneten Grades. Sie nahm sich Zeit und reiste statt auf dem Luftwege zu Schiff. Erst am 12. August konnten die Verhandlungen über die Militärkonvention beginnen. Es stellte sich alsbald das kritische Problem des Durchmarschrechtes für die Rote Armee durch Polen. Die Polen erklärten ihrem französischen Bundesgenossen und der britischen Garantiemacht, daß keine Konzession möglich sei. Schließlich gaben die Franzosen ihrem Vertreter, dem General Doumenc, den Auftrag, unter Übergehung der polnischen Vorbehalte den Vertrag in der Form zu unterzeichnen, wie ihn Moskau wünschte. Der britische Unterhändler wurde jedoch lediglich zu der Erklärung ermächtigt, daß Polen im Kriegsfall wahrscheinlich die sowjetische Unterstützung annehmen werde. Es war zu spät. Am 23. August wurde die Welt durch den Abschluß eines Paktes zwischen Deutschland und der Sowjetunion überrascht, den Ribbentrop und Molotow in Moskau unterzeichneten. Moskau hatte seit April parallel zu den Verhandlungen mit den Westmächten Verhandlungen mit Deutschland geführt. Ribbentrop sah hier die Möglichkeit, jene überlegene Machtkonstellation zustande zu bringen, die er seinem englischen Schlußbericht gemäß für notwendig hielt, um England zu hindern, Deutschland bei weiteren Aktionen im Osten in den Arm zu fallen. Hitler gab Stalin, was ihm England verweigert hatte.

Der »Nichtangriffspakt zwischen Deutschland und der Union der Sozialistischen Sowjetrepubliken«[16]) knüpfte an den Berliner Vertrag vom April 1926 und damit an Rapallo an. Aber er war in seinem Wesen grundverschieden von jenen damaligen Verträgen. Denn diese hatten den Zweck gehabt, das Verhältnis zwischen den beiden

Mächten zu normalisieren und den Handel zu fördern, ohne daß sich Deutschland von den Westmächten hätte abziehen lassen und die von der Sowjetunion damals gewünschte gemeinsame Aktion gegen Polen unternommen hätte. Eben dies aber war der Sinn des Hitler-Stalin-Paktes. Das Entscheidende stand nicht in dem offiziellen Nichtangriffsvertrag und in der in ihm enthaltenen Konsultationsverpflichtung, sondern in einem geheimen Zusatzprotokoll. Hier wurden Interessensphären in Osteuropa abgegrenzt, wobei Finnland, Estland und Lettland sowie Polen östlich von Narew, Weichsel und San in das sowjetische Interessengebiet fielen. Für Südosteuropa wurde keine klare Demarkationslinie gezogen. Die Sowjetunion betonte aber ihr Interesse an Bessarabien, während sich das Reich in politischer Hinsicht an diesem Gebiet für uninteressiert erklärte. Der Pakt bedeutete das Todesurteil für Polen. Hitler war nun überzeugt, daß die Westmächte ihn trotz ihrer Garantie nicht daran hindern könnten, die vierte Teilung Polens, wie mit Stalin verabredet, zu vollziehen. Hat er darüber hinaus die Absicht gehabt, nun er den Rücken im Osten frei hatte, den Westen anzugreifen? Oder hat er geglaubt, daß der Westen unter dem Eindruck seines Paktes mit der Sowjetunion versuchen werde, sich mit ihm zu arrangieren? Hat er, als er den Pakt abschloß, schon daran gedacht, ihn später zu brechen? Auf diese Fragen gibt es keine sichere Antwort. Die Äußerungen Hitlers sind widerspruchsvoll. Hitler hat seine einzelnen Entscheidungen den taktischen Möglichkeiten der wechselnden Situationen angepaßt. Man wird aber daran festhalten müssen, daß er von England jetzt nichts wollte, außer daß es ihm auf dem europäischen Kontinent freie Hand ließ. Auch noch im späteren Verlauf des Krieges, nach dem Polenfeldzug und nach Dünkirchen, hat er gehofft, daß England sich aus dem Kampfe zurückziehen werde — wie phantastisch diese Hoffnung auch gewesen sein mag und wie wenig sie der Tatsache Rechnung trug, daß es der historischen Linie der englischen Politik entsprach, sich in keinem Falle mit der militärischen Beherrschung des europäischen Kontinents durch eine Hegemonialmacht abzufinden.

Für Stalin bedeutete der Pakt, daß dem Bolschewismus nun das Tor in den baltischen Raum, in das östliche Mitteleuropa und nach Südeuropa geöffnet wurde. Er gewann ein Glacis und vor allem für die nur 25 Kilometer von der finnischen Grenze entfernte Stadt Leningrad die Aussicht, durch Ausbau einer baltischen Stellung und Zurückdrängung Finnlands bessere Verteidigungsmöglichkeiten zu schaffen. Es entsprach der bolschewistischen Doktrin, mit der Unvermeidlichkeit von Kriegen der kapitalistischen Staaten gegeneinander im Zeitalter des Hochimperialismus zu rechnen. Hier lag die Chance für den Sieg des Kommunismus[17]). Stalin hätte es in der Hand gehabt, den Krieg zu verhindern. Wenn er sich trotz der polnischen Bedenken mit den Westmächten verbündet hätte, wäre der deutsche Angriff auf Polen unterblieben. Alle Indizien sprechen dafür, daß Hitler nicht von vornherein einen Zweifrontenkrieg auf sich nehmen wollte. Stalin hat den Krieg nicht verhindert, weil er ihn nicht verhindern wollte.

Trifft eine ähnliche Überlegung für die Westmächte und insbesondere für die Haltung Englands zu? Waren sie bereit, einen europäischen Krieg mit allen Mitteln zu verhindern?[18]) Hätte England nicht, wie es Churchill forderte, durch eine entschlossene Bündnispolitik mit Rußland unter Beiseitelassen der polnischen Bedenken Deutschland eindämmen können? Aber Chamberlain war nicht bereit, den gleichen Preis für ein Bündnis mit der Sowjetunion zu zahlen wie Hitler. Ja, es ließen sich im Sommer 1939 deutliche Anzeichen dafür erkennen, daß England im Grunde nicht abgeneigt war, sich auch jetzt noch mit Deutschland zu arrangieren. War es ein Wink an Deutschland, wenn Lord Halifax in einer Rede erklärte, daß es in einer besseren Atmosphäre möglich gewesen wäre, »das Kolonialproblem, die Frage der Rohstoffe, der Handelsschranken und des Lebensraumes« zu untersuchen?[19]) Jedenfalls fanden im Juli 1939 in einem Augenblick, als die britisch-sowjetischen Besprechungen an einem toten Punkt angelangt zu sein schienen, Besprechungen zwischen dem Ministerialdirektor Wohlthat aus dem Stabe Görings und den Ministern Wilson und Hudson statt. Diese mit Billigung Chamberlains geführten Unterredungen fanden ihren Abschluß und ihre Bestätigung in Gesprächen zwischen dem deutschen Botschafter Dirksen und Wilson. Wir besitzen über die Verhandlungen die Aufzeichnungen der englischen und deutschen Gesprächspartner[20]). Der Tenor dieser Aufzeichnungen ist nicht identisch. Beide Seiten schieben die Initiative zu diesen Unterredungen der anderen Seite zu, und die Tragweite der englischen Zusicherungen erscheint nach den deutschen Berichten größer als nach den englischen. So viel läßt sich jedoch feststellen, daß England für den Fall, daß Hitler auf einseitiges Vorgehen mit Gewalt verzichtete, die besonderen Interessen der deutschen Wirtschaft in Ost- und Südosteuropa, also einen wirtschaftlichen Lebensraum anzuerkennen bereit gewesen wäre, wobei es den Anschein hatte, daß England selbst mit einer Regelung des Danzig- und Korridor-Problems im deutschen Sinne auf lange Sicht einverstanden gewesen wäre. Der deutsche Botschafter jedenfalls hielt die Eröffnungen für so wichtig, daß er sich in der zweiten Augustwoche nach Deutschland begab, um sie Hitler und Ribbentrop vorzutragen. Aber weder der eine noch der andere gab ihm Gelegenheit hierzu. Sie sahen in diesen britischen Eröffnungen ebenso wie in mancherlei privaten englischen Bemühungen um eine Verständigung mit Deutschland in letzter Minute nur ein Zeichen der Schwäche. Auf der anderen Seite wäre die britische Politik vielleicht weniger zögernd gewesen, wenn sie damit gerechnet hätte, daß Hitler und Stalin dabei waren, miteinander zu paktieren. Sie wurden allerdings gewarnt.

Damals hat Ernst v. Weizsäcker, der Staatssekretär im Auswärtigen Amt, den ungewöhnlichen Schritt getan, mit Hilfe der Brüder Kordt und auch unmittelbar gegenüber dem britischen Botschafter Henderson auf den bald erwarteten Abschluß eines deutsch-russischen Paktes hinzuweisen[21]). Er hielt, wie er in seinen Erinnerungen sagt, die Bildung einer Tripelentente London—Paris—Moskau im Interesse des Friedens für ein kleineres Übel als einen Pakt Berlin—Moskau mit dem Hintergedanken einer neuen Teilung Polens. Vermeidung des Krieges durch eine deutsch-britische Verständigung unter gewissen Konzessionen an die deutschen Ostinteressen hätte dem Wunsch der Wilhelmstraße und besonders auch Weizsäckers entsprochen. Aber den Gesprächen, die Wilson und Henderson geführt hatten, fehlte die Basis. Als Gerüchte über sie in die britische Öffentlichkeit drangen, reagierte diese mit heftiger Empörung. Sie blieben Episode, weil das englische Volk nach den Erfahrungen von München und Prag nicht bereit war, den Weg der Appeasement-Politik weiterzugehen, und weil Hitler durch den Pakt mit Stalin freie Bahn gewann für den Krieg.

Neben den Nürnberger Dokumenten u. den Dokumentenserien der verschiedenen Mächte zur ausw. Politik (s. S. 331): E. M. CARROL / F. Th. EPSTEIN (Hg.), Das nat.-soz. Dtld. u. die Sowj.-Union 1939—41, Akten aus dem Archiv des dt. Ausw. Amtes (Department of State 1948); Min. f. Ausw. Angeleg. d. UdSSR (Hg.), Dok. u. Materialien aus der Vorgesch. des Zw. Weltkrieges (2 Bde. Moskau 1948). — Memoiren s. S. 332 f. — Allg. Darstellungen DW 397/460; M. BRAUBACH, Hitlers Weg zur Verständigung mit Rußland im J. 1939 (1960); W. HOFER, Die Entfesselung des Zweiten Weltkrieges (²1964, Tb. 1967); H. BOOMS, Der Ursprung des 2. Weltkrieges — Revision od. Expansion? GWU 16 (1965); W. L. LANGERS / E. GLEASON, The Challenge to Isolation. The World Crisis of 1937—1940 and American Foreign Policy (2 Bde. New York 1964).

1) Zu den Motiven der engl. Pol. bes. G. NIEDHART, Großbritannien u. die Sowjetunion 1934—1939 (1972); ferner MIDDLEMAS (s. § 67) u. J. C. DOHERTY, Das Ende des Appeasement. Die brit. Außenpol., die Achsenmächte u. Osteuropa nach dem Münchener Abkommen (1973). 2) Text bei W. BAUMGART, Zur Ansprache Hitlers vor den Führern der Wehrmacht am 22. August 1939. Eine quellenkritische Untersuchung,

VfZG 16 (1968); vgl. auch § 70, Anm. 1 f. — Zu Hitlers Politik gegenüber dem Westen seit München J. HENKE, England in Hitlers polit. Kalkül 1935—1939 (1973). 3) Zunächst Senatspräsident Rauschning, sein Nachfolger seit Nov. 1934 Greiser. Lit. zur Danzig-Frage s. S. 335. 4) 24. 10. 1938, ADAP Serie D, Bd. 5, Nr. 81. 5) J. BECK, Dernier rapport. Politique polonaise 1926—1939 (Paris 1951), S. 184 ff.; J. COMTE SZEMBEK, Journal 1933—1939 (Paris 1952), S. 413 f.; H. ROOS, Polen u. Europa, Stud. z. poln. Außenpol. 1931—1939 (²1965). 6) Rechenschaftsbericht vor dem 18. Parteitag, in: J. STALIN, Fragen des Leninismus (Moskau 1947), S. 680 ff.; Überblick über die russ. Politik 1938/39 bei D. GEYER (Hg.), Osteuropa-Handbuch. Sowjetunion (1972). 7) ADAP Serie D, Bd. 6, Nr. 215. 8) E.-A. PLIEG, Das Memelland 1920—1939. Dt. Autonomiebestrebungen im litauischen Gesamtstaat (1962); W. HUBATSCH, Die Rückkehr des Memelgebietes 1939, in: Dt. Studien 7 (1969). 9) RGBl. 1939 II, Nr. 22. Hierzu der rumän. Außenminister G. GAFENCU, Vorspiel zum Krieg im Osten (Zürich 1944), S. 311: »... Rumänien ... wagte sich ... in den deutschen Lebensraum ...«; A. HILLGRUBER, Hitler, König Carol u. Marschall Antonescu. Die dt.-rumän. Beziehungen 1938—1944 (1954). 10) ADAP, Serie D, Bd. 6, Nr. 200. 11) ADAP, Serie D, Bd. 6, Nr. 461 (Dänemark); RGBl. 1939 II, Nr. 32 (Estland u. Lettland). 12) ADAP, Serie D, Bd. 6, Nr. 426; M. TOSCANO, The origins of the Pact of Steel (a. d. Ital. Baltimore 1967); F. SIEBERT, Der dt.-ital. Stahlpakt, VfZG 7 (1959); ders., Italiens Weg in den Zweiten Weltkrieg (1962). 13) C. F. LATOUR, Südtirol u. die Achse Berlin—Rom 1938—1945 (1962); Vertragstext ebd., Anhang. 14) Anna M. CIENCIALA, Poland and the Western Powers 1938—1939. A Study in the Interdependance of Eastern and Western Europe (London 1968); E. RAZCYNSKI (poln. Botschafter in England), The British-Polish Alliance: Its Origins and Meaning (London 1948); ders., In Allied London (London 1963). 15) Akten in Doc. Brit. For. Pol. und von sowj. Seite: Die Verhandlungen der Militärmissionen der UdSSR, Großbritanniens u. Frankreichs in Moskau, August 1939 (dt. 1959, Beilage der Zeitschr. »Die Sowjetunion heute«). Einzelheiten der Verhandlungen bei NIEDHART u. DOHERTY (s. o.). 16) Vertrag und Zusatzprotokoll in ADAP, Serie D, Bd. 7, Nr. 228 u. 229. — Vgl. allg. Lit. zur sowj. Außenpol. S. 150 f. u. S. 335; G. L. WEINBERG, Germany and the Soviet Union 1939—1941 (Leiden 1954); P. W. FABRY, Der Hitler-Stalin-Pakt 1939—1941. Ein Beitrag zur Methode sowj. Außenpolitik (1962). Zur sowj. Interpretation G. v. RAUCH, Der dt.-sowj. Nichtangriffspakt vom Aug. 1939 u. die sowj. Geschichtsforschung, in: GWU 17 (1966); W. G. TRUCHANOWSKI (Hg.), Gesch. der internat. Beziehungen 1917—1939 (Berlin-Ost 1963). Die sowj. Interpretation läßt das geheime Zusatzprotokoll über die Teilung der Beute außer acht. Das gleiche gilt für die in dieser Hinsicht blockierte Geschichtsliteratur der DDR. Der russ. Ankläger im Nürnberger Prozeß versuchte die Verwendung des Zusatzprotokolls durch die dt. Verteidigung zu verhindern, vgl.: Der Prozeß gegen die Hauptkriegsverbrecher, Bd. 10, S. 14, 303 f., 353 f., Bd. 14, S. 315 f. Seit das Dokument im Auftrage des State Dept. veröffentlicht wurde, kann seine Existenz nicht mehr bestritten werden. Die westliche Literatur seit G. GAFENCU, Vorspiel zum Krieg im Osten (Zürich 1944), sieht bei Stalin das Doppelmotiv des Wunsches, sich durch den Pakt mit Dtld. aus dem kommenden Krieg herauszuhalten, u. zugleich des Strebens nach territorialem Gewinn im Sinne des alten russ. Imperialismus, also Sicherheit u. Beute. Auf russ. Seite sind keine diplomat. Quellen erschlossen, daher Interpretation hypothetisch u. von Indizien ausgehend. Die entscheidenden Fragen lauten: Wie hätte sich Hitler verhalten, wenn sich 1939 die Sowjetunion mit den Westmächten verbündet hätte? Warum hat Stalin dieses Bündnis an den poln. Vorbehalten scheitern lassen? — Interessanterweise war Chruschtschow der Überzeugung, daß Stalin durch seinen Pakt mit Hitler diesen in den Krieg hineinstoßen wollte; vgl. W. LIPPMANN, The Communist World and Ours (London 1959), S. 18, über ein Interview mit Chruschtschow. Diese These vertritt auch der ehemalige schwed. Botschafter Sven ALLARD in: Stalin u. Hitler. Die sowjetruss. Außenpolitik 1930 bis 1941 (1974); er glaubt, daß Stalin schon seit den 20er Jahren den Krieg zwischen den Westmächten erwartet u. gewünscht u. nach kurzem Schwanken über die Einschätzung Hitlers (1930—1934) zu diesem Zweck das Bündnis mit Dtld. gesucht habe. — Zum ideologischen Hintergrund: G. v. RAUCH, Lenin u. das Problem der Widersprüche im »kapitalistischen Lager«, GWU 22 (1971). 17) So haben z. B. die tschech. Kommunisten im Okt. 1939 die Lage gedeutet. Mitteilung BENESCHs, Gazette de Lausanne 14. 3. 1948, zit. A. ROSSI, Zwei Jahre dt.-sowj. Bündnis (1954), S. 105 f.: »... die Kommunisten rechneten damit, daß der Eintritt der Sowjetunion in den Krieg bis zum Ende der Feindseligkeiten hinausgezögert werden könnte bis zu dem Augenblick, in dem beide Parteien zu erschöpft sein würden, um dem Druck der sozialen Revolution zuvorzukommen oder ihn aufzuhalten. Ich war also nicht überrascht, aus Prag zu erfahren, daß die Kommunisten gegenüber unserer Widerstandsgruppe eine sehr reservierte Haltung einnahmen. Unsere Prager Freunde unterrichteten uns über die Entschlüsse des Zentralkomitees der Partei, die in der kommunistischen Geheimzeitung bekanntgegeben wurden. Die Kommunisten rechneten mit der Neutralität der Sowjets bis zum Ende des ›imperialistischen Konfliktes‹, auf den dann die Weltrevolution folgen würde.« Weitere Beispiele dieser Art bei J. W. BRÜGEL (Hg.), Stalin u. Hitler. Pakt gegen Europa (1973). **18)** Die offizielle sowj. These geht so weit, zu behaupten, daß England und Frankreich »nicht nur nicht entschlossen waren, ernsthaft irgend etwas zu unternehmen, um Hitlerdeutschland zu hindern, einen Krieg zu entfesseln, sondern daß sie im Gegenteil alles in ihrer Macht Stehende taten, um durch die Methode geheimer Besprechungen und Verträge, durch die Methode aller möglicher Provokationen Hitlerdeutschland gegen die Sowjetunion aufzuhetzen«. Diese These aus »Geschichtsfälscher. Aus Geheimdokumenten über die Vorgeschichte des Zweiten Weltkrieges« (Moskau 1948) wird u. a. wörtlich übernommen von B. S. TELPUCHOWSKI, Die sowj. Gesch. d. gr. Vaterl. Krieges (aus d. Russ. 1961), S. 11 f. **19)** 29. 6. 1939 vor Inst. of Internat. Affairs, Blaubuch d. brit. Reg. üb. d. dt-poln. Bez. u. d. Ausbruch d. Feindseligkeiten zw. Gr.-Brit. u. Dtld. am 3. Sept. 1939 (autoris. Übers. Basel 1939) Nr. 25; ähnlich Oberhausrede 8. 6. 1939. **20)** In Doc. Brit. For. Pol., Serie 3, Bd. 6; Dok. u. Materialien, Bd. 2, Das Archiv Dirksen; vgl. Zusammenstellung K. D. ERDMANN, GWU 6 (1955), S. 711 f.; M. GILBERT / R. GOTT, Der gescheiterte Frieden (a. d. Engl. 1964); H. METZMACHER, Dt.-engl. Ausgleichsbemühungen im Sommer 1939, VfZG 14 (1966); zusammenfassend HENKE, S. 268 ff. **21)** WEIZSÄCKER, Erinnerungen, S. 235, 248; E. KORDT, Nicht aus den Akten (1950), S. 313 ff.

D. Der Zweite Weltkrieg

Die unter C (S. 331 ff.) genannte Lit. zum Dritten Reich gilt im allg. auch für den Zweiten Weltkrieg; allg. Lit. u. Hilfsmittel s. a. S. 1 ff.

Bibliographien: M. GUNZENHÄUSER, Die Bibl. zur Gesch. des Zw. Weltkrieges, in: Jahresbibl. d. Bibliothek f. Zeitgesch. 33 (1961); P. GOSZTONY, Bibl. zur Gesch. des Zw. Weltkrieges, ebd. 37 (1967); J. ZIEGLER, World War II. Books in English, 1945—1965 (Hoover Bibliographical Series XLV, 1971); fortlaufende Angaben zur Lit. in Revue d'Histoire de la deuxième Guerre mondiale (Paris 1950 ff.).

Methodische Fragen: H.-A. JACOBSEN, Zur Konzeption einer Gesch. des Zw. Weltkrieges 1939—1945. Disposition mit krit. ausgewähltem Schrifttum (1964); K. HILDEBRAND, Der Zw. Weltkrieg. Probleme u. Methoden seiner Darstellung, in: NPL 13 (1968), S. 485 ff.; A. HILLGRUBER, Quellen u. Quellenkritik zur Vorgesch. des Zw. Weltkrieges, in: Wehrwiss. Rdsch. 14 (1964), S. 110 ff.

Forschungseinrichtungen: Neben den S. 1 genannten: Arbeitskreis für Wehrforschung, Stuttgart, Zeitschrift: Wehrwiss. Rdsch. (1951 ff.); Bibliothek f. Zeitgesch., Stuttgart, Hg. der »Jahresbibliographie d. Bibliothek f. Zeitgesch.« (1960 ff. als Fortsetzung der »Bücherschau d. Weltkriegsbücherei«) u. der »Schriften d. Bibliothek f. Zeitgesch.« (1962 ff.); aus der DDR: Institut f. Gesch. bei d. Dt. Akademie d. Wissenschaften, Hg. des Bulletins des Arbeitskreises Zweiter Weltkrieg (Berlin-Ost 1963 ff.); von franz. Seite: Comité d'Histoire de la deuxième Guerre mondiale, Hg. der Revue d'Histoire de la deuxième Guerre mondiale (1950 ff.). Ausführl. Beschreibung u. weitere Angaben bei W. BENZ, Quellen zur Zeitgesch. (1973), S. 30 ff.

Dokumente zur Außenpolitik der Mächte: DW 397/574—576; 718 bis 721 a; amtl. Aktenausgaben s. S. 331. — A. HILLGRUBER (Hg.), Staatsmänner u. Diplomaten bei Hitler. Vertrauliche Aufzeichnungen über Unterredungen mit Vertretern des Auslandes 1939—1944 (2 Bde. 1967 u. 1970). Die Außenpolitik der Sowjetunion im Vaterländischen Krieg (a. d. Russ., 3 Bde. 1946/47), Dokumentensammlung mit Reden Stalins, Vertragstexten, veröff. Noten, Chronologie; A. FISCHER (Hg.), Teheran—Jalta—Potsdam. Die sowj. Protokolle von den Kriegskonferenzen der »Großen Drei« (1968); Briefwechsel STALINS mit CHURCHILL, ATTLEE, ROOSEVELT u. TRUMAN 1941 bis 1945 (a. d. Russ., Berlin-Ost 1961); F. L. LOEWENHEIM u. a. (Hg.), ROOSEVELT and CHURCHILL, Their secret Wartime Correspondence (London 1975). — Documents on Polish-Soviet Relations 1939—1945 (2 Bde. London 1961 u. 1967). — Magda ADÁM u. a. (Hg.), Allianz Hitler—Horthy—Mussolini. Dok. zur ungar. Außenpolitik, 1933 bis 1944 (a. d. Ungar. 1966). — P. BLET u. a. (Hg.), Actes et documents du Saint Siège relatifs à la seconde guerre mondiale (für März 1939—1944, bisher 9 Bde., Città del Vaticano, 1965—75).

Erinnerungen, Aufzeichnungen, Lebensbeschreibungen:

Deutschland:

1. *Kriegführung*: H. HEIBER (Hg.), Hitlers Lagebesprechungen. Die Protokollfragmente seiner milit. Konferenzen 1942—1945 (1962); W. HUBATSCH (Hg.), Hitlers Weisungen für die Kriegführung 1939—1945 (1962); G. WAGNER (Hg.), Lagevorträge des Oberbefehlshabers der Kriegsmarine vor Hitler 1939—1945 (1972); F. HALDER, Hitler als Feldherr (1949), schärfste Kritik an Hitlers Kriegführung; ders., Kriegstagebuch. Tägl. Aufzeichnungen des Chefs des Generalstabes des Heeres 1939—1942 (3 Bde. 1962—1964); P. BOR, Gespräche mit Halder (1950); Gräfin Heidemarie SCHALL-RIAUCOUR, Aufstand u. Gehorsam. Offizierstum u. Generalstab im Umbruch. Leben u.

Wirken von Generaloberst Franz HALDER, Generalstabschef 1938—1942 (1972); H. GREINER, Die oberste Wehrmachtführung 1939—1943 (1951); Greiner hat in den ersten Jahren das Kriegstagebuch des OKW geführt, geht bis zur Anlage des Rußlandfeldzuges, im Anhang Aufzeichnungen aus der Zeit der Stalingradkämpfe. — Zu Hitler im Krieg ferner G. ENGEL, Heeresadjutant bei Hitler 1939—1943. Aufz. d. Major Engel (1974); Aufrufe, Tagesbefehle u. Reden des Führers im Kriege, 1939—41 (1941); V. ZINCONE (Hg.), Les lettres secrètes échangées par Hitler et Mussolini (Jan. 1940—Mai 1943), eingel. von A. François-Poncet (a. d. Ital. Paris 1946); Tagebücher CIANOS s. S. 333.

2. *Soldaten:* W. WARLIMONT, Im Hauptquartier der dt. Wehrmacht 1939—1945. Grundlagen, Formen, Gestalten (1962), krit. Beobachtungen zum milit. Führungschaos; B. v. LOSSBERG, Im Wehrmachtführungsstab, Bericht eines Generalstabsoffiziers (1949); S. WESTPHAL, Heer in Fesseln, aus den Papieren des Stabschefs von Rommel, Kesselring u. Rundstedt (1950); E. v. MANSTEIN, Verlorene Siege ([8]1964); ders., Aus einem Soldatenleben 1887—1939 (1958); vom dt. u. brit. Verteidiger in Nürnberg: P. LEVERKUEHN, Verteidigung Mansteins (1950), u. R. PAGET, Manstein, seine Feldzüge u. sein Prozeß (1952). H. GUDERIAN, Erinnerungen eines Soldaten (1951); A. KESSELRING, Soldat bis zum letzten Tag (1953); ders., Gedanken zum Zw. Weltkrieg (1955); G. BLUMENTRITT, Von Rundstedt, The soldier and the man (London 1952); L. RENDULIC, Gekämpft, gesiegt, geschlagen (1952); C. de BEAULIEU, Generaloberst Erich HOEPNER. Milit. Porträt eines Panzerführers (1969). — ROMMEL s. § 73, Anm. 14 u. § 82, Anm. 11; PAULUS s. § 82, Anm. 3. — Elisabeth WAGNER (Hg.), Der Generalquartiermeister. Briefe u. Aufzeichnungen des Generalquartiermeisters des Heeres E. WAGNER (1963); K. DÖNITZ, Zehn Jahre u. zwanzig Tage ([2]1963); ders., Mein wechselvolles Leben (1968); E. RAEDER, Mein Leben (2 Bde. 1956/57); W. GÖRLITZ, Generalfeldmarschall KEITEL. Verbrecher oder Offizier? Erinnerungen, Briefe u. Dokumente des Chefs OKW (1961). — W. BÄHR (Hg.), Kriegsbriefe gefallener Studenten, 1939—45 (1952); O. SCHUSTER (Hg.), Gefallen in Gottes Hand, Briefe gefallener Christen (o. J.); H. PABST, Der Ruf der äußersten Grenze, Tagebuch eines Frontsoldaten (1953). — Von Zeugnissen über die Gefangenschaft seien genannt: H. GOLLWITZER, Und führen wohin du nicht willst (Tb. 1951); H. DIEBOLD, Arzt in Stalingrad (Tb. [2]1954). — Ein bedeutendes Zeugnis über die menschlichen Erfahrungen des Arztes im Kriege: Peter BAMM, Die unsichtbare Flagge (Tb. [10]1963). — Über das Schicksal herausgehobener Soldaten u. Führer im Konflikt mit dem Kriegsmechanismus: J. THORWALD, Die ungeklärten Fälle: Udet, Dietl, Prien, Mölders, Todt, Lasch, Wlassow (1950).

3. *Widerstand:* s. § 82.

4. *Diplomaten:* Neben den S. 332 genannten: P. KLEIST, Zwischen Hitler u. Stalin 1939—45 (1951); H. NEUBACHER, Sonderauftrag Südost 1940 bis 1945, Bericht eines fliegenden Diplomaten (1956); O. ABETZ, Das offene Problem. Ein Rückblick auf zwei Jahrzehnte dt. Frankreichpolitik (1951).

Italien: P. BADOGLIO, Italien im Zw. Weltkrieg. Erinnerungen u. Dokumente (a. d. Ital. 1947); H. CAVALLERO, Commando supremo. Diario 1940—1943 (1948); L. SIMONI, Berlin. Embassade d'Italie 1939—43 (Paris 1947).

Finnland: G. MANNERHEIM, Erinnerungen (a. d. Schwed. 1952); V. TANNER, The winter war. Finland against Russia 1939—40 (Stanford Univ. 1957); ders., Vägen till fred 1943—44 (1952); W. ERFURTH, Der Finnische Krieg 1941—44 (1950); W. v. BLÜCHER s. S. 332; PAASIKIVI s. § 71, Anm. 5.

Ungarn: Admiral M. v. HORTHY, Ein Leben für Ungarn (1953); P. GOSZTONY, Miklós von Horthy (1973).

Rumänien: G. GAFENCU, Vorspiel zum Krieg im Osten (Zürich 1944); ders., Europas letzte Tage, eine polit. Reise i. J. 1939 (Zürich 1946).

Japan: Vom Außenminister im Kabinett des Gen. Tojo: Adm. Shigenori TOGO, Japan im Zw. Weltkrieg (a. d. Amerik. 1958); Botschafter in Rußland von 1936—38 u. in England von 1938—41 war Mamora SHIGEMITSU, Die Schicksalsjahre Japans (a. d. Engl. 1959); Kabinettsprotokolle s. § 75, Anm. 5.

England: W. S. CHURCHILL, Der Zw. Weltkrieg (6 Bde. a. d. Engl. 1948—54); ders., Secret Session Speeches (1946); R. S. CHURCHILL, Winston S. Churchill, Bd. 1 u. 2 für die Zeit von 1874—1900 (London 1966/67); Forts. dieser Biographie von M. GILBERT, Winston S. Churchill, Bd. 3 u. 4 für die Zeit bis 1922 (London 1971 u. 1974); krit.: R. Rh. JAMES, Churchill: A Study in failure 1900—1939 (London 1970). — EDEN, Erinnerungen s. S. 332; ders., Freedom and Order. Selected speeches (1939—1946). — C. R. ATTLEE, As is happened (1954); F. WILLIAMS, A Prime Minister Remembers. The war and post-war memoirs of Earl Attlee (London 1961). — H. MACMILLAN, The Blast of War 1939—1945 (London 1967); A. BRYANT, Kriegswende 1939—1943, Aus den Kriegstagebüchern des Feldmarschalls Lord ALANBROOKE, Chef des Empire Generalstabs (a. d. Engl. 1957); ders., Sieg im Westen. 1943—1946. Aus den Tagebüchern des Feldmarschalls Lord ALANBROOKE, Chef des Empire Generalstabs (a. d. Engl. 1960); Feldmarschall B. L. MONTGOMERY, Von El Alamein zum Sangro. Von der Normandie zur Ostsee (a. d. Engl. 1949); ders., Memoiren (a. d. Engl. 1958); A. MOOREHEAD, Montgomery. A biography (London 1967); I. NORTH (Hg.), Field-Marshal Earl Alexander of Tunis. The Alexander Memoirs 1940—1945 (London 1962); Lord A. W. TEDDER, With prejudice. The war memoirs of the Marshal of the Royal Air Force (London 1966).

Vereinigte Staaten: s. S. 333 sowie § 85; H. S. TRUMAN, Memoiren (2 Bde. a. d. Am. 1955/56); E. SHERWOOD, Roosevelt und Hopkins (a. d. Am. 1950); J. C. GREW, Ten Years in Japan, 1932—1942 (1944); ders., Turbulent Era. A diplomatic record of forty years, 1904—1945 (2 Bde. Boston 1952); T. CAMPBELL / G. C. HERRING (Hg.), The Diaries of Edward R. Stettinius jr., 1943—1946 (London 1975); R. L. WALKER, E. R. STETTINIUS jr. (New York 1965); H. L. STIMSON / McGeorge BUNDY, On Active Service in Peace and War (New York 1948); Th. WYCKOFF, Henry L. Stimson, amerik. Kriegsminister im 2. Weltkrieg (Diss. Bonn 1967); C. HULL, The memoirs of Cordell Hull (New York 1948); W. C. PRATT, Cordell Hull, 1933—1944 (2 Bde. New York 1964); S. WELLES u. H. MORGENTHAU s. § 85, Anm. 22 u. 23; Senator VANDENBERG s. § 76, Anm. 12; W. D. LEAHY, I was there (New York 1950); D. D. EISENHOWER, Invasion. Gen. Eisenhowers eigener Kriegsbericht (dt. 1949); ders., Kreuzzug in Europa (dt. 1948); A. D. CHANDLER / S. E. AMBROSE, The papers of Dwight D. Eisenhower. The war years (5 Bde. Baltimore 1970); S. E. AMBROSE, The Supreme Commander. The war years of General Dwight D. Eisenhower (London 1971); Douglas MacARTHUR, Reminiscences (New York 1964); Reports of General MacArthur (4 Bde. Washington 1966); R. MURPHY, Diplomat unter Kriegern (a. d. Amerik. 1966), vom diplomat. Berater Eisenhowers u. Clays, Teilnehmer an den Konferenzen von Casablanca, Kairo, Jalta u. Potsdam; A. C. WEDEMEYER, Der verwaltete Krieg (a. d. Am. 1960).

Frankreich: Ch. de GAULLE, Mémoires de guerre (3 Bde. 1954—1959, dt. in 2 Bdn. 1955 u. 1961), Biogr. s. § 85, Anm. 32; P. REYNAUD, Au cœur de la mêlée, 1930—1945 (1951); M. WEYGAND, Mémoires (3 Bde. 1950—57); M. GAMELIN, Servir (3 Bde. 1946/47); C. CHAUTEMPS, Cahiers secrets de l'armistice (1963); A. GIDE, Tagebuch 1939—1949 (a. d. Engl. 1967). — Le procès du Maréchal PÉTAIN, Compte rendu sténographique (2 Bde. 1945); Le procès LAVAL, Compte rendu sténographique (1946). Vom Präsidenten des Obersten Gerichtshofes L. NOGUÈRES, Le véritable procès du Maréchal Pétain (1955); ders., La dernière étape: Sigmaringen (1956); Ch. M. SERRE, Rapport fait au nom de la commission chargée d'enquêter sur les événements survenus en France de 1933 à 1945 (2 Bde. 1947); P. BOURGET, Der Marschall. Pétain zwischen Kollaboration u. Résistance (a. d. Frz. 1968); R. GRIFFITH, Marshal Pétain (London 1970). Materialreiche Biographie eines ehem. Mitarbeiters Lavals: A. MALLET, Pierre LAVAL (2 Bde. 1954/55); ferner H. COLE, Laval. A Biography (London 1963); G. WARNER, Pierre Laval and the Eclipse of France (New York 1969); vom Standpunkt d. Résistance: H. MICHEL, Pétain, Laval, Darlan: trois politiques (1972).

Belgien: R. CAPELLE, Au service du Roi. Mémoires de l'ancien secrétaire du roi Léopold III (2 Bde. 1949); A. FABRE-LUCE, Une tragédie royale, l'affaire Léopold III (Paris 1948); R. van OVERSTRAETEN, Albert I. — Leopold III. Vingt ans de politique militaire belge 1920—1940 (o. J., 1949), Aufzeichnungen des milit. Beraters des Königs; P. STRUYE, L'évolution du sentiment public en Belgique sous l'occupation allemande (1945).

Holland: Zu MUSSERT s. § 77, Anm. 10.

Dänemark: E. SCAVENIUS, Forhandlingspolitiken under Besaettelsen (Kopenhagen 1948).

Norwegen: Zu QUISLING s. § 71, Anm. 15.

Polen: J. CIECHANOWSKI, Vergeblicher Sieg (dt. Zürich 1948); St. MIKOLAJCZIK, The rape of Poland, pattern of Soviet aggression (New York 1948).

Tschechoslowakei: E. BENEŠ, Memoirs. From Munich to new War and new Victory, 1938—1943 (London 1954); F. PRINZ (Hg.), Wenzel JAKSCH — Edvard Beneš. Briefe u. Dokumente aus dem Londoner Exil 1939—1943 (1973); M. K. BACHSTEIN, Wenzel Jaksch u. die Sudetendeutsche Sozialdemokratie (1973), behandelt das Londoner Exil u. die Auseinandersetzungen zwischen Jaksch u. Beneš.

Sowjetunion: STALIN s. § 22; MAISKI s. S. 333; V. BERESCHKOW. In diplomat. Mission bei Hitler in Berlin 1940—41 (a. d. Russ. 1967); ders., Mit Stalin in Teheran (a. d. Russ. 1969); G. K. SCHUKOW, Erinnerungen u. Gedanken (a. d. Russ. 1969); S. M. SCHTEMENKO, Im Generalstab (a. d. Russ. Berlin-Ost 1970).

Jugoslawien: J. B. TITO s. § 74, Anm. 21; § 77, Anm. 14.

Spanien: R. SERRANO SUÑER, Zwischen Hendaye u. Gibraltar, Feststellungen u. Betrachtungen angesichts einer Legende über unsere Politik während zweier Kriege (Zürich 1948). Aufschlußreich für die span. Politik sind auch die Erinnerungen von Sir S. HOARE, Gesandter in besonderer Mission (a. d. Engl. 1949). Ferner C. G. BOWERS, My mission to Spain (New York 1954). Apologetisch über die Hitler hinhaltende Politik Francos der Gen.-Direktor im span. Außenministerium J. M. DOUSSINAGUE, España tenía razón, 1939—45 (^{2}1950).

Darstellungen: L. GRUCHMANN, Der Zw. Weltkrieg (Tb. 1967); H. MICHAELIS, Der Zw. Weltkrieg 1939—1945 (1972); A. HILLGRUBER (Hg.), Probleme des Zw. Weltkrieges (1967); O. HAUSER (Hg.), Weltpolitik: 1939—1945. 14 Vorträge (1975); A. HILLGRUBER / G. HÜMMELCHEN, Chronik des Zw. Weltkrieges (1966). — H.-A. JACOBSEN, 1939—1945. Der Zw. Weltkrieg in Chronik u. Dokumenten (^{5}1961); ders., Der Zw. Weltkrieg. Grundzüge der Politik u. Strategie in Dokumenten (Tb. 1965). Aus den zahlreichen ausländ. Darstellungen heben sich heraus die umfassende Darstellung des Gesamtkrieges unter Voranstellung der polit. u. wirtschaftl. Aspekte vom Inst. of Internat. Aff., London, ins Werk gesetzt: A. TOYNBEE (Hg.), Survey of Internat. Aff. 1939—46 (1952 ff.); H. MICHEL, La Seconde Guerre Mondiale, in: Peuples et Civilisations, Bd. 21, 1 u. 2 (Paris 1968/69), unentbehrlich auch wegen der reichen bibliogr. Angaben zur westl. Forschung; R. CARTIER, Der Zw. Weltkrieg (a. d. Franz. 2 Bde. 1975); B. H. LIDDELL HART, History of the Second World War (8 Bde. London 1966—69, Auswahl dt. 2 Bde. 1972); L. WOODWARD, Diplomatic History of the Second World War, in: New Cambridge Mod. History, Bd. 12 (1968); W. G. TRUCHANOWSKI (Hg.), Gesch. der internat. Beziehungen 1935—45 (a. d. Russ. 1965); G. A. DEBORIN, Der Zw. Weltkrieg (a. d. Russ. 1959); W. SCHUMANN / K. DRECHSLER (Hg.), Dtld. im Zw. Weltkrieg, 4 Bde., bisher erschienen 2 Bde. (Berlin-Ost 1974 u. 1975).

Amtl. Kriegsgeschichtsschreibung: Für folgende Länder gibt es offizielle Werke über den Krieg, von denen nicht alle abgeschlossen sind: Australien, Belgien, Brasilien, England, Finnland, Griechenland, Indien, Italien, Jugoslawien, Kanada, Neuseeland, Niederlande, Niederländisch-Indien, Norwegen, Polen, Sowjetunion, Tschechoslowakei. Verzeichnis des Bestandes bei H.-A. JACOBSEN, Zur Konzeption einer Gesch. des Zw. Weltkrieges (1964), u. C. W. NIMITZ / E. B. POTTER / J. ROHWER, Seemacht (1974). Aus der engl. Kriegsgesch. sind bes. zu nennen die Serie Grand Strategy mit 6 Bdn. von J. R. M. BUTLER, M. HOWARD u. J. EHRMANN (1956—1971); aus der Serie Campaigns: K. T. DERRY, The Campaign in Norway (1952); L. F. ELLIS, The War in France and Flanders 1939—1940 (1953); ders., Victory in the West (2 Bde. 1962 u. 1968); I. S. O. PLAYFAIR u. a., The Mediterranean and Middle East (4 Bde. 1954 bis 1966); S. W. ROSKILL, The War at sea 1939—1945 (3 Bde. 1954—1961); Ch. WEBSTER / N. FRANKLAND, The strategic Air Offensive against Germany 1939—45 (4 Bde. 1961); aus der United Kingdom Civil Series sei hervorgehoben: Statistical Digest of the War, prep. by the Central Statistical Office. — Als Einführung u. Überblick zu der auf 85 Bde. geplanten, seit 1946 in Angriff genommenen Serie United States Army in World War II gibt es einen Master Index, Readers Guide I (1955). Von den veröff. Bdn. hervorzuheben F. C. POGUE, The Supreme Command (1954), behandelt im wesentl. die Entscheidungen General Eisenhowers für die Zeit vom Dez. 1943 bis Juli 1945; G. A. HARRISON, Cross Channel Attack (1951); M. MATLOFF / E. M. SNELL, Strategic Planning for coalition warfare 1941 to 1942 (1953); M. MATLOFF, Strategic Planning ... 1943 to 1944 (1960); G. F. HOWE / A. W. GARLAND / M. BLUMENSON, The Mediterranean Theater of Operations (3 Bde. 1957—1969); K. R. GREENFIELD (Hg.), Command Decisions (1959). — Exilpoln. Gesch.schreibung des Feldzugs Sept. 1939 s. Bibliogr. VfZG Nr. 2865 u. 6614. — Amtl. sowj. Darstellungen: Gesch. des Großen Vaterländischen Krieges der Sowjetunion, redig. vom Inst. f. Marxismus-Leninismus beim ZK der KPSS (6 Bde. a. d. Russ. Berlin-Ost 1962—1968); Gesch. des Zw. Weltkrieges 1939—1945 (auf 12 Bde. berechnet, russ. 1973 ff., dt. ab 1976).

Sonstige Darstellungen milit. Vorgänge: Neben der Lit. in den entspr. Kapiteln P. E. SCHRAMM (Hg), Kriegstagebuch des Oberkommandos der Wehrmacht 1940 bis 1945, geführt v. H. Greiner u. P. E. Schramm (4 Bde. 1961—1969); hierzu editionskritisch E. JÄCKEL, Dokumentationen zur Gesch. des Zw. Weltkrieges, NPL 9 (1964); W. HUBATSCH / P. E. SCHRAMM, Die dt. milit. Führung in der Kriegswende (1964); über die operativen Entschlüsse auf dt. Seite B. H. LIDDELL HART, Dt. Generale des Zw. Weltkrieges. Aussagen, Aufzeichnungen u. Gespräche (a. d. Engl. 1964), aufgrund von Gesprächen mit kriegsgefangenen dt. Generalen faire Würdigung durch den brit. Kriegshistoriker, durch neuere Forschungen in manchem überholt. — H.-A. JACOBSEN / J. ROHWER (Hg.), Entscheidungsschlachten des Zw. Weltkrieges (1960); Beschreibungen zahlreicher einzelner Schlachten u. Operationen in der Reihe: Einzelschriften zur milit. Gesch. des Zw. Weltkrieges, hg. vom Militärgeschichtl. Forschungsamt Freiburg; ferner in den Serien: Die Wehrmacht im Kampf (1954 ff.); Die dt. Divisionen (1952 ff.). — L. de JONG, Die dt. fünfte Kolonne im Zw. Weltkrieg (a. d. Holl. 1959), ausgezeichnet in der krit. Unterscheidung zwischen Phantasievorstellungen u. Wirklichkeit.

Luftkrieg: DW 397/694—700. — K. KÖHLER, Bibliographie zur Luftkriegsgesch. (Lit. bis 1960), in: Schriftenreihe der Bibliothek f. Zeitgesch. (1966). — K.-H. VÖLCKER, Die dt. Luftwaffe 1933—1939. Aufbau, Führung u. Rüstung (1967); ders. (Hg.), Dokumente u. Dokumentationsphotos zur Gesch. der dt. Luftwaffe (1968); D. IRVING, Die Tragödie der dt. Luftwaffe. Aus den Akten u. Erinnerungen von Feldmarschall MILCH (a. d. Engl. 1970); G. W. FEUCHTER, Der Luftkrieg (^{3}1964); H. RUMPF, Das war der Bombenkrieg. Dt. Städte im Feuersturm. Ein Dokumentarbericht (1961), vgl. auch § 79; E. HAMPE (Hg.), Der zivile Luftschutz im Zw. Weltkrieg. Dokumentation u. Erfahrungsberichte über Aufbau u. Einsatz (1963). — United States Strategic Bombing Survey, Overall Economic Effects Division: The effects of strategic bombing on the German war economy (Washington 1945); A. VERRIER, The Bomber Offensive (London 1968); aus der amtl. engl. Kriegsgesch. Ch. WEBSTER / N. FRANKLAND (s. o.); aus der austral. amtl. Reihe J. HERRINGTON, Air war against Germany and Italy 1939—43 (1955). Wichtig auch für die dt. Luftkriegführung im Mittelmeerraum G. SANTORO, L'aeronautica italiana nella seconda guerra mondiale (2 Bde. 1957). — Lit. zur Luftschlacht um England s. § 73.

Seekrieg: DW 397/687—693. — Ausführl. Bibliographie in: E. B. POTTER / C. W. NIMITZ / J. ROHWER, Seemacht. Von der Antike bis zur Gegenwart (1974); J. ROHWER / G. HÜMMELCHEN, Chronik des Seekrieges 1939—1945 (1968), erw. Ausgabe: Chronology of the war at sea 1939—45 (2 Bde., London 1972/74); K. ASSMANN, Dt. Schicksalsjahre (1950), war Chef der Hist. Abt. der Kriegsmarine, auch heute noch aufschlußreich für die strateg. Vorstellungen Raeders. Grundlegende Darstellung der seestrategischen Planungen: M. SALEWSKI, Die dt. Seekriegsleitung 1935—1945 (4 Bde. 1970—1975); J. ROHWER, Der U-Bootkrieg u. sein Zusammenbruch 1943, in: Entscheidungsschlachten (s. o.); ders., Die U-Boot-Erfolge der Achsenmächte 1939—1945 (1968); G. BIDLINGMAIER, Einsatz der schweren Kriegsmarineeinheiten im ozeanischen Zufuhrkrieg. Strategische Konzeption u. Führungsweise der Seekriegsleitung Sept. 1939 bis Febr. 1942 (1963); F. RUGE, Der Seekrieg 1939—1945 (1969); ders., Entscheidung im Pazifik 1941—45 (^{2}1954). Erinnerungen: RAEDER u. DÖNITZ s. S. 492; K. J. v. PUTTKAMER, Die unheimliche See. Hitler u. die Kriegsmarine (1952). — Aus der amtl. engl. Kriegsgesch. PLAYFAIR u. ROSKILL (s. o.); W. N. MEDDLICOTT, The economic Blockade (2 Bde. 1952—59); aus der amerik. Kriegsgesch. E. S. MORISON, History of the United States naval operations in World War II (15 Bde. 1947 ff.), sowie HOWE / GARLAND / BLUMENSON (s. o.).

Abwehr: DW 397/708—717. — M. GUNZENHÄUSER, Gesch. des geheimen Nachrichtendienstes (Spionage, Sabotage, Abwehr). Lit.bericht u. Bibliographie (1968). — P. LEVERKUEHN, Der geheime Nachrichtendienst der dt. Wehrmacht im Kriege (^{2}1957); W. SCHELLENBERG, Memoiren (1959), von dem Leiter der 1944 zusammengefaßten polit. u. milit. Abwehr; zu Canaris, dem nach dem 20. Juli hingerichteten Leiter der milit. Abwehr, s. Lit. S. 332; W. v. SCHRAMM, Verrat im Zw. Weltkrieg. Vom Kampf der Geheimdienste in Europa (1967); G. BUCHHEIT, Der dt. Geheimdienst. Gesch. der milit. Abwehr (1966). — A. DULLES, Im Geheimdienst (a. d. Amerik. 1963).

Propaganda: Lit.berichte: L. LESER, Psychologische Kriegführung gegen Dtld. im Zw. Weltkrieg, Bücherschau der Weltkriegsbücherei 30 (1958); ders., Flugblattpropaganda gegen Dtld., ebd. 28 (1956). — H. v. WEDEL, Die Propagandatruppen der dt. Wehrmacht (1962); E. MURAWSKI, Der dt. Wehrmachtbericht 1939—1945. Ein Beitrag zur Untersuchung der geistigen Kriegführung. Mit einer Dokumentation der Wehrmachtberichte vom 1. 7. 1944 bis zum 9. 5. 1945 (1962); J. SCHRÖDER, Der Kriegsbericht als propagandistisches Kampfmittel der dt. Kriegführung im Zw. Weltkrieg (Diss. Berlin 1965); R. SCHNABEL, Mißbrauchte Mikrofone. Dt. Rundfunkpropaganda im Zw. Weltkrieg (1967). — C. BRINITZER, Hier spricht London. Von einem der dabei war (1969); B. WITTEK, Der brit. Ätherkrieg gegen das dt. Reich. Die deutschsprachigen Kriegssendungen der British Broadcasting Corporation (1962); J. A. COLE, Hier spricht der Großdeutsche Rundfunk. Der Fall Haw-Haw (a. d. Engl. 1965).

Heeresorganisation: DW 397/591—596. — s. Lit. zu § 66. — G. TESSIN, Verbände u. Truppen der dt. Wehrmacht u. Waffen-SS im Zw. Weltkrieg 1939—1945, 10 Bde., davon erschienen Bd. 2—4: Die Landstreitkräfte (1966—1970).

Kriegsgefangene: DW 397/523—525. — E. MASCHKE (Hg.), Zur Gesch. der dt. Kriegsgefangenen des Zw. Weltkrieges (15 Bde. 1962—1974).

Menschenverluste: H. ARNTZ, Menschenverluste zweier Weltkriege, Bull. d. Presse- u. Inf. Amtes d.. Bundesreg. (3. April 1953). Übersichtl. Tabellen bietet W. KÖLLMANN, Bevölkerung u. Raum in Neuerer u. Neuester Zeit, 2. Bd. III. Teil (Ploetz-Verlag ^{3}1965). Dt. Bevölkerungsbilanz des 2. Weltkriegs, Wirtschaft u. Statistik 8 N. F., H. 10 (Okt. 1956); Verluste der dt. Wehrmacht (Heer, Kriegsmarine, Luftwaffe) vom 1. 9. 1939—31. 1. 1945, in: Wehrwiss. Rdsch. 12 (1962).

Rüstungstechnik: DW 397/701—707. — R. LUSAR, Die dt. Waffen u. Geheimwaffen des Zw. Weltkrieges u. ihre Weiterentwicklung (^{5}1964), wertvolle waffentechn. Informationen, unhaltbar im hist. Urteil; D. IRVING, Die Geheimwaffen des Dritten Reiches (a. d. Engl. Tb. 1964); W. A. BOELCKE (Hg.), Dtlds. Rüstung im Zw. Weltkrieg. Hitlers Konferenzen mit Albert Speer 1942—1945 (1969); zu A. SPEER s. Lit. § 80.

Wirtschaft: DW 397/701—707; Lit. § 80. — Materialreiche Information über Wirtschaft u. Rüstungstechnik bei Ploetz: Gesch. des Zw. Weltkrieges, 2. Teil: Die Kriegsmittel (1960); L. DINKLAGE / H. J. WITTHÖFT, Die dt. Handelsflotte 1939 bis 1945 (2 Bde. 1972).

Innere Verhältnisse: W. A. BOELCKE (Hg.), Kriegspropaganda 1939—1941. Geheime Ministerkonferenzen im Reichspropagandaministerium (1966); ders. (Hg.), »Wollt Ihr den totalen Krieg?« Die Geheimen Goebbels-Konferenzen 1939 bis 1943 (Tb. 1967); s. auch die Tagebücher u. Reden von Goebbels § 52, Anm. 5; H. BOBERACH (Hg.), Meldungen aus dem Reich. Auswahl aus den geheimen Lageberichten des Sicherheitsdienstes der SS 1939—1944 (1965); ders. (Hg.), Richterbriefe. Dokumente zur Beeinflussung d. dt. Rechtsprechung 1942—1944 (1975); Marlis G. STEINERT, Hitlers Krieg u. die Deutschen. Stimmung u. Haltung der dt. Bevölkerung im Zw. Weltkrieg (1970).

Bundesgenossen:

Italien: DW 397/792—800. — s. Lit. zu § 81. — J. SCHRÖDER, Italien im Zw. Weltkrieg. Eine Bibliographie (1974); E. RAGIONIERI / E. COLLOTI u. a., L'Italie dans la deuxième Guerre mondiale, in: Revue d'histoire de la deuxième Guerre mondiale

(1973); F. SIEBERT, Italiens Weg in den Zw. Weltkrieg (1962); F. W. DEAKIN, Die brutale Freundschaft. Hitler, Mussolini u. der Untergang des ital. Faschismus (a. d. Engl. 1964); G. BOCCA, Storia d'Italia nella guerra fascista, 1940—43 (Bari 1969); R. De FELICE (Hg.), L'Italia fra Tedeschi e Alleati. La politica estera fascista e la seconda guerra mondiale (Bologna 1973); M. DELZELL, Mussolini's Enemies. The Italian anti-fascist resistance (Princeton 1961).

Finnland: DW 397/776. — s. § 71, Anm. 5; § 75, Anm. 1; § 83, Anm. 8. — L. A. PUNTILA, The Political History of Finland 1809—1966 (Helsinki 1974); P. H. KROSBY, Finland, Germany and the Soviet Union, 1940—1941. The Petsamo Dispute (Wisconsin 1968). Lit.bericht: V. NIITEMAA, Finnland u. der 2. Weltkrieg, Bücherschau der Weltkriegsbücherei 29 (1957).

Ungarn: DW 397/844—845. — C. A. MACARTNEY, October Fifteenth. A history of modern Hungary 1929—1945 (2 Bde. Edinburgh 1956/57); M. BROSZAT, Dtld., Ungarn, Rumänien. Entwicklung u. Grundfaktoren nat.soz. Hegemonial- u. Bündnispolitik 1938—1941, HZ 206 (1968); s. auch § 83, Anm. 18; M. D. FENYO, Hitler, Horthy and Hungary. German-Hungarian Relations 1941—1944 (London 1972); zur ungar. Forschung s. P. GOSZTONY, Die ungar. Gesch.wiss. u. der Zw. Weltkrieg, 1960—1970 (1971).

Rumänien: DW 397/826—829. — s. § 83, Anm. 15. — A. HILLGRUBER, Südost-Europa im Zw. Weltkrieg. Lit.bericht u. Bibliographie, in: Schriften der Bibliothek f. Zeitgesch. (1962); H. WEBER, Die Bukowina im Zw. Weltkrieg (1972); E. BANTEA / C. NICOLAE / G. ZAHARIA, La Roumanie dans la guerre antihitlérienne (Bukarest 1970); G. ZAHARIA, Pages de la résistance antifasciste en Roumanie (Bukarest 1974); G. ZAHARIA u. a., Romania 1944—1947. Gli anni della rivoluzione democratico-popolare (a. d. Rumän. Rom 1971).

Japan: DW 397/790—791. — Lit.bericht s. S. 335; ferner § 74, Anm. 9; § 75, Anm. 5 u. Lit. zu § 76. — T. HATTORI, The Complete History of the Greater East Asia War (4 Bde., Übersetzung a. d. Japan. auf Mikrofilmen in der Bibliothek f. Zeitgesch., Stuttgart); Lit. zum Kriegsende in Japan s. § 87, Anm. 17.

Gegner:

England: DW 397/543—548. — Sir L. WOODWARD, British Foreign Policy in the Second World War (5 Bde. London 1962, erw. Neuausg. Bd. 1—3 London 1970—73); A. CALDER, The people's War. Britain 1939—45 (London 1969); V. G. TRUCHANOWSKIJ, British Foreign Policy during World War II, 1939—1945 (Moskau 1970).

Vereinigte Staaten: DW 397/847—851. — s. § 75, Anm. 7 u. Lit. zu § 76 u. § 85. — K. R. GREENFIELD, American strategy in World War II. A reconsideration (Baltimore 1963); H. STEIN, American Civil-Military Decisions. A Book of Case Studies (Alabama 1963).

Frankreich: DW 397/777—786. — s. Lit. zu § 72 u. § 77. — R. ARON, Histoire de Vichy 1940—1944 (Paris 1954); ders., Histoire de la libération de la France ([2]Paris 1959); Le gouvernement de Vichy 1940—1942. Institutions et politiques (Colloque sur le gouvernement de Vichy et la Révolution nationale, Paris 6—7 mars 1970, Paris 1972); J. DURAND, Vichy 1940—1944 (Paris 1972); A. S. MILWARD, The New Order and the French Economy (Oxford 1970).

Belgien: DW 397/768—771. — s. Lit. zu § 72. — G. JACQUEMYNS, La société belge sous l'occupation allemande 1940—44 (3 Bde. 1950); C. GUTT, La Belgique au carrefour, 1940—1945 (Paris 1971); A. de JONGHE, Hitler en het politieke lot van Belgie, del I, 28 mai — 19. nov. 1940 (1972); M. G. HAUPT, Der »Arbeitseinsatz« der belg. Bevölkerung während des Zw. Weltkrieges (1970); W. WAGNER, Belgien in der dt. Politik während des Zw. Weltkrieges (1974).

Holland: DW 397/810—813. — L. de JONG, Het Koninkrijk der Nederlanden in den Tweede Wereldoorlog, bisher 4 Bde. bis März 1940 (Den Haag 1969—1972); Gabriele HOFFMANN, NS-Propaganda in den Niederlanden. Organisation u. Lenkung der Publizistik unter dt. Besatzung 1940—1945 (1972); K. KWIET, s. § 77, Anm. 10; zur Judenverfolgung in Holland s. § 78.

Luxemburg: DW 397/809. — s. Lit. zu § 72.

Dänemark u. Norwegen: DW 397/773—775. — s. Lit. zu § 71 u. § 77. — V. SJØQVIST, Danmarks udenrigspolitik 1933—1940 (1971); V. La COUR, Danmark under Besaettelsen (3 Bde. 1946/47); F. WENDT, Besaettelse og Atomtid 1939—1970, Bd. 14 in: J. DANSTRUP / H. KOCH (Hg.), Danmarks Historie (1972); J. BARFOD / E. KRUCHOW, Danmark under 2. verdenskrig. Kilder og tekster (²1972); H. KIRCHHOFF / H. S. NISSEN / H. POULSEN, Besaettelsestidens historie (1965); ferner die Beiträge des »Besaettelsestidsprojekt«, hg. von der Udgiverselskab for Danmarks nyeste historie (DNH). — Zu Norwegen vgl. die Serie Norge og den 2. Verdenskrig, hg. von der Samtidshistorisk Forskningsgruppe unter der Leitung von M. SKODVIN; ders., Samtid og Historie (Oslo 1975), ausgewählte Aufsätze bes. zur Besatzungszeit; ferner N. M. UDGAARD, Great power politics and Norwegian foreign policy. A study of Norway's foreign relations Nov. 1940—Febr. 1948 (1973); Lit.bericht: Norges krig 1940 bis 1945, in: Norsk militaerhistorisk bibliografi (1969).

Polen: DW 397/819—825. — s. Lit. zu § 77. — W. MARKERT (Hg.), Osteuropahandbuch. Polen (1959).

Tschechoslowakei: s. § 77, Anm. 19; § 83, Anm. 12. — K. BOSL (Hg.), Das Jahr 1945 in der Tschechoslowakei. Internat., nat. u. wirtschaftl.-soziale Probleme (1971).

Sowjetunion: DW 397/832—838. — s. Lit. S. 335 u. zu §§ 74, 75, 77. — B. S. TELPUCHOWSKI, Die sowj. Gesch. des Großen Vaterländ. Krieges 1941—1945, hg. u. krit. eingel. von A. HILLGRUBER / H.-A. JACOBSEN (1961); M. P. GALLAGHER, The Soviet History of the World War II. Myths, Memoirs and Realities (New York u. London 1963); J. ERICKSON, The Soviet High Command 1918—1941 (London 1962); V. L. ISRAELJAN, Anti-Hitler-Coalition (a. d. Russ. 1971); A. WERTH, Rußland im Krieg 1941—1945 (a. d. Engl. Tb. 1965).

Griechenland: DW 397/787—789. — s. § 77, Anm. 13.

Jugoslawien: DW 397/801—807. — s. Lit. § 74. — A. HILLGRUBER, Südost-Europa im Zw. Weltkrieg. Lit.bericht u. Bibliographie, in: Schriften der Bibliothek f. Zeitgesch. N. F., H. 1 (1962); W. MARKERT (Hg.), Osteuropahandbuch. Jugoslawien (1954); K.-D. GROTHUSEN, Lit.bericht über die Gesch. Jugoslawiens. Veröff. 1945 bis 1966, HZ Sonderheft 3 (1969).

Neutrale: DW 397/1571 f., 1830 f., 1839, 1846.

Schweiz: E. BONJOUR, Gesch. der schweiz. Neutralität (8 Bde. 1967—1975); W. RINGS, Schweiz im Krieg 1933—1945 (1974).

Schweden: s. Lit. zu § 71, ferner die Beiträge in der Reihe Sverige under andra världskriget (SUAV), hg. von F. LINDBERG / S. U. PALME / G. T. WESTIN.

Spanien: D. S. DETWILER, Hitler, Franco u. Gibraltar. Die Frage des span. Eintritts in den Zw. Weltkrieg (1962); O. DANCKELMANN, Franco zwischen Hitler u. den Westmächten (Berlin-Ost 1970); aufschlußreich für die Lage Spaniens während des Zw. Weltkrieges auch die Berichte des päpstl. Nuntius in Madrid Siconiani in Actes et doc. du Saint Siège, Bd. 8 (1974).

Vatikan: Dok. s. S. 491 u. § 63, Anm. 2. — C. FALCONI, Das Schweigen des Papstes, eine Dokumentation (a. d. Ital. 1966); E. JÄCKEL, Zur Politik des Hl. Stuhles im Zw. Weltkrieg. Ein ergänzendes Dokument, GWU 15 (1964); J. BECKER, Der Vatikan u. der 2. Weltkrieg (Festschr. K. Kluxen 1972).

§ 70 Die Entfesselung des Zweiten Weltkrieges

Am 22. August, am Tag vor der Unterzeichnung des Paktes mit Stalin, erklärte Hitler vor den Oberbefehlshabern und Kommandierenden Generälen, daß er bereits im Frühjahr den Entschluß gefaßt habe, die für unvermeidlich gehaltene Auseinandersetzung mit Polen durchzuführen[1]). Die Lage sei günstig, und Deutschland könne nicht länger warten. »Wir haben nichts zu verlieren, nur zu gewinnen. Unsere wirtschaftliche Lage ist infolge unserer Einschränkungen so, daß wir nur noch wenige Jahre durchhalten können.« Nicht vor dem Kriege habe man sich zu fürchten, denn der Osten liefere alles, was Deutschland brauche. Er fürchtete eher eine Wiederholung von München: »Ich habe nur Angst, daß mir noch im letzten Augenblick irgendein Schweinehund einen Vermittlungsplan vorlegt.«[2]) An einem Grund zum Angriff auf Polen werde es nicht fehlen: »Ich werde propagandistischen Anlaß zur Auslösung des Krieges geben, gleichgültig ob glaubhaft. Der Sieger wird später nicht danach gefragt, ob er die Wahrheit gesagt hat oder nicht. Bei Beginn und Führung des Krieges kommt es nicht auf das Recht an, sondern auf den Sieg.« Das eigentliche Ziel dieses Krieges war nicht die Angliederung von Danzig oder die Befreiung der Deutschen in Westpreußen, Posen und Schlesien von polnischer Herrschaft. Schon am 23. Mai hieß es in dem Bericht über Hitlers Besprechung mit den obersten militärischen Führern: »Danzig ist nicht das Objekt, um das es geht. Es handelt sich für uns um die Erweiterung des Lebensraumes im Osten und Sicherstellung der Ernährung sowie die Lösung des Baltikum-Problems. Lebensmittelversorgung ist nur von dort möglich, wo geringe Besiedelung herrscht.«[3])

Der Pakt mit der Sowjetunion war ein Schock für die mit Deutschland befreundeten Staaten. Japan protestierte, da dieser Vertrag im Widerspruch zum Antikominternpakt stehe[4]). Auch Franco rückte von Hitler ab[5]). Wie war die Haltung des italienischen Bundesgenossen? Bei Abschluß des Stahlpaktes hatte Mussolini in einer an Hitler gerichteten Denkschrift vom 30. Mai erklärt, daß der Krieg unvermeidlich sei, daß aber die Achsenmächte wenigstens noch drei Jahre Frieden benötigten, um ihre Vorbereitungen zu beenden[6]). Hitler betrieb im Sommer 1939 den russischen Pakt, ohne Mussolini über seine unmittelbaren Absichten zu verständigen. Beunruhigt und in Ungewißheit über die deutschen Pläne, reiste Anfang August der italienische Außenminister Ciano nach Deutschland, um von Hitler und Ribbentrop klare Auskunft zu verlangen. Über die in Salzburg vom 11. bis 13. August geführten Gespräche besitzen wir deutsche und italienische Berichte, in Einzelheiten voneinander abweichend, aber in der Substanz identisch. So bestreitet Ribbentrop in seinen Nürnberger Aufzeichnungen, daß er, wie Ciano in seinem Tagebuch berichtet, auf dessen Frage: »Was wollt ihr? Den Korridor oder Danzig?« geantwortet habe: »Jetzt nicht mehr. Wir wollen den Krieg.« Eindeutig ist, daß Hitler und Ribbentrop den italienischen Gesprächspartner über die deutsche Absicht, »die polnische Frage so oder so zu lösen«, nicht im Zweifel ließen[7]). Ciano trug ein vorbereitetes Pressecommuniqué in der Tasche, das ihm Mussolini mit auf den Weg gegeben hatte. Es sprach von der Möglichkeit diplomatischer Verhandlungen. Hitler wollte von einer solchen Vermittlung nichts wissen. Sein Terminplan stand fest. Wenn der Feldzug gegen Polen rechtzeitig vor Einsatz der Schlammperiode durchgeführt werden sollte, mußte er Ende August, Anfang September beginnen. Die Haltung Mussolinis war unsicher und schwankend. Er hielt es für unmöglich, jetzt schon Krieg zu führen. Aber er wagte es auch nicht, sich von Hitler zu trennen; denn glückte der Schlag, den Hitler plante, so hoffte er seinen Teil der Beute zu erhalten. In den Gesprächen mit Ciano hatte Hitler auf Kroatien und die dalmatinische Küste hingewiesen.

Hat Hitler wirklich geglaubt, daß die Westmächte nicht eingreifen würden? Unmittelbar vor dem Paktabschluß mit der Sowjetunion erklärte Chamberlain in einem Brief an Hitler vom 22. August, daß Großbritannien entschlossen sei, in jedem Falle zu der an Polen gegebenen Garantieerklärung zu stehen. Das Mißverständnis von 1914 dürfe sich nicht wiederholen. Deutschland müsse wissen, daß es im Falle des Krieges England zum Gegner haben werde[8]). Hitler antwortete am 23. August mit

Beteuerungen seines guten Willens gegenüber England[9]). Am 25. August, 15 Uhr, setzte er den Beginn des Angriffs auf den 26. morgens fest. Aber die schon anrollende Kriegsmaschine wurde noch einmal angehalten. Um 18.15 Uhr wurde der Angriffsbefehl widerrufen. Dies geschah unter dem Eindruck zweier Nachrichten. England hatte sein Garantieversprechen für Polen zu einem förmlichen Bündnisvertrag erweitert, der ausdrücklich die bestehenden Grenzen Polens garantierte[10]), und Mussolini ließ Hitler wissen, daß er sich am Kriege nicht beteiligen werde. Er tat dies in der Form exorbitanter Anforderungen von Kriegsmaterial, die die Lieferfähigkeit Deutschlands bei weitem übertrafen und die er zudem sofort verlangte[11]). Vor allem war auch der italienische Botschafter in Berlin Attolico in engem Einvernehmen mit v. Weizsäcker[12]) bestrebt, Deutschland vom Kriege zurückzuhalten. Er versuchte in diesem letzten Augenblick doch noch durch Mussolini eine europäische Konferenz zustande zu bringen.

Hitler aber hatte die Hoffnung nicht aufgegeben, daß es ihm gelingen könnte, England und Polen zu trennen. Am 25. mittags bat er den britischen Botschafter Henderson zu sich und erklärte ihm, daß er den dringenden Wunsch habe, sich mit England zu verständigen. Natürlich müsse das Danzig- und Korridor-Problem gelöst werden. Es sei für Deutschland nicht möglich, länger die polnischen Provokationen zu ertragen. Er lockte und drohte zugleich. Er sei »unter allen Umständen entschlossen, diese mazedonischen Zustände an seiner Ostgrenze zu beseitigen«. Aber sofort nach dem Krieg gegen Polen werde er »mit einem großen umfassenden Angebot« an England herantreten. Er bejahe das britische Imperium und sei »bereit, sich für dessen Bestand persönlich zu verpflichten und die Kraft des Deutschen Reiches dafür einzusetzen«. Die begrenzten deutschen Kolonialforderungen könnten im Wege friedlicher Verhandlungen geregelt werden. Deutschland sei auch bereit, eine Begrenzung der Rüstungen zu vereinbaren. Im Westen besitze Deutschland kein Interesse. Eine Grenzkorrektur hier stehe »außerhalb jeder Erwägung«. Die Alternative sei der Krieg, den Deutschland im Unterschied zu 1914/18 nicht auf zwei Fronten zu führen haben werde. Auf keinen Fall werde Großbritannien aus diesem Krieg stärker hervorgehen; schon der letzte Krieg habe das bewiesen. Er bat Henderson, sich nach London zu begeben und der britischen Regierung eine Verbalnote des gleichen Inhalts zu übermitteln[13]). Am gleichen Nachmittag des 25. August ließ er durch den französischen Botschafter Coulondre an Daladier die Versicherung übermitteln, daß Deutschland jeden Anspruch auf Elsaß-Lothringen preisgegeben habe[14]). Drei Tage vergingen mit Warten. In der Nacht vom 28. zum 29. überbrachte Henderson die Antwort. Die britische Regierung schlug direkte deutsch-polnische Verhandlungen vor[15]). Am 29. abends erklärte Hitler, daß er den englischen Verhandlungsvorschlag annehme. Er sei bereit, einen mit allen Vollmachten versehenen polnischen Unterhändler bis 30. August Mitternacht zu erwarten[16]). Hitler begründete die kurze Befristung des Verhandlungstermins mit den polnischen Übergriffen auf die deutsche Minderheit, die jederzeit ein Eingreifen Deutschlands notwendig machen könnten. Das Minderheitenproblem hatte seit 1933 keine Rolle in den deutsch-polnischen Beziehungen gespielt. Jetzt erhielt es neue Schärfe. Es kam zu Ausschreitungen, die polnischer Nervosität entsprangen, teils aber auch durch deutsche Provokationen ausgelöst wurden[17]).

Henderson entgegnete, die Erklärung Hitlers käme einem Ultimatum gleich. Dennoch versuchte er, über seinen polnischen Kollegen Lipski in Berlin die polnische Regierung zu veranlassen, einen Unterhändler zu entsenden. Die britische und französische Regierung rieten zu Mäßigung und Entgegenkommen. Beck hatte sich auf Drängen der britischen Regierung am 28. August zu direkten deutsch-polnischen Verhandlungen bereit erklärt. Die britische Vorstellung ging dahin, daß zwischen Deutschland und Polen in der Danzig- und Korridorfrage eine Lösung gefunden und danach die polnischen Grenzen unter internationale Garantie gestellt werden sollten. Das wäre auf eine Art Ostlocarno nach vorheriger Regelung der Grenzprobleme hinausgelaufen. Was die polnische Seite anging, so hat Beck keinerlei Bereitschaft zu sachlichen Zugeständnissen erkennen lassen, die eine solche Lösung ermöglicht hätten. Er wies es von sich, den Weg Schuschniggs und Hachas zu gehen. Wäre es wirklich der Weg Schuschniggs und Hachas gewesen? Im Unterschied zu Österreich und der Tschechoslowakei bestand kein Zweifel an der Entschlossenheit des polnischen Volkes, im Falle unzumutbarer Forderungen zu kämpfen, und anders als jene hatte Polen die bindende Zusage, daß die Westmächte zu Hilfe kommen würden. So hat Polen, indem es sich weigerte, sachliches Entgegenkommen in den Fragen zu zeigen, die seit den unglücklichen Bestimmungen des Versailler Vertrages geregelt werden mußten, die Chance verpaßt, eine um so stärkere moralische Position zu gewinnen für die Abwehr aller Zumutungen gegen die polnische Integrität und Unabhängigkeit. Freilich bestand gerade diese Grenzlinie für Hitler nicht, dem es eben nicht um Danzig und die Revision, sondern um »Lebensraum« ging. Die polnische Regierung verkündete, statt einen Unterhändler zu senden, am 30. August die Generalmobilmachung. Um Mitternacht begab sich Henderson zu Ribbentrop. Dieser erklärte, daß nun die Frist der deutschen Verhandlungsbereitschaft verstrichen sei. Er verlas dann den Text von Vorschlägen, die die Reichsregierung einem polnischen Unterhändler habe vorlegen wollen[18]). Henderson bat, wie es der diplomatischen Gepflogenheit entspricht, um Aushändigung des Textes, den Ribbentrop verweigerte. Das war eine Taktlosigkeit, die nicht auf Frieden, sondern auf Krieg berechnet war. Es ist jedoch nicht so, daß Henderson sich nicht des genauen Inhalts dieser deutschen Vorschläge bewußt geworden wäre. Denn in dieser Lage schaltete sich Göring ein.

Göring war vielleicht schon am Zustandekommen der Gespräche des Ministerialdirektors Wohlthat mit Wilson und Hudson im Sommer des Jahres beteiligt gewesen, die auf eine Entspannung des deutsch-britischen Verhältnisses zielten (vgl. § 69). Er hätte wie Mussolini für den Augenblick lieber den Krieg vermieden. Vor allem lag ihm daran, England von Polen zu trennen. Er bediente sich hierzu eines schwedischen Friedensfreundes, Birger Dahlerus[19]). Namentlich nach dem 25. August, in den letzten kritischen Tagen vor Kriegsausbruch, ist Dahlerus wiederholt zwischen Berlin und London hin- und her geflogen, um neben den offiziellen diplomatischen Verhandlungen inoffizielle persönliche Mitteilungen zwischen Hitler und Göring auf der einen Seite, Chamberlain und Halifax auf der anderen Seite hin- und herzutragen. Sachlich sind in diesem persönlichen Meinungsaustausch keine Momente enthalten, die über die offiziellen Verhandlungen hinausgingen, es sei denn der ausgesprochene Wunsch Görings, nichts unversucht zu lassen, um dennoch zu einer Regelung zu gelangen. So übermittelte er jetzt in der Nacht vom 30. zum 31. August den Inhalt der deutschen Vorschläge an Dahlerus, der sie an die britische Botschaft weitergab. Henderson telegraphierte sie am 31. morgens nach London und teilte sie ebenfalls dem polnischen Botschafter Lipski in Berlin mit. Henderson hatte keinen ungünstigen Eindruck von dem Inhalt der deutschen Vorschläge. Sie waren in der Tat von einer bemerkenswerten Zurückhaltung und blieben weit zurück hinter den exzessiven Lebensraumvorstellungen, die das eigentliche Ziel Hitlers waren. Danzig, so lautete der Vorschlag, sollte deutsch werden, Gdingen polnisch bleiben. Im Korridorgebiet sollte eine Abstimmung unter einer internationalen Kommission durchgeführt werden. Blieb es polnisch, so sollte Deutschland eine exterritoriale Auto- und Eisenbahn nach Ostpreußen erhalten; wurde es deutsch, so sollte eine ähnliche Verbindung für Polen nach Gdingen hergestellt werden. Außerdem sollten wirtschaftliche Schäden, die den Minderheiten seit 1918 zugefügt worden waren, wiedergutgemacht und deren zukünftige Rechtsstellung in einem gegenseitigen Minderheitenabkommen neu geregelt werden. Polen hatte ähnliche deutsche Vorschläge ein halbes Jahr zuvor schon zurückgewiesen. So hätte wahrscheinlich auch jetzt keine Aussicht auf ihre Annahme bestanden, selbst wenn sie von deutscher Seite von vornherein als offener Vorschlag auf den Tisch gelegt worden wären. Durch Vermittlung der britischen Regierung und durch das Drängen der Franzosen, die am liebsten gesehen hätten, wenn Polen den von Hitler verlangten bevollmächtigten Unterhändler entsandt hätte, wurde Beck immerhin veranlaßt, wenigstens einen Schritt entgegenzukommen. Der polnische Botschafter Lipski wurde beauftragt, der Reichsregierung mitzuteilen, daß Polen bereit sei, den von der britischen Regierung übermittelten Vorschlag auf direkte Verhandlungen zu prüfen. Er kam jedoch nicht als Bevollmächtigter zur Entgegennahme oder gar zur Annahme von Vorschlägen. Göring ließ durch Dahlerus der britischen Regierung den Text eines Chiffretelegramms der polnischen Regierung an Lipski übermitteln, das von einer deutschen Stelle aufgefangen worden sei. Es enthielt die Weisung an Lipski, sich unter keinen Umständen in sachliche Diskussionen einzulassen und keine mündlichen oder schriftlichen Vorschläge entgegenzunehmen[20]).

Lipski wurde von seiner Regierung jedenfalls nicht beauftragt, unzweideutig zu erklären, daß Polen bereit sei zu verhandeln. Polen hat die hier liegenden taktischen Möglichkeiten nicht ergriffen[21]). Hitler konnte nun das deutsche Volk glauben machen, daß er den Frieden durch ein vernünftiges Angebot habe retten wollen, aber durch den Starrsinn Polens zum Kriege gezwungen worden sei[22]). Als Lipski, der sich am 31. August, 13 Uhr, bei Ribbentrop angemeldet hatte, fünfeinhalb Stunden später empfangen wurde, war es auf alle Fälle bereits zu spät. Am gleichen Mittag des 31. August, um 12.40 Uhr, hatte Hitler erneut den Befehl zum Angriff auf Polen gegeben, der am nächsten Vormittag im Morgengrauen begann. Am späten Abend des 31. August lieferte der Sicherheitsdienst der SS den von Hitler am 22. August angekündigten »propagandistischen Anlaß«, indem er, teilweise in den Uniformen polnischer Freischärler, Überfälle auf verschiedene Grenzorte fingierte[23]). So konnte Hitler am Morgen des 1. September vor dem deutschen Reichstag verkünden, sein großzügiges Angebot sei von den Polen mit bewaffneten Anschlägen beantwortet worden; daher werde jetzt »zurückgeschossen«.

Lit. wie zu § 69. — Daß nicht »Ausbruch«, sondern »Entfesselung des Zw. Weltkrieges« der adäquate Ausdruck ist, begründet W. HOFER in seinem gleichnamigen Buch. Gegen die allgemein akzeptierte Meinung, daß Hitler zielstrebig auf den Eroberungskrieg im Osten hingearbeitet hat, ist zu Beginn der 60er Jahre die These vertreten worden, Hitler habe nur durch Bluffs u. Drohungen die Revision des Versailler Vertrages durchsetzen wollen. Daß daraus ein Weltkrieg wurde, sei die Schuld Englands. So neben anderen A. J. P. TAYLOR, Die Ursprünge des Zw. Weltkrieges (a. d. Engl. 1962). Zur Zurückweisung dieser These durch die Forschung vgl. H. BOOMS, Der Ursprung des 2. Weltkrieges — Revision oder Expansion, GWU 16 (1965).

1) Text in: Ursachen u. Folgen 13, Nr. 2824 c—d. Zu den verschiedenen Niederschriften mit unterschiedlichen Formulierungen vgl. W. BAUMGART, Zur Ansprache Hitlers vor den Führern der Wehrmacht am 22. Aug. 1939, VfZG 16 (1968); dazu H. BOEHM / W. BAUMGART, Miszelle in: VfZG 19 (1971). Zitate im Text nach einer Niederschrift, die, wie Baumgart schlüssig dargelegt hat, vermutlich von Canaris stammt. 2) Gen. Adm. Boehm, der an der Besprechung teilnahm, bestreitet, daß diese Äußerung gefallen sei, VfZG 19 (1971), S. 299. In anderen Versionen ist die Rede von »Saukerl«, ADAP, Serie D, Bd. 7, S. 172 Anm., oder »Kerl«, so in der Niederschrift des Teilnehmers Gen. Liebmann, VfZG 16 (1968), S. 146. Kein Zweifel besteht daran, daß Hitler ein abermaliges München vermeiden wollte. 3) Ursachen u. Folgen 13, Nr. 2806 a. 4) Vgl. § 65, Anm. 26; ADAP, Serie D, Bd. 7, Nr. 262; Th. SOMMER, Dtld. u. Japan zw. den Mächten 1935—40 (1962), S. 282 ff. 5) ADAP, Serie D, Bd. 7, Nr. 524. 6) ADAP, Serie D, Bd. 6, Nr. 459, Anl.; F. SIEBERT, Italiens Weg in den Zw. Weltkrieg (1962). 7) ADAP, Serie D, Bd. 7, Nr. 43 u. 47 (Ribbentrop); Bericht CIANOs an Mussolini über die Unterredung mit R. vom 12. Aug. 1939 in Archives secrètes du Comte

Ciano (Paris o. J.), S. 297; ders., Tagebücher 1939—1943 (Bern 1947), S. 122 f. — Zusammenstellung der Dok. in Ursachen u. Folgen 13, Nr. 2821. 8) Doc. Brit. For. Pol. Serie 3, Bd. 7, Nr. 145. 9) ADAP, Serie D, Bd. 7, Nr. 201; Darstellung der Bemühungen Hitlers, England aus dem Krieg gegen Polen herauszuhalten, vgl. § 69, Anm. 20. 10) Ursachen u. Folgen 13, Nr. 2826 f—g. 11) Briefe Mussolinis an Hitler vom 25. u. 26. Aug. 1939, ADAP, Serie D, Bd. 7, Nr. 271 u. 301. 12) Vgl. dazu L. HILL (Hg.), Die Weizsäcker-Papiere 1933—1950 (1974), S. 157 ff.; U. v. HASSELL, Vom andern Deutschland. Aus den nachgelassenen Tagebüchern 1938—1944 (1946), S. 81 ff. 13) ADAP, Serie D, Bd. 7, Nr. 265; Doc. Brit. For. Pol., Serie 3, Bd. 7, Nr. 283 u. 284. — Zu Hendersons Bemühungen, den Bruch zw. Dtld. u. England zu verhindern, vgl. dessen Erinnerungen: Sir N. HENDERSON, Failure of a Mission (London 1940) sowie R. STRAUCH, Sir Nevile Henderson. Ein Beitrag zur diplomat. Vorgesch. des Zw. Weltkrieges (1959). 14) Ursachen u. Folgen 13, Nr. 2834. 15) Doc. Brit. For. Pol., Serie 3, Bd. 7, Nr. 426, 447, 455, 472, 501; ADAP, Serie D, Bd. 7, Nr. 384. 16) Doc. Brit. For. Pol., Serie 3, Bd. 7, Nr. 490, 502; ADAP, Serie D, Bd. 7, Nr. 421. 17) P. AURICH, Der dt.-poln. September 1939. Eine Volksgruppe zw. den Fronten (1969). 18) ADAP, Serie D, Bd. 7, Nr. 461. Über den Verlauf der Unterredung Berichte Hendersons, Doc. Brit. For. Pol., Serie 3, Bd. 7, Nr. 571 u. 574; P. SCHMIDT, Statist, S. 456 ff. 19) Zum Folgenden B. DAHLERUS, Der letzte Versuch (1948). Diese Verhandlungen haben ihren Niederschlag auch in den brit. Akten gefunden. 20) Hiervon abweichend die poln. Version. Beide Fassungen: Ursachen u. Folgen 13, Nr. 2841 d u. Anm. 21) Brit. Kritik an diesem Verhalten Polens: Bericht Henderson 31. 8. 1939, Doc. Brit. For. Pol. III/7, Nr. 575 u. Halifax an brit. Botschafter in Warschau 1. 9. 1939, ebd. Nr. 632. 22) Amtl. dt. Rundfunkmitteilung 31. 8. 1939, Ursachen u. Folgen 8, Nr. 2841 g. 23) H. GROSCURTH, Tagebücher eines Abwehroffiziers 1938—1940 (1970), S. 180; über ein von SD-Leuten in Zivil durchgeführtes Unternehmen militär. Art: J. RUNZHEIMER, Der Überfall auf den Sender Gleiwitz im Jahre 1939, VfZG 10 (1962).

§ 71 Teilung Polens, Finnischer Winterkrieg, Besetzung Dänemarks und Norwegens

Mussolini hatte in der Krise der letzten Augusttage versucht, zu vermitteln und eine europäische Konferenz zuwege zu bringen. Sie war nicht zustande gekommen, weil Hitler darauf bestand, daß zunächst die Westmächte zustimmen sollten, diese aber ihrerseits die Bedingung stellten, daß Hitler vorweg auf seine Angriffspläne verzichtete. Auch nachdem die deutschen Armeen am Morgen des 1. September nach Polen eingebrochen waren, setzte Mussolini seine Bemühungen fort[1]). England und Frankreich verlangten jetzt, daß Hitler zunächst seine Truppen aus Polen zurückrufe. Wie wenig Frankreich, wo die Parole »Für Danzig sterben?« die öffentliche Meinung am Sinn des Krieges zweifeln ließ, bereit war, sich in die Ungewißheit eines Waffenganges zu stürzen, zeigte der Versuch, Hitler wenigstens zu einem symbolischen Rückzug zu bewegen. Aber Hitler dachte nicht an Nachgeben, und er hatte so unrecht nicht mit seiner Vermutung, daß die Westmächte faktisch Polen nicht helfen würden. Am 3. September erklärten sie zwar den Krieg an das Reich, und die Engländer schickten im Laufe der nächsten Wochen ein Expeditionskorps in Stärke von zehn Divisionen auf den Kontinent, die Franzosen tasteten sich auch bis in das Vorfeld des Westwalls vor, aber weder zu Lande noch in der Luft versuchten England und Frankreich, Polen auch nur durch einen energischen Angriff gegen den Westen Deutschlands zu entlasten.

Polen, das alles auf eine Karte gesetzt hatte, brach in wenigen Wochen zusammen. Neben der überlegenen Zahl der deutschen Angriffsdivisionen entschieden die Luftwaffe und die in geschlossenen Verbänden raumausgreifend operierende Panzerwaffe den Feldzug[2]). Die Rote Armee griff trotz deutschen Drängens erst am 17. September ein mit der in Berlin Verstimmung hervorrufenden Begründung, daß sie den Ukrainern und Weißrussen im östlichen Polen Schutz gewähren müsse gegen die deutsche Bedrohung[3]). Aus der deutsch-russischen Umklammerung entkamen nur Bruchteile der polnischen Armee nach Ungarn und Rumänien. Am 27. September brach unter den deutschen Luftangriffen der Widerstand Warschaus zusammen. In Paris konstituierte sich eine exilpolnische Regierung unter dem Staatspräsidenten Raskiewisz und dem Ministerpräsidenten General Sikorski.

Am frühen Morgen des gleichen Tages begannen in Moskau Verhandlungen zwischen Ribbentrop, Stalin und Molotow über einen deutsch-sowjetischen Grenz- und Freundschaftsvertrag, der den Nichtangriffspakt vom 23. August ergänzte. Der Vertrag wurde am 28. September unterzeichnet. In einem begleitenden Geheimabkommen wurde die Teilung Polens und des Baltikums vollzogen und die Aussiedlung der Baltendeutschen vereinbart[4]). Abweichend von der ursprünglich verabredeten Grenze wurde nunmehr einem Wunsch Stalins entsprechend Litauen (mit Ausnahme einer Grenzberichtigung zugunsten Deutschlands) der russischen Interessensphäre zugesprochen, dafür der deutsche Anteil an Polen um Lublin und einen Teil der Woiwodschaft Warschau bis an die Buglinie erweitert.

In den Ostseestaaten löste Rußland seinen Wechsel alsbald ein. Estland, Lettland und Litauen wurden zu Beistandsverträgen und zur Abgabe von Stützpunkten an die Rote Armee gezwungen. Die Weigerung Finnlands, das von der Sowjetunion zur Sicherung Leningrads begehrte Hangö preiszugeben, führte zum finnisch-russischen Winterkrieg[5]). Am 30. November 1939 fielen russische Truppen über Finnland her. Sie trafen auf einen unerwartet harten Widerstand. Die russischen Truppen schienen schlecht ausgerüstet und schlecht ausgebildet. Im Jahr 1936 hatten politische Prozesse gegen die Generalität der Roten Armee diese fast ihrer gesamten älteren Führerschaft beraubt. Der Eindruck jener Vorgänge wurde durch das Versagen der Roten Armee in Finnland bekräftigt und bestärkte nicht zuletzt Hitler in seiner geringen Einschätzung der Kampfkraft der Sowjetunion. Der Überfall auf das kleine finnische Volk brachte diesem die Sympathie der ganzen Welt ein. Die Sowjetunion wurde aus dem Völkerbund verstoßen, Freiwillige aus den westlichen Völkern, vor allem Schweden, traten in die finnische Armee ein. Die britische Regierung plante eine Landung in Norwegen, um mit einem Hilfskorps durch Schweden hindurch die Finnen zu unterstützen[6]). Sie gedachte hierbei zugleich, die schwedischen Erztransporte nach Deutschland zu unterbinden, die im Sommer über die Ostsee, im Winter entlang der norwegischen Küste von Narvik aus liefen. Finnland rief auch Deutschland um Hilfe an. Aber trotz der alten, tief gegründeten Sympathien zwischen dem deutschen und finnischen Volk erlaubte es der Pakt mit Rußland nicht, dem bedrängten Land mit Material, Waffen oder Menschen zu Hilfe zu kommen. Für einen Augenblick sah es aus, als würden in Finnland die Sowjetunion und die Westmächte aufeinanderstoßen. Das wäre eine für Deutschland ungewöhnliche Chance gewesen. Aber Stalin brach den Feldzug rechtzeitig ab, um nicht die Westmächte von Deutschland weg und auf die Sowjetunion zu ziehen. Er wartete auf seine Stunde und begnügte sich mit verhältnismäßig geringem Gewinn, der für Rußland dennoch eine erhebliche Verbesserung seiner strategischen Position einbrachte. Finnland mußte im Frieden von Moskau am 12. März 1940 die Karelische Landenge abtreten, auch Teile von Ostkarelien und einzelne Inseln. Hangö wurde ein sowjetischer Stützpunkt. Überdies erhielt die Sowjetunion Transitrechte zum Eismeerhafen Petsamo[7]).

Hitler machte nach dem Polenfeldzug, während dessen Dauer er den drei Wehrmachtteilen offensive Aktionen im Westen untersagt hatte, erneut den Versuch, die Westmächte abzuschütteln. Am 6. Oktober hielt er vor dem Reichstag eine Rede, die auf der Basis der deutschen Erfolge ein Friedensangebot an England enthielt[8]). Freilich war er sich nicht sicher, daß England tatsächlich nachgeben und ihm selber ein so leichter Triumph beschieden sein würde. Daher gab er drei Tage später die erste Weisung zur Vorbereitung des Feldzuges im Westen. Im Grunde wünschte er diesen

Entscheidungskampf, nachdem er den Rücken im Osten für den Augenblick frei glaubte. Die britische Regierung lehnte es in einer Unterhausrede Chamberlains vom 12. Oktober ab, mit Hitler Frieden zu schließen. Während sich nun Deutschland in den neu gewonnenen Gebieten einrichtete, die durch Versailles an Polen gefallenen ehemals deutschen Gebiete sowie das Wartheland unmittelbar in das Reich eingliederte und das übrige Polen als Generalgouvernement unter Hans Frank der deutschen Herrschaft unterstellte, wurden zugleich die Voraussetzungen für die Weiterführung des Krieges, nun gegen den Westen, geschaffen. Wirtschaftlichen Rückhalt gab ein mit der Sowjetunion am 11. Februar 1940 geschlossenes Wirtschaftsabkommen[9]). Solange Rußland aufgrund dieses Abkommens Getreide, Baumwolle, Eisen, Platin, Mangan und Öl lieferte, brauchte das Reich nichts von einer Blockade zu befürchten. Deutschland lieferte als Gegenleistung Produktionsgüter und Kriegsgerät. Aber auch militärisch kam das Bündnis mit der Sowjetunion Deutschland zugute. Deutschen Schiffen wurde im Kola-Fjord in der Nähe von Murmansk eine Versorgungsmöglichkeit geboten, die von heimkehrenden Blockadebrechern benutzt wurde. Die ganze Masse des deutschen Heeres konnte vom Osten nach dem Westen verlegt werden. Nur sieben Divisionen blieben an der russischen Grenze stehen. Hinter dem Westwall und der Maginot-Linie standen sich im Winter 1939/40 das französische und das deutsche Heer unbeweglich gegenüber.

Währenddessen bereitete sich der Kampf um Norwegen vor[10]). Der Weg entlang der 2000 Meilen norwegischer Küste gab der deutschen Schiffahrt die Möglichkeit, durch den englischen Blockadegürtel hindurchzugelangen. Hier wurde vor allem das wichtige schwedische Erz transportiert, das von Schweden mit der Bahn nach Narvik, von dort zu Schiff nach Deutschland gebracht wurde. England war ebenso daran interessiert, diesen Seeweg durch Verminung und Besetzung norwegischer Küstenstützpunkte zu unterbinden, wie Deutschland bestrebt sein mußte, dies zu verhindern. Die norwegische Regierung war bemüht, das Land aus dem Krieg herauszuhalten, obwohl kein Zweifel bestehen konnte, daß Norwegen durch seine wirtschaftlichen Interessen wie durch seine Sympathie der englischen Seite zuneigte und im Fall des Verlustes seiner Neutralität gegen Deutschland stehen würde[11]). Am 12. März 1940 beschloß das britische Kabinett die Hilfsaktion für Finnland über Norwegen und Schweden durchzuführen, obwohl die beiden Länder auf ihrer Neutralität bestanden. Frankreich war bereit, sich an diesem Unternehmen mit mehreren Divisionen zu beteiligen. Daladier und der französische Generalstabschef Gamelin hofften, durch eine Ausweitung des Krieges auf Skandinavien der geplanten deutschen Westoffensive zuvorkommen zu können. Nachdem am gleichen Tage diesem Plan durch den plötzlichen Friedensschluß Finnlands mit der Sowjetunion die politische Voraussetzung genommen worden war, entschied sich das britische Kabinett am 28. März für die Verminung norwegischer Küstengewässer. Anschließend sollten Narvik, Trondheim, Bergen und Stavanger besetzt werden. Die ersten Pläne hierzu reichen bis zum September 1939 zurück. Auch auf deutscher Seite wurden in der Seekriegsleitung seit längerem Überlegungen über eine eventuelle Landung in Norwegen angestellt. Hierbei spielten unterschiedliche Motive offensiver und defensiver Natur eine Rolle: Erwerb von Stützpunkten für die Seekriegführung gegen die britischen Zufahrtswege im Nordatlantik, Sicherung der skandinavischen Erzzufuhr nach Deutschland entlang der norwegischen Küste, Unterbindung der Zufuhr von Erz und Holz von Norwegen nach England. Ausgangspunkt für die Einschätzung Norwegens in der deutschen Seestrategie ist eine Denkschrift des Vizeadmirals Wolfgang Wegener aus dem Jahre 1926 über »Die Seestrategie des Weltkriegs«. Diese im Marineoffizierskorps umstrittene Schrift übte an der Marinekonzeption von Tirpitz, die auf eine Seeschlacht in der Nordsee angelegt gewesen war, Kritik und forderte statt dessen den offensiven Kampf um die atlantischen Seehandelswege von geeigneten Stützpunkten aus. Seit 1937 wurden in der Seekriegsleitung Überlegungen zum »Fall Norwegen« angestellt. Am 10. Oktober 1939, einen Tag nachdem Hitler seine erste Weisung für den »Fall Gelb«, die Vorbereitung des Angriffs im Westen, gegeben hatte, wies ihn Großadmiral Raeder auf die Bedeutung von Stützpunkten an der norwegischen Küste als alternative Möglichkeit für die weitere Kampfführung gegen England hin. Durch den finnisch-russischen Winterkrieg erhielt Norwegen erhöhte Aktualität. Man rechnete auf deutscher Seite mit einer britischen Landung. Von OKW und Seekriegsleitung wurden nunmehr auf Weisung Hitlers im Dezember 1939/Januar 1940 konkrete Operationsstudien ausgearbeitet. Der Altmark-Zwischenfall vom 16. Februar (vgl. Anm. 11) bestätigte den Eindruck, daß präventive Maßnahmen erforderlich seien. Nach dem plötzlichen Abschluß des finnisch-russischen Krieges gewann die Seekriegsleitung allerdings Mitte März den fälschlichen Eindruck, daß nunmehr mit britischen Landungsabsichten in Norwegen für die nächste Zeit nicht mehr zu rechnen sei.

Hitler hatte nach Zurückweisung seines Friedensangebotes nach dem Polenfeldzug zunächst geplant, sich gegen den Westen zu wenden, um durch die Niederwerfung Belgiens, Hollands und Frankreichs die Kanalküste und damit eine Basis für den U-Boot- und Luftkrieg gegen England zu gewinnen, in dem er den Hauptgegner sah. Halder und v. Brauchitsch verstanden es jedoch, Hitler durch militärische Erwägungen zu veranlassen, den Termin immer wieder hinauszuzögern. Der Polenfeldzug hatte Mängel in der Materialausrüstung und im Ausbildungsstand der Truppe erkennen lassen, die Wetterlage war ungünstig, zudem erhöhten die Belgier ihre Abwehrbereitschaft in dem Maße, wie sich die Nachrichten verdichteten, daß Deutschland einen Angriff vorbereite. Zu diesen Hinweisen auf die deutschen Pläne gehörten auch die Dokumentenreste aus der Mappe eines Kurieroffiziers, die infolge der Notlandung einer Luftwaffenmaschine bei Mecheln in belgische Hände gefallen waren[12]). Halder und v. Brauchitsch, aber auch Göring beurteilten die Chancen für einen Angriff im Westen durchaus pessimistisch. Pläne für den Sturz des Regimes, an denen Halder beteiligt war und in deren Mittelpunkt Beck stand, gediehen jedoch nicht über Planungen hinaus, obwohl damals die Opposition auf mancherlei Wegen und besonders über den Vatikan Verbindung zu englischen Regierungsstellen gewann und für den Fall, daß Hitler gestürzt würde, die Aussicht auf einen Verständigungsfrieden zu bestehen schien[13]).

Wenn sich Hitler noch vor dem Angriff im Westen zum Norwegen-Unternehmen entschloß, so ging der Anstoß hierzu von Raeder aus. Am 26. März trug er Hitler vor, eine Landung in Norwegen sei früher oder später notwendig. Er drängte auf eine schnelle Entscheidung, um die auf diese Aktion seit Wochen festgelegte Flotte baldmöglichst wieder für den unmittelbaren Einsatz im Kampf gegen die englischen Zufuhren verfügbar zu machen. Am 1. April befahl Hitler, am 8./9. April das Unternehmen »Weserübung« gegen Dänemark und Norwegen durchzuführen. So kam es, daß, ohne unmittelbar aufeinander bezogen zu sein, in den ersten Apriltagen 1940 eine britische und eine deutsche Operation gegen Norwegen gleichzeitig ins Werk gesetzt wurden. Am 8. April legte die britische Flotte vor der norwegischen Küste Minensperren aus. Am gleichen Tage setzte sich von England aus eine Flotte mit einem Expeditionskorps in Bewegung, um westnorwegische Häfen zu besetzen. Der deutsche Angriff auf Norwegen, eine kombinierte See-, Land- und Luftunternehmung, war in der Planung ebenso verwegen wie in der Durchführung kühn und entschlossen. Die Besetzung Dänemarks vollzog sich fast reibungslos, obwohl Absicht und Zeitpunkt der Aktion, die einen Bruch des deutsch-dänischen Nichtangriffspaktes darstellte, durch das dem deutschen Widerstand angehörende Mitglied der Abwehr, Oberst Oster, über den holländischen Militärattaché den Dänen vorher bekannt wurden[14]).

In Norwegen gelang es den deutschen Einheiten, den Briten zuvorzukommen und eine Reihe der wichtigsten Küstenplätze sowie Oslo zu besetzen. In Narvik landeten Teile einer Gebirgsdivision unter Generalleutnant Dietl. Sie hatten hier wechselvolle Kämpfe gegen später landende alliierte Truppen zu bestehen. Bei Narvik wie beim Kampf um den Oslofjord erlitt die deutsche Flotte größere Verluste. Insgesamt verlor sie beim Kampf um Norwegen neben kleineren Fahrzeugen und 6 U-Booten 3 Kreuzer und 10 Zerstörer. Hierdurch erklärt sich zum Teil die zögernde Haltung, die später die Marineleitung in den Planungen für eine Landung auf den Britischen Inseln einnahm. Die Landoperationen in Norwegen unter dem Kommando des Generals v. Falkenhorst führten gegen einen zäh und tapfer kämpfenden Gegner zur Vereinigung der von der Westküste und von Oslo her vorstoßenden Verbände. Die in Andalsnes und Namsos gelandeten alliierten Verbände wurden auf die Häfen zurückgedrängt und zur Wiedereinschiffung gezwungen. Nachdem die letzten britischen Einheiten das Land am 8. Juni verlassen hatten, kapitulierte das norwegische Heer am 10. Juni 1940. König Haakon und die Regierung flohen am 7. Juni nach England, um von hier aus einen im Laufe der Jahre wachsenden inneren Widerstand in Norwegen zu organisieren. Nur eine kleine Gruppe von Norwegern, die Nasjonal-Samling des ehemaligen Kriegsministers Vidkun Quisling, war bereit, mit der deutschen Besatzungsmacht zusammenzuarbeiten[15]). Quisling erstrebte ein unabhängiges Norwegen in einem von Deutschland geführten Bund der germanischen Völker. Trotz seiner Sympathien für das nationalsozialistische Deutschland hat er jedoch niemals eine Zusage Hitlers für die Unabhängigkeit Norwegens erhalten. Der eigentliche Herr im Lande war der Reichskommissar Terboven und nicht Quisling, auch wenn dieser später, im Februar 1942, eine Regierung bildete und die bisherige Verfassung außer Kraft setzte.

Im Unterschied zu Norwegen arbeitete die dänische Regierung, nachdem sie die Waffenstreckung der Truppe befohlen hatte, auch unter der deutschen Besatzung zunächst weiter. Erst als sich in der letzten Kriegsphase auch im dänischen Volk der Widerstand verstärkte, trat der im November 1942 ernannte »Reichsbevollmächtigte« Dr. Best im August 1943 an die Spitze der Verwaltung des Landes[16]). Am 29. August wurde der Ausnahmezustand erklärt und das dänische Heer entwaffnet. Die Flotte versenkte sich selbst.

Die schwedische Regierung konnte durch weitgehendes Entgegenkommen gegenüber deutschen Forderungen, so in der Frage der Erzlieferungen und des Transits nach Norwegen sowie durch den Verzicht auf die Unterstützung des norwegischen Widerstandes, die Souveränität und Integrität des Landes retten, war aber fortan zur verstärkten Rücksichtnahme auf Deutschland gezwungen[17]).

1) Dazu F. SIEBERT (s. § 70, Anm. 6) u. B. MARTIN, Friedensinitiativen u. Machtpolitik im Zw. Weltkrieg 1939—1942 (1974), S. 34 ff. — P. KIRCHEISEN, Die Dtld.politik der Westmächte während des komischen Krieges (Diss. Halle-Wittenberg 1965); G. ROSSI-LANDI, La drôle de Guerre. La vie politique en France, le 2 septembre 1939 (Paris 1971). 2) DW 397/601—604. — Dieser auch von westl. Militärtheoretikern wie Liddell-Hart u. de Gaulle entwickelte operative Gedanke des Panzereinsatzes gelangte durch Guderian in der dt. Armee zur Anwendung; H. GUDERIAN, Erinnerungen eines Soldaten (1951). — N. v. VORMANN, Der Feldzug 1939 in Polen. Die Operationen des Heeres (1958); H. ROOS, Die militärpolit. Lage u. Planung Polens gegenüber Dtld. vor 1939, in: Wehrwiss. Rdsch. 7 (1957); ders., Der Feldzug in Polen von Sept. 1939, ebd. 9 (1959). 3) ADAP, Serie D, Bd. 8, Nr. 78; W. SUKIENNICKI, The Establishment of the Soviet Regime in Eastern Poland in 1939, in: Journal of Central Europ. Aff. 23 (1963/64). Guter Überblick über die russ. Politik seit Ausbruch des Zw. Weltkrieges u. ausführliche Lit.angaben bei A. HILLGRUBER, Der Zw. Weltkrieg, 1939—1945, in: D. GEYER (Hg.), Osteuropa-Handbuch. Sowjetunion, Außenpolitik I (1972). Grundlegende sowj. Darstellung: Gesch. des Großen Vaterländischen Krieges der Sowjetunion

(1960), Bd. 1. **4)** Text u. Zusatzprotokolle in ADAP, Serie D, Bd. 8, Nr. 157—161. H. v. RIMSCHA, Die Umsiedlung der Deutschbalten aus Lettland im Jahre 1939 (o. J., 1959); H. HECKER, Die Umsiedlungsverträge des Dt. Reiches während des Zw. Weltkrieges (1971); W. v. RÜDIGER, Aus dem letzten Kapitel dt.-balt. Gesch. in Lettland, 1919—1939 (2 Bde. 1954/55); s. auch Lit. § 72, Anm. 14. **5)** Neben den entsprechenden Abschnitten in den Erinnerungen von W. v. BLÜCHER u. des finn. Oberbefehlshaber Marschall MANNERHEIM (s. o. S. 492) s. die Erinnerungen des damaligen finn. Diplomaten u. späteren Staatspräsidenten J. K. PAASIKIVI, Meine Moskauer Mission (a. d. Finn. 1966) sowie die Darstellung des Führers der finn. Sozialisten u. damaligen Außenministers Väinö TANNER, The Winter War. Finland against Russia 1939—40 (a. d. Finn., Stanford Univ. Press 1957); ferner M. JAKOBSON, Diplomatie im Finnischen Winterkrieg 1939—1940 (a. d. Amerik. 1970); A. F. UPTON, Finland 1939—40 (London 1974); Eloise ENGLE / L. PAANANEN, The Winter War. The Russo-Finnish Conflict 1939—40 (London 1973). **6)** Vgl. CHURCHILL, Der Zw. Weltkrieg, Bd. 1, 2, S. 203 ff.; N. ÖRVIK, Das engl.-norweg. Handelsabkommen u. die alliierten Interventionspläne im russ.-finn. Krieg, VfZG 4 (1956). Zur Auseinandersetzung in Schweden über das Ausmaß der Finnland zu gewährenden Hilfe: A. JOHANNSON, Finlands sak. Svensk politik och opinion under vinterkriget 1939—1940 (Stockholm 1973). **7)** Ursachen u. Folgen 14, Nr. 2947. **8)** DOMARUS, Hitler, Reden 2, S. 1377 ff.; zum Friedensangebot MARTIN, S. 57 ff. **9)** ADAP, Serie D, Bd. 8, Nr. 607 u. 636. Zu den russ. Lieferungen an Dtld. F. FRIEDENSBURG, Die sowj. Kriegslieferungen an das Hitlerreich (1962); W. BIRKENFELD, Stalin als Wirtschaftspartner Hitlers (1939—41), in: Vjschr. f. Soz.- u. Wirtsch. Gesch. 53 (1966). **10)** DW 397/605—607. — W. HUBATSCH, »Weserübung«. Die dt. Besetzung Dänemarks u. Norwegens 1940 ([2]1960). Die hier vertretene These, die dt. Skandinavienaktion sei defensiver Natur gewesen, ausgelöst durch die unmittelbar bevorstehende alliierte Landung in Norwegen, korrigiert C.-A. GEMZELL, Raeder, Hitler u. Skandinavien. Der Kampf für einen maritimen Operationsplan (Lund 1965). Vf. weist nach, daß der Gedanke an eine eventuelle Besetzung Skandinaviens im Falle eines Krieges mit England in den 20er Jahren auftauchte und in den 30er Jahren in die Überlegungen der Marine einbezogen wurde. Er urteilt: »Offensive und defensive Motive waren dabei innig und unzertrennlich verflochten«, und betont, »daß Raeders Norwegen-Engagement offensichtlich nicht durch tatsächliche Kenntnis von englischen Absichten gegen Norwegen ausgelöst wurde« (S. 276). Ähnlich, aber ausgewogener in der Beurteilung Raeders: M. SALEWSKI, Die dt. Seekriegsleitung 1935—1945, Bd. 1 (1970). — Das Norwegenunternehmen im Zusammenhang der polit. Konstellation schildert H.-D. LOOCK, Quisling, Rosenberg u. Terboven. Zur Vorgeschichte u. Geschichte der nat.soz. Revolution in Norwegen (1970), dort Angaben zu Quellen u. Lit. — Wichtigste norweg. Darstellungen: O. RISTE, War comes to Norway (a. d. Norweg. 1966); M. SKODVIN (Hg.), Mellom nøytrale og allierte (Oslo 1968); ders. (Hg.), Fra nøytral til okkupert (Oslo 1969); J. ANDENAES / O. RISTE / M. SKODVIN, Norway and the Second World War (1966). — s. Lit. S. 498. **11)** Die schwierige Lage des neutralen Staates im Konflikt der Großmächte beleuchtet der Altmark-Fall. Ein brit. Zerstörer brachte am 16. Febr. 1940 in norweg. Gewässern diesen dt. Dampfer auf, der engl. Kriegsgefangene an Bord hatte. Der Überfall löste einen norweg. Protest u. brit. Gegenprotest aus: H. KNACKSTEDT, Der Altmark-Zwischenfall, Wehrwiss. Rdsch. 9 (1959). **12)** H.-A. JACOBSEN, 10. Jan. 1940, Die Affäre Mecheln, Wehrwiss. Rdsch. 4 (1954); Dok. hierzu in ders., Dok. zur Vorgeschichte des Westfeldzuges (1956), Nr. 46—55; J. VANWELKENHUYZEN, Die Niederlage u. der »Alarm« im Jan. 1940, VfZG 8 (1960). — Lit. zum Feldzugplan s. § 72. **13)** Hierzu E. KOSTHORST, Die dt. Opposition gegen Hitler zw. Polen- u. Frankreichfeldzug ([2]1955); H. C. DEUTSCH, Verschwörung gegen den Krieg. Der Widerstand in den Jahren 1939—1940 (a. d. Amerikan. 1969); Tagebücher von GROSCURTH u. HALDER (s. S. 491 f., 503). Weitere Lit. in § 82. Über die vatikanische Fühlungnahme bes. K. SENDTNER, Die dt. Militäropposition, in: »Vollmacht des Gewissens« 1 (1956); P. LUDLOW, Papst Pius XII., die brit. Regierung u. die dt. Opposition im Winter 1939/40, Dokumentation, VfZG 22 (1974). **14)** Zur Beurteilung Osters, der neben Dänemark auch Holland u. Belgien warnen ließ, ohne daß man dort seinen Mitteilungen großes Gewicht beimaß, H. GRAML, Der Fall Oster, VfZG 14 (1966); DEUTSCH, S. 55 ff., 72 ff. Wie Deutsch im einzelnen nachweist, haben außer Oster auch General v. Reichenau u. Oberst i. G. Warlimont Holland, Belgien u. England warnen lassen. Reichenau, selbst überzeugter Nat.soz. u. ein Außenseiter im Generalstab, hatte persönlich versucht, Hitler vom Angriff im Westen abzubringen, u. griff dann zu dem Mittel der Warnung der Westmächte, weil er hoffte, daß sichtbare Gegenmaßnahmen Englands u. Hollands Hitler zurückhalten würden. **15)** Zu Quisling: LOOCK (s. Anm. 10), ferner mit unterschiedlicher Bewertung P. M. HAYES, Quisling. The career and political ideas of Vidkun Quisling, 1887—1945 (London 1972), u. R. HEWINS, Quisling — Verräter oder Patriot? (a. d. Engl. 1972). Zur dt. Politik in Norwegen nach der Besetzung neben LOOCK: M. SKODVIN, Striden om okkupasjonsstyret i Norge fram til 25. Sept. 1940 (Oslo 1956); zu Kollaboration u. Widerstand: M. SKODVIN, Norway under Occupation, in: J. ANDENAES / O. RISTE / M. SKODVIN, s. o. Anm. 10. **16)** E. THOMSEN, Dt. Besatzungspolitik in Dänemark 1940—1945 (1971); H. KIRCHHOFF / H. S. NISSEN / H. POULSEN, Besaettelsestidens historie (Kopenhagen 1965). **17)** H.-J. LUTZHÖFT, Dtld. u. Schweden während des Norwegenfeldzuges (9. April — 10. Juni 1940), VfZG 22 (1974); Erinnerungen des damaligen Leiters der Außenhandelspolit. Abt. im schwed. Außenministerium G. HÄGGLÖF, Svensk Krigshandelspolitik under andra världskriget (Stockholm 1958); W. M. CARLGREN, Svensk utrikespolitik 1939—1945 (Stockholm 1973); zahlreiche Spezialuntersuchungen in der Reihe: Sverige under andra världskriget (SUAV) (Stockholm 1971 ff.).

§ 72 Niederwerfung Hollands, Belgiens und Frankreichs, Vordringen Rußlands im Baltikum und auf dem Balkan

Vergeblich hatten Belgien und Holland am 7. November 1939 noch einmal versucht, zwischen den beiden westlichen Großmächten und Deutschland zu vermitteln. Das Schicksal Norwegens zeigte, daß strategische Planungen von beiden Seiten her vor der Verletzung der Neutralität kleinerer Staaten nicht zurückschreckten. Der französische Kriegsplan war auf Verteidigung entlang der Maginot-Linie angelegt. Die Masse der beweglichen Kräfte wurde am Nordflügel aufgestellt, um im Falle eines deutschen Angriffs auf Holland und Belgien sofort auf die Linie Antwerpen—Namur (Dyle-Stellung) vorzurücken und hier zusammen mit der belgischen und im Anschluß an die holländische Armee den Angriff aufzufangen. Ende März trat Reynaud als Ministerpräsident an die Stelle Daladiers. Er wollte dessen »attentisme« durch eine aktivere Politik und Kriegführung ersetzen. Am 28. März vereinbarten die französische und die britische Regierung, daß in keinem Falle einer der beiden Verbündeten einen Sonderfrieden oder einen Sonderwaffenstillstand abschließen werde. An dem britischen Unternehmen gegen Norwegen beteiligte sich Frankreich aktiv. Der Generalstabschef Gamelin forderte außerdem, dem erwarteten deutschen Angriff durch das Vorrücken bis an die Dyle-Stellung zuvorzukommen.

Hitler hatte schon am 23. Mai 1939 vor den Oberbefehlshabern erklärt: »Gelingt es, Holland und Belgien zu besetzen und zu sichern sowie Frankreich zu schlagen, dann ist die Basis für einen erfolgreichen Krieg gegen England geschaffen.«[1]) Die deutschen Armeen waren in drei Heeresgruppen gegliedert. In der Mitte Heeresgruppe A unter Generaloberst v. Rundstedt, im Norden die Heeresgruppe B unter Generaloberst v. Bock, im Süden die Heeresgruppe C unter Generaloberst v. Leeb. Deutschland besaß im Westfeldzug nicht von vornherein eine solche numerische Überlegenheit der Kräfte wie gegenüber Polen[2]). Aber es verfügte über eine größere Luftwaffe und über zweckmäßiger gegliederte operative Panzerverbände. Auf deren Schlagkraft baute sich der Feldzugsplan auf. Dieser ist im Oktober 1939 nach Weisung des OKW vom Generalstab zunächst improvisiert worden. Erst im Laufe der Wintermonate gewann er die Form, in der er schließlich durchgeführt werden sollte. Verschiedene Kräfte rangen miteinander. Halder und v. Brauchitsch waren aus militärischen und politischen Überlegungen im Grunde überhaupt gegen eine offensive Kriegführung im Westen. Ihrem ersten Operationsplan fehlte daher die entschiedene Zielsetzung, das französische Heer zu vernichten. Sie erstrebten mit starkem rechtem Flügel Raumgewinn in Holland, Belgien und an der Kanalküste zur Deckung des Ruhrgebiets und als Basis für den Luft- und Seekrieg gegen England. Hitler selbst hatte hingegen in einer Denkschrift vom 9. Oktober für den Fall einer Auseinandersetzung im Westen als Ziel die »unter allen Umständen anzustrebende Vernichtung der französischen und britischen Streitkräfte« bezeichnet. In diesem Gedanken fand er sich durch einen Plan bestätigt, den General v. Manstein, damals Chef des Stabes der Heeresgruppe A, entwickelte. Dieser wollte den Hauptstoß nicht am rechten Flügel der Angriffsfront, sondern über die Ardennen führen, um die Holländer, Belgier und die britische Expeditionsarmee von den Franzosen zu trennen. Auch diese Verlagerung des Schwerpunktes kam eigenen Überlegungen Hitlers entgegen. Das OKH hat sich schließlich diesen Gedanken zu eigen gemacht und im »Sichelschnitt-Plan« die Kräfte entsprechend angesetzt. Diesem Plan zufolge sollte unter Brechung der holländischen und belgischen Neutralität wie im früheren Schlieffenplan der entscheidende Vorstoß nach Nordfrankreich hinein geführt werden, aber nicht als Umfassung, sondern als Durchbruch. An der belgischen Grenze waren die französischen Befestigungen ungleichmäßig ausgebaut und relativ schwach. Wenn hier der Durchbruch gelang, so stand in den Panzerverbänden eine Waffe zur Verfügung, die im Unterschied zum Jahre 1914 dem Angreifer eine taktische Überlegenheit gegenüber dem Verteidiger gab. Die schnelle Beweglichkeit der Panzerwaffe ließ mit der Möglichkeit rechnen, daß diesmal eine Umfassung der gesamten französischen Festungsfront von Westen her gelingen könnte. Im Unterschied zum Schlieffenplan wurde dieser Umfassungsbewegung nach links der »Sichelschnitt« nach rechts vorgeschaltet. Und anders als Schlieffen verzichtete diesmal die deutsche Führung darauf, den Ablauf der Operationen über die ersten Phasen hinweg im voraus festlegen zu wollen[3]).

Am 10. Mai 1940 begann der Angriff[4]). Die Niederlande[5]) kapitulierten schon nach wenigen Tagen, nachdem es Luftlandetruppen gelungen war, die Maasbrücke bei Moerdijk unbeschädigt zu erobern und damit unter Umgehung der Festungslinie einen Weg in die Festung Holland zu eröffnen. Die Altstadt Rotterdams wurde am 14. Mai durch einen Luftangriff zerstört[6]). Königin Wilhelmina und die Regierung entwichen nach England. In Belgien fielen die Festungen Lüttich, Namur und die Dyle-Stellung bis zum 16. Mai, am 17. Mai wurde Brüssel besetzt, am 18. Antwerpen. Das belgische Heer wurde von seiner Verbindung mit Engländern und Franzosen, die sofort nach Eröffnung des deutschen Einmarsches von Frankreich aus eingerückt waren, abgeschnitten. Die Regierung ging nach England, aber König Leopold III. wollte sich nicht von seiner Armee trennen und unterzeichnete am 28. Mai die Kapitulation[7]). Er blieb während des Krieges als Kriegsgefangener auf Schloß Laeken.

Gegen Frankreich war dem deutschen Angriffsplan ein voller Erfolg beschieden. Schon am 20. Mai hatten die Panzerverbände des Generals v. Kleist, die im Rahmen der Heeresgruppe A operierten, entlang der Aisne und Oise die Sommemündung erreicht. Sie schwenkten nun nach Norden ein und eroberten die Küstenstädte Boulogne und Calais. Während dieser Zeit rückte die Heeresgruppe B mit ihren Infanterieverbänden in langsamerem Angriff von Osten her vor. Brauchitsch und Halder hatten nun die Absicht, die von Osten, Süden und Westen her umfaßte britische Expeditionsarmee, bei der sich auch noch eine größere Anzahl französischer Divisionen befand, durch einen weiteren Vorstoß der Panzer nach Dünkirchen von der See abzuschneiden. Das Schicksal der eingeschlossenen Truppen schien besiegelt. In diesem Augenblick griff Hitler zum zweitenmal in die Planung des Oberkommandos des Heeres ein. Er ließ am 24. Mai die Panzer anhalten. Brauchitsch und Halder hatten die langsamere nördliche Heeresgruppe Bock zum Amboß, die Panzertruppe Kleist zum Hammer machen wollen. Durch den Befehl Hitlers wurde das Verhältnis umgekehrt. Die Vollendung der Einschließung von Seeseite wurde der Luftwaffe übertragen. Göring hielt es für möglich, ein Entweichen über See zu verhindern. Dieser für den Fortgang des Krieges folgenschwere Befehl stand im Widerspruch zur Ansicht v. Brauchitschs,

Halders und der örtlichen Befehlshaber, entsprach jedoch der Beurteilung der Lage durch Generaloberst v. Rundstedt. Als zwei Tage später der Befehl rückgängig gemacht wurde, war es zu spät. Der eingeschlossene Gegner hatte inzwischen seinen Rückzugsweg nach Dünkirchen durch einen starken Flankenschutz gesichert. Unter Heranziehung aller verfügbaren Boote konnten über 200 000 Briten und über 100 000 Franzosen unter Zurücklassung allen Kriegsmaterials nach England entkommen — der Grundstock für die Bildung einer neuen Armee.

Der Entschluß zum Anhalten der Panzer vor Dünkirchen war in der Literatur umstritten. Für die Beteiligten, nämlich den Generalstab und die Kommandeure der Panzergruppe Kleist, stand es außer Frage, daß Hitler selbst der Verantwortliche für diesen Entschluß war. Winston Churchill behauptet in seinen Erinnerungen, daß Rundstedt den Befehl gegeben habe. Das amtliche englische Werk über den Krieg in Frankreich übernimmt diese These: Hitler habe am 25. Mai lediglich den Befehl Rundstedts vom Vortage bestätigt. Eine spätere Untersuchung[8]), die die bisher bekannten schriftlichen Quellen durch Befragung der noch lebenden Zeugen ergänzte, kam zu dem Ergebnis, daß »Hitler den Befehl zum Anhalten der Panzertruppen aus seiner Auffassung von der Lage und in eigener Verantwortung gegeben« habe, »wobei er allerdings durch die Lagebeurteilung bei der Heeresgruppe in seinen Gedankengängen bestärkt wurde«. Zudem habe »Rundstedt in dieser Frage keinen ausgeprägten Führungswillen gezeigt«. Das Ungewöhnliche, von der deutschen Kriegführung her betrachtet Verhängnisvolle dieses Befehls hat zu mancherlei Spekulationen über die Gründe hierzu Anlaß gegeben. Besonders von Liddell Hart und von Kurt Assmann wurde die These vertreten[9]), daß Hitler die Engländer aus politischen Gründen habe entkommen lassen wollen, um ihnen goldene Brücken zu bauen und sie zum Frieden zu bewegen. Dem steht entgegen, daß die Heeresgruppe B und die Luftflotte 2 des Generals der Flieger Kesselring den Befehl hatten, die Einschließung zu vollenden. Göring drängte Hitler, die Vernichtung des eingeschlossenen Feindes der Luftwaffe zu überlassen. Dieser hat ebensowenig wie irgendeiner der beteiligten deutschen Führer den Gedanken geäußert, daß es richtig wäre, den eingeschlossenen Gegner entkommen zu lassen. Die allgemeine Überzeugung war im Gegenteil, daß das Schicksal der Eingeschlossenen besiegelt sei. Niemand, weder Hitler noch die deutschen Generäle, noch auf der anderen Seite Churchill und die britische Führung rechneten mit der Möglichkeit, mit einer so großen Zahl davonzukommen. Welche Überlegung Hitler zu der Annahme hätte veranlassen können, die Engländer würden entgegenkommender sein, wenn sie über einen starken Mannschaftsbestand verfügten, als wenn sie ihn nicht hätten, ist schwer einzusehen. So berichtet denn auch der damalige Heeresadjutant Hitlers, Generalleutnant a. D. Engel, daß Hitler in jenen Tagen häufig geäußert habe, er wolle die englische Armee vernichten, um England friedensbereiter zu machen[10]). Schließlich hat er selbst am 26. Mai seinen Anhaltebefehl rückgängig gemacht. Die Gründe Hitlers für das Anhalten der Panzer sind militärischer Art gewesen. Er wollte die kostbaren Panzerverbände in dem sumpfigen Gelände Flanderns nicht unnötigen Verlusten aussetzen in einer Einschließungsschlacht, die er für bereits gewonnen hielt. Denn so groß die bisher errungenen Erfolge waren, so wenig war doch der Feldzug bereits entschieden. Auf dem linken Ufer von Aisne und Somme hatten die Franzosen, deren Oberbefehl anstelle des Generals Gamelin nunmehr General Weygand übernommen hatte, eine neue Stellung aufgebaut. Hitler wollte den Angriff in der Hauptrichtung in Schwung halten.

Die zweite Phase des Frankreichfeldzuges begann zwischen dem 5. und 9. Juni mit der Überschreitung von Somme und Aisne durch die mittlere und nördliche Heeresgruppe. Nachdem der Durchbruch durch die französischen Stellungen erzwungen war, stießen die Panzergruppen Guderian und Kleist in den freien mittelfranzösischen

Raum vor. Am 14. Juni griff nun auch die Heeresgruppe C an. Südlich Saarbrücken und bei Colmar bezwang sie die Maginot-Linie. Am 22. Juni kapitulierten die im Elsaß stehenden französischen Verbände. Am 14. Juni wurde Paris kampflos besetzt. In kurzer Zeit war die ganze nord- und westfranzösische Küste in deutscher Hand.

Durch die deutschen Erfolge war inzwischen Mussolini aus seiner Zurückhaltung herausgerissen worden. Am 10. Juni erklärte er Frankreich und England den Krieg[11]). Ohne Erfolg griff die unter Mussolinis Oberbefehl gestellte italienische Wehrmacht die französischen Alpenstellungen an. Deutsche Angriffe in den Rücken dieser Stellungen brachten auch hier die Entscheidung und öffneten die Alpenpässe. Zu Kriegsbeginn hatte die italienische Haltung der Nichtkriegführung Hitlers Erwartungen enttäuscht. Das verspätete Eingreifen Mussolinis in den Krieg zu dem Zweck, rechtzeitig einen Anteil an der Beute zu sichern, kam ihm ebenfalls ungelegen. Es brachte ihn in Schwierigkeiten bei der künftigen Regelung des deutschen Verhältnisses zu Frankreich. Die italienischen Forderungen auf Korsika und auf französische Besitzungen in Nordafrika und die deutschen Bemühungen, Frankreich zu gewinnen, wenn nicht für eine aktive Kriegführung gegen England, so doch zur Verteidigung Nordafrikas gegen einen möglichen englischen Angriff mit Hilfe der französischen Flotte, stießen sich hart im Raume. Freilich mußte Frankreich auch von deutscher Seite außer dem Verlust von Elsaß-Lothringen weitere Gebietsforderungen erwarten, ohne daß im Verlaufe des Krieges jemals klar ausgesprochen worden wäre, mit welchen zukünftigen Grenzen Frankreich zu rechnen hätte.

Zunächst wurde mit Marschall Pétain, der am 16./17. Juni mit Pierre Laval ein neues Kabinett gebildet hatte, der Abschluß eines Waffenstillstandes vereinbart. Im Walde von Compiègne und im gleichen Eisenbahnwagen, in dem am 11. November 1918 die deutschen Unterhändler von Foch die Waffenstillstandsbedingungen hatten entgegennehmen müssen, wurden am 21. Juni den französischen Unterhändlern die deutschen Bedingungen überreicht und am 22. Juni der Waffenstillstandsvertrag unterzeichnet[12]): Frankreich wurde in ein besetztes und unbesetztes Gebiet geteilt, wobei die Hauptstadt, die nordfranzösische Industrie sowie die Kanal- und Atlantikküste in deutscher Hand blieben (»Militärbefehlshaber Frankreich«, Sitz Paris, und »Militärbefehlshaber Belgien und Nordfrankreich«, dem die Departments Pas de Calais und Nord unterstellt wurden, Sitz Brüssel). Die Franzosen behielten ein Freiwilligenheer und mit eingeschränkter Verfügungsgewalt die Flotte und eine kleine Luftwaffe. Die Regierung Pétain wählte den Badeort Vichy zu ihrem Sitz. In Paris, als der Hauptstadt Frankreichs, residierte der neu ernannte Botschafter Abetz, der sich seit vielen Jahren im Zusammenhang mit den von der Jugendbewegung und von Intellektuellenkreisen getragenen Bestrebungen um ein »rapprochement franco-allemand« einen Namen gemacht hatte. Zwei Tage nach dem Waffenstillstand mit Deutschland folgte der Waffenstillstand mit Italien.

Wie das französische Land, so war auch die französische Nation gespalten. Während Pétain als Staatsoberhaupt und Ministerpräsident des »Etat français« mit Laval als leitendem Minister sich um die Normalisierung des Verhältnisses zu Deutschland bemühte, sammelte General de Gaulle von London aus diejenigen Kräfte, die zur Fortführung des Kampfes entschlossen waren[13]).

Frankreich, die unbestrittene militärische Vormacht auf dem europäischen Kontinent in dem Jahrzehnt nach dem Ersten Weltkrieg, war in unerwartet kurzer Zeit zusammengebrochen. Die deutsche Wehrmacht erschien unbesiegbar. Was 1914/18 der durch den Krieg an zwei Fronten belasteten deutschen Führung als kriegsentscheidend erschienen wäre, die Ausschaltung der französischen Militärmacht und die Gewinnung der Kanalküste, war im ersten Anlauf erreicht. Eine der Voraussetzungen für den Erfolg war die durch den Pakt mit Rußland gewonnene Rückenfreiheit im Osten.

Die Bindung der deutschen Kräfte im Westen gab aber zugleich der Sowjetunion die Möglichkeit, ihre eigenen Positionen im Baltikum und auf dem Balkan vorzuschieben[14]). In der Zeit vom 4.—17. Juni, während die deutschen Armeen tief im französischen Raum gebunden waren, erzwangen sowjetische Ultimaten in den baltischen Staaten die Bildung kommunistischer Regierungen. Im Juli und August wurden Estland, Lettland und Litauen in die Sowjetunion eingegliedert. Dieser Vorgang hielt sich noch im Rahmen des Hitler-Stalin-Paktes. Von Rumänien verlangte aber die Sowjetunion am 26. Juni neben Bessarabien, über die Vereinbarungen mit Deutschland hinausgehend, auch die Abtretung des nördlichen Teiles der Bukowina, indem sie auf ihre ursprüngliche Absicht, dieses ganze Gebiet zu erwerben, aufgrund deutscher Vorhaltungen verzichtete[15]). Rumänien, das in Berlin vergeblich um Hilfe nachsuchte, nahm das auf 24 Stunden befristete Ultimatum am 27. Juni an. Deutschland und Rußland schlossen am 5. September einen Vertrag über die Umsiedlung der 93 500 Deutschen aus Bessarabien und der 43 500 deutschen Bewohner der Nordbukowina in das deutsche Reichsgebiet. Was bedeutete es, wenn Rußland sich an das rumänische Ölgebiet heranschob? Von den rumänischen Öllieferungen war der deutsche Panzerkrieg abhängig gewesen. Sie waren die Voraussetzung für die Führung des U-Boot- und Luftkrieges gegen England. Rumänien war seit über einem Jahr wirtschaftlich eng an Deutschland gebunden. Acht Tage nach dem russischen Ultimatum gelangte zudem mit Gigurtu eine achsenfreundliche Regierung an die Macht. Daher besaß Deutschland ein lebenswichtiges Interesse daran, daß die Verhältnisse im Balkanraum nicht in Bewegung gerieten, solange der Krieg im Westen nicht beendet war. Die Stabilität der südosteuropäischen Verhältnisse war jedoch dadurch gefährdet, daß in diesem Raum von außen her die Bestrebungen dreier Mächte aufeinanderstießen: Rußlands, Deutschlands und Italiens. Italien hatte schon in den Römischen Protokollen mit Österreich und Ungarn seinen Anspruch auf Mitsprache in diesem Raum angemeldet. Durch die Ostpolitik des nationalsozialistischen Deutschlands ermutigt, richtete es seine Blicke auf die dalmatinische Küste. Der deutsche Angriff auf Prag war für Italien der Anlaß geworden, sich Albanien anzueignen und damit unmittelbar auf dem Balkan Fuß zu fassen. Deutschland war durch den Anschluß und die Errichtung des Protektorats zur Vormacht des Donauraumes geworden. Zu Bulgarien bestand ein traditionell gutes Verhältnis, Rumänien war durch Wirtschaftsverträge eng an das Reich gebunden, in der Türkei wirkte v. Papen als Botschafter dem britischen Einfluß entgegen[16]). Indem die Sowjetunion nunmehr durch den Gewinn von Bessarabien und der Nordbukowina in den Balkanraum vorstieß, griff sie hier wie im Baltikum alte Ziele der zaristischen Zeit wieder auf. War damals das zaristische Rußland mit den Interessen Österreich-Ungarns zusammengestoßen, so standen sich nun in der Erbschaft beider Mächte im europäischen Südosten die Sowjetunion und das nationalsozialistische Deutschland gegenüber. Im Unterschied zum Baltikum und zu Polen hatte der Hitler-Stalin-Pakt im Südostraum keine klare Trennungslinie für beiderseitige Interessensphären gezogen. Nur Bessarabien war als sowjetisches Interesse anerkannt worden.

Wenn die Besitzverhältnisse in diesem Raum durch das Vordringen großer Mächte in Bewegung gerieten, mußten notwendigerweise auch alte unbefriedigte Ansprüche von Völkern dieses Raumes selber wieder wach werden. Die Zerschlagung der Tschechoslowakei hatte Polen und Ungarn in Bewegung gebracht. Die Wegnahme rumänischen Gebietes durch die Sowjetunion weckte die alten Begehrlichkeiten der südlichen und westlichen Nachbarn: Bulgarien forderte die südliche Dobrudscha, die es von 1916 bis 1919 vorübergehend in Besitz gehabt hatte; Ungarn verlangte Siebenbürgen zurück. Es drohte zu einem rumänisch-ungarischen Krieg zu kommen. An den niemals ausgeglichenen Gegensätzen in diesem Raum hatte sich der Erste Weltkrieg entzündet. Welche unabsehbaren Möglichkeiten hätte ein ungarisch-rumänischer Krieg dem russischen Vordringen eröffnet! Wollte Hitler nicht des rumänischen Öls verlustig gehen, so mußte er das schwelende Feuer austreten. Der zweite Wiener Schiedsspruch vom 30. August 1940[17]), der gemeinsam von Ribbentrop und Ciano gefällt wurde, gab Ungarn den nördlichen Teil Siebenbürgens zurück. Rumänien, das außerdem die südliche Dobrudscha an Bulgarien abtrat, erhielt von den Achsenmächten eine Garantie seines verringerten Bestandes. England hatte nach der Annäherung Rumäniens an die Achse seine im April 1939 gegebene Garantie fallenlassen. Die Vorgänge führten in Rumänien zu einer staatlichen Umwälzung. König Carol II. dankte im September 1940 zugunsten seines Sohnes Michael ab. General Antonescu, ehemals Chef des Generalstabes und zeitweilig Kriegsminister, übernahm als Staatsführer die Leitung einer autoritären Regierung. Das Reich zeigte sich entschlossen, die Rumänien gegebene Garantie militärisch zu festigen. Im Oktober 1940 wurden zunächst eine Militärmission, später auch deutsche »Lehrtruppen« nach Rumänien entsandt. Gegen den Wiener Schiedsspruch erhob Sowjetrußland scharfen Protest. Es betonte sein eigenes Interesse an diesem Raum und sah in der Art des deutschen Vorgehens einen Bruch der Konsultativverpflichtung des deutsch-russischen Freundschaftspaktes[18]). So gerieten durch den Wiener Schiedsspruch und die russische Reaktion auf ihn die beiden Paktmächte auf dem Balkan in einen offenen Gegensatz. Inzwischen begann im Westen der Luftkrieg gegen England.

Zum Westfeldzug DW 397/608—614; H.-A. JACOBSEN, Der Westfeldzug 1940 im neueren Schrifttum. Bücherschau der Weltkriegsbücherei 30 (1958) H. 1/4; ders., Der Fall Gelb. Der Kampf um den dt. Operationsplan zur Westoffensive 1940 (1957); ders. (Hg.), Dokumente zur Vorgeschichte des Westfeldzugs 1939—1940 (1956); ders. (Hg.), Dokumente zum Westfeldzug 1940 (1960); A. HILLGRUBER, Hitlers Strategie. Politik u. Kriegführung 1940—1941 (1965); B. MARTIN (s. o. § 71). — Von ausländ. Werken seien genannt: WOODWARD, Bd. 1, u. aus der Reihe der amtl. engl. Kriegsgeschichte: L. F. ELLIS (alle Titel S. 494); W. L. SHIRER, Der Zusammenbruch Frankreichs. Aufstieg u. Fall der Dritten Republik (a. d. Amerik. 1970); A. BEAUFRE, Le drame de 1940 (Paris 1965).

1) S. § 70, Anm. 3. 2) Zahlenangaben für beide Seiten bei A. HILLGRUBER / G. HÜMMELCHEN, Chronik des Zw. Weltkrieges (1966), S. 9 f.; H. MICHEL, La seconde guerre mondiale 1 (1968), S. 97 ff. 3) Grundlegend für die Operationsplanungen JACOBSEN, Fall Gelb; ders., Dok. zur Vorgesch. des Westfeldzuges. 4) Am 10. Mai 1940 wurden auf die Stadt Freiburg i. Br. von Flugzeugen Bomben geworfen, die Opfer unter der Bevölkerung forderten. Der Angriff wurde von der dt. Propaganda französ. bzw. brit. Fliegern zugeschrieben. Nach dem Kriege tauchte die Version auf, die Bomben seien von dt. Flugzeugen auf Befehl Hitlers geworfen worden, um einen Vorwand für Angriffe auf die feindliche Zivilbevölkerung zu gewinnen. Die Frage ist geklärt: die Bomben wurden von dt. Flugzeugen geworfen, die die Orientierung verloren hatten, vgl. A. HOCH, Der Luftangriff auf Freiburg am 10. Mai 1940, VfZG 4 (1956). 5) C. T. de JONG, Het Koninkrijk der Nederlanden in de Tweede Wereldoorlog, Bd. 1 (1969). — Zum Schicksal des ebenfalls überrannten u. dann ins Reich eingegliederten Luxemburg: H. KOCH-KENT, 10 Mai en Luxembourg. Témoignages et documents (1971); ders., Hitlertum in Luxemburg 1933—1944 (²Luxemburg 1972); W. A. FLETCHER, The German Administration in Luxemburg 1940—1942. Toward a »de facto« annexation, in: Hist. J. 13 (1970). 6) Der Bombenangriff war vom AOK XVIII angesetzt worden, um den Widerstand der Stadt zu brechen. Als sich Zeichen von Kapitulationsbereitschaft zeigten, ehe die Bomben fielen, war es zu spät, um den Angriff insgesamt noch rechtzeitig zurückzurufen. Hierzu H.-A. JACOBSEN in: Wehrwiss. Rdsch. 8 (1958); vgl. ders., Dünkirchen (1958), S. 28 u. 212, Anm. 33. 7) La Campagne de mai 1940, Ministère de la guerre, Service Hist. (1945); J. GERARD-LIBOIS / J. GOTOVITCH, L'an 40. La Belgique occupée (Bruxelles 1971). 8) H. MEIER-WELCKER, Der Entschluß zum Anhalten der dt. Panzertruppen in Flandern 1940, VfZG 2 (1954). — Abschließend über den Befehl zum Halt u. zum Wiederantritt der Panzer: H.-A. JACOBSEN, Dünkirchen (1958); ders., Dünkirchen 1940, in: H.-A. JACOBSEN / J. ROHWER (Hg.), Entscheidungsschlachten des Zw. Weltkrieges (1960). Er schreibt v. Rundstedt die Hauptverantwortung zu für das verspätete Wiederantreten der Panzer.

9) Titel s. o. S. 494 f. 10) Hildegard v. KOTZE (Hg.), Heeresadjutant bei Hitler 1938 bis 1943. Aufzeichnungen des Major Engel (1974), S. 80 f. 11) Dazu F. SIEBERT (s. § 70, Anm. 6). 12) Text in ADAP, Serie D, Bd. 9, Nr. 512. Auf dt. Akten beruhende Darstellungen: E. JÄCKEL, Frankreich in Hitlers Europa. Die dt. Frankreichpolitik im Zw. Weltkrieg (1966); H. BÖHME, Der dt.-franz. Waffenstillstand im Zw. Weltkrieg. Teil 1 (1966); H. MICHEL, Vichy. Année 40 (Paris 1966); M. LAUNAY, L'armistice de 1940 (Paris 1972). 13) Lit. zu PÉTAIN, LAVAL, de GAULLE s. S. 493. 14) Knappe Darstellung u. weiterführende Lit.angaben bei HILLGRUBER (s. § 71, Anm. 3). Zum Vorgehen Rußlands gegen die baltischen Staaten: B. MEISSNER, Die Sowjetunion, die Baltischen Staaten u. das Völkerrecht (1956); G. v. RAUCH, Die Geschichte der baltischen Staaten (1970); D. A. LOEBER (Hg.), Diktierte Option. Die Umsiedlung der Deutsch-Balten aus Estland und Lettland 1939—1941 (1972). 15) A. HILLGRUBER, Hitler, König Carol u. Marschall Antonescu. Die dt.-rumän. Beziehungen 1938—44 (1954); J. W. BRÜGEL, Das sowj. Ultimatum an Rumänien im Juni 1940, VfZG 11 (1963). 16) L. KRECKER, Dtld. u. die Türkei im Zw. Weltkrieg (1964). 17) ADAP, Serie D, Bd. 10, Nr. 413. 18) Ebd., Nr. 181.

§ 73 Kampf gegen England: Invasionspläne, Handelskrieg, Luftkrieg, Kampf um das Mittelmeer

Nach dem Zusammenbruch Frankreichs hoffte Hitler, daß England zum Frieden geneigt sein werde. Er war bereit, ihn unter Bedingungen zu gewähren, von denen er glaubte, daß sie von England in seiner hoffnungslos scheinenden militärischen Lage als verhältnismäßig günstig nicht zurückgewiesen werden könnten. Außer der Rückgabe deutscher Kolonien sollte England keine unmittelbare Einbuße erleiden, sich aber mit der Herrschaft Deutschlands über Europa abfinden. Das europäisch-deutsche Kontinentalreich würde aber zugleich eine Seemacht sein. Raeder legte Hitler nach dem Sieg über Frankreich Pläne für die verstärkte Wiederaufnahme des bei Kriegsbeginn stillgelegten Aufbaus einer deutschen Flotte vor, deren Kern schwere Überwassereinheiten bilden sollten. Dahinter stand bei der Seekriegsleitung die Vorstellung, daß Deutschland die Häfen in Norwegen und an der französischen Kanal- und Atlantikküste für dauernd unter Kontrolle behalten und im Zusammenhang mit dem künftigen Kolonialreich auch in Afrika über maritime Stützpunkte verfügen müsse. Hitler gab am 11. Juli 1940 in einer Unterredung mit Raeder seine Zustimmung zum Flottenbau, der als vordringlich behandelt werden sollte. Die Voraussetzung für die Verwirklichung dieses Zeit erfordernden Planes war zunächst die Beendigung des Krieges, mit der Hitler rechnete. Er verschob die Siegesfeier im Reichstag, weil er hoffte, zugleich Englands Friedensbereitschaft verkündigen zu können. Er wartete vergeblich. In England war am 10. Mai Churchill an die Stelle Chamberlains getreten. In einer illusionslosen Rede vor dem Unterhaus erklärte er dem englischen Volk: »Ich habe nichts anzubieten als Blut, Mühsal, Tränen und Schweiß.« In Churchill verkörperte sich der britische Wille, auch auf sich allein gestellt bis aufs äußerste Widerstand zu leisten. England besaß nach Dünkirchen nicht mehr Waffen, als daß es etwa zwölf Divisionen unzureichend ausrüsten konnte. Es stellte sich in diesem Schwächemoment auf die Möglichkeit einer deutschen Invasion ein. Aber Hitler besaß keine fertigen Pläne für den Kampf gegen England. Churchill rechnete jetzt schon mit der Möglichkeit, daß sich Hitler wie einst Napoleon von dem unbesiegten England weg nach Osten wenden würde. Am 27. Juni schrieb er an Smuts: »Als nächstes stellt sich uns offenbar die Aufgabe, jeden deutschen Invasionsversuch zu vereiteln und den Nachweis zu leisten, daß wir imstande sind, unsere Luftwaffe immer weiter auszubauen. Die Zukunft allein wird zeigen, ob unsere Kräfte dazu ausreichen. Wenn es Hitler nicht gelingt, uns zu schlagen, dann wird er sich wahrscheinlich gegen Osten wenden. Natürlich kann er das auch tun, ohne vorher den Versuch einer Invasion zu unternehmen.«[1]) Daß Hitler damals ernsthaft gewünscht hat, um eine letzte Kraftprobe mit

England herumzukommen, kann nicht bezweifelt werden. Ein Zerfall des britischen Reiches werde nicht Deutschland, sondern nur Japan und Amerika Nutzen bringen, sagte er zu Brauchitsch und Halder (Halders Tagebuch 13. Juli). Graf Ciano notierte sich am 18. Juni in sein Tagebuch, daß Hitler das britische Empire »noch heute für einen bedeutenden Gleichgewichtsfaktor in der Welt« halte[2]). Schließlich hat er am 19. Juli vor dem endlich einberufenen Reichstag in der Feier des Sieges über Frankreich das Angebot ausgesprochen, den Kampf zu beenden. Aber zu diesem Zeitpunkt war die Hoffnung auf einen Ausgleich schon aufgegeben. Drei Tage vorher hatte er die Anweisung gegeben, Pläne für eine Invasion (Unternehmen »Seelöwe«) auszuarbeiten[3]).

Die Überlegungen der Marine und des Heeres konnten hierbei nur schwer zur Übereinstimmung gebracht werden. Das Heer glaubte nur auf breiter Front landen zu können, um vom ersten Augenblick an genügend Raum für die Entfaltung zum Angriff zu besitzen, für dessen Durchführung der Generalstab insgesamt 40 Divisionen veranschlagte. Die Marine hingegen erklärte sich außerstande, mit ihren schwachen Kräften Transportraum und Sicherung in der hierfür benötigten Breite gewährleisten zu können. Nach heftigen Auseinandersetzungen wurde in den Plänen des Heeres die Zahl der zunächst überzusetzenden Divisionen auf 13, die Gesamtzahl der Invasionstruppen auf 25 Divisionen reduziert. Aber selbst deren Überführung und Abschirmung gegen die britische Flotte, deren voller Einsatz im Kanal zu erwarten war, schien nur möglich mit Hilfe der Luftwaffe. So ergab sich als erste Aufgabe, die eindeutige Luftherrschaft über Südengland und den Kanal zu gewinnen. Daher begann die Vorbereitung zur Invasion am 13. August mit einem Großangriff der deutschen Luftwaffe, die gegen südenglische Radarstationen, Flugplätze, Flugzeugfabriken, Häfen und Verkehrswege angesetzt wurde[4]). Der Kampfauftrag an die Luftwaffe war jedoch nicht eindeutig genug[5]). Wenn von den Invasionsplänen her gesehen ihre Aufgabe vorbereitender Art sein mußte und im wesentlichen darin bestehen sollte, die englische Luftwaffe auszuschalten, so wollte Göring zugleich versuchen, durch die Luftwaffe selber eine Entscheidung herbeizuführen, indem er sie allgemein auf Lebenszentren der englischen Industrie und Wirtschaft ansetzte. Hitler gab Anfang September dem Drängen Görings nach. Aber auch für Görings Ziel war die Voraussetzung, daß die Radarstationen, das Führungsinstrument des »Fighter Command«, ausgeschaltet und die englische Jagdabwehr niedergekämpft wurde. Das gelang jedoch nicht. Die deutsche Luftwaffe erlitt erhebliche Verluste, ohne die Herrschaft über den südenglischen Luftraum erringen zu können. Von Mitte September an stagnierte der Luftkrieg. Damit fiel die erste Voraussetzung für die Invasion. Mit fortschreitender Zeit setzten zudem die Herbststürme ein, denen die improvisierten Landungsfahrzeuge, unter ihnen eine große Zahl umgebauter Flußkähne, nicht gewachsen sein konnten. Die Planungen für dieses Unternehmen, an das alle Beteiligten mit großer Skepsis herangegangen waren, schleppten sich noch den Winter durch hin, bis der Plan im Frühjahr 1941 endgültig fallengelassen wurde. England war also nicht durch den schnellen Schlag einer Invasion zu bezwingen.

Welche Möglichkeiten bot der Krieg gegen die Zufuhr zu den Britischen Inseln?[6]) Der Zufuhrkrieg wurde — neben Luftwaffe, Schnellbooten, Zerstörern, Hilfskreuzern und Mineneinsatz — im wesentlichen von der U-Boot-Waffe getragen und war ein Kampf auf lange Sicht. Deutschland war auf ihn ungenügend vorbereitet. Es hatte nicht einmal den ihm im Flottenvertrag mit England zugestandenen Raum an U-Boot-Tonnage voll ausgenutzt. Es besaß bei Kriegsbeginn nur 57 U-Boote, davon 22 für Operationen im Atlantik geeignet. Von ihnen befanden sich durchschnittlich ein Drittel auf der Werft, ein Drittel auf dem Marsch und ein Drittel am Feind. In der ersten Phase des U-Bootkrieges vom Kriegsbeginn bis zur Kapitulation Frankreichs operierten die Boote einzeln in Küstennähe rund um die Britischen Inseln. Die von Dönitz schon vor dem Kriege entwickelte Rudeltaktik konnte wegen der begrenzten Zahl der Boote nicht angewendet werden. Der U-Bootkrieg wurde zunächst gemäß den geltenden völkerrechtlichen Bestimmungen geführt. Ähnlich wie im Ersten Weltkrieg verschärfte sich aufgrund britischer Gegenmaßnahmen wie Melde-, Schieß- und Rammbefehl für Handelsschiffe die Kriegführung, bis am 17. August 1940 das gesamte Seegebiet um England zum Operationsgebiet erklärt und hier den Booten der warnungslose Angriff auf alle Schiffe freigegeben wurde.

Auch in der zweiten Phase bis März 1941 wurde die Zahl der U-Boote nicht vermehrt. Lediglich die Verluste wurden in etwa ausgeglichen. Die neuen Stützpunkte in Norwegen und Frankreich erlaubten aber ein längeres Verweilen im Operationsgebiet. In der Geleitzugbekämpfung westlich des Nordkanals wurden große Erfolge erzielt. Auch Überwasserschiffe der Flotte beteiligten sich in den beiden ersten Phasen mit Erfolg am Zufuhrkrieg im Nordatlantik. Eine begrenzte Zahl von Hilfskreuzern operierte auf allen Weltmeeren. Den Briten gelang es in dieser Zeit, durch verbesserte Abwehrtaktik die Boote aus Küstennähe in den offenen Atlantik abzudrängen. Entscheidend für die Abwehr gegen die deutschen U-Boote war die Zahl der Zerstörer, die auf britischer Seite für Geleitzüge eingesetzt werden konnten, und die Frage, wer die Luftherrschaft über den Operationsgebieten der U-Boote besaß.

Die dritte Phase reicht bis zum Kriegseintritt der USA Ende 1941. Die Zahl der U-Boote hatte sich leicht vermehrt. Durchschnittlich waren jeweils 30 Boote im Einsatz, die in Gruppen den Atlantik nach Konvois durchsuchten. Als im Mai 1941 die Schlüsselunterlagen für den deutschen Funkverkehr von den Briten erbeutet wurden, erlitt der Zufuhrkrieg einen erheblichen Rückschlag. Der Einsatz von Überwasserschiffen im offenen Atlantik kam danach zum Erliegen. Zudem übernahmen im Laufe des Jahres 1941 die USA, noch bevor der offene Krieg mit Deutschland begann, zunehmend Sicherungsaufgaben für die Schiffahrt im Atlantik (vgl. § 76). Insgesamt waren in diesen drei Phasen von Kriegsbeginn bis Ende 1941 fast 10 Millionen BRT britischer und amerikanischer Handelstonnage versenkt worden. Der verstärkte Neubau von Handelsschiffen im britischen Bereich und in den USA konnte in dieser Zeit die Verluste nicht ausgleichen. Aber die Spanne zwischen Versenkungen und Neubauten hatte sich im Jahre 1941 bereits erheblich gegenüber dem Jahre 1940 verringert (vgl. Anhang Tab. 25). Es war abzusehen, daß, wenn die Vereinigten Staaten erst mit ihrer vollen militärischen und wirtschaftlichen Macht am Krieg beteiligt sein würden, nur eine erhebliche Steigerung der Versenkungsziffern eine Wende im atlantischen Zufuhrkrieg zugunsten Deutschlands würde bringen können (über die weiteren Phasen des U-Bootkrieges s. § 79).

Deutsche Seestreitkräfte erzielten vereinzelte Erfolge auch gegen schwere britische Einheiten, so u. a. die Versenkung eines britischen Flugzeugträgers, eines Schlachtschiffes, eines schweren Kreuzers. Nach der erheblichen Schwächung, die die deutsche Kreuzer- und Zerstörerflotte bereits beim Angriff auf Norwegen (s. § 71) und durch die Selbstversenkung des Panzerschiffs Graf Spee am 17. Dezember 1939 vor der La-Plata-Mündung erlitten hatte, ging am 27. Mai 1941 in der Dänemark-Straße das Schlachtschiff Bismarck unter. Zu weitreichenden Operationen wurde die Überwasserflotte danach nicht mehr verwendet. Die Entscheidung in der Atlantik-Schlacht hing zuletzt ausschließlich von den U-Booten ab. Es gab noch eine andere Stelle, wo England getroffen werden konnte: das Mittelmeer. Unter den deutschen militärischen Führern ist es vor allem Großadmiral Raeder gewesen, der Hitler auf diesen Schauplatz hinwies. Wenn es gelungen wäre, Gibraltar, Malta und Suez den Engländern zu entreißen — so urteilt rückblickend Kurt Assmann, Leiter der Kriegsgeschichtlichen Abteilung der Marine[7]) —, dann hätte man die Voraussetzung für den Aufbau einer gesicherten Machtstellung in Nordafrika und im Vorderen Orient gewonnen mit der Folge, daß wahrscheinlich auch die Türkei näher an die Achsenmächte herangerückt wäre und insgesamt Deutschland eine unangreifbare Position auch gegenüber der Sowjetunion erhalten hätte. Die Überlegungen Raeders wurden durch Brauchitsch und Halder unterstützt, aber von Hitler abgelehnt, dessen Gedanken sich angesichts der britischen Weigerung nachzugeben, seit Juli 1940 auf einen Krieg gegen die Sowjetunion zu richten begannen. Das Mittelmeer galt ihm nur als ein Nebenkriegsschauplatz. Die sich hier vielleicht bietenden Chancen wurden nicht so frühzeitig und nicht mit solchem Einsatz ausgenutzt, wie es Raeder in wiederholten Initiativen vorschlug.

Schwierige politische Probleme stellten sich im Mittelmeerraum. Nach der Niederwerfung Frankreichs bemühte sich Franco, der schon im Augenblick des Kriegseintritts Italiens von der Neutralität zur »Nichtkriegführung« übergegangen war, zunächst darum, als Bundesgenosse den Anschluß an die wahrscheinlich siegreichen Achsenmächte zu gewinnen, rechtzeitig genug, um noch an der Beute beteiligt zu werden, aber auch nicht zu vorzeitig, da England die Seeverbindungen Spaniens beherrschte[8]). Franco erklärte sich gewillt, Gibraltar zu nehmen. Hierzu brauchte er schwere Geschütze, die ihm nur Deutschland liefern konnte. Als Kriegsbeute erwartete er vor allem den Gewinn Marokkos. Dabei stieß er aber mit den französischen Interessen ebenso unversöhnlich aufeinander wie die Italiener mit ihrem Anspruch auf Algier, Tunis, Nizza und Savoyen. Das Frankreich des Marschall Pétain geriet aber selber in einen scharfen Gegensatz zu England. Churchill und auch Roosevelt hatten Pétain gedrängt, die französische Flotte nicht Deutschland zu überlassen, woran die französische Marineführung auch niemals dachte. Nach dem Waffenstillstand bemächtigten sich am 3. Juli 1940 die Engländer aller französischer Schiffe in den Häfen ihres Einflußbereichs. Ein englisches Geschwader forderte die in Mers-el-Kebir bei Oran ankernden französischen Flotteneinheiten auf, zu England überzutreten. Als die Franzosen dies verweigerten, wurden ihre Schiffe vernichtet[9]). Darauf flog die französische Luftwaffe Angriffe auf englische Schiffe in Gibraltar. Während es so den Anschein gewann, als werde das Frankreich des Marschall Pétain in einen kriegerischen Gegensatz zu England hineingezogen, organisierte de Gaulle auf der britischen Insel »freifranzösische Verbände«, die am 23. bis 25. September mit englischer Flottenunterstützung Dakar angriffen und zu landen versuchten. Der Angriff wurde von Truppen der Vichy-Regierung zurückgeschlagen. Erfolgreicher war de Gaulle allerdings in Französisch-Äquatorialafrika, Tschad und Kamerun. Hier gelang es ihm, sich als »Führer der freien Franzosen« durchzusetzen. In Proklamationen, die er am 27. Oktober und 16. November von Brazzaville aus an alle Franzosen richtete, erklärte er das Regime von Vichy für illegal und rief als Inhaber der nun auf französischem Territorium errichteten vorläufigen Staatsgewalt zum Befreiungskampf auf. Damals war die Luftschlacht über England bereits gescheitert, und am 12. Oktober wurde die Invasion auf unbestimmte Zeit vertagt, praktisch fallengelassen.

Hitler hatte auf die Bereitwilligkeit Francos, Gibraltar zu nehmen, zurückhaltend reagiert, solange er damit rechnete, daß England unter dem Eindruck der französischen Niederlage kapitulieren werde, solange die Ergebnisse der Luftschlacht abzuwarten waren und die Invasion auf dem Programm stand. Nachdem er hier nirgends weitergekommen war, versuchte er Ende Oktober 1940, den Mittelmeerraum abzusichern. Hierzu war es nötig, die Interessen der drei westlichen Mittelmeermächte Spanien, Frankreich und Italien gegeneinander auszuwägen. Am 23. Oktober trafen sich Hitler und Franco in Hendaye an der französisch-spanischen Grenze. Jetzt war Hitler der Drängende, der Spanien zum Vorgehen gegen Gibraltar ermutigte und die politischen Voraussetzungen für die Mitwirkung deutscher Spezialtruppen schaffen wollte. Aber Franco war ausweichend, ohne nein zu sagen. Wie der deutsche Vormarsch in Frankreich ihn veranlaßt hatte, Hitler mit Sympathieerklärungen zu überschütten und Spanien als lediglich »nichtkriegführend« zu bezeichnen, wie die Niederwerfung Frankreichs in ihm den Wunsch geweckt hatte, sich an der Beute zu beteiligen, so ließ ihn das Scheitern der Luftschlacht und das Ausbleiben der Invasion wieder zögern. Hitler rechnete aber immer noch damit, Franco zu gewinnen. Die Vorbereitungen für die Wegnahme Gibraltars (Unternehmen »Felix«) gingen weiter. Von Frankreich erhoffte Hitler unter dem Eindruck des in Nordafrika gegen die Engländer geleisteten Widerstandes, daß es sich enger in die Kriegführung der Achsenmächte einbeziehen lassen werde sowohl durch den Ausbau der Verteidigung Nordafrikas wie durch die französische Flotte, obwohl er zunächst einen offenen Eintritt Frankreichs in den Krieg gegen England im Unterschied zu Abetz nicht für zweckmäßig hielt. Am Tage nach Hendaye hatte er eine Unterredung mit Pétain und Laval in Montoire. Die Begegnung vollzog sich in chevaleresken Formen, aber das Gespräch ging nicht ins Konkrete[10]). Die entscheidende Frage, wie die französischen, italienischen und spanischen kolonialen Interessen abgegrenzt werden sollten, blieb ungeklärt. Statt dessen stellte Hitler in Aussicht, wenn erst England niedergerungen sei, müsse der gesamte Kolonialbesitz in Afrika neu verteilt werden und Frankreich für die hierbei zu erwartenden Verluste durch englische Kolonien entschädigt werden. So ist Frankreich hinsichtlich seiner afrikanischen Besitzungen ebenso in einem Schwebezustand gehalten worden wie hinsichtlich seiner zukünftigen Ostgrenze in Europa. Pétain entschied sich nicht für die von Laval empfohlene »collaboration«, sondern für die Politik des »attentisme«, des Abwartens und Lavierens zwischen Deutschland und England, mit dem er hinter dem Rücken Lavals einen Modus vivendi auszuhandeln versuchte[11]). Am 13. Dezember 1940 hat Pétain seinen Regierungschef Laval brüsk entlassen. Das empfand Hitler als ein deutliches Abrücken von Deutschland. Inzwischen waren im Mittelmeer militärische Ereignisse eingetreten, die eine solche Wendung Frankreichs erklären mochten.

Italien besaß eine Flotte, die zahlen- und stärkemäßig den Vergleich mit der britischen Mittelmeerflotte aushielt. In dem deutsch-italienischen Bündnis hatte sie ein größeres Gewicht als die Armee. Es hatte sich jedoch alsbald nach dem Eintritt Italiens in den Krieg gezeigt, daß sie — weit davon entfernt, in offensiver Kriegführung den Engländern die Seeherrschaft im »mare nostro« streitig zu machen und deren Rückhalt, die Seefestung Malta, zu brechen — nicht einmal die Meerenge zwischen Sizilien und Tunis zu sperren vermochte. Bei allem Schneid, den die Besatzungen gerade mancher kleinerer Einheiten zeigten, lag dies neben der empfindlichen Treibstoffknappheit auch an Mängeln der taktischen Ausbildung sowie an dem Fehlen einer Marineluftwaffe und einer ausreichenden Luftaufklärung für die Marine. In der Nacht vom 11./12. November gelang es englischen Fliegern, im Hafen von Tarent drei italienische Schlachtschiffe zu torpedieren. In der Seeschlacht von Kap Matapan erlitt die italienische Flotte am 28. März 1941 weitere schwere Verluste. Von diesen Schlägen hat sie sich nie wieder erholt[12]). Inzwischen hatte Mussolini ein anderes Feld für seinen Ehrgeiz, es Hitler gleichzutun, gesucht.

Am 28. Oktober 1940 hatte Italien plötzlich ohne vorherige Absprache mit Hitler Griechenland angegriffen[13]). Vergeblich war Hitler, als er von Mussolinis Absicht erfuhr, nach Italien geeilt. Seine Bedenken richteten sich weniger gegen den Angriff auf Griechenland überhaupt als auf den Zeitpunkt und die Anlage des Unternehmens. Er hielt es für erforderlich, zunächst mit den Engländern in Ägypten fertig zu werden und Kreta zu besetzen, bevor der Angriff gegen das griechische Festland begann. Aber er kam zu spät, um zu verhindern, daß nun der Balkan- und östliche Mittelmeerraum in Bewegung gerieten und England hier eine willkommene Gelegenheit zum Eingreifen fand. Der Angriff der Italiener schlug fehl, sie wurden von den Griechen in das Innere Albaniens zurückgeworfen. Griechenland besaß eine Garantie Großbritanniens. Churchill ergriff sofort die Gelegenheit, aus der bloßen Defensive der Insellage herauszukommen. Vom Mutterlande her und aus Ägypten ließ er den Griechen Hilfe durch Luftwaffe und Landtruppen zuteil werden. Diese Art der Kriegführung über große Räume hinweg, mit schnellem Einsatz verhältnismäßig kleiner Verbände, aber mit großer politischer und militärischer Auswirkung, entsprach der Tradition der englischen maritimen Kriegführung mehr als der Einsatz von Massenheeren im kontinentalen Großkampf. Auf Kreta bauten die Engländer einen Luftstützpunkt aus, von dem aus die für die deutsche Kriegführung lebensnotwendigen rumänischen Ölfelder von Ploesti in den möglichen Wirkungsbereich britischer Bomber gelangten.

Die Italiener erlitten auch in Nordafrika einen schweren Rückschlag. Nachdem sie zunächst von Abessinien aus Britisch-Somaliland erobert hatten, und nachdem eine Armee unter der Führung von Marschall Graziani von Tripolis aus über die ägyptische Grenze vorgestoßen war, gelang es den Engländern unter Wavell in einem am 9. Dezember 1940 beginnenden Angriff, die Italiener zu umgehen, ihnen den Rückweg abzuschneiden und 130 000 Gefangene zu machen. Sie brachten die Kyrenaika und von Februar bis April 1941 auch Somaliland und Eritrea in ihre Hand. Sie drangen in Abessinien ein. Der von Italienern 1936 vertriebene Kaiser Haile Selassie kehrte in sein Land zurück. Unter dem Eindruck der nordafrikanischen Niederlage bat Mussolini um deutsche Hilfe. War es bisher ein Grundsatz gewesen, daß die Kriegführung südlich der Alpen eine italienische Angelegenheit sein sollte, so wurde jetzt ein deutsches Fliegerkorps nach Sizilien und im Februar 1941 unter General Rommel[14]) ein Afrikakorps aufgestellt. Seine Stärke gelangte nie über wenige Divisionen hinaus. Rommel hatte nur den begrenzten Auftrag, die italienische Lage wiederherzustellen; aber seine Aufklärungsvorstöße gegen die Briten, die einen Teil ihrer Truppen nach Griechenland abgegeben hatten, führten ihn im April 1941 in schnellem Zuge bis an die ägyptische Grenze, wenn auch Tobruk zunächst unbezwungen blieb. Hitler hat im Kampf gegen England Afrika als einen Nebenkriegsschauplatz betrachtet. Den entscheidenden Schlag gegen die unbezwungene Insel gedachte er zu führen, indem er Rußland angriff.

1) CHURCHILL, Der Zweite Weltkrieg, Bd. 2, S. 244 f. **2)** CIANO, Tagebücher 1939—1943, S. 249; zahlreiche weitere Belege bei MARTIN (s. § 71), Kap. 4. **3)** HUBATSCH, Hitlers Weisungen (s. o. S. 491), S. 61 ff. — DW 397/615. Maßgebende wiss. Untersuchung: K. KLEE, Das Unternehmen »Seelöwe«. Die geplante dt. Landung in England 1940 (1958); ders. (Hg.), Dokumente zum Unternehmen Seelöwe (1959); R. COX, Sea Lion (London 1974). Für die strategischen Planungen nach dem Sieg über Frankreich grundlegend A. HILLGRUBER, Hitlers Strategie (1965). Ausführliche Darstellung der Planungen der Marineleitung bei M. SALEWSKI, Seekriegsleitung 1 (1970). **4)** Zusammenfassend K. KLEE, Die Luftschlacht um England 1940, in: Entscheidungsschlachten des Zw. Weltkrieges (s. S. 495); R. COLLIER, Adlertag. Die Luftschlacht um England, 6. Aug.—15. Sept. 1940. Vorwort v. J. Steinhoff (a. d. Engl. 1966); P. TOWNSEND, Duell der Adler. Die R. A. F. gegen die Luftwaffe (a. d. Engl. 1970); T. TAYLOR, The breaking Wave. The German Defeat in the Summer of 1940 (London 1967). **5)** Zu den möglichen Motiven Hitlers, der sich insgesamt gegenüber den Invasionsplänen schwankend zeigte, vgl. HILLGRUBER, Strategie, S. 166 ff. Vf. glaubt, daß Hitler die Möglichkeit der Landung in England sehr skeptisch beurteilte u. von den Operationen in erster Linie erwartete, daß ihre psychologischen Rückwirkungen England friedensbereit machen würden. In dieser Zeit entstand auch der Plan zu dem spektakulären Englandflug von Heß, der im Okt. 1940 einen ersten Versuch zur Landung in Schottland machte. Die Frage, ob Heß ganz oder teilweise im geheimen Auftrag Hitlers handelte (so z. B. HILLGRUBER, S. 513 f.), ist ungeklärt. MARTIN, Friedensinitiativen (§ 71), S. 425 ff.; J. DOUGLAS-HAMILTON, Geheimflug nach England. Der »Friedensbote« Rudolf Heß und seine Hintermänner (a. d. Engl. 1973). **6)** J. ROHWER, Der U-Bootkrieg u. sein Zusammenbruch 1943, in: Entscheidungsschlachten des Zw. Weltkrieges (1960); über die

Phasen des U-Bootkrieges als Überblick: ders., U-Boote. Eine Chronik in Bildern (1964); G. BIDLINGMAIER, Einsatz der schweren Kriegsmarineeinheiten im ozeanischen Zufuhrkrieg. Strategische Konzeption u. Führungsweise der Seekriegsleitung, Sept. 1939—Febr. 1942 (1963); weitere Lit. s. S. 495, bes. die Arbeiten von G. HÜMMELCHEN / F. RUGE u. L. DINKLAGE / H.-J. WITTHÖFT; W. N. MEDLICOTT, The economic Blockade (2 Bde. London 1952—59, amtl. engl. Kriegsgesch.). — R. GRENFELL, Jagd auf die Bismarck (a. d. Engl. 1953). **7)** K. ASSMANN, Dt. Schicksalsjahre (1950), S. 211 u. 327 ff. — DW 397/622; L. GRUCHMANN, Die »verpaßten strategischen Chancen« der Achsenmächte im Mittelmeerraum 1940/41, VfZG 18 (1970); aus der Reihe der amtl. engl. Kriegsgesch.: PLAYFAIR (s. o. S. 494); W. ANSEL, Hitler and the Middle Sea (Durham 1971); W. BAUM / E. WEICHHOLD, Der Krieg der »Achsenmächte« im Mittelmeer-Raum. Die »Strategie« der Diktatoren (1973); ferner M. SALEWSKI, Seekriegsleitung 1, Kap. 5 u. 6; La Guerre en Méditerranée 1939—1945. Actes du Colloque International tenu à Paris du 8 au 11 avril 1969 (Paris 1972). **8)** D. S. DETWILER, Hitler, Franco u. Gibraltar. Die Frage des span. Eintritts in den Zw. Weltkrieg (1962). **9)** P. AUPHAN / J. MORDAL, Unter der Trikolore. Kampf u. Untergang der franz. Marine im Zw. Weltkrieg (a. d. Franz. 1964). **10)** E. JÄCKEL, Frankreich in Hitlers Europa (1966), S. 105 ff. **11)** Pétain ließ ohne Wissen des Ministeriums durch den Professor Louis Rougier Verhandlungen führen; L. ROUGIER, Mission secrète à Londres (verb. Ausg. Brüssel 1946); ders., in Abwehr seiner Kritiker, Les accords secrèts franco-britanniques de l'automne 1940, histoire et imposture (1954). **12)** R. BERNOTTI, Storia della guerra nel Mediterraneo (2 Bde. ²Rom 1960). **13)** Griech. Weißbuch: Der ital. Überfall auf Griechenland (dt. Athen 1940); grundlegende Darstellung Ehrengard SCHRAMM v. THADDEN, Griechenland u. die Großmächte im Zw. Weltkrieg (1955). Lit. zu Kreta s. § 74, Anm. 19. **14)** DW 397/623—626. E. ROMMEL, Krieg ohne Haß. Hg. von L.-M. Rommel / F. Bayerlein (³1950), Aufzeichnungen Rommels über den afrikan. Feldzug; D. YOUNG, Rommel (a. d. Engl. 1950); L. KOCH, Erwin Rommel. Die Wandlung eines großen Soldaten (1950); Ch. DOUGLAS-HOME, Rommel (London 1973). Zur Kriegführung in Afrika J. S. O. PLAYFAIR, The Destruction of the Axis Forces in Africa (London 1966, amtl. engl. Kriegsgesch.); H. G. v. ESEBECK, Afrikanische Schicksalsjahre. Gesch. d. dt. Afrikakorps unter Rommel (1949).

§ 74 Balkanfeldzug und Angriff auf die Sowjetunion

Die Weigerung Englands, nach dem Zusammenbruch Frankreichs zu kapitulieren, erschien Hitler nach der militärischen Lage, wie sie damals bestand, unverständlich. Es gab für ihn nur die eine Erklärung: England hoffte neben der in zunehmendem Maße gewährten amerikanischen Hilfe auf Rußland als seinen »Festlanddegen«[1]). Churchill schickte als britischen Sonderbotschafter den Labour-Politiker Sir Stafford Cripps nach Moskau. Am 1. Juli 1940 hatte dieser eine Unterredung mit Stalin. Zweck seiner Mission war, die Sowjetunion für ein Bündnis zu gewinnen. Dabei verlangte England die Anerkennung des territorialen Status quo, wie er in Osteuropa und im Baltikum vor dem Beginn des Krieges bestanden hatte und von England garantiert worden war. Allerdings erklärte Cripps — wieweit von seiner Regierung hierzu ermächtigt, ist unklar —, daß Rußland eine führende Rolle auf dem Balkan gebühre. Aber Stalin, der Hitler »zu dem glänzenden Erfolg« gegen Frankreich gratuliert hatte[2]), gewann aus dem Zusammengehen mit Deutschland und aus der Bindung Deutschlands durch den Kampf im Westen zu handgreifliche Vorteile, als daß er auf das englische Angebot jetzt hätte eingehen wollen. Im Gegenteil unterrichtete er Berlin von dem englischen Werben[3]). Hitler aber sah in dem Näherrücken Rußlands an das rumänische Erdöl den Versuch einer Erpressung. Er hat damals die Lage sowohl hinsichtlich der russischen Taktik als hinsichtlich der englischen Hoffnungen ohne Zweifel richtig beurteilt. Es zeigte sich nun, daß der Pakt mit Stalin dadurch, daß er dem Kriegswillen Hitlers die Wendung gegen das von der deutschen Kontinentalmacht nicht bezwingbare England gegeben hatte, Deutschland in die Zwangslage führte, entweder der russischen Expansion in Südosteuropa nachzugeben und damit für den weiteren Kampf gegen England auf die Dauer in eine tödliche Abhängigkeit von Rußland zu geraten oder aber in einer energischen Wendung gegen die russische Expansion in Europa das Risiko des Zweifrontenkrieges auf sich zu nehmen. Als es in den Wochen nach der Kapitulation Frankreichs deutlich wurde, daß England nicht bereit war nachzugeben, begann Hitler sich mit dem Gedanken zu beschäftigen, sich vor der Niederringung Englands gegen die Sowjetunion zu wenden. Während er den Kampf gegen England führte und die Invasion plante, vorbereitete und wieder aufschob, trat der Gedanke, Rußland niederzuwerfen, immer deutlicher hervor. Am 21. Juli befahl Hitler den obersten militärischen Führern, »das russische Problem in Angriff zu nehmen«[4]). Von diesem Augenblick an begannen die Planungen für die Anlage der Offensive, die Hitler noch im Herbst dieses Jahres durchführen wollte. Er rechnete damit, daß Rußland über 50 bis 75 gute Divisionen verfüge, weit weniger also, als dem deutschen Angriff im Westen gegenübergestanden hatten. Nach dieser Besprechung zog sich Hitler auf den Berghof bei Berchtesgaden zurück. Am 31. Juli teilte er den Führern der Wehrmacht den Entschluß zum Angriff auf Rußland mit und befahl die Aufstellung der notwendigen Kräfte. Den Beginn des Angriffs verschob er jedoch auf das Frühjahr 1941, da Keitel und Jodl ihn überzeugt hatten, daß es unmöglich sei, die Operation bis zum Herbst vorzubereiten[5]).

Der Entschluß zum Krieg gegen Rußland stand in der Konsequenz seines Antibolschewismus und seiner gegen Rußland gerichteten Lebensraumideologie. Daß er zu diesem Zeitpunkt gefaßt wurde, hatte aber seinen Grund in der politisch-strategischen Überlegung, sich von dem Druck Stalins zu befreien und das unbezwungene England durch die Niederwerfung der Sowjetunion zum Nachgeben zu veranlassen. Auszuschließen ist aus der akuten Motivierung dieses Entschlusses die Berücksichtigung großräumiger industrieller Expansionswünsche. Daß der Krieg und seine Vorbereitung solche Begehrlichkeiten geweckt haben, die über die Wiedergewinnung der infolge von Versailles verlorenen Anlagen und Besitzungen weit hinausgingen, ist unbestritten. Die Nürnberger Prozesse bieten reiches Material für staatlich veranlaßte industrielle Planungen einer europäischen Großraumordnung. Aber auch der marxistischen Forschung will es trotz aller aufgewendeten Mühe nicht gelingen, die allgemein für die Zielsetzungen Hitlers und besonders für den Entschluß zum Angriff auf die Sowjetunion behauptete Abhängigkeit von privatkapitalistischen Interessen zu belegen[6]). Hitlers Anordnung zur Vorbereitung des Feldzuges wirkte sich sofort aus. Kurz vor Beendigung des Westfeldzuges hatte er die Anweisung gegeben, das Heer auf 120 Divisionen zu reduzieren; der Feldzug gegen England wäre wesentlich durch Marine und Luftwaffe zu führen gewesen; nur ein Armeeoberkommando sollte nach dem Osten verlegt werden. Am 31. Juli sprach Hitler jedoch von 180 Divisionen, von denen 40 neu aufgestellt werden müßten. Entsprechend wurden die Rüstungsprioritäten erneut verschoben. Am 17. August gab Keitel an den für die Rüstung verantwortlichen General Thomas die entsprechende Weisung, und Göring instruierte diesen, die vertraglich vereinbarten Lieferungen an Rußland nur noch bis zum Frühjahr 1941 planmäßig durchzuführen. In stärkerem Maße wurden jetzt Truppen nach dem Osten verlegt. Auch außenpolitisch wirkte es sich aus, daß sich Hitler auf einen Angriff gegen Rußland einstellte. Deutschland näherte sich Finnland. Der Chef des Wehrwirtschaftsamtes im OKW, General Thomas, wurde mit einer »schnellen und starken Belieferung Finnlands« beauftragt. Ein Abkommen vom 22. September 1940 öffnete für deutsche Truppentransporte nach Nordnorwegen den Weg durch Finnland[7]).

General Thomas hat in einer Denkschrift vom 13. Februar 1941 die »Wehrwirtschaftlichen Auswirkungen einer Operation im Osten« untersucht. Er verglich die von der Sowjetunion laufend vertraglich getätigten Lieferungen einschließlich derer, die aus dem Fernen Osten in Transit über Sibirien herangeführt wurden (Kautschuk u. a.), mit der Ausbeute aus dem europäischen Teil der Sowjetunion, die nach einem erfolgreichen Krieg mit seinen zerstörenden Folgen allenfalls erwartet werden konnte. Das Ergebnis, von Thomas in nüchternen Zahlen dargeboten, war eindeutig: das wehrwirtschaftliche Kalkül sprach gegen den Ostkrieg. Bei einer Besprechung dieser Denkschrift mit Göring machte Thomas zudem geltend, daß die Treibstoffvorräte nur für zwei Monate die volle Versorgung einer operativen Kriegführung erlaubten. Aber Göring schlug alle Warnungen in den Wind. Er war, wie sich Thomas notierte, »ebenso wie der Führer der Auffassung, daß bei dem Einmarsch deutscher Truppen in Rußland der ganze bolschewistische Staat zusammenbrechen würde«. Ebenso erklärte Keitel, »daß sich der Führer in seinen Plänen von diesen wirtschaftlichen Schwierigkeiten nicht beeinflussen lassen würde«[8]).

Es scheint jedoch nicht, daß der aus der militärischen Lage Deutschlands erwachsene Entschluß Hitlers zum Angriff auf Rußland damals schon endgültig war. In Erkenntnis der Gefahr, daß die USA bald zugunsten Englands in den Krieg eingreifen könnten, machte Hitler im Herbst 1940 noch einen Versuch, die russische Expansion vom Balkan weg und gegen englische Interessengebiete zu richten. Am 27. September 1940 schlossen die Antikominternmächte Deutschland, Italien und Japan den »Dreimächtepakt«[9]), der der Herstellung einer neuen Ordnung in Europa und Ostasien dienen sollte, ohne die bestehenden Beziehungen zur Sowjetunion zu berühren. Hitler wollte durch dieses Bündnis mit Japan, dessen Ausgreifen auf dem asiatischen Festland während des letzten Jahres gegen amerikanische und englische Interessen verstieß, die USA davon abhalten, zugunsten Englands in den europäischen Krieg einzugreifen, und deren Aufmerksamkeit statt dessen nach Südostasien lenken. In den folgenden Monaten traten Ungarn (20. November 1940), Rumänien (23. November 1940), die Slowakei (24. November 1940), Bulgarien (1. März 1941) und Kroatien (15. Juni 1941) dem Vertrag bei. Die deutsche Politik hat versucht, die Sowjetunion für diesen Bund zu gewinnen. Vom 12.—14. November weilte Molotow auf Einladung der Reichsregierung in Berlin. Die Gespräche mit Hitler und Ribbentrop[10]) mußten zeitweise wegen britischer Flugzeuge über Berlin in dem Luftschutzbunker der Reichskanzlei geführt werden. Hier erklärte Hitler seinem Gast, daß der Krieg gegen England so gut wie gewonnen sei, es gehe nur noch um die Verteilung der Beute. Er versuchte Rußland in Richtung auf den Indischen Ozean zu drängen. Ribbentrop legte den Entwurf zu einem Abkommen zwischen den Staaten des Dreimächtepaktes und der Sowjetunion vor, in dem diese sich mit der Zielsetzung des Dreimächtepaktes »solidarisch« erklären sollte[11]). In einem geheimen Zusatzprotokoll war folgende Aufteilung der territorialen Interessen vorgesehen: für Deutschland Mittelafrika, für Italien Nord- und Nordostafrika, für Japan der ostasiatische Raum südlich des japanischen Inselreichs und für die UdSSR »territoriale Aspirationen im Süden des Staatsgebiets der Sowjetunion in Richtung Indischer Ozean«. Zufolge einer solchen Abgrenzung der Interessen »nach säkularen Maßstäben«[12]) entwickelte Hitler seinem sowjetischen Zuhörer eine Lebensraumvision, die ihre Realisierung in den bereits von Deutschland eroberten europäischen Gebieten mit einer kolonialen Ergänzung in Afrika suchte. In der Aufzeichnung über sein Gespräch mit Molotow vom 12. November 1940 heißt es: »1. Die Raumnot. Im Verlaufe des Krieges habe Deutschland so große Gebiete in seine Hand bekommen, daß es 100 Jahre benötige, um sie voll nutzbar zu machen. 2. Es sei eine gewisse koloniale Ergänzung in Zentralafrika notwendig.«[13]) Die damalige Konzeption Hitlers und Ribbentrops lief auf die Herstellung eines Viermächteblocks von Japan, Sowjetunion, Deutschland und Italien hinaus mit allgemeiner Expansionsrichtung nach Süden. Bedeutete dies unter Verzicht auf eine weitere deutsche Expansion im Osten eine ernsthaft gemeinte Alternative im Hitlerschen Lebensraumprogramm (Fabry) oder eine nur zeitweilige Zurückstellung der Ostexpansion (Hillgruber) oder überhaupt lediglich ein taktisches Manöver zur Verschleierung eines bereits endgültig und unumstößlich feststehenden Entschlusses, demnächst Rußland anzugreifen (Weinberg)? Eine eindeutige Antwort läßt sich auf diese Frage nicht geben. Denn wenn hier überhaupt eine Alternative zum Ostkrieg gemeint gewesen sein sollte, so scheiterten die Vorschläge von vornherein daran, daß in der Lage Europas, wie sie durch die Niederwerfung Frankreichs und die Ungebrochenheit des britischen Widerstandes geschaffen worden war, sowohl Deutschland wie die Sowjetunion die im August/September 1939 vereinbarte gegenseitige Abgrenzung der Interessen in Frage stellten. Im Gegensatz zu den Visionen Hitlers, wenn auch ohne sich dessen »säkularen« Perspektiven direkt zu versagen, betonte Molotow die aktuellen sowjetischen Interessen gegenüber den Achsenmächten in Nordost-, Ost- und Südosteuropa. Er beschwerte sich über die Anwesenheit deutscher Truppen in Finnland, das nach den Vereinbarungen des Vorjahres zur sowjetischen Interessensphäre gehören sollte, und über die von Deutschland an Rumänien ohne die vorgesehene Konsultation Rußlands gewährte Garantie, die zugleich dem sowjetischen Begehren nach der Südbukowina einen Riegel vorschob. Er verlangte die Zustimmung zu einer Bereinigung der finnischen Frage »in demselben Ausmaß wie in Bessarabien und den Randstaaten«, d. h. zu einer Annektierung durch die Sowjetunion, und meldete darüber hinaus den Wunsch nach Garantien für freie Benutzung der Ostseezugänge an. Er erklärte, daß Rußland zur Gewährleistung der Durchfahrt vom Schwarzen zum Mittelmeer militärische Stützpunkte an den Meerengen benötige und zudem die Absicht habe, Bulgarien im Gegenzug gegen die deutsche Garantie an Rumänien unter sowjetische Garantie zu stellen. Über diese Direktforderungen hinaus meldete er ein sowjetisches Interesse an dem Schicksal Ungarns, Jugoslawiens und Griechenlands an und begehrte zu wissen, »was Deutschland mit Polen beabsichtige«, unter Erinnerung daran, »daß über die künftige Gestaltung Polens ein Protokoll zwischen der Sowjetunion und Deutschland bestehe, über dessen Verwirklichung ein Meinungsaustausch erforderlich sei«. Der südosteuropäische Raum war in die deutsch-sowjetischen Absprachen vom Vorjahre mit Ausnahme Bessarabiens nicht einbezogen worden. Den hier sich geltend machenden wirtschaftlichen und militärischen Interessen der Achsenmächte setzte nunmehr die Sowjetunion ihre eigenen weitreichenden Ansprüche entgegen. Jedoch beantwortete sie die auf Herstellung eines Kontinentalblocks zielenden Vorschläge Hitlers keineswegs mit einem eindeutigen Nein. Sie erklärte vielmehr am 26. November 1940 ihre Bereitschaft, dem vorgesehenen Viererpakt beizutreten, wenn folgende Bedingungen erfüllt würden: unverzügliche Rücknahme der deutschen Truppen aus Finnland, wogegen die Sowjetunion auf eine gewaltsame Eingliederung Finnlands verzichten und die deutschen wirtschaftlichen Interessen respektieren zu wollen erklärte; Einbeziehung Bulgariens in die »Sicherheitszone der Schwarzen-Meer-Grenzen der Sowjetunion«; Einrichtung von militärischen Stützpunkten an Bosporus und Dardanellen und gegebenenfalls gemeinsame militärische Aktion der Achsenmächte und der Sowjetunion gegen die Türkei, um diese zur Abtretung der Stützpunkte zu zwingen; Verzicht Japans auf Kohle- und Ölkonzessionen in Nordsachalin. Die für den Viermächtepakt vorgesehene südliche Interessenrichtung der Sowjetunion schließlich wünschte diese präzisiert unter Nennung des Persischen Golfs als Zielrichtung[14]). Hitler sah in diesen Gegenvorschlägen den Versuch einer Erpressung. Sie wurden nicht beantwortet. Statt dessen gab Hitler am 18. Dezember 1940 die Weisung für den »Fall Barbarossa«: »Die deutsche Wehrmacht muß darauf vorbereitet sein, ... Sowjetrußland in einem schnellen Feldzug niederzuwerfen.«[15]) Als Zeitpunkt für den Angriff wurde Mai 1941 in Aussicht genommen.

Dennoch setzte die Reichsregierung die laufenden Wirtschaftsverhandlungen mit der

Sowjetunion fort. Am 10. Januar wurde ein Vertrag abgeschlossen, dem zufolge Rußland seine Lieferungen steigerte und Deutschland den Streifen litauischen Gebiets, der ihm nach den Moskauer Abmachungen vom 28. September 1939 zugefallen war, an die Sowjetunion abtrat[16]). Zugleich aber verschärften sich die Spannungen durch die damals erfolgende Verstärkung der deutschen Truppen in Rumänien, den Beitritt Bulgariens zum Dreimächtepakt und das Einrücken deutscher Truppen auch in dieses Land. Im März stellte sich in Bulgarien die 12. deutsche Armee unter Generalfeldmarschall List bereit, um in den Balkankrieg gegen die Griechen und die sie unterstützenden Engländer einzugreifen. Auch Jugoslawien schien für das deutsche Bündnis gewonnen zu werden. Am 25. März erklärte es seinen Beitritt zum Dreimächtepakt. Deutschland erwartete, daß Jugoslawien im bevorstehenden Krieg mit Griechenland neutral bleiben werde. Dafür sollte es mit dem Erwerb Salonikis belohnt werden. Wenige Tage nach dem Abschluß jedoch wurde die Regierung in Belgrad durch einen militärischen Staatsstreich gestürzt. Anstelle des Prinzregenten Paul übernahm der junge König Peter II. die Staatsführung[17]). Mit der neuen Regierung schloß Stalin am 5. April einen Freundschafts- und Nichtangriffspakt.

Hitler hatte sich alsbald nach dem Staatsstreich in Belgrad entschlossen, neben Griechenland nun auch Jugoslawien anzugreifen[18]). Hierzu wurde in Ungarn, das am 11. April an der Seite der Achsenmächte in den Krieg eintrat, die zweite Armee unter Generaloberst v. Weichs bereitgestellt. Auch Bulgarien beteiligte sich am Krieg. Der Doppelfeldzug gegen Griechenland und Jugoslawien begann am 6. April. Am 17. April kapitulierte die jugoslawische Armee und am 21. die griechische. Fallschirmjäger sprangen am 20. Mai über Kreta ab und vertrieben in zehntägigen Kämpfen die Briten[19]). Georg II. von Griechenland und Peter II. von Jugoslawien bildeten in London Exilregierungen. Der jugoslawische Staat wurde zerschlagen; die Untersteiermark und Teile von Krain fielen an Deutschland; andere Teile an Italien, Bulgarien und Ungarn. Kroatien wurde ein selbständiger Staat unter dem achsenfreundlichen Pavelic, der eine autoritäre Regierungsweise einführte[20]). Griechenland wurde zum großen Teil italienischer Militärverwaltung unterstellt.

Die schnelle Beendigung des Balkankrieges durch das Eingreifen Deutschlands verstärkte die Position der Achsenmächte in erheblicher Weise, wenn auch der Balkanraum niemals völlig befriedet wurde und namentlich in Jugoslawien verschiedene miteinander rivalisierende Partisanenorganisationen — Tito gegen den royalistischen Michailowitsch — ständig deutsche Truppen banden[21]). Wenn Hitler von sich aus den Einsatz deutscher Kräfte im Mittelmeerraum zunächst nicht gewollt und wenn er Mussolini von seinem Angriff auf Griechenland zurückzuhalten versucht hatte, so schien sich durch das unvermeidliche und erfolgreiche deutsche Eingreifen im Balkankrieg die Chance zu bieten, von Griechenland und Kreta aus im Mittelmeer eine entscheidende Stellung zu gewinnen. Von Griechenland und Kreta aus war der Suezkanal in greifbarer Nähe, hier konnte England an einer empfindlichen Stelle getroffen werden. In den Monaten nach dem Frankreichfeldzug hatte Admiral Raeder versucht, Hitler von seinen Kriegsplänen gegen Rußland abzuziehen und für den Gedanken zu gewinnen, den Schwerpunkt der Kriegführung zum Kampf gegen England in den Mittelmeerraum zu verlegen. Hitler hat sich solchen Überlegungen nicht geöffnet. Seit Beginn des Jahres 1941 hatte Raeder den Eindruck, daß der Entschluß Hitlers, Rußland anzugreifen, unabänderlich feststehe[22]). Wenn es tatsächlich gelingen sollte, Rußland niederzuwerfen, so schien dies der schnellste Weg, auch mit England fertig zu werden. Hitler rechnete damit, daß der Kampf gegen Rußland drei Monate dauern werde. Durch den Balkankrieg aber wurde der Beginn um sechs Wochen verzögert, eine Zeit, die — wie der Verlauf des Rußlandfeldzuges zeigte — nie wieder eingeholt werden konnte.

Hatte Hitler nach dem siegreichen Balkankrieg Rußland immer noch zu fürchten? Vielleicht ist in keinem Augenblick der zwölf Monate zwischen der Kapitulation Frankreichs und dem deutschen Angriff auf Rußland die Möglichkeit, Rußland ohne Krieg in Schranken zu halten, größer gewesen als damals. Die These, daß russische Truppenverstärkungen in den westlichen Gebieten einen Aufmarsch zu einem Angriff auf Deutschland dargestellt hätten, ist allgemein fallengelassen[23]). Stalin konnte sich von einem Krieg gegen die in allen Feldzügen siegreiche deutsche Armee nichts erhoffen, am allerwenigsten in diesem Augenblick. Durch den Sieg über Jugoslawien und Griechenland hatten sich die strategischen Positionen der Achsenmächte erheblich verbessert. Die deutsche Wehrmacht stand insgesamt auf dem Höhepunkt ihrer Ausrüstung, Ausbildung und zahlenmäßigen Stärke. Jedenfalls bemühte sich die Sowjetunion im Frühjahr 1941, ein peinlich genaues und korrektes Verhalten an den Tag zu legen. Die russischen Lieferungen erfolgten pünktlich, obwohl Deutschland mit seinen Gegenlieferungen im Rückstand war. Stalin erklärte die diplomatischen Beziehungen zu Norwegen, Belgien, Jugoslawien und Griechenland für abgebrochen und vollzog damit eine De-facto-Anerkennung der neuen europäischen Machtverhältnisse. Er lehnte auch alle Annäherungsversuche der britischen Diplomatie ab. Am 13. April, eine Woche nach Beginn des deutschen Balkankrieges, bezeugte er in einer berühmten Szene bei der Verabschiedung des japanischen Außenministers Matsuoka in demonstrativer Weise gegenüber dem deutschen Botschafter den Willen zur Freundschaft mit Deutschland. Er legte ihm den Arm um die Schulter mit den Worten: »Wir müssen Freunde bleiben, und Sie müssen jetzt alles tun, um das zu bewirken.«[24]) Hitler sah in einem solchen Verhalten ein Anzeichen der Schwäche. An einem 22. Juni hatte Napoleon der Großen Armee den Befehl zum Angriff gegen Rußland gegeben. Am 22. Juni 1941 begann der deutsche Angriff.

DW 397/628—639; 618—621.

1) So Hitler Anfang Juli 1940, nach den Erinnerungen des Adjutanten der Kriegsmarine bei Hitler, K. J. v. PUTTKAMER, Die unheimliche See (1952), S. 40. 2) ADAP, Serie D, Bd. 9, Nr. 471. 3) ADAP, Serie D, Bd. 10, Nr. 164. — Darstellung der Mission Cripps nach engl. Akten bei WOODWARD (s. S. 497). 4) HALDER, Kriegstagebuch, Bd. 2, S. 30 ff.; KLEE, Dokumente (s. § 73, Anm. 3), S. 245 f. (Aufzeichnung Raeders). 5) HALDER, Kriegstagebuch, Bd. 2, S. 46 ff.; G. L. WEINBERG, Germany and the Soviet Union 1939—41 (Leiden 1954) weist nach, daß Hitlers Entschluß zum Angriff auf Rußland militärisch begründet war: England sollte Hoffnung auf Zusammenspiel mit Rußland genommen werden. H. G. SERAPHIM u. A. HILLGRUBER, Hitlers Entschluß zum Angriff auf Rußland, VfZG 2 (1954) weisen in Auseinandersetzung mit G. L. WEINBERG, Der dt. Entschluß zum Angriff auf die Sowjetunion, VfZG 1 (1953) auf die Bedeutung hin, die dem sowj. Balkanimperialismus für die Entstehung des Krieges zukomme. Zu diesem Sachverhalt bes. A. HILLGRUBER, Hitler, König Carol u. Marschall Antonescu (1954). In seiner letzten, ausführlichen Erörterung des Entschlusses Hitlers zum Angriff auf die Sowjetunion in: ders., Hitlers Strategie 1940—1941 (1965), S. 207 ff. betont er dagegen, daß der wichtigste Beweggrund Hitlers programmatisches Ziel der Vernichtung Rußlands gewesen sei. Als Hitler nach dem raschen Sieg über Frankreich geglaubt habe, England werde nun einlenken und ihm endlich »den Rücken frei lassen«, sei der Gedanke des Feldzuges gegen den Osten sofort wieder in den Vordergrund getreten, wenn auch noch ohne genaue Festsetzung des Zeitpunktes. Durch die strategische Lage und Stalins Expansionspolitik seien diese Pläne lediglich in ihrem zeitlichen Ablauf konkretisiert worden. Neue deutsche Dokumente aus östlichen Archiven zum Fall Barbarossa bei E. MORITZ (Hg.), Fall Barbarossa. Dokumente zur Vorbereitung der faschist. Wehrmacht auf die Aggression gegen die SU 1940/41 (Berlin-Ost 1970) u. bei L. BESYMENSKI, Sonderakte »Barbarossa«. Dokumente, Darstellung, Deutung (a. d. Russ. 1968), im Rahmen einer anschaulichen, jedoch einseitigen Darstellung. 6) D. EICHHOLTZ, Gesch. der dt. Kriegswirtschaft 1939—1945, Bd. 1: 1939—1941 (Berlin-Ost 1969) bringt in einem umfangreichen Anhang »Dokumente zur Neuordnung des europäischen Großwirtschaftsraums« aus den Akten der Nürnberger Industrieprozesse u. aus Werksarchiven. Trotz der Generalthese des Verf. vom »Krieg der Monopole um

die Vorherrschaft in Europa und in der Welt«, die er mit Hilfe dieser Dokumente untermauern will, meint er, daß die »Formen des direkten Einwirkens, der unmittelbaren Einflußnahme der Monopole auf die militärisch-politischen Planungen und Beschlüsse 1940/41« erst noch zu erforschen seien (S. 201, Anm. 11). Denn, so gibt er an anderer Stelle zu: »Eine unmittelbare Beteiligung von Monopolvertretern an der Ausarbeitung von Hitlers grundlegendem strategischen Konzept seit Frühsommer 1940 bis zur ›Weisung Nr. 21 (Barbarossa)‹ ist bisher nicht nachzuweisen« (S. 207). **7)** ADAP, Serie D, Bd. 11, 1, Nr. 86. **8)** Text der Aufzeichnungen: G. THOMAS, Gesch. der dt. Wehr- u. Rüstungswirtschaft (1966), S. 18 f.; Text der Denkschrift ebd., S. 515 ff. **9)** ADAP, Serie D, Bd. 11, 1, Nr. 118; grundlegende Darstellung der Verhandlungen u. Zielsetzungen bei Th. SOMMER, Dtld. u. Japan zw. den Mächten 1935—1940. Vom Antikominternpakt zum Dreimächtepakt (1962); M. LIBAL, Japans Weg in den Krieg. Die Außenpolitik der Kabinette Konoye 1940/41 (1971); zum Stellenwert des Faktors Japan in Hitlers Konzeption HILLGRUBER, Strategie, S. 192 f.; T. HARUKI, The Tripartite Pact and Japanese Foreign Policy (Tokio 1964); M. MIYAKE, A Study on the Tripartite Alliance Berlin—Rome—Tokyo (jap. m. engl. Zusammenfassung, Tokyo 1975), aufschlußreich über jap. Forschungs- u. Diskussionsstand; vgl. auch § 76. **10)** ADAP, Serie D, Bd. 11, 1, Nr. 325 f., 328 f.; aus sowj. Sicht Memoiren von V. BERESHKOW, In diplomatischer Mission bei Hitler in Berlin 1940—1941 (a. d. Russ. 1967). **11)** ADAP, Serie D, Bd. 11, 1, Nr. 309. **12)** Dieser Begriff im Schreiben Ribbentrops an Stalin 13. 10. 1940 u. wiederholt in den Berliner Gesprächen Hitlers u. Ribbentrops mit Molotow. **13)** Über die im Hintergrund stehenden kolonialen Planungen, wie sie im Ausw. A. u. in der Seekriegsleitung z. T. in Anknüpfung an Kriegszielentwürfe des Ersten Weltkrieges entwickelt wurden, s. A. HILLGRUBER, Hitlers Strategie, S. 242 ff. u. M. SALEWSKI, Die dt. Seekriegsleitung, S. 234 ff.; ferner K. HILDEBRAND, Vom Reich zum Weltreich (1969). **14)** ADAP, Serie D, Bd. 11, 2, Nr. 404. **15)** W. HUBATSCH, Hitlers Weisungen (s. S. 491), S. 84 ff. **16)** ADAP, Serie D, Bd. 11, 2, Nr. 637 f. **17)** J. B. HOPTNER, Yugoslavia in Crisis, 1934—1941 (New York 1962); D. N. RISTIČ, Yougoslavia's Revolution of 1941 (a. d. Jugoslaw. London 1966). — J. WUESCHT, Jugoslawien und das Dritte Reich. Eine dokumentierte Geschichte der dt.-jugoslaw. Beziehungen von 1933 bis 1945 (1969). **18)** Zum dt. Balkanfeldzug ausführliche u. gründliche Darstellung von K. OLSHAUSEN, Zwischenspiel auf dem Balkan. Die dt. Politik gegenüber Jugoslawien u. Griechenland von März bis Juli 1941 (1973); dort weitere Lit.angaben. Zu Griechenland vgl. ferner SCHRAMM v. THADDEN (s. § 73, Anm. 13). Zur Pol. Ungarns s. S. 497. **19)** H.-O. MÜHLEISEN, Kreta 1941. Das Unternehmen Merkur, 20. Mai—1. Juni 1941 (1968); M. D. G. STEWART, The Struggle for Crete, 20th May—1st June 41. A Story of Lost Opportunity (London 1966). **20)** L. HORY / M. BROSZAT, Der kroatische Ustascha-Staat 1941—1945 (1964); G. FRICKE, Kroatien 1941—1944. Der »Unabhängige Staat« in der Sicht des Dt. Bevollmächtigten Generals in Agram, Glaise von Horstenau (1972). **21)** Vgl. dazu die Beiträge in Les systèmes d'occupation en Yugoslavie 1941—1945. Rapports au 3e Congrès international sur l'histoire de la résistance européenne à Karlovy Vary les 2—4 septembre 1963 (Belgrad 1963); V. STRUGAR, Der jugoslaw. Volksbefreiungskrieg 1941—1945 (2 Bde., Berlin-Ost 1969). Guter Überblick bei WUESCHT (s. o. Anm. 17) u. J. MATL, Jugoslawien im Zw. Weltkrieg, in: W. MARKERT (Hg.), Osteuropa-Handbuch, Jugoslawien (1954); dort Bibliogr. S. 362 ff. — F. BORKENAU, Titos Aufstieg, in: ders., Der europ. Kommunismus (Berlin 1952); V. DEDIJER, Tito (a. d. Amerik. 1953). — Lit.bericht mit Berücksichtigung der jugoslaw. Lit. von K.-D. GROTHUSEN in: HZ, Sonderheft 3 (1969). **22)** Mitteilung Raeders an Assmann in: K. ASSMANN, Dt. Schicksalsjahre, S. 226. **23)** Zusammenfassend zu dieser Frage: D. R. BROWER, The Soviet Union and the German Invasion of 1941, in: Journal of Mod. History (1969); ferner HILLGRUBER, Strategie, S. 425 ff. **24)** Botschafter Schulenburg an Ribbentrop, Das nat.-soz. Dtld. u. die Sowjetunion, Nr. 235. — Zwischen 1965 u. 1967 gab es in der Sowjetunion eine Kontroverse über Stalins Schuld an der mangelnden Abwehrfähigkeit Rußlands gegenüber der dt. Invasion. Dazu A. NEKRITSCH / P. GRIGORENKO, Genickschuß. Die Rote Armee am 22. Juni 1941 (erweiterte dt. Ausgabe 1968, russ. Erstausgabe 1965); u. V. PETROV (Hg.), »June 22, 1941«. Soviet Historians and the German Invasion (Columbia 1968).

§ 75 Vom Angriff auf die Sowjetunion bis zur Wende des Krieges in Stalingrad und El Alamein

Dem Kampf Deutschlands gegen die Sowjetunion schlossen sich Rumänien am 22. Juni und Ungarn am 27. Juni an. Finnland trat am 25. Juni in den Krieg ein. Im Unterschied zu den südosteuropäischen Verbündeten Deutschlands betrachtete es sich als ein Land, das seinen eigenen Krieg führte. Das Ziel Finnlands war die Rückeroberung des im Winterkrieg verlorengegangenen Gebietes[1]). Auf deutscher Seite kämpften später auch einige italienische Divisionen. Spanien schickte die freiwillige Blaue Division. Freiwillige aus Norwegen, Dänemark, Holland, Belgien und Frankreich bildeten zumeist im Rahmen der Waffen-SS eigene Formationen[2]). Dazu kamen im Verlauf des Krieges die zahlreichen unter sowjetischen Gefangenen rekrutierten Hilfswilligen, die sich den deutschen Fronttruppen für Troßdienste zur Verfügung stellten, und in zunehmendem Maße innerhalb deutscher Verbände die Aufstellung von zum Teil hochqualifizierten Truppen aus den nichtslawischen Völkerschaften der Sowjetunion, die sich vor allem bei der Partisanenbekämpfung bewährten. Den großrussischen General Wlassow, der im Sommer 1942 am Wolchow in deutsche Gefangenschaft geriet und sich um die Aufstellung einer russischen Nationalarmee gegen den Bolschewismus aus den im ersten Kriegsjahr zahlreichen Überläufern und Gefangenen bemühte, ließ Hitler nicht zum Zuge kommen. Erst in der letzten Kriegsphase konnte er zwei Divisionen aufstellen[3]). Die deutsche Angriffsarmee betrug 153 Divisionen, darunter lediglich 19 Panzerdivisionen und 15 motorisierte Infanteriedivisionen[4]). Mangel an Material und Brennstoff hatten keinen höheren Grad der Mechanisierung erlaubt. Über die Stärke des Gegners besaß die deutsche Führung nur ungefähre Vorstellungen. Man rechnete mit 160 bis 180 Divisionen, einschließlich 55 Panzerbrigaden. Es stellte sich jedoch heraus, daß auch nach den Vernichtungsschlachten der ersten Kriegsmonate, die zu unerhörten Gefangenenziffern führten, immer wieder neue Verbände aufgestellt bzw. aus dem Fernen Osten herangeführt werden konnten. Ein zwischen Japan und der Sowjetunion am 13. April 1941 abgeschlossenes Neutralitätsabkommen und der ab Herbst erkennbare Aufmarsch der japanischen Streitkräfte für Operationen im südostasiatischen Raum[5]) ermöglichten es der russischen Führung, ihre gesamte militärische Kraft für die Abwehr des deutschen Angriffs einzusetzen und im Laufe der Kämpfe Reserven aus Sibirien rechtzeitig heranzuziehen. Zur Überraschung der deutschen Führung, deren Vorstellung von der russischen Abwehrkraft durch das Versagen der Roten Armee im Finnischen Winterkrieg mitbedingt war, setzten die Russen im Herbst 1941 den ausgezeichneten Panzer T 34 ein, dem die deutschen Abwehrgeschütze zunächst nicht gewachsen waren und der auch bei hoher Schneelage und im Schlamm eine Beweglichkeit besaß, die außerhalb der bisherigen Berechnungen lag. Wenige Wochen nach dem deutschen Angriff kam das Bündnis zwischen Großbritannien und der Sowjetunion zustande, auf das Churchill seit Jahren hingearbeitet hatte. Es wurde für Deutschland verhängnisvoll, daß die beiden Mächte sich in dem am 12. Juli 1941 in Moskau unterzeichneten Übereinkommen[6]) verpflichteten, nur in gegenseitigem Einverständnis Waffenstillstand oder Frieden zu schließen. Seit August 1941 gewährten die Amerikaner der Sowjetunion Hilfe durch Lieferungen von Kriegsgerät und Munition, das auf dem Wege über Murmansk, über Wladiwostok oder über Persien herangeführt wurde[7]).

Bevor diese Hilfe spürbar werden konnte, schien es freilich zunächst, als ob die deutsche Wehrmacht auch diesen Gegner in einem Blitzkrieg niederzuwerfen vermöchte. Der Raum für die Entfaltung der deutschen Operationen war durch die Pripjetsümpfe geteilt. Der Schwerpunkt lag im nördlichen Raum. Hier wurden zwei Heeresgruppen angesetzt mit der Masse der Panzerverbände. Die Heeresgruppe Nord unter Generalfeldmarschall Ritter v. Leeb hatte den Auftrag, die baltischen Länder zu befreien und Leningrad zu erobern. Die Heeresgruppe Mitte unter Generalfeldmarschall v. Bock sollte aus dem Raume um Warschau in Richtung Minsk, Smolensk vorstoßen. Der Operationsraum für die Heeresgruppe Süd unter Generalfeldmarschall v. Rundstedt, mit der auch rumänische Truppen zusammenwirkten, war der Dnjeprbogen. Bei diesem Ansatz der drei Heeresgruppen bestand allerdings von vornherein eine Diskrepanz zwischen den Ansichten Hitlers und des Generalstabs über das zu erreichende Hauptziel[8]). Moskau war das Zentrum des russischen Straßen- und Bahnnetzes. Hier mußte der Gegner seine Abwehrkraft konzentrieren. Hier sah der deutsche Generalstab daher das Hauptziel des deutschen Angriffs. Für Hitler hatten wirtschaftliche und politische Gesichtspunkte ein größeres Gewicht. Im Norden erstrebte er die möglichst schnelle Verbindung mit den Finnen westlich und östlich des Ladogasees und im Süden die Gewinnung des Industriegebietes im Donezbecken. Diese Diskrepanzen wurden aber erst in der zweiten Phase des Angriffs akut. In der ersten Phase erreichte die Heeresgruppe Süd den Dnjeprbogen. Die Heeresgruppe Mitte schlug die Umfassungsschlacht von Bialystok, bei der 40 russische Divisionen vernichtet wurden, und eroberte Minsk und Smolensk. Im Nordabschnitt wurden die in den baltischen Ländern stehenden Sowjettruppen geschlagen, nachdem Panzerverbände der Heeresgruppe Nord über Wilna und Dünaburg nach Pleskau vorgestoßen waren. Am 8. September wurde Schlüsselburg genommen, der Fall Leningrads schien unmittelbar bevorzustehen. Die Finnen drangen auf der Karelischen Landenge vor und riegelten Leningrad von Norden ab. In der zweiten Augusthälfte kam der Gegensatz zwischen den operativen Auffassungen des Generalstabs und Hitlers zum Austrag. Brauchitsch und Halder schlugen vor, nachdem die Panzerverbände bei Smolensk durch einen Halt ihre Kampfkraft hatten regenerieren und die Infanteriedivisionen hatten aufschließen können, den Vorstoß nach Moskau durchzuführen. Am 21. August entschied Hitler anders. Er ließ Teile der Heeresgruppe Mitte nach Süden und Teile der Heeresgruppe Süd ostwärts von Kiew nach Norden einschwenken, um die ostwärts der Pripjetsümpfe zwischen den beiden Heeresgruppen stehenden Russen zu umfassen. In dieser »größten Schlacht der Weltgeschichte«, wie Hitler sie nannte, wurden 665 000 Gefangene gemacht. Der deutsche Generalstabschef nannte die gleiche Schlacht »den größten strategischen Fehler des Ostfeldzugs«. Infolge dieses Sieges konnte die Heeresgruppe Süd zwar das Donezbecken durchstoßen, aber am 21. November ging das kurz zuvor eroberte Rostow wieder verloren. Der bei der Heeresgruppe Mitte angesetzte Angriff auf Moskau kam zu spät, und die deutschen Kräfte waren abgenutzt. Nach den Kesselschlachten von Briansk und Wjasma vom 2.—20. Oktober kämpften sich die Armeen v. Bocks bis in die Nähe der Hauptstadt heran. Die sowjetische Regierung wich aus. Die deutschen Panzerspitzen drangen bis 50 km nördlich von Moskau vor. Aber die Schlammperiode behinderte die Bewegung der Fahrzeuge, und der frühzeitig und mit ungewöhnlicher Härte einsetzende Winter brach die Angriffskraft der deutschen Truppen, die in keiner Weise für einen Winterkrieg ausgerüstet waren[9]). Auch Leningrad blieb unbezwungen[9a]). Die Heeresgruppe Nord hatte für den Vorstoß auf Moskau einen Teil ihrer Panzerverbände abgeben müssen. Hitler ließ es nicht auf einen Kampf um Leningrad ankommen, obwohl Ritter v. Leeb ebenso wie die Marineleitung dazu drängten. Hitler wollte die von Norden und Süden eingeschlossene Stadt durch Hunger dezimieren. Es gelang aber den Russen, über den Ladogasee die Stadt zu versorgen, im Winter durch eine über das Eis gebaute Eisenbahn, im Sommer durch Schiffe. Im Raum von Leningrad sind im Verlauf des Krieges wiederholt schwere und verlustreiche Kämpfe geführt worden. Der Fehlschlag der deutschen Operationen führte zu einer tiefen Krise im deutschen Heer. Brauchitsch nahm seinen Abschied, später auch Ritter v. Leeb; v. Bock und v. Rundstedt wurden abgelöst. Hitler übernahm am 19. Dezember 1941 unmittelbar die Führung des Heeres. In der Heimat wurde durch Sammlung von Skiausrüstungen und Winterzeug notdürftig das Heer für den Winterkrieg ausgestattet. Die Russen erzielten durch Gegenangriffe tiefe Einbrüche in die deutsche Front. Hitler aber widersetzte sich allen Forderungen der Generäle, rückwärtige Stellungen auszubauen und die Front zurückzunehmen. Er fürchtete — wahrscheinlich zu Recht —, daß eine Rückwärtsbewegung der schlecht ausgerüsteten Truppe unter den ungewohnten Bedingungen des russischen Winters zu größeren Verlusten an Menschen und Material führen würde als ein starres Sich-Festklammern an den erreichten Positionen.

Die strategischen Vorstellungen der russischen Führung sind schwer zu beurteilen. Wenn Rußland im ersten und zweiten Kriegsjahr große Räume dem Angreifer überließ, um dann aus der Tiefe heraus die Gegenoffensive zu beginnen, so scheint es doch nicht — wie es Stalin nach dem Kriege propagandistisch hat vertreten lassen —, daß diesmal der Raum bewußt als Waffe ausgespielt worden wäre. Dagegen spricht die Massierung des Großteils der Roten Armee in den grenznahen Räumen, der hartnäckige Widerstand, der zur Verteidigung von Leningrad, Moskau und der Industriegebiete aufgewendet wurde, und schließlich die Tatsache, daß keine Vorkehrungen getroffen waren, um die Industrie in östliche, vom Gegner nicht angreifbare Räume zu verlagern; das wurde während des Krieges erst mit Erfolg improvisiert. Alles deutet vielmehr darauf hin, daß eine Abwehr in Grenznähe geplant war. Taktisch ist jedoch die Rote Armee vom deutschen Angriff überrumpelt worden[10]). Wenn sie zu Anfang des Krieges in Ausbildung und Führung der deutschen unterlegen war, so hat sich dieser Mangel im Laufe des Krieges ausgeglichen. Wie in den Zeiten Karls XII. und Napoleons, so verstanden es die Russen auch diesmal, sich nach kurzer Zeit ihrem Gegner anzupassen. Ähnlich wie in Jugoslawien stand den Deutschen auch in Rußland in den Partisanen ein besonders hartnäckiger und geschickter Gegner gegenüber. Die Partisanengruppen in den großen Wald- und Sumpfgebieten wuchsen schnell, nachdem sich herausstellte, daß die Deutschen nicht als Befreier, sondern als Eroberer kamen[11]).

Im Sommer 1942 riß Hitler noch einmal die Initiative an sich. Vorbereitende Kämpfe im Mai galten der Rückeroberung der im Winter verlorengegangenen Halbinsel Kertsch und führten zur Bezwingung der Festung Sewastopol. Bei Charkow wurde eine russische Offensive durch die bereitgestellten deutschen Angriffstruppen in einer großen Umfassungsschlacht Ende Mai zerschlagen. Die deutsche Offensive, die infolge des Kräfteverschleißes des vergangenen Kriegsjahres nicht mehr an allen Frontabschnitten durchgeführt werden konnte, begann am 28. Juni ostwärts von Charkow. Das Ziel war die untere Wolga und das Ölgebiet von Batum und Baku. Die russische Widerstandskraft sollte durch die Wegnahme dieser Hilfsquellen gebrochen werden. Eine unter Generalfeldmarschall List gebildete Heeresgruppe A überschritt Ende Juli den unteren Don und stieß auf den Kaukasus vor. Am 21. August wurde auf dem höchsten Gipfel, dem Elbrus, die deutsche Fahne gehißt. Aber es gelang nicht, Transkaukasien zu erobern und den Weg zur persischen Grenze zu gewinnen.

In Persien[12]) waren im August 1941 britische und sowjetrussische Truppen einmarschiert, um die Regierung zu zwingen, den Bau einer Nachschubstraße für amerikanisches Kriegsmaterial quer durch das Land zu ermöglichen. Persien hatte nur kurzen Widerstand leisten können. Im Irak war es bereits im Mai 1941 zu einem Kampf gegen die Briten gekommen. Ein Staatsstreich gegen den minderjährigen König Feisal II. hatte vorübergehend eine Deutschland- und Italien-freundliche Regierung zur Macht gebracht. Ihr kurzer Kampf gegen britische Stützpunkte war durch einige deutsche Flugzeuge und französische Waffenlieferungen von Syrien aus[13]) unterstützt worden. Seit dem Sommer 1941 war auch hier die britische Macht wiederhergestellt. Auch in Syrien gewannen die Briten und Frei-Franzosen die Oberhand, nachdem sich der Vichy-freundliche Oberbefehlshaber der französischen Levantearmee General Dentz am 12. Juli durch den Abschluß eines Waffenstillstandes unterworfen hatte. Das Erscheinen deutscher Truppen an der Nordgrenze Persiens hätte vielleicht vermocht, die Dinge im Vorderen und Mittleren Orient wieder in Bewegung zu bringen. Denn in Nordafrika gelang es Rommel[14]), im Sommer 1942 bedeutende Erfolge zu erringen.

Auch hier hatte der Winter 1941/42 zu Rückschlägen geführt. Die Briten unter General Ritchie hatten am 10. Dezember Tobruk entsetzt und dann Bengasi gewonnen. Rommel wurde in die Südostecke der Großen Syrte zurückgedrängt, von wo sein Vorstoß zur Eroberung der Cyrenaika Anfang des Jahres begonnen hatte. An der ägyptischen Grenze eingeschlossene deutsch-italienische Truppen hielten Bardia und den Halfaya-Paß bis in den Januar hinein. Am 21. Januar 1942 aber traten Deutsche und Italiener erneut zum Angriff an, nachdem es durch verstärkten Einsatz der Luftwaffe und deutscher und italienischer U-Boote um die Jahreswende gelungen war, drei britische Schlachtschiffe und einen Flugzeugträger zu versenken bzw. auszuschalten, so daß im zentralen Mittelmeer bis in den Sommer die Seeherrschaft von der durch die deutsche und italienische Luftwaffe unterstützten italienischen Flotte behauptet werden konnte. Die Benutzung des Seestützpunktes Malta durch britische See- und Luftstreitkräfte wurde im Verlauf des Jahres 1942 durch massive deutsche Bombenangriffe zeitweise erheblich beeinträchtigt. Ein von italienischer Seite vorbereiteter Versuch, die Insel zu erobern, gelangte jedoch nicht zur Ausführung. Der erste Stoß der Rommel unterstellten deutsch-italienischen Panzerarmee führte bis 7. Februar zur abermaligen Eroberung der Cyrenaika von Marsa el Brega bis El Gazala. Der zweite Stoß begann am 26. Mai. Diesmal gelang es, am 21. Juni Tobruk zu nehmen. Am 23. Juni überschritten die Truppen Rommels die ägyptische Grenze. Im Juli stand er vor El Alamein, der letzten britischen Verteidigungsstellung vor Alexandria. Im Juli und August geführte Angriffe gegen diese Stellung scheiterten, zur gleichen Zeit also, als sich der deutsche Angriff in Südrußland im Kaukasus festlief.

Im Rahmen der deutschen Offensive in Rußland hatte weiter nördlich eine Heeresgruppe B unter Generalfeldmarschall v. Weichs den Donbogen durchstoßen. Die 6. Armee unter General Paulus war darüber hinaus am 24. August bis zur Wolga bei Stalingrad vorgedrungen. Es gelang den Deutschen, in die erbittert verteidigte Stadt einzudringen und Schritt für Schritt Boden zu gewinnen. Dabei verzehrten sie ihre Kräfte. Ende Oktober war der größte Teil der Stadt in ihrer Hand. Der Rest blieb unbezwungen. Stalingrad, Elbrus und El Alamein markieren im Herbst 1942 die Wende des Krieges. Sie sind die äußersten Punkte der deutschen Machtentfaltung. Von hier aus setzte in den folgenden Monaten die rückläufige Bewegung ein. Inzwischen war aus dem europäischen Krieg ein Weltkrieg geworden.

DW 397/640—651. — Es gibt noch keine wissenschaftliche umfassende dt. Darstellung der Kriegführung Dtlds. in Rußland. Knappe Darstellung bei A. PHILIPPI / F. HEIM, Der Feldzug gegen Sowjetrußland 1941 bis 1945. Ein operativer Überblick (1962). — Gute ausländ. Darstellungen: F. P. ten KATE, De Duitse aanval op de Soviet-Unie in 1941. Een krijgsgeschiedkundige studie (Groningen 1968); A. SEATON, The Russo-German War 1941—45 (London 1971, dt. 1973). — Lit. zur Sowjetunion im Kriege S. 498 u. S. 603.

1) Zur schwierigen Situation Finnlands zw. Dtld. u. Rußland vgl. A. F. UPTON, Finland in Crisis, 1940—1941 (London 1964). 2) A. HILLGRUBER, Der Einbau der verbündeten Armeen in die dt. Ostfront 1941—44, in: Wehrwiss. Rdsch. 10 (1960). — G. H. STEIN, Gesch. der Waffen-SS (1967), S. 124; sie rekrutierte in den genannten Ländern insgesamt 122 000 Freiwillige. 3) Zu Wlassow, der 1946 in der Sowjetunion zum Tode verurteilt wurde: S. STEENBERG, Wlassow — Verräter oder Patriot (1968), u. von einem der baltendeutschen Offiziere, die W. zum aktiven Kampf gegen Stalin bewogen, W. STRIK-STRIKFELDT, Gegen Stalin u. Hitler. General Wlassow u. die russ. Freiheitsbewegung (1970); anschauliche Darstellung bei J. THORWALD, Die Illu-

sion. Rotarmisten in Hitlers Heeren (1974); H. KRAUSNICK, Zu Hitlers Ostpolitik im Sommer 1943, VfZG 2 (1954), enthält Text einer Rede Hitlers vor den Heeresgruppenführern 1. Juli 1943, wo er ein halbes Jahr nach Stalingrad immer noch starrsinnig jede ehrliche Zusammenarbeit mit den nationalen Kräften Rußlands ablehnt. — A. DALLIN, Dt. Herrschaft in Rußland (1958), schätzt die Zahl der »Hilfswilligen« auf 500 000 bis 800 000, die der nichtrussischen Hilfstruppen (Kaukasier, Turkmenen, Kalmücken etc.) auf ca. 150 000. [4] A. HILLGRUBER / G. HÜMMELCHEN, Chronik des Zw. Weltkrieges (1966), S. 38 ff. [5] Vgl. § 76. Am 2. Juli faßte die japan. Regierung den Entschluß, die Expansion im Pazifik fortzusetzen u. mit der erstrebten Eroberung Sibiriens bis Omsk zu warten, bis der Zusammenbruch der Roten Armee im westl. Teil Rußlands feststand. Diese Entscheidung wurde durch den Spion Richard Sorge nach Moskau telegraphiert u. verursachte dort erhebliche Erleichterung. N. IKE (Hg.), Japan's Decision for War. Records of the 1941 Policy Conferences (Stanford 1967); B. MARTIN, Dtld. u. Japan im Zw. Weltkrieg (1969), S. 97 ff. [6] Text u. Darstellung bei W. H. McNEILL, America, Britain and Russia. Their Cooperation and Conflict 1941—1946 (London 1953); aus sowj. Sicht V. L. ISRAELJAN, Anti-Hitler Coalition. Diplomatic co-operation between the UdSSR, USA and Britain during the second world war, 1941—1945 (Moskau 1971). Das Hilfsabkommen vom 12. 7. 1941 erhielt formelle Vertragsform am 26. Mai 1942; Text in Ursachen u. Folgen 17, Nr. 3204 a. [7] Zu Umfang u. Art dieser Unterstützung, die Roosevelt gegen eine neue isolationistische Welle in der amerik. Öffentlichkeit schrittweise durchzusetzen verstand, R. H. DAWSON, The Decision to Aid Russia 1941 (Chapel Hill 1959); ferner G. MOLTMANN, Die amerik.-sowj. Partnerschaft im Zw. Weltkrieg, GWU 15 (1964); F. KNIPPING, Die amerik. Rußlandpolitik in der Zeit des Hitler-Stalin-Pakts 1939—1941 (1974). [8] Hierzu vor allem GREINER, MANSTEIN, WARLIMONT u. HALDER, s. S. 492 f., sowie für die sowj. Seite Schukow, s. S. 494 u. Darstellungen s. S. 495. Zur Anlage des Ostfeldzuges: Weisung für den Fall Barbarossa am 18. 12. 1940, in W. HUBATSCH, Hitlers Weisungen (s. S. 492), Nr. 21. [9] Vergeblich hatten Brauchitsch u. Halder auf eine solche Ausrüstung hingewiesen. Hitler hatte abgelehnt, weil er von der Beendigung des Feldzuges vor Einbruch des Winters überzeugt war; vgl. P. BOR, Gespräche mit Halder (1950), S. 198; K. REINHARDT, Die Wende vor Moskau. Das Scheitern der Strategie Hitlers im Winter 1941/42 (1972); ferner C. WAGENER, Moskau 1941. Der Angriff auf die russ. Hauptstadt (1965). [9a] E. H. SALISBURY, 900 Tage. Die Belagerung von Leningrad (a. d. Amerik. 1970); Elena SKRJABIN, Leningrader Tagebuch. Aufzeichnungen aus den Kriegsjahren 1941—1945 (a. d. Russ. 1972). [10] Vgl. § 74, Anm. 24; bes. das dort zit. Werk von NEKRITSCH / GRIGORENKO. [11] Vgl. § 77, Anm. 28. [12] Zum Folgenden: G. KIRK, The Middle East in the War, in: Survey of Internat. Aff. 1939—46 ([3]1954); D. GEYER, Die Sowjetunion u. der Iran (1955). [13] Über seine Vermittlungstätigkeit hierbei der dt. Diplomat R. RAHN, Ruheloses Leben (1949), S. 152 ff. [14] Lit. zu Rommel u. den Kämpfen in Nordafrika s. § 73, Anm. 14.

§ 76 Vom ostasiatischen und europäischen Krieg zum Weltkrieg. Pearl Harbor und der Krieg im Pazifik

Der Zweite »Welt«-Krieg hat sich aus den beiden zunächst unabhängig voneinander in Ostasien und Europa ablaufenden Kriegen entwickelt. Der ostasiatische Krieg zwischen China und Japan begann 1937, der europäische erst zwei Jahre später. Der europäische Krieg nahm über Europa hinausgehende Dimensionen an durch die Unterstützung, die England aus Commonwealth und Empire erhielt, durch die Wirtschaftshilfe der USA und durch den Angriff Deutschlands auf die europäisch-asiatische Sowjetunion. Die Zahl der Einwohner der im Jahre 1941 am europäischen Krieg beteiligten Staaten betrug (einschließlich des europäischen Teiles der UdSSR und ohne die Commonwealth- und Empire-Staaten) etwa 404 Millionen, der am asiatischen Krieg beteiligten (Japan, Mandschurei, Korea, Formosa, China) etwa 545 Millionen. Die beiden Kriege verbanden sich dadurch, daß die angelsächsischen Mächte sowohl im europäischen wie im asiatisch-pazifischen Raum Interessen besaßen, daß der Zusammenstoß mit der japanischen Expansion zum japanisch-amerikanisch/britischen Krieg führte und daß Hitler, der den offenen Zusammenstoß mit den USA hatte vermeiden wollen, sich veranlaßt sah, den USA nach Pearl Harbor den Krieg zu erklären.

Der ostasiatische Krieg hatte mit einem Feuerwechsel zwischen japanischen und chinesischen Soldaten auf der Marco-Polo-Brücke in Peking am 7. Juli 1937 begonnen. Dies war der Anlaß für die Aktion gegen China gewesen, die von der politisch einflußreichen führenden Richtung in der japanischen Armee seit langem gefordert wurde. China sollte in die zu errichtende »Asiatische Ordnung« einbezogen werden, in der die Japaner für ihre Industrie und Bevölkerung freie Expansionsmöglichkeiten zu finden hofften. Nach den japanischen Erklärungen sollte diese »Neue Ordnung in Ostasien« den ostasiatischen Völkern unter japanischer Führung zur Befreiung von der Bevormundung und zur »Selbstbestimmung als einer orientalischen Rasse« verhelfen. Durch diesen Krieg wurden die britischen und die amerikanischen Handelsinteressen im Jangtsetal und an den Küstenplätzen Chinas beeinträchtigt. Seit vier Jahren schwelten nun die Kämpfe, ohne daß ein Ende abzusehen war. Zwar hatten die Japaner fünf Provinzen Nordchinas und vor allem durch Blockade der chinesischen Küste die Zufuhr von See her unter ihre Kontrolle bringen können. Aber dem zäh kämpfenden Führer der Kuomintang-Regierung Marschall Tschiang Kai-schek waren als Zufahrtswege für Waffen und Munition immer noch die Straßen von Indochina und Burma offengeblieben, und wie die chinesischen Kommunisten den nationalen Widerstand gegen die japanischen Eroberer unterstützten, so fand China in seinem Kampf gegen Japan auch bei der Sowjetunion Hilfe. Zudem entwickelten sich aus lokalen Streitigkeiten an der mandschurischen Grenze zur sowjetischen Küstenprovinz wie zur Äußeren Mongolei Kämpfe zwischen japanischen und sowjetischen Truppen, die vom Frühjahr bis zum Herbst 1939 dauerten. Es sah für einen Augenblick so aus, als solle sich hier ein neuer russisch-japanischer Krieg entzünden. Insgesamt war die japanische Aktion festgefahren, als der europäische Krieg ausbrach. Dieser eröffnete neue Chancen für das Vordringen der Japaner. Die Niederwerfung Frankreichs durch Deutschland ermöglichte es ihnen, das nördliche Indochina zu besetzen, und Großbritannien sah sich durch die bedrängte Situation nach Dünkirchen veranlaßt, vorübergehend die Burmastraße zu sperren, um Japan keinen Vorwand zum Krieg zu bieten.

Die politische Rückendeckung für die japanische Expansion in China gab der am 25. November 1936 abgeschlossene Antikominternpakt[1]). Nach japanischer Auffassung richtete er sich gegen Rußland, nach der Deutung, die ihm Ribbentrop gab, gegen England. Der Abschluß des Hitler-Stalin-Paktes war für Japan, das damals in die mandschurischen Grenzkonflikte mit der Sowjetunion verwickelt war, überraschend gekommen. Der Antikominternpakt war dadurch des Sinnes beraubt worden, den er für Japan gehabt hatte, und dieses protestierte[2]). Aber dann hatten sich die Spannungen zwischen Japan und den Vereinigten Staaten verschärft und am 27. September 1940 zum Abschluß des Dreimächtepaktes[3]) geführt. Hierin sicherten sich die drei Mächte gegenseitig die Anerkennung der Führung Japans für die Ordnung des großasiatischen, der Führung Deutschlands und Italiens für die Ordnung des europäischen Raumes zu. Sie versprachen einander wirtschaftliche, politische und militärische Hilfe für den Fall, daß »einer der drei vertragschließenden Teile von einer Macht angegriffen wird, die gegenwärtig nicht in den europäischen Krieg oder in den japanisch-chinesischen Konflikt verwickelt ist«. Die bestehenden Verhältnisse zur Sowjetunion sollten durch den Vertrag nicht berührt werden. Er bedeutete im wesentlichen ein Verteidigungsbündnis für den Fall, daß Amerika in den asiatischen oder in den europäischen Krieg eingreifen werde. Das Ziel beider Seiten bei Vertragsabschluß war, die USA durch die Existenz dieses Bündnisses und die Drohung mit einem eventuellen pazifisch-atlantischen Zweifrontenkrieg von der Intervention in den europäischen oder den asiatischen Krieg abzuhalten. Als Molotow im November 1940 in Berlin weilte, haben Hitler und Ribbentrop versucht, die Sowjetunion in dieses Mächteverhältnis hineinzuziehen und dem Pakt wie vorher dem Antikominternpakt eine Wendung gegen Großbritannien zu geben. Und als der japanische Außenminister Matsuoka im März/April 1941 Berlin besuchte, wurde ihm ein Angriff auf Singapur nahegelegt[4]). Aber die Japaner ließen sich ebensowenig wie vorher die Sowjetrussen gegen Großbritannien vortreiben. Jene beiden Mächte schlossen vielmehr zur Bestürzung Ribbentrops am 13. April 1941 einen Freundschafts- und Neutralitätspakt[5]), der die Sowjetunion von dem Druck eines möglichen Zweifrontenkrieges bei der bevorstehenden Auseinandersetzung mit Deutschland befreite und der Japan den Rücken freigab für die Verfolgung der Großraumziele im Pazifik, denen sich in erster Linie die Vereinigten Staaten entgegenstellten.

Der Angriff Deutschlands auf die Sowjetunion vom 22. Juni 1941 stellte Japan vor die Frage, ob es dem Vorgehen Deutschlands folgen und mit diesem gemeinsam die Sowjetunion zu einem europäisch-asiatischen Zweifrontenkrieg zwingen sollte. Ribbentrop drängte die Japaner, gegen Rußland vorzugehen; die japanische Armee und am entschiedensten Matsuoka wünschten das gleiche, wenn auch mit unterschiedlichen Vorstellungen über den Zeitpunkt einer Nordoffensive. Aber die Regierung und die Flotte dachten anders. Am 2. Juli 1941 beschloß die Kaiserliche Konferenz, die Expansionsrichtung nach Süden weiterzuverfolgen und sich in Ausnutzung der europäischen Kriegslage gegen das französische Südindochina zu wenden[6]). Hitler war in seiner Ansicht schwankend. War es richtiger, die Japaner auf Rußland zu ziehen oder durch sie die USA in Schach zu halten und vom Eintritt in den Krieg abzuhalten? Am 14. Juli bedrängte er den japanischen Botschafter Oshima, seine Regierung zum Kriegseintritt gegen die Sowjetunion zu veranlassen[7]). Außenminister Matsuoka wollte das gleiche, konnte sich aber weder in der Regierung noch gegenüber den Militärs durchsetzen. Nach dem Rückschlag vor Moskau wurde der Wunsch erneut laut, Japan möge Entlastung bringen. Aber wichtiger schien die Bindung der USA durch Japan.

Die Vorgänge, die zu dem Überfall der Japaner auf Pearl Harbor am 7. Dezember 1941 führten, gehören zu den umstrittensten Problemen der Zeitgeschichte. Eine heftige wissenschaftliche und politische Kontroverse entbrannte nach dem Krieg. Inzwischen sind die Vorgänge selbst im wesentlichen geklärt[8]). Um die Jahrhundertwende traten gleichzeitig Japan und die Vereinigten Staaten als expansive Mächte im pazifischen Raum in Erscheinung. 1895 wurde Formosa japanisch, 1898 Hawaii und die Philippinen amerikanisch. Der Erste Weltkrieg gab den Japanern den größten Teil der pazifischen Kolonien Deutschlands zur Beute, und zugleich konnten die Amerikaner ihr pazifisches Stützpunktsystem ausbauen. In den beiden Jahrzehnten zwischen den Kriegen wurde dem japanischen Bevölkerungsüberdruck nach den Vereinigten Staaten ebensowenig ein Ventil geöffnet wie nach Kanada, Australien oder den britischen, holländischen, französischen und amerikanischen Besitzungen im Pazifik. Im Kampf um den chinesischen und pazifischen Markt standen die britischen wie die amerikanischen Industrieerzeugnisse in einem scharfen Konkurrenzkampf gegen die billigen japanischen Waren. In diesen Interessengegensätzen lag von vornherein die Möglichkeit eines Krieges beschlossen. Aber die vorherrschende isolationistische Meinung in Amerika führte dazu, daß sich die Vereinigten Staaten in einer Neutralitätsgesetzgebung gleichsam selbst die Hände banden. Man wollte durch Verbot von Waffen- und Kriegsgerätlieferungen an kriegführende Staaten verhindern, daß das amerikanische Volk durch die privaten Interessen der Industrie in einen Krieg hineingezogen werden könnte. Die kurz zuvor abgeschlossenen Untersuchungen eines Kongreßausschusses über den politischen Einfluß der amerikanischen Rüstungsindustrie im Ersten Weltkrieg bildeten den Hintergrund für diese Gesetzgebung. Dennoch verschärfte sich das Verhältnis zu Japan von Jahr zu Jahr. Die Japaner kündigten 1934 das Washingtoner Flottenabkommen vom Jahre 1921 und gewannen dadurch die Möglichkeit zur unbeschränkten Flottenrüstung. Am 5. Oktober 1937 hielt Roosevelt seine berühmte Quarantäne-Rede, die sich gegen Deutschland, Japan und Italien richtete[9]). Er forderte die Isolierung der Angreifer und Diktatoren. Roosevelt wurde 1936 zum zweiten, 1940 zum dritten Male zum Präsidenten gewählt. Der Erfolg im Kampf gegen die Wirtschaftskrise, die New-Deal-Politik und überhaupt vorwiegend innerpolitische Gründe führten zu seinen Wiederwahlen. Außenpolitisch war auch ein Teil der den Präsidenten stützenden Demokraten isolationistisch gesinnt. Die amerikanische Historikergruppe der sogenannten Revisionisten wirft Roosevelt vor, daß er Schritt für Schritt das Land gegen dessen eigentlichen Willen mit Vorbedacht in den Krieg geführt habe. Unbestreitbar war Roosevelt der Überzeugung, daß die Vereinigten Staaten sich von ihrer Mitverantwortung für die Weltangelegenheiten weder zurückziehen könnten noch dürften. Ideologisch war sich das ganze amerikanische Volk ohne Unterschied der Parteirichtungen des Gegensatzes zu Deutschland, Italien und Japan bewußt. Dazu kam besonders gegenüber Japan das Bewußtsein des scharfen wirtschaftlichen Interessengegensatzes. Japan war vor allem für die Erdölzufuhr von Amerika abhängig. Ohne das amerikanische Öl war die japanische Flotte bewegungsunfähig — es sei denn, sie bemächtigte sich der Ölquellen in Niederländisch-Indien. Seit dem Herbst 1940 verhandelte Japan, zur großen Beunruhigung Berlins, mit den Vereinigten Staaten über eine diplomatische Lösung der Pazifikfragen. Der entscheidende Punkt war China. Amerika verlangte die Räumung, Japan die Anerkennung seiner Eroberungen. Im Juli 1941 verhängten die USA ein Öl- und Schrottembargo über Japan und sperrten die japanischen Guthaben. England und Niederländisch-Indien taten das gleiche. Damit war Japan gezwungen, entweder auf seine Expansionsziele zu verzichten oder aber Krieg zu führen. In dieser Situation spitzten sich in der politischen und militärischen Führung Japans die gegensätzlichen Anschauungen über Krieg oder Frieden mit den USA zu. Der auf einen Ausgleich bedachte japanische Ministerpräsident Fürst Konoye mußte am 16./17. Oktober einem Militärkabinett unter dem Kriegsminister General Tojo weichen. Allerdings führte auch Tojo die Verhandlungen mit Amerika noch weiter. Am 2. und 5. November beschloß die japanische Regierung einen letzten Verhandlungsversuch auf der Basis der Räumung Südindochinas bei Normalisierung der Handelsbeziehungen. Die amerikanische Regierung war aber jetzt von der Unvermeidlichkeit des Krieges überzeugt. In der Kabinettssitzung vom 25. November erklärte Roosevelt, daß angesichts der Möglichkeit eines vielleicht schon kurz bevorstehenden Angriffs der Japaner die Frage darin bestehe, »wie man sie in eine Position manövrieren könne, den ersten Schuß abzufeuern, ohne zu viel Schaden anzurichten«[10]). In einer Note vom 26. November verlangten die Vereinigten Staaten als Vorbedingung jeder wirtschaftlichen Regelung, daß sich die Japaner aus China und Indochina zurückziehen und den Dreimächtepakt kündigen sollten. Darauf antworteten die Japaner mit Krieg. Am 6. Dezember, 21.30 Uhr erhielt Roosevelt den aufgefangenen Text einer japanischen Note, die das Scheitern der Verhandlungen feststellte. Der Botschafter überreichte die Note am 7. Dezember 14.30 Uhr, kurz nachdem in Washington die ersten Nachrichten über den eine Stunde zuvor erfolgten Bombenangriff auf die Pazifikflotte eintrafen.

Der Angriff kam für die Flotte in Pearl Harbor überraschend. Er führte zu schweren Verlusten. Fünf Schlachtschiffe wurden versenkt, drei weitere Schlachtschiffe, drei Kreuzer und eine Anzahl kleinerer Schiffe schwer beschädigt, 198 Flugzeuge zerstört, fast 3 000 Menschen getötet, über 1 000 verwundet. Man hat sich lange gefragt, wie es kommen konnte, daß die Flotte in Pearl Harbor nicht vorher gewarnt war, obwohl seit längerer Zeit der amerikanische Nachrichtendienst in der Lage war, japanische Funksprüche, auch die an den japanischen Konsul in Honolulu gerichteten, aufzufangen und zu entziffern. Die amerikanische Marine wußte jedoch aufgrund des Funkbildes und der Gesamtheit der ihr vorliegenden Nachrichten über den japanischen

Aufmarsch, daß Japan einen Großangriff in Südostasien (Malaya und Philippinen) plante. Hier erwartete sie auch den ersten Schlag. Den spärlichen Hinweisen auf Pearl Harbor maß sie demgegenüber keine Bedeutung bei[11]). Die Nachricht vom japanischen Überfall änderte mit einem Schlage die innere Lage in den Vereinigten Staaten. Das gesamte amerikanische Volk stellte sich geschlossen hinter Roosevelt[12]). Für Churchill bedeutete die Nachricht von Pearl Harbor die Gewißheit, daß die Vereinigten Staaten nun endlich zwangsläufig auch offen in den europäischen Krieg würden eingreifen müssen.

Wie reagierte Hitler?[13]) Er hatte durch das Bündnis mit Japan gehofft, die USA aus der offenen Beteiligung am Krieg heraushalten zu können. Deutschland hatte es bisher auch peinlich vermieden, den sich seit 1940 immer stärker an der Seite Englands engagierenden USA einen Vorwand zum offenen Krieg zu geben. Als sich der Vormarsch aber in Rußland festrannte, begann Hitler, in der Aporie, wie der Krieg weiterzuführen sei, und unter dem Drängen der Marine, die freie Aktionsmöglichkeit gewinnen wollte, die Dinge anders zu sehen. Man hielt gegen Ende November in Berlin den Kriegseintritt der USA nur noch für eine Frage der Zeit. Nachdem die Japaner ihre Absicht zu erkennen gegeben hatten, die USA demnächst anzugreifen, drängten Hitler und Ribbentrop nunmehr zum schnellen Vorgehen. Man gab den Japanern die Zusicherung, daß Deutschland sich sofort an ihre Seite stellen und keinen Sonderfrieden schließen werde. Dies war weniger eine freie Entschließung als eine Flucht nach vorn. Wenige Tage nach Pearl Harbor, am 11. Dezember, erklärten Deutschland und Italien an die Vereinigten Staaten den Krieg[14]). Indem der europäische Krieg sich mit dem asiatisch-pazifischen Krieg zum Weltkrieg verband, gerieten die Dinge wieder in Bewegung, und Hitler errechnete sich neue Chancen.

Wie hatten sich die Vereinigten Staaten bisher zum europäischen Krieg eingestellt?[15]) Nach dem deutschen Sieg über Polen war die amerikanische Neutralitätsgesetzgebung aufgeweicht worden. Durch die sogenannte Cash-and-Carry-Klausel wurde den Briten die Möglichkeit gegeben, gegen Zahlung und auf eigenen Schiffen amerikanisches Kriegsmaterial zu erwerben. Auf Betreiben der Vereinigten Staaten erklärte am 2. Oktober 1939 eine panamerikanische Konferenz einen 309 Seemeilen breiten Gürtel um die amerikanischen Küsten als Sicherheitsstreifen. Hierdurch gewann die britische Seefahrt einen sicheren Weg von Südamerika nach Neufundland, von wo die Geleitzüge nach England gingen. Am 4. September 1940, als nach dem Zusammenbruch Frankreichs England allein gegen Deutschland stand, überließen die Vereinigten Staaten 50 Zerstörer an die britische Flotte gegen Stützpunkte in West-Indien, Neufundland und auf den Bermudas. Die Unterstützung Englands und seiner Verbündeten »short of war« wurde seitdem das offizielle Ziel der Politik Roosevelts. Daneben wurde im Herbst 1940 die militärische Aufrüstung des Landes selbst vorbereitet. Am 11. März 1941 trat an die Stelle der Cash-and-Carry-Klausel das Lend-and-Lease-Programm: die Briten, deren Dollarreserven sich erschöpften, erhielten in verstärktem Maße ohne Bezahlung Kriegsmaterial. Nach und nach übernahm die amerikanische Flotte den Geleitschutz im ganzen Westatlantik bis zur Linie 26° W. Sie erhielt den Auftrag, westlich dieser Linie alle gesichteten Fahrzeuge der Achsenmächte zu beschatten und ihre Standorte laufend offen zu melden. Nach dem deutschen Angriff auf Rußland besetzten die USA am 7. Juli Island in Ablösung der dort im Vorjahre gelandeten Briten. Vorher schon hatten sie Stützpunkte auf Grönland eingerichtet. Am 12. August 1941 beschlossen Roosevelt und Churchill an Bord eines Kriegsschiffes das gemeinsame politische Programm der Atlantik-Charta, die an die Ideen Wilsons anknüpfte und u. a. ein Bekenntnis zum Selbstbestimmungsrecht der Völker enthielt und der Welt »nach der endgültigen Zerstörung der Nazityrannei« ein »Leben frei von Furcht und Mangel« in Aussicht stellte[16]). Am 11. September 1941 erteilte Roosevelt der amerikanischen Flotte den Befehl, jedes gesichtete deutsche U-Boot ohne Warnung zu versenken. Da in der Folge deutsche U-Boote zum Angriff auf amerikanische Zerstörer übergingen, herrschte im Nordatlantik bereits im Oktober 1941 praktisch Kriegszustand zwischen den USA und Deutschland. Am 6. November dehnte Roosevelt das Lend-and-Lease-Programm auf die Sowjetunion aus. Dagegen gewann die deutsche U-Boot-Waffe durch die Kriegserklärung an die Vereinigten Staaten die Möglichkeit, den Handelskrieg nun bis unmittelbar vor die amerikanische Küste zu tragen und hier zunächst erhebliche Erfolge zu erzielen.

Wohin würde sich Amerika mit seinen eigenen Kriegsanstrengungen vornehmlich wenden? In dieser Frage hat sich wiederum Roosevelt gegen einen erheblichen Teil der öffentlichen Meinung in Amerika durchgesetzt. Zwischen den militärischen Stäben Großbritanniens und den USA war schon im Februar 1941 für den Fall eines Krieges ein »Germany first« vereinbart worden. Eine nach Pearl Harbor in Washington zusammentretende Konferenz (»Arcadia«-Konferenz) bestätigte diese Vorentscheidung, da Großbritannien und Rußland schon auf Deutschland festgelegt waren und es erforderlich sei, hier die Kräfte zu konzentrieren. Es wurde eine Landung in Französisch-Nordafrika vereinbart und eine gemeinsame oberste Kommandobehörde als das »Combined Chiefs of Staff Committee« gegründet. Allerdings entwickelte sich die militärische Lage im Pazifik so, daß die Absicht, schon im Frühjahr 1942 in Nordafrika anzugreifen, nicht verwirklicht werden konnte.

Den Japanern gelang es nach dem schweren Schlag gegen die amerikanische Flotte, zunächst unerwartete Erfolge auf dem asiatischen Kontinent und im pazifischen Raum davonzutragen[17]). An der malaiischen Ostküste versenkten Torpedoflieger zwei britische Schlachtschiffe. Im Dezember fiel Hongkong, im Februar 1942 Singapur. Thailand schloß mit Japan ein Bündnis und erklärte den Krieg an die Vereinigten Staaten und Großbritannien. Die Japaner eroberten Burma und sperrten die Nachschubstraße nach China. In Burma stellte der ehemalige Präsident des indischen Nationalkongresses Subhas Chandra Bose[18]), der sich nach Deutschland begeben hatte und von hier aus im U-Boot nach Japan gebracht worden war, eine indische Nationalarmee auf, während allerdings der eigentliche Führer der indischen Nationalbewegung Gandhi und auch die indische Kongreßpartei von einem Zusammengehen mit dem nationalsozialistischen Deutschland ebensowenig wissen wollten wie von dem großasiatischen Herrschaftsanspruch Japans, ohne daß sie deswegen die Briten, die immer noch die Herren im Lande waren, unterstützten. Im Pazifik machten sich die Japaner in wenigen Monaten zu Herren der Philippinen und Niederländisch-Indiens. In der Javasee errangen sie einen vollständigen Sieg über britische und amerikanische Seestreitkräfte. Zum Schutz ihrer pazifischen Stellung nach Osten und Norden eroberten sie Guam und Wake im Dezember 1941 und landeten im Juni 1942 auf den Aleuten. Diese japanischen Eroberungen vollzogen sich im Verlaufe eines halben Jahres. Dann gelang es den Alliierten unter dem Oberbefehl des amerikanischen Generals MacArthur, erfolgreich Widerstand zu leisten und schließlich zur Gegenoffensive überzugehen. Die Wende des pazifischen Krieges wurde durch die Seeschlacht bei den Midway-Inseln, 3.—7. Juni 1942, eingeleitet[19]). Im August gelang es den Amerikanern, auf Guadalcanar (Salomonen-Inseln) zu landen. Es war der erste Schritt zur langwierigen, unendlich mühevollen und opferreichen Rückeroberung der pazifischen Inseln.

Auf allen Fronten dieses jetzt weltumspannenden Krieges brachte das Jahr 1942 den Umschlag: In Rußland durchbrach am 19. und 20. November die Rote Armee beiderseits Stalingrad die Front der Verbündeten; am 23. November schloß sich die Zange um die 6. Armee. In Afrika gelang es den Briten unter General Montgomery am 5. November, die Deutschen und Italiener zum Rückzug zu zwingen. Am 7./8. November landeten amerikanische und britische Truppen in Algier und Marokko[20]). Wie die japanische, so war die deutsche Angriffskraft gebrochen. Von November 1942 an begann die rückläufige Bewegung an allen Fronten.

Zu Japan u. Amerika s. Lit. S. 497 u. § 74, Anm. 9 sowie § 85.

1) Vgl. § 65, Anm. 26. 2) Vgl. § 70, Anm. 4. 3) Vgl. § 74, Anm. 9; Johanna M. MENZEL, Der geheime dt.-japan. Notenaustausch zum Dreimächtepakt, VfZG 5 (1957); die hier mitgeteilten Dokumente betreffen Vorbehalte Japans hinsichtlich der Automatik des Casus foederis für den Fall eines Eingreifens der USA in den europ. Krieg sowie endgültigen Verzicht Dtlds. auf ehemalige Südseekolonien. Diese Zugeständnisse wurden wahrscheinlich ohne Sanktion durch Ribbentrop auf eigene Verantwortung des Botschafters Ott u. des Sonderbotschafters Stahmer in der Hoffnung gemacht, durch den erst hierdurch ermöglichten Vertragsabschluß mit seiner massiven Warnung an die USA deren Eingreifen in den europ. Krieg unwahrscheinlich zu machen. — Grundlegende Darstellungen: Th. SOMMER u. M. LIBAL (§ 74, Anm. 9) u. B. MARTIN, Dtld. u. Japan im Zw. Weltkrieg. Vom Angriff auf Pearl Harbor bis zur dt. Kapitulation (1969); Dok. bei IKE (s. u. Anm. 6); J. M. MESKILL, Hitler and Japan. The Hollow Alliance (New York 1966). 4) Aufzeichnungen üb. die Unterredungen Ribbentrops u. Hitlers mit Matsuoka: ADAP, Serie D, Bd. 12/1, Nr. 218, 222, 230, 233, 266, 278. 5) Ursachen u. Folgen 17, Nr. 3130. Beste Darstellung bei H. LUPKE, Japans Rußlandpolitik von 1939 bis 1941 (1962). 6) Aufzeichnung über diese Konferenz in: N. IKE (Hg.), Japan's decision for war (Stanford 1967), S. 77 ff. 7) ADAP, Serie D, Bd. 13/2, Anhang II. 8) Überblick über die Kontroverse zwischen Anhängern des »Revisionismus«, die der Außenpolitik Roosevelts vorwerfen, es auf den Krieg gegen Japan u. Dtld. aus polit. u. wirtschaftl. Motiven angelegt zu haben, u. Anhängern des »Regularismus«, die die Politik Roosevelts als eine erzwungene Reaktion auf die Politik der aggressiven Mächte Japan u. Dtld. verteidigen, bei E. C. MURDOCK, Zum Eintritt der Vereinigten Staaten in den Zw. Weltkrieg, VfZG 4 (1956); F. WAGNER, Gesch. u. Zeitgesch., Pearl Harbor im Kreuzfeuer der Forschung, HZ 183 (1957); J. ROHWER, s. u. Anm. 11; J. ENGEL, Pearl Harbor u. der Eintritt der Vereinigten Staaten in den Zw. Weltkrieg, in: K. E. BORN (Hg.), Hist. Forschungen u. Probleme (1961); W. LINK, Die amerik. Außenpolitik aus revisionist. Sicht, NPL (1971). — Abwägende Beurteilung des Verhältnisses von wirtschaftl., politischen u. ideologischen Faktoren in der amerik. Weltpolitik unter Zurückweisung der These, daß Amerika in den Krieg gezwungen worden sei, bei D. JUNKER, Der unteilbare Weltmarkt. Das ök. Interesse in der Außenpolitik der USA 1933—1941 (1975); ders., Nationalstaat u. Weltmacht. Die USA 1938—1941, in: O. HAUSER (Hg.), Weltpolitik 1939—1945 (1975). — Bedeutende Werke der »revisionistischen« Schule: W. A. WILLIAMS, The Shaping of American Diplomacy (Chicago ²1971); ders., The Tragedy of American Diplomacy (New York ²1972); L. C. GARDNER, Architects of Illusion: Men and Ideas in American Foreign Relations 1941—1949 (1970). — Grundlegende diplomatiegeschichtl. Darstellung: W. L. LANGER / S. E. GLEASON, The Undeclared War, 1940—1941 (New York 1953); H. FEIS, The road to Pearl Harbor. The coming of the war between the United States and Japan (Princeton 1971); Dorothy BORG, The United Staates and the Far Eastern crisis of 1933—1938 (Cambridge, Mass. 1964); aus japan. Sicht: Sh. TOGO, Japan im Zw. Weltkrieg. Einnerungen des japan. Außenministers 1941—42 u. 1945 (a. d. Am. 1958); gute Übersicht über den gegenwärtigen Forschungsstand u. die verschiedenen auf japan. u. amerik. Seite wichtigen Faktoren auf dem Weg nach Pearl Harbor in: Dorothy BORG / S. OKAMOTO (Hg.), Pearl Harbor as History. Japanese-American Relations 1931—1941 (New York 1973), enthält die Beiträge eines japan.-amerik. Colloquiums von 1969. — T. OHMAE, Die strateg. Konzeptionen der jap. Marine im Zw. Weltkrieg, in: Marine Rdsch. 53 (1956); aus dem Blickwinkel des Heeres: T. HATTORI, Japans Operationsplan für den Beginn des pazif. Krieges, in: Wehrwiss. Rdsch. 7 (1957). 9) ROOSEVELT, Public Papers, 1937 (1941), S. 407 ff. 10) Aufzeichn. des Kriegsmin. STIMSON in: Hearings Pearl Harbor (s. Anm. 11), Bd. 11, S. 5433. 11) J. ROHWER, Die Pearl-Harbor-Frage in der histor. Forschung, in: Europa u. Übersee, Festschr. E. Zechlin (1961); Roberta WOHLSTETTER, Pearl Harbor. Signale u. Entscheidungen (a. d. Amerik. 1966); L. FARAGO, Codebrecher am Werk (a. d. Amerik. 1967); R. PARKINSON, Attack on Pearl Harbor (London 1973). Das grundlegende amerik. Material in: Hearings before the Joint Committee on the Investigation of the Pearl Harbor Attack, 39 Bde., 79. Congress (1946). 12) Aufschlußreich für die Haltung, die einer der führenden Isolationisten jetzt einnahm: A. H. VANDENBERG jr. (Hg.), The private papers of Senator Vandenberg (1953). 13) Vgl. vor allem MARTIN (s. o. Anm. 3), S. 39 ff.

14) ADAP, Serie D, Bd. 12/2, Nr. 572. 15) LANGER / GLEASON (s. o. Anm. 8); A. A. OFFNER, American Appeasement. United States Foreign Policy and Germany, 1933—1938 (Cambridge, Mass. 1969); H. J. SCHRÖDER, Dtld. u. die Vereinigten Staaten 1933—1939. Wirtschaft u. Politik in der Entwicklung des dt.-amerikan. Gegensatzes (1970), vertritt die These, daß die Beziehungen zw. den beiden Ländern vor allem wirtschaftl. Natur waren u. im wirtschaftl. Bereich die USA sich schon vor 1939 so sehr durch Hitlers Staat bedroht sahen, daß der militärische Konflikt auf die Dauer unvermeidlich war. S. FRIEDLÄNDER, Auftakt zum Untergang. Hitler u. die Vereinigten Staaten von Amerika 1939—1941 (a. d. Amerik. 1965); informativ, in der Interpretation umstritten: J. V. COMPTON, Hitler u. die USA (a. d. Amerik. 1968). 16) Ursachen u. Folgen 17, Nr. 3192. 17) Zum Krieg im Pazifik vgl. neben den entsprechenden Bänden der amtl. engl. u. amerikan. Kriegsgesch. B. COLLIER, The War in the Far East 1941—1945. A Military History (London 1969); B. MILLOT, La Guerre du Pacifique. 1941—1945 (2 Bde. Paris 1968); F. RUGE, Entscheidung im Pazifik. Die Ereignisse im Stillen Ozean 1941—1945 (²1954); E. B. POTTER / Ch. W. NIMITZ / J. ROHWER, Seemacht (1974), Kap. 38—45. 18) A. WERTH, Der Tiger Indiens. Subhas Chandra Bose (1971); J. H. VOIGT, Hitler u. Indien, VfZG 19 (1971). 19) Zu dieser Schlacht im Zusammenhang der Entwicklung des pazifischen Krieges: J. ROHWER, Die Seeluftschlacht bei Midway 1942, in: H.-A. JACOBSEN / J. ROHWER (Hg.), Entscheidungsschlachten des Zw. Weltkrieges (1960). 20) W. WARLIMONT, Die Entscheidung im Mittelmeer 1942, ebd.

§ 77 Die »Festung Europa«

Im Herbst 1942 beherrschten die deutschen Waffen ein weiteres Gebiet als je zuvor in der Geschichte. Die nationalsozialistische Propaganda sprach von der »Festung Europa«, die sich unter deutscher Führung gegen das britische Empire, gegen die Vereinigten Staaten und gegen die Sowjetunion, gegen westlichen Kapitalismus und östlichen Kommunismus zu behaupten habe. Wie war die deutsche Herrschaft organisiert? Was bedeutete sie für die beherrschten Völker?

In den militärischen Führungsverhältnissen traten häufige Wechsel ein, seitdem Hitler selber nach der Entlassung Brauchitschs den Oberbefehl über das Heer übernommen hatte. Nicht weniger als vier Generalstabschefs folgten einander (Halder, Zeitzler, Guderian, Krebs). Im Oberbefehl der Kriegsmarine trat im Januar 1943 an die Stelle von Raeder der zum Großadmiral ernannte Befehlshaber der U-Boot-Waffe Dönitz. Von 92 Generalen in entscheidenden Führungsstellen wurden während des Krieges 35 verabschiedet oder aus ihren Ämtern entfernt, 8 gemaßregelt — ein Zeichen unablässiger Spannungen zwischen Hitler, der durch die Erfolge der ersten Feldzüge sowie durch eine von ihm selbst veranlaßte Propaganda sich immer halsstarriger in die Rolle eines Feldherrngenies hineinsteigerte, und seinen Generalen, die über Tradition und Schulung verfügten. Es wäre aber einseitig gesehen, wenn man — wie manchmal in der Rechtfertigungsliteratur nach dem Kriege — alle militärischen Erfolge den Generälen, alle Mißerfolge Hitler zuschreiben wollte. Zu den richtigen militärischen Führungsentschlüssen Hitlers wird man beim Angriff im Westen seine Entscheidung für den Operationsplan Mansteins und in der Krise des ersten russischen Winters sein Festklammern an den erreichten Stellungen rechnen müssen. Aber die Richtigkeit dieser beiden Entschlüsse führte ihn zur verhängnisvollen Fehlanwendung auf andere, nicht vergleichbare Situationen. Der Erfolg der Panzer im Westen ließ ihn die Schwierigkeit ihrer Verwendung unter den Bedingungen des russischen Raumes und Klimas und der russischen Abwehrwaffen unterschätzen. Und die erfolgreiche, willensharte Unbeweglichkeit in der Winterkrise 1941 raubte ihm für die großen Abwehrschlachten der beiden letzten Kriegsjahre die nötige Wendigkeit und innere Entschlußfreiheit. Das »Führerprinzip« ließ es nicht zur Bildung eines leitenden militärischen Gremiums kommen, das eine kontinuierliche, ausgleichende und die Erfahrungen verwertende Leitung der gesamten Kriegsanstrengungen ermöglicht hätte.

Auch in der politischen Führung verstärkte sich während des Krieges die Rivalität konkurrierender Verwaltungszweige. Das Reichskabinett war seit dem 5. Februar 1938, seit der Fritsch-Krise, zu keiner gemeinsamen Sitzung mehr zusammengekommen, während sich die Zahl der Sonderverwaltungen während des Krieges erhöhte. So entstand ein Ministerium für Bewaffnung und Munition (Todt, nach dessen Tod Speer; s. § 80). Eine besondere Organisation Todt besaß ihre eigenen Privilegien, auch gegenüber den Wehrmachtsbefehlshabern in den besetzten Gebieten. Für die Ostgebiete wurde ein eigenes Ministerium unter Rosenberg geschaffen, dessen Kompetenzen aber weder gegenüber dem Innenministerium (seit 1943 Himmler als Nachfolger von Frick) noch gegenüber der Polizei oder gar gegenüber den ihm formal unterstellten Reichskommissaren für das Ostland und die Ukraine klar bestimmt waren. Quer durch manche Ministerien und Sonderstäbe gingen schließlich die Kompetenzen eines 1942 eingesetzten Sonderbeauftragten für den Arbeitseinsatz (Sauckel; s. § 80). Der Verwaltungswirrwarr wurde um so spürbarer, je mehr sich Hitler bei der sich verschlechternden Kriegssituation auf die militärischen Führungsaufgaben beschränkte. Für seine oberste Entscheidungsgewalt hatte er dabei am 26. April 1942 vom Reichstag despotische, durch kein Gesetz mehr beschränkte Vollmachten, auch als Richter über Leben und Tod, verlangt und erhalten[1]).

Der Stil der nationalsozialistischen Herrschaft ließ keine klare, übersichtliche Verwaltungsordnung aufkommen. Das zeigte sich auch in den Formen, in denen die in den deutschen Herrschaftsbereich geratenen Gebiete dem Reich zugegliedert wurden. Im innersten Kern der deutschen Macht wurde das eigentliche Reichsgebiet erweitert: im Osten über die Rückgliederung der im Vertrag von Versailles abgetretenen Gebiete hinaus durch das Wartheland, in das auch Posen einbezogen wurde, und den Ostpreußen zugeschlagenen Bezirk von Zichenau (Zjechanow) sowie Sudauen (Suwalki). Oberschlesien wurde um ein Stück kongreßpolnischen Gebietes sowie um das ehemals österreichisch-schlesische Teschen erweitert, so daß es nunmehr das gesamte Industrierevier geschlossen umfaßte. Im Wartheland wurden aus ihrer Heimat gerissene Volksdeutsche aus dem Baltikum und aus Südosteuropa angesiedelt[2]). Die einheimische polnische Bevölkerung wurde aus ihrem Besitz verdrängt und zum Teil vertrieben, die Juden wurden ermordet. Ein »rassisch wertvoller« Rest sollte »eingedeutscht« werden. Im Westen wurde außer Eupen-Malmedy und Elsaß-Lothringen auch Luxemburg dem Reich einverleibt und im Süden die Untersteiermark und ein Teil von Krain. Zum Reichsgebiet im staatsrechtlichen Sinne zählten ferner das Protektorat Böhmen und Mähren und das Generalgouvernement (Polen). Angegliedert waren die Reichskommissariate Ostland (baltische Staaten und Weißrußland) und Ukraine. Das Schicksal von Holland und Norwegen blieb in der Schwebe. In diesen beiden Ländern wurden zivile Reichskommissare eingesetzt, aber sie behielten eine eigene Verwaltung. Belgien und Teile Frankreichs standen unter Militärbefehlshabern (vgl. S. 512). In Dänemark fungierte als Beauftragter Hitlers ein Reichsbevollmächtigter (v. Renthe-Fink, seit November 1942 Dr. Best). Einen weiteren Kreis bildeten die verbündeten oder befreundeten Staaten in Südosteuropa: Rumänien, Ungarn, Slowakei, Kroatien, Bulgarien, die besonders in ihrer äußeren Politik vom Reich weitgehend abhängig waren, solange dieses die militärische Suprematie besaß. Italien, dem zufolge des Dreierpaktes eine gleichrangige Stellung neben Deutschland in der Errichtung der neuen Ordnung zugeschrieben worden war, hatte seine politische Bewegungsfreiheit in dem Maße eingebüßt, in dem es sich auf die Hilfe angewiesen sah, die ihm Deutschland im Mittelmeer und auf dem Balkan gewährte. In gänzlich ungeklärtem Verhältnis zum Reich stand Frankreich. Auch Franco-Spanien war abwartend, trotz der Beteiligung der »Blauen Division« am Krieg gegen Sowjetrußland. Und schließlich waren einige neutrale Inseln in Europa stehengeblieben: die Schweiz, Irland, Schweden und

Portugal. Hitler hat es immer abgelehnt, vor Beendigung des Krieges sich in irgendeiner Weise über den zukünftigen Status der Völker im deutschen Herrschaftsbereich festzulegen. Als seine Zielvorstellung läßt sich erkennen: im Westen die Annexion Elsaß-Lothringens, Nordfrankreichs und eines Großteils von Burgund — das restliche Frankreich sollte als abhängiger Staat weiterexistieren; »Anschluß« der Flamen und Wallonen, der Holländer, Dänen, Norweger, aber auch der Schweden und Schweizer an das »Germanische Reich deutscher Nation« in Form von »deutschen Provinzen«; im Osten ein weites, bis letztlich zum Ural sich erstreckendes Vorfeld deutschen »Lebensraumes«, von dem in den folgenden zwei Jahrzehnten Böhmen und Mähren, Polen, das Baltikum, die Ukraine und die Krim deutsch besiedelt werden sollten; in Südosteuropa halbautonome Satellitenstaaten, in strikter Abhängigkeit von Deutschland, kontrolliert von der »Reichsfeste Belgrad«. Auch Italien, Spanien und Portugal sollten auf die Dauer in einen Zustand der Abhängigkeit herabsinken[3]). Nur einen Augenblick schien es so, als ob die deutsche Herrschaft für die antikommunistischen Kräfte in den europäischen Ländern einen Sinn hätte gewinnen können. Wenn Deutschland die Sowjetunion angriff, so war es damit in die Rolle einer Schutzmacht Europas gegen den Bolschewismus zurückgefallen, die ihm Lord Halifax bei seinem Besuch auf dem Obersalzberg zugeschrieben hatte und die gewisse Sympathien im bürgerlichen und konservativen Europa erweckt hatte, sogar Kräfte aufrief, die bereit waren, sich diesem Kampfe anzuschließen. Goebbels gab das Propagandastichwort für die deutsche Presse: »Aufbruch Gesamteuropas gegen den Bolschewismus« und »Hitler als Heerführer Europas«. Aber diese Europamelodie stand in scharfer Dissonanz zum Lebensraumgedanken: »Wir kämpfen primär nicht für eine Neuordnung Europas, sondern für die Verteidigung und Sicherung unseres Lebensraumes«, hatte er wenige Monate zuvor die Presse angewiesen. In sein Tagebuch notierte er 1942: »Das Gerede von der Kollaboration ist nur für den Augenblick gedacht.« In der zuversichtlichen Erwartung des Sommers 1941, daß die deutsche Wehrmacht allein mit Sowjetrußland fertig werden könne, sollten keine Nachrichten über die Bildung von Freiwilligenverbänden in Frankreich und anderen Ländern für den Kampf gegen den Bolschewismus gebracht werden. So war das charakteristische Leitwort der nationalsozialistischen Propaganda nicht »Europa«, sondern »das Reich«. Hitler hatte schon in den frühesten Reden der Kampfzeit vom »Germanischen Reich deutscher Nation« gesprochen, das es zu errichten gelte. Was er darunter verstand, zeigt sich z. B. in der folgenden Äußerung vom September 1941: »Europa ist kein geographischer, sondern ein blutsmäßig bedingter Begriff.«[4]) Himmler hat diesen Gedanken im Kriege mit Konsequenz verfolgt. Er hat in den eroberten Ostgebieten Holländer ansiedeln wollen und hat zur »Aufnordung« des deutschen Blutes die Heirat zwischen Deutschen und Norwegerinnen gewünscht. Eines seiner Ziele war die Werbung von SS-Freiwilligen in den nordischen Ländern, die er so weit treiben wollte, daß er aus ihnen ein eigenes Panzerkorps bilden konnte. Er hat dieses Ziel nicht erreicht; andere europäische Rekrutierungsgebiete sind schließlich ergiebiger gewesen als gerade die nordischen Länder. Unter den fremdländischen SS-Verbänden haben sich die Wallonen unter dem Rexistenführer Léon Degrelle mit besonderem Eifer dem Kampf gegen den Bolschewismus angeschlossen[5]).

Die Testfrage für das relative Gewicht der nationalsozialistischen Europaideologie und des Lebensraumgedankens war die Behandlung Frankreichs auf der einen, der eroberten Ostgebiete auf der anderen Seite. Es gab in Frankreich[6]) bei den verschiedensten Gruppen und Schichten eine Bereitschaft, über die Neutralität und den »attentisme«, das bloße Abwarten, wer in dem Weltkampf der Sieger sein werde, hinauszugehen und in engerer Weise mit Deutschland zusammenzuarbeiten. Zweimal waren die Chancen hierfür besonders günstig. Das erste Mal, als nach dem Überfall der britischen Flotte auf das französische Geschwader bei Oran in Frankreich eine seit der Niederlage wachsende britenfeindliche Stimmung hochschlug. Aber wenn es damals nach der Begegnung von Montoire zwischen Hitler und Pétain scheinen mochte, als sei eine Annäherung nicht unmöglich (wenn auch das Bestreben des leitenden Ministers Laval und seines Nachfolgers, des Admirals Darlan, Frankreich aktiv am Kriege gegen England teilnehmen zu lassen, wohl von vornherein der realen Basis sowohl auf französischer wie auf deutscher Seite ermangelte), so wurde der Ansatz im Keime erstickt durch die eben damals erfolgende Vertreibung zahlreicher französischer Lothringer aus ihrer Heimat. An die 100 000 Menschen wurden durch den Gauleiter Bürckel von Haus und Hof verjagt und ins unbesetzte Frankreich abgeschoben[7]). Eine andere Chance für eine Wende der deutsch-französischen Beziehungen ergab sich, als im Sommer 1941 in Syrien Vichy-Soldaten gegen frei-französische, von den Briten unterstützte Truppen im Kampfe standen und der deutsche Angriff auf die Sowjetunion im nationalen und klerikalkonservativen Frankreich gewisse Sympathien erweckte, so daß selbst Marschall Pétain im Rundfunk sagen konnte, daß die Deutschen im Osten die Kultur gegen die Bolschewisten verteidigten. Französische Freiwillige der »Légion des Volontaires Français contre le Bolchévisme«, etwa 3 000 Mann, und zahlenmäßig stärkere in Frankreich rekrutierte SS-Einheiten, zuletzt unter dem Namen »33. SS-Waffengrenadierdivision Charlemagne«, beteiligten sich am Kampf gegen die Rote Armee und brachten ihre Opfer. Aber Hitler hat aus tiefem Mißtrauen eine stärkere aktive Beteiligung Frankreichs am Kriege nicht gefördert. Deshalb blieb auch das klärende Wort von deutscher Seite, welches eigentlich der Status Frankreichs in einem von Deutschland geführten Europa sein sollte, aus, obwohl sich der Botschafter Abetz und sein Kreis darum bemühten und hierüber in Gegensatz zu Ribbentrop gerieten.

Gegen die deutsche Besatzungsmacht bildeten sich seit dem Sommer 1941 feste Widerstandsgruppen. Zu diesen stießen nach dem deutschen Angriff auf Rußland die Kommunisten, die zunächst gegenüber dem nationalsozialistischen Paktgenossen Stalins eine abwartende Haltung eingenommen hatten und die nun gerade das nationale Motiv in Frankreich ausspielten. Als erste der verschiedenen Widerstandsgruppen betrieben sie aktive Sabotage und Attentate gegen deutsche Besatzungsangehörige. Im Oktober 1941 wurden als Repressalie für die Tötung eines deutschen Offiziers 50 französische Geiseln auf Befehl Hitlers erschossen. Von nun an steigerte sich der Terror und Gegenterror des Maquis (frz. Buschwald, Bezeichnung für die von dort operierenden Partisanengruppen) und der Besatzungsmacht, besonders in der Endphase des Krieges nach der Invasion. Das Schreckenswort Oradour — ein Dorf, das mit seiner gesamten Einwohnerschaft am 10. Juni 1944 von einer SS-Einheit vernichtet wurde — bezeichnete das endgültige Scheitern der deutsch-französischen Verständigungsversuche während des Krieges. Seit 1943 arbeitete die Résistance direkt mit de Gaulle zusammen, besonders der zum Partisanenkampf entschlossene Teil, der von den Alliierten mit Waffen versorgt wurde[8]).

Wie in Frankreich hat es auch in den übrigen mittel- und westeuropäischen Ländern, die unter die Herrschaft Hitlers geraten waren, in der Zeit unmittelbar nach der Besetzung eine Haltung des Abwartens und der Kooperationsbereitschaft gegeben[9]), die von deutscher Seite nicht genutzt wurde und die in dem Maße, in dem die wahren Ziele der Nationalsozialisten erkennbar wurden, dem Willen zum Widerstand wich. Hitler suchte in den unterworfenen Ländern die Zusammenarbeit allenfalls mit den dortigen faschistischen Gruppen, ließ aber auch deren Führer, die in Anlehnung an die nationalsozialistische Ideologie autonome Mitgliedsstaaten im »Großgermanischen« oder »Großdeutschen« Bund bilden wollten, nicht frei zum Zuge kommen (dazu gehörten neben dem Norweger Vidkun Quisling und dem Wallonen Léon Degrelle in den Niederlanden der Gründer einer »National Socialistische Beweging«, 1931, Anton A. Mussert, und in Frankreich der Gründer der faschistischen »Parti populaire Français«, 1936, der ehemalige Kommunist Jacques Doriot, sowie der Gründer des »Rassemblement National Populaire«, 1940, Marcel Déat)[10]). Auslösende Momente für den Widerstand waren im allgemeinen die ersten Maßnahmen zur Verfolgung der Juden — so in Holland, wo die Razzia auf die Juden in Amsterdam im Februar 1941 mit einem Generalstreik der Bevölkerung beantwortet wurde —, der deutsche Angriff auf die Sowjetunion, der die Kommunisten zu aktivem Widerstand veranlaßte, und die ersten schweren Rückschläge der deutschen Kriegführung im russischen Winter 1941/42. Allenthalben im deutschen Herrschaftsbereich verstärkte sich in dem Maße der Widerstand, in dem die Völker Europas am deutschen Sieg zu zweifeln begannen. Je stärker der Menschenverschleiß an der Front wurde, um so mehr Kräfte mußten aus der Rüstungswirtschaft ausgekämmt werden und um so höher war der Bedarf an ausländischen Arbeitskräften. Sauckel erhielt Sondervollmachten für die Rekrutierung solcher Kräfte, die mehr und mehr in Zwangsverschleppung an die Arbeitsstätten in Deutschland ausartete[11]). Aus den Reihen derer, die sich der Zwangsarbeit entziehen wollten, erhielten die Widerstandsgruppen Zuzug.

Der Widerstand in den von Deutschland beherrschten Ländern ist kein in sich einheitliches Phänomen[12]). Standen schon in Frankreich und Belgien bürgerliche und kommunistische Gruppen rivalisierend nebeneinander, so waren diese Gegensätze besonders tief in Griechenland[13]) und in Jugoslawien[14]), wo General Mihailowitsch und der Generalsekretär der Kommunistischen Partei Tito als Führer der royalistischen bzw. kommunistischen Widerstandsorganisationen den Kampf gegeneinander mit ähnlicher Erbitterung führten wie den Kampf gegen die fremden Truppen. In Dänemark richteten sich die Sabotageakte vor allem gegen die Bahnen, die der Verbindung zwischen Deutschland und Norwegen dienten. Es kam auch zu wiederholten Massenstreiks. Im August 1943 wurde der militärische Ausnahmezustand über das Land verhängt, und der deutsche Reichsbevollmächtigte trat an die Spitze der Regierung[15]). Ein Opfer des Kampfes gegen die Besatzungsmacht wurde auch der dänische Dichter Kaj Munk. In Dänemark wie besonders auch in Norwegen und Holland fand der Widerstand gegen die deutsche Herrschaft aus dem Protestantismus geistige Begründung[16]). Die Predigten und Schriften des norwegischen Bischofs Berggrav sind hier vor allem bedeutsam[17]). Er hat das Widerstandsrecht aus der Theologie Luthers entwickelt. Seine aus dem norwegischen Widerstand entstandenen Schriften sind zu einem gewichtigen Beitrag für ein neues Verständnis des deutschen Reformators geworden. Ein wichtiges Merkmal der nichtkommunistischen Widerstandsbewegung, einschließlich der deutschen, war die aus dem Verlauf der europäischen Geschichte seit 1919 gewonnene Überzeugung, daß nach dem Sieg über Hitler die politische Einigung Europas erfolgen müßte, unter weitgehender Aufgabe der nationalstaatlichen Souveränität. Nach den Worten der Führer der französischen Widerstandsgruppe Combat: »An der Stelle eines Europas, das unter der Knute eines von seiner Macht berauschten Deutschlands nicht geeint, sondern geknechtet ist, werden wir gemeinsam mit den andern Völkern ein geeintes, auf der Grundlage des Rechts organisiertes Europa in Freiheit, Gleichheit und Brüderlichkeit aufbauen.« In einem grundlegenden Dokument des Kreisauer Kreises vom 24. April 1941, verfaßt von Helmuth James Gf. v. Moltke auf dem Höhepunkt der deutschen Erfolge, hieß es über die Neugestaltung Europas nach Kriegsende: »Der Friede bringt eine einheitliche europäische Souveränität von Portugal bis zu einem möglichst weit nach Osten vorgeschobenen Punkt, bei Aufteilung des ganzen Festlandes in kleinere nicht-souveräne Staatsgebilde, die unter sich Verflechtungen politischer Art haben. Einheitlich sind mindestens: Zollgrenzen, Währung, Auswärtige Angelegenheiten einschließlich Wehrmacht, Verfassungsgesetzgebung, möglichst außerdem Wirtschaftsverwaltung.«[18])

In Böhmen und Mähren hatte im September 1941 Heydrich, der enge Mitarbeiter Himmlers, die Exekutivgewalt übernommen, während Freiherr v. Neurath nominell Protektor blieb. Dessen Nachfolger wurde im August 1943 der bisherige Reichsinnenminister Frick. Am 26. Mai 1942 starb Heydrich als Opfer eines Attentats, das zu dem Vergeltungsakt gegen das Dorf Lidice führte (10. Juni 1942). Die gesamte männliche Bevölkerung wurde umgebracht[19]).

Im Generalgouvernement[20]) war es ein Ziel der deutschen Politik, das polnische Volk der Führungsschicht seiner Intelligenz zu berauben. Höhere Schulen und Universitäten wurden geschlossen, zahlreiche Professoren ermordet. In einer von Himmler verfaßten Denkschrift, die von Hitler ausdrücklich gebilligt und dem Generalgouverneur Frank als Richtlinie an die Hand gegeben wurde, hieß es: »Eine grundsätzliche Frage bei der Lösung aller dieser Probleme ist die Schulfrage und damit die Frage der Sichtung und Siebung der Jugend. Für die nichtdeutsche Bevölkerung des Ostens darf es keine höhere Schule geben als die vierklassige Volksschule. Das Ziel dieser Volksschule hat lediglich zu sein: einfaches Rechnen bis höchstens 500, Schreiben des Namens, eine Lehre, daß es ein göttliches Gebot ist, den Deutschen gehorsam zu sein und ehrlich, fleißig und brav zu sein. Lesen halte ich nicht für erforderlich. Außer dieser Schule darf es im Osten überhaupt keine Schulen geben.«[21])

Ein gräßliches Verbrechen, dessen gerichtliche Klärung der sowjetische Ankläger in Nürnberg verhinderte, wurde am polnischen Offizierkorps verübt. Im Walde von Katyn bei Smolensk fand man im April 1943 Massengräber mit den Leichen von über 4 000 erschossenen polnischen Offizieren. Eine von den Deutschen eingeladene, neutrale internationale Untersuchungskommission stellte fest, daß die Gräber vor dem deutschen Einmarsch angelegt worden waren. Die in London sitzende polnische Exilregierung (General Sikorski, ehedem Gegner Pilsudskis, 1943 auf ungeklärte Weise durch Flugzeugabsturz ums Leben gekommen; sein Nachfolger als Ministerpräsident seit Juli 1943 der Politiker Mikolajczyk) forderte damals eine Untersuchung durch das Internationale Rote Kreuz[22]).

Während die nationalsozialistische Propaganda den Fall Katyn ausschlachtete, wurde in Warschau durch SS-Truppen das Getto vernichtet. Der Großteil der hier zusammengepferchten 360 000 Bewohner war schon nach den in Polen errichteten Vernichtungslagern abtransportiert worden, als sich der Rest, den sicheren Untergang vor Augen, zum bewaffneten Widerstand aufraffte. Die Häuserkämpfe dauerten von Mitte April bis Mitte Mai 1943. Etwa 50 000 Juden kamen hierbei um[23]). Das kämpfende Warschauer Getto hatte Waffen von der wohlorganisierten polnischen Untergrundarmee erhalten, die mit der Londoner Exilregierung in Verbindung stand. Die politischen Parteien hatten gemeinsam eine Art von Untergrundstaat aufgebaut[24]). Als sich in der Endphase des Krieges 1944 die Rote Armee Warschau näherte, erhoben sich am 1. August die Widerstandskräfte der Hauptstadt in offenem Aufstand[25]). Er konnte erst nach zwei Monaten erbitterter Kämpfe niedergeworfen werden. Die Rote Armee, die damals bis hart an Warschau herangerückt war, unternahm keine nachhaltigen Versuche, um die für ihre Freiheit kämpfenden Polen zu unterstützen. Himmler sah in dem Aufstand das Gute, das nunmehr die polnische Führungsschicht endgültig vernichtet werden könnte.

Für die deutsche Kriegführung am meisten belastend war aber der Partisanenkampf in den besetzten Gebieten der Sowjetunion[26]). Er absorbierte dauernd eine große Anzahl von deutschen Verbänden in verlustreichen Kämpfen. Die seit 1942 sich ständig steigernden Partisanenkämpfe sind selbst ein Zeichen für den Fehlschlag der deutschen Rußlandpolitik, die 1941 bei dem Einmarsch große Chancen besaß[27]). Als die deutschen Truppen in der Sowjetunion vordrangen, wurden sie nicht nur in den baltischen Ländern als Befreier begrüßt. Auch in Rußland selbst kam das Volk der deutschen Wehrmacht zunächst mit Sympathie entgegen. Noch vor Beginn des Rußlandfeldzuges hatte Hitler jedoch den Befehl gegeben, die politische Führung Rußlands zu vernichten. Die nicht annektierten Gebiete Rußlands sollten in eine Reihe abhängiger Staaten aufgelöst werden. Ebensosehr wie ein »bolschewistisches«, so bestimmte er, müsse ein »nationales« Rußland vermieden werden[28]). Statt einer großzügigen Wiederherstellung des bäuerlichen Privateigentums hielt die deutsche Verwaltung durchweg an der sowjetischen Kollektivwirtschaft fest. Statt unter der Parole der Freiheit den Völkern des Ostens die Verantwortung für ihre eigenen Dinge zu geben, unterwarf man sie der Satrapenherrschaft der »Reichskommissare«, die unmittelbar von Hitler über den Kopf des zuständigen Ostministers Rosenberg hinweg ernannt wurden. Dieser führte gegen sie einen ohnmächtigen Kampf — ohnmächtig wegen seiner persönlichen Hörigkeit Hitler gegenüber, vor allem aber, weil die von dem Reichskommissar Koch, dessen Despotismus die Ukrainer ins Partisanentum trieb, angewandte Theorie vom Ausbeutungsrecht der Herrenrasse gegenüber dem slawischen Untermenschentum im Grunde nichts anderes war als eine vergröberte Form seiner eigenen Blutmythologie. Jedenfalls entsprach die Praxis, die Russen als Sklavenvolk zu behandeln, den Gedanken Himmlers, der mit seinen Polizeiorganen der eigentliche Herr in den besetzten Teilen Rußlands war.

Im Reichssicherheitshauptamt wurde 1941 ein »Generalplan Ost« entworfen und am 12. Juni 1942 von Himmler gebilligt[29]). Um der deutschen Siedlungspolitik auf lange Sicht Raum zu schaffen, wurde hier den Völkern Osteuropas das Schicksal der Vertreibung zugedacht. 80—85 Prozent der Polen des Generalgouvernements, 65 Prozent der Ukrainer, 75 Prozent der Weißruthenen, 50 Prozent der Tschechen sollten im Laufe der Jahre »ausgesiedelt« werden, wobei man namentlich an Sibirien dachte. Den Rest hoffte man zu assimilieren. Man wird den adäquaten Ausdruck der nationalsozialistischen Herrschaftsidee in folgenden Worten Himmlers finden, die er vor den Gauleitern der Partei im August 1944 sprach, längst nachdem Hitler unter dem Eindruck der Katastrophe von Stalingrad den Dienststellen die Beschäftigung mit müßigen Planungen für die Nachkriegszeit untersagt hatte[30]):

»Über das Problem, daß wir die Hunderttausende von Quadratkilometern oder die Million Quadratkilometer, die wir verloren haben, im Osten wieder holen, brauchen wir uns überhaupt gar nicht zu unterhalten. Das ist ganz selbstverständlich. Das Programm ist unverrückbar. Es ist unverrückbar, daß wir die Volkstumsgrenze um 500 km herausschieben, daß wir hier siedeln. Es ist unverrückbar, daß wir ein germanisches Reich gründen werden. Es ist unverrückbar, daß zu den 90 Millionen die 30 Millionen übrigen Germanen dazu kommen werden, so daß wir unsere Blutbasis auf 120 Millionen Germanen vermehren. Es ist unverrückbar, daß wir die Ordnungsmacht auf dem Balkan und sonst in Europa sein werden, daß wir dieses ganze Volk wirtschaftlich, politisch und militärisch ausrichten und ordnen werden. Es ist unverrückbar, daß wir diesen Siedlungsraum erfüllen, daß wir hier den Pflanzgarten germanischen Blutes im Osten errichten, und es ist unverrückbar, daß wir eine Wehrgrenze weit nach dem Osten hinausschieben. Denn unsere Enkel und Urenkel hätten den nächsten Krieg verloren, der sicher wieder kommen wird, sei es in einer oder in zwei Generationen, wenn nicht die Luftwaffe im Osten — sprechen wir es ruhig aus — am Ural stehen würde. Wer für den künftigen Luftkrieg nicht einen Spielraum von 2 000, 3 000 km hat, der hat den nächsten Krieg verloren. Außerdem finde ich es so wunderbar, wenn wir uns heute schon darüber klar sind: Unsere politischen, wirtschaftlichen, menschlichen, militärischen Aufgaben haben wir in dem herrlichen Osten. Wenn es den Kosaken geglückt ist, sich für den russischen Zaren bis ans Gelbe Meer durchzufressen und das ganze Gebiet allmählich zu erobern, dann werden wir und unsere Söhne es in drei Teufels Namen fertig bringen, Jahr für Jahr, Generation für Generation unsere Bauerntrecks auszurüsten und von dem Gebiet, das wir zunächst hinter der militärischen Grenze haben, immer einige hundert Kilometer zunächst mit Stützpunkten zu versehen und dann allmählich flächenmäßig zu besiedeln und die anderen herauszudrängen. Das ist unsere Aufgabe. Der Osten drüben wird unser Truppenübungsplatz sein, wo wir jeden Winter mit soundsoviel Divisionen in Eis und Schnee und Kälte üben werden. Wie die Väter im Jahre 1941, so werden die Söhne in späteren Jahren dort üben, werden dort ihre Zelte aufschlagen, werden im Finnenzelt leben, und jede Generation wird hier im scharfen Schuß üben, wird sich bewähren können, so daß wir die Gefahr, die ein Sieg mit sich bringen könnte, daß man wohlhabend und damit weich und bequem wird, wohl für die nächsten Jahrzehnte und Jahrhunderte bannen können.«[31])

Diese Gedanken entsprachen den Vorstellungen Hitlers, wie er sie in »Mein Kampf« entwickelt hatte, wie er sie seit der Machtergreifung zu wiederholten Malen in seinen programmatischen Äußerungen bestätigt hatte und wie er sie während des Krieges in seinen »Tischgesprächen« erneut bekräftigte.

Hinter den Propagandaworten der europäischen Solidarität gegen den Bolschewismus, die in der Zeit der großen militärischen Erfolge nur schwach erklangen, aber um so lauter geäußert wurden, je hoffnungsloser sich die militärische Lage entwickelte, standen als Realität der nationalsozialistischen Herrschaft über Europa die Konzentrationslager, die während des Krieges an Zahl und Umfang ständig vermehrt wurden und schließlich über eine halbe Million Häftlinge zählten. Deutsche und Nichtdeutsche fanden sich hier in gleicher Weise der hemmungslosen Willkür der Lagerherren ausgeliefert. Die Opfer der Konzentrationslager waren vor allem die Juden.

Zu den einzelnen Ländern im dt. Herrschaftsbereich s. Lit. S. 497 f. Guter Überblick A. u. V. M. TOYNBEE (Hg.), Hitler's Europe, in: Survey of Int. Aff. 1939—46 (1954). Aspekte der nat.-soz. Herrschaft für das Gesamtgebiet: P. KLUKE, Nat.-soz. Europaideologie, VfZG 3 (1955); H. D. LOOCK, Zur »Großgermanischen Politik« des Dritten Reiches, VfZG 8 (1960); L. GRUCHMANN, Nat.-soz. Großraumordnung. Die Konstruktion einer »dt. Monroe-Doktrin« (1962).

1) Verhandlungen des Reichstags Bd. 460, S. 109 ff.; vgl. § 56. 2) D. A. LOEBER (Hg.), Diktierte Option. Die Umsiedlung der Deutsch-Balten aus Estland u. Lettland 1939—1941. Dokumentation (1973); A. HOHENSTEIN, Wartheländ. Tagebuch aus den Jahren 1941 bis 1942 (1961, Tb. 1963); B. STASIEWSKI, Die Kirchenpolitik der Nat.-soz. im Warthegau 1939—1945, VfZG 7 (1959). 3) Hier u. zum Folgenden: KLUKE, LOOCK, GRUCHMANN (s. o.); H.-U. WEHLER, »Reichsfestung Belgrad«, VfZG 11 (1963). 4) PICKER, Tischgespräche, S. 144. 5) L. DEGRELLE, Die verlorene Legion (1952); H. P. KROSBY, Das finnische Freiwilligen-Bataillon der Waffen-SS, VfZG 14 (1966); nach G. H. STEIN, Gesch. der Waffen-SS (1967) dienten in der Waffen-SS 50 000 Holländer, 40 000 Belgier, 20 000 Franzosen, je 6000 Dänen u. Norweger sowie 150 000 Volksdeutsche aus osteuropäischen Gebieten. 6) Zur dt. Politik gegenüber Frankreich vgl. E. JÄCKEL, Frankreich in Hitlers Europa (1966); H. UMBREIT, Der Militärbefehlshaber in Frankreich 1940—1944 (1968); O. ABETZ, Das offene Problem. Ein Rückblick auf zwei Jahrzehnte dt. Frankreichpolitik (1951). 7) Zu dieser Aktion: E. JÄCKEL, Frankreich in Hitlers Europa, S. 128 ff.; — L. KETTENACKER, Nat.-soz. Volkstumspolitik im Elsaß (1973); R. ERNST, Rechenschaftsbericht eines Elsässers (1954), von einem Führer der elsässischen Autonomiebewegung. 8) H. MICHEL, Les courants de pensée de la Résistance (Paris 1963); H. NOGUÈRE u. a., Histoire de la Résistance en France, bisher 3 Bde. (Paris 1967—1973). 9) Überblick über die europäische »Kollaboration« bei P. KLUKE in: Das Dritte Reich u. Europa (1957), S. 144 ff.; M. COTTA, La Collaboration 1940—44 (Paris 1964). 10) K. KWIET, Reichskommissariat Niederlande. Versuch u. Scheitern nat.-soz. Neuordnung (1968); ders., Zur Geschichte der Mussert-Bewegung, VfZG 18 (1970). Aufschlußreich für Belgien die Aufzeichnungen aus der Kriegszeit von P. STRUYE, L'Évolution du sentiment public en Belgique sous l'occupation allemande (Brüssel 1945). — D. WOLF, Die Doriot-Bewegung. Ein Beitrag zur Geschichte des franz. Faschismus (1967); zu Doriot u. Déat ferner

E. JÄCKEL, Frankreich in Hitlers Europa (1966). — Zu Norwegen u. Dänemark vgl. Anm. 15—17. **11)** E. L. HOMZE, Foreign Labor in Nazi Germany (Princeton 1967); H. PFAHLMANN, Fremdarbeiter u. Kriegsgefangene in der dt. Kriegswirtschaft 1939—1945 (1968). **12)** L. de JONG, Zwischen Kollaboration und Resistance, in: Das Dritte Reich u. Europa, Bericht über die Tagung des Instituts f. Zeitgeschichte, Mai 1956 in Tutzing (1957). European Resistance Movements 1939—1945, Bd. 1: First Internat. Conference on the Hist. of the Res. Movements held at Liège ... 14—17 Sept. 1958 (Oxford 1960) u. Bd. 2: Proceedings of the Second Conference on the Hist. of the Res. Movements held at Milan 26—29 March 1961 (London 1964); H. MICHEL, La Guerre de l'ombre. La Résistance en Europe (Paris 1970). Regelmäßige Bibliographien der europ. Widerstandsbewegungen in: Revue d'Histoire de la Deuxième Guerre mondiale, ab Jg. 12 (1962). **13)** Ehrengard SCHRAMM v. THADDEN, Griechenland u. die Großmächte im Zw. Weltkrieg (1955); H. RICHTER, Griechenland zwischen Revolution u. Konterrevolution, 1936—1946 (1973). **14)** Vgl. Lit. in § 74, Anm. 17 u. 21; ferner W. R. ROBERTS, Tito, Mihailovic and the Allies, 1941—1945 (New Brunswick 1973). **15)** E. THOMSEN, Dt. Besatzungspolitik in Dänemark 1940—1945 (1971); A. TROMMER, Modstandsarbejde i naerbillede. Det illegale arbejde i Syd- og Sønderjylland under den tyske besaettelse af Danmark 1940—1945 (1973); J. HAESTRUP, From occupied to ally. Denmark's fight for freedom 1940—1945 (1963); R. ECKERT, Die polit. Struktur der dän. Widerstandsbewegung im Zw. Weltkrieg. Eine Untersuchung über die Bedeutung der illegalen Presse u. einiger repräsentativer Vertreter der Widerstandsgruppen (Diss. Hamburg 1969); U. POCH, Der dän. Widerstand in den Jahren 1943—1945 (1971). **16)** J. C. KJAER, The Church in Denmark's struggle for freedom 1940—45 (Diss. Seattle Wash. 1952); VISSER'T HOOFT (Hg.), Holländische Kirchendokumente, Der Kampf der holländ. Kirche um die Geltung der göttlichen Gebote im Staatsleben (^{2}1946); L. E. WINKEL, De Ondergrondse Pers 1940—45 (Den Haag 1954). — Zum norwegischen Widerstand: O. RISTE / B. NÖKLEBY, Norway 1940—1945: The resistance movement (1970); aus der Reihe »Norge og den 2. Verdenskrig«: O. K. GRIMNES u. a., Motstandskamp, strategi og marinepolitikk (1972). **17)** Eivind BERGGRAV, Der Staat u. der Mensch (a. d. Norweg. 1946), enthält u. a. Kriegsvorträge über »Religion u. Recht« u. »Wenn der Kutscher trunken ist«, Luther über die Pflicht zum Ungehorsam gegenüber der Obrigkeit. **18)** W. LIPGENS (Hg.), Europa-Föderationspläne der Widerstandsbewegungen 1940—1945 (1968), Zitate aus Dok. Nr. 64 u. 31. **19)** D. BRANDES, Die Tschechen unter dt. Protektorat. 1939—1945 (2 Bde. 1969 u. 1975); Dokumente bei W. KRÁL (Hg.), Die Deutschen in der Tschechoslowakei, 1933—1947 (Prag 1964); V. MASTNY, The Czechs under Nazi rule. The failure of National resistance, 1939—1942 (New York 1971). **20)** M. BROSZAT, Nat.-soz. Polenpolitik 1939—1945 (1961, ^{2}Tb. 1965); G. EISENBLÄTTER, Grundlinien der Politik des Reichs gegenüber dem Generalgouvernement, 1939—1945 (Diss. Frankfurt 1969); Ch. KLESSMANN, Die Selbstbehauptung einer Nation. NS-Kulturpolitik u. poln. Widerstandsbewegung (1971), mit ausführlicher Berücksichtigung der poln. Lit. — Zu Frank: St. PIOTROWSKI (poln. Delegierter in Nürnberg), Hans Franks Tagebuch (Warschau 1963), Darstellung u. Auszüge aus Diensttagebuch; dieses vollständig hg. v. W. JACOBMEYER, Das Diensttagebuch des dt. Generalgouverneurs in Polen (1975); H. FRANK, Im Angesicht des Galgens, Deutung Hitlers u. seiner Zeit auf Grund eigener Erlebnisse u. Erkenntnisse (1953); biogr. Skizzen: Ch. KLESSMANN, Der Generalgouverneur Hans Frank, VfZG 19 (1971) u. J. FEST in: Das Gesicht des Dritten Reiches (1963). **21)** Denkschrift HIMMLERS: Einige Gedanken über die Behandlung der Fremdvölkischen im Osten, Mai 1940, in: VfZG 5 (1957), S. 197. **22)** Eine umfassende Untersuchung des Falles wurde von einem im September 1951 eingesetzten Komitee des amerikan. Kongresses durchgeführt. Dessen Bericht: Hearings before the Select Committee to conduct an investigation of the facts, evidence and the circumstances of the Katyn Forest Massacre (7 Bde. 1952). Das Ergebnis: »This Committee unanimously agreed that evidence ... proves conclusively and irrevocably the Soviet NKVD (People's Commissariat of Internal Affairs) committed the massacre of Polish Army officers in the Katyn Forest near Smolensk, Russia, not later than the spring 1940«; J. K. ZAWODNY, Zum Beispiel Katyn. Klärung eines Kriegsverbrechens (a. d. Amerik. 1971). **23)** Über die Vernichtung d. Warschauer Gettos im April u. Mai 1943 Bericht des verantwortl. SS- u. Polizeiführers STROOP, »Es gibt keinen jüdischen Wohnbezirk in Warschau mehr« (1960), Faksimile der an Himmler gerichteten Sammelakte; F. J. BERANEK, Das Judentum in Polen, in: W. MARKERT (Hg.), Polen (1959); J. WULF, Das Dritte Reich u. seine Vollstrecker. Die Liquidation von 500 000 Juden im Getto Warschau (1961); Erlebnisbericht eines der wenigen Überlebenden: B. GOLDSTEIN, Die Sterne sind Zeugen (a. d. Poln. 1950, Tb. 1965); zur Frage der Beziehungen zwischen der jüd.

Bevölkerung u. dem poln. Widerstand: J. TENENBAUM, Underground (New York 1952). **24)** Überblick zur inneren Geschichte Polens im Zw. Weltkrieg in den Beiträgen von H. ROOS u. G. RHODE in: W. MARKERT (Hg.), Polen (1959). Von Führern des poln. Widerstandes: Gen. T. BOR-KOMOROWSKI, The secret army (London 1950); J. KARSKI, Story of a secret state (London 1945); ferner Ch. KLESSMANN (s. o. Anm. 20); ders., Das »Programm Volkspolens« von 1941. Zur Gesellschaftspolitischen Grundsatzdiskussion im poln. Widerstand, Dokumentation, VfZG 21 (1973); W. JACOBMEYER, Heimat u. Exil. Die Anfänge der poln. Untergrundbewegung im Zw. Weltkrieg (1973). **25)** H. v. KRANNHALS, Der Warschauer Aufstand 1944 (1964); Z. KLISZKO, Der Warschauer Aufstand. Erinnerungen u. Betrachtungen (a. d. Poln. 1969). **26)** E. M. HOWELL, The Soviet partisan movement 1941—44 (Wash. Dept. of the Army 1956); J. A. ARMSTRONG (Hg.), Soviet Partisans in World War II (Madison 1964); E. HESSE, Der sowj.russ. Partisanenkrieg im Spiegel dt. Kampfanweisungen u. Befehle (1969); H. KÜHNRICH, Der Partisanenkrieg in Europa 1939 bis 1945 (Berlin-Ost 1968). **27)** A. DALLIN, Dt. Herrschaft in Rußland 1941—1945. Eine Studie über Besatzungspolitik (a. d. Amerik. 1958). Eine entsprechend breit angelegte Studie von dt. Seite fehlt. Von einem ehem. Mitarb. des Ostministeriums: P. z. MÜHLEN, Zwischen Hakenkreuz u. Sowjetstern. Der Nationalismus der sowj. Orientvölker (1971); J. A. ARMSTRONG, Ukrainian nationalism 1939—45 (New York 1955); ders., Collaborationism in World War II: the integral nationalist variant in Eastern Europe, in: Journ. Mod. Hist. 40 (1968). **28)** H.-A. JACOBSEN, Kommissarbefehl u. Massenexekution sowj. Kriegsgefangener, in: M. BROSZAT / H.-A. JACOBSEN / H. KRAUSNICK, Anatomie des SS-Staates (1965), Bd. 2; A. HILLGRUBER, Die »Endlösung« u. das dt. Ostimperium als Kernstück des rassenideologischen Programms des Nat.soz., VfZG 20 (1972). **29)** H. HEIBER (Hg.), Der Generalplan Ost, VfZG 6 (1958); Nachtrag VfZG 8 (1960); EISENBLÄTTER (s. o. Anm. 20), S. 205 ff. **30)** Untersagung weiterer Friedensplanungen: Runderlaß RMdI 6. 4. 1943, zit. bei HEIBER, S. 692. **31)** Th. ESCHENBURG (Hg.), Reichsführer SS Himmler auf der Gauleitertagung am 3. August 1944 in Posen, VfZG 1 (1953), S. 393 f.

§ 78 Judenvernichtung und »Ausmerzung lebensunwerten Lebens«

In den Jahren vor dem Kriege hatte das Judentum in Deutschland und Österreich durch Auswanderung und Verfolgung über die Hälfte seines Bestandes eingebüßt. Es war eine von Hitler wiederholt mit aller Deutlichkeit verkündete Absicht, den Krieg zu benutzen, um das Judentum in Europa gänzlich auszurotten. So hatte er am 30. Januar 1939 für den Fall eines Krieges »die Vernichtung der jüdischen Rasse in Europa« gefordert, so erklärte er am 30. Januar 1942, der Krieg werde dazu führen, daß entweder die arischen Völker ausgerottet oder die Juden aus Europa verschwinden würden, und am 29. Mai 1942 hieß es in einem Tischgespräch, Europa müsse nach einer bestimmten Zeit völlig judenfrei sein[1]).

Gleich im Polenfeldzug kam es zu Gewalttaten von SS-Formationen gegen die Juden. Es widersprach der Tradition der deutschen Kriegführung, über die Zivilbevölkerung eines feindlichen Landes herzufallen. Der Widerspruch militärischer Befehlshaber gegen das Vorgehen der SS führte dazu, daß die Wehrmacht aus der Verwaltung des Landes ausgeschaltet und in allen während des Krieges eroberten Gebieten die Polizeigewalt in die Hände Himmlers und seiner Organe gelegt wurde (SS, Sicherheitsdienst, Einsatzgruppen)[2]). In polnischen Städten wie u. a. in Warschau und Lodz wurde die jüdische Bevölkerung in Gettos zusammengepfercht[3]). In der Nähe von Lublin wurde ein Gebiet von etwa 90—100 qkm als Judenreservation bestimmt. Durch Beraubung der Lebensmöglichkeiten, Enteignung, Hunger, Dezimierung während der Transporte und Epidemien erlitt das Gettojudentum furchtbare Verluste. In der Zeit vom April bis Juni 1940 fiel das Judentum in Dänemark und Norwegen, Holland, Belgien, Luxemburg und Frankreich in den nationalsozialistischen Machtbereich[4]). In Dänemark[5]) weigerten sich Regierung und König, gegen die Juden vorzugehen. Als die Deutschen drohten, den Judenstern einzuführen, erklärte der König, daß er und sein ganzer Hof dieses Zeichen ebenfalls anlegen würden. Der König und der dänische Hof nahmen an jüdischen Festgottesdiensten in der Synagoge teil. In Vichy-Frankreich[6]) kam es zu einer antijüdischen Gesetzgebung nach deutschem Vorbild. Eine der Kräfte, auf die sich das Regime des Marschalls Pétain stützte, war die Action Française[7]), die mit ihrem Royalismus einen prononcierten Antisemitismus verband. In Rumänien[8]) erließ das Regime Antonescu scharfe Gesetze gegen die Juden, ähnlich wie in Deutschland. Auch in Italien wurden sie diskriminierenden Gesetzen unterworfen und in der letzten Kriegsphase verfolgt[9]), ebenso in Ungarn, nachdem dieses Land im März 1944 von deutschen Truppen besetzt worden war[10]). Die ersten Opfer der deutschen Polizei in den eroberten Ländern waren die aus Deutschland emigrierten Juden, die zu vielen Tausenden in die osteuropäischen Gettos deportiert oder in Konzentrationslager verschleppt wurden. Kultstätten wurden geschändet, Kunstschätze geraubt, hohe Geldsummen erpreßt, Menschen dem Hunger preisgegeben. Der Angriff auf die Sowjetunion war das Signal zu einer weiteren Barbarisierung der Kriegführung, u. a. zu dem Befehl Hitlers, ohne weiteres alle gefangenen Kommissare zu erschießen. Dieser Befehl wurde jedoch von der Truppe meist umgangen. In der Behandlung der russischen Juden fielen die letzten Hemmungen. Es wurde die »Endlösung der Judenfrage« beschlossen. Am 31. Juli 1941 beauftragte Göring Heydrich mit der Durchführung. Eine Zeitlang war erwogen worden, die europäischen Juden nach Madagaskar zu verschicken. Dieser Plan wurde jedoch durch die Entwicklung des Krieges politisch und militärisch überholt. Ein direkter Weg zur Erreichung des von Hitler gesetzten Ziels waren Massenerschießungen durch die sogenannten Einsatzgruppen der Sicherheitspolizei und des SD, motorisierten Einheiten eigener Art, die zum ersten Mal nach dem »Anschluß« Österreichs, dann bei der Eingliederung des Sudetenlandes und bei der Unterwerfung der restlichen Tschechoslowakei in Erscheinung getreten waren[11]). Diese Truppen Himmlers vollführten ihr Werk, ohne sich um die zuständigen Verwaltungsbehörden zu kümmern. Ihre Methoden waren derart, daß sich z. B. der deutsche Generalkommissar für Weißruthenien Gauleiter Kube zu einem Protest veranlaßt sah: Das Polizeibataillon Nr. 11 aus Kauen sei selbständig vorgegangen, ohne ihn oder eine andere Dienststelle des Generalkommissariats zu benachrichtigen. Es habe dem Prestige des deutschen Volkes großen Schaden zugefügt. Schwerverwundete Menschen lebend zu beerdigen, die sich dann aus den Gräbern wieder herauswühlen, sei ein so niedriger und gemeiner Akt, daß dies dem Führer gemeldet werden müsse[12]). Heydrich ließ unauffälligere Methoden entwickeln. Am 20. Januar 1942 führte er auf Anordnung Görings die »Wannseekonferenz« durch. Hier wurde das Programm zur endgültigen Vernichtung des europäischen Judentums entwickelt. Im Konferenzprotokoll heißt es:

»Unter entsprechender Leitung sollen im Zuge der Endlösung die Juden in geeigneter Weise im Osten zum Arbeitseinsatz kommen. In großen Arbeitskolonnen, unter Trennung der Geschlechter, werden die arbeitsfähigen Juden straßenbauend in diese Gebiete geführt, wobei zweifellos ein Großteil durch natürliche Verminderung ausfallen wird. — Der allfällig endlich verbleibende Restbestand wird, da es sich bei diesen zweifellos um den widerstandsfähigsten Teil handelt, entsprechend behandelt werden müssen, da dieser, eine natürliche Auslese darstellend, bei Freilassung als Keimzelle eines neuen jüdischen Aufbaues anzusprechen ist. (Siehe die Erfahrung der Geschichte.) — Im Zuge der praktischen Durchführung der Endlösung wird Europa von Westen nach Osten durchgekämmt. Das Reichsgebiet einschließlich Protektorat Böhmen und Mähren wird, allein schon aus Gründen der Wohnungsfrage und sonstiger sozialpolitischen Notwendigkeiten, vorweggenommen werden müssen. — Die evakuierten Juden werden zunächst Zug um Zug in sogenannte Durchgangsgettos verbracht, um von dort aus weiter nach dem Osten transportiert zu werden. — Wichtige Voraussetzung, so führte SS-Gruppenführer Heydrich weiter aus, für die Durchführung der Evakuierung überhaupt ist die genaue Festlegung des in Betracht kommenden Personenkreises. — Es ist beabsichtigt, Juden im Alter von über 65 Jahren nicht zu evakuieren, sondern sie einem Altersgetto — vorgesehen ist Theresienstadt[12a]) — zu überstellen. — Neben diesen Altersklassen — von den am 31. Oktober 1941 sich im Altreich und der Ostmark befindlichen etwa 280 000 Juden sind etwa 30 Prozent über 65 Jahre alt — finden in den jüdischen Altersgettos weiterhin die schwerkriegsbeschädigten Juden und Juden mit Kriegsauszeichnungen (EK I) Aufnahme. Mit dieser zweckmäßigen Lösung werden mit einem Schlage die vielen Interventionen ausgeschaltet.«[13])

Eine Methode unauffälliger Vernichtung war die Vergasung. Schon im Juni 1941 befahl Himmler unter Berufung auf Hitler dem Kommandanten des Lagers Auschwitz die Schaffung von Vergasungsanlagen großen Stils. Diese Methode wurde ab Dezember 1941 im Lager Chelmno, dann auch in den Lagern Belcec, Sobibor, Treblinka, Maidanek und Auschwitz angewendet[14]). Die Weisung für das Anlaufen der Aktion in den polnischen Lagern kam unmittelbar aus der »Kanzlei des Führers«.

Der Kommandant von Auschwitz, Höß, der diesen Posten vom 1. Mai 1940 bis 1. Dezember 1943 bekleidete, hat nach dem Kriege die Arbeitsweise seines Lagers genau geschildert[15]). Hier ging man gegenüber der andernorts angewandten Methode der Verwendung von Dieselauspuffgasen zu dem wirkungsvolleren Gift Zyklon B über, das die Tötung der in den Gaskammern Eingepferchten in 13 bis 15 Minuten bewirkte. Für diesen Zweck wurde der Giftstoff von der »Degesch«, einer der I. G. Farbenindustrie nahestehenden Gesellschaft, geliefert[16]). Wahrscheinlich hat Höß die Zahl der Opfer seines Lagers zu hoch angegeben, wenn er sie mit 2,5 Millionen bezifferte neben einer halben Million, die durch Hunger und Krankheit umgekommen sei. Ein deutsches Schwurgericht kam zu dem Ergebnis: »Wie viele Menschen in Auschwitz mit Zyklon B getötet worden sind, läßt sich nicht mehr feststellen. Fest steht nur, daß es Hunderttausende, wenn nicht Millionen waren.«[17]) Ein zentrales Zeugnis zu den Vergasungen ist das Gerstein-Dokument. Gerstein war SS-Offizier und in der Berliner Zentrale mit der Beschaffung von Giftstoffen für die Lager beauftragt. Er stammte aus der christlichen Jugendbewegung und hat das, was er als Augenzeuge im Lager Belcec beobachtete, unmittelbar danach einem Angehörigen der schwedischen Botschaft in der Absicht der Bezeugung dieses Vorgangs mitgeteilt und für sich selbst in einer Aufzeichnung festgehalten. Das Dokument ist mit einer kritischen Einführung von Hans Rothfels über den Verfasser, den Charakter des Berichtes und über die Frage der subjektiven und objektiven Glaubhaftigkeit veröffentlicht worden[18]).

Die Zahl der Opfer läßt sich nicht genau bestimmen. Das Nürnberger Tribunal ging von der Zahl von 5 721 800 aus, die vom World Jewish Council errechnet worden war. Nach einer Äußerung des SS-Obersturmbannführers Adolf Eichmann vom August 1944, der mit der Erfassung der Juden für ihre Vernichtung beauftragt war, betrug zu diesem Zeitpunkt die Zahl der Opfer der Vernichtungslager 4 Millionen, der auf andere Weise Getöteten 2 Millionen[19]). Das gäbe eine Gesamtziffer, die noch über die der jüdischen Schätzung hinausginge. Im Reichssicherheitshauptamt war ein besonderer Statistiker, Korherr, mit Berichten an Himmler über die Entwicklung der jüdischen Bevölkerung beauftragt. Ein Bericht Korherrs vom März 1943 ist erhalten[20]). In diesem Bericht werden bis zum damaligen Zeitpunkt die Verluste des Judentums, also nicht allein die Erschießungen und Vergasungen, auf 4,5 Millionen berechnet. Spätere Untersuchungen kommen zu dem Ergebnis, daß die Zahl der Opfer auf alle Fälle über 4 Millionen beträgt[21]). In der Welt lebten 1939 ca. 15 Millionen Juden, 1945 9 Millionen; in Europa 1939 9,2 Millionen, 1945 3,1 Millionen; in Deutschland (ohne Österreich) 1939 0,2 Millionen, 1945 0,012 Millionen.

Der Völkermord am Judentum ist keine Terrormaßnahme. Der Terror, wie er etwa in der Französischen Revolution oder in der Bolschewistischen Revolution geübt wurde und dessen Opfer in der Sowjetunion viele Millionen betrugen, richtet sich gegen politische Gegner. Er vollzieht sich vor der Öffentlichkeit als Mittel der Abschreckung. Die Guillotine steht mitten auf dem Platz der Revolution. Um die Vernichtungslager aber erstreckte sich eine Zone des Schweigens. Was hier geschah, sollte niemand, auch nicht das deutsche Volk selber, erfahren. Hier wurden Menschen ermordet, die — unabhängig davon, ob sie überhaupt einen politischen Faktor darstellten — als minderwertig betrachtet wurden. Deshalb ist die nationalsozialistische Vernichtungsaktion auch nicht zu vergleichen mit elementaren Ausbrüchen von Judenhaß, wie sie aus religiösen, politischen oder wirtschaftlichen Gründen im Laufe der europäischen Geschichte immer wieder vorgekommen sind. Die SS ging mit einer bürokratischen Systematik vor. Die Statistiken, die erhalten gebliebenen Rechnungen und Zahlungsquittungen über die gelieferten Giftstoffe sind Zeugnis dafür. Gespenstisch aber mutet die völkische Romantik an, die sich mit diesem Massenmorden verband. So hatte die SS im Vernichtungslager Treblinka ihren »Gemeinschaftssaal im typisch himmlerischen altdeutschen Stil« ausstaffiert[22]). Der Massenmord war die mit unheimlicher Konsequenz in die Praxis umgesetzte nationalsozialistische Theorie des biologischen Materialismus. Man kann Robespierre als den Typus des »tugendhaften Mörders« bezeichnen. Auf Himmler träfe diese Bezeichnung nicht zu. Zwar besaß auch er eine Art privater bürgerlicher Ehrenhaftigkeit; er hat sich nicht wie mancher andere Gewalthaber des Dritten Reiches persönlich bereichert, und wo solche Fälle in seinem Umkreis aufgedeckt wurden, ist er dagegen eingeschritten. Mörder suchen ihr Opfer in einem menschlichen Gegenüber, sei es ein einzelner oder eine Gruppe. Die Vernichtung der Juden hingegen trug einen gänzlich unpersönlichen Zug. Der von den Nationalsozialisten zur Beseitigung unerwünschten Lebens verwendete Ausdruck heißt »Ausmerzung«. Die Ausmerzung konnte sich gegen jedes Leben richten, das als »lebensunwert« bezeichnet wurde.

So ist das sogenannte Euthanasieprogramm[23]) in engem Zusammenhang mit der Vernichtung des Judentums zu sehen. Der Name ist insofern irreführend, als es sich hierbei um eine Massentötung handelt und nicht um individuelle Hilfe, die dem Sterbenden gewährt wird (Euthanasie = Sterbehilfe) und deren Maß und Erlaubtheit ein ernstes Problem der ärztlichen Ethik darstellt. Man spricht daher richtiger nicht von Euthanasie, sondern von Lebensvernichtung[24]). Das Programm der Lebensvernichtung war die Kriegskonsequenz aus dem Gesetz zur Verhütung erbkranken Nachwuchses. Im Unterschied zu diesem erhielt es jedoch ebensowenig wie die Kindertötung eine gesetzliche Grundlage. Es beruhte lediglich auf einem an den Leiter der Kanzlei des Führers, Bouhler, und an den Begleitarzt Hitlers, Brandt, gerichteten Führererlaß vom Oktober 1939, zurückdatiert auf den 1. September, den Tag des Kriegsbeginns. Hierin ordnete Hitler an, »die Befugnisse namentlich zu bestimmender Ärzte so zu erweitern, daß nach menschlichem Ermessen unheilbaren Kranken bei kritischer Beurteilung ihres Krankheitszustandes der Gnadentod gewährt werden kann«[25]). Zu den Kriterien gehörte zufolge dem durch die Tarnorganisation »Reichsarbeitsgemeinschaft Heil- und Pflegeanstalten« verschickten Fragebogen neben den eigentlichen Krankheitsmerkmalen auch »Arbeitsleistung« und »Rasse«. Die nach einer lediglich anhand der Fragebogen vorgenommenen Begutachtung zur Tötung bestimmten Kranken wurden durch eine weitere Tarnorganisation, die »Gemeinnützige Krankentransportgesellschaft GmbH«, zunächst zum Zwecke der Verschleierung gegenüber den Angehörigen in eine Durchgangsanstalt, von dort in eine der sechs Tötungsanstalten gebracht. Diese waren mit Vergasungsanlagen und Krematorien ausgestattet. Gerüchte von dem, was in diesen Anstalten vor sich ging, drangen in die Öffentlichkeit und verursachten eine erhebliche Beunruhigung in der Heimat und auch in der Truppe. Einige Kirchenführer wie namentlich Graf v. Galen, der Bischof von Münster, und der württembergische Landesbischof Wurm erhoben mutig ihre Stimme zum Protest. In einer Predigt in der Lamberti-Kirche zu Münster am 3. August 1941 sagte v. Galen: »Wenn einmal zugegeben wird, daß Menschen das Recht haben, ›unproduktive Menschen‹ zu töten, und wenn es jetzt zunächst auch nur arme, wehrlose Geisteskranke trifft, dann ist grundsätzlich der Mord an allen unproduktiven Menschen, also an den unheilbar Kranken, den arbeitsunfähigen Krüppeln, den Invaliden der Arbeit und des Krieges, dann ist der Mord an uns allen, wenn wir alt und altersschwach und damit unproduktiv werden, freigegeben.«[26]) Pastor v. Bodelschwingh, der Leiter der Anstalten der evangelischen Inneren Mission in Bethel, wehrte sich mannhaft gegen die Aktion und erreichte, daß seine Kranken verschont blieben. Aufgrund solchen Widerstandes wurde Ende 1941 die Aktion angehalten, ohne jedoch vollständig eingestellt zu werden. In manchen Anstalten wurde eine »wilde Euthanasie« weiter praktiziert. Die Gesamtzahl der Opfer wird auf 80 000 bis 100 000 geschätzt. Die Vergasungsapparaturen der Tötungsanstalten wurden zur Weiterverwendung in Judenvernichtungslager überführt.

Neben diesem unter psychiatrischem Vorwand durchgeführten Massenmord wurde zeitweilig während des Krieges auf Veranlassung Himmlers eine Sonderaktion in den Konzentrationslagern durchgeführt. Sie diente der Beseitigung von Häftlingen, die aufgrund bestimmter Krankheiten arbeitsunfähig oder auch einfach politisch oder rassisch unerwünscht waren. Die Zahl der Opfer dieser »Sonderbehandlung 14 f 13« (Aktenzeichen) lag bei etwa 20 000.

Unbekannt ist die Zahl der in Menschenversuchen umgekommenen Häftlinge[27]). Diese Versuche wurden von SS-Ärzten angeregt, von Himmler genehmigt und z. T. von anerkannten Medizinern durchgeführt. Es handelte sich dabei um Experimente mit Unterdruck, Unterkühlung, Fleckfieberimpfstoffen, Sulfonamiden zur Wundbrandbekämpfung, chemischen Kampfstoffen u. a. War bei all diesen Versuchen ein hohes Todesrisiko gegeben und die Quote der Todesfälle entsprechend hoch, so waren manche der Experimente von vornherein als »terminal«, d. h. auf die Durchführung und Experimentbeobachtung bis zum Eintreten des Todes angelegt. Mehr noch als die Zeugenaussagen im Nürnberger Ärzteprozeß, der diese grausigen Vorgänge erhellt hat, gehören die dortigen Verteidigungsreden der angeklagten Ärzte zu den für die NS-Zeit und für die Anfälligkeit der menschlichen Existenz enthüllendsten Dokumenten. Sie sind Zeugnisse für die Spaltung des Bewußtseins und die Pervertierung der moralischen Urteilsfähigkeit, die bei beruflich und privat sonst tüchtigen und als ehrenwert geltenden Personen eintreten konnte, wenn sie — freiwillig oder unfreiwillig — sich in die Apparatur des totalitären Systems einspannen ließen.

DW 397/766; vgl. Lit. zu § 60; als menschliches Zeugnis von herausragender Bedeutung das Tagebuch der Anne FRANK, 14. 6. 1942—1. 8. 1944 (a. d. Holländ., Tb. 1950); E. SCHNABEL, Anne Frank, Spur eines Kindes. Ein Bericht (Tb. 1958). — Neben der Dokumentensammlung von POLIAKOV-WULF als umfassende Untersuchung: G. REITLINGER, Die Endlösung. Hitlers Versuch der Ausrottung der Juden Europas 1939—45 (a. d. Engl. ³1960); R. HILBERG, The Destruction of the European Jews (Chicago 1961); G. SCHOENBERNER, Der Gelbe Stern. Die Judenverfolgung in Europa 1933—1945 (1960); ders., Wir haben es gesehen. Augenzeugenberichte über Terror u. Judenverfolgung im Dritten Reich (1962); W. SCHEFFLER, Judenverfolgung im Dritten Reich 1933 bis 1945 (²1964); H. G. ADLER, Der verwaltete Mensch. Studien zur Deportation der Juden aus Deutschland (1974). — Zusammenstellung der wichtigsten Dokumente zur »Endlösung« in: Ursachen u. Folgen 19, Nr. 3358—3375. — Zusammenfassende Darstellungen: H. KRAUSNICK, Judenverfolgung, in: M. BROSZAT / H.-A. JACOBSEN / H. KRAUSNICK, Anatomie des SS-Staates, Bd. 2 (1965); U. D. ADAM, Judenpolitik im Dritten Reich (1972); Luzy S. DAWIDOWICZ, The War against the Jews 1933—1945 (New York 1975). — Zu den übrigen Massentötungen: K. DÖRNER, Nat.soz. u. Lebensvernichtung, VfZG 15 (1967). Zum ideologiegeschichtl. Zusammenhang: Hedwig CONRAD-MARTIUS, Utopien d. Menschenzüchtung. Der Sozial-Darwinismus u. seine Folgen (1955).

1) H. PICKER, Hitlers Tischgespräche, hg. v. P. E. SCHRAMM (1963), S. 378. Vgl. ferner Reden v. 30. 9. 1942, 24. 2., 21. 3. 1943 bei M. DOMARUS, Hitler. Reden u. Proklamationen 1932—1945 (1962/63), Bd. 2. 2) H. KRAUSNICK, Hitler u. die Morde in Polen. Ein Beitrag zum Konflikt zwischen Heer u. SS um die Verwaltung der besetzten Gebiete, VfZG 11 (1963); K. J. MÜLLER, Zu Vorgesch. u. Inhalt der Rede Himmlers vor der höheren Generalität am 13. März 1940 in Koblenz, VfZG 18 (1970); H. v. KRANNHALS, Die Judenvernichtung in Polen u. die »Wehrmacht«, Wehrwiss. Rdsch. 10 (1965); ferner M. BROSZAT, Nat.soz. Polenpolitik 1939—1945 (1961); Tatiana BERENSTEIN u. a. (Hg.), Faschismus — Getto — Massenmord. Dokumentation über Ausrottung u. Widerstand der Juden in Polen während des Zw. Weltkrieges (2. Aufl. Berlin-Ost 1961). 3) Zum Warschauer Getto s. § 77, Anm. 23; J. GUMKOWSKI u. a. (Hg.), Briefe aus Litzmannstadt. Briefbericht eines Juden aus dem Getto Lodz (a. d. Poln. 1967); J. C. HAMPE (Hg.), Im Feuer vergangen. Tagebücher aus dem Getto (1963). 4) Ausnahme-Gesetze gegen Juden in den von Nazi-Dtld. besetzten Gebieten Europas, hg. v. Wiener Library (London 1957), enthält nach Ländern geordnete Zusammenstellung mit kurzen Inhaltsangaben u. Quellennachweis. Über Verfolgung der Juden im Ausland vgl. Gutachten des Inst. f. Zeitgesch. (1958 u. 1966). — Für Holland vgl. J. PRESSER, Ondergang. De verfolging en verdelging van het Nederlandse Jodendom 1940—1945 (2 Bde. 's-Gravenhage 1965). 5) H. G. ADLER, Danish Jewry under German Occupation, Wiener Library Bulletin 9 (1955); Lena YAHIL, Et demokrati på prøve. Jøderne i Danmark under besaettelsen (Diss. Jerusalem 1966, dän. 1967). 6) J. BILLIG, La Condition des Juifs en France, Juillet 1940 à Août 1944, Rev. Hist. Deux. Guerre Mondiale 6 (1956). 7) E. NOLTE, Die Action Française 1899—1944, VfZG 9 (1961). 8) M. BROSZAT, in: Gutachten des Inst. f. Zeitgesch. 9) A. SPINOSA, Le persecuzioni razziali in Italia (1952). 10) A. BISS, Der Stopp der Endlösung. Kampf gegen Himmler u. Eichmann in Budapest (1966); R. L. BRAHAM, Eichmann and the Destruction of Hungarian Jewry (New York 1963); ders., The Destruction of the Hungarian Jewry. A documentary account (2 Bde. New York 1962). 11) J. TENENBAUM, The Einsatzgruppen, Jew. Soc. Stud. 17 (1955); A. HILLGRUBER, Die »Endlösung« u. das dt. Ostimperium als Kernstück des rassenbiolog. Programms d. Nat.soz., VfZG 20 (1972). 12) H. HEIBER (Hg.), Aus den Akten des Gauleiters Kube, VfZG 4 (1956). 12a) Z. LEDERER, Getto Theresienstadt (London 1953); H. G. ADLER, Theresienstadt 1941—1945 ([2]1960). 13) Nürnberger Dok. NG 2586, bei POLIAKOV-WULF, Das Dritte Reich u. die Juden, S. 122 f. 14) Zu den Vernichtungslagern: E. KOLB, Bergen-Belsen. Geschichte eines »Aufenthaltslagers«, 1943 bis 1945 (1962); H. G. van DAM / R. GIORDANO (Hg.), KZ-Verbrechen vor dt. Gerichten (1962); H. G. ADLER u. a. (Hg.), Auschwitz. Zeugnisse u. Berichte (1962); H. LANGBEIN, Der Auschwitz-Prozeß (2 Bde. 1965); B. NAUMANN, Auschwitz. Bericht über die Strafsache gegen Mulka u. a. vor dem Schwurgericht Frankfurt (1965, Tb. 1967); K. SMOLÉN, Auschwitz 1940—1945 (a. d. Poln. 1965); J. F. STEINER, Treblinka. Die Revolte eines Vernichtungslagers (1966). 15) Eidliche Aussage des Lagerkommandanten, Nürnberger Dok. 3868-PS; ferner R. HOESS, Kommandant in Auschwitz. Autobiographische Aufzeichnungen, hg. v. M. BROSZAT (Tb. [3]1961). 16) Degesch-Prozeß, Schwurgericht Frankfurt 1949; Strafsache Peters (Geschäftsführer der Degesch), Schwurgericht Frankfurt 1955. 17) Urteil in der Strafsache Peters, 27. Mai 1955. 18) H. ROTHFELS (Hg.), Augenzeugenbericht zu den Massenvergasungen, VfZG 1 (1953); zu Gerstein auch Urteil zu Strafsache Peters, s. o.; Zur »Umsiedlung« der Juden im Generalgouvernement (Dokumentation), VfZG 7 (1959), bringt Belege dafür, daß Kenntnis der Massenvergasung »im Generalgouvernement durchaus verbreitet war«. Zu Gerstein: S. FRIEDLÄNDER, Kurt Gerstein oder die Zwiespältigkeit des Guten (a. d. Franz. 1968); P. JOFFROY, Der Spion Gottes: die Passion des Kurt Gerstein (a. d. Franz. 1972). 19) Eidliche Aussage Dr. Hoettl, Ref. im Amt VI des RSHA über Gespräch mit Eichmann, Nürnb. Dok. 2738. Zur Person u. Rolle Eichmanns: J. BRAND, A. Eichmann. Fakten gegen Fabeln (1961), Brand verhandelte 1944 mit Eichmann über das Schicksal der ungarischen Juden; R. M. W. KEMPNER, Eichmann u. Komplizen (1961); Hannah ARENDT, Eichmann in Jerusalem (a. d. Amerik. 1964); zu dieser Darstellung vgl. W. SCHEFFLER, Hannah Arendt u. der Mensch im totalen Staat, u. P. ARNSBERG, War Eichmann ein Dämon?, in: Parlament (Beilage 45, 1964), u. F. A. KRUMMACHER (Hg.), Hannah Arendt, Eichmann u. die Juden (1964). 20) Nürnberger Dok. NO 5192-4, bei POLIAKOV-WULF (s. o. Anm. 13), S. 210 ff. 21) So G. REITLINGER, Die

Endlösung; H. KRAUSNICK, Zur Zahl der jüdischen Opfer des Nat.soz., in: Schriftenreihe der Bundeszentrale für Heimatdienst (^{3}1956). **22)** ROTHFELS (s. o. Anm. 18) S. 192. **23)** Diese Bezeichnung wurde in den Nürnberger Prozessen verwandt. Die Nat.soz. sprachen von »Gnadentod«. — Zusammenhänge, durch den Nürnberger Ärzteprozeß erhellt, hierzu A. MITSCHERLICH / F. MIELKE, Medizin ohne Menschlichkeit. Dok. des Nürnberger Ärzteprozesses (^{2}1962); Alice PLATEN-HALLERMUND, Die Tötung Geisteskranker in Dtld. (1949); G. SCHMIDT, Selektion in der Heilanstalt 1939—1945 (1965), aufgrund erhaltener Unterlagen aus der Heil- u. Pflegeanstalt Eglfing/Haar bei München. H. EHRHARDT, Euthanasie u. Vernichtung »lebensunwerten« Lebens (1965); W. SCHULTE, »Euthanasie« u. Sterilisation, in: Dt. Geistesleben u. Nat.soz. Eine Vortragsreihe der Univ. Tübingen (1965); W. v. BAEYER, Die Bestätigung der NS-Ideologie in der Medizin unter bes. Berücksichtigung der »Euthanasie«, in: Nat.soz. u. die dt. Univ., Universitätstage 1966 (Berlin 1966). **24)** So zu Recht vorgeschlagen von K. DÖRNER, ähnlich W. SCHULTE. **25)** Nürnberger Ärzteprozeß, Dok. 630 PS; vgl. H. BUCHHEIM, Das Euthanasie-Programm, in: Gutachten des Inst. f. Zeitgesch. (1958). **26)** Dok. zum kirchl. Protest u. staatl. Gegenmaßnahmen in: Ursachen u. Folgen 19, Nr. 3376—3380. Zu den Bischöfen von Galen u. Wurm s. Lit. § 63. **27)** Hierzu A. MITSCHERLICH / F. MIELKE (Hg.), Medizin ohne Menschlichkeit (s. o. Anm. 23).

§ 79 Wende des U-Boot- und Luftkrieges. Kriegstechnik

Wie zu Lande, so lag auch im atlantischen Zufuhrkrieg und im Luftkrieg die Wende im Jahre 1942. Seit die rückläufige Bewegung der deutschen Fronten in Rußland und in Afrika eingesetzt hatte, war als einziges Offensivinstrument in der Hand der deutschen Führung die U-Bootwaffe verblieben. Die Zahl der Neubauten hatte, bei steigenden eigenen Verlusten, erheblich vermehrt werden können. Die U-Bootwaffe fügte in opferreichen Kämpfen dem Gegner empfindliche Verluste an Schiffsraum zu. Sie hatte mit 70 Prozent der von deutscher Seite erzielten Versenkungen neben Überwasserstreitkräften und Luftwaffe den Hauptanteil an den Erfolgen des Zufuhrkrieges. Jedoch konnten sie je länger, um so weniger Schritt halten mit der Produktion neuen Schiffsraums auf den britischen und vor allem den amerikanischen Werften. Die britisch-amerikanische Jahresverlustbilanz zwischen versenkter und neugebauter Handelstonnage war von 3,1 Millionen BRT im Jahre 1940 auf 2,4 Millionen im Jahre 1941 und auf 1 Million im Jahre 1942 gesunken. Die Entwicklung der Monatsbilanzen im Verlaufe des Jahres 1942 ließ erkennen, daß die Kurven der Versenkungs- und Neubauziffern im Begriffe waren, sich zu schneiden und somit die Verlust- in eine Gewinnbilanz umschlagen werde. Der ehemalige Chef der Historischen Abteilung des Oberkommandos der Kriegsmarine Kurt Assmann charakterisiert die Entwicklung der Bilanz im Zufuhrkrieg für die Jahre 1942/43 wie folgt: »Die Spanne zwischen Schiffsversenkungen und Neubauten, also das Maß, um das die monatlichen Versenkungen die Neubauten überstiegen, nahm bis zum April 1942 zu, dann verringerte sie sich bis zum Jahresende 1942. Von da ab überstiegen die Neubauten die Versenkungen — dies war der eigentliche Wendepunkt des Zufuhrkrieges —, und im September 1943 waren die durch den Krieg eingetretenen Totalverluste an Frachtraum durch die Neubautätigkeit aufgeholt. Die den Alliierten zur Verfügung stehende Handelsschiffstonnage war jetzt ebenso groß wie bei Kriegsbeginn und vermehrte sich nunmehr laufend in schnellem Tempo. Damit war dem Zufuhrkrieg das Todesurteil gesprochen«.[1]) Der den Seekrieg entscheidende Wettlauf zwischen Versenkung und Neubau feindlicher Handelstonnage war also um die Jahreswende 1942/43 zuungunsten Deutschlands entschieden, lange bevor die Fanfaren der Sondermeldungen verstummten, mit denen die Erfolge der Konvoi-Schlachten im Nordatlantik über den deutschen Rundfunk verkündet wurden.

Die deutsche U-Bootwaffe hat, wendig in ihrem taktisch-operativen Einsatz und opferbereit im Kampf, den durch die wirtschaftliche Überlegenheit des Gegners vorgezeichneten Verlust des Zufuhrkrieges abzuwenden versucht. Der offene Eintritt der USA in den Krieg Ende 1941 hatte eine neue, die vierte Phase in der Atlantik-Schlacht eröffnet (über die vorhergehenden Phasen s. § 73). In den ersten Monaten des Jahres 1942 wurde der Schwerpunkt der U-Bootoperationen in die amerikanischen Küstengewässer verlagert. Die Unerfahrenheit der amerikanischen Abwehr ermöglichte den Booten große Anfangserfolge. Die Versenkungsziffern schnellten empor. Sie sanken aber ebenso schnell ab, als die Amerikaner auch für ihre Küstenschiffahrt das Geleitsystem einführten. Im Juli 1942 wurden darauf die nordatlantischen Konvoirouten erneut zum Hauptschauplatz des U-Bootkrieges.

Die fünfte Phase der Schlacht im Atlantik von Juli 1942 bis Mai 1943 war die entscheidende. Durchschnittlich waren jetzt 102 Boote in See. Durch breit aufgestellte Vorpostenketten suchten sie die anlaufenden Geleitzüge aufzufangen und im kombinierten Einsatz herangeholter U-Bootrudel aufzureiben. Den Höhepunkt dieser Kämpfe stellt die Geleitzugschlacht im März 1943 dar. Sie erzielte einen so hohen Erfolg, daß in der Märzbilanz des Zufuhrkrieges die Versenkungen die feindlichen Neubauten wenn nicht überholten, so doch ausglichen. Aber dieser Erfolg wiederholte sich nicht.

Den Gegnern gelang es, wirkungsvolle Methoden der Abwehr zu entwickeln. Diese waren teils taktischer, teils technischer Natur. Indem man die den Ozean überquerenden Geleitzüge durch den Nordatlantik führte, gewann man die Möglichkeit, ihren Weg von Neufundland, Island und Irland aus von der Luft her zu überwachen. Die Maschen des Netzes der Luftüberwachung wurden im Laufe der Zeit immer enger, das Loch in der Luftüberwachung jenseits der Eindringtiefe der Flugzeuge durch Verwendung von Langstreckenflugzeugen immer schmaler und schließlich durch Geleitflugzeugträger ganz überbrückt. Dieses taktische System erhielt seine volle Wirksamkeit durch technische Erfindungen. Der Einbau von automatischen Funkpeilgeräten an Bord von Geleitfahrzeugen ermöglichte es, die U-Boote frühzeitig auszumachen. Die Erfindung des Radargerätes setzte Flugzeuge instand, die bei Nacht über Wasser fahrenden U-Boote ausfindig zu machen und in vielen Fällen durch überraschenden Bombenabwurf zu vernichten. Nun gelang es zwar auf deutscher Seite später, ein Anti-Radargerät zu entwickeln, durch das das Überraschungsmoment weitgehend ausgeschaltet wurde. Aber die Boote wurden dadurch nicht der Notwendigkeit enthoben, zunehmend auch für die langen Anmarschwege und nicht erst am Feind die langsame Unterwasserfahrt zu benutzen. Dadurch wurde die Orientierungsmöglichkeit und die Geschwindigkeit und damit die Wirksamkeit der Boote wiederum erheblich gemindert.

Die Höhe der deutschen Verluste stand schon wenige Wochen nach dem großen Erfolg in der Geleitzugschlacht vom März 1943 in keinem tragbaren Verhältnis mehr zu den erzielten Versenkungen[2]). Großadmiral Dönitz, seit 30. Januar 1943 in Nachfolge Raeders Oberbefehlshaber der Kriegsmarine, zog die Konsequenzen. Er brach am 24. Mai 1943 die Geleitzugbekämpfung im Nordatlantik ab. Im Vergleich der Jahre 1942/43 ergibt die Bilanz, daß sich die Zahl der U-Bootverluste etwa verdreifachte, während die Gesamtversenkungsziffer feindlichen Handelsschiffsraums auf weniger als die Hälfte sank. Ein Teil der U-Boote blieb auch jetzt in der Übergangsphase zwischen den großen Geleitzugschlachten und den Schlußkämpfen zur Störung des Handels und zur Bindung feindlicher Kräfte im Nordatlantik. Im übrigen wichen die Operationen in andere Räume aus. Der Mittelatlantik versprach wegen der 1942 erfolgten Landung der Alliierten in Nordafrika lohnenden Einsatz. Jedoch wurde die feindliche Luftüberwachung auch in diesem Raum wirkungsvoll ausgedehnt, nachdem die Portugiesen im Oktober 1943 der Errichtung von Stützpunkten auf den Azoren zustimmen mußten.

Den Rückschlag im U-Bootkrieg hoffte man durch technische Neuentwicklungen überwinden zu können. Diese gelangten in der Schlußphase der Atlantikschlacht in der Zeit von der Invasion bis Kriegsende zur Verwendung. Die Ausrüstung mit einem Luftmast, dem sogenannten Schnorchel, gestattete es den Booten, unbegrenzt lange zu tauchen und auch die Akkumulatoren unter Wasser aufzuladen. Die Konstruktion eines Bootstypus mit erheblich gesteigerter Unterwassergeschwindigkeit wirkte sich für den Einsatz nicht mehr aus. Vielleicht ist es eine Überschätzung solcher technischen Faktoren gegenüber der taktischen Gegebenheit der feindlichen Luftherrschaft über dem Atlantik und gegenüber der Produktionsüberlegenheit der amerikanischen Werften gewesen, die Dönitz hoffen ließ, daß es ihm gelingen könnte, die Initiative im Seekrieg zurückzugewinnen. Immerhin ist in den letzten Kriegsmonaten die Versenkungskurve noch einmal leicht angestiegen, ohne allerdings auch nur entfernt die Ziffern der feindlichen Neubauten einzuholen.

An amerikanischem und britischem Schiffsraum wurden vom Kriegseintritt der USA bis Kriegsende fast 14 Millionen BRT versenkt, im Gesamtverlauf des Krieges zwischen 23 und 24 Millionen BRT (vgl. Anhang Tab. 25). Von den fast 1 200 im Verlaufe des Krieges verwendeten Booten ging mehr als die Hälfte auf Feindfahrt verloren. Ähnlich opferreich wie der Kampf der U-Boote war der Einsatz der Luftwaffe. Im Laufe des Krieges wurden rund 113 000 Flugzeuge in Dienst gestellt. Rund 72 000 gingen im Kampf verloren.

Die deutsche Luftwaffe hatte im Polen-, Norwegen- und Frankreichfeldzug eine große Überlegenheit über ihre Gegner besessen. In der Luftschlacht über England im Herbst 1940 stieß sie auf einen Gegner, den sie nicht zu bezwingen vermochte. Weder wurde durch die Bombenangriffe der Kampfflugzeuge die englische Wirtschaftskraft spürbar getroffen, noch gelang es der deutschen Jagdwaffe, die englische Jagdabwehr zu zerbrechen oder zu verhindern, daß die deutschen Kampfverbände bei ihren Einsätzen über England Ausfälle in einer Höhe erlitten, die zum Abbruch der Schlacht zwang. Man machte die Erfahrung, daß der deutsche Messerschmitt-Jäger zwar eine größere Geschwindigkeit und Feuerkraft als die englische Spitfire besaß, daß diese aber wendiger war. Die Hauptschwäche des deutschen Jägers aber war seine geringe Flugdauer und damit die Begrenzung seines Aktionsradius, die es ihm unmöglich machte, den deutschen Kampffliegerverbänden über den südenglischen Raum hinaus Begleitschutz zu geben. Im Jahre 1941 wurden dann die Hauptkräfte vom Einsatz gegen England abgezogen und in Afrika, auf dem Balkan und vor allem gegen Rußland verwendet. Es stellte sich nun bald heraus, daß die im Westen verbliebenen Jagdverbände nicht ausreichten, um die Briten daran zu hindern, offensiv zu werden und Bombenangriffe nach Deutschland zu fliegen. Die Industriegebiete an Rhein und Ruhr waren die ersten Ziele. Am 28. und 29. März 1942 erlitt zum erstenmal eine deutsche Stadt, Lübeck, einen Großangriff aus der Luft. Gegen Köln richtete sich in der Nacht vom 30. zum 31. Mai 1942 der erste »1 000-Bomber-Angriff«. Es folgten Essen am 1. Juni und Bremen am 25. Juni 1942. Um die Jahreswende 1942/43 gingen die Amerikaner zu Tagesangriffen mit Großverbänden über. Am 27. Januar 1943 griffen sie, von den Britischen Inseln aus operierend, Wilhelmshaven an. In zunehmendem Maße wurde es nun erforderlich, die deutsche Jagdwaffe von den Fronten abzuziehen und zur unmittelbaren Reichsverteidigung zu verwenden. Es gelang ihr aber nicht, den deutschen Luftraum abzuschirmen.

Zu Anfang des Krieges schien die Leistungsfähigkeit der deutschen Luftwaffe unbegrenzt. Wo lagen die Gründe für ihr Versagen? Auch hier ist in erster Linie die von Hitler niemals in ihrer vollen Bedeutung eingeschätzte materielle Überlegenheit der Gegner zu nennen. Schon vor dem offiziellen Eintritt der USA in den Krieg wurde die englische Luftwaffe in einem erheblichen Grade in den Vereinigten Staaten und in Kanada aufgebaut. Die britische und die amerikanische Luftwaffe kannten vor allem auch nicht den Brennstoffmangel, der die deutsche besonders in der Endphase des Krieges erheblich lähmte. Entscheidende technische Leistungen auf alliierter Seite waren die Entwicklung eines Langstreckenjägers und die Erfindung des sogenannten »Rotterdamgeräts«, das es ermöglichte, auf einer Mattscheibe »selbst bei Nacht oder bei völlig aufliegender Wolkendecke das überflogene Gelände wie auf einem Kartenbild zu erkennen« (Feuchter, Luftkrieg, S. 233). Bei dem katastrophalen Versagen der Luftwaffe auch in der Abwehr, die allen großsprecherischen Versicherungen Görings zum Hohn nicht verhindern konnte, daß die deutschen Städte in Schutt und Trümmer versanken, spielten jedoch auch eigene Fehler der Technik, Organisation und Planung eine erhebliche Rolle. Zwei neu entwickelte Typen, die Me 210 als Jäger und die He 177 als viermotoriger Fernbomber, erwiesen sich als Fehlkonstruktionen. Mängel der Organisation und der Wunsch Görings, so bald wie möglich zu demonstrieren, daß die Luftwaffe ihre Überlegenheit wiedergewonnen habe, führten dazu, daß die Produktion des Fernbombers anlief, bevor an der Front seine Tauglichkeit erprobt war. Die kritische Frage war, ob die Kräfte Deutschlands ausreichten, zugleich Bomber und Jäger zu bauen. Die Frage hing zusammen mit der strategischen Entscheidung, vor die die deutsche Führung gestellt war, ob man nämlich daran festhalten wollte, die Gegner durch Angriffe zu bezwingen, oder ob man sich jetzt begnügen müßte, alle Kraft auf die Verteidigung zu konzentrieren. Der Generalinspekteur der Luftwaffe Milch ebenso wie der für die Luftrüstung im besonderen verantwortliche Generalluftzeugmeister, der ehemalige Kampf- und Kunstflieger Udet, forderten Konzentration auf die Jagdwaffe. Jedoch Hitler befahl, selbst als nach dem furchtbaren Angriff der Engländer auf Hamburg in der Nacht vom 24. zum 25. Juli 1943 die Führer der Luftwaffe einmütig verlangten, nunmehr alle Kraft auf den Bau von Jägern zu verwenden, die Bomberflüge gegen England in verstärktem Maße wieder aufzunehmen. Die Fehlentwicklung der deutschen Luftwaffe führte diejenigen, die sehen konnten, in die Verzweiflung: Udet erschoß sich am 17. November 1941, und der Generalstabschef der Luftwaffe Jeschonnek setzte am 19. August 1943 seinem Leben ein Ende.

Das Heer war durch seine Panzerwaffe in den Feldzügen 1939 und 1940 allen seinen Gegnern weit überlegen gewesen. Eine Überraschung war die hohe Qualität des russischen Panzers T 34. Auch ihm aber wurden im Verlaufe des Krieges mit dem »Panther« und »Tiger« überlegene Typen entgegengestellt. Freilich blieb der Grad der Motorisierung des deutschen Heeres im Verhältnis zur Masse der an der Ostfront eingesetzten Truppen und zur Weite des Raumes so gering, daß hier nicht mehr jene schnelle Beweglichkeit erreicht wurde, die in dem engeren Raume des Westfeldzuges eine der Voraussetzungen des deutschen Erfolges gewesen war. Im Verlaufe des Krieges machten sich aber auch Mängel im Nachrichtenwesen spürbar, nicht zuletzt infolge der Knappheit an geschultem Personal, das bei dem hastigen Aufbau der deutschen Wehrmacht für alle durchtechnisierten Waffengattungen und bei dem Verschleiß, den der Krieg im Osten mit sich brachte, kaum mehr ersetzt werden konnte. Die deutsche Infanterie erhielt im Jahre 1942 ein hervorragendes Maschinengewehr, obwohl daneben mancherlei andere sehr veraltete Typen in Gebrauch blieben. Die Handwaffe des Einzelsoldaten blieb durchweg der Karabiner, während die russische Infanterie weitgehend mit Schnellfeuerwaffen (Maschinenpistolen) ausgerüstet war. 1944 wurde für den deutschen Infanteristen ein Sturmgewehr entwickelt, zu spät, um noch in genügenden Mengen zur Truppe zu kommen.

Technische Neuentwicklungen kamen nicht mehr zum Tragen. Keine »Wunderwaffen« waren da, die, wie die Propaganda dem Volke einzureden versuchte, die Überlegenheit der Gegner hätte ausgleichen können. Es wurden Jäger mit Düsenantrieb konstruiert, aber wegen Mangel an Zahl, Brennstoff und ausgebildetem Personal kamen sie über Einzelerfolge nicht hinaus. Die Raketenwaffe kam infolge feindlicher Luftangriffe auf ihre Fertigungsstätten und Abschußbasen verspätet zum Einsatz. Sie war auch technisch nicht zu Ende entwickelt, ihre Zielsicherheit war gering. Die waffentechnische Ausnutzung der Atomenergie schließlich kam in Deutschland nicht über erste vorbereitende Schritte hinaus[3]). Hier wirkte sich ein Befehl Hitlers von 1940 aus, der wissenschaftlich-technische Entwicklungsarbeiten untersagte, die nicht kurzfristig praktische Erfolge versprachen. Albert Speer, der Reichsminister für Bewaffnung und Munition, berichtete Hitler von einem Gespräch, das er mit den Physikern Hahn und Heisenberg über den Forschungsstand der Kernphysik geführt hatte. Hitler verspürte nicht das Bedürfnis, sich von den beiden Forschern unmittelbar ins Bild setzen zu lassen. Speer vermutet, daß dieses Versäumnis auch durch ideologische Vorurteile mitbedingt war. Der Physiker Lenard, Verfasser des Werkes »Die deutsche Physik« (1935), habe »Hitler belehrt, daß die Juden auf dem Wege über die Kernphysik und Relativitätstheorie einen zersetzenden Einfluß ausübten. Vor seiner Tafelrunde bezeichnete Hitler gelegentlich, unter Berufung auf seinen illustren Parteigenossen, die Kernphysik als ›jüdische Physik‹ — was dann nicht nur von Rosenberg aufgegriffen wurde, sondern offenbar auch den Erziehungsminister zögern ließ, die Kernforschung zu unterstützen.«[4])

DW 397/687—693 (Seekrieg); DW 397/694—700 (Luftkrieg); DW 397/701—707 (Rüstung). S. Lit. zum See- u. Luftkrieg S. 495 f. — E. GODT, Der U-Boot-Krieg, in: W. PICHT u. a., Bilanz des Zw. Weltkrieges (1953). — Daselbst: A. KESSELRING, Die dt. Luftwaffe, u. H. RUMPF, Luftkrieg über Dtld.; ders., Der hochrote Hahn (1952); ders., Dt. u. engl. Luftkriegsstrategie im Zw. Weltkrieg, Wehrkunde 4 (1955). Rumpf, ehem. Gen. der Feuerschutzpolizei, setzt sich u. a. auseinander mit der Theorie des Bomben- u. Brandkrieges von Sir A. T. HARRIS, Bomber-Offensive (1947). — E. SCHNEIDER, Technik u. Waffenentwicklung im Kriege, in: Bilanz; katalogartige Zusammenstellung über die waffentechn. Entwicklung gibt R. LUSAR, Die dt. Waffen u. Geheimwaffen des Zw. Weltkrieges u. ihre Weiterentwicklung ([5]1964); D. IRVING, Die Geheimwaffen des Dritten Reiches (a. d. Engl. 1965, Tb. 1968); G. JANSSEN, Das Ministerium Speer. Dtlds. Rüstung im Kriege (1968); W. A. BOELCKE (Hg.), Dtlds. Rüstung im Zw. Weltkrieg. Hitlers Konferenzen mit Albert Speer 1942—1945 (1969). Statistik über Tonnagekrieg u. U-Bootverluste: Anhang Tab. 25; Statistik zum Einsatz d. Luftwaffe: H.-A. JACOBSEN, 1939 bis 1945, Der Zw. Weltkrieg in Chronik u. Dok. ([5]1961), Nr. 171.

1) K. ASSMANN, Dt. Schicksalsjahre (1950), S. 398 f.; statist. Kurven über Versenkungen u. Neubauten ebd. S. 399 u. 401. Die Encyclopaedia Britannica, Bd. 23 (1959) S. 347, setzt den Zeitpunkt, zu dem die brit.-amerik. Neubauten die Verluste überstiegen, auf den Monat August 1942 an. 2) J. ROHWER, Geleitzugschlachten im März 1943 (1975); vgl. Lit. § 73, Anm. 6. 3) D. IRVING, Der Traum von der dt. Atombombe (a. d. Engl. 1967); zum wiss.organisatorischen Rahmen der dt. Atomforschung im Kriege: K. ZIEROLD, Forschungsförderung in drei Epochen. Dt. Forschungsgemeinschaft — Geschichte, Arbeitsweise, Kommentar (1968), S. 258 ff.; zur Verhaltensweise der an der Atomforschung hauptbeteiligten Wissenschaftler: W. HEISENBERG, Das Teil u. das Ganze. Gespräche im Umkreis der Atomphysik (1969), Kap. 14—16. 4) A. SPEER, Erinnerungen (1969), S. 242.

§ 80 Kriegswirtschaft und Kriegsfinanzierung

Die deutsche Produktionskraft wurde erst zu einem verhältnismäßig späten Zeitpunkt in vollem Umfange auf die Kriegsanstrengungen konzentriert. Vor dem Kriege war General Thomas, der Chef des Wehrwirtschafts- und Rüstungsamtes im OKW, der Überzeugung gewesen, daß Deutschland sich auf einen langen Kampf einstellen müsse und entsprechend für den Kriegsfall die gesamte Wirtschaft unter dem Gesichtspunkt des Kriegsbedarfs zu organisieren habe. Hitler hatte eine andere Vorstellung über die der Lage Deutschlands angemessene Kriegführung. Die Zeit seiner politischen Erfolge und die ersten Kriegsjahre selbst schienen ihm recht zu geben. Wenn die Gegner durch politisch-militärische Coups matt gesetzt oder in Blitzkriegen einzeln niedergeworfen wurden, genügte es, den entsprechenden Vorrat an Waffen, Gerät und Munition aufzustocken, der den Bedarf solch kurzer Beanspruchungen deckte. Als aber die Methode der Überrumpelung schließlich versagte und ein langer Krieg daraus wurde, mußte Deutschland in einen aussichtslosen Produktionswettkampf mit seinen Gegnern eintreten.

Die Ernährung[1]) hielt sich den Krieg hindurch bis zum Jahre 1944 auf erträglicher Höhe. Erhöhte landwirtschaftliche Produktion schon vor dem Kriege, ein die Erfahrungen des Ersten Weltkrieges sorgfältig auswertendes System der Kontrolle und Verteilung, ferner Nahrungsmittel, die aus den eroberten Gebieten, namentlich aus der Ukraine, dem Heer und der Heimat zufielen, ermöglichten es, außer dem deutschen Volk auch den sechs Millionen Fremdarbeitern in Deutschland bis in das Jahr 1944 hinein eine ausreichende Ernährung zu sichern. In den letzten Kriegsmonaten allerdings fielen die Zuteilungen unter das Lebensnotwendige. Eine englische Untersuchung kommt in Auswertung der vorhandenen deutschen und ausländischen Statistiken und Schätzungen zu folgendem Ergebnis:

»Die durchschnittliche Kalorienmenge für die Zivilbevölkerung fiel von 2 700 pro Tag in den Jahren 1939—40 auf 2 450 in den Jahren 1944—45, wenn man auch den Verbrauch nicht rationierter Lebensmittel dabei mit berücksichtigt. Während der ersten Monate 1945 fiel sie auf 2 100 Kalorien; der Verbrauch der nichtländlichen Bevölkerung senkte sich zum ersten Male auf 2 000 Kalorien und weniger, und die Ration des Normalverbrauchers, d. h. jeder dritten Person der Gesamtbevölkerung, fiel erheblich unter diese Zahl, bis sie schließlich vor der Kapitulation Deutschlands auf 1 600 Kalorien abgesunken war.«[2])

Die größte wirtschaftliche Schwierigkeit lag bei den Rohstoffen. Durch die Vorkriegsplanungen (Verhüttung minderwertiger Erze, Buna, synthetischer Treibstoff etc.), durch die Erbeutung erheblicher Rohstoffvorräte und durch die Nutzung der Rohstoffquellen in den besetzten europäischen Ländern wurden diese Schwierigkeiten weitgehend überwunden. Fühlbar blieb der Mangel an Treibstoffen[3]). Die Vermehrung der U-Boot-, Luft- und Panzerwaffe erhöhte ständig den Bedarf. So war es für die wirtschaftliche Kriegführung eine entscheidende Wende, daß es Ende 1942 nicht gelang, das kaukasische Öl zu gewinnen. Als in der Folgezeit und besonders im letzten Kriegsjahr die deutschen Hydrierwerke durch systematisch auf diese wie auf andere Grundstoffindustrien geführte Luftangriffe weitgehend ausfielen und zudem die rumänischen Ölfelder verloren gingen, wurde hierdurch dem Krieg wirtschaftlich ein Ende gesetzt. Dazu kam in der Endphase des Krieges die planmäßige Zerstörung des deutschen Verkehrsnetzes aus der Luft.

Die Organisation der Rüstungswirtschaft zeigte zu Beginn des Krieges das für den Führungsstil des Dritten Reiches charakteristische Neben- und Gegeneinander verschiedener rivalisierender Stellen. Der erste große Rückschlag, der das deutsche Heer im russischen Winter 1941/42 traf, erzwang eine Straffung. Göring hätte als der Beauftragte für den Vierjahresplan und aufgrund seiner Stellung im Machtgefüge des Dritten Reiches zum Planer und Lenker der Wirtschaft werden können, war aber einem solchen Anspruch nicht gewachsen und verlor im Verlaufe des Krieges an Einfluß. Die Vierjahresplanorganisation entsprach ursprünglich dem Konzept des Blitzkrieges. Sie wollte vor allem dem akuten Mangel an Brennstoffen und Kautschuk abhelfen und blieb den Krieg hindurch auf dem Gebiet der Kohleverflüssigung, der Buna-Herstellung und der Verhüttung minderwertiger Erze ein wichtiger Faktor der Rüstungswirtschaft. Planungsinitiativen für die jetzt notwendig werdende Umstellung der gesamten deutschen Wirtschaft auf den Kriegsbedarf zu entwickeln, waren Göring und seine Behörde nicht in der Lage. Auch General Thomas hat es nicht vermocht, mit seinem

Wehrwirtschafts- und Rüstungsamt diese Lücke zu füllen, obwohl er sich von Anfang an für die »Tiefenrüstung« eingesetzt und mit einer langen Kriegsdauer gerechnet hatte. Es gelang ihm nicht, die Zuständigkeit seiner Behörde über Beschaffungs- und Kontrollfunktionen im engeren Bereich der Rüstungs-Endfertigung hinaus auszudehnen. Sein Wirkungskreis beschränkte sich zudem im wesentlichen auf das Heer, während Marine und Luftwaffe die Beschaffung von Schiffen und Flugzeugen, von Waffen, Gerät und Munition in eigener Zuständigkeit vornahmen. Außerdem wünschte Hitler nicht, daß sich die Machtbefugnis des Heeres vergrößerte. In der Staatsverwaltung war der Chef der eigentlich umfassend zuständigen Behörde der Reichswirtschaftsminister Funk. Er wurde aber von Hitler nicht zu Rate gezogen. Die Aufgaben seines Ministeriums wurden mehr oder weniger auf die nicht rüstungsbezogene Industrie, Gewerbe, Banken und Handel, darunter auch die Einfuhr rüstungswichtiger Rohstoffe beschränkt. Eine weitere in Rüstungsfragen zuständige Stelle war das am 17. März 1940 geschaffene Reichsministerium für Bewaffnung und Munition. Zu seinem Leiter ernannte Hitler den Erbauer der Autobahnen und des Westwalls Fritz Todt, der in der paramilitärisch-technischen, bei großen Bauvorhaben eingesetzten »Organisation Todt« eine eigene Hausmacht besaß. Gestützt hierauf gelang es Todt, den Übergang der deutschen Wirtschaft, die bisher nur in Teilen für die Rüstung arbeitete, zur vollen Kriegswirtschaft vorzubereiten. Todt kam bei einem Flugzeugunfall am 8. Februar 1942 ums Leben.

Zum Nachfolger bestellte Hitler den Architekten Albert Speer, Erbauer der Reichskanzlei und Organisator der Nürnberger Parteitage. Speer besaß bis zum Jahre 1944 die volle Unterstützung Hitlers. Mit dieser Rückendeckung überspielte der von der Person Hitlers faszinierte, politisch geschickte und organisatorisch hochbegabte Außenseiter seine Rivalen, Göring ebenso wie Thomas. Um den auf sein Prestige bedachten Göring zu beschwichtigen, den Hitler bei Kriegsausbruch zu seinem Nachfolger designiert und nach dem Westfeldzug mit dem pompösen Titel »Reichsmarschall« dekoriert hatte, wurde ihm Speer als »Generalbevollmächtigter für Rüstungsaufgaben im Vierjahresplan« formell unterstellt. Das Wehrwirtschafts- und Rüstungsamt gliederte Speer in seinen wichtigsten Teilen in sein Ministerium ein. Im übrigen arbeitete er mit einem nur kleinen bürokratischen Stab. Organisatorischer Kerngedanke für die von ihm nach und nach durchgeführte volle Indienstnahme der Industrie für die Kriegsproduktion war der an Walther Rathenau orientierte Grundsatz der wirtschaftlichen Selbstverwaltung. Für die verschiedenen Zweige der Wirtschaft wurden Ausschüsse gebildet, in denen Offiziere, Konstrukteure und ausschlaggebend Industriemanager saßen. Speer charakterisiert rückblickend sein System wie folgt: »Jetzt gab es wieder Gremien, in denen diskutiert, Mängel und Fehlgriffe aufgedeckt und ihre Beseitigung besprochen werden konnte. Oft meinten wir im Scherz, daß wir im Begriff seien, das parlamentarische System wieder einzuführen. Unser neues System hatte eine der Voraussetzungen geschaffen, um die Schwächen jeder autoritären Ordnung wieder auszugleichen. Wichtige Angelegenheiten sollten nicht nur nach militärischem Prinzip, das heißt auf dem Befehlswege von oben nach unten geregelt werden. Erforderlich war dafür allerdings, daß an der Spitze der erwähnten Gremien Personen standen, die Gründe und Gegengründe zu Wort kommen ließen, ehe sie eine klare und fundierte Entscheidung trafen.«[4]) Die Leitung des Ganzen lag bei einem Ausschuß für »Zentrale Planung«, in dem Speer und mit ihm General Milch, der Leiter des Wirtschaftsstabes der Luftwaffe[5]), bestimmend waren. Hier erhielten die verschiedenen Wirtschaftszweige die knappen Rohstoffe zugeteilt, deren Verwendung schärfer als zuvor kontrolliert wurde. Durch langfristige Auftragserteilung an die einzelnen Firmen und Beschränkung der Herstellung in den jeweiligen Betrieben auf nur wenige Erzeugnisse, durch Typenvereinfachung, zwischenbetriebliche Arbeitsteilung, verstärkte Verlagerung der Produktion auf technisch leistungsfähige, im Fließbandverfahren arbeitende größere Unternehmen und durch Drosselung der für den zivilen Bedarf arbeitenden Wirtschaft auf das Lebensnotwendige wurden bisher brachliegende Produktionsreserven nutzbar gemacht. Der Rationalisierungseffekt dieser Maßnahmen führte zu einer erheblichen Steigerung der Rüstungsproduktion. Deren Index stieg von 100 Anfang 1942 auf 153 Mitte 1942, 229 Mitte 1943 und 322 Mitte 1944. Speer sagte in Nürnberg aus, daß es ihm bis zum Herbst 1944 gelungen sei, »trotz der Fliegerangriffe eine laufende Steigerung zu erzielen. Diese war, um es in einer Zahl zu sagen, so groß, daß ich im Jahre 1944 130 Infanteriedivisionen und 40 Panzerdivisionen vollständig neu ausstatten konnte. Das war die Neuausstattung für zwei Millionen Menschen. Allerdings wäre sie 30 Prozent höher gewesen, wenn die Fliegerangriffe nicht gewesen wären. Wir hatten die Höchstleistungen im ganzen Kriege im August 1944, soweit sie Munition anbetrifft, im September 1944 bei den Flugzeugen und im Dezember 1944 bei den Waffen und bei den neuen U-Booten.«[6]) Trotz solcher Steigerungen war der Rüstungswettlauf Deutschlands mit seinen Gegnern aussichtslos. Im Jahre 1941 betrug der Wert der Kriegsmaterialherstellung in den USA, Großbritannien und der Sowjetunion gegenüber Deutschland und Japan das Zweieinhalbfache, 1943 aber bereits das Dreieinhalbfache. Dennoch war die Fähigkeit Deutschlands, seine Rüstungsproduktion während des Krieges in so kurzer Zeit in dem genannten Maß zu steigern, für seine Gegner eine vollkommene Überraschung. Diese waren unter dem Eindruck der kriegerischen Selbststilisierung des Dritten Reiches sowie der Reden Hitlers und seiner Politik davon ausgegangen, daß Deutschland schon vor dem Kriege seine Wirtschaft ganz auf den Kriegszweck eingestellt hätte.

Um dem zu begegnen, war in England bereits im Jahre 1939 die Wirtschaft in ungleich höherem Maße als in Deutschland für Rüstungszwecke in Anspruch genommen worden. Dort wurden z. B. im Jahre 1939 mehr Panzer produziert als in Deutschland. Während des Krieges entschloß sich England zu einem früheren Zeitpunkt als Deutschland, alle seine materiellen und menschlichen Kräfte für den Krieg zu erfassen. England praktizierte den »totalen Krieg«, seit es nach dem Zusammenbruch Frankreichs zunächst allein die ganze Last des Kampfes gegen Deutschland auf sich genommen hatte. Im Unterschied zu dieser frühen britischen Einstellung auf den totalen Krieg willigte Hitler nur zögernd in die Zurückstellung der Konsumbedürfnisse der Bevölkerung ein. Und kaum waren als Ergebnis der gesteigerten Rüstung im Sommer 1942 operative Erfolge in Rußland errungen worden, als er unter diesem Eindruck und bevor neue Rückschläge kamen, in der Industrieproduktion wieder eine stärkere Berücksichtigung des zivilen Bedarfs verlangte. Auch bei den Gauleitern stieß Speer auf Widerstand. So machten sie Schwierigkeiten, wenn im Interesse der Rüstungssteigerung Produktionsstätten verlagert und Arbeitskräfte zur zweckmäßigeren Verwendung an anderem Ort abgezogen werden sollten. Vollends im Widerspruch zu den psychologischen und materiellen Erfordernissen des Krieges stand der aufwendige Bauluxus, den manche Potentaten des Dritten Reiches auch jetzt betrieben. Speer hat hiervon in seinen Erinnerungen ein abschreckendes Bild gezeichnet. Der ihm von Hitler erteilten Generalvollmacht blieben überdies bestimmte Bereiche völlig entzogen, nämlich die Luftrüstung, die sich Göring nicht nehmen ließ, die Marinerüstung, die erst Dönitz Speer unterstellte, und der Arbeitseinsatz, für den Hitler als Sonderbevollmächtigten den thüringischen Gauleiter Fritz Sauckel ernannte. Dieser organisierte den Transport ausländischer Zwangsarbeiter in die Rüstungsbetriebe, lehnte es aber gegen den Wunsch Speers ab, in größerem Umfang auf deutsche weibliche Arbeitskräfte zurückzugreifen. Der totale Krieg wurde in Deutschland niemals in seinen vollen Konsequenzen durchgeführt, auch nicht, nachdem Goebbels ihn unter dem Eindruck der Katastrophe von Stalingrad am 18. Februar 1943 in einer Sportpalastkundgebung proklamiert hatte[7]). Im September 1943 endlich erhielt Speer die Verantwortung für die gesamte deutsche Industrie, aber seit Mitte 1944 sank er in der Gunst Hitlers und verlor an Einfluß. Sauckel und der im zugrunde gehenden Hitlerreich immer mächtiger werdende Bormann wurden seine Gegenspieler. Beide wollten der Partei einen stärkeren Einfluß auf die Wirtschaft verschaffen und mit Hilfe der Gauwirtschaftsberater Kontrolle ausüben. Ihr Angriffspunkt war die Selbstverwaltung der Wirtschaft und die darin führende Rolle der Großindustrie. In dieser Gegnerschaft der Partei gegen Speer und seine Organisation der Kriegswirtschaft lebte der alte Antikapitalismus der NS-Bewegung wieder auf.

Der Krieg beschleunigte den Konzentrationsprozeß in der Industrie und die weitere Gewichtsverlagerung von den Klein- und Mittelbetrieben auf die Großunternehmen. Ihnen brachte die Rüstung hohen Gewinn, und die unter Speer vollzogene Auftragsplanung auf längere Sicht lag in ihrem Interesse. Andererseits sah sich die Partei gezwungen, Rücksicht zu nehmen auf die Stimmung der arbeitenden Bevölkerung, über die die Geheime Staatspolizei aus allen Reichsteilen laufend berichtete[8]). Ein zu Anfang des Krieges durchgeführter Versuch, die Normalarbeitszeit von 8 auf 10 Stunden zu erhöhen und damit zugleich den Überstundenzuschlag in Wegfall zu bringen, mußte zurückgenommen werden. Man kehrte bei einer fast allgemeinen zehnstündigen Arbeitszeit zur Achtstundennorm mit Lohnzuschlag für Überstunden zurück. In den meisten Betrieben wurde nur in einer Schicht gearbeitet. Auf die Einführung von Doppel- oder Dreifachschichten und damit auf eine bessere Ausnützung der Betriebsanlagen verzichtete man. Der Grund hierfür ist nicht nur in betriebstechnischen Gründen (Überstrapazierung der Anlagen) und in der Knappheit der in die Produktion gegebenen Rohstoffe zu suchen, sondern nicht zuletzt darin, daß die Partei es ablehnte, so stark wie im Ersten Weltkrieg oder wie gleichzeitig in England Frauen für die Arbeit in Rüstungsbetrieben heranzuziehen.

Auch die Art der Kriegsfinanzierung wurde durch Rücksichtnahme auf Leistungswillen und Stimmung des Volkes, dessen man nicht sicher war, entscheidend beeinflußt. Hitler untersagte öffentliche Kriegsanleihen, deren sich das Reich im Ersten Weltkrieg bedient hatte. Kriegszuschläge auf Lohn-, Einkommen-, Gewerbe- und Körperschaftssteuer sowie auf die Verbrauchssteuern für Tabak, Bier, Branntwein und Schaumwein hielten sich in Grenzen. Aus Steuern und Zöllen wurden im Laufe des Krieges nur 28,1 % der Reichseinnahmen aufgebracht. Neben Tributen aus dem Protektorat Böhmen und Mähren und aus dem Generalgouvernement wurde aus den unterworfenen Gebieten an Besatzungskosten eine Gesamtsumme in Höhe von 12,9 % der Einnahmen des Reichshaushaltes erpreßt. Den größten Anteil hiervon trug Frankreich. Dazu kamen Kriegsbeiträge der Länder und Gemeinden sowie die Einnahmen aus staatlichen Wirtschaftsunternehmen. Insgesamt wurden auf diese Weise jedoch nur 47,9 % der Reichseinnahmen aufgebracht. Mehr als die Hälfte des Geldbedarfs, nämlich 52,1 %, wurden auf dem Kreditwege beschafft. Da öffentliche Anleihen und damit die öffentliche Erörterung der Kriegslage ausgeschlossen sein sollten, entwickelte man eine Methode der »geräuschlosen« Mittelbeschaffung. Neben der Auftragsfinanzierung der Rüstungsindustrie durch Steuergutscheine, Reichsschatzwechsel und Schatzanweisungen zog das Reich die privaten Guthaben bei Sparkassen, Versicherungen und Banken für langfristige Kreditnahme heran. Die Abschöpfung vagabundierender Geldmittel, für die kein entsprechendes Warenangebot vorhanden war, und ihr Zufluß zu den Kreditinstituten wurde durch das steuerbegünstigte, langfristige »eiserne Sparen« gefördert. Dennoch wuchs die Menge des umlaufenden Geldes. Sie stieg von 10 Milliarden RM bei Kriegsbeginn auf ca. 73 Milliarden RM bei Kriegsende. Dazu kamen 225 Milliarden RM an Bank- und Steuereinlagen. Die Reichsschuld betrug bei Kriegsende etwa 400 Milliarden RM (gegen 145,5 Milliarden RM am Ende des Ersten Weltkrieges). Der Verlust des Krieges mußte die Dämme vor dieser gestauten Inflation zum Einsturz bringen und die deutsche Währung abermals in den Strudel einer völligen Entwertung reißen. Die Leidtragenden waren die Masse derjenigen, die ihre Ersparnisse verloren und als Arbeiter, Angestellte, Beamte und freiberuflich Tätige nicht viel mehr besaßen als ihre Arbeitskraft.

A. S. MILWARD, Die dt. Kriegswirtschaft 1939—1945 (a. d. Engl. 1966); daneben die betr. Abschnitte in W. TREUE / G. FREDE, W. FISCHER / G. THOMAS u. D. PETZINA, s. § 59; R. WAGENFÜHR, Die dt. Industrie im Kriege 1939—1945 (²1963), von einem ehem. Mitarbeiter im Ministerium Speer, enthält grundlegende statist. Informationen; D. EICHHOLTZ, Gesch. der dt. Kriegswirtschaft 1939—1945, Bd. 1: 1939 bis 1941 (Berlin-Ost 1969), eine breit angelegte marxistische Darstellung zur Untermauerung der Theorie des »staatsmonopolistischen Kapitalismus« in Anwendung auf das Verhältnis von Wirtschaft u. Politik im Zw. Weltkrieg. — Bes. aufschlußreich für die innere Gesch. des Dritten Reiches: A. SPEER, Erinnerungen (1969); ders., Spandauer Tagebücher (1975); krit. K. D. BRACHER, Die Speer-Legende, in NPL 15 (1970); W. A. BOELCKE (Hg.), Dtlds. Rüstung im Zw. Weltkrieg. Hitlers Konferenzen mit Albert Speer 1942—1945 (1969); G. JANSSEN, Das Ministerium Speer. Dtlds. Rüstung im Kriege (1968); H. KEHRL, Krisenmanager im Dritten Reich. 6 Jahre Frieden — 6 Jahre Krieg. Erinnerungen, hg. von E. VIEFHAUS (1973). — F. FEDERAU, Der Zw. Weltkrieg. Seine Finanzierung in Dtld. (1962); D. PETZINA, La politique financière et fiscale de l'Allemagne pendant la seconde guerre mondiale, in: Rev. d'Histoire de la Deuxième Guerre Mondiale 19 (1969); ders., Die Mobilisierung dt. Arbeitskräfte vor u. während des Zw. Weltkrieges, VfZG 18 (1970).

1) H. J. RIECKE, Ernährung u. Landwirtschaft im Kriege, in: W. PICHT u. a., Bilanz des Zw. Weltkrieges (1953); W. KLATT, Food and agriculture, in: Hitler's Europe, Survey of Internat. Affairs 1939—46 (1954). 2) W. KLATT, Food and agriculture, S. 216. 3) W. BIRKENFELD, Der synthetische Treibstoff 1933—1945. Ein Beitrag zur nat.soz. Wirtschafts- u. Rüstungspolitik (1964). 4) A. SPEER, Erinnerungen, S. 226. 5) D. IRVING, Die Tragödie der dt. Luftwaffe. Aus den Akten u. Erinnerungen von Feldmarschall Milch (1970). 6) Nürnberger Prozeß 16, S. 532. 7) G. MOLTMANN, Goebbels Rede zum totalen Krieg am 18. 2. 1943, VfZG 12 (1964). 8) S. § 82, Anm. 1; aufschlußreich dazu auch Marlis STEINERT, Hitlers Krieg u. die Deutschen. Stimmung u. Haltung der dt. Bevölkerung im Zw. Weltkrieg (1971).

§ 81 Von Stalingrad zur Invasion

Während in Stalingrad die 6. Armee verblutete und die Truppen Rommels durch die Cyrenaika zurückwichen, landeten am 7. und 8. November 1942 unter dem Oberbefehl Eisenhowers Engländer, Amerikaner und frei-französische Verbände in Algier und Marokko. Pétain lehnte öffentlich aus Furcht vor deutschen Gegenmaßnahmen die Zusammenarbeit mit den Alliierten ab und befahl die Verteidigung Nordafrikas, betrieb aber insgeheim ein Doppelspiel. Die Vichy-Truppen leisteten nur kurz Widerstand. Admiral Darlan, der Oberbefehlshaber, ging auf die Feindseite über, wurde aber am 24. Dezember in Algier ermordet. In Rivalität zu dem aus deutscher Kriegsgefangenschaft entflohenen General Giraud, den der französische Nationalrat zum Hohen Kommissar für Französisch-Nordafrika bestellte, setzte sich General de Gaulle als Führer der Vichy-feindlichen Franzosen durch. Aber der französische Beitrag zur alliierten Kriegführung war zunächst gering im Vergleich zu dem großen Kräfteeinsatz, mit dem die Briten und Amerikaner nun von Osten und Westen her entlang der nordafrikanischen Küste die deutsch-italienische Nordafrika-Armee bedrängten. Hier war nun endlich eine zweite Front entstanden. Auf deren Bildung hatte Stalin seit der großen deutschen Ostoffensive vom Sommer 1942 mit wachsender Ungeduld gedrängt; dabei bestand er allerdings auf einer Landung in Frankreich und war nicht bereit, Operationen in Nordafrika bzw. in Italien als die geforderte Entlastung anzuerkennen.

Der Plan zur Bildung einer anglo-amerikanischen Front gegen die Achsenmächte war schon sehr bald nach dem Kriegseintritt der Vereinigten Staaten entstanden[1]). Als sich Churchill und Roosevelt Weihnachten 1941 in Washington trafen, hatten sie zunächst an Nordafrika gedacht. Im Frühjahr 1942 drängten die Amerikaner darauf, noch für dieses Jahr eine Landung in Frankreich vorzubereiten. Die Briten hielten jedoch an dem Vorrang Nordafrikas fest. Hier erschien eine Aktion um so dringender notwendig, als infolge der deutschen Vorstöße zum Kaukasus und nach Ägypten die britische Stellung im mittleren Osten bedroht war. Überdies zeigte ein gewaltsamer Erkundungsvorstoß vom 19. August 1942 nach Dieppe, der von der deutschen Abwehr zurückgeschlagen wurde, in welchem Umfang weitere Vorbereitungen für eine Invasion auf dem europäischen Kontinent getroffen werden mußten, wenn man die deutsche Küstenverteidigung des »Atlantikwalls« bezwingen wollte. Im August 1942 flog Churchill nach Moskau, um Stalin von der bevorstehenden Landung in Nordafrika zu unterrichten. Es begann sich nun ein enges Zusammenspiel zwischen der Kriegführung der Alliierten in Rußland, Nordafrika und später auf dem europäischen Kontinent anzubahnen, wenngleich diese Koalition von starken inneren Spannungen belastet war, nicht nur zwischen den Westmächten und der Sowjetunion, sondern auch zwischen den Engländern und Amerikanern. Vom 14.—26. Januar 1943 legten Churchill und Roosevelt in Casablanca den Plan für die weitere Kriegführung fest. Es ging hier in erster Linie um die Frage, ob die Kriegführung im Pazifik oder in Europa den Vorrang haben sollte. Es hatte sich nämlich herausgestellt, daß nach dem großen Sieg der Amerikaner gegen die japanische Flotte bei den Midway-Inseln im Sommer 1942 die eigentlichen Schwierigkeiten des Krieges im Pazifik erst begannen. Zwar konnte sich das japanische Herrschaftsgebiet von nun an nicht mehr weiter ausdehnen, aber auf Guadalcanar und Neuguinea hatten sich die Japaner als außerordentlich zähe, den Tod verachtende Verteidiger erwiesen, die auch in hoffnungsloser Lage nie bereit waren zu kapitulieren. Es schien dringend erforderlich, die Japaner aus ihren neu gewonnenen Stellungen so schnell wie möglich zu verdrängen, um ihnen nicht Zeit zu lassen, sich hier zur Verteidigung einzurichten. Auch die Wiedergewinnung der Burmastraße duldete keinen Aufschub, wenn man das Risiko eines Zusammenbruchs der chinesischen Widerstandskraft vermeiden wollte. Dennoch hat Roosevelt am Vorrang des europäischen Kriegsschauplatzes festgehalten. Das schien notwendig im Hinblick auf die Lage des russischen Bundesgenossen. Und es schien erfolgversprechend, weil die Achsenmächte nach den übergroßen Anstrengungen des Jahres 1942 deutlich erkennen ließen, daß ihre Kräfte nachzulassen begannen. Für den Kampf gegen die Achsenmächte wurde in Aussicht genommen, daß nach der Freikämpfung Nordafrikas im Sommer 1943 eine Landung in Sizilien unternommen werden sollte, der dann wahrscheinlich im Sommer 1944 die große Landung in Nordfrankreich folgen würde. Die treibende Kraft für den alliierten Feldzug in Nordafrika und den Sprung nach Sizilien als Auftakt zur Eroberung Italiens war jetzt und in den folgenden Monaten Churchill. Er sah in einem Vorstoß mit starken Kräften gegen die weiche Südflanke Europas die größte Chance eines Erfolges. Dabei spielten auch politische Erwägungen eine Rolle: Italien würde bei einem Vorstoß der Alliierten vielleicht vom Achsenbündnis losgerissen werden können, und von Italien aus boten sich für die alliierte militärische und politische Kriegführung Möglichkeiten im Balkanraum, bevor dort die Rote Armee erscheinen konnte. Die Amerikaner hingegen drängten darauf, die Invasion Frankreichs zu erzwingen, ohne sich auf zeitraubende Ablenkungsmanöver in Süd- und Südosteuropa einzulassen. Darin waren sich allerdings Roosevelt und Churchill einig, daß nur auf französischem Boden die Hauptentscheidung fallen konnte. Und beide beurteilten die Kriegslage bereits so, daß der Vorschlag des amerikanischen Präsidenten, von Deutschland und seinen Verbündeten bedingungslose

Kapitulation zu fordern, von Churchill gebilligt wurde, obwohl hierdurch der Kampfeswille des deutschen Volkes nur verstärkt werden konnte und in der Tat die Goebbelssche Kriegspropaganda diese Formel weidlich ausnutzen sollte[2]). Schon am 1. Januar 1942 hatten sich alle am Kampf gegen die Achse beteiligten Mächte im Pakt von Washington verpflichtet, keinen Sonderwaffenstillstand zu schließen.

Das Waffenglück hatte die deutschen Armeen verlassen. An der Ostfront mußte am 31. Januar 1943 die in Stalingrad eingeschlossene 6. Armee unter Generalfeldmarschall Paulus kapitulieren[3]). Von 220 000 Mann, die sie zählte, waren 30 000 bis 40 000 meist Verwundete herausgeflogen worden. Der Rest war gefallen oder geriet in Gefangenschaft. Ein Vorstoß zum Entsatz der eingeschlossenen Armee war gescheitert, weil sich Paulus und ebenso auch v. Manstein, der Oberbefehlshaber der Heeresgruppe Don, der Forderung Hitlers beugten, Stalingrad nicht preiszugeben, statt den Ausbruch in Richtung der Entsatzarmee zu befehlen. Der Durchbruch der Russen beiderseits Stalingrads brachte die gesamte Südfront in Bewegung. In wechselvollen Kämpfen, in denen Charkow den Besitzer mehrmals wechselte, wurde die deutsche Front über Don und Donez zurückgedrängt. Die Kaukasusarmee hielt zunächst noch einen von der Krim her versorgten Brückenkopf auf der Kubanhalbinsel. Im Nordabschnitt gelang es den Russen im Januar 1943 in schweren Kämpfen südlich des Ladogasees eine Landverbindung nach Leningrad herzustellen. Im Februar/März räumten die deutschen Truppen zur Einsparung von Kräften die Frontbögen von Demjansk und von Wjasma/Rschew westlich von Moskau. Die Schlammperiode ließ jetzt die Front für einige Zeit erstarren. Im Sommer 1943 versuchte Hitler die Initiative zurückzugewinnen. Alle verfügbaren Reserven faßte er zusammen, um einen großen russischen Frontbogen bei Kursk von Norden und Süden her abzuschneiden. Der am 5. Juli begonnene Angriff (Unternehmen Zitadelle) mußte jedoch am 15. Juli abgebrochen werden[4]), da in dem von operativen Reserven entblößten Mittelabschnitt die Russen einen Einbruch erzielten und am 4. August Orel eroberten.

Die bedrängte Ostfront konnte nicht mit den notwendigen Kräften versorgt werden wegen des Bedarfs auf den mittelmeerischen Kriegsschauplätzen. Nach der Landung der Anglo-Amerikaner in Marokko und Algier rückten die Deutschen am 11. November 1942 in das unbesetzte Frankreich ein und besetzten Tunis. Den Oberbefehl führte hier seit März 1943 Generaloberst v. Arnim. Generalfeldmarschall Rommel erhielt im Dezember 1943 die Heeresgruppe B in der Normandie, die die Hauptlast der erwarteten Invasion zu tragen haben würde. Der Zweifrontenkrieg in Tunis endete am 13. Mai 1943 mit der Kapitulation von 252 000 Deutschen und Italienern[5]). Am 10. Juli — d. h. als das Unternehmen Zitadelle bei Kursk auf seinem kritischen Höhepunkt stand — landeten Briten und Amerikaner auf Sizilien, ohne daß die dort stehenden Italiener ihnen ernsthaft Widerstand geleistet hätten. Bis zum 17. August brachten sie die ganze Insel in ihre Hand, bereit, nunmehr den Fuß auf den europäischen Kontinent zu setzen[6]).

Der Verschleiß der deutschen Reserven bei Kursk brachte auch die südrussische Front in eine schwere Krise. Der Kuban-Brückenkopf und das Donezbecken mußten preisgegeben werden, Kiew ging verloren. Es gelang nicht, am Dnjepr eine haltbare Abwehrfront aufzubauen. Im März und April 1944 ging die südliche Ukraine verloren. Die Rote Armee überschritt den Pruth und Sereth und trug damit den Kampf in rumänisches Gebiet hinein. Durch das Zurückweichen der ukrainischen Front wurde die Heeresgruppe Mitte gezwungen, ihren rechten Flügel zurückzunehmen und zu verlängern, um den Anschluß zu wahren. Dadurch wurde ihre eigene Frontdichte gefährlich gelockert. Ihr rechter Flügel stand jetzt mit Front nach Süden an den Pripjetsümpfen. Die Front verlief dann in großem Bogen über Witebsk nach Norden an den Peipus-See und die Narwa. Auf diese günstige Verteidigungslinie war die Heeresgruppe Nord unter Aussparung des großen Frontbogens südlich Leningrad unter schweren Kämpfen zurückgenommen worden. So war der Frontverlauf im Juni 1944, als sich die Russen anschickten, durch einen mit stärksten Kräften an der karelischen Front gegen Finnland geführten Angriff diesen Bundesgenossen von Deutschland zu trennen.

Der italienische Bundesgenosse war inzwischen in das Lager der Gegner übergegangen[7]). Am 25. Juli 1943 war durch einen von Marschall Badoglio und dem König geschickt arrangierten Staatsstreich das faschistische Regime ohne ernsthafte Gegenwehr zusammengebrochen. Mussolini wurde auf dem Gran Sasso gefangengehalten, aber durch ein kühnes Unternehmen deutscher Fallschirmjäger am 12. September befreit. Badoglio, der zunächst den deutschen Bundesgenossen der italienischen Loyalität versicherte, verhandelte insgeheim mit den Alliierten. Diese landeten am 3. September in Kalabrien. Am gleichen Tage schloß Italien einen Sonderwaffenstillstand, der am 8. September verkündet wurde und in Kraft trat. In der Zwischenzeit versuchten die Amerikaner durch eine Landung bei Salerno, den in Süditalien stehenden deutschen Verbänden den Rückzug abzuschneiden. Sie wurden jedoch in ihrem Brückenkopf festgehalten, bis es den Deutschen gelang, südlich Neapel eine neue zusammenhängende Front quer durch die Halbinsel aufzubauen. Die deutsche Führung handelte in der kritischen Lage, die durch den Sturz Mussolinis entstanden war, umsichtig und ohne Zögern. Deutsche Truppen übernahmen die von den Italienern in Griechenland und an der südfranzösischen Küste besetzten Gebiete, in Norditalien wurden deutsche Divisionen zusammengezogen, um auf alle Fälle einen Einbruch in das Reich von Süden her zu verhindern. Die Adriaküste und das Gebiet mit den Zugängen zum Brenner wurden der direkten deutschen Verwaltung und Kontrolle unterstellt. Zahlreiche italienische Verbände wurden entwaffnet und in die Gefangenschaft geführt. In dem von Deutschland besetzten nördlichen Teil Italiens proklamierte Mussolini, der jetzt ganz von Deutschland abhängig war[8]), eine »Repubblica Sociale Italiana«. Nach seinem eigenen Selbstverständnis kehrte damit der italienische Faschismus zu seinen sozialistischen Ursprüngen zurück in scharfer Frontstellung gegen die in Badoglio und dem Königshaus verkörperte Reaktion. Aus Freiwilligen konnten vier neue Divisionen aufgestellt werden, die an der Seite Deutschlands den Kampf in Italien weiterführten, während auf seiten der Alliierten der vom König mit der Regierung beauftragte Marschall Badoglio italienische Truppen und zur Geleitsicherung im Südatlantik auch italienische Kriegsschiffe einsetzte. In dem nun von Deutschland beherrschten Teil Italiens — Rom wurde am 10. September von deutschen Truppen besetzt — schlossen sich verschiedene Widerstandsgruppen zu einem Komitee der nationalen Befreiung zusammen[9]). Sie haben den rückwärtigen Verbindungen der in Italien unter Generalfeldmarschall Kesselring kämpfenden Armee Schwierigkeiten bereitet. Unter dem Druck der Engländer und Amerikaner wichen die Deutschen von ihren Stellungen südlich Neapels zurück. Auch Sardinien und Korsika wurden geräumt und frei-französischen Truppen überlassen. Bei Monte Cassino verfestigte sich der deutsche Widerstand. Fallschirmjäger haben diesen heißumstrittenen Eckpfeiler der deutschen Front von Oktober 1943 bis Mai 1944 halten können. Eine Landung der Alliierten von See her im Rücken der deutschen Front bei Anzio machte auf die Dauer eine Fortsetzung des Widerstandes auf der alten Linie unmöglich und zwang, im nördlichen Apenningebirge eine neue Abwehrstellung zu suchen. Am 4. Juni 1944 rückten die Alliierten in Rom ein. Zwei Tage später begann die Invasion in Nordfrankreich, und wiederum drei Tage später setzten die Russen zum Angriff gegen Finnland an.

Das Problem der Invasion in Frankreich war zwischen Roosevelt und Churchill im Sommer 1943 in Quebec und dann erneut in Kairo erörtert worden. Churchill war der

Überzeugung, daß für die Durchführung eine größere Menge von Landungsfahrzeugen, Truppen und Material zur Verfügung stehen müsse als ursprünglich geplant. Die Erfolge in Sizilien und Süditalien stellten die Westalliierten vor die Frage, was mit den hier frei gewordenen Landungsfahrzeugen nun geschehen solle. Churchill wollte sie für die Invasion verwendet wissen, aber Roosevelt stand Anforderungen der pazifischen Kriegführung gegenüber. Daher vertrat Churchill in Kairo erneut die Ansicht, daß man dann zum mindesten durch weitere Stöße in Südeuropa vor der Invasion deutsche Kräfte aus Frankreich abziehen müsse. Ihm schwebte eine Landung in der Po-Ebene vor. Dadurch hätte man zugleich die Möglichkeit einer Einwirkung auf den Balkanraum gewonnen. Die Frage blieb in Kairo in der Schwebe. Sie wurde zwischen Stalin, Roosevelt und Churchill entschieden, als sich diese im Dezember 1943 in Teheran trafen, um die weitere Kriegführung im Osten und Westen aufeinander abzustimmen. Stalin wandte sich entschieden gegen die Pläne Churchills. Er gewann Roosevelt für seine Ansicht, daß auf verzettelnde Nebenaktionen verzichtet werden sollte, um für die Invasion in Frankreich die größte Kräftekonzentration zu erreichen. Roosevelt glaubte, daß er als Amerikaner Stalin besser zu nehmen wisse als die steifen Engländer. »Mir ist so«, sagte er damals, »als ob Stalin nichts anderes wünscht als Sicherheit für sein Land, und ich sage mir, wenn ich ihm nun alles gebe, was in meiner Macht steht, und keine Gegenleistung verlange, dann wird er sich — noblesse oblige — nichts einzuverleiben versuchen und für eine Welt der Demokratie und des Friedens arbeiten.«[10]) Stalin setzte es durch, daß der Balkanraum außerhalb der operativen Planungen der Briten und Amerikaner blieb[11]). Es gelang ihm, diesen Raum für den russischen Einfluß auszusparen. So fiel bereits in Teheran eine Grundentscheidung für die Machtverhältnisse im Nachkriegseuropa.

Auf deutscher Seite war v. Rundstedt Oberbefehlshaber West, unter ihm Rommel Oberbefehlshaber der Heeresgruppe B in Nordfrankreich. Durch seinen damaligen Generalstabschef General Speidel sind wir genau unterrichtet über die Gedanken, die damals Rommel und seinen Stab bewegten[12]). Die Entwicklung des Krieges seit Stalingrad und El Alamein hatte Rommel zu der Überzeugung geführt, daß der Krieg militärisch nicht mehr gewonnen werden könne. Es konnte nur noch darauf ankommen, einen einigermaßen glimpflichen Waffenstillstand und Frieden zu erlangen. Rommel hat Hitler gegenüber illusionslos seine Meinung vertreten und von ihm gefordert, daß er die politischen Konsequenzen ziehen solle. Hitler aber war im Politischen ebenso unbelehrbar, wie er sich auch den rein operativen Forderungen Rommels für die Führung der Abwehrschlacht im Westen widersetzte. Hitler wollte die Verteidigung durch ein starres Festhalten an der Küstenlinie führen, wobei er die Abwehrkraft des auf weite Strecken nur schwach ausgebauten Atlantikwalls überschätzte. Er lehnte es ab, irgendeine Weisung für eine operative Kriegführung im französischen Raum zu geben. Rommel und Rundstedt dagegen waren beide der Überzeugung, daß ein Einbruch starker Invasionskräfte durchaus möglich sei, denen dann in beweglicher Kriegführung entgegengetreten werden müßte. In ihren operativen Vorstellungen für die Abwehr unterschieden sie sich insofern, als Rundstedt Eingreifreserven aus der Tiefe des Raumes heraus zum Gegenangriff ansetzen wollte, was Rommel wegen der feindlichen Luftüberlegenheit für untunlich hielt. Um eine bewegliche Verteidigung in Küstennähe unter planmäßiger Verwendung aller Kräfte zu ermöglichen, forderte er, auch dem Führungsdurcheinander auf dem westlichen Kriegsschauplatz ein Ende zu machen und die dort eingesetzten Teile der Luftwaffe, der Marine und der Organisation Todt der Verantwortung des Oberbefehlshabers West zu unterstellen, ähnlich wie auf der Gegenseite General Eisenhower als Beauftragter des vereinigten britischen und amerikanischen Generalstabs den Oberbefehl über sämtliche an der Invasion beteiligten Land-, Luft- und Seestreitkräfte führte. Hitler hat alle politischen und militärischen

Forderungen Rommels abgelehnt. Dieser war entschlossen, selbständig zu handeln. Er hielt die Beseitigung Hitlers für notwendig, lehnte aber den Tyrannenmord ab, um nicht einen Märtyrer zu schaffen. Sein Gedanke war, Hitler festzusetzen, um ihn später vor ein deutsches Gericht zu stellen. Rommel stand mit den deutschen Widerstandskräften in Verbindung, die nach der Absetzung Hitlers eine vorläufige Regierungsgewalt bilden sollten. Mit den Gegnern im Westen gedachte er Waffenstillstandsverhandlungen zu führen, in denen die Räumung der Westgebiete und die Zurückführung des deutschen Heeres hinter den Westwall angeboten werden sollte gegen die sofortige Einstellung des feindlichen Bombenkrieges gegen die Heimat. Im Osten sollte der Kampf als Abwehr auf einer verkürzten Linie weitergeführt werden. Diesen Gedanken Rommels stand die alliierte Forderung der bedingungslosen Kapitulation gegenüber und die gegenseitige Verpflichtung Rußlands und der Westmächte, keinen Sonderfrieden mit Deutschland zu schließen. Wohin und wieweit der von Rommel vorgeschlagene Weg geführt hätte, weiß niemand. Denn die am 6. Juni erfolgte Landung absorbierte zunächst alle Kräfte für die Führung des Abwehrkampfes[13]). Unter stärkstem Einsatz von Schiffsartillerie und Luftwaffe landete die 2. britische Armee westlich der Ornemündung und die 1. amerikanische Armee östlich und westlich der Viremündung am Fuße der Halbinsel Cotentin. Auf dieser Strecke war der Atlantikwall verhältnismäßig schwach ausgebaut. Nach Ansicht der deutschen Marine war hier mit einer Landung nicht zu rechnen. Innerhalb von sechs Tagen gelang es der Invasionsarmee, die durch einen überwältigenden Einsatz von Luftstreitkräften unterstützt wurde, über 300 000 Mann nach Frankreich zu bringen. Nach wenigen Tagen waren der amerikanische und britische Brückenkopf vereint, die Halbinsel Cotentin durchstoßen, Cherbourg abgeriegelt und die deutsche Abwehrfront durch den Einsatz einer unbegrenzten Übermacht an Kriegsmaterial Schritt für Schritt zurückgedrängt worden, obwohl sie ihren Zusammenhalt behielt. Rundstedt wurde am 6. Juli im Oberbefehl von Generalfeldmarschall v. Kluge abgelöst. Rommel wurde am 17. Juli bei der Rückfahrt von der Front zu seinem Gefechtsstand das Opfer eines Tieffliegerangriffs. Er erlitt eine schwere Verletzung. Unter den aktiven Heerführern war damit die stärkste Kraft im Widerstand gegen Hitler und für den Versuch, noch zu einer rechtzeitigen Beendigung des Krieges zu gelangen, ausgefallen. Drei Tage später erfolgte im Führerhauptquartier das Bombenattentat gegen Hitler.

DW 397/652—666; 678/679.

1) Für die Probleme der Koalitionskriegführung neben Erinnerungen von CHURCHILL, HULL u. HOPKINS bes. aufschlußreich die Aufzeichnungen des führenden militärischen Denkers auf brit. Seite: A. BRYANT (Hg.), Kriegswende, 1939—43. Aus den Kriegstageb. des Feldm. Lord ALANBROOKE, Chef des Empire-Generalstabs (a. d. Engl. 1957). — Grundlegende Darstellung von brit. Seite: Chester WILMOT, Der Kampf um Europa (a. d. Engl. 1954). Materialreich W. H. McNEILL, America, Britain and Russia, their cooperation and conflict 1941—46, in: Survey of Internat. Affairs 1939—46 (1953); aus der Reihe der amtl. brit. u. amerikan. Kriegsgeschichte J. BUTLER, Grand Strategy (London 1957 ff.) u. M. MATLOFF / E. M. SNELL, Strategic Planning for Coalition Warfare (Washington 1953 u. 1959); ferner M. HOWARD, The Mediterranean Strategy in the Second World War (London 1968). 2) Texte in Ursachen u. Folgen 18, Nr. 3231; G. MOLTMANN, Die Genesis der Unconditional-Surrender-Forderung, Wehrw. Rdsch. 6 (1956); Anne ARMSTRONG, Bedingungslose Kapitulation. Die teuerste Fehlentscheidung der Neuzeit (a. d. Amerik. 1961). 3) Lagebesprechung im Hauptquartier Hitlers vom 1. Febr. 1943 in: H. HEIBER (Hg.), Hitlers Lagebesprechungen (1962), S. 120 ff.; W. GÖRLITZ (Hg.), Paulus u. Stalingrad. Lebensweg des Generalfeldmarschalls F. Paulus. Mit den Aufzeichnungen aus dem Nachlaß, Briefen u. Dok. ([2]1964). — Erinnerungsbücher: J. WIEDER, Die Tragödie von Stalingrad, Erinnerungen eines Überlebenden, Geleitwort von H. Gollwitzer (1955); H. DIBOLD, Arzt in Stalingrad, Passion einer Gefangenschaft ([3]1966). — Grundlegende Darstellungen: M. KEHRIG, Stalingrad. Analyse u. Dokumentation einer Schlacht (1974); J. FÖRSTER, Stalin-

grad, Risse im Bündnis (1975). [4] E. KLINK, Das Gesetz des Handelns — Die Operation Zitadelle 1943 (1967); anschauliche Schilderung der Kämpfe an diesem Frontabschnitt bei P. CARELL, Verbrannte Erde. Schlacht zw. Wolga u. Weichsel (1966). [5] Über den Kriegsverlauf in Afrika neben ESEBECK, ROMMEL, PLAYFAIR, BAUM-WEICHOLD (s. § 73, Anm. 7 u. 14) die Erinnerungen von B. L. MONTGOMERY, Memoiren (a. d. Engl. 1958) u. ALEXANDER of TUNIS, The Battle of Tunis (Sheffield 1957). [6] A. GARLAND / H. M. G. SMYTH, Sicily and the Surrender of Italy (Washington 1965), a. d. amtl. amerik. Reihe; W. G. F. JACKSON, The Battle for Italy (London 1967). [7] F. W. DEAKIN, Die brutale Freundschaft. Hitler, Mussolini u. der Untergang des ital. Faschismus (a. d. Engl. 1964); F.-K. v. PLEHWE, Schicksalsstunden in Rom. Ende eines Bündnisses (1967), dazu J. SCHRÖDER in: Militärgeschichtl. Mitt. (1969/2); R. ZANGRANDI, 1943, 25 luglio—8 settembre (Mailand 1964); ders., L'Italia tradita. 8 settembre 1943 (Mailand 1971); G. BIANCHI, 25 luglio, crollo di un regime (Mailand 1963); zu den dt. Reaktionen s. J. SCHRÖDER, Italiens Kriegsaustritt 1943. Die dt. Gegenmaßnahmen im ital. Raum: Fall »Alarich« u. »Achse« (1969); ferner BAUM-WEICHOLD (s. § 73, Anm. 7) u. die Erinnerungen von KESSELRING, v. RINTELEN u. BADOGLIO (s. S. 332, 492). [8] E. COLLOTTI, L'amministrazione tedesca dell'Italia occupata 1943—1945 (Mailand 1963); K. STUHLPFARRER, Die Operationszonen »Alpenvorland« u. »Adriatisches Küstenland«, 1943—1945 (Wien 1969). [9] R. BATTAGLIA, Storia della Resistenza italiana (Torino 1964); L. VALIANI / G. BIANCHI / E. RAGIONIERI, Azionisti, cattolici e communisti nella resistenza (Mailand 1971); G. BOCCA, Storia dell'Italia partigiana, settembre 1943—luglio 1945 (Bari 1966). [10] Zit. bei WILMOT, S. 142; Lit. zu Teheran s. § 85. [11] Zu den Plänen Churchills, den Balkan in die Operationen einzubeziehen: K.-H. MINUTH, Die westalliierte milit. u. polit. Südosteuropastrategie 1942—1945 (Diss. Kiel 1966); ders., Brit. Balkanstrategie. Betrachtungen zu Churchills »The Second World War«, in: K. JÜRGENSEN / R. HANSEN (Hg.), Hist.-polit. Streiflichter (1971). [12] H. SPEIDEL, Invasion 1944. Ein Beitrag zu Rommels u. des Reiches Schicksal (^{3}1950); F. RUGE, Rommel u. die Invasion (1959); Lit. zu Rommel s. § 73, Anm. 14; H. KRAUSNICK, Erwin Rommel u. der dt. Widerstand gegen Hitler, VfZG 1 (1953). Mittelsmann der Widerstandskreise um Goerdeler zu Rommel war der Stuttgarter Oberbürgermeister Karl STRÖLIN. Er berichtet in seiner Schrift: Verräter oder Patrioten (1952), S. 33, daß er den Feldmarschall an ein Wort Hitlers erinnert habe: »Wenn durch die Hilfsmittel der Regierungsgewalt ein Volkstum dem Untergang entgegengeführt wird, dann ist die Rebellion eines jeden Angehörigen eines solchen Volkes nicht nur Recht, sondern Pflicht ... Menschenrecht bricht Staatsrecht.« Mein Kampf, S. 104 f. [13] Aus der amtl. Gesch.schreibung, amerik.: G. H. HARRISON, Cross-Channel-Attack (1951); S. E. MORISON, The Invasion of France and Germany 1944—1945 (1957); brit.: J. EHRMAN, Grand Strategy (1956); L. F. ELLIS, Victory in the West (1962); ferner WILMOT (s. o.); W. HAUPT, Die Invasion. Der 6. Juni 1944 (1968); anschauliche Schilderung bei C. RYAN, Der längste Tag. Normandie: 6. Juni 1944 (a. d. Amerik. 1961). Knappe Darstellung der beiderseitigen Konzeptionen: A. NORMAN, Die Invasion in der Normandie 1944, in: H.-A. JACOBSEN / J. ROHWER (Hg.), Entscheidungsschlachten (1960); E. B. POTTER / C. W. NIMITZ / J. ROHWER, Seemacht (1974), Kap. 37.

§ 82 Der deutsche Widerstand und der 20. Juli 1944

Durch die Errichtung der nationalsozialistischen Parteidiktatur waren alle die mannigfaltigen, in sich verschiedenen Kräfte, die das politische Leben Deutschlands bis dahin bestimmt hatten, von der Oberfläche verschwunden. Aber hinter der geschlossenen und einheitlichen Fassade des nationalsozialistischen Reiches, das sich im Flaggenschmuck der Nürnberger Parteitage und im festlichen Bild der Olympischen Spiele von 1936 der Welt präsentierte, regten sich die Kräfte, die sich der geistigen und politischen Uniformierung entzogen. Man kann nicht von einer einheitlichen Widerstandsbewegung sprechen. Wie der Nationalsozialismus, solange es freie Wahlen in Deutschland gab, niemals über ein starkes Drittel der Wählerschaft hinausgelangte und nur darum zur Macht hatte kommen können, weil die Arbeiterbewegung und die nationalbürgerlichen Parteien nicht den positiven politischen Kompromiß fanden, der die Fortführung einer rechtsstaatlichen Ordnung ermöglicht hätte, so zeigte nun auch das politische Leben im Untergrund des Dritten Reiches eine zunächst unzusammenhängende Vielfalt von Gruppen und Ideologien, eine natürliche Fortsetzung des chaotischen Bildes, das zuletzt das politische Leben der Weimarer Zeit bestimmt hatte. Die historische Bedeutung der untergründigen Strömungen, die sich schließlich zum aktiven Widerstand und Staatsstreichsversuch verdichteten, liegt nun aber gerade darin, daß die gemeinsame Not der Verfolgung und die drohende Katastrophe des Vaterlandes, auf die die Hitlersche Kriegspolitik hintrieb, zwischen bestimmten Gruppen der konservativen, bürgerlichen und Arbeiteropposition zu jenen Versuchen einer Neugestaltung des deutschen Lebens aus einer undoktrinären Staatsgesinnung führte, an deren Mangel die Weimarer Republik zugrunde gegangen war, als jene Gruppen sich noch frei und öffentlich bewegen konnten.

Der Bereich des Widerstandes läßt sich nur schwer abgrenzen. Nicht alles, was der nationalsozialistischen Bewegung fernblieb, kann hierzu gerechnet werden, wie andererseits gerade aus dem Idealismus solcher, die die nationale Erhebung des Jahres 1933 mit Begeisterung begrüßt hatten, dem Widerstand wertvolle Kräfte zuströmten. Überhaupt zeigte sich im Laufe der Jahre, daß über die geheime Opposition hinaus unter den Gegebenheiten des totalen Staates eine Umwälzung nur erreicht werden konnte mit Hilfe solcher Personen, die selber durch Mitarbeit an den politischen und militärischen Aufgaben des Staates Schlüsselstellungen innehatten und im näheren Umkreis des Zentrums der Macht standen. Über die Verbreitung und zahlenmäßige Stärke greifbarer oppositioneller Strömungen und Widerstandsgruppen besitzen wir nur unzureichende Kenntnisse. Quantitative Abschätzungen werden immer schwierig bleiben wegen der gleitenden Übergänge zwischen privatem Nonkonformismus, oppositioneller Gesinnung, aktivem Widerstand und direkter Verschwörung zum Sturz Hitlers und wegen der notwendigen Tarnungen solcher Haltungen unter den Bedingungen des Polizeistaates. Aber mehrere Studien, die aus den Akten der Geheimen Staatspolizei schöpfen[1]), Gerichtsakten und andere hier und da greifbare Zahlen erlauben es doch, mit Sicherheit zu sagen, daß die oppositionellen Strömungen erheblich umfangreicher waren, als es in einer seltsamen Interessenverbindung die nationalsozialistische und die alliierte Kriegspropaganda wahrhaben wollten. Nach der Hinrichtungsliste des Reichsjustizministeriums sind von 1933 bis 1944 aufgrund von regelrechten Justizurteilen 11 881 Hinrichtungen vollzogen worden[2]), ohne die zahlreichen Hinrichtungen der letzten Kriegsmonate hinzuzurechnen und ohne die Morde und Gewalttaten außerhalb der regulären Justiz oder die Opfer der Militärgerichtsbarkeit einzubeziehen, wenn auch die gerichtlich geahndeten Fälle nur zum Teil politischer Natur sind. Noch gar nicht erfaßbar ist die Zahl der außerhalb der regulären Justiz in den Konzentrationslagern und Gefängnissen gesetzlos ermordeten oder zugrunde gerichteten Menschen. Sehr viel höher ist wiederum die Zahl der vorübergehend oder dauernd in Konzentrationslagern Inhaftierten. Sie wird sehr unterschiedlich geschätzt (Weisenborn: Deutsche und Ausländer insgesamt 1933—1945 7—8 Millionen, bis Kriegsanfang etwa 1 Million. Broszat: etwa 1,1 Millionen Häftlinge 1933—1945, hiervon etwa 100 000 Deutsche, in den Lagern, die der Zentrale der Inspektion der KL unterstanden; nicht einberechnet sind hierbei die »wilden« KZ 1933/34 und die vor allem während des Krieges in den besetzten Gebieten bestehenden Lager unter örtlichen SS- und Polizeiführern; in diese Zahl sind natürlich auch nicht einberechnet die in den Vernichtungslagern einzelner KZ getöteten Juden und nicht die Gettos). Sehr viel größer als die Zahl der von Polizei und Justiz Gegriffenen muß die Zahl derer gewesen sein, die den oppositionellen Strömungen angehörten und die in unterschiedlichen Intensitätsgraden in Abweichung vom Regime bis zum entschiedenen Kampf gegen dieses standen. Jeder, der einem verfolgten Juden half, der mit Kriegsgefangenen oder verschleppten Ostarbeitern freundlich umging, jeder, der seinem Unmut in einer unbedachten Äußerung Luft machte oder zu erkennen gab, daß er nicht an einen guten Kriegsausgang glaubte, galt als ein Gegner des Regimes. Jeder Pfarrer, der von der Kanzel die christliche Botschaft verkündete, ohne sie durch einen Kompromiß mit der nationalsozialistischen Lehre zu verwässern, war tatsächlich eine geistige Widerstandskraft, auch wenn sich sein Protest nicht zur direkten Anklage verdichtete. Überhaupt ist der unpolitische Protest ein charakteristischer Zug im Bereich des Widerstandes, so bei den jugendlichen Oppositionsgruppen (Edelweiß, Pack und anderen), die in ihren Kreisen den Protest der Jugendbewegung gegen die reglementierte Hitlerjugend verkörperten[3]). Hier ist vor allem auch auf studentische Gruppen hinzuweisen, die in München und Hamburg durch Flugblätter ihre Empörung gegen den Unrechtsstaat bekundeten. So riefen im Februar 1943 die Geschwister Scholl und ihre Freunde in der Münchener Universität die Studenten auf, sich von der Herrschaft des Unrechts loszusagen. Die Geschwister Scholl, mehrere ihrer Kommilitonen und Professor Huber besiegelten den Protest des Gewissens mit dem Opfer ihres Lebens[4]).

Der ehemals enge Zusammenhalt in den aufgelösten Arbeiterorganisationen ging auch nach dem Verbot nicht ganz verloren. Aber eine oppositionelle Massenarbeit war unter den Gegebenheiten des totalitären Staates nicht möglich. Wenn zahlenmäßig kleine zu aktiver Widerstandspropaganda bereite Gruppen über den Kreis der ursprünglichen Parteimitglieder hinauszugreifen trachteten, öffneten sie den Weg für das Eindringen von Spitzeln. So sind im Verlaufe der nationalsozialistischen Zeit immer wieder Schläge gegen die illegalen Reste der Arbeiterparteien geführt worden. Das gilt insbesondere für die Kommunisten[5]). Die KPD war von der Machtübernahme Hitlers überrascht worden. Sie war weder auf einen aktiven, gewaltsamen Massenwiderstand noch auf eine konspirative Tätigkeit im Untergrund organisatorisch vorbereitet. Die durch den Reichstagsbrand ausgelöste Verfolgungswelle beraubte sie weitgehend ihrer Führer, ihrer Presse und ihrer äußeren Organisation. Dennoch ist es den Kommunisten gelungen, im Untergrund eine weitverzweigte agitatorische Widerstandstätigkeit zu entfalten. Sie wurde im wesentlichen getragen von einzelnen Zellen und Gruppen, die aus eigener Initiative tätig wurden. Wiederholte Ansätze zu einer illegalen Landesleitung wurden zerschlagen. Die offizielle Leitung lag im Ausland, zunächst in Paris, später in Moskau, dann zeitweilig wieder in Paris bzw. in Prag. Zunächst versuchte diese mit Hilfe von »Abschnittsleitungen« in Prag, Kopenhagen, Amsterdam und Zürich, die politische Tätigkeit kommunistischer Untergrundgruppen in verschiedenen »Reichsabschnitten« zu dirigieren. Die Führung der deutschen Kommunisten war dabei abhängig von den verschiedenen taktischen Wendungen, die sich im Exekutivkomitee der Kommunistischen Internationale vollzogen. Die auf dem 7. Kongreß der Kommunistischen Internationale 1935 beschlossene Volksfronttaktik bedeutete eine Absage an die bisherige gegen die Sozialdemokraten gerichtete Sozialfaschismus-Ideologie. Dementsprechend wurde auf der sogenannten Brüsseler Konferenz der KPD, die im Oktober 1935 bei Moskau durchgeführt wurde, beschlossen, die Zusammenarbeit mit den Sozialdemokraten zu suchen. Im Jahre 1937 wurde das Politbüro als zentrales Führungsorgan der KPD aufgelöst. Aus den Rivalitätskämpfen der kommunistischen Emigration gingen Wilhelm Pieck und Walter Ulbricht als die maßgebenden Führer hervor. Durch die stalinistischen Säuberungsprozesse wurden Mitte der 30er Jahre auch zahlreiche deutsche Kommunisten liquidiert oder inhaftiert. Man schätzt, daß »Stalins Terror größere Opfer unter führenden deutschen Kommunisten als der Hitlers« forderte, darunter »vier Mitglieder des Politbüros von vor 1933, zehn Mitglieder des Zentralkomitees, etwa fünfzehn weitere höhere Parteifunktionäre und Hunderte namenloser deutscher Kommunisten, die ihr Exil in der Sowjetunion gesucht hatten«[6]). Angesichts des stalinistischen Terrors schlugen die Bemühungen der deutschen Kommunisten um die Schaffung einer Einheitsfront von unten mit den Sozialdemokraten fehl. Auch die von Dimitroff auf dem 7. Kominternkongreß entwickelte Taktik des »Trojanischen Pferdes«, des Einschleusens illegaler kommunistischer Zellen in die nationalsozialistischen Parteiorganisationen, hatte keinen Erfolg.

Lähmend mußte auf die kommunistische Untergrundtätigkeit der zwischen der Sowjetunion und dem nationalsozialistischen Deutschland geschlossene Freundschaftspakt wirken. Der nationalsozialistischen Führung erschien es danach als unbedenklich, kommunistische Funktionäre aus der Konzentrationslagerhaft zu entlassen. Als sich die sozialdemokratische Parteiführung hinter die französisch-britische Kriegserklärung an Deutschland stellte, wurde sie deswegen von Ulbricht in schärfster Weise angegriffen. Der britische Imperialismus sei mehr noch als der deutsche die eigentliche kriegstreibende Kraft, und die herrschenden Kreise Deutschlands wurden gelobt wegen ihrer Weigerung, »als Werkzeug Englands den Krieg gegen die Sowjetunion zu führen«[7]). Die Rechtfertigung des Hitler-Stalin-Paktes durch Ulbricht löste heftige Reaktionen bei den westeuropäischen und den deutschen Sozialdemokraten aus. Da solche Parolen Ulbrichts, wie sie ähnlich auch Pieck und andere verkündeten, nur dazu dienen konnten, den englischen und französischen Kriegsanstrengungen durch die kommunistischen Parteien dieser Länder Schwierigkeiten zu bereiten, ging der englische Sozialist Gollancz so weit, von einem »objektiven Pronazismus« der Moskauer KPD-Führung zu sprechen[8]). Solche Auseinandersetzungen zwischen Exilkommunisten und -sozialdemokraten hatten allerdings keine direkte Rückwirkung auf die Einstellung der von Auslandsinformationen abgeschnittenen illegalen Kommunisten in Deutschland. Sie setzten, wenn auch durch den Hitler-Stalin-Pakt gelähmt, ihre Untergrundtätigkeit fort. Der Angriff Deutschlands auf die Sowjetunion beseitigte dann den Widerspruch zwischen der kommunistischen Ideologie und den Machtinteressen der Sowjetunion. Die Methode des kommunistischen Widerstandes war propagandistisch. Man druckte oder schrieb und verteilte Flugblätter und versuchte durch Häuser- und Maueranschrieb die Arbeit in den Fabriken und die Kampfbereitschaft der Soldaten zu lähmen. Auch Sabotageakte wurden verübt. Darüber hinaus hatte aber der kommunistische Widerstand keinerlei Chancen, durch eine Volkserhebung die Hitlerherrschaft zu stürzen. Die Kriegssituation brachte es mit sich, daß die kommunistischen Widerstandsgruppen wegen der jetzt fast völligen Unmöglichkeit von Auslandsverbindungen noch mehr auf ihre eigene Initiative angewiesen waren als zuvor. Nach dem Kriege wurden diese selbständigen kommunistischen Gruppen von der aus Moskau zurückgekehrten kommunistischen Parteileitung unter Kontrolle genommen bzw. aufgelöst. Ihre Tätigkeit hat insofern Erfolg gehabt, als es ihnen gelungen war, durch die Zeit der Verfolgung hindurch einen aktiven Kommunismus zu behaupten, der zwar das Kriegsgeschehen nicht beeinflussen konnte, sich aber durch die große Kampf- und Opferbereitschaft vieler namenloser einzelner legitimierte. Die Zahl der Opfer läßt sich nicht mit Genauigkeit angeben, war aber sehr hoch. In einer gegenüber der kommunistischen Ideologie kritischen Darstellung heißt es: »Etwa die Hälfte ihrer Mitgliedschaft von 300 000 im Jahre 1933 verbrachte lange Jahre in Gefängnissen, Zuchthäusern und Konzentrationslagern oder war gezwungen, aus Deutschland zu flüchten. Die Anzahl der während der Nazizeit ermordeten oder nach Prozessen hingerichteten Kommunisten wird in Parteiquellen auf zwischen 9 000 und 30 000 Personen geschätzt. Die tatsächliche Zahl der von den Nazis getöteten Kommunisten dürfte etwa bei 20 000 liegen, das heißt mehr als die Hälfte aller Deutschen, die wegen ihrer politischen Überzeugungen den Tod durch Hinrichtung erlitten.«[9])

Widerstand, Spionage und Landesverrat gingen in einer linkssozialistischen Widerstandsgruppe ineinander über, die sich um Arvid Harnack, einen Neffen des großen Theologen, und den aus der Familie Tirpitz stammenden Harro Schulze-Boysen gebildet hatte[10]). Dieser war Oberleutnant im Luftfahrtministerium, jener Oberregierungsrat im Wirtschaftsministerium. Der Kreis reichte in das Oberkommando der Wehrmacht und in das Auswärtige Amt hinein. Künstler, Intellektuelle, von Hause aus konservativ Gesonnene ebenso wie überzeugte Kommunisten gehörten ihm an. Ein Teil des Kreises stand in regelmäßiger Nachrichtenverbindung mit der Sowjetunion. Es wäre nicht richtig, den gesamten Kreis als kommunistisch zu bezeichnen, obwohl seine geistigen Führer die zukünftige Gestaltung der deutschen Verhältnisse in enger Anlehnung an die Sowjetunion suchten. Dieser Kreis und der mit ihm verbundene Spionagering, gemeinsam von der NS-Justiz als Rote Kapelle bezeichnet, wurden im August 1942 ausgehoben. Ein Kriegsgerichtsprozeß[11]) führte zu zahlreichen Hinrichtungen.

Nicht zum deutschen Widerstand, sondern zur sowjetischen Kriegspropaganda zu zählen ist das »Nationalkomitee Freies Deutschland«[12]). Es wurde in der Sowjetunion unter exilkommunistischer Regie aus deutschen Kriegsgefangenen gebildet. So fand sich der Name des Komitees auf schwarzweißrot umränderten Flugzetteln, in denen der deutsche Soldat unter Versprechungen einer nationalen Zukunft für das Reich aufgefordert wurde, zu desertieren oder überzulaufen. Die Frontpropaganda des Nationalkomitees hatte keinen Erfolg. Ein »Bund deutscher Offiziere«, der in der Gefangenschaft entstanden war, fand dagegen zahlreiche Anhänger. Er erließ, von sowjetischen Versprechungen auf einen glimpflichen Frieden für Deutschland bestimmt, gefahrlose Widerstandsaufrufe an die deutsche Front. Eine größere Bedeutung hat das Nationalkomitee durch die in seinem Rahmen durchgeführten antifaschistischen Schulungslager erhalten. Hier wurden Kader ausgebildet, die später im sowjetisch besetzten Teil Deutschlands eingesetzt werden konnten.

Zwischen Sozialisten und Kommunisten hatte in der Weimarer Zeit erbitterte Feindschaft bestanden. Entgegen der emigrierten sozialistischen Parteileitung[13]) versuchte unter den in Deutschland verbliebenen Sozialisten die Gruppe der sogenannten Neubeginner unter Abkehr von der bisherigen Linie der Partei eine Zusammenarbeit mit den Kommunisten[14]). Der Hitler-Stalin-Pakt und das zeitweilige Ausscheren der deutschen Kommunisten aus der Opposition ließ aber den Unterschied zwischen ihnen und dem demokratischen Sozialismus wieder schärfer hervortreten. Nach der Aushebung der Schulze-Boysen-Gruppe hat aber eine gewisse Bereitschaft von Kommunisten zur Zusammenarbeit mit anderen Widerstandselementen einige der führenden Sozialisten veranlaßt, sich für Kontakte zur Verfügung zu stellen. Diese Gespräche gelangten zur Kenntnis der Polizei. Der Pädagoge Adolf Reichwein[15]) und Julius Leber[16]), zwei der aktivsten Köpfe der Sozialisten, wurden im Juni 1944 zusammen mit zahlreichen Kommunisten verhaftet und später hingerichtet. Es ist für den sozialdemokratischen Widerstand im Unterschied zum kommunistischen kennzeichnend, daß sich Angehörige der ehemaligen SPD und der Gewerkschaften an den notwendigerweise auf kleinere Kreise beschränkten Vorbereitungen zur Beseitigung Hitlers durch Staatsstreich beteiligt haben, daß aber andererseits an der Basis keine konspirativ-propagandistische Aktivität in der Breite und Beharrlichkeit entwickelt worden ist, wie es im kommunistischen Widerstand geschah. Die Sozialdemokratie blieb aber in zahlreichen kleinen Zirkeln als Gesinnungsgemeinschaft erhalten. An diesen nach dem Zusammenbruch des Hitlerreiches noch vorhandenen Personenbestand konnte die Wiederbegründung der SPD nach dem Kriege anknüpfen.

Reichwein und Leber gehörten zu einem Kreis, den Graf Helmuth James v. Moltke[17]), ein Urgroßneffe des Siegers von Königgrätz und Sedan, auf seinem schlesischen Gut Kreisau versammelte[18]). Hier trafen sich Männer der verschiedensten politischen und geistigen Herkunft, Adlige und Arbeiterführer, Bürger und Geistliche der beiden Konfessionen[19]). Sie betrieben nicht eine aktive Politik des Umsturzes, obwohl sie zuletzt von dessen Notwendigkeit überzeugt waren und sich bereit zeigten, mit der Attentatsgruppe zusammenzugehen. Der Kreisauer Kreis beschäftigte sich mit der Frage der kommenden Staats- und Gesellschaftsordnung nach dem erwarteten Zusammenbruch und strebte politisch über die Demokratie der Weimarer Republik hinaus, indem er anstelle von Volkssouveränität und direkten Parlamentswahlen einen von unten nach oben gegliederten Staatsaufbau setzen wollte. Unmittelbare Wahlen sollten nur in dem überschaubaren Kreis der Kommunalvertretungen stattfinden und hieraus in Stufenfolge die Länderparlamente und die Reichsvertretung hervorgehen. Die Wirtschafts- und Sozialideen der Kreisauer zeigten einen Einschlag sozialistischer Gedanken, ohne daß ein genau umrissenes Programm formuliert worden wäre. Die Bedeutung des Kreises liegt auch nicht in diesem Programm, sondern in dem Ausgangspunkt: Man war gewillt, über alte Gegensätze zwischen Konservativ und Bürgerlich und Sozialistisch, die das Leben der Weimarer Republik gelähmt hatten, hinwegzukommen, indem man gemeinsam eine Staatsidee geltend machte, die von dem Gedanken des Rechtes und der Würde des Menschen bestimmt war. Bei allen Angehörigen des Kreisauer Kreises ist hierbei das religiöse Motiv eine tragende Kraft gewesen.

Die politischen Widerstandskräfte, die auf den Staatsstreich hindrängten, fanden ihren Mittelpunkt in Carl Goerdeler, dem ehemaligen Oberbürgermeister von Königsberg und Leipzig und zeitweiligen Preiskommissar unter Hitler[20]). Er hatte sein kommunales Amt aus Protest gegen die Entfernung des Mendelssohn-Denkmals aus Leipzig niedergelegt. Von starkem Optimismus erfüllt, der immer wieder über taktische Bedenken der Mitverschworenen hinweg zum Handeln drängte, als erfahrener Kommunalpolitiker in seinen Plänen auf das Naheliegende und Praktische gerichtet, war er mit den starken sittlichen Impulsen, aus denen seine Haltung entsprang, die zentrale politische Kraft des Widerstandes. Seine Vorstellungen über den zukünftigen deutschen Verfassungsaufbau stimmten mit denen der Kreisauer grundsätzlich überein, wenn auch bei ihm der Gedanke der zentralen Staatsgewalt stärker betont war als bei jenen und wenn er auch als Staatsoberhaupt sich einen Generalstatthalter bzw. Monarchen dachte. Der Reichskanzler sollte von diesem ernannt werden, aber der Reichstag das Recht erhalten, die Regierung durch ein konstruktives Mißtrauensvotum abzulösen. Auch in der sozialen Gesinnung unterschied Goerdeler sich im Grunde nicht von den Kreisauern. Deutlich greifbar ist eigentlich nur seine andersartige Auffassung in der Wirtschaftspolitik. Goerdeler lehnte das Kreisauer Sozialisierungsprogramm für die Schlüsselindustrien ebenso ab wie deren planwirtschaftliche Vorstellungen, wollte aber die Macht der Gewerkschaften stärken. Er stimmte mit Leuschner in der Vorstellung überein, daß anstelle der früheren Richtungsgewerkschaften eine Einheitsgewerkschaft treten solle.

Hervorragende politische Köpfe des Widerstandes waren neben Goerdeler der preußische Finanzminister Popitz[21]) und der 1937 von seinem Posten abberufene deutsche Botschafter in Rom Ulrich v. Hassell[22]). Allerdings unterschieden sich ihre politischen Zielvorstellungen wesentlich von denen Goerdelers und des Kreisauer Kreises. Ihr Verfassungsbild war von der Vorstellung eines autoritären Staates ohne parlamentarische Kontrolle bestimmt, wenn auch rechtsstaatliche Freiheitsgarantien für den einzelnen und nicht näher bestimmte politische Mitwirkungsrechte für das Volk vorgesehen waren. Beide waren von tiefstem Mißtrauen gegen die Generäle erfüllt und glaubten nicht, daß der von Goerdeler verfolgte Weg über einen militärischen Coup zum Erfolg führen würde. Popitz suchte den Ansatzpunkt für den Sturz des Regimes vielmehr in dessen eigenen inneren Spannungen. Er rechnete mit dem Ehrgeiz Himmlers und mit dessen Wunsch, sich aus dem sinkenden Schiff zu retten. Im August 1943 hatte er eine Unterredung mit dem zum Innenminister emporgestiegenen Führer der SS über die Möglichkeit, die Macht Hitlers zu begrenzen. Daß diese Spekulationen eine reale Basis hatten, zeigt das spätere Verhalten Himmlers: den nach seiner Verurteilung auf die Hinrichtung wartenden Goerdeler ließ er politische Denkschriften ausarbeiten, und in der allerletzten Kriegsphase versuchte er den Absprung.

Bedeutungsvoll für die politische Konstellation des Widerstandes war es, daß zur Gruppe um Goerdeler auch führende Gewerkschaftler[23]) gehörten wie Wilhelm Leuschner, der frühere hessische Innenminister und Mitglied des Vorstandes des ADGB, Jakob Kaiser, der Führer der christlichen Gewerkschaften, und Max Habermann, Sekretär des Deutschnationalen Handlungsgehilfenverbandes. Von den Sozialisten des aktiven Verschwörerkreises sind Carlo Mierendorff und Theodor Haubach zu nennen und schließlich auch Julius Leber. Diese Verschwörergruppe und der Kreisauer Kreis überschnitten sich. An dem breiten Aufbau des Widerstandskreises um Goerdeler aus Kräften der verschiedensten Herkunft und an der Kommunikation zwischen diesen hatten der Reichsgerichtsrat Dohnányi und Oberstleutnant Oster entscheidenden Anteil, die beide in der militärischen Abwehr tätig waren und hier einen organisatorischen Mittelpunkt für den Widerstand schufen. Admiral Canaris, der Chef der Abwehr, schirmte die Widerstandstätigkeit seiner Mitarbeiter ab[24]). In Zusammenarbeit mit der Widerstandsgruppe der Abwehr übernahm Informationsaufträge zu den Kirchen in der Schweiz, Skandinavien und England der Schwager Dohnányis Dietrich Bonhoeffer[24a]). Mitstreiter der Bekennenden Kirche, als Seminarleiter in der Ausbildung von deren Pfarrernachwuchs und in der ökumenischen Bewegung tätig, hat er in einer herausfordernden Theologie der »Nachfolge« Wege zur Realisierung des Christseins gesucht. Er gelangte in deren Konsequenz über die Beschränkung der christlichen Existenzbehauptung im innerkirchlichen Bereich hinaus als »Zeitgenosse« zum politischen Widerstand — »Nur wer für die Juden schreit, darf auch gregorianisch singen« — und zur aktiven Teilnahme an der Verschwörung und zur theologischen Billigung von deren Ziel, Hitler zu beseitigen. Auch in der Polizeiführung hatte der Widerstand Anhänger. Zu den aktiven Gegnern des Regimes gehörten der bei der Geheimen Staatspolizei tätige Regierungsrat Gisevius[25]) und neben ihm der Abteilungsleiter im Reichssicherheitshauptamt Nebe sowie der Berliner Polizeipräsident Graf Helldorf, beide anfangs überzeugte Nationalsozialisten.

Enge Verbindungen bestanden zwischen dem Widerstand und einem Kreis oppositioneller Diplomaten im Auswärtigen Amt, wie den Brüdern Erich und Theodor Kordt, Hans Bernd v. Haeften und Adam v. Trott zu Solz. Staatssekretär v. Weizsäcker stand hinter ihnen, förderte ihre Bestrebungen und ließ ihnen freie Hand. Es ist den Bemühungen des Weizsäcker-Kreises allerdings ebensowenig gelungen wie dem Kreis um Canaris, vom Ausland her irgendeine klare Ermutigung für die Gegner Hitlers zu erlangen. Die auf verschiedenen Wegen nach England und Amerika übermittelten Nachrichten über das Vorhandensein und die Pläne des Widerstandes fanden in London und Washington im Winter 1939/40 eine gewisse Aufmerksamkeit (vgl. § 71), im weiteren Verlauf des Krieges aber keine Resonanz mehr[26]). Die starre Forderung der Alliierten nach bedingungsloser Kapitulation wurde auch nicht gelockert für den Fall, daß in Deutschland die Opposition zum Zuge käme. Immerhin gelang es dem durch Bonhoeffer bei einer Begegnung in Stockholm über Namen und Absichten des Widerstandes unterrichteten Bischof Bell von Chichester nach zähen Bemühungen um den britischen Außenminister Eden, die englische Regierung zu der im Oberhaus am 10. März 1943 abgegebenen Erklärung zu veranlassen, sie stimme mit Stalin darin überein, daß das Ziel des Krieges die Zerstörung des Hitlerstaates, aber nicht die Vernichtung des deutschen Volkes sei. Diese Formel war jeder Auslegung zugängig. Auf einem anderen Blatt steht, ob man es nicht, wenn ein Staatsstreich tatsächlich geglückt und das nationalsozialistische Regime aus eigener Kraft des deutschen Volkes gestürzt worden wäre, erreicht hätte, die harte Forderung der bedingungslosen Kapitulation zu mildern, und ob nicht selbst bei bedingungsloser Kapitulation in diesem Fall Deutschland anders aus dem Krieg herausgekommen wäre, als es tatsächlich geschah. Die letzte Entschlossenheit zum Widerstand beruhte jedoch auf Gründen, die nicht durch Fragen der politischen Zweckmäßigkeit des Unternehmens widerlegt werden konnten. So sagte Hans Henning v. Tresckow, erster Generalstabsoffizier der Heeresgruppe Mitte, zuletzt Chef des Stabes der 2. Armee, im Sommer 1944: »Das Attentat [auf Hitler] muß erfolgen, coûte que coûte. Sollte es nicht gelingen, so muß trotzdem in Berlin gehandelt werden. Denn es kommt nicht mehr auf den praktischen Zweck an, sondern darauf, daß die deutsche Widerstandsbewegung vor der Welt und vor der Geschichte den entscheidenden Wurf gewagt hat. Alles andere ist daneben gleichgültig.«[27])

Die aktive Spitze des Widerstandes konnte nur in der Wehrmacht gefunden werden[28]). Unter den Bedingungen des totalen Staates wäre es, ganz abgesehen von den Spannungen der verschiedenen Widerstandsgruppen zueinander, trotz der großen Zahl von Deutschen, die in den verschiedensten Formen in Opposition standen, unmöglich gewesen, eine revolutionäre Massenbewegung zu organisieren. Um die Situation der Widerstandskräfte im Offizierskorps in ihren großen Schwierigkeiten zu würdigen, ist zu bedenken, daß jede Rebellion gegen das Staatsoberhaupt der Tradition des Offiziers widersprach, sosehr sich die älteren unter ihnen auch des unüberbrückbaren Gegensatzes zwischen ihrer Ehrauffassung und dem Nationalsozialismus bewußt waren. Das jüngere Offizierskorps aber, das zum Teil stärker vom Nationalsozialismus ergriffen worden war, wäre mit geringen Ausnahmen für den Gedanken eines Staatsstreiches nicht zu gewinnen gewesen. Dazu kam, nachdem Deutschland nun einmal in einem Kampf auf Leben und Tod stand, der unauflösbare Pflichtenkonflikt, auch für denjenigen, der von Hause aus ein Gegner des Regimes war. Was es für einen Offizier bedeutete, im Kriege sich an einem Attentat gegen den obersten Befehlshaber zu beteiligen, mag aus einem Worte des Generaloberst Beck deutlich werden, der noch in der Fritsch-Krise dem ungeduldigen Halder erklärte, daß Meuterei und Revolution Worte seien, die es im Lexikon eines deutschen Soldaten nicht gebe[29]).

Der Nachfolger Becks im Generalstab, Generaloberst Halder, hat wie in der Sudetenkrise so auch zu Beginn des Krieges versucht, den Staatsstreich durchzuführen (vgl. § 68). Wahrscheinlich wegen der plötzlichen Rückgängigmachung des ersten Angriffsbefehls ist aber der alte Plan, Hitler festzunehmen, bei Ausbruch des Polenkrieges nicht durchgeführt worden. Halder betrieb dann den gleichen Plan in den Monaten nach dem Polenfeldzug, als das Heer defensiv im Westen stand und nun in Hitler, entgegen dem militärischen Rat Brauchitschs und Halders, der Entschluß reifte, Frankreich unter Verletzung der belgischen und holländischen Neutralität anzugreifen. Neben den militärischen Bedenken vor den unabsehbaren Konsequenzen, die auf lange Sicht die Entfesselung des wirklichen Krieges im Westen haben mußte, ist bei beiden die innere Empörung sichtbar über den Wortbruch Hitlers, der eben erst Holland und Belgien seiner friedlichen Absichten versichert hatte. Beck drängte entschieden zur Aktion und war bereit, sich zur Verfügung zu stellen. Eine Schlüsselfigur in den damaligen Vorbereitungen zu einem Schlag gegen Hitler war Major Groscurth[30]), Chef der Sabotageabteilung in der Abwehr unter Canaris, dann ins OKW versetzt, um dort eine Widerstandsgruppe aufzubauen. Sein privates Tagebuch gehört zu den großen menschlichen Zeugnissen des Widerstandes. Dieser preußisch und christlich gesonnene Offizier war zutiefst getroffen durch die Nachrichten von den im besetzten polnischen Gebiet durch die Einsatzgruppen begangenen Greuel. Das bestimmende Handlungsmotiv seines Widerstandes war eine elementare Auflehnung gegen die Verbrechen des Regimes. Daß es auch damals bei bloßen Planungen blieb, erklärte sich aus einem doppelten Grunde: Von den Oberbefehlshabern der drei Heeresgruppen im Westen war nur Ritter v. Leeb für ein Handeln zu gewinnen, während Rundstedt und Bock ablehnten. Die starke Natur in der Heeresgruppe v. Rundstedt war Generalstabschef v. Manstein, dessen von Rundstedt geförderte und von Hitler schließlich gebilligte operative Ideen zur großen, entscheidungsuchenden Schlacht im Westen drängten. Der zweite Grund für das Unterbleiben des Staatsstreiches ist wohl darin zu sehen, daß die über die Schweiz und den Vatikan geführten Sondierungen in England über die Möglichkeit eines Remis-Friedens zu keiner befriedigenden Antwort führten. Auch war Halder der Meinung, daß die Masse der Soldaten und jungen Offiziere noch ganz hinter Hitler stünde und daß erst ein militärischer Rückschlag die Voraussetzung für einen Staatsstreich schaffen könne. Alles militärisch Denkbare zu tun, um einen Rückschlag zu vermeiden, war aber die Pflicht des Generalstabschefs, der seinem Amt mit vollkommener Hingabe diente. Aus diesem Zwiespalt erklärt sich, daß er nicht den Absprung zur entschiedenen Aktion fand. Der Oberbefehlshaber des Heeres v. Brauchitsch, ohne dessen Zustimmung ein breitangelegter Staatsstreichplan des Heeres nicht durchgeführt werden konnte, war Hitler gegenüber als Person innerlich unsicher und schwankend. Zudem hatten für ihn die Planungen der aktiven Widerstandsgruppe die Grenze des Vertretbaren überschritten. Die römisch-britischen Kontakte waren für ihn Landesverrat. »Wir stehen im Krieg«, so erklärte er gegenüber Halder; »daß man im Frieden mit einer ausländischen Macht Verbindungen anknüpft, darüber läßt sich reden. Im Krieg ist das für einen Soldaten unmöglich.«[31]) Daß jedoch für ein verschärftes Gewissen in der äußersten Grenzsituation der Existenz das, was im rechtlichen Sinne eindeutig militärischer Landesverrat war, nicht als unmöglich, sondern geradezu als sittliche Pflicht erscheinen konnte, zeigt der Fall des Oberst Oster, der vor dem Angriff auf Dänemark und Norwegen und vor dem Westfeldzug den bedrohten Staaten Warnungen zukommen ließ[32]).

Alle Pläne für einen Staatsstreich wurden nach dem großen Triumph des Westfeldzuges zunächst hinfällig. Erst nach der Wende des Kriegsglücks seit Stalingrad und El Alamein lebten sie wieder auf und wurden im Angesicht der herannahenden Katastrophe dringender. Mehrere Attentatsversuche einzelner Offiziere wurden seit 1943 geplant, aber schließlich doch nicht ausgeführt. Ein anderer Versuch scheiterte an der Tücke des Objekts: die von Schlabrendorff, einem Angehörigen des Stabes v. Tresckow bei der Heeresgruppe Mitte, in das Flugzeug Hitlers geschmuggelte Bombe entzündete sich nicht. Eine neue Lage für die Verschwörung entstand dadurch, daß mit Rommel ein populärer Truppenführer, der Kommandogewalt innehatte, für den Widerstand gewonnen wurde. Vor allem aber gewann der Widerstand in Oberst Claus Graf Schenk v. Stauffenberg einen von Schwung und Tatkraft erfüllten Geist, der die Zögernden mitriß[33]). Er war eine ungewöhnliche Erscheinung im deutschen Offizierskorps. Er hatte zu dem Kreis um Stefan George gehört. Seiner ursprünglich positiven Einstellung zur nationalen Erhebung des Jahres 1933 folgte schon vor dem Kriege eine Abkehr von Hitler und schließlich die entscheidende Wendung gegen ihn. Auch sein Protest gegen das Regime war im tiefsten Grunde nicht politisch motiviert, sondern erscheint als das bedingungslose Aufbegehren eines religiösen Gewissens gegen das Unmenschliche. Stauffenberg bereitete, in enger Verbindung zu Beck und Goerdeler stehend, das Attentat generalstabsmäßig vor. Die Verhaftung Reichweins und Lebers, durch die die ganze Verschwörung in Gefahr geraten konnte, löste den Entschluß zur Aktion aus. Stauffenberg übernahm die Doppelaufgabe, Hitler zu töten und den Ablauf des Staatsstreiches in Berlin zu leiten. Der Putsch scheiterte wiederum an einer unglücklichen Verkettung der Umstände[34]). Die militärische Lagebesprechung im Führerhauptquartier am 20. Juli 1944, in welcher Stauffenberg seine Aktentasche mit dem Sprengstoff in der Nähe Hitlers deponierte, fand nicht wie erwartet im Bunker, sondern in einer Baracke statt. Die Explosion verpuffte, ohne Hitler ernstlich zu verwunden. Der Putsch in Berlin brach auf die Nachricht, daß Hitler lebe, in sich zusammen. Während die Aktion in Paris, vom Militärbefehlshaber Frankreich General v. Stülpnagel[35]) ausgelöst, planmäßig abrollte, waren in Berlin nicht alle Verschworenen von der klaren Entschlußkraft Stauffenbergs.

Das Scheitern des Putsches bedeutete für den Ablauf des Krieges, daß die Verantwortung des Nationalsozialismus für die Endkatastrophe durch keine zweite Dolchstoßlegende vernebelt werden konnte. Die Tatsache aber, daß der Putsch überhaupt unternommen wurde, obwohl im Grunde keine Hoffnung mehr bestand, hierdurch Deutschland vor dem militärischen Zusammenbruch retten zu können, gibt der ältesten und opferreichsten Widerstandsbewegung in Europa ihren historischen Rang. Es ist das Vermächtnis des 20. Juli, daß in der Auflehnung gegen die Gewalthaber die konservativen, bürgerlichen und sozialistischen Verschwörer ihr Leben opferten, um über die alten Gegensätze hinweg, an denen die Weimarer Republik zugrunde gegangen war, in einer undogmatischen, neue Wege suchenden Staatsgesinnung in der politischen Ordnung den Maßstab der Menschenwürde wieder zur Geltung zu bringen.

DW 397/243—375; zum kirchlichen Widerstand s. § 63. — Zum Stand der allg. Widerstandsforschung: Regine BÜCHEL, Der dt. Widerstand im Spiegel von Fachlit. u. Publizistik seit 1945 (Schriften d. Bibliothek f. Zeitgesch. 15, 1975).

Die Widerstandsforschung beginnt mit H. ROTHFELS, Die dt. Opposition gegen Hitler. Eine Würdigung (1949, rev. Neuausg. Tb. ³1969). Rothfels unterstrich die ethische Motivation der Gruppe, die den Staatsstreich wagte. Das gleiche gilt für die klassische Darstellung: E. ZELLER, Geist der Freiheit. Der 20. Juli (⁵1965). Von der zentralen polit. Figur her gibt eine Gesamtwürdigung des Widerstandes auch: G. RITTER, Carl Goerdeler u. die dt. Widerstandsbewegung (1954, Tb. 1964). Als Gegenstück hierzu kann man betrachten von einem der »Roten Kapelle« nahestehenden Vf.: G. WEISENBORN, Der lautlose Aufstand. Bericht über die Widerstandsbewegung des dt. Volkes 1933—1945 (²1954, Tb. 1962).

In einer Reihe neuerer Schriften wird die ungebrochen positive Beurteilung der Männer des 20. Juli in Frage gestellt. Ähnlich wie schon in der Reaktion der Goebbels-Propaganda auf den 20. Juli erschienen in der marxistischen Beurteilung die Männer des 20. Juli zunächst als Reaktionäre, s. z. B. H. DRESS, Der antidemokrat. u. reaktionäre Charakter der Verfassungspläne Goerdelers, ZfG 5 (1957). Der Versuch zu einem differenzierteren Urteil findet sich bei dem sowjet. Historiker D. MELNIKOW, 20. Juli 1944. Legende u. Wirklichkeit (dt. 1968); er überakzentuiert die Meinungsunterschiede zwischen Goerdeler und Stauffenberg, der sich den Staatsstreich durch eine Volkserhebung ergänzt wünschte, u. rückt den letzteren in die Nähe kommunist. Volksfrontideologien. Ähnlich bei G. FÖRSTER / B. LÖWEL / W. SCHUMANN, Forschungen zur dt. Gesch. 1933—1945, in: Hist. Forschungen in der DDR 1960—1970. Analysen u. Berichte zum 13. Internat. Historiker-Kongreß in Moskau 1970 (Sonderband ZfG 1970). Sie unterscheiden zwischen der »Beck-Goerdeler-Gruppe«, die die Interessen des dt. Imperialismus vertreten hätte, und den »patriotisch gesinnten« Offizieren und Bürgerlichen um Stauffenberg u. den Kreisauer Kreis, auf die die Politik der KPD einen »gewissen Einfluß« gehabt habe. Ostdt. Darstellungen unter diesem Gesichtspunkt: K. FINKER, Stauffenberg u. der 20. Juli 1944 (Berlin-Ost 1967); H. DRESS, Fortschrittliche u. reaktionäre Tendenzen in den Reformplänen des Kreisauer Kreises, in: Der dt. Imperialismus u. der Zw. Weltkrieg, Bd. 4 (Berlin 1961).

In der westlichen Literatur wird der Widerstandskreis um Beck u. Goerdeler wegen seiner konservativen Grundrichtung negativ beurteilt bei G. K. ROMOSER, Politik der Unsicherheit. Die dt. Widerstandsbewegung, in: H.-A. JACOBSEN (Hg.), 20. Juli 1944. Die dt. Opposition gegen Hitler im Urteil der ausländ. Gesch.schreibung. Eine Anthologie (1969, zuerst in Social Research 1964).

Eine aufgrund des neueren Forschungsstandes ausgewogene Beurteilung in W. SCHMITTHENNER / H. BUCHHEIM (Hg.), Der dt. Widerstand gegen Hitler. Vier historisch-kritische Studien (1966), enthält: H. GRAML, Die außenpolit. Vorstellungen des dt. Widerstandes; H. MOMMSEN, Gesellschaftsbild u. Verfassungspläne des dt. Widerstandes; H.-J. REICHHARDT, Möglichkeiten u. Grenzen des Widerstandes der Arbeiterbewegung; E. WOLF, Zum Verhältnis der polit. u. moralischen Motive in der dt. Widerstandsbewegung.

Gesamtdarstellungen: T. PRITTIE, Deutsche gegen Hitler. Eine Darstellung des dt. Widerstandes gegen den Nat.soz. während der Herrschaft Hitlers (1965); P. HOFFMANN, Widerstand, Staatsstreich, Attentat. Der Kampf der Opposition gegen Hitler ([2]1970); ders., Die Sicherheit des Diktators. Hitlers Leibwachen, Schutzmaßnahmen, Residenzen, Hauptquartiere (1975), O. MOLDEN, Der Ruf des Gewissens. Der österr. Freiheitskampf 1938—1945 ([2]1958); K. STADLER, Österreich 1938—1945 im Spiegel der NS-Akten (1966); L. F. JEDLICKA, Der 20. Juli 1944 in Österreich, in: Das einsame Gewissen. Beiträge zur Gesch. Österreichs 1938—1945, Bd. 2 (1965). — Eine methodisch aufschlußreiche Lokalstudie: H.-J. STEINBERG, Widerstand u. Verfolgung in Essen 1933—1945 (1969). — Charakterbilder: Annedore LEBER, Das Gewissen steht auf ([11]1966); dies., Das Gewissen entscheidet ([5]1962); H. GOLLWITZER / K. KUHN / R. SCHNEIDER (Hg.), Du hast mich heimgesucht bei Nacht ([3]Tb. 1962), enthält persönliche Zeugnisse der Opfer; H. PÖLCHAU, Die letzten Stunden. Erinnerungen eines Gefängnispfarrers (1949); Luise KRAUSHAAR u. a., Dt. Widerstandskämpfer 1933—1945. Biographien u. Briefe (2 Bde. Berlin-Ost 1970), bringt eine Fülle von Kurzbiographien vor allem aus dem kommunistischen Widerstand.

1) Editionen von B. VOLLMER u. H. BOBERACH s. § 63. **2)** Nach WEISENBORN, S. 13 f. u. S. 258 f.; Zahlen stammen aus dem Archiv Walter Hammer. Zum »Mordregister« s. auch R. PECHEL, Dt. Widerstand (1947), S. 326 ff. Hiernach sind im Jahre 1944 3 400 Personen offiziell hingerichtet worden. W. WAGNER, Der Volksgerichtshof im nat.soz. Staat (1974), S. 799 f., schätzt die von zivilen Gerichten in der nat.soz. Zeit gefällten Todesurteile auf 16 560. **3)** Vgl. § 61, Anm. 9. **4)** Inge SCHOLL, Die Weiße Rose ([3]1952, Tb. 1961); K. VIELHABER u. a., Gewalt u. Gewissen, Willi Graf u. die »Weiße Rose« (1963, Tb. 1967); Clara HUBER (Hg.), Kurt Huber zum Gedächtnis (1947); Chr. PETRY, Studenten aufs Schafott. Die Weiße Rose u. ihr Scheitern (1968). **5)** H. DUHNKE, Die KPD von 1933 bis 1945 (1972), umfassende Bibliographie; H. WEBER (Hg.), Der dt. Kommunismus, Dokumente 1915—1945 (1963); A. SYWOTTEK, Dt. Volksdemokratie. Studien zur polit. Konzeption der KPD 1935—1946 (1971); W. A. SCHMIDT, Damit Dtld. lebe. Ein Quellenwerk über d. dt. antifaschistischen Widerstandskampf 1933—1945 (Berlin-Ost [2]1959); G. PLUM, Dokumentation: Die KPD in der Illegalität. Rechenschaftsbericht einer Bezirksleitung aus d. J. 1934, VfZG 23 (1975); zu Thälmann vgl. Gertrud MEYER, Nacht über Hamburg. Berichte u. Dok. 1933 bis 1945 (1971). **6)** H. DUHNKE, KPD, S. 188 f. **7)** Äußerungen Ulbrichts zum Hitler-Stalin-Pakt: H. DUHNKE, KPD, S. 343 ff.; H. WEBER, Dok. Nr. 109. **8)** V. GOLLANCZ, Where are you going? (1940), zit. bei H. DUHNKE, KPD, S. 346. **9)** H. DUHNKE, KPD, S. 525. **10)** A. v. HARNACK, Arvid u. Mildred Harnack, Gegenwart 2 (1947); K. LEHMANN, Widerstandsgruppe Schulze-Boysen/Harnack (1948); Else BOYSEN, Harro Schulze-Boysen. Bildnis eines Freiheitskämpfers. Zusammengestellt nach seinen Briefen (1947). **11)** G. PERRAULT, Auf den Spuren der Roten Kapelle (1969); H. HÖHNE, Kennwort: Direktor. Die Gesch. der Roten Kapelle (1970). L. TREPPER, Die Wahrheit. Ich war der Chef der Roten Kapelle (1975). **12)** B. SCHEURIG, Freies Dtld. Das Nationalkomitee u. der Bund Dt. Offiziere in der Sowjetunion 1943—1945 ([2]1967); von einem der kommunistischen Mitbegründer: E. WEINERT, Das Nationalkomitee »Freies Dtld.« 1943—1945, Bericht über seine Tätigkeit u. seine Auswirkung (Berlin-Ost 1957); detaillierte Darstellung des »Nationalkomitees« u. der »antifaschistischen Schulung« in der Sowjetunion bei G. ROBEL, Die dt. Kriegsgefangenen in der Sowjetunion. Antifa (1974, Bd. 8 der Reihe: Zur Gesch. der dt. Kriegsgefangenen des Zw. Weltkrieges, hg. von E. MASCHKE). **13)** Lit. zur Gesch. der dt. Sozialdemokratie in der Emigration u. Illegalität s. o. S. 336. **14)** H. J. REICHHARDT, Neu beginnen. Ein Beitrag zur Gesch. des Widerstandes der Arbeiterbewegung gegen den Nat.soz., in: Jb. f. d. Gesch. Mittel- u. Ostdtlds. 12 (1963). **15)** s. Lit. § 61, Anm. 9. **16)** J. LEBER, Ein Mann geht seinen Weg. Schriften, Reden u. Briefe (1952). **17)** H. J. Gf. v. MOLTKE, Letzte Briefe aus dem Gefängnis Tegel ([11]1971); Freya v. MOLTKE / M. BALFOUR / J. FRISBY, Helmuth James von Moltke, 1907—1945. Anwalt der Zukunft (1975). **18)** Wichtigstes Zeugnis für die Ideen des Kreisauer Kreises: Th STELTZER, Von dt. Politik. Dokumente, Aufsätze u. Vorträge (1949); K. HORNUNG, Die Reformpläne des Kreisauer Kreises, GWU 7 (1956); E. GERSTENMAIER, Der Kreisauer Kreis, VfZG 15 (1967); G. van ROON, Neuordnung im Widerstand. Der Kreisauer Kreis innerhalb der dt. Widerstandsbewegung (1967), maßgebliche Darstellung. **19)** Zeugnisse weiterer Angehöriger des Kreisauer Kreises: K. EDSCHMID (Hg.), In memoriam Carlo Mierendorff, Lit. Schriften, posthume Veröffentl. eines Teiles von Mierendorffs Werk (1947); C. ZUCKMAYER, Carlo Mierendorff (1947). — Alma de L'AIGLE, Meine Briefe von Theo Haubach (1947); W. HAMMER,

Theodor Haubach zum Gedächtnis (1955). — A. DELP, Im Angesicht des Todes (^{7}1961); Alfred Delp S. J., Kämpfer, Beter, Zeuge, Briefe u. Beiträge von Freunden (1955). — Von einem anderen Überlebenden des Kreises: E. GERSTENMAIER, Der 20. Juli, Besinnung u. Auftrag, in: Christ u. Welt (20. 7. 1950). — Charakterbilder von Peter Graf Yorck v. Wartenburg u. Ulrich Wilhelm Graf Schwerin v. Schwanenfeld bei L. Gf. SCHWERIN v. KROSIGK, Es geschah in Deutschland. Menschenbilder unseres Jahrhunderts (1951); A. KREBS, Fritz-Dietlof Gf. v. d. Schulenburg. Zwischen Staatsraison u. Hochverrat (1964); B. SCHEURIG, Ewald v. Kleist-Schmenzin. Ein Konservativer gegen Hitler (1968). **20)** Im Anhang zu G. RITTER, Carl Goerdeler (1954, Tb. 1964), die wichtigsten Niederschriften Goerdelers über seine Pläne. Neu entdeckte Pläne: W. RITTER v. SCHRAMM (Hg.), Beck u. Goerdeler. Gemeinschaftsdokumente für den Frieden 1941—1944 (1965); H. PETERS, Verfassungs- u. Verwaltungsreformbestrebungen innerhalb der Widerstandsbewegung gegen Hitler (1961). Die Beurteilung Goerdelers einerseits, der sozialistischen Widerstandskreise andererseits ist umstritten. Während G. Ritter in Goerdeler den eigentlichen Staatsmann des Widerstandes sieht und zugleich den weiterführenden Staatsdenker im Unterschied zu den Vorstellungen des Kreisauer Kreises, die er für wenig tragfähig hält, liegen die Akzente umgekehrt u. a. bei Margret BOVERI, Der Verrat im 20. Jahrhundert (einb. Ausg. 1976). **21)** H. HERZFELD, Joh. Popitz, Ein Beitrag zur Gesch. des dt. Beamtentums, in: Festschrift f. Hartung (1958); L. A. BENTIN, Joh. Popitz u. Carl Schmitt. Zur wirtschaftl. Theorie des totalen Staates in Dtld. (1972). **22)** U. v. Hassell, Vom anderen Deutschland. Aus den nachgelassenen Tagebüchern 1938—44 (1946, Tb. 1964). **23)** E. KOSTHORST, Jakob Kaiser. Der Arbeiterführer (1967); E. NEBGEN, Jakob Kaiser. Der Widerstandskämpfer (1967); J. G. LEITHÄUSER, Wilhelm Leuschner. Ein Leben für die Republik (1962); L. REICHHOLD, Arbeiterbewegung jenseits des totalen Staates. Die Gewerkschaften u. der 20. Juli 1944 (1965); H. ESTERS / H. PELGER, Gewerkschafter im Widerstand (1967). **24)** Lit. zu Canaris s. o. S. 332. **24a)** E. BETHGE, Dietrich Bonhoeffer. Theologe — Christ — Zeitgenosse (1967); ders. (Hg.), Dietrich Bonhoeffer, Widerstand u. Ergebung. Briefe u. Aufzeichnungen aus der Haft (Neuausg. 1970); G. K. A. BELL, Die Ökumene u. die innerdt. Opposition, VfZG 5 (1957). **25)** H. B. GISEVIUS, Bis zum bittern Ende (2 Bde. 1948). — Zur Kritik des umstrittenen Quellenwertes: P. KLUKE, Der dt. Widerstand, HZ 169 (1949), S. 149 f. **26)** H. ROTHFELS (Hg.), Dokumentation: Adam v. Trott u. das State Department, VfZG 7 (1959); H. KRAUSNICK / H. GRAML, Der dt. Widerstand u. die Alliierten (1962); E. BETHGE, Adam v. Trott u. der dt. Widerstand, VfZG 11 (1963); H. ROTHFELS, Trott u. die Außenpolitik des Widerstandes, VfZG 12 (1964); C. SYKES, Adam v. Trott. Eine dt. Tragödie (a. d. Engl. 1969). — Zur Verbindung nach London bediente sich der Widerstand auch eines Weges über den Vatikan: J. MÜLLER, Bis zur letzten Konsequenz. Ein Leben f. Freiheit u. Recht (1975). — Lit. über Friedensfühler der Opposition nach England über den Vatikan im Winter 1939/40 s. § 71, Anm. 13. **27)** Zit. bei F. v. SCHLABRENDORFF, Offiziere gegen Hitler (Tb. ^{2}1960), S. 138. — B. SCHEURIG, Henning v. Tresckow. Eine Biographie (^{3}1973). **28)** Die umfangreiche Forschung über den milit. Widerstand ist verarbeitet in K. J. MÜLLER, Das Heer u. Hitler (1969); ferner H. C. DEUTSCH, Verschwörung gegen den Krieg. Der Widerstand in den Jahren 1939 bis 1940 (a. d. Amerik. 1969). Der milit. Widerstand steht im Mittelpunkt auch der o. g. Gesamtdarstellungen. **29)** Zu Beck s. Lit. § 68, Anm. 13. **30)** H. GROSCURTH, Tagebücher eines Abwehroffiziers 1938—1940, hg. von H. KRAUSNICK / H. C. DEUTSCH (1970). **31)** Halders Aussage vor der Spruchkammer 1948, zit. nach K. SENDTNER, Die dt. Militäropposition im ersten Kriegsjahr, in: »Die Vollmacht des Gewissens« 1 (^{3}1960), S. 473. Lit. zu Halder s. o. S. 491. **32)** Vgl. § 71, Anm. 14. Zu den sich hier stellenden polit.-ethischen Fragen Margret BOVERI, Verrat im 20. Jhdt. — Es ist neuerdings erhärtet worden, daß auch General Reichenau, »der einzige hohe Generalstabsoffizier, der sich vor 1933 auf die Seite der Nazis geschlagen hatte«, sich zu einer ähnlichen Handlungsweise veranlaßt sah. Als Hitler am 30. Okt. 1939 den Armeeführern seine Absicht kundtat, demnächst im Westen anzugreifen und durch Holland und Belgien vorzustoßen, trat ihm Reichenau scharf entgegen. Da Hitler bei seiner Absicht verharrte, ließ Reichenau über Goerdeler und dänische Mittelsmänner die britische Regierung von der bevorstehenden Offensive unterrichten in der Erwartung, daß durch demonstrative Verteidigungsmaßnahmen in dem bedrohten Raume Hitler von seinem Entschluß abgebracht werden könne; hierzu »Reichenaus Alleingang« in: H. C. DEUTSCH, Verschwörung gegen den Krieg, S. 75 ff. **33)** I. KRAMARZ, Claus Gf. Stauffenberg, 15. November 1907 — 20. Juli 1944. Das Leben eines Offiziers (1965); C. MÜLLER, Oberst i. G. Stauffenberg. Eine Biographie (1970). **34)** Eine Fülle von Material enthält die geänderte u. vervollständigte Bearbeitung einer Sonderausgabe der

Wochenzeitung »Das Parlament«: E. ZIMMERMANN / H.-A. JACOBSEN, 20. Juli 1944 ([3]1960). — Darstellungen des Verlaufs: H. FRAENKEL / R. MANVELL, Der 20. Juli (a. d. Engl. 1964, Tb. 1969), nicht ganz fehlerfrei; P. HOFFMANN, Zu dem Attentat im Führerhauptquartier »Wolfsschanze« am 20. Juli 1944, VfZG 12 (1964); ders., Zum Ablauf des Staatsstreichsversuchs am 20. Juli 1944 in den Wehrkreisen, Wehrwiss. Rdsch. 14 (1964); ders., Der 20. Juli im Wehrkreis II (Stettin), Beilage zum Parlament B 28 (1965). Aus den Akten der Gestapo: K. H. PETER (Hg.), Spiegelbild einer Verschwörung. Die Kaltenbrunner-Berichte an Bormann u. Hitler über das Attentat vom 20. Juli 1944 (1961), unkommentiert; H. MAIER, Die SS u. der 20. Juli 1944, VfZG 14 (1966) weist die genaue Kenntnis der SS über die Umsturzpläne nach; J. F. TAYLOR, Der 20. Juli 1944. Anatomie einer Verschwörung (1968); D. MELNIKOW, 20. Juli 1944. Legende u. Wirklichkeit (a. d. Russ. 1968); K. Frhr. v. HAMMERSTEIN, Flucht. Aufzeichnungen nach dem 20. Juli (1966). **35)** W. RITTER v. SCHRAMM, Der 20. Juli in Paris (1953).

§ 83 Der Zusammenbruch

Im Inneren Deutschlands führte das Scheitern des Attentates vom 20. Juli 1944 zu einer letzten Steigerung der nationalsozialistischen Herrschaft. Wenn Roosevelt und Hitler übereinstimmend erklärten, daß es sich bei den Attentätern nur um eine kleine reaktionäre Offiziersclique gehandelt habe, so wußten es in Wirklichkeit beide besser. Als sich die Staatspolizei mit einem Sonderapparat von über 400 Beamten daran machte, die Angehörigen des Widerstandes aufzuspüren, da zeigte sich in der Tat, wie breit und tief diese Gruppen in die verschiedenen Schichten des Volkes hineinverzweigt waren. Die Verfolgung dauerte bis in die letzten Kriegswochen. Das Instrument der Rache, dessen sich Hitler bediente, war der Volksgerichtshof, der seit der Ernennung Freislers zu seinem Präsidenten am 20. August 1942 zu einem Instrument des unbeschränkten Terrors geworden war[1]). Hitler ließ die Verhandlungen und die Hinrichtungen filmen. Die Todesurteile wurden durch den Strang vollstreckt, auch an den Soldaten, denen Hitler die Kugel verweigerte und die er durch einen »Ehrenhof« unter dem Vorsitz Rundstedts zuvor aus dem Heer ausstoßen ließ. Stauffenberg und drei weiteren Offizieren aus der Verschwörergruppe blieb der Volksgerichtshof erspart. Sie wurden beim Zusammenbruch des Putsches standrechtlich erschossen, Beck gezwungen, Hand an sich selbst zu legen. Man schätzt die Zahl der Opfer von den an der Erhebung des 20. Juli unmittelbar Beteiligten auf 180—200, die der insgesamt von Anfang 1944 bis Kriegsende aufgrund von Urteilen — außer Kriegsgerichtsurteilen — Hingerichteten auf etwa 4 500[2]). Zu den Opfern gehörte auch Generalfeldmarschall Rommel. Abgesandte Hitlers suchten ihn in dem kleinen schwäbischen Ort auf, wo der von seiner Verwundung langsam Genesende lebte, und stellten ihn vor die Alternative Volksgerichtshof oder Gift. Da er überzeugt war, Berlin in keinem Falle lebend zu erreichen, nahm er das Gift. Hitler veranstaltete darauf die Komödie eines Staatsbegräbnisses und ließ Entwürfe ausschreiben für ein monumentales Ehrenmal. Der Generalstab und die in ihm verkörperten Traditionen wurden geschmäht und beschimpft. Das Heer sollte nun vollends dem Geist der SS unterworfen werden. Himmler erreichte den Gipfel seiner Macht. Er wurde zum Befehlshaber des Ersatzheeres ernannt. Jetzt, schon im Wetterleuchten des drohenden Untergangs, steigerte er sich erst recht in seine Visionen eines Großgermanischen Reichs und einer Herrschaft über die Sklavenvölker des Ostens hinein[3]). Sogenannte NS-Führungsoffiziere, eine Nachahmung der bolschewistischen Kommissare in der Roten Armee, Spitzel und Propagandisten zugleich, sollten endlich die immer mit Mißtrauen betrachteten Verbände des Heeres ganz unter nationalsozialistische Kontrolle bringen[4]). In dieser letzten Notlage wurde in einer gespenstischen Steigerung der weltanschaulichen Besessenheit Zuverlässigkeit im Sinne der Doktrin für wichtiger erachtet als das militärisch

Zweckmäßige. Wie schon die hervorragenden Mannschaften, die aus der personell überbesetzten Bodenorganisation der Luftwaffe für den Erdkampf freigemacht worden waren, nicht dem blutenden Heere mit seiner geschulten Führerschaft, sondern eigenen Luftwaffenfelddivisionen eingegliedert wurden, weil die Luftwaffe im nationalsozialistischen Sinne für zuverlässiger angesehen wurde als das von der preußischen Tradition bestimmte Heer, so sollten jetzt in der Endphase auf den Führernachwuchsschulen des Heeres junge Theologen und Christen, wie sehr sie sich an der Front bewährt haben mochten, nicht mehr zum Offizier befördert werden, weil man sich für die Zukunft »kein Kuckucksei« ins Nest legen wollte. Die letzte lebendige Kraft des Volkes wurde in den Kampf geworfen. Die Sechzehnjährigen, Jahrgang 1929, wurden einberufen, der Volkssturm zur Heimatverteidigung gebildet und die Hitlerjugend für die Luftabwehr herangezogen. Offene Städte, zu Festungen dekretiert, wurden zum Todeskampf verurteilt. Als der Feind die Reichsgrenzen schon überschritten hatte, wurde durch den Befehl der »verbrannten Erde« in dem aussichtslosen Endkampf noch manche Brücke, manche Bahn, manches Werk zerstört, das die Bomben der Alliierten übriggelassen hatten[5]). Allerdings ist der Befehl nicht konsequent durchgeführt worden, weil sich Speer Hitler gegenüber offen widersetzte (vgl. § 84). Die Führung des Kampfes an den Fronten läßt in dem Zeitraum vom Invasionsbeginn und dem russischen Großangriff gegen die Mittelfront im Sommer 1944 bis zur Endkatastrophe keine Freiheit operativer Entscheidungen mehr erkennen. Es war ein verzweifeltes Sichwehren gegen die unaufhaltsam herandrängende Flut, die durch die gebrochenen Schleusentore der Fronten im Osten und Westen auf die deutsche Heimat zustürzte. Der deutsche Soldat hat sich auch in den hoffnungslosen Abwehrkämpfen und Rückmärschen, der Panzer-, Artillerie- und Bombenmasse der Gegner ausgeliefert, oft abgeschnitten vom Zusammenhang mit der eigenen Truppe, bewährt, wenn es auch nicht ausblieb, daß die Rückwärtsbewegung in Katastrophenlagen zur Flucht wurde. Das Geschehen an den Fronten insgesamt bot das Bild einer großen einheitlichen, unheimlichen Bewegung: der Raum, der für die Verteidigung übrigblieb, verengerte sich von Stunde zu Stunde.

Wie entwickelte sich die militärische Lage im Sommer und Herbst 1944? Im Westen war es nach der Invasion fast zwei Monate hindurch gelungen, den sich im Landungsraum immer mehr verstärkenden Gegner, wenn auch langsam zurückweichend, zu halten. Dann erzielten die Amerikaner am 30./31. Juli bei Avranches einen Durchbruch durch die deutsche Front. Die Panzer der Invasionsarmeen stießen nun in den französischen Raum hinein, während an der französischen Mittelmeerküste am 15. August von Unteritalien aus eine zweite Invasion erfolgte. Am 25. August zog General de Gaulle in Paris ein. Anfang September fielen Brüssel, Antwerpen und Lüttich in die Hände der Engländer. Montgomery, der Befehlshaber der englischen Truppen, beurteilte die Lage jetzt so, daß in der Verfolgung ein Vorstoß bis ins Herz Deutschlands hinein gewagt werden könne. Eisenhower jedoch hielt die dafür erforderliche Konzentration der alliierten Panzerkräfte an ihrem linken Angriffsflügel für nicht vertretbar angesichts der immer noch vorhandenen Kampfkraft des deutschen Gegners. Er wollte frontal aufschließen und gegen die Reichsgrenze vorrücken[6]). Anfang September stand die deutsche Verteidigung am Westwall und entlang der südholländischen Flußläufe und Kanäle. Hier versuchten die Gegner durch Einsatz von Luftlandetruppen bei Arnheim und Nimwegen am 17. September den Übergang über Waal und Rhein zu erzwingen. Aber die bei Arnheim gelandeten Divisionen wurden durch deutschen Gegenangriff vernichtet[7]). Im Bereich des Westwalls kämpften die Amerikaner erfolgreich. Am 21. Oktober fiel Aachen in ihre Hand. Amerikanische und französische Divisionen überschritten die Vogesen. Am 23. November fiel Straßburg, am gleichen Tage Metz. Entlang Oberrhein, Westwall und Niederrhein gelang es dann der deutschen Führung unter v. Rundstedt, der erneut das Oberkommando im Westen innehatte, eine fest zusammenhängende Front zu halten.

Im Osten führten in der gleichen Zeit des Sommers und Herbstes 1944 die Angriffserfolge der russischen Armeen zum Abfall der Verbündeten. Am 10. Juni durchbrachen die Russen nordwärts Leningrad die karelische Front. Deutschland konnte in seiner eigenen bedrängten Lage nicht in ausreichendem Maße Hilfe geben. Obwohl die Finnen entlang der nach dem finnisch-russischen Winterkrieg festgesetzten Landesgrenze standhielten, führte die hoffnungslose Gesamtlage des Reiches Marschall Mannerheim und die finnische Führung zum Entschluß, mit Rußland einen Sonderfrieden zu schließen[8]). Am 19. September wurde in Moskau der Waffenstillstand unterzeichnet. Die deutsche Lapplandarmee wich nach Norwegen hin aus unter Zerstörung des Rückzugsgebietes. Es kam hierbei zu Kämpfen mit den nachdrängenden Finnen. Die Trennung der Bundesgenossen hat wohl in keinem Falle zu so schmerzlichen und zwiespältigen Situationen geführt wie gerade hier.

Wenige Wochen nach dem Angriff gegen Finnland, am 22. Juni, trat die Rote Armee zu ihrer großen Offensive gegen den Mittelabschnitt der deutschen Ostfront an. Die Heeresgruppe Mitte wurde zum großen Teil vernichtet[9]). Am 13. Juli begann die sowjetische Offensive gegen die Heeresgruppe Nord. Diese wurde aus dem nördlichen Baltikum nach Kurland zurückgedrängt und durch einen sowjetischen Vorstoß bis an die Ostsee südlich Riga am 5. Oktober von ihren rückwärtigen Verbindungen über Land abgeschnitten[10]). Am 11. Oktober überschritt die Rote Armee die Reichsgrenze in Ostpreußen. Auch im Südabschnitt wurde die Front zerrissen. Ende Juli fielen Lemberg und Brest-Litowsk. Am 1. August erhoben sich die Polen in Warschau[11]), im September die Slowaken im Industriegebiet von Neusohl[12]). Obwohl beide Aufstände niedergekämpft werden konnten, waren sie der Auftakt dafür, daß sich die osteuropäischen Völker von der deutschen Herrschaft lösten[13]). Im Südostraum änderte sich das Bild in wenigen Wochen vollständig. Nachdem es der sowjetischen Politik auf der Konferenz von Teheran gelungen war, ein Eingreifen des Westens in Südosteuropa zu verhindern[14]), vermochte es die Rote Armee nun, diesen vom russischen Imperialismus lange erstrebten Einflußraum militärisch in ihre Hand zu bringen. Im August begann ihr Angriff gegen Rumänien. Ein Staatsstreich erleichterte ihr Vorgehen[15]). Der König ließ am 23. August Marschall Antonescu verhaften und erklärte zwei Tage später nach einem Angriff der deutschen Luftwaffe auf Bukarest Deutschland den Krieg.

Bulgarien folgte. Anfang September standen die Sowjets an der rumänischen Grenze nach Bulgarien und Jugoslawien hin. Am 5. September erklärte die Sowjetunion Bulgarien den Krieg. Ein Staatsstreich vom 9. September öffnete den Russen den Weg zur Besetzung des Landes ohne Widerstand. Die bulgarische Armee wurde nun zum Kampf gegen die Flanke der aus Griechenland sich zurückziehenden deutschen Südostarmee eingesetzt[16]).

Da durch die Gesamtentwicklung der Lage im Osten und in Italien das Festhalten an Griechenland und den griechischen Inseln seinen Sinn verloren hatte, begann im August die Räumung. Unter ständigen Kämpfen gegen Partisanen ist der Rückzug der deutschen Truppen aus Griechenland und Albanien unter Generalfeldmarschall v. Weichs diszipliniert durchgeführt worden. An der Drina und Drau gelang es, eine neue Stellung zu halten, aus der die Heeresgruppe erst in den letzten Kriegswochen verdrängt wurde[17]).

Die Vorgänge in Rumänien und Bulgarien veranlaßten Admiral Horthy, am 15. Oktober über den Rundfunk zu proklamieren, daß er für Ungarn um Waffenstillstand gebeten habe. Er wurde aber zum Widerruf gezwungen und nach Deutschland gebracht. Gestützt auf deutsche Truppen bildeten die mit dem Nationalsozialismus sympathisierenden Pfeilkreuzler eine neue Regierung[18]).

Noch war, als der letzte Kriegswinter nahte, der Boden Deutschlands nur an einigen schmalen Stellen vom Feinde besetzt: im Westen Aachen, im Osten ein schmaler Grenzsaum bei Tilsit. Die Ostfront zog sich von dort nach Warschau und verlief weiter weichselaufwärts nach Süden. Im Westen versuchte Hitler noch einmal, die Initiative an sich zu reißen. 40 Divisionen etwa und 1 800 Flugzeuge waren die Reserven, die er unter rücksichtsloser Entblößung aller anderen Frontabschnitte zusammenfassen konnte. Er setzte sie von der Eifel aus zu einem Vorstoß über die Ardennen an, in dem Raum also, in dem 1940 der Hauptangriff des Westfeldzuges geführt worden war. Jetzt war das Ziel die Nordseeküste bei Antwerpen, um den in Belgien und im südlichen Teil der Niederlande massierten Feind zu umfassen. Der Angriff blieb nach einigen Tagen, noch bevor er die Maas erreicht hatte, liegen[19]).

Jetzt deuteten im Osten die Zeichen auf einen bevorstehenden Großangriff der Sowjetrussen aus dem Brückenkopf von Baranow, südlich Warschau. Die Front war ausgelaugt und ohne Reserven. Vergeblich beschwor Guderian, der nach dem Juliputsch zum Generalstabschef ernannt worden war, Hitler, rücksichtslos aus dem Westen Kräfte heranzuziehen, um den drohenden Dammbruch zu verhindern. Wie erwartet, brach am 12. Januar der Angriff an dieser Stelle los[20]), die deutsche Front zerriß, Ostpreußen wurde abgeschnitten[21]), Oberschlesien ging verloren, in der zur Festung erklärten Stadt Breslau wurde um jedes Haus gekämpft[22]). Damit begann für Deutschland der schrecklichste Abschnitt des Krieges. Die Leiden der ostdeutschen Bevölkerung unter den hereinbrechenden sowjetischen Truppen und auf der Flucht vor ihnen überstiegen jedes aussprechbare Maß. Die Vergeltung schlug in gleicher Weise Schuldige und Unschuldige eines Volkes, das sich von Machthabern hatte führen lassen, die den Mord am Judentum zu verantworten hatten und für die der Wehrlose und Besiegte kein Recht besaß. Neben den Namen Belcec, Treblinka und Auschwitz als grausigen Wortsymbolen für das Maß des radikal Bösen, dessen die menschliche Natur fähig ist, steht der Name Dresden: hier drängten sich riesige Scharen obdachloser Flüchtlinge. In diese schutzlosen Menschen warfen am 13. und 14. Februar 1945 vom Westen angreifende Fliegergeschwader ihre Spreng- und Brandbomben. Dresden wurde ein Feuermeer. In diesem Inferno gingen schätzungsweise 60 000—100 000 Menschen zugrunde[23]).

Am Tage der Zerstörung Dresdens kapitulierte das von den Sowjets eingeschlossene Budapest. Am Plattensee aber gelang es noch einmal, den Gegner aufzuhalten. Auch der böhmisch-mährische Raum war damals noch in deutscher Hand. Weiter nach Norden verlief Anfang März die Front entlang der Neiße und Oder, an deren Westufer die Sowjetrussen mehrere Brückenköpfe bildeten.

Am 24. März 1945 begann die letzte Phase der kriegerischen Operationen im Osten und Westen. Briten und Amerikaner überschritten den Rhein an mehreren Stellen und stießen in das rechtsrheinische Deutschland vor, während die Sowjets nun zunächst an der ungarischen Front angriffen. Am 13. April fiel Wien in ihre Hand, während die in Süddeutschland vorrückenden Amerikaner und Franzosen Hessen, Württemberg und Bayern besetzten, am 30. April München erreichten und darüber hinaus Westböhmen, Oberösterreich, das Salzkammergut und Tirol bis zum Brenner in ihre Hand brachten. Vom Mittelrhein her, aus dem Brückenkopf Remagen vorstoßend, erreichten sie am 12. April die Elbe und überschritten sie bei Magdeburg. Bei Wesel erzwangen die Briten den Rheinübergang, schnitten durch einen schnellen Vorstoß ins Emsland die von den deutschen Truppen bis zur Kapitulation gehaltene Festung Holland ab, zerschlugen die Reste der Heeresgruppe B im Ruhrkessel, nahmen Bremen und erreichten am 19. April die Elbe bei Lauenburg[24]).

Das unerwartet schnelle Vorrücken vom Rhein zur Elbe stellte Briten und Amerikaner vor eine strategische Entscheidungsfrage, die das Verhältnis der Westmächte zu ihrem sowjetischen Verbündeten und damit die politische Zukunft Deutschlands und

Osteuropas betraf. Thüringen und der größte Teil von Sachsen waren Mitte April 1945 in der Hand der Amerikaner. Sie fanden kaum noch Widerstand, während die deutsche Abwehrfront nach Osten entlang der Oder-Neiße-Linie in Erwartung des russischen Großangriffs auf Berlin noch stand. Es wäre den westlichen Armeen militärisch möglich gewesen, der sowjetischen Schlußoffensive zuvorzukommen und vor der Roten Armee Berlin und Prag zu erreichen. Daß dies nicht geschah, hat seinen Grund in der unterschiedlichen Beurteilung der politischen und militärischen Lage durch London und Washington in der Endphase des Krieges vor der deutschen Kapitulation.

DW 397/658—686. — E. KUBY (Hg.), Das Ende des Schreckens, Dokumente des Untergangs, Jan.—Mai 1945 (1955); Chronik des Zusammenbruchs vom März bis Mai 1945, Gegenwart 1 (1945); K. KOLLER, Der letzte Monat (1949), vom letzten Stabschef der Luftwaffe; P. E. SCHRAMM (Hg.), Die Niederlage 1945 (Tb. 1962), Dokumente; J. TOLAND, Das Finale. Die letzten 100 Tage (a. d. Amerik. 1968).

1) G. BUCHHEIT, Richter in roter Robe. Freisler — Präsident des Volksgerichtshofes (1968); W. WAGNER, Der Volksgerichtshof im nat.soz. Staat (1974). 2) WAGNER op. cit., S. 792 f., 799 ff. u. Anlage 32. 3) Seine Rede vor den Gauleitern am 3. Aug. 1944, s. § 77, Anm. 31. 4) W. BESSON, Zur Gesch. des nat.soz. Führungsoffiziers, VfZG 9 (1961); G. L. WEINBERG, A. Hitler u. der NS-Führungsoffizier (NSFO), Dokumentation, VfZG 12 (1964); M. MESSERSCHMIDT, Die Wehrmacht im NS-Staat (1969); V. R. BERGHAHN, NSDAP u. »Geistige Führung« der Wehrmacht 1939—1945, VfZG 17 (1969). 5) Text in H.-A. JACOBSEN, 1939—1945. Der Zw. Weltkrieg in Chronik u. Dokumenten (1961), Nr. 204. 6) Vgl. WILMOT (§ 81, Anm. 1), S. 486 ff., Kap.: Die große Streitfrage. 7) Anschauliche Schilderung bei C. RYAN, Die Brücke von Arnheim (a. d. Amerik. 1975). 8) Hierzu MANNERHEIM, TANNER, ERFURTH, BLÜCHER, s. S. 492; T. POLVINEN, Finland i stormaktspolitiken 1941—1944 (Stockholm 1969), S. 221 ff.; Protokolle der Waffenstillstandsverhandlungen in Th. PALM, The Finnish-Soviet Armistice Negotiations of 1944 (Stockholm 1971). — Über den Rückzug der Lapplandarmee deren letzter Befehlshaber L. RENDULIC, Gekämpft, gesiegt, geschlagen (1952); H. HÖLTER, Armee in der Arktis (1953). 9) H. GACKENHOLZ, Der Zusammenbruch der Heeresgruppe Mitte 1944, in: H.-A. JACOBSEN / J. ROHWER (Hg.), Entscheidungsschlachten des Zw. Weltkrieges (1960). 10) H. MEIER-WELCKER (Hg.), Abwehrkämpfe am Nordflügel der Ostfront 1944/45 (1963). 11) S. § 77, Anm. 25. 12) W. VENOHR, Aufstand für die Tschechoslowakei. Der slowakische Freiheitskampf von 1944 (1969). 13) H. SETON-WATSON, The East Europ. Revolution (a. d. Engl. 1956); L. LOWERY, Kap. über die einzelnen osteurop. Staaten, in: The realignment of Europe, Survey of Internat. Affairs 1939—46 (1955). 14) S. § 85. 15) H. KISSEL, Die Katastrophe in Rumänien 1944 (1964); A. HILLGRUBER, Hitler, König Carol u. Marschall Antonescu. Die dt.-rumän. Beziehungen 1938 bis 1944 (1965), S. 209 ff. 16) P. GOSZTONY, Der Krieg zw. Bulgarien u. Dtld. 1944/45, Wehrwiss. Rdsch. 17 (1967). 17) K. HNILICKA, Das Ende auf dem Balkan. Die milit. Räumung Jugoslawiens durch die dt. Wehrmacht (1970); K. D. WOLFF, Das Unternehmen »Rösselsprung« 1944, VfZG 18 (1970); P. GOSZTONY, Endkampf an der Donau 1944/45 (1969). 18) C. A. MACARTNEY, Ungarns Weg aus dem Zw. Weltkrieg, VfZG 14 (1966); M. LACKO, Arrow-Cross men. National Socialists 1935—1944 (Budapest 1969). 19) H. JUNG, Die Ardennenoffensive 1944/45 (1971). 20) Eine ergreifende Schilderung des Zusammenbruchs im Osten gibt der ehem. Kriegsberichterstatter J. THORWALD, Die große Flucht. Es begann an der Weichsel. Das Ende an der Elbe (Neuausg. 1965). 21) O. LASCH, So fiel Königsberg (1958), Erinnerungen des letzten Kommandanten der Festung. 22) J. KONRAD, Das Ende von Breslau, VfZG 4 (1956). 23) H. RUMPF, Bilanz (s. o. § 79), S. 169: »Am häufigsten wird nach Unterlagen des State Department von 250 000 Toten gesprochen, die wahre Zahl liegt wohl niedriger und ist mit 60 000 oder 100 000 in einer einzigen Nacht im Feuer umgekommener Zivilisten für die menschliche Vorstellungskraft immer noch schwer faßbar.«; D. IRVING, Der Untergang Dresdens (a. d. Engl. Tb. 1967). 24) A. BRYANT, Sieg im Westen, 1943—1946 (a. d. Engl. 1960); F. KUROWSKI, Von den Ardennen zum Ruhrkessel. Das Ende der Westfront (1965); weitere Lit. s. § 81, Anm. 13 u. § 84, Anm. 12.

§ 84 Die Kapitulation

Am 8. März 1945 traf sich der Kommandeur der SS-Truppen in Italien SS-Obergruppenführer Wolff in der Schweiz mit dem Chef des amerikanischen Geheimdienstes Allan Welsh Dulles[1]). Er hatte erkannt, daß der Krieg endgültig verloren war, hoffte aber, daß es möglich sei, über die unausweichliche Kapitulation mit dem Westen verhandeln zu können. Dies wurde abgelehnt. Man hielt ihm die zwischen den Alliierten bestehende Vereinbarung entgegen, daß von Deutschland eine bedingungslose Kapitulation, und zwar gegenüber den Westmächten wie gegenüber der Sowjetunion, verlangt werde. Durch diese Forderung wurde aber die Möglichkeit von militärischen Teilkapitulationen an größeren oder kleineren Frontabschnitten nicht ausgeschlossen. Politisch mußte es von Bedeutung sein, in welchem Maße sich militärische Kapitulationen vollzogen und ob es sich um begrenzte Abschnitte oder ganze Fronten handelte. Es kam darauf an, wem diese Kapitulationen angeboten wurden. Die Endsituation, in der sich Deutschland im Augenblick der Totalkapitulation befinden würde, konnte entscheidend mitbestimmt werden durch die Art der zu erwartenden Teilkapitulationen. Daher verlangte Stalin von seinen Verbündeten, daß zu weiteren Verhandlungen, die sich an diese erste Fühlungnahme anschließen sollten, sowjetische Offiziere gleichberechtigt hinzugezogen würden. Dies wurde von den westlichen Alliierten abgelehnt, da sie mit Recht vermuteten, daß in diesem Falle eine militärische Teilkapitulation überhaupt nicht zustande kommen werde, da der Sinn dieses aus der deutschen Italienarmee kommenden Angebotes gerade darin bestand, gegenüber dem Westen, aber nicht gegenüber dem Osten zu kapitulieren. Stalin hat damals behauptet, daß es den Deutschen durch diese Verhandlungen gedeckt möglich gewesen sei, mehrere Divisionen aus Italien abzuziehen und an die Ostfront zu verlagern. Er beschuldigte seine Verbündeten des Verrats. In einem Brief an Roosevelt vom 3. April 1945 hieß es: »Meine militärischen Kollegen zweifeln auf Grund der vorhandenen Unterlagen nicht daran, daß Verhandlungen stattgefunden haben und daß sie mit einem Übereinkommen mit den Deutschen abgeschlossen wurden, dem zufolge sich der deutsche Oberbefehlshaber an der Westfront, Marschall Kesselring, bereit erklärt hat, die Front zu öffnen und die anglo-amerikanischen Armeen in Richtung Osten passieren zu lassen, und die Anglo-Amerikaner als Gegenleistung versprochen haben, die Waffenstillstandsbedingungen für die Deutschen zu erleichtern. Ich glaube, daß meine Kollegen der Wahrheit nahekommen. Andernfalls wäre die Tatsache unverständlich, daß es die Anglo-Amerikaner abgelehnt haben, Vertreter des sowjetischen Oberkommandos an den Verhandlungen mit den Deutschen in Bern teilnehmen zu lassen ... Ich verstehe, daß sich im Ergebnis dieser Separatverhandlungen in Bern oder an einem anderen Ort gewisse Vorteile für die anglo-amerikanischen Truppen bieten, da die anglo-amerikanischen Armeen die Möglichkeit erhalten, fast ohne jeden Widerstand der Deutschen tief nach Deutschland vorzustoßen ... So ergibt sich also, daß im gegenwärtigen Augenblick die Deutschen an der Westfront faktisch den Krieg gegen England und Amerika beendet haben. Gleichzeitig setzen die Deutschen den Krieg gegen Rußland, den Verbündeten Englands und der USA, fort. Es ist verständlich, daß eine solche Situation in keiner Weise zur Erhaltung und Festigung des Vertrauens zwischen unseren Ländern beitragen kann.«[2]) Roosevelt, schon damals schwer erkrankt, hat in einem von Generalstabschef Marshall entworfenen Brief mit Schärfe geantwortet. Er verwahrte sich gegen die »niederträchtige Verdrehung«[3]) der amerikanischen Handlungsweise. Empfindlich reagierte er besonders auf den Vorwurf, daß die Amerikaner deshalb so große Erfolge in Deutschland hätten, weil die Deutschen aufgehört hätten, im Westen zu kämpfen. Natürlich sei die Schnelligkeit des Vormarsches auch dadurch mitbedingt, daß deutsche Kräfte an der Ostfront gebunden seien. Das entscheidende Verdienst gebühre aber dem operativen Geschick Eisenhowers, der einen großen Teil der deutschen Truppen schon westlich des Rheins vernichtet habe. Im übrigen hätten die vom Westen her geführten Luftangriffe bewirkt, daß der militärische Widerstand Deutschlands immer stärker zusammensinke. Churchill hat damals versucht, Roosevelt zur Unnachgiebigkeit zu veranlassen. »Ich halte es für äußerst wichtig«, so schrieb er, »daß unsere beiden Länder in diesem kritischen Augenblick eine feste und klare Haltung einnehmen, um die Atmosphäre zu reinigen und den Russen klarzumachen, daß es einen Punkt gibt, über den hinaus wir keine Beleidigung dulden. Ich glaube, das ist die beste Möglichkeit, die Zukunft zu retten. Wenn sich in ihnen die Überzeugung festsetzt, wir fürchteten uns vor ihnen, ließen uns einschüchtern und gäben klein bei, dann allerdings würde ich an den künftigen Beziehungen zu ihnen und an vielem anderen verzweifeln.«[4])

Das in diesem Briefwechsel sich ankündigende Zerwürfnis ist mehr als ein Ausdruck typischer Koalitionsrivalitäten, die sich in jedem militärischen Bündnis finden. Den Hintergrund bildet die Entwicklung der Verhältnisse in Ost- und Südosteuropa. In diesen von der Roten Armee eroberten Räumen schickte sich die Sowjetunion trotz getroffener Vereinbarungen mit den Westmächten an, die politische und soziale Entwicklung in eine Richtung zu zwingen, die eine Sowjetisierung dieses Teiles von Europa erwarten ließ. Damit stellte sich die Frage, ob die operative Zielsetzung für den weiteren Vorstoß der anglo-amerikanischen Armeen in das Herz Deutschlands unter dem Gesichtspunkt des rein militärischen Zwecks festgelegt werden sollte, den letzten deutschen Widerstand so schnell wie möglich zu brechen, oder ob die Überlegung bestimmend sein sollte, eine günstige Ausgangsposition für die Beeinflussung der zukünftigen politischen Gestaltung Ostmitteleuropas und Deutschlands zu gewinnen. Nun ist der alliierte Oberbefehlshaber Eisenhower primär von militärischen, nicht von politischen Überlegungen bestimmt gewesen. Er erwartete einen letzten starken deutschen Widerstand im Alpenraum. Der Mythos des »Réduit« hat auch in der deutschen Propaganda eine Rolle gespielt. Nach Eisenhowers Meinung hatte die deutsche Hauptstadt kaum mehr militärische Bedeutung. Daher suchte er irgendwo in Sachsen die Begegnung mit den Russen, um so den deutschen Raum zu spalten. Danach sollte die Masse der Amerikaner zur Verfügung stehen, um das Réduit im Süden niederzuringen. Als er diesen Entschluß am 28. März Stalin telegraphisch übermittelte, fand er dessen begeisterte Zustimmung. Aber Churchill protestierte. Er hielt aufgrund eigener Informationen das militärische Kalkül Eisenhowers für falsch. Das Réduit sei mehr ein Gebilde der deutschen Propaganda als ernsthafter militärischer Planungen. Auch abgesehen davon glaubte er, daß die jetzt zu fällende militärische Entscheidung vorwiegend unter politischen Gesichtspunkten zu erfolgen habe und daß hierfür der militärische Oberbefehlshaber nicht zuständig sei. Er sah in der Ausweitung des sowjetischen Herrschaftsbereiches eine tödliche Bedrohung für die freie Welt und hielt es daher für nötig, die Situation auszunutzen, um bis zum Zeitpunkt der deutschen Kapitulation so weit wie möglich nach Osten vorzurücken mit den Hauptzielen Berlin und Prag. Die Hauptstreitfragen zwischen Ost und West müßten geregelt sein, ehe die Armeen der Demokratien zusammenschmolzen oder die Westalliierten Gebiete aufgaben, die sie besetzt hatten. Demgegenüber war die amerikanische militärische Führung, Marshall nicht weniger als Eisenhower, der Überzeugung, daß es primär darauf ankomme, den letzten im Alpenraum erwarteten Widerstand so schnell wie möglich auszuschalten und sich nicht durch das Nebenziel Berlin ablenken zu lassen. Bei der unterschiedlichen Beurteilung der Situation durch Briten und Amerikaner hat eine Rolle gespielt, daß das historische Verhältnis beider Mächte zu Rußland sehr unterschiedlich war. England und Rußland sind im Verlauf der Geschichte wiederholt weltpolitische Gegner gewesen. Nach Roosevelts Überzeugung waren aber die

Vereinigten Staaten und Rußland frei von der britischen Erbsünde des Kolonialismus. Zudem hatte er in verschiedenen Kriegsbegegnungen mit Stalin den Eindruck gewonnen, daß im Gespräch von Mann zu Mann mit diesem Realisten durchaus zu verhandeln sei. In den realen russischen Interessen sah er keinen Anlaß für größere Differenzen mit der amerikanischen Außenpolitik, so sehr Roosevelt das sowjetische politische System als solches ablehnte. Er hoffte aber, daß gerade die Waffenbrüderschaft des Krieges auf die Dauer das Verhältnis zwischen der westlichen Welt und der Sowjetunion auflockern werde. Er rechnete zudem mit der friedensfördernden Kraft der in Entstehung begriffenen Vereinten Nationen, in deren Organisation im Unterschied zum früheren Völkerbund die Sowjetunion von vornherein einbezogen war. Er plädierte für ein absolutes fair deal gegenüber den Russen und den Verzicht auf jede Pression. Am 12. April 1945, dem Tage, an dem die Amerikaner die Elbe bei Magdeburg überschritten, starb er. Sein Nachfolger wurde der bisherige Vizepräsident Truman. Churchill hat diesem gegenüber mit wirtschaftlichen Argumenten sein strategisches Ziel durchzusetzen versucht. Die Russen, so erklärte er, ließen die Absicht erkennen, die ihnen zugedachte Besatzungszone wirtschaftlich abzuschließen. Westdeutschland brauche aber eine breite agrarische Ergänzung. Darum sei es, wenn man schon nicht Berlin erobern wolle, doch nötig, so tief wie möglich in den deutschen Osten vorzustoßen, um hinterher ein Pfand für die Verhandlungen mit den Russen in der Hand zu haben. Truman, noch auf der von Roosevelt vorgezeichneten Linie sich bewegend, entgegnete, daß in der Tat alles getan werden müsse, um eine gerechte Verteilung der in Deutschland produzierten Nahrungsmittel zu erreichen, und zwar mit Hilfe des vorgesehenen Interalliierten Kontrollrates, daß er aber nicht glaube, diese Angelegenheit der zukünftigen Behandlung Deutschlands dürfe einen Einfluß auf die Frage haben, ob nun die Amerikaner im mitteldeutschen Raum weiter vorstoßen sollten oder nicht. »Die Frage des taktischen Einsatzes der amerikanischen Truppen in Deutschland«, so schrieb er, »ist eine militärische. Meiner Meinung nach muß General Eisenhower ein gewisser Spielraum und eine gewisse Machtbefugnis eingeräumt werden.«[5])

Als solche Überlegungen noch zwischen London und Washington hin und her gingen, durchbrachen am 16. April sowjetische Truppen unter Marschall Schukow die deutsche Ostfront an der Oder-Neiße-Linie. Am 25. April berührten sich bei Torgau die sowjetischen und amerikanischen Spitzen. Am gleichen Tage schlossen die von Küstrin und Sachsen her vorstoßenden sowjetischen Armeen den Ring um Berlin.

Hitler hatte sich entgegen seinem ursprünglichen Plan, sich in das Réduit der bayerischen Berge zu begeben, am 22. April entschlossen, in der Hauptstadt zu bleiben. Hier wurde Haus um Haus ein verzweifelter Kampf geführt, in den er auch die Hitlerjugend hineinwarf. Zeichen eines gespenstischen Realitätsverlustes in der Vorstellungswelt Hitlers, während der letzte Schlag gegen ihn geführt wurde, ist sein Tagesbefehl vom 15. April, einen Tag bevor die sowjetischen Armeen gegen Berlin antraten. Der Tod Roosevelts vier Tage zuvor hatte seine Hoffnungen noch einmal jäh aufflammen lassen. Goebbels redete ihm und sich ein, daß sich nun das im Siebenjährigen Kriege durch den Tod der Kaiserin Elisabeth bewirkte Wunder der Rettung Preußens wiederhole. So endete der Appell Hitlers an die deutschen Ostkämpfer, die unter dem russischen Trommelfeuer lagen und über die dann die überwältigende Macht der Massen und des Materials hereinbrach, mit dem Zuruf: »Im Augenblick, in dem das Schicksal den größten Kriegsverbrecher aller Zeiten dieser Erde hinweggenommen hat, wird sich die Wende des Krieges entscheiden.«[6])

Es ist erstaunlich, in welchem Maße es Hitler und Goebbels bis in die letzten Kriegswochen hinein gelungen ist, wenn nicht überall, so doch weithin in ihrer Umgebung und auch in der deutschen Wehrmacht die Hoffnung wachzuhalten, daß eine

Wende der Dinge kommen werde. Nicht zuletzt hatte hierbei der von der Propaganda immer wiederholte Hinweis auf noch zu erwartende, kriegsentscheidende Wunderwaffen eine Rolle gespielt, von denen die gegen England abgeschossenen Raketen einen ersten Vorgeschmack geben sollten. Viele von denen freilich, die an zentraler Stelle standen und Einblick besaßen, erkannten seit längerem, daß der Krieg nicht mehr gewonnen werden konnte. Solche Erkenntnis führte freilich zu sehr unterschiedlichen Verhaltensweisen. Es lassen sich drei Haupttypen unterscheiden. Der erste ist am deutlichsten in der Person Rommels verkörpert: Die Erkenntnis, daß der Krieg verloren sei und Hitler nicht die Einsicht besaß, ihn zu beenden, führte ihn zum Widerstand. Der zweite ist in Dönitz und Jodl verkörpert. Dönitz war nach dem Verlust der Atlantikschlacht überzeugt, daß der Krieg nicht mehr gewonnen werden konnte. Er hielt es aber, obwohl er doch in seiner Eigenschaft als Oberbefehlshaber der Kriegsmarine einer der nächsten Berater Hitlers war, für nicht seines Amtes, Hitler die sich aus einer realistischen militärischen Lagebeurteilung ergebenden Konsequenzen nahe zu legen. Er hatte nicht begriffen, daß im Bereich der Strategie, in dem er Verantwortung trug, das Politische vom Militärischen nicht getrennt werden kann. Ähnlich war Jodl, der Chef des Wehrmachtsführungsstabes, seit der Katastrophe des Winters 1941 überzeugt, daß der Sieg nicht mehr errungen werden konnte. Die Konsequenz daraus mit seinen eigenen Worten: »Ich habe fünf Jahre geschwiegen und gehorcht. Ich bin ein gehorsamer Soldat gewesen. Ich habe in diesen fünf Jahren gearbeitet und geschwiegen, obwohl ich manchmal völlig anderer Meinung war.«[7]) Der Generalstabschef Guderian, der seine pessimistische Auffassung von der Kriegslage im Januar 1945 Ribbentrop gegenüber äußerte, wurde seines Amtes enthoben. Einen dritten Verhaltenstypus repräsentierte Albert Speer, der Organisator der Kriegsindustrie. Obwohl in starkem Maße an die Person Hitlers gebunden, bewahrte er die Unabhängigkeit eines eigenen Urteils und den Mut zum eigenen Handeln. Als er sah, daß der Krieg endgültig verloren war, hat er am 15. März 1945 eine Denkschrift hierüber verfaßt und darauf am 18. März seine Gedanken Hitler persönlich vorgetragen. Damals standen im Westen die Amerikaner und Engländer im wesentlichen noch hinter dem Rhein, im Osten die Russen hinter Oder und Neiße. Als es deutlich wurde, daß Hitler für den verbliebenen Kern Deutschlands den Kampf bis zur Selbstzerstörung weiterführen und eine Politik der verbrannten Erde proklamieren wollte, hat Speer dieser selbstmörderischen Absicht die Überlegung entgegengestellt, daß durch eine solche Zerstörung der verbleibenden deutschen Industrie, der Brücken und der Bahnen das Kriegsschicksal nicht mehr geändert werden, aber der Wiederbeginn nach dem Zusammenbruch um so schwerer sein würde. Hitler entgegnete ihm hierauf mit einer nur noch als Wahnsinn zu bezeichnenden Konsequenz aus seinen ideologischen Prämissen, wie es Speer in einem Brief vom 29. März 1945 an Hitler diesem selbst bestätigt hat: »Wenn der Krieg verlorengeht, wird auch das Volk verloren sein. Dieses Schicksal ist unabwendbar. Es sei nicht notwendig, auf die Grundlagen, die das Volk zu seinem primitivsten Weiterleben braucht, Rücksicht zu nehmen. Im Gegenteil sei es besser, selbst diese Dinge zu zerstören. Denn das Volk hätte sich als das schwächere erwiesen, und dem stärkeren Ostvolk gehöre dann ausschließlich die Zukunft. Was nach dem Kampf übrigbleibe, seien ohnehin nur die Minderwertigen; denn die Guten seien gefallen.«[8]) Als Hitler aber dennoch am 19. März den Befehl der verbrannten Erde erließ, haben sich Speer und manche Truppenführer seiner Durchführung nach Kräften und Möglichkeiten widersetzt.

Zuletzt klammerte sich Hitler an die politische Illusion, daß es zum Bruch und Zusammenstoß zwischen der Sowjetunion und den Westmächten kommen werde. Man wußte in Deutschland, wie die Grenze zwischen der zukünftigen sowjetischen und den westlichen Besatzungszonen geplant war, beobachtete aber, daß der amerikanische Vormarsch weit über diese Linie hinaus nach Thüringen und Sachsen hineinstieß. Hieran knüpfte sich die politische Hoffnung auf einen Ost-West-Konflikt. Es gab damals keine Führung mehr auf deutscher Seite. Aus dem Bunker der Reichskanzlei heraus konnten die verstreuten Kampfhandlungen im Reichsgebiet nicht mehr koordiniert werden. Soweit sich aus dem verworrenen Auf und Ab der Stimmungen Hitlers in den letzten Tagen überhaupt noch eine Konzeption ableiten läßt, so ist es die Vorstellung, daß die Kampfführung in Deutschland getrennt erfolgen sollte unter Dönitz im Norden, Kesselring im Süden. In Mitteldeutschland aber werde sich der Konflikt zwischen Amerikanern und Russen entwickeln, hier, wo sich deren Armeen an der Elbe berührten. Es käme nun darauf an, Berlin zu halten, bis sich der erwartete Ost-West-Konflikt entzündete und neue Chancen für Deutschland eröffnete. Die politische Hoffnung, daß es zu einem Konflikt zwischen Ost und West kommen werde, war damals weit verbreitet. Sie wurde durch die politische Propaganda in der Öffentlichkeit und in der Truppe vertreten. In dieser Überlegung steckte ein gewisser Kern von Wirklichkeit. Es war nur die Frage, ob die Spannungen und Probleme, die zwischen der Sowjetunion und den Westmächten bestanden, sich so weit verschärfen könnten, daß sich daraus eine Chance für Deutschland oder gar für das Fortbestehen des Hitlerregimes würde ergeben können. Diese Hoffnung, an die sich Hitler und seine Umgebung verzweifelt klammerten, trog. Sie wurde endgültig zerschlagen am 28. April. Damals nämlich hörte man in Berlin über den britischen Rundfunk, daß Himmler mit Hilfe des SS-Generals Schellenberg auf dem Wege über den schwedischen Grafen Bernadotte, der in Deutschland im Auftrage des Internationalen Roten Kreuzes verhandelte, das Angebot einer Teilkapitulation an die Westmächte gerichtet hatte und daß dieses Angebot abgewiesen worden war. Churchill erklärte am 28. April: »Es muß betont werden, daß nur die bedingungslose Kapitulation vor allen drei Großmächten in Erwägung gezogen werden wird und daß unter den drei Mächten das engste Einvernehmen herrscht«[9]). Die Wirkung dieser Nachricht auf Hitler war niederschmetternd. Als auch der Entsatzversuch einer unter General Wenck stehenden, den Belagerungsring angreifenden Armee scheiterte, resignierte Hitler endgültig. Die letzte Szene seines Lebens bietet ein peinlich makabres Bild[10]): Während in der zerschossenen Stadt immer noch, durch seinen Befehl getrieben, das sinnlose Kämpfen und Sterben weiterging, ließ er durch einen Beamten des Propagandaministeriums seine standesamtliche Trauung vollziehen. Am 30. April tötete sich Hitler. Er hinterließ ein tags zuvor diktiertes politisches Testament und eine letzte Botschaft an die Wehrmacht[11]). Es war ein Versuch, sich vor der Geschichte der Verantwortung für das durch ihn und in seinem Namen Geschehene zu entziehen, ein letzter Propagandatrick, um das Bild des Geschehens festzulegen: der Krieg von den Juden angezettelt, vom Generalstab verloren, Hitler selber das Opfer von Verrat. Göring und Himmler verstieß er aus allen Partei- und Staatsämtern, Göring, weil er am 23. April vom Obersalzberg aus an den unbeweglich in seinem Berliner Bunker sitzenden Führer die Frage gerichtet hatte, ob er nun selber entsprechend einem Nachfolgedekret vom 29. Juni 1941 die Führerschaft des Reiches übernehmen solle; Himmler, weil dieser am 23. April, ohne Hitler erst zu fragen, den Westmächten eine Teilkapitulation angeboten hatte. Hitler ernannte zu seinem Nachfolger als Reichspräsidenten und Oberbefehlshaber den Großadmiral Dönitz. Die Kanzlerschaft sollte Goebbels übernehmen, der sich jedoch zusammen mit seiner Familie in Berlin das Leben nahm.

Dönitz[12]) sah seine Aufgabe darin, die unvermeidliche Kapitulation so durchzuführen, daß möglichst vielen Deutschen ein Weg aus dem Bereich der Sowjets in die westlichen Teile Deutschlands freigehalten wurde. Zunächst hoffte er dies dadurch zu erreichen, daß er die Elbefront von Lauenburg bis Hamburg gegen die Briten hielt, um die Linie des Elbe-Trave-Kanals zwischen Lauenburg und Lübeck als Zugang nach

Schleswig-Holstein offenzuhalten. Aber die Engländer griffen am 2. Mai bei Lauenburg an und stießen am gleichen Tage bis Lübeck durch. Einige Frontabschnitte kapitulierten selbständig, die Italienfront am 28. April, die Front in Süddeutschland am 4. Mai. Am gleichen Tage unterzeichnete Admiral v. Friedeburg im Auftrage von Dönitz im Hauptquartier Montgomerys bei Lüneburg die Kapitulation für die deutschen Streitkräfte in Holland, Nordwestdeutschland und Dänemark. Während nun im Westen die Waffen schwiegen, gelang es, die Gesamtkapitulation um einige Tage hinauszuschieben. Sie wurde am 7. Mai in Eisenhowers Hauptquartier und in Anwesenheit eines russischen Vertreters durch Generaloberst Jodl vollzogen. Unter dem Datum des 8. Mai wurde der Kapitulationsakt im sowjetischen Hauptquartier wiederholt. Die Urkunde wurde am 9. Mai 0.16 Uhr von Keitel, Friedeburg und als Vertreter der Luftwaffe Generaloberst Stumpff unterzeichnet. Die Kapitulation trat mit dem 9. Mai in Kraft[13]).

Damals standen deutsche Truppen immer noch weit jenseits der Reichsgrenzen in Holland, Kurland und Norwegen, in Norditalien, Kroatien und Böhmen und auf den ägäischen Inseln. Die bis zum Inkrafttreten der Kapitulation gewonnene Frist machte es möglich, große Teile der noch in Schlesien, Brandenburg und Pommern stehenden Truppen in den Machtbereich der Westalliierten zu führen. Der Handels- und Kriegsmarine gelang es, zahlreiche Flüchtlinge aus Ost- und Westpreußen und Pommern herauszuholen. Der größte Teil der Kurlandarmee aber mußte den Weg in die sowjetische Kriegsgefangenschaft gehen. In Prag und andernorts erhoben sich am 5. Mai die Tschechen. Teilen der hier stehenden Truppen gelang es, sich in den westlichen Teil Böhmens durchzuschlagen, um dann doch als Gefangene mit den Vertriebenen den Sowjetrussen ausgeliefert zu werden. Das gleiche Schicksal erlitten auch die auf deutscher Seite stehenden Verbände des Generals Wlassow und andere Freiwillige und Flüchtlinge aus der Sowjetunion. Sie wurden aufgrund einer zwischen Eden und Stalin im Oktober 1944 getroffenen Vereinbarung ausgeliefert[14]). Insgesamt aber wurde es durch den von Dönitz mit Geschick geleiteten Kapitulationsvorgang zwei bis drei Millionen Menschen möglich gemacht, sich den Sowjetrussen zu entziehen. Die Waffenniederlegung erfolgte geordnet. Eine große Anzahl von U-Booten wurde durch ihre Mannschaften versenkt.

Die Kapitulation war eine militärische. Im Auftrag von Dönitz bildete der frühere Reichsfinanzminister Graf Schwerin-Krosigk eine geschäftsführende Regierung, die ihren Sitz von Plön in Holstein nach Mürwik bei Flensburg verlegte. Hier versuchte Schwerin-Krosigk in Verhandlungen mit den Alliierten die ersten Voraussetzungen zu schaffen, um die Geschäfte einer deutschen Verwaltung in Gang zu bringen. Diese geschäftsführende Regierung wurde am 23. Mai durch Machtspruch der Alliierten abgesetzt. Sie proklamierten die Übernahme der obersten Regierungsgewalt in Deutschland durch Großbritannien, die Vereinigten Staaten, die Sowjetunion und Frankreich.

1) A. DULLES / G. v. S. GAEVERNITZ, Unternehmen »Sunrise«. Die geheime Gesch. des Kriegsendes in Italien (1967). 2) Briefwechsel Stalins mit Churchill, Attlee, Roosevelt u. Truman (s. S. 491), Nr. 286. 3) Ebd., Nr. 287; vgl. § 87, Anm. 2. 4) Zit. Ch. WILMOT, Der Kampf um Europa (1954), S. 744 f. 5) Ebd., S. 752 f. 6) HUBATSCH, Hitlers Weisungen (s. o. S. 491), Nr. 75. 7) J. SCHULTZ, Die letzten dreißig Tage (1951), S. 123. 8) Text in H.-A. JACOBSEN, 1939—1945. Der Zw. Weltkrieg in Chronik u. Dok. (1961), Nr. 163; ferner A. SPEER, Erinnerungen (1969), S. 459 ff.; R. HANSEN, Albert Speers Konflikt mit Hitler, GWU 17 (1966); G. JANSSEN, Das Ministerium Speer (1968), S. 295 ff. 9) Ch. WILMOT, S. 758; zu den Verhandlungen: W. SCHELLENBERG, Memoiren (1959); F. BERNADOTTE, Das Ende. Meine Verhandlungen in Dtld. im Frühjahr 1945 u. ihre polit. Folgen (Zürich 1945). 10) G. BOLDT, Die letzten Tage der Reichskanzlei ([4]1947), Beobachtungen eines jungen dt. Offiziers; H. R. TREVOR-ROPER, The last days of Hitler (London [2]1952, dt. Tb. [3]1965); U. BAHNSEN / P. O'DONNELL, Die Katakombe. Das Ende i. d. Reichskanzlei (1975), aufgrund von Befragungen der Überlebenden. — Die milit. Ope-

rationen der letzten Kriegswochen schildert der KTB-Führer im Führungsstab Nord J. SCHULTZ, Die letzten 30 Tage (1951); H. G. v. STUDNITZ, Als Berlin brannte. Diarium der Jahre 1943—1945 (1963); Margret BOVERI, Tage des Überlebens (1968); Marschall W. TSCHUIKOW, Das Ende des Dritten Reiches (a. d. Russ. 1966); A. TULLY, Berlin. Story of a Battle, April—May 1945 (1963), Augenzeugenbericht eines amerik. Kriegskorrespondenten; P. GOSZTONY (Hg.), Der Kampf um Berlin 1945 in Augenzeugenberichten (1970). **11)** H. R. TREVOR-ROPER, op. cit.; ders. (Hg.), Le Testament politique de Hitler (Paris 1959). **12)** W. LÜDDE-NEURATH, Regierung Dönitz. Die letzten Tage des Dritten Reiches ([3]1964), mit einem Nachwort von W. BAUM, Die Regierung Dönitz in der heutigen wissenschaftl. Forschung; K. D. ERDMANN, Die Regierung Dönitz, GWU 14 (1963); R. HANSEN, Das Ende des Dritten Reiches. Die dt. Kapitulation 1945 (1966); Marlis G. STEINERT, Die 23 Tage der Regierung Dönitz (1967); Ch. WHITING, Finale at Flensburg, The story of Field Marshal Montgomery's battle for the Baltic (London 1973). — Biogr. s. S. 492. **13)** Rundfunkansprachen des Leiters der geschäftsführenden Reichsregierung Graf SCHWERIN v. KROSIGK vom 7. Mai, Rundfunkansprache des Großadmirals DÖNITZ vom 8. Mai u. der letzte Wehrmachtsbericht vom 9. Mai 1945 in: H.-A. JACOBSEN, Chronik u. Dokumente, Nr. 166—168. — Zum Text der Kapitulationsurkunde vgl. § 86. **14)** Ihr Schicksal schildert N. BETHELL, Das letzte Geheimnis. Die Auslieferung russ. Flüchtlinge an die Sowjets durch die Alliierten 1944—47 (1975).

E. Das Ende des Reiches und die Entstehung der Republik Österreich, der Bundesrepublik Deutschland und der Deutschen Demokratischen Republik

Bibliographien: Bibliographie zur Zeitgesch. in VfZG, fortlaufend; W. BENZ, Quellen zur Zeitgesch., Dt. Gesch. seit dem ersten Weltkrieg 3, hg. v. Inst. f. Zeitgesch. (1972); K. D. BRACHER / H.-A. JACOBSEN (Hg.), Bibl. zur Politik in Theorie u. Praxis (1970, Ergänzungsbd. 1972); U. BERMBACH (Hg.), Hamburger Bibl. zum Parlament. System der Bundesrep. Dtld., 1945—1974 (²1975).

Methodische Fragen: E. DEUERLEIN, Forschungsgrundlage u. Forschungsproblematik 1945—1949, in: Polit. Studien 22 (1971).

Forschungseinrichtungen: Das Bundesarchiv, Koblenz, u. das Institut f. Zeitgeschichte, München, haben neuerdings die Zeit nach 1945 in ihren Forschungsbereich einbezogen. Zu einzelnen Problemkreisen: Forschungsinstitut der Dt. Gesellschaft f. Ausw. Politik, Hg. der »Schriften des Forschungsinstituts der Dt. Ges. f. Ausw. Politik«, »Die Internat. Politik«, »Europa-Archiv«; Institut f. Zeitungsforschung, Dortmund, Sammlung der Presse der Nachkriegszeit; Zentralinstitut f. sozialwissenschaftl. Forschung der FU Berlin (früher Inst. f. polit. Wissenschaft), Arbeitsbereiche u. a.: »DDR-Forschung u. -Archiv«, »BRD-Forschung u. -Archiv«, Hg. einer »Schriftenreihe«; Bundesinstitut f. ostwissenschaftl. u. internat. Studien, Köln, Forschungsschwerpunkt die Zeitgesch. der Sowjetunion, in diesem Rahmen Entwicklung der DDR u. der soz. Länder Osteuropas; Institut f. Ostrecht der Univ. Köln, erforscht internat. Beziehungen sowie Regierungssysteme u. öff. Recht der Oststaaten u. der DDR.

Nachschlagewerke: K. MEHNERT / H. SCHULTE (Hg.), Dtld.-Jahrbuch 1949 (1949); P. REICHELT, Dt. Chronik 1945 bis 1970. Daten u. Fakten aus beiden Teilen Dtlds. (2 Bde. 1970/71); Carola STERN / Th. VOGELSANG u. a. (Hg.), Lexikon zur Gesch. u. Politik im 20. Jhdt. (2 Bde. Tb. ²1974); R. SCHACHTNER, Die dt. Nachkriegswahlen. Wahlergebnisse in der Bundesrep. Dtld., in den dt. Bundesländern, in West-Berlin, im Saarland u. in der Sowjetzone (DDR) 1946 bis 1956 (1956); Anna Christine STORBECK, Die Regierungen des Bundes u. der Länder seit 1945 (1970, Ergänzungsbd. 1974); Nachschlagewerke für die sowj. Besatzungszone vgl. § 98.

Dokumente: E. R. HUBER (Hg.), Quellen zum Staatsrecht der Neuzeit, Bd. 2 (1951); J. HOHLFELD (Hg.), Dok. der dt. Politik u. Gesch. (1952—1955), Bd. 6: 1945 bis 1950; E. DEUERLEIN, Die Einheit Dtlds., Bd. 1: Die Erörterungen u. Entscheidungen der Kriegs- u. Nachkriegskonferenzen 1941—1949 (²1961); H. v. SIEGLER (Hg.), Dokumentation zur Dtld.frage [1941—1971] (8 Bde. 1961/72); Th. STAMMEN (Hg.), Einigkeit u. Recht u. Freiheit. Westdt. Innenpolitik 1945—1955 (Tb. 1965); I. v. MÜNCH (Hg.), Dok. des geteilten Dtld. (2 Bde. 1968/1975); Beate RUHM v. OPPEN (Hg.), Documents on Germany under occupation 1945—1954 (Oxford 1955), hg. vom Royal Inst. of Intern. Affairs; Germany 1947—1949. The Story in Documents, hg. vom Dept. of State (Washington 1950); A Decade of American Foreign Policy. Basic documents, 1941—1949 (Washington 1950); amtl. amerik. Akten für die Jahre 1941—1947 s. §§ 85, 90, 103, 105; Documents français relatifs à l'Allemagne (août 1944—février 1947) (Paris 1947), dt. Übers. in EA 9 (1954); Dokumente zur Dtld.politik der Sowjetunion, hg. vom Dt. Inst. f. Zeitgesch., Bd. 1: 1945—1954 (Berlin-Ost 1957), ergiebiger: Vnešnjaja Politika Sovetskogo Sojuza. Dokumenty i Materialy (7 Bde., Moskau 1949 ff.), für Sept. 1945 bis Dez. 1949. — Dok. zu den Konferenzen von Casablanca, Jalta, Teheran, Potsdam s. § 85; zu den Konferenzen der Außenminister 1945—1948 s. §§ 90, 103, 105; Nürnberger

Dok. s. § 91; Dok. zur Entstehung der Bundesrep. Dtld. s. § 105; zur Berlinfrage s. § 104; zur Gesch. der DDR s. § 98.

Aufzeichnungen, Erinnerungen, Lebensbeschreibungen:

Deutschland: K. DÖNITZ s. § 84; W. ULBRICHT, W. PIECK, O. GROTEWOHL, W. LEONHARD, E. W. GNIFFKE, M. REIMANN s. § 94; E. OLLENHAUER u. K. SCHUMACHER s. § 94; C. SCHMID, W. H. KOPF, M. BRAUER, W. KAISEN, W. HOEGNER s. § 99; E. REUTER s. § 104; K. ADENAUER, H. v. BRENTANO, Th. STELTZER, H. SCHLANGE-SCHÖNINGEN s. § 95; A. HERMES s. § 97, Anm. 15; K. ARNOLD s. § 99, Anm. 25; J. KAISER, E. LEMMER s. § 98, Anm. 8; F. FRIEDENSBURG s. § 104, Anm. 14; H. KÖHLER s. § 99, Anm. 14; L. ERHARD u. A. MÜLLER-ARMACK s. § 103, Anm. 25; H. PÜNDER s. § 103, Anm. 24 a; J. MÜLLER s. § 95; H. EHARD u. F. SCHÄFFER s. § 99; Th. HEUSS, R. MAIER, Th. DEHLER, E. SCHIFFER, W. KÜLZ s. § 95. — Erinnerungen evang. Kirchenführer s. § 101.

Österreich: E. FISCHER, K. RENNER, L. FIGL, A. SCHÄRF, Th. KÖRNER, K. GRUBER s. § 89.

England: W. S. CHURCHILL u. A. EDEN s. S. 493 u. § 90, Anm. 17, C. R. ATTLEE, E. BEVIN s. § 87; Lord STRANG s. § 85, Anm. 19.

Frankreich: Ch. de GAULLE s. S. 493 u. § 85, Anm. 32.

USA: C. HULL, E. R. STETTINIUS, H. L. STIMSON, R. MURPHY, W. D. LEAHY, Senator VANDENBERG s. S. 493, H. S. TRUMAN s. S. 493 u. § 87; H. MORGENTHAU, S. WELLES, D. G. ACHESON, J. R. DEANE, A. W. HARRIMAN s. § 85; J. F. BYRNES s. § 87; L. D. CLAY, G. KENNAN, G. MARSHALL s. § 90; W. L. DORN s. § 92.

Sowjetunion: J. W. STALIN s. S. 131; W. M. MOLOTOW s. § 90.

Darstellungen:

1. *Deutsche Geschichte:* E. DEUERLEIN, Dtld. nach dem Zw. Weltkrieg 1945—1955, in: BRANDT / MEYER / JUST (Hg.), Handbuch der Dt. Gesch. 4/6 (1964); A. HILLGRUBER, Dtld. zwischen den Weltmächten 1945—1965, in: P. RASSOW (Hg.), Dt. Gesch. im Überblick. Ein Handbuch (³1973); ders., Dt. Gesch. 1945—1972 (Tb. 1974); Th. VOGELSANG, Das geteilte Dtld. (Tb. ⁵1973), auch in: Dt. Gesch. seit dem Ersten Weltkrieg 2, hg. vom Inst. f. Zeitgesch. (1973); E. NOLTE, Dtld. u. der Kalte Krieg (1974); W. CORNIDES, Die Westmächte u. Dtld., Gesch. der jüngsten Vergangenheit 1945—1955 (²1961); M. REXIN / G. MOLTMANN / H. LILGE, Dtld. 1945—1963 (1967); H. DOLLINGER (Hg.), Dtld. unter den Besatzungsmächten 1945—1949. Seine Gesch. in Texten, Bildern u. Dokumenten (1967); K. D. BRACHER (Hg.), Nach 25 Jahren. Eine Dtld.-Bilanz (²1970); A. GROSSER, Gesch. Dtlds. seit 1945: Eine Bilanz (Tb. 1974); T. PRITTIE, Germany Divided (Boston 1960); aus der Sicht der DDR: R. BADSTÜBNER / S. THOMAS, Die Spaltung Dtlds. 1945—1949 (Berlin-Ost 1966). — Lit. zur Besatzungspolitik s. § 99; zur Entstehung der Bundesrepublik s. § 105 u. der DDR s. § 98; zu Verfassungsfragen in den Ländern, in der Bundesrepublik u. in der DDR seit 1945 s. §§ 100, 105 u. 106, dazu vergleichende Studie von G. BRUNNER, Kontrolle in Dtld. Eine Untersuchung zur Verfassungsordnung in beiden Teilen Dtlds. (1972); K. SONTHEIMER, Grundzüge des polit. Systems der Bundesrep. Dtld. (1971). Zu den Anfängen der dt. Außenpolitik s. § 105, Anm. 22—29, zu Berlin s. § 104.

2. *Österreich:* s. §§ 89 u. 107.

3. *Außenpolitik der Westmächte u. der Sowjetunion:* s. §§ 85, 87, 90 u. 104, Anm. 1 u. 2. Zum Marshallplan vgl. § 103.

Meinungsumfragen: Elisabeth NOELLE / E. P. NEUMANN (Hg.), Jb. der öff. Meinung 1947 bis 1955 (1956); Anna and R. L. MERITT (Hg.), Public Opinion in Occupied Germany. The OMGUS Surveys, 1945—1949 (Chicago u. London 1970).

Bevölkerungsverluste, Vertriebenenprobleme: s. S. 496 u. §§ 93 u. 95, Anm. 27 f.

Wirtschafts- u. Sozialpolitik: s. §§ 96 u. 97.

Demontagen, Reparationen: s. § 96.

Parteien u. Verbände: O. K. FLECHTHEIM (Hg.), Dok. zur parteipolit. Entwicklung in Dtld. seit 1945 (9 Bde. 1962—1971); D. FRICKE (Hg.), Die bürgerl. Parteien in Dtld. (2 Bde. Berlin-Ost 1968/70); H.-G. SCHUMANN, Die polit. Parteien in Dtld. nach 1945. Ein bibliographisch-systemat. Versuch (1967); H. KAACK, Gesch. u. Struktur des dt. Parteiensystems (1971); M. G. LANGE u. a., Parteien in der Bundesrepublik. Studien zur Entwicklung der dt. Parteien bis zur Bundestagswahl 1953 (1955); G. OLZOG, Die polit. Parteien (1964); weitere Lit. s. §§ 94, 95, 98.

Kirchen: s. § 101.

Schulpolitik: s. § 102.

Presse u. Funk: s. § 93, Anm. 14; ferner Helge PROSS, Dt. Presse seit 1945 (1965); H.-D. FISCHER, Parteien u. Presse in Dtld. seit 1945 (1971); W. JACOBMEYER, Polit. Kommentar u. Rundfunkpolitik. Zur Gesch. des Nordwestdt. Rundfunks 1945 bis 1951. VfZG 21 (1973).

§ 85 Alliierte Kriegszielplanungen bis zur Kapitulation Deutschlands

Der Angriff Deutschlands auf die Sowjetunion und die Kriegserklärung an die Vereinigten Staaten hatte diese beiden Mächte mit England vereint in dem Ziel, Deutschland niederzuwerfen. Die Mächte waren sich darüber hinaus einig, daß einem besiegten Deutschland Friedensbedingungen auferlegt werden sollten, die in politischer und wirtschaftlicher Hinsicht die Garantie dafür boten, daß es sich nicht abermals als Militärmacht würde erheben können. So sahen sich die Westmächte und die Sowjetunion über die unmittelbaren Kriegserfordernisse hinweg vor die Aufgabe gestellt, die Grundlinien einer gemeinsamen Politik im Hinblick auf die Probleme der Nachkriegszeit festzulegen. In dem Maße, wie die militärische Kraft Deutschlands verbraucht wurde und der Zusammenbruch heranrückte, wurde das weltgeschichtliche Thema des Krieges und der Niederwerfung Deutschlands überlagert und abgelöst von dem anderen seither die Geschicke der Welt und Deutschlands vorwiegend bestimmenden Thema, das sich im Kriege in der Frage ankündigte, ob und wie es möglich sei, zwischen der Sowjetmacht und der westlichen Welt eine gemeinsame Politik zu entwickeln. Die erste Phase dieser universalhistorischen Thematik reicht von der Außenministerkonferenz in Moskau vom Oktober 1943, auf der beschlossen wurde, »die gegenwärtige enge Zusammenarbeit in der Kriegführung in der Zeit nach Beendigung der Feindseligkeiten fortzusetzen«, bis zur gemeinsamen Übernahme der Regierungsgewalt in Deutschland im Juni 1945. Die zweite Phase führte von der Potsdamer Konferenz im Juli/August 1945 bis zur Londoner Konferenz des Rates der Außenminister im November/Dezember 1947[1]). Hier wurde der im Kriege begonnene Versuch, für die Aufgaben des Friedens einen gemeinsamen Weg zwischen der Sowjetunion und der westlichen Welt zu finden, als gescheitert aufgegeben. Das Ergebnis dieser Epoche war mit dem Ende des Reiches die Spaltung Deutschlands und die Spaltung der Welt in den Jahren 1948—1950.

Die allgemeine Formulierung der alliierten Kriegsziele war schon am 14. August 1941 durch Roosevelt und Churchill in der Atlantik-Charta gegeben worden[2]). Sie stellte eine Politik in Aussicht, die dem Ziel dienen sollte, »daß alle Menschen in allen Ländern der Welt ihr Leben frei von Furcht und Mangel leben könnten«. Für ihre Länder verzichteten Roosevelt und Churchill auf territorialen Erwerb und bekannten sich zu dem Grundsatz der Selbstbestimmung in dem doppelten Sinne, daß keine territorialen Änderungen erfolgen sollten, die nicht mit den frei zum Ausdruck gebrachten Wünschen der Betroffenen übereinstimmten, und daß alle Völker das Recht haben sollten, ihre Regierungsform selbst zu wählen[3]). Schwierigkeiten bereitete die Formulierung eines gemeinsamen wirtschaftlichen Kriegsziels. Auf der amerikanischen Seite setzte sich besonders Staatssekretär Hull in Wiederaufnahme der Ideen Woodrow Wilsons und im Gegensatz zur amerikanischen Schutzzollpolitik der Zwischenkriegszeit dafür ein, nach dem Kriege im höchstmöglichen Maße internationale Handelsschranken abzubauen. Im Zusammenbruch der Weltwirtschaft nach der großen Krise sah er die entscheidende Ursache für den Zweiten Weltkrieg. Eine Liberalisierung des Welthandels schien ihm sowohl der Sicherung des künftigen Weltfriedens als auch dem Interesse der USA zu dienen, die aus dem Kriege mit Sicherheit als die stärkste Wirtschaftsmacht hervorgehen würden. Dem stand das britische Reich mit seinem inneren System von Zoll- und Handelspräferenzen gegenüber. Der führende britische Finanzsachverständige John Maynard Keynes vertrat die Ansicht, daß England nach dem Kriege infolge der zu erwartenden Einbuße an finanziellen Ressourcen wahrscheinlich eine strengere Kontrolle über Handel und Geldverkehr werde ausüben müssen als zuvor, und Churchill erklärte, daß er nicht mit einem Federstrich die auf der britischen Reichskonferenz von Ottawa 1932 getroffenen Vereinbarungen auslöschen könne. Das Ergebnis dieser Gegensätze war der Kompromiß im Art. 4 der Atlantik-Charta, der jede Deutung offen ließ: er enthielt die Formel vom Recht des Zugangs zum Handel und zu den Rohstoffen der Welt für alle »unter gleichen Bedingungen«, jedoch unter Vorbehalt »bestehender Verpflichtungen«. War schon die britisch-amerikanische Allianz somit von Anfang an nicht frei von Schwierigkeiten, so mußte sich das amerikanische Kriegsziel des offenen Handels später vor allem an der Realität der Plan- und Verwaltungswirtschaft der Sowjetunion und ihres durch den Krieg erweiterten Machtbereichs stoßen[4]).

In Erklärungen vom 24. September 1941 und 1. Januar 1942 akzeptierten alle Staaten, die gegen die Achsenmächte und Japan im Kriege standen, die Grundsätze der Atlantik-Charta, auch die Sowjetregierung, allerdings mit dem Zusatz, »daß die praktische Anwendung dieser Prinzipien notwendigerweise an die Umstände, Bedürfnisse und historischen Eigenarten der bestimmten Länder angepaßt« werden müsse[5]). Sie wurde die Grundlage für den späteren Zusammenschluß der Vereinten Nationen. Für Deutschland jedoch sollte die Forderung nach bedingungsloser Kapitulation, in Casablanca[6]) im Januar 1943 von Roosevelt und Churchill proklamiert und von den Außenministern in Moskau im Oktober 1943 wiederholt, die Möglichkeit ausschließen, sich auf die Atlantik-Charta in ähnlicher Weise berufen zu können wie nach dem Ersten Weltkrieg auf die 14 Punkte Wilsons. Zum politischen Problem zwischen den Alliierten selber mußten diese Grundsätze in dem Augenblick werden, in dem sich die Frage nach dem künftigen Schicksal des Baltikums, Südosteuropas und besonders Polens stellte. War doch gerade Polen für England zum Anlaß geworden, sich der deutschen Expansion entgegenzustellen. Für Polens Freiheit und Unversehrtheit hatte sich England 1939 engagiert. Hier stießen sich die britischen und die sowjetischen Interessen. Denn das primäre Kriegsziel Stalins war die Herrschaft über Ostmitteleuropa. Unmittelbar nach der militärischen Wende vor Moskau forderte er daher in den Moskauer Unterredungen mit dem britischen Außenminister Eden (16.—20. Dezember 1941) die Anerkennung der durch den Vertrag mit Hitler erworbenen sowjetischen Grenzen[7]).

Als sich nach den vorbereitenden Verhandlungen der Außenminister in Moskau im Oktober 1943 die »Großen Drei« zum ersten Male in der Konferenz von Teheran trafen (28. November—1. Dezember 1943)[8]), stand die Rote Armee im Begriff, in den östlichen Teil Polens einzurücken, den Stalin 1939 durch seinen Pakt mit Hitler gewonnen hatte. Zugleich wurde der Anspruch der Sowjetunion, die vorherrschende Macht in Südosteuropa zu werden, durch den Protest Stalins gegen Churchills Plan einer alliierten Invasion auf dem Balkan angemeldet[9]). Nun war sich Churchill ebenso wie Roosevelt der Tatsache bewußt, daß die Sowjetunion aus dem Kriege als die politische Vormacht Osteuropas hervorgehen werde. Wie aber sollten die territorialen und politischen Verhältnisse der von der nationalsozialistischen Herrschaft befreiten Völker in diesem Raum geregelt werden? Bei dem politischen Ringen um diese Frage hat das Schicksal Polens im Vordergrund gestanden. Das deutsche Problem war mit dem polnischen verschränkt. Es ging hierbei um die Ostgrenze, die Westgrenze und die Regierungsform Polens. Stalin hatte schon im Sommer 1941 den Anspruch der Sowjetunion auf die von Weißrussen und Ukrainern bewohnten ostpolnischen Gebiete geltend gemacht. Er verlangte als Grenze die Curzon-Linie, die im wesentlichen der polnischen Teilungslinie des Hitler-Stalin-Paktes entsprach[10]). Polen sollte dafür auf Kosten Deutschlands durch großen Gebietserwerb im Westen entschädigt werden. Die exilpolnische Regierung selber hielt an der Grenze des Rigaer Friedens von 1921 fest. Aber auch sie verlangte Gebietserwerb im Westen, und zwar Ostpreußen, Danzig, Oberschlesien und einen Teil Pommerns. Der exilpolnische Regierungschef General Sikorski sprach in einem im Dezember 1942 an die Regierung der USA gerichteten Memorandum von der Oder und der Lausitzer Neiße als der militärischen Sicherungslinie für Polen, und die polnische Exilpresse verlangte als Grenze des alten Piastenreiches die Oder von der Quelle bis zur Mündung[11]). Einen solchen Erwerb ostdeutscher Gebiete wollten die Exilpolen aber nicht verstanden wissen als Kompensation für Ostpolen, auf dessen Rückgabe sie bestanden. Zögernd und der tatsächlichen Macht der Sowjetunion Rechnung tragend, ging jedoch Churchill auf eine Westverschiebung Polens ein und illustrierte auf der Konferenz in Teheran den Vorgang in dem bekannten Spiel mit den drei Streichhölzern. Er entwarf die »Formel von Teheran«, in der es hieß: »Man ist der Meinung, daß sich das Territorium des polnischen Staates und des polnischen Volkes im Prinzip ungefähr zwischen der sogenannten Curzon-Linie und der Oder erstrecken soll, und zwar unter Einschluß Ostpreußens (nach der vorliegenden Definition) und Oppelns; die eigentliche Grenzziehung erfordert jedoch weiteres eingehendes Studium und möglicherweise an einigen Punkten Bevölkerungsumsiedlungen.«[12]) Königsberg sollte an die Sowjetunion fallen. Als diese Grundentscheidung über die Zukunft Polens gefällt wurde, bestanden keine diplomatischen Beziehungen zwischen der polnischen Exilregierung und Moskau. Zwischen ihnen lagen die Gräber von Katyn. Als dann im Sommer 1944 die sowjetrussischen Armeen Polen überrannten, setzte Stalin Ende Juli 1944 mit dem »Polnischen Komitee der Nationalen Befreiung« in Lublin eine kommunistische Regierung für Polen ein, die die Curzon-Linie im Osten akzeptierte und als Westgrenze die Oder-Neiße-Linie forderte. Churchill bedrängte die Exilregierung, dem territorialen Kompensationsgeschäft zuzustimmen, weil er darin die einzige Möglichkeit sah, die Exilpolen an der neuen Regierung zu beteiligen und vielleicht zu verhindern, daß das Land dem Kommunismus anheimfiel. Stärker noch wurden die Beziehungen zwischen den Alliierten durch die Tatsache belastet, daß Stalin den Warschauer Aufstand verbluten ließ (vgl. § 77) und sich lange Zeit weigerte, den westlichen Verbündeten Landeplätze zur Unterstützung der Aufständischen zur Verfügung zu stellen.

Stalin, Roosevelt und Churchill trafen sich angesichts des bevorstehenden Zusammenbruchs Deutschlands zum zweiten Male vom 4.—11. Februar 1945 in Jalta[13]). Jetzt stand in der polnischen Frage das Problem der Regierungsform im Vordergrund. Der ganze Balkanraum und die baltischen Länder waren neben Polen bereits in der Hand der Sowjets. Eine Ausnahme bildete Griechenland. Hier waren nach Abzug der deutschen Besatzung Briten gelandet. Sie verhinderten, daß das vom Bürgerkrieg zerrissene Land kommunistisch wurde. Roosevelt und Churchill versuchten in Jalta, für die von den Sowjets beherrschten Gebiete die Forderung nach demokratischen Regierungsformen zur Geltung zu bringen. Das Ergebnis war eine »Erklärung über das befreite Europa«, in der die Grundsätze der Atlantikcharta, »das Recht aller Völker, die Regierungsform zu wählen, unter der sie leben wollen«, erneut bestätigt wurden. Die drei Regierungen sollten den befreiten Völkern helfen, »vorläufige Regierungsstellen zu bilden, in denen alle demokratischen Elemente innerhalb der Bevölkerung weitgehend vertreten sind und die verpflichtet sind, so bald wie möglich durch freie Wahlen Regierungen zu schaffen, die dem Willen des Volkes entsprechen«. Im Falle Polens, um das besonders gerungen wurde, hatte Stalin jedoch kurz vor der Eröffnung der Konferenz bereits vollendete Tatsachen geschaffen, als er im Dezember 1944 das Lubliner Komitee nach Warschau verlegte und es am 1. Januar 1945 offiziell als Provisorische Regierung Polens anerkannte. In Jalta erreichten Churchill und Roosevelt, daß diese durch Hereinnahme von Vertretern der Exilpolen zu einer »provisorischen polnischen Regierung der nationalen Einigung« erweitert werden sollte. Ihr wurde die Verpflichtung auferlegt, alsbald freie Wahlen durchzuführen. Die westlichen Mächte erkannten nunmehr die Curzon-Linie als die Ostgrenze Polens an; bei der Westgrenze jedoch traten Churchill und Roosevelt für die Oder-Linie ein gegen die sowjetische Forderung nach Oder und Neiße. Die endgültige Absteckung der polnischen Westgrenze blieb unentschieden und wurde der Friedenskonferenz vorbehalten. Inzwischen kündete die Warschauer Regierung an, daß sie die Verwaltung der Gebiete bis zur Oder und Neiße übernehmen werde. Im März wurden die fünf neuen Woiwodschaften Masuren, Oberschlesien, Niederschlesien, Pommern und Danzig geschaffen. Aus diesem ganzen von Polen beanspruchten Raum ergoß sich ein Strom von Vertriebenen nach dem Westen. Daß die Austreibung der Deutschen die Konsequenz der Verschiebung Polens sein mußte, war auch die Meinung der westlichen Staatsmänner. Churchill, auch er einer der »terribles simplificateurs«, sprach am 15. Dezember 1944 im Unterhaus von der Notwendigkeit, »reinen Tisch« zu machen[14]). Die Drachensaat, die in fünf Jahren nationalsozialistischer Herrschaft in Osteuropa ausgestreut worden war, ging auf. 12 Millionen Ostdeutsche verloren ihre Heimat (vgl. § 93).

Die Alliierten stimmten von vornherein in der Ansicht überein, daß Deutschland Reparationen zu leisten hätte; nach der Kapitulation sollte es für eine gewisse Zeit von englischen, amerikanischen und russischen Truppen besetzt und durch eine Kontrollinstanz der Alliierten verwaltet werden. Auch darin war man sich einig, daß der Krieg zur Entwaffnung Deutschlands und zur Beseitigung des Nationalsozialismus führen müsse. Schwieriger war die Frage nach der wirtschaftlichen Zukunft. Man mußte hier einen Weg suchen zwischen der Absicht, die deutsche Industriewirtschaft zur Verhinderung einer Wiederaufrüstung so schwer wie möglich zu treffen, und der Notwendigkeit, dem deutschen Volk Arbeits- und Lebensmöglichkeiten zu lassen. Hinsichtlich der politischen Zukunft Deutschlands stellte sich die Frage, ob es als politische Einheit erhalten bleiben sollte oder nicht. Auf den internationalen Kriegskonferenzen war die Zerstückelung Deutschlands ein wiederholt behandeltes Thema. Zu einem förmlichen Beschluß hierüber ist es indes nie gekommen. Der Gedanke wurde zuerst von Stalin in die Kriegszieldiskussionen der Alliierten eingebracht. Dem britischen Außenminister Eden schlug er am 16. Dezember 1941 in Moskau vor, daß Österreich, das Rheinland und eventuell Bayern selbständig werden und Ostpreußen an Polen fallen solle[15]). Das hinderte ihn nicht, am 23. Februar 1942 in einem Tagesbefehl an die Rote Armee zu erklären: » . . . die Hitler kommen und gehen, aber das deutsche Volk, der deutsche Staat bleibt.«[16])

Stalin betrieb bis Kriegsende Deutschland gegenüber eine mehrdeutige Politik. Einerseits befürwortete er wiederholt die Aufteilung Deutschlands, andererseits betonte er ebenso häufig, daß die Sowjetunion nur den Nationalsozialismus bekämpfe, nicht aber das deutsche Volk. Er wollte sich auf diese Weise die Möglichkeit eines Separatfriedens mit Hitler und vor allem eines Bündnisses mit der innerdeutschen Opposition gegen die NSDAP offenhalten[17]). Auf der Konferenz von Teheran trat besonders Roosevelt für die Aufteilung Deutschlands ein. Er dachte — außer an die Verselbständigung Österreichs und die Abtrennung Ostpreußens — an die Bildung von fünf deutschen Staaten und zwei von den Vereinten Nationen zu kontrollierenden Gebieten (Ruhr und Saar sowie Hamburg und Nord-Ostsee-Kanal). Churchill war für eine Zweiteilung, ohne sich festzulegen. Ihm schwebte die Isolierung Preußens und die Zusammenfassung der süddeutschen Staaten möglichst mit Österreich zu einem Donaubund vor, eine Erneuerung also der Mainlinie und des preußisch-österreichischen Dualismus auf reduzierter Basis. »Wir alle fürchteten«, so schrieb er später, »die Macht eines geeinten Deutschlands. Preußen hatte seine eigene große Vergangenheit. Ich hielt es für möglich, einen harten und dennoch ehrenvollen Frieden mit diesem Staat zu schließen und gleichzeitig eine modernisierte Auflage des alten Österreich-Ungarn zu schaffen, von dem man sehr zutreffend gesagt hat: ›Wenn es nicht existierte, müßte man es erfinden.‹ «[18]) Die Vorstellung Churchills lief im Grunde auf die Wiederherstellung eines ausgewogenen Staatensystems als Mittel zur Konsolidierung Europas hinaus. Dabei sollten Frankreich und Polen auf Kosten Deutschlands verstärkt werden. Stalin neigte gegen Churchill dem Vorschlag Roosevelts zu; die Bildung eines starken deutschen Donaustaats konnte den sowjetischen Absichten in Südosteuropa nicht gelegen sein. Die Frage wurde in Teheran zur weiteren Bearbeitung einer kurz zuvor durch die Moskauer Außenministerkonferenz eingesetzten »Europäischen Beratenden Kommission« überwiesen, die mit der Ausarbeitung der Waffenstillstandsbedingungen sowie der Vorberatung über die Besetzung und Verwaltung Deutschlands durch die Alliierten beauftragt wurde[19]). Die Grenzen der Besatzungszonen der drei Mächte, die Einrichtung eines Alliierten Kontrollrates ebenso wie die gemeinsame Besatzung und Verwaltung von Berlin wurden in den Abkommen vom 12. September und 14. November 1944 festgelegt[20]), kurz bevor Frankreich in diese Kommission aufgenommen wurde. Für Frankreich wurde erst nach der Kapitulation Deutschlands aus dem amerikanischen und britischen Besatzungsgebiet eine eigene Zone herausgeschnitten.

Zwischen den Konferenzen von Teheran und Jalta entbrannte in den Vereinigten Staaten ein lebhafter Streit um die Frage nach der politischen und wirtschaftlichen Zukunft Deutschlands[21]). In einem vom Präsidenten eingesetzten Beratungsausschuß für Nachkriegsprobleme sowie im Außenministerium (Hull) und im Kriegsministerium (Stimson) wurden Pläne ausgearbeitet, die in schroffem Gegensatz zu den Anschauungen des früheren Unterstaatssekretärs Sumner Welles[22]) und des Finanzministers Henry Morgenthau standen. Die eine Gruppe war der Meinung, daß man den Wiederaufbau Europas gefährde, wenn man die deutsche Wirtschaft auseinanderreiße und niederhalte, während Morgenthau die Industrie bis auf die Wurzel zerstören und Deutschland in ein Agrarland zurückverwandeln wollte. Mit Welles traf sich Morgenthau in der Überzeugung, daß auch die politische Einheit Deutschlands zerschlagen werden müsse. Ein von ihm ausgearbeitetes Memorandum wurde im September 1944 Roosevelt und Churchill, die damals in Quebec über militärische Fragen konferierten, vorgelegt und von ihnen gebilligt und signiert[23]). Beide distanzierten sich wenig später von den wirtschaftlichen Vorstellungen dieses Plans.

Über die Zerstückelung Deutschlands wurde erneut in der Jalta-Konferenz diskutiert. Hier bestand Stalin darauf, daß in die von der Europäischen Beratenden Kommission vorbereitete Kapitulationsurkunde, die die Übernahme der obersten Gewalt in Deutschland durch die Alliierten sowie die Entwaffnung und Entmilitarisierung Deutschlands festsetzte, auch eine Aussage über die Absicht zur Aufteilung hineingenommen werden sollte. Während Roosevelt Stalin im Prinzip zustimmte, wollte Churchill eine Festlegung der Alliierten auf die Zerstückelung vermeiden und gab nur widerwillig der Forderung Stalins nach. Die schließlich von allen gebilligte Erklärung über diese Frage trug einen dilatorischen Charakter: die Alliierten wollten sich hinsichtlich der Aufteilung solche Maßnahmen vorbehalten, die sie »für den künftigen

Frieden und die Sicherheit für notwendig« hielten. Es wurden auch keine konkreten Vorschläge gemacht, wie eine eventuelle Aufteilung aussehen sollte[24]). Die Jalta-Formel über die Zerteilung Deutschlands ist das Ergebnis eines Kompromisses. Der sowjetische Außenminister Molotow hatte eine apodiktische Formulierung vorgeschlagen: »In order to secure peace and security in Europe they will take measures for the dismemberment of Germany.« Im Gegensatz hierzu wollte der britische Außenminister Eden das Wort »dismemberment« überhaupt vermieden wissen und statt dessen von »measures for the dissolution of the German unitary state« reden, eine Formel, die im Sinne einer Föderalisierung verstanden werden konnte. Eden konnte jedoch die Aufnahme des Wortes »dismemberment« nicht verhindern, wohl aber gelang es ihm, der Aussage über die Zerteilung ihre einschränkende Formulierung zu geben[25]). Der Grund für diese veränderte Haltung der Briten ist in der Entwicklung der Verhältnisse in Osteuropa zu erblicken. Es war deutlich geworden, daß im sowjetischen Herrschaftsbereich nicht mit der Bildung freier demokratischer Staaten gerechnet werden konnte. Die Konzeption eines erneuerten mitteleuropäischen Staatensystems einschließlich eines in Österreich und Preußen dualistisch aufgeteilten Deutschland ließ sich nicht verwirklichen. Churchill erklärte zwischen Jalta und der Kapitulation: »Solange meine Zweifel über Rußlands Intentionen nicht zerstreut sind, geht mir der Gedanke an die Aufteilung Deutschlands arg wider den Strich.«[26]) Die weitere Bearbeitung des Problems wurde einem neu gebildeten »Ausschuß für die deutsche Teilungsfrage« überwiesen.

Vorerst schien es sowieso im Interesse der Reparationen notwendig, Deutschland als eine wirtschaftliche Einheit zu betrachten. Über die Form der Reparationen wurde man sich in Jalta einig. Hier wurde u. a. das Prinzip der Demontage vereinbart und auch die Verwendung von deutschen Arbeitskräften als Reparationsleistung vorgesehen. Die Höhe der Reparationen blieb offen. Die russische und die britische Anschauung standen sich schroff gegenüber. Während die Briten im Lichte der Erfahrungen aus der Zeit nach dem Ersten Weltkriege vor Festsetzung der Reparationssumme ein Bild der wirtschaftlichen Leistungsfähigkeit Deutschlands gewinnen wollten, bestanden die Russen auf der Gesamtsumme von 20 Milliarden Dollar und hiervon 50 % für die Sowjetunion als Ausgangsbasis für die Diskussion. Roosevelt stellte sich in dieser Frage auf die Seite Stalins. Zu entscheiden war in Jalta auch, wie das Herrschaftsinstrument beschaffen sein sollte, mit dessen Hilfe die Sieger die oberste Regierungsgewalt in Deutschland auszuüben gedachten. Hier setzte es Churchill gegen den zunächst widerstrebenden Stalin durch, daß an der künftigen Besatzung und am Kontrollrat für Deutschland auch Frankreich beteiligt werden sollte. Der Grund hierfür war die Ankündigung Roosevelts, daß die Vereinigten Staaten ihre Truppen nicht länger als zwei Jahre über den Krieg hinaus in Europa zu belassen gedächten. In den »Ausschuß für die deutsche Teilungsfrage« wurde Frankreich jedoch nicht aufgenommen.

Insgesamt war die Konferenz von Jalta ein großer Erfolg für Stalin. Osteuropa wurde dem Bolschewismus ausgeliefert. Von vielleicht noch größerem Gewicht waren die Zugeständnisse, die Roosevelt und dann auch Churchill an die Sowjetunion in Ostasien für den Eintritt in den Krieg gegen Japan machten (Äußere Mongolei, Dairen, Port Arthur, Mandschurische Bahn, Kurilen, Südsachalin). Stalin verpflichtete sich in Jalta, daß die Sowjetunion innerhalb von zwei oder drei Monaten nach der Kapitulation Deutschlands und der Beendigung des Krieges in Europa in den Krieg gegen Japan eintreten werde. Damit eröffnete sich für die USA die Aussicht auf eine schnellere Beendigung des Krieges im Pazifik. War doch Ende 1944 noch nicht abzusehen, wie lange er noch dauern und welche Opfer er den Amerikanern noch abverlangen würde. Die Entwicklung der Atombombe stand damals vor dem Abschluß, aber sie war noch nicht erprobt[27]).

Die Zugeständnisse an die Sowjetunion wurden dadurch erleichtert, daß Stalin in einer anderen Frage Entgegenkommen zeigte, die besonders Roosevelt am Herzen lag. Ähnlich wie Wilson in Versailles für den Völkerbund eingetreten war, so sah Roosevelt in Jalta in der Schaffung der Organisation der Vereinten Nationen das entscheidende Element für die zukünftige Friedensordnung. Die Grundlinien der Satzung waren bereits auf einer Konferenz in Dumbarton Oaks im August/September 1944 entworfen worden. Noch stärker als im Völkerbund sollte jetzt die Aufgabe der Friedenswahrung den großen Nationen zufallen, an ihrer Spitze den drei alliierten Großmächten. Roosevelt, Churchill und Stalin waren gleichermaßen der Überzeugung, daß diesen bei allen Entscheidungen im künftigen Weltsicherheitsrat ein absolutes Vetorecht zustehen müsse. Umstritten blieb, ob und wie dieses bei Fragen, die eine der Großmächte selbst unmittelbar betrafen, eingeschränkt werden sollte. Während Churchill und Roosevelt eine gewisse Beschränkung für unumgänglich hielten, lehnte Stalin jede Beeinträchtigung des Vetorechts ab, da er die Möglichkeit ausschließen wollte, daß die neue Organisation ähnlich wie früher der Völkerbund zu einem gegen die Sowjetunion gerichteten Instrument werden könnte. Zudem hatte die Sowjetregierung in Dumbarton Oaks gefordert, daß die Teilstaaten der Sowjetunion ähnlich wie die Dominien des Commonwealth als Mitglieder in die Vereinten Nationen aufgenommen werden sollten. In beiden Punkten kam Stalin in Jalta Roosevelt entgegen. Er begnügte sich mit Sitzen für Weißrußland und die Ukraine und akzeptierte für den Weltsicherheitsrat einen von Roosevelt vorgeschlagenen Abstimmungsmodus, nach dem die Mächte sich bei Streitfällen, in die sie selbst direkt verwickelt sein würden, der Stimme zu enthalten hätten, solange friedliche Mittel zur Konfliktlösung diskutiert wurden[28]).

Daß für Stalin die Jalta-Konferenz so ertragreich war, ist aber nicht eigentlich aus diesem diplomatischen Nimm und Gib zu erklären. In Osteuropa hatte die Kriegsentwicklung der Sowjetunion eine militärisch vorherrschende Stellung verschafft, die durch keine Konferenzbeschlüsse rückgängig gemacht werden konnte. Die Zugeständnisse Roosevelts an die Sowjetunion müssen im Zusammenhang mit seinen beiden Hauptanliegen in Jalta, dem russischen Kriegseintritt gegen Japan und einer Einigung über die Vereinten Nationen, gesehen werden. Hinsichtlich Ostasiens waren sie durch einen besonderen politischen Umstand mitbedingt. Roosevelt hielt die Existenz kolonialer Herrschaft im pazifisch-südostasiatischen Raum für nicht vereinbar mit den politischen und wirtschaftlichen Grundsätzen der Atlantikcharta. Daher wollte er vermeiden, daß die Opfer, die der Krieg den Vereinigten Staaten auferlegte, europäischen Kolonialinteressen zugute kämen. Mit den Worten Chester Wilmots: »Gewiß wurde Roosevelt bei seinem Bestreben, die Hilfe Stalins zu erkaufen, hauptsächlich von seinem Wunsch geleitet, Menschenleben zu sparen. Im Licht der vielen Zeugnisse über seine Beweggründe jedoch muß um der historischen Wahrheit willen hinzugefügt werden, daß ihn auch die Hoffnung bestimmte, das Eingreifen Rußlands werde es den Vereinigten Staaten ermöglichen, den entscheidenden Schlag gegen Japan zu führen und es zur Übergabe zu zwingen, bevor die Briten, die Franzosen oder die Holländer von ihren Kolonien wieder Besitz ergreifen könnten. Dann waren die Vereinigten Staaten in der Lage, zu verlangen, daß die von den Japanern befreiten Inseln nun auch von ihren früheren Herren befreit würden.«[29])

Neben diesen Weltproblemen erschien die deutsche Frage nach der Niederwerfung des Nationalsozialismus von relativ geringem Gewicht. Als Deutschland kapitulierte, wußten die Alliierten immer noch nicht, ob und wie sie es zerteilen wollten. Die Franzosen, deren Aufnahme in den Ausschuß für die deutsche Teilungsfrage Stalin verhinderte, fühlten sich bei der Behandlung dieses Problems übergangen. Unmittelbar nach der Konferenz von Jalta ließ Stalin den Teilungsgedanken wieder fallen und verweigerte seine Zustimmung zur Ausfertigung einer Kapitulationsurkunde, die entsprechend den Beschlüssen von Jalta einen Hinweis auf die Zerstückelung enthielt. Bei der Kapitulation wurde daher nicht die von der Europäischen Beratenden Kommission ausgearbeitete und in Jalta ergänzte Kapitulationsurkunde vorgelegt, sondern ein anderer Text, der im Hauptquartier Eisenhowers improvisiert worden war. Dessen militärischen Kapitulationsbedingungen wurde im letzten Augenblick auf Initiative des amerikanischen Botschafters in London, Winant, des Vertreters der USA in der Europäischen Beratenden Kommission und im Ausschuß für die deutsche Teilungsfrage, der politische Vorbehalt des § 4 hinzugefügt: »Diese Kapitulationserklärung stellt kein Präjudiz für an ihre Stelle tretende allgemeine Kapitulationsbestimmungen dar, die durch die Vereinten Nationen oder in deren Namen festgesetzt werden und Deutschland und die deutsche Wehrmacht als Ganzes betreffen.«[30]) Von einer Aufteilung Deutschlands war in diesem Text nicht mehr die Rede. Am Tage nach der Kapitulation erklärte Stalin, daß es nicht die Absicht der Sowjetunion sei, »Deutschland zu zerstückeln oder zu vernichten«[31]). Hinter dieser nun eindeutigen Absage an den in Jalta vereinbarten Eventualgedanken der Aufteilung wird man eine doppelte Überlegung sehen müssen. Wenn die Reparationen für Sowjetrußland ergiebig sein sollten, so war Deutschland, dessen industrieller Schwerpunkt im Westen lag, als wirtschaftliche Einheit zu behandeln. Und wenn man Deutschland als politische Einheit behandelte, so boten sich im Anschluß an die in Jalta gewonnene osteuropäische Machtstellung Chancen für die Einflußnahme auf die innere Entwicklung Gesamtdeutschlands. Diese Chance war um so größer, als die drei Westmächte damals noch nicht über ein aufeinander abgestimmtes Konzept der in ihren Besatzungszonen beabsichtigten Politik verfügten. Wie von England, so wurde auch von den Vereinigten Staaten der Gedanke an eine Teilung Deutschlands nicht weiter verfolgt. Truman stellte sich eindeutig auf den Standpunkt derjenigen seiner Ratgeber, die unter wirtschaftlichen Gesichtspunkten die Notwendigkeit in den Vordergrund rückten, Deutschland als Einheit zu behandeln.

Am konsequentesten hat Frankreich, das an den Kriegskonferenzen der Großen Drei nicht beteiligt war, das Ziel verfolgt, unter keinen Umständen eine zentrale staatliche Gewalt in Deutschland wieder erstehen zu lassen[32]). De Gaulle, der für seine nach der Invasion gebildete provisorische Regierung erst im Oktober 1944 die Anerkennung der Alliierten gefunden hatte, sah in einer konsequenten Wiederaufnahme von Traditionen früherer französischer Deutschlandpolitik den Weg, Frankreich zu einer Großmachtstellung zurückzuführen, die ihm von der Sowjetunion nicht weniger als von den Vereinigten Staaten zunächst verweigert wurde trotz eines am 10. Dezember 1944 in Moskau abgeschlossenen sowjetisch-französischen Bündnisvertrages. De Gaulle forderte die Abtrennung des linken Rheinufers von Deutschland, den Rhein bis nördlich Köln als permanente französische Militär-, ursprünglich sogar Staatsgrenze, die Internationalisierung der Ruhr, die Angliederung des Saargebietes an Frankreich, eine französische Besatzungszone beiderseits des Rheins mit Hessen-Nassau, Kurhessen, Hessen-Darmstadt und Baden. Zudem erklärte er schon im Dezember 1944 sein Einverständnis mit der Oder-Neiße-Linie als deutscher Ostgrenze. Das übrige Deutschland sollte in mehrere Staaten aufgeteilt werden und allenfalls einen lockeren föderalen Zusammenhalt bilden. Frankreich hat das Mitspracherecht in deutschen Angelegenheiten, das ihm in Jalta durch Fürsprache Englands von der Sowjetunion und den Vereinigten Staaten gewährt wurde, in der Folgezeit benutzt, um jeden Versuch eines Wiederaufbaues zentraler deutscher Kompetenzen schon im Ansatz zu blockieren.

DW 397, 735—745.

Erinnerungen u. Aufzeichnungen von CHURCHILL, EDEN, TRUMAN, HULL, HOPKINS, STIMSON, STETTINIUS, MURPHY, LEAHY, de GAULLE,

MAISKI, CIECHANOWSKI, MIKOLAJCZYK s. S. 493 f.; E. R. STETTINIUS, Roosevelt and the Russians. The Yalta-Conference (New York 1949); J. R. DEANE, The strange alliance (New York 1947, dt. Wien o. J.); D. ACHESON, Present at the Creation. My Years in the State Department (New York 1969); A. W. HARRIMAN (amerik. Botschafter in Rußland), America and Russia in a changing world. A half century of personal observation (Garden City 1971); M. DJILAS, Gespräche mit Stalin (a. d. Amerik. 1962).

Dokumente: s. S. 593; Foreign Relations of the United States, Diplomatic Papers: The Conferences at Washington, 1941—1942, and Casablanca, 1943 (1968); The Conferences at Washington and Quebec, 1943 (1970); The Conferences at Cairo and Teheran, 1943 (1961); The Conference at Quebec, 1944 (1972); The Conferences at Malta and Yalta 1945 (1956); The Conference of Berlin (The Potsdam Conference) 1945 (2 Bde. 1960); Foreign Relations 1945, Bd. 3: European Advisory Commission. Austria, Germany (1968); A. FISCHER (Hg.), Teheran, Jalta, Potsdam. Die sowj. Protokolle von den Kriegskonferenzen der »Großen Drei« (a. d. Russ. ²1973). Zu der russ. Edition krit. Beurteilung außer in der Einleitung von A. Fischer bei J. W. BRÜGEL, Teheran, Jalta u. Potsdam in sowj. Sicht, EA 21 (1966), S. 803 ff.; Briefwechsel Stalins, Churchills, Roosevelts s. S. 491; Documents on Polish-Soviet Relations 1939—1945 (2 Bde. London 1961 u. 1967); Dokumentensammlungen: H. v. MANGOLDT, Kriegsdokumente über Bündnisgrundlagen, Kriegsziele u. Friedenspolitik der Vereinten Nationen (1946), engl. u. dt. Text der wichtigsten Dokumente; Louise W. HOLBORN (Hg.), War and peace aims of the United Nations, Bd. 2: From Casablanca to Tokio-Bay, Jan. 1, 1943 to Sept. 1, 1945 (Boston 1948). Handliche Zusammenstellung aus offiziellen Dokumenten, Memoiren, Reden u. a. bieten in Übersetzung G. RHODE / W. WAGNER (Hg.), Quellen zur Entstehung der Oder-Neiße-Linie (²1959); E. DEUERLEIN, Die Einheit Dtlds., Bd. 1: Die Erörterungen u. Entscheidungen der Kriegs- u. Nachkriegskonferenzen 1941—49, Darstellung u. Dokumente (²1961).

Darstellungen: B. MEISSNER, Rußland, die Westmächte u. Dtld., Die sowj. Dtld.politik 1943—53 (²1954); A. FISCHER, Sowj. Dtld.politik im Zw. Weltkrieg 1941 bis 1945 (1975); A. HILLGRUBER, Der 2. Weltkrieg, 1939—1945, in D. GEYER (Hg.), Osteuropa-Handbuch. Sowjetunion. Außenpolitik 1917—1955 (1972), dort ausführl. Lit.-angaben zur russ. Kriegszielpolitik; aus russ. Sicht: Gesch. der sowj. Außenpolitik, 1917 bis 1945 (Berlin-Ost 1969); V. L. ISRAELJAN, The Anti-Hitler Coalition (a. d. Russ. Moskau 1971). — Polen: G. RHODE, Die polit. Entwicklung Polens im Zw. Weltkrieg, in: Osteuropa-Handbuch. Polen (1959); W. WAGNER, Die Entstehung der Oder-Neiße-Linie in den diplomat. Verhandlungen während des Zw. Weltkriegs (³1968); Viktoria VIERHELLER, Polen u. die Dtld.-Frage 1939—1949 (1970). — G. MOLTMANN, Amerikas Dtld.politik im Zw. Weltkrieg, Kriegs- u. Friedensziele 1941—45 (1958); ders., Die amerik.-sowj. Partnerschaft im Zw. Weltkrieg, GWU 15 (1964) u. 16 (1965); W. VOGEL, Die Ursprünge der Teilung Dtlds. in der Kriegszielpolitik der Alliierten, GWU 18 (1967); W. MARIENFELD, Konferenzen über Dtld., Die alliierte Dtld.planung u. -politik 1941—1949 (1962). Gewichtige amerik. Arbeiten über die interalliierte u. inneramerik. Auseinandersetzung zur Dtld.politik sind: Ph. E. MOSELY, Die Friedenspläne der Alliierten u. die Aufteilung Dtlds., EA 5 (1950), zuerst For. Aff. 28 (1949/50) u. W. L. DORN, Die Debatte über die amerik. Besatzungspolitik für Dtld. 1944—45, VfZG 6 (1958); H. FEIS, Churchill — Roosevelt — Stalin. The War they waged and the Peace they sought (Princeton 1957); G. KOLKO, The Politics of War. Allied Diplomacy and the World Crisis 1943—1945 (London 1969), entgegen den Erwartungen, die der Titel erweckt, beschränkt auf amerik. Archivmaterial, für die US-Politik in vielen Einzelheiten histor. ergiebig, in der Gesamtinterpretation von der polit. Ermessensthese geleitet, daß das kapitalistische Wirtschaftssystem erledigt sei u. sich demnach die Zielsetzung der US-Politik in Krieg u. Nachkriegszeit »gegen die Geschichte« gerichtet habe. L. G. GARDNER, Architects of Illusion. Men and Ideas in American Foreign Policy, 1941—1949 (Chicago 1970); J. L. GADDIS, The United States and the Origins of the Cold War, 1941—1947 (New York 1972); B. KUKLICK, American Policy and the Division of Germany. The Clash with Russia over Reparations (Ithaca u. London 1972). Zur Beurteilung der amerik. Politik vgl. auch §§ 76, 90, 103, 104. — Engl. Darstellungen: W. H. McNEILL, America, Britain and Russia. Their Co-operation and Conflict 1941—1946 (London 1953); Sir L. WOODWARD, British Foreign Policy in the Second World War (London 1962); ders., British Foreign Policy in the Second World War, 5 Bde., davon erschienen Bd. 1—3 (London 1970 u. 1971); Sir J. WHEELER-BENNETT / A. NICHOLLS, The Semblance of Peace, The political settlement after the Second World War (London 1972), befaßt sich im 1. Teil ausführl. mit den alliierten Kriegszielkonferenzen 1941—1945; T. SHARP, The Wartime Alliance and the Zonal Division of Germany (Oxford 1975).

1) Vgl. § 105. 2) Text bei v. MANGOLDT, Kriegsdok. Nr. 1, u. bei DEUERLEIN, S. 303 f.; Renate NAGEL-KOHLER, Die Atlantik-Konferenz vom August 1941 (Diss. Zürich 1967); G. ZIEGER, Die Atlantik-Charter (1963). 3) Durch die Atlantik-Charta wird die in der Forschung zum Programm Wilsons von 1918 gelegentlich vertretene These entkräftet, daß Selbstbestimmung im angelsächsischen Sinne sich auf selfgovernment beschränke; vgl. § 29, Anm. 20. 4) Zur Formulierung der wirtschaftl. Kriegsziele der Vereinigten Staaten vgl. G. KOLKO, The Politics of War, Kap. 11. 5) Zit. bei E. NOLTE, Dtld. u. der Kalte Krieg (1974), S. 161. 6) Vgl. § 81, Anm. 2. 7) CHURCHILL, Bd. 3, S. 627 ff.; EDEN, Bd. 2, S. 289 ff.; WOODWARD, S. 190 ff. 8) Dokumente zur Konferenz von Teheran s. o.; Erinnerungen des russ. Dolmetschers V. M. BERESHKOW, Mit Stalin in Teheran (a. d. Russ. 1968); G. ZIEGER, Die Teheran-Konferenz 1943 (1967). 9) Vgl. § 81. 10) Zum territorialen Schicksal Polens seit 1918 s. Großer Hist. Weltatlas, hg. v. Bayer. Schulbuchverlag, III. Teil ([2]1962), S. 191; G. RHODE, Die polit. Entwicklung Polens (s. o.). 11) Zu den territorialen Forderungen poln. Gruppen vgl. RHODE / WAGNER, Nr. 8—14; ferner VIERHELLER u. WAGNER. 12) CHURCHILL, Bd. 5, Buch 2, S. 98. 13) Dokumente zu Jalta s. o.; E. C. KOLLMANN, Die Jalta-Konferenz im Kreuzfeuer von Politik u. Geschichtsschreibung, GWU 8 (1957); A. CONTE, Die Teilung der Welt. Jalta 1945 (a. d. Franz. 1965, Tb. 1967); W. WEIDENFELD, Jalta u. die Teilung Dtlds. (1969); J. L. SNELL u. a., The Meaning of Yalta (Baton Rouge 1956); Diane S. CLEMENS, Jalta (a. d. Amerik. 1972). 14) RHODE / WAGNER, Nr. 92. 15) Bericht Edens hierüber in CHURCHILL, Der Zw. Weltkrieg, Bd. 3, 2, S. 294. 16) J. W. STALIN, Über den Großen Vaterländ. Krieg der Sowjetunion (Berlin-Ost 1951), S. 50. Den Grund dafür, daß Stalin unmittelbar nach seinem Moskauer Teilungsvorschlag den Fortbestand Dtlds. ins polit. Spiel brachte, sieht A. FISCHER, Sowj. Dtld.politik im Zw. Weltkrieg, in der Weigerung Großbritanniens, die infolge des Hitler-Stalin-Pakts in Osteuropa erfolgten sowj. Annexionen zu akzeptieren. Zu der Beunruhigung der westl. Mächte über einen möglichen Separatfrieden Stalins mit Hitler u. ihre wachsende Bereitschaft, den Forderungen Stalins nachzugeben, vgl. die Erinnerungen des poln. Botschafters in Washington Jan CIECHANOWSKI (s. S. 494). 17) Zu Stalins Dtld.politik vgl. die oben zit. Arbeiten von A. FISCHER u. A. HILLGRUBER. 18) CHURCHILL, Der Zw. Weltkrieg, Bd. 5, 2, S. 102. 19) Hierzu MOSELY u. VOGEL (s. o.); vom Vertreter Englands in der Kommission, Lord STRANG, Home and Abroad (1956); B. MEISSNER, Die Vereinbarungen der Europäischen Beratenden Kommission von 1944/45, in: Internat. Recht u. Diplomatie (1970); H.-G. KOWALSKI, Die »European Advisory Commission« als Instrument alliierter Dtld.planung 1943—1945, VfZG 19 (1971). 20) Texte in The Conferences at Malta and Yalta (s. o.). 21) Zum Folgenden vgl. MOSELY, DORN u. VOGEL (s. o.); ferner die in Anm. 23 zit. Arbeiten von GELBER, KUBEK u. BLUM sowie die Memoiren von HULL, STIMSON u. MURPHY (s. o.). 22) S. WELLES, The Time for Decision (New York 1944). 23) Text bei H. MORGENTHAU jr., Germany is Our Problem (New York 1945), u. in Morgenthau Diary (Germany), hg. vom Committee on the Judiciary, United States Senate (Washington 1967), mit einer einleitenden Analyse des Morgenthau-Plans von A. KUBEK; dort auch Dok. über die amerik. Dtld.diskussion im Herbst 1944 u. die Konferenz von Quebec. — Vgl. ferner H. MORGENTHAU jr., Our Policy towards Germany, in: New York Post, 24.—29. Nov. 1947; H. G. GELBER, Der Morgenthau-Plan, VfZG 13 (1965); ausführl. Biographie Morgenthaus, gestützt auf dessen Tagebücher, von J. M. BLUM, From the Morgenthau Diaries (2 Bde. Boston 1965 u. 1967); dt. Übersetzung des 2. Bds. unter dem Titel: Dtld., ein Ackerland? Morgenthau u. die amerik. Kriegspolitik 1941—1945 (1968). 24) Text des in Jalta beschlossenen Zusatzartikels zur Kapitulationsurkunde der Europäischen Beratenden Kommission in E. DEUERLEIN, Die Einheit Dtlds., Nr. 14. 25) The Conferences at Malta and Yalta, S. 656; MARIENFELD, S. 184 ff. 26) CHURCHILL, Der Zw. Weltkrieg, Bd. 6, 2, S. 120. 27) Lit. zur Beendigung des Krieges gegen Japan s. § 87, Anm. 17. 28) Dazu vom ehemaligen australischen Außenminister, dem an der Entwicklung der UNO ein starker Anteil zukommt: H. V. EVATT, Die Vereinten Nationen (dt. 1951); ferner A. DALLIN, Sowjetunion u. Vereinte Nationen (a. d. Engl. 1965); Ruth D. RUSSELL, A History of the United Nations Charter (Washington 1958); M. HAGEMANN, Der provisorische Frieden. Bauprinzipien der internat. Ordnung seit 1945 (1964). 29) Ch. WILMOT, Der Kampf um Europa, S. 690 f. 30) Text u. a. bei DEUERLEIN, Die Einheit Dtlds., S. 82; zur Gesch. der Kapitulationsurkunde vgl. MOSELY u. WHEELER-BENNETT / NICHOLLS, S. 261 ff.

31) Prawda, 10. 5. 1945, zit. MOSELY, S. 3043. 32) M. MOURIN, Les relations franco-soviétiques (Paris 1967); A. W. de PORTE, De Gaulle's Foreign Policy 1944—1946 (Cambridge, Mass. 1968); A. WERTH, De Gaulle, A Political Biography (New York 1965); W. LIPGENS, Bedingungen u. Etappen der Außenpolitik de Gaulles 1944—1946, VfZG 21 (1973); vgl. auch § 90, Anm. 2.

§ 86 Das Ende des Reiches. Von der Kapitulation bis zur Einsetzung des Kontrollrats (8. Mai—5. Juni 1945)

Mit der Eroberung und Besetzung Deutschlands war der gesamte Apparat der NSDAP und ihrer Gliederungen zerschlagen worden. Gleichzeitig hatte die staatliche Verwaltung, die mit diesem Apparat in vielfacher Weise verklammert gewesen war, von der Spitze bis zur Basis herunter aufgehört zu funktionieren. Der kleine Kreis von Beamten und Offizieren um Dönitz in Flensburg war eine Regierung nur dem Namen nach. Sie besaß keinerlei Verbindungen über ihren engsten Bereich hinaus und keinerlei administrative Wirkungsmöglichkeit. Schon am 8. Mai wurde ihr von einer in Flensburg sich einrichtenden militärischen Kontrollkommission der Westmächte, zu der später ein Vertreter der Sowjetunion hinzukam, die Verwendung des Rundfunks untersagt. Obwohl Dönitz sich der Fragwürdigkeit seiner Position bewußt war, hat er es für richtig gehalten, nicht zurückzutreten[1]). Er wollte den notwendigen Liquidationsprozeß des nationalsozialistischen Regimes durch eine deutsche Regierung eingeleitet sehen. So hat er die Tätigkeit der NSDAP für beendet erklärt und das Reichsgericht mit der Untersuchung der Mißstände in den Konzentrationslagern und der Bestrafung der Schuldigen beauftragt. An Eisenhower richtete er den Antrag, das Reichsgericht hierzu instand zu setzen. Für die dringendsten Fragen der Wiederingangsetzung des Wirtschaftslebens, namentlich des Verkehrs und der Landwirtschaft, ließ er Planungen durchführen. Trotz der bestehenden Ohnmacht der Regierung hatten solche Initiativen einen gewissen realen Hintergrund. Die Europäische Beratende Kommission war davon ausgegangen, daß es wenigstens in der ersten Zeit der Besatzung bis zur Entscheidung über die Teilungsfrage zentrale deutsche Regierungs- bzw. Verwaltungsstellen geben müsse. »Die deutschen Probleme seien von den Deutschen selber zu lösen«, berichtet Eisenhower über eine Äußerung Churchills kurz nach der Kapitulation, »am besten durch einige der jetzt in unserer Hand befindlichen Generale, denen das deutsche Volk Gehorsam leisten würde.«[2]) Und gegenüber Eden erklärte Churchill: »Wir werden nicht in der Lage sein, Deutschland ohne Deutsche zu regieren ... Wollen Sie einen Stock haben, mit dem Sie dieses besiegte Volk lenken können, oder wollen Sie Ihre Hände einfach in einen aufgeschreckten Ameisenhaufen stecken?«[3]) Churchill dachte hierbei an die Regierung Dönitz. Gegen dieses möglicherweise beabsichtigte Zusammenspiel richtete sich das heftigste Mißtrauen der Sowjets. Sie verlangten ebenso wie die Amerikaner die Absetzung von Dönitz. Er und die Mitglieder der letzten deutschen Reichsregierung wurden am 23. Mai unter entwürdigenden Umständen gefangengenommen.

An die Stelle der ausgelöschten Staatlichkeit des Reiches trat die Hoheitsgewalt, die die Regierungen der vier Siegermächte in unbeschränktem Umfange über Deutschland nunmehr für sich in Anspruch nahmen. Dies geschah am 5. Juni 1945 in Berlin durch eine von den Militärbefehlshabern unterzeichnete »Erklärung in Anbetracht der Niederlage Deutschlands und der Übernahme der obersten Regierungsgewalt«[4]) und drei ergänzende Feststellungen über das Kontrollverfahren, die Besatzungszonen und das Verhältnis zu anderen Mitgliedern der Vereinten Nationen. Diese Proklamationen vom 5. Juni und nicht eigentlich die Kapitulation vom 8. Mai sind in staatsrechtlicher Hinsicht grundlegend für die Nachkriegsentwicklung. Die militärischen Artikel der

»Erklärung« entsprechen in ihrem Inhalt und fast auch in ihrem Wortlaut dem Entwurf für die Kapitulationsurkunde, die in der Europäischen Beratenden Kommission formuliert, in Jalta akzeptiert, aber bei der militärischen Kapitulation nicht verwendet worden war. Diese Artikel waren im Augenblick der Erklärung des 5. Juni zum Teil längst überholt, wie z. B. der Art. 1, in dem es heißt, daß Deutschland sofort auf allen Kriegsschauplätzen die Feindseligkeiten einzustellen habe. Es handelt sich insofern also um einen mechanischen Rückgriff auf jenen früheren Entwurf der Kapitulationsurkunde. Politischen Inhalt hat der Art. 13 der Erklärung vom 5. Juni. Er greift ebenfalls auf den Wortlaut jenes Entwurfs zurück, ohne jedoch die Aufteilungsformel, die in Jalta eingeschoben worden war, zu übernehmen[5]). Die Sieger sprachen sich am 5. Juni 1945 bei der Proklamation ihrer Regierungsgewalt über Deutschland also nicht dagegen aus, daß Deutschland als Einheit weiterbestehen sollte.

Wenn insofern im Fehlen der Zerstückelungsabsicht der ursprüngliche Entwurf der Kapitulationsurkunde und die Erklärung zur Übernahme der obersten Regierungsgewalt vom 5. Juni übereinstimmen, so besteht ein tiefgreifender Unterschied hinsichtlich der in den Präambeln der beiden Dokumente angelegten Begründung für die Übernahme der Regierungsgewalt durch die Sieger. In jenem früheren Dokument hieß es: »Anerkennend und zugestehend, daß die deutschen Streitkräfte ... vollständig geschlagen sind, geben die Deutsche Reichsregierung und das Oberkommando der Deutschen Wehrmacht hiermit die bedingungslose Übergabe Deutschlands bekannt.« Es war also ursprünglich ein politischer Kapitulationsakt gleichzeitig mit dem militärischen vorgesehen gewesen. In der tatsächlichen militärischen Kapitulationserklärung vom 8. Mai wurde dann in Art. 4 bestimmt, daß ein zukünftiges »general instrument of surrender« Deutschland auferlegt werden sollte[6]). Zu einer solchen allgemeinen politischen Kapitulation konnte es aber nicht mehr kommen, da es nach der Verhaftung von Dönitz keine deutsche Regierung mehr gab, die diesen politischen Kapitulationsakt hätte vollziehen können. Und so ist denn die Erklärung vom 5. Juni nicht eigentlich das bei der militärischen Kapitulation vom 8. Mai genannte »general instrument of surrender«, sondern eine einseitige Proklamation des Willens der Sieger. Die Aufgabe der Präambel besteht nun darin, den Legitimationsgrund für die einseitige Willenserklärung zur Übernahme der obersten Regierungsgewalt in Deutschland darzulegen. Es finden sich zwei Momente angeführt: 1. Infolge der Niederlage und der Kapitulation der deutschen Streitkräfte sei Deutschland nicht mehr fähig, sich dem Willen der Sieger zu widersetzen; dadurch sei die bedingungslose Kapitulation Deutschlands erfolgt. 2. Es gebe in Deutschland keine Regierung mehr. »Unter diesen Umständen« sei es notwendig, Vorkehrungen für die Aufrechterhaltung der Ordnung und die Verwaltung des Landes zu treffen. Die Sieger erklärten daher, die gesamte öffentliche Gewalt in Deutschland von der staatlichen Spitze bis herunter zu den Gemeinden zu übernehmen, ohne hiermit jedoch Deutschland annektieren zu wollen. In einer britischen Denkschrift vom 30. März 1945 war bereits der Fall ins Auge gefaßt worden, daß möglicherweise im Augenblick des völligen militärischen Zusammenbruchs keine deutsche Regierung mehr bestünde, von der man eine militärische oder politische Kapitulation werde verlangen können. Durch die Beseitigung der Regierung Dönitz hatte man diesen Zustand bewußt herbeigeführt. Auf die völlige Niederwerfung und Ausschaltung eines Staates durch Krieg läßt sich der Begriff der »debellatio« anwenden. Das Reich als historisch-politische Größe hatte aufgehört zu bestehen[7]). Hierin also und nicht in einer totalen politischen Kapitulation, wie sie in Art. 4 der militärischen Kapitulationsurkunde vom 8. Mai vorbehalten wurde, aber infolge der Gefangennahme der Regierung Dönitz nicht zustande kommen konnte, liegt der von den Siegern in Anspruch genommene Legitimationsgrund für die Errichtung der Militärherrschaft über Deutschland[8]).

An die Stelle der nicht mehr vorhandenen deutschen Staatsgewalt trat der Kontrollrat. Die »Feststellung über das Kontrollverfahren« vom 5. Juni geht ebenfalls auf eine Vereinbarung in der Europäischen Beratenden Kommission zurück[9]). Der Kontrollrat bestand aus den vier Oberkommandierenden. Als Hilfsorgan war ihnen ein ständiger Koordinationsausschuß unterstellt. Er besaß die Aufgabe, die Entscheidungen des Kontrollrates durchzuführen bzw. ihre Durchführung zu überwachen. Schließlich wurde ein umfangreicher Kontrollstab errichtet mit Sachabteilungen für die verschiedenen Zweige der Verwaltung. Dieser Apparat arbeitete kompliziert und schwerfällig, weil überall auch bis in die einzelnen Sachabteilungen hinein alle vier Besatzungsmächte beteiligt waren. Es ist nicht gelungen, für das Kompetenzverhältnis zwischen den Oberkommandierenden in ihren jeweiligen Besatzungszonen und dem Kontrollrat als Ganzem eine funktionsfähige Lösung zu finden. Denn jeder Oberbefehlshaber sollte in seinem Bereich auf Anweisung seiner Regierung die oberste Gewalt ausüben, gemeinsam aber sollten sie nur bei einstimmigen Beschlüssen für die Deutschland als Ganzes betreffenden Angelegenheiten zuständig sein. Jede einzelne Macht konnte also durch ihr Veto das Funktionieren des Kontrollrates verhindern.

Mitglied des Kontrollrates war für die Sowjetunion zunächst Marschall Georgi Schukow, der Eroberer Berlins. Ihm folgte im November 1945 Marschall Wassili Sokolowski. Sitz der »Sowjetischen Militäradministration Deutschlands« (SMAD) war Karlshorst (Berlin). Der erste amerikanische Vertreter im Kontrollrat, General Dwight D. Eisenhower, schied ebenfalls im November 1945 aus. Dessen Nachfolger General Joseph T. McNarney wurde seinerseits im März 1947 durch General Lucius D. Clay, seit 1945 Stellvertreter des Oberbefehlshabers, abgelöst. General Clay sollte bereits in den beiden ersten Nachkriegsjahren für die Entwicklung der amerikanischen Besatzungspolitik und für die Zusammenführung der westlichen Zonen eine bedeutende Rolle spielen. Als seinen Verwaltungssitz wählte das »Office of Military Government of the United States« (OMGUS) das Gebäude der ehemaligen Zentraldirektion der I. G. Farben in Frankfurt/M. Die »Control Commission for Germany, British Element« (CCG/BE) richtete sich in dem unzerstörten Bad Oeynhausen und benachbarten kleinen Orten Westfalens ein. Die britische Regierung entsandte als ihren Vertreter Feldmarschall Sir Bernhard Montgomery in den Kontrollrat. Ihm folgte im Mai 1946 Luftmarschall Sir Sholto Douglas und 1947 General Sir Brian Robertson. Das französische Oberkommando »Commandement en Chef Français en Allemagne« (CCFA) unter General Pierre Koenig residierte mit großem Stab in Baden-Baden.

Der Sitz des Kontrollrates, in dem die vier Zonenbefehlshaber und Chefs der Militärregierungen zusammenarbeiten sollten, war die Reichshauptstadt Berlin. Die Aufgabenstellung des Kontrollrates als einer Behörde für Gesamtdeutschland setzte eigentlich die Existenz gesamtdeutscher Regierungs- oder Verwaltungsstellen als Objekt der Kontrolle voraus. Nun gehen die Proklamationen des 5. Juni von der Weiterexistenz Deutschlands, wenn auch nicht des deutschen Staates, aus, was auch immer für die Zukunft beschlossen werden mochte. Für den Augenblick jedenfalls lag eine totale Annexionsabsicht fern, und eine Teilungsabsicht war nicht ausgesprochen. So hatte auch jener ältere Entwurf der Europäischen Beratenden Kommission es als die Aufgabe des Kontrollrates bezeichnet, die deutsche zentrale Verwaltung zu kontrollieren. An einer anderen Stelle jenes früheren Dokuments ist die Rede von der Kontrolle der deutschen Ministerien. Deren Existenz wurde also 1944 im Europäischen Beratenden Ausschuß noch vorausgesetzt. Sie findet sich jedoch nicht mehr erwähnt in der Berliner Feststellung vom 5. Juni 1945 über das Kontrollverfahren. Es ist eine merkwürdige, in sich widersprüchliche Tatsache, daß in der »Erklärung« über die Übernahme der obersten Regierungsgewalt die Zerstückelungsformel von Jalta weggefallen ist, daß aber in der gleichzeitigen »Feststellung« über die Aufgaben des Kontrollrates nicht mehr von der Existenz zentraler deutscher Verwaltungsstellen oder Ministerien die Rede ist. Der Grund für die Nichterwähnung deutscher Stellen ist wohl kaum darin zu sehen, daß es solche Stellen im Augenblick nicht mehr gab. Man hätte ihre Schaffung vorsehen können, so wie man sie später auf der Potsdamer Konferenz, von wirtschaftlichen Notwendigkeiten geleitet, tatsächlich ins Auge faßte. Ihre Nichterwähnung in der Feststellung vom 5. Juni über das Kontrollverfahren kündigt schon eine Spaltung Deutschlands entlang der militärischen Demarkationslinien an, anders als sie in früheren Überlegungen vorgesehen war. In der gleichen Feststellung ist in diesem Zusammenhang der Art. 7 über die Verwaltung des Gebietes von Groß-Berlin bemerkenswert. Im Unterschied zu den übrigen Besatzungszonen sollte nämlich die Verwaltung von Berlin einheitlich von einer interalliierten Behörde unter der Leitung des Kontrollrates überwacht werden.

Das dritte der Berliner Dokumente ist eine Feststellung über die Besatzungszonen. Von vier Zonen ist hier die Rede, ohne daß ihre Abgrenzung im einzelnen beschrieben wird. Der Gedanke, Deutschland in Besatzungszonen aufzuteilen, geht auf britische Pläne aus dem Jahre 1943 zurück. Damals rechnete Churchill noch mit der Möglichkeit, daß die sowjetischen Armeen den größten Teil Deutschlands erobert haben würden, bevor die westlichen Alliierten den Rhein erreichten. Er wollte verhindern, daß dann ganz Deutschland unter sowjetische Kontrolle fiele. Die Demarkationslinie zwischen der östlichen und den westlichen Zonen wurde im wesentlichen durch das Zonenprotokoll vom September 1944 festgelegt. Die endgültige Abgrenzung der westlichen Besatzungszonen untereinander erfolgte erst am 26. Juli 1945. Ursprünglich hatten die Amerikaner auf die nordwestliche Zone reflektiert, traten diese aber den Briten unter der Voraussetzung ab, daß Bremen als Zufuhrhafen eine amerikanische Enklave und die amerikanische Zone im übrigen so geschnitten sein würde, daß der Weg durch britisches Territorium verhältnismäßig kurz war. Deswegen erhielten sie Kurhessen. Schwierig war es, für die Franzosen ein geeignetes Besatzungsgebiet abzugrenzen. Dies geschah ausschließlich auf Kosten der britischen und amerikanischen Zone, ohne daß die Sowjetregierung bereit gewesen wäre, ihre Besatzungszone deswegen zu verkleinern. Allerdings wurden die französischen Besatzungswünsche nicht in dem Maße erfüllt, wie es die Franzosen erwartet hatten. Die Briten waren ebensowenig bereit, auf Köln zu verzichten, wie die Amerikaner auf Kurhessen. Die Franzosen erhielten schließlich den Südteil von Württemberg, den Südteil von Baden, die bayerische Pfalz, den rheinhessischen Teil von Hessen-Darmstadt sowie Teile des preußischen Hessen-Nassau und des preußischen Rheinlandes. Alle diese Gebiete wurden aus den bestehenden deutschen Verwaltungs- und Ländereinheiten herausgelöst. Aufgrund dieser unter besatzungspolitischen Gesichtspunkten gezogenen Demarkationslinien entstanden dann in der Folge gänzlich unhistorische, künstliche Ländergebilde. Eine besondere Regelung wurde für Berlin getroffen. Es sollte entsprechend der gemeinsamen Viermächteverwaltung von den vier Mächten auch gemeinsam besetzt werden. Die vier Kommandanten sollten abwechselnd als Hauptkommandanten fungieren, und zwar in einem 15tägigen Turnus[10]).

Die letzte der Berliner Feststellungen vom 5. Juni bezog sich auf die Vereinten Nationen. Die Besatzungsmächte erklärten hier ihre Bereitschaft, die Regierungen anderer Mitgliedsstaaten der Vereinten Nationen hinsichtlich der Ausübung ihrer Hoheitsrechte in Deutschland zu konsultieren. Das bedeutete zugleich, daß die deutschen Fragen der Entscheidungskompetenz der Vereinten Nationen entzogen sein sollten. Deren Charta wurde am 26. Juni 1945 in San Francisco beschlossen. Es entsprach jener Berliner Feststellung vom 5. Juni, wenn sich die vier Kontrollmächte in der Satzung der Vereinten Nationen ein unabhängiges Interventionsrecht in Deutschland vorbehielten[11]).

1) Lit. zur Regierung Dönitz s. § 84. 2) H. S. TRUMAN, Memoiren 1, S. 283. 3) W. S. CHURCHILL, Der Zw. Weltkrieg, Bd. 6, 2, S. 416 f. 4) Text der Erklärung u. der begleitenden Feststellungen bei E. DEUERLEIN, Die Einheit Dtlds. (^{2}1961), Nr. 17—20. 5) Urkundenentwurf der Europäischen Beratenden Kommission über »Die bedingungslose Kapitulation Dtlds.« mit der in Jalta eingeschobenen Formel über die Zerstückelung bei E. DEUERLEIN, Die Einheit Dtlds., Nr. 14. 6) E. DEUERLEIN, Die Einheit Dtlds., Nr. 16. 7) Eine andere Frage ist es, ob das Reich auch im staats- u. völkerrechtlichen Sinne aufgehört hatte zu bestehen. Dönitz hat aus dem Gefangenenlager die Erklärung abgegeben, daß mit der Inhaftierung seiner Regierung keineswegs das Ende des dt. Staates gekommen sei. In dieser Erklärung heißt es: »1. Die Kapitulation ist von meinen Beauftragten auf Grund einer schriftlichen Vollmacht geschlossen worden, die ich als Staatsoberhaupt des Deutschen Reiches und damit Oberbefehlshaber der Wehrmacht ausgestellt habe und die in dieser Form von den bevollmächtigten Vertretern der Alliierten Streitkräfte verlangt war und anerkannt wurde. Die Alliierten haben mich dadurch selbst als Staatsoberhaupt des Deutschen Reiches anerkannt. 2. Durch die mit meiner Vollmacht am 9. Mai 1945 abgeschlossene bedingungslose Kapitulation der 3 Deutschen Wehrmachtsteile hat weder das Deutsche Reich aufgehört zu bestehen, noch ist dadurch mein Amt als Staatsoberhaupt beendet worden. Auch die von mir berufene geschäftsführende Regierung ist im Amt geblieben; mit ihr hat die alliierte Überwachungskommission in Flensburg bis zum 23. Mai im Geschäftsverkehr gestanden. 3. Die im Anschluß an die Kapitulation erfolgende vollständige Besetzung des Deutschen Reichsgebiets hat an dieser Rechtslage nichts geändert. Sie hat nur mich und meine Regierung tatsächlich behindert, in Deutschland Regierungshandlungen zu vollziehen.« Zit. in W. LÜDDE-NEURATH, Regierung Dönitz. Die letzten Tage des Dritten Reiches (^{3}1964), S. 166. Auch in der Völkerrechtswissenschaft herrscht die Lehre vor, daß de iure der dt. Staat durch die Gefangennahme der Regierung Dönitz nicht aufgehört habe zu bestehen. Das legitime Interesse an der jurist. These von der Kontinuität des dt. Staates liegt im Bereich des Beamten-, Versorgungs- u. Verwaltungsrechts. Aber diese These hatte auch ihren polit. Gehalt. So ist eine Erklärung zu verstehen, die von den dt. Völkerrechtslehrern im April 1947 einstimmig abgegeben wurde. In ihr heißt es: »Das Deutsche Reich ist auch nach der bedingungslosen Kapitulation der deutschen Wehrmacht und der Besetzung ein Staat mit eigenen Staatsangehörigen und ein Rechtssubjekt im Sinne des allgemeinen Völkerrechts geblieben. Es ist als ein solches Rechtssubjekt Mitglied der Völkerrechtsgemeinschaft, an deren Normen gebunden und zur Mitarbeit fähig und berufen.« Erklärung vom 18. April 1947, zit. bei F. FAUST, Das Potsdamer Abkommen u. seine völkerrechtl. Bedeutung (^{4}1969), S. 93; bei Faust auch eine eingehende Erörterung der staats- u. völkerrechtl. Problematik u. ein guter Überblick über die kontroversen Stellungnahmen. Hierzu ferner als frühe Bestandsaufnahme des Diskussionsstandes: R. STÖDTER, Dtlds. Rechtslage (1948); A. ARNDT, Der dt. Staat als Rechtsproblem (1960). Vom Fortbestand des dt. Staates im völkerrechtl. Sinn ging auch Carlo Schmid in einer Rede im Parlament. Rat aus: Sten. Ber. über die Plenarsitzungen (1948/49), S. 8 f. 8) Zur staats- u. völkerrechtl. Interpretation der Erklärung vom 5. Juni 1945: M. ARNDT, Völkerrechtl. u. staatsrechtl. Bedeutung der Berliner Erklärung vom 5. Juni 1945 (Diss. Göttingen 1970). 9) Abkommen über das Kontrollsystem in Dtld., London, 14. Nov. 1944, in: E. DEUERLEIN, Die Einheit Dtlds., Nr. 10. 10) Beschluß über die gemeinsame Verwaltung Berlins v. 7. 7. 1945, in: Dok. zur Berlinfrage, hg. vom Forsch.-institut d. dt. Ges. f. Ausw. Politik (1962), Nr. 16. Zu den Verhandlungen über die Besatzungszonen vgl. T. SHARP, The Wartime Alliance and the Zonal Division of Germany (Oxford 1975). 11) Charter of the United Nations, Statutes and Rules of Court and other constitutional documents, ICJ, Series D, No 1 (^{2}1947). L. GOODRICH / E. HAMBRO / A. SIMONS (Hg.), The Charta of the United Nations, Commentary and Documents (New York u. London ^{3}1969); A. ALBANO-MÜLLER, Die Dtld.-Artikel in der Satzung der Vereinten Nationen (1967). Das in seiner Interpretation umstrittene Interventionsrecht ist enthalten in den sog. Feindstaatenklauseln Art. 53 u. 107; vgl. dazu H. C. SCHNEIDER, Die Charta der Vereinten Nationen u. das Sonderrecht für die im II. Weltkrieg unterlegenen Nationen (Art. 53 u. 107) (1967).

§ 87 Die Konferenz von Potsdam: Vorbereitung und weltpolitische Hintergründe. Die Kapitulation Japans

Durch die Proklamationen vom 5. Juni 1945 waren Kompetenz, Zusammensetzung und Arbeitsweise des Kontrollrates festgestellt worden. Offen blieb die Frage nach seiner Aufgabenstellung und nach den Richtlinien für seine Arbeit. Der Art. 13 der Erklärung vom 5. Juni, der vorsah, daß sich die Mächte weitere Bestimmungen über die politische Zukunft Deutschlands vorbehielten, mußte noch mit materiellem Inhalt gefüllt werden.

Fast zwei Monate später, am 30. Juli, trat der Kontrollrat zum ersten Male zusammen. Der Grund für seine verhältnismäßig späte Bildung ist darin zu sehen, daß zunächst die Besatzungszonen in Deutschland und besonders auch in Berlin von den jeweiligen Mächten wirklich eingenommen werden mußten. Der Rückzug der Amerikaner aus Teilen von Sachsen, Thüringen und der westlichen Tschechoslowakei und der Briten aus Teilen von Mecklenburg vollzog sich ebenso wie der Abzug der sowjetischen Besatzungstruppen aus Westberlin im Verlaufe des Monats Juli. Es erregte das tiefste Unbehagen Churchills, daß die Westmächte weite Landstriche Mitteleuropas, die sie erobert hatten, preisgeben sollten. Bei Truman hatte er deshalb am 11. Mai einen Stillhaltebefehl angeregt, um die Rücknahme der Truppen auf die endgültigen Zonengrenzen hinauszuschieben, bis die zwischen der Sowjetunion und den Westmächten offenen Probleme geklärt sein würden. Hierbei dachte er insonderheit an die Durchsetzung der in Jalta getroffenen Vereinbarungen über Polen und Südosteuropa. Schon am 12. Mai sprach er in einem Schreiben an Truman von dem »Eisernen Vorhang«, der sich vor dem sowjetischen Machtbereich niedergesenkt habe und einen freien Einblick in die dortigen Vorgänge verwehre[1]). Truman reagierte auf die wiederholte Anregung, die Truppen anzuhalten, genauso wie zuvor Roosevelt und Eisenhower, als Churchill in der Endphase des Krieges vorgeschlagen hatte, die Kriegschancen auszunutzen und so weit wie möglich in das spätere sowjetische Besatzungsgebiet vorzustoßen. Er lehnte es ab, den Rückzug der amerikanischen Truppen auf die vereinbarten Zonengrenzen an Bedingungen zu knüpfen, und verfolgte trotz verstärkten Mißtrauens gegenüber der sowjetischen Politik die gleiche Taktik wie sein Vorgänger: man sei zu einem fairen Spiel verpflichtet und müsse eingegangene Verpflichtungen halten, ohne sich dafür wieder einen besonderen Kaufpreis zahlen zu lassen. Der Kontrollrat, auf dessen Funktionieren es nun ankomme, könne mit seiner Arbeit nicht beginnen, ehe die endgültigen Besatzungszonen von den jeweiligen Mächten eingenommen seien. Dieses Argument wurde vor allem von General Eisenhower vertreten. Nach Churchills Meinung hingegen waren es aber gerade die Sowjets, die eine feierlich eingegangene Verpflichtung, nämlich die Jalta-Erklärung über das befreite Europa, ständig verletzten. Er war von bösen Vorahnungen über die Konsequenzen der amerikanischen Einstellung erfüllt. Die Zurückweisung, die sein Vorschlag durch Truman erfuhr, klang ihm wie »Totengeläut«[2]).

Was ging im sowjetischen Machtbereich Ost- und Südosteuropas vor sich?[3]) Man muß davon ausgehen, daß es in den vorwiegend agrarisch bestimmten Ländern wie Polen, Rumänien, Bulgarien und Ungarn starke bäuerliche Reformbewegungen gab, die eine Neuverteilung des Grundbesitzes erstrebten. Kommunistische Parteien hatten in diesen Ländern vor dem Kriege keine Rolle gespielt und waren auch nach Kriegsende zunächst sehr schwach. Unter dem Schutz der sowjetischen Waffen und angeleitet von der Moskauer Zentrale befolgten sie unter den jeweils besonderen Bedingungen ihrer Länder jene Volksfronttaktik, auf die die Kommunistische Internationale 1935 eingeschwenkt war, nachdem sie sich in der vorhergehenden Periode durch den Kampf gegen die sozialdemokratischen Parteien und das linke Bürgertum in eine vollkommene politische Isolation hineinmanövriert hatte. Die kommunistischen Parteien im sowjetisch kontrollierten Machtbereich Ost- und Südosteuropas traten daher zunächst keineswegs als Verfechter radikaler gesellschaftlicher und wirtschaftlicher Veränderungen auf. Sie stellten sich vielmehr als erstes die Aufgabe, in Zusammenarbeit mit anderen Parteien das wirtschaftliche Leben wieder in Gang zu bringen und sich zugleich in

Koalitionsregierungen mit sozialistischen und bürgerlichen Parteien diejenigen Positionen zu sichern, von denen her sie Schritt um Schritt ihren Einfluß bis zur totalen politischen Kontrolle ausbauen konnten. Die Mittel auf dem Wege zu diesem Ziele waren Unterwanderung konkurrierender Parteien, Beschneidung nicht-konformistischer Publikationsmittel, systematische Beeinflussung der öffentlichen Meinung, Ausschaltung gegnerischer Politiker durch Polizeiterror und offener, durch die Besatzungsmacht erzwungener Staatsstreich. So intervenierten kurz nach der Jalta-Konferenz die Sowjets in Rumänien. Sie erzwangen eine von den Kommunisten bestimmte Koalitionsregierung unter dem nicht-kommunistischen Grundeigentümer Groza, während die oppositionelle Bauernpartei verfolgt wurde. In Polen wurde erst nach vielen Schwierigkeiten Ende Juni 1945 die in Jalta getroffene Vereinbarung eingelöst, Mikolajczyk und andere Vertreter der Exilpolen in die Regierung aufzunehmen, ohne daß es diesen gelungen wäre, entscheidenden Einfluß zu gewinnen. Es kam in den unter sowjetische Herrschaft geratenen Ländern zunächst auch nicht zur Durchführung von allgemeinen Wahlen. Die inneren Voraussetzungen dafür, daß konkurrierende Parteien freie Wirkungsmöglichkeiten haben würden, schwanden mehr und mehr dahin. Zwar waren für die osteuropäischen Länder gemischte Alliierte Kontrollkommissionen vorgesehen worden, aber deren westliche Mitglieder erhielten nicht das Recht, sich frei zu bewegen und sich zu informieren. Dazu kam ein wirtschaftlicher Interessenkonflikt zwischen der Sowjetunion und den westlichen Alliierten. Rumänien hatte ebenso wie Bulgarien und Ungarn als ehemaliger Verbündeter der Achsenmächte Reparationen zu leisten, zum Teil durch Demontage bestehender industrieller Einrichtungen. Für diesen Zweck wurde auch der nicht unbeträchtliche amerikanische und britische Besitz besonders in der rumänischen Ölindustrie herangezogen. Zudem drohte es zeitweise zwischen den seit April 1945 mit der Sowjetunion verbündeten Jugoslawen und den Briten um das Schicksal der Hafenstadt Triest zu einem bewaffneten Konflikt zu kommen, bis schließlich nach einem bitteren Briefwechsel zwischen Churchill und Stalin eine vorläufige Demarkationslinie vereinbart wurde[4]). Auch war damit zu rechnen, daß sich das militärische Machtverhältnis zwischen den Alliierten in Europa überhaupt zugunsten der Sowjetunion verschieben würde, weil die Amerikaner unter dem Druck der öffentlichen Meinung möglichst bald mit der Rückführung des größten Teiles ihrer Truppen in ihre Heimat beginnen wollten und weil der noch nicht beendete Krieg gegen Japan die Konzentration ihrer militärischen Mittel im Pazifik erforderte. Die militärische Schwächung der westlichen Alliierten in Europa mußte aber die politische Verhandlungsbasis gegenüber der Sowjetunion von Tag zu Tag verschlechtern.

Daher drängte Churchill, nachdem sein Stillhaltevorschlag abgewiesen worden war, auf die möglichst baldige Einberufung einer Konferenz der Großen Drei, von deren Notwendigkeit auch Truman überzeugt war. Aber nicht schon am 15. Juni, wie Churchill es wollte, sondern erst einen Monat später, am 17. Juli, trat die Konferenz zusammen. Auch in der Frage der Ortswahl hat Churchill sich nicht durchsetzen können. Nachdem die letzte Begegnung in der Sowjetunion, in Jalta, stattgefunden hatte, schlug er London vor. Es wurde aber Berlin gewählt, die Viersektorenstadt, in der sich alle gleichberechtigt fühlen konnten. Diese kleinen Streitereien in der Vorbereitung der Konferenz zeigen deutlich, wie begrenzt die Wirkungsmöglichkeiten Churchills gewesen sind und daß, wie immer er eine Situation beurteilte, die britische Machtstellung nicht mehr ausreichte, eine unmittelbar zwischen den Vereinigten Staaten und der Sowjetunion getroffene Vereinbarung zu durchkreuzen. In einem Punkte allerdings, der die britische Selbstachtung im Verhältnis zum amerikanischen Bundesgenossen betraf, hat er sich durchsetzen können. Er verwahrte sich mit Energie und Erfolg gegen die Absicht Trumans, vor Zusammentritt der Konferenz zunächst einmal in einem Zweiertreffen mit Stalin über die anstehenden Fragen zu sprechen und erst später Churchill hinzuzuziehen. Dagegen bäumte sich der ganze Stolz dieses temperamentvollen Mannes auf, der mit vollem Recht darauf hinwies, welch entscheidende Rolle England in diesem Kriege gespielt hatte. In der Tat kann auch der rückblickende Historiker an der Tatsache nicht vorbeisehen, daß zu einer Zeit, als die Vereinigten Staaten noch nicht in den Krieg gegen Deutschland eingetreten waren und als in der Periode des Hitler-Stalin-Paktes die kommunistische Sowjetunion dem nationalsozialistischen Deutschland mancherlei wirtschaftliche und indirekte militärische Unterstützung zuteil werden ließ, Großbritannien allein den Kampf geführt hat. Wie Churchill die europäische Lage vor der Konferenz von Potsdam beurteilte, ergibt sich aus einem von ihm damals verfaßten Memorandum[5]). Ihn bedrängte in erster Linie die Zukunft Polens, der Tschechoslowakei, Rumäniens, Bulgariens, Ungarns und Österreichs. Wie konnte die äußere Unabhängigkeit und innere Freiheit dieser Staaten gesichert werden? »Der Premierminister«, so heißt es in dem Memorandum, »kann es nicht für klug halten, über alle diese Dinge hinwegzugehen, nur weil man auf diese Weise den imperialistischen Ausdehnungsdrang des kommunistischen Rußlands zu besänftigen hofft.« Churchill machte sich also auf harte Auseinandersetzungen gefaßt.

Um das Deutschlandproblem, das sich auf der Potsdamer Konferenz stellte, in der richtigen Perspektive zu sehen, ist es nötig, sich über Europa hinaus die weltpolitische Lage zu verdeutlichen. Am 26. Juni 1945 wurde in San Francisco die Satzung der Vereinten Nationen beschlossen. Truman feierte in einer Rede auf der Eröffnungssitzung den neuen Völkerbund als Erfüllung der Ideen Wilsons, die nach dem Ersten Weltkrieg nicht realisiert werden konnten, weil damals der amerikanische Kongreß den Präsidenten desavouiert hatte. Jetzt war die Lage anders: Amerika stand führend und tragend hinter dieser Organisation, und Truman hoffte, wie wir aus mancher seiner Äußerungen wissen, daß sich in ihrem Rahmen eine dauernde Zusammenarbeit zwischen den Großmächten ermöglichen werde, und zwar dadurch, daß man ihnen die führende Stellung im Sicherheitsrat und die gemeinsame Verantwortung für die Aufrechterhaltung des Friedens auferlegte.

Das nach der Niederwerfung Deutschlands alles andere überragende und primär zu lösende Weltproblem war in amerikanischer Sicht die Beendigung des Krieges gegen Japan. Die Stabschefs rechneten mit einer noch etwa 18monatigen Kriegsdauer im Pazifik. Dieses Zeitkalkül ergab sich aus der Kriegslage, wie sie sich am Vorabend der Potsdamer Konferenz darstellte. Seit der durch die Seeschlacht bei den Midway-Inseln im Jahre 1942 eingeleiteten Wende im pazifischen Kriege hatten sich die Amerikaner, von Insel zu Insel vordringend, unter verlustreichen Kämpfen an die japanische Kernposition herangeschoben. Im Juni 1945 eroberten sie Okinawa, etwa 500 km von den japanischen Hauptinseln entfernt. Von hier aus sollte der strategische Bombenangriff auf die japanischen Inseln als Vorbereitung für eine Invasion geführt werden. Auf den Hauptinseln aber stand eine völlig intakte, wohlausgerüstete japanische Armee von etwa einer Million Mann. Der bisherige Kriegsverlauf hatte gezeigt, mit welcher Zähigkeit die Japaner kämpften. Außerdem war der weitaus größte Teil der Räume, die die Japaner in den ersten Monaten des Krieges gewonnen hatten, immer noch in ihren Händen. Das galt für Niederländisch-Indien, Malaya und Singapur, Indochina und das östliche China. Es ist zu verstehen, daß die Amerikaner, die die Hauptlast des Kampfes im Pazifik trugen, daran interessiert waren, Rußland fast um jeden Preis für die Beteiligung am Kriege gegen Japan zu gewinnen. Deshalb hatten sie zu Anfang des Jahres 1945 auf der Konferenz von Jalta der Sowjetunion für den Fall ihres Kriegseintritts bedeutende territoriale Zugeständnisse in Ostasien gemacht. Deshalb waren sie auch nicht gewillt, das Zusammenwirken mit Rußland europäischer Fragen wegen aufs Spiel zu setzen. Am 5. April 1945 hatte die Sowjetunion den am 13. April 1941 abgeschlossenen Neutralitätsvertrag mit Japan ein Jahr vor Beendigung seiner

Laufzeit aufgekündigt[6]), aber zunächst noch nicht in den Kampf gegen Japan eingegriffen. Dies zu erreichen, eine mögliche russische Verzögerungstaktik zu überwinden, endlich die großen Menschenmassen der Sowjetunion in den wahrscheinlich verlustreichen Endkampf gegen Japan einzusetzen, betrachtete Truman als sein erstes und wichtigstes Ziel, als er sich auf einem amerikanischen Kriegsschiff nach Europa zur Teilnahme an der Potsdamer Konferenz begab. Er berichtet selbst darüber: »In Vorbereitung der Konferenz mit Churchill und Stalin ließ ich mir die Ziele, derenthalben ich nach Potsdam reiste, durch den Kopf gehen. Mein nächstliegender Wunsch war natürlich, die Russen zum möglichst raschen Eintritt in den Krieg gegen Japan zu bewegen, darüber hinaus aber wollte ich vor allem ein gutes Fundament zur Wahrung des Weltfriedens legen.«[7]) Das wichtigste Ziel, das ihn auf der Reise beschäftigte, war also nicht Deutschland, sondern Japan und die Organisation des Weltfriedens. Im übrigen formulierte Staatssekretär Byrnes während der Überfahrt nach Europa folgende Verhandlungspunkte für die Konferenz: Vorbereitung der Friedensverträge; Formulierung der wirtschaftlichen und politischen Grundsätze für die Besatzungspolitik; Regelung der Reparationsfrage; loyale Durchführung der Erklärung über die befreiten Völker Europas. »Wobei wir hofften«, so schreibt Byrnes, »daß die dauernden Reibungen ein Ende finden würden, die seit der Krim-Konferenz die russische Politik in Osteuropa gekennzeichnet hatten.« Es charakterisiert die damalige Einstellung der Vereinigten Staaten zur Sowjetunion, wenn Byrnes feststellt: »Ich hatte angenommen, daß nach dem Ende der Feindseligkeiten die Nationen, die im Kriege gemeinsam gekämpft hatten, den Frieden so aufrichtig herbeisehnen würden, daß die unvermeidlichen Meinungsverschiedenheiten ohne besondere Schwierigkeiten beigelegt werden könnten. Tatsächlich wurden wir nach Jalta einigermaßen ernüchtert. Ereignisse wie der Berner Zwischenfall und die sowjetische Verletzung der Abkommen über Polen und Rumänien kündigten uns an, daß wir in der nächsten Zeit auf ernste Schwierigkeiten stoßen würden. Wir hatten jedoch nicht vergessen, daß Präsident Roosevelt, gestützt auf seine Erfahrung mit den Russen, in seiner letzten Botschaft an Premierminister Churchill gesagt hatte, solche Schwierigkeiten würden sich schon geben. Heute kann man leicht sagen, daß der Rat Roosevelts und unsere Vermutungen aus der Luft gegriffen waren. Aber wer sich erinnert, wie das Volk der Vereinigten Staaten unmittelbar nach der deutschen Kapitulation zu den Sowjets stand, wird zugeben müssen, daß die Sowjetunion damals nach gemeinsamem Leid und Opfern für eine gemeinsame Sache in den Vereinigten Staaten einen solchen Kredit an gutem Willen besaß wie kaum ein anderes Land.«[8]) Die Zuversicht, daß man trotz aller Schwierigkeiten mit den Sowjets einig werden könne, hegte auch Truman. »Noch glaubte ich«, so heißt es in seinen Erinnerungen, »daß Stalin ein Mann sei, der getroffene Vereinbarungen einhält. In dieser Hinsicht hatten wir viel zu lernen. Und weiter glaubten wir, daß sich Rußland mit ganzem Herzen in die Pläne für eine Weltfriedensorganisation eingliedern werde.«[9]) Er sah die Vereinigten Staaten in der Rolle eines Vermittlers in dem machtpolitischen Antagonismus zwischen Großbritannien und der Sowjetunion, einer Rolle, wie sie England selber in der früheren europäischen Staatengeschichte zur Aufrechterhaltung des Gleichgewichts gespielt hatte. Erst nach langem Zögern sollten die Amerikaner schließlich eine neue Situation akzeptieren, in der sie nicht mehr über den Weltgegensätzen standen, sondern sich mit dem ganzen Gewicht ihrer Macht auf einer Seite zu engagieren hatten.

Im Unterschied zu den Amerikanern standen für Churchill die europäischen Probleme im Vordergrund des Interesses für die kommende Konferenz, unbeschadet der britischen Bereitschaft, sich, soweit es die Kräfte erlaubten, an der Niederwerfung Japans zu beteiligen. So hatte eine britisch-indische Armee unter Lord Mountbatten die Japaner aus Burma verdrängt und den Nachschubweg nach China wieder geöffnet.

Für den Schlußkampf gegen Japan war Churchill gewillt, Teile der britischen Flotte, Luftwaffe und auch Landtruppen einzusetzen. Um die Endphase des asiatisch-pazifischen Krieges abzukürzen, hielt er sowjetische Hilfe für erwünscht, aber zugleich wegen der durch sie zu erwartenden Stärkung der sowjetischen Macht im Fernen Osten für bedenklich. Die europäische Lage sah er schon jetzt völlig beherrscht von dem Ost-West-Gegensatz, und er war bereit, diesen Gegensatz auf der kommenden Konferenz auszufechten. Hierbei ging es um die Fragen der italienisch-jugoslawischen und der deutsch-polnischen Grenzziehung, um die Bildung freier Regierungen im ostmitteleuropäischen Raum und um den sich ankündigenden sowjetisch-britischen Gegensatz im Mittelmeer, wo Stalin hoffte, einen Marinestützpunkt am Marmarameer zu gewinnen oder den bulgarischen Hafen Dedeagatsch oder einen Teil der italienischen Kolonien in Nordafrika. Churchill hat Stalin noch vor Beginn der Konferenz den Fehdehandschuh hingeworfen. Am 23. Juni schrieb er ihm: »Es will mir scheinen, daß die Ausdehnung des russischen Einflusses bis zur Linie Lübeck, Eisenach, Triest und noch weiter bis Albanien eine Angelegenheit ist, wegen der noch eine intensive, wenn auch unter guten Freunden geführte Auseinandersetzung nötig ist.«[10])

Für die Analyse der Absichten und Erwartungen, mit denen die sowjetische Führung an der Potsdamer Konferenz teilnahm, stehen keine vorbereitenden Konferenzpapiere oder Memoiren zur Verfügung. Sie lassen sich aber aus der Situation des Landes und aus westlichen Berichten vor und während der Konferenz ableiten. Die Sowjetunion hatte stärker unter dem Kriege gelitten als irgendeine andere der mit ihr verbündeten Großmächte. Sie hatte 20 Millionen Menschen verloren, der westliche Teil des Landes war weithin verwüstet, die landwirtschaftliche Produktion lag im ersten Nachkriegsjahr bei nur 60% des Vorkriegsstandes, die Stahlproduktion bei 50%. Ein großer Teil der Industrie war während des Krieges nach Sibirien und Zentralasien verlagert worden und kehrte nur zum Teil in das europäische Rußland zurück. Es mußte also ein vorrangiges Ziel der Sowjetunion sein, industrielle Investitionsgüter, die für den Wiederaufbau benötigt wurden, einzuführen. Hierfür gab es die beiden Wege der Kreditaufnahme und der Reparationen. Im Kriege war die Sowjetunion in das amerikanische Lend-Lease-Programm eingeschlossen worden. Aber diese Hilfssendungen wurden bald nach dem Kriege drastisch reduziert. Man hoffte auf amerikanischer Seite, durch wirtschaftlichen Druck die Sowjetunion zu politischem Entgegenkommen veranlassen zu können. Zu den Gründen für den Abbau der amerikanischen Hilfe gehörte auch der sowjetische Vorbehalt gegenüber der im Lend-Lease-Programm Art. 7 ausgesprochenen Verpflichtung, am Abbau diskriminierender Handelsschranken und an der Senkung von Zolltarifen mitzuwirken. Hier standen sich im Grunde zwei unterschiedliche Vorstellungen der Nachkriegswirtschaft gegenüber: das Prinzip der offenen Tür und des freien Handels gegen den Protektionismus einer sozialistischen Planwirtschaft. Auch ein sowjetisches Gesuch vom Sommer 1945 um eine amerikanische Anleihe in Höhe von einer Milliarde Dollar blieb ohne Erfolg. Lediglich auf dem Wege über die UNRRA (United Nations Relief and Rehabilitation Administration), die wesentlich von den Vereinigten Staaten finanziert wurde, erhielt die Sowjetunion zum Wiederaufbau der zerstörten Regionen Weißrußlands und der Ukraine eine Beihilfe von 250 Millionen Dollar[11]). Da es der Sowjetunion nicht gelang, von den Vereinigten Staaten, deren Kriegsverluste vergleichsweise gering waren und deren Landwirtschaft und Industrie im Kriege eine außerordentliche Produktionssteigerung erfahren hatten[12]), substantielle wirtschaftliche und finanzielle Hilfe zu erhalten, sah sie sich um so stärker auf Reparationsleistungen angewiesen. Sie hat ihre Forderungen in dieser Hinsicht in Potsdam und auf allen nachfolgenden Außenministerkonferenzen mit Härte und Beharrlichkeit vertreten. Die Reparationsfrage sollte dann später einer der entscheidenden Gründe werden, an denen das Kriegsbündnis zwischen der Sowjetunion und den Vereinigten Staaten zerbrach.

Das zweite Hauptmotiv der sowjetischen Konferenzpolitik in Potsdam liegt in der Sicherheitsfrage. Unter keinen Umständen wollte die Sowjetunion zwischen sich und dem übrigen Europa einen »Cordon Sanitaire« entstehen lassen wie nach dem Ersten Weltkrieg. Nach den Erfahrungen der Zwischenkriegszeit und des zweiten Krieges forderte sie im Interesse ihrer Sicherheit, daß die vorgelagerten Staaten Ost- und Südosteuropas mit ihr freundschaftlich verbunden sein sollten[13]). Das galt insbesondere für Polen, das zu einem Hauptproblem der interalliierten Beziehungen wie in Teheran und Jalta, so auch in Potsdam wurde.

Die Hauptteilnehmer der Potsdamer Konferenz waren auf russischer Seite Stalin und Molotow, auf amerikanischer Seite Truman und sein neuer Staatssekretär James Byrnes. Nicht beteiligt war Morgenthau. Zu dessen Plan berichtet Truman: »Niemand, der Einblick in ihn gewann, hielt viel von ihm, und auch mir gefiel er nicht. Als Morgenthau von meiner Reise nach Potsdam hörte, ersuchte er mich, ihn als Delegationsmitglied mitzunehmen. Ich erwiderte, m. E. werde der Schatzkanzler weit dringender in den Vereinigten Staaten als in Potsdam benötigt. Er entgegnete, seine Anwesenheit in Potsdam sei unerläßlich, andernfalls müsse er demissionieren. ›Schön, wenn das Ihre Auffassung ist, nehme ich hiermit ihre Demission an.‹ Das war das Ende unserer Unterhaltung und das Ende des Morgenthau-Planes.«[14])

Von britischer Seite nahmen zunächst Churchill und sein Außenminister Eden teil. Churchill hatte aber den Oppositionsführer Clement Attlee (Labour Party) in offizieller Funktion mit nach Potsdam genommen, weil er nicht sicher über den Ausgang der englischen Parlamentswahlen vom 5. Juli war, andererseits aber damit rechnete, daß eine Labour-Regierung in der gegebenen Situation keine wesentlich andere Außenpolitik betreiben werde als er selber. Das am 26. Juli bekanntgegebene Ergebnis der britischen Wahlen kündete von einem großen Sieg der Arbeiterpartei. Wie in Italien und Frankreich, so schwang das Pendel der politischen öffentlichen Meinung auch in England nach links aus. Churchill und Eden verließen die Konferenz. An ihre Stelle rückten Attlee und als neuer britischer Außenminister Ernest Bevin. Nach dem Urteil von Byrnes änderte sich hierdurch aber »nicht das Geringste am britischen Standpunkt gegenüber den Problemen der Konferenz«[15]).

Den Auftakt zur Konferenz bildete die am Vorabend des Beginns, am 16. Juli, Truman übermittelte Nachricht, daß die erste Versuchsexplosion einer Atombombe geglückt sei. Am Tag der Eröffnung machte er Churchill davon Mitteilung. Beide sahen in ihr eine Möglichkeit, den Krieg gegen Japan schnell zu beenden. Trotz der furchtbaren Zerstörungen, die der Abwurf einiger Atombomben in Japan verursachen mußte, schienen — so Churchill in seinen Erinnerungen — im Endergebnis die Opfer an Menschenleben geringer als die Verluste, die eine Landung auf den japanischen Hauptinseln sowohl auf seiten der Invasionstruppen wie auf seiten des sich mit Sicherheit verzweifelt wehrenden Gegners fordern würde. Bedenken gegen den Abwurf der Atombombe bestanden weder bei der amerikanischen noch bei der britischen Führung. Charakteristisch war, wie Churchill als Politiker auf die Nachricht von der geglückten Versuchsexplosion reagierte. Er empfand es als eine Befreiung, daß die USA und Großbritannien jetzt nicht mehr unbedingt auf die sowjetische Hilfe für den Endkampf gegen Japan angewiesen waren. Die Konferenzposition der beiden angelsächsischen Mächte schien sich durch dieses Ereignis ganz entscheidend verbessert zu haben, obwohl die Militärmacht der Vereinigten Staaten in Europa zusammenschmolz.

Allerdings liest man in den Erinnerungen Trumans, daß Churchill Rußlands Kriegseintritt zur Beschleunigung der Niederwerfung Japans, solange er an der Potsdamer Konferenz teilnahm, ebenso herbeiwünschte wie Truman selber. Die Memoiren beider Staatsmänner sind apologetisch. Dem impliziten Vorwurf Churchills an die Adresse der

USA, daß sie von der Waffe nicht den richtigen politischen Gebrauch gemacht hätten, setzt Truman die These entgegen, daß sein eigenes, auf der Potsdamer Konferenz fortgesetztes Werben um den tatsächlichen Kriegseintritt der Sowjetunion auch im Sinne Churchills gewesen sei. Stalin, den man am 24. Juli von dem geglückten Versuch mit der Atombombe unterrichtete, nahm die Information gelassen entgegen, ohne auf die Sache im einzelnen einzugehen. Zurückhaltend wurde die strategische Bedeutung des neuen Vernichtungsmittels zunächst auch von den Vereinigten Stabschefs der beiden Westalliierten eingeschätzt. Sie waren nicht sicher, daß die Atombombe einen entscheidend gesteigerten Effekt im Vergleich zu den bisherigen Massenangriffen auf japanische Städte haben würde, und sahen sich nicht veranlaßt, ihren auf den Einsatz konventioneller Waffen aufgebauten Operationsplan gegen Japan zu ändern. Darum hielten sie daran fest, daß die Beteiligung der Sowjetunion am Krieg gegen Japan zu fördern und ihr jede erforderliche Hilfe zu gewähren sei. In einer gemeinsamen Besprechung mit ihren sowjetischen Kollegen wurde das Eingreifen der Russen für die zweite Augusthälfte vorgesehen. Als mögliches Enddatum des Krieges faßte man den 15. August 1946 ins Auge. Berechnungen für die Bereitstellung von Transportmitteln, Material und Menschen gingen von der Annahme aus, daß man noch etwa eineinhalb Jahre Krieg zu führen habe.

In der japanischen Führungsschicht wurde die Lage unterschiedlich beurteilt. Die Flotte, große Teile der Industrie und der Kaiser suchten einen Ausweg aus dem Krieg, der nicht mehr gewonnen werden konnte. Die Armee widerstand am zähesten dem Eingeständnis der Niederlage. Der Ministerpräsident Suzuki (seit April 1945) suchte einen Verhandlungsfrieden ohne bedingungslose Kapitulation. Am 13. Juli wandte sich die japanische Regierung mit Zustimmung schließlich auch des Kriegsministers und des Chefs des Armeegeneralstabs an die Sowjetregierung mit der Bitte um Friedensvermittlung. Moskau verhielt sich zurückhaltend. Es stand damals in Verhandlungen mit Tschiang Kai-schek, um sich die in Jalta von den Westmächten erhaltenen Zusicherungen hinsichtlich der Mandschurei, der nordostchinesischen Bahnen und Port Arthurs bestätigen zu lassen. Der sowjetischen Regierung lag ebenso daran, diese zeitraubenden Verhandlungen mit der zögernden chinesischen Regierung zu Ende zu bringen, wie auch daran, in den Krieg gegen Japan noch aktiv einzugreifen. In Potsdam berichtete Stalin über den japanischen Friedensfühler. Hier stand man nun vor der Frage, ob man auf das japanische Angebot eines Verhandlungsfriedens eingehen oder aber auf der Forderung der bedingungslosen Kapitulation ebenso bestehen sollte, wie man es Deutschland gegenüber getan hatte. Churchill kam Überlegungen Trumans entgegen, wenn er dafür plädierte, von dieser starren Forderung abzuweichen, um den Krieg gegen Japan um so schneller beenden zu können. Beide einigten sich auf die sogenannte Potsdamer Deklaration, die von hier aus an Japan gerichtet wurde[16]). Sie beginnt mit einer Bekräftigung der britisch-amerikanischen Entschlossenheit, den Krieg bis zur völligen Niederwerfung Japans fortzuführen. Daneben aber enthält sie einige positive Aussagen über das zukünftige Japan. Die japanische Souveränität sollte auf die vier Hauptinseln und auf einige noch zu bestimmende kleinere Inseln beschränkt werden. Das war eine klare Ankündigung über den territorialen Rahmen, in dem Japan als Staat fortbestehen würde. Weiter heißt es: »Den Angehörigen der japanischen Streitkräfte wird nach ihrer Entwaffnung erlaubt werden, in ihre Heimstätten zurückzukehren, wo sie Gelegenheit haben werden, ein tätiges und friedliches Leben zu führen.« Das bedeutete also: Entlassung der japanischen Soldaten nach der Kapitulation, keine Überführung in Gefangenschaft, keine Verwendung zu Zwangsarbeit. Kriegsverbrecher sollten durch ein internationales Gericht abgeurteilt werden. Hinsichtlich der japanischen Wirtschaft hieß es, daß das Land jene Industrien beibehalten dürfe, die es ihm ermöglichen würden, angemessene Wiedergutmachung in Sachlieferungen zu leisten. Potentielle Kriegsindustrien wurden nicht zugelassen. Japan sollte besetzt werden, aber nur, bis die Ziele der Kapitulation verwirklicht und eine verantwortliche, friedliche Regierung gebildet seien. Wenn schließlich die bedingungslose Kapitulation der Streitkräfte gefordert wurde, so sicherte diese Deklaration dem besiegten Japan doch zugleich die Grundbedingungen für den Fortbestand seiner staatlichen Existenz zu: ungeteiltes Staatsterritorium, eigene Regierung. Im Unterschied zu der vollkommenen Unterwerfung Deutschlands, wie sie in der Berliner Erklärung vom 5. Juni proklamiert worden war, wurde in der Potsdamer Deklaration vom 26. Juli den Japanern also keine bedingungslose Kapitulation abverlangt. Japan ließ sich auf diese Deklaration jedoch zunächst nicht ein. Darauf erhielt die amerikanische Luftwaffe die Anweisung zum Abwurf der Atombombe. Am 6. August, d. h. wenige Tage nach Abschluß der Potsdamer Konferenz, wurde Hiroshima zerstört. Zwei Tage später, am 8. August, erklärte die Sowjetunion unter Bruch des erst im April 1946 auslaufenden Neutralitätspaktes den Krieg an Japan. Am 9. August fiel die zweite Atombombe auf Nagasaki nieder, und wieder am nächsten Tag, am 10. August, kündete der japanische Rundfunk die Bereitschaft der Regierung an, aufgrund der in der Potsdamer Deklaration festgelegten Bedingungen zu kapitulieren. Hierbei machte sie aber einen Vorbehalt hinsichtlich der Stellung des japanischen Kaisers: dessen Vorrechte als eines souveränen Herrschers sollten unangetastet bleiben. Zwischen Washington, Moskau, London und Nanking wurde nunmehr beraten, wie weit man auf diesen japanischen Vorbehalt eingehen solle. Der amerikanische Antwortentwurf sprach von der Autorität des Kaisers, der allerdings auf Zeit der Autorität des amerikanischen Oberbefehlshabers unterstehen werde, sicherte aber noch einmal ausdrücklich zu, daß die endgültige Regierungsform Japans dem frei zum Ausdruck gebrachten Willen des japanischen Volkes entsprechen solle. Moskau verlangte zunächst, daß die Sowjetunion an der Militärregierung in Japan beteiligt werde und daß zum mindesten die Ernennung eines alliierten Oberbefehlshabers nur mit ihrer Zustimmung erfolge. Diese Forderungen wurden von Washington nicht akzeptiert. »Ich war entschlossen«, so berichtet Truman, »bei der Besetzung Japans nicht wieder so wie in Deutschland vorzugehen. Ich wollte weder eine mehrköpfige Kontrolle noch mehrere Zonen. Den Russen durfte keine Gelegenheit gegeben werden, sich wie in Deutschland und Österreich zu verhalten.«[17]) Von der britischen Labour-Regierung kam der Vorschlag, von dem japanischen Kaiser nicht, wie es die Amerikaner ursprünglich beabsichtigten, zu verlangen, persönlich die Kapitulationsurkunde zu unterzeichnen; es genüge, wenn die Kapitulation in seinem Auftrage erfolge. In diesem Sinne ist das japanische Kapitulationsangebot durch die USA-Regierung namens der Alliierten beantwortet worden. Darauf teilte die japanische Regierung am 14. August unter Vermittlung der Schweiz den Alliierten mit, daß der Kaiser bereit sei, der Regierung und dem Oberkommando den Befehl zu erteilen, die Kapitulation aufgrund der Potsdamer Bedingungen zu vollziehen. Die Kapitulationsurkunde wurde am 2. September 1945 an Bord des amerikanischen Schlachtschiffes »Missouri« in der Bucht von Tokio unterzeichnet.

Japan und Deutschland hatten ihre parallelen Kriege um imperialistische Machtausweitung im asiatisch-pazifischen und im europäischen Raum geführt. In der Zeit vom japanischen Angriff auf Pearl Harbor bis zur deutschen Kapitulation war es ein Weltkrieg. Der japanische militärische Angriff hatte eher eingesetzt als der deutsche, und der Kampf um Japan dauerte länger als der um Deutschland. Beide Mächte sind mit ihrer imperialistischen Zielsetzung gescheitert. Beide erlitten eine totale militärische Niederlage. Das Ergebnis aber für das Schicksal der beiden Völker war völlig unterschiedlich. Japan behielt mit einem ungeteilten staatlichen Kernterritorium und einer eigenen Regierung unter vorübergehender Besatzung durch eine einzige der Siegermächte seine Staatlichkeit. Die historische Kontinuität durch die Wandlungen der geschichtlichen Epochen hindurch blieb in der wenn auch neu verstandenen Institution des Kaisertums erhalten. In der konkreten Person des Kaisers Hirohito aber, der in der Zeit der konstitutionellen Monarchie im Jahre 1926 sein Amt angetreten, der den japanischen Imperialismus nach außen und die Herrschaft des Militärs im Innern mit seinem Namen gedeckt, der die Verantwortung für die Kapitulation übernommen hatte und nun eine unter amerikanischer Einwirkung sich vollziehende innere und äußere Neuorientierung durch sein Immer-noch-Dabeisein begleiten sollte, besaß die japanische Nation in Schuld und Schicksal ihrer jüngsten Geschichte ein Symbol der Übereinstimmung mit sich selbst. Für Deutschland hingegen schuf nach dem Ende des Reiches die Potsdamer Konferenz keine Voraussetzungen zur Neuartikulierung eines historischen und nationalen Identitätsbewußtseins.

E. DEUERLEIN, Deklamation oder Ersatzfrieden? Die Konferenz von Potsdam 1945 (1970); ders., Potsdam 1945. Quellen zur Konferenz der »Großen Drei« (1963); F. FAUST, Das Potsdamer Abkommen u. seine völkerrechtl. Bedeutung ([4]1969); H. FEIS, Zwischen Krieg u. Frieden. Das Potsdamer Abkommen (a. d. Amerik. 1962). — Dok. u. allg. Lit. s. § 85; dort auch Memoiren von TRUMAN, CHURCHILL u. EDEN; ferner B. COCHRAN, Harry Truman and the crisis presidency (New York 1973); J. F. BYRNES, In aller Offenheit (a. d. Amerik. o. J., 1949); ders., All in One Lifetime (New York 1958); C. R. ATTLEE, As it happened (1954); F. WILLIAMS, Ernest Bevin. Portrait of a great Englishman (London 1959); A. BULLOCK, The Life and Times of Ernest Bevin, bisher 2 Bde., bis 1945 (London 1960, 1967); G. K. SCHUKOW, Erinnerungen u. Gedanken (a. d. Russ. 1969).

1) K.-H. MINUTH, »Eiserner Vorhang«. Zur Gesch. eines polit. Schlagworts unserer Zeit, GWU 15 (1964), weist nach, daß der Begriff aus der dt. Propagandasprache stammt. **2)** CHURCHILL, Der Zw. Weltkrieg 6, 2, S. 298; zu der Auseinandersetzung vgl. auch TRUMAN, Memoiren 1, S. 279 ff., sowie T. SHARP, The Wartime Alliance and the Zonal Division of Germany (Oxford 1975), Kap. 5; St. AMBROSE, Eisenhower and Berlin: The Decision to halt at the Elbe (Garden City 1967). **3)** E. BIRKE / R. NEUMANN (Hg.), Die Sowjetisierung Ost-Mitteleuropas. Untersuchungen zu ihrem Ablauf in den einzelnen Ländern (1959); K. HOENSCH, Sowj. Osteuropapolitik 1945 bis 1955, in: D. GEYER (Hg.), Osteuropahandbuch. Sowjetunion, Außenpolitik 1917—1955 (1972). **4)** CHURCHILL, Der Zw. Weltkrieg 6, 2, S. 246 ff. **5)** 27. 5. 1945, ebd., S. 267 ff. **6)** Art. 2 des Vertrages lautet: »Im Falle, daß einer der Vertragschließenden Teile zum Objekt kriegerischer Handlungen seitens einer oder mehrerer dritten Mächte wird, wird der andere Vertragschließende Teil während der ganzen Dauer des Konflikts Neutralität beobachten.« Der Vertrag galt zunächst für fünf Jahre. Vgl. § 76, Anm. 5. **7)** TRUMAN, Memoiren 1, S. 311. **8)** BYRNES, In aller Offenheit, S. 101 f. **9)** TRUMAN, Memoiren 1, S. 343. **10)** CHURCHILL, Der Zw. Weltkrieg 6, 2, S. 246 f. **11)** Vgl. hierzu G. KOLKO, The Politics of War (New York 1968), S. 499 bis 502, sowie B. KUKLICK, American Policy and the Division of Germany (Ithaca 1972), S. 98 ff. Ausgewogene Darstellung des Gesamtzusammenhanges bei J. L. GADDIS, The United States and the Origins of the Cold War 1941—1947 (New York 1972), Kap. 6. **12)** Die Kapitalinvestitionen stiegen in den USA von 2,5 Mrd. Dollar im Jahre 1939 auf 4,7 Mrd. im Jahre 1945 u. 7,4 Mrd. 1946. Das Anlagevermögen der größeren amerik. Industriebranchen stieg von 50,166 Mrd. Dollar 1937 auf 113,394 Mrd. 1948. Die industrielle Produktion wuchs von 1939 bis 1947 von 57 auf 100 an (Rohmetalle von 52 auf 100, Maschinenbau von 38 auf 100, Elektroindustrie von 35 auf 100, Transportausrüstung von 49 auf 100, chemische Produkte von 46 auf 100, Nahrungsmittel von 65 auf 100). Zahlen aus: Historical Statistics of the United States. Colonial times to 1957, hg. U.S. Dpt. of Commerce (Washington 1957). **13)** Vgl. hierzu die Berichte des Sonderbotschafters HOPKINS von seiner Mission nach Moskau Ende Mai 1945 in: The Conference of Berlin 1945, 1, S. 725 ff. **14)** TRUMAN, Memoiren 1, S. 316. **15)** BYRNES, In aller Offenheit, S. 112. **16)** Text TRUMAN, Memoiren 1, S. 394 ff., u. CHURCHILL, Der Zw. Weltkrieg 6, 2, S. 339 ff. **17)** Zur Beendigung des ostasiatischen Krieges vgl. G. ALPEROVITCH, Atomare Diplomatie. Hiroshima u. Potsdam (a. d. Amerik. 1966); H. FEIS, Japan Subdued. The Atomic Bomb and the End of World War II ([2]Princeton 1966); T. HATTORI, Japans Weg aus dem Zw. Weltkrieg, in: A. HILLGRUBER (Hg.), Probleme des Zw. Weltkrieges (1967); W. CRAIG, Als Japans Sonne unterging. Das Ende des Krieges im Pazifik 1945 (a. d. Amerik. Wien 1970).

§ 88 Die Konferenz von Potsdam: europäische und deutsche Fragen

Die Begegnung zwischen Stalin, Truman und Churchill bzw. Attlee in Potsdam vom 17. Juli bis 2. August 1945 war das letzte Treffen der führenden Staatsmänner der drei Hauptmächte, die den Krieg gegen Deutschland geführt hatten. Sie standen nun vor der Aufgabe, Europa eine neue Ordnung zu geben. Die Ergebnisse der Verhandlungen sind in einem zunächst nicht vollständig veröffentlichten Protokoll festgehalten worden. Eine Kurzfassung brachte unmittelbar im Anschluß an die Konferenz das Amtsblatt des Kontrollrates in Deutschland als Kommuniqué heraus. Dieses wird gewöhnlich als »Abkommen von Potsdam« bezeichnet[1]). Das eigentliche Konferenzprotokoll wurde erst im Jahre 1947 durch die Regierung der Vereinigten Staaten veröffentlicht. Es ist eine Aufzählung von Regierungsvereinbarungen zwischen den in Potsdam versammelten Staatsmännern. Ihrem Charakter nach sind die einzelnen Vereinbarungen Kompromisse in bestimmten Interessenfragen wie polnische Westgrenzen und Reparationen, in sich widersprüchliche Aussagen wie über die zukünftige politische Form Deutschlands, unpräzise Formulierungen politischer Grundsätze wie die vieldeutige Demokratisierungsforderung oder auch einfach Benennung von ungelösten Fragen, deren endgültige Regelung aufgeschoben wurde. Die weltpolitisch wichtige »Potsdamer Deklaration« über die künftige Behandlung Japans (s. § 87) hat in dem offiziellen Protokoll überhaupt keinen Niederschlag gefunden, da die zum Unwillen Stalins hierbei übergangene Sowjetunion während der Dauer der Konferenz noch nicht am ostasiatischen Krieg beteiligt war. Auch in den europäischen und deutschen Fragen kam es in Potsdam nicht zur Einigung der Mächte auf genau durchdachte gemeinsame politische und wirtschaftliche Zielvorstellungen. Insofern kündigte die Konferenz das Ende eines Bündnisses an, das nur durch den gemeinsamen Gegner, aber nicht durch gemeinsame Kriegsziele zusammengehalten worden war. Trotz der verbalen Bekräftigung des Willens zur Zusammenarbeit und Verständigung dokumentiert sich in den Potsdamer Beschlüssen die beginnende Spaltung Europas und Deutschlands.

Die Interessengegensätze der Mächte, die in der Deutschlandfrage hart aufeinander stießen, zeigten sich schon in einer Reihe von Bestimmungen des Konferenzprotokolls über außerdeutsche Angelegenheiten. Am Rande der europäischen Fragen lag das persische Problem. Schon vor dem Ersten Weltkrieg hatten Rußland und England um Einflußzonen in Persien gerungen. Das Land hatte im Zweiten Weltkrieg Bedeutung gewonnen als Nachschubweg für amerikanische Kriegslieferungen an die Sowjetunion. Es war zur Sicherung dieser Verbindung durch britische Kräfte von Süden, durch russische von Norden her besetzt worden. In Jalta war man übereingekommen, die Unabhängigkeit des Iran nicht anzutasten, nach dem Kriege die Besatzungstruppen zurückzuziehen und dem Land wirtschaftliche Hilfe zu geben. Das hinderte die am nordpersischen Öl interessierte Sowjetunion aber nicht, in den an die Unionsrepublik Aserbeidschan angrenzenden Gebieten eine Separationsbewegung zum Mißfallen besonders der Briten zu unterstützen. Ohne daß das Problem, das später den Sicherheitsrat der Vereinten Nationen beschäftigen sollte, in Potsdam gelöst worden wäre, vereinbarte man, mit der Räumung des Landes zu beginnen. Auch im Mittelmeerraum meldete die Sowjetunion Interessen an. Was die Meerengen anlangte, so wurde festgestellt, daß die im Jahre 1936 in Montreux abgeschlossene Konvention, die den Türken die ausschließliche und volle Kontrolle gegeben hatte, revisionsbedürftig sei und Gegenstand späterer Verhandlungen werden solle. Offen blieb die Frage einer Revision des Statuts über die internationale Zone von Tanger, an deren Kontrolle sich die Sowjets zu beteiligen wünschten. Ein Vorschlag der Sowjetregierung, sich treuhänderisch an der Verwaltung ehemaliger italienischer Kolonien in Nordafrika zu beteiligen, wurde für spätere Verhandlungen aufgeschoben. In Rumänien hatte die sowjetische

Besatzungsmacht amerikanisches und britisches Öleigentum konfisziert. Eine Beschwerde Churchills führte lediglich zu der Protokollvereinbarung, eine Sachverständigenkommission einzusetzen. Über ein anderes südosteuropäisches Problem, die Verfahrensrevision bei den alliierten Kontrollkommissionen in Rumänien, Bulgarien und Ungarn, wurde eine ausgleichende Formulierung vereinbart, ohne daß den westlichen Mitgliedern dieser Kommissionen die von ihnen verlangte ungehinderte Bewegungs- und Informationsfreiheit garantiert worden wäre. Ein Barometer für den Grad der Entfremdung zwischen den Kriegsalliierten war der amerikanische Vorschlag, wichtige Binnenwasserstraßen in Europa zu internationalisieren, eine Lieblingsidee Trumans. Dieser Vorschlag betraf u. a. den Rhein, aber auch die Donau, den Wasserweg, der durch den sowjetischen Machtbereich Südosteuropas führte. Truman sah hierin einen Testfall für die sowjetische Bereitschaft zur internationalen Zusammenarbeit. Der Gedanke fand aber keine Gegenliebe auf sowjetischer Seite. Er wurde dem Rat der Außenminister zur weiteren Behandlung überwiesen. Truman schrieb später in seinen Erinnerungen, es sei gerade die Ablehnung dieses Planes der Internationalisierung der großen Binnenwasserstraßen gewesen, die ihm in Potsdam die Augen geöffnet habe.

Um die in Potsdam nicht gelösten oder nicht behandelten Fragen weiterzuführen, wurde ein »Rat der Außenminister« unter Beteiligung Großbritanniens, der Sowjetunion, der Vereinigten Staaten, Frankreichs und Chinas geschaffen. Er erhielt als »vordringliche und wichtige Aufgabe« die Vorbereitung der Friedensverträge für Italien, Rumänien, Bulgarien und Finnland. Ferner sollte er »zur Vorbereitung einer friedlichen Regelung für Deutschland benutzt werden, damit das entsprechende Dokument durch die für diesen Zweck geeignete Regierung Deutschlands angenommen werden kann, nachdem eine solche Regierung gebildet sein wird«[2]). Diese Formulierung geht also von der Annahme aus, daß Deutschland nach der Periode der Kapitulation und Besatzungsherrschaft eines Tages wieder eine Regierung haben, also als Staat bestehen werde. »Bis auf weiteres«, so hieß es allerdings in den eigentlichen Deutschlandbestimmungen des Protokolls, »wird keine zentrale deutsche Regierung errichtet werden«. Man wollte es zunächst bei der Einrichtung zentraler deutscher Verwaltungsbehörden unter Staatssekretären belassen, besonders für Finanzen, Transport, Verkehrswesen, Außenhandel und Industrie. Diese Behörden sollten »unter der Leitung des Kontrollrats« stehen. Dachte man nun an die Wiedererstehung eines deutschen Staates oder nicht? Stand hinter der Suspendierung der Frage nach der deutschen Einheit die Vorstellung, daß sie später im positiven Sinne beantwortet werden sollte, oder rechnete man unausgesprochen bereits damit, daß die Abgrenzung der militärischen Besatzungszonen im Endergebnis zur wirtschaftlichen und politischen Teilung Deutschlands führen werde? Die Protokollformulierungen sind ein Reflex der Unbestimmtheit in den Vorstellungen der alliierten Staatsmänner. Die Unsicherheit in der Frage, wer von ihnen und wer nicht in Potsdam die Einheit oder die Teilung Deutschlands gewollt habe, spiegelt sich in der wissenschaftlichen Literatur wider, die auch nach Veröffentlichung der Konferenzpapiere nicht zu einem einheitlichen Urteil gelangt ist.

Die Frage der deutschen Einheit war auf der Konferenz eng verklammert mit den Fragen der polnischen Westgrenze, der Reparationen und der wirtschaftlichen Bestimmungen für Deutschland[3]). Der Zusammenhang dieser Fragen wird am besten deutlich, wenn man von der Relation des Wirtschaftspotentials zwischen den westlichen Besatzungszonen und der sowjetischen Besatzungszone ausgeht. Dabei ist das Reichsgebiet in den Grenzen von 1937 zugrunde zu legen, wie es auch die Konferenzteilnehmer von Potsdam als Ausgangspunkt für ihre Überlegungen vereinbarten. Die Gebiete ostwärts der Oder-Neiße-Linie lagen innerhalb dieser Grenze. Sie gehörten aufgrund der Vereinbarungen von Jalta zur sowjetischen Besatzungszone, wenn sie auch inzwischen unter polnische Verwaltung gestellt worden waren. Die westlichen Besatzungszonen umfaßten ohne Berlin 52,7 % des ehemaligen Reichsgebietes und 58 % der Bevölkerung. Ihr Anteil am Vorkriegsbruttosozialprodukt betrug (ohne Saar) 58 %. Dabei lag in der landwirtschaftlichen Produktion der Anteil der westlichen Besatzungszonen unter ihrem Gesamtanteil am Bruttosozialprodukt: bei Getreide 45 %, bei Kartoffeln und Zuckerrüben je 35 %. Man stritt sich in Potsdam um die Ziffern. Offiziell vertrat der amerikanische Staatssekretär Byrnes die These, daß durch die militärische Demarkationslinie das deutsche Nationalvermögen je zu 50 % auf die sowjetische und die westlichen Zonen aufgeteilt sei. Korrekter gab Molotow das Verhältnis mit 58 zu 42 an (über das Verhältnis des wirtschaftlichen Potentials der sowjetischen Besatzungszone ohne die deutschen Ostgebiete zu dem der westlichen Zonen vgl. § 96). Unbestritten aber war, daß die westlichen Zonen einen erheblichen Einfuhrbedarf an Lebensmitteln hatten, besonders da sich durch den Flüchtlingszustrom von Ost nach West die Bevölkerungsrelation ständig verschob. Die Lebensmittel, die die westdeutsche Bevölkerung zusätzlich benötigte, konnten auch bei gesenktem Lebensstandard nur dann innerhalb Deutschlands aufgebracht werden, wenn man die verschiedenen Zonen als ein einheitliches Wirtschaftsgebiet behandelte. Wenn das nicht geschah, mußte Westdeutschland instand gesetzt werden, sich durch Export von Industrieprodukten die notwendigen Importe an Rohstoffen und Lebensmitteln zu beschaffen. In der Industriewirtschaft besaßen die westlichen Zonen ein Übergewicht über den sowjetisch kontrollierten Bereich, jedoch galt dies keineswegs für alle Zweige der Industrie. Wenn die Schwerindustrie — neben dem oberschlesischen Kohlenrevier — zu einem wesentlichen Teil im Ruhrgebiet konzentriert war, so besaß Mittel- und Ostdeutschland eine Überlegenheit in der optischen Industrie, in der Produktion bestimmter Nichteisenerze und in einigen Bereichen der Motoren- und Textilindustrie. Etwa ein Fünftel der Industrieprodukte, die die westliche Wirtschaft vor dem Kriege benötigte, kam aus den mittleren und östlichen Teilen Deutschlands. Am stärksten waren wirtschaftlich aufeinander angewiesen die britische Zone mit ihrem Übergewicht von Kohle und Eisen an der Ruhr und die sowjetische Gesamtzone mit ihrer relativ geringen Schwerindustrie. Großbritannien und die Sowjetunion besaßen daher ein stärkeres Motiv und waren eher geneigt als die Vereinigten Staaten, Deutschland als wirtschaftliche Einheit zu behandeln. Für das Kernstück der deutschen Industrie, das Ruhrgebiet, war eine internationale Verwaltung vorgesehen. Die Sowjetunion vertrat mit Nachdruck die Forderung, hieran beteiligt zu werden. Aber die Westmächte waren sich einig in der Ablehnung dieses Verlangens. Inzwischen waren von seiten der Sowjetunion einseitig Faktoren geschaffen worden, die im Widerspruch zu ihrer Forderung standen, Deutschland als ein einheitliches Wirtschaftsgebiet zu behandeln: sie hatte die Gebiete ostwärts der Oder-Neiße-Linie faktisch abgetrennt und polnischer Verwaltung unterstellt, sie hatte in ihrer Besatzungszone westlich der Oder-Neiße eigene Zentralverwaltungen errichtet, sie hatte gleichzeitig begonnen, einen Prozeß tiefgreifender wirtschaftlicher und sozialer Umgestaltungen in Gang zu setzen, und sie behandelte ihre Zone als ein eigenes Reparationsgebiet, dessen Substanz und Produktion sie für ihre Zwecke ausnutzte, ohne bereit zu sein, über das Maß der Entnahmen Rechenschaft abzulegen.

In Jalta waren die Alliierten übereingekommen, daß die Sowjetunion einen Anteil von 50 % am Gesamtaufkommen der Reparationen erhalten sollte. Die in Jalta genannte absolute Ziffer von 20 Milliarden Dollar und davon 10 Milliarden für die Sowjetunion wurde allerdings in Potsdam von den Westmächten lediglich als eine Diskussionsgrundlage, von der Sowjetunion hingegen als eine bereits getroffene feste Vereinbarung betrachtet. Wie aber sollte überhaupt die Reparationsfrage als wirtschaftliches Gesamtproblem gelöst werden können, wenn Deutschland nicht als einheitlicher Wirtschaftsraum behandelt wurde? Es kam deswegen in Potsdam zu heftigen Auseinandersetzungen über die Abtretung der deutschen Ostgebiete an Polen. Truman verlangte, wie es in der amerikanischen Verhandlungsniederschrift heißt, die Besatzungszonen so zu lassen, wie man sie festgelegt habe. »Jeder andere Weg werde die Reparationen sehr erschweren, besonders wenn ein Teil des deutschen Gebietes schon verloren sei, bevor man eine Einigung über Höhe und Art der Reparationen erzielt habe.«[4]) Auch Churchill und Eden wie nach ihnen Attlee und Bevin widersetzten sich einer solchen Schaffung vollendeter Tatsachen. Sie wiesen darauf hin, daß die ostdeutsche Landwirtschaft für die deutsche Gesamtwirtschaft lebensnotwendig sei. Freilich war ihre Haltung in sich widersprüchlich, hatte doch gerade Churchill bereits in Teheran einer Westverschiebung Polens zugestimmt. Wenn man aber überhaupt einer sehr weitgehenden Abtretung deutscher Ostgebiete das Wort redete, dann war unter dem Aspekt der deutschen Gesamtwirtschaft und also auch der Reparationen die Frage nicht mehr von ausschlaggebender Bedeutung, ob die polnische Westgrenze in etwa durch die Oder-Linie, wovon Churchill gesprochen hatte, oder durch die Oder-Neiße-Linie bestimmt wurde, wie es die Sowjetunion und die in Potsdam ihre Forderungen vertretende provisorische polnische Regierung verlangten. Da es aber unmöglich war, die bereits vollzogene Westverschiebung Polens rückgängig zu machen, und da das unmittelbare sowjetische Besatzungsgebiet infolgedessen auf den schmalen Raum zwischen Elbe-Werra und Oder-Neiße reduziert wurde, lag es im wirtschaftlichen Interesse der Westmächte, das Potsdamer Rumpfdeutschland, dessen agrarische Ostgebiete amputiert waren, nicht mehr als ein einheitliches Reparationsgebiet zu behandeln. Und umgekehrt lag es im Interesse der Sowjetunion, eben dieses zu verlangen. Hinzu kam eine unterschiedliche Auffassung über die Art der Reparationen. Die Sowjetunion wünschte Reparationen sowohl aus der Substanz als auch aus der Produktion und verfuhr dementsprechend in ihrem Besatzungsbereich. Das war verständlich nach den Zerstörungen, die Rußland im Kriege erlitten hatte, und angesichts der Aussichtslosigkeit, amerikanische Kredite zu erlangen. Andererseits standen die Westmächte unter dem Eindruck der Erfahrungen, die sie mit den Reparationen nach dem Ersten Weltkrieg gemacht hatten. Das damals angewendete Prinzip, die Reparationen aus der laufenden Wirtschaft aufzubringen, hatte zu dem paradoxen Ergebnis geführt, daß ein forcierter deutscher Industrieexport einen erheblichen Konkurrenzdruck auf den Weltmärkten ausübte und daß, um die deutsche Industrie hierzu überhaupt instand zu setzen, sogar erhebliche ausländische Kredite hatten zur Verfügung gestellt werden müssen. Dem wollten die Westmächte nun vorbeugen, indem sie sich für die Reparationsleistungen auf Industriedemontage beschränkten. Die deutschen Exporte sollten mit Priorität für die Finanzierung der notwendigen Importe verwendet werden. Die sowjetische Gegenthese, von Botschafter Maiski vertreten, lautete: »Grundsätzlich vertreten wir Russen die Ansicht, daß im Falle eines Konfliktes zwischen Reparationen und Einfuhren die Einfuhren hintan stehen müssen.«[5]) Auf die Fixierung einer absoluten Summe für die Reparationen ließ sich der Westen nicht ein. Man ließ diese Frage offen und machte sie abhängig davon, wie sich die deutsche Wirtschaft auf dem Niveau einpendeln würde, für dessen Normierung Ost und West eine gemeinsame Formel fanden. Die deutsche Industriekapazität zu reduzieren, war neben den Reparationen der eigentliche Zweck der Demontagen. Man kam zu folgendem Beschluß (Art. 11): »Um Deutschlands Kriegspotential zu vernichten, soll die Produktion von Waffen, Munition und Kriegsgerät sowie aller Flugzeug- und Schiffstypen verboten und verhindert werden. Die Produktion von Metallen, Chemikalien, Maschinen und anderen Gegenständen, die für eine Kriegswirtschaft unmittelbar notwendig sind, soll streng kontrolliert und auf die genehmigten Nachkriegs-Friedensbedürfnisse Deutschlands beschränkt werden. Die für die erlaubte Produktion nicht erforderte

Produktionskapazität soll in Übereinstimmung mit dem von der alliierten Reparationskommission empfohlenen und von den betreffenden Regierungen gebilligten Reparationsplan entfernt oder zerstört werden.« Um die Leistungsfähigkeit der deutschen Wirtschaft zu mindern, sollte sie außerdem dezentralisiert, d. h. Kartelle, Syndikate, Trusts, zerschlagen, und im übrigen »das Hauptgewicht auf die Entwicklung der Landwirtschaft und der friedlichen Industrien für den Inlandsbedarf gelegt werden« (Art. 13). Was war unter den »genehmigten Nachkriegs-Friedensbedürfnissen« bzw. dem »Inlandsbedarf« zu verstehen? Die Amerikaner gingen vom Begriff des Lebensstandards aus, den sie für eine bestimmte Höhe zu fixieren suchten. Hierzu sagte die Anweisung der vereinigten amerikanischen Generalstäbe an Eisenhower, JCS 1067/6 vom April 1945: »Sie werden ... nichts unternehmen, was geeignet wäre, die grundlegenden Lebensbedingungen in Deutschland oder in ihrer Zone auf einem höheren Stand zu halten als in irgendeinem benachbarten Mitgliedstaat der Vereinten Nationen.« Das Potsdamer Protokoll sprach dann von der Gewährleistung »eines durchschnittlichen Lebensstandards in Deutschland ..., der den Durchschnitt des Lebensstandards der europäischen Völker nicht überschreitet«, wobei in der Berechnung Großbritannien und die Sowjetunion außer Betracht bleiben sollten. Diese Formulierungen waren Ausdruck einer Widersprüchlichkeit, die in der Situation selber lag. Wenn Deutschland irgendwie eine Lebensmöglichkeit behalten sollte, konnte man nicht die landwirtschaftlichen Überschußgebiete des Ostens losreißen und zugleich die Industrie abbauen. Dazu kam ein anderes. Die unmittelbar drängende Aufgabe, der sich die Militärregierung gegenübersah, war die Ingangsetzung der Kohlenförderung, der Landwirtschaft, der Bahnen, der Versorgungsbetriebe. Da die Alliierten aufgrund der von ihnen geforderten totalen Kapitulation die Verantwortung für die Verwaltung der deutschen Dinge übernommen hatten, kamen diese Probleme unmittelbar auf sie zu. Das Amt stellte Anforderungen, denen sich seine Träger nicht entziehen konnten. So standen die Alliierten im Chaos des Jahres 1945, noch ganz erfüllt von der Kriegsvorstellung, Deutschlands militärische und politische Kraft zu zerbrechen, nach einer treffenden Formulierung Churchills eigentlich mehr vor der Aufgabe, Deutschland aufrechtzuerhalten als es niederzuhalten.

Zeitweise schien es, als werde sich die Konferenz an den unterschiedlichen Auffassungen zur Frage der Ostgebiete, der Reparationen und der deutschen Wirtschaftseinheit festfahren. Erst gegen Ende der Beratungen gelangte man auf amerikanischen Vorschlag dazu, die verschiedenen strittigen Fragen zu einem Paket zu verbinden und Kompromisse zu vereinbaren. Auf der einen Seite anerkannten die Westmächte, daß die deutschen Gebiete ostwärts von Oder-Neiße unter polnischer Verwaltung stehen würden. Allerdings sollte die endgültige Festlegung der Grenze einem künftigen Friedensvertrag vorbehalten bleiben. Sie stimmten, wenn auch unter humanitären Vorbehalten, der Vertreibung der Ostdeutschen zu, ohne sich von Stalin täuschen zu lassen, der seine Gesprächspartner zunächst glauben machen wollte, alle Deutschen seien geflohen. In Wirklichkeit lebten zur Zeit der Potsdamer Konferenz in den unter polnische Verwaltung gestellten Ostgebieten noch etwa 5,6 Mio., d. h. rund die Hälfte der ehedem dort ansässigen Deutschen. Da die Ostgebiete nunmehr auch von den Westmächten nicht mehr als Teile der sowjetischen Besatzungszone betrachtet wurden, fielen sie auch aus der Zuständigkeit des Kontrollrates heraus. Für das nördliche Ostpreußen mit Königsberg erklärten die beiden Westmächte, daß sie bei der kommenden Friedensregelung den sowjetischen Annexionswunsch unterstützen wollten. Die Sowjetunion andererseits gestand zu, daß die Reparationsansprüche aus den jeweiligen Besatzungszonen gedeckt werden sollten. Dies war die Konsequenz aus den vollendeten Tatsachen, die sie in den deutschen Ostgebieten und in ihrer Besatzungszone geschaffen hatte. Dennoch sollte die Sowjetunion an der Ausbeutung der westlichen Zonen insofern beteiligt werden, als ihr 10 % der im Westen demontierten Industrieanlagen als Reparationsanteil zugesprochen wurden und darüber hinaus 15 % im Austausch gegen Industrie- und Agrarprodukte aus der Sowjetzone. Durch die Abtrennung der Ostgebiete, die Aufteilung Deutschlands in zwei Reparationszonen und die unterschiedliche Handhabung der Reparationen durch die Besatzungsmächte wurde die wirtschaftliche Teilung Deutschlands und damit auch die politische Teilung präjudiziert.

Die übrigen Bestimmungen über Deutschland, die sich im Potsdamer Protokoll finden, waren zwischen den drei Siegermächten nicht umstritten. Der Abschnitt über die »politischen Grundsätze« geht auf einen amerikanischen Entwurf und dieser wiederum auf die Jalta-Vereinbarungen zurück. Neben Entmilitarisierung[5a]) und Ausrottung des Nationalsozialismus wurde als positives Ziel die »Umgestaltung des deutschen politischen Lebens auf demokratischer Grundlage« genannt. Dies war, wie sich herausstellen sollte, eine Leerformel, die kontradiktorisch ausgelegt werden konnte. Ähnlich unpräzise waren die in allgemeinen Formeln gehaltenen Aussagen über die Demokratisierung des Erziehungs- und des Gerichtswesens. Politische Parteien sollten in ganz Deutschland zugelassen werden, allerdings nur »demokratische«, wobei wiederum offen blieb, was unter diesem Begriff zu verstehen sei. Die »politischen Grundsätze« sprachen auch vom Wiederaufbau der Verwaltung in Deutschland, und zwar auf der kommunalen, regionalen, provinzialen und Länderebene, jedoch vorläufig ohne deutsche Zentralregierung und unter Betonung des Prinzips einer Dezentralisierung der politischen Struktur. Von nachhaltiger Bedeutung war die Vereinbarung, Kriegsverbrechen gerichtlich zu ahnden. Damit rückte das Potsdamer Abkommen von dem in früheren Konferenzen gelegentlich aufgetauchten Gedanken ab, summarische Exekutionen vorzunehmen. Die Gerichtsverfahren sollten zum frühestmöglichen Zeitpunkt beginnen. Sie richteten sich gegen individuell zur Verantwortung gezogene Personen. Darüber hinaus findet sich im Potsdamer Protokoll der Gedanke der dem deutschen Volk aufzuerlegenden Kollektivbuße. Es habe »die Verbrechen zu büßen, die unter der Leitung derer, welche es zur Zeit ihrer Erfolge offen gebilligt hat und welchen es blind gehorcht hat, begangen wurden«. Darum könne es »sich nicht der Verantwortung entziehen«. Kollektivverantwortung bedeutet nicht eine Egalisierung des Schuldanteils der einzelnen Angehörigen des Volkes. Insofern ist diese zu unterscheiden von dem umstrittenen Begriff der Kollektivschuld. Auch in Deutschland ist gegen den Nationalsozialismus Widerstand geleistet worden. Und wenn die historische Tatsache des Widerstandes im Deutschlandbild der Potsdamer Konferenzdokumente neben Militarismus und Nationalsozialismus auch keinen Platz hatte, so sah doch das Protokoll immerhin unterschiedliche Behandlung von unterschiedlichen Kategorien von Deutschen vor: Verhaftung und Bestrafung für führende Nationalsozialisten, Entfernung aus öffentlichen Ämtern und verantwortlichen Stellungen in der Wirtschaft für überzeugte Anhänger der Partei, Mitwirkung an der Entwicklung demokratischer Einrichtungen von solchen Personen, die hierfür »nach ihren politischen und moralischen Eigenschaften fähig erscheinen« (vgl. § 92). Dem deutschen Volke selber, seinen Gruppen, Schichten, Verbänden, Parteien und den einzelnen, stellte sich in der Nachkriegszeit die Abschätzung des Anteils an der Mitverantwortung für den Irrweg Deutschlands als eine unausweichliche zeitgeschichtliche Aufgabe. Es ist eine für die Entwicklung des politischen Selbstbewußtseins in Deutschland gravierende Frage, in welcher Weise insbesondere die dem Potsdamer Abkommen folgenden Nürnberger Prozesse und Entnazifizierungsverfahren eine solche kritische Selbstanalyse im deutschen Volke förderten oder hemmten.

Wenn man die Deutschland betreffenden Abkommen des Protokolls überblickt, so verhüllen die verwendeten Formeln die während der Konferenz zutage tretende Wirklichkeit eher, als daß sie sie klar erkennen ließen. Nirgendwo ist im Unterschied zu

Jalta von einer Teilung Deutschlands die Rede, im Gegenteil: die Mächte sind im Kontrollrat für Deutschland insgesamt verantwortlich, zentrale Verwaltungsstellen sind vorgesehen, von einer zukünftigen deutschen Regierung und von einem Friedensvertrag für Deutschland ist die Rede, Deutschland soll als wirtschaftliche Einheit betrachtet werden, und die politischen Grundsätze der Entmilitarisierung, Entnazifizierung, Demokratisierung und Dezentralisierung sollen für das ganze Deutschland Geltung haben. In Wirklichkeit aber registrierte man in Potsdam resigniert die sich anbahnende staatliche, wirtschaftliche und politische Aufspaltung, da sowohl die Sowjetunion als auch die USA und Großbritannien die Erfahrung machten, daß beide Seiten nicht in der Lage waren, ihre in den gegenüberliegenden Machtbereich hineinreichenden Intentionen — Schicksal der Ostgebiete, Beteiligung an der Ruhrkontrolle, Reparationen — durchzusetzen. Stalin hatte, als sich die Niederlage Deutschlands abzeichnete, erklärt: »Dieser Krieg ist nicht wie in der Vergangenheit; wer immer ein Gebiet besetzt, erlegt ihm auch sein eigenes gesellschaftliches System auf. Jeder führt sein eigenes System ein, so weit seine Armee vordringen kann. Es kann gar nicht anders sein.«[6]) Die nach der Kapitulation proklamierte Bekundung Stalins, es sei nicht die Absicht der Sowjetunion, »Deutschland zu zerstückeln oder zu vernichten«, widerspricht dem keineswegs[7]), wenn man sie als Bekundung der Absicht versteht, den sowjetischen Einfluß auf das gesamte Deutschland auszudehnen. Aber diese Absicht fand ihre Grenze an der Tatsache, daß der deutsche Raum westlich der Elbe und Werra von Mächten okkupiert war, die eine Expansion der sowjetischen Kontrolle in ihren Besatzungsbereich nicht zuließen. Umgekehrt mußten die Westmächte die Grenzen erkennen, die die Demarkationslinie zur Sowjetzone für die Verwirklichung ihrer eigenen politischen und wirtschaftlichen Vorstellungen bedeutete. So sah der amerikanische Historiker und Diplomat George F. Kennan die Situation: »Die Idee, Deutschland gemeinsam mit den Russen regieren zu wollen, ist ein Wahn ... Wir haben keine andere Wahl, als unseren Teil von Deutschland — den Teil, für den wir und die Briten die Verantwortung übernommen haben — zu einer Form von Unabhängigkeit zu führen, die so befriedigend, so gesichert, so überlegen ist, daß der Osten sie nicht gefährden kann. Das ist eine gewaltige Aufgabe für Amerikaner. Aber sie läßt sich nicht umgehen; und hierüber, nicht über undurchführbare Pläne für eine gemeinsame Militärregierung, sollten wir uns Gedanken machen.«[8]) Noch aber vergingen einige Jahre, bis die in Potsdam sich ankündigende Teilung Deutschlands unter dem Einfluß weltpolitischer Entwicklungen in ihren vollen Konsequenzen sichtbar wurde[9]).

S. Lit. zu § 87; E. DEUERLEIN / A. FISCHER / E. MENZEL / G. WETTIG, Potsdam u. die dt. Frage (1970).

1) Text von Abkommen u. Protokoll u. a. bei E. DEUERLEIN (Hg.), Potsdam 1945 (1970). Im Abkommen sind im wesentlichen solche Punkte des Protokolls weggelassen, die außerdt. Interessengegensätze zwischen den Mächten erkennen lassen. **2)** Im engl. Text »when«, also »dann, wenn ...«. **3)** Zur Reparationsfrage in Potsdam vgl. B. KUKLICK, American Policy and the Division of Germany. The Clash with Russia over Reparations (Ithaca u. London 1972), Kap. 6. **4)** Sitzung vom 21. 7. 1945; das amerik. u. sowj. Protokoll bei E. DEUERLEIN, Deklamation oder Ersatzfrieden, S. 122 ff. **5)** Zit. nach DEUERLEIN, Deklamation oder Ersatzfrieden, S. 121. **5a)** Dazu G. WETTIG, Entmilitarisierung u. Wiederbewaffnung in Dtld. 1943—1955 (1967). **6)** M. DJILAS, Gespräche mit Stalin (1962), S. 146. **7)** Einen Widerspruch sieht E. DEUERLEIN, Potsdam 1945, S. 119. **8)** G. F. KENNAN, Memoiren eines Diplomaten (a. d. Amerik. 1968), S. 262 f. **9)** Zu der Frage, wer verantwortlich für die in Potsdam beginnende Teilung Dtlds. sei, heben sich aus der Literatur drei Interpretationstypen heraus: 1. Die DDR-Literatur über Potsdam läßt sich weniger von der realistischen Äußerung Stalins leiten, daß der Sieger dem von ihm kontrollierten Gebiet sein eigenes gesellschaftliches System auferlege, als von einer moralisierenden Apologetik. Als typisch für die offizielle Geschichtsdeutung in der DDR mag folgender Satz aus dem Kollektivwerk »Dt. Geschichte« (1968) Bd. 3, S. 391 gelten: »An der festen Haltung der Sowjetunion scheiterten alle von den imperialistischen Machthabern der USA oder Großbritanniens ausgehenden Versuche, Dtld. zu zerstückeln, die dt. Friedenswirtschaft aus Konkurrenzgründen zu vernichten u. niederzuhalten oder dem dt. Imperialismus Brücken zu bauen.« Mit den wirklichen Vorgängen während der Konferenz hat diese Geschichtslegende nichts zu tun. 2. Die bisher gründlichste dt. Untersuchung auf der Basis der Konferenzmaterialien, E. DEUERLEIN, Deklamation oder Ersatzfrieden? (1970), vertritt die These, die amerik. Dtld.politik in Potsdam sei von dem Gedanken der polit. und wirtschaftl. Einheit bestimmt gewesen. Er beruft sich hierfür auf die im State Department ausgearbeiteten Richtlinien für die amerik. Konferenzdelegation, überprüft aber nicht, inwieweit sich Truman an diese Richtlinien durchgehend gebunden erachtete. 3. G. KOLKO, The Politics of War (1969) gelangt zu einem ganz anderen Bild. Die USA hätten von vornherein das Schwergewicht auf ihre eigene bzw. auf die Westzonen gelegt. Er unterstreicht die wirtschaftl. Motive, die von den amerik. Prämissen her gesehen für eine Teilung Dtlds. entlang der Demarkationslinie zur sowj. Besatzungszone sprachen, vernachlässigt aber, daß gerade Truman gegenüber Stalin von Dtld. in den Grenzen von 1937 als Position ausging u. daß er zunächst auf der Linie des US-Memorandums mit der Notwendigkeit der wirtschaftl. Einheit Dtlds. argumentierte. — Folgende Faktoren des Vorgangs lassen sich festhalten: Der Kompromißvorschlag, der die Konferenz rettete, aber faktisch den Weg zur Teilung Dtlds. vorzeichnete, stammt von amerik. Seite. Er ergab sich als Reflex auf die vollendeten Tatsachen, die von sowj. Seite geschaffen waren, entsprach aber zugleich dem amerik. Wunsche, jede sowj. Einflußnahme auf die Westzonen, die sich aus der Behandlung Dtlds. als wirtschaftl. Einheit hätte ergeben können, zu verhindern. Es ist nicht zu übersehen, daß Truman nicht die Konfrontation mit der Sowjetunion in Europa und in Dtld. suchte und daß er, in seinen Hoffnungen enttäuscht, resigniert die Folgerungen zog. Von Truman selber liegen keine einschlägigen Äußerungen darüber vor, wie er im Grunde zur Einheit Dtlds. stand. Unbestreitbar war, auch nach Kolko, England in Potsdam nicht an einer Teilung Dtlds. interessiert. Es legte Wert auf die wirtschaftl. Einheit. Aber Attlee u. Bevin sahen keine Möglichkeit, sich dem amerik.-sowj. Schlußkompromiß zu entziehen.

§ 89 Österreich in den Kriegszielplanungen der Alliierten. Die Entstehung der Zweiten Republik

Beim Auseinanderbrechen des Reiches wurde Österreich wieder ein selbständiger Staat. Zwei Faktoren haben zusammengewirkt, um dieses Ergebnis herbeizuführen: die Maßnahmen der Alliierten und die Abwendung der Österreicher vom großdeutschen Gedanken. Die alliierten Planungen für Österreich während des Krieges waren im Ansatz grundverschieden von den Absichtserklärungen über Deutschland[1]). Österreich wurde als erstes Opfer der nationalsozialistischen Eroberungspolitik betrachtet, wenn auch in der Zeit vom März 1938 bis zum September 1939 alle Mächte sich mit dem Anschluß abgefunden hatten. Nachdem es aber zum Krieg gegen Deutschland gekommen war, sollte er auch der Befreiung Österreichs dienen. Allerdings gingen die alliierten Staatsmänner von unterschiedlichen Vorstellungen über die Zukunft Österreichs aus. Stalin hat in seiner ersten Besprechung mit dem britischen Außenminister Eden am 16. Dezember 1941 die Forderung erhoben, Österreich müsse als unabhängiger Staat wieder hergestellt werden. In Churchills Vorstellungen, wie er sie etwa in Teheran äußerte, war Wien der Mittelpunkt einer Donauföderation, zu der neben Österreich andere süddeutsche Staaten gehörten. Die von Churchill während des Krieges wiederholt verfolgten Pläne für ein frühzeitiges militärisches Eingreifen der Briten und Amerikaner im Donau- und Balkanraum sind im Zusammenhang mit diesem Gedanken zu sehen. Dazu kam so etwas wie ein schlechtes Gewissen gegenüber Österreich. Man erinnerte sich, daß die britische Politik im Jahre 1938 nichts getan hatte, um den Anschluß zu verhindern, ja ihn in gewisser Hinsicht begünstigt hatte. Den amerikanischen Interessen lag Österreich ferner. Roosevelt hat einmal gesagt, daß England für Südosteuropa zuständig sei. Er wollte amerikanische Truppen weder in einem Südost-Feldzug engagieren, noch lag ihm daran, sich an der Besetzung Österreichs zu beteiligen. Churchill aber legte gerade auf eine Beteiligung der Westalliierten an der militärischen Kontrolle über Österreich entscheidenden Wert. Das Schicksal Österreichs wurde zum Gegenstand interalliierter Besprechungen auf der Moskauer Außenministerkonferenz im Oktober 1943. Hier erklärte der sowjetische Vertreter in entschiedener Modifizierung der ursprünglichen sowjetischen Einstellung, daß Österreich mit voller politischer und materieller Verantwortung für den Krieg belastet werden müsse. Österreich erschien also plötzlich nicht mehr als ein zu befreiendes Gebiet, sondern als ein Teil des nationalsozialistischen Deutschland, das diesen Krieg mitgetragen und mitgeführt hatte. Stalin wollte auf der Konferenz von Teheran von einer Unterscheidung zwischen einem militaristischen, kriegerischen Norddeutschland und einem friedlicheren Süddeutschland und Österreich, wie sie Churchill zur Begründung unterschiedlicher Behandlung vorschlug, nichts wissen. Hinter dieser veränderten Einstellung der Sowjetunion stand das konkrete materielle Interesse, auch Österreich für die Reparationen mit heranzuziehen. Die Veränderung der Einstellung erklärt sich aber wohl auch aus der veränderten Kriegslage. Im Dezember 1941, als Stalin die Unabhängigkeit Österreichs forderte, stand Rußland am Rande des Zusammenbruchs. Ende 1943/Anfang 1944 hatte sich das Kriegsgeschick gewendet, und Rußland konnte stärkere Forderungen mit Aussicht auf Erfolg erheben. Diese beiden Motive der Befreiung und zugleich der Haftbarmachung Österreichs führten zu einer eigentümlichen Kompromißformel, in der die Alliierten am 13. Oktober 1943 in Moskau ihr Ziel gegenüber Österreich festlegten. Sie stimmten darin überein, »daß Österreich, das erste freie Land, das der Hitleraggression zum Opfer fiel, von der deutschen Herrschaft befreit werden« sollte. Sie betrachteten »die Österreich am 13. März 1938 aufgezwungene Annexion für null und nichtig« und erklärten, daß sie »ein freies und unabhängiges Österreich wieder hergestellt zu sehen« wünschten. Die Erklärung fuhr aber dann fort: »Österreich wird aber daran erinnert, daß es wegen der Teilnahme am Kriege an der Seite Hitler-Deutschlands eine Verantwortung trägt, der es sich nicht entziehen kann, und daß bei der endgültigen Regelung sein eigener Beitrag zu seiner Befreiung unweigerlich in Betracht gezogen werden wird.«[2]) Österreich gegen seinen Willen mit Gewalt annektiert, aber ein Jahr später sich mit vollem Einsatz am Kriege Hitlers beteiligend — das sind offensichtlich zwei Geschichtsurteile, die sich gegenseitig ausschließen. Die schwankende und lange zu keiner klaren Linie führende Behandlung Österreichs in der Nachkriegszeit geht im Grunde auf diese ambivalenten Motive in der Erklärung von 1943 zurück.

Welches ist nun der Beitrag der Österreicher gewesen, zu dem hier aufgerufen wurde? Es war natürlich, daß die österreichischen Emigranten, die beim Einmarsch Hitlers 1938 das Land verlassen hatten, sich für die Wiedergewinnung der Selbständigkeit einsetzten. In diesem Sinne war in London eine »Österreichische Vertretungskörperschaft« tätig geworden. Zur Bildung einer österreichischen Exilregierung ist es jedoch im Unterschied zu anderen von Deutschland besetzten Ländern nicht gekommen. In Amerika hat Erzherzog Otto als Emigrant versucht, für den amerikanischen Kriegsdienst eine Legion von Austroamerikanern zu bilden. Aber hiergegen protestierten polnische, tschechische und jugoslawische Emigranten, die eine Restauration der Habsburgermonarchie fürchteten. Aus dieser österreichischen Legion wurde nichts, ebensowenig wie aus anderen Versuchen, österreichische Truppenteile für den Kampf gegen Hitler zu bilden. Es fehlte an österreichischen Freiwilligen. Erst in der allerletzten Phase des Krieges wurde in der französischen Armee ein österreichisches Kontingent gebildet. In den Reihen der jugoslawischen Partisanen standen einige Bataillone zumeist kommunistischer Österreicher. In Österreich selbst hat es eine Widerstandsbewegung[3]) gegeben, ähnlich wie im Reich, zunächst ohne organisatorischen Zusammenhalt und in viele unterschiedliche Gruppen zersplittert, aber durchweg mit der besonderen Zielsetzung, die Unabhängigkeit wieder herzustellen. Carl Goerdeler, der zusammen mit Jakob Kaiser in Österreich Kontakt zum dortigen Widerstand aufgenommen hatte, kam schon im März 1943 zu dem Schluß: »Österreich hat in allen Schichten seines Volkes dem Deutschen Reich innerlich die Gefolgschaft aufgesagt.«[4]) Karl Gruber, erster österreichischer Außenminister nach dem Kriege, war in Tirol führendes Mitglied einer aktiven Widerstandsgruppe. Hoch war die Zahl der Opfer in Österreich. Man rechnet mit über 35 000, die aus politischen Gründen hingerichtet, ermordet oder in den Lagern zugrunde gerichtet wurden. Besonders hoch war der Anteil von katholischen Priestern und Kommunisten. Aber der gegen die deutsche Kriegführung geleistete kämpferische Widerstand hatte in Österreich doch nicht den Umfang wie in den nichtdeutschen von der Wehrmacht besetzten Ländern. Er war in keiner Weise vergleichbar mit der französischen Résistance, den jugoslawischen Partisanen oder der polnischen Untergrundarmee. Zu einem kollektiven Widerstand oder gar zu einer Volkserhebung gegen den Nationalsozialismus ist es in Österreich ebensowenig gekommen wie sonst im Reich. Auch in Österreich wurde die nationalsozialistische Herrschaft nicht von innen, sondern von außen her zum Einsturz gebracht.

Die Russen waren die ersten, die Ende März 1945 österreichisches Territorium erreichten[5]). Am 8. April wurde Wien eingeschlossen. Die Stadt fiel am 13. April. Damals wurde durch den Moskauer Rundfunk proklamiert, daß die Sowjetunion keine Annexionsabsichten habe und auch die österreichische Gesellschaftsordnung nicht ändern wolle. Österreich solle in Übereinstimmung mit der Moskauer Erklärung unabhängig werden. Der sowjetische Marschall Tolbukhin erklärte daran anschließend, daß »die persönlichen Rechte und Eigentumsrechte der österreichischen Bürger und der Privatgesellschaften« unangetastet bleiben sollten. Hier kündigte sich eine Volksfronttaktik an, wie sie ähnlich in Polen und den Balkanstaaten des sowjetischen Machtbereichs zunächst praktiziert wurde. In der sowjetischen Presse wurde der Anteil hervorgehoben, den österreichische Partisanengruppen an der militärischen Befreiung gehabt hätten. Man warb also um das Wohlwollen und die Sympathie der Österreicher. Aber dennoch blieb Wien ebensowenig wie Berlin in der ersten Zeit der Besatzung von Zügellosigkeiten und Plünderungen sowjetischer Truppen verschont.

Dem Kommunismus gelang es nicht, in Österreich Fuß zu fassen. Die Kommunistische Partei[6]), die nun neu begründet wurde, konnte niemals mit der Zustimmung eines größeren Teiles der Bevölkerung rechnen. Die Sowjets ergriffen die politische Initiative. Sie beeilten sich, eine provisorische Regierung zu schaffen. Aber entgegen ihren Erwartungen wurde diese nicht der Ausgangspunkt für eine Bolschewisierung des Landes, sondern im Gegenteil für den Aufbau einer parlamentarischen Demokratie nach westlichem Vorbild. Hier spielt in der historischen Verursachung der persönliche Faktor eine nicht zu übersehende Rolle. Eine der führenden Figuren des österreichischen Sozialismus war Dr. Karl Renner[7]), der erste Kanzler der österreichischen Republik nach dem Ersten Weltkrieg. In der Zeit des Austrofaschismus in den dreißiger Jahren war er eine Zeitlang in Haft, später lebte er zurückgezogen am Semmering. Durch Zufall wurden die russischen Behörden auf ihn aufmerksam, als er nämlich Schritte unternehmen wollte, um gegen Maßnahmen der Besatzungsmacht Verwahrung einzulegen. Russische Offiziere erkannten in ihm den Verfasser von Schriften, die sich vor dem Ersten Weltkrieg mit der Nationalitätenfrage in Österreich befaßt hatten. Für Stalin, der sich in seiner Schrift über »Marxismus und nationale Frage« (1913) kritisch mit der theoretischen und praktischen Behandlung der Nationalitätenfrage in der österreichischen Sozialdemokratie auseinandergesetzt hatte, war Karl Renner kein unbekannter Name. Exponent des rechten Flügels des Austromarxismus, galt er Lenin als »einer der besonders niederträchtigen Lakaien des deutschen Imperialismus«[8]). Vollends suspekt war er geworden, nachdem er 1938 den Anschluß als einen geschichtlichen Fortschritt bezeichnet hatte. Eben dieser Belastung und auch seines hohen Alters wegen schien er dafür geeignet zu sein, die Rolle zu spielen, die die sowjetische Politik dem Chef einer von ihr abhängigen Regierung in der ersten vorbereitenden Phase eines Volksfrontregimes zugedacht hatte. »Ein solcher Mann«, schrieb sein Freund Adolf Schärf, »nicht mehr jung, aber in den Augen der Kommunisten schwer belastet, mußte doch ein gefügiges Werkzeug in der Hand der Besatzungsarmee und ihrer Anhänger sein.«[9])

Renner hat die ihm zugedachte Rolle mit großem taktischen Geschick zu spielen gewußt und dabei sein eigentliches Ziel, die Wiedererrichtung einer parlamentarischen Demokratie, verfolgt. Man brachte den 74jährigen nach Wien, wo sich inzwischen die früheren politischen Parteien zum Teil unter verändertem Namen neu gebildet hatten. Versuche von Angehörigen des Widerstandes, ganz neue Ansätze zu finden, konkretisierten sich nicht. Die sowjetische Besatzungsmacht begünstigte das Wiedererstehen der traditionellen Elemente des politischen Lebens in Österreich. Aus der früheren Christlich-Sozialen Partei, die sich 1934 aufgelöst hatte, wurde die »Österreichische Volkspartei« (ÖVP) und aus der Sozial-Demokratischen die »Sozialistische Partei Österreichs« (SPÖ). Neben diesen beiden Parteien, deren unversöhnlicher Gegensatz die Erste Republik zum Opfer des Austrofaschismus hatte werden lassen, meldete sich die »Kommunistische Partei Österreichs« (KPÖ) mit großen Ansprüchen und Erwartungen. Diese drei Parteien trafen sich in dem Willen, der dem Programm der Alliierten für Österreich entsprach, die Verbindung mit dem Reich aufzukündigen. Am 27. April 1945 proklamierten sie die Wiederherstellung einer demokratischen Republik Österreich »im Geiste der Verfassung von 1920«. Gleichzeitig setzten sie eine Provisorische Regierung mit Karl Renner als Staatskanzler ein[10]). In keiner Person hätte sich der jetzt im österreichischen Volk fast allgemeine Wille zu einer eigenen, unabhängigen Staatlichkeit deutlicher verkörpern können als in der Gestalt dieses von vielen innerhalb und außerhalb des Landes verehrten Vorkämpfers der Sozialdemokratie, der sich nach dem Ersten Weltkrieg und nach 1938 so eindeutig zum Anschluß bekannt hatte. Seine Regierung setzte sich gleichmäßig aus Angehörigen der drei Parteien zusammen, wobei die Kommunisten sich die Ressorts für Inneres sowie für Erziehung und Unterricht[11]) zu sichern wußten. Sie wurde bereits zwei Tage später von der sowjetischen Besatzungsmacht anerkannt. Ihre erste Aufgabe sollte die Durchführung allgemeiner Wahlen sein. Für die Zwischenzeit beanspruchte sie aufgrund der Unabhängigkeitserklärung die volle, auch die verfassunggebende Legislativgewalt. Die ursprüngliche Absicht Renners war, wie es auch der Wortlaut des Art. 1 der Unabhängigkeitserklärung erkennen läßt, eine neue, an den Prinzipien von 1920 orientierte Verfassung zu erstellen. Adolf Schärf, Führer der Sozialisten und Mitglied der Provisorischen Regierung, hatte Bedenken hiergegen. Er fürchtete, daß lange Verfassungsberatungen zu Kämpfen der Parteien und zu Positionsverbesserungen für die Kommunisten führen würden. In der ungewissen politischen Lage Österreichs und angesichts zentrifugaler Tendenzen in einigen ehemaligen Bundesländern schien es ihm daher geraten, die alte Verfassung in Kraft setzen zu lassen, und zwar in der 1929 veränderten Form. Diese Verfassungsänderung war unter Bundeskanzler Schober zwar auf Drängen der Heimwehr zustande gekommen, und sie hatte die Stellung des Bundespräsidenten gegenüber dem Parlament nicht unwesentlich gestärkt (Volkswahl des Präsidenten, Verlängerung der Amtszeit auf sechs Jahre, das Recht der Kanzlerernennung und -entlassung, Notverordnungsvollmachten). Aber sie hatte damals die Billigung der beiden großen Parteien, vor allem aber auch der Länder gefunden. Schärf glaubte daher, es sei jetzt das zweckmäßigste, »sich mit der Verfassung des

Jahres 1920 in der Form abzufinden, die sie im Jahre 1929 erhalten hatte, also zu dem Zustand zurückzukehren, der vor der sogenannten Ausschaltung des Nationalrates im Jahre 1933 bestand, und es einem künftigen frei gewählten Nationalrat zu überlassen — wenn er es für gut fände —, eine neue Verfassung zu schaffen«[12]). Es gelang ihm, Karl Renner und Vertreter von SPÖ und ÖVP in der Provisorischen Regierung gegen den Protest der Kommunisten für seinen Vorschlag zu gewinnen. Am 13. Mai, fünf Tage nur nach der deutschen Gesamtkapitulation, wurde ein auf den 1. Mai zurückdatiertes Verfassungsüberleitungsgesetz[13]) erlassen, das den staatsrechtlichen Zustand vom 5. März 1933 wiederherstellte. Es sollte sich später herausstellen, daß dieses schnelle und entschlossene Handeln entscheidende Bedeutung für das staatliche Geschick Österreichs hatte.

Weder die Existenz noch die Aktionen der Provisorischen Regierung wurden zunächst von den Briten und Amerikanern anerkannt, deren Truppen erst Ende April/ Anfang Mai, von Westen und Süden herkommend, österreichisches Gebiet betraten. Sie verwahrten sich gegen das einseitige Vorgehen ihres sowjetischen Verbündeten, da sie befürchteten, es könne sich in Österreich ähnliches abspielen wie in Polen und Rumänien. Lag doch im sowjetisch besetzten Teil Österreichs, in dem die Regierung Renner fungierte, die Ausübung der Staatsgewalt ganz in den Händen einer kommunistisch durchsetzten und geführten Polizei. Die Kommunistische Partei erklärte offen, daß ihr Ziel die Errichtung einer Volksdemokratie sei. Dabei setzte sich die Sowjetmacht für die Erhaltung des österreichischen Gebietsstandes ein. Auf einen Appell Renners hin wies sie Versuche der Jugoslawen, Südkärnten loszureißen, also das zu gewinnen, was sie 1919 nicht erreicht hatten, zurück[14]). Zwischen den Alliierten wurde nun in der Europäischen Beratenden Kommission am 9. Juli 1945 ein Abkommen über die Besatzungszonen[15]) getroffen. Die Amerikanische Zone wurde so geschnitten, daß sie sich unmittelbar an den amerikanischen Besatzungsbereich in Süddeutschland anschloß. Sie umfaßte Salzburg und das südliche Oberösterreich. Die Franzosen erhielten den westlichsten Teil mit Tirol und Vorarlberg, die Engländer, die von Italien her Österreich erreicht hatten, den südöstlichen mit Kärnten und Steiermark und die Russen den nordöstlichen Teil mit Niederösterreich, dem Burgenland und dem nördlichen Teil von Oberösterreich. Wien wurde wie Berlin in vier Besatzungszonen gegliedert, doch mit dem wichtigen Unterschied, daß die Innenstadt unter die gemeinsame Besetzung der vier Mächte mit wechselndem Kommandanten gestellt wurde. Um diese Regelung durchzuführen, hatten die Amerikaner den von ihnen bereits besetzten Teil Oberösterreichs zu räumen, während die sowjetischen Truppen in Wien die den westlichen Besatzungsmächten zugewiesenen Teile freigaben. Die Viermächteverwaltung der Stadt trat am 1. September 1945 in Kraft. Wieder analog zu Deutschland wurde in dem sogenannten Ersten Kontrollabkommen vom 4. Juli 1945[16]) eine »Alliierte Kommission für Österreich« gebildet — wenn auch unter Weglassung des Wortes »Kontrolle« —, die am 11. September ihre Tätigkeit aufnahm. Auch hier war Einstimmigkeit der Militärbefehlshaber, die die oberste Gewalt innehatten, Voraussetzung aller Entscheidungen. Zu den Aufgaben der Kommission gehörte die Entwaffnung, die Trennung von Deutschland, der Aufbau der Verwaltung, die Vorbereitung freier Wahlen und die Bildung einer hieraus hervorgehenden Regierung. Die Staatwerdung Österreichs gehörte also im Unterschied zu den Potsdamer Beschlüssen für Deutschland zum Programm der Alliierten. Aber erst nachdem die Provisorische Regierung durch eine Konferenz der Bundesländer im September 1945 gebilligt und durch Hereinnahme von Ländervertretern erweitert worden war und damit über die Sowjetische Zone hinaus repräsentativ für Gesamtösterreich wurde[17]), waren die westlichen Besatzungsmächte bereit, sie schließlich am 20. Oktober 1945 auch für ihre Zonen anzuerkennen. Zu den Bedingungen für die innerösterreichische Anerkennung der Regierung Renner durch die Bundesländer gehörte auch, daß die Durchführung der auf den 25. November 1945 angesetzten Wahlen dem kommunistisch gelenkten Innenministerium entzogen und einem Sondergremium übertragen wurde. Die unter hoher Beteiligung in Ruhe verlaufenen Wahlen, bei denen die ehemaligen Angehörigen der NSDAP kein Stimmrecht hatten, brachten der ÖVP 85, der SPÖ 76 und der KPÖ 4 Mandate. Die Kommunisten, die mit 30 bis 40 Sitzen gerechnet hatten, wurden durch diese Wahlen als eine bestimmende politische Kraft aus dem österreichischen Leben ausgeschaltet. Diese Niederlage sollte tiefgreifende Rückwirkungen auf die Taktik der sowjetischen Besatzungsmacht gegenüber den Parteien in Deutschland haben (vgl. § 94).

Trotz der absoluten Mehrheit der ÖVP wurde die Regierung als eine Allparteienregierung unter Leopold Figl, dem Vorsitzenden der ÖVP, als Kanzler und Adolf Schärf als Vizekanzler unter Beteiligung auch eines Kommunisten an der Regierung weitergeführt. Das tragende Fundament des österreichischen Staatslebens für die nächsten 25 Jahre wurde die Koalition der beiden großen Parteien, an deren Konflikt die Erste Republik zugrunde gegangen war. Das österreichische Parlament, der Nationalrat, trat am 19. Dezember 1945 zu seiner ersten Sitzung zusammen. Er bestätigte die Verfassungsgesetze der Provisorischen Regierung sowie die neue Regierung Figl. Bereits am folgenden Tage, am 20. Dezember, wurde Renner zum Staatspräsidenten gewählt, und zwar aufgrund einer Sonderregelung durch die Bundesversammlung, d. h. durch National- und Länderrat. Die von der Provisorischen Regierung am 13. Mai 1945 in Kraft gesetzte Verfassung von 1920/29 wurde durch das forcierte Verfahren der parlamentarischen Verabschiedung bestätigt, ohne daß irgendeine Verfassungsdebatte stattgefunden hätte. Der Schnelligkeit dieses Handelns entsprach die Entschiedenheit, mit der der Nationalrat am 12. April 1946 eine unerwartete Aufforderung des Alliierten Rates vom 30. März 1946 zurückwies, eine auf »demokratische Prinzipien« gegründete »definitive Verfassung« bis zum 1. Juli 1949 vorzulegen. Einem weitergehenden sowjetischen Versuch, die Inkraftsetzung der Verfassung von 1929 überhaupt zu untersagen, schlossen sich die Westmächte allerdings nicht an[18]). Der Alliierte Rat nahm daher den Protest des Nationalrates zur Kenntnis, ohne Konsequenzen daraus zu ziehen, wenn auch die Sowjetregierung später wiederholt den Standpunkt vertrat, Österreich besitze keine gültige Verfassung. Die zweite österreichische Republik, wenn auch noch nicht im Besitze der vollen Souveränität, hatte in ihrem Entstehungsprozeß die Fähigkeit zu unabhängigem Handeln in überzeugender Weise unter Beweis gestellt.

DW 397/817—818. — R. HISCOCKS, Österreichs Wiedergeburt (a. d. Engl., Wien 1954); J. MAIR, Austria, in: Survey of Internat. Aff. 1939—1946. Four Power Control in Germany and Austria (London 1956); W. L. STEARMAN, The Soviet Union and the Occupation of Austria. An Analsysis of Soviet Policy in Austria, 1945—1955 (1961); H. L. MIKOLETZKY, Österr. Zeitgeschichte. Vom Ende der Monarchie bis zum Abschluß des Staatsvertrages 1955 (Wien 1962); W. B. BADER, Austria between East and West 1945—1955 (Stanford, Cal. 1966); grundlegendes Handbuch über die verschiedenen Sachbereiche von Staat, Gesellschaft, Wirtschaft u. Kultur: Erika WEINZIERL / K. SKALNIK (Hg.), Österreich. Die Zweite Republik (2 Bde. Graz 1972); handliche Materialzusammenstellung in: H. SIEGLER (Hg.), Österreichs Weg zur Souveränität, Neutralität, Prosperität 1945—1959 (1959); H. FISCHER / G. SILVESTRI (Hg.), Texte zur österr. Verfassungsgesch. Von der Pragm. Sanktion zur Bundesverfassung, 1713—1966 (Wien 1970); K. BERCHTOLD (Hg.), Österr. Parteiprogramme 1868—1966 (Wien 1966). — Die wichtigsten Dokumente zur Besatzungspolitik finden sich in: R. DENNETT / R. K. TURNER (Hg.), Documents on American Foreign Relations 8 (Princeton 1948), für 1. Juli 1945 bis 31. Dez. 1946; A Decade of American Foreign Policy. Basic Documents 1941—49, hg. vom Senate Committee on Foreign Relations (Washington 1950). — Tiefe Einblicke in die Entwicklung Österreichs gewährt E. C. KOLLMAN, Theodor Körner. Militär u. Politik (1973), eine Biographie des ersten Nachkriegsbürgermeisters von Wien u. späteren Bundespräsidenten.

[1] F. FELLNER, Österreich in der Nachkriegsplanung der Alliierten 1943—1945, in: Festschr. Hugo Hantsch (Graz 1965); ders., Die außenpolit. u. völkerrechtl. Situation Österreichs 1938. Ö's Wiederherstellung als Kriegsziel der Alliierten, in: Erika WEINZIERL / K. SKALNIK (Hg.), Österreich. Die Zweite Republik 2; E. DEUERLEIN, Die außenpolit. Lage Ö's 1945, in: Mitt. d. österr. Staatsarchivs 17/18 (1964/65). [2] Declaration on Austria, Nov. 1, 1943, amtl. Text in: A Decade of American Foreign Policy. Basic Documents, 1941—49, Nr. 9 b; dt. in: E. DEUERLEIN (Hg.), Die Einheit Dtlds., Nr. 4, 3. [3] Erika WEINZIERL, Der österr. Widerstand, in: Erika WEINZIERL / K. SKALNIK (Hg.), Österreich. Die Zweite Republik 2; O. MOLDEN, Der Ruf des Gewissens. Der österr. Freiheitskampf 1938—1945 (Wien [3]1970); H. STEINER, Gestorben für Österreich. Widerstand gegen Hitler (Wien 1968), enthält Berechnungen über die Zahl der Opfer. [4] Geh. Denkschr. Goerdelers 26. März 1943, in: G. RITTER, Carl Goerdeler u. die dt. Widerstandsbewegung (Tb. 1964), Anh. VII, S. 562. [5] Th. ROSSIWALL, Die letzten Tage. Die milit. Besetzung Österreichs 1945 (1970). [6] K. ZAPOTOCZKY, Österreich, in: C. D. KERNIG (Hg.), Sowjetsystem u. demokr. Gesellschaft. Die kommunist. Parteien der Welt. Eine vergleichende Enzyklopädie (1969); A. PELINKA, Auseinandersetzung mit dem Kommunismus, in: Erika WEINZIERL / K. SKALNIK (Hg.), Österreich. Die Zweite Republik 1. [7] K. RENNER, Denkschrift über die Gesch. der Unabhängigkeitserklärung Ö's u. die Einsetzung der provis. Regierung der Republik (Wien 1946); ders., Österreich von der Ersten zur Zweiten Republik (= Nachgelassene Werke 2, Wien 1953). Lit. zu Renner s. o. S. 148, bes. J. HANNAK, Karl Renner u. seine Zeit. Versuch einer Biographie (Wien 1965). [8] LENIN, Werke (dt. Übers. der 4. russ. Ausg., Berlin-Ost 1955—1968), Bd. 23, S. 280. [9] A. SCHÄRF, Ö's Erneuerung 1945—1955 ([7]1955), S. 34; ders., April 1945 in Wien (1948); ders., Zwischen Demokratie u. Volksdemokratie. Ö's Einigung u. Wiederaufrichtung im Jahre 1945 (Wien 1950). [10] Text der »Unabhängigkeitserklärung«, der »Kundmachung über die Einsetzung einer provisorischen Staatsregierung« u. der Regierungserklärung, sämtl. 27. April 1945, in: H. FISCHER / G. SILVESTRI (Hg.), Texte zur österr. Verf.-Gesch., Nr. 31 a—c. [11] Dieses Amt wurde Ernst Fischer übertragen, der 1945 aus der Moskauer Emigration nach Wien zurückkehrte u. sich später von der KP abwandte. Von hohem lit. Rang u. hist. Wert: E. FISCHER, Erinnerungen u. Reflexionen (1969), bis April 1945, u. ders., Das Ende einer Illusion. Erinnerungen 1945—1955 (Wien 1973). [12] A. SCHÄRF, Österreichs Erneuerung, S. 54. [13] H. FISCHER / G. SILVESTRI, Nr. 32. [14] D. J. DALLIN, Stalin, Renner u. Tito. Österreich zwischen drohender Sowjetisierung u. den jugoslawischen Gebietsansprüchen im Frühjahr 1945, in: EA 13 (1958). [15] Text in: A Decade of American Foreign Policy, Nr. 102. [16] Abkommen über die Alliierte Kontrolle in Österreich vom 4. Juli 1945 (Erstes Kontrollabkommen), in: H. FISCHER / G. SILVESTRI, Nr. 34. [17] Hierzu die Erinnerungen des ersten österr. Außenministers K. GRUBER, Zwischen Befreiung u. Freiheit. Der Sonderfall Österreichs (Wien 1953). [18] Tatsächlich waren dem Alliierten Rat insofern die Hände gebunden, als er das von der Provisorischen Regierung erlassene Überleitungsgesetz bereits am 30. Nov. 1945 genehmigt hatte. Hierzu aufgrund der unveröff. Protokolle des Alliierten Rats G. STOURZH, Die Regierung Renner, die Anfänge der Regierung Figl u. die Alliierte Kommission für Österreich, Sept. 1945 bis April 1946, in: Arch. f. österr. Gesch. 125 (1966); K. R. STADLER, Österreich 1945. Neue Dok. zur Außenpolitik der Alliierten, in: Österr. Z. f. Außenpol. 9 (1969); zu Figl vgl. E. TROST, Figl von Österreich (1972).

§ 90 Die deutsche Frage in den Auseinandersetzungen der Mächte 1945—1947

Auf Potsdam folgte eine Reihe von Konferenzen des »Rates der Außenminister«. Drängender als die Regelung der deutschen Verhältnisse waren andere Fragen in Asien und Europa. Durch die dort sich entwickelnden Konstellationen wurde auch die Behandlung Deutschlands durch die Kontrollmächte tiefgreifend beeinflußt. An der ersten Konferenz, die vom 11. September bis 2. Oktober 1945 in London stattfand, nahm neben den Vereinigten Staaten, der Sowjetunion, Großbritannien und Frankreich auch China als Inhaber eines ständigen Sitzes im Sicherheitsrat der UNO teil. Das entsprach der alles überragenden Bedeutung, die der eben vollzogenen Kapitulation Japans für die Entwicklung der Machtverhältnisse in Ostasien zukam. Die Rote Armee hatte die

Mandschurei und Nordkorea besetzt. Amerikanische Truppen standen in Südkorea und, um den Rücktransport der japanischen Truppen zu gewährleisten, in Hafenstädten Nordchinas. Die chinesischen Kommunisten hatten während des Krieges ein Gebiet unter ihre Kontrolle gebracht, das fast ein Viertel der Gesamtbevölkerung umfaßte. Mit der chinesischen Nationalregierung unter dem Generalissimus Tschiang Kai-schek hatte die Sowjetunion am 14. August 1945 einen Freundschaftsvertrag geschlossen. Stalin hielt die unter der Führung Maos stehende kommunistische Partei damals noch nicht für stark genug, um das sowjetisch-chinesische Verhältnis primär auf die Zusammenarbeit mit ihm auszurichten. Zudem mißtraute er dem selbständigen Denker, der nicht bereit war, sich der politischen und ideologischen Führung Moskaus zu unterwerfen. Er förderte daher Bestrebungen auf Bildung einer Koalitionsregierung unter Beteiligung der Kommunisten und unter Führung von Tschiang Kai-schek. In der Regierung der Vereinigten Staaten setzte sich die Ansicht durch, daß auf einer solchen Grundlage der Versuch gemacht werden müsse, das Land zu befrieden. Auf die japanische Entwicklung versuchte die sowjetische Politik Einfluß zu gewinnen durch Beteiligung an der Besetzung und Kontrolle des Landes. Diese wiederholte und auch auf der Londoner Außenministerkonferenz erhobene Forderung Molotows wurde jedoch von den Vereinigten Staaten zurückgewiesen. Damit war im Grunde das Scheitern dieser ersten Konferenz des Rates der Außenminister besiegelt.

Wie in der japanischen, so prallten auch in anderen auf der Londoner Konferenz zur Erörterung gestellten Fragen die Gegensätze hart aufeinander. Gemäß dem in Potsdam dem Rat der Außenminister erteilten Auftrag hatte die Konferenz den Friedensvertrag mit Italien vorzubereiten. Ein britischer Entwurf sah vor, die bisher unter italienischer Herrschaft stehenden Inseln des Dodekanes im östlichen Mittelmeer Griechenland zu übergeben. Die Sowjetunion widersetzte sich, verlangte aber gleichzeitig für sich selbst die Treuhänderschaft über die italienische Kolonie Libyen. Zudem war die Grenzziehung bei Triest umstritten und ebenso der sowjetische Anteil an den italienischen Reparationen. Auch in der rumänischen Frage kamen die Außenminister nicht weiter. Molotow lehnte den westlichen Vorschlag ab, die rumänische Regierung in ähnlicher Weise umzubilden, wie man es mit der polnischen soeben getan hatte. Byrnes gewann den Eindruck, daß die Sowjetunion die Herrschaft über Europa anstrebe: »Wir sahen keine Lösung für unsere Probleme, aber es war uns klar, daß wir weiter nach ihr suchen müßten.«[1]) Briten und Amerikaner schlugen damals vergeblich vor, die Rüstungen zu beschränken und zu kontrollieren. Dieser Vorschlag bezog sich auf Italien und jene ost- und südosteuropäischen Staaten, mit denen Friedensverträge vorbereitet werden sollten. Da die großen Mächte im Sicherheitsrat gemeinsam für die Aufrechterhaltung des Friedens verantwortlich seien, erübrige sich für diese Staaten die Aufrechterhaltung größerer Armeen. Man solle sie beschränkt halten und unter internationale Kontrolle stellen.

Über all diesen Gegensätzen kam man gar nicht dazu, die Deutschlandfrage zu erörtern. Molotow hatte eine Diskussion über die Reparationen vorgeschlagen, und die Franzosen wünschten, über die Westgrenze Deutschlands zu verhandeln. Frankreich war nicht zur Potsdamer Konferenz eingeladen worden. Es hatte deren Beschlüsse nicht offiziell anerkannt und versuchte nachträglich, diese zu korrigieren. In einem Memorandum der französischen Regierung vom 14. September 1945 wurde ein Junktim hergestellt zwischen der Festlegung der Westgrenze und der Erörterung der staatlichen Gestaltung Deutschlands: »Die Provisorische Regierung hat wiederholt öffentlich betont, wie wichtig es sei, zu verhindern, daß das Rheinland und Westfalen jemals wieder ein Arsenal, Ausfalltor oder Stützpunkt für einen Angriff Deutschlands auf seine westlichen Nachbarn werden. Die Provisorische Regierung ist der Ansicht, daß die endgültige Lostrennung dieser Gebiete einschließlich des Ruhrgebietes von

Deutschland sowohl unerläßlich für den Schutz der französischen Grenzen als auch eine wesentliche Voraussetzung für die Sicherheit Europas und der Welt ist. Die Provisorische Regierung erachtet es daher als notwendig, daß — sollen deutsche Zentralverwaltungen errichtet werden — gleichzeitig bestimmt wird, daß ihre Hoheitsgewalt sich nicht auf das Rheinland und auf Westfalen erstreckt.« Als Wunschziel wurde hier eine durch die Besatzungsmächte zu fördernde Auseinanderentwicklung Deutschlands in verschiedene Staaten bezeichnet[2]). Die aus den ostasiatischen und europäischen Problemen sich ergebenden Spannungen zwischen den Mächten steigerten sich auf der Londoner Konferenz zeitweise so, daß sich der britische Außenminister Bevin dahin fortreißen ließ, Molotow mit Hitler zu vergleichen[3]). Die Sprache des Kalten Krieges kündigte sich an. Aber noch vermied man den offenen Bruch. Die beiden angelsächsischen Mächte und die Sowjetunion bemühten sich darum, in einer Dreierkonferenz in Moskau vom 16. bis 26. Dezember 1945 das Klima ihrer Beziehungen zu verbessern. Damals wurde für Korea der 38. Breitengrad als Trennungslinie zwischen der sowjetischen und amerikanischen Besatzungszone vereinbart. Damit wiederholte sich in Ostasien die in Deutschland gemachte Erfahrung: da die Kooperation zwischen den Kriegsalliierten sich als unmöglich erwies, teilten sie das Land.

In der ersten Jahreshälfte 1946 verschärften sich die Spannungen. Die Sowjetunion zögerte die in Potsdam vereinbarte Räumung des Iran hinaus. Sie erhob jetzt auch auf Teile der türkischen Schwarzmeerküste wie auf die Meerengen Ansprüche und forderte für ihren bulgarischen Satelliten Westthrakien in der Absicht, dort an der Küste des östlichen Mittelmeers Fuß zu fassen. In den Vereinigten Staaten führten die asiatischen und europäischen Interessengegensätze mit der Sowjetunion dazu, daß sich die Einstellung zu dem Kriegsverbündeten sowohl in der öffentlichen Meinung als auch in der Orientierung der Regierung zu ändern begann. Ein »neuer Kurs« der amerikanischen Politik kündigte sich an. Staatssekretär Byrnes ging in einer Rede vom 18. Februar 1946 so weit zu sagen, daß man notfalls auch einem bewaffneten Konflikt nicht ausweichen dürfe. Der republikanische Senator Vandenberg, früher Exponent des amerikanischen Isolationismus, gewann die Überzeugung, daß man der sowjetischen Politik energisch entgegentreten müsse. Truman erklärte in einem Schreiben an Byrnes: es sei notwendig geworden, die starke Faust zu zeigen; man verstehe drüben nur die eine Sprache: »Wie viele Divisionen habt Ihr?«[4]) Die psychologischen Spannungen wuchsen, als die Aufdeckung eines sowjetischen Atomspionageringes in Kanada die westliche Öffentlichkeit in hohe Erregung versetzte. In diese Stimmung paßte eine aufsehenerregende Rede, die Churchill am 5. März 1946 in einer kleinen Stadt des amerikanischen Mittelwestens, Fulton, hielt. Hier verwendete er öffentlich den Terminus vom »Eisernen Vorhang« und führte ihn damit in den politischen Sprachgebrauch der Zeit ein[5]). Der »Hetzer eines dritten Weltkrieges«, wie ihn Stalin nunmehr titulierte, forderte, daß sich die Westmächte für die »Schaffung von Freiheit und Demokratie in allen Ländern« engagieren sollten[5a]). Der sowjetischen Expansion wollte Churchill ein aktives Programm entgegensetzen, das noch nicht vom Gedanken des Status quo beherrscht war.

Auch in der Behandlung Deutschlands spiegelte sich der neue Kurs der amerikanischen Politik. Im Mai 1946 verfaßte General Clay, damals Stellvertreter Eisenhowers als Militärgouverneur der amerikanischen Besatzungszone, eine Denkschrift über die deutschen Angelegenheiten[6]). Sie ging von dem Gedanken aus, daß die ursprünglich beabsichtigte weitgehende Entindustrialisierung Deutschlands voraussetze, daß Deutschland als ein einheitliches Wirtschaftsgebiet behandelt werde. Wenn sich aber die Zonen gegeneinander abschlössen — und diesen Vorwurf richtete er gegen die Sowjetunion wie gegen Frankreich —, dann käme man nicht umhin, das Industrieniveau in der amerikanischen und auch in der britischen Zone zu erhöhen, um diese

Gebiete überhaupt existenzfähig zu halten. Als politisches Offensivprogramm forderte er nunmehr die Bildung einer deutschen Regierung: Die in Potsdam vorgesehenen zentralen Verwaltungsstellen sollten errichtet und einem »Rat der Ministerpräsidenten der Länder aller vier Zonen« als einer vorläufigen Regierung unterstellt werden. Dieser Rat sollte ferner den Auftrag erhalten, eine Verfassung zu entwerfen und diese einer gewählten Versammlung vorzulegen; dem Alliierten Kontrollrat sollte die Genehmigung vorbehalten bleiben. Für die zukünftige deutsche Verfassung wollte Clay folgende Grundsätze beachtet wissen: Deutschland ein aus 9—15 Ländern bestehender Bundesstaat, für die Parlamentswahlen in Bund und Ländern die Konkurrenz von mindestens zwei Parteien, Garantie der Grundrechte. Über die Begrenzung des deutschen Gebietes hieß es in dem Memorandum Clays: »Die Vereinigten Staaten haben — den Tatsachen Rechnung tragend — eingewilligt, daß gewisse Gebiete in Deutschland an Rußland, Polen und die Tschechoslowakei abgetreten werden. In der Erkenntnis, daß eine erfolgreiche Eingliederung dieser Gebiete in die betreffenden Länder unmöglich ist, solange die Bewohner deutsch sind, wurde weiterhin der Entfernung der gesamten deutschen Bevölkerung zugestimmt.« Dies lief auf eine Empfehlung hinaus, sich auf eine Anerkennung der Oder-Neiße-Linie einzustellen. Was die Westgrenzen und die französischen Forderungen anging, so hielt Clay die Abtretung von Ruhr und Rhein für untragbar, war aber bereit, die wirtschaftliche Vereinigung der Saar mit Frankreich zuzugestehen.

In dieser durch verschärfte Konfrontation zwischen den Westalliierten und der Sowjetunion bestimmten Lage traf sich der Rat der Außenminister zu einer zweiten Konferenz in Paris am 25. April 1946. Da man in der italienischen Friedensfrage nicht weiter kam, vertagte man sich am 16. Mai, um die unterbrochene Sitzung in der Zeit vom 15. Juni bis 12. Juli 1946 fortzusetzen[7]). Die Sowjets fanden sich plötzlich bereit, in die Abtretung des Dodekanes an Griechenland einzuwilligen, ohne daß die Westmächte dem sowjetischen Verlangen nach einer Treuhandschaft über italienische Kolonien entgegengekommen wären. Der Grund für die gewandelte Einstellung der Sowjetunion ist in der veränderten Lage Griechenlands zu sehen. Infolge der Intervention Albaniens, Jugoslawiens und Bulgariens in Griechenland sah es so aus, als werde der hier entflammte Bürgerkrieg zugunsten der sowjetfreundlichen Kräfte gegen die griechische Regierung und die britischen Truppen, auf die sie sich stützte, entschieden werden. Ein sowjetisch beherrschtes rotes Griechenland schien sich abzuzeichnen. Die Sowjetunion hatte nichts gegen dessen Stärkung auf Kosten Italiens. Da es den Außenministern gelang, sich auch über die Anteile an den italienischen Reparationen zu einigen, konnten Einladungen für eine allgemeine Friedenskonferenz auf den 29. Juli 1946 in Paris ausgeschrieben werden.

Mit der Einigung über die italienischen Streitpunkte wurde der Weg frei für die Behandlung der deutschen Fragen, die aber zu keinem Ergebnis führte. Der französische Außenminister Bidault vertrat jetzt ein etwas modifiziertes Junktim: nach Regelung der Grenzfragen war er bereit, in Deutschland die Bildung eines lockeren Staatenbundes zuzulassen. Wahrscheinlich ist hierin eine Folge aus der Tatsache zu erblicken, daß die Amerikaner inzwischen offiziell ihre früheren Zerstückelungspläne aufgegeben hatten, während sich die tatsächliche politische Teilung Deutschlands abzuzeichnen begann. Man begegnet in den französischen Überlegungen dem auch von den anderen Westmächten übernommenen Gedanken, daß die Wiederherstellung der deutschen Einheit die Gefahr in sich berge, den sowjetischen Einfluß bis an den Rhein auszudehnen. Mit diesem Argument hatte de Gaulle bereits Ende 1945 die Amerikaner vor der Wiederherstellung der deutschen Einheit gewarnt[8]). Und Clay berichtet über eine ähnliche Äußerung des französischen Vertreters im Kontrollrat, General Koeltz, »Ganz unverkennbar sei die anfängliche sowjetische Bereitschaft, zentrale Verwaltungsstellen zu errichten, nicht ehrlich gewesen und glücklicherweise habe uns das französische Veto davor bewahrt, Einrichtungen zu schaffen, die der Ausbreitung des Kommunismus gedient hätten.«[9]) Der amerikanische Botschafter in Moskau Bohlen meinte geradezu, die Franzosen hätten den Westen durch ihre frühzeitigen Vetos gerettet[10]).

Gegen die französischen Grenzforderungen und gegen die Zerstückelung Deutschlands wie gegen die Föderalisierung in einem lockeren Staatenbund stellte sich auf der Pariser Außenministerkonferenz Molotow. Er forderte die politische Einheit Deutschlands und eine sowjetische Beteiligung an der Kontrolle der Ruhrindustrie, ohne daß sich die Sowjetunion allerdings ihrerseits bereit zeigte, die Wirtschaft der eigenen Besatzungszone internationaler Kontrolle zu unterstellen. Von der Logik der Konstruktion einer Viermächtekontrolle über Deutschland her gesehen, war die Beteiligung der Sowjetunion an einer internationalen Ruhrbehörde konsequent. Die vorliegenden Zeugnisse über die Einstellung der westlichen Mächte hierzu lassen nicht erkennen, daß die Vereinigten Staaten oder Großbritannien unter irgendeiner Voraussetzung hierzu bereit gewesen wären, auch nicht unter der Voraussetzung einer Beteiligung der Westmächte an einer Wirtschaftskontrolle in der Sowjetzone. Umgekehrt gilt das gleiche. Es gibt kein Anzeichen dafür, daß die Sowjetregierung bereit gewesen wäre, den Westmächten eine wirksame wirtschaftliche Mitkontrolle in Deutschland östlich der Elbe einzuräumen, selbst nicht unter der Voraussetzung einer sowjetischen Beteiligung an der geplanten Ruhrbehörde. Molotow hat auf die Frage von Byrnes, was denn nun eigentlich die Ziele der Sowjetunion in Deutschland seien, geantwortet: zehn Milliarden Dollar Reparationen und Teilhabe an der Kontrolle der Ruhrindustrie[11]). Dazu erklärte Byrnes nach den Erfahrungen im Rat der Außenminister und im Kontrollrat: »Wenn wir über nichts einig werden können außer nach monatelangen Auseinandersetzungen, dann hat es kaum Sinn, daß die vier Mächte die verschiedenen Ruhrindustrien kontrollieren. Sie würden in wenigen Fragen etwas erreichen, die irgendwie etwas mit Industrie zu tun haben. Vier-Mächte-Kontrolle wäre ein ausgezeichnetes Mittel, um die Ruhrindustrien zu zerstören, die bei richtiger Überwachung ein unentbehrlicher Bestandteil einer gesunden europäischen Wirtschaft sind.«[12])

Nicht weniger als in der Ruhrkontrolle wichen die Ansichten auch in der Frage der allgemeinen Wirtschaftspolitik für Deutschland voneinander ab. Allerdings war es möglich gewesen, am 26. März 1946 im Kontrollrat einen Industrieplan für Deutschland zu verabschieden[13]). Das Niveau der Produktion sollte bei 50—55 % der Vorkriegszeit, der Ernährungsstand des einzelnen bei etwa 2 000 Kalorien liegen[14]). Man hatte das Bild einer bei niedrigem Stand ausgewogenen Wirtschaft vor Augen. Zur Gewährleistung dieses Stands sollte ein vorgesehener Export in Höhe von etwa 3 Milliarden Mark mit Priorität für die notwendigen Importe verwendet werden. Das entsprach der amerikanischen und britischen Theorie. Da aber die Praxis der sowjetischen Besatzungsmacht andere Wege ging und in ihrer Zone einen erheblichen Teil der laufenden Produktion für Reparationszwecke in Anspruch nahm, reagierten Briten und Amerikaner in der Weise, daß sie bereits im Mai 1946 die Lieferung von demontierten Werksanlagen an die Sowjetunion einstellten.

Wegen all dieser ungeklärten Gegensätze war es aussichtslos, an die Vorbereitung eines Friedensvertrages für Deutschland heranzugehen. Bei der Ergebnislosigkeit der Pariser Konferenz der Außenminister ergriffen nunmehr die Amerikaner die Initiative im Sinne des von General Clay im Mai 1946 vorgelegten Memorandums. Am 6. September 1946 wandte sich Staatssekretär Byrnes in Stuttgart mit einer aufsehenerregenden Rede vor Angehörigen der Militärregierung und einem geladenen Kreis von Deutschen an die Öffentlichkeit[15]). Er stellte eine Revision des Industrieplans und die

Bildung einer deutschen Regierung auf Länderbasis in Aussicht, sei es in engerem oder weiteren Rahmen, so weit wie die anderen Zonen bereit seien, mit der amerikanischen zusammenzuarbeiten. Hinsichtlich der Reparationen bestätigte er den Grundsatz, daß sie nicht der laufenden Produktion entnommen werden sollten. Deutschland dürfe kein Armenhaus werden, denn die deutsche und die europäische Wirtschaft seien gegenseitig aufeinander angewiesen. Diese Verbindung der deutschen mit einer europäischen Perspektive zeigte die Richtung an, in der die sich neu orientierende amerikanische Außenpolitik ihren Weg suchte. Auch zu den Grenzfragen nahm Byrnes Stellung. Für den Osten stellte er sich auf den Boden der Potsdamer Vereinbarungen: vorläufige Zuweisung deutscher Ostgebiete an die Sowjetunion und Polen unter Vorbehalt einer endgültigen völkerrechtlichen Regelung. Er erneuerte die in Potsdam gegebene Zusage, daß die Vereinigten Staaten bei der Friedensregelung die »Übertragung der Stadt Königsberg und des anliegenden Gebiets an die Sowjetunion« unterstützen würden ebenso wie einen Gebietszuwachs Polens an dessen nördlicher und westlicher Grenze. Über den Umfang des an Polen abzutretenden Gebietes könne jedoch erst in einem endgültigen Abkommen entschieden werden. Hinsichtlich der deutschen Westgrenze erklärte er das Einverständnis der USA mit der Eingliederung der Saar in das französische Wirtschaftsgebiet, setzte aber den Bestrebungen Frankreichs, Rhein und Ruhr von Deutschland zu lösen, ein klares Nein entgegen. Byrnes gab der amerikanischen Auffassung über das, was wirtschaftlich und politisch zu geschehen habe, Nachdruck durch die Ankündigung, daß, »solange die Anwesenheit von Besatzungskräften in Deutschland notwendig« sei, »die Armee der Vereinigten Staaten einen Teil dieser Besatzungsmacht bilden« werde. Damit sollte allen Spekulationen über einen amerikanischen Rückzug aus Europa, wie er nach 1919 erfolgt war, vorgebeugt werden.

Diese Rede fand stärkste Beachtung. In Westdeutschland setzte sie am Vorabend des schlimmsten Nachkriegswinters das Zeichen für neue Hoffnung. Von seiten der Sowjetunion wurden die Aussagen von Byrnes über die Oder-Neiße-Linie am 16. September 1946 durch Molotow zutreffend wie folgt kommentiert: »Die Berufung darauf, daß die Berliner Konferenz es für notwendig erachtet habe, die endgültige Festlegung der Westgrenze Polens bis zur Friedenskonferenz zurückzustellen, ist natürlich richtig. Gerade so sieht die formale Seite aus. Dem Wesen der Sache nach aber haben die drei Regierungen ihre Meinung über die künftige Westgrenze ausgesprochen, als sie Schlesien und die obenerwähnten Gebiete unter die Verwaltung der polnischen Regierung stellten und außerdem den Plan über die Aussiedlung der Deutschen aus diesen Gebieten annahmen. Wem könnte der Gedanke in den Kopf kommen, daß diese Aussiedlung der Deutschen nur als zeitweiliges Experiment vorgenommen wurde? Diejenigen, die den Beschluß über die Aussiedlung der Deutschen aus diesen Gebieten gefaßt haben, damit sich dort sofort Polen aus anderen polnischen Bezirken ansiedeln, können nicht nach einiger Zeit vorschlagen, entgegengesetzte Maßnahmen durchzuführen. Allein schon der Gedanke an derartige Experimente mit Millionen von Menschen ist unfaßbar, ganz zu schweigen von seiner Grausamkeit sowohl gegenüber den Polen als auch gegenüber den Deutschen selbst.«[16]) Das Europamotiv der Stuttgarter Rede von Byrnes erhielt ein verstärktes Echo in einer Rede, die Churchill am 19. September 1946 in Zürich hielt[17]). Hier proklamierte er das Ziel der »Vereinigten Staaten von Europa«, deren Kern ein freundschaftliches Verhältnis zwischen Deutschland und Frankreich bilden müsse. Dabei stellte er sich vor, daß unter der Voraussetzung eines föderalistischen Staatsaufbaues in Deutschland die einzelnen deutschen Staaten Mitglieder des europäischen Bundes werden sollten. Es gelte, die Zeit zu nutzen, solange der Westen unter den »Schutz der Atombombe« gestellt sei.

Der Gedanke einer europäischen Bundesbildung stieß in dem Augenblick, als er verkündet wurde, auf den heftigsten Widerspruch der Sowjetunion. Schon Lenin hatte in seiner Schrift über »Die Losung der Vereinigten Staaten von Europa« (1915) den Zusammenschluß Europas von seiner auf die zwischenstaatlichen Beziehungen übertragenen Idee des Klassenkampfes her verworfen[18]). Im Jahre 1930 hatte die Sowjetunion dann das ihre dazu beigetragen, um den Europaplan Briands scheitern zu lassen. Und jetzt wurde Churchill wegen seiner Europa-Rede von Stalin geradezu als Kriegsbrandstifter bezichtigt[19]).

Der Rat der Außenminister traf sich zu seiner dritten Sitzung in New York vom 4. November bis 11. Dezember 1946. Die deutsche Frage wurde hier nicht behandelt. Man beschäftigte sich vielmehr mit dem Ergebnis der inzwischen vom 29. Juli bis 15. Oktober 1946 in Paris durchgeführten Friedenskonferenz. Hier hatten die 21 Teilnehmerstaaten Entwürfe für Friedensverträge mit den ehemaligen Verbündeten Deutschlands — Italien, Rumänien, Ungarn, Bulgarien und Finnland — beraten. Eine Reihe von Fragen war dabei strittig geblieben[20]). Auf der New Yorker Außenministerkonferenz gelang es, die notwendigen Kompromisse zwischen den Siegermächten zustande zu bringen. Die endgültigen Verträge wurden darauf den Besiegten vorgelegt und von den jeweils beteiligten Staaten am 10. Februar 1947 in Paris unterzeichnet[21]).

Durch die in diesen Verträgen festgelegten territorialen Veränderungen erlitt besonders Italien empfindliche Verluste. Es verzichtete auf seine afrikanischen Kolonien, trat den Dodekanes an Griechenland und den Ostteil der Provinz Venezia Giulia an Jugoslawien ab. Aus der Stadt Triest und ihrer Umgebung wurde ein Freistaat gebildet. Da dessen internationale Verwaltung unter einem UNO-Beauftragten aber nicht zustande kam, fiel dessen östlicher Teil später an Jugoslawien, der westliche mit der Stadt Triest an Italien zurück. Ungarn mußte den im Wiener Schiedsspruch 1940 gewonnenen Teil Siebenbürgens an Rumänien zurückgeben. Rumänien verlor endgültig das 1940 an Rußland abgetretene Bessarabien ebenso wie die Nordbukowina. Bulgarien blieb im Besitz der ihm im Wiener Schiedsspruch 1940 auf Kosten Rumäniens zugesprochenen Süddobrudscha, während sein Wunsch auf einen Zugang zum Ägäischen Meer durch Westthrakien ebensowenig erfüllt wurde wie auf andere Territorialgewinne, die es als Bundesgenosse Deutschlands auf Kosten Griechenlands und Jugoslawiens zu erreichen gehofft hatte. Diese Friedensbedingungen lösten Proteste der ehemaligen Verbündeten Deutschlands aus. Sie hielten ihre in der Endphase des Krieges den Alliierten geleisteten Dienste für nicht genügend gewürdigt und verwahrten sich gegen Gebietsverluste und Reparationsforderungen. Aber auch Griechenland und Jugoslawien erhoben Einspruch. Griechenland wünschte Gebietsrevisionen an seiner Nordgrenze, und Jugoslawien beklagte sich darüber, daß seine territorialen Forderungen an Italien nicht voll erfüllt wurden. Offen war nach den Pariser Friedensschlüssen nach wie vor, was aus Deutschland und Österreich werden sollte. Allerdings wurde das deutsche Siedlungsgebiet unmittelbar berührt durch ein österreichisch-italienisches Abkommen über Südtirol, das in den Zusammenhang der österreichischen Nachkriegsgeschichte gehört (vgl. § 107).

Den Amerikanern gelang es, in die Verträge mit Rumänien, Ungarn und Bulgarien wenigstens jene Formel hineinzubringen, an der Truman so viel gelegen war, daß nämlich die Schiffahrt auf der Donau frei sein sollte. Die erstrebte Internationalisierung dieses Schiffahrtsweges wurde jedoch nicht erreicht. Durch diese Friedensverträge wurde besiegelt, daß Rumänien, Ungarn und Bulgarien zum sowjetischen, Italien zum westlichen Teil Europas gehörten. Noch offen blieb das Schicksal des vom Bürgerkrieg zerrissenen Griechenland und der unter sowjetischem Druck stehenden Türkei. Besonders im Hinblick auf diese beiden Staaten erklärte Truman in einer Rede vom 12. März 1947: »Im gegenwärtigen Abschnitt der Weltgeschichte muß fast jede

Nation ihre Wahl in bezug auf ihre Lebensweise treffen. Nur allzuoft ist es keine freie Wahl.« Er erklärte es als die Aufgabe der Vereinigten Staaten, da, wo es möglich sei, ihre Macht und ihre wirtschaftliche Hilfe einzusetzen, um freie demokratische Wahlen zu ermöglichen. Diese sogenannte »Truman-Doktrin«[22]) gab den Griechen und Türken die Zusicherung auf wirtschaftliche und gegebenenfalls militärische Unterstützung. In Polen hatten inzwischen am 19. Januar 1947 Wahlen stattgefunden, die aber von den westlichen Mächten nicht als eine korrekte Erfüllung der schon in Jalta getroffenen Vereinbarungen betrachtet wurden. Zwar gab es konkurrierende Parteien, die bei der Wahl gegeneinander auftraten, aber Wahlbeeinflussung und Wahlterror behinderten ihre freie Durchführung.

Solche Vorgänge im sowjetischen Machtbereich wurden als eine deutliche Rechtfertigung dafür angesehen, daß die amerikanische Regierung mit dem neuen Kurs der Konsolidierung des Westens den richtigen Weg ging. Von entscheidender Bedeutung für die Festigung Europas war es, Frankreich, das bei den Kriegskonferenzen der Großen Drei und am Potsdamer Verhandlungstisch nicht zugegen gewesen war, vertraglich fest an die westlichen Mächte zu binden. Hier liegt die Bedeutung des am 4. März 1947 zwischen England und Frankreich in Dünkirchen abgeschlossenen Verteidigungsbündnisses. Es sollte Frankreich ein zusätzliches Gefühl der Sicherheit verschaffen. Großbritannien gab ihm jene Zusage militärischer Hilfe gegen einen deutschen Angriff, um die es sich nach dem Ersten Weltkrieg vergeblich bemüht hatte[23]). Die historische Funktion des Vertrages von Dünkirchen ist darin zu sehen, daß er durch seine spätere Ausweitung zum Brüsseler Pakt mit Belgien, Holland und Luxemburg (1948) und durch die schließliche Einbeziehung Italiens und der Bundesrepublik Deutschland (1955) zum Instrument für die Herstellung der Verteidigungsfähigkeit Westeuropas werden sollte. Diese Bedeutung war freilich beim Abschluß des ursprünglich gegen Deutschland gerichteten Dünkirchener Vertrages noch nicht abzusehen.

Nach den Friedensverträgen mit den ehemaligen europäischen Verbündeten Deutschlands traf sich der Rat der Außenminister zu seiner vierten Sitzung in Moskau vom 10. März bis 24. April 1947. Auf dieser Tagung wurde das Deutschlandproblem intensiver und umfassender behandelt, als es bisher seit Potsdam der Fall gewesen war[24]). Die Vereinigten Staaten wurden hier nicht mehr durch Byrnes vertreten. Er war durch den früheren Generalstabschef George Marshall abgelöst worden, der inzwischen Sonderbeauftragter Trumans für China gewesen war[25]). In der Person Marshalls wird sichtbar, wie die Entwicklung der chinesischen Dinge auf Europa zurückwirkte. Am 10. Januar 1946 war ein Waffenstillstand zwischen Nationalchinesen und Kommunisten abgeschlossen worden. Es war der Auftrag Marshalls gewesen, zwischen den beiden Kräften weiter zu vermitteln, um zu gewährleisten, daß der Waffenstillstand in den Provinzen auch tatsächlich beachtet und ein Modus vivendi zwischen Kommunisten und Nationalchinesen gefunden würde. Aber vergeblich hatte Marshall den amerikanischen Einfluß eingesetzt, um den Bürgerkrieg, der im April 1946 wieder offen entflammt war, einzudämmen und ein weiteres Vordringen der Kommunisten zu verhindern. Ende 1946 mußte er sich das Scheitern seiner Mission eingestehen. In die Vereinigten Staaten zurückgekehrt, wurde er zum Leiter der Außenpolitik berufen. Die chinesischen Erfahrungen verstärkten die amerikanische Entschlossenheit, der kommunistischen Expansion in Europa entgegenzutreten. Auf der Moskauer Außenministerkonferenz zeigte sich die Verschärfung des Gegensatzes zwischen der Sowjetunion und den Vereinigten Staaten bei der Behandlung der künftigen deutschen Ostgrenze. Deutlicher als es Byrnes in seiner Stuttgarter Rede oder gar General Clay in seiner Denkschrift vom Mai 1946 getan hatte, beschränkte Marshall in Moskau die Zusage auf Abtretung deutscher Ostgebiete an Polen auf Südostpreußen und das oberschlesische Industriegebiet, für das er überdies den von Molotow kategorisch zurückgewiesenen Gedanken einer internationalen wirtschaftlichen Kontrolle ins Spiel brachte. Die Teilung der verbleibenden im wesentlichen landwirtschaftlich genutzten Gebiete erfordere eine »Abwägung der Bedürfnisse des polnischen und des deutschen Volkes«. Ähnlich äußerte sich Bevin für die britische Regierung. Im Gegensatz hierzu beharrte der französische Außenminister Georges Bidault auf dem Standpunkt, daß für Frankreich diese nur formalrechtlich noch als offen betrachtete Frage kein Diskussionsgegenstand sei. Dafür wurde umgekehrt die französische Forderung auf die Saar, wie schon früher von Byrnes in Stuttgart, so jetzt auch von Molotow in Moskau, wohlwollend kommentiert.

Zentraler Verhandlungsgegenstand war in Moskau die Frage der politischen Einheit Deutschlands. Russen, Briten und Amerikaner setzten sich nunmehr verbal alle für die Bildung einer deutschen Regierung ein. Allerdings schlossen die verschiedenen Konzeptionen sich gegenseitig aus. Der sowjetische Vorschlag griff zurück auf das Proporzwahlrecht der Weimarer Verfassung, weil dieses im Unterschied zu dem als undemokratisch bezeichneten Mehrheitswahlrecht Englands und Amerikas auch Minderheitengruppen eine parlamentarische Repräsentanz ermögliche. Auch das gemischte Wahlsystem, das inzwischen in der britischen und amerikanischen Zone angewendet worden war, wurde von Molotow als undemokratisch verworfen[26]). Abgelehnt wurde von ihm auch eine föderalistische Gliederung Deutschlands und statt dessen der dezentralisierte Einheitsstaat gefordert. Die deutschen Teilgebiete sollten kein politisches Eigengewicht besitzen. Das für den sowjetischen Vorschlag Charakteristische lag aber besonders in dem für die Verfassunggebung vorgesehenen Verfahren. In einem für diesen Zweck gebildeten deutschen konsultativen Gremium sollten außer den Ländern und den Parteien als volksdemokratisches Element auch Massenorganisationen vertreten sein. Diesem Gremium wollte Molotow aber eine lediglich beratende Funktion zuweisen. Die eigentliche Instanz für den Erlaß einer vorläufigen Verfassung, auf deren Grundlage später Wahlen und Regierungsbildung stattfinden sollten, war nach Vorstellung der Sowjets der Kontrollrat. Wie man hoffen konnte, bei den auseinandergehenden Interessen und Vorstellungen der Mitglieder des Kontrollrates überhaupt eine Verfassung vereinbaren zu können, blieb offen. In dieser Konstruktion sprach sich ein deutliches Mißtrauen gegenüber dem frei geäußerten politischen Willen des deutschen Volkes aus. Das erklärte sich aus den Erfahrungen, die sich aus verschiedenen inzwischen in Deutschland durchgeführten Wahlen ergaben. Sie ließen keine Illusionen zu über das geringe Maß an Zustimmung, das der Kommunismus unter den Deutschen fand. Dem sowjetischen Konzept stand als britischer Vorschlag der weitgehend auch von den Vereinigten Staaten unterstützte sogenannte Bevin-Plan gegenüber. Im Unterschied zu der von den Sowjets vorgeschlagenen Verfahrensweise wollte Bevin die Ausarbeitung der vorläufigen Verfassung einer gewählten deutschen Vertreterkörperschaft übertragen. Dem Kontrollrat wurde lediglich das Zustimmungsrecht vorbehalten. Der künftige Staatsaufbau sollte in einem Mittelweg zwischen dem Einheitsstaat, wie ihn die Sowjets, und dem Staatenbund, wie ihn die Amerikaner und Franzosen wollten, an der bundesstaatlichen Weimarer Verfassung orientiert sein.

Es schien für einen Augenblick so, als werde es möglich sein, zwischen den konkurrierenden Ausgangspositionen einen Ausgleich zu finden. So konzedierte Bevin die Einbeziehung antifaschistischer Organisationen und Molotow die Wahl des Konsultativgremiums. Zu einer Einigung über das Verfahren der Verfassunggebung kam es jedoch nicht. Ebenso erwies es sich als unmöglich, wenigstens die in Potsdam vorgesehenen zentralen Verwaltungsstellen zu schaffen. Vergeblich wies Bevin darauf hin, daß es bei der chaotischen Lage, bei dem Mangel an einer einheitlichen Politik in den dringendsten wirtschaftlichen Fragen, angesichts des immer tieferen Elends und des Hungers, in den das deutsche Volk absank, unabdingbar sei, für die wirtschaftlichen

Fragen handlungsfähige zentrale deutsche Behörden zu errichten, die aber wirkliche Vollmachten erhalten und nicht lediglich auf Weisung des in sich uneinigen Kontrollrates handeln sollten. Dem widersprach Molotow ebenso wie einem amerikanischen Vorschlag, den Kontrollrat dadurch handlungsfähig zu machen, daß man auf das Prinzip der Einstimmigkeit verzichtete. Die stärksten Hindernisse für eine Einigung aber lagen bei den Franzosen. Sie wollten der Errichtung von zentralen Verwaltungsstellen nur unter der Bedingung zustimmen, daß diese als Kollegialbehörden aus Ländervertretern gebildet und außerdem in den einzelnen Zonen der Kontrolle durch die jeweiligen Militärbefehlshaber unterworfen sein würden. Das Ergebnis dieser langwierigen Verhandlungen über die staatsrechtliche Gestaltung Deutschlands war letztlich ein einziger, negativer Beschluß: die Bestätigung der am 25. Februar 1947 durch den Kontrollrat verkündeten, aber schon vorher durch die Bildung neuer Länder in den vier Besatzungszonen längst vollzogenen Auflösung Preußens.

Hinsichtlich der wirtschaftlichen Behandlung Deutschlands war es ähnlich wie in der Verfassungsfrage: beide Seiten sprachen von der Notwendigkeit, Deutschland als wirtschaftliche Einheit anzusehen, aber beide verstanden unter der gleichen Vokabel radikal verschiedene Dinge. Die seit Potsdam wiederholt formulierten Gegensätze verhärteten sich, dazu kamen neue Argumente. Von sowjetischer Seite wurde erklärt, daß die am 1. Januar 1947 erfolgte wirtschaftliche Zusammenfassung des britischen und des amerikanischen Besatzungsgebietes zur Doppelzone (vgl. § 99) im Gegensatz zum Potsdamer Abkommen stünde. Von der westlichen Seite wurde der gleiche Vorwurf erhoben gegen die Bildung von Sowjet-Aktiengesellschaften, die ohne Abstimmung mit dem Industrieplan gegründet worden seien.

Bei diesem Mangel an Übereinstimmung in den Grundvorstellungen über die Behandlung Deutschlands endeten erneute Besprechungen über den amerikanischen Vorschlag eines Viererpaktes zur Kontrolle Deutschlands auf 25 bis 40 Jahre wie schon früher in einer Sackgasse. Zwar griffen die Sowjets den Vorschlag auf, aber sie verbanden ihn mit ihrer alten Forderung nach Beteiligung an einer Ruhrkontrollbehörde, für deren Beschlüsse das Prinzip der Einstimmigkeit gelten sollte, die also durch ein sowjetisches Veto jederzeit würde lahmgelegt werden können. Außerdem verlangten sie die Sozialisierung der wehrwichtigen Betriebe der Ruhrindustrie und eine Bodenreform für alle Zonen. Auch die Amerikaner hatten eine besondere Kontrollbehörde vorgesehen, und zwar für die Überwachung der Entmilitarisierung. Sie sollte ihre Beschlüsse mit Mehrheit fassen und das Recht haben, sich frei in allen vier Besatzungszonen zu bewegen. Beides war für die Sowjetregierung unannehmbar. Die Moskauer Konferenz machte gerade bei der Intensität, mit der die Deutschlandfragen behandelt wurden, deutlich, daß alle verbale Übereinstimmung in dem Ziel, Deutschland als Staat wiedererstehen zu lassen, endgültig nicht mehr darüber hinwegtäuschen konnte, daß die gegensätzlichen Vorstellungen über die politische und wirtschaftliche Behandlung Deutschlands miteinander unvereinbar waren.

Die Westmächte handelten nun allein, wobei die Initiative wiederum bei den Amerikanern lag. Im Juli 1947 wurden für die amerikanische Besatzungspolitik neue Richtlinien formuliert. Die USA bekundeten erneut ihre Entschlossenheit, Truppen so lange in Deutschland zu unterhalten, wie irgendeine der anderen Mächte sich an der Besetzung Deutschlands beteiligen werde. Es war ein Engagement auf unbegrenzte Zeit, ganz entgegen den ursprünglichen amerikanischen Vorstellungen im Augenblick der deutschen Kapitulation. Als Ziel der Wirtschaft, deren Beschränkungen nun weitgehend fielen, wurde die Entstehung eines »stable and productive Germany« genannt[27]). Die Bahn wurde frei für die Entwicklung der wirtschaftlichen Produktivkräfte. Ein Schlüsseldokument für die damalige politische Lagebeurteilung durch die Amerikaner ist ein Artikel von George F. Kennan, seit Februar 1947 Berater im State

Department[28]). Er stellte der amerikanischen Politik die Aufgabe des »containment«, der Eindämmung der sowjetischen Expansion. Von dem Konzept Kennans ausgehend, verkündete Staatssekretär Marshall am 5. Juni 1947 in einer Rede vor der Harvard Universität den nach ihm benannten Plan, der zur Grundlage für eine wirtschaftliche, in seiner Konsequenz auch politische und militärische Neuordnung der westlichen Welt werden sollte[29]).

S. Lit. zu § 85.

Dokumente zu den Außenministerkonferenzen von Moskau, Paris, London in: Foreign Relations of the United States 1945. Vol. 2: General political and economic matters (1967); For. Rel. 1946. Vol. 2: Council of Foreign Ministers (1970); For. Rel. 1946. Vol. 3: Paris Peace Conf., Proceedings (1970) u. vol. 4: Documents (1970); For. Rel. 1947. Vol. 2: Council of Foreign Ministers; Germany and Austria (1972); russ. Konferenzberichte in: Archiv vnejšnej politiki (AVP) SSSR, Moskva, Sovet Ministrov Inostrannych DEL (SMID) (1946/47), ausgewertet in drei Aufsätzen von V. N. VYSOCKIJ über die dt. Frage auf den Außenministerkonferenzen 1946/47, in: ZfG 22 (1974); Documents Français relatifs à l'Allemagne (Paris 1947); Berichte u. Dokumente zu den Konf. auch in EA (1945—1948).

Erinnerungen u. Aufzeichnungen von BYRNES, TRUMAN, MURPHY; ferner G. F. KENNAN, Memoiren eines Diplomaten (a. d. Amerik. 1968); L. D. CLAY, Entscheidung in Dtld. (a. d. Amerik. 1950); J. E. SMITH (Hg.), The Papers of General Lucius D. Clay. Germany 1945—1949 (2 Bde. Bloomington 1974); W. M. MOLOTOW, Fragen der Außenpolitik. Reden u. Erklärungen April 1945—Juni 1948 (Moskau 1949).

Darstellungen: H. DRUKS, Harry S. Truman and the Russians 1945—1953 (New York 1966); E.-O. CZEMPIEL, Das amerik. Sicherheitssystem 1945—1949 (1966); W. VOGEL, Dtld., Europa u. die Umgestaltung der amerik. Sicherheitspolitik 1945 bis 1949, VfZG 19 (1971); Amerik. Kritik an der containment policy: W. A. WILLIAMS, The Tragedy of American Diplomacy (New York [2]1962), sowie Joyce u. G. KOLKO, The Limits of Power. The World and United States Foreign Policy 1941—1954 (New York 1972). Zur Entstehung des »Kalten Krieges«, Forschungsstand u. Diskussion: L. C. GARDNER / A. SCHLESINGER / H. J. MORGENTHAU, The Origins of the Cold War (Waltham, Mass. 1970); H. FEIS, From Trust to Terror. The Onset of the Cold War 1945—1950 (New York 1970); J. L. GADDIS, The United States and the Origins of the Cold War 1941—1947 (New York 1972); B. J. BERNSTEIN (Hg.), Politics and Policies of the Truman Administration (Chicago 1970)). — D. GEYER, Von der Kriegskoalition zum Kalten Krieg, u. B. MEISSNER, Die sowj. Dtld.politik 1945—1949, in: D. GEYER (Hg.), Osteuropahandbuch. Sowjetunion, Außenpolitik 1917—1955 (1972). — Lit.übersicht bei E. NOLTE, Dtld. u. der Kalte Krieg (1974).

1) J. BYRNES, In aller Offenheit, S. 136. **2)** Text dieses der Londoner Konferenz der Außenminister vorgelegten Memorandums in Foreign Relations 1945/3 (1968), S. 869 ff., dt. in EA 9 (1954), S. 6747; vgl. dazu E. DEUERLEIN, Frankreichs Obstruktion dt. Zentralverwaltungen 1945, in: Dtld.-Archiv 4 (1971). **3)** BYRNES, S. 144. **4)** Schreiben v. 5. 1. 1946, in: TRUMAN, Memoiren 1, S. 599—601; s. B. MEISSNER, Rußland, die Westmächte u. Dtld. (1953), S. 79, auch zu Vandenberg u. Byrnes. **5)** Text in Keesings Archiv (1946/47), S. 669 B; s. § 87, Anm. 1. **5a)** Wortlaut des Stalin-Interviews v. 13. März 1946, in: Die Außenpolitik der Sowjetunion 1946 (Berlin 1946); vgl. B. MEISSNER, S. 80. **6)** The Papers of Gen. L. D. Clay, 1, Nr. 122; dt. Übers. in: CLAY, Entscheidung in Dtld., S. 90 ff.; J. H. BACKER, Priming the German Economy. American occupational Policies 1945—1948 (Durham 1971) erklärt die Initiative Clays aus der elementaren wirtschaftl. Notwendigkeit, die Versorgung der Bevölkerung sicherzustellen. **7)** Bericht über die Außenministerkonf. in EA 1 (1946/47); Dok. in For. Rel. 1946/2. **8)** Vgl. W. LIPGENS, Bedingungen u. Etappen der Außenpolitik de Gaulles 1944—1946, VfZG 21 (1973), S. 97 ff.; E. DEUERLEIN, (s. o. Anm. 2). **9)** CLAY, Entscheidung in Dtld., S. 55 f. **10)** Ebd. S. 153. **11)** BYRNES, S. 259. **12)** Ebd. S. 260. **13)** Text bei J. HOHLFELD (Hg.), Dok. der dt. Politik u. Gesch. 6 (o. J.). Nr. 15 **14)** Zum Ernährungsstand vgl. CLAY, Entscheidung in Dtld., S. 295 ff. **15)** EA 1 (1946/47), S. 261 ff.; J. GIMBEL, Byrnes' Stuttgarter Rede u. die amerik. Nachkriegspolitik in Dtld., VfZG 20 (1972). **16)** W. M. MOLOTOW, Fragen der Außenpolitik, S. 256—260. **17)** Text in R. S. CHURCHILL (Hg.), The Sinews of Peace, Post-War Speeches by W. S. Churchill (Cambridge 1949); dt. Auszug in: Europa. Dok. zur Frage der europ. Einigung 1, hg. vom Forschungsinstitut der Dt. Ges. f. Ausw. Politik (1962), S. 113 ff. **18)** W. I. LENIN, Werke 21 (²1968), S. 342 ff. **19)** Interview Stalins mit United Press, 29. Okt. 1946, dt. Text EA 1 (1946). **20)** For. Rel. 1946/2 (Pariser Friedenskonf.) u. 3 (Rat der Außenminister); Berichte in EA 1 (1946/47). **21)** Zeittafel über Entstehung der Verträge u. Analyse der wichtigsten Bestimmungen: EA 1 (1946/47), S. 483 ff.; Text der Vertragsentwürfe u. der Änderungsvorschläge in For. Rel. 1946/4; E. MENZEL, Die Friedensverträge von 1947 mit Italien, Ungarn, Bulgarien, Rumänien u. Finnland (1948). **22)** Text: A Decade of Americ. Foreign Policy. Basic documents 1941—1949 (1950), No. 295; dt. EA 2 (1947), S. 819 f.; H. S. TRUMAN, Memoiren 2, S. 114 ff. **23)** EA 1 (1947), S. 637 f. **24)** Zur Dokumentation Sondernr. des EA 2 (1947), Nr. 1; Dok. in For. Rel. 1947/2. **25)** Zu MARSHALL s. F. C. POGUE, G. C. Marshall, 4 Bde., bisher erschienen Bd. 1—3, bis 1945 (New York 1963—73). — TANG TSOU, America's failure in China 1941—50 (Chicago 1963). **26)** Text des sowj. Vorschlags in EA 2 (1947), S. 692 f.; Erklärung Molotows zu diesem Vorschlag in: MOLOTOW, Fragen der Außenpolitik, S. 443 ff. **27)** ›Direktive‹ vom 11. Juli 1947, in: A Decade of Americ. Foreign Policy. Basic doc. 1941—1949 (1950), No. 93. **28)** Artikel von »X« (= G. F. Kennan), The Sources of Soviet Conduct, in: Foreign Affairs 25 (1947); hierzu G. F. KENNAN, Memoiren, Kap. XV: Der Artikel von ›Mr. X‹; Kennan verstand die Eindämmung nicht als wahllos gewährte amerik. Unterstützung an alle Staaten, die irgendwo in der Welt wegen realer oder vermeintlicher Bedrohung durch den Weltkommunismus sich um Hilfe an die USA wandten. Er lehnte deshalb die weitgefaßte Truman-Doktrin ab u. betonte den polit., nicht primär milit. Charakter seines Konzeptes. — I. REISS, George Kennans Politik der Eindämmung (1957). **29)** Text: A Decade of Americ. Foreign Policy. Basic doc. 1941—1949 (1950), No. 300; dt. EA 2 (1947), S. 821.

§ 91 Die Nürnberger Prozesse

Während sich seit der Potsdamer Konferenz die weltpolitischen Gegensätze zwischen den Siegermächten vertieften und es offenbar wurde, daß keinerlei Übereinstimmung darüber hergestellt werden konnte, was an die Stelle des nationalsozialistischen Deutschland treten sollte, fand der gemeinsame Kampf gegen den Nationalsozialismus, der die Allianz begründet hatte, seine Fortsetzung in einer Serie von Prozessen gegen die Führer des Dritten Reiches. Die drei verbündeten Hauptmächte hatten schon in der Moskauer »Erklärung über deutsche Grausamkeiten im besetzten Europa«[1]) vom 30. Oktober 1943 die Absicht bekundet, Kriegsverbrechen zu ahnden. Deutsche, die sich in den besetzten Gebieten schuldig gemacht hatten, sollten nach dem Kriege in die betreffenden Länder überführt und nach dort geltendem Recht verurteilt werden. Für die »Hauptverbrecher, deren Verbrechen nicht an einem geographisch bestimmten Tatort begangen wurden«, war eine Bestrafung durch »eine gemeinsame Entscheidung der Regierungen der Alliierten« vorgesehen. Offen und lange umstritten blieb, wie die Bestrafung praktiziert werden sollte. Stalin sprach auf der Teheraner Konferenz von der summarischen Exekution von 50 000 Offizieren. Roosevelt neigte der gleichen Ansicht zu, die Churchill damals kategorisch ablehnte. Für eine standrechtliche Hinrichtung der führenden Personen setzte sich innerhalb der amerikanischen Regierung Staatssekretär Hull ein, für eine summarische Liquidation Finanzminister Morgenthau, für reguläre Gerichtsverfahren Kriegsminister Stimson. In Jalta schlug Churchill vor, eine Liste der Hauptkriegsverbrecher aufzustellen und die in ihr genannten Personen nach Feststellung der Identität zu erschießen, ebenso Eden; aber jetzt waren es Roosevelt und Stalin, die für Gerichtsverfahren plädierten. Die gleiche Ansicht vertrat der neue amerikanische Staatssekretär Stettinius. Großes Gewicht hatte das Votum der 1943 gegründeten »United Nations War Crimes Commission« in London unter dem Vorsitz des britischen Lordkanzlers Simon. Sie stellte Kriegsverbrecherlisten zusammen und machte Vorschläge für deren strafrechtliche Verfolgung. Auf dieser Grundlage erarbeitete zeitlich parallel zur Potsdamer Konferenz eine unter Beteiligung der vier Besatzungsmächte vom 26. Juni bis 8. August in London tagende internationale Konferenz über Militärgerichtsverfahren ein »Abkommen über die Verfolgung und Bestrafung der Hauptkriegsverbrecher der europäischen Achse« und ein »Statut für den Internationalen Militärgerichtshof«[2]).

Als internationaler Prozeß ist nur das Verfahren gegen die Hauptkriegsverbrecher durchgeführt worden, das in Nürnberg am 20. November 1945 begann und mit der Urteilsverkündung am 30. September und 1. Oktober 1946 endete. An den Haupt-Kriegsverbrecher-Prozeß schlossen sich in Deutschland die sogenannten Nachfolgeprozesse an, die jeweils von einzelnen Siegermächten durchgeführt wurden. Ihre Rechtsgrundlage war das Kontrollratsgesetz Nr. 10 vom 20. Dezember 1945 betreffend die »Bestrafung von Personen, die sich Kriegsverbrechen, Verbrechen gegen den Frieden oder gegen die Menschlichkeit schuldig gemacht haben«[3]). Das Statut für den Internationalen Militärgerichtshof wie das in wesentlichen Punkten inhaltsgleiche Kontrollratsgesetz Nr. 10 gehen in ihrem juristischen Gedankengut auf einen Entwurf zurück, der von dem amerikanischen Richter am Obersten Bundesgericht Robert H. Jackson stammt[4]). Unter »Kriegsverbrechen« sind solche zu verstehen, die während des Krieges an Angehörigen der gegnerischen Völker begangen wurden, wie Tötung oder Mißhandlung von Kriegsgefangenen, Hinrichtung von Geiseln, Mißhandlung der Zivilbevölkerung, Verschleppung zur Zwangsarbeit, Beschießung nicht verteidigter Orte. Solche Delikte waren bereits auf den Haager Konferenzen vor dem Ersten Weltkrieg definiert, wenn auch noch nicht unter internationale Strafsanktion gestellt worden. Man konnte für ihre gerichtliche Verhandlung also auf positives Völkerrecht zurückgreifen. Unter »Verbrechen gegen die Menschlichkeit« fällt vor allem die Judenverfolgung und -vernichtung und die Zerstörung sogenannten »unwerten Lebens«. Diese Straftaten konnten schon aufgrund der in allen zivilisierten Staaten geltenden Strafgesetze rechtlich geahndet werden. Schwieriger war die Frage, was die Rechtsgrundlage für die Ahndung von »Verbrechen gegen den Frieden« und — wie die Nürnberger Anklageschrift zusätzlich formulierte — einer »Verschwörung gegen den Frieden« sei. Bis zum Ersten Weltkrieg wurde ein Angriffskrieg nicht als völkerrechtswidrig betrachtet. Eine ältere Rechtsanschauung hatte im Unterschied zu der im 19. Jahrhundert vorherrschenden zwischen gerechtem und ungerechtem Krieg unterschieden. Nach dem Ersten Weltkrieg, so argumentierte Jackson, sei jene ältere Rechtsauffassung im Bewußtsein der Völker wieder stärker hervorgetreten. So habe es in den zwanziger Jahren eine fortwährende Bemühung gegeben, den Krieg im Rahmen des Völkerbundes und im Rahmen internationaler Abkommen unter Rechtskategorien zu stellen. Besonders wies er auf den Briand-Kellogg-Pakt hin, dessen Unterzeichner sich verpflichtet hatten, auf den Angriffskrieg als Mittel der Politik zu verzichten. In diesem Pakt insbesondere sah Jackson ein Zeichen für das veränderte Rechtsbewußtsein der Völker, das den Angriffskrieg verurteile. Das Internationale Tribunal brauche sich also — das ist die Quintessenz seiner Rechtsüberlegungen — nicht von überholten Völkerrechtsvorstellungen des 19. Jahrhunderts leiten zu lassen, sondern sei legitimiert, sich auf jene ältere und jetzt erneut zum Bewußtsein gelangte Rechtsüberzeugung zu beziehen, der zufolge ein Angriffskrieg zu verurteilen sei.

Gegen diese Auffassung sind Rechtseinwände geltend gemacht worden, zunächst von den deutschen Verteidigern in Nürnberg, aber auch in der deutschen und internationalen juristischen Diskussion. Ob und wie auch immer sich das öffentliche Rechtsbewußtsein verändert hatte oder nicht, es blieb umstritten, ob nicht das Nürnberger Tribunal gegen den Grundsatz des nulla poena sine lege verstoße. Denn es gab keine international gültigen Rechtsvereinbarungen über den Begriff des Verbrechens gegen den Frieden. Es war keineswegs — und zwar bis heute nicht — gelungen, den Begriff des Angreifers juristisch eindeutig zu definieren. Dieser Anklagepunkt war der für die Weiterentwicklung des Völkerrechts wichtigste, in seiner psychologischen Wirkung auf die deutsche Öffentlichkeit aber zugleich problematischste. Von den vor dem Internationalen Gerichtshof und den amerikanischen Nachfolgeprozessen in Nürnberg stehenden Angeklagten wurde allein Rudolf Heß nur wegen Verbrechen gegen den Frieden verurteilt. Wäre es für die Wiederherstellung der Achtung vor dem Recht in Deutschland nicht dienlicher gewesen, wenn man bei Anlage und Durchführung der Prozesse den Gedanken in den Vordergrund gerückt hätte, daß die unter die Begriffe »Kriegsverbrechen« und »Verbrechen gegen die Menschlichkeit« fallenden Straftaten auch nach dem zur Tatzeit geltenden deutschen Strafrecht als Mord, Totschlag, Körperverletzung, Freiheitsberaubung, Nötigung, Diebstahl, Raub und Erpressung strafrechtlich zu verfolgen waren? Zudem erschien manchen, auch abgesehen von der Frage nach der materialen Rechtsbasis für die Behandlung der drei genannten Delikte, überhaupt die Bildung dieses internationalen Gerichtshofes eine bloße Zweckveranstaltung und durch kein geltendes Völkerrecht gedeckt. Wurde in Nürnberg ein Vergeltungsakt der Sieger mit Hilfe eines Kriegstribunals durchgeführt, schwebte mit den Worten des amerikanischen Senators Robert Taft über diesem Verfahren »der Geist der Rache«[5]), oder sollte dem Recht, das für alle gleich ist, Geltung verschafft werden? Die Frage ist weder nach der einen noch der anderen Seite eindeutig zu beantworten. Angesichts der Ungeheuerlichkeit dessen, was in Nürnberg aufgedeckt wurde, kann sich aber, jenseits aller juristischen Überlegungen, niemand der Feststellung entziehen, daß hier Recht geschehen ist. Dabei hätte die Veranstaltung des Tribunals von vornherein größere Überzeugungskraft besessen, wenn es nicht ein Gericht allein der Sieger gegen die Besiegten gewesen wäre, sondern wenn man Angehörige der neutralen Staaten am Gerichtshof beteiligt hätte. Der Gerichtshof selber argumentierte hinsichtlich dieser Frage, daß durch die Aufhebung der deutschen Staatlichkeit am 5. Juni 1945 die Ausübung auch der richterlichen Hoheitsgewalt in die Hände des Kontrollrates gefallen sei und daß dieser damit wie jede Staatshoheit legitimiert sei, einen Gerichtshof einzusetzen und über seine Zusammensetzung zu befinden[6]).

Das Verfahren des Gerichtshofes war weitgehend durch angelsächsische Praxis bestimmt. Nicht dem Gerichtshof und dessen Vorsitzenden oblag es, die Sachverhalte zu klären, sondern dem Ankläger und der Verteidigung, die beide ihre Zeugen und ihre Argumente gegeneinander ins Feld führten. Nur die Anklage allerdings verfügte über das Aktenmaterial des Staates und der Partei. Die Verteidigung war darauf angewiesen, aus diesen Aktenbeständen Dokumente, von deren Existenz sie wußte, anzufordern. Trotz dieser Beschränkungen kann man nicht sagen, daß der Verteidigung keine Chance gegeben worden wäre. Sie hat auch durchaus einige Erfolge gehabt. Was sich vor dem Nürnberger Tribunal abspielte, war kein Schauprozeß. Es gab nicht nur Verurteilungen, sondern auch einige Freisprüche. In einigen Fällen erreichte die Verteidigung erhebliche Milderungen im Urteil, oder bestimmte Anklagepunkte wurden fallengelassen. Dies geschah etwa im Falle Dönitz. Die gegen die deutsche U-Boot-Kriegführung in der Anklage erhobenen Vorwürfe wurden bei der Zumessung der Strafe nicht angerechnet, weil das Gericht anerkannte, daß der rücksichtslose Unterwasserkrieg gegen bewaffnete Handelsschiffe nicht völkerrechtswidrig sei. Das Urteil weist ausdrücklich darauf hin, daß die Alliierten im Pazifik gegen die Japaner ebenfalls einen unbeschränkten U-Boot-Krieg geführt hätten.

Bei zwei Anlässen wurde deutlich, welche Spannungen im Gerichtshof selber vorhanden waren. Vom sowjetischen Ankläger wurde der Fall Katyn zur Sprache gebracht. Er wollte die dort vollzogene Erschießung polnischer Offiziere der deutschen Seite als Kriegsverbrechen zur Last legen. Es ist der deutschen Verteidigung gelungen, den Gerichtshof zu veranlassen, der Anklage in diesem Punkte nicht stattzugeben.

Jackson, der in dem Prozeß als amerikanischer Hauptankläger auftrat, hat später vor einem amerikanischen Kongreßausschuß ausgesagt, er habe schon in Nürnberg mit der Möglichkeit gerechnet, daß die Sowjets an Katyn schuld seien[7]). Der Nürnberger Gerichtshof hat aber den Fall Katyn nicht seinerseits aufgegriffen und nach dem Schuldigen gesucht. Schon Roosevelt hatte eine internationale Untersuchung des Falles, wie sie General Sikorski für die polnische Exilregierung Anfang 1943 vorschlug, für unangebracht gehalten[8]). Man war während des Krieges wie jetzt während seines gerichtlichen Schlußaktes nicht bereit, das Verhältnis zur Sowjetunion durch die Aufdeckung dieses Falles zusätzlich zu belasten.

Die Fragwürdigkeit der Zusammensetzung des Gerichtshofes wurde noch deutlicher in dem dramatischen Zwischenfall, der dadurch ausgelöst wurde, daß das geheime Zusatzprotokoll zum Hitler-Stalin-Pakt vom 23. August 1939 während des Prozesses bekannt wurde. Es ist auf dem Weg über einen amerikanischen Journalisten dem Verteidiger von Rudolf Heß zugespielt und beim Kreuzverhör Ribbentrops bekannt geworden. Der Versuch der Verteidigung, den Text wörtlich zu verlesen, wurde jedoch auf Einspruch des sowjetischen Anklägers durch den Präsidenten des Gerichts verhindert. Der formale Grund für die Zurückweisung des Dokuments als Beweisstück war die Weigerung des deutschen Verteidigers, seinen amerikanischen Informanten preiszugeben. Das Gericht bzw. die Anklage hat es aber unterlassen, von sich aus dieses in amerikanischer Hand befindliche Dokument herbeischaffen zu lassen. Der Gerichtshof erklärte, formalistisch argumentierend, daß nicht die Sowjetunion, sondern die deutsche Regierung die Angeklagte sei. Durch diesen Vorfall wurde jedenfalls die Konstruktion des Gerichtshofes in seiner Zusammensetzung erheblich in Frage gestellt, wenn auch an der persönlichen rechtlichen Gesinnung von Männern wie z. B. des britischen Vorsitzenden des Gerichtshofes Lawrence oder des amerikanischen Anklägers Jackson u. a. nicht gezweifelt werden kann. Was aber sollte das deutsche Volk nun von der moralischen Legitimation eines Gerichtshofes halten, in dem der sowjetische Paktgenosse aus der Zeit des Polenkrieges, jetzt Ankläger und Richter zugleich, die gerichtliche Aufdeckung der Hintergründe jener Paktgenossenschaft verhinderte?

Am 30. September und 1. Oktober 1946 wurde die Urteilsbegründung verlesen. Sie wird eingeleitet durch einen Bericht über die deutsche Geschichte zwischen den beiden Weltkriegen, besonders nach 1933. Es ist ein einseitiger Bericht. Wo etwa vom Anschluß Österreichs die Rede ist, wird in keiner Weise der Tatsache Rechnung getragen, daß sich die Frage einer Vereinigung Österreichs mit Deutschland nicht erst 1938, sondern schon 1919 stellte und daß der Sachverhalt unzutreffend erfaßt wird, wenn man ihn wegen der Art seiner Durchführung lediglich als Gewaltakt darstellt. Bei der Schilderung des deutschen Angriffs auf Polen bleibt außer Betracht, daß der Pakt mit Stalin den Weg hierfür frei machte. Bei der Invasion von Norwegen wird nicht erwähnt, daß sie sich zeitlich deckte mit einem im gleichen Augenblick begonnenen britischen Unternehmen. Bei der Kriegserklärung Deutschlands an die Vereinigten Staaten bleibt unberücksichtigt, daß Roosevelt seit längerer Zeit systematisch bemüht war, entgegen der isolationistischen Einstellung in seinem Lande die Vereinigten Staaten Schritt um Schritt auf den Krieg zuzuführen. Das Urteil spricht vom Angriffskrieg Deutschlands gegen zwölf Nationen. Zu diesen werden England und Frankreich gerechnet. Im positiv völkerrechtlichen Sinne hat aber nicht Deutschland an England und Frankreich, sondern haben diese beiden Staaten Deutschland den Krieg erklärt. Nun ist ohne Zweifel Deutschland im geschichtlichen Sinne der Angreifer gewesen. Hitler hat den Krieg gewollt. Er hat ihn durch den Überfall auf Polen ausgelöst. Wenn aber die Argumentation auf der geschichtlichen Ebene erfolgt, können die Umstände und Bedingungen nicht übersehen werden, unter denen Hitler handelte und die ihm seine Aktionen möglich machten.

Diese notwendigen Vorbehalte gegen die Zusammensetzung des Nürnberger Gerichtshofes, gegen die Verfahrensweise und gegen das Geschichtsbild der Urteilsbegründung mindern aber nicht die große Bedeutung, die der Prozeß für die Aufhellung der Geschichte des nationalsozialistischen Deutschland gehabt hat. Gegenüber den Hauptdokumenten, die der Prozeß zutage förderte, war kein Ausweichen möglich. Das Hoßbach-Protokoll vom 5. November 1937, die Führer-Besprechung vom 23. Mai 1939, die Rede Hitlers vor den hohen Militärs am 22. August 1939, um nur einige dieser Dokumente zu nennen, wurden wie im Nürnberger Gerichtsverfahren, so in der Folge auch in der Geschichtsforschung grundlegend für die Beurteilung der Vorgeschichte des Zweiten Weltkrieges. Einen wesentlichen Anstoß für das historisch-politische Denken in Deutschland bedeutete es auch, daß das Nürnberger Gerichtsverfahren von der persönlichen Haftung des einzelnen für seine als Amtsperson begangenen Taten ausging. Dieser Gedanke ist in der angelsächsischen Rechtstradition stärker ausgeprägt als in der deutschen. Wichtig war es auch, daß Rechtsverletzungen, die im Vollzug eines Befehls erfolgt waren, nicht deswegen von der rechtlichen Ahndung ausgenommen wurden. Vor allem aber ist das deutsche Volk durch die Nürnberger Prozesse zum ersten Male mit dem ganzen Ausmaß der Verbrechen konfrontiert worden, die in seinem Namen gegen Wehrlose begangen wurden, gegen Juden, Kranke, Verschleppte, Gefangene. Man muß sich das ganze Entsetzen vergegenwärtigen, das durch diese Enthüllungen und während eines ganzen Jahres durch die Berichterstattung über die Nürnberger Prozesse in der Welt erregt wurde, um zu verstehen, daß die ehemaligen Kriegsalliierten trotz der zwischen ihnen immer schärfer werdenden Spannungen den Schein der Zusammenarbeit noch aufrechterhielten.

Am 1. Oktober 1946 wurden die verhängten Strafen verkündet. Das Statut des Internationalen Gerichtshofes hatte vorgesehen, daß nicht nur Personen, sondern auch Organisationen als verbrecherisch angeklagt werden konnten. Im Kontrollratsgesetz Nr. 10 vom 20. Dezember 1945 hieß es hierzu, daß die Zugehörigkeit zu einer vom Gericht als verbrecherisch bezeichneten Organisation für die betreffende Person den Tatbestand eines Verbrechens darstelle. Laut Anklage sollten zu verbrecherischen Organisationen erklärt werden: das Führerkorps der NSDAP, Gestapo, SD, SS, SA, Reichsregierung, Generalstab und OKW. Das Gericht schloß sich der Anklage jedoch nur zum Teil an und erklärte nur die vier ersten der genannten Organisationen als verbrecherisch. Außerdem erhob es in Kritik an der Formulierung des Kontrollratsgesetzes Nr. 10 einen aus rechtsstaatlichem Denken kommenden Einwand. Man muß, so heißt es hierzu im Nürnberger Urteil, »solche Personen ausschließen, welche keine Ahnung von dem verbrecherischen Zweck oder dergleichen Handlungen der Organisationen hatten, oder solche, welche von dem Staat als Mitglieder zwangsweise herangezogen wurden ... Mitgliedschaft allein genügt nicht.« Der Nürnberger Gerichtshof hielt also an dem Grundsatz der jeweils individuell festzustellenden Verantwortung fest und war nicht bereit, das Urteil einer strafrechtlichen Kollektivschuld über die Mitglieder bestimmter Organisationen auszusprechen. Auch die Höhe der Strafen, die laut Kontrollratsgesetz für die Organisationszugehörigkeit verhängt und bis zu lebenslänglichem Gefängnis oder Todesstrafe gehen konnte, verwarf das Gericht. Es empfahl statt dessen, sich an den Normen zu orientieren, wie sie inzwischen im Entnazifizierungsgesetz vom 5. März 1946 in den Ländern der amerikanischen Besatzungszone festgelegt worden waren (vgl. § 92). Als leitende Maxime bekannte sich das Gericht in seiner Urteilsverkündung zu dem Rechtsgrundsatz, »daß eine verbrecherische Schuld eine persönliche Angelegenheit ist und daß Massenbestrafungen vermieden werden sollten«.

Für die angeklagten Hauptfunktionäre des Dritten Reiches lautete der Urteilsspruch:

Tod durch den Strang für: Göring, Ribbentrop, Keitel, Kaltenbrunner, Rosenberg, Frank, Frick, Streicher, Sauckel, Jodl, Seiß-Inquardt und den abwesenden Bormann; Gefängnis lebenslänglich für: Heß, Funk und Raeder; 20 Jahre für Schirach und Speer; 15 Jahre für Neurath; 10 Jahre für Dönitz; Schacht, Papen und Fritzsche wurden freigesprochen. Das sowjetische Mitglied des Gerichtshofes legte gegen die Nichteinbeziehung von Reichsregierung, Generalstab und OKW in den Kreis der verbrecherischen Organisationen, gegen den Freispruch von Schacht, Papen und Fritzsche wie gegen die lebenslängliche Freiheits- statt der Todesstrafe für Heß Verwahrung ein. Die Todesurteile wurden am 16. Oktober 1946 vollstreckt. Göring beging kurz vor der Hinrichtung Selbstmord[9]).

In Nürnberg folgten dem Prozeß gegen die Hauptkriegsverbrecher in den Jahren 1946 bis 1949 zwölf von den Amerikanern durchgeführte Verfahren gegen Ärzte, Juristen, verschiedene Industrielle (Flick, Krupp, IG-Farben), Angehörige des Auswärtigen Amtes (Wilhelmstraßenprozeß), des Oberkommandos der Wehrmacht, einzelne militärische Führer (Generalfeldmarschall Milch, Südost-Generale) und höhere SS-Funktionäre (Wirtschafts- und Verwaltungshauptamt, Rasse- und Siedlungshauptamt, Einsatzgruppen des SD). Neben einer Anzahl von Freisprüchen und Freiheitsstrafen lautete das Urteil in 36 Fällen auf Todesstrafe. Auch in der französischen Zone wurde ein Industrieprozeß, und zwar gegen den Saarunternehmer Hermann Röchling, geführt, in der britischen Zone Prozesse gegen hohe Militärs wie die Generalfeldmarschälle Kesselring und v. Manstein.

In den zahlreichen Prozessen vor Militärgerichten der drei Westzonen einschließlich des Nürnberger Internationalen Militärgerichts wurden insgesamt 5 025 Angeklagte verurteilt. In 806 Fällen wurde die Todesstrafe verhängt, in 486 Fällen vollstreckt. In der sowjetischen Besatzungszone erfolgten Verurteilungen, außer in Prozessen vor Militärgerichten, aufgrund des Kontrollratsgesetzes Nr. 10 auch entsprechend sowjetischer Praxis auf administrativem Wege ohne Gerichtsverfahren. Die Gesamtzahl der Verurteilten wird auf 45 000 geschätzt. Etwa ein Drittel von ihnen wurde in die Sowjetunion zur Zwangsarbeit deportiert, die meisten der übrigen in Internierungslagern festgehalten. Die Zahl der Todesurteile ist unbekannt. Die Gesamtzahl der von Gerichten der Siegermächte im In- und Ausland wegen Kriegsverbrechen oder Verbrechen gegen die Menschlichkeit Verurteilten wird auf 50 000 bis 60 000 geschätzt. Von den ausländischen Verfahren sind wegen ihrer Bedeutung für die Erhellung der Zeitgeschichte hervorzuheben: der in Polen gegen den früheren Gauleiter von Ostpreußen und Reichskommissar für die Ukraine Erich Koch durchgeführte Prozeß (Todesurteil März 1959) und der Prozeß gegen Adolf Eichmann in Jerusalem 1961. Adolf Eichmann war im Reichssicherheitshauptamt der SS verantwortlich gewesen für die Massendeportation von Juden in die Vernichtungslager. An diesen Prozeß hat sich eine erregte politisch-philosophische Diskussion angeschlossen, die das anthropologisch-ethische Problem des in der Apparatur eines totalitären Regimes schuldig gewordenen Funktionärs und das Verhalten der jüdischen Opfer auslotete[10]).

Auch von deutschen Gerichten wurden zahlreiche Straftaten der nationalsozialistischen Zeit geahndet. Ende 1945/Anfang 1946 nahmen Gerichte und Staatsanwaltschaften ihre Tätigkeit wieder auf. Ihre Zuständigkeit wurde durch die Besatzungsmächte zunächst auf solche Delikte beschränkt, die Deutsche an Deutschen oder an Staatenlosen begangen hatten. Nach und nach wurde — unterschiedlich in den einzelnen Besatzungszonen — der Zuständigkeitsbereich der deutschen Gerichte erweitert. Formell fielen in der Bundesrepublik die letzten Schranken erst durch den sogenannten Überleitungsvertrag 1955[11]). Später wurde in Ludwigsburg eine »Zentrale Stelle der Landesjustizverwaltungen zur Aufklärung nationalsozialistischer Verbrechen« eingerichtet (1958). Diese Ermittlungsbehörde leistet in systematisch und breit angelegten

Erforschungen im In- und Ausland vorbereitende Untersuchungen für die Staatsanwaltschaften, die ihrerseits gehalten sind, alle in NS-Verfahren anfallenden Informationen der zentralen Stelle mitzuteilen. Die Grundlage dieser auch heute noch nicht abgeschlossenen Prozesse ist das deutsche Strafrecht. Dieses kennt eine auf 20 Jahre bemessene Verjährungsfrist für Mord. Da aber die umfangreichen, zum Teil in den ehemaligen besetzten Gebieten des europäischen Auslandes erforderlichen Nachforschungen außerordentlich zeitraubend waren, wenn man eine einigermaßen vollständige Erfassung der politischen Kriminalfälle und der Täter erreichen wollte, wurde eine Verlängerung der Verjährungsfrist notwendig. Sie wurde vom Bundestag nach einer prinzipiellen Erörterung der nach den Grundsätzen des Rechtsstaats verantwortbaren Maßnahmen am 26. Juni 1969 beschlossen und auf 30 Jahre festgesetzt. Als Endtermin für die Einleitung von Verfahren gegen NS-Gewaltverbrechen gilt das Jahr 1980. Die Verjährungsfrist für Totschlag endete bereits im Frühjahr 1960, für weniger schwerwiegende Straftaten schon 1950 bzw. 1955. Durch deutsche Gerichte wurden auf dem Gebiet der Bundesrepublik vom Kriegsende bis Ende 1970 6 181 wegen NS-Verbrechen Angeklagte verurteilt, davon 12 zum Tode (vor 1948) und 123 zu lebenslänglicher Freiheitsstrafe[12]). Von diesen Verfahren seien wegen ihres Gewichts für die gerichtsnotorische Dokumentation nationalsozialistischer Gewaltverbrechen die Einsatzgruppenprozesse und der die Vorgänge im größten Vernichtungslager erhellende Auschwitzprozeß besonders genannt[13]).

In der sowjetischen Besatzungszone und in der späteren DDR wurde die Verfolgung von NS-Verbrechen von anderen Grundsätzen geleitet. Sie diente als Element zur Absicherung der administrativ in Gang gesetzten Ausschaltung der bisherigen sozialen Führungsschichten. So wurden besondere Strafkammern bei den Landgerichten und Oberlandesgerichten 1947 eingerichtet »zur Feststellung der Schuld und zur Bestrafung der Kriegsverbrecher, ehemaligen Nazis, Militaristen, Schieber und Industriellen, welche das Hitlerregime inspirierten und unterstützten«[14]). Hierzu heißt es in einer westdeutschen Untersuchung: »Die Strafkammern nach Befehl Nr. 201, die fraglos als politische Sondergerichte qualifiziert werden müssen, blieben auch nach Abschluß der ›Entnazifizierung‹ in der Sowjetzone im Frühjahr 1948 bis zur Neugliederung des mitteldeutschen Gerichtswesens im Sommer 1952 erhalten, doch richtete sich ihre Rechtsprechung frühzeitig und mit aller Schärfe auf die Verfolgung von ›Gerüchteverbreitern‹, ›Friedensstörern‹, ›Saboteuren‹ und anderen ›Agenten des Monopolkapitals‹. Juristisch wurde dies mit der in der Kontrollratsdirektive Nr. 38, Artikel III A III, enthaltenen, jeder beliebigen Auslegung zugänglichen Formel begründet, daß sich als ›Nazi-Aktivist‹ auch strafbar mache, ›wer nach dem 8. Mai 1945 durch Propaganda für den Nationalsozialismus oder Militarismus oder durch Erfindung und Verbreitung tendenziöser Gerüchte den Frieden des deutschen Volkes oder den Frieden der Welt gefährdet hat oder möglicherweise noch gefährdet‹.«[15]) Diese Sonderstrafkammern waren der Auftakt zur generellen Politisierung der Strafjustiz in der DDR. Die Zahl der auf ihrem Gebiet seit 1945 angeblich wegen NS-Verbrechen Verurteilten betrug Anfang 1965 nach offizieller Angabe 12 807[16]).

Das Nürnberger Verfahren gegen die Hauptkriegsverbrecher und die unmittelbaren Nachfolgeprozesse sind die demütigendste Situation gewesen, die das deutsche Volk in seiner langen Geschichte erlebt hat, insofern auf seinem eigenen Boden durch Gerichte der Sieger das Regime, das zwölf Jahre in deutschem Namen gehandelt hatte, als kriminell dokumentiert wurde. Die gleichzeitig begonnene, aber immer noch nicht abgeschlossene Verfolgung von NS-Verbrechen durch deutsche Gerichte ist ein Element im Prozeß erneuerter staatlicher Verantwortung und politischer Bewußtseinsbildung, zugleich aber auch ein Faktor in der ideologischen Auseinanderentwicklung der beiden Teile Deutschlands.

Neben der Bedeutung, die den Nürnberger Prozessen und den nachfolgenden Verfahren für die deutsche Geschichte zukommt, stellt sich die Frage, ob sie ihrer Ankündigung entsprechend dazu beigetragen haben, das Völkerrecht weiterzuentwickeln. Der amerikanische Richter Jackson hatte bei der Eröffnung des Nürnberger Hauptprozesses erklärt: »Dies Gesetz hier wird zwar zunächst auf deutsche Angreifer angewandt, es schließt aber ein und muß, wenn es von Nutzen sein soll, den Angriff jeder anderen Nation verdammen, nicht ausgenommen die, die jetzt hier zu Gericht sitzen.« Mit dem Nürnberger Verfahren sollte eine neue Ära des internationalen Rechtes eröffnet werden. Es sollte, mit den Worten des amerikanischen Anklägers Taylor, der »Reinigung der moralischen Atmosphäre« dienen. Die richtigen Maßstäbe sollten Geltung erlangen. Die Vereinten Nationen waren das zuständige Forum, um solche Gedanken aufzugreifen und weiterzuentwickeln. Hier wurde im November 1947 eine »Kommission für Internationales Recht« damit beauftragt, einen Kodex der Verbrechen gegen den Frieden und die Sicherheit der Menschheit aufzustellen. Der Bericht der Kommission wurde im Jahre 1951 vorgelegt. Sein Inhalt fußt im wesentlichen auf den in Nürnberg entwickelten Rechtsgedanken. Aber eine internationale Konvention ist nicht zustande gekommen. Es wurden von verschiedenen, vor allem auch der britischen Seite Bedenken geltend gemacht. Eine besondere Schwierigkeit lag in der Definition des Begriffs Aggression. Die Schwierigkeiten der Definition dieses Begriffs waren dadurch gesteigert worden, daß sich die Welt in zwei Blöcke gespalten hatte, deren Rivalitäten nicht nur durch den Antagonismus von Machtkomplexen bestimmt waren, sondern auch dadurch, daß gleichzeitig verschiedene Wirtschafts- und Gesellschaftssysteme um Weltgeltung rangen. Sollte nun Aggression im engeren, traditionellen, militärischen Rahmen definiert werden, oder mußten in einer veränderten Welt unter den Begriff des völkerrechtlich zu ahndenden Angriffs auch solche Handlungen fallen, die darauf abzielen, die Sozial- und Wirtschaftsordnung in einem anderen Staat zum Einsturz zu bringen? Es ist nicht gelungen, im Rahmen der Vereinten Nationen diese Frage zu beantworten. Sie beschränkten sich darauf, im Verlaufe der Jahre einzelne bestimmte Delikte als völkerrechtswidrig zu brandmarken. So gab es im November 1947 einen Beschluß gegen Propaganda, die den Frieden bedroht, im September 1948 einen Beschluß gegen Gruppenmord, im November 1953 einen Beschluß gegen alle Systeme von Zwangsarbeit. Besondere internationale Rechtsverfahren, um solchen Beschlüssen Geltung zu verschaffen, wurden jedoch nicht vereinbart. Insofern hat das Nürnberger Tribunal nicht die von manchen erhoffte Wirkung gezeitigt.

Es ist aber als eine Bekundung weiterführenden internationalen Rechtsdenkens zu werten, wenn die Vereinten Nationen im Jahre 1947 eine Erklärung der Menschenrechte verabschiedeten. Allerdings blieb diese Erklärung ein Bekenntnis, ohne durch zwischenstaatliche Konvention zu bindendem internationalem Recht zu werden. Die im Europarat zusammengeschlossenen Nationen sind einen Schritt darüber hinausgegangen. Eine »Europäische Konvention zur Wahrung der Menschenrechte und Grundfreiheiten« wurde am 4. November 1950 in Rom unterzeichnet[17]) und trat am 3. September 1953 in Kraft, nachdem zehn Staaten einschließlich der Bundesrepublik die Konvention ratifiziert hatten. Zu den Menschenrechten dieser Konvention gehören neben den klassischen Individual- und Sozialrechten, aus den Erfahrungen des 20. Jahrhunderts erwachsen, auch der Schutz gegen Folter, Sklaverei und Zwangsarbeit. Man hat durch den Europarat auch ein Rechtsmittel institutionalisiert, um die Möglichkeit einer Klageerhebung bei Verletzung dieser Grundrechte zu gewährleisten. Sowohl von Staaten als auch von Einzelpersonen kann eine sogenannte »Konventionsklage« erhoben werden. Es wurde ein Instanzenzug für die Behandlung solcher Beschwerden eingerichtet: eine Kommission für Menschenrechte, ein europäischer Gerichtshof für diejenigen Staaten, die seine Zuständigkeit anerkennen, und in letzter Instanz der mit

Zweidrittelmehrheit entscheidende Ministerausschuß. Ohne daß diese Beschlüsse des Europarats überbewertet werden dürften, deuten sie doch in jene Richtung, die sich aus der positiven Sinnkonsequenz der Nachkriegsprozesse ergibt, auch wenn der Nürnberger Rechtsgedanke nicht hat verhindern können, daß auch nach der Niederwerfung des Nationalsozialismus in der Welt fast ununterbrochen Krieg geführt wird.

Der Prozeß gegen die Hauptkriegsverbrecher vor dem Internat. Militärgerichtshof, Amtl. Text in dt. Ausgabe (42 Bde. 1947—1949); H. KRAUS (Hg.), Das Urteil von Nürnberg 1946 (Tb. 1961); Trials of War Criminals before the Nuremberg Military Tribunals under Control Council Law No. 10 (15 Bde. Washington 1946—1949) enthält das Material zu den sog. Nachfolgeprozessen; T. TAYLOR, Die Nürnberger Prozesse. Kriegsverbrechen u. Völkerrecht (a. d. Amerik. Zürich ²1951); A. v. KNIERIEM, Nürnberg. Rechtl. u. menschl. Probleme (1953); J. J. HEYDECKER / J. LEEB, Der Nürnberger Prozeß. Bilanz der Tausend Jahre (1958), anschauliche Darst. des hist. Ertrags; G. E. GRÜNDLER / A. v. MANIKOWSKY, Das Gericht der Sieger (1967), Lit.verzeichnis, wichtig wegen der eingehenden Schilderung der Vorgesch. u. der internen Vorgänge während des Prozesses u. der Urteilsfindung; R. HENKYS, Die nat.soz. Gewaltverbrechen. Gesch. u. Gericht (1964) enthält kommentierte Bibl.; A. L. RÜTER-EHLERMANN / C. F. RÜTER (Hg.), Justiz u. NS-Verbrechen (21 Bde. geplant, Bd. 1—13 1968 ff.); A. RÜCKERL (Hg.), NS-Prozesse. Nach 25 Jahren Strafverfolgung: Möglichkeiten — Grenzen — Ergebnisse (1971), Hg. ist Leiter der Zentralen Stelle der Landesjustizverwaltungen zur Aufklärung nat.soz. Verbrechen; K. W. FRICKE, Bilanz der polit. Verfolgung seit 1945. Ahndung von NS-Verbrechen u. Klassenkampf-Justiz, in: SBZ Archiv 16 (1965); G. M. GILBERT, Nürnberger Tagebuch (a. d. Amerik. 1962), enthält Beobachtungen des amerik. Gerichtspsychologen.

1) Text in: A Decade of American Foreign Policy (Washington 1950), S. 13 f. **2)** Der Prozeß gegen die Hauptkriegsverbrecher, Bd. 1, S. 7 ff. **3)** T. TAYLOR, Die Nürnberger Prozesse, S. 145 f. **4)** Report of Robert H. Jackson, United States Representative to the International Conference on Military Trials — London 1945 (Dpt. of State Publication No. 3080, Washington 1949). **5)** Vgl. John F. KENNEDY über Taft in »Profiles in Courage«, zit. bei E. DEUERLEIN, Dtld. nach dem Zweiten Weltkrieg, S. 74. **6)** Ebd., S. 74, zit. eine Äußerung von Papst Pius XII.: es bereite Unbehagen, wenn man sehe, »wie nach Abschluß der Feindseligkeiten der Sieger den Besiegten wegen Kriegsverbrechen aburteilt, während sich der Sieger gegenüber den Besiegten ähnlicher Handlungen schuldig gemacht hat. Die Besiegten können zweifellos schuldig sein; ihre Richter können ein offenbares Rechtsgefühl und den Willen zu völliger Objektivität haben; trotzdem verlangt in solchen Fällen oft das Interesse des Rechts und das Vertrauen, das für das Urteil beansprucht wird, die Zuziehung von neutralen Richtern zum Gerichtshof, so daß die entscheidende Mehrheit von diesen abhängt.« **7)** Das Verbrechen von Katyn ist gerichtlich niemals verfolgt worden. Die poln. Nachkriegsregierungen lassen es bei der offiziellen sowj. Version bewenden. Materialien, die von exilpoln. Seite (General Anders) zur Verwendung beim Nürnberger Tribunal angeboten wurden, blieben unberücksichtigt. Um Licht in den Fall u. auch in die Unregelmäßigkeiten des Nürnberger Verfahrens zu bringen, setzte das amerik. Abgeordnetenhaus einen Untersuchungsausschuß ein: US-House of Representatives. Select Committee on the Katyn Forest Massacre. The Katyn Forest Massacre. Hearings before the Select Committee to Conduct an Investigation of Facts, Evidence and Circumstances of the Katyn Forest Massacre. 82nd Cong., 1st and 2nd Sess., 1951—1952 (7 Bde. Washington 1952). Der Untersuchungsausschuß kam zu dem Ergebnis, daß die Sowjetunion für Katyn verantwortlich sei. Zusammenfassende Darstellung der bisherigen Behandlung des Falles: J. K. ZAWODNY, Zum Beispiel Katyn. Klärung eines Kriegsverbrechens (a. d. Amerik. 1971). **8)** Roosevelt an Stalin, 24. 4. 1943: »I am inclined to think that Prime Minister Churchill will find a way of prevailing upon the Polish Government in London in the future to act with more common sense.« Correspondence, S. 61; vgl. auch HEYDECKER / LEEB, Der Nürnberger Prozeß, S. 417. **9)** W. BROSS, Gespräche mit Hermann Göring während des Nürnberger Prozesses (1950). **10)** Hannah ARENDT, Eichmann in Jerusalem (a. d. Amerik. 1964); F. A. KRUMMACHER (Hg.), Die Kontroverse Hannah Arendt, Eichmann u. die Juden (1964), Sammlung der wichtigsten Kritiken, u. a. von Gershom Scholem, Golo Mann, Eva G. Reichmann. **11)** Vertrag zur Regelung aus Krieg u. Besatzung entstandener Fragen, 30. 3. 1955, BGBl. II, S. 405. **12)** A. RÜCKERL (Hg.), NS-Prozesse, S. 197. **13)** R. HENKYS, Die nat.soz. Gewaltverbrechen, S. 119 ff.; H.

LANGBEHN (Hg.), Der Auschwitz-Prozeß. Eine Dokumentation (2 Bde. 1965). **14)** Befehl Nr. 201 der SMAD, 16. Aug. 1947, zit. bei K. W. FRICKE, S. 101. **15)** Ebd. **16)** Die Haltung der beiden dt. Staaten zu den Nazi- u. Kriegsverbrechen. Eine Dokumentation, hg. Min. d. Justiz d. DDR (1965). **17)** H. SCHORN, Die Europäische Konvention zum Schutze der Menschenrechte u. Grundfreiheiten (1965), Text u. Kommentar.

§ 92 Entnazifizierung

Der durch die Nürnberger Prozesse und die nachfolgenden Gerichtsverfahren strafrechtlich erfaßte Personenkreis war zahlenmäßig relativ begrenzt. Breiter angelegt waren die darüber hinausgehenden, mit einem Wort amerikanischen Ursprungs als »Entnazifizierung« bezeichneten politischen Maßnahmen[1]). Sie dienten dem doppelten Zweck, den Einfluß des Nationalsozialismus auf das öffentliche Leben, die Wirtschaft und die Erziehung in Deutschland auszuschalten und den aktiven Nationalsozialisten eine Sühne aufzuerlegen. Im Augenblick der deutschen Kapitulation gab es jedoch zwischen den Besatzungsmächten keine gemeinsamen Richtlinien darüber, welche Maßnahmen über die Zerschlagung des nationalsozialistischen Apparates und die Bestrafung der Kriegsverbrecher hinaus ergriffen werden sollten, um, wie auf den Kriegskonferenzen vereinbart, den Nationalsozialismus radikal auszurotten. Tatsächlich beschritt man in den vier Besatzungszonen unterschiedliche Wege. In den drei westlichen Besatzungszonen betrieb man Entnazifizierung als einen mit unterschiedlicher Strenge durchgeführten Prozeß personaler Säuberung. In der sowjetischen Besatzungszone war sie ein Teilvorgang im Prozeß einer Umstrukturierung der Gesellschaft.

Die stärkste Initiative zur Durchführung einer personalen Säuberung ging von den Amerikanern aus. Am 26. April 1945 wurde an den Oberbefehlshaber der Besatzungstruppen die Generalstabsdirektive JCS 1067/6 erlassen[2]). Unverkennbar war der starke Einfluß der von Morgenthau vertretenen Anschauung, daß es neben dem nationalsozialistischen kein anderes Deutschland gebe und das deutsche Volk kollektiv schuldig sei. »Deutschland«, so hieß es in der Direktive, »wird nicht besetzt, um befreit zu werden, sondern weil es ein besiegtes feindliches Land ist.« Deshalb wurde den Besatzungsangehörigen verboten, mit Deutschen zu »fraternisieren«, und die Militärregierung angewiesen, sich mit keiner politischen Gruppe zu verbinden — im Unterschied zum Vorgehen der sowjetischen Besatzungsmacht, die von vornherein auf das engste mit den deutschen Kommunisten zusammenarbeitete. Die amerikanischen Behörden in Deutschland durften »keine Maßnahmen ergreifen, die dem wirtschaftlichen Wiederaufbau Deutschlands dienen oder das Ziel haben, die deutsche Wirtschaft zu erhalten«. Die Eisen-, chemische, Elektro-, Maschinen- und Fahrzeugindustrie sollte stillgelegt werden. Dies lief auf einen »Karthagofrieden« hinaus, wie der Stellvertretende US-Militärgouverneur General Lucius D. Clay die Direktive beurteilte. Aber sie enthielt auch gewisse Vorbehalte: sie sollte nur »für die erste Zeit nach der Niederlage Deutschlands« gelten, und für einen späteren Zeitpunkt wurde die »Wiederherstellung eines politischen Lebens in Deutschland auf demokratischer Grundlage« vorgesehen. Insofern stellte die Direktive einen Kompromiß dar zwischen den verschiedenen Vorstellungen über die zukünftige Behandlung Deutschlands, wie sie innerhalb der amerikanischen Regierung vertreten wurden (vgl. § 85). In diesen Rahmen ordnen sich auch die in ihr enthaltenen Entnazifizierungsbestimmungen ein. Weder hatte sich die Morgenthau-Richtung ganz durchzusetzen vermocht, die für eine radikale Entfernung aller Nationalsozialisten eingetreten war, da sie es ablehnte, daß die Militärregierung irgendeine Verantwortung für die Wiederherstellung einer funktionsfähigen Verwaltung haben sollte, noch die von Hull und Stimson vertretene Auffassung, die eine schnelle, ohne allzu umständliche Verfahren durchgeführte Säuberung des öffentlichen Lebens von führenden Nationalsozialisten wollte, um die Möglichkeit für einen baldigen demokratischen Aufbau zu gewinnen. Das Ergebnis des Kompromisses war ein sehr extensives Verfahren der Personalsäuberung mit dehnbaren Bestimmungen.

Nicht »alle Mitglieder der Nazipartei« sollten aus den »öffentlichen Ämtern und wichtigen Stellen in halböffentlichen und privaten Betrieben« definitiv ausgeschaltet werden, sondern nur solche, »die mehr waren als nominelle Teilhaber«. Hierbei dachte man zunächst an Amtsträger und an andere Personen, die den Nationalsozialismus aktiv unterstützt hatten. Die Unterscheidung von aktiven und nominellen Nationalsozialisten hatte zur Folge, daß man sich gezwungen sah, eine Unzahl von strittigen Fällen individuell zu überprüfen. Dabei stellte es sich heraus, daß das rechtsstaatliche Prinzip individueller Beurteilung eine schematische Anwendung der Unterscheidungskriterien nicht zuließ. Das Ergebnis der Entnazifizierungsverfahren geriet von dem in der Direktive JCS 1067/6 gegebenen Ansatz her notwendig unter den Einfluß von Zweckmäßigkeitsüberlegungen in einer sich wandelnden politischen Gesamtsituation, bis sie schließlich in der von den Deutschen selbst gehandhabten Form in den Westzonen zu dem entarteten, was man zutreffend als »Mitläuferfabrik« (Niethammer) bezeichnet hat. Aber zunächst gewann die Direktive JCS 1067/6 einen großen Einfluß über die amerikanische Besatzungszone hinaus. Ihr wesentliches Kriterium, daß sich die Entnazifizierung auf die mehr als nominellen Mitglieder der Partei beschränke, wurde in das Potsdamer Abkommen übernommen (vgl. § 88).

Die erste Phase der Entnazifizierung begann in allen Zonen mit Massenverhaftungen. Unverdächtige Personen wurden im Laufe der Zeit wieder entlassen. Eine Vorstellung von der Größendimension gibt folgender Überblick:

	bis zum 1. 1. 1947 inhaftiert	bis zum 1. 1. 1947 bereits wieder entlassen
Britische Zone	64 500	34 000
Amerikanische Zone	95 250	44 244
Französische Zone	18 963	8 040
Sowjetische Zone	67 179	8 214[3])

Die Verfahren gegen diese Inhaftierten, soweit sie den als verbrecherisch verurteilten Organisationen angehörten, hingen unmittelbar mit der internationalen Strafjustiz zusammen. Sie überschnitten sich mit der politischen Entnazifizierung. Hierfür entwickelte die amerikanische Militärregierung in ihrer Zone komplizierte und bürokratisch perfektionierte Verfahrensweisen, die über den Kontrollrat für das gesamte besetzte Deutschland Geltung erlangten, wobei die Praxis der Anwendung in den einzelnen Zonen große Unterschiede aufwies. In der amerikanischen Zone ging man am extensivsten vor. Nachdem im Sommer 1945 alle Beamten, die vor dem 1. Mai 1937 Mitglied der NSDAP geworden waren, den Dienst quittieren mußten, wurde durch ein Gesetz der amerikanischen Militärregierung vom 26. September 1945 auch in der privaten Wirtschaft für Mitglieder der NSDAP ein Beschäftigungsverbot erlassen. Sie durften nur noch für gröbste Hilfsarbeiten verwendet werden. Den Betroffenen stand Einspruchsrecht zu. Die Bestimmungen dieses Gesetzes wurden in einer Kontrollratsdirektive vom 12. Januar 1946 weitgehend übernommen. Eine Liste von 99 Kategorien der Haftbarmachung diente gleichsam als ein Sieb, mit dessen Hilfe aus der Bevölkerung diejenigen herausgesondert wurden, die im Verdacht standen, aktive Nationalsozialisten gewesen zu sein. Die Entnazifizierung gewann den Charakter eines bürokratischen Inquisitionsverfahrens zur Überprüfung der politischen Gesinnung. Dadurch, daß die anstehenden Fälle jetzt in die Millionenzahlen wuchsen, sahen sich die Amerikaner aber gezwungen, entgegen ihrer ursprünglichen Absicht die Mithilfe von Deutschen für die Durchführung in Anspruch zu nehmen. Zudem wollten sie sich von der unmittelbaren Verantwortung für die Beurteilung der Einzelfälle entlasten und die Entnazifizierung in die Bahn eines Selbstreinigungsprozesses der Deutschen lenken. Dies geschah in der amerikanischen Besatzungszone durch das sogenannte Befreiungsgesetz vom 5. März 1946[4]).

Mit dem Befreiungsgesetz begann die zweite Phase der Entnazifizierung. Trotz aller Bedenken haben die Ministerpräsidenten der Länder Hessen, Bayern und Württemberg-Baden ihre Mitwirkung zugesagt, weil die Besatzungsmacht hiervon die spätere Gewährung demokratischer Einrichtungen abhängig machte. Die Verfahrensweisen der amerikanischen Besatzungszone wurden in der Kontrollratsdirektive Nr. 38 vom 12. Oktober 1946 für die anderen Zonen übernommen mit dem bemerkenswerten Unterschied, daß die Beweislast nicht mehr bei dem Belasteten liegen sollte[4a]). In gerichtsähnlichen Verfahren wurde durch sogenannte Spruchkammern der durch das Kategoriensystem erfaßte Personenkreis fünf verschiedenen Gruppen zugeteilt als 1. Hauptschuldige, 2. Belastete, 3. Minderbelastete, 4. Mitläufer und 5. Entlastete. Die je nach der Klassifizierung und der Beurteilung des individuellen Falles verhängten Strafen reichten von zehnjährigem Gefängnis und weniger über Zwangsarbeit, Eigentumsverlust, Ausschluß von öffentlichen Ämtern bis zum Entzug des Wahlrechts und Bußgeldzahlungen zugunsten von Opfern des Nationalsozialismus. Die Zumessung der Strafen geschah in den verschiedenen Zonen nicht einheitlich. So wurde etwa in der britischen Zone im Unterschied zur amerikanischen über Mitläufer kein Berufsverbot verhängt. Unterschiedlich wurde auch das aktive und passive Wahlrecht in den einzelnen Ländern den Gruppen 3 bis 5 zugebilligt bzw. vorenthalten. Grundlage des gesamten Verfahrens war ein Fragebogen, der in 133 Ziffern Auskunft über Leben, Beruf und politische Vergangenheit verlangte. Er sollte von allen über 18 Jahre alten Personen ausgefüllt werden[5]). In der amerikanischen Zone wurden nach der Aussiebung aus 13 Millionen Fragebögen an die 3 Millionen Fälle behandelt. Hiervon sind fast 1 Million durch die Entnazifizierungsbehörden in eine der fünf Gruppen eingestuft worden. In der britischen Zone wurde ähnlich wie in der amerikanischen die Entnazifizierung durch die Länder geregelt, aber insgesamt bei stärkerer Beteiligung der Besatzungsmacht weniger bürokratisch und insgesamt großzügiger gehandhabt. In der französischen Zone blieb es bei Verordnungen der Militärregierung, die weniger nach festen Entnazifizierungskategorien als nach politischen und administrativen Zweckmäßigkeitserwägungen vorging.

In einer dritten Phase ging die Verantwortung für die Entnazifizierung in den westlichen Zonen nach der Begründung der Bundesrepublik im Jahre 1949 in deren Hände über. Schon seit der Ingangsetzung der westdeutschen Staatsgründung drängten die Amerikaner auf Beendigung der Entnazifizierung, die im wesentlichen zu einer Rehabilitierung der Minderbelasteten und Mitläufer geworden war und wegen ihrer dubiosen Ergebnisse in den USA auf wachsende Kritik stieß. Am 15. Dezember 1950 verabschiedete der Bundestag Empfehlungen an die Länder für eine einheitliche Beendigung des Verfahrens[6]). Dem folgten in den einzelnen Ländern Abschlußgesetze, zuletzt in Bayern am 11. August 1954. Eine Handhabe zur Wiedereinstellung von entlassenen Beamten mit Ausnahme solcher, die durch rechtskräftigen Spruchkammerbescheid ihr Amt verloren hatten, schufen sich die Verfassungsgesetzgeber der Bundesrepublik mit Artikel 131 GG[7]).

Eine Vorstellung über den Umfang des gesamten Verfahrens bis zu dem Zeitpunkt, in dem die oberste Verantwortung in deutsche Hände gelegt und die Verfahren energisch abgebaut wurden, geben folgende Zahlen für das Gebiet der Bundesrepublik insgesamt: von 3 660 648 bearbeiteten Fällen wurden eingestuft in Gruppe 1 (Hauptschuldige) 1 667, Gruppe 2 (Belastete) 23 060, Gruppe 3 (Minderbelastete) 150 425, Gruppe 4 (Mitläufer) 1 005 874, Gruppe 5 (Entlastete) 1 213 873[8]). Dem einzelnen Betroffenen wurde ein Entnazifizierungspaß ausgestellt, der Auskunft über die Gruppe gab, in die er eingestuft worden war. Wie wenig dies allerdings in der Praxis besagen konnte, zeigt ein Vergleich der Ergebnisse der nach unterschiedlichen Maßstäben in den verschiedenen Zonen arbeitenden Entnazifizierungsbehörden. Während z. B. in der amerikanischen Zone 51,1 % der Fälle in Gruppe 4 und nur 1,9 % in Gruppe 5 eingestuft wurden, galten in der britischen Zone nur 10,9 % als Mitläufer und 58,4 % als entlastet. Im Endergebnis war in den westlichen Zonen die Entnazifizierung als Versuch einer personalen Säuberung von Verwaltung, Erziehungswesen und Wirtschaft ein Fehlschlag. Mit Ausnahme der strafrechtlich Verurteilten kehrten fast alle, die aus ihren Ämtern entfernt worden waren, zurück. Die Entnazifizierung ist aber rückschauend nicht nur als ein Mißerfolg zu bewerten. Die demokratischen Parteien haben in der Zeit der Ausschaltung der Nationalsozialisten die Chance gewonnen, sich zu entfalten und zur politischen Führung in Gemeinden, Ländern und Bund zu gelangen[9]).

In der sowjetischen Besatzungszone vollzog sich die Eliminierung des Nationalsozialismus, unbeschadet der Übernahme so vieler Formulierungen amerikanischen Ursprungs in die verschiedenen Kontrollratsbestimmungen, unter einem gänzlich anderen Vorzeichen als in den Westzonen. Man sprach hier nicht von Entnazifizierung, sondern von der »Ausrottung der Überreste des Faschismus«. Geleitet von der kommunistischen Theorie glaubte man, dem Faschismus die Grundlage zu entziehen durch allmähliche Einengung und Beseitigung des Privateigentums an Produktionsmitteln. Durch Bodenreform und Sozialisierung sollten Landadel und Besitzbürgertum als politisch bestimmende Kräfte ausgeschaltet werden (vgl. §§ 97 und 98). Ergänzt wurden diese gesellschaftspolitischen Maßnahmen durch eine radikale Entfernung von Mitgliedern der NSDAP und ihrer Gliederungen aus dem öffentlichen Dienst. Über 500 000 Personen waren hiervon betroffen, besonders viele Richter, Staatsanwälte und Lehrer. Auf eine Gesamterfassung der Bevölkerung, wie sie in der US-Zone durchgeführt wurde, verzichtete man jedoch. Der kleine PG sollte in seinem Berufsleben nicht behindert werden. Man warb um ihn in Versammlungen und Aufrufen. Als Reinigungsakt genügte die demonstrative Zuwendung zu den politischen Prinzipien, nach denen die sowjetische Besatzungszone gestaltet wurde. Durch Anordnung der sowjetischen Militärverwaltung erhielt im Oktober 1946 die Masse der ehemaligen Nationalsozialisten das aktive und passive Wahlrecht zurück. Als politisches Auffangbecken wurde für sie im Jahre 1948 die »Nationaldemokratische Partei Deutschlands« gegründet (vgl. § 98). Die besonderen gegen die Nationalsozialisten gerichteten Maßnahmen wurden in der Sowjetzone im gleichen Jahre beendet wie in den Westzonen, hier wie dort im Zusammenhang mit der Gründung der beiden Staaten und der sich verschärfenden innerdeutschen Konfrontation.

Wie hatten sich die unbezweifelbaren Gegner des Nationalsozialismus, die Träger der aktiven Opposition, die notwendige Säuberung des deutschen Volkes und den Sturz Hitlers vorgestellt? Ihre Stellung zu dieser Frage war durch die Tatsache bestimmt, daß zum Verschwörerkreis des 20. Juli wie zum Kreisauer Kreis Angehörige aller sozialen Schichten gehörten. Die »Kollektivhaftung einer bestimmten Gesellschaftsschicht aufgrund ihrer politischen Funktion im Staat konnte den Verschwörern des ›20. Juli‹ nicht in den Sinn kommen«[10]). Der Kreisauer Kreis und Goerdeler hatten die Absicht gehabt, alle führenden Nationalsozialisten aus ihren Stellungen zu entfernen. Der Personenkreis, dem man Amt und Einfluß nehmen wollte, umfaßte Gauleiter, Oberpräsidenten, Minister, höhere SS- und Polizeiführer u. ä. Für die Durchführung von Gerichtsverfahren wollte sich der Widerstand auf das geltende Strafrecht beschränken. Man war der Überzeugung, auf diese Weise den Kreis der maßgeblichen Schuldigen erfassen zu können. Im Unterschied hierzu erwarteten die Kommunisten und Teile der Sozialisten, namentlich in der Emigration, die Austilgung des Faschismus als Ergebnis einer gesellschaftlichen Revolution. So hatte etwa Rudolf Hilferding ein Revolutionstribunal einsetzen, die Unabsetzbarkeit der Richter aufheben und alle entscheidenden Stellen der Justiz mit Vertrauensmännern der Revolutionsregierung besetzen wollen[11]). Die in der Sowjetzone angewandten Methoden wurden in der linken Publizistik auch der westlichen Zonen positiv kommentiert, insofern ein ähnliches vom Marxismus geprägtes Faschismus-Verständnis vorlag. Kurt Schumacher allerdings, der konsequente Gegner jeder totalitären Diktatur, der Nationalsozialisten wie der SED, sah die Ambivalenz des Faschismusbegriffs und sprach im Hinblick auf das, was in der sowjetischen Besatzungszone geschah, von einem »rotgefärbten Faschismus«.

Der militärische Zusammenbruch hat in Deutschland keine Erhebung gegen die Nationalsozialisten ausgelöst. Die mancherorts sich bildenden antifaschistischen Gruppen wurden sowohl in der sowjetischen wie in den westlichen Besatzungszonen aufgelöst oder der Kontrolle der Besatzungsmacht unterworfen, so daß es nur in vereinzelten Fällen zu spontanen Aktionen gegen die Repräsentanten des NS-Regimes kam. Die Deutschen, die mit Ausnahme der Kommunisten in der sowjetischen Besatzungszone zunächst nicht Träger, sondern nur Objekt der Entnazifizierung waren, empfanden aber in allen sich neu bildenden politischen Gruppierungen das Verfahren der Entnazifizierung in vielen Punkten als unzureichend, ja als verderblich. Als im Westen zuerst in der amerikanischen Zone Deutsche mit der Durchführung beauftragt wurden, beschäftigten sie sich zunächst mit den vielen Fällen der Mitläufer, denen durch Berufsverbot Unrecht geschehen sein konnte. Die Behandlung der schwereren Fälle wurde dadurch verzögert. Das galt ohnedies für die Masse der in den Internierungslagern Inhaftierten, deren Fälle erst dann gerichtlich geahndet werden konnten, als — 15 Monate nach der Kapitulation — der Nürnberger Gerichtshof erklärt hatte, welche Organisationen als verbrecherisch zu gelten hatten. In- und ausländische Kritik an dem Entnazifizierungsverfahren richtete sich gegen die Ungleichmäßigkeit der Handhabung, gegen die zu lange Dauer und den zu großen Umfang, gegen einzelne skandalöse Korruptionsfälle und gegen den Mißbrauch der Verfahren durch Konkurrenzneid, Haß und persönliche Rivalitäten. Man empfand es in Deutschland fast allgemein so, daß die Entnazifizierung nicht zur Selbstreinigung und Gewissenserforschung führte, sondern im Gegenteil eine Spaltung des Volkes bewirkte. Der psychologische Effekt für die Millionen einzelner, die sich vor den Spruchkammern zu verantworten hatten, bestand ja darin, daß sie durch Beischaffung von politischen Leumundszeugnissen — den sogenannten »Persilscheinen«, wie sie im Volksmund hießen — das Gericht, ihre Umwelt und schließlich sich selber glauben machten, wie wenig sie mit der Sache zu tun gehabt hätten. So bewirkten die Spruchkammern das Gegenteil von dem, was sie bezwecken sollten.

Die ganze Problematik des Verfahrens, durch gerichtsähnliche Urteile eine politisch verfehlte Vergangenheit ausräumen zu wollen, ist in keinem Falle so deutlich geworden wie in der bei der Stuttgarter Spruchkammer erhobenen Anklage gegen den württembergisch-badischen Ministerpräsidenten Reinhold Maier (Deutsche Volkspartei; unter diesem Namen firmierten die Freien Demokraten in diesem Lande) und den Kultusminister Wilhelm Simpfendörfer (CDU). Beide Minister hatten am 23. März 1933 als Reichstagsabgeordnete dem Ermächtigungsgesetz zugestimmt. Es gab einen Eklat. Ein parlamentarischer Untersuchungsausschuß wurde eingesetzt, und trotz des Versuchs von CDU und DVP, dies zu verhindern, wurde das Spruchkammerverfahren auf Verlangen von SPD und KPD durchgeführt. Die CDU drehte nunmehr den Spieß um und wies darauf hin, daß sich der Landtagspräsident Keil und der Generalsekretär des Länderrates der amerikanischen Zone Rossmann, beide Sozialdemokraten, am 17. Mai 1933 hinter die Loyalitätserklärung ihrer Partei für Hitler gestellt hätten. Die Spruchkammer kam schließlich in dem Verfahren gegen die beiden Minister zu dem Beschluß: Nicht betroffen. Sie bediente sich hierbei eines Gutachtens des Rechtsausschusses beim Länderrat, in dem es hieß: »Es ist nicht Sache einer Spruchkammer, politische Urteile zu fällen und darüber zu befinden, ob ein Abgeordneter, dessen Entschluß gewissenhaft und politisch wie moralisch aus lauteren Beweggründen gefaßt wurde, trotzdem ... im Erfolg fehlerhaft handelte und ob er heute geeignet erscheint, das Vertrauen der Wähler oder des Landtags zu verdienen.«[12]) Eugen Kogon, Herausgeber der Frankfurter Hefte, fand eine treffende Formel. Er forderte »das Recht auf den politischen Irrtum«[13]) für die Großen wie für die Kleinen.

Der Mißbrauch der Entnazifizierung und ihre moralisch-verderbliche Wirkung veranlaßte die Kirchen zum Protest. Besonders ein Hirtenbrief des Pfarrers Niemöller, der zu den entschiedenen Gegnern des Nationalsozialismus gehört hatte und jetzt das Amt des Präsidenten der hessischen Landeskirche innehatte, erregte Aufsehen. Er ermahnte alle Gemeindemitglieder, an einem Verfahren, »das Haß sät, statt der Gerechtigkeit und Versöhnung zu dienen«, nicht mehr als Kläger oder Belastungszeugen mitzuwirken. Den Pfarrern seiner Kirche verbot er, »dieses Ärgernis mitzuverantworten«[14]). Auch die »Vereinigung der Verfolgten des Naziregimes« in Bayern kündigte ihre Mitwirkung an Prozeduren auf, die Unehrlichkeit und Feigheit förderten, statt ein Gefühl der Mitschuld zu erwecken[15]). Von den neugebildeten Parteien im Westen sahen die Sozialdemokraten, die sich stärker als die bürgerlichen Parteien an der Durchführung der Verfahren beteiligten, den Zweck der Spruchkammern in der politischen Ausschaltung der Nationalsozialisten, wohingegen die bürgerlichen Parteien im allgemeinen die gerichtliche Verfolgung auf strafrechtliche Fälle beschränken wollten. Dennoch waren sie sich in der Meinung einig, daß die Verfahren, so wie sie abliefen, insgesamt ihren Zweck verfehlten. Kurt Schumacher wandte sich gegen die »Barbarei der Kollektivschuld«. Indem man ein ganzes Volk für schuldig erklärte, habe man die wahren Schuldigen geschützt und das Ziel der persönlichen Umkehr in jedem, der einmal in der NS-Bewegung mitgemacht habe, verfehlt[16]). Und Konrad Adenauer forderte in seiner Regierungserklärung vom 20. September 1949, daß »die nun bestehende Aufteilung des Volkes in zwei Klassen, politisch Einwandfreie und Nichteinwandfreie«, verschwinden müsse[17]).

John D. MONTGOMERY, Forced to be Free. The Artificial Revolution in Germany and Japan (Chicago 1957); W. E. GRIFFITH, The Denazification in the United States Zone of Germany (Cambridge, Mass. 1966). — Grundlegende dt. Untersuchungen: J. FÜRSTENAU, Entnazifizierung. Ein Kapitel dt. Nachkriegspolitik (1969); L. NIETHAMMER, Entnazifizierung in Bayern. Säuberung u. Rehabilitierung unter amerik. Besatzung (1972), dort gute Einführung in Forschungsstand u. Problematik; Überblick bei R. FRITZSCH, Entnazifizierung, in: Parlament B 24 (1972); vgl. ferner die Lit. zur Entwicklung der Besatzungszonen §§ 98 u. 99.

1) Übersetzung der amerik. Wortprägung »Denazification«; zur Entstehung des Begriffs: NIETHAMMER, S. 12 f. **2)** Text von ICS 1067/6 in: Foreign Relations 1945/3, S. 378 ff. **3)** Angaben nach J. FÜRSTENAU, Entnazifizierung, S. 44 f. **4)** E. SCHULLZE (Hg.), Gesetz zur Befreiung von Nationalsozialismus u. Militarismus (^{3}1948). **4a)** Vgl. J. FÜRSTENAU, Entnazifizierung, S. 104. **5)** Hierzu die ironische Autobiographie von Ernst v. SALOMON, Der Fragebogen (1951). **6)** Keesings Archiv der Gegenwart, Jg. 20 (1950), S. 2719. **7)** Für die Einzelheiten s. Gesetz zur Regelung der Rechtsverhältnisse der unter Art. 131 GG fallenden Personen vom 11. 5. 1951, BGBl. I 1951, S. 307. **8)** Ziffern entnommen einer detaillierten Tabelle über die Aufgliederung der Entnazifizierung in den Ländern der Westzonen bei J. FÜRSTENAU, Entnazifizierung, S. 227 f. **9)** Vgl. das Urteil des amerik. Historikers u. Hauptberaters von General Clay für Entnazifizierung W. L. DORN, Inspektionsreisen in der US-Zone (1973), u. die zusammenfassende Formulierung von L. NIETHAMMER, Entnazifizierung, S. 550: »Zwar war auch er [Dorn] keineswegs davon begeistert, daß in manchen Ministerien nun wieder die meisten höheren Beamten ehemalige PGs waren, aber er fragte, was solche frühere Parteimitgliedschaft beim Exekutivpersonal heute noch wirklich bedeute, wenn die politische Führung der NSDAP ausgeschaltet und durch nicht- und antinationalsozialistische politische Führer ersetzt sei.« **10)** FÜRSTENAU, Entnazifizierung, S. 18. **11)** S. Text eines Aufrufs in L. J. EDINGER, German Exile Politics, The Social democratic Executive Committee in the Nazi Era (Berkeley 1956), zit. bei FÜRSTENAU, Entnazifizierung, S. 11. **12)** Zit. ebd. S. 195. **13)** Frankfurter Hefte 1947, H. 7. **14)** Neue Zeitung, 5. 2. 1948, zit. bei FÜRSTENAU, S. 204 f. — Zu den namhaften ausländischen Kritikern, die die moralische Problematik der Verfahren erkannten, gehörte der jüdische Menschenfreund Victor GOLLANCZ. Er schrieb zur »denazification« in seinem Buch: In Darkest Germany (London 1947), S. 100: »This hideous word, which in its very syllables expresses a world of intellectual shame and a posthumous capitulation to Hitler at first meant purging German society of Nazi influences [z. B. Säuberung von Bibliotheken] but now it is also used with men as its object—you ›denazify‹ a man by giving him the sack and making him clear away rubble.« **15)** Süddeutsche Zeitung, 9. 3. 1947, zit. bei FÜRSTENAU, Entnazifizierung, S. 207. **16)** Rede auf dem sozialdemokratischen Bundesparteitag am 14. Sept. 1948, aus: A. SCHOLZ / W. G. OSCHILEWSKI (Hg.), Turmwächter der Demokratie. Ein Lebensbild von Kurt Schumacher, Bd. 2, Reden u. Schriften (1953), S. 104 f. **17)** J. FÜRSTENAU, Entnazifizierung, S. 152.

§ 93 Das deutsche Volk nach dem Zusammenbruch

Durch den Nationalsozialismus und den Zusammenbruch des Reiches hatte das deutsche Volk die Bestimmung über sich selbst verloren. Es stand unter der Verfügungsgewalt und unter der Anklage seiner Gegner. Wenn es zu sich selbst zurückfinden wollte, mußte es sich Rechenschaft ablegen über den Weg, der in die Katastrophe geführt hatte, und Klarheit gewinnen über die Leitwerte, die einem Neuaufbau von Staat, Wirtschaft und Gesellschaft Richtung geben sollten.

Um sich die Situation klarzumachen, in der die Umorientierung über das Woher und das Wohin zu vollziehen war, muß man davon ausgehen, wie sich der Siedlungsraum des deutschen Volkes in seinen Konturen verändert hatte. Vor dem Zweiten Weltkrieg unterschied sich die Linienführung der Völker- und Sprachenkarte im östlichen Mitteleuropa und Osteuropa deutlich von der in Westeuropa. In Westeuropa kann man von verhältnismäßig klaren Grenzen der Sprachen und Nationalitäten sprechen. Westeuropa ist deshalb die ursprüngliche Heimat des Nationalstaates. Im östlichen Europa lagen die Dinge komplizierter, das Bild war buntscheckiger. Nationalitäten lebten in Gemengelage. Die Linien der Sprachgrenzen zeigten Ausbuchtungen, Verzahnungen, Inseln. Drei große Siedlungsspitzen des deutschen Volkes ragten in den östlichen Raum hinein: eine entlang der Ostsee bis nach Ostpreußen hin und darüber hinaus bis in die baltischen Länder; eine andere in Schlesien, den böhmisch-mährischen Raum von Nordosten umgreifend; und eine dritte in Österreich entlang der Donau. Im Raum dieser deutsch-slawischen Verzahnung und darüber hinaus im östlichen Europa gab es zahlreiche deutsche Siedlungen inmitten anderen Volkstums. Dieses Siedlungsbild, wie es bis zum Beginn des Zweiten Weltkrieges bestand, war das Ergebnis der geschichtlichen Bewegung der Ostkolonisation[1]). Ihre Ausgangslinie war im Mittelalter die Linie Elbe—Saale—Böhmerwald—Ostalpen. Höhepunkt der Bewegung war die Zeit vom 12. bis 14. Jahrhundert. Ihre Ausläufer reichten bis in die Zeit des Absolutismus. Im 19. Jahrhundert setzte die Massenauswanderung nach Übersee, vor allem nach Nordamerika ein. Die Ostsiedlung kam zum Stillstand. Es begann eine rückläufige Bewegung. Die ethnographische Rückbewegung zum Westen hin umspannt als Vorgang den Zeitraum eines Jahrhunderts. Sie setzt sich zusammen aus sehr unterschiedlich verursachten Einzelbewegungen, die sich aber in ihrem Endergebnis zu der Gesamtwirkung addieren, die man als die Rückverlagerung des ethnographischen Schwerpunktes in die mittelalterliche Ausgangslage bezeichnen kann. Allerdings ging bei dieser Rückwärtsbewegung nicht der ganze Siedlungsgewinn der Ostkolonisation wieder verloren. Bis auf die Oder-Neiße-Linie und nicht auf die Elbe-Saale-Linie wurde das Deutschtum zurückgedrängt. Das Süd-Ost-Deutschtum im österreichischen Raum blieb geschlossen erhalten. Der erste Akt dieser großen Westbewegung war die Binnenwanderung, die im 19. Jahrhundert dadurch ausgelöst wurde, daß einerseits die bäuerliche Unterschicht Ostdeutschlands durch die Auflösung der ständischen Agrarverfassung freigesetzt wurde und daß andererseits die in Mittel- und Westdeutschland sich entwickelnde Industrie Arbeitskräfte aus dem östlichen Siedlungsraum anzog. Die Bevölkerungsdichte der deutschen Ostprovinzen war durch diese Binnenwanderung allerdings nicht geringer geworden, aber der Schwerpunkt verlagerte sich zunehmend in die Massenballungen der Industriegebiete. Ein zweiter Bevölkerungsschub wurde durch den Ersten Weltkrieg ausgelöst. Infolge des Versailler Vertrags verließen etwa 700 000 Deutsche das polnisch gewordene Westpreußen und Posen, insgesamt etwa zwei Drittel des dort ansässigen Deutschtums. Der Erdrutsch in der Verschiebung des östlichen Deutschtums, den dann der Zweite Weltkrieg brachte, setzte bereits in der nationalsozialistischen Zeit ein. Die weit verstreuten deutschen Volksgruppen im Baltikum, in Weißrußland, Wolhynien, Galizien, der Bukowina, Bessarabien, der Dobrudscha, Bosnien, der Gottschee und im polnischen Generalgouvernement wurden aus ihrer Heimat herausgerissen und zum großen Teil in den Warthegau und die untere Steiermark verpflanzt. An die 800 000 Volksdeutsche wurden in diese Westbewegung hineingezogen. Um für die deutschen Siedler Platz zu machen, wurden polnische Bauern von ihren Höfen vertrieben. Diese von der politischen Gewalt organisierte deutsche Völkerwanderung nach Westen fand mit dem Umschlag des Kriegsglücks ihre schreckensvolle Fortsetzung in der Fluchtbewegung, die in Ostdeutschland einsetzte, als die Rote Armee die deutsche Grenze überschritt. Sie ist weiter fortgeführt worden in der Vertreibung der Deutschen aus Ostpreußen, Pommern, Schlesien und der Tschechoslowakei, die durch das Potsdamer Abkommen legalisiert wurde. Mehr als zwölf Millionen Menschen sind bei Kriegsende und in den ersten Nachkriegsjahren geflüchtet oder vertrieben worden (s. Anhang Tab. 3—5)[2]. In den ehemaligen Ostgebieten des Reiches blieben nur etwa eine Million Deutsche zurück und in den auslandsdeutschen Siedlungsgebieten, außer Splittergruppen besonders in Ungarn, der Großteil der Siebenbürger Sachsen. Nicht eingerechnet in die Zahl der Flüchtlinge und Vertriebenen sind die etwa zwei Millionen Toten, die das Opfer dieser Völkerwanderung geworden sind. Der Zustrom mündete in die vier Besatzungszonen, verteilte sich aber sehr ungleichmäßig. Der Anteil von Heimatvertriebenen an der Wohnbevölkerung betrug nach der ersten auf Anordnung des Kontrollrats durchgeführten Volkszählung vom 29. Oktober 1946 in der sowjetischen Besatzungszone 20,8 %, in den drei westlichen Zonen 13,4 %[3]. Im Westen verhielten sich die Franzosen besonders abwehrend gegen die Zuwanderung von Vertriebenen in ihre Zone (Anteil an der Bevölkerung 1,5 %). Innerhalb des britischen und des amerikanischen Besatzungsbereiches (Anteil an der Bevölkerung 13,9 % und 16,3 %) wiederum verdichtete sich der Zustrom in den landwirtschaftlichen Gebieten, besonders in Schleswig-Holstein, Niedersachsen und Bayern (Anteil an der Bevölkerung 33,3 %, 23,4 %, 18,9 %). Den niedrigsten Anteil von Heimatvertriebenen an der Bevölkerung hatte Rheinland-Pfalz (1,1 %). Nach der Gründung der Bundesrepublik wurden die Flüchtlingsballungen wieder aufgelockert, eine abermalige Binnenwanderung setzte ein (vgl. Tab. 6).

Mit Flucht und Vertreibung war die Ost-West-Bewegung aber noch nicht abgeschlossen. Der Prozeß der politischen Spaltung Deutschlands, der sich in den Nachkriegsjahren vollzog, wurde von einem neuen Schub in der Ost-West-Bewegung der Deutschen begleitet. In den Jahren bis zum Mauerbau in Berlin am 13. August 1961 und der Errichtung der Stacheldrahtgrenze quer durch Deutschland verließen an die 3 Millionen Deutsche die sowjetische Besatzungszone bzw. die DDR. In der Zeit nach der Errichtung der Todessperre ging die Fluchtbewegung, wenn auch erheblich vermindert, weiter[4]). Der Gesamtvorgang dieses Zustroms in den Westen wurde eine der Voraussetzungen, aus denen sich der spätere industrielle Aufschwung der Bundesrepublik Deutschland ergab. In den ersten Jahren aber nach dem Zusammenbruch stellten die hereinströmenden Flüchtlingsmassen eine Belastung dar, die kaum zu bewältigen schien. Ihre Elendsscharen vermischten sich in den Monaten nach dem Zusammenbruch auf den Landstraßen mit den Millionen Evakuierter, die wegen des Bombenkrieges die Städte verlassen hatten.

Viele Familien waren durch Gefangenschaft, Internierung, Flucht, Verschleppung auseinandergerissen worden und lebten in Ungewißheit über das Schicksal ihrer Angehörigen. Gefangen oder gefallen? — das war in vielen Familien Jahre hindurch die quälende Frage. Durch Krieg und Kapitulation waren 11,094 Millionen Wehrmachtsangehörige, darunter auch weibliche Hilfskräfte, in Gefangenschaft geraten; dazu kam die große Zahl der im Osten verschleppten Zivilisten. Von den Westalliierten wurde ein Teil der durch die Kapitulation auf deutschem Boden in Gefangenschaft Geratenen bald entlassen, ein Teil aber zu Aufräumungsarbeiten in den kriegszerstörten Gebieten oder zur Arbeit in Bergwerken und in der Landwirtschaft in Frankreich, Belgien, den Niederlanden und England verwendet. Die Entlassung zog sich über mehrere Jahre nach dem Ende des Krieges, dem kein Friedensschluß gefolgt war, hin. Ende 1946 wurden noch 1,9 Millionen Kriegsgefangene zurückerwartet. Aus den USA konnten die letzten im Juli 1946 nach Deutschland zurückkehren, aus England im Juli 1948, aus Frankreich im Dezember 1948. In russische Hand waren 3,155 Millionen deutscher Kriegsgefangener geraten. Man schätzt, daß von diesen 1 110 250 in der Gefangenschaft gestorben sind. Aus der Sowjetunion wurde der letzte Transport mit Heimkehrern, die in der Gefangenschaft zu Strafen verurteilt worden waren, erst im Januar 1956 auf den Weg geschickt. Aus sowjetischen Lagern Nachricht zu erhalten, war besonders schwierig, weil die Sowjetunion das Genfer Kriegsgefangenenabkommen von 1929 nicht unterzeichnet hatte und keine Meldungen über die in ihrem Gewahrsam Befindlichen an das Internationale Komitee des Roten Kreuzes gab. In dieser Notlage der Sorge und Ungewißheit entfaltete der aus verschiedenen Initiativen entstandene und im wesentlichen vom Deutschen Roten Kreuz getragene »Suchdienst« beharrliche und erfolgreiche Bemühungen[5]). Durch Befragungen, systematische Erfassung der Namen von Millionen Suchender und Gesuchter, unterstützt vom Internationalen und schließlich auch vom sowjetischen Roten Kreuz, gelang es dem Suchdienst in vielen Fällen, das Schicksal von im Kriege Vermißten und in Gefangenschaft Verschollenen aufzuklären, verlorene Kinder aufzuspüren, getrennte Familien zusammenzuführen.

Verglichen mit dem Ersten Weltkrieg betrugen die Verluste, die der Zweite Weltkrieg der lebenden Substanz des Volkes zugefügt hatte, etwa das Dreifache: rd. 5,5 Millionen Tote (s. Anhang Tab. 2). Noch erschreckender aber ist die Feststellung, wie viel größer die Zahl der Kriegsopfer auf der Seite der Gegner Deutschlands, besonders in Osteuropa, war: Allein in Polen kamen an die 6 Millionen Menschen ums Leben, in Jugoslawien 1,7 Millionen, Rußland verlor möglicherweise nicht weniger als 13,6 Millionen Soldaten und 7 Millionen Menschen aus der Zivilbevölkerung (vgl. Anhang Tab. 2). Von den 5,7 Millionen russischer Kriegsgefangener, die in deutsche Hand gerieten, überlebten weniger als 2 Millionen[5a]).

Die Wohnstätten des dezimierten deutschen Volkes waren weitgehend zerstört. Viele Städte glichen einem Trümmerfeld. Besonders hart getroffen waren Berlin, Hamburg und Köln. Orte wie Düren und Jülich waren in den Erdkämpfen fast völlig vernichtet worden. Von den Besatzungszonen war am stärksten die britische mit den Hafenstädten und dem Industriegebiet an Ruhr und Rhein betroffen (22 % zerstört, 35 % beschädigt), am relativ geringsten die sowjetische Zone (7 % zerstört, 12 % beschädigt)[6]. In allen vier Besatzungszonen einschließlich Berlin war ein Viertel des Wohnungsbestandes zerstört oder schwer beschädigt. In den Städten richteten sich die Menschen in Kellern und Ruinen ein. Auf dem Lande drängten sich die Verschonten und die Einquartierten. In extremen Situationen steigert sich das Gute und das Böse. Es gab viel Hilfsbereitschaft zwischen Einheimischen und Fremden und viel Verbitterung in dem Ringen um Unterkunft und Nahrung. Die Grenzen des Erlaubten und Unerlaubten verwischten sich. Diebstahl aus Not, Lüge und Verschleierung der politischen Vergangenheit um der bürgerlichen Existenz willen waren verständlich und schienen erlaubt. Die Zahl der Straftaten stieg. Sie war weitgehend situationsbedingt — man sprach von »Ruinenkriminalität«[7]. Sie sank nach der späteren Besserung und Festigung der Lebensverhältnisse.

Die Masse des Volkes hungerte. In den ersten Nachkriegsjahren gingen die Ernteerträge infolge von Dürre und Mangel an Düngemitteln, Saatgut, Gerät und Arbeitskräften zurück. Die Nahrungskrise erreichte ihren Höhepunkt Anfang 1948. Die offizielle Norm für die Zuteilung an rationierten Lebensmitteln war unter dem für eine ausreichende Ernährung notwendigen Maß angesetzt, die tatsächliche Zuteilung lag aber noch erheblich niedriger (Normalernährung liegt bei 3 000 Kalorien; als Minimum angesehen 2 000 Kalorien; angesetzt für den »Normalverbraucher« in der anglo-amerikanischen Zone 1 550 Kalorien; mit zeitlichen und regionalen Schwankungen zugeteilt 700—1 200 Kalorien)[8].

Wie an Nahrungsmitteln, so fehlte es an den notwendigsten Verbrauchsgütern und Kleidern. Das Fehlende suchte sich die Bevölkerung auf dem Schwarzen Markt zu beschaffen. Das Geld verlor seinen Wert. Die Neue Zeitung vom 21. April 1947 notierte für die britische Zone an Schwarzmarktpreisen: »Butter 240—250 Mark das Pfund, Speck 200 Mark, Fleisch 60—80 Mark, Zucker 70—90 Mark, Mehl 30 Mark, drei Pfund Brot 25 Mark, ein Bückling 5 Mark«[9]. Ein Facharbeiter verdiente damals etwa 230 Mark im Monat.

Man schätzte, daß sich die Hälfte des gewerblichen Umsatzes durch Tausch und Schwarzmarkt außerhalb der Bewirtschaftung vollzog. Es fehlte an Kohle für Industrie, Bahn und Hausbrand, an Gas und Strom; elektrische Heizöfen waren verboten. Der Winter 1946/47 war besonders hart. Holzeinschlag war für die Städter kaum erreichbar. Sie halfen sich selber und plünderten, wo die Möglichkeit bestand, die Kohlenzüge, so etwa in Köln die Brikett-Transporte aus dem benachbarten Braunkohlenrevier. Wo es sich um notbedingten Mundraub handelte, gab die Kirche ihr Plazet dazu[10].

Unter solchen Verhältnissen grassierten Krankheiten, besonders die Tuberkulose. Im Sommer 1947 z. B. waren für 40 000 Fälle von offener Tuberkulose in der britischen und amerikanischen Zone keine Krankenhausbetten verfügbar. Die Todesrate stieg (28,5 auf 1 000 Personen im ersten Viertel 1947; zum Vergleich New York 10,1 auf 1 000 im Jahre 1946), besonders die Kindersterblichkeit. Als Fazit der Entwicklung in den ersten beiden Nachkriegsjahren kam Gustav Stolper zu der Feststellung: »Vieles, was im Jahre 1945 an materiellen Hilfsmitteln und an moralischer Kraft tatsächlich verschont blieb, wurde in den folgenden zwei Jahren alliierter Politik verschleudert. Im Sommer und Herbst 1947 war das deutsche Volk in vieler Beziehung nicht besser, sondern schlechter daran als je zuvor nach dem Zusammenbruch.«[11]

Vielfach verfielen die Menschen in Apathie. Was ihnen an Lebenskraft verblieben war, wurde im Kampf um das Überleben verzehrt. Aber es regte sich auch die Hilfe füreinander und eine organisierte mitbürgerliche Tätigkeit. In den Städten machte man sich daran, durch Arbeitseinsatz der Bürger die Schuttberge wegzuräumen. Die Gemeindeverwaltungen begannen in neuer, durch die Militärregierungen bestimmter Zusammensetzung ihre Arbeit. Die vielfach zerstörten und beschädigten Krankenhäuser wurden langsam wieder instand gesetzt, ebenso die Schulen und Hochschulen, die allerdings in den verschiedenen Zonen zu unterschiedlichen Zeitpunkten (Herbst 1945 bis Sommer 1946) und unter unterschiedlichen Auflagen (in den Schulen Ausfall bzw. veränderte politische Ausrichtung des Geschichtsunterrichts) in beschränkten Verhältnissen mit ihrem Unterricht begannen. Privater und kommerzieller Kraftwagenverkehr war von den Straßen so gut wie ganz verschwunden. Der Schienenverkehr kam wegen der zerstörten Anlagen und der fehlenden Lokomotiven und Wagen nur langsam in Gang. An den wenigen, überfüllten, im Winter ungeheizten Zügen hingen Trauben von Menschen, die bepackt mit Bündeln ihre Heimat oder neue Bleibe suchten oder die lange Reisen in Kauf nahmen, um irgendwo auf dem Lande oder an der Küste Lebensmittel zu ertauschen.

Ohne ausländische Hilfe wäre die Versorgungslage noch schlimmer gewesen. In der britischen und amerikanischen Zone waren selbst die geringen Zuteilungen nur möglich, weil einige Lebensmittel auf Kosten der Besatzungsmacht eingeführt wurden. Dazu kam eine breite private Hilfe aus vielen neutralen Ländern und von ehemaligen Kriegsgegnern. Aus England wurden Lebensmittelpakete geschickt, obwohl die Rationierung dort noch mehrere Jahre nach Kriegsende bestehen blieb. In den Vereinigten Staaten schufen Wohlfahrtsverbände die umfassende CARE-Organisation (Cooperative for American Remittances to Europe) für private Hilfssendungen in notleidende Länder. Der Gesamtwert der CARE-Sendungen nach Westdeutschland, die ganz auf Spenden einzelner amerikanischer und kanadischer Bürger beruhten, betrug über 346 Millionen Mark[12]). Die Vermittlung und Verteilung der Gabensendungen in Deutschland übernahmen die Wohlfahrtsorganisationen wie Deutsches Rotes Kreuz, Arbeiterwohlfahrt, Caritas und das neu gegründete Evangelische Hilfswerk. Die karitative Tätigkeit der privaten und kirchlichen Organisationen war in der Zeit des Dritten Reiches vielfach zugunsten des Monopolanspruchs der Partei auch auf dem Gebiet der sozialen Hilfe unterbunden worden. Für die Aufgabe, die sich ihnen jetzt stellte, formulierte das Hilfswerk als Richtlinie: »Erster Arbeitsgrundsatz ist, daß allein die Dringlichkeit der Not entscheidet. Hilfe wird geleistet ohne Ansehen der Person, der Rasse, der Konfession oder der politischen Überzeugung. In den Dringlichkeitsstufen des Hilfswerks stehen Kinder an erster Stelle ... Die Selbsthilfe kommt zuerst. Wenn wir uns nicht gegenseitig helfen, haben wir kein Recht, um ausländische Hilfe zu bitten. Wenn und wo unsere Mittel nicht ausreichen, so muß die Auslandshilfe mindestens mit der Selbsthilfe kombiniert werden. Wenn uns das Ausland Rohstoffe stiftet, die wir nicht besitzen, so tun wir die deutsche Arbeit hinzu.«[13])

Zum Wiederbeginn des Lebens gehörten auch die Anfänge einer neuen Presse[14]). Neben dem kontrollierten Funk (seit Herbst 1945 in den Westzonen), den Amtsblättern und dem von der amerikanischen Armee herausgegebenen überregionalen Blatt »Die neue Zeitung, Amerikanische Zeitung für Deutschland« wurden deutsche Tageszeitungen lizenziert, die zumeist lokale oder parteimäßig beschränkte Bedeutung hatten. Es entstanden aber schon 1945/46 einige Zeitschriften mit höherem Anspruch und breiterer regionaler Streuung. Als Forum intellektueller Bemühungen, über die deutsche Situation zu informieren und sie geistig zu durchdringen, sind zu nennen: »Die Gegenwart«, unter der Leitung von Benno Reifenberg im wesentlichen gestaltet von Mitarbeitern aus dem Umkreis der früheren Frankfurter Zeitung; »Die Sammlung«, eine pädagogische Zeitschrift unter Hermann Nohl, die an Reformbestrebungen der zwanziger Jahre anknüpfte; die »Göttinger Universitäts-Zeitung« (später Deutsche Universitäts-Zeitung), die dem Wiederbeginn der Wissenschaften und der Hochschulen in Deutschland diente; des weiteren »Die Wandlung« unter Dolf Sternberger; die von Eugen Kogon und Walter Dirks herausgegebenen »Frankfurter Hefte« und »Die Zeit« unter der Schriftleitung von Richard Tüngel. Diese Zeitschriften waren bürgerlich in ihrem Charakter mit einem liberal-sozialen Hintergrund, aufgeschlossen gegenüber gesellschaftlichen Reformaufgaben, die sich aus der Situation Deutschlands ergaben, und gewillt, Konsequenzen aus der historischen Erfahrung zu ziehen. Sie waren aber politisch nicht gebunden im Sinne einer der sich neu bildenden Parteien.

Welche Hilfe bot die Geschichtswissenschaft, um in der radikal veränderten historischen Situation Orientierung zu finden?[15]) Im Jahre 1947 hielt der in die Vereinigten Staaten emigrierte Hans Rothfels an der Universität Chicago eine öffentliche Vorlesung über den deutschen Widerstand gegen Hitler. Gegenüber generalisierenden Negativurteilen zeigte er, daß es notwendig war, zu differenzieren, wenn man zu einem sachlich zutreffenden Urteil über das deutsche Volk in der NS-Zeit gelangen wollte. Da es eine in sich sehr unterschiedlich motivierte breite Opposition gegen den Nationalsozialismus gegeben hatte, trug eine solche Rückbesinnung dazu bei, in Deutschland wieder aus eigener Wurzel ein neues politisches Leben aufzubauen. Auch die Schriften von Friedrich Meinecke über »Die deutsche Katastrophe« (1946) und von Gerhard Ritter über »Europa und die deutsche Frage. Betrachtungen über die geschichtliche Eigenart des deutschen Staatsdenkens« (1948) halfen, den historischen Trümmerschutt des Dritten Reiches beiseite zu räumen, um in der eigenen Tradition Fundamente freizulegen, auf denen ein Neubau errichtet werden konnte. War das, was hier an Elementen christlicher, humaner, liberaler, sozialer und patriotischer Gesinnung aus den Verwirrungen der deutschen Geschichte herausanalysiert wurde, tragfähig genug? Auf einen pessimistischen Ton gestimmt war Ludwig Dehios Analyse der deutschen Machtpolitik »Gleichgewicht oder Hegemonie? Betrachtungen über ein Grundproblem der neueren Staatengeschichte« (1948). Er deutete die deutsche Geschichte im Zeitalter der Weltkriege von der Kontinuität eines deutschen Macht- und Hegemonialstrebens her, dem eine fast deterministische Unentrinnbarkeit zuzukommen schien. Hier gab es keine Anknüpfung an eine nationale Tradition, die aus ihren nationalistischen Verfälschungen zurückzugewinnen wäre, sondern den Appell zu einer radikalen Umorientierung: Verzicht auf das Ziel, nationale Souveränität wiederherzustellen, Eingliederung in einen atlantischen übernationalen Völkerbund unter amerikanischer Führung. Wissenschaftlich ging von Dehio der entscheidende Anstoß aus für eine neue Durchforschung der Geschichte des 19. und 20. Jahrhunderts unter der Frage nach dem Maß von Kontinuität und Diskontinuität in den Machtbestrebungen der deutschen Politik. Unlösbar verbunden mit der historisch-politischen Entscheidung darüber, welche außenpolitischen Konsequenzen sich für die Neuorientierung des Denkens aus dem Zusammenbruch ergaben, stellte sich die Frage nach der Kontinuität und der Diskontinuität der sozialen Strukturen. In den unterschiedlichen politischen Antworten hierauf profilierten sich die neu- und wiedererstehenden Parteien.

Grundlegend drei breit angelegte Dokumentationen: Th. SCHIEDER (Bearb.), Dokumentation der Vertreibung der Deutschen aus Ost-Mitteleuropa, hg. v. Bundesmin. f. Vertriebene (5 Bde. 1955—61); E. MASCHKE (Hg.), Zur Gesch. der dt. Kriegsgefangenen des Zw. Weltkrieges (15 Bde. 1962—1974); Dok. dt. Kriegsschäden, hg. v. Bundesmin. f. Vertriebene (5 Bde. 1958—71). Von den Erinnerungen der Zeit ist hervorzuheben: H. Gf. v. LEHNDORFF, Ostpreußisches Tagebuch. Aufzeichnungen eines Arztes aus

d. Jahren 1945—1947 (1961). — G. STOLPER, Die dt. Wirklichkeit (1949); V. GOLLANCZ, In darkest Germany (London 1947); der HOOVER-Bericht über die dt. Ernährungslage (EA 1, Mai 1947), erstattet im Auftrage des Präsidenten der USA Truman auf Grund eines Aufenthaltes in Dtld. im Februar 1947. H. SCHLANGE-SCHÖNINGEN, Im Schatten des Hungers. Dokumentarisches zur Ernährungspolitik u. Ernährungswirtschaft in den Jahren 1945—1949 (1955).

1) »Ostdeutschland«. Ein Hand- u. Nachschlagebuch für alle Gebiete ostwärts von Oder u. Neiße, Hg. Göttinger Arbeitskreis ([3]1959); K. PETERSEN u. a., Hdb. des Grenz- u. Auslandsdeutschtums (3 Bde. 1933/38). 2) Stat. Bundesamt: Stat. Bericht VIII/20/34, Die dt. Bevölkerung in den Vertreibungsgebieten. Entwicklung, Zusammensetzung u. Bilanz 1939/50 (1959), gibt für Sept. 1950 die Gesamtzahl der Heimatvertriebenen mit 12,0198 Mill. an. Seit diesem Zeitpunkt sind im Bundesgebiet einschl. West-Berlin aus den Ostgebieten des Dt. Reiches wie aus ost- u. südosteuropäischen Staaten bis 1975 753 528 dt. Umsiedler aufgenommen worden (Auskunft des Bundesausgleichsamtes). 3) Stat. Amt des Vereinigten Wirtschaftsgebietes: Stat. Bericht VIII/0/4, Die Flüchtlinge in Dtld. Ergebnisse der Sonderauszählungen aus der Volks- u. Berufszählung vom 29. 10. 1946 (1950). 4) Die Zahl der in das Gebiet der Westzonen bzw. Bundesrepublik einschl. Berlin-West aus dem Gebiet der Sowjetzone bzw. DDR zugewanderten Personen betrug bis zum 13. Aug. 1961 3,125 261 Mill., danach bis Ende 1975 360 572. In dieser Zahl sind 196 190 Personen enthalten, die seit Mitte 1962 mit Genehmigung von DDR-Behörden im Rahmen der Familienzusammenführung in das Bundesgebiet kamen. Angaben nach: SBZ von A—Z (1966), S. 144 f., Zahlen für 1975 nach Auskunft des Bundesausgleichsamtes; vgl. DDR-Handb., hg. v. Bundesmin. f. innerdt. Bez. (1975), S. 312 f. 5) Fesselnder Bericht: K. W. BÖHME, Gesucht wird ... Die dramatische Gesch. des Suchdienstes (1965). 5a) Nach H.-A. JACOBSEN, Kommisarbefehl u. Massenexekutionen sowj. Kriegsgefangener, in: Anatomie des SS-Staates, Bd. 2 (1965), S. 197. 6) Angaben nach einer Berechnung des Soziograph. Instituts Frankfurt, in: Dok. dt. Kriegsschäden 2,2, S. 13. 7) Dok. dt. Kriegsschäden 2,2, S. 232 ff. 8) Vgl. hierzu G. STOLPER, S. 48 f. 9) Dok. dt. Kriegsschäden 2,2, S. 99. 10) In der Kölner Volkssprache wurde nach dem Namen des Erzbischofs der Brikettdiebstahl als »Fringsen« bezeichnet. 11) G. STOLPER, S. 87. 12) Überblick über Organisation u. Leistung im Bulletin der Bundesregierung, 5. 7. 1960, in : Dok. dt. Kriegsschäden 2,2, S. 207 ff. 13) Dok. dt. Kriegsschäden 2,2, S 184. 14) H. HURWITZ, Die Stunde Null der dt. Presse. Die amerik. Pressepolitik in Dtld. 1945—1949 (1972). 15) Überblick über die Auseinandersetzung mit der Katastrophe Dtlds. in der dt. Lit. von 1945/46 bei E. NOLTE, Dtld. u. der Kalte Krieg (1974), S. 190—196.

§ 94 Die Neubildung von Parteien: KPD, SED, SPD

Das Abkommen von Potsdam sah die Zulassung demokratischer politischer Parteien für ganz Deutschland vor. In der sowjetischen Besatzungszone war ein entsprechender Erlaß schon vorweg am 10. Juni 1945 ergangen als unmittelbarer Auftakt für einen Aufruf des Zentralkomitees der KPD vom folgenden Tag. Zu den Unterzeichnern gehörte Walter Ulbricht[1]). Er war in den letzten Jahren der Weimarer Republik Mitglied des Zentralkomitees geworden. In der Emigration zunächst in Paris, dann in Moskau tätig, hatte er die taktischen Schwenkungen der Kommunistischen Internationale vom Kampf gegen den »Sozialfaschismus« über die Volksfronttaktik und eine erneute scharfe Wendung gegen die Sozialdemokratie in der Zeit des Hitler-Stalin-Paktes bis hin zur Parole der antifaschistischen Einheitsfront (vgl. § 82) stets nachvollzogen. Wenige Tage vor Kriegsende kehrte er von Moskau mit einer kleinen Gruppe von Mitarbeitern nach Deutschland zurück. Es folgten unmittelbar darauf eine Gruppe mit Wilhelm Pieck, der seit 1935 Vorsitzender der Exil-KPD war, und eine Gruppe mit Anton Ackermann. Über die Tätigkeit dieser Gruppen, die in enger Zusammenarbeit mit der sowjetischen Militäradministration unter der politischen Direktive von Moskau ihre politische Arbeit in Deutschland begannen, sind wir durch Wolfgang Leonhard, ein Mitglied der Gruppe Ulbricht, unterrichtet[2]). Die Direktiven sahen zunächst nicht vor, daß politische Parteien auf absehbare Zeit wieder entstehen sollten. Vielmehr war an die Bildung einer antifaschistischen Einheitsorganisation unter dem Namen »Block der kämpferischen Demokratie« gedacht nach dem Vorbild ähnlicher Organisationen in den von der Roten Armee besetzten Ländern Ost- und Südosteuropas. Überraschend erfolgte dann die plötzliche taktische Schwenkung zur Wiederbegründung der KPD und auch anderer Parteien. Die Gründe hierfür sind nicht klar erkennbar. Wahrscheinlich hat der Eindruck eine Rolle gespielt, daß sich im deutschen Volk keinerlei Widerstand gegen die Besatzungsmacht zeigte und die Chancen für eine kommunistische Parteipropaganda positiv beurteilt wurden. Die Reichshauptstadt Berlin, damals noch ganz unter der Kontrolle der Roten Armee, schien einen besonders guten organisatorischen Ansatz dafür zu bieten, das politische Leben in Deutschland auch über den Bereich der sowjetischen Besatzungszone hinaus zu beeinflussen. Da schließlich zu irgendeinem späteren Zeitpunkt ohnehin mit der Zulassung auch von anderen Parteien gerechnet werden mußte, bot für eine neu entstehende kommunistische Partei ein schnelles Handeln den Vorteil des zeitlichen Vorsprungs, bevor die Alliierten sich zu ihrer ersten Konferenz in Deutschland versammelten und bevor die übrigen Parteien in Erscheinung treten konnten. So wurden in Abstimmung mit der Besatzungsmacht die Vorbereitungen für die Neugründung der KPD abgeschlossen. Erst dann erließ Marschall Schukow am 10. Juni seine Verordnung, durch die die Bildung demokratischer Parteien generell gestattet wurde.

Zur Überraschung der in Deutschland verbliebenen und aus der illegalen Arbeit wieder auftauchenden Altkommunisten enthielt der durch Pieck aus Moskau mitgebrachte Aufruf vom 11. Juni nichts von den spezifisch kommunistischen Forderungen, an denen sich die Partei in der Weimarer Zeit und in der Illegalität orientiert hatte. Statt dessen hieß es: »Mit der Vernichtung des Hitlerismus gilt es gleichzeitig, die Sache der Demokratisierung Deutschlands, die Sache der bürgerlich-demokratischen Umbildung, die 1848 begonnen wurde, zu Ende zu führen, die feudalen Überreste völlig zu beseitigen und den reaktionären altpreußischen Militarismus mit allen seinen ökonomischen und politischen Ablegern zu vernichten. Wir sind der Auffassung, daß der Weg, Deutschland das Sowjetsystem aufzuzwingen, falsch wäre, denn dieser Weg entspricht nicht den gegenwärtigen Entwicklungsbedingungen in Deutschland. Wir sind vielmehr der Auffassung, daß die entscheidenden Interessen des deutschen Volkes in der gegenwärtigen Lage für Deutschland einen anderen Weg vorschreiben, und zwar den Weg der Aufrichtung eines antifaschistischen, demokratischen Regimes, einer parlamentarisch-demokratischen Republik mit allen demokratischen Rechten und Freiheiten für das Volk.«[3]) Dieser Absage an die Errichtung eines Rätesystems und diesem Bekenntnis zur parlamentarischen Demokratie entsprach es, daß in dem Sofortprogramm spezifisch sozialistische Forderungen nur in der Weise zum Ausdruck kamen, daß die »Enteignung des gesamten Vermögens der Nazibonzen und Kriegsverbrecher« und die »Liquidierung des Großgrundbesitzes« gefordert wurden. Es fehlten die Begriffe der proletarischen Revolution und des Klassenkampfes, es fehlte die grundsätzliche Forderung, die Produktionsmittel in Gemeinbesitz zu überführen. Dieses Programm trug einen ausgesprochen taktischen Charakter. Unterzeichnet wurde es von 16 Personen, davon 13, die aus der sowjetischen Emigration kamen und an deren Bindung an die kommunistische Ideologie und Loyalität gegenüber dem sowjetischen System in keiner Weise zu zweifeln war. Nur mit einer Programmatik, die darauf verzichtete, in direkter Weise für das sowjetische System zu werben, konnte die Partei, wenn überhaupt, hoffen, eine breitere Basis als vor 1933 im deutschen Volk zu gewinnen, hatte doch der höchste Stimmenanteil, den die Kommunisten in der Weimarer Zeit zu erlangen vermochten, nicht mehr als 16,9 % betragen. Das war bei den Novemberwahlen 1932, in der Wirtschaftskrise und im Jahr der stärksten politischen Radikalisierung gewesen. Nach dem vierjährigen Krieg gegen die Sowjetunion und nach dem Schrecken, den das Vordringen der Roten Armee in Deutschland verbreitet hatte, war nicht damit zu rechnen, daß es einer Kommunistischen Partei, wenn sie sich offen an der Zielsetzung der Sowjetunion orientierte, gelingen könnte, Wählermassen in einem Umfang zu gewinnen, der sie zur politischen Führung legitimiert hätte.

Nachdem sich die sowjetische Führung entschieden hatte, die Kommunistische Partei Deutschlands als solche mit einem auf die Situation berechneten und, wie man hoffte, werbewirksamen Programm wiedererstehen zu lassen, mußte ihr daran gelegen sein, die spontanen Zusammenschlüsse von Kommunisten, Sozialdemokraten und auch Bürgerlichen in antifaschistischen Ausschüssen, zu denen es nach dem Zusammenbruch mancherorts gekommen war, wieder aufzulösen. Die neubegründete KPD war bemüht, zunächst in ihren Reihen einen ideologisch taktischen Konsensus zwischen der durch die Moskauer Direktiven bestimmten, nach Deutschland zurückgekehrten kommunistischen Führungsgruppe und den heimischen Kommunisten, die die Hitlerzeit überlebt hatten, herzustellen. Aus bestehenden örtlichen Zusammenschlüssen wurden die Kommunisten daher zum Zwecke der ideologischen und organisatorischen Festigung der eigenen Kader wieder herausgezogen. Ein anderer Gesichtspunkt war, zunächst einmal die Zeit auszunutzen, um in den jetzt entstehenden kommunalen und bald auch in den Länderverwaltungen der sowjetischen Besatzungszone überall die Schlüsselpositionen mit zuverlässigen Kommunisten zu besetzen. Als solche Schlüsselpositionen galten nicht die offiziellen Verwaltungsspitzen, wohl aber die jeweiligen Dezernate für Polizei, Personal und Kultur.

Das Verlangen nach einem organisatorischen Zusammenschluß von Sozialdemokraten und Kommunisten wurde aber nicht nur an der Basis laut, sondern auch bei Teilen der sozialdemokratischen Führung. Es sind drei Gruppen zu unterscheiden, die damals für eine wiedererstehende SPD Führungsansprüche anmeldeten. In Berlin bestand ein sogenannter Zentralausschuß. Er berief sich auf ein vom Parteivorstand im Jahre 1933 erteiltes Mandat, in der Zeit der Illegalität den Zusammenhalt in der Partei zu gewährleisten. Zu dieser Gruppe gehörte Otto Grotewohl, Buchdrucker von Beruf und Sozialist von früher Jugend an[4]). Kurze Zeit hatte er der USPD angehört. Eine Zeitlang war er Minister in Braunschweig gewesen, später Mitglied des Reichstages. In der nationalsozialistischen Zeit hatte er sich in Hamburg und in Berlin kaufmännisch betätigt, bis er 1944 in die Illegalität untergetaucht war. In Berlin um Grotewohl machten sich ähnlich wie an manchen Orten in der sowjetischen Besatzungszone unmittelbar nach dem Zusammenbruch unter ehemaligen Sozialdemokraten starke Tendenzen spürbar, die auf einen organisatorischen Zusammenschluß mit den Kommunisten hindrängten. In einem vom Zentralausschuß erlassenen Gründungsaufruf der SPD vom 15. Juni 1945 wurde die Einheit der deutschen Arbeiterklasse programmatisch gefordert[5]). Neben diesem Zentralausschuß gab es den Rest des früheren Parteivorstandes der SPD in London. Zu ihm gehörte Erich Ollenhauer[6]). Er erhielt erst im Februar 1946, also beinahe ein Jahr, nachdem die kommunistischen Emigranten aus Moskau nach Deutschland zurückgekehrt waren, die Einreiseerlaubnis in die britische Zone. Die SPD-Emigration hatte sich der Einheitsparole gegenüber reserviert verhalten, wenn es auch, wie z. B. in Paris, zu gelegentlichen Kontakten gekommen war[7]). Für die Neubegründung der SPD in Deutschland ist schließlich eine dritte Gruppe entscheidend geworden. In ihrem Mittelpunkt stand der Ostpreuße bürgerlicher Herkunft Dr. Kurt Schumacher[8]). Als Kriegsfreiwilliger wurde er im Ersten Weltkrieg schwer verwundet und verlor den rechten Arm. 1920 promovierte er bei Johann Plenge in Münster mit einer Arbeit unter dem für die Richtung seines Denkens charakteristischen Titel »Der Kampf um den Staatsgedanken in der deutschen Sozialdemokratie«. Schumacher hatte sich 1918 der SPD angeschlossen. Seit 1920 war er politischer Redakteur der »Schwäbischen Tagwacht«, des Zentralorgans der württembergischen SPD. Als Abgeordneter im württembergischen Landtag und von 1930—1933 im deutschen Reichstag, profilierte er sich als einer der schärfsten Gegner der Nationalsozialisten. In der Fraktion verwarf er das Solidaritätsvotum der SPD vom 17. Mai 1933 mit der Außenpolitik Hitlers. Wenig später verlor er seine Freiheit. Den größten Teil der nationalsozialistischen Zeit verbrachte er im Konzentrationslager. Dem Verwundeten und Geschundenen mußte wenige Jahre vor seinem Tode — er starb 1952 — ein Bein amputiert werden. In diesem verkrüppelten Körper lebte ein flammender Geist, eine mitreißende Energie, ein hohes moralisches Pathos. Er war von dem Gedanken durchdrungen, daß die Sozialdemokratie von der Schuld der Vergangenheit nicht belastet und darum zur Führung der Nation berufen sei. Sein unmittelbares Ziel nach dem Zusammenbruch war zunächst die Aktivierung der Parteiorganisation in Provinzen und Ländern. Auf einem gesamtdeutschen Parteitag sollte dann eine auf demokratischem Wege legitimierte Führung eingesetzt werden. Eine rote Diktatur lehnte er ebenso radikal ab, wie er den Nationalsozialismus bekämpft hatte. Darum verwarf er in voller Übereinstimmung mit der Londoner Exilgruppe jeden Gedanken an eine organisatorische Verschmelzung der Sozialdemokraten mit den Kommunisten.

Auf eine solche Verschmelzung steuerte aber nun die Führung der KPD in einer erneuten taktischen Wendung seit Oktober 1945 zielstrebig zu. Der wesentliche Grund hierfür ist darin zu sehen, daß sich von ferne die ersten Wahlen ankündigten. Es war aber offenbar geworden, daß sich die ursprüngliche Erwartung der Kommunisten, einen größeren Teil der Wähler zu gewinnen, nicht erfüllen würde. Dies wurde durch die ersten österreichischen Nachkriegswahlen zum Nationalrat vom 25. November 1945 bestätigt (vgl. § 89). Sie lösten einen tiefen Schock aus. Neben 85 christlich-sozialen und 76 sozialdemokratischen Abgeordneten waren nur 4 Kommunisten durchgekommen. Das war eine katastrophale Niederlage, die für die deutschen Kommunisten eine Warnung davor bedeuten mußte, sich als selbständige Partei neben den Sozialdemokraten dem Risiko einer Wahlentscheidung auszusetzen. Bei einer Vereinigung der beiden Parteien in der sowjetischen Besatzungszone konnten jedoch die Kommunisten davon ausgehen, daß ihnen durch ihren Rückhalt bei der sowjetischen Besatzungsmacht zwangsläufig die führende Rolle zufallen würde, während die zahlenmäßig stärkeren Sozialdemokraten einer solchen Einheitspartei die fehlende Massenbasis verschaffen konnten. Schumacher durchschaute die Gefahr. Er hat Grotewohl gegenüber die Meinung vertreten, man solle die SPD in der sowjetischen Besatzungszone, wenn man den Eindruck habe, daß sie sich dort nicht frei entfalten könne, unter Protest auflösen. Das sei besser, als sich in eine gemeinsame Organisation hineinzubegeben, in der die Sozialdemokraten von den Kommunisten überspielt werden würden. Grotewohl und mit ihm manche Sozialdemokraten in der sowjetischen Besatzungszone waren aber der Ansicht, daß es nun darauf ankomme, nicht in einer aussichtslosen Opposition zu verharren, sondern durch die Bereitschaft, mitzumachen, den sozialdemokratischen Zielvorstellungen möglichst viel Raum zu verschaffen. Ende Februar vereinbarten der Zentralausschuß der SPD und das Zentralkomitee der KPD, im April parallele Parteitage in Berlin durchzuführen und in einer anschließenden gemeinsamen Veranstaltung die Verschmelzung unter dem Namen Sozialistische Einheitspartei Deutschlands (SED) zu vollziehen.

Entsprach ein solches Vorgehen der wirklichen Meinung der Mehrheit der SPD-Anhänger? Die Vorgänge von Berlin sind von symptomatischer Bedeutung. Hier bestand nämlich der Bezirksvorstand von Groß-Berlin darauf, daß es dem Wesen einer demokratischen Partei widerspreche, einen so fundamentalen Schritt wie die Vereinigung mit den Kommunisten auf parteiadministrativem Wege durch die Funktionäre besorgen zu lassen. Man verlangte, daß die Mitglieder selber in einer Urabstimmung ihren Willen kundtun sollten. Eine solche Urabstimmung ist in der sowjetischen Zone und auch in Ost-Berlin nicht gestattet worden, wohl aber in den Berliner Westsektoren. Das Ergebnis war eindeutig: fast 73 % der Westberliner SPD-Mitglieder beteiligten sich an der Abstimmung, die am 30. März 1946 stattfand. Hiervon sprachen sich 82 % gegen eine sofortige Vereinigung mit den Kommunisten aus. Gleichzeitig plädierten annähernd zwei Drittel der Abstimmenden für eine enge Zusammenarbeit zwischen den getrennten Parteien. 12,4 % erklärten sich für die Verschmelzung.

Unbeirrt durch dieses Votum des Parteivolks der Berliner Sozialdemokraten, rollte das Vereinigungsprogramm wie vorgesehen ab. Nach einer Welle von Propagandaveranstaltungen unter Druck und Förderung durch die sowjetische Militäradministration fanden am 19./20. April die getrennten Parteitage, am 21./22. April der Vereinigungsparteitag statt. Pieck und Grotewohl wurden zu Vorsitzenden der SED gewählt[9]). Die neue Partei erklärte sich in ihrem Programm vom 22. April 1946[10]) für den demokratischen Weg zum Sozialismus. Gleichzeitig wurde die sozialistische Zielvorstellung stärker betont als im KPD-Aufruf vom 11. Juni. Zunächst aber sollte es darauf ankommen, für eine Übergangsperiode eine antifaschistisch-demokratische Ordnung aufzurichten. Charakteristisch für das ideologische Selbstverständnis der neuen Partei war ein Artikel, den Anton Ackermann im Februar 1946 in der »Einheit«, einer Monatsschrift, zur Vorbereitung der sozialistischen Einheitspartei unter dem Titel »Gibt es einen besonderen deutschen Weg zum Sozialismus?« veröffentlicht hatte[11]). Hier wurde unter Betonung von Klassenkampf und Diktatur des Proletariats der Weg zum Sozialismus in der gegebenen Lage auch bei »Beschränkung auf rein gesetzliche Mittel« für möglich erklärt. Diese Taktik blieb nicht ohne Erfolg. In der Tat hat die SED viele Mitglieder registrieren können. Nach parteioffiziellen Angaben waren es im März 1947 1,7 Millionen. Für die Entwicklung der politischen Linie der SED sind die Gemeindewahlen in der sowjetischen Besatzungszone vom September 1946, die Landtagswahlen vom Oktober 1946 und die gleichzeitigen Berliner Magistratswahlen wichtig geworden. Damals konkurrierte die SED mit anderen inzwischen entstandenen Parteien um die Wählerstimmen (Liberal-Demokratische Partei, LDP; Christlich-Demokratische Union, CDU; außerdem konnten sogenannte demokratische Massenorganisationen eigene Kandidaten aufstellen). Beim Ergebnis für die Gemeindewahlen ist zu bedenken, daß hier die SED offiziell begünstigt wurde, indem das Recht zur Kandidatenaufstellung in den einzelnen Gemeinden davon abhängig gemacht wurde, ob sich die betreffende Partei lokal schon als Ortsgruppe konstituiert hatte. Es ergab sich folgendes Stärkeverhältnis: SED 57,1 %; LDP 21,1 %; CDU 18,8 %; demokratische Massenorganisationen 3 %. Bei den Landtagswahlen stellte sich das Ergebnis für die SED etwas ungünstiger dar, weil hier auf Landesebene auch die konkurrierenden Parteien organisiert waren: SED 47,8 %; LDP 22,7 %; CDU 26,5 %; Massenorganisationen 3 %. Gänzlich anders war jedoch das Ergebnis der zur gleichen Zeit durchgeführten Großberliner Magistratswahlen. Hier konnte neben der SED auch die SPD im Wahlkampf auftreten. Sie errang einen durchschlagenden Erfolg: SPD 48,7 %; SED 19,8 %; LDP 9,3 %; CDU 22,2 %. Das Ergebnis wurde von den Experten der SED als eine Katastrophe gewertet. Es konnte kein Zweifel sein, daß auch in der sowjetischen Besatzungszone ein ähnliches Ergebnis zustande gekommen wäre, wenn hier eine Konkurrenz der SPD gegen die SED erlaubt gewesen wäre. Die Wahlen zeigten, daß die SED trotz ihrer hohen Mitgliederzahl und trotz der günstigen Ergebnisse bei den Gemeindewahlen und abgeschwächt auch bei den Landtagswahlen in Wirklichkeit nur eine Minderheit des Volkes hinter sich hatte. Ihre starke Stellung beruhte darauf, daß sie sich auf die sowjetische Militäradministration stützen konnte. Da die sozialdemokratische Partei verboten war, gab es für sozialistisch gesonnene Wähler keine Alternative zur SED.

Die Konsequenz, die man in der SED aus diesem Wahlergebnis zog, bestand in einer starken Konzentration der inneren Energien auf die Schulung, die nun von der untersten bis zur obersten Schicht innerhalb der Partei durchgeführt wurde. Damit wurde in der Entwicklung der SED die nächste Phase, die Umwandlung in eine stalinistische Partei, vorbereitet. Ihr außenpolitischer Hintergrund war die wachsende Entfremdung der ehemaligen Kriegsalliierten. Die SED entwickelte sich zu dem, was man eine »Partei neuen Typus'« genannt hat. Sie richtete sich bewußt und programmatisch nach dem Leitbild der sowjetischen KPdSU aus, deren Führungsanspruch jetzt eindeutig und offen anerkannt wurde. Gerade dies hatte man in der ersten Phase der SED-Entwicklung vermeiden wollen. Jetzt aber wurde der sowjetische Kurzlehrgang über die Geschichte der KPdSU zur obligatorischen Grundlage für die Schulung in der SED. Während sich ein kritikloser Stalinkult entwickelte, ging man gleichzeitig mit Schärfe gegen alle Abweichungen von der neuen, nun offen stalinistischen Parteilinie, insbesondere gegen »sozialdemokratisch-reformistische« Konzeptionen vor. Dies führte dazu, daß auch das Bild der Geschichte von 1918—1933 erneut revidiert wurde. Wenn man in der ersten Phase der SED noch eine gewisse Selbstkritik in der Auseinandersetzung mit der Politik der KPD der Weimarer Zeit findet, so war dies jetzt nicht mehr der Fall: die reformistische Konzeption sozialdemokratischer Prägung rückte nun wieder in den Vordergrund als eine Abirrung, die es vor allem zu bekämpfen galt. Die Organisation der SED wurde gestrafft. Sie bildete nach dem Vorbild der Kommunistischen Partei der Sowjetunion in autoritärer und streng zentralisierter Weise zuverlässige Kader aus. Auch die in der KPdSU übliche Methode der Selbstkritik einzelner Personen wurde als innerparteiliches ideologisches Disziplinierungsmittel übernommen.

Diese Umwandlung der SED zu einer Partei neuen Typs nach dem Vorbild der KPdSU wurde durch die Entwicklung in Jugoslawien beschleunigt. Im Jahre 1948 kam es zum Bruch zwischen Tito und der Sowjetunion. Die Kommunistische Partei Jugoslawiens wurde von der KPdSU und der Kominform in Acht und Bann getan. In jener für die Geschichte des Weltkommunismus kritischen Lage entschied sich die SED eindeutig für die von der KPdSU vertretene politische Linie. Dies führte nun auch dazu, daß jene Theorie über die Möglichkeit unterschiedlicher Wege zum Sozialismus, wie sie von Ackermann in der Gründungsphase der SED formuliert worden war, preisgegeben werden mußte. Die Bolschewisierung der SED kam in einer Resolution des Parteivorstandes vom 16. September 1948 zum Ausdruck. Jeder Versuch, einen besonderen deutschen Weg zum Sozialismus konstruieren zu wollen, wurde nunmehr als eine Mißachtung des großen sowjetischen Beispiels gebrandmarkt. In einer Verlautbarung der Kommunistischen Partei der westlichen Zonen hieß es geradezu, das Verhalten zur Sowjetunion sei der Prüfstein für jeden Sozialisten. Nach einer solchen Festlegung der SED auf die sowjetische Führung mußte Anton Ackermann öffentlich Selbstkritik üben. Im »Neuen Deutschland« erschien am 24. September 1948 ein Artikel von ihm »Über den einzig möglichen Weg zum Sozialismus«. Ackermann empfahl jetzt, jene ernste theoretische Entgleisung seines früheren Artikels bis auf den letzten Rest auszumerzen. Er erklärte: »Diese Theorie enthält das Element einer Abgrenzung von der Arbeiterklasse und von der bolschewistischen Partei der Sowjetunion, ganz unbeschadet, ob man sich dessen bewußt war oder nicht, ob es beabsichtigt war oder nicht. Die Theorie von einem besonderen deutschen Weg zum Sozialismus läßt dem Antibolschewismus Raum, statt ihn entschieden und mit aller Kraft zu bekämpft.«[12]) Damit hatte die SED jene ideologische Basis gefunden, die sie seither auch durch die Krise des Aufstandes vom Juni 1953 hindurch behauptet hat.

Unter völlig anderen Voraussetzungen sind die Kommunisten nach dem Kriege in den westlichen Besatzungszonen angetreten[13]). Hier wurden die politischen Parteien nur mit Verzögerung zugelassen. Die Militärregierungen gaben erst durch Verordnungen vom September bis Dezember 1945 den Weg offiziell für die Bildung von Parteien frei. Die Kommunisten standen hier von vornherein in Konkurrenz zu anderen Parteien, insbesondere den Sozialdemokraten, die jeden Gedanken an eine Vereinigung verwarfen. Dennoch beabsichtigte die KPD, ihren Namen auch in den westlichen Zonen in SED umzuwandeln. Die westlichen Besatzungsmächte verweigerten ihre Zustimmung hierzu unter Berufung auf die Weigerung der sozialdemokratischen Partei, sich mit der KPD zu vereinigen. Auch die Umbenennung in »Sozialistische Volkspartei Deutschlands« wurde den Kommunisten verboten. Zunächst gehörten Vertreter der westzonalen Kommunisten zum Vorstand der SED. Aber sie sind später aus taktischen Gründen ausgeschieden, um die Selbständigkeit der westlichen Kommunistischen Partei im Verhältnis zur SED zu betonen. Ihr Vorsitzender wurde Max Reimann, ehemaliger Bergarbeiter, KP-Funktionär und Widerstandskämpfer, der 1945 aus dem Konzentrationslager befreit worden war. Tatsächlich war die KPD der SED-Führung untergeordnet und mit der SED den sowjetischen Direktiven. Die KPD der Westzonen erklärte, daß sie bedingungslos für die Politik der Sowjetunion eintrete. Ihre Mitgliederzahl betrug in den Westzonen nach parteioffizieller Angabe im Jahre 1947 324 000. In den kommenden Jahren sank die Anhängerschaft in der Bevölkerung schnell, wie sich an den Landtagswahlen ablesen läßt. 1946/47 errangen die Kommunisten in neun Länderparlamenten insgesamt 113 Abgeordnetenmandate. Bei den Landtagswahlen 1949/51 waren es nur noch 29 Sitze in fünf Länderparlamenten. Die Partei, der sich die breiten Schichten der Arbeiterschaft, soweit sie sozialistisch dachten, zugehörig fühlten, war nicht die KPD bzw. SED, sondern überall da, wo es zu freien Wahlen kam, die SPD.

Kern für die neu erstehende SPD[14]) wurde der hannoversche Kreis um Kurt Schumacher. Spontan hatten sich nach dem Zusammenbruch des nationalsozialistischen Regimes Ortsgruppen und Kreisverbände aus dem alten Mitgliederbestand gebildet. Ihre führende Schicht war schon in der Weimarer Zeit politisch aktiv gewesen. Sie wurde in der Beurteilung der Lage zunächst weitgehend von den traditionellen Leitvorstellungen der wirtschaftlichen und politischen Demokratie und des Klassenkampfes bestimmt. Vom 5.—7. Oktober 1945 versammelten sich im Kloster Wennigsen bei Hannover Vertreter zahlreicher Kreisverbände. An dieser ersten Parteikonferenz, die offiziell nur für die britische Zone abgehalten werden durfte, nahmen auch Grotewohl vom Berliner Zentralrat und Ollenhauer vom Parteivorstand in London teil. Auch Vertreter früher abgesplitterter radikaler Gruppen wie der Sozialistischen Arbeiterpartei und des Internationalen Sozialistischen Kampfbundes beteiligten sich an dem Zusammenschluß. Das Verhältnis der Sozialdemokraten zu den Kommunisten wurde nicht als eine bloß deutsche, sondern als eine Frage der internationalen Arbeiterbewegung angesehen. Von der SPD in der sowjetischen Zone hieß es in einem Rückblick des Jahrbuches der Sozialdemokratischen Partei Deutschlands 1946: »Ihre Anhänger sind in ihrer Freiheit und in ihrem Leben bedroht, wenn sie sich sozialdemokratisch äußern oder betätigen. Die Sozialdemokratische Partei Deutschlands erfaßt daher in ihrer Organisation heute nur die Sozialdemokraten, die in den Westzonen leben. Die Partei hat nicht die Macht, diesen Zustand zu ändern. Sie wird ihn aber nie anerkennen.«[15]) Die SPD war in der Weimarer Zeit im Unterschied zu den bürgerlichen Parteien eine Mitgliederpartei gewesen. Aufgrund der sehr starken Bindung des einzelnen Sozialdemokraten an die Partei und ihre vielfältigen Organisationen sozialer, kultureller und sportlicher Art trat sie unmittelbar nach dem Kriege sofort wieder mit einer großen Zahl eingeschriebener Mitglieder in Erscheinung. Ende 1946 waren es in Westdeutschland einschließlich Berlin 0,7 Millionen, im Juni 1948 0,89 Millionen (im Deutschen Reich 1913 0,983 Millionen, 1931 1,037 Millionen). Später sollte sich die

Kurve senken bis 0,59 Millionen im Jahre 1955. Erst danach begann ein neuer Anstieg. Die Zahl der Wählerstimmen im Verhältnis zu den Mitgliederstimmen nahm jedoch seit den ersten Nachkriegswahlen zu. Bei den Länderwahlen 1946/47 kamen auf ein Parteimitglied 7,4 Stimmen, die für die SPD abgegeben wurden, 1949 8,9 und bei den ersten Bundestagswahlen 11,4. Im Unterschied zur früheren SPD nahm unter ihren Wählern also der Anteil derjenigen ab, die in der Partei und ihren das Leben in seinen verschiedenen Bezügen erfassenden Untergliederungen organisiert waren. Die SPD entwickelte sich von einer Mitgliederpartei zu einer Rahmenpartei, wenn sie auch im Vergleich zu den bürgerlichen Parteien der Westzonen an Mitgliederzahl die weitaus stärkste blieb und über einen festen Kern treuer Anhänger verfügte. Jedenfalls stellte sie nicht mehr eine durch die marxistische Erlösungs- und Befreiungsideologie geprägte »demokratisch-proletarische Gegenkultur« (Th. Pirker) dar, die früher im Protest gegen die bürgerlich-feudale Kultur des Kaiserreiches und auch noch in der Weimarer Zeit den Zusammenhalt und den Geist ihrer Organisationen bestimmt hatte. Gegenüber der Masse der potentiellen Wähler, die nicht in einem engen Loyalitätsverhältnis zur Partei standen, erlangte daher die konkrete wirtschaftliche und politische Programmatik, mit der sie um die Stimmen warb, um so größere Bedeutung. Hier ist nun festzustellen, daß die SPD in den ersten Jahren des Wiederbeginns nicht zu einer neuen theoretischen Durchformulierung eines Programms im Stile etwa des Erfurter Programms von 1891 oder des Heidelberger Programms von 1925 gelangte. Das Eigentümliche dieser beiden großen Manifeste hatte darin bestanden, daß sich das Aktionsprogramm für den Befreiungskampf der Arbeiterklasse aus einer eingehenden Analyse des ökonomisch-sozialen Geschichtsprozesses ableitete. Aus der Überzeugung, daß es möglich sei, zwangsläufige Entwicklungen der Vergangenheit aufzuzeigen, war in jenen älteren Programmschriften die Gewißheit auch über die zukünftige Entwicklung abgeleitet worden. Solche Analysen fehlen in den ersten programmatischen Äußerungen der Partei nach 1945. Durch die historischen Umbrüche, die man erfahren hatte, war die frühere, am proletarischen Klassenbewußtsein und der marxistischen Zukunftsprognose orientierte theoretische Sicherheit verlorengegangen. Die starke politische Persönlichkeit Kurt Schumachers vermochte es jedoch, der Partei bis zu seinem Tode 1952 eine klare Richtung zu geben. Unter Verzicht auf einen dogmatischen Marxismus und unter starker Betonung der liberalen und demokratischen Menschenrechte warnte er vor einer »grobklotzigen Vereinfachung der Klassenkampfidee«. In der Gewinnung des Mittelstandes sah er die Voraussetzung für die Verwirklichung des Sozialismus. Aber wenn er auch den traditionellen Rahmen der SPD als Arbeiterpartei durchbrechen wollte, so blieb für ihn der Klassenkampf doch »die große gesellschaftliche Tatsache«. Kriterium der Klassengrenze war für ihn »nicht schlechthin die Tatsache des Eigentums an Produktionsmitteln ..., sondern der Umfang, die Intensität und die Anwendung der Eigentumsrechte. Das Unterscheidungsmerkmal«, so erklärte er, »ist die Frage, ob das Eigentum im Sinne der kapitalistischen Ausbeutung angewendet wird oder nicht«[16]). In hieraus sich ergebenden Leitsätzen zum Wirtschaftsprogramm wurde daher gefordert, daß der gewerbliche und bäuerliche Mittelstand geschützt, der Großgrundbesitz aufgesiedelt und die Großindustrie wie die Großfinanz, die Energiewirtschaft und das Verkehrswesen verstaatlicht werden sollten[17]). Als Vorstufe und Wegbereitung zur Sozialisierung galten die Entwicklung der Wirtschaftsdemokratie durch Ausdehnung der staatlichen Kontrollfunktionen über die Wirtschaft und durch Demokratisierung der Organe der wirtschaftlichen Selbstverwaltung. Ein solcher Gedankengang bewegte sich im Rahmen der gewerkschaftlichen Programmatik der Weimarer Zeit. Traditionsgeprägt war auch die Vorstellung, daß durch Vergesellschaftung »an die Stelle der kapitalistischen Unterkonsumtion infolge kapitalistischer Arbeiterausbeutung der sozialistische Reichtum treten« werde.

Die auf dem ersten Parteitag in Hannover am 11. Mai 1946 verabschiedeten Leitsätze entsprachen diesen Gedanken. Die bestehenden Eigentumsverhältnisse, so hieß es hier, seien das schwerste Hemmnis für die wirtschaftliche Erholung. Im Gegensatz zu den vorsichtigen Programmformulierungen der KPD und der SED erklärte die SPD: »Sozialismus ist nicht mehr ein fernes Ziel, er ist die Aufgabe des Tages.«[18]) Schumacher wurde einstimmig zum Parteiführer gewählt. Er lebte in der festen Überzeugung, daß nur der Sozialismus imstande sei, einen wirtschaftlichen Wiederaufschwung Deutschlands herbeizuführen und daß nach der Bildung eines deutschen Staates die SPD die politische Führung in Deutschland erlangen müsse und werde. Dieser Staat war für ihn nicht anders denkbar als eine parlamentarische Demokratie mit einer starken zentralen Staatsgewalt, keine föderalistische Gewaltenteilung also, wenn auch eine dezentralisierte Verwaltung. Nach außen hin sollte das neue Deutschland in eine internationale Organisation der Völker eingegliedert werden. Die SPD setzte sich geschlossener und entschiedener als in der Weimarer Zeit für die »Vereinigten Staaten von Europa« in Form einer demokratischen und sozialistischen Föderation ein[19]). Für Schumacher aber blieb dieses Endziel einer deutschen Integration in Europa immer gebunden an die Vorbedingung der Wiederzusammenführung der jetzt von den vier Besatzungsmächten beherrschten deutschen Gebiete. Er verzehrte sich in einem leidenschaftlichen Kampf für die einheitliche sozialistische, in einem liberaldemokratischen parlamentarischen Staate über ihr eigenes Schicksal verfügende deutsche Nation.

Allg. Lit. zur Parteiengesch. s. S. 3 u. S. 594 f.

1) Carola STERN, Ulbricht (1963); W. ULBRICHT, Zur Gesch. der neuesten Zeit. Die Niederlage Hitlerdtlds. u. die Schaffung der antifasch.-demokrat. Ordnung (Berlin-Ost 1955); ders., Die Entwicklung des dt. volksdemokrat. Staates 1945—1958 (Berlin-Ost [2]1959); ders., Zur sozialist. Entwicklung der Volkswirtschaft seit 1945 (Berlin-Ost 1959); ders., Zur Gesch. der dt. Arbeiterbewegung. Aus Reden u. Aufsätzen, 1918—1962 (10 Bde. Berlin-Ost 1953—66); E. W. GNIFFKE, Jahre mit Ulbricht. Vorwort von H. Wehner (1966). **2)** W. LEONHARD, Die Revolution entläßt ihre Kinder (1955, [17]1972); St. DOERNBERG, Die Geburt eines neuen Dtld. 1945—1949 (Berlin-Ost 1959). **3)** Aufruf des ZK der KPD in: O. K. FLECHTHEIM (Hg.), Dok. z. parteipol. Entwicklung 3, Nr. 196. **4)** O. GROTEWOHL, Im Kampf um die einige Dt. Demokrat. Republik. Reden u. Aufsätze, Auswahl aus den Jahren 1945—1953 (3 Bde. Berlin-Ost 1954). **5)** Aufruf vom 15. Juni 1945, in: O. K. FLECHTHEIM (Hg.), Dok. zur parteipolit. Entwicklung 3, Nr. 162. **6)** E. OLLENHAUER, Reden u. Aufsätze (1964). **7)** Lit. zur SPD im Exil s. S. 336. **8)** A. SCHOLZ / W. G. OSCHILEWSKI (Hg.), Turmwächter der Demokratie. Ein Lebensbild von Kurt Schumacher, Bd. 1: Sein Weg durch die Zeit (1954), Bd. 2: Reden u. Schriften (1953), Bd. 3: Als er von uns ging (1953); K. SCHUMACHER, Der Kampf um den Staatsgedanken in der dt. Soz.dem. (Tb. 1973), Erstveröff. der Dissertation. Neben dem Beitrag von A. SCHOLZ in dem o. g. Sammelwerk hervorzuheben: L. J. EDINGER, Kurt Schumacher. Persönlichkeit u. polit. Verhalten (a. d. Amerik. 1967), betont die marx. Elemente als konstitutiv für das polit. Denken Schumachers; W. RITTER, Kurt Schumacher. Eine Untersuchung seiner polit. Konzeption u. seiner Gesellschafts- u. Staatsauffassung (1964) sieht im Gegensatz hierzu sein polit. Denken durch die marx. Methode, aber nicht die Theorie bestimmt. — Kurzbiographien von einem seiner Mitarbeiter, Mitglied des Parteivorstands, F. HEINE, Dr. Kurt Schumacher (1969), u. seinem Fraktionsgenossen im Weimarer Reichstag u. im Bundestag H. G. RITZEL, Kurt Schumacher in Selbstzeugnissen u. Bilddokumenten (Tb. 1972); C. SCHMID, Kurt Schumacher als Redner, in: ders., Politik als geistige Aufgabe (1973). **9)** Dok. der Soz. Einheitspartei Dtlds. Beschlüsse u. Erklärungen des Zentralsekretariats u. des Parteivorstandes (12 Bde. Berlin-Ost 1948 bis 1971). — Carola STERN, Porträt einer bolschewist. Partei. Entwicklung, Funktion u. Situation der SED (1957); P. C. LUDZ, Parteielite im Wandel. Funktionsaufbau, Sozialstruktur u. Ideologie der SED-Parteiführung. Eine empirisch-systemat. Untersuchung (1968); H. WEBER, Die Soz. Einheitspartei Dtlds. 1946—1971 (1971); E. FÖRTSCH, Die SED (1969). Vgl. ferner § 98. — W. PIECK, Gesammelte Reden u.

Schriften (3 Bde. Berlin-Ost 1959—61). **10)** Dok. zur parteipolit. Entwicklung 3, Nr. 200. **11)** Ebd. Nr. 199. **12)** Ebd. Nr. 202. **13)** H. KLUTH, Die KPD in der Bundesrepublik. Ihre polit. Tätigkeit u. Organisation 1945—1956 (1959); G. PFEIFFER / H.-G. STRICKERT (Hg.), KPD-Prozeß (3 Bde. 1955—56), Dokumentarwerk zu dem Verfahren auf Feststellung der Verfassungswidrigkeit der KPD; M. REIMANN, Aus Reden u. Aufsätzen 1946—1963 (Berlin-Ost 1963); ders., Entscheidungen 1945—1956 (1973). **14)** A. KADEN, Einheit oder Freiheit. Die Wiedergründung der SPD 1945/46 (1964); Susanne MILLER, Die SPD vor u. nach Godesberg (1974); Th. PIRKER, Die SPD nach Hitler. Die Gesch. der Soz.dem. Partei Dtlds. 1945—1954 (1965), krit. von einem linken Standort her; H.-K. SCHELLENGER, The SPD in the Bonn Republic. A socialist party modernizes (The Hague 1968). **15)** Dok. zur parteipolit. Entwicklung 1, Nr. 16. **16)** Dr. Kurt SCHUMACHER, Programmatische Erklärungen vom 5. Okt. 1945, in: Dok. zur parteipolit. Entwicklung 3, Nr. 163. **17)** Leitsätze zum Wirtschaftsprogrammentwurf Dr. Kurt Schumachers von 1945, ebd. Nr. 164. **18)** Polit. Leitsätze vom Mai 1946, ebd. Nr. 166. **19)** R. HRBEK, Die SPD, Dtld. u. Europa 1945—1957 (Diss. Tübingen 1972).

§ 95 Die Neubildung von Parteien: CDU/CSU, Zentrum, FDP, DP, BHE und die Vertriebenenverbände

Die CDU ist ein neuartiges Gebilde unter den deutschen Parteien[1]). Weder in der kaiserlichen noch in der Weimarer Zeit hat es einen vergleichbaren politischen Zusammenschluß gegeben. Die CDU ist nicht nach einem einheitlichen Plan entstanden, und ihre Gründung erfolgte nicht von einer zentralen Stelle aus. Sie ist vielmehr das Ergebnis des Zusammenschlusses verschiedener spontaner, paralleler Initiativen. An vielen Orten kam es bereits in den ersten Monaten nach dem Kriege, bevor parteipolitische Betätigung offiziell erlaubt war, unabhängig voneinander zu Bestrebungen, unter christlichem Vorzeichen eine konfessionell und sozial weit gespannte Sammelpartei zu bilden. Dahinter stand die Erfahrung des politischen Scheiterns der zersplitterten bürgerlichen Parteien in der Weimarer Republik und das Erlebnis der Solidarität von Protestanten und Katholiken in der Zeit des Kirchenkampfes. Die Bildung der Union vollzog sich vor dem Hintergrund eines durch den Krieg lebendiger gewordenen gesamtchristlichen Bewußtseins. Schon nach dem Ersten Weltkrieg hatte sich in der ökumenischen Weltbewegung das Zusammengehörigkeitsgefühl der Christen vertieft, aber es hatte im deutschen Parteienwesen keinen entsprechenden politischen Ausdruck gefunden. Das Zentrum war, obwohl Volkspartei mit einer breiten Basis in verschiedenen sozialen Schichten, auch in der Weimarer Zeit eine vorwiegend katholische Partei geblieben. Die Deutschnationale Partei andererseits mit ihrer Anhängerschaft im konservativen Luthertum hatte keine dem Zentrum vergleichbare soziale Integrationskraft besessen. In der Zeit des Nationalsozialismus war dann in verschiedenen Widerstandsgruppen, vor allem im Kreisauer Kreis, für den zukünftigen Wiederaufbau Deutschlands der Plan gefaßt worden, unterschiedliche politische und soziale Interessen in einer breit angelegten Kooperation zusammenzuführen. Solche aus den Erfahrungen des Widerstands kommenden Impulse waren als Motive in den Gründungszirkeln der CDU wirksam. Hier sah man den entscheidenden Grund für das Scheitern der ersten deutschen Republik in dem Unvermögen der Weimarer Parteien, den Graben zwischen den verschiedenen sozialen Gruppen zu überbrücken und der negativen Weltanschauung des Nationalsozialismus die integrierende Kraft einer im Christentum verwurzelten politischen Ethik entgegenzustellen.

Der Name Christlich-Demokratische Union wurde in Berlin in einem Kreise geprägt, in dem mehrere Angehörige des aktiven Widerstandes gegen Hitler eine führende Rolle spielten, wie Andreas Hermes, Theodor Steltzer, Jakob Kaiser und Hans Lukaschek. Im Kreis um diese Männer fanden sich frühere Angehörige des Zentrums, der Demokraten, der Volkspartei und Konservative zusammen. Daneben hat das gewerkschaftliche Element mit Kaiser von den Christlichen und Ernst Lemmer von den Hirsch-Dunckerschen Gewerkschaften eine Rolle gespielt. Dazu kamen aktive kirchliche Protestanten wie Otto Heinrich von der Gablentz und der Landesbischof Otto Dibelius sowie Vertreter der Wissenschaft und des Geisteslebens wie der Chirurg Ferdinand Sauerbruch und der Herausgeber der Deutschen Rundschau Rudolf Pechel. Schon am 26. Juni 1945 wandte sich dieser Berliner Kreis unter dem Namen Christlich-Demokratische Union an das deutsche Volk. In der sowjetischen Besatzungszone wurde die Partei alsbald lizenziert. Unabhängig davon entstand der Kölner Kreis. Hier hatte der demokratische Flügel des Zentrums im Zusammenhang mit den Sozialbewegungen des Katholizismus wie dem Volksverein für das Katholische Deutschland und den Christlichen Gewerkschaften eine besondere Rolle gespielt. Dazu kam der maßgebende theoretische Einfluß der im Dominikanerkloster Walberberg bei Köln vertretenen Sozialphilosophie. In Schleswig-Holstein fanden sich sehr unterschiedliche Gruppen zusammen. In Ostholstein bildete sich unter den hier zahlreichen Flüchtlingen aus Ostdeutschland um den ehemaligen Landwirtschaftsminister Brünings, Hans Schlange-Schöningen, ein Kreis von Christlich-Konservativen[2]), während sich in Kiel Liberale der ehemaligen Volkspartei und der Demokratischen Partei in der Absicht zusammenfanden, rechts von der Sozialdemokratie eine bürgerliche Sammelpartei zu bilden. Theodor Steltzer aus dem Berliner Kreis, der als früherer Landrat in Rendsburg in der volkspädagogischen Bewegung eine Rolle gespielt hatte, half, die verschiedenen schleswig-holsteinischen Gruppen ähnlich wie in Berlin zusammenzuführen[3]). In einem in Frankfurt sich bildenden Kreis war die sozialreformerische Tendenz besonders stark ausgeprägt. Hier ist der aus der katholischen Jugendbewegung kommende Walter Dirks, 1946 Mitbegründer der »Frankfurter Hefte«, zu nennen. In Bayern ging der Anstoß zur Unionsbildung von Adam Stegerwald aus, der als Führer der Christlichen Gewerkschaften in der Weimarer Zeit ohne Erfolg für die Bildung einer überkonfessionellen christlichen Partei eingetreten war. Jetzt gewann er für seinen Gedanken den Münchener Rechtsanwalt Josef Müller, der mit der militärischen Opposition zusammengearbeitet und nach seiner Verurteilung wegen Hochverrats bis zum Kriegsende im Konzentrationslager gesessen hatte[3a]). Auch in Bayern vermochte die Union in allen sozialen Schichten Fuß zu fassen, stützte sich aber vornehmlich auf den bäuerlichen und gewerblichen Mittelstand.

Die erste überregionale Konferenz einer Anzahl dieser Gruppen aus verschiedenen Ländern fand im Dezember 1945 in Bad Godesberg statt. Hier einigte man sich auf den in Berlin geprägten Namen. In der Wortzusammenstellung »Christlich-Demokratische Union« kam die doppelte Absicht einer politischen Integration der konfessionellen und der sozialen Gruppen zum Ausdruck unter Vermeidung des Begriffs »Partei«, der durch die Erfahrungen mit dem an der Integrationsaufgabe gescheiterten Weimarer Parteienstaat belastet zu sein schien. Die bayerische Gruppe, die ebenfalls in Bad Godesberg vertreten war, hielt an ihrer Bezeichnung »Christlich-Soziale Union« fest. Im westlichen Besatzungsbereich wurde wie für alle Parteien so auch für die CDU zunächst nur in der britischen Zone ein die Länder übergreifender Parteizusammenschluß erlaubt. Zur beherrschenden Figur in der Union wurde in schnellem Aufstieg Konrad Adenauer[4]), obwohl er nicht zu den »Männern der ersten Stunde« zählte. Als ehemaliger Zentrumsangehöriger hatte er den Plänen zur Gründung einer neuen Partei zunächst abwartend gegenübergestanden, so sehr der Gedanke einer breiten politischen Zusammenarbeit von Katholiken und Protestanten Vorstellungen entsprach, die er selbst schon als Präsident des Katholikentags in München 1922 vertreten hatte. Im Jahre 1933 hatte er sein Amt als Oberbürgermeister von Köln verloren. Nach dem Kriege wurde er von den Amerikanern wieder eingesetzt, von der britischen Militärregierung aber im Oktober 1945 seines Amtes erneut enthoben. In der Zeit eines mehrmonatigen, von der Besatzungsmacht gleichzeitig mit seiner Amtsenthebung verfügten politischen Betätigungsverbots festigte sich bei ihm die Überzeugung von der Tragfähigkeit und den politischen Chancen der in der Entstehung begriffenen Union. Für deren Programm leistete er damals entscheidende Vorarbeit. Am 1. März 1946 wurde er in Neheim-Hüsten zum Parteivorsitzenden für die britische Zone gewählt. Zonenübergreifend bildeten die Unionsparteien der verschiedenen Besatzungsgebiete im Februar 1947 in Bad Königstein im Taunus eine Arbeitsgemeinschaft. Jedoch erst über ein Jahr nach Begründung der Bundesrepublik wurde am 20.—22. Oktober 1950 in Goslar mit Adenauer als Vorsitzendem die Bundespartei gegründet. Der späte Zeitpunkt dieses Zusammenschlusses erklärt sich aus dem stark föderalistischen Charakter der Union, deren Landesverbände auch jetzt ein hohes Maß an Selbständigkeit behielten. Die auf Bayern beschränkte Christlich-Soziale Union beharrte auf ihrer organisatorischen Unabhängigkeit bei enger politischer Kooperation mit der Schwesterpartei. Landesvorsitzender der CSU war von 1946—1949 Josef Müller[5]).

Wenn man nach der gedanklichen Grundlage der Union fragt, so stößt man als erstes auf das Problem des Verhältnisses von Christentum und Demokratie. Die Verbindung dieser beiden Begriffe im Parteinamen bedeutet ja keineswegs, daß sich das eine aus dem anderen ableite. Gewiß gibt es im Gemeindeprinzip des Calvinismus und der Freikirchen eine kirchliche Präformation der politischen Gemeinde, aber daneben steht die ältere und breitere Tradition der hierarchischen oder landesherrlichen Organisation der Kirche mit ihren monarchischen und autoritären Analogien. Die Verbindung dieser beiden Begriffe bedeutete zunächst nichts anderes, als daß nach den Erfahrungen der deutschen Geschichte in der Situation nach dem Zusammenbruch des Hitlerreiches die Demokratie den in dieser Partei sich engagierenden Christen als die einzig praktikable staatliche Ordnungsvorstellung erschien, um die sozialen und politischen Ziele, für die man sich einsetzen wollte, zu verwirklichen. Zu diesen Zielen gehörte auch die Gewährleistung von Schutz und Förderung für das Wirken der Kirche in Schule und Gesellschaft. Das Sozial- und Wirtschaftskonzept der CDU war in ihren Gründerjahren geprägt durch die Kapitalismuskritik der päpstlichen Sozialenzykliken, durch eine Kritik an der politischen Rolle, die Teile der Großindustrie in der Weimarer Zeit und im Nationalsozialismus gespielt hatten, und durch die Notwendigkeiten des Augenblicks, der zu fordern schien, den Mangel planwirtschaftlich zu verwalten. So hieß es in dem Aufruf der Berliner CDU vom 26. Juni 1945, daß die Notlage dazu zwinge, »den Aufbau unseres Wirtschaftslebens ... in straffer Planung durchzuführen«. Das Privateigentum, »das die Entfaltung der Persönlichkeit sichert«, wurde bejaht, aber zugleich betont, daß es »an die Verantwortung für die Allgemeinheit« gebunden sei. Der Bergbau und »andere monopolartige Schlüsselunternehmungen« sollten der Kontrolle durch die Staatsgewalt unterworfen werden, um diese für alle Zeiten »vor illegitimen Einflüssen wirtschaftlicher Machtzusammenballungen zu sichern«[6]). Die Kölner Leitsätze vom Juni 1945, an deren Entwurf die Dominikanerpatres Siemer und Welty maßgebend beteiligt waren, forderten unter der naturrechtlichen Leitidee des »Gemeinwohls« eine Neugestaltung der Eigentumsverhältnisse. Dazu hieß es in den Leitsätzen: »Das Gemeineigentum darf so weit erweitert werden, wie das Allgemeinwohl es erfordert; Post und Eisenbahn, Kohlenbergbau und Energieerzeugung sind grundsätzlich Angelegenheiten des öffentlichen Dienstes. Das Bank- und Versicherungswesen unterliegt der staatlichen Kontrolle.«[7]) Der von den Berlinern um den Gewerkschaftsführer Jakob Kaiser verwendete Begriff eines »christlichen Sozialismus« war für die Kölner Leitsätze ursprünglich vorgesehen, wurde aber fallengelassen[8]). Die Frankfurter Leitsätze vom September 1945 hingegen bekannten sich zu einem »wirtschaftlichen Sozialismus auf demokratischer Grundlage«[9]). Hierzu rechneten sie »die Überführung gewisser großer Urproduktionen, Großindustrien und

Großbanken in Gemeineigentum«. Der Großgrundbesitz sollte weitgehend aufgeteilt und in bäuerliches Eigentum überführt werden. Zudem wurde ein System planvoller Wirtschaftslenkung gefordert. Das Parteiprogramm der CDU der britischen Zone, das auf der Grundlage eines von Adenauer gefertigten Entwurfs auf der Sitzung des Zonenausschusses in Neheim-Hüsten am 1. März 1946 einstimmig verabschiedet wurde, erklärte »die Bedarfsdeckung des Volkes« zum Ziel aller Wirtschaft. Aus dem Persönlichkeitsprinzip wurde die Notwendigkeit abgeleitet, »ein soziales Recht zu schaffen, das Arbeitnehmer und Arbeitgeber zu gleichberechtigter Tätigkeit in Führung und Verantwortung verpflichtet. Hierdurch wird eine soziale Neuordnung in Wirtschaft und Gesellschaft und eine gerechte Verteilung des wirtschaftlichen Ertrages erreicht und der Geist des Klassenkampfes überwunden«. Um Ausmaß und Grenze der Sozialisierung entwickelten sich in Neheim-Hüsten kontroverse Diskussionen. Adenauer rückte dabei den Grundsatz des »machtverteilenden Prinzips« in den Vordergrund: jede zu starke wirtschaftliche Machtzusammenballung sei zu vermeiden, ebenso bei Einzelpersonen und Gesellschaften wie in der Hand des Staates. Er vertrat einen taktisch vermittelnden Standpunkt, und es gelang ihm, die Entscheidung in der Schwebe zu halten. Der in das Programm aufgenommene Kompromißbeschluß lautete: »Die sich aufdrängende Frage der Vergesellschaftung von Teilen der Wirtschaft ist zur Zeit nicht praktisch, da die deutsche Wirtschaft nicht frei ist. Bei ihrer späteren Regelung werden wirtschaftliche und politische Gesichtspunkte, vor allem das Allgemeinwohl maßgebend sein.« Immerhin gehörte zu den konkreten Programmpunkten, auf die man sich bereits jetzt einigte, die »Vergesellschaftung der Bergwerke«[10]). Am systematischsten wurde die Frage nach der sozialen Neugestaltung der Wirtschaft im Ahlener Programm für die britische Zone vom 3. Februar 1947 durchdacht. Es beginnt mit der lapidaren Feststellung, daß »das kapitalistische Wirtschaftssystem ... den staatlichen und sozialen Lebensinteressen des deutschen Volkes nicht gerecht geworden« sei. Eine »Neuordnung von Grund aus« müsse daher erfolgen. Unter dem Leitgedanken des machtverteilenden Prinzips werden monopolistische Gebilde des Privatkapitalismus ebenso verworfen wie ihre Ablösung durch einen Staatskapitalismus. Wo Unternehmungen monopolartigen Charakters aus wirtschaftlichen Gründen nicht entflochten werden können, sollen sie vergesellschaftet werden, und zwar unter Beteiligung der öffentlichen Hand, von Genossenschaften und der im Betrieb tätigen Arbeitnehmer unter Wahrung des erforderlichen Spielraums für die »dringend notwendige Unternehmerinitiative«. Solche Vergesellschaftung wurde vordringlich wie in Neheim-Hüsten für den Bergbau und jetzt darüber hinaus auch für die eisenschaffende Großindustrie vorgesehen. Gegenüber den vergesellschafteten Teilen der Großindustrie sollten Klein- und Mittelbetriebe besonders gefördert werden. Der äußeren Strukturveränderung der Wirtschaft entspricht im Ahlener Programm die Forderung nach einer Umgestaltung des Verhältnisses zwischen Arbeitgebern und Arbeitnehmern im Betrieb durch ein »Mitbestimmungsrecht der Arbeitnehmer an den grundlegenden Fragen der wirtschaftlichen Planung und sozialen Gestaltung« und in Großbetrieben mit mehrköpfigem Vorstand durch »Mitwirkung in der Leitung des Unternehmens«. Planung und Lenkung der Wirtschaft wurden damals von der CDU noch auf lange Zeit hinaus für erforderlich gehalten, allerdings unter dem Vorbehalt, daß sie nicht zum Selbstzweck werden dürften[11]).

Auch die CSU erkannte in ihrem »Grundsatzprogramm« vom Dezember 1946 unter Ablehnung sowohl des Wirtschaftsliberalismus als auch einer kollektivistischen Planwirtschaft das Recht des Staates an, »die Wirtschaft nach Gesichtspunkten des Gemeinwohls zu lenken«, ferner ein erweitertes Mitbestimmungsrecht der Arbeitnehmer auch in der Leitung und Verwaltung der Betriebe. Der Mittelstandsbetrieb wurde hier ausdrücklich als »die Grundlage einer gesunden Wirtschaft« bezeichnet.

Da sich für Bayern das Problem von Großbetrieben in der Montanindustrie nicht stellte, begnügte sich das Programm mit der Warnung, daß es in der Großwirtschaft unter keinen Umständen zur Bildung von »selbstsüchtigen und kapitalistischen Profitunternehmen« kommen dürfe[12]).

Alle diese Programmäußerungen der Unionsparteien sind Ausdruck eines tiefen Mißtrauens gegen eine unkontrollierte kapitalistische Großwirtschaft. In dieser Hinsicht berühren sie sich mit den Vorstellungen der sozialdemokratischen Partei. Auch die Bejahung des mittelständischen Betriebes als eines notwendigen Elementes der Wirtschaft sowie die Forderung nach Ausbau der Mitbestimmung finden sich hier und dort. Übereinstimmend wird ferner die Notwendigkeit einer staatlichen Wirtschaftslenkung, zumindest in der gegebenen Situation, anerkannt. Der Unterschied liegt weniger in den strukturellen Vorstellungen als in den Leitideen und den in den Parteien zur Wirkung gelangenden gesellschaftlichen Kräften. Die Sozialdemokratie und besonders auch Kurt Schumacher sahen unter ausdrücklicher Berufung auf Karl Marx den Klassenkampf als gegeben an und deuteten ihre Rolle in diesem Rahmen. Den CDU-Programmatikern hingegen kam es darauf an, den Klassenkampf zu überwinden und an seiner Stelle den Gedanken des wirtschaftlichen Gemeinwohls und der personalen Verantwortung zur Geltung zu bringen.

Obwohl die wirtschafts- und gesellschaftspolitischen Vorstellungen von SPD und CDU anfangs manche Gemeinsamkeiten aufwiesen, traten die Unterschiede der zugrunde liegenden Maximen scharf hervor, als im Prozeß der westdeutschen Staatsbildung konkrete Entscheidungen über die tatsächliche Richtung der Wirtschaftspolitik zu fällen waren. Ähnlich lassen sich auch in den außenpolitischen Leitbildern beider Parteien anfangs weitgehende Deckungsgleichheiten feststellen, bis sich in der Konfrontation mit ersten außenpolitischen Entscheidungsfragen nach Gründung der Bundesrepublik (Eintritt in die Ruhrbehörde und den Europarat, s. § 105) die unterschiedliche Prioritätsfolge der zugrunde liegenden Maximen herausstellte. Der Gegensatz verkörperte sich in den Personen der beiden Parteiführer, des Ostpreußen Schumacher und des Rheinländers Adenauer. Beide waren unerschütterte Patrioten, in der Zeit der Erniedrigung und der Not unbeirrt in ihrer Vaterlandsliebe, beide entschlossen, Konsequenzen aus der Katastrophe zu ziehen, in die sich das deutsche Volk durch einen übersteigerten Nationalismus hatte hineinreißen lassen, beide überzeugt, daß die Zukunft Deutschlands in seiner festen Einfügung in einen Bund europäischer Staaten liege. Aber Adenauer beurteilte die Lage Deutschlands anders als Schumacher, anders aber auch als innerhalb der CDU der Berliner Parteigründer Jakob Kaiser, dessen Plan, Berlin zum Sitz einer gesamtdeutschen CDU-Leitung zu machen, durch Adenauer zu Fall gebracht wurde. Adenauer war schon 1945 davon überzeugt, daß die Aufteilung Deutschlands in eine sowjetische und die westlichen Besatzungszonen zur politischen Teilung Deutschlands auf lange Zeit führen werde. Diese illusionslos eingeschätzte Lage Deutschlands eröffnete ihm aber zugleich die Chance, jetzt mit größerer Aussicht auf Erfolg sein in den zwanziger Jahren gescheitertes Konzept zu verwirklichen, den Schwerpunkt Deutschlands von Berlin in den Westen zu verlagern und von der rheinischen Basis aus eine wirtschaftliche und politische Integration, wenn nicht des gesamten Deutschland, so zunächst doch eines Teils von ihm in Westeuropa zu betreiben. Dies geschah nicht im Verfolg eines deutlich umrissenen Plans über die Form einer solchen Eingliederung Deutschlands in den Westen, sondern vollzog sich als Reaktion auf wechselnde Situationen. Seine taktisch wechselreiche Politik hatte sich auch in seiner eigenen Partei gegen manche Widerstände durchzusetzen. Sie erhielt jedoch von Anfang an einfache und klare Konturen durch die stetig verfolgte Maxime einer Priorität der europäischen Integration vor der nationalen Einigung Deutschlands. Voraussetzung für die Durchführung einer solchen Politik war die Schaffung einer innenpolitisch tragfähigen Basis, die dem Kölner Oberbürgermeister in der Weimarer Republik gefehlt hatte. CDU/CSU blieben in ihrer Mitgliederzahl weit hinter der SPD (vgl. § 94) zurück (1947 ca. 650 000 Mitglieder, davon je 250 000 in der sowjetischen und britischen Zone, ca. 120 000 in der amerikanischen und ca. 30 000 in der französischen Zone; Mitte 1948 ca. 450 000 Mitglieder in den westlichen Besatzungszonen, 1954 215 000 Mitglieder ohne Bayern[12a]). Sie hatte in der ersten Zeit ihres Bestehens weitgehend den Charakter einer lockeren Honoratiorenpartei. In den Wahlergebnissen überflügelte sie jedoch fast überall die SPD, wenn sie auch auf Koalitionsbildungen mit anderen bürgerlichen Parteien angewiesen blieb.

In einer veränderten Situation wurden 1947/48 die sozialistischen Elemente des Gesellschaftskonzeptes der Gründerzeit der Unionspartei vom Prinzip der »sozialen Marktwirtschaft« verdrängt, unter dessen Vorzeichen sich der wirtschaftliche Aufschwung Westdeutschlands vollziehen sollte (vgl. § 103).

In der sowjetischen Besatzungszone erreichte die CDU unter der Führung von Andreas Hermes[13]) (1945—1946) und Jakob Kaiser[14]) (1945—1948) einen relativ hohen Mitgliederbestand. Ihr fehlte jedoch unter den dort gegebenen politischen Bedingungen die freie Entfaltungsmöglichkeit in Konkurrenz zu anderen Parteien. Die Entwicklung führte zu ihrer schließlichen Gleichschaltung (vgl. § 98).

Den Kern der CDU bildete vielerorts die Anhängerschaft des ehemaligen Zentrums. Aber nicht alle Angehörigen des Zentrums schlossen sich dem überkonfessionellen Zusammenschluß der Unionsparteien an. Sie waren besorgt, daß infolge der Einbeziehung protestantisch-konservativer Elemente aus dem Lager der politischen Rechten die frühere Zielsetzung des Zentrums nicht mehr zur Geltung kommen könnte. Daher beschlossen sie, die alte Partei unter dem ehemaligen Namen wiedererstehen zu lassen. Allerdings wollte auch das neue Zentrum grundsätzlich überkonfessionell sein. Es orientierte sich betont nach links und hätte am liebsten eine deutsche Labour Party unter Beteiligung der Sozialdemokraten entstehen lassen. Aber dieser Gedanke konnte nicht zum Zuge kommen angesichts der auf ihren alten treuen Mitgliederbestand gestützten wiedererstandenen SPD. In ihrer gedanklichen Grundlegung ging die Zentrumspartei nach 1945 ausdrücklich auf naturrechtliche Vorstellungen zurück. Neben der CDU, die auf die gleiche theologisch-philosophische Tradition zurückgriff, hat sich das Zentrum jedoch nicht behaupten können. Es kam niemals über wenige Abgeordnete hinaus[15]).

Die dritte der größeren Parteien, aber mit deutlichem zahlenmäßigen Abstand zur SPD und zur CDU/CSU, ist die FDP[16]). Die Freien Demokraten konnten nicht wie die SPD und teilweise die Unionsparteien auf frühere kompakte Wählerschichten und auf Mitgliederorganisationen im vorpolitischen Raum wie Gewerkschaften und kirchliche Vereine zurückgreifen. Der Herausbildung einer klar profilierten liberalen Partei stand ferner der Umstand entgegen, daß das liberale Gedankengut, soweit es sich auf die Staats- und Rechtsordnung bezog, weitgehend von den beiden anderen großen Parteien übernommen worden war. Schließlich war auch der Gedanke der bürgerlichen Sammlung, wie er von manchen Angehörigen der früheren bürgerlichen Mittelparteien vertreten wurde, bereits durch die christlichen Unionsparteien okkupiert. So sah sich eine neue liberale Parteigründung darauf beschränkt, diejenigen bürgerlichen Kräfte zu sammeln, die die notwendige Integration der Mitte nicht unter das Vorzeichen einer bewußten christlichen Wertorientierung stellen wollten und die in der Wirtschaftspolitik Konzessionen an gemeinwirtschaftliche bzw. sozialistische Gedanken ablehnten. Der politische Liberalismus des Kaiserreiches und der Weimarer Republik war durch zwei Hauptströmungen geprägt worden: durch die Nationalliberalen mit ihrer Fortsetzung in der Deutschen Volkspartei und die Fortschrittlich-Freisinnigen mit ihrer Fortsetzung in der Demokratischen Partei. Beide Strömungen fanden sich, soweit sie nicht von den Unionsparteien und in sehr viel geringerem Maße auch von den Sozialdemokraten aufgenommen wurden, in der FDP wieder. Deren Geschichte war wie die der früheren liberalen Bewegung von heftigen inneren Richtungskämpfen bestimmt, je nachdem, ob die staatlich-nationale oder die demokratisch-soziale Komponente, die sich beide in der liberalen Tradition fanden, stärker betont wurde. Unabhängig voneinander entstanden seit 1947 in den verschiedenen Ländern und Zonen liberale Parteien mit unterschiedlichem Namen, zuerst in Berlin. Durch die sowjetische Militäradministration erhielten hier die ehemaligen demokratischen Reichsminister Wilhelm Külz[17]) und Eugen Schiffer[18]) bereits am 10. Juni 1945 für die ganze sowjetische Besatzungszone die Lizenz zur Gründung einer »Liberal-Demokratischen Partei Deutschlands« (LDP). Für die behinderten Entwicklungsmöglichkeiten dieser Partei und ihre schließliche Gleichschaltung unter dem monopolistischen Führungsanspruch der SED gilt das gleiche wie für die Zonen-CDU (vgl. § 98). In Nordbaden-Württemberg entstand mit Theodor Heuss[19]) als Vorsitzendem und Reinhold Maier[20]) unter Wiederaufnahme eines in der schwäbischen Tradition verankerten Parteinamens eine »Demokratische Volkspartei« (DVP), die am 6. Januar 1946 (Dreikönigstag) ihren ersten Parteitag veranstaltete. In Bayern legten sich ähnliche Gruppierungen unter Thomas Dehler[20a]) den Namen »Freie Demokratische Partei« (FDP) zu, in Hessen nannten sie sich »Liberal-Demokratische Partei« (LDP). Unter den entstehenden liberalen Länderparteien in der britischen und in der französischen Zone begegnete man ebenfalls unterschiedlichen Namen für die liberale Sammlung wie »Partei Freier Demokraten« (Hamburg), »Demokratische Union« (Schleswig-Holstein), »Demokratische Volkspartei« (Bremen), »Sozialer Volksbund« (Pfalz), »Liberale Partei« (Rheinhessen), »Demokratische Partei« (Rheinland-Pfalz). Die verschiedenen Landes- und Zonenparteien schlossen sich für den westlichen Besatzungsbereich erst am 12. November 1948 zur »Freien Demokratischen Partei« zusammen, behielten aber einen hohen Grad von Selbständigkeit. Zum Vorsitzenden wurde Theodor Heuss gewählt. Die neue Partei verzichtete der Unterschiedlichkeit der in ihr vereinigten Richtungen entsprechend auf die Formulierung eines umfassenden, allgemeinverbindlichen Parteiprogramms. Die FDP verstand sich damals als rechts von der CDU stehend. Dementsprechend erfolgte später die Sitzverteilung im Bundestag, so fragwürdig eine solche Zuweisung sein mag. Sie traf allenfalls zu für die wirtschafts- und gesellschaftspolitische Ausgangssituation der FDP, die im Unterschied sowohl zur SPD als auch zur CDU jeden Gedanken an Sozialisierung wie an Wirtschaftsdemokratie ablehnte. Kulturpolitisch stand die FDP in Nachwirkung antiklerikaler Überlieferungen des Liberalismus den Sozialdemokraten näher als den Unionsparteien. Den theoretischen Bezugspunkt, auf den sich die Partei zwar nicht programmatisch festlegte, der aber doch deutlich in ihrem Selbstverständnis spürbar ist, stellt der sogenannte Neoliberalismus dar, wie er insbesondere von dem in der schweizerischen Emigration lebenden deutschen Nationalökonomen Wilhelm Röpke[21]) und dem an der London School of Economics lehrenden Friedrich August v. Hayek[22]) entwickelt wurde. Der Neoliberalismus ist freilich nicht mit dem Programm einer bestimmten Partei gleichzusetzen. So wurde er später weitgehend von den Unionsparteien rezipiert. Im Unterschied zu dem klassischen Liberalismus, der durch das Bestreben geprägt worden war, dem Individuum gegenüber dem übermächtigen Staat eine Freiheitssphäre zu garantieren, ist der Neoliberalismus gegen den gesellschaftlichen Totalitarismus kommunistischer und nationalsozialistisch-faschistischer Ausprägung entwickelt worden. Er sucht nach Mitteln und Wegen, um innerhalb der modernen Industriegesellschaft, die unter dem Druck überpersönlicher monopolistischer Machtzusammenballungen wirtschaftlicher und gewerkschaftlicher Art steht, die Freisetzung individueller Kräfte zu gewährleisten. Angesichts kollektiver Bedrohungen aus dem Raume der Wirtschaft und der Gesellschaft besinnt sich der Neoliberalismus stärker als der klassische Liberalismus auf den Staat, der die Funktion eines Instrumentariums gewinnt, um das Individuum gegen den gesellschaftlichen Kollektivismus zu schützen.

Der Stimmenanteil der FDP ist bei den ersten Wahlen zu den Gemeinde- und Länderparlamenten der Westzonen sehr unterschiedlich gewesen, am stärksten mit ungefähr 20 % in Baden und Württemberg. Bei der ersten Bundestagswahl 1949 errang die FDP 53 Mandate von insgesamt 410. Der tatsächliche politische Einfluß dieser Partei war aber größer, als es ihrer numerischen Stärke entsprach. Sie verfügte über eine große Anzahl fähiger und geschulter Kräfte und war für parlamentarische Mehrheitsbildungen so gut wie unumgehbar.

Auf der eigentlichen politischen Rechten ist es nach dem Zweiten Weltkrieg nicht zu Parteibildungen gekommen, die sich nach Größe und Einfluß mit den entsprechenden Vorläuferparteien des Kaiserreiches oder der Weimarer Republik vergleichen ließen. Die »Deutsche Partei«[23]), die sich als konservativ verstand, entwickelte sich aus einer regionalen Partei mit ihrem eigentlichen Rückhalt im welfisch-niedersächsischen Raum. Ihre Vorläuferin war die »Deutschhannoversche Partei«, die sich aus Protest gegen die Annektierung des Landes durch Preußen 1866 gebildet hatte und auch noch in der Weimarer Zeit für die Wiedergewinnung der Eigenständigkeit des früheren Hannover als Land eingetreten war. Im Juni 1945 als »Niedersächsische Landespartei« neu begründet, nahm sie auf einer Landesversammlung in Celle 1947 den Namen »Deutsche Partei« an. Zu ihren Mitbegründern gehörten der Oberschlesier Hans-Christoph Seebohm und der pommersche Konservative Hans-Joachim v. Merkatz. Außenpolitisch forderte die Partei eine klare Westorientierung. Es sei der Fluch der deutschen Außenpolitik seit 80 Jahren gewesen, »daß wir immer nur abwartend nach Westen und Osten geschielt haben, niemals schlüssig, niemals zu einem klaren Bekenntnis fähig«[24]). Innenpolitisch war die Partei entschieden föderalistisch. Ihre Anhängerschaft hatte sie besonders bei den niedersächsischen Großbauern. Wirtschaftspolitisch vertrat sie ähnliche Auffassungen wie die FDP. Kulturpolitisch stand sie in der Nähe der CDU. Gegen rechtsradikale Tendenzen grenzte sie sich scharf und eindeutig ab. In Niedersachsen konnte sie bei den ersten Landtagswahlen 19 % der Stimmen auf sich vereinigen. In den ersten Bundestag entsandte sie 17 Abgeordnete. Ihr späterer Niedergang Ende der fünfziger und Anfang der sechziger Jahre zeigt, daß für eine vorwiegend bäuerlich bestimmte konservative Partei ohne ein der Industriegesellschaft angepaßtes Staats- und Gesellschaftskonzept keine dauerhafte Chance bestand.

Die gleiche Feststellung gilt für die »Bayernpartei«. 1946 gegründet, vertrat sie unter Führung des aus der CSU ausgeschiedenen ersten bayerischen Landwirtschaftsministers Josef Baumgartner die Forderung nach einem »selbständigen, lebensfähigen bayerischen Staat im Rahmen einer deutschen und europäischen Staatengemeinschaft«[25]). Den Zusammenschluß der deutschen Länder erstrebte sie lediglich in der Form eines Staatenbundes. Sie stützte sich auf den bäuerlichen und gewerblichen Mittelstand. Bis in die sechziger Jahre spielte sie in der bayerischen Innenpolitik eine Rolle. Im ersten Deutschen Bundestag war sie genau wie die Deutsche Partei mit 17 Abgeordneten vertreten. Neben den genannten Parteien gab es in den ersten Nachkriegsjahren auf der äußersten Rechten einige unbedeutende Splittergruppen wie die »Deutsche Aufbaupartei«, die sich später »Deutsche Rechtspartei« nannte. Ein politisches Gebilde, das hinsichtlich Ideologie und Anhängerschaft in der Nachfolge der verbotenen NSDAP stand, war die am 20. Oktober 1949 gegründete und 1951 durch das Verfassungsgericht verbotene »Sozialistische Reichspartei« (SRP)[26]). Trotz anfänglicher regionaler Wahlerfolge — z. B. bei den niedersächsischen Landtagswahlen 1951 11 % der Stimmen — hat der radikale Nationalismus in Deutschland nach

1945 keine politische Chance mehr besessen.

Ein besonderes soziales und politisches Problem stellten die Flüchtlinge und Vertriebenen dar. Alle Parteien bemühten sich um sie. Aus natürlich gegebenen Konflikten zwischen Zugewanderten und der eingesessenen Bevölkerung entstanden besonders in den Gebieten, in denen sich die Flüchtlinge massierten, lokale Interessengruppen, aus denen Anfang 1950 der in Schleswig-Holstein gegründete »Block der Heimatvertriebenen und Entrechteten« (BHE) erwuchs[27]). Er erhielt bei den Landtagswahlen in Schleswig-Holstein im Juli 1950 nicht weniger als 23,4 % aller Stimmen. Mit der im Verlaufe der Zeit geglückten Eingliederung der Zugewanderten in die westdeutsche Wirtschaft und Gesellschaft verlor diese Parteigründung später ihre Basis.

Die Frage, was aus den Millionenmassen der Vertriebenen, Flüchtlinge und Zugewanderten werden solle, stellte sich aber nicht nur der besonderen Interessenvertretung des BHE, sondern allen politischen Parteien als die vordringlich zu lösende soziale Aufgabe[28]). Würde es gelingen, die Heimat- und Besitzlosen in den Wiederaufbau von Wirtschaft, Staat und Gesellschaft einzubeziehen, oder würden sie als ein sozial deklassierter Fremdkörper ein neues Proletariat bilden? Würde ihre Verbundenheit mit ihrer verlorenen ostdeutschen Heimat ihren natürlichen Ausdruck in der Pflege von Mundart, geschichtlicher Erinnerung und ehemaligem Nachbarschaftszusammenhang finden, oder würde die in den ersten Nachkriegsjahren noch nicht preisgegebene Hoffnung, vielleicht in die Heimat zurückkehren zu können, die Form eines politischen Revanchismus annehmen? Daß es den politischen Kräften gelang, diese Frage im Sinne einer positiven Integration zu lösen, ist nicht zuletzt das Verdienst der Vertriebenenorganisationen. Der 1949 als Zusammenschluß zahlreicher Einzelgruppen entstandene »Zentralverband vertriebener Deutscher« (später »Bund vertriebener Deutscher«, BvD) setzte sich für wirtschaftliche und soziale Hilfsmaßnahmen zur Förderung des Eingliederungsprozesses ein, der dazu führte, daß die Ostdeutschen zu einem nicht mehr herauslösbaren Element der westdeutschen Gesellschaft wurden. Hier liegt eine große geschichtliche Leistung der Vertriebenenverbände. Daneben bildeten sich Landsmannschaften, die vornehmlich der Pflege von persönlichem Zusammenhalt und heimischem Brauchtum dienten. Landsmannschaften und Bund vertriebener Deutscher schlossen sich 1958 zum »Bund der Vertriebenen/Vereinigte Landsmannschaften und Landesverbände«, BdV, zusammen. Das politische Selbstverständnis dieses Bevölkerungsteils bekundete sich in der »Charta der Deutschen Heimatvertriebenen« vom 5. August 1950. Unter Verzicht auf Rache und Vergeltung wurde hier die zukunftweisende Forderung ausgesprochen, das Recht auf Heimat als ein menschliches Grundrecht anzuerkennen, als praktische Maßnahme aber zugleich eine gerechte Verteilung der Kriegslasten und der sinnvolle »Einbau aller Berufsgruppen der Heimatvertriebenen in das Leben des deutschen Volkes« gefordert[29]). Die Polarität zwischen den beiden Forderungen, des Rechtes auf Heimat und der Eingliederung in die westdeutsche Gesellschaft, ist in der Charta nicht aufgelöst. Es blieb vieldeutig, was unter dem Recht auf Heimat eigentlich zu verstehen sei: allgemeine Verurteilung künftiger Vertreibungen in der Welt, Wiedergewinnung der Ostgebiete oder das Recht des einzelnen, in seine Heimat zurückzukehren, falls unter den veränderten gesellschaftlichen Verhältnissen überhaupt eine Bereitschaft dazu bestand. Entscheidend war, daß für alle praktischen Zwecke, was immer unter dem Recht auf Heimat verstanden werden mochte, der Blick der Vertriebenen durch die Charta auf die wirtschaftliche und soziale Eingliederung in die westdeutsche Bevölkerung hin orientiert wurde.

Die Polarität der beiden Zielsetzungen findet sich in ähnlicher Weise in der Programmatik der großen Parteien. Kurt Schumacher hat mit besonderer Eindringlichkeit in seinen frühen Reden auf die Sozialproblematik der Flüchtlinge hingewiesen und auf den politischen Sprengstoff, der sich hier ansammeln konnte, wenn nicht energisch ein Lastenausgleich in Angriff genommen wurde. Zugleich aber erhob die SPD in ihren politischen Leitsätzen vom Mai 1946 den »Anspruch auf die Erhaltung Deutschlands als eines nationalen, staatlichen und wirtschaftlichen Ganzen«[30]). Die Potsdamer Formel vom Deutschland in den Grenzen von 1937 war der Ausgangspunkt der deutschlandpolitischen Forderungen aller Parteien. So erklärte die FDP auf ihrem Bremer Parteitag vom 11. und 12. Juni 1949: »Jede Behandlung der Fragen der Heimatvertriebenen ist für die Freie Demokratische Partei verbunden mit der Forderung der Rückgabe der Gebiete Deutschlands ostwärts der Oder-Neiße-Linie. Die Freie Demokratische Partei wird einer Verewigung der jetzigen Regelung niemals zustimmen, sondern unablässig ihre Bemühungen darauf richten, daß den Heimatvertriebenen ihre alte Heimat wiedergegeben wird.«[31]) In einer Resolution der CDU auf ihrem ersten Bundesparteitag in Goslar vom 20.—22. Oktober 1950 schließlich findet sich — ähnlich wie in programmatischen Formulierungen des BHE — ein direkter Reflex der Charta der vertriebenen Deutschen mit einem Bekenntnis zu Gesamtdeutschland und zum Recht auf Heimat einerseits und zur gleichberechtigten Eingliederung der Vertriebenen in die westdeutsche Bevölkerung andererseits[32]).

Es ist in einem früheren Kapitel (§ 90) dargelegt worden, wie die Frage der zukünftigen Gestaltung Deutschlands zwischen den Alliierten zunächst in der Schwebe gehalten wurde und wie sich Schritt um Schritt mit der Auseinanderentwicklung der Kriegsallianz die kommende Teilung Deutschlands ankündigte. Als die neu entstandenen Parteien in den ersten Jahren nach dem Kriege sich dem Problem der Heimatvertriebenen gegenübergestellt sahen, war der Verlust der Ostgebiete und die deutsche Spaltung im Bewußtsein der meisten Deutschen jedoch noch keineswegs besiegelt. Erst allmählich wurde erkennbar, daß schon vor dem endgültigen Auseinanderbrechen der Kriegsallianz die ersten Schritte zur tatsächlichen Spaltung Deutschlands in der strukturellen Auseinanderentwicklung der sowjetischen und der westlichen Besatzungszonen getan worden waren.

Allg. Lit. zur Parteiengesch. s. S. 3 u. S. 594 f.

1) Dokumente der CDU. Zusammengestellt durch ein Kollektiv von Mitarbeitern der Parteileitung der CDU (9 Bde. 1956—1972); H. PÜTZ (Hg.), Konrad Adenauer u. die CDU der brit. Besatzungszone. Dok. zur Gründungsgesch. der CDU Dtlds. (1975). — L. SCHWERING, Frühgesch. der Christl.-Demokrat. Union (1963); H. G. WIECK, Die Entstehung der CDU u. die Wiedergründung des Zentrums im Jahre 1945 (1953); ders., Christl. u. Freie Demokraten in Hessen, Rheinland-Pfalz, Baden u. Württemberg 1945/46 (1958); Konrad-Adenauer-Stiftung (Hg.), Christl. Demokraten der ersten Stunde (1966); G. SCHULZ, Die CDU, in: M. G. LANGE u. a., Parteien in der Bundesrepublik (1955); E. DEUERLEIN, CDU/CSU 1945—1957 (1957); A. J. HEIDENHEIMER, Adenauer and the CDU. The rise of the leader and the integration of the party (The Hague 1960); W.-D. NARR, CDU-SPD. Programm u. Praxis seit 1945 (1966). 2) H. SCHLANGE-SCHÖNINGEN, Am Tage danach (1946). 3) Zu STELTZER s. § 82. 3a) J. MÜLLER, Bis zur letzten Konsequenz. Ein Leben für Frieden u. Freiheit (1975). 4) K. ADENAUER, Erinnerungen (4 Bde. 1965—1968). Zu seinem Persönlichkeitsbild aus Beobachtung der späteren Jahre: Anneliese POPPINGA, Meine Erinnerungen an Konrad Adenauer (1970); H. OSTERHELD, Konrad Adenauer. Ein Charakterbild ([3]1974); A. BARING (Hg.), Sehr verehrter Herr Bundeskanzler! Heinrich v. Brentano im Briefwechsel mit Konrad Adenauer, 1949—1964 (1974). — Zum Stand der Adenauer-Lit. vgl. H. GRIESER in GWU 27 (1976); P. WEYMAR, Konrad Adenauer. Die autorisierte Biographie (1955); T. PRITTIE, Konrad Adenauer. Vier Epochen dt. Gesch. (a. d. Engl. 1971); K. DREHER, Der Weg zum Kanzler (1972); R. MORSEY / K. REPGEN (Hg.), Adenauer-Studien (3 Bde. 1971), in Bd. 1: R. MORSEY, Der polit. Aufstieg Konrad Adenauers 1945—1949 (erweit. Fassung in K. GOTTO / H. MAIER / R. MORSEY / H.-P. SCHWARZ, Konrad Adenauer. Seine Dtld.- u. Außenpolitik 1945—1963, Tb.

1975) u. H.-P. SCHWARZ, Das außenpolit. Konzept Konrad Adenauers; ferner die entsprechenden Abschnitte in H.-P. SCHWARZ, Vom Reich zur Bundesrepublik. Dtld. im Widerstreit der außenpolit. Konzeptionen in den Jahren der Besatzungsherrschaft 1945 bis 1949 (1966). — Für das später voll entwickelte Regierungssystem Adenauers vgl. A. BARING, Außenpolitik in Adenauers Kanzlerdemokratie (1969, Tb. 1971), darin auch über die Grundlegung der Außenpolitik Adenauers. — Aus der Lit., die aus Anlaß des 100. Geburtstages Adenauers erschien, ist als biographisch informativ für die frühe Zeit hervorzugeben: H. STEHKÄMPER (Hg.), Konrad Adenauer. Oberbürgermeister von Köln (1976). **5)** W. BERBERICH, Die hist. Entwicklung der Christl.-Soz. Union in Bayern bis zum Eintritt in die Bundesrepublik (Diss. Würzburg 1965); A. MINTZEL, Die CSU. Anatomie einer konservativen Partei (1975). **6)** Dok. zur parteipolit. Entwicklung 2, Nr. 94. **7)** Ebd. Nr. 95. **8)** Zur Unterscheidung eines »christl. Sozialismus« (Berlin) von einem »Sozialismus aus christl. Verantwortung« (Frankfurt) in den Programmdiskussionen der CDU: W.-D. NARR, S. 79 ff. **9)** Dok. zur parteipolit. Entwicklung 2, Nr. 96. **10)** Ebd. Nr. 99. **11)** Ebd. Nr. 100. Adenauer läßt sich in seinen Erinnerungen über das Ahlener Programm nicht näher aus. Er übergeht völlig die Frage nach dem Verhältnis von Taktik u. Grundsatz in jenen Formulierungen. Auch in der bisherigen Adenauer-Forschung ist diese Frage nicht deutlich beantwortet. **12)** Ebd. Nr. 113. **12a)** Zahlen nach H. KAACK, Gesch. u. Struktur des dt. Parteiensystems (1971), S. 494. **13)** S. Lit. § 97, Anm. 15. **14)** S. Lit. § 98, Anm. 8. **15)** Zur Zielsetzung der Dt. Zentrumspartei s. das Soester Programm von 1945 u. das Kultur-, Wirtschafts- u. Sozialprogramm von 1946, in: Dok. zur parteipolit. Entwicklung 2, Nr. 119 u. 120. **16)** M. GUTSCHER, Die Entwicklung der FDP von ihren Anfängen bis 1961 (1967); H. G. WIECK, Christl. u. Freie Demokraten (s. o. Anm. 1). **17)** A. BEHRENDT, Wilhelm Külz (Berlin-Ost 1968). **18)** E. SCHIFFER, Ein Leben für den Liberalismus (1951); vgl. § 27. **19)** Th. HEUSS, Die großen Reden (1965); ders., Aufzeichnungen 1945—1947, hg. v. E. PIKART (1966); K. D. BRACHER, Theodor Heuss u. die Wiederbegründung der Demokratie in Dtld. (1965); J. C. HESS, Theodor Heuss vor 1933. Ein Beitrag zur Gesch. des demokrat. Denkens in Dtld. (1973). **20)** R. MAIER, Ein Grundstein wird gelegt. Die Jahre 1945—1947 (1964); ders., Erinnerungen 1948—1953 (1966). **20a)** Th. DEHLER, Reden u. Aufsätze (1969). **21)** W. RÖPKE, Civitas Humana. Grundfragen der Gesellschafts- u. Wirtschaftsreform (Erlenbach/Zürich 1944, ³1950). **22)** F. A. v. HAYEK, Freedom and the economic system (Chicago ²1940); ders., The Road to Serfdom (Chicago 1944, dt. ²1971). **23)** H. MEYN, Die Dt. Partei. Entstehung u. Problematik einer national-konservativen Rechtspartei nach 1945 (1965). Zur Gesch. d. kleinen Parteien vgl. auch M. ROWOLD, Im Schatten d. Macht. Zur Oppositionsrolle d. nicht-etablierten Parteien i. d. Bundesrep. (1974). **24)** E. EHRLICH, Dt. Partei — Konservatives Gewissen, nach: Das Parlament, 8. 2. 1956, in: Dok. zur parteipolit. Entwicklung 1, Nr. 10 a. **25)** Ebd. Nr. 117. **26)** O. BÜSCH / P. FURTH, Rechtsradikalismus im Nachkriegsdtld. Studien über die »Soz. Reichspartei« (SRP) (1957). **27)** F. NEUMANN, Der Block der Heimatvertriebenen u. Entrechteten 1950—1960. Ein Beitrag zur Gesch. u. Struktur einer polit. Interessenpartei (1968). **28)** E. LEMBERG / F. EDDING, Die Vertriebenen in Westdtld. Ihre Eingliederung u. ihr Einfluß auf Gesellschaft, Wirtschaft, Politik u. Geistesleben (3 Bde. 1959); M. M. WAMBACH, Verbändestaat u. Parteienoligopol. Macht u. Ohnmacht der Vertriebenenverbände (1971); H. W. SCHÖNBERG, Germans from the East, A study of their migration, resettlement and subsequent group history (Den Haag 1970). — Kritik an der Vertriebenenpolitik durch den Leiter des »Zentralverbandes der vertriebenen Deutschen« (ZvD) Linus KATHER, Die Entmachtung der Vertriebenen (2 Bde. 1964/65). **29)** Text Keesings Archiv, 1950, Nr. 2521 C. **30)** Dok. zur parteipolit. Entwicklung 3, Nr. 166. **31)** Ebd. 2, Nr. 125. **32)** Ebd. 2, Nr. 102 b.

§ 96 Die wirtschaftliche Ausgangslage

Um die Startbedingungen für die wirtschaftliche Entwicklung in der sowjetischen und in den westlichen Besatzungszonen vergleichend zu beurteilen, seien die Hauptdaten über die Produktionsstruktur vor dem Kriege, die Kriegsschäden sowie die Demontage und Reparationseinbußen gegenübergestellt. Für die Anteile an der Vorkriegswirtschaft Deutschlands in den Grenzen von Potsdam ergibt sich folgender Überblick:

	Westzonen	Sowjetische Besatzungszone	Berlin
Gebiet	70 %	30 %	
Landwirtschaftlich genutzte Fläche (1937)	63 %	37 %	
Bevölkerung (1939)	67 %	26 %	7 %
Nettoindustrieproduktion (1936)	65 %	26 %	9 %

Das sowjetische Besatzungsgebiet gehörte ebenso wie die Westzonen zu den wirtschaftlich hochentwickelten Regionen Mitteleuropas. Dabei war es mit einem im Vergleich zur Bevölkerung höheren Anteil an der Landwirtschaft in seiner Rahmenstruktur wirtschaftlich ausgeglichener als die Westzonen. An landwirtschaftlicher Nutzfläche kamen im Jahre 1946 auf einen Einwohner in der Sowjetzone 3845 qm, davon waren Ackerfläche 2944 qm. In den Westzonen lauten die entsprechenden Zahlen für den erheblich niedrigeren Anteil 3234 und 1893 qm[1]). Der Grad der Selbstversorgung mit Nahrungsmitteln war in der Sowjetzone höher als in den Westzonen, obwohl die Ernteerträge pro Hektar dort stärker absanken als hier. Die mitteldeutsche Industrie befand sich vor und im Kriege in einem schnelleren Wachstumsprozeß als die westdeutsche. In der Zeit zwischen 1936 und 1944 war der industrielle Produktionsindex in Mitteldeutschland um 45 %, in Westdeutschland um 29 % gestiegen. Die industrielle Nettoproduktion pro Kopf der Bevölkerung lag in Mitteldeutschland ohne Berlin im Jahre 1939 mit 725 RM erheblich höher als in Westdeutschland mit 609 RM[2]). Für die mitteldeutsche Wirtschaft waren hochwertige Qualitätsprodukte charakteristisch in der Herstellung von Konsum- wie von Industriegütern und Fahrzeugen. Eine führende Stellung besaß sie in der optischen Industrie (Zeiss, Jena), im Flugzeugbau (Junkers, Dessau) und in bestimmten Zweigen der chemischen Industrie (Leuna-Werke bei Merseburg, Buna- und Stickstoffherstellung). An Bodenschätzen hingegen verfügte sie nur über einige Nichteisenmetalle, nicht aber über Kohle außer der industriell nur begrenzt verwendbaren Braunkohle. Das wichtigste Zentrum der deutschen Schwerindustrie lag am Rhein und an der Ruhr. Deswegen war die mitteldeutsche Industrie noch stärker als die westdeutsche in Ein- und Ausfuhr überregional verflochten. Zwei Drittel der Erzeugung und des Verbrauchs an Industrieprodukten Mitteldeutschlands wurden innerdeutsch bzw. international ein- bzw. ausgeführt. Für Westdeutschland waren die Vergleichsziffern ein Drittel bei den Bezügen, zwei Drittel bei den Lieferungen. Durch die Aufhebung der wirtschaftlichen Einheit Deutschlands, wie sie sich aus dem ungelösten Reparationsproblem ergab, wurde daher die Industriewirtschaft Mitteldeutschlands besonders hart getroffen, während für die Bevölkerung der britischen und amerikanischen Zone der Ausfall der innerdeutschen Agrarzufuhren bedeutete, daß sie für ihr bloßes Überleben auf die Hilfe von außen angewiesen war.

Die deutsche Wirtschaft war im Krieg durch Bomben, Erdkampf, Selbstzerstörung und Investitionsausfall in der Konsumgüterindustrie hart getroffen worden. Genaue Berechnungen über die Schäden sind unmöglich. Schätzungsweise ergibt sich eine Minderung der Produktionskapazität des Jahres 1944 um 15—20 %, wobei allerdings die verschiedenen Produktionszweige sehr unterschiedlich in Mitleidenschaft gezogen worden waren: am geringsten die Montanindustrie mit 10 %, am stärksten die Fahrzeugindustrie mit 40 % und die Herstellung synthetischer Treibstoffe mit 50 %[3]). In etwa trifft auch die Feststellung zu, daß die Industriekapazität durch die Kriegszerstörungen auf den Stand von 1936 reduziert worden sei[4]). So schwer diese Schäden waren, der Krieg hatte die Substanz der deutschen Wirtschaft keineswegs vernichtet. Die Bombenangriffe hatten sich in der letzten zerstörerischen Kriegsphase weniger gegen Industrieanlagen gerichtet als gegen Eisenbahnen, Brücken und Wohnsiedlungen. Hierdurch wurde die deutsche Wirtschaft funktionsunfähig, aber ihr Potential blieb weitgehend erhalten. Nun sah der Industrieplan des Kontrollrates vom März 1946 vor, das Zerstörungswerk des Krieges fortzusetzen, wenn auch nicht in der Radikalität des Morgenthau-Plans, so doch in einem solchen Ausmaße, daß die deutsche industrielle Erzeugung für die Dauer auf 70—75 % des Standes von 1936 beschränkt werden sollte: »Damit wäre Deutschland auf das Jahr 1932 zurückgeworfen worden, auf eben jene Verhältnisse, welche Hitler auf den Weg zur Macht gebracht hatten.«[5]) Neben dem Verbot ganzer Industriezweige wie Werftindustrie, Flugzeugbau, Bau von Funkgeräten, Kugellagern, schweren Werkzeugmaschinen und Traktoren, synthetischer Treibstoffgewinnung, Buna usw. wurden für fast alle anderen Industriezweige Produktionsbegrenzungen verfügt, so für die chemische, Eisen-, Elektro- und Autoindustrie. Nur der Kohlenbergbau und die Landwirtschaft blieben ausgenommen.

Die tatsächlich durchgeführten Demontagen hatten in der sowjetischen und in den westlichen Zonen ein unterschiedliches Ausmaß. Um das Gesamtergebnis vorwegzunehmen: Der Produktionsausfall der Sowjetzone betrug Ende 1946 gegenüber dem Stand von 1944 etwa 75 %. Hiervon entfiel rund ein Viertel auf Kriegsschäden, drei Viertel auf Demontagen. Der Kapazitätsverlust wird auf etwa 55 % des Volumens von 1936 geschätzt. Die Vergleichszahlen für Westdeutschland lauten 8 % Kapazitätsverlust aufgrund von Demontagen und 10 % aufgrund von Kriegsschäden. Ein großer Teil der stark reduzierten Produktion der Sowjetzone ging als Reparationslieferung in die Sowjetunion. Wenn die Sowjetunion von Deutschland insgesamt eine Reparationsleistung in Höhe von 10 Milliarden Dollar forderte, so ergeben vorliegende Schätzungen, daß der Wert der durch die sowjetische Besatzungszone erstellten Leistungen an Demontagen, Besatzungskosten, Lieferungen aus der laufenden Produktion (etwa 54 % der gesamten Reparationssumme) und Leistungen der SAG (vgl. § 98) erheblich darüber lag und bis 1953 eine Gesamtsumme von 66,4 Milliarden RM bzw. (nach den Preisen von 1938) von 17,1 Milliarden Dollar erreichte[6]). Für die britische und amerikanische Zone führte das Scheitern der alliierten Zusammenarbeit zu einer Revision der Demontageliste im Jahre 1947, nachdem General Clay für die amerikanische Zone schon im Frühjahr 1946 die Durchführung neuer Demontagen praktisch eingestellt hatte. Weitere Kürzungen folgten nach der Gründung der Bundesrepublik, bis endlich im April 1951 die Demontagen gänzlich aufhörten. Die Bezifferung ihres Gesamtwertes schwankt in alliierten und deutschen Schätzungen zwischen 1,5 und 5 Milliarden RM. Einschließlich beschlagnahmter deutscher Auslandsvermögen sowie beschlagnahmter Patente, Warenzeichen und Firmennamen hat man die Gesamtreparationsleistung gegenüber dem Westen auf 20—25 Milliarden RM geschätzt (außerdem zahlte die Bundesrepublik Deutschland seit 1952 etwa 30 Milliarden DM Wiedergutmachungsleistungen an andere Länder für Schäden, die durch politische Verfolgungen seit 1933 entstanden waren). Der tatsächliche Produktionsstand lag in den ersten Nachkriegsjahren aber weit unterhalb der noch bestehenden Produktionskapazität. Bezogen auf das Jahr 1936 betrug er im dritten Vierteljahr 1945 12 %, im Durchschnitt des Jahres 1946 33 % und im Durchschnitt der drei ersten Vierteljahre von 1947 37 %. Danach trat für die Industrie in der amerikanischen und britischen Zone aufgrund des revidierten Industrieplans und der Zonenvereinigung eine Beschleunigung der Aufwärtsentwicklung ein. Zusätzlich gaben die Währungsreform und die Liberalisierung der Wirtschaft im Jahre 1948 Anstöße für eine rapide, die Industrieentwicklung in der sowjetischen Zone weit überholende Zuwachsrate. Die Bundesrepublik Deutschland erreichte den Produktionsstand von 1936 bereits Ende 1949, die sowjetische Besatzungszone erst im Jahre 1954. In der Zeit vor dem Wendepunkt in der Entwicklung der westlichen Zonen im Jahre 1947 hingegen kam die Industrie in der sowjetischen Zone rascher in Gang, wobei der für die sowjetische Zone geschätzte Wert im zweiten Halbjahr 1946 bei 49 % der Produktion von 1936 lag, für die amerikanische Zone bei 44 %, für die britische Zone bei 34 %.

Für den in allen Zonen bei den genannten Unterschieden niedrigen Produktionsstand nach dem Kriege sind außer der Zerstörung der Verkehrswege und der partiellen Nomadisierung der Bevölkerung infolge der Zerstörung der Städte zwei weitere Faktoren in Rechnung zu stellen. Der eine ist die Unterbindung aller Handelskontakte nach außen. Es ist dem deutschen Kaufmann in der ersten Nachkriegszeit kaum möglich gewesen, Verbindung mit seinen Geschäftspartnern in den anderen Besatzungszonen aufzunehmen, geschweige denn mit seinen Lieferanten und Käufern im Ausland. Die Abwicklung von Geschäften wurde durch die schwerfällige Militärbürokratie der Besatzungsmächte belastet. Zudem fehlte für den deutschen Produzenten der Anreiz zum Export, da ihm seine Ware lediglich zum offiziellen Reichsmarkpreis gutgeschrieben wurde.

Ware und Geld aber waren in ein inflationäres Mißverhältnis zueinander geraten. Das durch den Krieg aufgeblähte Geldvolumen betrug bei Kriegsende in Deutschland etwa 298 Milliarden gegenüber 56,4 Milliarden Ende 1938. Dieser Geldfülle stand ein Minimum an Waren gegenüber. Voraussetzung für jeden wirtschaftlichen Neubeginn mußte die Reform der Währung sein. Es ist allerdings nicht zu übersehen, daß die Inflation der Jahre 1945—1948 nicht entfernt das Ausmaß der Geldentwertung des Jahres 1923 angenommen hat.

Als strukturelle Reformmaßnahme war in Potsdam zwischen den Alliierten die Entflechtung und Dekartellierung der deutschen Wirtschaft beschlossen worden. Insbesondere die Amerikaner legten Wert hierauf. Sie glaubten, mit der Auflösung monopolistischer Unternehmungen innerhalb der deutschen Wirtschaft eine der wesentlichen Voraussetzungen zu beseitigen, aus denen sie die Entstehung des Nationalsozialismus erklärten. Erst die spätere, noch keineswegs abgeschlossene Forschung über das Verhältnis von Großindustrie und Nationalsozialismus hat gezeigt, daß dieses Verhältnis komplizierter ist, als daß es sich in das einfache Schema von Ursache und Folge pressen ließe. Das Dekartellierungs- und Entflechtungsprogramm berührte die Richtung der Wirtschaftspolitik in der sowjetischen Besatzungszone insofern überhaupt nicht, als die hier sich allmählich ausprägende staatliche Verwaltungswirtschaft zu einer neuen Konzentration von politischer und wirtschaftlicher Macht führte. In den westlichen Zonen wurde die Entflechtung zunächst in einigen Wirtschaftszweigen durchgeführt, um in einer späteren Phase der Entwicklung einer wirtschaftlich bedingten Tendenz erneuter finanzieller und industrieller Konzentration zu weichen. Von der Auflösung betroffen wurden insbesondere die IG-Farbenindustrie, die Vereinigten Stahlwerke und einige Großbanken wie Commerzbank, Deutsche Bank und Dresdner Bank.

Als statist. Grundlage unentbehrlich: K. MEHNERT / H. SCHULTE (Hg.), Dtld.-Jahrbuch 1949 (1949); Wirtschaftsstatistik der dt. Besatzungszonen 1945—1948, in Verbindung mit der dt. Produktionsstatistik der Vorkriegszeit (1948); erster systemat. Versuch eines Überblicks, als Zeitdok. wichtig: Dt. Inst. f. Wirtschaftsforsch. (Hg. F. FRIEDENSBURG), Die Dt. Wirtschaft zwei Jahre nach dem Zusammenbruch. Tatsachen u. Probleme (1947); ders., Wirtschaftsprobleme der Besatzungszonen (1948); zusammenfassende Darstellung über die Wirtschaft Dtlds. in den Grenzen von Potsdam: K. HÄUSER, Die Teilung Dtlds., in: G. STOLPER u. a., Dt. Wirtschaft seit 1870 (1964). — B. GLEITZE, Ostdt. Wirtschaft (1956); W. F. STOLPER, The Structure of the East German Economy (Cambridge, Mass. 1960); R. JOCHIMSEN, Die gesamtwirtschaftl. Entwicklung in der DDR, GWU 17 (1966); J. P. NETTL, Die dt. Sowjetzone bis heute. Politik, Wirtschaft, Gesellschaft (a. d. Engl. 1953). — A. PIETTRE, L'économie allemande contemporaine (Allemagne occidentale) 1945—1952 (Paris 1952); J. FRANÇOIS-PONCET, La Politique économique de l'Allemagne occidentale (Paris 1970); W. TREUE, Die Demontagepolitik der Westmächte nach dem Zw. Weltkrieg (1967); N. BALABKINS, Germany under direct controls. Economic aspects of industrial disarmament 1945—1948 (New Brunswick 1964); M. MANZ, Stagnation u. Aufschwung in der franz. Besatzungszone von 1945 bis 1948 (Diss. Mannheim 1968); W. ABELSHAUSER, Wirtschaft in Westdtld. 1945—1948. Rekonstruktion u. Wachstumsbedingungen in der amerik. u. brit. Zone (1975), betont das vorhandene Potential u. dessen Ausbau vor Währungsreform, Marshallhilfe u. Soz. Marktwirtschaft, um deren Einschätzung für den westdt. Wirtschaftsaufschwung zu relativieren. — G. LEPTIN, Die dt. Wirtschaft nach 1945. Ein Ost-West-Vergleich (1970). Ein informationsreicher Vergleich der wirtschaftl. Ausgangslage in beiden Teilen Dtlds. findet sich in: Bundesmin. f. innerdt. Beziehungen (Hg.), Bundesrepublik Dtld. — DDR. Systemvergleich 3. Materialien zum Bericht zur Lage der Nation 1974, bearb. v. P. C. LUDZ u. a. (1974).

1) Dtld.-Jahrbuch 1949, S. 141. **2)** B. GLEITZE, Ostdt. Wirtschaft, S. 173. **3)** Diese Schätzung nach A. PIETTRE, L'économie allemande contemporaine, S. 65; ebenso M. BALFOUR, Four-Power Control in Germany 1945—46 (London 1956), S. 11. **4)** J. P. NETTL, Die dt. Sowjetzone, S. 125: »Allgemein wird geschätzt, daß die unmittelbaren Kriegseinwirkungen die Industriekapazität des deutschen Gebietes innerhalb der durch das Potsdamer Abkommen gesetzten Grenzen auf den Stand von 1936 reduziert hatten, daß also nur die zusätzlichen Investitionen von 1936 bis 1944 zerstört wurden.« Geringer veranlagen den Grad der Zerstörung die »Materialien zum Bericht zur Lage der Nation 1974« (s. o.), S. 308: »Empirische Untersuchungen weisen nach, daß das Bruttoanlagevermögen der Industrie im Gebiet der heutigen Bundesrepublik Deutschland noch während des Krieges durch die Auslagerung von Produktionen und durch andere Maßnahmen stark zunahm und im Jahr 1944 seinen höchsten Stand erreichte. Kriegszerstörungen, die hauptsächlich die Gebäude und weniger die Kapitalausrüstung trafen, und Demontagen senkten die Gesamtkapazität bis 1948 auf das Niveau von 1939.« **5)** K. HÄUSER in: G. STOLPER, Dt. Wirtschaft, S. 211. **6)** Zahlen nach: Bremer Ausschuß für Wirtschaftsforschung, Am Abend der Demontage. Sechs Jahre Reparationspolitik (1951), bei: R. JOCHIMSEN, Die gesamtwirtschaftl. Entwicklung, S. 715; Angabe in Dollar nach: Materialien z. Bericht z. Lage d. Nation 1974 (s. o.), S. 405, Anm. 222.

§ 97 Gewerkschaften und gesellschaftliche Veränderungen in der sowjetischen und in den westlichen Besatzungszonen

Wenn auch in den ersten Nachkriegsjahren die politische Verfügungsgewalt über die Wirtschaft in den Händen der Besatzungsmächte lag, so wurden doch im deutschen Volk in Auseinandersetzung mit der Politik der Besatzungsmächte damals bereits die grundlegenden Vorentscheidungen für die später wieder selbst zu verantwortende Wirtschafts- und Sozialpolitik getroffen. Von großer Bedeutung war die Haltung der Gewerkschaften. Aufgrund der geschichtlichen Erfahrungen schien es geboten, die frühere Zersplitterung in Richtungsgewerkschaften zu vermeiden. Schon kurz vor der Zerschlagung der Gewerkschaften unter Hitler hatten am 28. April 1933 Vertreter der Freien, der Christlichen und der Hirsch-Dunckerschen Gewerkschaften — so Theodor Leipart, Jakob Kaiser, Wilhelm Leuschner, Adam Stegerwald und Ernst Lemmer — einen »Führerkreis der Vereinigten Gewerkschaften« gebildet in der trügerischen Hoffnung, vielleicht durch eine solche Zusammenfassung der Kräfte unter gleichzeitiger Loyalitätserklärung gegenüber dem Regime in einer Mischung von Anpassung und Widerstand (G. Beier) eine Möglichkeit zur Selbstbehauptung zu finden[1]). Später hatten Gewerkschaftsführer eine aktive Rolle in der Widerstandsbewegung gespielt. Hier war der Plan gefaßt worden, nach Beseitigung Hitlers eine einheitliche »Deutsche Gewerkschaft« zu bilden.

Solche Pläne ehemaliger Gewerkschaftsführer im Widerstand entsprachen den Wünschen an der Basis. Im Zuge der Besetzung Deutschlands kam es in Betrieben und Ortschaften zu spontanen gewerkschaftsartigen Zusammenschlüssen von Arbeitern. Dies schien zunächst ganz im Sinne eines Aufrufs zu sein, den General Eisenhower im März 1945 erlassen hatte. Die Bildung von demokratischen Gewerkschaften sollte erlaubt sein. Tatsächlich jedoch wurden wie in der sowjetischen, so auch in den westlichen Besatzungszonen alle spontanen Zusammenschlüsse, seien es antifaschistische Komitees, Betriebsräte oder Gewerkschaftsgruppen, alsbald wieder aufgelöst. So geschah es in Aachen, Hamburg und andernorts. Der Grund für dieses Vorgehen, das im Widerspruch zu der wohl nur propagandistisch zu verstehenden Proklamation Eisenhowers stand, ist in dem tiefen Mißtrauen der Siegermächte gegenüber dem deutschen Volk insgesamt einschließlich seiner ehemaligen gewerkschaftlichen Massenorganisationen und nicht nur gegen dessen führende Schichten zu sehen.

Die Möglichkeiten der Kontrolle über neu erstehende deutsche Massenorganisationen waren in der sowjetischen Besatzungszone größer als im Westen, da dort die Besatzungsmacht mit den aus der Emigration zurückgekehrten Kommunisten über eine ihr unbedingt ergebene politische Gruppe verfügte. Nun sah das Potsdamer Abkommen die Bildung freier Gewerkschaften vor mit der charakteristischen Einschränkung, daß die Aufrechterhaltung der militärischen Sicherheit Vorrang haben sollte. Bereits vor der Potsdamer Konferenz jedoch, nämlich am 10. Juni 1945, wurden in der Sowjetzone ähnlich wie die Parteien, so auch die Gewerkschaften mit einem erheblichen zeitlichen Startvorsprung vor den westlichen Besatzungszonen ins Leben gerufen, und zwar ähnlich wie die Parteien von vornherein für die gesamte Zone. Der »Freie Deutsche Gewerkschaftsbund« (FDGB) entstand als eine Einheitsgewerkschaft mit zentralisierter Führungskompetenz gegenüber den einzelnen Industriegewerkschaften, aus denen er sich zusammensetzte. An der Gründung und anfänglichen Entwicklung waren auch christliche und demokratische Gewerkschaftsführer beteiligt wie Jakob Kaiser und Ernst Lemmer. Nach Bildung der SED verstärkte sich der kommunistische Einfluß, bis schließlich der FDGB in seiner Satzung vom 3. September 1950 die führende Rolle der SED anerkannte. Damit löste sich der FDGB aus der bisherigen Entwicklung der Gewerkschaften, zu deren Selbstverständnis die Unabhängigkeit gegenüber politischen Parteien gehört hatte. Mit der Errichtung einer strikten Staatskontrolle über die in den Prozeß der Sozialisierung gelenkte Wirtschaft der sowjetischen Besatzungszone entfiel aber auch das Streikrecht als die stärkste Waffe im Kampf um die Verbesserung der Arbeitsbedingungen. Die eigentliche Aufgabe der Gewerkschaften in der Sowjetzone bestand nunmehr darin, in den Betrieben für die Erfüllung der von der politischen Führung gesetzten wirtschaftlichen und gesellschaftlichen Ziele zu sorgen. Daneben erhielt der FDGB eine politische Erziehungs- und Kontrollfunktion. In seinem Verhältnis zu den westlichen Gewerkschaften wurde er ein propagandistisch wirkungsvolles Instrument zur Vertretung der sowjetischen Deutschlandpolitik gegenüber der westlichen. Seine Mitgliederzahl betrug Ende 1946 ca. 4 Millionen gegenüber etwa 3 Millionen in den Gewerkschaften der Westzonen. Der Grund für die absolut und relativ so viel stärkere Entwicklung der Gewerkschaften in der sowjetischen Besatzungszone ist darin zu erblicken, daß hier die Mitgliedschaft Voraussetzung für jedes berufliche Fortkommen wurde und daß in den westlichen Zonen die Besatzungsmächte der Bildung von Gewerkschaften zunächst zurückhaltend gegenüberstanden. Um ihren demokratischen Aufbau zu gewährleisten, wollte man eine langsame stufenweise Entwicklung von unten nach oben. In der amerikanischen und französischen Zone wurde der gewerkschaftliche Zusammenschluß lediglich innerhalb der einzelnen Länder und nur im britischen Verantwortungsbereich im April 1947 für die gesamte Zone erlaubt. Es sind vom November 1946 ab mehrere Interzonenkonferenzen auch unter Beteiligung von Vertretern des FDGB durchgeführt worden. Im August 1948 erfolgte der Bruch zwischen den Gewerkschaften der sowjetischen und der westlichen Zonen, aber erst am 13. Oktober 1949, d. h. nach der Begründung der Bundesrepublik, wurde der Deutsche Gewerkschaftsbund (DGB) mit Hans Böckler als seinem ersten Vorsitzenden gegründet[2]). In seinem organisatorischen Aufbau besitzen die einzelnen Industriegewerkschaften, aus denen er sich zusammensetzt, ein starkes Eigengewicht im und gegenüber dem Bundesvorstand. Dieser föderative Aufbau des Deutschen Gewerkschaftsbundes ist auf die starke Einflußnahme der britischen Militärregierung zurückzuführen. Im Gegensatz hierzu hätten manche deutschen Gewerkschaftsführer eine stärkere zentrale Führung gewünscht. Für die spätere Machtstellung der Gewerkschaften in Westdeutschland wurde es entscheidend, daß sich mit der Gründung des DGB der Gedanke der Einheitsgewerkschaft durchsetzte. Der neue unselbständige Mittelstand allerdings schuf sich eine eigene Interessenvertretung in der »Deutschen Angestellten-Gewerkschaft« (DAG, 1948).

Unbestritten war zwischen den westlichen Besatzungsmächten und den neuen Gewerkschaften, daß zu ihren zentralen Aufgaben das Aushandeln kollektiver Tarifverträge gehörte. Darüber hinaus entwickelten die Gewerkschaften selber im Unterschied namentlich zu den Vorstellungen der amerikanischen Besatzungsmacht ein soziales Reformprogramm. Sie forderten in Übereinstimmung mit Sozialdemokraten und Christlichen Demokraten die Vergesellschaftung der Kohle und anderer Schlüsselindustrien und darüber hinaus eine weitgehende betriebliche, unternehmerische und überbetriebliche Mitbestimmung. In der Zeit des Dritten Reiches hatten emigrierte Gewerkschaftler die Hoffnung gehegt, daß nach dem Zusammenbruch der nationalsozialistischen Herrschaft die Stunde der Verwirklichung solcher Pläne gekommen sein werde. Auch in den Zukunftsplänen des Widerstandes hatten gewerkschaftliche Vorstellungen ihren Niederschlag gefunden. So war in einer von Carl Goerdeler im Gefängnis gefertigten Niederschrift über den zukünftigen inneren Zustand Deutschlands »die Sozialisierung der Bodenschätze und der der ganzen Wirtschaft dienenden Monopolbetriebe« vorgesehen. Die Gewerkschaften sollten das Vorschlagsrecht haben für die von der Belegschaft zu wählenden Vertreter in Aufsichtsräten und Vorständen der Unternehmungen[3]). Von solchen Plänen wollten jedoch die westlichen Besatzungsbehörden nichts wissen. Zwar übten die amerikanischen Gewerkschaften einen nicht geringen Einfluß auf die Besatzungspolitik aus, aber sie waren entschiedene Anhänger der kapitalistischen Wirtschaftsordnung: »Der amerikanische Arbeiter«, so drückte es einer der Redner auf einem Kongreß der American Federation of Labor aus, der sich im April 1944 mit Nachkriegsfragen beschäftigte, »glaubt an freies Unternehmertum und Kapitalismus und daran, daß er in diesem System einen wichtigen Platz innehat.«[4]) Und die britische Militärregierung erhielt zwar ihre Weisungen von einer Labour-Regierung, aber ihre Beamten an Ort und Stelle waren nicht durchweg gewerkschaftsfreundlich, und die britische Labour Party war mehr als zurückhaltend gegenüber den deutschen Gewerkschaften. Auf einem britischen Gewerkschaftskongreß im September 1945 wurde geradezu davor gewarnt, den deutschen Gewerkschaften ein Streikrecht einzuräumen, und eine Delegation des Trade Union Congress, die Anfang 1946 Deutschland bereiste, kam zum Ergebnis, ein volles Koalitionsrecht sei in Deutschland zur Zeit nicht angebracht und, solange die Besatzung Deutschlands andauere, auch nicht zu erreichen[5]).

Stärkste Bedenken hatten die westlichen Besatzungsmächte vor allem aber gegen eine interzonale Verflechtung der westlichen Gewerkschaften mit dem FDGB. Sie waren von der Sorge geleitet, daß in einer organisatorisch einheitlichen deutschen Gewerkschaftsbewegung der bestimmende Einfluß den Kommunisten zufallen könne. Und, so hieß es in einem Rundschreiben der American Federation of Labor: »Wer die deutschen Gewerkschaften kontrolliert, wird das deutsche Volk kontrollieren.«[6]) Auf der anderen Seite bestand die propagandistische Stärke des FDGB unter Führung von Hans Jendretzky darin, daß er die Forderung des Kampfes aller organisierten Werktätigen gegen die Unternehmer mit der nationalen Einheitsparole des Aufbaus einer »Deutschen Demokratischen Republik« verband[7]).

Wie verhalten sich in den westlichen Besatzungszonen die sozialreformerischen Zielvorstellungen der Gewerkschaften zu dem tatsächlich Erreichten? In dem Vorstellungsbereich des in den zwanziger Jahren entwickelten Konzeptes der Wirtschaftsdemokratie setzten sich die Gewerkschaften besonders für die unternehmerische Mitbestimmung in den Aufsichtsräten der Großindustrie ein. Schon im Winter 1945/46 kam es aufgrund dieser Forderungen anhand von Angeboten verschiedener Unternehmer zu Verhandlungen, die im Zuge der Entflechtung der Montanindustrie zum Erfolg führten. Wenn sich die Unternehmerseite hierbei zu weitgehenden Zugeständnissen bereitfand, so ließ sie sich von der Erwartung leiten, durch die Einführung paritätischer Mitbestimmung einer zu weitgehenden Entflechtung zu entgehen. Unter ökonomischem Aspekt fand die Entflechtung scharfe Kritiker. Am schärfsten hat sich der führende Wirtschaftsjournalist der Weimarer Zeit, Gustav Stolper, geäußert: »... in einem Anfall politischen Wahnsinns — um das Wiederaufleben eines künftigen ›Kriegspotentials‹ zu verhüten — hat man eine der technisch fehlerfreiesten industriellen Organisationen der Welt zertrümmert ...«[8]) Auch von kommunistischer Seite wurde die Entflechtung verworfen und statt dessen, um die private wirtschaftliche Machtballung zu zerbrechen, Sozialisierung gefordert. Die Gewerkschaften akzeptierten die Entflechtung, ohne sich für sie zu engagieren. Denn Sozialisierung und Entflechtung wiesen in verschiedene Richtungen. So ist es auch kennzeichnend, daß die britische Labour-Regierung in der Entflechtung entschieden zurückhaltender vorging als die amerikanische Besatzungsmacht. Wenn hinter der Entflechtungsprogrammatik als entscheidendes Motiv die Absicht stand, die politische Macht der Unternehmer nicht wieder hochkommen zu lassen, so lag die Überlegung nahe, ob dieses Ziel nicht auf wirtschaftlich vernünftigere Weise erreicht werden könne durch Mitbeteiligung der Arbeitnehmer an den Unternehmensleitungen sowie an den überbetrieblichen Gremien der wirtschaftlichen Selbstverwaltung und der staatlichen Wirtschaftspolitik. Zwar war die Entflechtung eine im Kontrollrat beschlossene Sache und konnte nicht verhindert werden. Aber für die Großbetriebe, in die man die aufgelösten Konzerne zerlegte, stellte die jetzt eingeführte paritätische Mitbestimmung der Arbeitnehmer in den Aufsichtsräten unter maßgeblicher Beteiligung der Gewerkschaften einen Schutz gegen weitere Entflechtung dar. In die eigentlichen Unternehmensleitungen, die Vorstände der Gesellschaften, trat als gleichberechtigtes Mitglied ein von den Arbeitnehmern bestimmter Arbeitsdirektor ein. Hier wurde ein Modell geschaffen, das später nach heftigen Kämpfen in die Bundesrepublik übernommen wurde. Nachdem es seine Bewährungsprobe bestanden hatte, sollte es zum Ausgangspunkt der im Laufe eines Vierteljahrhunderts an Breite gewinnenden Bestrebungen werden, Mitbestimmung als leitendes Prinzip im wirtschaftlich-gesellschaftlichen System der Bundesrepublik überhaupt zur Geltung zu bringen[9]). Zunächst jedoch gelang es den Gewerkschaften nicht, den in der Montanindustrie errungenen Erfolg auszubauen und die paritätische Mitbestimmung überbetrieblich auch in den neu erstehenden Industrie- und Handelskammern zu erlangen. Diese blieben in ihrer Neubildung nach 1945 das, was sie früher gewesen waren und heute aufgrund eines 1956 erlassenen Bundesgesetzes noch sind, öffentlich-rechtliche Vertretung regionaler wirtschaftlich-unternehmerischer Belange.

Ein innerbetrieblicher Ansatz zur Wirtschaftsdemokratie war in der Weimarer Zeit 1920 mit der Institution der Betriebsräte geschaffen worden. Zu einer Rätebewegung wie nach dem Ersten Weltkrieg kam es jedoch nach 1945 nicht. Der entscheidende Grund hierfür ist wohl darin zu erblicken, daß in den zwanziger Jahren die ursprünglich zwischen Räten und Gewerkschaften bestehenden Rivalitäten überwunden worden waren und die innerbetrieblichen Räte und die überbetrieblichen Gewerkschaften gelernt hatten, Hand in Hand zu arbeiten. Durch ein Kontrollratsgesetz vom 10. April 1946 wurde für die Betriebsräte, die inzwischen bereits an vielen Stellen gebildet worden waren, eine für alle vier Besatzungszonen gleichmäßige Grundlage geschaffen. Das Kontrollratsgesetz blieb aber insofern unbestimmt, als die Festlegung der genauen Befugnisse und Rechte der Betriebsräte jeweils in den einzelnen Unternehmen zwischen Arbeitgebern und Arbeitnehmern vertraglich ausgehandelt werden sollte. Für diese Verhandlungen gab das Gesetz die Anweisung, daß Betriebsräte und Gewerkschaften eng zusammenarbeiten sollten. Die westlichen Gewerkschaften haben zu diesem Zweck Mustervereinbarungen erstellt, mit deren Hilfe sie ihren eigenen Einfluß in den Betriebsräten zu sichern vermochten. Die innerbetriebliche Mitbestimmung in sozialen und personellen Angelegenheiten erhielt später in der Bundesrepublik eine an das Betriebsrätegesetz von 1920 anknüpfende Regelung im Betriebsverfassungsgesetz vom Jahre 1952. Sie wurde durch Novellierung 1972 erheblich erweitert.

Betriebsräte waren nach dem Zusammenbruch 1945 vielerorts spontan neu gebildet worden. Die ersten aufgrund des Kontrollratsgesetzes im Jahre 1946 durchgeführten Betriebsratswahlen erbrachten in der Montanindustrie des Ruhrgebietes einen relativ hohen Anteil von Stimmen für kommunistische Kandidaten, nämlich im Bergbau 39 %, in der Metallindustrie 28 %. Durch ihre starke Stellung in den Betrieben gelang es den Gewerkschaften jedoch, die Entwicklung unter Kontrolle zu halten. Sie machten ihren ausgleichenden Einfluß geltend, als es nach dem erbarmungslos harten Winter 1946/47 verschiedenenorts zu Hungerrevolten kam. Andererseits übernahmen sie die Führung von Protestkundgebungen und Streiks, die sich gegen die Zerstörung von Arbeitsplätzen durch Demontage richteten.

Die Gewerkschaften rechneten nach dem Zweiten Weltkrieg stärker noch als nach dem Ersten damit, daß sich das kapitalistische System überlebt habe und eine Chance für die Verwirklichung des Sozialismus bestünde. So meinte Hans Böckler auf der ersten Konferenz der Gewerkschaften in der britischen Zone im März 1946: »Der Kapitalismus liegt in seinen letzten Zügen.«[10]) Nach dem Zusammenbruch und in der deutschen Notlage erschien es in der Tat nicht vorstellbar, den Mangel liberal bewirtschaften zu wollen. Wer im Sozialismus die Alternative sah, setzte seine Hoffnung auf die englische Arbeiterregierung. Verkündete doch der britische Außenminister Ernest Bevin am 23. Oktober 1946 vor dem Unterhaus: »Wir wünschen, daß all diese Industrien in Zukunft in das Eigentum des deutschen Volkes übergehen und vom deutschen Volk selbst kontrolliert werden. Die rechtliche Form dieser Sozialisierung und öffentlichen Kontrolle wird jetzt ausgearbeitet. Diese Industrien müssen Eigentum des Volkes sein und vom Volk betrieben werden, unbeschadet der internationalen Kontrolle.«[11]) Und der britische Leiter der North German Iron and Steel Commission erklärte gegenüber Gewerkschaftsvertretern: »Die Unternehmungen werden den früheren Besitzern nicht zurückgegeben werden.«[12]) Dementsprechend war die Wirtschaftspolitik der Briten in ihrer Besatzungszone keineswegs unternehmerfreundlich. Sie verhinderte, daß sich die neu erstehenden Fachverbände zu einer zentralen Interessenvertretung der deutschen Industrie zusammenschlossen. Erst im Februar 1948 kam eine lose Arbeitsgemeinschaft zustande, und erst 1949 in politisch völlig veränderter Lage wurde der Bundesverband der Deutschen Industrie (BDI) gegründet. »Es scheint«, so hat man mit einer durch fehlende Quellenerschließung begründeten Vorsicht erklärt, »daß die britische Politik in der ersten Phase sowohl gegenüber den Gewerkschaften als auch gegenüber den Unternehmern nach dem Machtverteilungsprinzip verfuhr, wobei sie im frühen Stadium der Besatzungszeit aufgrund noch kriegsbedingter Industriellen-Feindlichkeit den Arbeitnehmern einen leichten Vorzug einräumte.«[13]) Daß die Briten aber keinen ernsthaften Versuch unternahmen, die Schlüsselindustrien in ihrer Zone zu vergesellschaften, ist im wesentlichen auf amerikanischen Einfluß zurückzuführen. Großbritannien, durch den Krieg wirtschaftlich erschöpft, war auf die Hilfe der Vereinigten Staaten angewiesen, nicht zuletzt auch für die Finanzierung von Zufuhren in die eigene Besatzungszone. General Clay setzte sich mit Nachdruck dafür ein, daß auch in der britischen Zone, so wie es in der amerikanischen geschah, die Militärregierung allen Sozialisierungsbestrebungen mit dem Argument entgegentrat, die Entscheidung in dieser Frage sei einer zukünftigen frei gewählten deutschen Regierung vorzubehalten. So verweigerten die Briten auch die Zustimmung zu einem vom Landtag in Nordrhein-Westfalen im August 1948 angenommenen Gesetz über die Sozialisierung der Kohleindustrie, das auf Antrag der SPD gegen die Stimmen der FDP und bei Stimmenthaltung der in dieser Frage in sich gespaltenen CDU beschlossen worden war[14]).

Im Zusammenhang der gesellschaftlich-wirtschaftlichen Probleme stellte sich auch die Frage der Bodenreform[15]). Die Sieger wie auch ein großer Teil der Deutschen selbst stimmten in der Überzeugung überein, daß der deutsche Großgrundbesitz zerschlagen oder zumindest begrenzt werden müsse. Bei den Alliierten überwog dabei zunächst das politische Motiv, der früher einflußreichen konservativ-großagrarischen Führungsschicht die wirtschaftliche Grundlage für die Wiedergewinnung einer gesellschaftlichen Machtstellung zu nehmen. Ähnlich argumentierten die Sozialdemokraten, wobei zunächst ein Teil von ihnen, wie die Gewerkschaften der westlichen Zonen, der Erprobung genossenschaftlicher Eigentums- und Bewirtschaftungsformen zuneigten. Auch die bürgerlichen Parteien traten für eine Bodenreform ein, aber nicht aus gesellschaftspolitischen Gründen, sondern um Siedlungsland vor allem für die Ostvertriebenen zu gewinnen. Die Frage wurde seit Ende 1945 im Kontrollrat diskutiert. Im April 1947 verabschiedeten die vier Außenminister in Moskau eine Empfehlung, bis Ende des Jahres in allen Zonen die Bodenreform durchzuführen. In den westlichen Zonen kam es jedoch bei Unterschieden im einzelnen zu keinen radikalen Eingriffen in die agrarischen Besitzverhältnisse. Man schreckte davor zurück, in der wirtschaftlichen Notlage der Nachkriegszeit die landwirtschaftliche Produktion zu gefährden. Zudem war der Anteil des Großgrundbesitzes an der landwirtschaftlichen Nutzfläche in den westlichen Zonen relativ gering (4,9 % in der amerikanischen, 4,1 % in der französischen, 6,9 % in der britischen Zone [nur in Schleswig-Holstein 13 %] gegenüber 29,8 % in der sowjetischen Zone). Die Amerikaner bereiteten schon 1945 Maßnahmen zur Enteignung der Betriebe mit mehr als 100 ha Nutzfläche vor. Der Länderrat der amerikanischen Zone erließ am 13. August 1946 ein »Gesetz zur Beschaffung von Siedlungsland und zur Bodenreform«. Nach diesem Gesetz hätten in der US-Zone rd. 290 000 ha Land gegen Entschädigung abgetreten werden müssen, tatsächlich jedoch wurden nur 24 701 ha zur Verfügung gestellt. In der französischen Zone wurde erst am 18. Oktober 1947 eine entsprechende Verordnung erlassen, deren Durchführung den Länderregierungen beträchtlichen Spielraum ließ und nur geringfügige Ergebnisse erbrachte. Etwas größeren Umfang erreichte die Bodenreform in der britischen Zone. Die Verordnung der Militärregierung zur Bodenreform vom 11. September 1947 stellte diese unter das Motiv der sozialpolitischen Veränderung, band sie aber gleichzeitig daran, daß negative Auswirkungen auf die Produktion vermieden werden müßten. Vorgesehen wurde gegen Entschädigung die Enteignung aller Betriebe mit mehr als 150 ha Nutzfläche. Anders als in der Sozialisierungsfrage bestand die britische Regierung auf der Ausführung dieser Anordnung. In Schleswig-Holstein, wo der Anteil des Großgrundbesitzes überdurchschnittlich hoch war (13 % der Nutzfläche) und 30 000 bis 40 000 Anwärter auf Siedlerstellen warteten, setzte die SPD-Regierung unter Hermann Lüdemann gegen den Widerstand der CDU mit britischer Zustimmung am 12. März 1948 ein Durchführungsgesetz durch, das eine Höchstgrenze von 100 ha Nutzfläche vorsah. Statt der nach dem Gesetz abzutretenden 128 000 ha wurden bis 1957 jedoch nur 29 808 ha Bodenreformland vom Staat in Anspruch genommen, und zwar aufgrund freiwilliger Landabgaben. Für den Erwerb größerer Flächen fehlten die zur Entschädigung der Eigentümer notwendigen Mittel. In dieser Zeit wurden etwa 8 000 Vertriebene angesiedelt. In Nordrhein-Westfalen, wo es wenig Großgrundbesitz gab, aber insgesamt 300 000 bis 350 000 Siedlerwünsche berücksichtigt werden sollten, setzten sich im wesentlichen die Vorstellungen der CDU durch. Ein Kompromiß vom November 1948, dem alle Parteien zustimmten, begrenzte den landwirtschaftlichen Besitz auf 125 ha und sah für alle anderen Besitzer eine gestaffelte Landabgabe von 1—5 % für den Besitz bis zu 100 ha bzw. von 30—45 % für den über 100 ha vor. Wegen dieser letzten Bestimmung vor allem lehnte die Militärregierung das Gesetz ab. Nach harten Auseinandersetzungen kam im April 1949 ein Gesetz zustande, das die Maximalgrenze auf 100 ha herabsetzte, aber auf eine Landabgabe vom Besitz unter 100 ha verzichtete. Aufgrund dieses Gesetzes wurden bis 1954 weitgehend ohne Enteignung knapp 30 000 ha Siedlungsland zur Verfügung gestellt, davon etwa die Hälfte aus dem Besitz über 100 ha. Besonders hart umkämpft war die Bodenreform zwischen den Parteien in Niedersachsen. Sie verursachte im März 1948 eine anhaltende Regierungskrise. Da der niedersächsische Landtag im Frühjahr 1949 noch immer kein Durchführungsgesetz verabschiedet hatte, erließ die Militärregierung am 17. Juni 1949 eine Verordnung, die die Höchstgrenze des Besitzes auf 100 ha Nutzfläche festsetzte und die sofortige Beschlagnahme des darüber hinausgehenden Landes vorsah, aber zahlreiche Ausnahmeregelungen zuließ. Die Auswirkungen waren minimal: von dem durch das Gesetz betroffenen Land wurden bis 1957 nur 13 000 ha abgegeben. In Niedersachsen verfügte der Grundbesitz über eine gute Organisation und zahlreiche Querverbindungen zu Parteien (insbesondere zur DP) und konnte daher alle größeren Eingriffe verhindern. Außerdem stand hier umfängliches öffentliches Land zur Verfügung, das man zur Siedlung heranziehen konnte.

Im Gegensatz zu den westlichen Besatzungszonen wurde die sowjetzonale Wirtschaft von vornherein einem tiefgreifenden Strukturwandel unterworfen. In der Geschichtsschreibung der DDR werden die Jahre von 1945 bis 1949 als die einer »antifaschistisch-demokratischen Umwälzung« bezeichnet, der erst in den Jahren 1949 bis 1955 die »Schaffung der Grundlagen des Sozialismus« gefolgt sei. In der Tat ist in den ersten Proklamationen der KPD bzw. SED nicht vom Ziel des Sozialismus die Rede. Dennoch weisen die wirtschaftlichen Maßnahmen der ersten Nachkriegsjahre in diese Richtung. Die am 9. Juli 1945 offiziell errichtete Sowjetische Militäradministration (SMAD) bediente sich für die Durchführung ihrer Maßnahmen des zuverlässigen Personenkreises der aus der Emigration zurückgekehrten Kommunisten. Als Instrument für die Durchführung ihrer wirtschaftlich-sozialen Absichten richtete sie noch während der Potsdamer Konferenz am 27. Juli 1945 zentrale »deutsche Verwaltungen« ein, die eine einheitliche Umgestaltung der Wirtschaft im Gesamtbereich der sowjetischen Besatzungszone gewährleisteten. Am 23. Juli 1945 wurden die Banken und Sparkassen entschädigungslos enteignet. Eine am 3. September 1945 in der Provinz Sachsen beginnende Bodenreform führte zur entschädigungslosen Enteignung des Grundbesitzes über 100 ha. Enteignet wurden auch die Grundeigentümer, die als Nationalsozialisten oder Militaristen galten. Analog dem Vorgang der Agrarrevolution in Rußland 1917/18 wurde das enteignete Land zunächst nicht kollektiviert, sondern Kleinbauern, Neusiedlern (Flüchtlingen) und Landarbeitern in kleinen Parzellen zugeteilt. Erst in einem späteren Stadium der Entwicklung der DDR erfolgte die Vergesellschaftung in der Form von landwirtschaftlichen Produktionsgenossenschaften. Zunächst beschränkte man sich darauf, Ausleihstationen für landwirtschaftliche Maschinen, Saatgutbeschaffung, Kredite und dergleichen, durch »Ausschüsse für gegenseitige Bauernhilfe« genossenschaftlich zu organisieren. Wie in der Landwirtschaft, so wurden auch in der Industrie ohne eine offene sozialistische Programmatik die Eigentumsverhältnisse schon in den Jahren 1945 und 1946 radikal verändert. Am 30. Oktober 1945 wurde neben früherem deutschen Staatsbesitz auch das Eigentum von »Amtsleitern der nationalsozialistischen Partei, deren führenden Mitgliedern und einflußreichen Anhängern« sowie von »Personen, die von dem Sowjetischen Militärkommando durch besondere Listen oder auf eine andere Weise bezeichnet werden«, beschlagnahmt. Die beschlagnahmten Unternehmungen gingen in die Hände der Länder, Kreise oder Gemeinden über. Ein Teil der enteigneten Betriebe wurde am 5. Juni 1946 in »sowjetische Aktiengesellschaften« verwandelt (1953 von der DDR zurückgekauft). Mit ihrer Hilfe kontrollierte die Besatzungsmacht die Grundstoff- und Investitionsgüterindustrien. Etwa ein Viertel der in der Industrie Tätigen war in den sowjetischen Aktiengesellschaften beschäftigt. Deren Produktionswert lag bei etwa einem Drittel der gesamten Industrieerzeugung.

Wie weit entsprachen solche Maßnahmen dem Willen der Bevölkerung? In Sachsen fand am 30. Juni 1946 eine Volksabstimmung über die »Übergabe von Betrieben von Kriegs- und Naziverbrechern in das Eigentum des Volkes« statt. Sie erbrachte eine Mehrheit von 77,7 %. Zur Einschätzung dieses Ergebnisses sind folgende Momente zu berücksichtigen: Die Programmatik aller Parteien in der sowjetischen wie in den westlichen Besatzungszonen ließ erkennen, in welch hohem Maße in der deutschen Bevölkerung der Wunsch vorhanden war, als Fazit der vergangenen zwölf Jahre und des verlorenen Krieges Änderungen in den Eigentumsverhältnissen vorzunehmen. Man kann davon ausgehen, daß die Vergesellschaftung von Schlüsselindustrien in der sowjetischen Zone dem Wunsche einer Mehrheit der Bevölkerung entsprach, wenn auch die Abstimmung unter einseitiger Verwendung des behördlichen Apparates zugunsten des von der Besatzungsmacht erwarteten Ausgangs durchgeführt wurde. Ein Beispiel dafür, daß abweichende Meinungen nicht die Möglichkeit hatten, sich frei zu behaupten, ist der durch die Sowjetische Militäradministration am 19. Dezember 1945 erzwungene Rücktritt der CDU-Führer Andreas Hermes und Walther Schreiber aus dem Vorstand der Union, weil sie sich gegen die Methoden ausgesprochen hatten, mit denen die Bodenreform durchgeführt wurde. Sie erhoben rechtliche Einwände gegen die Entschädigungslosigkeit der Enteignung und wirtschaftliche Bedenken gegen die überstürzte Zerteilung agrarischer Betriebseinheiten, die die Ernährungslage nur weiter verschlimmern konnte[16]). Das Ergebnis der im Jahre 1946 durchgeführten Gemeinde- und Landtagswahlen und insbesondere der Senatswahlen in Berlin, wo SPD und SED gegeneinander auftreten konnten, zeigte mit aller Deutlichkeit, daß sich die Mehrheit der Bevölkerung in ihrer Bereitschaft zu sozialen Reformen politisch von den Vorstellungen einer parlamentarischen Demokratie leiten ließ.

Zu der Frage Reform, Revolution, Restauration gibt es eine Fülle von polemischer historisch-politischer Literatur, aus der hervorgehoben seien: E.-U. HUSTER / G. KRAIKER u. a., Determinanten der westdt. Restauration 1945—1949 (Tb. 1972); Ute SCHMIDT / T. FICHTER, Der erzwungene Kapitalismus 1945—48. Klassenkämpfe in den Westzonen 1945—48 (Tb. 1971).

Über die Gewerkschaftsgeschichte nach 1945 ist eine wiss. Darstellung zu erwarten von G. BEIER; zur Orientierung vorläufig: ders., Krit. Lit.bericht zur Gesch. der dt. Gewerkschaften seit 1945, in: IWK 15 (April 1972); als Selbstzeugnis des DGB: 1945—1955. Zehn Jahre Arbeit, zehn Jahre Aufstieg, zehn Jahre neue dt. Gewerkschaftsbewegung (1956); D. SCHUSTER, Die dt. Gewerkschaften seit 1945 (Tb. 1973); H. J. VARAIN, Parteien u. Verbände. Eine Studie über ihren Aufbau, ihre Verflechtung u. ihr Wirken in Schleswig-Holstein 1945—1958 (1964); polemisch von unterschiedl. Standorten aus: Th. PIRKER, Die blinde Macht. Die Gewerkschaftsbewegung in Westdtld., 1. Teil: 1945 bis 1952, Vom »Ende des Kapitalismus« zur Zähmung der Gewerkschaften (1960), 2. Teil: 1953—1960, Weg u. Rolle der Gewerkschaften im neuen Kapitalismus (1960) u. G. TRIESCH, Die Macht der Funktionäre. Macht u. Verantwortung der Gewerkschaften (1956); von einem sozialpartnerschaftl. Konzept geleitet W. NEUMANN, Die Gewerkschaften im Ruhrgebiet. Voraussetzungen, Entwicklung u. Wirksamkeit (1951); demgegenüber aus der Schule von W. ABENDROTH: E. SCHMIDT, Die verhinderte Neuordnung 1945—1952. Zur Auseinandersetzung um die Demokratisierung der Wirtschaft in den westl. Besatzungszonen u. in der BRD (³1972). — Zum Selbstverständnis des FDGB: H. JENDRETZKY, Der gewerkschaftl. Kampf um Frieden, Einheit u. Sozialismus 1945—1948. Aus Reden u. Aufsätzen (Berlin-Ost 1961). — Zum FDGB: K. BORMANN, Die Entwicklung der Gewerkschaften in der SBZ, in: Die Arbeit 3 (1949); H. VOSSKE, Über die polit.-ideolog. Hilfe der KPdSU, der Sowjetregierung u. der SMAD für die dt. Arbeiterklasse in den ersten Nachkriegsjahren (1945—1949), in: Beiträge zur Gesch. der Arbeiterbewegung 14 (1972).

1) G. BEIER (Hg.), Dokumentation s. § 57, Anm. 11; ders., Einheitsgewerkschaft. Zur Gesch. eines organisatorischen Prinzips der dt. Arbeiterbewegung, Archiv f. Sozialgesch. 15 (1973). **2)** G. BEIER, Volksstaat u. Sozialstaat. Der Gründungskongreß des DGB in München 1949 u. Hans Böcklers Beitrag zur Stellung der Gewerkschaften in Gesellschaft u. Staat, in: H. O. VETTER (Hg.), Vom Sozialistengesetz zur Mitbestimmung. Zum 100. Geburtstag von H. Böckler (1975). **3)** Niederschrift Goerdelers im Anhang I u. eine Zusammenstellung »Zum Aufbau der dt. Gewerkschaft nach Aussagen W. Leuschners vor der Gestapo« im Anhang III von G. RITTER, Carl Goerdeler u. die dt. Widerstandsbewegung (1954). **4)** Americ. Fed. of Labor, Post-War Forum, New York City, April 12th and 13th, 1944, Complete Reports of Proceedings (Washington o. J.), S. 50, zit. bei G. BEIER, Probleme der Gründung u. des Aufbaus westdt. Gewerkschaften unter dem Primat der Außenpolitik (Ms. 1972). **5)** Hamburger Nachrichtenblatt, 4. März 1946, zit. bei G. BEIER. **6)** Zit. BEIER, S. 42. **7)** H. JENDRETZKY, Der gewerkschaftl. Kampf um Frieden, Einheit u. Sozialismus 1945—1948. Aus Reden u. Aufsätzen (Berlin-Ost 1961); ders., Londoner Konferenz u. Gewerkschaftseinheit, in: Die Arbeit 1 (1947). **8)** G. STOLPER, Die dt. Wirklichkeit (1949), S. 224. **9)** Einführung in Gesch. u. Probleme: G. APEL, Mitbestimmung. Grundlagen, Wege, Ziele (1969). **10)** Zit. E. SCHMIDT, Die verhinderte Neuordnung 1945—1952 (1972), S. 68, nach Protokoll der 1. Gewerkschaftskonferenz der brit. Zone vom 12.—14. März 1946 (o. J.), S. 18. **11)** SCHMIDT / FICHTER, S. 35. **12)** Aus dem Nachlaß H. Deist, zit. bei E. SCHMIDT, Die verhinderte Neuordnung, S. 76. **13)** P. HÜTTENBERGER, Die Anfänge der Gesellschaftspolitik in der brit. Zone. Ref. auf dem dt. Historikertag, Regensburg 1972, abgedr. in VfZG 21 (1973). **14)** Hierzu P. HÜTTENBERGER, Nordrhein-Westfalen u. die Entstehung seiner parlament. Demokratie (1973), S. 410 ff. **15)** G. TRITTEL, Die Bodenreform in der brit. Zone 1945—1949 (1975). **16)** P. HERMES, Die Christl.-Demokrat. Union u. die Bodenreform in der Sowj. Besatzungszone Dtlds. im Jahre 1945 (1963). In einem S. 54 zit. Schreiben vom 18. Okt. 1945 sagte Andreas Hermes über die Stellung der CDU zur Bodenreform: »Es ist selbstverständlich, daß die CDU, die zwar mit den anderen antifaschistischen Parteien die Bodenreform grundsätzlich bejaht hat, sich niemals mit einer entschädigungslosen Enteignung des landwirtschaftlichen Besitzes einverstanden erklärt hat und auch niemals erklären wird, abgesehen von dem Besitz von Kriegsverbrechern und aktiven Nazis.«; Anna HERMES, Und setzet ihr nicht das Leben ein. Andreas Hermes. Leben u. Wirken nach Briefen, Tagebuchaufzeichnungen u. Erinnerungen (1971). — Auch von seiten der LDP kamen Bedenken gegen eine entschädigungslose Enteignung. Vgl. E. WEYMAR, Die Sozialisierung der Landwirtschaft in der Sowjetunion, in Mitteldtld. u. in Jugoslawien, GWU 11 (1960).

§ 98 Die politische Entwicklung der sowjetischen Besatzungszone 1945—1947

Der Tatsache Rechnung tragend, daß im deutschen Volk die Erfahrungen mit dem Nationalsozialismus jede politische Neuordnung von vornherein diskreditieren mußten, die nicht zunächst ein größeres Maß an Rechtssicherheit und persönlicher Freiheit in Aussicht stellte, hatte es die Kommunistische Partei bei ihrem ersten Auftreten vermieden, das Sowjetsystem für Deutschland zu propagieren. Statt dessen redete sie von der Vollendung der 1848 nicht zum Zuge gekommenen bürgerlichen Revolution. Nach dem ideologischen Selbstverständnis der SED stellte die in der Sowjetzone in der Zeit von der Kapitulation bis zur Errichtung der DDR unter dem Protektorat der Besatzungsmacht vollzogene gesellschaftlich-politische »Umwälzung« eine bürgerliche Revolution dar, die unter der Hegemonie der Arbeiterklasse stattfand und in die sozialistische Revolution überleitete[1]) — oder pragmatisch ausgedrückt mit den Worten einer Direktive, die Walter Ulbricht zu Beginn dieses Prozesses ausgab: »Es muß demokratisch aussehen, aber wir müssen alles in der Hand haben.«[2]) Doch diese Taktik schlug nicht durch. Dem unter Verwendung demokratischer Vokabeln errichteten politischen System in der sowjetischen Besatzungszone ist es nicht gelungen, die freie Zustimmung der Mehrheit der Bevölkerung zu gewinnen. Das für die SED-Führung enttäuschende Ergebnis der Wahlen des Jahres 1946 (vgl. § 94) veranlaßte sie, Techniken kontrollierter akklamatorischer Plebiszite zu entwickeln. Um die beanspruchte Hegemonie institutionell abzusichern, klare Alternativen konkurrierender Parteien auszuschließen und damit die Wahlen ihres eigentlichen Wahlcharakters zu berauben, wurden seit Zulassung der Parteien in der sowjetischen Besatzungszone im Laufe der Jahre verschiedene sich steigernde Methoden angewendet. Zunächst wurden am 14. Juli 1945 die zugelassenen Parteien zu einem »antifaschistischen Block« zusammengeschlossen. Das »Wesen der Blockpolitik« besteht nach den Worten Ulbrichts im Unterschied zur Koalitionspolitik westlicher Systeme darin, daß »die Arbeiterschaft die führende Rolle in der demokratischen Entwicklung übernimmt«[3]). Die Zusammensetzung des Blocks änderte sich im Laufe der Zeit. Während anstelle von KPD und SPD die SED trat, wurden Anfang 1948 auf Veranlassung der Sowjetischen Militäradministration zwei neue Parteien gegründet. Die »Nationaldemokratische Partei Deutschlands« (NDPD) diente dem Zweck, die ehemaligen Nationalsozialisten, denen der Eintritt in die bürgerlichen Parteien versagt war, zu erfassen und gleichzuschalten[4]). Die Gründung dieser Partei für ehemalige Nationalsozialisten erfolgte in Auswirkung eines Befehls der Sowjetischen Militäradministration, der besagte, daß »den ehemaligen Mitgliedern der Nazipartei, die sich nicht durch Verbrechen gegen den Frieden und die Sicherheit anderer Völker oder durch Verbrechen gegen das deutsche Volk selbst vergangen haben, ... nicht nur das aktive, sondern auch das passive Wahlrecht gewährt« werde[5]). Die zweite Neugründung, die »Demokratische Bauernpartei Deutschlands«, sollte die noch abseits stehende bäuerliche Bevölkerung dem Einfluß der bürgerlichen Parteien entziehen und einen »Einbruch in die bürgerliche Front erzielen«. Im Gründungsaufruf der Partei vom 25. April 1948 hieß es: »Eine solche demokratische Bauernpartei würde in keinem Gegensatz zu den anderen demokratischen Parteien stehen, besonders nicht zur Arbeiterpartei, da wir von dem Grundsatz ausgehen, daß Arbeiter und Bauern beim Neuaufbau unzertrennliche Glieder sind.«[6]) Beide neuen Parteien ordneten sich ohne Vorbehalt der Führung durch die SED unter. Beider Vorsitzende — Lothar Bolz und Ernst Goldenbaum — waren in der Weimarer Zeit Mitglieder der KPD gewesen. Der Druck auf CDU und LDP verschärfte sich zunehmend. Profilierte Politiker, die gegenüber der SED eine eigene unabhängige Meinung zu vertreten wagten, wurden auf Veranlassung der Sowjetischen Militäradministration ihrer Funktionen enthoben. So wurde die CDU zweimal gezwungen, ihre Führung zu wechseln: nachdem Andreas Hermes im Dezember 1945 seines Amtes enthoben wurde (vgl. § 97), mußten im Jahre 1948 Jakob Kaiser und Ernst Lemmer weichen (vgl. § 103). Die Blockausschüsse, die auf den verschiedenen Stufen der Organisation bis herunter zu den Gemeinden bestanden, wandelten ihre Funktion. Hatten sie ursprünglich dem Zweck gedient, die verschiedenen politischen Kräfte zusammenzufassen im Dienste gemeinsamer Aufgaben wie Beseitigung der Überreste des Nationalsozialismus und Ingangsetzung wirtschaftlich-sozialer Reform- und Aufbaumaßnahmen, so wurden sie mehr und mehr zu Organen für die Kontrolle der bürgerlichen Parteien und ihrer Unterordnung unter Strategie und Taktik der SED.

Der Spielraum der bürgerlichen Parteien wurde weiterhin dadurch eingeschränkt, daß in den Block im Jahre 1947 auch die sogenannten Massenorganisationen aufgenommen wurden, wie der »Freie Deutsche Gewerkschaftsbund« (FDGB), die »Freie Deutsche Jugend« (FDJ), der »Demokratische Frauenbund Deutschlands« (DFD), der »Kulturbund zur demokratischen Erneuerung Deutschlands« (KB) und die »Vereinigung der Verfolgten des Naziregimes« (VVN). Diese Massenorganisationen standen unter der Führung der SED. Über ihre politische Bedeutung erklärte Grotewohl: »Wir halten die Begrenzung des politischen Lebens auf der schmalen Basis der bürgerlichen Parteien für unzureichend. Je breiter und sicherer das tragende Fundament der Demokratie ist, desto fester und sicherer steht sie. Darum haben die politischen Parteien nicht das Recht, demokratische Massenorganisationen von der gemeinsamen Arbeit in den Blockausschüssen auszuschließen.«[7]) Durch die politisch einheitlich dirigierten Massenorganisationen wurde die Bevölkerung weit über den in Parteien organisierten Teil hinaus nahezu in ihrer Gesamtheit erfaßt. Auch die Presse geriet mehr und mehr unter die ausschließliche Kontrolle der SED. Alle diese Maßnahmen zu einer möglichst vollständigen organisatorischen Eingliederung und politischen Gleichschaltung deuten auf das spätere System des totalitären Sozialismus der DDR hin. Die sich so herausbildende »antifaschistisch-demokratische« Neuordnung stellt eine Vorstufe hierzu dar. Gegen die Einbeziehung der Massenorganisationen sprach sich Jakob Kaiser aus. Er warnte davor, die politischen Entscheidungen von den Parlamenten in den Block zu verlagern. Die bürgerlichen Parteien haben bis zur erzwungenen Gleichschaltung versucht, diese Entwicklung zu verhindern[8]). Dazu gehörte staatspolitisch das Festhalten an der Vorstellung eines Pluralismus gleichberechtigter Parteien. Gesellschaftspolitisch verwarfen LDP und CDU die Theorie des Klassenkampfes. So erklärte der Vorsitzende der LDP Külz auf dem Parteitag im Juli 1947: »Wir kennen das Wort Klassenkampf in unserem politischen Lexikon überhaupt nicht. Das gehört der Vergangenheit an. Im gleichen Augenblick, wo wir uns bemühen, mit unseren früheren Waffengegnern zum Ausgleich und zur Versöhnung zu gelangen, halten wir es für absurd, den alten Ladenhüter des Klassenkampfes hervorzuholen.«[9]) Ähnlich äußerte sich Jakob Kaiser, wobei er zugleich der Überzeugung Ausdruck gab, daß Deutschland an der »Zeitenwende vom bürgerlichen Zeitalter zum Zeitalter des werktätigen Volkes« stehe[10]). Die Zonen-CDU propagierte unter Führung von Jakob Kaiser und Ernst Lemmer eine Verbindung von Christentum und Sozialismus, während die LDP sich offen gegen jede Art von Sozialismus aussprach. In einer auf dem 1. Parteitag der Ost-CDU beschlossenen Erklärung über den »Sozialismus aus christlicher Verantwortung« heißt es: »Die Sozialisierung, das heißt die Überführung des Eigentums an Produktionsmitteln in die öffentliche Hand, ist nur ein Mittel, neben anderen, zur sozialistischen Wirtschaftsordnung zu kommen. Ihre allgemeine Durchführung — wie der marxistische Sozialismus sie betreibt — lehnen wir ab.«[11]) Jakob Kaiser glaubte an die Möglichkeit eines dritten Weges, einer »Synthese zwischen östlichen und westlichen Ideen«, und zwar sowohl in gesellschaftspolitischer wie in nationalpolitischer Bedeutung. Er ist mit dieser Vorstellung im Osten wie später im Westen gescheitert. Zum Bruch mit der SED und der sowjetischen Besatzungsmacht kam es im Zusammenhang mit den allianzpolitischen und nationalpolitischen Vorgängen, die in den Jahren 1947/48 zur offenen Spaltung Berlins, Deutschlands und der Welt führten (s. § 103).

Aber nicht nur im Verhältnis der nichtmarxistischen Parteien zur SED wurde die Möglichkeit zu einer nichtkonformistischen unabhängigen Politik eingeschränkt und schließlich beseitigt. Auch innerhalb der SED vollzog sich ein entsprechender Vorgang. Anfangs waren unter der Fassade der nachzuholenden bürgerlichen Revolution innerhalb der Partei Diskussionen zwischen unterschiedlichen Meinungen möglich gewesen.

Viele gutgläubige Sozialdemokraten und nichtstalinistische Kommunisten nahmen den von der Führung offiziell vertretenen besonderen »deutschen Weg« zum Sozialismus als ein ernstgemeintes Programm. Als entsprechend der strategischen Gesamtlinie unter der Einwirkung der sich verschärfenden weltpolitischen Ost-West-Spannungen das stalinistische Element in der SED ab 1947 gegenüber dem »Sozialdemokratismus« härter den eigenen, kompromißlosen Führungsanspruch anmeldete und sich die SED zur »Partei neuen Typs« wandelte, blieb für die exponierten Nichtstalinisten nur der Weg der Unterwerfung oder der Flucht. Typisch für den ersten Weg ist Anton Ackermann, der durch Selbstanklage, wie sie nun als charakteristisches stalinistisches Disziplinierungsmittel üblich wurde, widerrief, was er vor der taktischen Wende der Parteiführung in Übereinstimmung mit ihr vertreten hatte (vgl. § 94). Von überzeugten SED-Anhängern, die den Weg der Flucht wählten, sind bekannt geworden die Namen von Wolfgang Leonhard, dem jungen Kommunisten aus der Gruppe Ulbricht, von Erich W. Gniffke, einem alten Sozialdemokraten, Freund Grotewohls und Mitglied des Zentralsekretariats der SED, und von dem Ministerpräsidenten von Thüringen Rudolf Paul, einem ehemaligen, in die SED eingetretenen Demokraten. Leonhard und Gniffke[12]) haben beschrieben, wie die Entwicklung in der SED dazu führte, daß unter zunehmendem moralischen und physischen Druck die freiheitlichen Kräfte außerhalb und innerhalb der Partei verstummen mußten. Hinter den offiziellen Parteivorsitzenden Pieck und Grotewohl baute Walter Ulbricht seine Herrschaft über den Apparat aus.

Während sich so in der straffen Disziplinierung und einheitlichen Ausrichtung der politischen Kräfte in einer systematischen Folge von Maßnahmen seit Kriegsende die Herausbildung des totalitären Führungsstils der späteren DDR ankündigte, wurde auch die administrative Staatsstruktur in wesentlichen Elementen bereits vorgeformt. Ausgangspunkt war die gebietsmäßige Gliederung der sowjetischen Besatzungszone in die Länder Mecklenburg, Sachsen und Thüringen und — vom 1945 staatsrechtlich noch existierenden Staat Preußen hergeleitet — die beiden Provinzen Brandenburg und Sachsen-Anhalt (die preußische Provinz Sachsen und das ehemalige Land Anhalt wurden zusammengelegt). Am 25. Februar 1947 wurde durch Gesetz Nr. 46 des Kontrollrats Preußen rechtlich aufgelöst. Brandenburg und Sachsen erhielten darauf den Status von Ländern. Nach außen hin blieb die Grenze der sowjetischen Besatzungszone nach Polen hin zunächst eine offene Frage. So trat Pieck noch am 16. September 1947 auf einer Kundgebung in Cottbus dafür ein, daß die Ostgrenze im Interesse des deutschen Volkes revidiert werde. Erst in einer veränderten weltpolitischen Situation erklärte Ulbricht am 22. Oktober 1948 die Oder-Neiße-Linie zur »Friedensgrenze zwischen Polen und Deutschland«.

In den Ländern führten die nach dem Proporzsystem durchgeführten Wahlen vom 20. Oktober 1946 zu einem für die SED enttäuschenden Ergebnis. Gerade in den Industriebezirken schnitt sie im Vergleich zu den kurz vorher durchgeführten Gemeindewahlen gegenüber den bürgerlichen Parteien schlecht ab: In Sachsen erhöhte sich der Stimmenanteil der SED von 48,4 % auf 49,1 %, der von CDU und LDP hingegen von 39,9 % auf 48,1 %, und in Sachsen-Anhalt sank der Anteil der SED von 49,5 % auf 45,8 %, während der von CDU und LDP von 31,1 % auf 51,8 % stieg. Das hieß in absoluten Zahlen: die SED verlor insgesamt 430 000 Stimmen, während die beiden bürgerlichen Parteien 750 000 Stimmen hinzugewannen. In Brandenburg und Sachsen-Anhalt büßte die SED die bei den Gemeindewahlen errungene Stimmenmehrheit ein. Sachsen-Anhalt erhielt darauf einen neuen Ministerpräsidenten, der der LDP angehörte. Alle anderen Ministerpräsidenten waren Mitglieder der SED und kamen ursprünglich aus der SPD. Wie die Länderparlamente wurden im übrigen die Landesregierungen aus Angehörigen der verschiedenen Parteien besetzt. Der SED blieb dabei in allen Ländern das Kultusministerium vorbehalten. Überall mit Ausnahme Brandenburgs hatte sie auch das über die Polizei verfügende Innenministerium inne. Die vier SED-Innenminister waren Kommunisten.

Durch Befehl der sowjetischen Militäradministration vom 27. Juli 1945 wurden schon während der Potsdamer Konferenz den Länderverwaltungen übergeordnete Zentralverwaltungen eingerichtet, und zwar für verschiedene Bereiche von Wirtschaft und Handel, aber auch für Volksbildung und Justiz. Die Zahl der zentralen Verwaltungsstellen erhöhte sich bis Mitte 1947 auf 15. Immer stärker verlagerte sich das Schwergewicht der Verwaltungsbefugnisse von den Ländern in die Zonenzentrale. Und wenn anfänglich eine Reihe von Präsidenten oder höheren Funktionsträgern in den Zentralverwaltungen Bürgerliche oder Sozialdemokraten gewesen waren, so wurde später nach und nach in der Stellenbesetzung der zentralen Verwaltung systematisch die marxistische Komponente ausgebaut. Insgesamt vollzog sich in der Sowjetzone unter dem Vorzeichen der Beseitigung des Faschismus ein radikaler Personenwechsel in der Verwaltung und in der Justiz (s. § 92)[13]). Das schloß nicht aus, daß die sowjetische Militäradministration Fachkräfte, die sie benötigte, auch wenn diese Nationalsozialisten gewesen waren, oft zum Mißvergnügen der deutschen »Antifaschisten« weiter beschäftigte[14]). Durch die Entnazifizierung wurde das Gerichtswesen besonders radikal betroffen. An die Stelle der entlassenen Richter (85 %) traten zunächst weitgehend linientreue, nur kurz ausgebildete Laienrichter. Die Polizei stand unter direkter sowjetischer Kontrolle. Ehemalige Konzentrationslager wurden ähnlich wie in den westlichen Besatzungszonen als Internierungslager weiterverwendet. Erst 1950 wurden die Lager von Buchenwald, Oranienburg und Bautzen aufgelöst. Die Insassen waren nur zum Teil Nationalsozialisten, daneben unerwünschte Personen der verschiedenen politischen Richtungen, auch nichtkonformistische Kommunisten. Der Gebrauch des unpräzisen Begriffs »Faschismus« erlaubte es, den Kreis der angeblichen Staatsfeinde beliebig über die Anhänger des Nationalsozialismus hinaus auszudehnen. Die Zahl der in den Lagern ohne Gerichtsurteil Inhaftierten ist schwer zu ermitteln. Sie wird für den Zeitraum von 1945—1950 auf 130 000 geschätzt, die der in den Lagern ums Leben Gekommenen auf 50 000, dazu 30 000 bis 50 000, die in Untersuchungshaft starben oder in die Sowjetunion deportiert wurden[15]). Der Polizeiapparat wurde organisatorisch gestrafft und zentralisiert im Zusammenhang mit der am 14. Juni 1947 von der Militäradministration befohlenen Bildung einer »Deutschen Wirtschaftskommission«. Hier wurden die verschiedenen zentralen Verwaltungen unter einem eigenen Apparat zusammengefaßt und mit erhöhten Vollmachten ausgestattet. Die Deutsche Wirtschaftskommission entwickelte sich zu einer unter der Kontrolle der Besatzungsmacht stehenden Zentralregierung für die gesamte Zone mit Weisungsbefugnis an die Landesverwaltungen[16]). Ihre Aufgabe war die zentrale Planung und Lenkung der Wirtschaft in Produktion und Verteilung. Dazu gehörte auch die Durchführung der Reparationslieferungen. Die Entstehung der Deutschen Wirtschaftskommission der sowjetischen Besatzungszone ist im Zusammenhang mit wirtschaftlichen Koordinierungsmaßnahmen zwischen der amerikanischen und britischen Zone zu sehen, die 1946 einsetzten. Es wäre jedoch falsch, diesen Ansatz zur späteren Staatsbildung der DDR primär als eine Reaktion auf westliche Vorgänge zu verstehen. Die Einrichtung einer zentralen Wirtschaftsführung in der Sowjetzone schon im Jahre 1947 ergab sich vielmehr in erster Linie aus den spezifischen Voraussetzungen der wirtschaftlichen und politischen Sonderentwicklung dieses Teiles von Deutschland. Die wachsende Ausdehnung des vergesellschafteten Sektors und die starke Ausrichtung der gesamten Wirtschaft der Zone auf sowjetische Bedürfnisse zogen in dem Prozeß zunehmender Sozialisierung eine zentrale staatliche Wirtschaftslenkung zwangsläufig nach sich. Die wirtschaftliche Zentralisierung verstärkte aber zugleich politisch den sogenannten

»demokratischen Sozialismus«, insofern die Zentralverwaltungen und die Wirtschaftskommission in viel stärkerem Maße zu einer Domäne der SED wurden, als es in der »antifaschistisch-demokratischen« Anfangsphase bei den Ländern und Gemeinden der Fall gewesen war. Es besteht ein unmittelbarer Zusammenhang zwischen der Umwandlung der SED in eine sowjetisierte »Partei neuen Typus'« mit ihrem kompromißlosen Führungsanspruch und der Bildung der Wirtschaftskommission als einem Herrschaftsinstrument der Partei.

Die Strukturveränderung der Gesellschaft, die Einschränkung des privaten wirtschaftlichen Initiativraumes und der Verlust an politischer Freiheit führten schon in der Anfangsphase der Sonderentwicklung der sowjetischen Besatzungszone zu einer starken Abwanderung bzw. Flucht in den Westen (vgl. § 93). Diese Bewegung konnte zwar erschwert, aber keineswegs verhindert werden dadurch, daß auf Veranlassung der sowjetischen Militärregierung der Kontrollrat am 30. Juni 1946 die Demarkationslinie zur britischen und amerikanischen Zone sperrte. Wegen des starken Zustroms von Flüchtlingen aus den deutschen Ostgebieten stieg die Bevölkerung auch in der sowjetischen Besatzungszone in den drei ersten Nachkriegsjahren trotz der erlittenen Kriegsverluste und der ständigen Abwanderung nach Westdeutschland an. Gegenüber dem Vorkriegsstand von 16,7 Millionen Einwohnern erreichte sie 1948 ihren Höhepunkt mit 19,1 Millionen, um danach durch die verstärkte Flucht bis zum Mauerbau 1961 auf etwa 17,1 Millionen abzusinken. Für die Einschätzung der Motive für die Fluchtbewegung ist zu bedenken, daß bis zur Umorientierung der westlichen Besatzungspolitik in den Jahren 1947/48 die wirtschaftliche Lage Westdeutschlands hoffnungslos zu sein schien, daß die westdeutsche Industrie keine Arbeitsplätze anzubieten hatte, daß die Bevölkerung unterernährt war und eben aus diesem Grunde die westlichen Kontrollratsmitglieder dem sowjetischen Antrag zustimmten, um den unerwünschten Zustrom abzudämmen.

Dokumente: G. ALBRECHT (Hg.), Dok. zur Staatsordnung der Dt. Dem. Rep. (2 Bde. Berlin-Ost 1959); Dok. der SED s. § 94; Dok. der CDU s. § 95; Protokoll des Vereinigungsparteitages der Soz.dem. Partei Dtlds. (SPD) u. der Kommunist. Partei Dtlds. (KPD) am 21. u. 22. April 1946 in Berlin (1946); Protokoll der Verhandlungen des 2. Parteitages der Soz. Einheitspartei Dtlds., 20. bis 24. Sept. 1947 in Berlin (1947); Zur ökonom. Politik der Soz. Einheitspartei Dtlds. u. der Reg. der Dt. Dem. Rep. Zusammenstellung von Beschlüssen der Soz. Einheitspartei Dtlds. sowie Gesetzen u. Verordnungen der Reg. der Dt. Dem. Rep. (3 Bde. Berlin-Ost 1960). — Eine handliche einführende Zusammenstellung von Dok. mit Lit.angaben: E. DEUERLEIN (Hg.), DDR 1945—1970. Gesch.- u. Bestandsaufnahme (Tb. [4]1972); Die Wahlen in der Sowjetzone. Dok. u. Materialien, hg. vom Bundesmin. f. Gesamtdt. Fragen (1964).

Nachschlagewerke hg. vom Bundesmin. f. Gesamtdt. Fragen bzw. Innerdeutsche Bez.: SBZ von A bis Z. Ein Taschen- u. Nachschlagebuch über den anderen Teil Dtlds. ([11]1969); DDR-Handbuch, wiss. Leitg. P. Ch. LUDZ (1975); SBZ-Biographie. Ein biograph. Nachschlagebuch über die Sowj. Besatzungszone Dtlds. (1964); P. MITZSCHERLING u. a., DDR-Wirtschaft. Eine Bestandsaufnahme, hg. vom Dt. Inst. f. Wirtschaftsforsch. (Tb. 1971).

Forschungsstand: P. Ch. LUDZ / J. KUPPE, Lit. zum polit. u. gesellschaftl. System der DDR, Polit. Vierteljahresschrift 10 (1969); H. MEYN, Zwanzig Jahre DDR, NPL 15 (1970).

Darstellungen: Allg. Lit. zur Besatzungspolit. s. § 99. — J. P. NETTL, Die dt. Sowjetzone bis heute. Politik, Wirtschaft, Gesellschaft (a. d. Engl. 1953); H. DUHNKE, Stalinismus in Dtld. Die Gesch. der sowj. Besatzungszone (1955); H. SCHÜTZE, »Volksdemokratie« in Mitteldtld. (1964); H. WEBER, Von der SBZ zur DDR, 1945—1968 (1968); D. CHILDS, East Germany (London 1969); aus der Reihe »Bonner Berichte aus Mitteldtld.«, hg. vom Bundesmin. f. Gesamtdt. Fragen: N. MATTEDI, Gründung u. Entwicklung der Parteien in der sowj. Besatzungszone Dtlds. 1945—1949 (1966) u. K. W. FRICKE, Selbstbehauptung u. Widerstand in der sowj. Besatzungszone Dtlds. (1964); aus ostdt. Sicht: St. DOERNBERG, Kurze Gesch. der DDR (Berlin-Ost [3]1968).

Personen: zu Ulbricht, Pieck, Grotewohl, Leonhard, Gniffke s. Lit. zu § 94; zu Hermes § 97, Anm. 16; zu Kaiser u. Lemmer s. u. Anm. 8.

1) S. z. B. das Kap. »Der Charakter u. die Etappen der volksdemokrat. Revolution auf dem Gebiet der DDR« in: St. DOERNBERG, Die Geburt eines neuen Dtld. 1945—1949. Die antifaschistisch-demokrat. Umwälzung u. die Entstehung der DDR (Berlin-Ost 1959). 2) W. LEONHARD, Es muß demokratisch aussehen, in: »Die Zeit« (7. Mai 1965). 3) W. ULBRICHT, Zur Gesch. der dt. Arbeiterbewegung 3, S. 71 f. 4) W. LEONHARD, Die Revolution entläßt ihre Kinder (1955), S. 497, referiert eine Äußerung des polit. Beraters der SMAD, Oberst Tulpanow, über die bevorstehende Gründung dieser Partei: »Wir haben von der sowjetischen Militärverwaltung aus eine Reihe von Untersuchungen über ehemalige Mitglieder und Funktionäre der Nazipartei vorgenommen und sind zu der Überzeugung gekommen, daß sich dort sehr brauchbare Kräfte befinden, die sich nur schlecht in die bestehenden Massen- und Parteiorganisationen eingliedern lassen. Jetzt werden Entlassungen ehemaliger Nazifunktionäre vorgenommen, und ich habe mit einigen von ihnen ausführliche Gespräche gehabt. Um diese Kräfte zu aktivieren, haben wir von unserer Seite aus vorgeschlagen, die Bildung einer Partei zu befürworten, in denen diese Kräfte gesammelt, vereinigt und der weiteren Entwicklung der Zone nutzbar gemacht werden können. Die Partei wird voraussichtlich National-Demokratische Partei heißen. Diesen Kräften sollen in der Zone größere Entfaltungsmöglichkeiten gegeben werden.« Zu dieser Partei vgl. R. KULBACH / H. WEBER / E. FÖRTSCH, Parteien im Blocksystem der DDR. Funktion u. Aufbau der LDPD u. der NDPD (1969). 5) Text des Befehls der SMAD Nr. 201 vom 16. Aug. 1947, in: Dok. zur Staatsordnung der Dt. Dem. Rep. 2 (Berlin-Ost 1959). 6) Zit. in N. MATTEDI, S. 132. 7) Rede auf dem 2. Parteitag der SED, 20.—24. Sept. 1947, zit. nach N. MATTEDI, S.121. 8) Hierzu E. KRIPPENDORFF, Die Liberal-Demokrat. Partei Dtlds. in der sowj. Besatzungszone 1945—1948 (o. J., 1961); R. AGSTEN / M. BOGISCH, LDPD auf dem Weg in die DDR. Zur Gesch. der LDPD in den Jahren 1946 bis 1949 (Berlin-Ost 1974); zur Entwicklung der CDU in diesem Zeitraum Bd. 3 der Jakob-Kaiser-Biographie: E. KOSTHORST, Der Arbeiterführer (²1970); Elfriede NEBGEN, Der Widerstandskämpfer (²1970); W. CONZE, Politiker zwischen Ost u. West 1945—1949 (1969); E. KOSTHORST, Bundesminister f. gesamtdt. Fragen 1949—1957 (1972); ferner E. LEMMER, Manches war doch anders. Erinnerungen eines dt. Demokraten (1968). 9) 2. Parteitag der Lib.-Demokrat. Partei Dtlds., 4.—7. Juli 1947 in Eisenach, S. 6, zit. nach H. WEBER, Von der SBZ zur DDR, S. 39. 10) Zit. W. CONZE, S. 66. 11) Text in O. K. FLECHTHEIM (Hg.), Dok. zur parteipolit. Entwicklung in Dtld. seit 1945, 3 (1963), Nr. 210. 12) W. LEONHARD, Die Revolution entläßt ihre Kinder (1955); E. W. GNIFFKE, Jahre mit Ulbricht (1966). 13) A. NORDEN, Ein freies Dtld. entsteht (Berlin-Ost 1963), S. 23. 14) J. P. NETTL, S. 26. 15) Die Angaben nach H. WEBER, Von der SBZ zur DDR, S. 23. — H. DUHNKE, Stalinismus in Dtld.; G. FINN, Die polit. Häftlinge der Sowjetzone 1945—1959 (²1960). 16) Befehl der SMAD Nr. 32 vom 12. Febr. 1948 über die Zusammensetzung u. Vollmachten der Dt. Wirtschaftskommission, in: Dok. zur Staatsordnung der Dt. Dem. Rep. 2 (1959), S. 121 f.

§ 99 Die politische Entwicklung in den westlichen Besatzungszonen 1945—1947

Wie nach dem Ersten Weltkrieg, so gab es auch nach dem Zweiten in einigen Regionen Neigungen, sich aus dem politischen Verband Deutschlands zu lösen. Wenn auch diese Tendenzen insgesamt keine durchschlagende Kraft besessen haben, so gehören solche Versuche, aus dem deutschen Schicksal auszusteigen, doch in das Bild der Zeit. In Schleswig-Holstein setzte unmittelbar nach dem Zusammenbruch eine lebhafte prodänische Propaganda ein, die von der Vorstellung geleitet war, daß Schleswig bis zur Eider eigentlich in den dänischen Staatsverband hineingehöre[1]). Träger der dänischen Bewegung waren der im Januar 1946 gebildete Südschleswigsche Verein (SSV) und die aus dem Verband der SPD ausgeschlossene Sozialdemokratische Partei Flensburg (SPF). Der SSV konnte von 1946 bis 1948 seine Mitgliederzahl von 12 000 auf 74 000 steigern und dabei über die eigentliche dänische Minderheit hinaus erhebliche Teile des Deutschtums an sich heranziehen. Bei der Landtagswahl von 1947 gewann der Südschleswigsche Wählerverband 99 500, d. h. fast ein Drittel aller im Landesteil Schleswig abgegebenen Stimmen. Wenn man die Zahl der Flüchtlinge abzieht, die ihre Stimmen für deutsche Parteien gaben, so ist die Feststellung berechtigt, daß etwa die Hälfte der einheimischen Bevölkerung Schleswigs sich damals nach Dänemark hin orientierte. Besonders ausgeprägt waren die Loslösungsbestrebungen in Flensburg[2]). Die Argumentation der Separatisten war z. T. noch von der rassistischen Ideologie der NS-Zeit geprägt. So war in einer Eingabe Flensburger Bürger an die Militärregierung die Rede davon, daß die Flut der Flüchtlinge »unseren nordischen Volkscharakter in Südschleswig zu ersticken oder doch ihn biologisch zu überfremden« drohe, wohingegen die Flüchtlinge für Holstein keine so große Gefahr bedeuteten, da »seine Einwohner von niedersächsischer oder slawischer Herkunft« seien[3]). Bei der ersten Bundestagswahl vom August 1949 erhielt die dänische Partei in Schleswig-Holstein immerhin noch 75 000 Stimmen. Von da an sank bei den späteren Landtags- und Bundestagswahlen der dänische Stimmenanteil ständig. Durch die 1947/48 beginnende Konsolidierung der deutschen Verhältnisse wurde im Laufe der Jahre das Dänentum in Schleswig auf seinen eigentlichen Kern zurückgeführt. Die dänische Regierung hat sich die Forderung einer Grenzverschiebung nicht zu eigen gemacht. In Beantwortung einer britischen Anfrage erklärte sie in bemerkenswerter Zurückhaltung und in realistischer Einschätzung der Vorgänge südlich der Grenze: »Die Lage ist noch nicht abgeklärt, und nur die Zeit kann lehren, ob die bei vielen Südschleswigern eingetretene Gesinnungsänderung von Dauer ist. Unter diesen Umständen beabsichtigt die dänische Regierung nicht, Vorschläge bezüglich einer Änderung des staatlichen Zugehörigkeitsverhältnisses von Südschleswig zu machen.«[4]) Sie erstrebte aber für Schleswig eine von Holstein getrennte Verwaltung und die Evakuierung der in diesem Landesteil sehr zahlreichen Ostflüchtlinge. Die britische Militärregierung ist diesen Wünschen nicht nachgekommen. Ihrer festen Haltung ist es in erster Linie zuzuschreiben, daß Schleswig-Holstein in seiner Geschlossenheit erhalten blieb. Die von dem dänischen Volksteil erstrebte Sicherung von politischen und kulturellen Minderheitenrechten wurde durch die von allen deutschen Parteien Schleswig-Holsteins getragene »Kieler Erklärung« vom 26. September 1949 rechtlich verankert. Auch der deutschen Minderheit in Nordschleswig, die zunächst mancherlei Strafverfolgungen wegen ihrer Kooperation mit der Besatzungsmacht und aktiver Unterstützung der deutschen Kriegführung ausgesetzt war, gelang es, sich im 1945 gegründeten »Bund Deutscher Nordschleswiger« eine wirkungsvolle Interessenvertretung zu schaffen. Ihr Bekenntnis zur Loyalität gegenüber dem dänischen Staat führte zur Sicherung ihrer Minderheitenrechte. Der deutsch-dänische Grenzraum mit Minderheiten hüben und drüben entwickelte sich später im Zeichen der Grundsatzerklärungen der deutschen und dänischen Regierung vom 29. März 1955 zu einem Beispiel dafür, wie die Loyalität zum eigenen Volkstum verbunden mit der Loyalität zur Staatsnation in einem gemischt nationalen Grenzraum zu einem Element der Verständigung werden kann.

Im niedersächsischen Raum belebte sich der welfische Gedanke. Man besann sich darauf, daß Hannover 1866 mit Gewalt von Preußen annektiert worden war, das englische Königshaus von hier stammte und früher einmal bis 1837 eine Personalunion bestanden hatte. Es gab hier und da substanzlose politische Hoffnungen, daß ein großwelfisches Gebilde im niederdeutschen Raum eine gewisse privilegierte Stellung innerhalb des britischen Besatzungsgebietes als Protektorat der englischen Krone erlangen könne[4a]). In dem später gegründeten Land Niedersachsen ist — fern von allen unrealistischen Spekulationen — ein Stück welfischer Tradition erhalten geblieben.

In Bayern konnte beim Zusammenbruch des Reiches das politische Bewußtsein an die Tatsache anknüpfen, daß in keinem anderen deutschen Lande eine geschichtlich so ausgeprägte staatliche Erinnerung vorhanden war. Die 1946 gegründete Bayernpartei wurde der entschiedenste Träger dieses Sonderbewußtseins, das sich an der Wiedererrichtung eines eigenen Staates als der primären politischen Zielsetzung gegenüber sekundären föderativen Verbindungen mit anderen deutschen Ländern orientierte. Der Wille zur Wiedererstehung und Bewahrung einer eigenen Staatsindividualität hat aber auch die übrigen Parteien wie CSU und SPD zu einer ausgesprochen föderalistischen Politik bestimmt. Diese sollte später in der Rolle, die Bayern bei der Entstehung der Bundesrepublik spielte, besonders in Erscheinung treten.

Im Unterschied zum bayerischen Föderalismus, der sich im gesamtdeutschen Zusammenhang verstand, ist für die Geschichte von Separationsbestrebungen, die von außen gefördert und von innen her mitgetragen wurden, neben Schleswig das Saargebiet zu nennen[5]). Hier versuchte Frankreich vollendete Tatsachen zu schaffen. Es wollte dieses Gebiet für dauernd von Deutschland trennen und dem französischen Wirtschaftsgebiet einfügen. Die französische Industrie brauchte die Saarkohle. Aus diesem Grunde konnte Frankreich für ein eigenmächtiges Vorgehen an der Saar mit amerikanischer und britischer Duldung rechnen, während die weiterreichenden französischen Separations- und Annexionswünsche an Rhein und Ruhr von diesen beiden Mächten wie auch von der Sowjetregierung abgelehnt wurden. An der Saar wurde schon im Sommer 1945 eine von der übrigen französischen Besatzungszone getrennte Verwaltung eingerichtet. Am 12. Februar 1946 erklärte Frankreich gegenüber den anderen Kontrollmächten seine Absicht, das Saargebiet aus der Zuständigkeit des Berliner Kontrollrates zu lösen. Auch in Zukunft solle es niemals mehr einer deutschen Zentralverwaltung unterstehen — vorbehaltlich der Entscheidung der Friedenskonferenz über den endgültigen Status. So wurde das Saargebiet durch das einseitige französische Vorgehen unter Billigung Großbritanniens und der Vereinigten Staaten ähnlich wie die Ostgebiete aus der allgemeinen Zonen- und Besatzungsverwaltung ausgeklammert mit dem fundamentalen Unterschied, daß für die Saarbevölkerung Heimatrecht und autonome Verwaltung gewahrt blieben. In den folgenden Jahren haben die Franzosen 109 weitere deutsche Gemeinden in das Saargebiet einbezogen. Im Dezember 1946 trennten sie es durch eine Zollgrenze vom übrigen Deutschland. Am 5. Oktober 1947 wurden allgemeine Wahlen für eine verfassunggebende Versammlung durchgeführt. Sie ergaben eine große Stimmenmehrheit für diejenigen Parteien, die von der Tatsache des geschaffenen neuen Zustandes ausgingen. Dies waren die Christliche Volkspartei (CVP), die Sozialistische Partei Saar (SPS) und die Demokratische Partei Saar (DPS). Nur die Kommunisten widersetzten sich einer Trennung der Saar von Deutschland. Die Saarbevölkerung sah die Vorteile, die sich für sie durch die Eingliederung in das französische Wirtschaftsgebiet bei Wahrung deutscher Kultur- und Verwaltungsautonomie ergaben, während es auf der anderen Seite völlig offen war, was aus dem mit Reparationen, Demontagen und wachsender Ost-West-Spannung belasteten Deutschland werden sollte. In der Präambel der am 15. Dezember 1947 gegen eine Minderheit verabschiedeten Verfassung hieß es, »das Volk an der Saar« wolle »seine Zukunft auf den wirtschaftlichen Anschluß des Saarlandes an die französische Republik« gründen; in der Konsequenz dieses Schrittes liege »die politische Unabhängigkeit des Saarlandes vom Deutschen Reich«[6]). Christliche Volkspartei und Sozialisten bildeten eine Koalitionsregierung unter Ministerpräsident Hoffmann (CVP), der sich schon 1935 gegen die Rückkehr der Saar nach Deutschland eingesetzt hatte und nach dem Krieg aus der Emigration heimgekehrt war. Die französische oberste Staatsgewalt im Saarland wurde durch einen Hohen Kommissar, den Gaullisten Gilbert Grandval, vertreten. Es gab in Frankreich und in beschränktem Umfang auch an der Saar Bestrebungen, das Gebiet nicht nur wirtschaftlich, sondern auch politisch voll und ganz in den französischen Staat einzugliedern. Die »Bewegung für die Angliederung der Saar an Frankreich« sah bei den Anhängern der bloßen Autonomie eine gefährliche Unentschiedenheit, die bei veränderter wirtschaftlicher und politischer Lage eine Rückwendung nach Deutschland hin nicht ausschloß[7]). Zunächst aber wurde das Saargebiet durch eine Reihe von Maßnahmen wirtschaftlich auf Frankreich hin ausgerichtet. Eine französische Verwaltung übernahm die Ausbeutung der Saargruben, die französische Währung trat an die Stelle der deutschen, und am 30. März 1948 wurde die Zollunion zwischen Frankreich und dem Saargebiet hergestellt. Niemand konnte damals voraussehen, daß sich das deutsch-französische Verhältnis einmal so entwickeln würde, daß die Saar am 1. Januar 1957 nach Deutschland zurückkehren konnte.

Innerhalb der drei Westzonen sind durch Verordnungen der Besatzungsmächte zum Teil unter deutscher Beratung die Länder in der Abgrenzung entstanden, wie wir sie mit nur einer erheblichen Korrektur im Südwesten (Bildung des Landes Baden-Württemberg aus den drei Ländern Württemberg-Baden, Württemberg-Hohenzollern und Baden, vollzogen am 25. April 1952 aufgrund einer Probeabstimmung vom 24. September 1950, eines Bundesgesetzes vom 4. Mai 1951 und einer Volksabstimmung vom 6. Dezember 1951)[8]) noch heute als Grundelemente der föderalistischen Ordnung der Bundesrepublik kennen. Das Territorium der britischen Zone setzte sich zusammen aus den ehemaligen Ländern Braunschweig (bis auf kleinere Gebietsteile, die in die sowjetische Zone fielen), Oldenburg, Lippe, Schaumburg-Lippe, dem Stadtstaat Hamburg und den preußischen Provinzen Schleswig-Holstein, Hannover, Westfalen und dem nördlichen Teil der Rheinprovinz. Schleswig-Holstein erhielt am 23. August 1946 den Charakter eines Landes[9]). Man konnte bei der einheimischen Bevölkerung an ein geschichtlich verwurzeltes schleswig-holsteinisches Eigenbewußtsein anknüpfen. Aber zu den Einheimischen kam fast die gleiche Zahl an Flüchtlingen. Kaum irgendwo stellte sich das soziale Integrationsproblem von Einheimischen und Zugewanderten mit solcher Schärfe wie hier. Denn Schleswig-Holstein hatte mit der Zerstörung der Werften und der Ablieferung der deutschen Flotte seine wirtschaftliche Grundlage außer der Landwirtschaft zunächst weitgehend verloren. Auch Hamburg war durch das Verbot der Überseeschiffahrt, die Zerstörung der Hafenanlagen und weiter Stadtgebiete tief getroffen. Ursprüngliche Erwägungen, Hamburg mit Schleswig-Holstein zu verbinden, wurden nicht verwirklicht. Es blieb als politisch selbständiges Gebilde erhalten. Ein neues Land entstand am 1. November 1946 unter der Bezeichnung Niedersachsen[10]). In ihm wurden die Provinz Hannover und die Länder Oldenburg, Braunschweig und Schaumburg-Lippe zusammengefaßt. Mit dem Kern eines welfischen Bewußtseins konnte dieses Land an eine ältere historische Gegebenheit anknüpfen, aber in seiner territorialen Abgrenzung war es doch ein gänzlich neues Gebilde. Der Wirtschaftscharakter Niedersachsens war im wesentlichen agrarisch, abgesehen von den Eisenhüttenwerken in Salzgitter und der zunächst verbotenen Automobilherstellung in Wolfsburg. Hannover entwickelte sich seit 1947 zur bedeutendsten deutschen Messestadt. Im Lande Nordrhein-Westfalen[11]) wurden am 18. Juli 1946 die beiden Provinzen dieses Namens verbunden, später, am 21. Januar 1947, kam Lippe-Detmold hinzu. Nordrhein-Westfalen war ein Produkt situationsbedingter wirtschaftlicher und politischer Überlegungen. Das Industriegebiet von Ruhr und Niederrhein, die wirtschaftlichen Verwaltungszentralen in Düsseldorf und die chemischen, Braunkohlen- und Kabelindustrien im Kölner Raum, insgesamt die stärkste deutsche Industriepotenz, wurden durch die Schaffung dieses Landes mit dem landwirtschaftlichen Areal des Münsterlandes und den Holzbeständen des Sauerlandes zu einer politischen Einheit verbunden. Durch die Einbindung des Ruhrgebietes in eine größere territoriale Verwaltungseinheit wollte die britische Regierung zugleich den von französischer Seite vertretenen Bestrebungen entgegenwirken, den montanindustriellen Schwerpunkt der deutschen Wirtschaft politisch zu internationalisieren. Die Entstehung dieses Landes entsprach aber zugleich den Vorstellungen, wie sie Konrad Adenauer nach dem Ersten

Weltkrieg entwickelt hatte, als er sich für die Schaffung eines politisch-wirtschaftlichen Großraumes in Westdeutschland einsetzte[12]). Die Entwicklungen in Nordrhein-Westfalen sollten von ausschlaggebender Bedeutung werden für die politische Orientierung der Bundesrepublik.

In der amerikanischen Besatzungszone ergab sich eine stärkere Anknüpfungsmöglichkeit an bestehende Länder. Das war am ausgesprochensten der Fall in Bayern[13]). Hier gab es noch ein Eigenstaatsbewußtsein, auch wenn in der nationalsozialistischen Zeit wie alle deutschen Länder, so auch Bayern zu einer bloßen Verwaltungseinheit des Reiches herabgesunken war. München trägt mehr als irgendeine andere Stadt in der Bundesrepublik in dem architektonischen Bild einer geschichtlich verwurzelten Staatstradition hauptstädtischen Charakter. Politisch erhielt das erst in einer späteren Phase sich stärker industrialisierende Land sein Gepräge durch das Bauerntum und den gewerblichen städtischen Mittelstand. Die ehemaligen Länder Württemberg und Baden wurden durch die Demarkationslinie zwischen der amerikanischen und französischen Besatzungszone zerschnitten. Die nördlichen Teile wurden als Land Württemberg-Baden mit der Hauptstadt Stuttgart zusammengefaßt[14]). Wirtschaftlich verfügte dieses Land über das entwicklungsfähige Potential einer auf breiter handwerklicher Basis und einem qualifizierten Facharbeitertum beruhenden Klein-, Mittel- und Automobilindustrie. Als drittes Land entstand im amerikanischen Besatzungsgebiet Hessen[15]), das aus der ehemals preußischen Provinz Hessen-Nassau (ohne den Regierungsbezirk Montabaur, Rheinland-Pfalz) und den rechtsrheinischen Teilen des ehemaligen Hessen-Darmstadt zusammengefügt wurde. Die hessische Wirtschaft besaß in chemischer Industrie, Fahrzeugbau, Maschinenbau und Elektroindustrie die Ansatzpunkte für eine nach der Währungsreform rapide einsetzende Industrialisierung mit einem die anderen deutschen Länder übersteigenden relativen Anteil an den Wachstumsindustrien. Hinzu kam Bremen, zunächst eine amerikanische Militärenklave in der britischen Zone, seit dem 1. Januar 1947 mit dem Status eines Landes Teil der amerikanischen Zone. Das Land Bremen, zu dem auch Bremerhaven gehört, ist im Unterschied zu Hamburg kein reiner Stadtstaat.

In der französischen Zone war die Abgrenzung der neuen Länder am auffallendsten durch die Besatzungsgeographie bestimmt. Der Südteil Württembergs und der ehemals preußische Kreis Hohenzollern-Sigmaringen wurden mit Tübingen als Hauptstadt zum Land Württemberg-Hohenzollern vereinigt[16]). Daneben stand das Land Baden, das auf den südlichen Teil des ehemaligen Landes dieses Namens beschränkt wurde, und schließlich das am 30. August 1946 gebildete Land Rheinland-Pfalz[17]), zusammengesetzt aus der bayerischen Pfalz, dem linksrheinischen Hessen-Darmstadt (Rheinhessen), dem Südteil der preußischen Rheinprovinz und kleineren Teilen der preußischen Provinz Hessen-Nassau. Die Wirtschaft des Landes erhielt ihr Gepräge vor allem durch Land- und Forstwirtschaft sowie Weinbau und die chemische Industrie in Ludwigshafen.

In ihren Zonen entwickelten die drei Westmächte jeweils stark ausgeprägte Eigentümlichkeiten in der Behandlung der unterworfenen Bevölkerung und der Organisation des Gebietes. In der französischen Zone ist die Besatzungspolitik ein deutlicher Reflex der allgemeinen Ziele, die Frankreich in der deutschen Frage auf den Außenministerkonferenzen nach Potsdam vertrat: Verhinderung der deutschen Einheit, Eintreibung hoher Reparationen und zugleich Verstärkung des französischen Kultureinflusses. Daraus ergab sich im politischen Aufbau der französischen Zone zunächst die größte Zurückhaltung in der Konzessionierung von Parteien und Gewerkschaften mit einem mehr als lokalen Charakter. Auf Länderebene wurden Parteien erst in der Zeit von Januar bis März 1946 zugelassen. Darüber hinaus wurden alle zonalen und überzonalen Zusammenschlüsse verboten und Kontakte erschwert. So verweigerten die französischen Behörden noch im April 1947 Kurt Schumacher, vor einer sozialdemokratischen Versammlung in Speyer zu reden. Nur zögernd wurden die von der Militärregierung eingesetzten und unter deren direkten Anweisungen handelnden deutschen Verwaltungsstellen in Gemeinde, Kreis und Land mit selbständigeren Befugnissen ausgestattet und durch gewählte Körperschaften ergänzt. Erst im September/Oktober 1946 ließ die Militärregierung Gemeinde- und Kreiswahlen durchführen. Durch die gewählten Kommunalvertretungen wurden beratende Landesversammlungen beschickt, die den Auftrag erhielten, Länderverfassungen zu erarbeiten. Nunmehr ernannte die Militärregierung im Dezember 1946 in dem ein Vierteljahr zuvor gebildeten Land Rheinland-Pfalz eine vorläufige Landesregierung. Unter Wilhelm Boden (CDU) gehörten ihr Christliche Demokraten, unter ihnen der als Vorkämpfer des Föderalismus hervortretende Adolf Süsterhenn, Sozialdemokraten und ein Kommunist an. Gleichzeitig wurde in Baden unter dem klassischen Philologen und Gymnasialprofessor Leo Wohleb (CDU)[18]), der gegen alle Südweststaat-Bestrebungen für die Wiederherstellung des ehemaligen Landes Baden eintrat, eine vorläufige Allparteienregierung gebildet, der auch je ein Liberaler und Kommunist angehörten. In Württemberg-Hohenzollern stand seit Oktober 1945 ein Staatssekretariat unter der Leitung des sozialdemokratischen Staatsrechtlers Professor Carlo Schmid[19]), Sohn einer französischen Mutter und eines deutschen Vaters, Kenner beider Sprachen und Literaturen. Zu den engen Mitarbeitern Carlo Schmids in der intellektuell brillanten Verwaltung dieses kleinen Landes gehörte auch der liberale Historiker, Politologe und Publizist Theodor Eschenburg.

In den Ländern gewannen in den Auseinandersetzungen inner- und außerhalb der Landtage die staats- und gesellschaftspolitischen Vorstellungen der Parteien Profil. So entzündete sich in Rheinland-Pfalz, in dessen nördlichem Teil die SPD einen starken Rückhalt hatte, an den verfassungspolitischen Vorschlägen von Adolf Süsterhenn, Minister für Justiz und Kultus und Vorsitzender der Verfassungskommission, ein scharfer Meinungsstreit um das Föderalismusproblem[20]), das allerdings erst später im Ringen um das Grundgesetz für die Bundesrepublik seine volle Bedeutung erhalten sollte. Umstritten war auch die Frage, ob eine zweite ständische Kammer und ob das Amt eines Staatspräsidenten geschaffen werden sollte. In beiden Fällen konnten sich Süsterhenn und seine Freunde von der CDU nicht durchsetzen. Während aber diese Auseinandersetzung um die Staatsstruktur die Bevölkerung nur wenig berührte, wurde sie tiefer ergriffen durch den Kampf um die vom naturrechtlich verstandenen Elternrecht her begründete Konfessionsschule. In einer besonderen Volksabstimmung hierüber setzte sich die von der CDU geforderte Konfessionsschule gegen eine abweichende Majorität im Nordteil des Landes durch. Sowohl die Sozialdemokraten als auch die Liberalen hatten Einwände gegen eine zu weit gehende Föderalisierung wie gegen eine naturrechtliche Begrenzung der Staatskompetenzen, während Sozialdemokraten und Christliche Demokraten in gesellschaftspolitischen Vorstellungen einander näher standen als beide den Liberalen.

Ähnliche verfassungs- und gesellschaftspolitische Gruppierungen bildeten sich in den übrigen Ländern der französischen Zone. In Württemberg-Hohenzollern einigten sich Christliche und Sozialdemokraten nach Intervention der Besatzungsmacht schließlich in einem Kompromiß auf der Basis des von Carlo Schmid erstellten Verfassungsentwurfs für Württemberg-Baden. Die innerpolitischen Kräfteverhältnisse in der Bevölkerung der französischen Besatzungszone wurden in den ersten direkten Landtagswahlen vom 18. Mai 1947 sichtbar. Zugleich mit diesen Wahlen wurden die von den beratenden Landesversammlungen erarbeiteten Länderverfassungen durch Volksabstimmung bestätigt, und zwar in Rheinland-Pfalz, wo die Gegensätze am schärfsten ausgetragen wurden, mit nur 53 %, in Baden mit 67,9 % und in Württemberg-Hohenzollern mit 69,8 %. In allen drei Ländern erlangte die CDU vor der SPD als der zweitstärksten Partei und vor den in großem Abstand folgenden Liberalen und Kommunisten einen erheblichen Vorsprung, in Baden und Württemberg-Hohenzollern sogar die absolute Mehrheit. Die Parteien hielten aber angesichts der deutschen Notlage die Zeit für noch nicht gekommen und auch das Maß der den Ländern zugestandenen legislativen und exekutiven Zuständigkeiten für zu begrenzt, um in den Landtagen eine klare politische Konfrontation von Regierung und Opposition vorzunehmen. Statt dessen wurden überall Mehrparteienregierungen gebildet, in Rheinland-Pfalz zunächst mit Einschluß, in Württemberg-Hohenzollern unter Ausschluß der Kommunisten und in Baden zunächst als eine CDU-SPD-Regierung, der allerdings Anfang 1948 eine reine CDU-Regierung folgte. Zum Ministerpräsidenten wurde in Rheinland-Pfalz Peter Altmeier (CDU) gewählt, ein entschiedener Gegner der Autonomietendenzen im benachbarten Saargebiet. Er blieb bis zum Jahre 1969 in diesem Amt. In Baden bestätigte die Wahl Leo Wohleb (CDU) als »Staatspräsidenten und Minister des Kultus und Unterrichts«. In Württemberg-Hohenzollern bildete Lorenz Bock (CDU) als »Staatspräsident und Finanzminister« die Regierung, der Carlo Schmid als Justizminister weiter angehörte.

Irgendeinen Verwaltungszusammenschluß über die Ländergrenzen hinaus gab es in der französischen Zone nicht. Erst im April 1948 durften die Ministerpräsidenten der französischen Zone zu einer ersten gemeinsamen Konferenz zusammenkommen.

Wirtschaftlich war Frankreich nächst Rußland und Polen im Kriege besonders schwer geschädigt worden. Es versuchte daher, durch die Auflage von Zwangslieferungen, Entnahme industrieller Ausrüstungen, »Restitution« der aus Frankreich entfernten Güter, »Reparation« der erlittenen Schäden, Massenverwendung von deutschen Kriegsgefangenen in der französischen Produktion und vor allem durch die wirtschaftliche Annexion des Saargebiets einen Ausgleich zu erzielen, obwohl die Rechnung niemals beglichen werden konnte[21]). Dabei nahm Frankreich auch das Recht für sich in Anspruch, Reparationen aus der laufenden Produktion zu entnehmen. Es weigerte sich, Flüchtlinge und Vertriebene in seiner Besatzungszone aufzunehmen, obwohl hier der Grad der Zerstörungen der Wohnstätten vergleichsweise gering war: 75 % der Gebäude waren intakt geblieben gegenüber 65 % in der amerikanischen und 43 % in der britischen Zone. Aber nirgendwo gingen Trümmerbeseitigung und später der Wiederaufbau so langsam vor sich wie hier. Die Besatzungstruppe und ein Heer von französischen Beamten wurden im wesentlichen durch die Zone selbst getragen. Der Verwaltungsapparat der französischen Militärregierung war im Vergleich zu den anderen Zonen unverhältnismäßig aufgebläht. Auf 10 000 deutsche Einwohner kamen je 18 französische, 10 britische und 3 amerikanische Beamte. Die Besatzungskosten je Einwohner betrugen im Jahre 1946 in der französischen Zone 200 RM, in der britischen 112 RM und in der amerikanischen Zone 95 RM. Die Extravaganz eines überzogenen Lebensstils der Besatzungsoffiziere wurde auch in Frankreich deutlich kritisiert. Man warf der Militärregierung vor, daß sie ein Refugium für ehemalige Vichy-Anhänger sei. Neben solchen negativen Zügen der Besatzungszeit hat sich die französische Kulturpolitik im ganzen positiv ausgewirkt. Umsichtig und mit Erfolg hat sich die Militärregierung dafür eingesetzt, daß die Schulen wieder in Gang kamen, daß Lehrmaterialien — wenn auch, was die Geschichte betraf, z. T. lebhaft umstritten — zur Verfügung gestellt wurden und daß neben den Universitäten Tübingen in Württemberg, Freiburg in Baden auch das Land Rheinland-Pfalz durch eine Neugründung in Mainz eine eigene Universität erhielt. Es ist besonders hervorzuheben, daß gerade französische Widerstandskämpfer bemüht gewesen sind, mit einem neuen Deutschland besonders der jungen Generation menschliche Kontakte durch Vermittlung von Besuchsreisen, Familienaufenthalten und Jugendlagern zu ermöglichen. Der gute

Wille, der sich gerade auch in der schwierigen Lage der Besatzungszeit in den ersten Nachkriegsjahren gezeigt hat und bei allem politischen Mißtrauen die Attitüde einer moralischen Patronisierung vermied, ist ein wesentliches Element für die spätere freundschaftliche Annäherung zwischen den beiden Völkern geworden. Es gab in der französischen Zone kein Fraternisierungsverbot.

Die Militärregierung der britischen Zone stand unter den Weisungen einer Labour-Regierung in London. Der zuständige Außenminister Ernest Bevin, Baptistenprediger und erfolgreicher Gewerkschaftsführer, war politisch ein Pragmatiker und das Gegenteil eines sozialistischen Doktrinärs. Er stand nicht nur dem deutschen Volke insgesamt, sondern auch den Sozialdemokraten mit deutlicher Distanz gegenüber. Trotz gelegentlicher Forderungen nach Sozialisierungsmaßnahmen in der Ruhrindustrie richtete er sich als Außenminister nach den wirtschaftlichen und politischen Zweckmäßigkeiten im Rahmen des Bündnisses mit den Vereinigten Staaten, die alle Sozialisierungstendenzen in den westlichen Zonen blockierten. Die britische Militärregierung hat sich jedoch bei einem anfänglich betonten Abstand von der Bevölkerung ernsthaft darum bemüht, die Lebensbedingungen in ihrer Besatzungszone erträglich zu gestalten und die Entwicklung eines selbständigen politischen Lebens in Deutschland zu fördern. Von der britischen Zone gingen die parteipolitisch kräftigsten Impulse aus. Nach einer schon im August 1945 gegebenen Zustimmung zur Bildung von Gewerkschaften und Parteien wurde ihnen im Februar 1946 der länderübergreifende zonale Zusammenschluß ermöglicht. Konrad Adenauer und Kurt Schumacher, die beiden stärksten Potenzen des wiedererstehenden deutschen politischen Lebens, hatten die Basis für ihre Wirksamkeit in den Parteiorganisationen der britischen Zone. Wie die Franzosen, so sahen auch die Briten besonders in der kommunalen Selbstverwaltung das Übungsfeld für ein neuerstehendes politisches Leben. Sie führten nach britischem Vorbild eine später zum Teil wieder rückgängig gemachte Neuordnung der Kommunalverfassung ein. Diese beruhte im Gegensatz sowohl zu der früheren Bürgermeisterverfassung wie zu der Magistratsverfassung auf einer klaren Trennung zwischen der politisch verantwortlichen Gemeindeführung durch den Bürgermeister als dem Exponenten des Gemeindeparlaments einerseits und der Gemeindeverwaltung andererseits, an deren Spitze in den größeren Kommunen ein »Stadtdirektor« gestellt wurde. Analog wurde der Landrat zum politischen Repräsentanten des Landkreises, dessen Verwaltung ein »Oberkreisdirektor« leitete[22]). Die ersten Gemeinderäte und Kreistage wurden ab September 1945 von der Militärregierung ernannt. Es folgten Provinziallandtage und im Oktober/November 1946 Länderparlamente. Ihre Zusammensetzung orientierte sich an den vermuteten Stärkeverhältnissen der Parteien zum Teil in Anlehnung an Wahlergebnisse des Jahres 1932. Mit der Durchführung von Wahlen ließ sich die britische Militärregierung Zeit. Die ersten Kommunalwahlen wurden im September/Oktober 1946, die ersten Landtagswahlen am 20. April 1947 durchgeführt, beide also etwa gleichzeitig mit der französischen Zone. Sie machten in Nordrhein-Westfalen die CDU und in Niedersachsen die SPD zur relativ stärksten Partei. In Schleswig-Holstein errang die SPD wie zuvor am 13. Oktober 1946 bereits in Hamburg die absolute Mehrheit im Landtag.

Die Wahlen führten zu Um- und Neubildungen der Landesregierungen. In Schleswig-Holstein war im November 1945 Theodor Steltzer (CDU)[23]) zum Oberpräsidenten der verwaltungsmäßig reorganisierten Provinz bestellt worden. Aufgrund einer Verordnung der Militärregierung vom 23. August 1946, durch die den ehedem preußischen Provinzen »vorläufig die staatsrechtliche Stellung von Ländern« zuerkannt wurde, erhielt er die Amtsbezeichnung eines Ministerpräsidenten. Die von ihm im Dezember 1946 gebildete CDU/SPD-Regierung wurde im April 1947 aufgrund des Wahlergebnisses durch eine SPD-Regierung unter Hermann Lüdemann abgelöst. In

Niedersachsen wurde Hinrich Wilhelm Kopf (SPD)[24], seit Dezember 1946 Ministerpräsident einer Allparteienregierung, durch die Landtagswahl im Amt bestätigt. In Nordrhein-Westfalen hatte die Militärregierung nach der Konstituierung dieses Landes im August den Oberpräsidenten der Provinz Westfalen, Rudolf Amelunxen, mit der Regierungsführung beauftragt. Er kam aus der katholischen Sozialbewegung um Carl Sonnenschein und schloß sich dem neubegründeten Zentrum an. Seine erste aus SPD, Zentrum, FDP und KPD gebildete Regierung wurde bereits aufgrund der Kommunalwahlen vom September/Oktober 1946 durch Einbeziehung der CDU im Dezember 1946 zu einer Allparteienregierung erweitert. Die Landtagswahlen führten dann im April 1947 zu einem Regierungswechsel. Der dem Gewerkschaftsflügel der CDU angehörende Karl Arnold[25]), der im Gegensatz zu Adenauer ein Zusammengehen mit der SPD befürwortete, bildete eine Koalitionsregierung aus CDU, SPD, Zentrum und KPD. In Hamburg war bereits aufgrund der Bürgerschaftswahlen vom 13. Oktober 1946 ein gewählter Senat mit Max Brauer (SPD)[26]) als Erstem Bürgermeister aus einer Koalition von SPD, FDP und KPD gebildet worden.

Der den Ländern in der britischen Zone zugewiesene Verantwortungsbereich war jedoch begrenzt. Die Militärregierung behandelte ihr Gebiet von vornherein als ein einheitlich zu verwaltendes Ganzes im deutlichen Unterschied zur französischen Zone. Verschiedene Gründe erklären diesen Unterschied: Erst 1946 wurde die Ländereinteilung innerhalb des Gebietes endgültig zugeschnitten, die dringenden wirtschaftlichen Probleme dieses hochindustrialisierten Gebietes verlangten eine übergeordnete Handhabung, und schließlich orientierte sich die Labour-Regierung, die in der Sozialdemokratie ihren bevorzugten politischen Partner auf deutscher Seite sah, an deren bundesstaatlichen Verfassungsvorstellungen mit einer starken Zentralgewalt wie in der Weimarer Verfassung. Als Hilfs- und Exekutiveinrichtungen der verschiedenen Fachabteilungen der Militärregierungen wurden deutsche Zonenzentralämter, zumeist mit dem Sitz in Hamburg, gebildet. Das wichtigste dieser Ämter war der Zentralrat für Wirtschaft in Minden[27]). Mit seiner Leitung wurde der sozialdemokratische Wirtschaftswissenschaftler Viktor Agartz betraut, der wegen seines konsequenten Marxismus später mit seiner Partei und seiner Gewerkschaft in Konflikt geriet. Der zentralen britischen Verwaltung wurde am 15. Februar 1946 ein deutsches Gremium beigegeben, der »Zonenbeirat« mit dem Sitz in Hamburg[28]). Zu seinem Generalsekretär wählte er den Sozialwissenschaftler und -politiker Gerhard Weisser (SPD). Der Zonenbeirat bestand zunächst aus 27, später 32 von der Militärregierung berufenen Mitgliedern. Zu ihnen gehörten Vertreter der Parteien wie Adenauer und Schumacher, Regierungschefs, Fachleute und Gewerkschaftsvertreter. Seine Aufgaben waren lediglich beratender Natur. Durch Verordnung vom 10. Juni 1947 wurde der Zonenbeirat parlamentarisiert. Anstelle der Nominierung seiner Mitglieder durch die Militärregierung trat die Delegierung durch die Länderparlamente (Zusammensetzung seiner Mitglieder: 14 SPD, 12 CDU, 4 FDP, 4 KPD, 2 DP, 2 Zentrum). Legislative oder exekutive Vollmachten erhielt er aber auch jetzt noch nicht. Neben dieser parlamentarischen Einrichtung wurde am 4. Juli 1947 als Ansatz eines föderativen Organs eine »Konferenz der Ministerpräsidenten« geschaffen, die aber keine Bedeutung erlangte.

Die verfassungsrechtliche Ordnung der einzelnen Länder der britischen Zone beruhte auf vorläufig von der Militärregierung erlassenen Satzungen. Nachdem die zunächst ernannten parlamentarischen Gremien im April 1947 durch gewählte Landtage ersetzt worden waren, erhielten diese den Auftrag, Landesverfassungen zu erarbeiten. Später als in allen anderen Zonen, und zwar erst nach Gründung der Bundesrepublik, wurde in der britischen Zone der Prozeß der Verfassunggebung abgeschlossen, und zwar in Schleswig-Holstein am 13. Dezember 1949, in Nordrhein-Westfalen am

28. Juni 1950, in Niedersachsen am 19. April 1951; in Hamburg wurde die vom Senat beschlossene vorläufige Verfassung vom 15. Mai 1946 durch eine endgültige am 6. Juni 1952 ersetzt. Diese späte Verfassunggebung entspricht der britischen Auffassung, daß Verfassungsgesetze nicht so sehr Ursache historischer Veränderungen sind als deren staatsrechtlicher Reflex.

Wirtschaftlich war die britische Zone mehr als jede andere auf Zufuhr von Lebensmitteln angewiesen. Dies hatte für die hier zusammengefaßten Teile Deutschlands schon vor dem Krieg gegolten, um so mehr jetzt, nachdem die Bevölkerung von 19 785 500 im Jahre 1939 auf 22 021 200 im Jahre 1946 gestiegen war. England, das sich durch den Krieg finanziell verausgabt hatte, das wirtschaftlich zurückgeworfen worden und dessen Bevölkerung noch bis zum Jahre 1954 auf rationierte Lebensmittel angewiesen war, steuerte unter Belastung der eigenen Hilfsmittel ein Erhebliches dazu bei, die Not der Bevölkerung in seinem deutschen Verantwortungsbereich zu lindern. Entscheidend verbessert werden konnte die Situation jedoch nur durch die Eingliederung der britischen Zone in einen größeren Wirtschaftsraum und durch eine Revision der Wirtschaftsplanung der Alliierten. Allein war England dazu nicht imstande.

Die stärksten zonenübergreifenden Impulse gingen von der amerikanischen Militärregierung aus. Das gilt sowohl für die Entnazifizierung (vgl. § 92) und die Erziehung (vgl. § 102) wie für die wirtschaftliche und schließlich politische Zusammenfassung Westdeutschlands (vgl. §§ 90 und 103). General Clay wußte sich bei den von ihm entfalteten Initiativen in enger Übereinstimmung mit Außenminister Byrnes. Beider Ziel war es zunächst, im Rahmen des Potsdamer Abkommens ein dezentralisiertes, demilitarisiertes, auf lange Sicht vom Kontrollrat überwachtes, in einer lockeren Föderation zusammengehaltenes deutsches Staatsgebilde entstehen zu lassen. Die welt-, europa- und deutschlandpolitischen Gegensätze zwischen den USA und der UdSSR führten jedoch dazu, daß die ursprünglich restriktiven Richtlinien für die amerikanische Militärregierung (JCS 1067, vgl. § 88) Schritt um Schritt abgebaut wurden (vgl. § 90) und an ihre Stelle das Ziel einer Einbindung Westdeutschlands in die sich bildende antisowjetische Gruppierung der Mächte und die Inanspruchnahme einer wiederhergestellten westdeutschen Wirtschaft für die Festigung Europas trat.

Der Weg zum demokratischen Wiederaufbau begann in der amerikanischen Zone damit, daß die Besatzungsmacht frühzeitig Regierungsbefugnisse auf ihr gegenüber verantwortliche Stellen übertrug und daß sie eher als in allen anderen Besatzungszonen Gemeinde- und Länderwahlen durchführen ließ. An die Spitze der bayerischen Regierung berief sie im Mai 1945 den letzten Vorsitzenden der Bayerischen Volkspartei, Fritz Schäffer[29]). Sie entließ ihn aber schon wenige Monate später, nachdem er sich offen gegen die These der Kollektivschuld und, ebenso wie der Befehlshaber der amerikanischen Streitkräfte in Bayern, General Patton, gegen die bei der Entnazifizierung angewandten Methoden ausgesprochen hatte. Auch Patton fiel der inneramerikanischen Kritik zum Opfer. Nachfolger Schäffers wurde im September 1945 der aus der Emigration zurückgekehrte Sozialdemokrat Wilhelm Hoegner[30]). Alle politischen Richtungen einschließlich der Kommunisten waren in seiner Regierung vertreten. In Württemberg-Baden wurde im September 1945 der Demokrat Reinhold Maier[31]), der von 1930—1933 württembergischer Wirtschaftsminister gewesen war, an die Spitze der Verwaltung gestellt, in Hessen im Oktober 1945 der parteilose Wirtschaftswissenschaftler Professor Karl Geiler[32]) und in Bremen der sozialdemokratische Politiker und ehemalige Senator Wilhelm Kaisen[33]), der bis 1965 als Bürgermeister und Senatspräsident an der Spitze dieses Landes stehen sollte. Alle diese Auftragsregierungen setzten sich in der ersten Phase des Wiederaufbaus aus Vertretern der verschiedenen nicht nationalsozialistischen politischen Richtungen der Weimarer Zeit einschließlich Kommunisten zusammen. Bereits Ende 1945 berief die amerikanische Militärregierung beratende Landesausschüsse aus Vertretern der Parteien. Der demokratische Legitimationsaufbau durch Wahlen konnte in den Ländern der amerikanischen Zone auf allen Stufen der Selbstverwaltung von der Gemeinde[34]) bis zum Landtag in der ersten Jahreshälfte 1946 durchgeführt werden. Am 30. Juni 1946 fanden Wahlen zu verfassunggebenden Landesversammlungen statt. Sie führten in Bayern zu einer absoluten, in Württemberg-Baden zu einer relativen Mehrheit von CDU/CSU, während in Hessen die SPD als relativ stärkste Partei aus den Wahlen hervorging, ebenso wie bei den Wahlen vom 13. Oktober 1946 in Bremen. Wegen ihrer nationalsozialistischen Vergangenheit wurden etwa 6 % der an sich wahlfähigen Bürger von der Stimmabgabe ausgeschlossen.

Während der nun folgenden Verfassungsberatungen hielt sich die amerikanische Militärregierung im allgemeinen zurück, übte aber doch in einigen Fällen einen deutlichen Einfluß aus. In Bayern veranlaßte sie die Verfassunggeber, von einem künftigen Beitritt Bayerns zu einem deutschen »Bundesstaat« zu sprechen und nicht nur von einem Beitritt zu einem »Bund«, was einen »Staatenbund« hätte bedeuten können. Dem Lande Hessen machte sie die Auflage, den Artikel 41 der Verfassung, der die Sozialisierung von Kohle, Eisenindustrie und Bahnen vorsah, zur gesonderten Abstimmung zu stellen neben einem allgemeinen Referendum über die Verfassung, wie sie in allen Ländern der amerikanischen Zone durchgeführt wurde. Hierbei war der Wunsch maßgebend, den Sozialisierungsartikel auf diese Weise zu Fall bringen zu können. Die am 24. November 1946 in Württemberg-Baden und am 1. Dezember in Hessen und Bayern durchgeführten Volksabstimmungen über die Verfassungen erbrachten in allen Ländern der amerikanischen Zone eine große zustimmende Majorität von etwa zwei Drittel der abgegebenen Stimmen. Gleichzeitig wurden Landtagswahlen durchgeführt mit nur unbedeutenden Verschiebungen gegenüber den Ergebnissen der Juni-Wahlen. Die Volksabstimmung in Hessen über den Sozialisierungsartikel ergab eine Mehrheit von 62,7 % Ja-Stimmen. Seine Durchführung scheiterte jedoch am Einspruch der Amerikaner. Als die hessische Regierung sich anschickte, die treuhänderisch verwalteten IG-Farben-Werke zu übernehmen, erklärte die Militärregierung, eine Sozialisierung könne vor Bildung einer gesamtdeutschen Regierung nicht zugelassen werden[35]). Auch in Bremen veranlaßten die Amerikaner neben dem Verfassungsvotum vom 12. Oktober 1947 eine Sonderabstimmung über den sozialpolitisch relevanten Artikel 47, der eine weitgehende Mitbestimmung vorsah. Er wurde mit relativ schwacher Mehrheit angenommen[36]).

Als Ergebnis der Wahlen vom November/Dezember 1946 wurden die ersten parlamentarisch legitimierten Regierungen gebildet. In Bayern übernahm als Nachfolger von Wilhelm Hoegner Hans Ehard (CSU)[37]) die Leitung einer Koalitionsregierung aus CSU, SPD und der mittelständischen Wirtschaftlichen Aufbauvereinigung. Dieser Koalition folgte im September 1947 unter dem gleichen Ministerpräsidenten eine reine CSU-Regierung. In Hessen wurde Karl Geiler durch den Sozialdemokraten Christian Stock[38]) als Chef einer SPD/CDU-Regierung abgelöst. In Baden-Württemberg blieb Reinhold Maier (FDP) mit einer Allparteienregierung im Amt.

Charakteristisch für die amerikanische Zone war neben dem zügigen Aufbau der Repräsentativorgane in den Ländern die weitgehende Ausrüstung auch schon der ersten 1945 ernannten Länderregierungen mit legislativen und exekutiven Befugnissen in dem durch die Kontrolle seitens der Militärregierung vorgegebenen Rahmen. Diese Befugnisse wurden nach dem positiven Verfassungsvotum erweitert. Darüber hinaus bemühte sich die amerikanische Besatzungsmacht von dem Augenblick an, da Frankreich im Alliierten Kontrollrat die Bildung von zentralen deutschen Verwaltungsstellen blockierte, zunächst in ihrem unmittelbaren Verantwortungsbereich um eine länderübergreifende Koordinierung wirtschaftlicher Angelegenheiten. Neuere Untersuchungen zeigen, daß General Clay trotz der französischen Weigerung lange Zeit an der Vorstellung festgehalten hat, zentrale deutsche Verwaltungsstellen müßten und könnten mit sowjetischer Zustimmung geschaffen werden. Er sah in der Einberufung eines »Länderrates« für die amerikanische Zone[39]), der seine erste Sitzung bereits am 17. Oktober 1945 abhielt, keine Konkurrenz zu den erstrebten zentralen Verwaltungsstellen für alle vier Zonen. Aus einer ständigen Koordinierungsstelle des Länderrates in Stuttgart wurde am 4. Juni 1946 ein Direktorium beim Länderrat. Die amerikanische Politik ging dahin, dieser föderalistisch fundierten, länderübergreifenden Instanz ein wachsendes Maß an Eigenverantwortung im Rahmen amerikanischer Richtlinien zu übertragen. Dieses Verfahren unterschied sich von der britischen Methode der länderübergreifenden Zonenverwaltung durch die föderalistische Legitimierung der Zentralstelle und durch den größeren Spielraum, der der deutschen Eigenverantwortung frühzeitig eingeräumt wurde.

Sehr früh tauchte bei den Amerikanern der Gedanke auf, daß der Länderrat ihrer Zone zum Organisationsmuster für eine überregionale Koordinierung werden könnte. Mit den Worten eines der politischen Berater von General Clay, James K. Pollock, vom Dezember 1945: »Der von den Amerikanern entwickelte Gedanke, die drei Länder der amerikanischen Zone zu Beratungen und zur Zusammenarbeit zusammenzubringen, könnte sehr gut auf andere Zonen ausgedehnt werden ... Wenn die Chefs der Regierungen aller Länder oder ähnlicher Verwaltungseinheiten aller Zonen zusammenkämen, dann hätten die vier Besatzungsmächte einen gesamtdeutschen Länderrat, mit dem sie verhandeln könnten, bis eine gewählte verfassunggebende Versammlung existiert. Das würde die Entwicklung eines föderalistischen und dezentralisierten Deutschland begünstigen und entspräche den erklärten Zielen der amerikanischen Politik. Ein Treffen mit den entsprechenden britischen oder französischen Partnern könnte in Stuttgart arrangiert werden, ein entsprechendes mit den russischen in Berlin ...«[40]) Die Länder zum Ausgangspunkt einer mehrere oder alle Besatzungszonen übergreifenden deutschen Regierung zu machen, war in den Auseinandersetzungen der Mächte über die deutsche Frage ein Leitmotiv der amerikanischen Vorschläge, so in dem Memorandum Clays vom Mai 1946, in den Stellungnahmen von Byrnes auf der Pariser Außenministerkonferenz im Sommer 1946 und wieder in seiner Stuttgarter Rede im September 1946 (vgl. § 90).

Daß die Länder als die ersten nach dem Ende des Reiches wiedererstandenen staatlichen Gebilde in Deutschland die legitimen Treuhänder der Reichsgewalt seien und von ihnen her die zukünftige politische Ordnung Deutschlands aufzubauen sein werde, war auch die Überzeugung der deutschen Föderalisten, besonders in den Hansestädten und im Süden. In der amerikanischen Zone wurde sie am entschiedensten in Bayern vertreten. Der sozialdemokratische Ministerpräsident Wilhelm Hoegner und sein Nachfolger, der christlich-soziale Politiker Hans Ehard, unterschieden sich in dieser Hinsicht nicht. Am 20. Juli 1946 richteten die Amerikaner an die übrigen Besatzungsmächte das Angebot, einen auf wirtschaftliche Aufgaben beschränkten Zusammenschluß der Zonen herbeizuführen, um die »schleichende wirtschaftliche Paralyse nicht anwachsen zu lassen«[41]). Der Vorschlag ließ sich zunächst jedoch nur zwischen der amerikanischen und der britischen Zone verwirklichen. Die beiden Militärregierungen verständigten sich nach Konsultation mit deutschen Vertretern dahin, bizonale Verwaltungen von den Ländern her nach dem Kollegialprinzip so aufzubauen, wie es dem Föderalismus der amerikanischen Zone entsprach, und nicht nach dem Muster von zentral über die Länder gestellten Behörden, wie es in der britischen Zonenverwaltung der Fall war. Aufgrund von Abkommen vom September 1946 zwischen Ländervertretern der amerikanischen Zone und Leitern von Zentralämtern der britischen

Zone wurden fünf gemeinsame Verwaltungsämter gebildet, und zwar für Ernährung und Landwirtschaft in Stuttgart, für Verkehr in Bielefeld, für Wirtschaft in Minden, für Finanzen in Bad Homburg und für Post und Fernmeldewesen in Frankfurt. Jeder der Verwaltungsräte setzte sich aus Ländervertretern der beiden Zonen zusammen. Die lokale Streuung der Ämter war verfügt worden, um nicht den Anschein einer Staatsbildung aufkommen zu lassen. Dementsprechend wurden auch die fünf Verwaltungsräte nur mit beschränkten Befugnissen ausgestattet. Zwar verzichtete man für das Verfahren der Beschlußfassung auf das Prinzip der Einstimmigkeit. Aber Geltung erlangten die in diesen Verwaltungsräten gefaßten Beschlüsse erst, wenn sie durch entsprechende Länderverordnungen in Kraft gesetzt wurden. Zudem wurde die Tätigkeit der Zweizonenverwaltungsämter unter die Kontrolle eines angloamerikanischen »Bipartite Board« gestellt. Diese Vereinbarungen über die Schaffung der Doppelzone wurden von den beiden Außenministern Bevin und Byrnes am 2. Dezember 1946 durch ein in New York unterzeichnetes Fusionsabkommen[42]) zum 1. Januar 1947 in Kraft gesetzt. Es hieß darin: »Die einheimischen Hilfsquellen dieses Gebietes und alle Einfuhren des Gebietes, einschließlich Lebensmittel, sollen zusammengefaßt werden, damit ein gemeinsamer Lebensstandard hergestellt werden kann ... Das Ziel der beiden Regierungen ist es, die wirtschaftliche Selbständigkeit des Gebietes bis Ende 1949 zu erreichen.« Die finanzielle Belastung für die notwendigen Einfuhren sollte von beiden Mächten gemeinsam getragen werden. Für die Ernährung des Normalverbrauchers war wie bisher zunächst eine Ration von 1 550 Kalorien vorgesehen mit dem Ziel, sie auf 1 800 Kalorien zu erhöhen.

In der Praxis entwickelte die bizonale Zusammenarbeit ihre eigene Dynamik. Es erwies sich als sachlich notwendig, die Tätigkeit der verschiedenen Verwaltungsämter zu koordinieren, und als demokratisch wünschenswert, sie einer parlamentarischen Kontrolle zu unterstellen. Dies führte in einer zweiten Phase der bizonalen Entwicklung dazu, daß mit der stärkeren Ausbildung einer Zentralbehörde und einer gewissen Parlamentarisierung das föderative Element zurücktrat. Am 29. Mai 1947 unterzeichneten die Militärgouverneure ein Abkommen, durch das am 10. Juni 1947 das »Vereinigte Wirtschaftsgebiet« mit dem Sitz in Frankfurt ins Leben gerufen wurde. Das wichtigste der drei Organe des »Vereinigten Wirtschaftsgebietes« war der Wirtschaftsrat, eine 52 Mitglieder umfassende, aus den Länderparlamenten beschickte indirekte Volksvertretung. Er trat am 25. Juni 1947 zum erstenmal zusammen. Es bildeten sich Fraktionen. Damit wurden gegenüber den Länderinteressen für die innenpolitische Gruppenbildung parteipolitische Kriterien bestimmend. Die Kompetenz des Wirtschaftsrates umfaßte — im Unterschied zu den bisherigen Verwaltungsräten — auch das Recht der Gesetzgebung. Dazu besaß er ein Aufsichts- und Weisungsrecht gegenüber den Verwaltungen. Diese wurden unter fünf Direktoren jeweils monokratisch organisiert. Ihre Koordinierung sollte durch einen von den Länderregierungen beschickten Exekutivausschuß (-rat) erfolgen. Dieser besaß jedoch keine Weisungsbefugnisse gegenüber der Verwaltung. Er war andererseits aber auch keine Länderkammer analog dem früheren Bundesrat oder Reichsrat, da er zwar das Gesetzesinitiativrecht besaß, aber an der Beschlußfassung über Gesetze nicht beteiligt war. Der Exekutivausschuß erwies sich als eine widersprüchliche Konstruktion, ein nicht praktikabler Kompromiß zwischen dem föderalistischen Konzept einer durch die Länder bestimmten zentralen Exekutive und dem unitarischen Konzept einer zentralen Parlamentshoheit. Dieser Konstruktionsfehler wurde ein halbes Jahr später um die Jahreswende 1947/48 in einer dritten Phase der Zweizonenentwicklung behoben (vgl. § 103). Die Entwicklung von der Doppelzone zum Vereinigten Wirtschaftsgebiet spielte sich noch im vorstaatlichen Raum ab, deutete aber — trotz aller offiziellen Verwahrungen — in Richtung auf eine Staatsbildung. Während die Strukturanalogie eines Staatenbundes im Verhältnis der westlichen Besatzungszonen und ihrer Länder zueinander zurücktrat, bewirkten praktische Notwendigkeiten eine bundesstaatsähnliche Organisationsform. Das steht im Zusammenhang mit der aus dem Verhältnis der Mächte resultierenden Spaltung Deutschlands.

Allg. Entwicklung: F. K. FROMME, Zur inneren Ordnung in den westl. Besatzungszonen 1945—1949, VfZG 10 (1962), Forsch.bericht. Einen sachlich informativen Überblick gibt in der Serie: A. TOYNBEE (Hg.), Survey of International Affairs 1939—1946, der Band: Four-Power Control in Germany and Austria 1945—1946, darin M. BALFOUR, Germany (dt. 1959) u. I. MAIR, Austria (1956); H.-P. SCHWARZ, Vom Reich zur Bundesrepublik. Dtld. im Widerstreit der außenpolit. Konzeptionen in den Jahren der Besatzungsherrschaft 1945—1949 (1966); H. LADEMACHER, Aufbruch oder Restauration. Einige Bemerkungen zur Interdependenz von Innen- u. Außenpolitik in der Gründungsphase der Bundesrepublik, in: I. GEISS / B. J. WENDT, Dtld. in der Weltpolitik des 19. u. 20. Jhdts. (1973); W. VOGEL, Besatzungspolitik in Westdtld. nach dem Zw. Weltkrieg im Spannungsfeld zwischen Ideologie u. Macht, GWU 27 (1976); Anna Christine STORBECK, Die Regierungen des Bundes u. der Länder seit 1945 (1970); R. BILLERBECK, Die Abgeordneten der ersten Landtage 1946—1951 u. der Nationalsozialismus (1971).

Amerikanische Zone: CLAY s. § 90; W. L. DORN, Die Debatte über die amerik. Besatzungspolitik für Dtld. 1944—1945, VfZG 6 (1958); ders., Inspektionsreisen in die US-Zone (1973). — G. MOLTMANN, Zur Formulierung der amerik. Besatzungspolitik in Dtld. am Ende des Zw. Weltkrieges, VfZG 15 (1967); L. NIETHAMMER, Die amerik. Besatzungsmacht zwischen Verwaltungstradition u. polit. Parteien in Bayern 1945, VfZG 15 (1967); C. F. LATOUR / Th. VOGELSANG, Okkupation u. Wiederaufbau. Die Tätigkeit der Militärregierung in der amerik. Besatzungszone Dtlds. 1944—1947 (1973); Marie Elise FOELZ-SCHROETER, Föderalistische Politik u. nationale Repräsentation 1945—1947. Westdt. Länderregierungen, zonale Bürokratien u. polit. Parteien im Widerstreit (1974); W. FRIEDMANN, The Allied Military Government of Germany (London 1947). Verf., Prof. für öff. Recht in Melbourne u. zwei Jahre lang im Dienst der amerik. bzw. brit. Militärregierung, gibt unter dem Eindruck des unmittelbar Beobachteten eine auch heute noch lesenswerte Analyse der sozio-ökonomischen Probleme, denen sich die Besatzungsmächte gegenübergestellt sahen, Plädoyer für konsequenten Ausbau von Mitbestimmung. H. LITCHFIELD (Hg.), Governing Postwar Germany (Ithaka 1953); H. ZINK, The United States in Germany 1944—1953 (Princeton 1957); J. F. J. GILLEN, State and local government in West Germany 1945—1953, with special reference to the US-Zone and Bremen (Darmstadt 1953); J. GIMBEL, Amerik. Besatzungspolitik in Dtld. 1945—1949 (a. d. Amerik. 1971); J. H. BACKER, Priming the German Economy. American occupational policies, 1945—1948 (Durham 1971).

Britische Zone: W. RUDZIO, Export engl. Demokratie? Zur Konzeption der brit. Besatzungspolitik in Dtld., VfZG 17 (1969), Dokumentation; Ilse E. GIRNDT, Zentralismus in der brit. Zone. Entwicklungen u. Bestrebungen beim Wiederaufbau der staatl. Verwaltungsorganisation auf der Ebene oberhalb der Länder 1945—1948 (Diss. Bonn 1971); R. EBSWORTH, Restoring democracy in Germany. The British Contribution (London 1960); D. C. WATT, Britain looks to Germany: British opinion and policy towards Germany since 1945 (London 1965, dt. 1965).

Französische Zone: F. R. WILLIS, The French in Germany 1945—1949 (Stanford 1962); E. KONSTANZER, Weisungen der franz. Militärregierung 1946—1949, VfZG 18 (1970), Dokumentation; R. GILMORE, France's postwar cultural policies and activities in Germany 1945—1956 (Washington 1973).

Überzonale Einrichtungen: W. VOGEL, Westdtld. 1945—1950. Der Aufbau von Verfassungs- u. Verwaltungseinrichtungen über den Ländern der drei westl. Besatzungszonen, Teil 1 (1956) u. 2 (1964); Akten zur Vorgesch. der Bundesrepublik 1945—1949, hg. v. Bundesarchiv u. Inst. f. Zeitgesch., Bd. 1: Das Zusammenwachsen der amerik. u. brit. Bes.zone 1945—1946, bearb. v. W. VOGEL / C. WEISS (1976); T. PÜNDER, Das bizonale Interregnum. Die Gesch. des Vereinigten Wirtschaftsgebietes 1946 bis 1949 (1966); J. v. ELMENAU, Länderrat u. Zweizonenräte. Staats- u. verhaltensrechtl. Entwicklungen, in: Dt. Rechts-Zeitung 2 (1947); W. STRAUSS, Entwicklung u. Aufbau des Vereinigten Wirtschaftsgebietes (1948); C. LEUSSER, Die Ministerpräsidentenkonferenz seit 1945, in: Festschrift H. Ehard (1957); W. STRAUSS, Die gesamtdt. Aufgabe der Ministerpräsidenten während des Interregnums 1945—1949, ebd.

Staatsrecht: F. KLEIN, Neues dt. Verfassungsrecht (1949), u. a. Überblick über die Organisation der Besatzungsbehörden; G. SCHMOLLER u. a., Handbuch des Besatzungsrechts (1951—1957). — H. HEIMERICH, Die kommunale Entwicklung seit 1945 (1950); O. GÖNNENWEIN, Gemeinderecht (1963).

Kreis- u. Landtagswahlen: Anhang Tab. 32 u. 33.

[1] E. S. HANSEN, Kurier der Heimat. Das Spiel um Schleswig zwischen Kapitulation u. Programm Nord (1955); eine ausgewogene dän. Darstellung: T. FINK, Gesch. des schleswigschen Grenzlandes (a. d. Dän. Kopenhagen 1958). — E. JÄCKEL (Hg.), Die Schleswig-Frage seit 1945. Dok. zur Rechtsstellung der Minderheiten beiderseits der dt.-dän. Grenze (1959); Udenrigsministeriet: Aktstykker vedrørende det Sydslesvigske Spørgsmaal 1945 til 1949 (3 Bde. 1947/50); G. K. BRØNSTED (Hg.), Sydslesvig i Dag. Den store Sydslesvig-Haandbog 1945—55 (5 Bde. 1955/56). [2] Gesellschaft f. Flensburger Stadtgesch. (Hg.), Flensburg, Gesch. einer Grenzstadt (1966); dies. (Hg.), Flensburg in Gesch. u. Gegenwart. Informationen u. Materialien (1972). [3] Zit. in: Flensburg, Gesch. einer Grenzstadt (1966), S. 458. [4] Zit. bei T. FINK, S. 328. [4a] So in einer geplanten Eingabe an den engl. König von 1945, vgl. F. KLEIN, Neues dt. Verfassungsrecht (1949), S. 73. [5] J. FREYMOND, Die Saar 1945—1955 (a. d. Franz. 1961); R. H. SCHMIDT, Saarpolitik 1945—1957 (3 Bde. 1959—1962). [6] Text der Verfassung des Saarlandes: E. R. HUBER (Hg.), Quellen zum Staatsrecht der Neuzeit 2 (1951). [7] Vgl. das »Mémoire du mouvement pour le rattachement de la Sarre à la France, in: J. FREYMOND, Anhang. [8] E. KONSTANZER, Die Entstehung des Bundeslandes Baden-Württemberg (1969). [9] K. JÜRGENSEN, Die Gründung des Landes Schleswig-Holstein nach dem Zw. Weltkrieg. Der Aufbau der demokrat. Ordnung in Schleswig-Holstein unter dem ersten Ministerpräsidenten Theodor Steltzer 1945—1947 (1969). [10] W. TREUE, Zehn Jahre Land Niedersachsen (1956). [11] W. KÖHLER, Das Land aus dem Schmelztiegel. Die Entstehungsgesch. Nordrhein-Westfalens (1961); W. FÖRST, Gesch. Nordrhein-Westfalens, Bd. 1: 1945—1949 (1970); Elisabeth HARDER-GERSDORFF, Außen- u. innenpolit. Aspekte der Gründung des Landes Nordrhein-Westfalen 1945/46, GWU 23 (1972); P. HÜTTENBERGER, Nordrhein-Westfalen u. die Entstehung seiner parlament. Demokratie (1973). [12] K. ADENAUER, Erinnerungen 1, S. 98 ff. [13] Dokumente zum Aufbau des bayerischen Staates, hg. von der Bayerischen Staatskanzlei (1948). [14] Vgl. dazu die Schriften von R. MAIER: Ende u. Wende. Das schwäb. Schicksal 1944 bis 1946. Briefe u. Tagebuchaufzeichnungen (1948); ders., Ein Grundstein wird gelegt. Die Jahre 1945—1947 (1964); ders., Erinnerungen 1948—1953 (1966); ferner J. BECKER (Hg.), Heinrich Köhler 1878—1949, Lebensbild eines bad. Politikers (1963); ders. (Hg.), H. KÖHLER, Lebenserinnerungen des Politikers u. Staatsmannes 1878—1949 (1964). [15] L. BERGSTRÄSSER, Zeugnisse zur Entstehungsgesch. des Landes Hessen, VfZG 5 (1957); W. L. DORN, Zur Entstehungsgesch. des Landes Hessen, VfZG 6 (1958). [16] Th. ESCHENBURG, Aus den Anfängen des Landes Württemberg-Hohenzollern, VfZG 10 (1962). Zur späteren Entwicklung Badens u. Württembergs vgl. das oben Anm. 8 zit. Werk von KONSTANZER. [17] Rheinland-Pfalz 1947—1957. Dokumente der Zeit, hg. vom Inst. f. staatsbürgerliche Bildung (1957); H. KOHL, Die polit. Entwicklung in der Pfalz u. das Wiedererstehen der Parteien nach 1945 (Diss. Heidelberg 1958); P. H. KAPS, Rheinland-Pfalz u. Frankreichs Saarpolitik nach 1945 (1953). [18] L. WOHLEB, Baden u. Württemberg oder Südweststaat (1948). [19] Carlo SCHMID, Die Forderung des Tages. Reden u. Aufsätze (1946); ders., Gesammelte Werke (1973). [20] K. WEDL, Der Gedanke des Föderalismus in Programmen polit. Parteien Dtlds. u. Österreichs (1969); A. SÜSTERHENN, Das Naturrecht, in: W. MAIHOFER (Hg.), Naturrecht oder Rechtspositivismus (1962), zuerst als Aufsatz 1947; ferner A. SÜSTERHENN, Das Subsidiaritätsprinzip als Grundlage der vertikalen Gewaltenteilung, in: Vom Bonner Grundgesetz zur gesamtdt. Verfassung, Festschrift f. H. Nawiasky (1956); ders. (Hg.), Föderalistische Ordnung (1961). [21] Franz. Berechnung von Kriegsschäden u. Wiedergutmachung allg. u. besonders auf Frankreich bezogen das Kap. »Les Réparations« in: A. PIETTRE, L'économie allemande contemporaine (Paris o. J. 1952); zur innerfranz. Kritik an der franz. Armee u. Militärverwaltung in Dtld.: F. R. WILLIS, op. cit., S. 83—91. [22] W. RUDZIO, Die Neuordnung des Kommunalwesens in der brit. Zone. Zur Demokratisierung u. Dezentralisierung der polit. Struktur: eine brit. Reform u. ihr Ausgang (1968); dazu Besprechung G. Ch. v. UNRUH, Rückblick auf eine Verwaltungsreform, in: Die Verwaltung 2 (1969). — Bedenken, ob die Übertragung des brit. Modells in die anders-

artigen dt. Verhältnisse zweckdienlich gewesen sei, wurden nicht nur von dt. Seite erhoben, vgl. z. B. W. FRIEDMANN, The Allied Mil. Gov. of Germany (London 1947), S. 101 ff. 23) Th. STELTZER, Sechzig Jahre Zeitgenosse (1966); s. Lit. § 82, Anm. 18. 24) Th. VOGELSANG, Hinrich Wilhelm Kopf u. Niedersachsen (1963). 25) R. BARZEL (Hg.), Karl Arnold (1960); Fr. KEINEMANN, Von Arnold zu Steinhoff u. Meyer. Polit. Bewegungen u. Koalitionsbildungen in Nordrhein-Westfalen 1950—1962 (1973). — R. AMELUNXEN, Wege zum Volksstaat (1947). 26) M. BRAUER, Hamburgische Staatspolitik 1947 (1947). 27) W. VOGEL (Hg.), Abraham Frowein. Erinnerungen an seine Tätigkeit im Dt. Wirtschaftsrat bei der brit. Kontroll-Kommission in Minden (1968). 28) Annelies DORENDORF, Der Zonenbeirat der brit. besetzten Zone. Ein Rückblick auf seine Tätigkeit (1953). Als Erfahrungsbericht über die Tätigkeit des Zonenbeirats K. ADENAUER, Erinnerungen 1, S. 63 ff. 29) F. SCHÄFFER, Die Zeit der ersten Ministerpräsidentschaft in Bayern nach dem Zusammenbruch 1945 (1963). 30) W. HOEGNER, Der schwierige Außenseiter. Erinnerungen eines Abgeordneten, Emigranten u. Ministerpräsidenten (1959). 31) Zu Maier vgl. oben Anm. 14. 32) K. GEILER, Geistige Freiheit u. soz. Gerechtigkeit im neuen Dtld. (1947); ders., Personalismus, Sozialismus u. Völkerfrieden (1948). 33) W. KAISEN, Meine Arbeit. Mein Leben (1967). 34) Exemplarische Untersuchungen über einzelne Gemeinden in der amerik. Zone: J. GIMBEL, Eine dt. Stadt unter amerik. Besatzung — Marburg 1945 bis 1951 (a. d. Amerik. 1964); P. BEYERSDORF, Militärregierung u. Selbstverwaltung. Eine Studie zur amerik. Besatzungspolitik auf der Stufe einer Gemeinde in den Jahren 1945—1948, dargestellt am Beispiel aus dem Stadt- u. Landkreis Coburg (Diss. Erlangen 1966). 35) Siehe J. GIMBEL, Amerik. Besatzungspolitik in Dtld., S. 225 f.; P. HÖRTER, Die Entstehung des Landes Hessen nach 1945 unter bes. Berücksichtigung der Mitwirkung der Besatzungsmächte (Diss. Würzburg 1968); M. DÖRR, Restauration oder Demokratisierung? Zur Verfassungspolitik in Hessen 1945/46, in: Z. f. Parlamentsfragen 2 (1971). 36) Ein am 10. Jan. 1948 in Bremen verabschiedetes Betriebsrätegesetz enthielt aufgrund amerik. Einspruchs nur begrenzte Mitbestimmungsrechte. Hierzu u. zu anderen Einwirkungen der westl. Besatzungsmächte in Fragen der Mitbestimmung: E. SCHMIDT, Die verhinderte Neuordnung 1945—1952 ([5]1974), S. 161 ff.; E.-U. HUSTER u. a., Determinanten der westdt. Restauration 1945—1949 (1972), S. 204 ff. — Zur Mitbestimmung vgl. § 97. 37) H. EHARD, Bayerische Politik. Ansprachen u. Reden des bayer. Ministerpräsidenten (1952); ders., Tatsachen u. Zusammenhänge aus meiner elfjähr. Ministerpräsidentschaft (1964). 38) Ch. STOCK, Der Weg der Demokratie in Hessen (1947). 39) Lia HÄRTEL, Der Länderrat des amerik. Besatzungsgebietes (1951). 40) James K. Pollock an Robert Murphey am 10. Dez. 1945, zit. bei J. GIMBEL, Amerik. Besatzungspolitik, S. 92 f. 41) Text der Erklärung des amerik. Militärgouverneurs General J. T. McNarney in der Sitzung des Kontrollrats vom 20. Juli 1946: EA 1 (1946/47), S. 260. 42) Text bei T. PÜNDER, Das bizonale Interregnum (1966), Anhang f.

§ 100 Die Verfassungen der deutschen Länder

In der Zeit von September 1946 bis Mai 1947 haben die Länder der sowjetischen, amerikanischen und französischen Zone wie auch Groß-Berlin Verfassungen erhalten. Die Länder der britischen Zone folgten später, und zwar erst einige Zeit nach Begründung der Bundesrepublik, nachdem sie zunächst mit nur vorläufigen Organisationsstatuten gearbeitet hatten, die von der Militärregierung erlassen worden waren und auf deren Grundlage die Landtagswahlen vom 20. April 1947 durchgeführt wurden (zum Ergebnis der ersten Landtagswahlen und zur Entstehung der Länderverfassungen vgl. §§ 98 u. 99). Den Länderverfassungen der sowjetischen und der westlichen Zonen aus den Jahren 1946/47 kommt eine sehr unterschiedliche historische Bedeutung zu. In der Sowjetzone waren sowohl SED wie LDP von einem zentralistischen Staatsverständnis geleitet. Die Länder waren hier Verwaltungskörperschaften der mittleren Ebene. Ihre Existenz war vorübergehend. Sie hörten am 23. Juli 1952 auf zu bestehen. An ihre Stelle trat eine größere Zahl Verwaltungsbezirke. Aber auch den Ländern der westlichen Zonen kann kein voller staatlicher Charakter zuerkannt werden. Sie werden in der staatsrechtlichen Literatur als Selbstverwaltungskörperschaften höherer Art oder als autonome Gebietskörperschaften bezeichnet. Allenfalls kann man in ihnen mit Carlo Schmid »Staatsfragmente« sehen. Sie besaßen unter der Überwachung der Militärregierungen keine Souveränität und wuchsen, während sich die Kontrolle durch die Besatzungsmacht lockerte, in übergreifende Bindungen bundesstaatlicher Art hinein. Die in den Länderverfassungen fixierten verfassungsrechtlichen Aussagen über die Grundrechte, die soziale Ordnung und das staatliche Organisationsprinzip einer liberalen parlamentarischen Demokratie waren aber die Richtpunkte, an denen sich später im Parlamentarischen Rat die Verfassungsdebatten orientierten, aus denen das Grundgesetz der Bundesrepublik entstand. Hierin liegt ihre Bedeutung für den Prozeß der »Demokratiegründung in Westdeutschland«[1]).

Die Verfassungen der Länder in der sowjetischen Besatzungszone sind in dem gleichen Zeitraum, um die Jahreswende 1946/47, entstanden wie die der amerikanischen Zone. Sie markieren in der politisch-gesellschaftlichen Entwicklung der sowjetischen Besatzungszone eine Epoche, die sich in ihrer offiziellen politischen Begriffswelt noch weitgehend am demokratischen und liberalen Verfassungsdenken orientierte. Damals schien es so, als seien noch nicht alle Wege verbaut, über die Länderverfassungen hinaus zu einer gesamtdeutschen Staatsverfassung zu gelangen. Ein Vergleich der Verfassungen der sowjetischen mit denen der westlichen Zonen zeigt Übereinstimmungen, läßt aber auch charakteristische Unterschiede erkennen. Die Verfassungen der Länder in der sowjetischen Besatzungszone wurden nicht jeweils autonom erarbeitet, sondern sie richteten sich in ihren wesentlichen Aussagen nach einem zentral erarbeiteten Konzept. Dieses stellte einen Kompromiß dar zwischen den Vorstellungen der damals noch nebeneinander bestehenden Parteien SED, LDP und CDU[2]). Den Beratungen der Parteien lagen ein Entwurf der SED und ein Gegenentwurf der CDU für die Länderverfassungen zugrunde. Diese Vorberatung durch die zentralen Zonenparteien erklärt das hohe Maß an Übereinstimmung zwischen den von den Landesparlamenten schließlich verabschiedeten Texten. Für die Verfassunggebung der Länder in der sowjetischen Besatzungszone war aber — im Unterschied zu den Westzonen — von vornherein noch ein anderer Orientierungspunkt gegeben. Der Parteivorstand der SED hatte am 22. September 1946 eine Erklärung über die »Grundrechte des deutschen Volkes« veröffentlicht, und am 14. November 1946, fünf Wochen vor der Verabschiedung der ersten sowjetzonalen Länderverfassung in Thüringen vom 20. Dezember 1946, nahm er den »Entwurf einer Verfassung für die Deutsche Demokratische Republik« an[3]). Die in ihnen enthaltenen Grundrechte sind weitgehend an der Weimarer Verfassung orientiert. Sie fanden in den Länderverfassungen der Sowjetzone ebenso ihren Niederschlag wie das Demokratieverständnis des Verfassungsentwurfs. Bevor im Westen überhaupt Vorstellungen über die Gestalt eines zukünftigen deutschen Staates eine entsprechende offizielle Formulierung gefunden hatten, wurden durch den frühzeitigen Verfassungsentwurf der SED für eine Deutsche Demokratische Republik, ausgehend von dem Gedanken, daß alle Macht dem Parlament gehöre, sowohl der rechtsstaatliche Gedanke der Gewaltenteilung als auch die föderalistische Gliederung des Staatsaufbaues verworfen[4]).

Übereinstimmung und Unterschied der Länderverfassungen ergeben sich aus einem Vergleich der Aussagen über Grundrechte, Wirtschafts- und Sozialordnung und das staatliche Organisationsstatut. Bei der verfassungsrechtlichen Stellung von Grundrechten geht es zunächst um die Frage, ob diese als ein vorstaatliches, unveräußerliches, in der Natur des Menschen begründetes Recht angesehen werden oder als eine staatliche Gewährung und eine wieder aufhebbare Selbstbegrenzung des Gesetzgebers. Die naturrechtliche Auffassung findet ihren angemessenen Ausdruck darin, daß die Grundrechte an den Anfang der Verfassung gestellt und aus ihr als einem vorgegebenen, vom Verfassunggeber anerkannten Recht die Aufgaben und Funktionen des Staates abgeleitet werden. Dies ist in den Verfassungen der sowjetischen Zone nirgendwo der Fall. In Thüringen und Brandenburg sind die wichtigsten Grundrechte jeweils in einem Artikel aufgezählt. In den übrigen sind sie genauer dargelegt in einem Verfassungsteil, der dem Organisationsstatut folgt. Dies war auch in der Weimarer Verfassung der Fall. Eine solche Plazierung der Grundrechte im Rahmen des Verfassungstextes und ihr verfassungsrechtlicher Charakter als staatliche Selbstbegrenzung braucht ihre naturrechtliche Interpretation nicht auszuschließen, macht sie aber auch nicht verbindlich. Die dem Verfassungsdenken der SED zugrunde liegende marxistische Theorie kennt kein die Souveränität des Volkes beschränkendes, vorgegebenes Naturrecht. In einigen Verfassungen der westlichen Zonen ist im Unterschied hierzu der vorstaatliche Charakter der personalen Grundrechte in einem an den Anfang der Verfassung gestellten Rechtekatalog ausdrücklich formuliert worden, so in Rheinland-Pfalz, Baden, Württemberg-Baden und Hessen. In den übrigen westlichen Länderverfassungen sind die Grundrechte in die Verfassungen als staatliche Selbstbegrenzungen eingeschlossen.

Als Inhalt der Grundrechte finden sich in allen Länderverfassungen weitgehend in Anlehnung an die Weimarer Reichsverfassung die klassischen liberalen Rechte wie Freiheit der Person, Glaubens- und Gewissensfreiheit, Freiheit der Meinungsäußerung. Bemerkenswert ist, daß nicht nur in westlichen, sondern auch in sowjetzonalen Verfassungen das Recht auf Freizügigkeit und das Streikrecht anerkannt werden. Hieran wird besonders deutlich, wie weit sich die Verfassungswirklichkeit in der sowjetischen Besatzungszone vom damaligen Verfassungsbild entfernte. In einigen Verfassungen der Sowjetzone wie der westlichen Zonen wird aus dem zu den Grundrechten zählenden Gleichheitssatz ein subjektives öffentliches Recht auf Bildung abgeleitet, so in Brandenburg und Thüringen, Bremen und Bayern sowie in Baden und Württemberg-Baden, in diesen beiden letzteren Verfassungen durch eine Pflicht zur Bildung ergänzt (vgl. § 102). Aus den Erfahrungen des Machtmißbrauchs in der Endphase der Weimarer Republik und in der nationalsozialistischen Zeit ist es zu verstehen, daß in den Verfassungen von Brandenburg, Hessen und Bremen ein Widerstandsrecht, in den beiden letzteren zugleich eine Widerstandspflicht[5]) gegen Unrechtshandlungen des Staates verankert wurde.

Ob eine Einschränkung der Grundrechte nur durch den Verfassungsgesetzgeber oder bereits auf dem Wege der einfachen Gesetzgebung möglich sein soll, ist von Land zu Land sehr unterschiedlich geregelt. Ohne Zweifel aber drückt sich in den Grundrechtsbestimmungen der westlichen wie auch der sowjetischen Besatzungszone die damalige allgemeine Überzeugung des deutschen Volkes aus, daß der Bürger nicht schutzlos der Staatsgewalt preisgegeben sein dürfe. Daß andererseits der Staat ein Recht hat, gegen den Mißbrauch der Freiheitsrechte geschützt zu werden, war die Überzeugung der Verfassunggeber in den westdeutschen Ländern. So heißt es etwa in der hessischen Verfassung: »Auf das Recht der freien Meinungsäußerung, der Versammlungs- und Vereinsfreiheit sowie auf das Recht der Verbreitung wissenschaftlicher oder künstlerischer Werke kann sich nicht berufen, wer den verfassungsmäßigen Zustand angreift oder gefährdet. Ob diese Voraussetzung vorliegt, entscheidet im Beschwerdewege der Staatsgerichtshof« (Art. 17). Entsprechend schränkt u. a. die Bremer Verfassung das Vereinsrecht ein: Vereinigungen können verboten werden, »die die Demokratie oder die Völkerverständigung gefährden« (Art. 17,2; vgl. Baden Art. 118 und 124, Bayern Art. 114, Rheinland-Pfalz Art. 10, Württemberg-Baden Art. 11 und 15, Württemberg-Hohenzollern Art. 9).

Um dem Recht des Bürgers gegen Staatswillkür eine wirkungsvolle Sicherung zu geben, wird als Ergebnis der abendländischen Verfassungsentwicklung die Staatsgewalt als eine aufgeteilte organisiert. Die Teilgewalten stehen in einem Rechtsverhältnis zueinander und kontrollieren sich gegenseitig. Wo es keine Gewaltenteilung gibt, gibt es keine Verfassung — so lautet schon eine Grundthese der Erklärung der Menschenrechte von 1789. Dieser Gedanke findet in den Verfassungen der sowjetischen Zone keine Entsprechung. Das Verfassungsdenken der SED, das sich in diesem Punkte durchsetzte, geht von der Allmacht des Parlaments als des einzigen obersten politischen Organs aus. Nach den Verfassungen von Mecklenburg, Sachsen und Brandenburg kontrolliert das Parlament außer der Regierung auch die Rechtspflege. Hier besteht allenfalls noch eine Funktionstrennung, aber nicht mehr eine Gewaltenteilung zwischen Legislative und Judikatur. Insbesondere kennen diese Verfassungen im Unterschied zu den westdeutschen Länderverfassungen nicht die Einrichtung eines Staatsgerichtshofs, der über die Verfassungsmäßigkeit von Gesetzen und Regierungsmaßnahmen zu wachen hätte, um zu gewährleisten, daß sich die Tätigkeit des Staates in den Bahnen des Rechts hält. Nur in Thüringen ist ein Verfassungsprüfungsausschuß vorgesehen, der aber keine eigentliche Gerichtsbarkeit besitzt.

Eine Teilung der Legislaturgewalt in Form eines Zweikammersystems wurde innerhalb der Unionsparteien besonders in Süddeutschland vertreten. Der Gedanke konnte sich nirgendwo durchsetzen, hinterließ aber seine Spuren in der bayerischen Verfassung. Sie schuf neben dem Parlament einen ständisch gewählten Senat mit allerdings sehr begrenzten Konsultativbefugnissen gegenüber Regierung und Parlament. Eine weitere Eigentümlichkeit der bayerischen Verfassung ist — mit den Worten von Hans Ehard — das »veredelte parlamentarische System«: im Unterschied zu den übrigen Länderverfassungen und zu dem ursprünglich von Wilhelm Hoegner und dem Staatsrechtler Hans Nawiasky erstellten Entwurf Verzicht auf die jederzeitige Abberufbarkeit der Regierung durch das Parlament, statt dessen Wahl der Regierung auf die feste Amtszeit von vier Jahren, mit der Einschränkung allerdings, daß der Ministerpräsident zurücktreten muß, »wenn die politischen Verhältnisse ein vertrauensvolles Zusammenarbeiten zwischen ihm und dem Landtag unmöglich machen« (Art. 44).

Eine andere Form der Gewaltenteilung ist der Föderalismus, d. h. der Aufbau einer in ihren Aufgaben begrenzten Zentralgewalt von den Ländern her, die als selbständige, nicht abgeleitete Teilgewalten bestehen bleiben. Gegenüber dem zentralistischen Denken, in dem sich SED und LDP begegneten, konnte das föderalistische Denken der CDU in die Verfassungen der Sowjetzone keinen Eingang finden. In ihnen gelten die Länder schon vor ihrer tatsächlichen späteren Beseitigung lediglich als Selbstverwaltungskörperschaften innerhalb der zukünftigen »Deutschen Demokratischen Republik« ohne Vorbehalt eigener unableitbarer Rechte. Im Unterschied hierzu wird in den westdeutschen Verfassungen der Staatscharakter der Länder, allerdings in unterschiedlich starker Weise, betont. Die zukünftige übergreifende politische Verbindung wird in einigen der Verfassungen als Republik, Bundesrepublik oder auch Bundesstaat bezeichnet. In der badischen Verfassung ist lediglich von der Gemeinschaft der deutschen Länder die Rede. In Rheinland-Pfalz erklärt die Verfassung, daß dieses Land ein »sozialer Gliedstaat Deutschlands« sei, wobei die Frage, ob man sich dieses Deutschland als Bundesstaat oder Staatenbund vorzustellen habe, offen bleibt. Die bayerische Verfassung schließlich spricht ausschließlich davon, daß die Grundlage des künftigen Bundesstaates der freiwillige Zusammenschluß der deutschen Einzelstaaten sei, deren »staatsrechtliches Eigenleben« gesichert bleiben soll. Bereits in den Länderverfassungen von 1946/47 zeichnen sich demnach die spätere unterschiedliche zentralistische und föderalistische deutsche Staatenbildung in der sowjetischen und in den westlichen Besatzungszonen ab und zwischen den westdeutschen Ländern die unterschiedlichen Vorstellungen von der Art des künftigen föderalen Zusammenschlusses.

Daß die Macht im Staate keine einheitliche, sondern eine geteilte sei, findet in der liberalen parlamentarischen Verfassungswirklichkeit seinen Ausdruck schließlich auch darin, daß sich Regierung und Opposition gegenüberstehen[6]). In der modernen Demokratie ist hieraus der Machtwechsel konkurrierender organisierter Wählerparteien geworden. Obwohl demnach für das Verfassungsleben die Struktur und Zielsetzung der Parteien bestimmend sind, beschäftigten sich die klassischen Verfassungen mit ihnen nicht. Das galt auch noch für die Weimarer Verfassung. Nach 1945 hat als erste und unter den damaligen deutschen Länderverfassungen einzige die badische hieraus die Folgerungen gezogen und die öffentlich-rechtliche Stellung der Parteien in einem eigenen Abschnitt geregelt (Art. 118—121). Sie spricht der Opposition in Ausübung ihrer kritischen Rolle gegenüber der Regierung ausdrücklich eine Mitverantwortung für die »Lenkung des Staats« zu und bindet zugleich die Parteien, um zwischen ihnen den bei allen Gegensätzen notwendigen Fundamentalkonsensus zu gewährleisten, in Aufbau, Programm und Verhalten an die Spielregeln des demokratischen Staates.

Die politisch-gesellschaftliche Entwicklung in Deutschland hatte dazu geführt, daß schon in der Weimarer Verfassung über die formal-demokratischen Bestimmungen des staatlichen Organisationsstatuts und der Gewährleistung persönlicher Freiheitsrechte hinausgehend Aussagen über Wirtschaft und Gesellschaft als Zielbestimmungen einer materialen Demokratie gemacht wurden. In fast allen Länderverfassungen 1946/47 wird ein wirtschaftlich-gessellschaftliches Leitbild in eigenen Kapiteln formuliert. In den verschiedenen sowjetzonalen Länderverfassungen sind die verwendeten Formulierungen fast identisch. In keinem dieser Texte findet sich das Wort Sozialismus. Vielmehr nennen diese Verfassungen im Rahmen des allgemeinen Grundsatzes der »sozialen Gerechtigkeit« als konkrete Zielsetzung die Förderung der privaten Initiative der selbständigen Gewerbetreibenden und Bauern und die Freiheit von Handel und Gewerbe. Auch das Eigentum, insbesondere das aus der Bodenreform vom September 1945 stammende neue bäuerliche Grundeigentum, wird ausdrücklich garantiert. Von Sozialismus ist also nicht die Rede. Wohl aber finden sich Bestimmungen, die man als gemeinwirtschaftlich bezeichnen könnte, nämlich eine am Bedarf orientierte Planung der Wirtschaft und die Möglichkeit einer Beteiligung von Land und Selbstverwaltungskörpern an der Unternehmensverwaltung. Entsprechend den Bestimmungen des Potsdamer Abkommens sprechen sich die Verfassungen gegen private wirtschaftliche Monopolorganisationen aus. Von einer Enteignung wirtschaftlicher Unternehmungen über die bereits unter dem Vorzeichen von Entnazifizierung und Entmilitarisierung vollzogene Überführung von Privateigentum in die öffentliche Hand hinaus spricht nur die sächsische Verfassung. Dabei soll »angemessene Entschädigung« erfolgen. Es läßt sich zusammenfassend sagen, daß das Wirtschafts- und Gesellschaftsbild, wie es sich in den Verfassungstexten der Sowjetzone ausdrückt, durch bürgerlich-demokratische Vorstellungen bestimmt ist, ähnlich wie auch das Parteiprogramm, mit dem die Kommunisten bei ihrem ersten Auftreten nach dem Zusammenbruch 1945 sich an das Volk gewandt hatten. Die wirtschaftlich-soziale Wirklichkeit aber sah zum Zeitpunkt der Entstehung dieser Verfassungen bereits erheblich anders aus. Ende 1946 befanden sich — außer den Produktionsstätten unter sowjetischer Regie — in deutscher Hand 60 % private und 40 % verstaatlichte bzw. sozialisierte Betriebe[7]). Der Produktionswert des sozialisierten Sektors überflügelte aber bereits den des privaten.

Die wirtschaftlich-gesellschaftlichen Aussagen der westzonalen Verfassungen ähneln in vielem denen der Ostzone. Als gemeinsamer Grundzug der westdeutschen Länderverfassungen läßt sich herausstellen: die Ablehnung von wirtschaftlicher Machtbildung durch Monopole und Kartelle; die Anerkennung der Koalitionsfreiheit, des kollektiven Tarifvertrags, des Streikrechts und des Schiedswesens; die Befürwortung von Mitbestimmung auf betrieblicher und überbetrieblicher Ebene und die Anerkennung der Notwendigkeit von begrenzter Planwirtschaft in Steuerung von Produktion und Verteilung unter dem obersten Gesichtspunkt einer gerechten Bedarfsdeckung für alle. Hierbei heben sich folgende Besonderheiten in einzelnen Verfassungen heraus: Durchweg wird das Eigentum, außer in Hessen, unter Grundrechtsgarantie gestellt. Rheinland-Pfalz erklärt es ausdrücklich zum Naturrecht, fordert eine Gewinnbeteiligung der Arbeitnehmer und schreibt die in vielen Verfassungen vorgesehene Möglichkeit der Sozialisierung gegen Entschädigung für Schlüsselunternehmungen als ein Gebot vor, wenn dies das Gemeinwohl erfordert. Arbeitgeber und Arbeitnehmer sollen in den Industrie- und Handelskammern gleichberechtigt vertreten sein und ebenso in den Gesamtgremien, die der Lenkung der Wirtschaft dienen. Die bayerische Verfassung erklärt, daß Bodenschätze, Energie und Bahnen in der Regel öffentliches Eigentum sein sollen. Bremen will wichtige Großunternehmen sozialisieren. Ein eindeutiges Sozialisierungsgebot für Bergbau, Eisenindustrie und Schienenverkehr kennt die hessische Verfassung, die in dieser Hinsicht am weitesten geht. Sie erklärt Aussperrung für rechtswidrig, während sie den Streik anerkennt, allerdings nur, wenn er von Gewerkschaften durchgeführt wird. Die Mitbestimmung soll paritätisch sein, sowohl in den Betrieben wie in der allgemeinen Wirtschaftsplanung.

Der Überblick ergibt, daß sich in den westdeutschen Länderverfassungen mit ihren Aussagen über Sozialisierungsmöglichkeiten, über Gewerkschaften und kollektiven Tarifvertrag, über Mitbestimmung in Betrieben, Unternehmen und Planungsgremien der Wirtschaft ein klarer Wille zur sozialen Reform ausspricht. Der reale Hintergrund dieser Verfassungsaussage ist wie in den entsprechenden Programmaussagen der großen Parteien in der Erfahrung der deutschen Geschichte, besonders aber in dem Umstand zu sehen, daß zur Zeit der Verfassungsberatungen große Teile des deutschen industriellen Eigentums von den Alliierten beschlagnahmt waren. Das galt insonderheit für die Bergwerke, die Schwerindustrie und die Großchemie. Sie standen unter treuhänderischer Verwaltung der Besatzungsmächte, wobei völlig offen war, was einmal daraus werden sollte. Die sozial- und wirtschaftspolitischen Vorstellungen der amerikanischen und der britischen Besatzungsmacht wichen voneinander ab. Wenn in den Verfassungen die Möglichkeit vorgesehen wurde, dieses Eigentum weitgehend zu sozialisieren oder zu ihrer Kontrolle die Mitbestimmung der Arbeitnehmer auszubauen, so boten diese Wege vielleicht die Möglichkeit, die Verfügungsgewalt über dieses deutsche Eigentum schneller zurückzugewinnen. Historische Erfahrungen, die sozialpolitische Zielvorstellung der »Zusammenarbeit«, besonders deutlich in der Verfassung von Württemberg-Hohenzollern zum Ausdruck gebracht, und eine nationale Motivation wirkten zusammen, um in den westdeutschen Verfassungen die formale Demokratie der Menschenrechte und Gewaltenteilung auf eine sozialreformerische Zielvorstellung auszurichten.

Vgl. Lit. zu §§ 98 u. 99.

Bibliographien: U. BERMBACH (Hg.), Hamburger Bibliographie zum parlamentarischen System der Bundesrepublik Dtld. (1945—1974), ([3]1975); O. STOSSENREUTHER / D. EBERTH (Hg.), Fundhefte für Öffentliches Recht, fortlaufende Loseblatt-Sammlung (1949 ff.).

Texte: W. WEGENER (Hg.), Die neuen dt. Verfassungen (1947); E. R. HUBER (Hg.), Quellen zum dt. Staatsrecht der Neuzeit, Bd. 2: Dt. Verfassungsdokumente der Gegenwart 1919—1951 (1951). Texte der jetzt gültigen Verfassungen: W. BURHENNE (Hg.), Grundgesetz der Bundesrepublik Dtld. mit den Verfassungen der Länder (1962).

Darstellungen: Staatsrechtl. Entwicklung u. vergleichende Analyse der Länderverfassungen bei F. KLEIN, Neues dt. Verfassungsrecht (1949); Übersicht über Entstehungsgesch. sowie kurze Kommentare zu den westdt. Länderverfassungen in: Jb. d. ö. Rechts d. Gegenwart, N. F. (1954—1966).

Kommentare: K. GÖBEL, Die Verfassung des Landes Baden-Württemberg (1953); H. NAWIASKY u. a., Die Verfassung des Freistaates Bayern ([2]1970 f.); K. LANDS-

BERG / H. GÖTZ, Verfassung von Berlin (1951); Th. SPITTA, Kommentar zur Bremischen Verfassung von 1947 (1960); W. DREXELIUS / R. WEBER, Die Hamburger Verfassung (²1972); G. A. ZINN / E. STEIN, Kommentar zur Verfassung des Landes Hessen (2 Bde., 1963 f.); H. KORTE, Verfassung u. Verwaltung des Landes Niedersachsen (1962); G. GELLER u. a., Die Verfassung des Landes Nordrhein-Westfalen (²1963); A. SÜSTERHENN / H. SCHÄFER, Kommentar der Verfassung von Rheinland-Pfalz (1950); R. SCHRANIL, Verfassung des Saarlandes (o. J.); L. LAURITZEN, Die Selbstverwaltung in Schleswig-Holstein. Handkommentar zur Landessatzung (1950).

1) Hierzu die auf den Verfassungsdebatten der Länder beruhende Studie von K. NICLAUSS, Demokratiegründung in Westdtld. Die Entstehung der Bundesrepublik 1945—1949 (1974). 2) Bericht eines an diesen Beratungen Beteiligten: H. PETERS, Die Länderverfassungen in der Sowj. Zone, EA 1 (1946/47), S. 639 ff. 3) Beide Texte in: Dokumente der Sozialistischen Einheitspartei Dtlds. 1 (1951). 4) W. ULBRICHT, Grundgedanken zu einer neuen dt. Verfassung. Rede auf einer Kundgebung in Leipzig, 12. Okt. 1946, in: Zur Gesch. der dt. Arbeiterbewegung 3 (1953), S. 53—58. 5) Zu den Formen u. zur Problematik des Widerstandsrechts im Verfassungsstaat C. HEYLAND, Das Widerstandsrecht des Volkes gegen verfassungswidrige Ausübung der Staatsgewalt im neuen dt. Verfassungsrecht (1950); B. PFISTER / G. HILDMANN (Hg.), Widerstandsrecht u. Grenzen der Staatsgewalt (1956), Bericht über eine Tagung der Hochschule für Polit. Wiss. München u. der Ev. Akademie Tutzing. 6) Zur staatsphilosophischen Begründung des geteilten polit. Willens im Gegensatz zur Rousseauschen Vorstellung von dessen notwendiger Homogenität: K. KLUXEN, Die Idee der legalen Opposition im England des 18. Jhdts., in: GWU 4 (1953); ders., Die Herkunft der Lehre von der Gewaltentrennung, in: Aus Mittelalter u. Neuzeit (Festschrift f. G. Kallen, 1957); ders., Das Problem der polit. Opposition. Entwicklung u. Wesen der engl. Zweiparteienpolitik im 18. Jhdt. (1956); D. STERNBERGER, Gewaltenteilung u. parlamentarische Regierung in der Bundesrepublik Dtld., in: K. KLUXEN (Hg.), Parlamentarismus (1967). 7) Zahlen nach J. P. NETTL, Die dt. Sowjetzone bis heute (1953), S. 148; vgl. G. STOLPER u. a., Dt. Wirtschaft seit 1870 (1964), S. 224, u. St. DOERNBERG, Die Geburt eines neuen Dtld. 1945—1949 (Berlin-Ost 1959), S. 463, der feststellt, daß 1948 nur noch 40 % der industriellen Bruttoproduktion auf den privatwirtschaftl. Teil entfielen.

§ 101 Kirche

Man kann die Kirche wie die Universität unter sehr unterschiedlichen Fragestellungen betrachten: sie sind wirtschaftliche, soziale, politische Gebilde, sie haben ihre inneren Strukturprobleme in Analogie zu denen der Gesellschaft und des Staates, aber vor allem sind sie durch ihren jeweiligen besonderen Auftrag geprägt, der Wahrheit zu dienen. Dieser Auftrag leitet sich nicht von sozialen und politischen Zweckmäßigkeiten und Wünschbarkeiten her. Er besteht kraft eigenen Rechtes. Daher dürfen die politischen und sozialen Verflechtungen dieser Gebilde nicht primär das historische Urteil über sie bestimmen. Das Urteil über die Kirche nach 1945 würde in die Irre gehen, wenn es sich mit der Frage begnügen wollte, wie sich die Kirche unter dem Raster der gängigen politisch-gesellschaftlichen Kategorien ausnimmt. So muß eine Betrachtung der Kirche in Deutschland nach 1945 davon ausgehen, daß es ihr in der Zeit des Nationalsozialismus trotz mancher taktischen Konzessionen und trotz partieller Verführbarkeit des Nationalprotestantismus gelungen war, sich als die einzige institutionalisierte und nicht gleichgeschaltete geistige Gegenmacht zu behaupten. Es ist einfach falsch, die einzigartige Anziehungskraft, die die Kirchen aller Konfessionen nach dem Zusammenbruch des Reiches ausübten, einer opportunistischen Gesinnung der vielen bisher der Kirche Entfremdeten zuzuschreiben, die jetzt die Predigt hörten oder zu den Sakramenten gingen. Gewiß versuchte die Kirche in den tausend äußeren Nöten des Lebens mit ihren diakonischen Werken zu helfen, so gut sie konnte. Gewiß half sie, und vielfach allzu großzügig, mit der Ausstellung politischer Leumundszeugnisse. Gewiß versuchten viele bei der Kirche unterzukriechen. Aber nicht überhörbar vermochte doch die von den Kirchen gegebene Deutung des Zusammenbruchs als eines Gottesgerichts den einzelnen wieder als Person herauszufordern und vielen einen neuen Sinnzusammenhang zu eröffnen und Hoffnung zu geben.

Das hierarchische Gefüge der katholischen Kirche[1]) war in der nationalsozialistischen Zeit unerschüttert geblieben. Sie stellte sich in einem geschichtlichen Augenblick, in dem alle bisherige politische Ordnung zerschlagen war, in eindrucksvoller Geschlossenheit dar, für viele legitimiert durch die Unzerstörbarkeit des in ihr sichtbar werdenden Abbildes überzeitlicher Gesetze und Verheißungen. Das vielfach behinderte oder unterbundene kirchliche Vereinsleben konnte sich wieder frei entfalten. Die Teilnahme am politischen Wiederaufbau Deutschlands auf der Grundlage der Demokratie war nach dem Zusammenbruch des antichristlichen Dritten Reiches nicht mehr mit den Vorbehalten belastet wie nach dem Zusammenbruch der Monarchie beim Ende des Ersten Weltkrieges. Und im Unterschied zur Weimarer Zeit setzte sich jetzt die katholische Kirche für das überkonfessionelle Zusammenarbeiten der Christen in einer Partei ein. Ohne sich einseitig festzulegen, ließ sie deswegen den Unionsparteien ihre besondere Förderung angedeihen. Aus der katholischen Soziallehre kamen im politischen Bereich starke Impulse für eine Bereitschaft zur Mitverantwortung und im religiösen Bereich für eine Vertiefung des karitativen zum sozialpolitischen Diakonat der Kirche. Ob das Reichskonkordat von 1933, das der Kirche eine vom NS-Staat nie respektierte Eigenständigkeit zugesichert hatte, weiterhin gültig sei, war zunächst eine offene Frage (vgl. BGG Art. 123 Abs. 2), die erst 1955 im Konkordatsprozeß vor dem Bundesverfassungsgericht positiv entschieden wurde.

Innerhalb des Protestantismus[2]) regten sich nach dem Zusammenbruch des Reiches verschiedene Kräfte auf der Suche nach einer neuen Form für die Einheit der Kirche. Die 1933 geschaffene Deutsche Evangelische Kirche war verfallen, ohne daß sie je Gestalt gewonnen hätte. Die »Evangelische Kirche der Altpreußischen Union«, die größte der Landeskirchen, hatte ihre Kirchenprovinzen östlich von Oder-Neiße verloren. Aus den übrigen preußischen Kirchenprovinzen wurden eigenständige Kirchen (Rheinland, Westfalen, Berlin-Brandenburg, Provinz Sachsen, Rest-Pommern und -Schlesien), die sich aber als »Evangelische Kirche der Union« 1951 eine föderative Grundordnung gaben. Die Evangelische Kirche der Union ist für eine Reihe von Jahren eine der stärksten Klammern zwischen den beiden Teilen Deutschlands gewesen. Auch der in Distanz oder in Ablehnung zum Nationalsozialismus stehende bekennende Protestantismus besaß nach dem Zusammenbruch des Dritten Reiches keine kirchliche Geschlossenheit. Seit 1936 standen sich eine radikalere Vorläufige Kirchenleitung und der gemäßigtere Lutherrat gegenüber (vgl. § 63). Dennoch besaß die Bekennende Kirche bei aller Unterschiedlichkeit der Wege, die kirchenpolitisch gesucht worden waren, in der Barmer Erklärung von 1934 ein gemeinsames solides Fundament, das sich in den Belastungen der Zeit als tragfähig erwiesen hatte. Lutheraner, Calvinisten und Uniierte hatten sich in diesem Bekenntnis gegen den Totalitätsanspruch des Staates in einer gemeinsamen Glaubensaussage zusammengefunden. Es erhob sich die Frage, ob es nunmehr möglich sein würde, die getrennten protestantischen Konfessionen in eine umfassende evangelische Kirche einzuschmelzen. Dem standen jedoch starke Gegenkräfte gegenüber. Vor allem das Luthertum wollte seine Eigenart bewahren. Die meisten lutherischen Landeskirchen wie etwa in Hannover, Sachsen und Bayern waren nicht bereit, auf ihre traditionsgebundene Identität zu verzichten. Sie schlossen sich am 25. August 1945 zur Vereinigten Lutherischen Kirche zusammen. Aber wenn sie auch nicht in einer evangelischen Einheitskirche aufgehen wollten, so versagten sie sich doch nicht der Notwendigkeit eines umfassenden föderativen Zusammenschlusses. Für diesen setzte sich besonders Bischof Wurm ein, der sich mit seiner württembergischen Landeskirche der Vereinigten Lutherischen

Kirche nicht anschloß. Er lud die Führer aller deutschen Landeskirchen und den neu konstituierten Reichsbruderrat zu einer Kirchenversammlung ein, die vom 27.—31. August 1945 in der hessischen Stadt Treysa tagte. An der Versammlung nahmen auch der aus dem Konzentrationslager befreite Martin Niemöller und der Theologe Karl Barth teil. Es wurde ein vorläufiger Rat der Evangelischen Kirche in Deutschland gewählt mit Landesbischof Wurm als Vorsitzendem und Niemöller als seinem Stellvertreter. Drei Jahre später wurde für die »Evangelische Kirche in Deutschland« (EKiD) auf einer Kirchenversammlung in Eisenach 1948 eine Grundordnung angenommen und danach von den Landeskirchen ratifiziert. Man hatte auf den Namen »Deutsche Evangelische Kirche«, der in den Jahren 1933—1945 die diskreditierte Reichskirche bezeichnet hatte, verzichtet, wollte aber andererseits einen stärkeren Zusammenschluß, als er im »Kirchenbund« der Weimarer Zeit vorhanden gewesen war. Die Geltung der unterschiedlichen »Bekenntnisse« aus der Reformationszeit je in ihren Kirchen wurde nicht in Frage gestellt. Aber die Evangelische Kirche in Deutschland als ein Bund so bestimmter lutherischer und reformierter Bekenntniskirchen und uniierter Kirchen sollte selbst auch eine Bekennende Kirche sein. Insofern beruhte sie auf der Barmer Erklärung von 1934.

Daß der EKiD trotz unterschiedlicher Bekenntnisse ihrer Gliedkirchen tatsächlich die Möglichkeit des gemeinsamen Bekennens gegeben war, zeigte sich bereits kurz nach Treysa in dem sogenannten Stuttgarter Schuldbekenntnis vom 19. Oktober 1945. Dieses Schuldbekenntnis ist eines der erstaunlichsten Dokumente der deutschen Geschichte. Es hat einen singulären Platz in seiner Zeit. Mit ihm wurde der Versuch gemacht, den Teufelskreis des gegenseitigen Aufrechnens von Schuld zu durchbrechen. Die Ökumene erwartete ein solches Bekenntnis von der Evangelischen Kirche in Deutschland[3]). Es hat Türen geöffnet und Hilfe ermöglicht. Seinen Ursprung hat es in einem Willen zu illusionsloser Rechenschaftsablage, wie er in einem »Wort der Berliner Bekenntnissynode an die Pfarrer und Gemeinden« schon am 31. Juli 1945 sich äußerte[4]). Darin hieß es: »Unser Volk, das zu 90 v. H. aus getauften Christen bestand, hat sich unter geringem Widerstand die christliche Prägung seines staatlichen und kulturellen Lebens in kürzester Frist rauben lassen. Das ist eine für uns Deutsche tief beschämende Tatsache ... Wir müßten weit zurückgehen in der Geschichte des deutschen Geistes, um darzutun, warum wir uns so leicht haben verführen lassen. Eine Fehlentwicklung von langer Hand hat uns dahin gebracht, daß wir in der Stunde der Versuchung versagt haben.« Die Bekennende Kirche entzog sich selber nicht der Solidarität der Schuld, trotz ihres Widerstandes und ihrer Blutzeugen. Was die Bekennende Kirche sagte, wurde von der Evangelischen Kirche auf der Konferenz von Treysa übernommen: »Längst ehe Kirchen in Schutt sanken, waren Kanzeln entweiht und Gebete verstummt. Hirten ließen die Gemeinden verschmachten, Gemeinden ließen ihre Pfarrer allein. Längst ehe die Scheinordnung des Reiches zerbrach, war das Recht verfälscht. Längst ehe man Menschen mordete, waren Menschen zu bloßen Nummern und daher nichtig geworden. Wessen Leben selbst nichtig ist, dem fällt es nicht schwer, Leben zu vernichten. Wer die Liebe verachtet, kämpft nicht für das Recht des anderen. Er kümmert sich nicht um Verführung von Menschen und hört nicht die Stimmen ihrer Qual. Er lebt und redet, wie wenn dergleichen nicht geschähe. Er scheut die Verantwortung, wie es Christen und Nichtchristen getan haben. Er versteckt sich hinter Befehlen von Menschen, um Gottes Gebot zu entgehen. Diese Lüge ist unser Tod geworden.«[5]) Aber die Situation, in der das Stuttgarter Schuldbekenntnis ausgesprochen wurde, war eine besondere: es handelte sich hier nicht mehr um einen Bußruf der Kirche an ihre Mitglieder, sondern um eine Erklärung gegenüber den nach Stuttgart gekommenen Vertretern der Ökumene, unter ihnen Visser't Hooft, Generalsekretär des Ökumenischen Rates der Kirchen. Er hatte im Namen der Ökumene an die evangelischen Christen in Deutschland appelliert: »Helfen Sie uns, daß wir helfen können!« Darauf antwortete das Stuttgarter Bekenntnis: »Wir sind für diesen Besuch um so dankbarer, als wir uns mit unserem Volke nicht nur in einer großen Gemeinschaft des Leidens wissen, sondern auch in einer Solidarität der Schuld. Mit großem Schmerz sagen wir: Durch uns ist unendliches Leid über viele Völker und Länder gebracht worden. Was wir unseren Gemeinden oft bezeugt haben, das sprechen wir jetzt im Namen der ganzen Kirche aus: Wohl haben wir lange Jahre hindurch im Namen Jesu Christi gegen den Geist gekämpft, der im nationalsozialistischen Gewaltregiment seinen furchtbaren Ausdruck gefunden hat; aber wir klagen uns an, daß wir nicht mutiger bekannt, nicht treuer gebetet, nicht fröhlicher geglaubt und nicht brennender geliebt haben.«[6]) Diese Aussage war nicht erzwungen wie 1919 die Unterschrift unter den Versailler Schuldartikel, und sie bewegte sich nicht in der Allgemeinheit des liturgischen Sündenbekenntnisses. Sie erhielt ihr Gewicht dadurch, daß sie eine bestimmte politische Schuld der Christen konkret aussprach.

Dieses Bekenntnis wurde in der Öffentlichkeit und auch in den Gemeinden sehr zwiespältig aufgenommen. Die meisten vermochten es nicht nachzuvollziehen oder lehnten es ab, weil sie nicht sahen, daß es sich hier um einen Vorgang innerhalb der ökumenischen Christenheit handelte, wo man um die gegenseitige Bedingtheit von Schuldbekenntnis und Vergebung weiß. Sie meinten, ein einseitiges Bekenntnis deutscher Schuld sei unzumutbar angesichts des Unrechts, daß auch an Deutschen geschah. Sie begriffen nicht, daß hier ein neuer Anfang dadurch gesetzt werden sollte, daß die Kirche nicht über die Schuld von anderen Gruppierungen im deutschen Volk, sondern über die eigene sprach. Sie mißverstanden Stuttgart als Anerkenntnis einer Kollektivschuld. Gegen eine Kollektivschuldthese hieß es in einer schleswig-holsteinischen lutherischen Predigthilfe zum Bußtag noch vor der Stuttgarter Erklärung: »Wir sind nicht schuldig aller peccata actualia, die den deutschen Menschen vorgeworfen werden. Aber wir sind alle schuldig des habitus, dem die actus entspringen konnten.«[7]) Und Martin Niemöller erklärte, es habe »in den letzten Wochen in den Zeitungen öfter geheißen, ich erklärte das ganze deutsche Volk unterschiedslos für mitschuldig an den von den Nazis begangenen Verbrechen und gäbe damit den Siegermächten eine Vollmacht für eine unterschiedslose Bestrafung des ganzen Volkes. Was ich gesagt habe, ist: Die Verbrechen Hitlers und seiner Helfer werden heute an unserem ganzen Volk heimgesucht, und in der Tat sind wir alle mitschuldig, freilich nicht in dem Sinne, daß wir alle Mörder, Räuber und Sadisten wären, wohl aber in dem Sinne, daß wir alle diese Dinge haben geschehen lassen, ohne uns so für die Opfer und gegen die Verbrechen einzusetzen, wie wir es gemußt hätten. Vor allem hat hier die Kirche eine ganz große Schuld, denn hätte sie geredet, wie sie hätte reden müssen, dann wäre es — menschlich gesprochen — vielleicht möglich gewesen, dem Unheil früher Einhalt zu gebieten.«[8]) Das Stuttgarter Schuldbekenntnis öffnete der Evangelischen Kirche in Deutschland den Weg zur sofortigen Zusammenarbeit mit ausländischen Kirchen im Rahmen der Ökumene in stärkerem Maße, als dies vorher der Fall gewesen war. Die Beziehung des deutschen Protestantismus zur ökumenischen Bewegung war in der Weimarer Zeit durch die Kriegsschuldfrage belastet gewesen und in der nationalsozialistischen Zeit auf persönliche Kontakte reduziert worden. An der Weltkirchenkonferenz von Amsterdam 1948 nahm die EKiD vollen und gleichberechtigten Anteil[9]).

Die Thematik von Berlin, Treysa und Stuttgart wurde fortgeführt in einem »Wort des Bruderrates der Evangelischen Kirche in Deutschland zum politischen Weg unseres Volkes« vom 8. August 1947. Es ist eine Absage an den Nationalprotestantismus, an den »Traum einer besonderen deutschen Sendung«, an die Überbewertung von starker Regierung im Innern und militärischer Machtentfaltung nach außen, an die Verneinung des Rechts zur Revolution und die Duldung der Diktatur, an die Vernachlässigung der

Sache der Armen und Entrechteten, an die Parole »Christentum und abendländische Kultur«. Man spürt in den Formulierungen dieses Wortes den Einfluß der kulturkritischen Theologie von Karl Barth und eine beginnende politische Öffnung der Kirche nach links. Die Gesamthaltung der Gemeinden und der kirchlichen Führerschaft war jedoch eher als sozial-konservativ zu bezeichnen. Dies verstärkte sich im Verlaufe der Nachkriegsjahre in dem Maße, wie von 1948/49 an die Kirche in der sowjetischen Besatzungszone durch SED und die hinter ihr stehende SMAD in der Freiheit ihrer Arbeit behindert wurde. Man brauchte keine abendländische Idee zu bemühen, um zu sehen, daß die der Kirche adäquate Staats- und Gesellschaftsverfassung nicht der östliche totalitäre Weltanschauungsstaat, sondern der Rechtsstaat westlicher Prägung war. Zu ihm bekannte sich die Evangelische Kirche. Gegenüber den demokratischen Parteien hat sie in wiederholten Proklamationen ihre Neutralität beteuert. Es ist jedoch unverkennbar, daß ihre Sympathie den entstehenden Unionsparteien galt, wenn sie ihnen im allgemeinen auch nicht ein solches Maß an offener Unterstützung gewährte wie die Katholische Kirche[10]). Es ist hier zu bedenken, daß es im Interesse der Evangelischen Kirche lag und der in der Zeit der Verfolgung erlebten gemeinchristlichen Solidarität zwischen Protestanten und Katholiken entsprach, wenn bewußte Angehörige beider Konfessionen sich in gemeinsamer politischer Zielsetzung zur Union verbanden. Ein Grundtenor in den öffentlichen Verlautbarungen der Kirche jener Nachkriegsjahre ist die Warnung an die Christen, jeden Gedanken daran auszurotten, daß die Nöte des deutschen Volkes irgendwann durch Krieg gelöst werden könnten. Dabei hat sie sich in wiederholten Appellen an die Mächte gewandt, um einen Frieden zu erbitten, der die Einheit des Volkes wahrte und ihm Lebensmöglichkeiten ließ. Dazu gehörte nach den Vorstellungen der Kirche wie zunächst aller Parteien die wenigstens teilweise Rückgabe der Ostgebiete. Innenpolitisch hat sich die Kirche und insbesondere gerade auch Martin Niemöller als Präsident der Hessischen Kirche für seinen Verantwortungsbereich gegen die Entartungserscheinungen der Entnazifizierung gewendet, die den Bußrufen von Treysa und Kassel mit ihrer Aufforderung zur Selbstkritik geradezu einen Riegel vorschoben. So hieß es in einer an den Kontrollrat, die deutschen Länderregierungen und die Kirchenleitungen gerichteten Erklärung des Rates der EKiD vom 2. Mai 1946: »Die in den Fragebogen gestellten Fragen verführen erfahrungsgemäß an manchen Stellen zur Lüge und fördern das Denunziantentum. Dies kann einer moralischen Gesundung des Volkes nicht dienlich sein. Das Studienverbot für Studenten, die als Jugendliche belanglose Führerposten in NS-Organisationen hatten oder die den Soldatenberuf wählten, nicht selten, um sich dadurch dem Zwang zum Eintritt in die NSDAP zu entziehen, schafft eine hoffnungs- und ziellose Jugend.«[11]) Gleichzeitig forderte sie, »daß jeder, der ein Verbrechen im Zusammenhang mit der nationalsozialistischen Herrschaft begangen hat, bestraft werden« müsse. Dies blieb freilich hinter dem Radikalismus jener Worte Niemöllers zurück, der in Treysa ausgerufen hatte: Wir, d. h. die Kirche, »haben jetzt nicht die Nazis anzuklagen, die finden schon ihre Kläger und Richter, wir haben allein uns selber anzuklagen und daraus die Folgen zu ziehen«[12]).

In der EKiD waren alle evangelischen Gliedkirchen vereinigt, auch die der sowjetischen Besatzungszone. Insofern war sie eine gesamtdeutsche Institution und hat als solche bestanden bis zur Gründung des »Bundes Evangelischer Kirchen in der DDR« im Jahre 1969[13]). In der »antifaschistisch-demokratischen« Anfangsphase der Sonderentwicklung des sowjetischen Besatzungsgebietes hat die Kirche trotz der Trennung von Staat und Kirche und ihrer Ausschaltung aus der Schule relativ freie Wirkungsmöglichkeiten besessen. Sie erfreute sich sogar mancher Förderung weniger seitens der SED als der sowjetischen Besatzungsmacht. So wurde sie zunächst weitgehend von der Bodenreform ausgenommen[14]). Es gelang ihr, viele tausend Gemeindemitglieder für den Einsatz in einer breit angelegten katechetischen Tätigkeit zu gewinnen und auszubilden. Und als mit der Begründung der monopolistischen Staatsjugend, der FDJ, Anfang 1946 eine kirchliche Jugendarbeit in der gewohnten Form nicht mehr möglich war, gelang es, lebendige junge Gemeinden zu bilden. Auch die überlieferten theologischen Fakultäten wurden beibehalten. Das unter der Leitung von Eugen Gerstenmaier stehende Evangelische Hilfswerk war auch mit Unterstützung der sowjetischen Besatzung in der Sowjetzone tätig. Die Kirche richtete eindringliche Appelle an Marschall Sokolowski, die Konzentrationslager aufzulösen und die Internierten freizugeben. Wenn im Jahre 1948 ein großer Teil der Internierten tatsächlich entlassen und die übrigen den deutschen Behörden übergeben wurden, so haben außer der allgemeinen politischen Situationsveränderung wahrscheinlich auch die Bitten der Kirche geholfen, dieses Ergebnis herbeizuführen. Ein erster Konflikt zwischen der Kirche und den politischen Gewalten kündigte sich an, als in den Jahren 1948/49 die »antifaschistisch-demokratische« Phase zu Ende ging. Die Kirche erhob ihre Einwände gegen die Art, in der der Volksentscheid des Jahres 1948 und die Wahlen zum Dritten Deutschen Volkskongreß durchgeführt wurden. Langsam wurde die Kirche unter politischen Druck gesetzt. Man versuchte sie zu politischen Stellungnahmen zugunsten des entstehenden Systems zu gewinnen. Sämtliche Bischöfe der Sowjetzone wandten sich am 11. Mai 1948 an Marschall Sokolowski mit der Bitte, dafür Sorge zu tragen, »daß künftig weder von seiten der Militärverwaltung noch von zivilen Verwaltungsstellen an die Kirchen herangetreten wird mit der Aufforderung, zu politischen Fragen das Wort zu nehmen, sondern daß es der Kirche überlassen wird, ob und wann sie sich zu solchen Fragen zu sprechen gerufen weiß«. Die Gründung der DDR und der Beginn des Aufbaues der sozialistischen Gesellschaft markierten den Anfang eines Weges, der die Evangelische Kirche in den Kerngebieten der Reformation mehr und mehr in eine Verteidigungsstellung führte, bis sie schließlich gänzlich aus dem öffentlichen Leben verdrängt wurde.

Vgl. Lit. zu § 63.

1) H. MAIER (Hg.), Dt. Katholizismus seit 1945 (1963); N. GREINACHER / Th. RISSE (Hg.), Bilanz des dt. Katholizismus (1966). **2)** J. BECKMANN (Hg.), Kirchl. Jahrb. f. d. Ev. Kirche in Dtld. 1945—1948 (1950); F. MERZYN, Kundgebungen, Worte u. Erklärungen der Ev. Kirche in Dtld. 1945—1959 (o. J.); ders. (Hg.), Das Verfassungsrecht der Ev. Kirche in Dtld. u. ihrer Gliedkirchen (1957/64); H. BRUNOTTE, Die Ev. Kirche in Dtld. Geschichte, Organisation u. Gestalt der EKD (1964). — W. JOCHMANN, Ev. Kirche u. polit. Neuorientierung in Dtld. 1945, in: I. GEISS / B. J. WENDT (Hg.), Dtld. in der Weltpolitik des 19. u. 20. Jhdts. (1973), stellt die kaum haltbare These auf, die ev. Kirche habe »die vielen fruchtbaren Ansätze zu einer geistigen u. polit. Neuorientierung des dt. Volkes zunichte gemacht« (S. 562). — O. DIBELIUS, Ein Christ ist immer im Dienst. Erlebnisse u. Erfahrungen in einer Zeitenwende (1961); ders., Reden — Briefe 1933—1967 (1970); Th. WURM, Erinnerungen aus meinem Leben ([2]1953); H. LILJE, Memorabilia. Schwerpunkte eines Lebens (1973); H. ASMUSSEN, Zur jüngsten Kirchengeschichte (1961); W. STÄHLIN, Via Vitae. Lebenserinnerungen (1968). **3)** Texte solcher Botschaften von Vertretern amerik. Kirchen in: F. SÖHLMANN (Hg.), Treysa 1945 (1946), S. 43—46. **4)** G. HEIDTMANN (Hg.), Hat die Kirche geschwiegen? Das öffentl. Wort der ev. Kirche aus den Jahren 1945—1964 ([3]1964), S. 11 ff. **5)** Diese u. die nachfolgend erwähnten Verlautbarungen in: G. HEIDTMANN (s. o. Anm. 4). S. auch Botschaft der Spandauer Synode der Bekennenden Kirche von Berlin, 29.—31.7. 1945, in: F. SÖHLMANN (Hg.), Treysa 1945 (1946). **6)** Text der Erklärung des Rats der Ev. Kirche in Dtld. gegenüber den Vertretern des Ökumenischen Rats der Kirchen in: J. BECKMANN (Hg.), Kirchl. Jahrb. 1945/48 (1950), S. 26; A. BOYENS, Das Stuttgarter Schuldbekenntnis vom 19. Okt. 1945, VfZG 19 (1971). **7)** Zit. K. JÜRGENSEN, Die Stunde der Kirche. Die Ev.-Luth. Landeskirche Schleswig-Holsteins in den ersten Jahren nach dem Zw. Weltkrieg (1976). **8)** Aus einem Brief an seinen Bruder, in: W. NIEMÖLLER, Neuanfang 1945. Zur Biographie Martin Niemöllers (1967). **9)** Zur Frage der Ökumene u. deren Verhältnis zur Ev. Kirche Dtlds. R. KOTTJE / B. MOELLER,

Ökumenische Kirchengesch. Bd. 3, Neuzeit (1974); grundlegend A. BOYENS (Hg.), Kirchenkampf u. Ökumene 1933—1945 (2 Bde. 1969—1973); W. A. VISSER'T HOOFT, Die Welt war meine Gemeinde. Autobiographie (1972). 10) Vgl. z. B. das in Treysa formulierte »Wort zur Verantwortung der Kirche für das öffentl. Leben«, in: F. SÖHLMANN (Hg.), Treysa 1945, S. 102 ff. 11) G. HEIDTMANN (Hg.), Hat die Kirche geschwiegen?, S. 26. 12) F. SÖHLMANN, Treysa 1945, S. 24. 13) E. WILKENS, Die Einheit der EKD u. die polit. Teilung Dtlds. Volk, Nation u. Vaterland in kirchl. Sicht, in: H. ZILLESSEN (Hg.), Volk, Nation, Vaterland. Der dt. Protestantismus u. der Nationalismus (1970). 14) Zum Folgenden: R. W. SOLBERG, Kirche in der Anfechtung. Der Konflikt zwischen Staat u. Kirche in Mitteldtld. seit 1945 (1962); ergiebig sind auch die Erinnerungen des damaligen Bischofs von Berlin u. Generalsuperintendenten der Mark Brandenburg O. DIBELIUS, Ein Christ ist immer im Dienst (1961); H.-G. KOCH, Staat u. Kirche in der DDR. Zur Entwicklung ihrer Beziehungen von 1945—1974. Darstellung, Quellen, Übersichten (1975), ausführl. Lit.verzeichnis.

§ 102 Schule

Daß der Zugang zu den vom Staat gebotenen Bildungsmöglichkeiten allen Jugendlichen unabhängig von den wirtschaftlichen und sozialen Verhältnissen des Elternhauses entsprechend Begabung und Neigung offenstehen müsse, war als Rechtsgrundsatz in der Weimarer Verfassung (Art. 146) verankert worden. In einigen deutschen Verfassungen der Nachkriegszeit wurde dieser Rechtsgrundsatz zum Grundrecht auf Bildung gesteigert (vgl. § 100). Seiner Verwirklichung hatten sich in der Weimarer Zeit in Herkommen und Schulstruktur begründete gesellschaftliche Hindernisse in den Weg gestellt. Die nationalsozialistische Zeit hatte bei Aufrechterhaltung des dreigliedrigen Schulwesens in den Grenzen des durch die Rassenideologie abgesteckten Feldes innerhalb der »Volksgemeinschaft« durch außerschulische, bündische »Erziehungsmächte« (HJ, SA, Arbeitsdienst) egalisierende Tendenzen gezeitigt. Diese wurden durch den Krieg und die Völkerwanderung der Flüchtlinge und Ausgebombten verstärkt. Als man sich nach dem Zusammenbruch daran machte, die Schulen wieder in Gang zu setzen, stand man vor der Aufgabe, den Grundsatz des gleichen Rechts auf Bildung zu verwirklichen und zugleich die nationalsozialistische Hinterlassenschaft zu überwinden. Auf welche Traditionen konnte man zurückgreifen? Welche neuen Orientierungspunkte boten sich an?

Das hier zwangsläufig auftretende Dilemma zwischen Restauration und Reform wurde freilich zunächst überdeckt von der Aufgabe, die Schulen aus dem Trümmerfeld, das der Krieg hinterlassen hatte, allererst wieder aufzubauen. Viele Schulen waren völlig zerstört, noch mehr teilweise unbrauchbar geworden. Das galt vor allem für die Städte, die das Ziel der Bombenangriffe gewesen, und für die Gegenden, die in der Endphase des Krieges umkämpft worden waren. Um einige Beispiele zu nennen: in Hamburg waren von 400 Schulen nur noch 60 wirklich brauchbar, in Leipzig von 105 nur 20. Zudem wurden während des Krieges und verstärkt nach seiner Beendigung viele der noch brauchbaren Schul- und Hochschulgebäude für andere Zwecke verwendet, als Lazarette, Flüchtlingslager, Notunterkünfte für Ausgebombte und für Zwecke der Besatzungsmächte. Wie an Schulräumen, so fehlte es an Geräten, Lehrmaterial und Unterrichtsmitteln, von Schulbänken und Turngeräten über Apparate und Bücher bis zu Schreibzeug und Papier. Es hat viele Jahre gedauert, bis die äußeren Bedingungen für den Unterricht einigermaßen wieder hergestellt waren. Schlimmer noch war der Mangel an Lehrern. Zu den direkten Kriegsverlusten und zu dem Ausfall an Nachwuchs infolge des Krieges kam die Entfernung vieler Lehrer aus dem Amt durch die Entnazifizierung. In der amerikanischen Besatzungszone, wo man besonders rigoros vorging, wurden über 50 % der Lehrer hiervon betroffen. Wenn auch ein großer Teil von ihnen später in den Schuldienst zurückkehrte, so fehlten doch in der ersten schwierigen Wiederaufbauzeit zahlreiche Lehrkräfte. Radikal war die Entnazifizierung auch in der sowjetischen Zone. Hier half man sich durch den Einsatz von unzureichend ausgebildeten Hilfslehrern. Infolge der Verluste und dieser Maßnahmen war die Lehrerschaft stark überaltert. In manchen Ländern lag das Durchschnittsalter zwischen 50 und 60 Jahren. Der zu schwach besetzten und überalterten Lehrerschaft standen wachsende Schülerzahlen gegenüber. Die geburtenstarken Jahrgänge der Vorkriegszeit wuchsen in das Schulalter hinein. Dazu kamen die Flüchtlingskinder. So stieg z. B. in Bayern die Gesamtzahl der Volksschüler von 1938 bis 1947 um 59,4 %, in Schleswig-Holstein um 136 %. In der sowjetischen Besatzungszone waren am 1. Oktober 1945 in den allgemeinbildenden Schulen etwa 500 000 Kinder mehr zu unterrichten als im Jahre 1939. Die Folge dieser gegenläufigen Entwicklung von Lehrer- und Schülerzahlen war eine untragbare Verschlechterung des Lehrer-Schüler-Verhältnisses. In Schleswig-Holstein kamen im Schuljahr 1947/48 78 Schüler auf einen Lehrer gegenüber 39 im Schuljahr 1939/40; in Bayern stieg die Zahl von 44 im Jahre 1939 auf 65 im Jahre 1946, und in Niedersachsen sah sich der Oberpräsident von Hannover gezwungen, im Jahre 1946 die Schülermeßzahl für die Planstellenverteilung auf 70 zu erhöhen.

Die Bemühung um die materiellen und personellen Voraussetzungen des Unterrichts beanspruchte Energie und Arbeitskraft derjenigen, die sich um die Schulen kümmerten, vordringlich. Ihre Arbeit stand aber unter der gleichzeitigen Forderung, daß der Wiederaufbau zugleich ein Umbau sein müsse. Eine solche Forderung wurde zunächst von den Besatzungsmächten erhoben. Das Potsdamer Abkommen äußert sich über das Erziehungswesen in Deutschland nur kurz. Von einem strukturellen Umbau ist in ihm nicht die Rede. Es beschränkt sich darauf, auf das Erziehungswesen die negativen Forderungen der Entnazifizierung und Entmilitarisierung und die positive Formel der Demokratisierung anzuwenden. Dabei ist nur von der Entfernung bzw. Förderung bestimmter Lehren und Ideen die Rede, also von Unterrichtsinhalten und Erziehungszielen. Diese Forderungen gingen auf amerikanische Anregung zurück. Schon in einer Instruktion für die Jalta-Konferenz war vom State Department empfohlen worden, ein Kontrollsystem für Schulen und Hochschulen einzurichten mit dem Zweck, »Nazi-Doktrinen auszurotten und demokratische Werte einzupflanzen«[1]). Dahinter stand die Überzeugung, daß die Annahme demokratischer Ideen durch das deutsche Volk auf lange Sicht, da die amerikanische Besetzung als zeitlich begrenzt gedacht war, die einzige Garantie für dessen zukünftiges Wohlverhalten gewähre. In Anbetracht der Vieldeutigkeit des Begriffs der Demokratie in seiner östlichen und westlichen Verwendung vermochte die Gleichsetzung von Demokratie und Frieden nicht überzeugend zu wirken. Aussagekräftiger als die Formel von Potsdam war eine Kontrollratserklärung vom 25. Juni 1947. Hier äußerten sich die Alliierten über Strukturfragen des Schulwesens[2]). Auch diese Direktive ging auf amerikanische Anregung zurück. Sie enthielt folgende Forderungen: gleiche Bildungsmöglichkeit für alle; weitgehende Schulgeld- und Lehrmittelfreiheit, außerdem Erziehungsbeihilfen wo nötig; Vollzeitschulpflicht von 6 bis 15 Jahren, danach Teilzeitschulpflicht bis 18; integriertes Schulsystem (comprehensive educational system) für die Vollzeitpflichtschulen; hierbei sollten die »Begriffe Elementarerziehung und Sekundarerziehung zwei aufeinanderfolgende Unterrichtsstufen und nicht zwei überlappende Typen oder Arten von Unterrichtsgängen« bedeuten; Gewährleistung der demokratischen Erziehung durch entsprechende Curricula, Lehrbücher und Schulorganisation; Förderung des Verständnisses für andere Völker durch moderne Fremdsprachen; Schulberatung; Gesundheitserziehung; Ausbildung aller Lehrer auf Universitäten oder ranggleichen pädagogischen Ausbildungsstätten; Teilnahme der Öffentlichkeit an Reform, Organisation und Verwaltung des Schulwesens.

Das deutsche Gegenstück zu den offiziellen schulpolitischen Verlautbarungen der Alliierten ist in den entsprechenden Abschnitten der Länderverfassungen zu sehen. Hier haben die Vorstellungen über Form und Inhalt des schulischen Wiederaufbaus ihren Niederschlag gefunden. Die Verfassungen der Länder in der amerikanischen, französischen und sowjetischen Besatzungszone waren verabschiedet worden, bevor der Kontrollrat in jener Direktive vom 25. Juni 1947 seine Weisungen für die Schulreform gab. Ein Vergleich der Schulartikel zunächst in den westdeutschen Länderverfassungen mit dem Schulprogramm des Kontrollrats führt zu folgendem Befund: In Übereinstimmung mit der Direktive wird in den Verfassungen gleiche Bildungsmöglichkeit für alle gefordert. Schulgeld- und Lehrmittelfreiheit gelten durchweg für Grund- und Berufsschule, in Hessen auch für die Höhere Schule und für die Universität Gebührenfreiheit. Generell wird auch der Grundsatz der Begabtenförderung zum Ausdruck gebracht. Über die Länge der Schulpflicht sagen die Verfassungen nichts aus. Es bestand aber allgemein entsprechend der Weimarer Verfassung die auch in der Direktive geforderte mehrjährige Teilzeitberufsschulpflicht im Anschluß an die Volksschule. Die Gesamtdauer der Schulpflicht war unterschiedlich auf 11 bis 12 Jahre angesetzt, bis im Jahre 1964 eine neunjährige Vollzeitschulpflicht mit anschließender dreijähriger Berufsschulpflicht zwischen den Bundesländern vereinbart wurde. Deutliche Besonderheiten zeigen die Länderverfassungen im Vergleich zur Direktive in einigen Fragen der inneren und äußeren Schulreform. Wenn in der Direktive als positives Erziehungsziel Demokratie und Völkerverständigung genannt sind, so stimmen die Länderverfassungen hiermit überein, aber sie entwickeln samt und sonders darüber hinaus besondere Tugendkataloge als Erziehungsgrundsätze für das öffentliche Bildungswesen. Darin finden sich in unterschiedlichen Gruppierungen genannt: Ehrfurcht vor Gott, Liebe zu Heimat und Volk, Achtung vor Menschenwürde und den Ansichten des anderen, Selbstbeherrschung, Verantwortungsgefühl, Hilfsbereitschaft, Rechtlichkeit, Wahrhaftigkeit, berufliche Tüchtigkeit, sozialer Sinn und — mit einer Formulierung der bayerischen Verfassung — Aufgeschlossenheit für das Wahre, Schöne, Gute. Es sind die überlieferten Tugenden eines christlich-humanistischen, die Demokratieforderung transzendierenden Menschenbildes, auf die sich in den verfassunggebenden Versammlungen der Länder die Parteien von im einzelnen unterschiedlich akzentuierten sozialen, liberalen und religiös bestimmten Ausgangspositionen her als Erziehungsprogramm für die Schulen geeinigt hatten. Diese Aussagen sind zu verstehen als der Versuch einer nicht nur vordergründigen politischen Überwindung der nationalsozialistischen Verhaltensnormen durch eine Rückbesinnung auf zeitweilig verschüttete, aber unverrückbar geltende menschliche Grundwerte. Insofern sind sie Ausdruck einer konservativen Denkweise ohne emanzipatorischen und sozialkritischen Akzent. Dem entspricht es, wenn sich die westlichen Länderverfassungen über etwaige Reformen der Struktur des Schulwesens ausschweigen. Sie setzen gleichsam stillschweigend den Art. 146 der Weimarer Reichsverfassung voraus mit einer gemeinsamen Grundschule und einem sich darauf »organisch« aufbauenden, entsprechend der »Mannigfaltigkeit der Lebensberufe« gegliederten Schulwesen (sprachliche Anklänge an WRV Art. 146 in den Länderverfassungen von Bayern Art. 132, Bremen Art. 31, Nordrhein-Westfalen Art. 10; die Verfassung von Rheinland-Pfalz enthält ein ausdrückliches Bekenntnis zum humanistischen Gymnasium). Es finden sich in den Ländern der westlichen Besatzungszonen keine Verfassungsbestimmungen, die als eine Entsprechung zu dem »comprehensive system« der Direktive angesehen werden könnten und auch nicht zu der einem solchen System zugehörenden Schulberatung und einer wissenschaftlichen Hochschulbildung für alle Lehrer. Tatsächlich kehrte man für die Ausbildung der Volksschullehrer zu den unterschiedlichen Formen der Weimarer Zeit zurück. In Hamburg erfolgte sie an der Universität. In der übrigen britischen Zone richtete man Pädagogische Hochschulen ein in Anknüpfung an die preußischen Pädagogischen Akademien[3]). In Süddeutschland gab es teils hochschulartige, teils seminarähnliche Institutionen der Lehrerbildung. Eingangsvoraussetzung für alle diese, weitgehend auch konfessionellen Lehrerausbildungsstätten war das Abitur. Das Fehlen von Verfassungsaussagen über Schulstruktur und Strukturreform bedeutet freilich nicht, daß man das überkommene Schulsystem in allen Ländern der Westzonen unverändert hätte fortführen wollen. Die westlichen Länderverfassungen weisen schließlich durchweg als eine Eigentümlichkeit, die sich aus dem erhöhten Ansehen der Kirchen im öffentlichen Leben wie aus den negativen Erfahrungen der nationalsozialistischen Zeit ergab, eine starke Betonung des Elternrechts auf: Obwohl das gesamte Schulwesen unter der Aufsicht des Staates stand, beanspruchte der Staat keineswegs ein Erziehungsmonopol. Er ließ Privatschulen, in der Praxis zumeist kirchliche, zu. Der konfessionelle Religionsunterricht erhielt in den Länderverfassungen — mit der Ausnahme Bremens — erneut den Rang eines ordentlichen Schulfaches, und die christliche staatliche Schule mit einer länderweise verschiedenen Bevorzugung der Konfessionsschule oder der Simultanschule wurde fast überall wieder hergestellt. Die Frage einer erneuten Geltendmachung eines christlichen Erziehungseinflusses mit der in manchen Ländern sichtbaren Begleiterscheinung zahlreicher konfessioneller Zwergschulen[4]) spielte in den verfassunggebenden Versammlungen der westdeutschen Länder eine größere Rolle als die Frage, welche schulstrukturellen Folgerungen aus dem Verfassungsgrundsatz des gleichen Bildungsrechts für alle zu ziehen seien. Erst in dem Maße, wie zwei Jahrzehnte später die Frage nach der Struktur des Schulwesens in den Mittelpunkt der bildungspolitischen Diskussion und Reform rückte, wurde die konfessionelle Schule abgebaut. In den Jahren unmittelbar nach dem Kriege jedoch, als die ersten Schritte zur Erneuerung der Schule getan wurden, stellte sich als die dringendste erziehungspolitische und erziehungswissenschaftliche Frage die nach dem Bild vom Menschen. Welche humanen Werte sollten anstelle der nationalsozialistischen Weltanschauung die Erziehung bestimmen? Die Antwort auf diese Frage war aber keineswegs identisch mit der Forderung nach einer strukturellen Demokratisierung, die sich zwar vom Grundsatz der Chancengleichheit her eines Tages zwingend als Aufgabe stellen, aber als solche nach dem Anschauungsunterricht der Geschichte als ambivalent erscheinen mußte, da sie — wie die Entwicklung der Schule in der sowjetischen Besatzungszone und der DDR zeigen sollte — durchaus auch einem totalitären Erziehungsziel dienstbar gemacht werden konnte.

Wenn man hinter die Schulartikel der Verfassungen auf die Programme der westlichen Parteien in den ersten Nachkriegsjahren zurückgreift, ergibt sich ein ähnliches Bild. Überall findet sich der Gedanke der Begabtenförderung, aber nirgendwo wird deswegen das überlieferte Schulsystem ausdrücklich in Frage gestellt. Die Erneuerung der Schule wurde von den Parteien vordringlich als eine innere Reform verstanden durch Wiedereinsetzen von Bildungswerten, die in der nationalsozialistischen Zeit verschüttet gewesen waren. Dem entsprach die Aussage der Wissenschaft mit ihren bedeutendsten Stimmführern, die in dem geistesgeschichtlich-kulturphilosophischen Herkommen der deutschen Pädagogik standen. Der weit über den Kreis der Pädagogen hinaus beachteten Zeitschrift »Die Sammlung« gab Herman Nohl im Oktober 1945 als Leitspruch mit auf den Weg: »Unser Kompaß ist die einfache Sittlichkeit, ein standhafter Glaube an die Ewigkeit der geistigen Welt ... Wurde bisher sehr laut gesprochen, so wollen wir still und sachlich werden, und wurden Phantasie und Gedanken unseres Volkes zu lange einseitig nach außen gewiesen, so wollen wir sie wieder nach innen lenken und zur Sammlung führen.« An der Gestalt des am 20. Oktober 1944 hingerichteten Pädagogen Adolf Reichwein wurde der im Kern moralische Widerstand gegen Hitler herausgestellt[5]). Adolf Grimme, sozialdemokratischer preußischer Erziehungsminister der Weimarer Zeit, legte den Hamburger

Lehrern den »Sinn der Erziehung«[6]) von der idealistischen Geist-Materie-Polarität her dar ohne jeden Anflug von gesellschaftspolitischer Strukturproblematik der Schule, aber ohne daß ihm, der aus dem Kreis der Entschiedenen Schulreformer kam, dieser Aspekt fremd gewesen wäre, wie gerade seine Tätigkeit als niedersächsischer Kultusminister 1946/47 zeigen sollte. Es gab aber für ihn wie für viele andere eine klare Priorität: die innere hatte den Vorrang vor der äußeren Schulreform. Wie Grimme, so wollte auch der sozialdemokratische Pädagoge Erich Weniger bei der Wiederherstellung der preußischen Pädagogischen Akademien unter dem Namen Pädagogische Hochschulen den Akzent der Lehrerbildung auf eine »radikale Besinnung auf die Grundelemente des Sittlichen« legen. Im »Volkslehrer« sah er »einen Anwalt des Bauerntums und des Proletariats«, dem aber zugleich in der Nachfolge der deutschen Bildungsidee eine sozialintegrative Aufgabe zugeschrieben wurde, insofern er »die Gegensätze überbrückt ... und das gemeinsame deutsche Bildungsgut in den Mittelpunkt seiner Arbeit stellt«[7]).

Trotz der Priorität der inneren Reform und trotz des idealistischen Tenors der Verfassungsartikel, der Parteiprogramme und der Verlautbarungen führender Pädagogen, entzündeten sich in den ersten Nachkriegsjahren harte Auseinandersetzungen an einer begrenzten gesellschaftspolitischen Schulfrage, der Einführung der sechsjährigen statt der vierjährigen Grundschule. Sie wurde zeitweise unter SPD-Majoritäten eingeführt und unter bürgerlichen Majoritäten wieder rückgängig gemacht in Hamburg (vom 25. Oktober 1949 bis 4. März 1954), Bremen (vom 4. April 1949 bis 30. März 1957) und Schleswig-Holstein (vom 1. April 1948 bis 31. Januar 1951).

Die Auseinandersetzung hierüber wurde insbesondere zwischen verschiedenen Lehrerverbänden geführt. Die Volksschullehrerschaft war am einheitlichsten in der britischen Zone organisiert. Der hier seit Januar 1947 bestehende »Allgemeine Deutsche Lehrer- und Lehrerinnenverband« schloß sich 1948 unter Umbenennung in »Gewerkschaft Erziehung und Wissenschaft« (GEW) dem DGB an. Über das Verhältnis von Wiederaufbau und Reform äußerte sich die dem Verband nahestehende, von Hans Grimme herausgegebene Zeitschrift »Die Schule« (1946 ff.; in den ersten Nachkriegsjahrgängen mit dem charakteristischen Untertitel »Monatsschrift für geistige Ordnung«): In dem »pädagogischen Urzustand« der unmittelbar auf den Zusammenbruch folgenden Jahre »fehlte fast alles, was zu den bisher als unabdinglich erachteten Requisiten des Lehrens und Lernens zu gehören schien: Fenster und Türen, Tische und Bänke, Tafel und Schreibhefte. Trotzdem wurde die Arbeit begonnen und eine Schwierigkeit nach der anderen überwunden. Was die anonyme Tüchtigkeit des deutschen Jugenderziehers hier geschaffen hat, vermag mehr über die geistige Situation der Schule von heute auszusagen als der laute oder leise, im Grunde aber meist unpädagogische Streit um die Schulreform.«[8]) Wenn der Lehrerverband sich für eine um zwei Jahre verlängerte Grundschule einsetzte, so geschah dies in einer Verbindung von sozialen mit Auslesegesichtspunkten: »Kurze Grundschule legt sozialen Sprengstoff — lange Grundschule gewöhnt an Zusammenleben«, und gleichzeitig: »Von einer längeren Grundschulzeit erhoffen wir für die weiterführenden Schulen eine gerechtere und strengere Auslese.«[9]) Dem von der Volksschullehrerschaft seit je vertretenen Ideal einer Einheit der Lehrerschaft entsprechend, wurden in die GEW Real- und Gymnasiallehrer aufgenommen. Wenn deren Zahl auch gering blieb, so ist es doch dem alle Schulbelange umfassenden Vertretungsanspruch der GEW zuzuschreiben, daß die Forderung nach Verlängerung der Einheitsgrundschule nicht zur Forderung nach einer undifferenzierten Einheitsschule schlechthin wurde. In dem übrigen Westdeutschland war die Organisation der Volksschullehrerschaft uneinheitlich, auch in konfessioneller Hinsicht. Im französischen Besatzungsbereich gab es 1948 noch keinen zonalen Zusammenschluß der Lehrer. In der amerikanischen Zone standen sich verschiedene

Gruppen beamtenbundlicher und gewerkschaftlicher Art gegenüber.

Sehr viel geschlossener organisierten sich die Lehrer an Höheren Schulen als Standesorganisation. Am 25. September 1947 wurde der »Deutsche Philologenverband« gegründet[10]). Anlaß des Zusammenschlusses war die Einführung der sechsjährigen Grundschule in Schleswig-Holstein, sein Zweck, »das Eigenrecht der Höheren Schule und ihre Stellung im Leben des deutschen Volkes und seiner Kultur zu verteidigen«[11]). Der Philologenverband sah in der Verlängerung der Grundschule einen Schritt zur Einheitsschule, die ihm sowohl in ihrer sowjetischen wie in ihrer amerikanischen Form dem aus der deutschen Nachkriegslage sich ergebenden Erfordernis einer scharfen Auslese nicht zu entsprechen schien. Sehr deutlich kommt in den Äußerungen des Philologenverbandes das nationale Abwehrmotiv gegen eine amerikanische Kulturüberfremdung zum Ausdruck.

Aus der englischen Schulreform hingegen, wie sie im Jahre 1944 unter dem Vorzeichen der Demokratisierung durchgeführt wurde, mit ihrer auf einer vierjährigen allgemeinen Grundschule (primary school) aufbauenden Gabelung in Hauptschule, technische Schule und Gymnasium (secondary modern, secondary technical, secondary grammar school) und der Zuweisung der Schüler zu diesen drei schulgeldfreien Bildungsgängen aufgrund gemessener Intelligenzquotienten ließ sich geradezu eine Bestätigung des mit festen Begabungstypen rechnenden dreigeteilten deutschen Schulwesens ableiten. Das Fortbestehen privater, durch Freistellen sozial geöffneter Eliteschulen (public schools) im englischen Erziehungssystem schien offensichtlich vereinbar mit einer Auffassung von Demokratie als »System der Auswahl der Besten«[12]). Allerdings wurden in England einer weitergehenden Reform von vornherein dadurch Möglichkeiten eröffnet, daß es den regionalen Schulbehörden überlassen wurde, die drei Typen der sekundaren Lehrgänge gegebenenfalls in Gesamtschulen (comprehensive schools) zusammenzufassen[13]).

Aber auch in Deutschland hat es an verschiedenen Stellen Reformbemühungen gegeben, unter Vermeidung der Einheitsschule durch die Einführung differenzierter Gesamtschulstufen Demokratisierung der Schule und Personalisierung der Erziehung miteinander zu verbinden. Dies entsprach den Bestrebungen der Entschiedenen Schulreformer der Weimarer Zeit. Dabei wollte man auf etwas anderes hinaus als auf eine bloße Verlängerung der Einheitsschule von vier auf sechs Jahre, wie sie in den beiden Hansestädten und vorübergehend in Schleswig-Holstein eingeführt wurde[14]). In Niedersachsen machte man Schulversuche mit einem in Kern- und Kursunterricht differenzierten Mittelbau der Klassen 5 bis 8. In Hessen setzte sich Kultusminister Stein (CDU) für die Verlängerung der Grundschule um zwei Jahrgangsstufen mit differenzierendem Unterricht ein, entsprechend etwa dem heutigen Begriff der Förderstufe. Die nachfolgenden Klassen 7 bis 9 sollten sich in drei Zweige innerhalb einer »differenzierten Einheitsschule« gabeln. Auch für die Lehrerbildung hatte Stein weitreichende Reformpläne. Er schlug für alle eine sechssemestrige Grundausbildung an einem pädagogischen Institut vor. Nach einem Jahr Praxis sollte sich für Lehrer an weiterbildenden Schulen ein sechssemestriges Fachstudium anschließen[15]). Die Reformabsichten Steins scheiterten jedoch an dem Widerstand der Verfechter des herkömmlichen Schulwesens, zum Teil aber auch an der amerikanischen Militärregierung, »die auf einer undifferenzierten sechsjährigen Grundschule bestand«[16]). Ähnliche Überlegungen für einen differenzierten Mittelbau wie im hessischen Reformplan lagen einem Entwurf des Schulplanungsausschusses von Württemberg-Baden zugrunde. Hinter dem Veto der Militärregierung stand das Leitbild der sechsjährigen amerikanischen Elementarschule, auf die sich die differenzierte Sekundarstufe (High School) aufbaut.

Das führt zu der Frage, welche Maximen für das schulpolitische Verhalten der amerikanischen Besatzungsmacht in ihrer Zone bestimmend waren. Hier stößt man zunächst auf den Zentralbegriff der »re-education«. Man hat mit Recht daran erinnert, daß »das englische Wort ›education‹ sowohl Erziehung als auch Bildung bedeutet, ja sogar Aspekte des unübersetzbaren deutschen Begriffs Kultur einschließt«, und daß die an diesem Begriff orientierte amerikanische Politik bemüht gewesen sei, »dem deutschen Volk bei dem Versuch behilflich zu sein, den Anschluß an das durch die Worte Jerusalem, Athen und Rom gekennzeichnete gemeinsame Kulturerbe wieder herzustellen«[17]). Mit dieser Definition konnten nun allerdings sehr unterschiedliche Praktiken gedeckt werden; denn die eigentliche Frage lag ja offenbar darin, durch welche vermittelnden Zwischenglieder eine solche Anknüpfung an den gemeinsamen dreifachen Ursprung der westlichen Zivilisation erfolgen sollte. Sollten die Deutschen auf sich selbst zurückverwiesen werden und auf die spezifischen Überlieferungen ihrer Geistesgeschichte wie etwa Luther und den deutschen Idealismus, oder sollten sie ihr Richtmaß an fremden Vorbildern nehmen? Und war die Struktur des geschichtlich gewachsenen deutschen Schulwesens von seinen eigenen inneren Antrieben her weiterzubilden, oder sollten die Deutschen veranlaßt werden, fremde Modelle zu übernehmen? Dies ist in Wirklichkeit kein Entweder-Oder gewesen. Im Endergebnis stellte sich die re-education als die Periode eines fruchtbaren Kulturkontaktes dar, durch Studienaufenthalte, Reisen und Austausch von den Besatzungsmächten systematisch gefördert. Aber in der konkreten Erziehungspolitik der Amerikaner lassen sich doch deutlich verschiedene Phasen unterscheiden je nachdem, ob der Akzent in der Rückverweisung der Deutschen auf sich selbst lag oder in dem Versuch, das amerikanische Schulmodell auf Deutschland zu übertragen.

Zunächst erhielten die amerikanischen Besatzungsbehörden die Anweisung, es sollten »keine Versuche unternommen werden, neue Schultypen einzuführen . . ., es sei denn, die zuständigen deutschen Behörden beginnen solche Vorhaben«[18]). Auch sollte »keine neue Erziehungstheorie oder Philosophie dem deutschen Erziehungssystem aufgepfropft werden«[19]). Dies lief darauf hinaus, daß die amerikanische Militärregierung einem Wiederaufbau des deutschen Schulwesens in Anknüpfung an das Weimarer Schulsystem und die Weimarer Reformtendenzen zunächst zustimmte. Auf Einladung von General Clay besuchte dann im Jahre 1946 eine amerikanische Erziehungskommission unter George F. Zook, dem Vorsitzenden des American Council of Education, die amerikanische Zone. Der von der Kommission vorgelegte Bericht forderte, »das Kastensystem zu zerbrechen, das das deutsche Schulsystem durchzieht«[20]). Der Bericht führte zu dem Ergebnis, daß sich nunmehr die amerikanische Umerziehungspolitik darauf einstellte, nach amerikanischem Modell die mehrjährige undifferenzierte Grundschule und die Gesamtschule in ihrer Zone und womöglich in Deutschland allgemein einzuführen. Auch die Direktive Nr. 54 des Kontrollrats vom 25. Juni 1947 ist ein Ergebnis dieser Bemühungen. Zum Bericht der Zook-Kommission äußerte sich kritisch eine vom State Department zur Stellungnahme aufgeforderte Gruppe emigrierter deutscher Professoren der Universität Chicago, unter ihnen Hans Rothfels, Arnold Bergsträsser und Fritz Caspari. Sie wiesen darauf hin, daß die äußere Differenzierung des Schulwesens keineswegs auf Deutschland beschränkt, sondern eine allgemeine europäische Erscheinung sei und daß dem humanistischen Gymnasium gerade jetzt ein besonderer Erziehungsauftrag zukomme[20a]). In Deutschland kam der stärkste Widerstand vom Philologenverband, den katholischen Bischöfen und der bayerischen Regierung unter Kultusminister Hundhammer. In einer unheiligen Allianz zwischen der doktrinären Starre der amerikanischen Re-education-Politik in dieser Phase und solchen Kräften in Deutschland, die im Grunde keinerlei Veränderungen des Bestehenden für notwendig hielten, wurden aber auch vernünftige Reformziele wie in Hessen zum Scheitern verurteilt. Im Grunde stimmte eine Erziehungspolitik, die durch die Autorität der Besatzungsmacht die Übertragung des amerikanischen Systems auf Deutschland bezweckte, nicht mehr mit der seit 1947 sich abzeichnenden neuen allgemeinen Deutschlandpolitik der USA überein, die den Deutschen größere Verantwortung für ihre eigenen Angelegenheiten zu übertragen sich anschickte. Dies führte zu einer abermaligen Wendung. Auf einer Berchtesgadener Konferenz der amerikanischen Erziehungsbeamten der Zone hieß es in neuen Leitsätzen für die re-education u. a.: »Wir dürfen uns nicht schuldig machen, indem wir versuchen, das amerikanische Erziehungssystem nach Deutschland zu übertragen.« Einem Appell an den Realismus schloß sich der Hinweis darauf an, daß die Neuordnung der Schule eine in aller Welt sich stellende Aufgabe sei. Man solle daher die Deutschen mit den Fortschritten im Erziehungswesen der anderen europäischen Länder bekannt machen[21]).

Auch in der britischen Zone ist die Schulpolitik der Besatzungsmacht vom Begriff der re-education her zu verstehen[22]). Im Unterschied zu den Amerikanern haben aber die Briten nicht versucht, in England gewachsene Schultypen nach Deutschland zu übertragen. Die Äußerungen etwa eines so hervorragenden Schulmannes wie Robert Birley, Headmaster of Eton und leitender Erziehungsbeamter der britischen Militärregierung, befaßten sich mehr mit Fragen des Bildungsinhaltes und der Erziehungsmethodik, auch auf der Universität, als mit Problemen der äußeren Schulreform[23]). Sie versuchten, den autoritativen Anstaltscharakter der deutschen Schule aufzulockern. Auch die vorbereitenden Überlegungen einer Gruppe nach England emigrierter Pädagogen sind für die innerdeutsche Nachkriegsentwicklung wichtig geworden[24]). Wie in der amerikanischen, so war man auch in der britischen Zone in den Jahren 1945/46 zunächst darauf konzentriert, die äußeren Voraussetzungen für die Wiederingangsetzung der Schule zu schaffen. Nach Beseitigung der eigentlichen nationalsozialistischen Schuleinrichtungen wie Adolf-Hitler-Schulen und Nationalpolitische Erziehungsanstalten zeichnete sich die wiederhergestellte Gliederung des Schulsystems der Weimarer Republik ab. Auch die Kontrollratsdirektive Nr. 54 vom Jahre 1947 leitete in der britischen Zone keineswegs einen Versuch zu radikaler Strukturveränderung ein. Es zeigte sich vielmehr, daß diese Direktive in sehr unterschiedlicher Weise verstanden werden konnte. In einer britischen Erläuterung zu ihr[25]) wurde auf das Erziehungsgesetz von 1944 hingewiesen als einer Entsprechung zu der Forderung, jedem Kind die seinen Fähigkeiten angemessene Ausbildung zu geben. Ein dreigeteiltes Schulwesen mit gemeinsamem Unterbau stand also nach britischer Auffassung durchaus in Übereinstimmung mit jener Direktive, unter der Voraussetzung allerdings, daß wie in England allgemeine Schulgeld- und Lehrmittelfreiheit gewährleistet würde. Einzelne Versuche mit Formen der kooperativen Sekundarstufe wurden von den Briten gefördert, so die Volksoberschule Preetz in Holstein und der Hamburger Plan einer »Allgemeinen Volksschule«. Ebenso begünstigten sie die Einführung der sechsjährigen Grundschule, ohne den Versuch zu machen, diese als Norm allgemein durchzusetzen. Daß die Briten neben dem öffentlichen Schulwesen ausdrücklich auch den privaten Schulen Raum zu lassen bereit waren, entsprach wiederum den heimischen Erfahrungen.

In der französischen Zone[26]) beschränkte sich die Erziehungsbehörde der Besatzungsmacht unter der Leitung des Germanisten Raymond Schmittlein darauf, statt einer allgemeinen strukturellen Reform des Schulsystems den Übergang von der Volksschule zum Gymnasium auch noch nach dem vierten Schuljahr durch eine Lehrplanreform zu erleichtern: Der Lateinunterricht sollte nicht vor dem vierten Gymnasialjahr einsetzen. Naturwissenschaften und Mathematik erhielten einen breiteren Raum als bisher. Durch Einführung des Zentralabiturs in den Ländern ihrer Zone meinten die Franzosen in Analogie zu dem Prüfungssystem in Frankreich, eine schärfere und gerechtere Auslese der zum Studium Geeigneten zu erzielen. Geleitet von dem Vorbild der heimischen laizistischen Schule begünstigten sie die Simultanschule vor der Konfessionsschule, akzeptierten aber das Ergebnis der für die Konfessionsschule günstigen Volksabstimmungen in Rheinland-Pfalz und Baden. Auf deutscher Seite ist in der französischen Zone bemerkenswert die von dem badischen Staatspräsidenten und Kultusminister Leo Wohleb (CDU), von Beruf klassischer Philologe und Gymnasialdirektor, vorgelegte Denkschrift über »Die soziale Gestaltung der Schule«[27]). Deutlicher als sonst in der schulpolitischen Diskussion wurde hier das eigentliche Problem bei der Herstellung der Chancengleichheit im Verhältnis der beruflichen und allgemeinen Bildung gesehen. Die Denkschrift wandte sich gegen das Bildungsprivileg des Gymnasiums: Es müsse »ein für allemal ausgeschlossen sein, daß jeder, der von der Grundschule aus den Übergang zur Höheren Schule verpaßt, damit wie in einer Sackgasse seinen Weg versperrt sieht«. Deshalb solle die berufliche Ausbildung so ausgestaltet werden, daß sie für die Tüchtigen auf dem Wege über Wirtschafts-, Gewerbe- oder Bauernoberschule den Zugang zur Universität eröffne. Wie eine solche »soziale Revolution des Erziehungswesens« curricular gestaltet werden müßte, blieb freilich eine offene Frage an die Zukunft. Jedenfalls sollte sich die Berufsausbildung nicht auf das Fachliche beschränken, sondern dem Berufsschüler eine solche Art von Allgemeinbildung vermitteln, die ihn instand setzte, »als urteilsfähiger, selbstverantwortlicher Mensch das soziale Problem ... lösen zu helfen«. Das Ordnungsbild dieses Reformplans war eine auf die unterschiedlichen Berufsstände hin gegliederte Schule ohne Bevorzugung der humanistischen Bildung und — »in Ablehnung des faschistischen Wortes: ›Ein Volk, eine Schule, ein Lehrer‹« — ein klares Nein zur Einheitsschule.

Im Gegensatz hierzu wurde die Einheitsschule in Berlin und in der Sowjetzone als die konsequenteste Verwirklichung des Demokratiegebotes verstanden. Die unterschiedliche Reformentwicklung in der Sowjetzone und in Berlin machte es jedoch deutlich, welche Variationsbreite auch dem Begriff der Einheitsschule zukommt.

In der Sowjetzone[28]) vollzog sich nach der Entfernung der nationalsozialistischen Lehrer und Schulbücher der Wiederaufbau der Schule von vornherein als ein dem gesellschaftspolitischen Ziel der Demokratisierung dienender Umbau. Die Konturen dieses Umbaues standen nicht von vornherein in einer im einzelnen ausgeführten Planskizze fest. Sie ergaben sich aus dem Zusammenwirken und der Auseinandersetzung unterschiedlicher Kräfte im Prozeß selber. In der Periode der »antifaschistisch-demokratischen« Ordnung wurde die Schulpolitik bestimmt durch Kommunisten und Sozialdemokraten. Angehörige dieser beiden Parteien bzw. der SED hatten die Schulabteilungen der Länder und Provinzen in der Hand. Um die Einheit der Entwicklung in der Gesamtzone zu gewährleisten, wurde am 10. August 1945 die »Zentralverwaltung für Volksbildung« geschaffen. Zu ihrem Leiter ernannte die sowjetische Militäradministration den Kommunisten Paul Wandel, der 1945 aus der Emigration in Moskau, wo er als Hochschuldozent tätig gewesen war, nach Berlin zurückkehrte. Im Unterschied zum Westen wurde in der sowjetischen Zone das Schulwesen von vornherein als ausschließliches Staatsmonopol gehandhabt. Kirche und Schule wurden getrennt. Der Religionsunterricht war kein ordentliches Schulfach mehr, und durch Befehl der SMAD wurden Privatschulen verboten[29]). Für die von der Entnazifizierung nicht betroffenen noch vorhandenen Lehrer und für die aus der Bevölkerung gewonnenen zahlreichen Schulhelfer wurden von der Zentralverwaltung politisch-pädagogische Schulungskurse eingerichtet. Über die Struktur der politisch neu ausgerichteten staatsmonopolistischen Schule gab es zunächst unterschiedliche Auffassungen[30]). Neben meist bürgerlichen und vereinzelt auch sozialdemokratischen Befürwortern einer relativ frühzeitigen Gabelung in die drei herkömmlichen Schulzweige standen sich im sozialistischen Lager zwei Hauptrichtungen gegenüber. Die eine war an der Reformpädagogik der zwanziger Jahre orientiert, berief sich auf Comenius und Pestalozzi[31]) und suchte im Rahmen eines einheitlichen Systems die Förderung des einzelnen Schülers je nach seiner individuellen Fähigkeit durch rechtzeitige Differenzierung des Unterrichts zu ermöglichen. Solche Pläne kamen aus den Schulverwaltungen Sachsens und Thüringens und vom Vizepräsidenten der Zentralverwaltung für Volksbildung, Erwin Marquardt. Demgegenüber forderten die Kommunisten, wie es scheint mit Unterstützung auch von sozialdemokratischer Seite her, die undifferenzierte Einheitsschule. Allerdings war in einem gemeinsamen »Aufruf des Zentralkomitees der KPD und des Zentralausschusses der SPD zur demokratischen Schulreform« vom 18. Oktober 1945 nicht von der Einheitsschule, sondern unbestimmt von einem »einheitlichen Schulsystem« die Rede[32]). Das Prinzip der Einheitsschule und die gegenüber ihrer bisherigen Benachteiligung jetzt geforderte kompensatorische Privilegierung von Arbeiter- und Bauernkindern für die Auswahl zu weiterführenden Bildungsgängen wurde in der Öffentlichkeit vor allem von Anton Ackermann vertreten. Der Freie Deutsche Gewerkschaftsbund machte sich die Forderung nach der Einheitsschule zu eigen. Im Ergebnis setzte sich in der Zentralverwaltung der Gedanke durch, für die Vollzeitschulpflicht eine achtjährige Grundschule einzurichten. An diese sollte sich eine vierjährige Oberschule anschließen, die zur Hochschulreife führte, bzw. für die große Masse der Schüler eine dreijährige theoretisch-praktische Berufsausbildung. Grundschule und Berufsschule waren schulgeldfrei. Für die Ausbildung Unbemittelter sorgten Stipendien. In der für die Schulstruktur entscheidenden Frage der Differenzierung wurde im 7. und 8. Schuljahr die Einrichtung zusätzlicher wahlfreier Kurse in den für eine höhere Bildung charakteristischen Fächern fremde Sprachen, Mathematik und Naturwissenschaften vorgesehen. Nach einem in der Zentralverwaltung erstellten Entwurf verabschiedeten im Mai und Juni 1946 alle Länder- bzw. Provinzialverwaltungen der Sowjetzone ein »Gesetz zur Demokratisierung der Deutschen Schule«[33]). Bei im allgemeinen gleichem Wortlaut gab es doch einige charakteristische Varianten. So wurden in Thüringen wahlfreie Kurse bereits für das 5. und 6. Schuljahr vorgesehen, und in Sachsen dachte man daran, durch eine Ausführungsbestimmung es den Schulgemeinden zu überlassen, »den Unterschieden in der Begabtenrichtung und der Art der Begabung durch Einrichtung der wahlfreien Kurse oder durch Bildung von Abteilungen Rechnung zu tragen«[34]). Der strukturelle Umbau der Schule im Sinne dieses Gesetzes wurde durch flankierende Maßnahmen gefördert wie die Schaffung ländlicher Zentralschulen und die Einrichtung von Arbeiter- und Bauernfakultäten, auf denen Nichtabiturienten auf ein Hochschulstudium vorbereitet wurden. Zweck dieser Maßnahmen war eine energische soziale Umschichtung. Die praktisch-theoretische Berufsausbildung wurde in schulische, d. h. staatliche Verantwortung gelegt — ein konsequenzreiches Novum in der deutschen Bildungsgeschichte. Im Zusammenhang mit dem wirtschaftlichen Zweijahresplan entstanden seit 1948 in den volkseigenen Betrieben zahlreiche betriebliche Berufsschulen. Hier wurde die gegenseitige Bedingtheit der schulischen und gesellschaftlichen Entwicklung in der sowjetischen Zone besonders deutlich. Die wirtschaftlich-technische berufliche Ausbildung wurde zu einer zentralen Aufgabe der Schulentwicklung in der sowjetischen Zone, für die im Laufe der Zeit verschiedene Formen und Wege erprobt worden sind. Prinzipiell sollte der Hochschulzugang von allen Ausbildungswegen her erreichbar sein. Durch die von der wissenschaftlich-technischen Entwicklung her bedingte Notwendigkeit verschiedener Qualifikationen gezwungen, hat sich die Schule in der DDR dem Differenzierungsproblem später erneut stellen müssen. Die Entwicklung ist keineswegs abgeschlossen[35]).

Die schulischen Grundsätze der »antifaschistisch-demokratischen« Entwicklungsphase der Sowjetzone, die dem »Gesetz zur Demokratisierung der deutschen Schule« zugrunde lagen, fanden ihre verfassungsrechtliche Formulierung in dem vom Vorstand der SED am 14. November 1946 beschlossenen »Entwurf einer Verfassung für die

Deutsche Demokratische Republik«. Recht auf Bildung, staatliches Schulmonopol und Einheitsschule wurden durch ihre Zusammenfassung (Art. 27) als das geschlossene System einer dreigegliederten, in sich einheitlichen Aussage präsentiert. Alle wesentlichen Bestandteile des Entwurfs wurden in die einzelnen Länderverfassungen übernommen. In der thüringischen Verfassung ist allerdings auch das Erziehungsrecht der Eltern erwähnt. Hier und in der brandenburgischen Verfassung wurde ein Zusammenwirken mit dem Elternhaus postuliert, ohne daß allerdings irgendwo das staatliche Schulmonopol deswegen in Frage gestellt worden wäre.

In dieser ersten Phase der schulpolitischen Entwicklung, in deren Mittelpunkt das »Gesetz zur Demokratisierung der deutschen Schule« und die entsprechenden Verfassungsartikel standen, wurde im Schulleben der Rückbezug zur Reformpädagogik der Weimarer Zeit noch nicht preisgegeben. Manche Lehrer hofften, daß pädagogische Prinzipien wie Gemeinschaftserziehung, Gruppen- und Arbeitsunterricht neue Wirkungsmöglichkeiten eröffnen würden. Ihre an die »antifaschistisch-demokratische« Schulreform geknüpften Erwartungen erfüllten sich jedoch nicht. Es wurden schon in dieser ersten Phase die Voraussetzungen geschaffen, die später die Schule zu einem Element innerhalb eines Systems totalitärer Erziehung machen sollten. So trat neben die Schule als ein weiterer entscheidender Erziehungsfaktor die »Freie Deutsche Jugend« (FDJ). Sie kann zwar nicht ihrer ideologischen Ausrichtung und ihrem Erziehungsziel nach, wohl aber in ihrer Funktionsweise als staatlich-monopolistische Jugendorganisation mit der Hitlerjugend verglichen werden. Im März 1946 als überparteiliche Jugendorganisation ins Leben gerufen, aber tatsächlich in ihren leitenden Funktionen durch die KPD/SED politisch mehr und mehr in konsequenter Einseitigkeit ausgerichtet, diente die FDJ der parteilichen Schulung der Jugend sowie einer politischen Kontrolle und Ergänzung der schulischen Erziehung. Während zunehmend Indoktrination und Reglementierung an die Stelle kritischer Bewußtseinsbildung und freier Persönlichkeitsentfaltung traten, wurde schließlich die Reformpädagogik als bürgerlich gänzlich beiseite geschoben. Von ihren Gedanken waren noch weitgehend die »Grundsätze für die Erziehung in der deutschen demokratischen Schule« bestimmt gewesen, die als Ergebnis einer seit Monaten in der Breite der Lehrerschaft geführten Diskussion auf dem Zweiten Pädagogischen Kongreß am 10. September 1947 angenommen wurden[36]). Zwei Jahre später wurden auf dem Vierten Pädagogischen Kongreß vom 23.—24. August 1949 die Aussagen der Reformpädagogik als »pseudo-demokratische Phrasen« verworfen. »Diese Theorien«, so hieß es jetzt, »unterschätzen die leitende Rolle des Lehrers im Unterricht und in der Erziehung. Sie lassen es, wie die Arbeitsschule, an Folgerichtigkeit und Systematik in der Wissensvermittlung fehlen. Sie propagieren eine sogenannte ›freie Erziehung‹, die zu anarchischer Auffassung vom Wesen des Unterrichts und damit zur Verantwortungslosigkeit des Lehrers gegenüber seinen Schülern und seinem gesellschaftlichen Auftrag führen ... Diese Theorien verschleiern das reaktionäre Erziehungsziel im Interesse der Imperialisten. Alle solche Theorien sind aufs schärfste zu verurteilen. Sie müssen durch eine offene, kritische Auseinandersetzung und die Entlarvung ihres reaktionären Charakters überwunden werden.«[37]) Diese pädagogische Umorientierung stand im Zusammenhang mit der Umwandlung der SED zu einer Partei neuen Typs. Wie für Doktrin und Organisation der Partei, so wurde auch für Pädagogik und Schule die Sowjetunion zum Vorbild erhoben. Unter dieser Blickwendung nach Osten wurde die Schule auf den Weg zur ideologisch geschlossenen, an Produktionsinteressen der sozialistischen Gesellschaft orientierten Leistungsschule verwiesen. Die »antifaschistisch-demokratische« Schulpolitik der Jahre 1945 bis 1949 erwies sich im Selbstverständnis der SED als eine Vorstufe »für den späteren Aufbau der sozialistischen Schule«[38]).

Das Großberliner Schulgesetz[39]), am 13. November 1947 in der Stadtverordnetenversammlung mit den Stimmen der SED, SPD und FDP gegen die CDU verabschiedet und von der Alliierten Kommandantur nach langen Auseinandersetzungen bestätigt, stand im Schnittpunkt von Einflüssen aus der sowjetischen und den westlichen Besatzungszonen. Analog dem »Gesetz zur Demokratisierung der Schule« der Sowjetzone wurde auch in Großberlin die Einheitsschule errichtet mit einer achtjährigen Grundschule und der darauf aufbauenden Oberschule, die sich in einen wissenschaftlichen und einen berufsbildenden Zweig gabelte. Das Differenzierungsprinzip ab 7. Klasse wurde im Berliner Gesetz als Gliederung des Unterrichts in Kern und Kurs deutlicher verankert als im »Gesetz zur Demokratisierung der deutschen Schule«, das nur von zusätzlichen Kursen redet. Der westliche Einfluß in der Alliierten Kommandantur gab den Reformpädagogen größeren Spielraum als in der Sowjetzone. Im Unterschied zu dieser wurden in Berlin auf Veranlassung der Westalliierten ferner Privatschulen zugelassen und der Erteilung von freiwilligem Religionsunterricht in den Eckstunden der Lehrpläne ein Platz eingeräumt. Zur Auswirkung ist dieses Gesetz wegen der Spaltung der Stadt im Jahre 1948 nicht mehr gelangt. Das Berliner Schulmodell wurde in den Westsektoren im Jahre 1951 der in Hamburg, Bremen und Schleswig-Holstein bestehenden sechsjährigen Grundschule angeglichen.

Alle diese unterschiedlichen Entwicklungen der Schule in den vier Besatzungszonen und Berlin ließen sich mit jener Kontrollratsdirektive vom 25. Juni 1947 decken. Mit ihr stimmte auch eine Entschließung der Erziehungsminister aller deutschen Länder überein, die sich am 19. und 20. Februar 1948 auf einer Konferenz in Stuttgart-Hohenheim zu den allgemeinen Grundsätzen einer demokratischen Schulreform bekannten[40]). Wie weit trotz des auf dieser Konferenz bekundeten Willens zu einer aufeinander abgestimmten Schulentwicklung der Länder die tatsächliche Gestaltung des Unterrichts auf die Präsenz der jeweiligen Besatzungsmacht ausgerichtet war, zeigten die Regelungen für den Sprachunterricht. Es war eine Neuerung, daß alle Schüler, gleich auf welcher Schule, in allen Ländern schon vom 5. Schuljahr an in eine fremde Sprache eingeführt werden sollten. Aber überall war es die jeweilige Sprache der Herrschenden — Englisch, Französisch oder Russisch. Bis zum Bruch der Kriegskoalition der Alliierten und bis zur politischen Spaltung Deutschlands lassen sich immerhin im Westen ernsthafte Bestrebungen zur strukturellen Reform der Schule und im Osten Nachwirkungen der Reformpädagogik registrieren. Die Spaltung Deutschlands beendete die relative Offenheit der schulpolitischen Möglichkeiten der ersten Nachkriegsjahre.

Der Wiederaufbau der Hochschulen und die Entwicklung der Diskussion um die Hochschulreform für die Zeit vom Kriegsende bis zur Spaltung Deutschlands sind in der Geschichtswissenschaft noch nicht zusammenfassend behandelt worden. Viele der nach dem Kriege sich stellenden Fragen sind bis heute ungelöst. Man kann von folgenden Fakten ausgehen:

Wie die Schulen, so hatten die Hochschulen mit großen materiellen und personellen Schwierigkeiten zu kämpfen. Einige Universitäten waren fast ganz zerstört (Kiel, Würzburg, Freiburg), viele teilweise unbrauchbar. Auf den substantiellen Personalverlust durch Amtsentfernung und Emigration in der nationalsozialistischen Zeit und die Ausfälle durch den Krieg folgte eine weitere Minderung des Hochschullehrerbestandes durch die Entnazifizierung. Auf die kaum arbeitsfähigen Hochschulen, die im allgemeinen schon im Wintersemester 1945/46 nach einjähriger Unterbrechung ihren Vorlesungsbetrieb wieder aufnahmen, strömte die Masse der aus dem Kriege zurückkehrenden Studenten und Studienanfänger zu. Im Wintersemester 1946/47 waren an 21 Universitäten, 8 Technischen Hochschulen und 8 Fachhochschulen der vier Zonen bereits wieder 73 000 Studierende eingeschrieben gegenüber den 120 000 des ganzen Reichsgebietes des Jahres 1929. Es bestand zunächst ein genereller, von Universität zu Universität sehr unterschiedlich gehandhabter Numerus clausus, bei dessen Anwendung sich aus dem Bildungsgang abgeleitete Qualifikationsmerkmale mit Gesichtspunkten der Entnazifizierung und Entmilitarisierung mischten (zeitweise und stellenweise Studienverbot für ehemalige Offiziere). Es ergab sich, daß die soziale Zusammensetzung der neuen Studentenschaft in der gleichen Disproportionalität zur Schichtung der Gesellschaft stand wie vorher. Dies wurde zu einem zentralen Gegenstand der alsbald einsetzenden Reformdiskussion. Aber offensichtlich konnte diese Frage sinnvoll nur im Rahmen der Schulpolitik angegangen und gelöst werden. Die Entwicklung der folgenden Jahrzehnte sollte zeigen, wie im Zusammenhang mit der Schulreform sich die soziale Zusammensetzung der Studentenschaft langsam veränderte[41]).

Vater	Studenten an wissenschaftlichen Hochschulen in % je Semester			
	WS 1952/53	SS 1963	WS 1967/68	SS 1973
Beamter	38	33	29	27
Angestellter	23	30	31	33
Selbständiger	34	28	30	26
Arbeiter	4	6	7	12
Übrige / o. A.	1	3	3	2

In der sowjetischen Besatzungszone gehörten die Universitäten zu denjenigen Institutionen, die einer radikalen politischen Indoktrinierung Widerstand entgegenstellten. Es sollte sich trotz allem äußerlich vollzogenen Konformismus auch in der DDR die Erfahrung aller totalitären Systeme wiederholen, daß die Wissenschaft als solche sich jeder vollkommenen Gleichschaltung entzieht.

In den westlichen Zonen erhielt die Reformdiskussion starke Anstöße von britischer Seite. Im Jahre 1946 bereiste eine Delegation des britischen Hochschullehrerverbandes Deutschland und berichtete über ihre Beobachtungen in einer Denkschrift unter dem Titel »Universitäten in der britischen Besatzungszone Deutschlands«[42]). In diesem Bericht wurden unter dem Gesichtspunkt der re-education die deutschen Universitäten als ein politisch-soziales Gebilde analysiert und sehr negativ beurteilt. Der Gesichtspunkt, die Universität nach dem zu beurteilen, wozu sie eigentlich geschaffen war, nämlich Wissenschaft zu betreiben, trat demgegenüber zurück. So erklärt sich das recht reservierte Echo auf diese Denkschrift in Deutschland trotz weitgehender Zustimmung zu den in ihr ausgesprochenen sozialen Monita. Sozialkritisch war auch die Denkschrift einer nunmehr von der britischen Erziehungsbehörde berufenen deutschen Universitätskommission, die sich aus Angehörigen verschiedener Berufe zusammensetzte und in der neben dem Schweizer v. Salis als einziger Engländer der Master des Balliol College Oxford und spätere Begründer der ersten britischen Reformuniversität Keele, Lord Lindsay, mitarbeitete[43]). Es wurde hier ein Gedanke ausgesprochen, der seither zu einem unbestrittenen Kernpunkt der Hochschulreform geworden ist: die stärkere Berücksichtigung der Lehre in der Hochschule durch die Schaffung eines neuen Typus von Hochschullehrer, der sich vornehmlich dem Unterricht und den Studenten widmen sollte (vorgeschlagen unter dem Namen »Studienprofessor«). In der Folgezeit ist durch die erhebliche Vermehrung der Stellen für den akademischen Nachwuchs, durch die Verbreiterung des »Mittelbaues« unter welchen Namen auch immer, durch Gebührenfreiheit und die Erhöhung der Stipendien die in der deutschen Universitätsgeschichte wohl tiefgreifendste soziale Veränderung bewirkt worden. Nicht diese sozialen Veränderungen aber, sondern die Tatsache, daß an den deutschen Hochschulen wieder Wissenschaft betrieben wurde, gab ihr nach den

Jahren der nationalsozialistischen Wissenschaftsfeindlichkeit erneutes Ansehen und weckte hohe Erwartungen. Hierzu gehörten auch die in der Wissenschaft selbst wurzelnden Bemühungen um eine neue Verbindung zwischen den spezialisierten Disziplinen und um eine Fundierung der Fachstudien in einem Studium generale. Versuche einzelner Universitäten, für das studentische Gemeinschaftsleben neue Formen zu schaffen in Studentenwohnheimen, die zugleich dem Zweck des studium generale dienen sollten, hatten keinen nachhaltigen Erfolg. Mit der Programmatik des studium generale wurde jedoch unmittelbar nach dem Kriege das Thema der Studienreform angeschlagen, das zum eigentlichen, weitgehend noch ungelösten Problem der Universitätsreform wurde. Da auch die deutsche Universität vor sich selber und vor ihren Kritikern sich nicht freisprechen konnte von der Mitverantwortung an dem, was von 1933 bis 1945 geschehen war[44]), galt und gilt es, der Aufgabe gerecht zu werden, in der im Westen unbestrittenen Autonomie der Wissenschaft das rechte Verhältnis zu finden zwischen dem Prinzip der Freiheit von Forschung und Lehre und der politisch-sozialen Verantwortung der Universität.

1) Briefing Book Paper: The Treatment of Germany, January 12, 1945, in: K.-E. BUNGENSTAB, Umerziehung zur Demokratie? Re-education-Politik im Bildungswesen der US-Zone 1945—49 (1970), Anhang Nr. 1. **2)** Basic Principles for Democratization of Education in Germany: Control Council Directive No. 54, June 25, 1947, in: BUNGENSTAB, Nr. 11. **3)** E. WENIGER, Denkschrift über den Wiederaufbau der akademischen Lehrerbildung, in: Die Sammlung 1 (1945/46). **4)** Argumentshintergrund auch für die einklassige konfessionelle Schule: Katholische Grundsätze über das Erziehungs- u. Schulwesen, zusammengestellt von der Fuldaer Bischofskonferenz 1946, in: J. HOHLFELD (Hg.), Dokumente der dt. Politik u. Gesch. 6, Nr. 32 c. Im Protestantismus trat der Bruderrat der Bekennenden Kirche für die christl. Simultanschule ein. Die Kirchenversammlung von Treysa forderte am 30. Aug. 1945 die »Christl. Volksschule«, die je nachdem Bekenntnis- oder Simultanschule sein sollte; hierzu O. HAMMELSBECK, Die ev. Verantwortung im Für u. Wider der Bekenntnisschule, in: Die Sammlung 2 (1946/47). **5)** A. v. MACHUI, Dem Gedächtnis Adolf Reichweins, in: Die Sammlung 1 (1945/46); zu Reichwein s. § 61, Anm. 9. **6)** A. GRIMME, Vom Sinn der Erziehung heute, ebd. **7)** E. WENIGER, Denkschrift, s. o. Anm. 3. — Erst als ein bis zwei Jahre später unter der Einwirkung angelsächs. Anregungen eine empirische psychologische, soziologische u. ökonomische Forschung in den schulbezogenen Wissenschaften Raum gewann, rückten Fragen der Schulreform in den Mittelpunkt eines theoretisch vertieften Reforminteresses. Hierzu sei hingewiesen auf: Empfehlungen u. Gutachten des Dt. Ausschusses für das Erziehungs- u. Bildungswesen 1953—1965. Gesamtausgabe (1966) sowie auf die Veröff. des Dt. Bildungsrates: Empfehlungen der Bildungskommission 1967—1969 (1970); Strukturplan für das Bildungswesen (1970); aus der Reihe: »Gutachten u. Studien der Bildungskommission«, bes. H. ROTH (Hg.), Begabung u. Lernen. Ergebnisse u. Folgerungen neuer Forschungen ([5]1970). **8)** O. HAASE, Die drei Quellen der Schulreaktion, in: Die Schule 2 (1948). **9)** H. MÜLLER, Wie lange soll die Grundschule dauern?, ebd. 2 (1947), H. 4; dieser Aufsatz stellte eine Arbeitsunterlage des Lehrerverbandes Niedersachsen dar. **10)** Verbandszeitschrift: Die Höhere Schule (1947 ff.). **11)** Ebd. 1 (1947/48). **12)** K. KREBS, Höhere Schule in England, in: Die Höhere Schule 3 (1950), Nr. 9, S. 6; H. MÜLLER-HARTMUT, Die engl. Schule im Übergang, ebd. 2 (1949). **13)** R. PEDLEY, Comprehensive Education: A New Approach (1956); ders., The Comprehensive School (Tb. 1963). Nach Ansicht dieses führenden Protagonisten der brit. Schulreform wurde durch das Erziehungsgesetz von 1944 eine dreigeteilte Klassengesellschaft fixiert. Im Unterschied zum »government by the best people«, das er als aristokratisch bezeichnet, definiert er Demokratie als »government by all the people«. Die diesem Demokratiebegriff entsprechende Schule ist für ihn die comprehensive school. **14)** Zum Folgenden: C. KUHLMANN, Bundesrepublik Dtld., in: S. B. ROBINSOHN (Hg.), Schulreform im gesellschaftl. Prozeß 1 ([2]1972), Abschnitt: Die schulpolit. Entwicklung in den Jahren 1946—1966. — Zum päd. Problem der Differenzierung: S. B. ROBINSOHN / Helga THOMAS, Differenzierung im Sekundarschulwesen, Vorschläge zur Struktur der weiterführenden Schulen im Licht internat. Erfahrungen (Gutachten u. Studien der Bildungskommission 3, 1968). **15)** E. STEIN, Bericht des Hess. Ministers für Kultus u. Unterricht über die Pläne zur Erneuerung des Schulwesens im Lande Hessen vom 26. Sept. 1947, in: Pädagogische

Provinz 1 (1947); ders., Der Volkslehrer. Pläne zur Lehrerbildung in Hessen, ebd.; ders., Entwurf eines Gesetzes über den Aufbau des Schulwesens (1948). **16)** C. KUHLMANN in: S. B. ROBINSOHN (Hg.), Schulreform im gesellschaftl. Prozeß, S. 1/36. **17)** E. FRAENKEL im Geleitwort zu: K.-E. BUNGENSTAB, Umerziehung (s. o. Anm. 1). **18)** Zit. bei K.-E. BUNGENSTAB, Umerziehung, S. 87. **19)** Handbook for Military Government, zit. ebd., S. 86. **20)** Erziehung in Dtld. Bericht u. Vorschläge der amerik. Erziehungskommission (a. d. Amerik. München 1946). **20a)** Memorandum der Arbeitsgem. für dt. Fragen an der Univ. Chicago über den Bericht der United States Education Mission to Germany, in: H. MERKT (Hg.), Dokumente zur Schulreform in Bayern (1952), Nr. 40. **21)** Fundamental Principles: Summary Submitted by the Director, Education and Cultural Relations Division, OMGUS, Berchtesgaden Conference, 7.—12. 10. 1948, in: K.-E. BUNGENSTAB, Umerziehung, Anhang Dok. Nr. 27. **22)** Dorothea BLÄTTNER, Brit. Einwirkungen auf das dt. Erziehungs- u. Bildungswesen von 1945—1949 (Hist. Examensarb., Kiel 1960). **23)** R. BIRLEY, Die Aufgaben der Universität, in: Die Schule 3 (1948). **24)** F. BORINSKI, German Educational Reconstruction. Die Gesch. vom G. E. R., in: Die Sammlung 3 (1948); ders., Germ. Ed. Rec., Rückblick u. Erinnerung, in: Festschrift Minna Specht (1960). **25)** Das unveröff. Dokument eingesehen von Dorothea BLÄTTNER, Brit. Einwirkungen. **26)** Vgl. Kap. »Denazification and Re-education« in: F. R. WILLIS, The French in Germany 1945—1949 (Stanford 1962); R. WINKELER, Schulpol. in Württbg.-Hohenzollern 1945—1952 (1971). **27)** Auszug aus dem Sonderdruck des bad. Ministeriums des Kultus u. Unterrichts (1948), in: J. HOHLFELD (Hg.), Dokumente der dt. Politik u. Gesch. 6, Nr. 32 b. **28)** G. UHLIG, Der Beginn der antifasch.-demokrat. Schulreform 1945—1946, in Mon. Paed. C II (Berlin-Ost 1965); K.-H. GÜNTHER / G. UHLIG, Zur Entwicklung des Volksbildungswesens auf dem Gebiet der Dt. Dem. Rep. 1946—1949, in: Mon. Paed. C III (Berlin-Ost 1968); dies. (Hg.), Dokumente zur Gesch. des Schulwesens in der Dt. Dem. Rep. 1, 1945—1955, in: Mon. Paed. C VI (Berlin-Ost 1970). — S. BASKE / Martha ENGELBERG (Hg.), Zwei Jahrzehnte Bildungspolitik in der Sowjetzone Dtlds. Dokumente (Berlin 1966); L. FROESE, Die Sowjetisierung der dt. Schule. Entwicklung u. Struktur des mitteldt. Bildungswesens (1962); M. G. LANGE, Totalitäre Erziehung. Das Erziehungssystem der Sowjetzone Dtlds. (1954). **29)** Befehl Nr. 40 der SMAD über die Vorbereitung der Schulen zum Schulbetrieb, 25. Aug. 1945, in: Mon. Paed. C VI, Nr. I, 21: in den »Ausführungsbestimmungen der Dt. Zentralverwaltung für Volksbildung«, hierzu ebd., Nr. I, 22, wurde der Religionsunterricht aus dem Lehrplan herausgenommen, jedoch wurde den Lehrern die Erteilung von Religionsunterricht »im Auftrage der religiösen Gemeinschaften« gestattet. **30)** Zum folgenden: G. UHLIG, Der Beginn der antifasch.-demokrat. Schulreform 1945—1949 (Berlin-Ost 1965); K.-D. MENDE, Dt. Dem. Rep., in: S. B. ROBINSOHN (Hg.), Schulreform im gesellschaftl. Prozeß (²1972). **31)** So der Aufruf des Verbandes der Lehrer u. Erzieher, 21. Aug. 1945, Auszug in: Mon. Paed. C VI, Nr. I, 20. **32)** Text Mon. Paed. C VI, Nr. I, 26. **33)** Text ebd., Nr. I, 35. **34)** Zit. bei K.-D. MENDE, Dt. Dem. Rep., in: S. B. ROBINSOHN (Hg.), Schulreform im gesellschaftl. Prozeß, S. 2/23. **35)** Zum gegenwärtigen Stand des Schulwesens in der DDR unter dem Gesichtspunkt der Differenzierung ebd., S. 2/58 ff.; A. HEARNDEN, Bildungspolitik in der BRD u. DDR (1973), S. 55 ff. **36)** Mon. Paed. C VI, Nr. I, 54. **37)** Ebd. Nr. I, 85. **38)** K.-H. GÜNTHER / G. UHLIG, Gesch. der Schule in der Dt. Dem. Rep. 1945—1968 (Berlin-Ost 1969), S. 15. **39)** Text in Mon. Paed C VI, Nr. I, 57, ebenfalls bei J. HOHLFELD (Hg.), Dok. der dt. Politik u. Gesch. von 1848 bis zur Gegenwart 6 (o. J.), Nr. 46. Darstellung: Marion KLEWITZ, Berliner Einheitsschule 1945—1951 (1971). **40)** Mon. Paed. C VI, Nr. I, 59. **41)** Tab. im Text entnommen aus: G. KATH, Das soz. Bild der Studentenschaft in der Bundesrepublik Dtld. 7. Sozialerhebung des Dt. Studentenwerks (1974), S. 28. **42)** Die Universitäten in der brit. Zone Dtlds. Bericht der Delegation der brit. Association of University Teachers, in: Beilage zu »Die Sammlung« 3 (1948), H. 2; als Beispiel eines Widerspruchs hiergegen: A. REIN, Die Hochschule der Besten, in: Göttinger Univ. Ztg. Nr. 17 (13. Sept. 1946). **43)** Gutachten zur Hochschulreform, hg. vom Studienausschuß für Hochschulreform (Hamburg 1948) (sog. »Blaues Gutachten«). **44)** A. FLITNER (Hg.), Dt. Geistesleben u. Nat.sozialismus. Eine Vortragsreihe der Univ. Tübingen (1965), Nat.sozialismus u. die dt. Univ. Univ.tage 1966 der Freien Univ. Berlin (1966); K. D. ERDMANN, Wissenschaft im Dritten Reich, in ders., Gesch., Politik u. Pädagogik. Aufsätze u. Reden (1970).

§ 103 Die Spaltung Deutschlands

Ein Angelpunkt in den Geschehnissen, die zum endgültigen Bruch der Kriegsallianz zwischen den Vereinigten Staaten und der Sowjetunion, zum wirtschaftlichen Wiederaufbau Westeuropas einschließlich der westlichen Besatzungszonen und zur politischen Spaltung Deutschlands führten, ist der Marshall-Plan[1]). Als General Marshall im Januar 1947 zum Staatssekretär berufen wurde, stand der nach ihm benannte Plan seit langem in seinen Grundzügen fest. Der Grund für die Ernennung dieses keiner Partei angehörenden Soldaten war darin zu sehen, daß im November 1946 ein in seiner Mehrheit republikanischer Kongreß gewählt worden war und die demokratische Verwaltung des Präsidenten Truman die Zustimmung der Republikaner, die im Wahlkampf Kürzung der Staatsausgaben gefordert hatten, für die Milliarden-Bewilligungen des vorgesehenen europäischen Hilfsprogramms benötigte. Auch die Betrauung des früheren republikanischen Präsidenten Hoover mit der Mission, einen Bericht über die europäische Lage zu verfassen, die ohnedies der amerikanischen Regierung bekannt war, diente dem gleichen Zweck. Der Marshall-Plan, in dessen endgültiger Formulierung und Propagierung wirtschaftliche, politische und ideologische Motive sich vermischten, ist primär aus der inneren wirtschaftlichen Lage der Vereinigten Staaten zu verstehen. Die amerikanische Wirtschaft hatte durch den Krieg keine Einbuße erlitten. Die Produktionsziffern waren steil angestiegen. In den amerikanischen Ministerien wie in der amerikanischen Wirtschaft sah man während des Krieges das Hauptproblem, dem sich die amerikanische Wirtschaft nach dem Kriege konfrontiert sehen würde, in der Frage der Verwendung der amerikanischen Überproduktion. Dieses Problem würde zusätzlich verschärft werden durch die Demobilisierung von 12 Millionen Soldaten, die in den Arbeitsprozeß einzugliedern sein würden. Durch eine inneramerikanische Subsidienpolitik war die Überproduktion nicht aufzufangen, da es sich hierbei in erster Linie um Güter handelte, für deren Verbrauch in den Staaten selbst natürliche Grenzen gesetzt waren, wie Weizen, Baumwolle, Tabak, Gummi und Stahl, für den die Rüstungsnachfrage nach Beendigung des Krieges auf einen Bruchteil des Kriegsbedarfs absinken mußte. Industrielle, Farmer und Gewerkschaftsführer setzten sich seit dem Frühjahr 1944 für ein Programm verstärkter Nachkriegsexporte ein. Träger dieser Bestrebungen war eine National Planning Association, der Vertreter der genannten Interessen und Wirtschaftsberater der Regierung angehörten. In einer während des Krieges erschienenen Studie dieser Gesellschaft hieß es: »Wie können andere Nationen mit Dollars ausgerüstet werden, um amerikanische Ware zu kaufen, um für amerikanische Kapitalinvestitionen zu bezahlen? Dieses Problem ergibt sich aus der Disparität zwischen ausländischem Bedarf an amerikanischen Waren und Kapital und Amerikas Bedarf an ausländischen Waren. Das Problem ist von ungeheurem Ausmaß. Es ist ohne Beispiel in der Wirtschaftsgeschichte der Welt.«[2]) Die Studie schlug umfassende Kredite und die Öffnung des amerikanischen Marktes vor. Auf diese Weise sollte zugleich den vom Kriege betroffenen Ländern geholfen werden, ihre Wirtschaft wieder in Gang zu setzen. Die Verfasser empfahlen schließlich internationale Vereinbarungen über Währungshilfe und Abbau von Handelsschranken entsprechend den vom amerikanischen Schatzamt und dem englischen Nationalökonomen J. M. Keynes entwickelten Plänen[3]). Solche wirtschaftlichen Vorstellungen standen, was Deutschland betraf, in scharfem Gegensatz zu einer Haltung, wie sie extrem im emotional und politisch motivierten Morgenthau-Plan zum Ausdruck kam und die in der Periode von Jalta bis Potsdam die amerikanische Einstellung zu Deutschland weitgehend bestimmt hatte. Die Einsicht in die Unmöglichkeit, mit der Sowjetunion eine gemeinsame Deutschlandpolitik durchführen zu können, und die Sorge vor der Anfälligkeit eines verelendeten Europa gegenüber der kommunistischen Propaganda führten mit der politischen Forderung des

»Containment«, wie es der Planungsstab des State Department mit Kennan vertrat, zur Inangriffnahme eines großzügigen Hilfsprogramms im Interesse sowohl der amerikanischen Wirtschaft als auch der politischen und sozialen Konsolidierung Europas.

Nun hatten die Amerikaner seit dem Ende des Krieges bereits mehr als 12 Milliarden Dollar als Anleihen und Geschenke Europa zukommen lassen, darunter am 6. Dezember 1945 einen Kredit von 3,75 Milliarden Dollar an England und am 27. Mai 1946 von 1,4 Milliarden Dollar an Frankreich. Nach eingehenden Verhandlungen mit den vorgesehenen Empfängerländern verabschiedete der Kongreß am 3. April 1948 das Auslandshilfsgesetz[4]), und am 16. April unterzeichneten 16 Länder und die Oberkommandierenden der drei westdeutschen Besatzungszonen eine »Konvention für europäische wirtschaftliche Zusammenarbeit« (European Recovery Program, ERP)[5]).

Dieser Plan unterschied sich von den bisherigen amerikanischen Hilfeleistungen (GARIOA-Hilfe = Government Appropriations for Relief in Occupied Areas) dadurch, daß er sich nicht an je einzelne Empfängerländer richtete, sondern an die europäischen Länder als eine Gruppe, die zur gegenseitigen Hilfeleistung verpflichtet wurde als Bedingung für den Empfang der amerikanischen Hilfe. Die in der »Organisation für Europäische Wirtschaftliche Zusammenarbeit« (Organization for European Economic Cooperation, OEEC) zusammengeschlossenen Staaten verpflichteten sich, bestehende Handels- und Zahlungsbeschränkungen aufzulockern und ein multilaterales Zahlungssystem zu schaffen. Als zweckdienliche Maßnahmen wurden die Herabsetzung von Zöllen und die Bildung von Zollunionen oder Freihandelsgebieten in Erwägung gezogen. Die unter dem Impuls des Marshall-Plans in Gang kommende Liberalisierung des Zahlungs- und Warenverkehrs zwischen den europäischen Staaten führte später am 1. Juli 1950 zur Gründung der Europäischen Zahlungsunion, die ihre Geschäfte durch die Bank für Internationalen Zahlungsausgleich in Basel durchführte. Hierdurch löste sich Europa allmählich aus der seit der Weltwirtschaftskrise in fast allen Staaten eingeführten Devisenzwangswirtschaft, die dazu geführt hatte, daß durch die staatliche Kanalisierung des Handels in bilateralen Verträgen der frühere multilaterale Rechnungsverkehr eingefroren war. Es war dahin gekommen, daß Überschüsse, die ein Land im Handel mit einem zweiten Land erzielt hatte, nicht dazu verwendet werden konnten, Schulden in einem dritten Land zu bezahlen. Die neue Regelung besagte folgendes: Die aus der Verrechnung von Soll und Haben im Handelsverkehr der europäischen Länder untereinander entstandenen Unterschüsse eines Schuldnerlandes mußten zu 75 % in Gold abgedeckt werden, für 25 % konnten automatisch Kredite in Anspruch genommen werden. Dementsprechend wurden erzielte Überschüsse eines Gläubigerlandes zu 75 % durch die europäische Zahlungsunion in Gold ausgezahlt und 25 % als Kredit zurückbehalten. Das Grundkapital der europäischen Zahlungsunion bestand aus Marshall-Plan-Geldern und Krediten der europäischen Überschußländer. Die den europäischen Ländern gewährten Marshall-Plan-Gelder waren verlorene Zuschüsse oder langfristige Kredite. Die Erlöse, die durch den Verkauf der mit ihrer Hilfe eingeführten Waren erzielt wurden, standen den Regierungen als »Gegenwertmittel« zur Verfügung. Sie wurden in den westlichen Besatzungszonen und später in der Bundesrepublik zu Investitionskrediten für die Wirtschaft verwendet. Charakteristisch für den Marshall-Plan war ferner, daß diese Hilfsaktion auf einen kurzen Zeitraum, nämlich bis zum 30. Juni 1952, befristet, für diesen Zeitraum aber mit solchen Mitteln ausgerüstet wurde, daß der erstrebte Zweck, die europäische Wirtschaft wieder auf eigene Füße zu stellen und einen multilateralen internationalen Waren- und Handelsverkehr als Voraussetzung der Prosperität auch der amerikanischen Wirtschaft in Gang zu setzen, gelingen konnte.

Deutschland hat aus GARIOA-Mitteln 1,62 Milliarden Dollar und aus Marshall-

Plan-Mitteln 1,56 Milliarden Dollar erhalten. Während die GARIOA-Hilfe vorwiegend für die Einfuhr von Lebensmitteln verwendet worden war, hatten unter dem Marshall-Plan industrielle Rohstoffe und Fertigwaren den größeren Anteil[6]).

Der Liberalisierung des internationalen Handels als dem zentralen wirtschaftlichen Kriegsziel der Vereinigten Staaten diente im globalen Rahmen ferner das am 30. Oktober 1947 in Genf zwischen 24 Nationen abgeschlossene GATT-Abkommen (General Agreement on Tariffs and Trade). Die GATT-Staaten sicherten sich gegenseitig absolute Meistbegünstigung zu. Sie gingen die Verpflichtung ein, untereinander niemanden zollpolitisch zu diskriminieren. Es war von fundamentaler Bedeutung für die Exportentwicklung der westdeutschen Wirtschaft, die als Folge des Krieges die Meistbegünstigung verloren hatte, daß ihre bisherige Benachteiligung im internationalen Handelsverkehr aufgehoben wurde (die Bundesrepublik ist seit 1950 an den Arbeiten des GATT beteiligt, 1951 beigetreten)[7]).

Die amerikanische Wirtschaftspolitik, in die der Marshall-Plan als ein wesentliches Element hineingehört und die Westdeutschland die Möglichkeit eines schnellen Wiederaufstiegs bot, war in ihrer Motivation weder humanitär noch ausbeuterisch. Die amerikanischen Überlegungen werden am besten wiedergegeben mit den Worten eines Berichtes, den im November 1947 eine Kommission unter der Leitung des früheren amerikanischen Gesandten in Moskau und damaligen Handelsministers Harriman im Auftrag des Weißen Hauses verfaßte: »Unser wirtschaftliches Selbstinteresse ist eng mit dem Schicksal Europas verbunden. Der amerikanische Handel mit Europa ist für die amerikanische Wirtschaft immer ein Faktor von überragender Bedeutung gewesen. Ein fortschreitender Verfall in der Produktions- und Kaufkraft von 270 Millionen Menschen in West- und Mitteleuropa würde eine mächtige Rückwirkung auf den amerikanischen Wohlstand ausüben. Darüber hinaus ist das Gedeihen Europas wesentlich für die Aufrechterhaltung des amerikanischen Handels in anderen Weltteilen. Z. B. verdienen Südafrika, Australien, Neuseeland, Kanada und die nichttropischen Länder Lateinamerikas durch Exportüberschüsse aus ihrem Handel mit Europa die Mittel, mit denen sie ihre Importüberschüsse aus den Vereinigten Staaten bezahlen. So würde die Desintegration der europäischen Wirtschaft die Kaufkraft dieser Länder gegenüber den Vereinigten Staaten beschneiden.«[8]) Das »aufgeklärte amerikanische Eigeninteresse« war der Leitbegriff auch in einer Rede, mit der der frühere Isolationist Senator Vandenberg am 1. März 1947 den Kongreß beschwor, zu helfen, Europa wieder auf eigene Füße zu stellen. Die Grundlagen für diese Wirtschaftspolitik Amerikas nach dem Kriege waren seit Anfang des Krieges gelegt worden, als sich die Vereinigten Staaten noch in keiner Weise durch die Sowjetunion herausgefordert fühlten. Insofern ist es richtig, wenn es in der Harvard-Rede Marshalls hieß, daß sich der Plan für den europäischen Wiederaufbau nicht gegen irgendein Land oder irgendeine Doktrin richte. Zugleich aber erwartete man von diesem Plan die politische Wirkung des »Containment«, d. h. die Verminderung der Ausbreitungschancen der kommunistischen Bewegung in Mittel- und Westeuropa und die Stärkung der politischen und militärischen Abwehrkräfte. So hieß es in der von Kennan verfaßten Ausarbeitung des Beraterstabes, »daß die Amerikaner die für Europa bereitgestellten Mittel nicht primär gegen den Kommunismus einsetzen sollten, sondern für die Wiederherstellung der wirtschaftlichen Gesundheit und Kraft Europas. Sie sollten mit anderen Worten nicht den Kommunismus bekämpfen, sondern die ökonomische Fehlentwicklung, die die europäische Gesellschaft für totalitäre Bewegungen jeder Art anfällig macht und deren augenblicklicher Nutznießer der Kommunismus ist.«[9]) Es war nicht überraschend, daß die Sowjetunion die Aufforderung, sich an diesem Plan gemeinsam mit den übrigen europäischen Ländern zu beteiligen, zunächst mit Zurückhaltung aufnahm und dann verwarf. Bevin, Bidault und Molotow berieten vom 27. Juni bis zum 2. Juli 1947 in Paris. Molotow lehnte den Plan zur gegenseitigen europäischen Wirtschaftshilfe ab, weil durch ihn die wirtschaftliche Unabhängigkeit und Souveränität der Teilnehmerländer bedroht werde. Während Bevin und Bidault vorschlugen, die Sowjetunion möge sich mit England und Frankreich an einem leitenden Komitee zur Erarbeitung eines allgemeinen europäischen Aufbauprogramms beteiligen, hielt Molotow es für richtig, daß jedes europäische Land nach eigenem Plan seinen Bedarf anmelden sollte. Er verwarf den Gedanken der europäischen Kooperation zur Effektivierung der amerikanischen Hilfe. An der anschließenden allgemeinen europäischen Konferenz vom 12. Juli bis 22. September 1947 beteiligte sich keines der Länder aus dem osteuropäischen sowjetischen Machtbereich. Die Tschechoslowakei hatte zwar ihre Bereitschaft erklärt, mußte aber vor sowjetischem Einspruch zurückweichen, ähnlich Polen. Die kommunistischen Parteien in Frankreich und Italien scheuten sich zunächst, einen Plan offen anzugreifen, der in der Bevölkerung wachsende Zustimmung fand. Deshalb sah sich Moskau veranlaßt, zur ideologischen Beeinflussung der kommunistischen Parteien in den westlichen Ländern die im Zweiten Weltkrieg aufgelöste Internationale im September 1947 in veränderter Form als »Informationsbüro der Kommunistischen und Arbeiterparteien« (Kominform) mit dem Sitz in Belgrad neu zu beleben. Im Laufe des Jahres 1947 wurden eine Reihe zweiseitiger Handelsverträge zwischen der Sowjetunion und osteuropäischen Staaten abgeschlossen. Diese Verträge wurden auf der Gründungskonferenz des »Kominform«, vom 22. bis 27. September 1947, als Molotow-Plan erörtert. Er diente der Integration der ost- und südosteuropäischen Staaten unter Führung der Sowjetunion. In Verfolg dieses Ansatzes wurde am 25. Januar 1949 zwischen der Sowjetunion und den ostmitteleuropäischen Staaten der »Rat für gegenseitige Wirtschaftshilfe« gegründet (meist COMECON genannt = Council for Mutual Economic Assistance). Trotz Versuchen, zu einer multilateralen Verrechnung im Handelsverkehr und einer abgestimmten Produktionsplanung zwischen diesen Staaten zu gelangen, blieb im sozialistischen Lager die wirtschaftliche Verflechtung weit hinter dem Grad der Internationalisierung zurück, den die Handels- und Wirtschaftsbeziehungen in der westlichen Welt erreichten. Der Außenhandel der Staatswirtschaften blieb hier nach wie vor im wesentlichen eingeengt in bilateralen Abkommen[10]). Allerdings mußte die Unterschiedlichkeit der Wirtschaftssysteme in Ost und West als solche der Verstärkung gegenseitiger Wirtschaftsbeziehungen nicht notwendigerweise im Wege stehen. So kam es in der Tat im Jahre der Verkündigung des Marshall-Plans 1947 zu zweiseitigen Handelsabkommen der Sowjetunion mit Großbritannien, Frankreich und skandinavischen Staaten. Aus ökonomischen Gründen allein läßt sich die Auseinanderentwicklung der großen Mächte und die Spaltung Deutschlands nicht erklären.

An dem gleichen Tage, an dem Marshall seine Rede in der Harvard-Universität hielt (vgl. § 90), am Abend des 5. Juni 1947, trafen sich in München die Ministerpräsidenten der vier Besatzungszonen. Diese erste und einzige gesamtdeutsche Begegnung der Länderchefs war der Kulminationspunkt gesamtdeutscher föderalistischer Bestrebungen und zugleich ihr Ende.

Eine erste Initiative zu einer Aktivierung der Ministerpräsidenten in gesamtdeutschem Sinne war schon im Vorjahre von dem Bremer Senatspräsidenten Kaisen ausgegangen. Er hatte die Regierungschefs zu einer ersten Konferenz im Februar, zu einer zweiten im Oktober 1946 nach Bremen eingeladen. Für die Ministerpräsidenten der französischen Zone hatte damals die Besatzungsmacht die Teilnahme verboten, die Ministerpräsidenten der sowjetischen Zone hatten sich im Februar unter dem Vorwand der bevorstehenden Landtagswahlen entschuldigt, auf der Oktoberkonferenz waren sie durch den thüringischen Landespräsidenten Paul vertreten worden. Von dieser Bremer Konferenz war eine Entschließung an die Ministerpräsidenten aller vier

Zonen gerichtet worden. Darin wurde vorgeschlagen, einen Länderrat aus den Regierungschefs zu bilden und diesen unter die parlamentarische Kontrolle eines aus Abgeordneten aller Landtage gebildeten Volksrates zu stellen[11]). Der föderalistische Ansatz war aus der sowjetischen Besatzungszone mit einem Gegenvorschlag zu einer gesamtdeutschen »Nationalen Repräsentation« auf der Grundlage der Parteien beantwortet worden. Die Stimmführer hierbei waren liberale und christliche Demokraten der Sowjetzone, Eugen Schiffer, stellvertretender Vorsitzender der LDP, und Jakob Kaiser, Vorsitzender der CDUD. Dieser erklärte, daß die Sprecher für die deutschen Interessen auf einer zukünftigen Friedenskonferenz von den politischen Parteien und nicht von den Ländern zu bestimmen seien. Für den Abschluß eines Friedensvertrages forderte er die Einberufung einer Nationalversammlung[12]). Am 10. Februar 1947 wurde von den Parteien der Sowjetzone die Bildung eines gemeinsamen Ausschusses aller Parteien vorgeschlagen. In den westlichen Besatzungszonen gingen CDU/CSU auf den Gedanken einer so gebildeten gesamtdeutschen Vertretung ein. Der Vorstand der »Arbeitsgemeinschaft der CDU und CSU Deutschlands« lud am 15. März 1947 in drei gleichlautenden Briefen die SPD, SED und LDP zu einer Parteiführerbesprechung ein, »um die erste Stufe einer gesamtdeutschen Vertretung des Volkes vorzubereiten und diese Vertretung bis zu ihrer Verwirklichung zu repräsentieren«[13]). SED und LDP nahmen an. Im Westen waren damals die unter verschiedenen Namen entstandenen liberalen Parteien noch nicht zur FDP zusammengefaßt. Deren späterer Führer Theodor Heuss äußerte sich zur Initiative der Unionsparteien zurückhaltend, ohne sie zu verwerfen. Kurt Schumacher jedoch sagte für die SPD Nein, obwohl er im Gegensatz zu Wilhelm Kaisen nur in den Parteien, aber nicht in den Ländern die berufenen Vertreter nationaler Interessen sah. Der Grund für diese Ablehnung war das Verbot der SPD in der sowjetischen Zone. Solange dieses Verbot nicht aufgehoben war, lehnte er es als Vorsitzender der Sozialdemokraten ab, sich mit der SED an einen Tisch zu setzen. Aber auch unter den christlichen Demokraten gab es Vorbehalte gegen einen gesamtdeutschen Allparteienausschuß, so z. B. bei Konrad Adenauer und in der CDU der britischen Zone. Adenauer hielt Jakob Kaisers Glauben an eine »Synthese zwischen Sozialismus und Freiheit« und dessen Theorie, daß Deutschland berufen sei, die Brücke zwischen den gesellschaftlichen Systemen des Ostens und Westens zu bilden, für illusionär, wenn er sich auch mit dem Plan einer nationalen Repräsentation einverstanden erklärte (Tagung der Arbeitsgemeinschaft CDU/CSU vom 24./25. April in Köln). Gefördert hat er den Plan nicht, da er keine Chance sah, ihn zu verwirklichen. Gescheitert ist der Versuch, auf Parteienbasis Deutsche an einen Tisch zu bringen, weil sich ihm die von Schumacher dominierte SPD versagte. Weder die von den Ländern noch die von den Parteien ausgehende Initiative fand ein nachhaltiges Echo in der deutschen Bevölkerung. In der großen Not des Jahres 1947, nach dem strengen Winter und bei zunehmender Lebensmittelknappheit wurden die Interessen der politisch weithin apathischen Menschen von dem täglichen Kampf um die nackte Existenz verbraucht. Aber auch in dem Personenkreis, der das politische Leben der Länder und Parteien bestimmte, waren nationaler Gemeinsinn und praktische Phantasie in einem solchen Maße gelähmt, daß sie es nicht vermochten, bei der immer schärfer hervortretenden Uneinigkeit der Alliierten über das deutsche Schicksal wenigstens von deutscher Seite her eine gemeinsame minimale Zielvorstellung zu entwickeln.

Das zeigte sich, als ein letzter Versuch gemacht wurde, von den Ländern her gesamtdeutsche Fragen in Angriff zu nehmen, nachdem im April 1947 die Moskauer Außenministerkonferenz an der Deutschlandfrage gescheitert war. Am 7. Mai 1947 lud der bayerische Ministerpräsident Ehard alle Ministerpräsidenten für den 6. und 7. Juni 1947 zu einer Besprechung nach München ein[14]). In dem Einladungsschreiben wurde als Zweck der Konferenz bezeichnet, »ein weiteres Abgleiten des deutschen

Volkes in ein rettungsloses wirtschaftliches und politisches Chaos zu verhindern«. Die Länder sollten einen gemeinsamen Weg zur Zusammenarbeit suchen »im Sinne wirtschaftlicher Einheit und künftiger politischer Zusammenfassung«. Ohne daß hierdurch eine politische Thematik von vornherein ausgeschlossen gewesen wäre, legten es doch die unterschiedliche Einstellung der Länder und Parteien zum Föderalismus-Zentralismus-Problem wie auch die Gegensätze zwischen den Besatzungsmächten nahe, sich auf die drängenden wirtschaftlichen Fragen zu konzentrieren. Man durfte die Tagesordnung der Konferenz nicht mit staatstheoretischen und ideologischen Problemen belasten. Man brauchte es aber auch nicht; denn zu Recht erklärte Ehard, »daß schon allein die einfache Tatsache eines Treffens der Regierungschefs aller vier Zonen auch ein innenpolitisches und für den künftigen Staatsaufbau wichtiges Moment« darstelle. Wenn überhaupt, dann konnte nur ein pragmatischer Ansatz Aussicht auf Erfolg haben. Zudem wurde den Ministerpräsidenten der französischen Zone die Reise nach München nur unter der Bedingung gestattet, daß die Frage der zukünftigen politischen Ordnung Deutschlands unerörtert blieb. Die Einladung wurde von allen Ministerpräsidenten angenommen, nach einigem Zögern auch von denen der sowjetischen Zone, nachdem deren Vorschlag, auch Vertreter der Parteien und Gewerkschaften einzuladen, abgelehnt worden war. Es blieb aber das unbedingte Ziel der Ministerpräsidenten der sowjetischen Besatzungszone, auf der Münchener Konferenz die Schaffung einer nationalen Repräsentation durch Parteien und Gewerkschaften in irgendeiner Weise zur Sprache zu bringen. Dem stand die Haltung Kurt Schumachers unversöhnlich gegenüber. Er erklärte in einer Rede vom 18. Mai 1947 in Kassel: »Man soll uns deshalb nicht mit einer Einigung kommen, wenn man in der Praxis der östlichen Zone Annexion, Diktatur, Unterjochung und Versklavung durchführt. Wir möchten den Kommunisten etwas sagen: es handelt sich bei Euch um den Versuch, Westdeutschland für Rußland zu erobern. Ich möchte den Kommunisten aus unserer Verantwortung heraus den Hinweis geben, daß es unmöglich sein wird, dieses Ziel zu erreichen. Die kommunistische Partei kann weder eine Partei internationaler Menschlichkeit noch sonst etwas sein, sondern nur eine russische Staatspartei.« Nach der Meinung Schumachers waren die Ministerpräsidenten der sowjetischen Zone überhaupt nicht legitimiert, für die dortige Bevölkerung zu sprechen. Da er aber eine Legitimation, gesamtdeutsche politische Fragen zu behandeln, auch den westdeutschen Ministerpräsidenten bestritt, hielt er die geplante Konferenz allenfalls unter der Voraussetzung für tragbar, daß sie sich strikt an ihr Konzept hielt, auf die Behandlung aller nationalpolitischen, besonders aller Verfassungsfragen zu verzichten. Auf einer Vorkonferenz in Frankfurt vom 29. Mai legte Kurt Schumacher die sozialdemokratischen Ministerpräsidenten darauf fest, daß »nicht ein durch die Länder geschaffenes Organ über die Länder gesetzt werden dürfe«. Und am 31. Mai erklärte er im Rundfunk: »Wir würden es begrüßen, wenn die Ministerpräsidenten der Ostzone in München erscheinen würden. Wir halten es für selbstverständlich, daß sich die anderen Ministerpräsidenten nicht vom totalitären Lärm der schwarz-weiß-roten Kommunisten erpressen lassen. Für ebenso selbstverständlich aber erachten wir auch, daß sie nicht mit einer staatsrechtlichen Konzeption für Deutschland antworten, die föderalistisch ist. Die Münchener Konferenz soll praktische Erfolge bringen. Voraussetzung dazu ist die kluge Selbstbeschränkung auf die Erörterung der Nöte des Tages und ihre Überwindung mit konkreten und möglichen Mitteln ... Jeder denkbare Erfolg wäre aber vereitelt, wenn Themen diskutiert würden, die mit den aktuellen Sorgen des Lebens nichts zu tun haben. Niemand ist in München dazu legitimiert, die Möglichkeiten einer zukünftigen Reichsverfassung auch nur in der Tendenz vorwegzunehmen.«[15])

Unter solchen Vorbedingungen blieb der Konferenz nur ein geringer Aktionsraum. Die Tagesordnung sollte sich, nach einer Formulierung des schleswig-holsteinischen

Ministerpräsidenten Lüdemann, auf drei Punkte beschränken: »1. Ernährungsnot, 2. Wirtschaftsnot, 3. Flüchtlingsnot«. Die Ministerpräsidenten aus der sowjetischen Zone trafen erst am Abend des 5. Juni in München ein, ohne sich an den bisherigen Vorbesprechungen beteiligt zu haben. Sie verlangten nunmehr in einer Aussprache über die Tagesordnung für die am nächsten Tag beginnende Konferenz, als ersten Punkt die »Bildung einer deutschen Zentralverwaltung durch Verständigung der demokratischen Parteien und Gewerkschaften zur Schaffung eines deutschen Einheitsstaates« zu behandeln. Diese Forderung war unvereinbar mit dem gesamten Bedingungsrahmen, unter dem das Treffen überhaupt zustande gekommen war. Die westdeutschen Ministerpräsidenten beharrten daher auf der auf Sachprobleme beschränkten Tagesordnung, stellten aber in Aussicht, daß jeder die Möglichkeit habe, sich in der Sachdebatte auch über politische Fragen zu äußern. Die Ministerpräsidenten der französischen Zone äußerten die Befürchtung, daß ein Veto der Militärregierung ihre Teilnahme an weiteren Konferenzen unmöglich machen werde, wenn die Frage der deutschen Einheit auf der Tagesordnung erscheine. Andererseits wies der württemberg-badische Ministerpräsident Maier darauf hin, daß doch soeben das Statut über den Wirtschaftsrat erlassen worden sei; er glaube, »daß die Herren der britischen und amerikanischen Zone direkt die Verpflichtung hätten ... zu sagen, diese Zentralinstanzen seien das Minimum, das wir für ganz Deutschland bräuchten«. Auch dies wäre auf eine nationalpolitische Erklärung hinausgelaufen, ohne einen für die Franzosen schockierenden Tagesordnungspunkt daraus zu machen. Der thüringische Ministerpräsident Paul erklärte sich im Laufe der Besprechung zu einer Konzession bereit: statt der formellen Behandlung des Antrags über die Bildung einer deutschen Zentralverwaltung auf dem Wege über die Parteien sollte wenigstens »Vertretern jeder Zone Gelegenheit gegeben werden, über den Begriff der künftigen Einheit Deutschlands zu sprechen«. Damit schien — mit den Worten von Maier — »der Moment ... gekommen, daß man sich über die Tagesordnung verständigen könne«. Diese Chance, das politische Gespräch miteinander zu beginnen, ist jedoch von beiden Seiten nicht mit Nachdruck verfolgt worden. Zuletzt wiederholte Ministerpräsident Paul in ultimativer Form den »Antrag ..., daß sie darüber sprechen könnten, daß sie den Standpunkt verträten, sie begrüßten außerordentlich das Zusammentreffen der Ministerpräsidenten als ersten Schritt zur Einheit, darüber hinaus den Standpunkt, daß entscheidender Träger für den Aufbau Deutschlands und zur Lösung der Not das Volk in seiner Gesamtheit, repräsentiert durch die Parteien und Gewerkschaften, sei, ferner, daß eine Entschließung — nicht mehr — gefaßt werden solle, wobei nicht über den Staat als solchen, der entstehe, diskutiert werden solle, sondern nur eine Empfehlung von den Ministerpräsidenten in Betracht komme, die an die Parteien und Gewerkschaften gerichtet sei, daß die Ministerpräsidenten in Erkenntnis der Notlage des Volkes es für geboten hielten, daß die Parteien sich zwecks Bildung einer zentralen Verwaltung zusammensetzten; mehr verlangten sie nicht und könnten sie nicht verlangen ... Sie wollten auch nicht sagen, was sie unter dem zukünftigen Aufbau Deutschlands verstünden. Gewiß schwebe ihnen eine Art Weimarer Verfassung und nicht ein Staatenbund vor, aber keiner der Konferenzteilnehmer dürfe bei ihnen eine hundertprozentige Taktlosigkeit voraussetzen, auch wenn sie aus der russischen Zone kämen.« Ohne eine weitere Debatte oder eine endgültige Beschlußfassung über die Tagesordnung abzuwarten, zogen sich darauf die Ministerpräsidenten der Sowjetzone zu einer kurzen Besprechung zurück, um danach durch den brandenburgischen Ministerpräsidenten Steinhoff erklären zu lassen, daß sie sich gezwungen sähen, die Teilnahme an der weiteren Konferenz abbrechen zu müssen. Ehard erklärte hierauf — wie das Protokoll vermeldet —, »daß dieser Vorfall die Spaltung Deutschlands bedeute«.

Als Ergebnis der nun am 6. und 7. Juni 1947 durchgeführten Münchener Rumpfkonferenz wurde eine Denkschrift verabschiedet[16]). Die westdeutschen Ministerpräsidenten forderten eine Währungsreform und im Zusammenhang damit eine drastische Senkung der Steuern. Sie richteten an die Siegermächte einen dringenden Appell, die Kriegsgefangenen freizugeben: die Vergeltung geschehenen Unrechts durch neues Unrecht könne nie die ersehnte Wiederherstellung des Rechts und der Gebote der Menschlichkeit begründen. Sie erklärten sich schließlich außerstande, der Not in Deutschland wirksam zu begegnen, solange nicht außerhalb ihrer Zuständigkeit liegende Maßnahmen von der Besatzungsmacht ergriffen würden, hierunter vor allem Verwirklichung der deutschen Wirtschaftseinheit, Revision des Industrieplans, freier Export, innerdeutsche Freizügigkeit und Gewährung von ausreichenden Anlaufkrediten für die Einfuhr von Nahrungsmitteln, Rohstoffen, Produktionsgütern sowie Freiheit für den Fischfang und Schutz des Waldes. Die Absicht, dieses Memorandum dem Kontrollrat zu unterbreiten, ließ sich aber nicht durchführen wegen der inneren Zerstrittenheit dieses Gremiums. Der Kontrollrat war zwei Jahre nach Potsdam in einem solche Maße funktionsunfähig geworden, daß er sich nicht einmal darauf einigen konnte, die wohlbegründeten Argumente des überzonalen Gremiums der Ministerpräsidenten auch nur entgegenzunehmen.

Eine politische Bedeutung hatte die Münchener Konferenz insofern, als hier zum ersten Mal der Kreis versammelt war, der demnächst von den Westmächten den Auftrag erhalten sollte, für die westlichen Zonen eine eigene staatliche Verfassung zu erarbeiten. Daß sich die Versammelten in einer abschließenden Resolution mit Nachdruck zur wirtschaftlichen und politischen Einheit Deutschlands bekannten, änderte nichts daran, daß der deprimierende Verlauf der Tagung nicht die Einheit, sondern die sich vollziehende Spaltung Deutschlands und der Deutschen demonstriert hatte[17]). Die Westmächte waren nun entschlossen, allein zu handeln und ihre Besatzungszonen in den europäischen Wiederaufbau mit einzubeziehen. Die Militärgouverneure unterbreiteten der Pariser Tagung für Europäische Wirtschaftliche Zusammenarbeit die Deutschland betreffenden Unterlagen. Am 29. August 1947 wurde für die Doppelzone ein revidierter Industrieplan in Kraft gesetzt[18]). Die Produktionsquoten wurden gegenüber dem ersten Industrieplan von 1946 erheblich erhöht, für Eisen, Maschinen und Chemie ungefähr auf das Niveau von 1936. Noch einmal, zum fünften und letzten Mal, fand eine Konferenz des in Potsdam institutionalisierten Rates der Außenminister statt. Auf dieser Tagung in London vom 25. November bis zum 15. Dezember 1947 gelangte man keinen Schritt über die auf der letzten Konferenz in Moskau vertretenen beiderseitigen Positionen hinaus[19]). Dem westlichen Vorschlag, stufenweise für die vier Zonen eine gemeinsame Regierung, parlamentarische Vertretung und bundesstaatliche Verfassung zu schaffen auf der Basis der wirtschaftlichen Einheit Deutschlands, stellte die Sowjetunion als Vorbedingung für die Herstellung der Einheit die Beteiligung an der Ruhrkontrolle und die Anerkennung sowjetischer Reparationsforderungen und der Reparationsentnahme aus der laufenden Produktion entgegen.

Von der SED wurde gleichzeitig eine große Propagandaaktion im Zeichen einer nationalen Zielsetzung veranstaltet, für deren Verwirklichung im Verhältnis der Mächte zueinander wie auch der politischen Gegensätze in Deutschland jede Voraussetzung fehlte. Die SED berief zum 6./7. Dezember 1947 einen von ihr, der LDPD und den Vertretern von Massenorganisationen und Betriebsräten beschickten »Volkskongreß« nach Berlin ein, an dem sich über 2 200 Personen beteiligten. Von den Parteien der Westzonen nahmen nur die Kommunisten teil, aber auch eine Reihe von Einzelpersonen aus den bürgerlichen Parteien. Abgesandte des Kongresses sollten gegenüber der Londoner Außenministerkonferenz die Forderung des deutschen Volkes nach nationaler Einheit und seine Interessen beim Abschluß des Friedensvertrages vertreten. Das Manifest des Volkskongresses an die Londoner Außenministerkonferenz sprach sich gegen eine Aufteilung Deutschlands in Staaten oder Zonengebiete aus und für die Bildung einer zentralen deutschen Regierung aus Vertretern aller deutschen Parteien[20]). Jakob Kaiser, der Führer der CDU in der Sowjetzone, der sich einige Monate zuvor für eine Initiative aller Parteien eingesetzt hatte, sagte ab mit der Begründung, daß durch die Weigerung der sozialdemokratischen Partei, sich an einem gesamtdeutschen Willensausdruck zu beteiligen, eher ein Bild deutscher Zerrissenheit als das eines einheitlichen deutschen Willens entstanden sei. Nach einem Beschluß der CDUD sollte Einzelmitgliedern die Teilnahme am Kongreß freigestellt sein. Eine von den Parteien nur der sowjetischen Besatzungszone getragene Erklärung werde jedoch in der nun einmal bestehenden Situation nicht der Einheit dienen, sondern das »Bild der Zerrissenheit nur noch deutlicher hervortreten lassen«. Jakob Kaiser wurde daraufhin ebenso wie Ernst Lemmer im Dezember 1947 durch Druck der SMAD auf die Partei ohne förmliche Erklärung aus dem Vorsitz gedrängt. Sie erhielten ferner Redeverbot[21]). Der erste Volkskongreß markiert den Beginn eines Prozesses der Gleichschaltung, der die nicht-marxistischen Parteien der Sowjetzone mehr und mehr dem totalen Führungsanspruch der SED unterwarf. Dies führte dazu, daß sich Anfang 1948 die Berliner Landesverbände der CDU und LDP von den Zonenparteien lösten, zwei Jahre nach der Spaltung der Berliner Sozialdemokratie. Die Delegation des Volkskongresses erhielt übrigens keine Einreisegenehmigung nach England. Sie konnte ihre Botschaft in London ebensowenig überreichen wie zuvor die Ministerpräsidenten in Berlin.

Im Westen war man nun entschlossen, dem Vereinigten Wirtschaftsgebiet eine effektivere, staatsähnliche Verwaltung zu geben[22]). Zwei Tage nach dem Abbruch der Londoner Außenministerkonferenz, am 17. Dezember 1947, wurde zwischen der amerikanischen und britischen Regierung vereinbart, daß die USA allein alle Dollarverpflichtungen der beiden Besatzungsmächte für die Doppelzone tragen werden[23]). Der Anteil Englands an den Gesamtkosten wurde von 1 : 1 auf 3 : 1 herabgesetzt. Entsprechend verstärkte sich die amerikanische Stellung im Bipartite Board, der Kontrollinstanz für das Vereinigte Wirtschaftsgebiet. Die beiden Militärregierungen gaben nach Konsultation mit den deutschen Stellen dem Vereinigten Wirtschaftsgebiet am 5. Februar 1948 ein neues Statut[24]). Durch die Reform wurde die Gesetzgebungskompetenz des Wirtschaftsrates erweitert und in der Folgezeit schrittweise weiter ausgebaut. Die Zahl seiner Mitglieder wurde von 52 auf 104 erhöht. Dabei blieb die Art ihrer Ernennung durch die Parlamente entsprechend Ländergröße und Parteiproporz unverändert. CDU/CSU und SPD waren mit je 40 Abgeordneten beide gleich stark vertreten. In großem Abstand folgten die übrigen Parteien (vgl. Anhang Tab. 34). An die Stelle des unglücklich konstruierten Exekutivrats trat der »Länderrat« mit zwei Vertretern für jedes Land, unbeschadet seiner Größe. Er wurde nach Art einer zweiten Kammer an der Gesetzgebung mit dem Recht zum suspensiven Veto beteiligt etwa wie der Reichsrat der Weimarer Verfassung. Die Direktoren der einzelnen Verwaltungen wurden in einem »Verwaltungsrat« vereinigt mit einem ressortlosen »Oberdirektor« als Vorsitzendem. Die Tätigkeit der verschiedenen Ressorts wurde im Verwaltungsrat selber koordiniert und nicht mehr wie bisher im Exekutivrat. Hierbei besaß der Oberdirektor politische Richtlinienkompetenz. Der Verwaltungsrat hatte insgesamt die Stellung einer parlamentarischen Regierung. Er besaß das Recht der unmittelbaren Gesetzesinitiative, nicht mehr wie bisher nur über den Exekutivrat. Die Direktoren wurden durch den »Wirtschaftsrat« gewählt; für den Oberdirektor war außerdem die Zustimmung des Länderrats erforderlich. Ergänzend zu diesem »Frankfurter Statut« wurde ein »Deutsches Obergericht« geschaffen und eine »Bank deutscher Länder«.

Damit war im Umriß die Struktur eines künftigen deutschen Staatswesens vorgezeichnet.

Zum Oberdirektor wurde der Kölner Oberbürgermeister und Präsident des Städtetags, der frühere Staatssekretär der Reichskanzlei Hermann Pünder (CDU)[24a]), gewählt. Die für die gesellschafts- und wirtschaftspolitische Orientierung der künftigen Politik in den westlichen Besatzungszonen bedeutungsvollste Vorentscheidung fiel aber mit der Wahl des früheren bayerischen Wirtschaftsministers und damals parteilosen Professors Ludwig Erhard zum Wirtschaftsdirektor. Besonders die Fraktion der FDP setzte sich für seine Wahl ein. Die Sozialdemokraten standen in klarer Opposition zu der von Ludwig Erhard gesteuerten, von den bürgerlichen Parteien getragenen Wirtschaftspolitik, für die der von dem Wirtschaftswissenschaftler Alfred Müller-Armack geprägte Begriff der »Sozialen Marktwirtschaft« üblich wurde[25]). Für die soziale Marktwirtschaft ist eine Verbindung liberaler und sozialer Elemente kennzeichnend: Privateigentum an den Produktionsmitteln statt Sozialisierung, Regulativ des Marktes durch den Mechanismus von Angebot und Nachfrage statt planwirtschaftlicher Verfügung über Investitionen, Produkte und Konsum; aber auch: Gewährleistung einer Ordnung des freien Wettbewerbs durch den Staat statt des altliberalen Laisser-faire, staatliches Regulativ zum Ausgleich sozialer Ungerechtigkeiten. Eine konstruktive Gesellschaftspolitik ist daher ein integrierendes Element der sozialen Marktwirtschaft. Diese konnte sich freilich erst von dem Augenblick an konsequent auswirken, in dem eine neue Währung geschaffen wurde und sich das Arbeiten wieder lohnte.

Der nächste Schritt auf dem Wege hierzu war die Londoner Konferenz vom 23. Februar bis 6. März 1948. Auf ihr waren neben den Vereinigten Staaten, Großbritannien und Frankreich auch Belgien, die Niederlande und Luxemburg vertreten, die sogenannten Beneluxstaaten, die am 14. März 1947 eine Zollunion geschlossen hatten. Ein Kommuniqué der Londoner Konferenz vom 6. März 1948 verkündete, »daß die vereinigten Zonen und die französische Zone voll am europäischen Wiederaufbauprogramm beteiligt und in angemessener Weise in der ständigen Organisation vertreten sein« sollten[26]). Für das Ruhrgebiet sollte eine internationale Kontrolle eingerichtet werden, ebenfalls unter Beteiligung einer deutschen Vertretung. Zum Schluß erklärte man »für die schließliche Wiederherstellung der gegenwärtig fehlenden Einheit Deutschlands« die bundesstaatliche Regierungsform für die am besten geeignete. Die Wirtschaftspolitik der französischen Zone und der Doppelzone sollten soweit wie möglich einander angeglichen werden.

Die sowjetrussische Antwort auf dieses erste Zwischenkommuniqué der Londoner Konferenz war die Aufkündigung der Mitarbeit im Kontrollrat. In der Sitzung vom 20. März 1948 verlangte der russische Vertreter Sokolowski vollkommene Information über den Inhalt der Londoner Besprechungen. Als ihm diese verweigert wurde, erklärte er seine Mitarbeit im Kontrollrat für suspendiert und ging hinaus[27]). Damit war der Versuch endgültig gescheitert, Deutschland durch die Siegermächte gemeinsam zu regieren, so wie es das Potsdamer Abkommen vorgesehen hatte. Die letzte Schranke war gefallen für die wirtschaftliche und staatliche Sonderentwicklung in den westlichen und in der sowjetischen Besatzungszone.

Die am 6. März 1948 unterbrochenen Londoner Beratungen zwischen den Westalliierten und den Beneluxstaaten wurden am 24. April wieder aufgenommen. Inzwischen hatten in Erweiterung des britisch-französischen Bündnisses von Dünkirchen (4. März 1947) diese beiden Staaten mit den Beneluxstaaten am 17. März 1948 eine Defensivallianz »für den Fall der Erneuerung einer deutschen Aggressionspolitik« geschlossen[28]). Die im Kommuniqué vom 6. März verkündete Absicht, die Ruhrwirtschaft unter die Kontrolle einer internationalen Behörde zu stellen, wurde nach der Wiederaufnahme der Londoner Besprechungen zu einem endgültigen Beschluß. In dem Londoner Deutschlandkommuniqué vom 7. Juni 1948[29]) hieß es über die Aufgabe der Ruhrbehörde u. a., »daß die Verfügung über Kohlen-, Koks- und Stahlproduktion des Ruhrgebiets, die früher ausschließlich Deutschland zustand, künftig ohne Unterschied den Ländern Europas garantiert sein soll, die zu allgemeinem wirtschaftlichem Nutzen zusammenarbeiten. Es ist für die politische und die wirtschaftliche Wohlfahrt dieser Länder und eines demokratischen Deutschland wünschenswert, daß sie sich in ihrem Wirtschaftsleben eng zusammenschließen.« Neben dieser Zielsetzung eines europäischen wirtschaftlichen Zusammenschlusses wurde nunmehr offen das Vorhaben einer westdeutschen Staatsgründung ausgesprochen. Die Etappen auf dem Wege dorthin sollten sein: Bevollmächtigung der Ministerpräsidenten; durch diese Einberufung einer verfassunggebenden Versammlung aus Abgeordneten, die von den Länderparlamenten bestimmt werden; für die Ausarbeitung der Verfassung die Auflage der föderativen Regierungsform und der Garantie von Individualrechten; Überprüfung durch die Militärgouverneure; Ratifizierung durch die Bevölkerung.

Im Zuge dieser europäischen Entwicklung revidierte Frankreich, wenn auch zögernd, seine bisherige Einstellung zu Deutschland. Es konnte auf seine Zielvorstellungen einer politischen Internationalisierung des Ruhrgebietes, einer Abtrennung der Gebiete links des Rheins von Deutschland und der politischen Isolierung der eigenen Besatzungszone verzichten, wenn seine militärische Sicherheit nicht nur durch ein westliches Bündnis gegen einen deutschen Revanchismus, sondern auch durch das Auseinanderbrechen Potsdam-Deutschlands sowie durch die wirtschaftliche Kontrolle und Integrierung des westlichen Teiles von Deutschland in Europa gewährleistet wurde[30]).

Für den nun zunächst auf westlicher Seite in Gang kommenden Prozeß einer deutschen Staatsbildung war die Voraussetzung eine Konsolidierung der Währung. In den Westzonen wurde die in ihrer Substanz von den Alliierten bestimmte, in technischen Einzelfragen mit Deutschen beratene[31]) Reform am 18. Juni 1948 verkündet. Drei Tage später trat die Deutsche Mark als Zahlungsmittel in Kraft. Die Währungsreform war eine radikale Deflation: die großen Geldmassen, die zirkulierten, ohne daß ihnen entsprechende kaufbare Ware entsprach, wurden weggeschnitten. Alle Bankguthaben wurden auf 6,5 % ihres Wertes, Verbindlichkeiten auf 10 % reduziert. Der einzelne deutsche Bürger erhielt zur Überbrückung von Anfangsschwierigkeiten ein Kopfgeld von 40 bzw. 60 DM. Andererseits sollten Löhne, Gehälter und ebenso Mieten, Pachtzinsen, Renten im Verhältnis 1 : 1 in der neuen Währung bezahlt werden. Der Lohn- und Gehaltsempfänger sollte also den gleichen Nennwert für seine Arbeit erhalten, aber nicht mehr in wertlosen Papierscheinen, sondern in einem Geld, das Kaufkraft besaß und für dessen Erwerb die Arbeit wieder lohnte. Durch die Währungsreform sind also die Lohn- und Gehaltsempfänger nicht eigentlich geschädigt worden und erst recht nicht die Besitzer von Grund und Boden, von Häusern und von Produktionsstätten. Sie war aber zugleich ein Schlag für alle, die nun ihre Ersparnisse zum größten Teil verloren. Es war das zweite Mal in einer Generation, daß durch Inflation und Währungsschnitt den sparwilligen klein- und mittelbürgerlichen Schichten der Bevölkerung ihre Rücklagen genommen wurden. Zu den Flüchtlingen und Bombengeschädigten kamen nun die Währungsgeschädigten hinzu. Die Frage des Lastenausgleichs wurde zu einem zentralen gesellschaftspolitischen Problem für die spätere Bundesrepublik.

Die Wirkung der Währungsreform war schlagartig zu beobachten. Von einem Tag zum anderen waren die Schaufenster wieder gefüllt. Es zeigte sich, daß noch mancherlei an Waren und Gütern gehortet gewesen war. Der schwarze Markt verlor seine Attraktivität. Aufgestaute Arbeitsenergien wurden freigesetzt. Gleichzeitig mit der Währungsreform wurde die Wirtschaftspolitik neu orientiert. Die Ablösung des bisherigen wirtschaftlichen Dirigismus durch Marktwirtschaft war nicht zwangsläufig, sondern das Ergebnis einer leidenschaftlich umstrittenen, im Wirtschaftsrat mit nur knapper Mehrheit gefällten Grundsatzentscheidung gegen die von Sozialdemokraten und Gewerkschaften vertretene Planwirtschaft. Am 17./18. Juni 1948, unmittelbar vor der Verkündung der Währungsreform durch die Militärregierungen, nahm der Wirtschaftsrat ein durch Ludwig Erhard für den Verwaltungsrat eingebrachtes »Gesetz über die wirtschaftspolitischen Leitsätze nach der Geldreform« mit 50 : 37 Stimmen an[32]). Soweit irgend möglich, sollten Warenbewirtschaftung und Preisvorschriften beseitigt werden. Der Direktor für Wirtschaft erhielt den Auftrag, die hierfür notwendigen Maßnahmen zu treffen. Hunderte von bisherigen wirtschaftsdirigistischen Verordnungen wurden aufgehoben, u. a. die Lebensmittelrationierung, wenn auch die Preise für Grundnahrungsmittel ebenso wie für Wohnungsmieten zunächst kontrolliert blieben. In den freigegebenen Bereichen der Wirtschaft stiegen in den ersten Monaten nach der Währungsreform durch eine das Angebot übersteigende Nachfrage die Preise an. Daß diese Preisbewegung nicht in eine abermalige Inflation ausartete, ist nicht zuletzt darauf zurückzuführen, daß erst im Oktober der bis dahin geltende Lohnstopp aufgehoben wurde und daß sich auch danach die Gewerkschaften in der Forderung von Lohnerhöhungen zurückhaltend verhielten. Auch die Arbeitslosigkeit stieg. Die Arbeitslosenquote sollte 1949 den hohen Stand von 8,8 % erreichen, um danach stetig abzusinken (vgl. Anhang Tab. 9). Das Steigen der Arbeitslosigkeit nach dem Währungsschnitt erklärt sich aus mehreren Gründen: viele, die wertloser Lohn nicht gelockt hatte, meldeten sich jetzt bei den Ämtern als Arbeitsuchende; die Belegschaften waren in der Zeit des wertlosen Geldes zum Teil stark überbesetzt gewesen; der Zuwanderungsüberschuß in den westlichen Besatzungszonen war auch in den Jahren 1949 und 1950 noch erheblich, wenn auch nicht mehr so hoch wie in den Jahren 1947/48 (in 1 000: 1947 = 882; 1948 = 851; 1949 = 447; 1950 = 410). Dabei stieg aber die Zahl der beschäftigten Arbeitnehmer stetig an (1948 = 14,2 Millionen; 1949 = 14,9 Millionen; 1950 = 15,5 Millionen). Im Jahre 1949 hatte das Bruttosozialprodukt der drei Westzonen 98 % des Standes von 1936 (in konstanten Preisen) erreicht[33]).

Insgesamt gab die Währungsreform und die durch den Wirtschaftsrat vollzogene Grundlegung der sozialen Marktwirtschaft dem nach dem Kriege in Frage gestellten Kapitalismus die Möglichkeit, seine wirtschaftliche und soziale Leistungsfähigkeit in einer für die Mehrheit des deutschen Volkes überzeugenden Weise unter Beweis zu stellen. In der 1948 beginnenden Dynamik des wirtschaftlichen Aufschwungs, der die Masse aus der Verelendung der Hungerjahre herausriß, verblaßten die sozialistischen Ideale, die nach dem Kriege in die Programmatik auch bürgerlicher Parteien Eingang gefunden hatten. Am 10. November 1948 verkündeten die britische und amerikanische Militärregierung es als ihren gemeinsamen Beschluß, »die endgültige Entscheidung über die Eigentumsverhältnisse im Kohlenbergbau und in der Eisen- und Stahlindustrie einer aus freien Wahlen hervorgegangenen, den politischen Willen der Bevölkerung zum Ausdruck bringenden deutschen Regierung zu überlassen«[34]) (vgl. § 97). Durch diesen Beschluß wurde auch von seiten der Besatzungsmacht gewährleistet, daß der Wirtschaftsrat mit seiner Politik der sozialen Marktwirtschaft die gesellschaftliche Ausgangslage der künftigen westdeutschen Staatsgründung bestimmen konnte.

Während die westliche Welt unter amerikanischer Führung ihre Lebenskraft und die Fähigkeit zu koordinierten Anstrengungen bewies, um die wirtschaftlichen Kriegsfolgen zu überwinden, unternahm die sowjetische Führung es gleichzeitig, ihren Herrschaftsbereich zu konsolidieren. Von unmittelbarer Bedeutung für die deutsche Situation im Kräftefeld der Mächte waren Vorgänge in der Tschechoslowakei. Die Tschechoslowakei hatte wie kein anderer Staat in der Ära Benesch zwischen den beiden Kriegen und wiederum unter dem Staatspräsidenten Benesch nach dem Zweiten Weltkrieg versucht, eine bürgerliche Lebensweise und parlamentarische Regierungsform mit einem politisch-militärisch freundlichen Verhältnis zur Sowjetunion zu verbinden. Hier bestand unter dem kommunistischen Ministerpräsidenten Gottwald eine breite Koalitionsregierung unter Einschluß von Sozialdemokraten und bürgerlichen Parteien. Die Kommunisten waren aus den Wahlen vom 26. Mai 1946 als relativ stärkste Partei hervorgegangen, verfügten aber nicht über die Majorität im Parlament. Der kommunistische Innenminister Nosek versuchte, die Schlüsselstellungen im Lande mit Kommunisten zu besetzen, vor allen Dingen in der Polizei. Als er Anfang 1948 auch in Prag eine Reihe von wichtigen Polizeioffiziersstellen umbesetzte, kam es im tschechischen Kabinett zu einem offenen Konflikt. In dieser Situation griff die Sowjetunion ein. Sie sandte am 19. Februar 1948 den stellvertretenden Außenminister Sorin nach Prag. Benesch, an dem die rebellierenden Minister zunächst Rückhalt gefunden hatten, gab angesichts der kommunistisch geführten Polizei und der Möglichkeit eines unmittelbaren Eingreifens der Sowjetunion nach, so daß unter der Leitung Gottwalds am 25. Februar ein neues, nur aus Kommunisten und einigen gefügigen Nichtkommunisten bestehendes Kabinett gebildet werden konnte. Damit war die Unterwerfung der Tschechoslowakei unter die Führung der Sowjetunion sichergestellt. Außenminister Masaryk wurde am 10. März tot im Hof seines Ministeriums aufgefunden. Präsident Benesch hat am 7. März sein Amt zur Verfügung gestellt, das dann von Gottwald selbst übernommen wurde. Es scheint so, daß der unmittelbare Grund für die Umwandlung einer parlamentarischen Koalitionsregierung in eine Volksfrontregierung darin zu sehen ist, daß die Kommunisten für die demnächst fälligen Parlamentswahlen für sich ein schlechtes Ergebnis erwarteten[35]). Statt Wahlen wurde daher am 30. Mai 1948 ein Plebiszit für eine kommunistisch-sozialistische Einheitsliste der »Nationalen Front« durchgeführt, das den Kommunisten die gewünschte Majorität gab.

In scharfer Frontstellung gegen das Londoner Deutschlandkommuniqué vom 7. Juni erklärte eine Konferenz der Sowjetunion und der ostmitteleuropäischen Staaten am 24. Juni 1948, daß durch die Politik der Westmächte das Potsdamer Abkommen verletzt werde und daher die beabsichtigte Staatsgründung in Westdeutschland einen Rechtsbruch darstelle[36]). Auf die Währungsreform im Westen reagierte die sowjetische Militäradministration am 23. Juni 1948 für ihre Besatzungszone mit einer entsprechenden Maßnahme. Auch hier wurde dem einzelnen ein Kopfgeld in Höhe von 70 DM (Ost) zur Verfügung gestellt und das übrige Bargeld im Verhältnis 1 : 10 umgetauscht. Die Guthaben bei Sparkassen und Banken wurden in gestaffeltem Verhältnis umgetauscht unter Bevorzugung der kleinen Sparer. Insgesamt war die Reform so angelegt, daß die Privatwirtschaft gegenüber der öffentlichen Hand benachteiligt wurde — im Gegensatz zur Währungsreform in den westlichen Zonen, die die Privatwirtschaft begünstigte. Es war nun die Frage, welche Währung in Berlin, das unter Viermächteverwaltung stand, gelten sollte. Ausgelöst durch die Währungsfrage steigerte sich der Antagonismus zwischen der Sowjetunion und den Westmächten im Jahre 1948 in Berlin zu einer offenen Machtprobe.

1) Rede Marshalls s. § 90, Anm. 29. — W. L. HICKMAN, Genesis of the European Recovery Programme. A Study on the Trend of American Economic Policies (Diss. Genf 1949) beleuchtet die wirtschaftspolit. Hintergründe u. Zielsetzungen; J. JONES, The Fifteen Weeks (New York 1955) schildert die Entstehung von Truman-Doktrin u. Marshall-Plan; H. B. PRICE, The Marshall Plan and its Meaning (Cornell University Press 1955), auf Veranlassung der US-Regierung unter Benutzung der amtl. Akten; W. W. KRETZSCHMAR, Auslandshilfe als Mittel der Außenwirtschafts- u. Außenpolitik. Eine Studie über die amerik. Auslandshilfe von 1945 bis 1956 (1964); G. F. KENNAN, Memoiren eines Diplomaten (dt. 1968), Kap. 13 u. 14. — Als Beispiel für die stereotypen Argumente der kommunist. Kritik am »Imperialismus« des Marshall-Plans die Sammelschrift L. A. MENDELSOHN / H. CLAUDE / W. ULBRICHT, Die Weltherrschaftspläne des US-Imperialismus (Verlag Kommunist. Texte, Münster 1972). **2)** National Planning Association, America's New Opportunities in World Trade (Washington 1944), zit. bei W. L. HICKMAN, Genesis of the European Recovery Programme, S. 123. **3)** Hierzu W. L. HICKMAN, Genesis of the European Recovery Programme, S. 126: »The European Recovery Programme proposed in 1947 differed little from the proposals of the study made by these leaders of finance, business, labour and agriculture in 1944. In this study the issues are clear cut in terms of the continued existence of the American nation and its economy, and no confusing issues of ›preserving western Europe from Russian aggression‹ are involved.« **4)** Foreign Assistance Act of 1948, in: Public Law 472—80th Congress, Chapter 169—2nd Session, S. 2202, dt. EA 3 (1948), S. 1385—1394. **5)** Dt. Text EA 3 (1948). **6)** Wiederaufbau im Zeichen des Marshall-Plans, hg. v. Bundesmin. f. d. Marshall-Plan (1953); H. C. WALLICH, Triebkräfte des dt. Wiederaufstiegs (a. d. Am. 1955). **7)** F. K. LIEBICH, Grundriß des Allg. Zoll- u. Handelsabkommens ([2]1967). **8)** Zit. bei W. L. HICKMAN, Genesis of the European Recovery Programme, S. 275; vgl. EA 3 (1948), S. 1137 f. **9)** Zit. in G. F. KENNAN, Memoiren, S. 338 f. **10)** W. GUMPEL / J. HACKER, COMECON u. Warschauer Pakt (1966); M. KASER, COMECON ([2]1967). **11)** Text der Entschließung EA 3 (1948), S. 1143 f.; vgl. W. KAISEN, Meine Arbeit, mein Leben (1967), S. 236 ff. **12)** Zum Folgenden: W. CONZE, Jakob Kaiser, Politiker zwischen West u. Ost 1945—1949 (1969), S. 136 ff.; Marie Elise FOELZ-SCHROETER, Föderalistische Politik u. nationale Repräsentation 1945—1947 (1974), S. 108 ff.; H.-P. SCHWARZ, Vom Reich zur Bundesrepublik (1966), S. 331 ff. Zu dem von Kaiser angestrebten Mittelweg neben H.-P. SCHWARZ, Kap. VI u. VII, R. DOHSE, Der Dritte Weg. Neutralisierungsbestrebungen in Westdtld. 1945—1955 (Diss. Hamburg 1974). **13)** Zit. bei W. CONZE, Jakob Kaiser, S. 138 f. **14)** Bayer. Staatskanzlei: Die dt. Ministerpräsidentenkonferenz in München vom 6. bis 8. Juni 1947, hg. v. d. Bayer. Landeszentrale f. polit. Bildungsarbeit ([2]1965); E. DEUERLEIN, Das erste gesamtdt. Gespräch. Zur Beurteilung der Ministerpräsidenten-Konferenz in München, 6./7. Juni 1947, in: Das Parlament B 23 (1967); J. GIMBEL, Die Konferenzen der dt. Ministerpräsidenten 1945—1949, in: Das Parlament B 31 (1971); W. GRÜNEWALD, Die Münchener Ministerpräsidentenkonferenz 1947. Anlaß u. Scheitern eines gesamtdt. Unternehmens (1971); E. KRAUTKRÄMER, Der innerdt. Konflikt um die Ministerpräsidentenkonferenz in München 1947, VfZG 20 (1972); ders., Ergänzende Bemerkungen ibid.; Th. ESCHENBURG, Erinnerungen an die Münchener Ministerpräsidenten-Konferenz 1947, VfZG 20 (1972); ferner das entsprechende Kapitel in: Marie E. FOELZ-SCHROETER, Föderalistische Politik 1945—1947; die wichtigste Quelle für das Scheitern der gesamtdt. Konferenz, das Protokoll über die Vorbesprechung am Abend des 5. Juni 1947, zum erstenmal veröff. in: R. STEININGER, Zur Gesch. der Münchener Ministerpräsidenten-Konferenz 1947, VfZG 23 (1975); zur Vorbereitung der Konferenz ebd. M. OVERESCH, Dokumentation. Die Reise des Gen.sekretärs des Länderrats Rossmann in die Ostzone. — Für die Behandlung der Einladung durch die Ministerpräsidenten der sowj. Zone u. die SED E. GNIFFKE, Jahre mit Ulbricht (1966) u. W. LEONHARD, Die Revolution entläßt ihre Kinder (1955). Über die gescheiterten Vermittlungsbemühungen eine Aufzeichnung in F. FRIEDENSBURG, Es ging um Dtlds. Einheit. Rückschau eines Berliners auf die Jahre nach 1945 (1971). H. EHARD, Vom ersten Versuch, die Einheit wiederzugewinnen, in: Bayer. Staatszeitung (8. 6. 1962). **15)** Schumacher-Zitate nach R. STEININGER, s. o. Anm. 14. **16)** Text in EA 3 (1948), S. 1145 f. Als Konferenzergebnis mehrere feierliche Erklärungen: »über die beängstigende Lage des dt. Volkes u. die Dringlichkeit raschen Handelns«, »über die Zusammengehörigkeit aller Teile Dtlds., über friedliche Zusammenarbeit mit allen Völkern der Welt u. Aufbau unseres staatlichen Lebens auf dem Wege echter Demokratie«, »zu Grundfragen der Wirtschaft«, »zur Flüchtlingsfrage«, »zur polit. Befreiung«, »zur Kriegsgefangenenfrage«, »über die Regelung des Besatzungsrechts«, »Aufruf an die dt. Emigration«. **17)** Die Frage, warum das erste gesamtdt. Treffen in München scheiterte, ist in der Lit. (s. o. Anm. 14) umstritten. Das Urteil der DDR-Historie lautet: »An einer Ministerpräsidentenkonferenz, die es ablehnte, über die damalige Grundforderung nationaler dt. Politik — über die Herstellung der polit. Einheit Dtlds. — zu sprechen, konnten die Vertreter der sowj. Besatzungszone unmöglich teilnehmen, denn mit ihrer Teilnahme hätten sie nur der Irreführung der Massen Vorschub geleistet. Deshalb verließen sie München, nachdem ihnen selbst die Abgabe einer Erklärung vor der Konferenz verweigert worden war«, H.-J. BARTMUSS / St. DOERNBERG u. a., Dt. Gesch. 3 (1968), S. 450; s. auch: Warum mußte die Münchener Ministerpräsidentenkonferenz scheitern?, hg. v. Zentralsekretariat der SED (1947). Warum sind dann aber überhaupt Ministerpräsidenten aus Mitteldtld. nach München gereist, da doch der Bedingungsrahmen der Konferenz bekannt war, sie insoweit auch informiert waren über die Äußerungen Kurt Schumachers und sie nicht erwarten konnten, daß die Ministerpräsidenten in der Lage sein würden, über politische Fragen der Einheit Dtlds. thematisch zu verhandeln? Die vorliegenden Berichte über die Reaktion auf die Einladung in der Sowjetzone (Leonhard, Gniffke) zeigen, daß ein harter Kern der SED mit Ulbricht für Ablehnung (anders Grünewald), ein Teil mit den übrigen Parteien für Annahme war. Eine strikte Befolgung der den Ministerpräsidenten auf Veranlassung Ulbrichts gemachten Auflage, die Behandlung der polit. Frage auf die Tagesordnung zu setzen, mußte von vornherein die Konferenz zum Scheitern verurteilen, sofern sich die Ministerpräsidenten der Sowjetzone strikt daran gehalten hätten. Der Verlauf der Besprechungen am Abend des 5. Juni in München zeigt jedoch, daß zunächst einige von ihnen bemüht waren, einen Ausweg zu finden zwischen der ihnen erteilten Auflage und der Weigerung ihrer westlichen Kollegen, politische Fragen offiziell zu behandeln. Das neuerdings veröff. Protokoll läßt erkennen, daß sowohl bei den Ministerpräsidenten der sowj. wie bei denen der westl. Besatzungszonen trotz gewisser Zugeständnisse der entschiedene Wille fehlte, durch einen Tagesordnungskompromiß das gesamtdt. Gespräch zu ermöglichen. Von einer einseitigen Schuld kann weder nach der einen noch nach der anderen Richtung die Rede sein. **18)** Revidierter Plan für das Industrieniveau der brit. u. der amerik. Zonen Dtlds., Berlin 29. Aug. 1947, Anlage G, in: G. STOLPER, Die dt. Wirklichkeit (1949). **19)** Chronik der Verhandlungen: W. CORNIDES / H. VOLLE, Die Londoner Außenministerkonferenz der vier Großmächte, EA 3 (1948), S. 1067—1086; Dok. in For. Rel. of the United States 1947, Vol. 2 (1972), S. 676 ff. **20)** Protokoll des 1. Dt. Volkskongresses für Einheit u. gerechten Frieden (Berlin-Ost 1948). **21)** Vgl. W. CONZE, Jakob Kaiser, S. 185—201. **22)** Zum Folgenden: T. PÜNDER, Das bizonale Interregnum. Die Gesch. des Vereinigten Wirtschaftsgebietes 1946—1949 (1966). **23)** Text des Revidierten Fusionsabkommens ebd., Anhang g. **24)** Text ibid., Anhang e. **24a)** H. PÜNDER, Von Preußen nach Europa. Lebenserinnerungen (1968). **25)** A. MÜLLER-ARMACK, Wirtschaftsordnung u. Wirtschaftspolitik. Studien u. Konzepte zur sozialen Marktwirtschaft u. zur europ. Integration (1966); zu weiterer Lit. s. W. VOGEL, Westdtld. 1945—1950, 2 (1964), S. 37, Anm. 68. — A. MÜLLER-ARMACK, Auf dem Weg nach Europa. Erinnerungen u. Ausblicke (1971); G. SCHRÖDER / A. MÜLLER-ARMACK (Hg.), Ludwig Erhard. Beiträge z. einer polit. Biographie (1971). **26)** Text EA 3 (1948), S. 1349; For. Rel. of the United States 1948, Vol. 2 (1973). **27)** Text der Erklärung Sokolowskis in: Documents on International Affairs 1947—1948 (London 1952), S. 574 f. **28)** Text EA 3 (1948), S. 1263 f. **29)** EA 3 (1948), S. 1437 ff. **30)** G. ZIEBURA, Die dt.-franz. Beziehungen seit 1945 (1970); K. HÄNSCH, Frankr. zwischen Ost u. West. Die Reaktion auf den Ausbruch des Ost-West-Konfliktes 1946—1948 (1972). **31)** H. MÖLLER (Hg.), Zur Vorgesch. der Dt. Mark. Die Währungsreformpläne 1945—1948. Eine Dokumentation (1961). **32)** 24. Juni 1948, Gesetzblatt der Verw. des Vereinigten Wirtschaftsgebietes, S. 59. **33)** K. BORCHARDT, Das »Wirtschaftswunder«, in: G. STOLPER u. a., Dt. Wirtschaft seit 1870 (1964), S. 253 ff. **34)** Gesetz Nr. 75 der amerik. u. brit. Militärregierung über die »Umgestaltung des dt. Kohlenbergbaus u. der dt. Eisen- u. Stahlindustrie« vom 10. Nov. 1948, zit. bei H.-H. HARTWICH, Sozialstaatspostulat u. gesellschaftl. status quo (1970), S. 77. **35)** Der ehemalige Vorsitzende des Auswärtigen Ausschusses des Parlamentes, Ivo Duhucek, Manchester Guardian, 29. April 1948, aufgrund einer vom Informationsministerium Ende 1947 durchgeführten Meinungserhebung, in P. CALVOCORESSI, Survey of Int. Aff. 1947—1948 (1952), S. 154. **36)** Text des Warschauer Kommuniqués vom 24. Juni 1948 in: EA 3 (1948) S. 1439 ff.

§ 104 Berlin

Hätte sich die Spaltung Deutschlands vermeiden lassen? In der politischen Propaganda und Geschichtsliteratur der Sowjetunion und der DDR gibt es keinen Zweifel über die Antwort: schuldig sei der Westen. In der Politik und der historischen Wissenschaft des Westens hingegen ist die Frage umstritten. So wurde in den USA die Politik Trumans von zwei entgegengesetzten Seiten her angegriffen. Sein Gegenspieler in der Demokratischen Partei und Rivale bei der Präsidentschaftswahl im Jahre 1948, Henry Wallace, warf ihm mangelndes Eingehen auf berechtigte sowjetische Interessen und eine zu starre Haltung vor. Die republikanischen Gegner andererseits hielten ihn für nicht entschieden genug. In der Geschichtswissenschaft des Westens wird das Thema in mannigfachen Abstufungen variiert. In der Periode des »Kalten Krieges« war das Motiv vorherrschend, die sowjetische Politik für die Spaltung verantwortlich zu machen[1]). Wissenschaftlich ergiebiger als die Frage nach der Schuld ist die Frage nach den Ursachen. Hier sind im Rahmen aktueller Imperialismuskritik in der westlichen Forschung die ökonomischen Determinanten des entstandenen Weltantagonismus untersucht worden[2]). Die darin implizierte Kritik an den Motivationen der amerikanischen Politik führt dann doch wieder zur Schuldfrage zurück bis hin zu dem Vorwurf, durch den dogmatischen Antikommunismus der amerikanischen Politik sei in Europa auch jede entschiedene nichtkommunistische Gesellschaftsreform verhindert worden[3]). Die Frage wird, besonders was die Motivationen der handelnden Politiker angeht, eine deutlichere Beantwortung erst dann erfahren können, wenn auch sowjetische Quellen über den Rahmen offizieller Verlautbarungen und Publikationen hinaus der Forschung zugänglich werden sollten. Die Grundelemente zur Beurteilung des Problems der Spaltung lassen sich jedoch bereits jetzt in klaren Konturen auf dem begrenzten Beobachtungsfelde der ehemaligen Reichshauptstadt gewinnen. Das Eigentümliche in der Lage Berlins bestand ja darin, daß hier im Unterschied zu den vier Besatzungszonen die Einheit der Stadt unter deutscher Verwaltung weiterbestand und der Spaltungsprozeß hier von bewußten Aktionen und Reaktionen der beteiligten Deutschen von vornherein mitverantwortet wurde.

Der erste Abschnitt der Nachkriegsentwicklung Berlins umfaßt die Zeit von der Kapitulation der Stadt am 2. Mai 1945 bis zur Einrichtung der alliierten Stadtkommandantur am 11. Juli 1945. In Berlin wie generell in ihrer Zone verfolgte die sowjetische Besatzungsmacht die Methode, vorläufige Verwaltungen einzusetzen und an sichtbaren Spitzenstellungen auch Bürgerliche zu plazieren, aber die für die innere Struktur entscheidenden Ressorts durch Kommunisten verwalten zu lassen. Am 17. Mai 1945 wurde der politisch unerfahrene Architekt Dr. Werner als Oberbürgermeister eingesetzt. Seine in der Verwaltung entscheidende Vertretung ebenso wie Personalfragen und Volksbildung wurden Kommunisten anvertraut. Allerdings berief die Besatzungsmacht einige bürgerliche Persönlichkeiten von hoher fachlicher Kompetenz, so den berühmten Chirurg Sauerbruch als Leiter des Gesundheitswesens und den früheren Reichsminister Hermes für Ernährungsfragen. Charakteristischerweise wurde die Polizei nicht dem Magistrat, sondern der sowjetischen Militäradministration unmittelbar unterstellt. Der Polizeiapparat wurde systematisch mit Kommunisten durchsetzt. Die sowjetische Militäradministration benutzte die Zeit ihrer alleinigen Anwesenheit in Berlin, um in verschiedener Hinsicht vollendete Tatsachen zu schaffen, bevor die westlichen Alliierten Anfang Juli in ihre vereinbarten Besatzungsabschnitte in Berlin einrückten. Der sowjetische Besatzungsbereich umfaßte 46 % der Fläche und 36,8 % der Einwohner Groß-Berlins. Die Gesamteinwohnerzahl betrug 1946 3,19 Millionen gegenüber 4,3 Millionen vor dem Kriege. Berlin gehörte zu den am schwersten zerstörten Städten Deutschlands. 70 % der Häuser waren mehr oder weniger beschädigt oder ganz zerstört. Auch die Industrie hatte schweren Schaden erlitten. Vor dem Kriege hatte sie in einigen hochspezialisierten Zweigen einen besonders hohen Anteil am deutschen Export besessen, so 22 % bei feinmechanischen und optischen Geräten und nicht weniger als 49 % bei Erzeugnissen der Elektroindustrie. Von der noch vorhandenen Produktionskapazität wurden in den Westsektoren in der Zeit der sowjetischen Alleinverwaltung der Stadt 85 % demontiert gegen zunächst 35 % in Ostberlin. Durch Krieg und Demontage verlor Westberlin 94 % seiner Industriekapazität von 1936. Man stand hier buchstäblich vor der Aufgabe, aus dem Nichts wieder aufbauen zu müssen. Die Industrie Ostberlins wurde im Zuge der »juristischen Demontage« weitgehend in sowjetische Aktiengesellschaften verwandelt und arbeitete für die Besatzungsmacht. Die Berliner Betriebe waren als verarbeitende Industrie abhängig von der Zufuhr auf dem

Schienen- und Wasserwege. Im Jahre 1947 war diese auf ein Drittel der Vorkriegszeit abgesunken.

In der Organisation des politischen Lebens nutzte die sowjetische Militäradministration die Gelegenheit zur frühzeitigen Gründung der Parteien und des FDGB in der Erwartung, daß die Hauptstadtstellung Berlins den hier unter sowjetischer Kontrolle stehenden Parteien einen zentralen Einfluß auch auf das politische Leben der übrigen Besatzungszonen ermöglichen werde. Durch ihre Zusammenfassung in der »antifaschistisch-demokratischen Einheitsfront« sollte die maßgebliche Stellung der KPD gewährleistet werden. Die später so gravierende Frage des Zugangs nach Berlin ist von den Amerikanern, von Ausnahmen abgesehen, nicht von vornherein in seiner ganzen Bedeutung erkannt und von der sowjetischen Seite dilatorisch behandelt worden[4]). Erst im September 1945 kam es zu konkreten Verhandlungen, die zur Einrichtung der drei Luftkorridore führte. Die Reichsbahndirektion in Ostberlin blieb zuständig für den Bahnbetrieb im Westen der Stadt wie für die Bahnverbindung zwischen Berlin und den Westzonen. Ebenso standen die Wasserstraßen ganz unter sowjetischer Kontrolle. Als die alliierte Kommandantur im Juli ihre Arbeit aufnahm, hat sie die von den Sowjets geschaffene Verwaltungsorganisation als vollendete Tatsache anerkannt. Zwar übte sie die Aufsicht über die Stadtverwaltung aus, aber Veränderungen wurden dadurch erschwert, daß hier ebenso wie im alliierten Kontrollrat nur einstimmige Beschlüsse gefaßt werden konnten. So verhinderte die alliierte Kommandantur nicht, daß die Polizei als ausschließliches Instrument der sowjetischen Besatzungsmacht auch in den Westsektoren Verhaftungen vornahm und daß es zur Zwangsverschickung von Facharbeitern, Technikern und Ingenieuren in andere Gebiete der sowjetischen Besatzungszone und in die Sowjetunion kam. Die in der Zeit der sowjetischen Alleinherrschaft über Berlin eingerichtete Institution von Haus-, Straßen- und Block-Obleuten wurde allerdings im amerikanischen Sektor der Stadt als ein Bevormundungssystem, das an die NS-Zeit erinnere, schon im September, von den Briten im Oktober 1945 und zuletzt von den Franzosen im August 1946 abgeschafft. Trotz einer solchen Maßnahme im Verantwortungsbereich der eigenen Sektoren kann kein Zweifel daran bestehen, daß die westlichen Teilhaber an der alliierten Stadtkommandantur bis ins Jahr 1948 versucht haben, durch Kompromisse einen Modus vivendi mit dem sowjetischen Teilhaber an der Kontrolle über Berlin aufrechtzuerhalten.

Das erste entschiedene und kompromißlose Nein kam von deutscher Seite, als im März 1946 ein Kreis von Funktionären der Westberliner Sozialdemokraten die Urabstimmung gegen die Bildung der SED durchsetzte (vgl. § 94) und damit, wie man zutreffend formuliert hat, »das Opfer der Spaltung« auf sich nahm[5]). In Westberlin wurde nun eine eigene sozialdemokratische Parteiorganisation aufgebaut, die am 7. April 1946 in Zehlendorf ihren ersten Parteitag durchführte. Ein analoger, wenn auch schwieriger Prozeß vollzog sich in dem 300 000 Mitglieder starken FDGB. Hier entstand im Februar 1948 in Abwehr gegen den bestimmenden SED-Einfluß in der Führung eine »Unabhängige Gewerkschafts-Organisation« (UGO). Sie protestierte im Frühjahr 1948 gegen Manipulationen bei den Vorstandswahlen, bildete einen konkurrierenden Vorstand und veranstaltete Ersatzwahlen. Während der Berlin-Krise wurde schließlich in den Westsektoren diese UGO und nicht mehr der FDGB als Tarifpartner anerkannt.

Im Unterschied zur SPD hat die CDU bis zum Jahre 1947, trotz der massiven Eingriffe der sowjetischen Militäradministration in ihre inneren Angelegenheiten bei der erzwungenen Amtsenthebung der Parteivorsitzenden Hermes und Schreiber im Dezember 1945 (vgl. § 97), beharrlich unter der Führung von Jakob Kaiser und Ernst Lemmer an dem Versuch festgehalten, einen Kompromiß zu finden und es nicht zum Bruch kommen zu lassen. Auch die liberalen Demokraten begründeten eine von der sowjetzonalen LDP getrennte Parteiorganisation für Westberlin erst im Januar 1948. Es entsprach dem Kompromißcharakter der alliierten Stadtkommandantur, daß nach der Weigerung der Westberliner Sozialdemokraten, die Verbindung mit den Kommunisten in Gestalt der SED einzugehen, sowohl die SED in Westberlin wie zunächst auch die SPD in Ostberlin zugelassen wurde. Deren Konkurrenz bei den Stadtverordnetenwahlen im Oktober 1946 (vgl. § 94) führte dann in Auswirkung der schweren Niederlage, die die SED hierbei erlitt, zu einem verschärften Konflikt, der sich an der Person Ernst Reuters entzündete.

Am 13. August 1946 hatte die alliierte Kommandantur nach Kenntnisnahme verschiedener zwischen den Parteien umstrittener Entwürfe eine Verfassung oktroyiert, die in mancher Hinsicht Kompromißcharakter trug[6]). In ihrem Einführungserlaß versprachen die vier Stadtkommandanten einerseits, die »politische Unabhängigkeit in Berlin herzustellen und der Bevölkerung in Angelegenheiten der Stadtverwaltung das Selbstbestimmungsrecht wiederzugeben«, unter der gleichzeitigen Versicherung, »die Gesamtheit der Machtbefugnisse in die Hände der vom Volke gewählten Vertreter« zu legen. Andererseits aber wurde in Art. 36 der Verfassung die Ernennung und Entlassung leitender Personen der Stadtverwaltung an die Genehmigung der alliierten Kommandantur gebunden. Hierdurch wurden die im Jahre 1945 durch die sowjetische Militäradministration in Ostberlin aufgebauten Positionen abgeschirmt, unabhängig von dem Majoritätswillen der Gesamtberliner Bevölkerung. Ferner besagte Art. 3 der Verfassung, im Magistrat, der eigentlichen Stadtregierung, müßten »Vertreter aller anerkannten politischen Parteien sein, sofern es die betreffenden Parteien verlangen«. Hierdurch wurde gewährleistet, daß die SED auch nach ihrer Wahlniederlage an der Magistratsverwaltung beteiligt blieb. Zunächst wurde der Sozialdemokrat Otto Ostrowski zum Oberbürgermeister gewählt und auch bestätigt. Ostrowski verlor aber das Vertrauen seiner eigenen Partei, als er sich auf Veranlassung des sowjetischen Stadtkommandanten auf Verhandlungen mit der SED zur Vereinbarung eines gemeinsamen Arbeitsprogramms einließ. SPD und CDU wollten nichts von einer Zwangskoalition mit der SED wissen trotz deren verfassungsmäßiger Beteiligung am Magistrat. Ostrowski trat von seinem Amt als Oberbürgermeister zurück, nachdem ihn die Stadtverordnetenversammlung unter dem Vorsitz des Sozialdemokraten Otto Suhr am 11. April 1947 mit den Stimmen der SPD, CDU und LDP dazu aufgefordert hatte. Als seinen Nachfolger wählte die Stadtverordnetenversammlung am 24. Juni 1947 mit 89 gegen 17 Stimmen bei 2 Enthaltungen Ernst Reuter[7]), der erst vor kurzem aus der türkischen Emigration zurückgekehrt war und nach der Oktoberwahl im Berliner Magistrat zunächst das Dezernat für Verkehr und Betriebe übernommen hatte. Ernst Reuter kam aus der früheren Berliner Stadtverwaltung. Er war ein erfahrener Kommunalpolitiker, ein überzeugender Redner, der Massenauditorien mitzureißen verstand. Ihn leitete der entschiedene Wille, die Freiheit in einem geteilten Berlin der Einheit vorzuziehen, wenn diese nur durch Unfreiheit erkauft werden konnte. Reuter war als Kriegsgefangener des Ersten Weltkrieges im Rußland der Oktoberrevolution Kommunist geworden. Mit Radek war er nach Berlin zurückgekehrt und an der Gründung der KPD beteiligt gewesen. Er hatte sich aber bereits 1922 von ihr abgewandt und war Sozialdemokrat geworden. 1931 Oberbürgermeister von Magdeburg, von den Nationalsozialisten verhaftet und zeitweilig im Konzentrationslager, gelang ihm 1935 die Flucht. In Ankara, das ihm wie manchen anderen Intellektuellen der Emigration eine Wirkungsstätte geboten hatte, war er als Regierungsberater und Hochschullehrer tätig gewesen, bis er im Herbst 1946 nach Deutschland zurückkehren konnte, wo er sich in Berlin sofort mit Leidenschaft dem politischen Leben zuwandte. Er war besonders in den ersten Jahren seines Wirkens eng mit Kurt Schumacher verbunden. Als er zum Oberbürgermeister gewählt wurde, legte der sowjetische Stadtkommandant sein Veto gegen die Bestätigung des kommunistischen Renegaten durch die alliierte Kommandantur ein. Für ihn wurden die Aufgaben des Stadtoberhauptes bis zur Teilung der Stadt von Louise Schroeder (SPD) als Amtierender Oberbürgermeisterin wahrgenommen.

Ernst Reuter nannte auf einer gemeinsamen Kundgebung der Jungsozialisten, der Jungen Union und der Jungen Liberaldemokraten am 12. Februar 1948 mit unbarmherziger Klarheit die Entscheidungsalternative, vor die sich das deutsche Volk und als erste die Stadt Berlin als ein Brennpunkt der deutschen, europäischen und Weltgegensätze gestellt sah: »Hier leben wir an der Scheide zweier Welten, und hier erleben wir den Kampf, der über die ganze Erde geht und der im Grunde darum geht, ob ein Friede in Freiheit möglich sein wird. Mit der Freiheit ist es eine eigene Sache: Erst wenn man sie verloren hat, weiß man, was sie bedeutet ... Lassen wir uns durch gar keine Worte und gar keinen Propagandanebel und durch gar keine Agitatoren vom Kern der Dinge abbringen. Demokratie heißt: politische Willensbildung auf einer freien Basis, und heißt: Willensbildung ohne Aufsicht und Kontrolle durch irgendeine fremde Macht. Nur die Wiederherstellung und Bewahrung einer solchen Freiheit kann auch den Traum eines jeden Deutschen, den Traum der nationalen Freiheit, in Erfüllung gehen lassen. Nationale Einheit ohne wirkliche Freiheit bis in den letzten Winkel unseres Landes hinein ist eine Utopie. Wer diese Freiheit in einem Teile Deutschlands verweigert, der, nur der spaltet Deutschland ... Und jeden, der von Einheit spricht, werden wir zunächst fragen, ob er diese Einheit, die Einheit in der Freiheit meint. Einheit in der Sklaverei haben wir lange genug gekannt.«[8]) Die drohende Spaltung der Stadt wurde am 18. März 1948, dem 100. Jahrestag der Revolution, zwei Tage, bevor der sowjetische Vertreter den Kontrollrat verließ, in zwei Kundgebungen in Ost- und Westberlin offenkundig. Im Osten tagte der »Volkskongreß« (vgl. § 106). Hier wurde unter Beschwörung der nationalen Einheit der Führungsanspruch der SED entgegen dem offenkundigen Willen der Mehrheit des deutschen Volkes angemeldet. Gleichzeitig sprach Ernst Reuter als der »gewählte, aber nicht bestätigte Oberbürgermeister von Berlin« vor dem Reichstag zu einer vieltausendköpfigen Menge. Am »eisernen Willen« Berlins, so rief er aus, werde sich »die kommunistische Flut brechen. Darum wird die Welt wissen, daß sie uns nicht im Stich lassen darf, und sie wird uns nicht im Stich lassen!«[9]).

Während so die Entwicklung in Berlin im Zusammenhang mit dem sich verschärfenden Antagonismus der ehemaligen Alliierten auf einen äußeren Bruch hintrieb, waren im Verlauf des Jahres 1947 die inneren Gegensätze bei den Beratungen über eine endgültige Verfassung Berlins zum Ausdruck gekommen. Es ging einmal um den zukünftigen Status der ehemaligen Reichshauptstadt. In einem Verfassungsentwurf der SED wurde Berlin zur »Hauptstadt der Deutschen Demokratischen Republik« erklärt. Nach Entwürfen der CDU und SPD hingegen war die Stadt Berlin zugleich auch ein Land und als solches Glied einer künftigen »Deutschen Republik«. Hauptstadt werde Berlin wieder sein, wenn es als solche von allen Ländern anerkannt werde. Dem Landescharakter Berlins entsprach das Bestreben der westlichen Parteien, das Verhältnis von Magistrat und Stadtverordnetenversammlung im Sinne einer konsequenten Parlamentarisierung weiterzuentwickeln. Die Stadtregierung sollte abhängig vom Stadtparlament sein und auch zum Rücktritt gezwungen werden können. Dem parlamentarischen Modell der politischen Willensbildung durch die Polarität von Regierung und Opposition entsprechend, wollten SPD und CDU die in der oktroyierten Verfassung enthaltene Vorschrift über die Bildung einer Zwangskoalition aller Parteien abschaffen. Der SED-Entwurf wies demgegenüber Elemente einer direkten Demokratie auf: ein Volksentscheid sollte schon mit einem Zehntel der Stimmberechtigten eingeleitet werden können; im Rechtswesen sollten Laienrichter in weitestem Umfange Verwendung finden; aus dem öffentlichen Leben sowie aus leitenden Stellungen in Wirtschaft und Kultur sollten alle Personen entfernt werden, die »militaristische oder faschistische Auffassungen« vertreten oder unterstützt hätten — ein Artikel, der einer politisch willkürlichen Handhabung Tür und Tor geöffnet hätte[10]).

Die nichtkommunistischen Parteien einigten sich auf einen Verfassungsentwurf, der gegen die Stimmen der SED am 20. April 1948 verabschiedet wurde[11]). Wenn es nach dem in der Stadtverordnetenversammlung repräsentierten Willen der überwältigenden Majorität der Bevölkerung Groß-Berlins gegangen wäre, so hätte diese Verfassung den Rahmen für die Wahrung der politischen Einheit der Stadt gebildet. Die Kommandantur hat jedoch bei dem sich zuspitzenden Gegensatz zwischen den Besatzungsmächten zu dem Entwurf nicht mehr Stellung genommen. Er liegt aber der Westberliner Verfassung vom 4. August 1950 zugrunde[12]).

Die Übereinstimmung der nicht kommunistischen Parteien gegenüber der SED in den Grundvorstellungen der verfassungsrechtlichen Ordnung hinderte nicht, daß sich in einer Reihe von Sachfragen in der Berliner Stadtverordnetenversammlung gänzlich andere Konstellationen ergaben. So war etwa die Frage des Berufsbeamtentums umstritten. SPD und SED wollten an seiner in der Zeit der sowjetischen Alleinverwaltung verordneten Abschaffung festhalten, während CDU und FDP die von der SPD geleitete Stadtverwaltung für unkompetent hielten und die Wiedereinführung eines fachlich qualifizierten Berufsbeamtentums verlangten. Die Frage wurde später im Zuge der Integration Westberlins in das Rechtssystem der Bundesrepublik zugunsten des Berufsbeamtentums entschieden. Umstritten war auch, wieder mit anderer Frontstellung, die Schulfrage. Am 13. November 1947 verabschiedeten SED, SPD und FDP gegen die CDU ein Schulgesetz, das eine zwölfjährige Einheitsschule vorsah mit einer in der fünften Klasse einsetzenden allmählichen Differenzierung (vgl. § 102). Dieses Berliner Schulmodell wurde später im Jahre 1951 der in Hamburg und Bremen bestehenden sechsjährigen Grundschule angeglichen. In einer anderen bildungspolitischen Frage höchster Bedeutung standen die Westberliner Parteien wiederum geschlossen gegen die SED. Es ging um die verwaltungsmäßige Zuordnung der im Ostsektor der Stadt liegenden Friedrich-Wilhelm-Universität, die in Humboldt-Universität umbenannt wurde. Die sowjetische Militäradministration hatte die Universität der sowjetzonalen Verwaltung für Kultur unterstellt. Einem Verlangen des Berliner Magistrats, wenigstens an dem Kuratorium beteiligt zu werden, wurde nicht stattgegeben. Die Technische Hochschule Charlottenburg lag im westlichen Teil der Stadt. Hier ermöglichte es die britische Militärregierung, daß der Berliner Magistrat die Dienstaufsicht übernahm. Bei Studentenschaftswahlen an der Humboldt-Universität im Dezember 1947 konnte die SED nur 2 von 31 Sitzen gewinnen. Es kam zur Verhaftung von Studentenführern und zur Verhängung von hohen Zuchthausstrafen. Die Berliner Studenten forderten auf einer Kundgebung am 23. April 1948 die Errichtung einer freien Universität. Sie wurde, nachdem der Berliner Magistrat den Gedanken aufgegriffen hatte, am 4. November 1948 während der Blockade mit amerikanischer Unterstützung errichtet.

Neben dem Schulgesetz ist als charakteristisch für die Berliner Situation das Sozialisierungsgesetz vom 13. Februar 1947 zu nennen. Hier trat die LDP gegen SPD, CDU und SED für eine konsequente Aufrechterhaltung der Privatwirtschaft ein. Mit großer Mehrheit wurde das »Gesetz zur Überführung von Konzernen und sonstigen Unternehmen in Gemeineigentum« verabschiedet. Stadtkommandantur und Kontrollrat behandelten die Frage dilatorisch, da es in der Sozialisierungsfrage zwischen den Mächten keine Übereinstimmung gab. Die Stadt Berlin wurde aufgefordert, sich präziser über Umfang sowie Art und Weise der beabsichtigten Überführung von Privateigentum in Gemeineigentum zu äußern. Die Stadtverordnetenversammlung erließ hierauf am 19. September 1947 eine Durchführungsverordnung zur Verwaltung der »Gemeinwirtschaftlichen Unternehmen Groß-Berlin« (GU Groß-Berlin)[13]). Zu einer Stellungnahme von Kontrollrat und Stadtkommandantur zu diesem Gesetz kam es nicht mehr. Die Sowjetunion war ohnedies nicht bereit, die Berliner Betriebe der sowjetischen Aktiengesellschaften, die 20 % der gesamten Industrie und 80 % der Elektroindustrie ausmachten, diesem Experiment einer Gemeinwirtschaft einzugliedern.

Die Sowjetunion war entschlossen, es nach der Lahmlegung des Kontrollrats am 20. März 1948, der einige Wochen später am 16. Juni 1948 die Beendigung der interalliierten Zusammenarbeit in der Stadtkommandantur folgte, auf eine Kraftprobe ankommen zu lassen. Seit Ende März ließ sie den Zugangsverkehr nach Berlin auf Schiene, Straße und Wasserwegen behindern. Darauf begann am 10. April der amerikanische Stadtkommandant, für Zwecke der Garnison eine »kleine Luftbrücke« aufzubauen. Zur Totalblockade aller Land- und Wasserwege für die Versorgung der Stadt gab die Währungsreform Anlaß. Die Westmächte hatten die in ihren Zonen am 20. Juni 1948 durchgeführte Währungsreform (vgl. § 103) ausdrücklich nicht auf ihre Sektoren in Berlin ausgedehnt. General Clay glaubte, letzte Anstrengungen unternehmen zu müssen, um zu einer Gesamtlösung wenigstens für Berlin zu gelangen. Unter den Westberlinern waren die Ansichten gespalten. Ernst Reuter fürchtete, daß eine Nichteinbeziehung Westberlins in den westlichen Währungsbereich die Auslieferung der Stadt an den Osten bedeutete. Der stellvertretende Oberbürgermeister Ferdinand Friedensburg[14]) (CDU) hingegen hat bis zuletzt, in der Linie von Jakob Kaiser an einer gesamtdeutschen Vorstellung festhaltend, darum gerungen, eine getrennte Reform der Währung als Besiegelung der politischen Spaltung Deutschlands zu verhindern. Zur Konfrontation getrennter Währungen in Berlin kam es jedoch, als Marschall Sokolowski am 22. Juni durch Befehl an den Magistrat den Versuch machte, die für den 24. Juni in der sowjetischen Besatzungszone vorgesehene Währungsreform mit der Einführung der DM-Ost auf das Gesamtgebiet von Groß-Berlin auszudehnen mit der Begründung, daß Berlin, in der sowjetischen Zone gelegen, wirtschaftlich einen Teil dieser Zone ausmache. Der Magistrat widersetzte sich der Anordnung unter Berufung auf den Art. 36 der Verfassung, wonach einzelne Sektorenkommandanten nur für ihren Sektor, aber nicht für ganz Berlin zuständig seien. Und die Westmächte reagierten am 24. Juni mit der Einführung der neuen westlichen Währung in ihren Sektoren, allerdings zunächst nicht als ausschließliches Zahlungsmittel, sondern neben der DM-Ost. Gehälter und Löhne sollten in den Westsektoren zunächst nur zu 25 % in Westmark gezahlt werden. Dieses System der Doppelwährung bestand in Westberlin bis zum März 1949.

Die ebenfalls am 24. Juni 1948 von der sowjetischen Besatzungsmacht verhängte totale Blockade erstreckte sich nicht nur auf den Verkehr mit der westlichen Zone. Auch die Zulieferung von Strom und Kohle aus der sowjetischen Zone sowie die Versorgung der Stadt mit Milch, Gemüse und anderen Lebensmitteln aus dem Umland wurde unterbunden. Die Rechnung ging jedoch nicht auf. Die Absicht, Berlin durch Hunger zu erpressen, scheiterte an dem Widerstandswillen der Bevölkerung und an der Errichtung der Luftbrücke. Es ist besonders General Clay zuzuschreiben, daß die amerikanischen Stellen von der Notwendigkeit überzeugt wurden, dieses in seinem Ausmaß ungewöhnliche Unternehmen zu organisieren, zwei Millionen Menschen auf eine nicht voraussehbare Zeitdauer mit dem Notwendigen zu versorgen. Den Sowjets gelang es ebensowenig, die von Ernst Reuter geführten Westberliner in die Knie zu zwingen, wie die Westmächte zu veranlassen, die Stadt preiszugeben. Beide Seiten waren in dieser Konfrontation davon überzeugt, daß die Gegenseite es nicht auf einen Krieg ankommen lassen werde. Im Verlaufe des Ringens um Berlin hat die Verlagerung Atombomben tragender Kampfflugzeuge von den USA nach England ein

Entscheidendes dazu beigetragen, die Entschlossenheit der Westmächte zu bekunden, der Herausforderung nicht auszuweichen.

Die Stadtverordnetenversammlung protestierte vor der Weltöffentlichkeit gegen das »Verbrechen gegen die Menschlichkeit«, die Bevölkerung einer Großstadt durch Aushungern erpressen zu wollen. In dieser Situation höchster politischer Spannung in der Bevölkerung standen aufgrund der Verfassung Neuwahlen für die Stadtverordnetenversammlung an. Sie sollten am 5. Dezember 1948 stattfinden. Da die sowjetische Politik einsehen mußte, daß sie ihr Ziel, ganz Berlin in ihre Gewalt zu bringen, nicht erreichen konnte, und da die SED von Gesamtberliner Wahlen eine schwere Niederlage befürchten mußte, suchten sie einen Ausweg in der Teilung der Stadt durch den »Staatsstreich« vom 30. November 1948. Die SED-Fraktion des Stadtverordnetenhauses, verstärkt durch Vertreter der Bezirksparteien und der Massenorganisationen, erklärte den Berliner Magistrat für abgesetzt, wählte Friedrich Ebert, den Sohn des früheren Reichspräsidenten, zum neuen Bürgermeister und setzte einen provisorischen »demokratischen« Magistrat ein. Die nur in den Westsektoren durchgeführte Wahl erbrachte mit 64,5 % der Stimmen eine hohe absolute Majorität für die Sozialdemokraten. Ihnen kam zugute, daß sie sich am ehesten und entschiedensten gegen die SED gewandt hatten und in Ernst Reuter einen überzeugungskräftigen Sprecher besaßen, während die bürgerlichen Parteien in dieser gespannten Situation dadurch benachteiligt waren, daß sie viel länger als die Sozialdemokraten versucht hatten, sich mit den Gegebenheiten der sowjetischen Besatzungszone zu arrangieren, um die gesamtdeutsche Einheit nicht preiszugeben. Magistrat und Stadtverordnetenversammlung wurden aus ihren Ostberliner Tagungsstätten verdrängt. Sie richteten sich im westlichen Teil der Stadt, im Schöneberger Rathaus, ein. Eine Dreiparteienkoalition wählte erneut Ernst Reuter zum Oberbürgermeister Berlins. Seine Tätigkeit blieb auf den Westen beschränkt. Die Sowjetregierung sah sich schließlich veranlaßt, die Blockade, die ihr Ziel nicht erreichte, preiszugeben. Am 12. Mai 1949 wurde sie aufgehoben ebenso wie die von den Westmächten als Gegenmaßnahme verhängte Blockierung des Wirtschaftsverkehrs zwischen der Sowjetzone und Westdeutschland.

Während der Berliner Blockade hatte die internationale Entwicklung in der atlantischen Welt zur militärischen Konsolidierung des Westens mit der Begründung des Nordatlantikpaktes geführt; das Europäische Wiederherstellungsprogramm des Marshallplans begann sich wirtschaftlich auszuwirken, und in den westlichen Besatzungszonen vollzog sich die Staatsbildung der Bundesrepublik.

Dok. zur Berlin-Frage 1944—1962, hg. v. Forschungsinst. d. Dt. Ges. f. Ausw. Politik ([2]1962); Berlin. Quellen u. Dok. 1945—1951, hg. H. J. REICHARDT / H. U. TREUTLER / A. LAMPE i. A. des Senats von Berlin (2 Halbbde. 1964); F. MATTHEY (Hg.), Entwicklung der Berlin-Frage 1944—1971 (in: Aktuelle Dok., Tb. 1972). — Eine i. A. des Senats hergestellte 3bändige Chronik: Berlin. Kampf um Freiheit u. Selbstverwaltung 1945—1946 ([2]1961); Berlin. Behauptung von Freiheit u. Selbstverwaltung 1946—1948 (1959); Berlin. Ringen um Einheit u. Wiederaufbau. 1948—1951 (1962). — Dt. Inst. f. Wirtschaftsforsch., Berlins Wirtschaft in der Blockade (1949). — Ursula SCHOLZ / R. STROMEYER, Berlin-Bibliographie (2 Bde. 1965 u. 1973). — M. GOTTLIEB, The German Peace Settlement and the Berlin Crisis (New York 1960), hält die Viermächtekontrolle Berlins u. Dtlds., in schroffem Gegensatz etwa zu Kennan, an sich für durchaus operationsfähig, wenn nur die USA bereit gewesen wären, den sowj. Reparationsforderungen entgegenzukommen u. auch die laufende Produktion aus der im Grunde leistungsfähigen dt. Industrie für Reparationszwecke heranzuziehen. Neben dem an die USA gerichteten Vorwurf scharfe Kritik an Ernst Reuter u. der Berliner Sozialdemokratie; A. RIKLIN, Das Berlin-Problem. Historisch-polit. u. völkerrechtl. Darstellung des Viermächtestatus (1964), umfassendes Lit.verzeichnis; J. E. SMITH, Der Weg ins Dilemma. Preisgabe u. Verteidigung der Stadt Berlin (a. d. Amerik. 1965); J. FIJALKOWSKI u. a., Berlin. Hauptstadtanspruch u. Westintegration (1967); H. HERZFELD, Berlin in der Weltpolitik 1945—1970 (1973), Synthese der bisherigen Forschung, scharfe krit. Auseinandersetzung mit Gottlieb.

1) So z. B. W. DAVISON, Die Blockade von Berlin. Modellfall des Kalten Krieges (a. d. Amerik. 1959); J. L. SNELL, Wartime Origins of the East-West dilemma over Germany (New Orleans 1959); J. LUKACS, Gesch. des Kalten Krieges (a. d. Amerik. 1961), vgl. auch ders., Konflikte der Weltpolitik nach 1945. Der Kalte Krieg (Tb. 1970). 2) So W. L. HICKMAN, Genesis of the European Recovery Programme. A Study on the Trend of American Economic Policies (Genf 1949); neuere Darstellungen: D. HOROWITZ, Kalter Krieg. Hintergründe der US-Außenpolitik von Jalta bis Vietnam (2 Bde. a. d. Amerik. 1969); G. KOLKO (vgl. Anm. 3); Kritik an der »revisionistischen« Interpretation: R. J. MADDOX, The New Left and the Origins of the Cold War (Princeton 1967). 3) So G. KOLKO, The Politics of War. Allied Diplomacy and the World Crisis of 1943—1945 (London 1969); Joyce u. G. KOLKO, The Limits of Power. The World and United States Foreign Policy 1941—1954 (New York 1972). 4) Hierzu Dok. zur Berlinfrage ([2]1962) Kap. VII, Verhandlungen u. Vereinbarungen der Alliierten über die Verbindungslinien zwischen Berlin u. Westdtld.; W. M. FRANKLIN, Zonal Boundaries and Access to Berlin, in: World Politics 16 (1963/64); für die Verhandlungen vom Sommer 1945 auch T. SHARP, The Wartime Alliance and the Zonal Division of Germany (Oxford 1975), S. 162 ff. 5) H. HERZFELD, Berlin in der Weltpolitik, S. 86. 6) Materialien hierzu u. Verfassungstext in: Berlin. Quellen u. Dokumente, Halbbd. 1, Nr. 623—632. 7) E. REUTER, Schriften, Reden (3 Bde. 1972—74); W. BRANDT / R. LÖWENTHAL, Ernst Reuter. Ein Leben für die Freiheit. Eine polit. Biographie (1957). 8) E. REUTER, Schriften, Reden, Bd. 3, S. 352 ff. 9) Ebd. S. 368 f. 10) Berlin. Quellen u. Dokumente 2, Nr. 1086—1088. 11) Vgl. dazu ebd. Nr. 1091. 12) Text ebd. Nr. 1096. 13) Vgl. J. FIJALKOWSKI, S. 184 ff. 14) F. FRIEDENSBURG, Es ging um Dtlds. Einheit. Rückschau eines Berliners auf die Jahre nach 1945 (1972).

§ 105 Die Entstehung der Bundesrepublik

In den Verlautbarungen über die Londoner Besprechungen zwischen den Außenministern der USA, Frankreichs, Englands und der Beneluxstaaten vom 6. März und vom 7. Juni 1948 waren die Rahmenbestimmungen für die geplante politische Ordnung Westdeutschlands ebenso wie die vorgesehene Verfahrensweise für die Bildung eines westdeutschen Staates festgelegt worden[1]). Am 1. Juli 1948 händigten in Frankfurt die Militärgouverneure den Länderchefs drei Dokumente aus (sogenannte Frankfurter Dokumente), durch die die Länder ermächtigt wurden, das Verfahren zur Staatsgründung unter den vorgegebenen Bedingungen in Gang zu setzen[2]). Durch Dokument 1 wurden die Ministerpräsidenten ermächtigt, bis spätestens 1. September 1948 eine verfassunggebende Versammlung einzuberufen, deren Abgeordnete durch die Länderparlamente entsprechend deren relativen Größen zu entsenden waren. Die Verfassung sollte föderalistisch sein, da ein solcher Typus am besten geeignet schien, »die gegenwärtig zerrissene deutsche Einheit schließlich wieder herzustellen«. Sie sollte demokratisch sein und durch »Garantien der individuellen Rechte und Freiheiten« zugleich liberal. Ein diesen Grundsätzen entsprechender Verfassungstext sollte dann von den Militärgouverneuren genehmigt und darauf in jedem der deutschen Länder einer Volksabstimmung unterbreitet werden. Nach Zustimmung von zwei Dritteln der Länder würde danach die Verfassung in Kraft treten. Im zweiten Dokument wurden die Ministerpräsidenten ersucht, die Grenzen der Länder zu überprüfen und gegebenenfalls Änderungen vorzuschlagen. Das Dokument Nr. 3 enthielt Richtlinien für ein noch ausstehendes Besatzungsstatut. Es legte dar, wie die Kompetenzabgrenzung zwischen den Besatzungsmächten und der künftigen deutschen Regierung gedacht war. Die wichtigsten Vorbehalte der Besatzungsmächte bezogen sich auf die Wahrnehmung der auswärtigen Beziehungen, Kontrolle über den Außenhandel, Schaffung einer internationalen Ruhrbehörde sowie Gewährleistung der Fundamentalbestimmungen des Potsdamer Abkommens, z. B. über Reparationen, Entkartellisierung und Entmilitarisierung. Die Besatzungsmächte betrachteten sich nach wie vor als Inhaber der obersten Gewalt. Sie beabsichtigten, die Beachtung der von ihnen gebilligten Verfassung zu sichern und gegebenenfalls die Ausübung ihrer vollen Machtbefugnisse wieder zu übernehmen. Über diese drei Vorlagen berieten die Ministerpräsidenten anschließend vom 8. bis 10. Juli 1948 auf dem Rittersturz in Koblenz. Sie nahmen die Ermächtigung an, erklärten aber, es müsse alles vermieden werden, »was dem zu schaffenden Gebilde den Charakter eines Staates verleihen würde«. Es könne sich lediglich um ein Provisorium handeln sowohl wegen der territorialen Beschränkung auf Westdeutschland als auch wegen der Kompetenzbeschränkung durch die alliierten Vorbehaltsrechte. Deshalb wollten sie von einem Volksentscheid Abstand nehmen. Ferner sei eine Neugestaltung der Länder erst möglich, nachdem die hierfür zuständigen parlamentarisch-demokratischen Organe geschaffen seien. Das Besatzungsstatut müsse, bevor man mit der Arbeit an der Verfassung beginne, als deren Grundlage erlassen werden. Schließlich empfahlen sie, die Frage der Ruhrbehörde in Anbetracht der Besonderheit ihrer Funktionen außerhalb des Verfassungsstatuts zu regeln[3]). Nach erneuten Verhandlungen wurde auf einer Schlußbesprechung der Militärgouverneure und Ministerpräsidenten in Frankfurt am 26. Juli 1948 für die vorläufige Verfassung der von deutscher Seite vorgeschlagene Begriff »Grundgesetz« übernommen. Die Besatzungsmächte verzichteten auf eine Volksabstimmung. Der Termin für Vorschläge über die Änderung von Landesgrenzen wurde auf den 1. Oktober hinausgeschoben und später überhaupt fallengelassen. Die Militärgouverneure bestanden jedoch darauf, daß das Besatzungsstatut erst nach Fertigstellung der Verfassung veröffentlicht werden könne. Jedoch sollte der mit der Ausarbeitung des Grundgesetzes befaßte »Parlamentarische Rat« — nicht mehr »Verfassunggebende Versammlung« — während seiner Beratungen »laufend vom Stand der Entwicklungen der Vorarbeiten zum Besatzungsstatut unterrichtet werden«, damit er Gelegenheit habe, »Anregungen zur Ausgestaltung des Besatzungsstatuts an die Militärregierungen weiterzuleiten«.

Zur Vorbereitung eines Entwurfs für das Grundgesetz berief die Ministerpräsidenten-Konferenz nunmehr einen »Ausschuß von Sachverständigen für Verfassungsfragen« (Verfassungskonvent), der in Herrenchiemsee vom 10. bis 23. August 1948 tagte. Die hier erarbeitete Vorlage für den Parlamentarischen Rat[4]) bot einen Aufbau des Verfassungstextes, dem sich später das Grundgesetz weitgehend anschloß. Auch in den Grundgedanken besteht weitgehende Übereinstimmung. Allerdings hat der Parlamentarische Rat die Länderkammer und das Staatsoberhaupt mit weitergehenden Befugnissen ausgestattet, als es der Herrenchiemsee-Konvent vorschlug. Notverordnungsrecht und Volksentscheid bei Änderung des Grundgesetzes fielen jedoch entgegen den Vorschlägen des Konvents fort. Außer diesen Vorschlägen wurde dem Parlamentarischen Rat eine Reihe weiterer Entwürfe als Material vorgelegt, so besonders von dem sozialdemokratischen Innenminister des Landes Nordrhein-Westfalen, Menzel, und von einer CDU/CSU-Arbeitsgemeinschaft[5]).

Am 1. September 1948 trat der Parlamentarische Rat in Bonn zusammen. Durch die Länderparlamente war auf je 750 000 Einwohner ein Abgeordneter gewählt worden, insgesamt 65. Hinzu kamen mit lediglich beratender Vollmacht fünf Abgeordnete aus Westberlin. Die politische Zusammensetzung ergab folgendes Bild: CDU/CSU 27 (+ 1 für Berlin), SPD 27 (+ 3), FDP 5 (+ 1), DP 2, Zentrum 2, KPD 2. Zum Präsidenten wurde Konrad Adenauer gewählt und zum Vorsitzenden des Hauptausschusses, in dem mit Hilfe einer Reihe von Unterausschüssen die Arbeit am Verfassungstext geleistet wurde, Carlo Schmid.

Wo sollte nun in dem begrenzten Rahmen, in dem die Deutschen an dem neuen Staate, den Staat zu nennen sie zögerten, mitzuwirken berufen waren, die Quelle der verfassunggebenden Gewalt liegen? Die Mehrheit war der Meinung, daß das deutsche Volk in seiner Gesamtheit, gegliedert in Ländern, Träger des deutschen Anteils an der Staatsgewalt sei. Eine Minderheit sah in den Ländern als schon bestehenden Gebilden das eigentliche Fundament, auf dem der Bund errichtet werden sollte. Ein besonderes, schon in Herrenchiemsee erörtertes Problem war die Stellung Berlins. Man war ursprünglich geneigt, Berlin von vornherein als Gliedstaat in den zukünftigen Bund aufzunehmen. Dem stand das Bedenken der Alliierten entgegen, daß die genaue Respektierung des Viermächte-Status in Berlin die Voraussetzung dafür war, daß der Westteil der Stadt behauptet werden konnte[5a]). Deswegen erhielten die Berliner Abgeordneten im Parlamentarischen Rat kein Stimmrecht. Das Grundgesetz zählt Berlin zu den Ländern der Bundesrepublik und beansprucht Geltung auch für Berlin (Art. 23, 1). Nur durch äußere Gewalt sei die volle Mitgliedschaft im Bund zeitweilig eingeschränkt (Art. 144, 2). Analoge Aussagen enthält die Verfassung von Westberlin (Art. 1, 2 und 87). Die Aussagen des Grundgesetzes über Berlin wurden von den drei westlichen Alliierten durch Schreiben vom 12. Mai und 30. Juni 1949 suspendiert. Die Abgeordneten Berlins sind danach im Bundestag und Bundesrat nicht stimmberechtigt; sie werden nicht durch direkte Wahlen gewählt, sondern von der Stadtverordnetenversammlung delegiert. Außerdem sollte Berlin nicht durch den Bund regiert werden. Diese Einschränkung machte eine Sonderregelung für die Übernahme von Bundesgesetzen durch Berlin notwendig. Durch das »Dritte Überleitungsgesetz« vom 4. Januar 1951 wurde diese für Berlin zur Pflicht gemacht und das Verfahren in der Form festgelegt, daß Bundesgesetze binnen eines Monats vom Berliner Gesetzgeber in Kraft gesetzt werden. Die Zahl der Berliner Abgeordneten, in Herrenchiemsee entsprechend der Größe der Berliner Bevölkerung auf 30 festgesetzt, wurde durch Einspruch der Alliierten auf 8 beschränkt und später durch Bundesgesetz auf 19 (1952) bzw. 22 (1953) erhöht.

Eines der Zentralprobleme, um das man im Verfassungskonvent und im Parlamentarischen Rat gerungen hat, war die Frage nach der der Ländervertretung zukommenden Stelle. Sollte sie aus instruierten Vertretern der verschiedenen Länderregierungen oder aus gewählten Abgeordneten bestehen, sei es, daß diese durch die Landtage oder daß sie, ähnlich wie die Mitglieder des amerikanischen Senats, durch allgemeine Wahlen in den Ländern bestimmt wurden? Für beide Formen gab es in der deutschen Verfassungsgeschichte Vorbilder. Ein Bundesrat als Länderkammer entsprach dem Bundesrat der Bismarckschen Verfassung und dem Reichsrat der Weimarer Verfassung. Die Vorstellung eines Senats entsprach gewissen Bestimmungen in der Paulskirchenverfassung, nach der die Zweite Kammer zur Hälfte aus Regierungsvertretern, zur Hälfte aber aus gewählten Abgeordneten der Länderparlamente bestehen sollte. Das amerikanische Beispiel des Senats mit direkt gewählten Vertretern hatte auch sein Gewicht. Aber eine Mehrheit entschied sich für den Bundesrat als ein Gremium von Regierungsvertretern mit dem Argument, daß die Länder die zukünftigen Bundesgesetze durchzuführen hätten und daß sie infolgedessen auch an der Bildung des zentralen Staatswillens beteiligt sein sollten.

Die Frage nach dem Verhältnis zwischen Zentralgewalt und Ländern war nicht nur im Parlamentarischen Rat umstritten, sondern auch zwischen diesem und den Alliierten. Während der Arbeit des Parlamentarischen Rats ist es zu verschiedenen Manifestationen des politischen Willens der Alliierten gekommen. Es gab harte Sachauseinandersetzungen. Der Parlamentarische Rat betrachtete sich als demokratisch legitimiert und leitete seine Vollmachten nicht nur vom Auftrag der Besatzungsmächte ab. Die beiden profiliertesten Parteiführer der Zeit, Konrad Adenauer und Kurt Schumacher, der allerdings nicht dem Parlamentarischen Rat angehörte, waren für die Alliierten außerordentlich unbequeme Gesprächspartner. Adenauer wuchs damals als Präsident des Parlamentarischen Rats in seine Rolle hinein, die deutschen Interessen gegenüber den Alliierten ebenso mit Würde und Entschiedenheit wie mit Takt und taktischem Geschick zu vertreten. Die Alliierten gewannen den Eindruck, daß sie bei zu starkem Beharren auf ihren Vorstellungen, die Zentrale möglichst schwach zu halten, wie es vor allem die Franzosen, aber auch die Amerikaner wollten, unter Umständen das Zustandekommen der Verfassung überhaupt gefährden könnten. Ihr eigenes Interesse verbot aber, daß es so weit kam. So ist denn ein Kompromiß zwischen den verschiedenen Parteigruppen im Parlamentarischen Rat und den Alliierten zustande gekommen mit dem Ergebnis des formulierten Grundgesetzes. Fest stand bei allen Beteiligten, daß man keinen Parlamentsabsolutismus nach volksdemokratischem Muster aufkommen lassen wollte. Man hielt an dem Grundsatz der regionalen Gewaltenteilung zwischen Bund und Ländern fest. Wenn sich gegenüber der Vorstellung der SPD, die, wie übrigens auch Konrad Adenauer, zu einer senatorischen Form der Ländervertretung neigte, die Vorstellung der Unionsparteien durchsetzte, daß der Bundesrat ein Regierungsgremium sei, so haben die süddeutschen Föderalisten andererseits auf ihre Absicht verzichten müssen, den Bundesrat mit einer gleichberechtigten Mitwirkung bei der Gesetzgebung auszustatten. Hinsichtlich seiner schließlich vereinbarten begrenzten Mitwirkungsrechte bei der Gesetzgebung ähnelt der Bundesrat des Grundgesetzes mehr dem Reichsrat der Weimarer Verfassung als dem Bismarckschen Bundesrat, wenn auch sein politisches Gewicht größer als das des Reichsrats ist. Die Mitwirkung der Länder an der Gesetzgebung besteht nach dem Grundgesetz zunächst darin, daß alle Gesetzesvorlagen der Bundesregierung, bevor sie an den Bundestag gehen, dem Bundesrat zur Stellungnahme zugeleitet werden. In dem Gesetzgebungsakt selber besitzt dieser aber im allgemeinen nur ein aufschiebendes Vetorecht. Eine von ihm abgelehnte Vorlage wird in einem aus Mitgliedern des Bundesrates und des Bundestages bestehenden Vermittlungsausschuß behandelt. Falls ein Ausgleich nicht zustande kommt, kann ein Gesetz trotz Einspruch des Bundesrates dennoch in einer erneuten Abstimmung des Bundestages verabschiedet werden. Es gibt aber einige ausdrücklich im Grundgesetz genannte Fälle, wo der Bundesrat wirklich als eine echte Zweite Kammer fungiert. Dies betrifft u. a. die Steuergesetzgebung, vor allem, wo es sich um die Festlegung des Anteils von Bund und Ländern an Einkommen- und Körperschaftssteuer handelt sowie den Finanzausgleich zwischen steuerarmen und steuerreichen Ländern. Zustimmungspflichtig ist schließlich die Beschlußfassung von Bundesmaßnahmen gegen ein Land, in dem Bundesgesetze nicht durchgeführt werden.

Die Schwierigkeit der Verhältnisbestimmung zwischen Bund und Ländern spiegelt sich auch in der Abgrenzung der beiderseitigen Zuständigkeiten. Es ist zu unterscheiden zwischen alleiniger Gesetzgebung des Bundes, konkurrierender Gesetzgebung des Bundes und der Länder und alleiniger Gesetzgebung der Länder. Der Katalog der alleinigen Gesetzgebungskompetenz des Bundes ist kurz. Er umfaßt die Außenpolitik, wozu später die Wehrgesetzgebung kam, Währungs- und Geldwesen, Staatszugehörigkeit, Freizügigkeit. Ein langer Katalog von Sachbereichen fällt unter die konkurrierende Gesetzgebung, wobei allerdings der Grundsatz gilt, daß Bundesrecht Landesrecht bricht. Hierzu gehört vor allem der ganze Bereich der Wirtschafts- und Sozialgesetzgebung. Der alleinigen Ländergesetzgebung blieben im wesentlichen das Unterrichts- und das Kommunalwesen vorbehalten.

Als besondere Funktion ist dem Bundesrat die Mitwirkung beim sogenannten »Gesetzgebungsnotstand« zugeschrieben worden. Ein Gesetzgebungsnotstand tritt ein, wenn der Bundestag einen Vertrauensantrag des Bundeskanzlers ablehnt, ohne daß deswegen der Bundespräsident von seinem Recht der Auflösung des Bundestages Gebrauch macht, und wenn in diesem Falle eine von der Regierung als dringlich bezeichnete Gesetzesvorlage nicht die Zustimmung des Bundestages erhält. In diesem Falle genügt die Zustimmung des Bundesrates, um ein Gesetz zustande zu bringen. Praktisch ist für diesen auf sechs Monate begrenzten, in der bisherigen Geschichte der Bundesrepublik nicht eingetretenen Gesetzgebungsnotstand eine Situation ins Auge gefaßt worden, in der es nur noch eine negative Mehrheit im Parlament geben würde, die den amtierenden Bundeskanzler ablehnt, ohne für ein konstruktives Mißtrauensvotum eine Majorität zustande zu bringen.

Erfahrungen der Weimarer Zeit haben bei der Verfassungsbestimmung des Gesetzgebungsnotstandes Pate gestanden. Insgesamt ist das Grundgesetz daher sehr zurückhaltend in der Behandlung von Ausnahmesituationen. Neben dem Art. 81 über den Gesetzgebungsnotstand handelt lediglich der Art. 91 von der »Abwehr von Gefahren für den Bestand des Bundes«. Hier wird den einzelnen Ländern zur Abwehr einer drohenden Gefahr für die freiheitlich-demokratische Grundordnung das Recht gegeben, Polizeikräfte anderer Länder anzufordern, wobei notfalls die Bundesregierung sich die Polizeikräfte von Ländern unterstellen kann. Dagegen kann der Bundesrat sein Veto einlegen. Er ist also mit besonderen Befugnissen für Ausnahmesituationen ausgestattet, eine »Legalitätsreserve«, wie man ihn bezeichnet hat. In dieser Hinsicht unterscheidet sich das Grundgesetz sehr wesentlich von der Weimarer Verfassung, die den Reichspräsidenten mit weitreichenden Notstandsvollmachten ausgestattet hatte. Wenn das Grundgesetz in dieser Frage zurückhaltend ist, so ergibt sich das neben den Erfahrungen mit dem Art. 48 der Weimarer Verfassung vor allem aber aus dem Umstand, daß sich die Besatzungsmächte die Beherrschung des Ausnahmezustandes vorbehalten hatten. Dies geschah in dem weiter unten zu behandelnden Besatzungsstatut vom 10. April 1949.

Überhaupt war die Rückbesinnung auf die Erfahrungen mit der Weimarer Republik ein Leitmotiv in den Beratungen des Verfassungskonvents und des Parlamentarischen Rates. Hier hat die Institution des konstruktiven Mißtrauensvotums (Art. 67) ihren Ursprung. Es soll gewährleisten, daß die Regierung nicht von einer in sich uneinigen Majorität gestürzt werden kann, ohne daß die positive Alternative eines von einer Majorität getragenen neuen Kanzlers besteht. Und um zu verhindern, daß verfassungsfeindliche Parteien wie in der Zeit der Weimarer Republik die parlamentarischen Freiheiten zur Zerstörung der Freiheit mißbrauchen, kam der Parlamentarische Rat zu der Überzeugung, daß es erforderlich sei, die Parteien — ähnlich wie man es in der Verfassung des Landes Baden getan hatte — in das Grundgesetz einzubauen. Indem der Parteienstaat den ihn tragenden organisierten politischen Kräften einen verfassungsrechtlichen Status gab, gewann er zugleich die Möglichkeit, sie durch Gesetz und Verfassungsgericht zu zügeln. Das Grundgesetz sieht vor, die Parteien hinsichtlich ihrer Struktur, ihrer Programmatik und auch ihrer Tätigkeit unter Verfassungskontrolle zu stellen (Art. 21). Das im Grundgesetz vorgesehene Parteiengesetz kam aber erst 1967 zustande[6]). Das Bundesverfassungsgericht hat bisher in zwei Fällen Parteiverbote ausgesprochen, 1953 gegen die neonazistische »Sozialistische Reichspartei« und 1956 gegen die »Kommunistische Partei Deutschlands«[7]).

Im Unterschied zur Weimarer Verfassung enthält das Grundgesetz keine Aussage über das Wahlrecht, obwohl durch dessen jeweilige Ausgestaltung die Funktionsweise des parteienstaatlichen Parlamentarismus — Proporzwahl, Mehrheitswahl, Sperrklausel — erheblich mitbedingt ist. Das Londoner Kommuniqué hatte die Frage offen gelassen, wem in Deutschland der Erlaß von Wahlgesetzen obliege, dem verfassunggebenden Gremium oder den Ländern. Der Parlamentarische Rat nahm jedoch für sich diese Zuständigkeit in Anspruch. Über die Ausgestaltung eines Wahlgesetzes zum ersten Bundestag waren die Meinungen zwischen, aber auch in den Parteien geteilt. CDU und CSU neigten überwiegend der relativen Mehrheitswahl zu. SPD, Zentrum und FDP einigten sich mit Mehrheit gegen die Unionsparteien auf einen Entwurf, der ein modifiziertes Proporzsystem vorsah: Wahl je der Hälfte der Abgeordneten durch Direkt- und durch Listenwahl. Als Zugeständnis an die kleinen Parteien wurde die Hinzufügung einer Sperrklausel verworfen. Diese Mehrheit im

Parlamentarischen Rat war der Meinung, daß die Weimarer Republik an der Verfassungsfeindlichkeit der radikalen Flügelparteien, aber nicht eigentlich an der Vielzahl kleiner Parteien zugrunde gegangen sei. Gegen diesen Entwurf intervenierten die Militärregierungen. Sie erklärten die Länder als für die Wahlgesetzgebung zuständig. Auch Adenauer stellte sich auf diesen Standpunkt. Er hoffte, auf diese Weise noch am ehesten das relative Mehrheitswahlrecht durchsetzen zu können. Die Ministerpräsidenten jedoch sprachen sich für ein bundeseinheitliches Wahlrecht aus. Gegen die Stimmen der CDU/CSU wurde schließlich ein Wahlgesetz verabschiedet, das den Vorstellungen der SPD und der kleineren Parteien entsprach. Die Ministerpräsidenten veranlaßten zuletzt noch eine Modifizierung: das Verhältnis der Direkt- zu den Listenmandaten wurde auf 60 : 40 festgesetzt und eine 5%-Sperrklausel hinzugefügt. In dieser Form fand der Kompromiß, um dessen Zustandekommen sich besonders Reinhold Maier bemüht hatte, auch die Zustimmung der Ministerpräsidenten und der Militärregierungen. Auf deren Anweisung verkündeten die Ministerpräsidenten das Wahlgesetz am 15. Juni 1949[8]). Die späteren Wahlgesetze haben im Prinzip an einem solchen Mischwahlsystem, das im Kern auf dem Proporz beruht, wenn auch in abgewandelter Form, festgehalten. Durch die Sperrklausel wurde das Entstehen neuer Parteien erheblich erschwert. Sie wirkte sich als eine Privilegierung der bestehenden aus.

Für das staatliche Organisationsstatut war neben der regionalen Gewaltenteilung und der Selbstbeschränkung des parteienstaatlichen Parlamentarismus im Hinblick auf die Weimarer Erfahrungen die Kompetenzzuweisung für das Staatsoberhaupt eine Frage, die besonders sorgfältiger Überlegungen bedurfte. Es war zu verhindern, daß das Staatsoberhaupt aufgrund seiner verfassungsrechtlichen Stellung eine ähnliche Machtfülle wie früher der Reichspräsident würde entwickeln können. Deshalb wollte man den Bundespräsidenten weder aus einer allgemeinen Volkswahl hervorgehen lassen und ihn als eine unabhängige eigene Gewalt dem Parlament gegenüberstellen noch wie den Reichspräsidenten mit jener dreifachen Gewaltenfülle der Reichstagsauflösung, der Ernennung des Kanzlers und des Notverordnungsrechtes ausrüsten. Dennoch sollte er die neutrale Staatsgewalt über den Parteien verkörpern und eine ausgleichende Wirkung zwischen den verschiedenen Organen des Staates ausüben. Deshalb beschloß man, ihn nicht einfach durch den Bundestag oder durch den Bundesrat wählen zu lassen, sondern durch die sogenannte Bundesversammlung, ein gemischtes Gremium aus den Mitgliedern des Bundestages und einer gleich großen Anzahl von Abgeordneten, die in den Ländern durch die Landtage bestimmt werden. Daß das Grundgesetz die Stellung des Bundespräsidenten in Distanz zum politischen Kampf der Parteien um die Macht verstanden wissen will, kommt auch im Fünfjahresrhythmus seiner Amtsperiode im Unterschied zum Vierjahresrhythmus der Bundestagswahlen zum Ausdruck.

Ein Fundamentalprinzip des Grundgesetzes wie der Weimarer Verfassung ist die Begrenzung der staatlichen Macht durch das Recht. Dem dient dort wie hier die Einrichtung eines obersten staatlichen Gerichtshofes und die verfassungsmäßige Verankerung von Grundrechten. Weimarer Verfassung und Grundgesetz weisen jedoch in beiden Hinsichten charakteristische Unterschiede auf. Der »Staatsgerichtshof für das Deutsche Reich« der Weimarer Republik war mit dem Reichsgericht in Leipzig verbunden. Im Unterschied hierzu ist das »Bundesverfassungsgericht« ein selbständiges oberstes Gericht mit dem Sitz in Karlsruhe[9]). Der Staatsgerichtshof setzte sich z. T. aus von Amts wegen dazu berufenen, z. T. aus gewählten Richtern zusammen. Die Mitglieder des Bundesverfassungsgerichts werden ausschließlich gewählt, und zwar je zur Hälfte durch den Bundestag und den Bundesrat. Dieser stärker herausgehobenen Stellung des Bundesverfassungsgerichts entspricht seine erhöhte Zuständigkeit. Zu den Angelegenheiten des Staatsgerichtshofs gehörte seine Funktion als Disziplinargericht bei Anklagen gegen Reichspräsident, Reichskanzler oder Reichsminister wegen Gesetzesverletzung, die föderative Schlichtung zwischen Ländern bzw. Ländern und dem Reich, in bestimmten Fällen Verfassungsgerichtsbarkeit innerhalb der Länder, nicht jedoch innerhalb des Reiches. Der dennoch vom Reichsgericht durch eine Entscheidung vom 4. November 1925 postulierte Anspruch auf ein richterliches Recht zur Überprüfung von Gesetzen blieb rechtlich umstritten. Im Unterschied hierzu wurde das Bundesverfassungsgericht durch den Parlamentarischen Rat außer mit Kompetenzen analog denen des früheren Staatsgerichtshofs zusätzlich mit der sogenannten »Normenkontrolle«, der Überprüfung von Gesetzen auf ihre Verfassungsgemäßheit, als wesentliche Funktion ausgerüstet. Der Vorstellung einer »wehrhaften Demokratie« entsprach es, wenn dem Bundesverfassungsgericht ferner die Zuständigkeit verliehen wurde, die Verwirkung von Grundrechten auszusprechen in Fällen, wo diese zum Kampf gegen die freiheitliche demokratische Rechtsordnung mißbraucht werden. Dazu gehört auch das Verbot von verfassungsfeindlichen Parteien. Durch Grundgesetzänderung vom 29. Januar 1969 wurde darüber hinaus das Institut der »Verfassungsbeschwerde« eingeführt, die vom einzelnen wegen Verletzung der Grundrechte durch die öffentliche Gewalt und von Gemeinden wegen des Rechts auf Selbstverwaltung erhoben werden kann. Die insgesamt im Grundgesetz Art. 93 und im Gesetz über das Bundesverfassungsgericht[10]) § 13 festgelegten Zuständigkeiten machen diesen »allen übrigen Verfassungsorganen gegenüber selbständigen und unabhängigen Gerichtshof« (Gesetz über das Bundesverfassungsgericht § 1) zum Hüter der Verfassung.

Der Abschnitt über die Grundrechte ist im Grundgesetz knapp und im Vergleich zur Weimarer Reichsverfassung präzise gehalten. Er steht am Anfang des Grundgesetzes im Unterschied zur Weimarer Verfassung. Und während dort der zweite Hauptteil des Verfassungstextes sich darauf beschränkte, von den Grundrechten und Grundpflichten der Deutschen zu handeln, spricht das Grundgesetz allgemein von der Würde des Menschen und seinen unveräußerlichen Rechten, zu denen sich das deutsche Volk bekennt. Diese gelten als dem Staate vorgegeben und binden im Unterschied zur Weimarer Verfassung nicht nur die vollziehende Gewalt und die Rechtsprechung, sondern auch die Gesetzgebung. Diese Bindung ist als so weitgehend gedacht, daß nach dem Willen des Parlamentarischen Rates die Grundrechte auch nicht auf dem Wege der Verfassungsänderung berührt werden dürfen (Art. 79). Stärker als es die Weimarer Verfassung getan hatte, wendet sich damit das Grundgesetz zur klassischen Tradition der Grundrechte zurück. Über diese hinaus findet sich im Grundgesetz ein besonderer Schutz für Ehe und Familie ausgesprochen. Bei einer weitgehenden Einmütigkeit im Parlamentarischen Rat über Stellung und Gewicht der liberalen Freiheitsrechte forderte das umstrittene Verhältnis von Kirche und Staat eine klare politische Entscheidung. Gegen die liberale und sozialistische Forderung einer Trennung von Kirche und Staat wurden die Aussagen der Weimarer Verfassung über die Stellung der Kirche im Staat als Bestandteil in das Grundgesetz hineingenommen (WRV Art. 136—139 und 141; BGG Art. 140). Zwar sollte es keine Staatskirche in Deutschland geben, aber die Kirchen blieben Körperschaften des öffentlichen Rechts mit bestimmten historisch begründeten Rechtstiteln gegenüber dem Staat.

Im Unterschied zu den klaren Aussagen des Grundgesetzes über die Rechte der Person blieb die Frage der Sozial- und Wirtschaftsordnung offen. Die Länderverfassungen hatten hierzu durchweg, wenn auch mit unterschiedlicher Ausführlichkeit und Klarheit, einiges ausgesagt. Das gleiche gilt für die Weimarer Reichsverfassung. Das Grundgesetz beschränkt sich im Unterschied hierzu auf die Feststellung des Entschädigungsgrundsatzes bei notwendig werdenden Enteignungen (Art. 14) und auf die Offenhaltung der Möglichkeit, Grund und Boden, Naturschätze und Produktionsmittel gegen Entschädigung »in Gemeineigentum oder in andere Formen der Gemeinwirtschaft zu überführen« (Art. 15). Die Zurückhaltung des Grundgesetzes gegenüber dem wirtschaftlich-sozialen Bereich erklärt sich einmal aus einer unzutreffenden Einschätzung der weiteren Entwicklung der politisch-sozialen Kräfteverhältnisse durch die Sozialdemokraten. Im Parlamentarischen Rat sahen sie sich gegenüber den bürgerlichen Parteien in der Minderheit. Da sie mit einer Mehrheit im kommenden Bundestag rechneten, hielten sie es für unklug, sich für das Grundgesetz auf allenfalls mögliche Kompromißlösungen einzulassen. Carlo Schmid erklärte, daß es sich für ein Provisorium nicht empfehle, eine endgültige Gestaltung der Lebensordnungen zu versuchen. Man solle sich mit einem Katalog von Individualrechten begnügen. Auch die Unionsparteien waren zurückhaltend, da die unterschiedlichen in ihnen vertretenen gesellschaftspolitischen Vorstellungen einer klaren Aussage entgegenstanden. Daß man die Frage der Sozial- und Wirtschaftsordnung nicht präjudizieren solle, war aber auch die Überzeugung besonders der amerikanischen Besatzungsmacht, die als natürliche Auswirkung der Einbeziehung Deutschlands in den Marshall-Plan eine Festigung der liberalen Wirtschafts- und Gesellschaftsform erwartete und sich ebenso wie die britische Militärregierung zwar gegen übermäßige Wirtschaftskonzentration aussprach, aber die Sozialisierungsfrage der kommenden deutschen Regierung überließ (vgl. § 103). Daß diese Frage überhaupt offengehalten wurde, erschien aber der französischen Regierung, deren Besatzungszone damals noch nicht zum Vereinigten Wirtschaftsgebiet gehörte, bedenklich. Eine Sozialisierung der Ruhrindustrie, so hieß es in einem Memorandum der französischen Regierung vom 19. November, werde der deutschen Regierung eine Machtfülle geben, die selbst das Hitlerregime niemals besessen habe. Dem sollte nach dem Willen der Franzosen das Ruhrstatut einen Riegel vorschieben.

Gegen die Offenhaltung der sozialrechtlichen Fragen im Grundgesetz versuchten mit gemeinwirtschaftlicher Zielsetzung die Gewerkschaften zu intervenieren. Ein Generalstreik in der britisch-amerikanischen Doppelzone vom 12. November 1948, an dem sich über 9 Millionen Beschäftigte beteiligten, setzte sich für planwirtschaftliche Forderungen gegen die wirtschaftliche Liberalisierungspolitik Ludwig Erhards sowie für »Demokratisierung der Wirtschaft« und »gleichberechtigte Mitwirkung der Gewerkschaften in allen Organen der wirtschaftlichen Selbstverwaltung« ein. Diesem Demonstrationsstreik blieb aber der Erfolg versagt[10a]). Im Grundgesetz finden sich zur Frage der Sozialordnung schließlich die im Parlamentarischen Rat ohne kontroverse Debatte angenommenen, aber in ihrer nachträglichen Deutung umstrittenen Art. 20 und 28, die die Bundesrepublik einen »demokratischen und sozialen Bundesstaat« bzw. einen »republikanischen, demokratischen und sozialen Rechtsstaat« nennen. Bei der Interpretation dieser Formeln geht es im Kern um die Frage, inwieweit sie einen mit der Verfassung selbst gegebenen, durch deren Einzelbestimmungen bereits umschriebenen Sachverhalt benennen, ähnlich wie dies mit den Beiworten »republikanisch«, »demokratisch« und mit den Hauptworten »Bundesstaat«, »Rechtsstaat« geschieht, und inwieweit der »Sozialstaat« — was immer seine inhaltliche Bestimmung sein möge — einen erst noch zu verwirklichenden Verfassungsauftrag darstellt[11]).

Welchen Namen sollte dieser »demokratische und soziale Bundesstaat« tragen? Da die Sozialdemokraten sowohl wie die bürgerlichen Parteien an der Auffassung festhielten, daß der deutsche Staat weder durch die Kapitulation der Wehrmacht noch durch die Übernahme der obersten Staatshoheit durch die Besatzungsmächte aufgehört habe zu bestehen[12]), hätte es nahegelegen, die Kontinuität des Staates durch die Kontinuität des Reichsbegriffs zum Ausdruck zu bringen. Zu den wenigen, die sich hierfür einsetzten, gehörte Jakob Kaiser. Er war in Sorge, daß ein Verzicht auf den Reichsbegriff einer vielleicht später entstehenden nationalistischen Bewegung billigen Argumentationsstoff an die Hand geben könnte. Aber vorherrschend war im Parlamentarischen Rat der Wille, durch einen neuen Namen den Beginn einer neuen, von der Reichstradition unterschiedenen staatlichen Rechtsordnung zu markieren. Es wurden als Staatsbezeichnungen u. a. vorgeschlagen: Deutsche Union, Deutsche Republik, Deutsche Länder. Der Verfassungskonvent sprach vom Bund deutscher Länder. Vom Ellwanger Freundeskreis der Christlich-Demokratischen Union kam der Vorschlag, der schließlich angenommen wurde: Bundesrepublik Deutschland. Für diesen Namen hat sich im Parlamentarischen Rat mit eindrucksvollen Argumenten Theodor Heuss eingesetzt. Zwar sei es richtig, sagte er, wenn der Verfassungskonvent betone, daß dieses Staatsgebilde ein Provisorium sei, aber man solle das Provisorische etwa durch den Namen Bund Deutscher Länder doch nicht zu sehr betonen, denn es sei zu hoffen, daß der Staat, der jetzt gebildet werde, als Modell für die staatliche Form eines wiedervereinigten Deutschland dienen könne. Darum plädierte er dafür, das Substantiv »Deutschland« mit seinem vollen Klang in den Staatsnamen hineinzunehmen. »Wir begreifen dieses Wort provisorisch«, so erklärte er, »natürlich vor allem in geographischem Sinne, da wir uns unserer Teilsituation völlig bewußt sind, geographisch und volkspolitisch. Aber strukturell wollen wir etwas machen, was nicht provisorisch ist ... Wir müssen vielmehr strukturell schon etwas Stabileres hier fertigzubringen versuchen, auch etwas, was eine gewisse Symbolwirkung hat ... Wir wollen keine Angst haben vor der Magie des Wortes. Ich würde bitten, in die Diskussion hereinzunehmen, daß wir uns heute einfach Bundesrepublik Deutschland nennen.«[13]) Durch diesen neuen Staatsnamen wurde in angemessener Weise der Gedanke der Präambel des Grundgesetzes zum Ausdruck gebracht, daß das deutsche Volk aufgefordert bleibe, »in freier Selbstbestimmung die Einheit und Freiheit Deutschlands zu vollenden«, und daß der im Parlamentarischen Rat repräsentierte Teil des deutschen Volkes, indem er »für eine Übergangszeit eine neue Ordnung« schaffe, auch für jene Deutschen handele, denen jetzt mitzuwirken versagt war. Der so verstandene Anspruch der Stellvertretung für das ganze Volk läßt sich von Begriff und Wesen der Bundesrepublik nicht trennen. Dies war insbesondere auch die Überzeugung der demokratischen Parteien in Berlin. In ihrem Namen hatte Ernst Reuter die westdeutschen Ministerpräsidenten zur Staatsgründung ermutigt, indem er erklärte: »Wir sind der Meinung, daß die politische und ökonomische Konsolidierung des Westens eine elementare Voraussetzung für die Gesundung auch unserer Verhältnisse und für die Rückkehr des Ostens zum gemeinsamen Mutterland ist.«[14]) Die Einberufung des Parlamentarischen Rates und die Erarbeitung des Grundgesetzes war eine Folge der tatsächlich vollzogenen Spaltung Deutschlands und nicht ihre Ursache. Sie hat aber gleichzeitig, indem sie Anlaß werden sollte für die offizielle Gründung des Gegenstaates der DDR, die Spaltung politisch vertieft. Dennoch geht das Grundgesetz von einer noch bestehenden nationalen und staatlichen Einheit aus, die es »zu wahren« und im Sinne der Selbstbestimmung »zu vollenden« gelte. Von den Prämissen der nationalpolitischen und verfassungsrechtlichen Überzeugungen der Väter des Grundgesetzes her ist die Vorstellung nicht denkbar, daß es in Deutschland außerhalb einer von den Grundrechten bestimmten Ordnung der demokratischen und nationalen Selbstbestimmung eine als legitim anzuerkennende Vertretung deutscher Interessen geben könne. Die Frage, wie diese Spannung zwischen Grundgesetzanspruch und Wirklichkeit durchgehalten oder gelöst werden kann, ist zum Zentralproblem des nationalen Selbstverständnisses der Deutschen in der Bundesrepublik geworden.

Während in gesamtdeutscher Hinsicht das Grundgesetz das Fragment blieb, als das es seine Urheber bezeichneten, wurde die anfängliche Souveränitätsbeschränkung der Bundesrepublik schon in ihrem Gründungs- und Konsolidierungsprozeß erheblich gelockert. So haben die Besatzungsmächte gegenüber dem Parlamentarischen Rat nicht darauf bestanden, ihre Föderalisierungsvorstellungen im vollen Umfang durchzusetzen. In Memoranden vom 22. November 1948 und vom 2. März 1949 hatten sie dem

Föderalismusprinzip eine Interpretation gegeben, die in ihrer Beschränkung der zentralen Bundesgewalt und in ihrer Ausweitung der legislativen Befugnisse der Länderkammer weiterging, als es der Mehrheit des Parlamentarischen Rates richtig erschien[15]). Es kam über diesen Versuch, in die Arbeit am Grundgesetz bestimmend einzugreifen, im März 1949 zu einer ernsten Krise in den westdeutsch-alliierten Beziehungen. Sie wurde beigelegt dadurch, daß im April 1949 die in Washington nach der Unterzeichnung des Nordatlantik-Paktes über Deutschland beratenden Außenminister der drei Besatzungsmächte den Vorstellungen des Parlamentarischen Rates entgegenkamen[16]). So stehen das Nordatlantische Verteidigungsbündnis, das Frankreich ein erhöhtes Gefühl der militärischen Sicherheit gab, und die Errichtung eines funktionsfähigen Staates in Westdeutschland in einem direkten Zusammenhang. Danach konnte das Grundgesetz am 8. Mai 1949, vier Jahre nach der Kapitulation, mit 53 Ja-Stimmen der CDU, SPD und FDP und 2 Stimmen der CSU verabschiedet werden. Dagegen stimmten aus unterschiedlichen Gründen 6 Abgeordnete der CSU sowie jeweils die beiden Abgeordneten der DP, des Zentrums und der KPD. Am 12. Mai gaben die Militärgouverneure ihre Zustimmung.

Gleichzeitig setzten sie das auf der Außenministerkonferenz der drei Westmächte in Washington vom 5.—8. April beschlossene und dem Parlamentarischen Rat bereits am 10. April 1949 übermittelte Besatzungsstatut in Kraft[17]). Es entsprach inhaltlich im wesentlichen dem, was im dritten der Frankfurter Dokumente vom 1. Juli 1948 angekündigt worden war, sah aber nach einjähriger Laufzeit eine Überprüfung vor »im Hinblick auf eine Erweiterung der Zuständigkeit der deutschen Stellen auf den Gebieten der Gesetzgebung, der Exekutive und der Rechtspflege«. Wenn bisher die französische Besatzungszone trotz wachsender Zusammenarbeit immer noch neben dem Vereinigten Wirtschaftsgebiet der britischen und amerikanischen Zone gestanden hatte, so wurde nunmehr ebenfalls auf der Washingtoner Außenministerkonferenz die Fusion der Zonen vereinbart und eine gemeinsame Dreimächtekontrolle unter dem Namen »Alliierte Hohe Kommission« errichtet[18]). In einer von den drei Außenministern Bevin, Schuman und Acheson unterzeichneten Satzung der Alliierten Hohen Kommission vom 20. Juni 1949 hieß es noch einmal in aller Deutlichkeit, daß die Kommission die oberste alliierte Regierungsgewalt in der Bundesrepublik Deutschland ausübe und daß ihre Aufgabe die »Kontrolle über die Bundesregierung und die Regierungen der sie bildenden Länder« sei[19]). Im Rahmen dieser allgemeinen Kontrolle wurde eine besondere Aufgabe dem am 17. Januar 1949 gebildeten »Militärischen Sicherheitsamt für die Westzonen Deutschlands« übertragen. Es sollte »verhindern, daß der allgemeine Aufschwung in Deutschland ... von seinen friedlichen Zielen abgelenkt und die Gefahr der Wiedergeburt eines deutschen Kriegspotentials heraufbeschworen wird«[20]). Diese Überwachung bezog sich sowohl auf das »Wiederaufleben militärischer Organisationen und militärischen Geistes« wie auf Industrie und wissenschaftliche Forschung. Die Hohe Kommission bestand aus drei von den Besatzungsmächten ernannten Hohen Kommissaren. Es waren für Frankreich der frühere Botschafter aus der Spätzeit der Weimarer Republik, André François-Poncet, für die USA John McCloy und für Großbritannien Sir Brian Robertson. Von ihrer politischen Funktion wurde der militärische Oberbefehl über die jeweiligen Besatzungstruppen getrennt.

Neben dem Besatzungsstatut und den es ergänzenden Abkommen über die Fusion der drei Zonen und die Errichtung der Alliierten Hohen Kommission und des Sicherheitsamtes war für den politischen Status der Bundesrepublik das ebenfalls vor der Verabschiedung und Genehmigung des Grundgesetzes getroffene Abkommen über die Errichtung einer Internationalen Ruhrbehörde bestimmend. Unterzeichner waren die Vereinigten Staaten, England, Frankreich und die Benelux-Staaten. Mitglied der Ruhrbehörde sollte neben den Unterzeichnern aber auch die Bundesrepublik sein. Sobald die deutsche Regierung gebildet sein würde, sollte sie einen Vertreter in die Ruhrbehörde entsenden können. Die USA, Großbritannien, Frankreich und Deutschland sollten je drei, die Benelux-Staaten je eine Stimme führen. Bis zur Entsendung eines Regierungsvertreters wurden die deutschen Stimmen durch die Besatzungsbehörden wahrgenommen[21]). Aufgaben der Behörde waren die Aufteilung von Kohle, Koks und Stahl zwischen Deutschland und den westeuropäischen Staaten, die Kontrolle von Preisen, Zöllen, Verkehr und Handel, soweit sie die Montanerzeugnisse der Ruhr betrafen, sowie der »Schutz ausländischer Interessen in Kohle-, Koks- und Stahlunternehmungen der Ruhr«. Bei der Bedeutung des Ruhrgebietes kam die Aufgabe der Behörde einer Kontrolle der westdeutschen Wirtschaft gleich.

In dem engen vorgezeichneten Rahmen, der militärisch und politisch durch das Besatzungsstatut und wirtschaftlich durch das Ruhrstatut vorgezeichnet war, begann die Bundesrepublik Deutschland ihren Weg. Nach der Verabschiedung des Grundgesetzes durch den Parlamentarischen Rat am 8. Mai 1949 und nach der Zustimmung der Besatzungsmächte vom 12. Mai wurde es den Länderparlamenten zur Ratifizierung vorgelegt. Alle Landtage stimmten zu mit Ausnahme des bayerischen. Da die zustimmende Zweidrittelmehrheit der Länder, die erforderlich war, um dem Grundgesetz Gültigkeit im gesamten westlichen Besatzungsbereich zu verschaffen (GG Art. 144), gegeben war, ließ auch die bayerische Landesregierung keinen Zweifel daran, daß sie das Grundgesetz als verpflichtend anerkannte. Am 23. Mai 1949 wurde es durch den Parlamentarischen Rat in Kraft gesetzt. Zum Sitz des Bundes hatte der Parlamentarische Rat zuvor am 12. Mai 1949 mit der knappen Mehrheit von 33 zu 29 Stimmen Bonn bestimmt. Am 14. August 1949 fanden die ersten Bundestagswahlen statt. Umstritten bei diesen Wahlen war nicht das Grundgesetz, das von den großen Parteien gemeinsam verabschiedet worden war. Im Unterschied zur Weimarer Republik wurde die verfassungsrechtliche Ordnung des Grundgesetzes von der Zustimmung aller großen Parteien getragen. Im Mittelpunkt der Auseinandersetzung des Wahlkampfes stand die durch das Grundgesetz nicht geregelte Wirtschafts- und Sozialordnung. Der Kampf der Sozialdemokraten richtete sich wie schon im Wirtschaftsrat gegen die soziale Marktwirtschaft, während die CDU sich bei dem Ringen um die Wählerstimmen dieses von Ludwig Erhard vertretene Prinzip zu eigen machte. Vor die Alternative Sozialismus oder soziale Marktwirtschaft gestellt, war das Votum der Wählermajorität eindeutig. Bei einer Wahlbeteiligung von 78,5 % ergab sich für den ersten Deutschen Bundestag folgende Sitzverteilung: CDU/CSU 139 (+ 2 Berliner Abgeordnete), SPD 131 (+ 5), FDP 52 (+ 1), Bayernpartei 17, Deutsche Partei 17, KPD 15, Wirtschaftliche Aufbauvereinigung 12, Zentrum 10, Deutsche Reichspartei 5, Parteilose 3, Südschleswigsche Wählervereinigung 1. Es lag in der Konsequenz dieser Wahl, daß in Bonn die Frankfurter Koalition von CDU/CSU, FDP und DP fortgesetzt und nicht etwa, wie es manche wünschten, eine große Koalition der Unionsparteien mit den Sozialdemokraten gebildet wurde. So zeigte der erste Bundestag das klare Bild von Regierungsparteien und Opposition. Nach Vorbesprechungen zwischen Politikern der Unionsparteien und der FDP wurde am 12. September 1949 durch die Bundesversammlung Theodor Heuss zum Bundespräsidenten und am 15. September mit der knappen Mehrheit von nur einer Stimme Konrad Adenauer durch den Bundestag zum Bundeskanzler gewählt.

Bei allem realitätsbezogenen, taktisch notwendigen Pragmatismus ließ sich Konrad Adenauer von einigen klaren Grundvorstellungen leiten, die sich dem Oberbürgermeister von Köln in der Auseinandersetzung mit der französischen Rheinlandpolitik nach dem Ersten Weltkrieg gebildet hatten. Geleitet von dem Impuls eines elementaren Patriotismus, suchte er die Befreiung aus den Fesseln, die dem Besiegten auferlegt waren, durch die freiwillige Übernahme internationaler Bindungen, die zwischen Gleichberechtigten vereinbart wurden. Die westeuropäische Integration und nicht die Wiederherstellung der ungebundenen Souveränität des Nationalstaates war das ideale Endziel seiner Außenpolitik. Das Kernstück mußte die Aussöhnung mit Frankreich sein. Adenauer war bereit, auf diesem Wege um des europäischen Zieles willen Vorleistungen zu erbringen, die als Verzicht auf nationale Interessen erscheinen konnten und den heftigen Widerspruch der Opposition hervorriefen[22]). Es ging hierbei um drei Fragen: Bereitschaft zur Zusammenarbeit mit dem Militärischen Sicherheitsamt und seinem Inspektionsmechanismus, Anerkennung des Ruhrstatuts durch Entsendung eines deutschen Vertreters in die Behörde, Eintritt in den am 5. Mai 1949 gegründeten Europarat, und zwar gleichzeitig mit dem Saargebiet. Daß dem französischen Sicherheitsbedürfnis als einer politisch-psychologischen Tatsache Rechnung getragen werden müsse, hatte Adenauer schon nach dem Ersten Weltkrieg in seiner ersten politischen Rede, damals zum Unwillen Stresemanns, anerkannt. Um so weniger bestanden jetzt nach den Erfahrungen des Zweiten Weltkrieges Bedenken, Frankreich und dem Wunsch der übrigen Westalliierten in dieser Hinsicht entgegenzukommen. Auch die sozialdemokratische Opposition erhob hier keinen grundsätzlichen Widerspruch. Anders stand es mit dem Eintritt in die Ruhrbehörde und den Europarat. Adenauer selber hatte sich ursprünglich kategorisch gegen das Ruhrstatut als ein »beschlossenes System der Ausbeutung Deutschlands« ausgesprochen und offen dessen Ablehnung empfohlen[22a]). Da aber keine Möglichkeit bestand, die Errichtung der Ruhrbehörde zu verhindern, blieb für die deutsche Politik nur die Alternative, entweder die Handhabung dieses Kontrollinstrumentes gänzlich den Besatzungsmächten und den Benelux-Ländern zu überlassen oder einzusteigen und den Versuch zu unternehmen, von dieser Basis aus die Montanindustrie der Bundesrepublik und seiner westeuropäischen Anliegerstaaten zu einem Zweckverband zusammenzuschließen. Von dieser Zielvorstellung geleitet, hat Adenauer der Hohen Kommission die Mitarbeit Deutschlands an der Ruhrbehörde zugesagt. Und wie schon nach dem Ersten Weltkrieg stellte er auch jetzt dem französischen Kapital eine weitgehende Beteiligung an der auf Investitionsmittel angewiesenen Ruhrindustrie in Aussicht. Gegen dieses von der sozioökonomischen Gegebenheit der Privatwirtschaft ausgehende Europakonzept einer französisch-deutschen industriellen Interessenverschmelzung wandte sich der in der Diktion maßlose Protest Kurt Schumachers aus der doppelten Wurzel eines leidenschaftlichen Nationalismus und Sozialismus.

Schmerzlicher noch berührte das Nationalbewußtsein der für den Europarat vorgesehene gleichzeitige Beitritt der Bundesrepublik und des Saargebietes als assoziierter Mitglieder. Das Statut des Europarats war am 5. Mai 1949, einen Monat nach der Bildung der Nordatlantischen Verteidigungsgemeinschaft, von zehn Staaten — England, Frankreich und Italien; Dänemark, Schweden und Norwegen; Belgien, Holland, Luxemburg und Irland — unterzeichnet worden. Atlantische und europäische, wirtschaftliche, militärische und politische Zusammenschlüsse, Marshall-Plan und OEEC, NATO und Brüsseler Pakt (Westeuropäische Union, WEU) und schließlich der Europarat waren Erscheinungsformen des in seiner organisatorischen Vielfalt und in den entstehenden Kompetenzüberschneidungen komplexen Vorgangs einer in Gang kommenden westlichen Integration. Der Europarat hatte unter diesen Institutionen spezifisch politischen Charakter. Militärische und wirtschaftliche Fragen lagen außerhalb seiner Zuständigkeit. Er war ein Ergebnis der europäischen Bewegung. Diese hatte im Jahre 1946 durch die Reden Churchills in Fulton und Zürich ihren Anstoß erhalten und sich mit ihren mannigfaltigen Verbänden im »Internationalen Komitee der Vereinigungen für die Einheit Europas« zusammengeschlossen[23]). Im Mai 1948 hatte sie auf einem Europakongreß in Den Haag wiederum mit der Stimme Churchills an die Regierungen die Aufforderung gerichtet, angesichts der Herausforderung durch den sowjetischen Kommunismus das geeinte Europa zu schaffen, in dem die Menschenrechte und der freie Verkehr von Personen und Gütern gewährleistet sein sollten. Sitz des Europarats wurde Straßburg. Als Organe schuf man neben einem ständigen Sekretariat das Europäische Parlament, das sich aus den Delegationen der Nationalparlamente zusammensetzte, und den Ministerrat, beide mit sehr begrenzten Vollmachten. Mit der Zielvorstellung der »Vereinigten Staaten von Europa«, auf die sich gerade in der deutschen, vom Nationalismus enttäuschten und nach neuen Idealen Ausschau haltenden Jugend manche Hoffnung richtete, hatte der Europarat nur insofern etwas zu tun, als er ein Diskussionsforum anbot, auf dem der europäische Gedanke vielleicht eine konkretere Form annehmen konnte. Zu diesem Gedanken gehörte als wesentliches Element mit den allgemeinen Menschenrechten das Prinzip der nationalen Selbstbestimmung. Durfte die Bundesregierung, wenn der Protest gegen die Abtrennung der Gebiete ostwärts von Oder-Neiße glaubhaft bleiben sollte, die völkerrechtlich ebenso ungültige Abtrennung des Saargebiets, wenn nicht sanktionieren, so doch tolerieren dadurch, daß sie neben der Saar in den Europarat eintrat? Dem Nein der von den Sozialdemokraten artikulierten nationalen Opposition stand bei Adenauer die Überlegung entgegen, daß Deutschland, wenn es von den Besatzungsmächten Konzessionen auf anderen Gebieten erwarten wollte, seinen guten Willen zur internationalen Zusammenarbeit unter Beweis stellen müsse unter Vorbehalt des Rechtsstandpunktes einer endgültigen Friedensregelung in der Saarfrage. Man geht zudem nicht fehl in der Feststellung, daß für Adenauer die nationale Bedeutung der Saarfrage in dem Maße zurücktreten konnte, wie er Chancen für das wirtschaftliche und politische Zusammenwachsen Westeuropas sah.

Die dreifache deutsche Bereitschaft zur Zusammenarbeit mit dem Sicherheitsamt, zur Anerkennung der Ruhrbehörde und zum Eintritt in den Europarat neben der Saar war die Voraussetzung dafür, daß die Alliierte Hohe Kommission sich zu erheblichen Zugeständnissen an die Bundesrepublik bereit fand. Die wichtigsten waren eine weitere Einschränkung der Demontagen, eine Lockerung der Beschränkung im Schiffbau und die Genehmigung zur Errichtung von Konsulaten in den westlichen Ländern und damit der Wiederbeginn einer institutionalisierten deutschen Außenpolitik. Das Ergebnis der hierüber geführten zähen Verhandlungen wurde im »Petersberger Abkommen« vom 22. November 1949 niedergelegt. Es war die erste frei ausgehandelte Vereinbarung zwischen Deutschland und den Besatzungsmächten. Eine erregte Debatte im Bundestag schloß sich an[24]). Hier fiel das von Kurt Schumacher in blinder Erregung gesprochene böse Wort vom »Bundeskanzler der Alliierten«. Die Bundesrepublik hatte den ersten Schritt getan, der in die Richtung Europa wies.

Zur europäischen wirtschaftlichen Zusammenarbeit wurde sie auch verpflichtet durch ein Abkommen mit den Vereinigten Staaten vom 15. Dezember 1949, das am 31. Januar 1950 vom Bundestag zum Gesetz erhoben wurde[25]). Wenn die westlichen Besatzungszonen bisher im Rahmen der OEEC von den Militärgouverneuren vertreten worden waren, so rückte nunmehr die Bundesregierung selber in diese Stellung ein.

Einen Rückschlag für die deutsche Politik bedeutete die am 3. März 1950 zwischen Frankreich und der Saar abgeschlossene Konvention. Die Saar wurde hier zu einem autonomen, von Deutschland getrennten Gebiet unter französischer politischer und wirtschaftlicher Kontrolle erklärt. Die Bundesregierung legte hiergegen in einer vom Bundestag gebilligten Erklärung vom 10. März 1950 Verwahrung ein[26]). Dennoch nahm sie die am 31. März 1950 ergangene Einladung des Europarats zum Beitritt als assoziiertes Mitglied in der Überzeugung an, daß »Europa nicht um Deutschland herumgebaut werden könne«. Adenauer hat in einer Denkschrift hierzu das Für und

Wider abgewogen[27]). Er bezeichnete die Saarfrage als offen und die Saarregierung nicht als legitimiert, über diesen deutschen Gebietsteil eigenmächtig zu verfügen. Demgegenüber war das entscheidende Argument für den Beitritt ein Hinweis auf eine Erklärung Bevins vor dem Unterhaus am 28. März, daß die Mitarbeit im Europarat die Voraussetzung dafür schaffen werde, »Deutschland die Führung seiner Außenpolitik zurückzugeben«. Dann werde Deutschland auch gleichberechtigtes Mitglied werden. Am 8. Juli 1950 wurde der Beitritt vollzogen; 1951 erhielt die Bundesrepublik die Vollmitgliedschaft.

Wenn das Leitmotiv der Politik Adenauers die durch reale Interessenverklammerung garantierte Einbeziehung der Bundesrepublik in Westeuropa war, so bedeutete das Jahr 1950 den entscheidenden Durchbruch in dieser Richtung. Schon den Ende 1948 veröffentlichten Erstentwurf des Ruhrstatuts hatte Adenauer mit dem Gedanken kommentiert, daß die Ruhrbehörde den Ausgangspunkt einer europäischen Föderation bilden müsse. Als er am 21. September 1949 seinen offiziellen Antrittsbesuch bei den Hohen Kommissaren auf dem Petersberg machte, hatte er es als notwendig erklärt, daß man die Regelung der Verhältnisse an der Ruhr aus ihrer Einseitigkeit herauslöse und sie allmählich zur Keimzelle einer Ordnung werden lasse, die auch die Grundstoffindustrien der anderen europäischen Länder umfasse[28]). Im März 1950 hatte er in Interviews gegenüber der amerikanischen Presse sich geradezu für den Gedanken einer deutsch-französischen Wirtschafts- und Zollunion eingesetzt, die aber auch anderen Staaten offenstehen solle. Und wiederum hatte er den Hohen Kommissaren bei den Verhandlungen über den durch die Saarkonvention erschwerten Beitritt Deutschlands zum Europarat nahegelegt, doch durch eine »Geste« die deutsche Entscheidung zu erleichtern. Während der Beratungen des Bundeskabinetts über diese Frage kam aus Paris nun die entscheidende Nachricht, daß die französische Regierung den Gedanken der Union in einem zunächst begrenzten Vorschlag konkretisierte. In einer »Erklärung der französischen Regierung über eine gemeinsame deutsch-französische Schwerindustrie vom 9. Mai 1950« — nach dem französischen Außenminister »Schuman-Plan« genannt — hieß es: »Die Vereinigung der europäischen Nationen erfordert, daß der Jahrhunderte alte Gegensatz zwischen Frankreich und Deutschland ausgelöscht wird. Das begonnene Werk muß in erster Linie Deutschland und Frankreich erfassen. Zu diesem Zweck schlägt die französische Regierung vor, in einem begrenzten, doch entscheidenden Punkt sofort zur Tat zu schreiten. Die französische Regierung schlägt vor, die Gesamtheit der französisch-deutschen Kohlen- und Stahlproduktion unter eine gemeinsame Oberste Aufsichtsbehörde (Haute Autorité) zu stellen, in einer Organisation, die den anderen europäischen Ländern zum Beitritt offen steht. Die Zusammenlegung der Kohlen- und Stahlproduktion wird sofort die Schaffung gemeinsamer Grundlagen für die wirtschaftliche Entwicklung sichern — die erste Etappe der europäischen Föderation ...«[29]) Bereits ein Jahr später, am 18. April 1951, konnte zwischen Deutschland, Frankreich, Italien und den Benelux-Staaten der Vertrag über die Gründung der Montan-Union geschlossen werden, der am 23. Juni 1952 in Kraft trat. Die Proklamierung des Schuman-Plans schloß den Gründungsvorgang der Bundesrepublik Deutschland als eines aus Besatzungsabhängigkeit in die westeuropäische Integration hineinwachsenden deutschen Teilstaates ab.

Dokumente: Foreign Relations of the United States. Diplomatic Papers 1948, Vol. 2: Germany and Austria (Washington 1973); J. O. WAGNER (Hg.), Der Parlament. Rat 1948—1949. Akten u. Protokolle, Bd. 1: Vorgesch. (1975); Parlament. Rat. Stenogr. Berichte, Verhandlungen des Plenums (1948/49); Parlament. Rat. Verhandlungen des Hauptausschusses (1948/49); E. R. HUBER (Hg.), Quellen zum Staatsrecht der Neuzeit 2 (1951); Th. STAMMEN (Hg.), Einigkeit u. Recht u. Freiheit. Westdt. Innenpolitik 1945 bis 1955 (Tb. 1965).

Grundgesetz-Kommentare: B. DENNEWITZ / H. J. ABRAHAM u. a. (Hg.), Kommentar zum Bonner Grundgesetz (Bonner Kommentar) (1950 ff.); H. v. MANGOLDT / F. KLEIN, Das Bonner Grundgesetz. Kommentar (3 Bde. ²1957—1974); Th. MAUNZ / G. DÜRIG / R. HERZOG, Grundgesetz, Kommentar (³1968).

Darstellungen: F. K. FROMME, Von der Weimarer Verfassung zum Bonner Grundgesetz. Die verfassungspolit. Folgerungen des Parlament. Rats aus Weimarer Republik u. nat.soz. Diktatur (²1962); J. F. GOLAY, The Founding of the Federal Republic of Germany (Chicago / London 1965); W. STRAUSS, Die Arbeit des Parlament. Rats, in: Festschrift Hans Schäffer (1966), St. war CDU-Mitglied des Parl. Rats; P. H. MERKL, Die Entstehung der Bundesrep. Dtld. (a. d. Engl. ²1968); W. SÖRGEL, Konsensus u. Interessen. Eine Studie zur Entstehung des Grundgesetzes für die Bundesrep. Dtld. (1969); V. OTTO, Das Staatsverständnis des Parlament. Rates (1971); Th. VOGELSANG, Koblenz, Berlin u. Rüdesheim. Die Option für den westdt. Staat im Juli 1948, in: Festschrift Hermann Heimpel, Bd. 1 (1971).

1) S. ROTHSTEIN, Die Londoner Sechsmächtekonferenz 1948 u. ihre Bedeutung für die Gründung der Bundesrep. Dtld. (Diss. iur. Freiburg 1968); ders., Gab es eine Alternative? Zur Vorgesch. der Gründung der Bundesrep. Dtld., in: Das Parlament, Beilage, 17. 5. 1969; Londoner Schlußkommuniqué vom 7. Juni 1948 in: Der Parlament. Rat Bd. 1, Nr. 1. **2)** Ebd. Nr. 4. **3)** Ebd. Nr. 6 u. 7. **4)** Verfassungsausschuß der Ministerpräsidentenkonferenz der westl. Besatzungszonen, Bericht über den Verfassungskonvent vom 10. bis 23. Aug. 1948 (1948); Text der Verfassungsentwürfe der Mehrheit u. der Minderheit bei E. R. HUBER, Bd. 2, S. 219. **5)** Eine synoptische Übersicht der verschiedenen Verfassungsentwürfe in: B. DENNEWITZ, Einleitung zum Kommentar zum Bonner Grundgesetz (Bonner Kommentar, 1954); Texte auch bei W. SÖRGEL, op. cit., Anhang. **5a)** Zur Stellung Berlins im Parlament. Rat: vgl. J. O. WAGNER (Hg.), Der Parlament. Rat, Dok. Nr. 25; Ausführl. Erörterung der Zugehörigkeit Berlins zur Bundesrepublik bei J. FIJALKOWSKI u. a., Berlin — Hauptstadtanspruch u. Westintegration (1967). **6)** Das in BGG Art. 21 vorgesehene Parteiengesetz wurde am 24. Juli 1967 verkündet. Text mit nachfolgenden Ergänzungen in: Beck'sche Textausgaben, Grundgesetz (⁴⁴1976). **7)** Bundesverfassungsgerichtsurteile vom 23. 10. 1953 gegen die SRP (BVG 2, 1953), vom 17. 8. 1956 gegen die KPD (BVG 5, 1956). **8)** BGBl. Nr. 2, 15. 6. 1949; E. LANGE, Der Parlament. Rat u. die Entstehung des Ersten Bundestagswahlgesetzes, VfZG 20 (1972); ders., Wahlrecht u. Innenpolitik. Entstehungsgesch. u. Analyse der Wahlgesetzgebung u. Wahlrechtsdiskussion im westl. Nachkriegsdtld. 1945 bis 1956 (1975). **9)** Zum Bundesverfassungsgericht vgl. bes. H. LAUFER, Verfassungsgerichtsbarkeit u. polit. Prozeß. Studien zum Bundesverfassungsgericht der Bundesrep. Dtld. (1968); ferner R. DOLZER, Die staatstheoret. u. staatsrechtl. Stellung des Bundesverfassungsgerichts (Diss. Heidelberg 1972). **10)** Gesetz über das Bundesverfassungsgericht vom 12. 3. 1951, BGBl. 1 (1951), S. 243 ff.; Neufassung vom 3. 2. 1971, BGBl. 1 (1971), S. 105. **10a)** G. BEIER, Der Demonstrations- u. Generalstreik v. 12. Nov. 1948 im Zusammenhang mit der parlament. Entwicklung Westdtlds. (1975). **11)** E. MENZEL, Der »Sozialstaat« des Bonner Grundgesetzes, GWU 12 (1961); E. FORSTHOFF (Hg.), Rechtsstaatlichkeit u. Sozialstaatlichkeit. Aufsätze u. Essays (1968); ders., Verfassungsprobleme des Sozialstaates (1954); ders., Begriff u. Wesen des sozialen Rechtsstaates (1954); H. GERBER, Die Sozialstaatsklausel des Grundgesetzes (1956); E. R. HUBER, Rechtsstaat u. Sozialstaat in der modernen Industriegesellschaft, in: ders., Nationalstaat u. Verfassungsstaat. Studien zur mod. Staatsidee (1965); H.-H. HARTWICH, Sozialstaatspostulat u. gesellschaftl. status quo (1970), eine Interpretation des BGG unter zeitgeschichtlicher, verfassungsrechtlicher u. politisch-systematischer Fragestellung mit dem Ziel, eine demokratisch-sozialistische Alternative zur bestehenden Gesellschaftsordnung der soz. Marktwirtschaft aus dem Sozialstaatsartikel zu legitimieren. **12)** S. insb. die Rede von Carlo Schmid, Parlament. Rat, Sten. Bericht 2. Sitzung, 8. 9. 1948. **13)** Ebd. 3. Sitzung, 9. 9. 1948, S. 41. **14)** Konferenz der Ministerpräsidenten der westdt. Besatzungszonen Jagdschloß Niederwald, 21.—22. 7. 1948, in: Der Parlament. Rat, Bd. 1, Nr. 11. **15)** E. R. HUBER, Bd. 2, S. 208 ff. **16)** Weisungen der drei Außenminister an die Militärgouverneure vom 5. u. 8./22. 4. 1949, ebd. S. 214 bis 216. **17)** Ebd. S. 576 ff. **18)** Abkommen vom 8. 4. 1949, ebd. S. 581 ff. **19)** Ebd. S. 583 ff. **20)** Ebd. S. 605 ff. **21)** Ebd. S. 590 ff. **22)** Lit. zu Adenauer s. § 95, Anm. 4; R. MORSEY, Die Rolle Konrad Adenauers im Parlament. Rat, VfZG 18 (1970). Zur Außenpolitik der entstehenden Bundesrepublik: Die ausw. Politik der Bundesrep. Dtld., hg. vom Ausw. Amt (1972); W. BESSON, Die Außenpolitik der Bundesrepublik (1970); W. F. HANRIEDER, Die stabile Krise. Ziele u. Entscheidungen der bundesrepublikanischen Außenpolitik 1949—1969 (1971). **22a)** Adenauer in: Die Welt, 10. 6. 1948; vgl. J. O. WAGNER (Hg.), Parlament. Rat, S. XXI; ferner H. PÜTZ (Hg.), K. Adenauer u. die CDU der brit. Besatzungszone 1946—1949 (1975), Dok. Nr. 21. **23)** Europa. Dok. zur Frage der europ. Einigung, hg. im Auftrag des Ausw. Amtes, 3 Teilbde. (1962); H. FURLER, Im neuen Europa. Erlebnisse u. Erfahrungen im Europ. Parlament (1963); F. R. WILLIS, France, Germany and the New Europe, 1945—1967 (Stanford 1968); vgl. ferner die entsprechenden Kap. bei H.-P. SCHWARZ, Vom Reich zur Bundesrepublik. **24)** Zum außenpolit. Konzept der sozialdemokrat. Opposition im Zusammenhang: R. HRBEK, Die SPD, Deutschland u. Europa (1972). **25)** BGBl. 1949/50, S. 9 ff. **26)** Saarkonvention u. Erklärung der Bundesregierung in: K. HOHLFELD (Hg.), Dok. der dt. Politik u. Gesch. 6, Nr. 68 a u. b. **27)** Denkschrift Adenauers vom 7. 5. 50, EA 5 (1950), S. 3127 ff. **28)** K. ADENAUER, Erinnerungen 1, S. 234 f. **29)** Text des Schuman-Plans EA 5,1 (1950), S. 3091; W. DIEBOLD, The Schuman-Plan. A case study on economic cooperation 1950—1959 (New York 1959); E. WANDEL, Adenauer u. der Schuman-Plan, VfZG 20 (1972).

§ 106 Die Entstehung der Deutschen Demokratischen Republik

Am 7. Oktober 1949 wurde die Verfassung der DDR in Kraft gesetzt, einen Monat nach der in der Zeit vom 7. bis 15. September vollzogenen Konstituierung der Staatsorgane der Bundesrepublik. Dieser offizielle Akt der Staatsgründung war der Schlußpunkt eines Prozesses, der seine allgemeinen Ursachen in dem weltpolitischen Verhältnis der Großen Mächte mit der sich daraus ergebenden Spaltung Deutschlands hatte und dessen besondere Ursachen in der wirtschaftlichen und politischen Eigenentwicklung der Sowjetzone seit 1945 lagen. Die Notwendigkeit, eine sich zunehmend sozialisierende Wirtschaft planend zu lenken, hatte im Jahre 1947 zur Bildung der Deutschen Wirtschaftskommission geführt. Die für 1948 zu erwartende Einbeziehung Westdeutschlands in den Marshall-Plan bedeutete eine Herausforderung für die sowjetische Besatzungszone, die keine westliche Hilfe annehmen durfte und keine östliche Hilfe erwarten konnte. So befahl die SMAD am 12. Februar 1948 eine organisatorische Effektivierung der Wirtschaftskommission: das bisherige Kollegialorgan wurde unter die Leitung eines Vorsitzenden gestellt und mit einem Sekretariat als Vollzugsorgan ausgestattet. Gleichzeitig verlieh die SMAD der Wirtschaftskommission klare Weisungs- und Kontrollbefugnisse gegenüber allen deutschen staatlichen Organen im Gebiet der sowjetischen Besatzungszone[1]). Im Laufe des Jahres wurden die Vollmachten erweitert: die Wirtschaftskommission erhielt das Recht, unmittelbar für die Bevölkerung verbindliche Anordnungen zu erlassen[2]). Ihre zentrale Steuerungsfunktion beruhte aber vor allem darauf, daß ihr von der SMAD die unmittelbare Verfügung über einen Großteil der bisher von den Ländern verwalteten sozialisierten Wirtschaft übertragen wurde. Das Sekretariat der Wirtschaftskommission erhielt Weisungsbefugnisse gegenüber den in den Ländern bestehenden Hauptverwaltungen der volkseigenen Betriebe. 1 800 von insgesamt rd. 2 800 volkseigenen Betrieben mit etwa vier Fünftel der in ihnen Beschäftigten wurden aus der Länderzuständigkeit gänzlich herausgelöst und der Zentralbehörde in Form von »Vereinigungen volkseigener Betriebe« (VEB) direkt unterstellt. Bei diesen handelte es sich um konzern- bzw. trustartige Zusammenschlüsse von mehreren Betrieben der gleichen Fachrichtung, wobei die Einzelbetriebe keine juristischen Personen mehr darstellten. Die Verpflichtung zur wirtschaftlichen Rechnungsablegung gegenüber der Wirtschaftskommission und zu selbständiger Bilanzierung lag bei den »Vereinigungen«. Deren Direktoren wurden von der Wirtschaftskommission ernannt und instruiert. Der Anteil der volkseigenen Produktion an der Industriewirtschaft der sowjetischen Besatzungszone lag damals bei 40 %. Dazu kam ein ca. 20%iger Anteil der Sowjetischen Aktiengesellschaften. Der privatwirtschaftliche Sektor hatte damals noch einen Anteil von ca. 40 % an der Produktion. Er war wie der volkseigene Sektor in die wirtschaftliche Gesamtplanung einbezogen.

Ein erster, als staatlich zu bezeichnender wirtschaftlicher Gesamtplan wurde im Jahre 1948 für die Jahre 1949/50 aufgestellt[3]). Die Initiative hierzu war, wie Ulbricht auf einer Tagung des Parteivorstandes vom 29. und 30. Juni 1948 erklärte, von der SED ausgegangen. Sie arbeitete den Plan aus und setzte die zu erreichenden Ziele. Über die Ausgangslage im Vergleich zum Westen erklärte Ulbricht: »Zusammenfassend können wir feststellen, daß die Industrieproduktion in der sowjetischen Besatzungszone im Jahre 1947 111 Prozent im Vergleich zu 1946 und 59 Prozent im Verhältnis zu 1936 betrug. Die Wirtschaftsverwaltung der Bizone mußte demgegenüber feststellen, daß sich die Wirtschaft in Westdeutschland nach dem Zusammenbruch im Jahre 1945 noch nicht erholt hat. Nach diesem Bericht betrug die industrielle Produktion der Bizone im Jahre 1947 nur 39 Prozent von der des Jahres 1936.«[4]) Er sprach die Vermutung aus, daß der Marshallplan die wirtschaftliche Lage der arbeitenden Bevölkerung in Westdeutschland noch weiter verschlechtern werde. Das war eine Fehleinschätzung der wirtschaftlichen Potenzen der konkurrierenden Gesellschaftssysteme. Denn in Wirklichkeit verlief die Entwicklung so, daß bereits um die Mitte des Jahres 1948 die Industrieproduktion Westdeutschlands die der Sowjetzone prozentual, gemessen am Stand von 1936, überholte. Als Ziele wurden dem Zweijahresplan und einem vorgeschalteten Halbjahresplan für 1948 gesetzt: Steigerung der Arbeitsproduktivität um 30 %, Produktionshöhe von 80 % der Produktionshöhe von 1936, Steigerung der Löhne um durchschnittlich 15 % und Senkung der Produktionskosten in den volkseigenen Betrieben um 7 %. Wurden diese Ziele erreicht?

Das Ziel der Produktionssteigerung suchte man vor allem durch Steigerung der Arbeitsleistung des einzelnen und durch Disziplinierung der Belegschaft zu erreichen. Der Bergmann Adolf Hennecke wurde am 17. Oktober 1948 durch das Zentralkomitee der SED belobigt, weil er in einer Schicht 24,4 cbm Steinkohle gefördert und damit 380 % des Tagessolls erreicht habe. Mit Lockung und Drohung wurden die Arbeiter angetrieben, diesem Vorbild nachzueifern. Auf besondere Leistungen wurden besondere Lohnprämien gesetzt. Während man auf diese Weise eine Aktivistenbewegung in Gang zu setzen versuchte, wurde auf der anderen Seite die Institution, die die betrieblichen Arbeiterinteressen zu vertreten hatte, die gewählten Betriebsräte, aufgelöst. Sie galten als verdächtig wegen ihrer vielfach kritischen Haltung gegenüber der SED. Ihre Funktionen wurden den von der SED kontrollierten »Betriebsgewerkschaftsleitungen« des FDGB übertragen. Als ein Mittel zur Produktionssteigerung war auch die im Oktober 1948 geschaffene staatliche Handelsorganisation (HO) gedacht. In den HO-Läden wurden zu stark überhöhten Preisen Lebensmittel und Gebrauchsgüter zum Verkauf angeboten, die über das gesetzte Plansoll hinaus produziert worden waren. Darüber hinaus sollte durch die HO im Einzelhandel wie übrigens auch im Gaststätten- und Hotelgewerbe der private Sektor zurückgedrängt werden. Es war überhaupt das Bestreben der Planpolitik, den volkseigenen Anteil an der Wirtschaft auszudehnen. Prozesse gegen »Wirtschaftsverbrecher« gaben Anlaß zu weiteren Verstaatlichungen.

Auch in der Landwirtschaft begann der Übergang in eine gesellschaftliche Produktionsweise. Durch die Wirtschaftskommission wurden die »Maschinenausleihstationen« erheblich ausgebaut und durch die »Vereinigung der gegenseitigen Bauernhilfe« genossenschaftliche Zusammenschlüsse ermutigt. Das geschah unter der gleichzeitigen politischen Parole der Demokratisierung des Dorfes und der Brechung der wirtschaftlichen Vormachtstellung der Großbauern.

Ein Element der sich entwickelnden Staatswirtschaft war auch die dirigistische Verfügung über die menschliche Arbeitskraft. Dazu gehörte die Verschickung zahlreicher

Facharbeiter, Techniker und Ingenieure in die Sowjetunion. Der Uranbergbau im Riesengebirge, der dem rüstungstechnischen Interesse der Sowjetunion diente, konnte nicht ohne Zwangsrekrutierungen die erforderlichen Arbeitskräfte erhalten.

Alle diese Steuerungsmaßnahmen wurden direkt oder indirekt durch die Deutsche Wirtschaftskommission vollzogen. Sie handelte unter den Direktiven der sowjetischen Militäradministration bzw. der SED. Ein Befehl der SMAD vom 27. November 1948 erweiterte die Wirtschaftskommission in Fortentwicklung ihres vorstaatlichen Charakters durch Einfügung eines repräsentativen Elementes[5]). Ihre Mitgliederzahl wurde von 36 auf 101 erhöht durch Hereinnahme von Vertretern der Parteien und Massenorganisationen und von Vertretern der Regionalinteressen, die von den Landtagen gewählt wurden. Dieses »Plenum« war ein Akklamationsorgan für die vom Sekretariat vorgelegten Verordnungen.

Während so im Rahmen des Zweijahresplans eine auf den Sozialismus hinführende staatliche Verwaltungswirtschaft entstand und in der Wirtschaftskommission zentrale Instanzen für den kommenden sowjetzonalen Staat vorbereitet wurden, vollzog sich in der SED die im Jahre 1947 angekündigte Umwandlung zur »Partei neuen Typus«. Am 29. Juli 1948 entschloß sich der Parteivorstand für den Weg von der Massenpartei zur Kaderpartei. Dazu gehörte die Aussonderung aller als unzuverlässig geltenden Elemente. Als Instrument hierfür diente die im September 1948 gebildete Parteikontrollkommission. Mit ihrer Hilfe sollte in erster Linie der immer noch vorhandene Einfluß sozialdemokratischer Denkweise ausgeschieden werden. Die zentrale Führung der Partei übernahm wie in der kommunistischen Partei der Sowjetunion ein Politbüro. Dessen leitende Figuren waren Pieck, Grotewohl und Ulbricht. Der staatlich-politische Machtapparat wurde durch einen polizeilich-militärischen ergänzt. Nachdem am 3. Januar 1948 auf Weisung der sowjetischen Militäradministration die deutsche Verwaltung des Innern eine »Hauptabteilung Grenzpolizei-Bereitschaften« gebildet hatte mit dem Auftrag, Ausbildungseinheiten aufzustellen, wurde am 3. Juli 1948 die Aufstellung kasernierter, bewaffneter Bereitschaftsverbände — kasernierte Volkspolizei — angeordnet. Offiziell für den Schutz der Zonengrenze bestimmt, stellten diese Verbände den Kern für den späteren Aufbau militärischer Streitkräfte dar.

Schließlich wurde auch die staatsrechtliche Form der späteren Deutschen Demokratischen Republik bereits im Jahre 1948 vorgeprägt. Die staatsrechtlichen Grundgedanken der späteren DDR-Verfassung finden sich in den Schriften und Reden Walter Ulbrichts aus jener Zeit formuliert. Ähnlich wie bei den westdeutschen Verfassunggebern begegnet man auch hier dem Gedanken, daß das deutsche Volk aus dem Fehlschlag der Weimarer Republik lernen müsse. Aber die Folgerungen, die aus den Weimarer Erfahrungen hier und dort gezogen wurden, stellten absolute Gegensätze dar. Ein Leitmotiv in den staatstheoretischen Äußerungen Ulbrichts ist die These, daß die Idee der Gewaltenteilung überholt sei. »Während in der Weimarer Republik«, so sagt er z. B., »und das war das Rückständige dieser Verfassung, drei Gewalten festgelegt waren, Parlament und Regierung und der Verwaltungsapparat, drittens die Justiz, schlagen wir vor, daß es nur eine Gewalt gibt, nämlich das Palament.«[6]) Ebenso kritisierte er an der im Entstehen begriffenen westdeutschen Verfassung, daß sie das längst überholte Prinzip der Dreiteilung der Gewalten wieder hervorhole. Denn die Dreiteilung der Gewalten verhindere, daß mit Hilfe des Parlaments eine eindeutig klassenbestimmte Politik zur Umformung von Wirtschaft und Gesellschaft geführt werden könne. Die Justiz der Weimarer Zeit sei eine ausgesprochene Klassenjustiz und das deutsche Beamtentum, das Instrument der Exekutive, von einem undemokratischen und unrepublikanischen Staatsbewußtsein erfüllt gewesen. Deshalb verlangte er jetzt, daß alle Gewalt in die Hände des Parlaments gelegt werde. Statt Gewaltenteilung also Machtkonzentration beim Parlament. Ein zweiter für Ulbricht charakteristischer Gedanke ist die Relativierung von Wahl und Wahlrecht für das Funktionieren des Verfassungsmechanismus. Die in Westdeutschland erhobene Forderung nach Durchführung gesamtdeutscher Wahlen als grundlegender Maßnahme für die Wiedererrichtung eines deutschen Staates erschien ihm als propagandistische Ausnutzung einer am Wahlrecht orientierten Auffassung von Demokratie. »Auch wir sind für Wahlen«, erklärte er. Aber diese sollten erst eine gewisse Zeit nach der Übernahme der Verwaltung durch die deutschen Organe und nach Erfahrungen mit der Durchführung des Zweijahresplans stattfinden. Sein Begriff von Demokratie bedeutet Mitwirkung der dem Führungsanspruch der Partei unterworfenen Volkskräfte bei der Umgestaltung der realen wirtschaftlichen und sozialen Verhältnisse.

Diese beiden Grundprinzipien — keine Gewaltenteilung, sondern Gewaltenkonzentration, Demokratie kein Formalprinzip der Willensbildung, sondern ein Realprinzip der Gesellschaftsveränderung — fanden ihren Niederschlag in dem von der SED bereits am 14. November 1946 verabschiedeten gesamtdeutschen Entwurf für eine »Deutsche Demokratische Republik«, ferner, wenn auch eingehüllt in das Vokabular bürgerlicher Verfassungsvorstellungen, in den Länderverfassungen der sowjetischen Besatzungszone von Dezember 1946 bis Februar 1947. Im Verfassungsbild jenes gesamtdeutschen Entwurfs wie der Länderverfassungen nimmt den Forderungen Ulbrichts entsprechend das Parlament eine alles beherrschende Stellung ein. Es besitzt außer der legislativen Gewalt die Kontrolle über Exekutive und Jurisdiktion. Die Verfassungswirklichkeit zeigt im Gegensatz hierzu ein absolutes Vorherrschen der Exekutive, die man als einen Ausschuß des Parteienblocks mit dem vorherrschenden Einfluß der auch die Blockpolitik bestimmenden SED betrachten muß. Dem Parlament fehlt mit der Möglichkeit offener politischer Auseinandersetzung zwischen Regierung und Opposition diejenige Funktion, die ihm erst ein eigenes Gewicht gibt.

Als man sich Ende 1947 in der sowjetischen Besatzungszone anschickte, den Akt einer formalen Staatsgründung vorzubereiten, waren die wirtschaftlich-gesellschaftlichen, die institutionellen, die politischen und die verfassungstheoretischen Elemente bereits vorhanden. Die Verabschiedung der Verfassung und der Akt der Staatsgründung vollzogen sich in folgenden Schritten: Der erste deutsche »Volkskongreß« vom Dezember 1947 (vgl. § 103), der sich in einem Appell an die Londoner Außenministerkonferenz als legitimer Sprecher des gesamten deutschen Volkes verstand, betrachtete sich als eine Art Vorparlament. Ein zweiter Volkskongreß, wie der erste gestützt auf das Organisationsnetz von KPD und SED und aus Delegierten von Parteien und Massenorganisationen zusammengesetzt, wurde zum 17./18. März, dem 100. Jahrestag der Revolution von 1848, einberufen. Er nahm für sich in Anspruch, Vollstrecker und Vollender der demokratischen und nationalen Ideen der Paulskirche zu sein. Er wählte als vorläufige ständige Vertretung einen aus 400 Mitgliedern bestehenden »Deutschen Volksrat«. Dieser nahm am 22. Oktober 1948 einen von der SED vorgelegten Verfassungsentwurf für die »Deutsche Demokratische Republik« an, der sich weitgehend an den Entwurf der SED vom 14. November 1946 anlehnte. Am 19. März 1949 billigte der Volksrat jenen Entwurf endgültig und leitete ihn dem dritten deutschen Volkskongreß zur Bestätigung zu. Dieser trat am 25. Mai 1949 zusammen. Er ging aus Wahlen hervor, für die man aus dem Blockprinzip die Folgerung der Einheitsliste gezogen hatte. Die Gesamtzahl der für den Volkskongreß vorgesehenen Abgeordnetensitze wurde zwischen den Parteien und Massenorganisationen vorweg nach einem vereinbarten Schlüssel aufgeteilt. Dem Wähler blieb nur ein Ja oder Nein. Die Wahl erhielt dadurch einen rein akklamatorischen Charakter mit einem von vornherein feststehenden Ergebnis. Im einzelnen sah der Wahlschlüssel vor, daß die SED 25 %, die CDU und LDP je 15 %, die Nationaldemokraten und die Demokratische Bauernpartei je 7,5 % der Sitze erhalten sollten. Alle übrigen Stimmen fielen an die

Massenorganisationen, d. h. den FDGB, die FDJ, den Kulturbund, die Vereinigung der Verfolgten des Naziregimes, den Demokratischen Frauenbund Deutschlands und die Vereinigung der gegenseitigen Bauernhilfe. Da die massendemokratischen Organisationen unter Führung von Mitgliedern der SED standen und die Nationaldemokraten und die Bauernpartei sich von vornherein eng an die SED anlehnten und da schließlich die beiden bürgerlichen Parteien mit ihren 30 % Stimmenanteil im Jahre 1948 völlig gleichgeschaltet worden waren, besaß die SED bei dieser Aufschlüsselung trotz des relativ geringen unmittelbaren Anteils von nur 25 % ein so klares Übergewicht, daß sie politisch allein das Feld beherrschte. Die Durchführung der Abstimmung zeigte die charakteristischen Züge von plebiszitären Volksbefragungen unter Zwangsherrschaft: hohe Wahlbeteiligung von 95,2 %, keine durchgehende Gewährleistung geheimer Abstimmung. Sie erbrachte 62,3 % Ja-Stimmen. Zu den 1 600 in der sowjetischen Besatzungszone gewählten Abgeordneten kamen 616 Delegierte aus Westdeutschland. Der Unterschied zum Parlamentarischen Rat ist deutlich. Während dessen Mitglieder durch die Parlamente der Länder gewählt worden waren, basierte die Verfassunggebung in der DDR dem Prinzip nach auf einer unmittelbaren Volksabstimmung. Am 30. Mai 1949, eine Woche nach Verabschiedung des Bonner Grundgesetzes, bestätigte der in Berlin tagende dritte deutsche Volkskongreß die am 19. März 1949 vom Volksrat verabschiedete Verfassung der DDR. Zugleich wählte er einen neuen Volksrat von 400 Mitgliedern. Indem dieser am 7. Oktober 1949 die Verfassung in Kraft setzte, erklärte er sich selbst zur provisorischen Volkskammer. Auch die weiteren Verfassungsorgane, Regierung und Länderkammer, wurden provisorisch gebildet. Am 11. Oktober 1949 wählten provisorische Volks- und provisorische Länderkammer Wilhelm Pieck zum Präsidenten der Republik, das Amt des Ministerpräsidenten erhielt Otto Grotewohl. Die ersten ordnungsmäßigen Wahlen aufgrund der Verfassung sind erst ein ganzes Jahr später, am 15. Oktober 1950, durchgeführt worden, wiederum wie immer seither aufgrund von Einheitslisten. Die Sowjetische Militäradministration übertrug am 11. November 1949 ihre Verwaltungsfunktionen an diesen neuen Staat. Die Besatzungsbehörde nannte sich hinfort »Sowjetische Kontrollkommission«. Als Abschluß des Prozesses, der 1945 mit der Einrichtung deutscher Zentralverwaltungen begonnen hatte und im Jahre 1947 mit der Bildung der Deutschen Wirtschaftskommission fortgeführt worden war, zog sich die Besatzungsmacht unter Verzicht auf eine unmittelbare Verwaltungstätigkeit auf eine Kontrollfunktion zurück. Dabei wurden aber Vorbehalte gemacht, ähnlich den Vorbehalten, die gegenüber der Bundesrepublik im Besatzungsstatut enthalten waren[7]). Die sowjetische Behörde behielt das Recht der Kontrolle über die Durchführung des Potsdamer Abkommens mit den unterschiedlichen Interpretationen zugänglichen Begriffen der Entmilitarisierung und — was die Kontrolle über den realen Umwandlungsprozeß der Gesellschaft betrifft — der Demokratisierung. Außerdem blieb die Erfüllung der Wiedergutmachungsverpflichtungen unter der Kontrolle der Sowjets, ebenso der Außenhandel, obwohl dieser wie auch die auswärtigen Beziehungen — und dies im Unterschied zu den Beschränkungen der Bundesrepublik — der Zuständigkeit der Deutschen Demokratischen Republik überlassen wurde. Es fehlte aber nicht an einem Generalvorbehalt der »notwendigen Überwachung« auch auf »anderen Gebieten«. Wie stark und wirkungskräftig dieser Vorbehalt gemeint war, sollte sich später im Jahre 1953 zeigen, als die Sowjettruppen das zusammenbrechende Regime gegen den Aufstand der Arbeiter schützten.

Die am 7. Oktober 1949 in Kraft gesetzte Verfassung der Deutschen Demokratischen Republik wurde am 6. April 1968 durch eine neue Verfassung abgelöst, die der in diesen zwei Jahrzehnten vollzogenen Umwandlung der antifaschistisch-demokratischen Ordnung in einen »sozialistischen Staat deutscher Nation« Rechnung trug. In die folgende Betrachtung des Verfassungstextes vom 7. Oktober 1949 sollen einige der bis zum Jahre 1968 eingetretenen Verfassungsänderungen mit einbezogen werden. Der erste Teil behandelt die »Grundlagen der Staatsgewalt«, und im ersten Artikel heißt es: »Deutschland ist eine unteilbare demokratische Republik«. Wir begegnen hier also dem Wort »Deutschland« wie auch im Titel der Bundesrepublik, obwohl der Name des sowjetzonalen Staates »Deutsche Demokratische Republik« das Wort nur adjektivisch, nicht subjektivisch verwendet. Jedenfalls wird der Anspruch, daß diese Verfassung für das gesamte Deutschland als ein Modell gedacht ist, ähnlich wie in der Präambel des Bonner Grundgesetzes, unmißverständlich zum Ausdruck gebracht, wenn der Art. 1 fortfährt: »Die Republik entscheidet alle Angelegenheiten, die für den Bestand und die Entwicklung des deutschen Volkes in seiner Gesamtheit wesentlich sind.« Dem hüben und drüben gleichermaßen erhobenen Anspruch entspricht das auf beiden Seiten gleich gewählte Staatssymbol, die schwarz-rot-goldene Fahne der großdeutschen 48er Revolution. Erst im Jahre 1959 erhielt die Fahne der DDR das zusätzliche unterscheidende Symbol von Hammer und Zirkel im Ährenkranz. Über die Grundlage der Staatsgewalt heißt es ähnlich wie im Grundgesetz: »Alle Staatsgewalt geht vom Volke aus« (Art. 3). Ähnlich wie die Weimarer Verfassung und im Unterschied zum Grundgesetz kennt die DDR-Verfassung Volksbegehren und Volksentscheid als Mittel der Gesetzgebung. Der zweite Teil der Verfassung bestimmt »Inhalt und Grenzen der Staatsgewalt«. Hier ist von den »Rechten des Bürgers« die Rede (Art. 6—18), nicht von den Rechten des Menschen, wie sie als vorstaatlich gegeben im Grundgesetz anerkannt werden. Bemerkenswert ist, daß an den Anfang der Rechteartikel die Begrenzung dieser Rechte gesetzt ist. Nun ist für jede Verfassung die staatspolitisch kritische Frage weniger die Formulierung der Freiheitsrechte als die Aussage darüber, wo ihre Grenze liegt. Hieran läßt sich der besondere Charakter eines Staates erkennen. Nicht durch die Freiheitsrechte gedeckt ist nach der DDR-Verfassung neben Glaubens-, Rassen- und Völkerhaß, Kriegshetze und Handlungen gegen die Gleichberechtigung auch das, was als »Boykotthetze« gegen »demokratische Einrichtungen und Organisationen« bezeichnet wird (Art. 6). Dieser Artikel diente in unzähligen Fällen dazu, Gegner der SED auf das härteste zu bestrafen[8]). Die Grundrechtsartikel des Grundgesetzes haben im Unterschied zu den Rechteartikeln der DDR-Verfassung bindende Kraft auch für den Gesetzgeber, aber sie haben keinen strafrechtlichen Charakter. Zweimal sind sie angewendet worden, um verfassungsfeindliche Parteien zu verbieten. Im Prozeß gegen die Sozialistische Reichspartei hat das Bundesverfassungsgericht erklärt, was die demokratische Grundordnung sei, gegen die sich niemand auf die Freiheitsrechte berufen dürfe. Als wesentlich wird in diesem Urteil die Anerkennung einer staatlichen Ordnung bezeichnet, die durch das Ringen konkurrierender Mächtegruppen bestimmt wird. Das pluralistische parlamentarische Prinzip ist allerdings auch durch den Wortlaut der DDR-Verfassung nicht ausgeschlossen, aber in der Verfassungswirklichkeit wurde der Verfassungstext im Sinne des im Blockprinzip institutionalisierten Hegemonialanspruchs der führenden Staatspartei interpretiert. Im übrigen begegnet man in dem Abschnitt über die Rechte des Bürgers in der DDR-Verfassung den klassischen liberalen Grundrechten wie Unverletzlichkeit der Wohnung, Pressefreiheit, Postgeheimnis und auch Freizügigkeit und das Recht auszuwandern, wobei allerdings hinzugefügt ist: »Dieses Recht kann nur durch Gesetz der Republik beschränkt werden« (Art. 10, 3)[9]). Unter den Rechten des Bürgers wird auch das Streikrecht der Gewerkschaften gewährleistet. In der Verfassungswirklichkeit war es infolge der Unterordnung der Gewerkschaften unter die Staatspartei, die den Streik praktisch ausschloß, ebensowenig gewährleistet wie die liberalen Freiheitsrechte. Die Freiheit der Berufswahl wird durch die Verfassung zugesichert, aber im Unterschied zum Grundgesetz nicht die freie Wahl des Arbeitsplatzes. Die Diskrepanz zwischen Verfassungsbild und Verfassungswirklichkeit wird schließlich in dem Mitbestimmungsrecht der Arbeiter und Angestellten besonders deutlich. Es wird durch die Verfassung zugesagt (Art. 17), während doch ein Jahr zuvor bereits die Betriebsräte, das klassische Instrument der Mitbestimmung, beseitigt worden waren. Die betrieblichen Gewerkschaftsleitungen aber, die die Funktion der Betriebsräte mit übernehmen sollten, waren keine gewählte Vertretung der Gesamtbelegschaft, sondern Instrumente der FDGB- und SED-Führung zur Übererfüllung des Plansolls[10]). Auf die »Rechte des Bürgers« folgt ein Abschnitt über die Wirtschaftsordnung. Er hat keine Entsprechung im Grundgesetz, wo lediglich die Artikel 14 und 15 von der Garantie des Eigentums und der Möglichkeit der Enteignung mit Entschädigung sprechen. In der Verfassung der DDR wird im Unterschied hierzu der Ansatz zur Sozialisierung festgelegt. Die Wirtschaft soll eine von der Volksvertretung kontrollierte Planwirtschaft sein (Art. 21). Art. 24 sieht entschädigungslose Enteignung von Eigentum vor, das mißbräuchlich der »Begründung wirtschaftlicher Machtstellung«, die nicht weiter definiert wird, gedient hat. Art. 25 erklärt zum Volkseigentum alle Bodenschätze sowie die Betriebe des Bergbaus, der Eisen- und Stahlerzeugung und der Energiewirtschaft. Im übrigen bestätigen diese beiden Verfassungsbestimmungen im wesentlichen die wirtschaftlich-soziale Umwälzung, die sich seit 1945 schon vollzogen hatte. Darüber hinaus wird die Möglichkeit weiterer Überführung von Produktionsmitteln in Volkseigentum eröffnet (Art. 27).

Die Aussagen über Familie und Mutterschaft entsprechen im wesentlichen den Bestimmungen des Grundgesetzes. Keine Analogie im Bonner Grundgesetz hat der Abschnitt über Erziehung und Bildung, unbeschadet gleichklingender Aussagen in einzelnen Artikeln hier und dort. So wird auch in der DDR-Verfassung die Freiheit von Kunst, Forschung und Lehre anerkannt — allerdings mit der Einschränkung, daß der Staat sie »gegen den Mißbrauch für Zwecke, die den Bestimmungen und dem Geist der Verfassung widersprechen«, zu schützen habe. In der Konsequenz dieses Artikels wurde den Behörden das Recht gegeben, darüber zu entscheiden, wann ein Mißbrauch vorliege. In dem Maße, wie sich ein dogmatischer Marxismus als offizielle Staatslehre durchsetzte und die Verfassung in seinem Sinn interpretiert wurde, konnte mit Hilfe dieses Artikels über die Freiheit der Wissenschaft und ihren Schutz die Verbreitung jeder abweichenden wissenschaftlichen Auffassung unterbunden werden. Für die Weiterentwicklung des Bildungswesens bedeutsam geworden ist die verfassungsmäßige Verankerung des zweiten Bildungsweges (Art. 38): Der Weg zur Hochschule führt nicht nur über die Oberschule, sondern auch über andere öffentliche Bildungsanstalten, die zu diesem Zwecke auszubauen oder erst zu schaffen sind. Hier wurde die soziale Umschichtungsfunktion des Bildungswesens bestätigt, die die Richtschnur der Schulreform seit 1945 gewesen war (vgl. § 102).

In dem folgenden Abschnitt über Religion und Religionsgemeinschaften wird Gewissens-, Glaubens- und Kultfreiheit zugesichert. Die Kirchen bleiben Körperschaften des öffentlichen Rechtes. Ähnlich wie bei Kunst und Wissenschaft wird auch hier die Grenze der Religionsfreiheit in ihrer verfassungswidrigen Anwendung gesetzt, ohne daß gesagt wird, wer für die Feststellung von verfassungswidrigen Äußerungen oder Handlungen von Religionsgemeinschaften zuständig sei. In dem Maße, wie sich die DDR zu einem marxistischen Weltanschauungsstaat entwickelte, wurde der Spielraum der Kirche eingeengt mit der Tendenz, ihre Tätigkeit auf den privaten Bereich zu begrenzen[11]). Die Entwicklung des Verhältnisses von Staat und Kirche sollte zeigen, daß letzten Endes der Gegensatz zwischen christlicher Lehre und einem dogmatischen Marxismus zu unausweichlichen Konflikten führen muß.

Der dritte und letzte Teil der Verfassung handelt vom »Aufbau der Staatsgewalt«. Es entspricht der Ablehnung des Prinzips der Gewaltenteilung, wenn die Volkskammer als »höchstes Organ der Republik« bezeichnet wird (Art. 50). Von den Abgeordneten, die in geheimer Wahl nach den Grundsätzen des Verhältniswahlrechts gewählt werden sollen, heißt es in genauer Wiederholung einer Formel des repräsentativen Parlamentarismus der Weimarer Verfassung und ähnlich wie im Grundgesetz, daß sie »nur ihrem Gewissen unterworfen und an Aufträge nicht gebunden« seien (Art. 51). Später hat sich in der Interpretation der Verfassung unter Berufung auf Art. 59, der die Volkskammer beauftragt, das Recht der Mitgliedschaft zu überprüfen und über die Gültigkeit der Wahlen zu entscheiden, der Gedanke des imperativen Mandats durchgesetzt[12]). Für die Interpretation des in Art. 51 festgelegten Wahlverfahrens gibt das für die Vorbereitung der Wahlen vom Oktober 1950 erlassene Wahlgesetz den Schlüssel[13]). Hier wird in Einzelheiten geregelt, wie die Wahl vor sich gehen soll, wie die Wahlräume einzurichten sind und was der Wähler zu tun hat. Dabei sind keinerlei Maßnahmen vorgesehen, die die Geheimhaltung der Stimmabgabe gewährleisten. Tatsächlich sind die Wahlen weitgehend offen durchgeführt worden. In diesem Wahlgesetz wird aus Art. 13 der Verfassung, der den Parteien und Massenorganisationen das Recht gibt, Wahlvorschläge einzureichen, die Folgerung abgeleitet: »Diese Vereinigungen haben also auch das verfassungsmäßige Recht, ihre Wahlvorschläge gemeinsam aufzustellen.« Damit wird das Blockprinzip und die Wahl nach Einheitsliste durch das Wahlgesetz in die Verfassung hineininterpretiert. »Frei von kleinlichem Hader eigensüchtiger Interessengruppen« sollen auf diese Weise »wahrhaft freie Volkswahlen« zustande kommen.

Die Zuständigkeit der Volkskammer als des höchsten Organs der Republik bezieht sich auf das Recht zur Gesetzgebung und zur Überwachung der gesamten Tätigkeit des Staates (Art. 63 u. 65). Im Gegensatz hierzu ist am 23. Mai 1952 ein Gesetz über die Regierung der Deutschen Demokratischen Republik erlassen worden, in dem die entscheidenden Kontrollfunktionen der Regierung zugeschrieben werden[14]). Neben dem Ministerrat, so bestimmt es das Gesetz, wird eine staatliche Plankommission eingerichtet mit Zuständigkeit für Aufstellung und Durchführung des Wirtschaftsplans und daneben ferner eine »Zentrale Kommission für Staatliche Kontrolle«. Sie erhält — anstelle des Parlaments, wie in der Verfassung vorgesehen — die Aufgabe, die Durchführung von Regierungsbeschlüssen, d. h. die Staatstätigkeit der Exekutive zu kontrollieren.

Nach der Verfassung gehört zur Kontrollfunktion der Volkskammer nun noch eine weitere Befugnis, nämlich durch einen von ihm gewählten »Verfassungsausschuß« die »Verfassungsmäßigkeit von Gesetzen« zu prüfen. Im Unterschied zu einem unabhängigen Verfassungsgerichtshof, wie ihn das Grundgesetz der Bundesrepublik vorsieht, prüft hier das Parlament also selber durch einen Ausschuß die Verfassungsmäßigkeit seiner eigenen legislativen Tätigkeit. Es ist selber keiner Gerichtsbarkeit unterworfen (Art. 66).

Ein zentrales Element in der deutschen Verfassungsentwicklung sind die Länder und ihre Vertretung. Die Verfassung der DDR sieht eine Länderkammer neben der Volkskammer vor (Art. 71—80). Die Mitglieder der Länderkammer werden von den Landtagen im Verhältnis der Stärke der Fraktionen entsandt. Die Länderkammer wirkt bei der Gesetzgebung mit, aber sie hat nur ein Vetorecht. Es gibt keine Bereiche der Gesetzgebung, wo, wie im Grundgesetz, die Mitwirkung der Länderkammer obligatorisch wäre. Es gibt nach der Verfassung der DDR aber auch keine Gesetzgebungsbereiche, wie etwa das Kulturwesen, die den Ländern in eigener Zuständigkeit vorbehalten wären. Die Verfassung der DDR steht im Zusammenhang einer Entwicklung, die die 1945 geschaffenen Länder mehr und mehr an den Rand des Staatslebens drängte, bis sie schließlich durch Gesetz vom 23. Juli 1952 über eine neue administrative Gliederung gänzlich beseitigt wurden[15]). Anstelle der fünf Länder, von denen es in Art. 1 der Verfassung hieß, daß sich auf ihnen die Republik aufbaue, traten 14 Verwaltungsbezirke und Ostberlin. Durch dieses Gesetz über die neue administrative

Gliederung ist der föderalistische Grundgedanke, der in Potsdam von den Alliierten gemeinsam vereinbart worden war, preisgegeben worden. Die Länder standen der Durchführung einer zentralistischen Planwirtschaft im Wege.

Was die Verfassungsaussage über die Regierung anbetrifft, so hat für die politische Struktur der DDR Art. 92 zentrale Bedeutung, der das Amt des Ministerpräsidenten der stärksten Fraktion der Volkskammer zuweist. Das bedeutete eine verfassungsmäßige Garantie für die Permanenz eines SED-Ministerpräsidenten, weil nach dem Wahlgesetz die SED im Rahmen des Blocksystems und nach dem System der Einheitsliste notwendigerweise die stärkste Fraktion bleiben mußte. Demgegenüber hat es nichts zu bedeuten, daß der Verfassungstext auch das konstruktive Mißtrauensvotum kennt (Art. 95).

Für die Wahl des Präsidenten der Republik hat man im Unterschied zur Weimarer Verfassung und analog zum Grundgesetz auf die Volkswahl verzichtet. Von den beiden für die Wahl zuständigen Gremien, Volkskammer und Länderkammer, fiel die Länderkammer später weg.

In einem Abschnitt über die Rechtspflege heißt es im Sinne der klassischen Verfassungslehre, daß die Richter »in ihrer Rechtsprechung unabhängig und nur der Verfassung und dem Gesetz unterworfen« seien. Wenn aber in den liberalen Verfassungen wie auch im Bonner Grundgesetz die Unabhängigkeit der Justiz durch die Unabsetzbarkeit der Richter gewährleistet wird, so bestimmt die DDR-Verfassung im Unterschied hierzu, daß die Richter auf allen Stufen absetzbar sind (Art. 132). Die Politisierung der Justiz wird durch die Verfassung weiterhin dadurch gefördert, daß »im weitesten Umfange« Laienrichter an der Rechtsprechung beteiligt werden sollen und diese Laienrichter »auf Vorschlag der demokratischen Parteien und Organisationen durch die zuständigen Volksvertretungen gewählt« werden (Art. 130). Über diese politischen Einwirkungsmöglichkeiten auf die Justiz hinaus hat sich der Staat durch ein »Gesetz über die Errichtung des obersten Gerichtshofes und der obersten Staatsanwaltschaft« vom 8. Dezember 1949 das Recht vorbehalten, rechtskräftige Entscheidungen in Zivil- und Strafsachen durch den obersten vom Parlament gewählten Staatsanwalt aufheben zu lassen, und zwar dann, wenn die Gerichtsentscheidung eine Verletzung des Gesetzes erkennen läßt, aber auch dann — und das ist der entscheidende Passus —, wenn die Entscheidung der Gerechtigkeit gröblich widerspricht. Durch diesen dehnbaren Gesetzesartikel wird die Verfassungsgarantie der unabhängigen Rechtsprechung weitgehend in Frage gestellt.

Lit. u. Dok. s. § 98.

Verfassung vom 19. März 1949: Entwurf einer Verfassung für die Dt. Demokrat. Republik. Beschluß einer außerordentl. Tagung des Parteivorstandes der Soz. Einheitspartei Dtlds. am 14. Nov. 1946 in Berlin, in: W. WEGENER (Hg.), Die neuen dt. Verfassungen (1947); S. MAMPEL, Die Verfassung der Sowj. Besatzungszone Dtlds. Text u. Kommentar (²1966); ders., Die Entwicklung der Verfassungsordnung in der Sowjetzone Dtlds. von 1945 bis 1963, in: Jb. des öff. Rechts, NF 13 (1964); ders., Die volksdemokrat. Ordnung in Mitteldtld., Texte zur verfassungsrechtl. Situation (³1967); ders., Herrschaftssystem u. Verfassungsstruktur in Mitteldtld. (1968); ders., Die soz. Verfassung der Dt. Demokrat. Republik. Text u. Kommentar (1972), darin S. 36—38 ausführl. Lit. zur verfassungsrechtl. Situation der DDR.

1) Befehl der SMAD Nr. 32, 12. 2. 1948, in: G. ALBRECHT (Hg.), Dok. zur Staatsordnung der Dt. Demokrat. Rep. 2 (Berlin-Ost 1959), S. 121 f. 2) Erlaß der SMAD v. 20. 4. 1948, ebd. S. 127. 3) Der dt. Zweijahresplan 1949/50 (Berlin-Ost 1948). 4) W. ULBRICHT, Der Zweijahresplan zur Wiederherstellung u. Entwicklung der Friedenswirtschaft, in: ders., Zur Gesch. der dt. Arbeiterbewegung 3 (Berlin-Ost 1968), S. 229 f. 5) Text: Dok. zur Staatsordnung der Dt. Demokrat. Rep. 2, S. 34 f. 6) W. ULBRICHT, Grundgedanken zu einer neuen dt. Verfassung. Rede auf einer Kund-

gebung in Leipzig, 12. Okt. 1946, in: ders., Zur Gesch. der dt. Arbeiterbewegung 3, S. 55. **7)** Erklärung des Vorsitzenden der Sowj. Kontrollkommission in Dtld., Armeegeneral W. I. Tschuikow, Zur Bildung der Sowj. Kontrollkommission in Dtld. 11. 11. 1949, in: Dok. zur Staatsordnung der Dt. Demokrat. Rep. 1, S. 258 f. **8)** Vgl. hierzu u. zum Nachweis von Belegen: S. MAMPEL, Die Verfassung der Sowj. Besatzungszone Dtlds. ([2]1966), S. 83 u. Anm. 8. **9)** Das Recht auszuwandern ist durch das Paßgesetz v. 15. Sept. 1954 beschränkt worden. In einem vom Neuen Deutschland zit. Rechtsgutachten heißt es: »Es steht außer jedem Zweifel, daß ein Staat berechtigt ist, seine Bürger aus einem anderen Lande zurückzurufen oder ihnen die Ausreise in bestimmte Länder zu untersagen bzw. diese an bestimmte Voraussetzungen zu knüpfen«; s. S. MAMPEL, Die Verfassung der Sowj. Besatzungszone Dtlds. ([2]1966), S. 99 u. Anm. 5 f. In der Verfassung der DDR vom Jahre 1968 ist vom Auswanderungsrecht nicht mehr die Rede, und das Recht auf Freizügigkeit wird auf das Staatsgebiet der DDR beschränkt (Art. 32). **10)** Zur genaueren Beschreibung der verschiedenen Aufgaben der betrieblichen Gewerkschaftsleitungen vgl. S. MAMPEL, Die Verfassung der Sowj. Besatzungszone Dtlds., S. 117 ff. sowie ders., Über das Mitbestimmungsrecht der Arbeitnehmer in Mitteldtld., in: Recht in Ost u. West, Zeitschrift f. Rechtsvergleichung u. internat. Rechtsprobleme (1959); ders., Die rechtl. u. soz. Lage der Arbeiter in der sowj. besetzten Zone. Zum »Gesetzbuch der Arbeit« der SBZ, in: Bundesarbeitsblatt (1961); ders., Arbeitsverfassung u. Arbeitsrecht in Mitteldtld. (1966). **11)** Vgl. Lit. § 101, Anm. 14. **12)** Vgl. hierzu S. MAMPEL, Die Verfassung der Sowj. Besatzungszone Dtlds., S. 246 ff. **13)** Gesetz über die Wahlen zur Volkskammer, zu den Landtagen, Kreistagen u. Gemeindevertretungen in der Dt. Demokrat. Rep. am 15. Okt. 1950, vom 9. Aug. 1950, in: Dok. zur Staatsordnung der Dt. Demokrat. Rep. 1, S. 454 ff. **14)** GBl. der DDR (1952). **15)** Ebd.: Gesetz über die weitere Demokratisierung des Aufbaus u. der Arbeitsweise der staatl. Organe in den Ländern der DDR.

§ 107 Österreich 1946—1950

Während in dem halben Jahrzehnt nach dem Kriege auf dem Boden von Potsdam-Deutschland der Spaltungsprozeß zur Herausbildung zweier Staaten führte, gewann der erste auf dem Boden des ehemaligen Reiches alsbald nach Kriegsende entstandene Staat, die zweite österreichische Republik, politisches Profil. In mancher Hinsicht sahen sich die drei Staaten vor die gleichen Probleme gestellt. Sie mußten mit ihrer nationalsozialistischen Vergangenheit fertig werden, die materiellen und personellen Kriegsfolgen überwinden, den Hunger bekämpfen, die Wirtschaft wieder in Gang setzen, Schulen und Universitäten im Einklang mit den neuen politischen Gegebenheiten wieder funktionsfähig machen, das Verhältnis von Staat und Kirche neu regeln und im gesellschaftlich-politischen Antagonismus der großen Mächte ihren eigenen Standort bestimmen. Die Besonderheit des österreichischen Weges ist dadurch bedingt, daß es als ein besiegtes, aber zugleich befreites Land behandelt wurde, daß die Viermächtekontrolle schlecht und recht funktionierte, daß ein leistungsfähiger Staatsapparat schon im Jahre 1945 wieder aufgebaut werden konnte und daß im Rahmen der Konkurrenzdemokratie die beiden führenden Parteien nicht im Oppositions-, sondern im Koalitionsverhältnis zueinander standen.

Die Aufgabe der Entnazifizierung[1]) stellte sich in Österreich in einer Größendimension, die mit der in Deutschland vergleichbar war. Im Augenblick der Machtergreifung hatte es im Reich bei rund 65 Millionen Einwohnern 849 000 Parteimitglieder gegeben. In Österreich waren es im Jahre 1938 im Augenblick des Anschlusses 80 000 bei rund 7 Millionen Einwohnern. In der Zeit der nationalsozialistischen Herrschaft wuchs die Zahl der Parteimitglieder wie überall im Reich beträchtlich an. Einer durch die Zweite Republik ergangenen Aufforderung an die ehemaligen Nationalsozialisten, sich registrieren zu lassen, folgten nicht weniger als 581 915 Personen. Man wird außerdem damit rechnen müssen, daß viele sich nicht meldeten. In den ersten Monaten nach dem Kriege, bevor die westlichen Besatzungsmächte die provisorische Regierung Renner für ganz Österreich anerkannten und die Alliierte

Kommission in Funktion trat, wurde die Entnazifizierung in den verschiedenen Zonen unkoordiniert und mit sehr unterschiedlichen Härtegraden durchgeführt, am schärfsten in der sowjetischen Zone. Der Alliierte Rat setzte verschiedene von der provisorischen Regierung erlassene Gesetze zur Entfernung von Nationalsozialisten aus Wirtschaft und Verwaltung erst im Dezember 1945 in Kraft. Er übertrug unter dem Vorbehalt alliierter Überwachung die Entnazifizierung den österreichischen Behörden. Ähnlich wie in Potsdam-Deutschland wurden durch ein Gesetz vom 6. Februar 1947 verschiedene Stufen der Belastung mit unterschiedlichen Sühnemaßnahmen eingeführt. Die Parteien waren sich darin einig, daß vor allem der Staatsapparat gesäubert werden müsse. Aber schon vor Erlaß des Gesetzes konnte die Regierung Figl am 15. September 1946 melden, daß bereits 65 000 Beamte entlassen, pensioniert oder suspendiert worden seien. Und die Zahl der aus der Wirtschaft entlassenen nationalsozialistischen Angestellten betrug Ende 1946 über 50 000. Die politischen Rechte der ehemaligen Nationalsozialisten wurden beschnitten. An den ersten Wahlen zum Nationalrat durften sie nicht teilnehmen. Aber wegen des erheblichen Wählerpotentials, das sie darstellten, warben die verschiedenen Parteien um ihre Sympathie. Im Februar 1948 schlug der russische Hochkommissar Kurasow eine mildere Behandlung der kleinen Parteigenossen vor. Es wurden darauf durch ein »Bundesgesetz über die vorzeitige Beendigung der im Nationalsozialistengesetz vorgesehenen Sühnefolgen« vom 22. April 1948 482 000 ehemalige Parteigenossen amnestiert. An den Nationalratswahlen 1949 konnten die meisten ehemaligen Nationalsozialisten bereits wieder teilnehmen. Strafprozesse gegen Kriegsverbrecher beschäftigten die österreichischen Gerichte noch viele Jahre danach[2]). In Österreich ist man wie in den westlichen Besatzungszonen Deutschlands und im Unterschied zur sowjetischen Besatzungszone bemüht gewesen, die Beseitigung von Nationalsozialisten aus Staat und Wirtschaft aufgrund von gesetzlichen Kategorien und nicht als administrative Maßnahmen im Rahmen einer Klassenkampfstrategie durchzuführen. Es stellte sich jedoch auch hier das Problem, ob ein solches Verfahren geeignet war, eine selbstkritische Rechenschaftsablage zu fördern.

In der historisch-politischen Literatur Österreichs stand in der ersten Nachkriegszeit — entsprechend einer allgemein in Deutschland verbreiteten Haltung — das Bestreben im Vordergrund, den Nationalsozialismus als einen Bruch der eigenen Geschichte, als einen von außen her erfolgten Gewaltakt zu verstehen und weniger nach der innerösterreichischen Mitverantwortung zu fragen. Das wurde durch die in einem Teil der ausländischen Österreich-Literatur erkennbare Tendenz unterstützt, die österreichische Besonderheit innerhalb des gesamtdeutschen Kulturbereiches zu einem Fundamentalgegensatz zu steigern bis hin zu solchen absonderlichen Verdrehungen, den Nationalsozialismus des Österreichers Adolf Hitler zu einem »preußischen Totalitarismus« umzufunktionieren[3]). Das Kontinuitätsproblem und die Frage nach der Mitverantwortung stellt sich jedoch wie für die deutsche, so auch für die österreichische Geschichte: welche rassischen, nationalistischen, autoritären Ideologien, welche gesellschaftlichen Bedingungen und welche politischen Verhaltensweisen haben in Österreich das Aufkommen des Faschismus in seinen antagonistischen Erscheinungsformen des Austrofaschismus und des Nationalsozialismus ermöglicht?

Neben der sofortigen Beseitigung jeden Einflusses ehemaliger Nationalsozialisten auf das öffentliche Leben standen nach dem Kriege andere drängende Aufgaben im Vordergrund. Zwar waren die Kriegszerstörungen geringer als in Mittel- und in Westdeutschland. Aber einige Städte waren wegen ihrer Industrien sehr hart betroffen worden, so vor allem Linz und Wiener Neustadt, wo der Grad der Zerstörung 90 % betrug. Das Eisenbahnnetz war zu einem Drittel unbefahrbar, besonders infolge der Sprengung von fast 400 Brücken. Nur langsam kam der Verkehr wieder in Gang. Es fehlte an Kohlenzufuhr und wegen der zerstörten Leitungen an Strom, wenn auch die Kraftwerke selber durchweg intakt geblieben waren. Durch viele Hunderttausende volksdeutscher Flüchtlinge und reichsdeutscher Evakuierter, durch Kriegsgefangene und Zwangsarbeiter und durch die Besatzungstruppen lebte bei Kriegsende auf dem Boden Österreichs eine größere Zahl von Menschen als vor dem Kriege. Wie sollte sie einigermaßen ausreichend versorgt werden? Die österreichische Landwirtschaft war nie imstande gewesen, genügend Nahrungsmittel für die gesamte Bevölkerung zu erzeugen. Ihre ohnehin nicht ausreichende Produktion sank infolge des Krieges erheblich. Im Jahre 1946 betrug sie nur 50 % der Vorkriegserzeugung. Alle diese Faktoren wirkten zusammen, um in Österreich, abgesehen von einigen agrarischen Gebieten, eine Hungersnot entstehen zu lassen, die in Städten wie Wien, Wiener Neustadt und St. Pölten, z. T. aber auch im westlichen Hochgebirge schlimmer war als in Mittel- und Westdeutschland. Die Zuteilung lag im Mai 1945 in Wien bei 350 Kalorien. Sie hob sich allmählich auch infolge sowjetischer Hilfsmaßnahmen auf 800 Kalorien. Nach Errichtung des Alliierten Rates im September 1945 gelangte man mit ausländischer Hilfe und bei allmählicher Wiederingangsetzung des Verkehrs analog den deutschen Normalsätzen auf 1 550 Kalorien, aber diese Höhe konnte nicht gehalten werden. Sie sank im März 1946 infolge einer allgemeinen europäischen Lebensmittelknappheit auf 1 200 zurück. Eine erhebliche Besserung trat erst zwei Jahre später ein; 1948 konnte die Rationierung schrittweise abgeschafft werden.

Die Hungersnot führte zu erhöhter Sterblichkeit. Die Ziffern für Tuberkulose und Kindersterblichkeit betrugen 1946 mehr als das Doppelte der Vorkriegszeit. Um den Bevölkerungsdruck zu entlasten, wurden bis April 1946 300 000 Reichsdeutsche und Volksdeutsche, die im Kriege aus Südosteuropa umgesiedelt worden waren, ausgewiesen. Aber noch im Jahre 1948 waren nicht weniger als 600 000 »displaced persons« der verschiedensten osteuropäischen Nationalitäten in Österreich. Die österreichischen Kriegsgefangenen kehrten in der Zeit von September 1945 bis Ende 1947 zurück. Die Bevölkerung hatte durch den Krieg insgesamt 372 059 Tote und Vermißte verloren, was 5,58 % der Vorkriegsbevölkerung Österreichs entspricht[3a]). Der Altersaufbau der österreichischen Bevölkerung nahm infolge der beiden Kriege ähnliche Umrisse an wie in Deutschland allgemein: statt der Pyramide mit einer nach unten hin sich gleichmäßig verbreiternden Basis eine Urnenform mit einer relativ starken Breite der älteren Jahrgänge.

Trotz dieser Nöte, die schwer auf dem österreichischen Volke lasteten, war die wirtschaftliche Ausgangslage nach dem Zweiten Weltkrieg eine bessere als nach dem Ersten Weltkrieg[4]). In der nationalsozialistischen Zeit hatte sich die Struktur der österreichischen Wirtschaft tiefgreifend verändert. Große neue Industrien waren entstanden. Die staatlichen Reichswerke Hermann Göring in Linz verarbeiteten steirisches und bayerisches Erz auf der Basis von Kohle, die von der Ruhr herangebracht wurde. Angeschlossene Stickstoffwerke produzierten Kunstdünger. Ein Aluminiumwerk, dessen Produktionsplanung hoch über dem österreichischen Eigenbedarf lag, war gebaut und das in den dreißiger Jahren entdeckte Erdölgebiet auf dem Marchfeld durch hohe Investitionen erschlossen worden. Das Reich hatte sich ferner darum bemüht, die natürlichen Wasserkräfte, über die Österreich verfügte, durch Neuanlagen von Stauseen und Kraftwerken für die Elektrizitätsgewinnung verstärkt nutzbar zu machen. Insgesamt war in den Jahren 1938 bis 1945 die Zahl der Großbetriebe erheblich gewachsen. In der Industrieproduktion hatte sich das Schwergewicht auf Grundstoffindustrie und Energieversorgung verlagert. Auf dieser Basis sollte es Österreich gelingen, durch eine erfolgreiche industrielle Entwicklungspolitik der 1945 gewonnenen staatlichen Selbständigkeit im Unterschied zur Ersten Republik eine feste wirtschaftliche Grundlage zu geben.

Die Aktivierung des vorhandenen Wirtschaftspotentials zugunsten Österreichs wurde durch russische Reparationsansprüche erschwert. In Potsdam waren die Alliierten übereingekommen, von Österreich keine Reparationen zu erheben, jedoch sollte das deutsche Eigentum in Österreich für Reparationszwecke herangezogen werden, wobei die Vereinigten Staaten und Großbritannien auf deutsche Auslandsguthaben in Ostösterreich verzichteten. Aber es war nicht definiert worden, was unter deutschem Eigentum zu verstehen sei. Tatsächlich war ja infolge des Anschlusses aller österreichischer Staatsbesitz unter deutsche Verfügungsgewalt gekommen, und die deutsche öffentliche Hand wie die Privatwirtschaft hatten erhebliche Summen in Österreich investiert. Die provisorische österreichische Staatsregierung versuchte, auf das deutsche Eigentum die Hand zu legen und erließ zu diesem Zweck am 5. September 1945 ein Gesetz über die Verstaatlichung von Unternehmungen der Energiewirtschaft, des Bergbaus, der Erdölproduktion, der Eisenhüttenindustrie, der Starkstromindustrie und des Lokomotiv- und Waggonbaus. Gegen dieses Sozialisierungsgesetz legte die sowjetische Besatzungsmacht ihr Veto ein. Sie wollte das deutsche industrielle Eigentum für eigene Zwecke nutzbar machen. In erster Linie kam es ihr auf die Ausbeutung des Zistersdorfer Erdölgebiets in Niederösterreich an. Sie erhob Anspruch auf die hier errichteten Förderanlagen, weil es sich um deutsches Eigentum handele, und bot der Regierung Renner die Bildung einer gemischten sowjetisch-österreichischen Ölgesellschaft an. Die Österreicher lehnten das Angebot jedoch ab und bestritten die Legitimität des sowjetischen Anspruchs. Nach dem für die Kommunisten enttäuschenden Ausgang der Wahlen Ende 1945 versuchte die sowjetische Besatzungsmacht in verstärktem Maße das von ihr kontrollierte Gebiet wirtschaftlich für ihre Zwecke auszunutzen. Sie befahl am 6. Juli 1946 die Überführung des deutschen öffentlichen Eigentums ihrer Zone in das Eigentum der Sowjetunion. Die österreichische Regierung bestritt die Rechtmäßigkeit eines solchen einseitigen Vorgehens ohne Beschlußfassung der Alliierten Kommission. Sie legte den Begriff des deutschen Eigentums enger aus, als es die sowjetische Besatzungsmacht tat: alles, was vor 1938 österreichisches Eigentum war, müsse es auch bleiben. Bei den von der Sowjetunion beschlagnahmten Vermögenswerten handelte es sich um industrielle und landwirtschaftliche Betriebe mit 55 000 Beschäftigten. Es gehörten hierzu Betriebe der Öl-, Montan-, Elektro-, Glas- und Lederindustrie. Im Gegensatz zur Sowjetunion verzichteten die drei Westmächte zugunsten Österreichs auf das deutsche Eigentum in den drei von ihnen besetzten Zonen. Im Zusammenhang hiermit steht das unmittelbar darauf am 26. Juli 1946 vom Nationalrat lediglich gegen Einwände der vier Kommunisten einstimmig beschlossene Gesetz über die Verstaatlichung der Großbanken und Schlüsselindustrien. Für die Verstaatlichung gab es mehrere Gründe: ein großer Teil der von diesem Gesetz betroffenen Betriebe war in öffentlicher Hand gewesen; für die zur industriellen Weiterentwicklung notwendigen Investitionen fehlten die erforderlichen privaten Mittel; die Verstaatlichung des Kernbereichs der Wirtschaft entsprach dem Programm der Sozialisten, war aber auch von gemeinwirtschaftlichen Vorstellungen her zu legitimieren, wie sie sich in der Österreichischen Volkspartei fanden. Diese hatte ihre Zustimmung zur Verstaatlichung abhängig gemacht von der gleichzeitigen Verabschiedung eines Gesetzes über die Einrichtung von »Werksgenossenschaften«. Die in Werksgenossenschaften zusammengeschlossenen Belegschaftsmitglieder eines Betriebes wurden Miteigentümer des Betriebsvermögens. Dieses ebenfalls einstimmig verabschiedete Gesetz sollte nach Meinung seiner Urheber der Herausbildung eines allmächtigen Staatskapitalismus entgegenwirken und dazu beitragen, den Gegensatz von Kapital und Arbeit zu überbrücken[5]).

Zu den Motiven für die Verstaatlichung gehörte es nicht zuletzt, daß hierdurch der österreichische Eigentumsanspruch gegenüber sowjetischen Beschlagnahmungen unterstrichen wurde. Auch diesmal erfolgte wie nach dem ersten Verstaatlichungsgesetz der Regierung Renner ein sowjetischer Protest. Zwar konnten die sowjetischen Behörden in ihrer Zone die Einbeziehung derjenigen Betriebe in die Verstaatlichung verhindern, auf die sie selbst die Hand legten. Aber um das Gesetz als solches aufzuheben, genügte ein sowjetischer Einspruch nicht mehr.

Dies hängt damit zusammen, daß der Alliierte Rat seine Kontrollbefugnisse inzwischen eingeschränkt hatte. Während nach dem ersten Kontrollabkommen vom 4. Juli 1945 alle österreichischen Gesetze zustimmungsbedürftig gewesen waren und somit durch das Veto eines einzigen Mitgliedes hatten verhindert werden können, wurde nach einem zweiten Kontrollabkommen vom 28. Juni 1946 die Zustimmungsbedürftigkeit auf Verfassungsgesetze beschränkt, während einfache Gesetze nur durch einstimmigen Beschluß der Alliierten Kommission für ungültig erklärt werden konnten. Um die vom Nationalrat beschlossene Verstaatlichung dennoch zu verhindern, argumentierte der sowjetische Vertreter, daß es sich hierbei um ein zustimmungsbedürftiges Verfassungsgesetz handele. Aber die westlichen Mächte machten sich diese Interpretation nicht zu eigen, und so blieb es bei dem Sozialisierungsbeschluß. Es lag in der Konsequenz dieser von den österreichischen Parteien verfolgten Wirtschaftspolitik, daß durch Gesetz vom 26. März 1947 auch die Elektrizitätswirtschaft verstaatlicht wurde. Der der kommunistischen Partei angehörende Minister für Energiewirtschaft und Elektrifizierung schied wenige Monate später aus der Regierung aus. Die unterschiedlichen wirtschaftspolitischen Voraussetzungen in den verschiedenen Besatzungszonen hatten zur Folge, daß sich in den nächsten Jahren der Aufschwung mit Schwerpunkt in den westlichen Bundesländern abspielte. Dadurch wurde ein West-Ost-Gefälle verstärkt, das sich schon nach 1938 als Ergebnis der besonderen wirtschaftlichen Förderung dieser Gebiete ergeben hatte.

Die finanzpolitische Voraussetzung für den Wiederaufbau der Wirtschaft war eine Reform der Währung. Auch in Österreich kam es darauf an, den infolge des Krieges in keinem Verhältnis zum begrenzten Warenangebot stehenden Überfluß an Zahlungsmitteln zu beseitigen. Dies erfolgte in mehreren Schritten. Bereits am 30. November 1945 trat als gesetzliches Zahlungsmittel der Schilling an die Stelle der Reichsmark. Jede Person konnte 150 Schillinge in bar eintauschen. Das übrige Bargeld und 40 % der Kontenguthaben wurden auf ein Neukonto umgeschrieben, 60 % der alten Guthaben wurden gesperrt. Eine Reihe von Ausnahmeregelungen boten aber Umgehungsmöglichkeiten und führten zu Ungerechtigkeiten. Eine abermalige Inflationsgefahr zwang den Nationalrat am 19. November 1947 zu einem neuen Währungsschnitt. Der bisherige Schilling konnte jetzt gegen einen neuen Schilling im Verhältnis 3 : 1 umgetauscht werden. Außerdem gab es eine Kopfquote von 150 Schillingen im Verhältnis 1 : 1. Die schon 1945 gesperrten Guthaben wurden gestrichen und die beschränkt verfügbaren Guthaben in niedrig verzinste Bundesschuldverschreibungen umgewandelt. Das komplizierte Gesetz enthielt mancherlei Ausnahmebestimmungen, um soziale Ungerechtigkeiten auszugleichen. Diese Maßnahmen zur Währungsstabilisierung wurden von wiederholten Vereinbarungen zwischen Regierung und wirtschaftlichen Interessenvertretungen über Preise und Löhne begleitet. Zwar konnte hierdurch nicht verhindert werden, daß der Lebenshaltungsindex allmählich stieg. Aber die Vereinbarungen hatten doch das sozialpolitisch gewünschte Ergebnis einer gewissen Nivellierung der Einkommensunterschiede unter den unselbständigen Berufstätigen. Der charakteristische Unterschied der österreichischen zur westdeutschen Währungsreform lag darin, daß sie sich nicht auf einen einmaligen harten Einschnitt beschränkte und daß sie nicht von einer radikalen Liberalisierung der Wirtschaft begleitet wurde. Ein gemeinsamer Zug der österreichischen und der westdeutschen Währungsreform war es aber, daß sie die Besitzer von Sachwerten begünstigten. Dieser Effekt wurde — ebenfalls in Analogie zu Westdeutschland — durch eine Steuergesetzgebung verstärkt, die den Zweck hatte, der privaten Wirtschaft erhöhte Investitionen durch Selbstfinanzierung zu ermöglichen. Schließlich ist Österreich wie Westdeutschland Empfänger ausländischer Hilfe gewesen, privater karitativer Spenden zunächst, dann der UNRRA. In den Marshall-Plan wurde Österreich schon am 2. Januar 1948 in einem Interimsabkommen einbezogen, das ihm die kostenlose Lieferung von Nahrungsmitteln und anderen lebenswichtigen Waren zusagte. Im Unterschied zu dem Vereinigten Wirtschaftsgebiet Westdeutschlands, dessen Interessen bei der Ingangsetzung des Marshall-Plans durch die Besatzungsmächte wahrgenommen wurden, erhielt Österreich bereits zu der »Konferenz für die wirtschaftliche Zusammenarbeit Europas« im Juli 1947 unmittelbaren Zutritt. Unter der Gründungsakte der OEEC vom 16. April 1948 steht auch die Unterschrift des österreichischen Außenministers Gruber.

Die Wiederbelebung der österreichischen Wirtschaft läßt sich an folgenden Ziffern über die Entwicklung des realen Sozialprodukts ablesen[6]):

(Index 1937 = 100)

1945	36	1948	91
1946	42	1949	109
1947	62	1950	122

Die innenpolitische Voraussetzung dieser Entwicklung, die vorherrschende Stellung von ÖVP und SPÖ, die wie schon unter Renner, so nach der ersten Nationalratswahl unter Figl in einem festen Koalitionsverhältnis zusammenarbeiteten, wurde durch die Wahlen zum zweiten Nationalrat am 9. Oktober 1949 bestätigt. Allerdings trat nunmehr neben den beiden großen Parteien und der zahlenmäßig unbedeutenden KPÖ eine neue politische Partei in das Parlament ein, die Vereinigung der Unabhängigen (VdU). Die VdU war eine Sammelstelle liberaler und nationaler Kräfte, die ebenso den Sozialismus der SPÖ wie die kirchliche Orientierung der ÖVP ablehnten. Die Wahlen erbrachten an Mandaten: ÖVP 77, SPÖ 67, VdU 16, KPÖ 5.

Inzwischen lagen von allen Parteien programmatische Erklärungen vor[7]). Für die Zusammenarbeit in der Koalition ist aus den Leitsätzen der ÖVP von 1945 hervorzuheben, daß sie die »Sozialisierung oder Kommunalisierung lebenswichtiger Betriebe« wenn auch nur »innerhalb wohlüberlegter, sozial und wirtschaftlich tragbarer Grenzen« nicht ausschloß. Im Aktionsprogramm der SPÖ von 1947 wurde andererseits dem privaten Unternehmertum »in einer Planwirtschaft eine sicherere und bessere Existenz« in Aussicht gestellt »als in der ständig von Krisen bedrohten kapitalistischen Wirtschaft«. Den verstaatlichten Teil der Wirtschaft wollte die SPÖ durch »Einführung gemeinwirtschaftlicher Unternehmungsformen und voller Betriebsdemokratie zur Sozialisierung« weiterentwickeln. Obwohl die SPÖ nach dem Kriege eine früher abgespaltene radikale Gruppe wieder in sich aufgenommen und im Zusammenhang damit in ihrem Parteinamen das Wort »Sozialdemokratisch« durch »Sozialistisch« ersetzt hatte, war doch unter Führung von Renner und Schärf der auf Ausgleich bedachte rechte Flügel der Partei der maßgebende. Für die politische Programmatik der Partei bedeutete dies, daß der Gedanke der Revolution und der Diktatur des Proletariats, der im Linzer Programm von 1926 noch zum Ausdruck gekommen war, jetzt durch ein uneingeschränktes Bekenntnis zur freien Demokratie mit konkurrierenden Parteien abgelöst wurde. Die sozialrevolutionären Kräfte sammelten sich, z. T. unter Absplitterung von der SPÖ, bei den Kommunisten. Diese wurden zwar durch die Nationalratswahlen zur Existenz einer Zwergpartei verurteilt, konnten aber bei den Arbeiterkammerwahlen 1949 fast 10% der Stimmen gewinnen. Sie waren imstande, im September/Oktober 1950 eine allerdings schnell verebbende Streikwelle in Bewegung zu setzen. Als ihr Ziel proklamierte die KPÖ die Errichtung einer Volksdemokratie unter Hinweis auf die im sowjetischen Machtbereich entstandenen Verhältnisse. »In unserer Nachbarschaft«, so hieß es in den vom Kommunistischen Parteitag im

April 1946 verabschiedeten programmatischen Leitsätzen, »im Osten und Südosten Europas, sind neue Demokratien entstanden, die sich wesentlich von der alten bürgerlichen Demokratie unterscheiden.« Gegen solche kommunistischen Zielsetzungen setzte sich die SPÖ unter Schärf mit ähnlicher Entschiedenheit ab wie in Westdeutschland die SPD unter Schumacher. Als noch in der Zeit der provisorischen Regierung unter Renner Leopold Figl (ÖVP) ein Orientierungsgespräch mit Vertretern der KPÖ führte, löste dies einen scharfen Protest von seiten der Sozialisten aus. Und als der Bundeskanzler Figl nach der ersten Nationalratswahl im November 1945 in seine Regierung auch einen kommunistischen Minister aufnahm, geschah dies gegen den Wunsch der Sozialisten. Charakteristisch für die zur Mitte hin orientierte Einstellung der österreichischen Sozialisten war es, daß sie nach links hin jeden Gedanken an eine Einheitsfront mit den Kommunisten verwarfen, aber nach rechts hin die Bildung einer Einheitsgewerkschaft zwischen ehemaligen freien und christlichen Gewerkschaften förderten. Gewerkschaftspolitisch entsprach es der Koalition zwischen SPÖ und ÖVP, wenn der erste Präsident des Österreichischen Gewerkschaftsbundes, Johann Böhm, die Gewerkschaftspolitik in Österreich dahin verstehen wollte, daß Arbeitgeber und Arbeitnehmer »auf einem Ast« säßen.

Zur Vertretung der Arbeitnehmerinteressen gab es neben den Gewerkschaften und den nach dem Kriege ebenfalls wieder eingeführten Betriebsräten die öffentlich-rechtliche Einrichtung der Arbeiterkammern[8]). Sie haben wie Gewerkschaften und Betriebsräte ihren Ursprung ebenfalls in der Ersten Republik und wurden als eine typisch österreichische Einrichtung bereits im Juli 1945 durch die provisorische Regierung wieder hergestellt. Die Arbeiterkammern sind ein Element in einem geschlossenen System ständischer öffentlich-rechtlicher Kammern mit Zwangsmitgliedschaft. Dazu gehören außerdem die Kammern der gewerblichen Wirtschaft, die Landwirtschaftskammern und die Kammern der Angehörigen der freien Berufe. Zu den Aufgaben der Kammern gehört die Bearbeitung von wirtschafts- und sozialpolitischen Gesetzesvorhaben. Zuständig sind die Arbeiterkammern auch für kollektive Tarifverträge. Ihre Vertragspartner hierfür sind die Kammern der gewerblichen Wirtschaft. Meistens werden die Tarifverträge für die Arbeitnehmer jedoch nicht durch die Arbeiterkammern, sondern durch die Gewerkschaften ausgehandelt. Auch auf der Unternehmerseite steht als tarifvertragsfähig neben der Bundeskammer der gewerblichen Wirtschaft ein privatrechtlicher Verein, die »Vereinigung österreichischer Industrieller«. Es ist charakteristisch für die österreichischen Interessenvertretungen öffentlicher und privatrechtlicher Art, daß sie untereinander und beide wiederum mit dem Staat in enger Zusammenarbeit stehen, deren Formen wechseln und nicht leicht überschaubar sind: privatrechtliche Interessenvertretungen von Arbeitgebern und Arbeitnehmern, öffentlich-rechtliche Interessenvertretungen durch die beiden Kammern und die Regierung, verstaatlichte Schlüsselindustrien als staatssozialistische Faktoren, die aber wirtschaftspolitisch zugleich an der Marktwirtschaft orientiert sind. Die Zusammenarbeit dieser verschiedenen Elemente kam insonderheit in der Kontrolle von Preisen und Löhnen zum Tragen. Das österreichische System der Interessenwahrnehmung und des Interessenausgleichs stellt also eine Mischung dar von privatwirtschaftlichen, ständischen, staatssozialistischen und gemeinwirtschaftlichen Elementen.

Die Bereitschaft zum sozialen und politischen Ausgleich ist auch durch die Kirche gefördert worden, indem sie ihr eigenes Verhältnis zu den Parteien revidierte[9]). Die politische Bedeutung des Selbstverständnisses der Kirche über ihre Rolle im Kräftefeld der Gesellschaft ergibt sich schon allein aus der Tatsache, daß neun von zehn Österreichern ihr wenigstens nominell angehörten. Sie hatte in den zwanziger Jahren in schärfstem Gegensatz zum programmatisch antiklerikalen Austromarxismus und in der Mitte der dreißiger Jahre an der Seite des autoritären Regimes gestanden. Nach dem vergeblichen Versuch des Episkopats, nach dem Anschluß einen modus vivendi mit dem Nationalsozialismus zu finden, war die Kirche in den Jahren der Verfolgung zur stärksten geistigen Gegenkraft gegen den Totalitätsanspruch des NS-Staates geworden. Fünfzehn Priester waren zum Tode verurteilt und hingerichtet worden, an die hundert in Gefängnissen und Konzentrationslagern zugrunde gegangen. Das Blut der Märtyrer ist der Same der Kirche. Sie hatte in der Not der ersten Nachkriegszeit in ungewöhnlicher Weise das Ohr des Volkes. Und sie hat es in klarer Konsequenz aus den Erfahrungen der zwanziger und dreißiger Jahre vermieden, in einen Gegensatz zur SPÖ und in eine zu große Nähe zur ÖVP zu gelangen. Als eine »freie Kirche im neuen Staat«, wie der Vorsitzende der Bischofskonferenz, Kardinal Innitzer, ihre Stellung bezeichnete, lehnte sie jede einseitige Bindung ab. Zugleich hat sie durch eine Aktivierung ihrer theoretischen und praktischen sozialpolitischen Arbeit das Gedankengut der Sozialenzykliken als ein Element in die Neubildung der österreichischen Nachkriegsgesellschaft eingebracht.

Eng mit dem kirchlichen Interesse verklammert war der Wiederaufbau des Schulwesens. Dieser Wiederaufbau vollzog sich in Österreich ähnlich wie in Westdeutschland zunächst in den überlieferten Formen des bisherigen Bildungswesens unter Beseitigung nationalsozialistischer Erziehungsziele und Lehrinhalte. Es ist kennzeichnend dafür, wie weit man in Österreich die Kulturkampfstimmung der zwanziger Jahre hinter sich gelassen hatte, daß die gesetzliche Verankerung des Religionsunterrichts als eines Pflichtfaches an öffentlichen Schulen — bei Dispensmöglichkeit für den einzelnen Schüler — insgesamt ebensowenig umstritten wurde wie die Wiedereinführung des Schulgebetes »in jenen Klassen der Pflichtschulen, in denen die Mehrzahl der Schüler vom Religionsunterricht der christlichen Bekenntnisse nicht abgemeldet« war[10]). Ein schwieriger zu lösendes Problem war die staatliche Subventionierung der kirchlichen Schulen, die einen erheblichen Anteil am öffentlichen Bildungswesen hatten. Im übrigen sah sich Österreich nach einer Periode der Restauration vor die gleichen Probleme einer Strukturreform des Bildungswesens gestellt, die sich auch in Westdeutschland ergaben. Die erste Etappe auf dem Wege einer behutsamen Veränderung — verlängerte Schulpflichtzeit, polytechnischer Unterricht im neunten Schuljahr, erhöhte Durchlässigkeit — sollte erst 17 Jahre nach Kriegsende mit den Schulgesetzen des Jahres 1962 erreicht werden.

Auf der festen Basis der gesellschafts- und innenpolitischen Koalition war es möglich, auch eine gemeinsame Außenpolitik zu verfolgen[11]). Es ging um zwei Fragen vor allem, das Schicksal Südtirols und den Staatsvertrag über den Status Österreichs. Beide Fragen konnten in der Zeit der Regierungen Renner und Figl nicht gelöst werden, aber für die erstrebte und später verwirklichte Lösung beider Fragen wurden in diesen ersten Nachkriegsjahren die Grundsätze erarbeitet, von denen sich Österreich leiten ließ.

Bei Südtirol handelte es sich um das deutsch besiedelte Gebiet vom Brenner bis zur Klausener Steige, das zusammen mit den italienisch besiedelten Gebieten um Trient nach dem Ersten Weltkrieg an Italien gefallen war. Seit der Loslösung von Österreich hatte der italienische Bevölkerungsanteil prozentual ständig zugenommen. Er betrug im Jahre 1910 3 %, 1921 8 %, 1939 24 % und 1953 bei einer Gesamtbevölkerung von 342 000 34 %. Nach dem Kriege meldete die Regierung Renner Anspruch auf dieses Gebiet an. Unter Berufung auf die Atlantik-Charta verlangte sie für Südtirol das Selbstbestimmungsrecht. Die Alliierten waren aber bereits während der Moskauer Außenministerkonferenz im Jahre 1943 kurz nach dem Abfall Italiens von seinem deutschen Bundesgenossen übereingekommen, die Nordgrenzen Italiens unverändert zu lassen, abgesehen vielleicht von kleineren Korrekturen. Italien stellte sich auf den Standpunkt, es gebe keine südtiroler Frage. Alles, was sich in diesem Gebiet zutrage, sei eine inneritalienische Angelegenheit. Österreich wandte sich am 25. April 1946 mit einem Memorandum an die Pariser Außenministerkonferenz: Die strategischen Gründe, deretwegen im Jahre 1919 Italien die Brennergrenze erhalten habe, seien hinfällig geworden. Wirtschaftlichen Erfordernissen, wie dem italienischen Bedarf an elektrischem Strom aus südtiroler Wasserkraftwerken, könne durch den Verbleib der bestehenden Kraftwerke in italienischem Besitz und durch den Ausbau weiterer Kraftwerke durch gemischte österreichisch-italienische Gesellschaften Rechnung getragen werden. Und wenn Italien erklärte, daß es nicht auf Südtirol verzichten könne, weil Österreich bis zuletzt an der Seite Deutschlands gekämpft habe, so setzte Österreich dem die Feststellung entgegen, daß in Italien der Ursprung des Faschismus zu finden sei. Die Pariser Außenministerkonferenz entschied sich jedoch gegen Österreich und gegen das Selbstbestimmungsrecht. Der österreichische Außenminister Gruber versuchte nunmehr, wenigstens eine Grenzkorrektur durchzusetzen. Er schlug vor, den Brixener Kessel und das Pustertal an Österreich zurückzugeben, um hierdurch wenigstens den unmittelbaren Verbindungsweg zwischen dem österreichischen Nordtirol und Osttirol wieder herzustellen. Nachdem auch dieser Vorschlag abgelehnt worden war, versuchte die österreichische Regierung, statt eines aussichtslosen Protestes durch unmittelbare Verhandlung mit Italien soweit wie möglich die nationale Existenz der deutschen Volksgruppe in Südtirol abzusichern. Das Ergebnis war ein am 5. September 1946 in Paris abgeschlossenes Abkommen über die Autonomie Südtirols[12]). Dieses Abkommen wurde als Bestandteil in den italienischen Friedensvertrag vom 10. Februar 1947 eingefügt. Es enthielt zunächst einige Feststellungen zugunsten der Geltung der deutschen Sprache: deutsche Volks- und Mittelschulen wurden wieder zugelassen; im amtlichen Sprachgebrauch sollte die deutsche Sprache mit der italienischen gleichberechtigt sein; die in der faschistischen Zeit italianisierten Familiennamen durften wieder rückverdeutscht werden, und deutschsprachige Südtiroler sollten bei der Einstellung in öffentliche Ämter gleichberechtigt berücksichtigt werden. Problematisch war der Artikel 2 des Abkommens, der die Autonomiefrage regelte: Der Bevölkerung wurde eine »autonome regionale Gesetzgebungs- und Vollzugsgewalt« gewährt, aber der geographische Rahmen hierfür blieb offen. Die Verfassunggebende Versammlung Italiens beschloß am 27. Juni 1947, eine autonome Region Trentino-Tiroler Etschland zu schaffen. Durch die Verbindung der italienischen Provinz Trentino mit Südtirol (Provinz Bozen) erhielt in dieser autonomen Region der italienische Bevölkerungsteil die Mehrheit im Verhältnis 5 : 2. Vergeblich erhob die südtiroler Bevölkerung Einspruch. Die österreichische Regierung sah sich im Verlaufe der Zeit veranlaßt festzustellen, daß das am 29. Januar 1948 verabschiedete Autonomiestatut in seiner Auswirkung dem Abkommen über Südtirol vom 5. September 1946 nicht entspreche. Die deutsche Sprache sei mit der italienischen im öffentlichen Leben nicht wirklich gleichgestellt worden, Südtiroler würden bei der Einstellung in den öffentlichen Dienst nicht angemessen berücksichtigt, und die deutsche Volksgruppe werde vor der italienischen Unterwanderung nicht hinreichend geschützt. Deshalb müsse das Autonomiestatut revidiert werden. Hierbei hat die österreichische Regierung immer an dem Standpunkt festgehalten, daß Südtirol keine rein inneritalienische Angelegenheit sei, wenn auch die im italienischen Friedensvertrag 1947 bestätigte Grenze nicht mehr in Frage gestellt wurde. Nun ist festzustellen, daß auch die italienische Regierung Entgegenkommen gezeigt hat. Den südtiroler Optanten — und das war die Mehrheit der deutschen Bevölkerung —, die sich aufgrund des Hitler-Mussolini-Abkommens von 1939 für die Auswanderung nach Deutschland entschieden hatten, wurde die italienische Staatsbürgerschaft wieder zuerkannt, und sie konnten sich auch im Rahmen des Autonomiestatuts vom Januar 1948 in ihrer sprachlichen und nationalen Eigenart unvergleichlich viel freier entfalten, als es in der faschistischen Zeit der Fall gewesen war. Das eigentlich ungelöste Problem bestand in der fortdauernden italienischen Zuwanderung, die aber zugleich Ausdruck der allmählichen Industrialisierung eines bisher rein bäuerlichen Landes war. Nach einer langen Periode innerer Unruhen sollte im Jahre 1969 in den österreichisch-italienischen Abkommen zum sogenannten Südtirol-Paket eine neue Regelung gefunden werden, die einen dauerhaften und vernünftigen Ausgleich zwischen den Deutschen und Italienern in Südtirol ermöglichte[13]).

Als wichtigste Aufgaben stellten sich der österreichischen Außenpolitik die Wiedergewinnung der Souveränität und die Sicherung des territorialen Bestandes in den Grenzen von 1919. Die staatliche Stellung der Zweiten Republik ist bis zum Abschluß des Staatsvertrages im Jahre 1955 durch das zweite Kontrollabkommen vom Juli 1946 bestimmt gewesen. Trotz im Laufe der Zeit eingetretener Milderungen blieb unter dem Kontrollabkommen die Souveränität Österreichs erheblich eingeschränkt. Zur Wiederherstellung seiner staatlichen Unabhängigkeit kam der Abschluß eines Friedensvertrages als Instrumentarium nicht in Frage, da es im Unterschied zu Italien, Ungarn, Rumänien, Bulgarien und Finnland keine selbständige kriegführende Macht gewesen war. Die Absichten der Alliierten gingen dahin, einen »Vertrag über die Wiederherstellung eines unabhängigen und demokratischen Österreich« abzuschließen, den die Österreicher »Staatsvertrag« nannten. Dies wurde auch die offizielle spätere Bezeichnung. Die Einzelheiten in dem Auf und Ab der langwierigen und komplizierten Vertragsverhandlungen sind wegen mangelnder Quellenerschließung heute noch nicht zu erkennen. Deutlich heben sich jedoch die Fragen heraus, deren Lösung besondere Schwierigkeiten bereitete. Jugoslawien erhob Reparationsansprüche und meldete territoriale Forderungen an. Es erstrebte den Besitz von Südkärnten einschließlich der Städte Klagenfurt und Villach mit rund 180 000 Einwohnern, hiervon rund 25 000 Slowenen, und außerdem ein kleines Grenzgebiet in der Steiermark. Die Sowjetunion hatte sich unmittelbar nach Kriegsende in der Zeit der provisorischen Regierung Renner gegen den Versuch Jugoslawiens gewandt, vollendete Tatsachen zu schaffen. Sie machte sich jedoch, nachdem die Chancen auf Errichtung einer Volksfront in Österreich infolge der Wahlen vom November 1945 zunichte geworden waren, in den Verhandlungen um den Staatsvertrag zum Fürsprecher der jugoslawischen Forderungen. In einer abermaligen Änderung ihrer Haltung erhob sie nach dem Bruch mit Tito 1948/49 keine Einwände mehr dagegen, daß die jugoslawischen Reparations- und Gebietsforderungen unberücksichtigt blieben. Auch Jugoslawien selber verzichtete nach dem Bruch mit der Sowjetunion im Zuge seiner Annäherung an die Westmächte auf die Weiterverfolgung seiner Forderungen. Danach blieb als Hauptproblem in den Verhandlungen um den österreichischen Staatsvertrag die Frage des deutschen Eigentums und hierbei insbesondere die Ausbeutung der Ölfelder in Niederösterreich durch die Sowjetunion. Schließlich fanden sich die Westmächte im Jahre 1949 zu einem so weitgehenden Entgegenkommen gegenüber den sowjetischen Vorstellungen bereit, daß Bundespräsident Renner meinte, am Tage der Unterzeichnung sei Halbmast zu flaggen. Trotz der westlichen Zugeständnisse in den Wirtschaftsfragen versagte die Sowjetunion jedoch die Zustimmung. Die Gründe hierfür sind wohl in der internationalen Lage zu suchen. Verschärfte sich doch in den Jahren 1948—1950 die Entfremdung zwischen den ehemaligen Kriegsalliierten zum offenen weltpolitischen Gegensatz: 1948 Staatsstreich in der Tschechoslowakei und Blockade Berlins, 1949 Sieg der Kommunisten in China und Errichtung der Volksrepublik, 1950 Ausbruch des Koreakrieges. Die Sowjetunion ließ erkennen, daß sie es für wünschenswert hielt, ihre Truppen auch nach Abschluß eines Staatsvertrages in Österreich zu belassen, und zwar bis zum Abschluß eines Friedensvertrages mit Deutschland — der aber nach der Begründung der Bundesrepublik und der DDR weiter entfernt war als je. Die Westmächte andererseits sahen gerade im Abzug der Besatzungstruppen aus Österreich eine notwendige Folge des Staatsvertrages, um derentwillen sie seinen baldigen Abschluß wünschten.

Damit stellte sich die Frage nach dem Verhältnis eines in seiner Souveränität wieder hergestellten Österreich zu den sich organisierenden Machtblöcken in Ost und West. Renner hat sich sehr frühzeitig für den Gedanken einer freiwilligen Neutralität ausgesprochen, ebenso auch Figl. Solange Besatzungstruppen im Lande standen, war die Gefahr einer Spaltung nicht ganz auszuschließen — trotz des im Kriege bekundeten Willens der Alliierten, Österreich wiederherzustellen, und trotz der schnellen Errichtung eines funktionierenden gesamtösterreichischen Staatsapparates. Deshalb war die sozialistisch-christliche Koalition sich darin einig, jeden Anschluß an einen der sich bildenden Machtblöcke zu vermeiden. Daß aber die Absage an eine militärische Option für Ost oder West keine gesellschaftspolitische und ideologische Unentschiedenheit bedeutete, zeigte sowohl die Beteiligung an der europäischen wirtschaftlichen Zusammenarbeit als auch der verschärfte innenpolitische Gegensatz zu den Kommunisten im Zusammenhang mit deren Generalstreikversuchen des Jahres 1950. Aber erst fünf Jahre später sollte das Angebot der österreichischen Neutralität in den nach dem Tode Stalins sich verändernden innersowjetischen Kräfteverhältnissen dazu führen, daß die Sowjetregierung in einer Blockfreiheit Österreichs ein willkommenes Element der Entspannung zu sehen vermochte und nunmehr auch beim endlichen Vertragsabschluß den langfristigen wirtschaftlichen Interessen Österreichs Rechnung trug[14]).

Was die Maxime der österreichischen Politik im Unterschied zur Ost-West-Polarisierung der Mächte gewesen ist, ergibt sich eindringlich aus einer von den Alliierten beanstandeten Aussage des Bundeskanzlers Figl bei seiner Regierungserklärung am 21. Dezember 1945. Der Text der Rede mußte vorher dem Alliierten Rat vorgelegt werden. Dabei fiel ein Satz über Österreich als Brücke zwischen Ost und West der Zensur zum Opfer. Dessen ungeachtet »ließ es sich der Bundeskanzler nicht nehmen, von der altösterreichischen Tradition, vom österreichischen Geist als ›Bollwerk gegen alle Versuche imperialistischer Einseitigkeit in diesem Europa‹, als ›das ausgleichende Element in Europa‹ zu sprechen; das neue Österreich als kleiner Staat wolle dieser Tradition, die vor allem eine Kulturtradition gewesen sei, ›treu bleiben als Hort des Friedens im Zentrum Europas«[15]).

Allg. Lit. s. § 89.

1) Zur Entnazifizierung in Österreich: L. WERNER, Nationalsozialistengesetz u. Verbotsgesetz 1947 (Wien 1947); Österr. Jb. 1947, hg. v. Bundespressedienst (1948), S. 139 ff.; J. MAIR, Austria, in: Four-Power Control in Germany and Austria 1945—1946 (London 1956), S. 331 ff.; R. NECK, Innenpolit. Entwicklung, in: Erika WEINZIERL / K. SKALNIK (Hg.), Österreich. Die Zweite Republik 1 (1972). **2)** Historisch bes. ergiebig: Der Hochverratsprozeß gegen Dr. Guido Schmidt vor dem Wiener Volksgericht. Die gerichtl. Protokolle mit den Zeugenaussagen, unveröff. Dokumenten, sämtl. Geheimbriefen u. Geheimakten (Wien 1947). **3)** So das im übrigen informationsreiche Buch von R. HISCOCKS, Österreichs Wiedergeburt (Wien 1954): »Der Unterschied zwischen preuß. Totalitarismus u. der österr. Mentalität wurde deutlicher als je zuvor u. ein Wiener sprach für viele, als er sagte, es sei nur ein Zufall, daß Deutsche u. Österreicher die gleiche Sprache sprächen.« Im Gegensatz hierzu wird der österreichische u. katholische Hintergrund Hitlers betont bei F. HEER, Der Glaube des Adolf Hitler. Anatomie einer polit. Religiosität (1968). **3a)** Zahlen nach: Die Bevölkerungsverluste Österreichs während des 2. Weltkrieges, in: Österr. Militärzeitschrift 3 (1974). **4)** A. TAUTSCHER / A. E. PÖSCHL (Hg.), Handbuch der österr. Wirtschaftspolitik (Wien (1961); A. BRUSATTI, Entwicklung der Wirtschaft u. Wirtschaftspolitik; I. TAUS, Parteien u. Wirtschaft, beides in: Erika WEINZIERL / K. SKALNIK (Hg.), Österreich. Die Zweite Republik 1. **5)** Zu den unterschiedlichen, aber im Kompromiß verbundenen Sozialisierungskonzeptionen von SPÖ u. ÖVP vgl. Sten. Protokolle über die Sitzungen des Nationalrates 1945 bis 1946, 1. Bd. (1946), Sitzung vom 26. 7. 1946, S. 722 ff.; ferner

W. WEBER (Hg.), Die Verstaatlichung in Österreich (1964). 6) Zahlen nach F. NEMSCHAK (Leiter des Österr. Inst. f. Wirtschaftsforsch.), Die wirtschaftl. Lebensfähigkeit u. Lebenskraft Österreichs. Eine Gesamtschau der österr. Wirtschaft unter bes. Berücksichtigung von Außenhandels- u. Zahlungsbilanz, in: H. SIEGLER (Hg.), Österreichs Weg (1959). 7) Texte in: K. BERCHTOLD (Hg.), Österr. Parteiprogramme 1868—1966 (Wien 1966). — R. NECK, Innenpolit. Entwicklung, u. A. PELINKA, Auseinandersetzung mit dem Kommunismus, beides in: Erika WEINZIERL / K. SKALNIK (Hg.), Österreich. Die Zweite Republik 1. 8) Zum Folgenden: ebd. Bd. 2: F. KLENNER, Interessengruppen; G. WEISSENBERG, Sozialpolitik. 9) O. SCHULMEISTER, Kirche, Ideologien u. Parteien, in: F. KLOSTERMANN / H. KRIEGL u. a. (Hg.), Kirche in Österreich 1918—1965 (Bd. 1, Wien 1966); G. SILBERBAUER, Österreichs Katholiken u. die Arbeiterfrage (Graz 1966); Erika WEINZIERL, Die katholische Kirche, in: Erika WEINZIERL / K. SKALNIK (Hg.), Österreich. Die Zweite Republik 2 (1972). 10) Erlaß des Bundesministeriums f. Unterricht v. 24. 6. 1946, zit. bei M. NEUGEBAUER, Schulwesen, in: Erika WEINZIERL / K. SKALNIK (Hg.), Österreich. Die Zweite Republik 2, S. 326. 11) K. WALDHEIM, Der österr. Weg. Aus der Isolation zur Neutralität (Wien 1971); G. STOURZH, Zur Entstehungsgesch. des Staatsvertrages u. der Neutralität Österreichs, in: Österr. Zeitschrift für Außenpolitik 5/6 (1965); ders., Der Weg zum Staatsvertrag u. zur immerwährenden Neutralität, in: Erika WEINZIERL / K. SKALNIK (Hg.), Österreich. Die Zweite Republik 1. — The Austrian State Treaty. An account of the Post-War Negotiations together with the Text of the Treaty and Related Documents (Dpt. of State Publication No. 6437, Washington 1957). 12) Text H. SIEGLER (Hg.), Österreichs Weg (1959), S. 81 f. 13) EA 24 (1969), Zeittafel, S. 259; EA 26 (1971), Zeittafel, S. 167 f.; P. LENDVAI, Kontinuität mit neuen Akzenten in der österr. Außenpolitik, EA 26 (1971). 14) Wortlaut des österr. Staatsvertrages v. 15. Mai 1955 u. des Moskauer Memorandums v. 15. Mai 1955 zu den österr.-sowj. Verhandlungen über die österr. Neutralität in: H. SIEGLER (Hg.), Österreichs Weg (1959), Annex. 15) G. STOURZH, Die Regierung Renner, die Anfänge der Regierung Figl u. die Alliierte Kommission für Österreich, Sept. 1945 bis April 1946, in: Archiv f. österr. Gesch. 125 (1966), S. 337. Rede Figls in: Sten. Protokolle über die Sitzungen des Nationalrates 1945 bis 1946, Bd. 1 (1946), S. 19 ff.

§ 108 Ende oder Epoche der deutschen Geschichte?

Die Entstehung der drei selbständigen Staaten auf dem Gebiet des ehemaligen Reiches bedeutet mit dem Ende deutscher Hegemonialideen und dem Ende Großdeutschlands zugleich auch das Ende der nationalstaatlichen Periode der deutschen Geschichte. Es ist eine in der historisch-politischen Reflexion der Deutschen über sich selbst unterschiedlich beantwortete Frage, ob und in welchem Sinne nach der Auflösung der staatlichen Einheit noch von einer deutschen Nation die Rede sein könne. Mit welchem Gegenstand hat es die deutsche Geschichte nach dem Auseinanderbrechen Deutschlands zu tun? Wie kann von der deutschen Geschichte, wenn man von der Jahrhundertmitte auf sie hinschaut, anders gesprochen werden als in der Weise eines Epilogs? Gewiß würde der Begriff einer »deutschen« Geschichte im Absurden enden, wenn man ihren Gegenstand auf einen der Teilstaaten einschrumpfen ließe. Die Geschichte der Bundesrepublik Deutschland ist nicht die Geschichte Deutschlands. Das gleiche gilt für die Versuche der Deutschen Demokratischen Republik, die nationale Tradition für sich zu monopolisieren. Ein vergebliches Unterfangen wäre es auch, das wiedererstandene selbständige Österreich aus dem deutschen Geschichtszusammenhang ausklammern zu wollen. Die Thematik einer noch nicht zu Ende gegangenen deutschen Geschichte, falls sich eine solche noch definieren lassen sollte, erschöpft sich aber auch nicht in der an sich unerläßlichen additiven und komparatistischen Registrierung der Geschehnisse in den Teilbereichen des ehemaligen Wirkungs- und Schicksalszusammenhangs, der den Namen Deutschland trug.

Um den historischen Moment der deutschen Geschichte, wie er sich um die Jahrhundertmitte darstellt, zu begreifen, versagen die Analogien. Nach dem Ersten Weltkrieg drängte sich für das geschlagene Deutschland die Erinnerung an den Zusammenbruch in den napoleonischen Kriegen und die Befreiung auf, die zugleich soziale Reform und nationale Erhebung gewesen war. Aber für die Deutschen nach dem Zweiten Weltkrieg ist die Idee der staatlichen nationalen Einheit, die das 19. Jahrhundert fasziniert hatte, infolge des erfahrenen Mißbrauchs und ihrer Übersteigerung in den verbrecherischen Exzeß entweder gänzlich verblaßt, oder sie ist anderen, in den deutschen Teilstaaten unterschiedlichen Prioritäten untergeordnet. Auch die sich anbietende Analogie des lange geteilten und schließlich wiedervereinten Polen hilft nichts zur Erhellung der historischen Situation Deutschlands. Die Teilung Polens im 18. Jahrhundert war das Ergebnis von Rivalitäten im ost-mitteleuropäischen Mächtesystem. Polen wurde nicht wie Deutschland durch antagonistische Gesellschaftssysteme und -ideologien auseinandergerissen und behielt durch die Zeit der Teilung hindurch das Bewußtsein der Zusammengehörigkeit und die Hoffnung auf Wiedervereinigung.

Fragen wir uns, wie die drei auf dem Gebiet des ehemaligen Reiches entstandenen Staaten ihr Verhältnis zu Deutschland verstehen. Für die Bevölkerung in Österreich ist bis auf eine verschwindende Minderheit der Anschlußgedanke nach den Erfahrungen der Jahre 1938 bis 1945 abgetan. In der Bejahung ihres sich als lebenskräftig erweisenden neuen Staates sind die Deutschen in Österreich im Begriff, eine österreichische Staatsnation zu werden. Dies wird durch Meinungsumfragen bestätigt. Relativ unbestritten ist die mit dem österreichischen politischen Nationsbewußtsein einhergehende Feststellung, daß diese österreichische Staatsnation ein Teil des deutschen Volkes ist und im deutschen geschichtlichen Kulturzusammenhang steht. Dies führt an den Begriff der Kulturnation heran. So begegnet man etwa unter der Fragestellung »Wie deutsch ist Österreich?« einer Berufung auf das im kulturnationalen Sinne interpretierte Bekenntnis des großen katholischen Staatsmannes der zwanziger Jahre, Ignaz Seipel, zur deutschen Nation[1]). In noch ungeklärte Bewußtseinsprobleme der historischen Standortbestimmung führt die Frage, in welchem Maße die Deutschen Österreichs an der deutschen Nationalbewegung des 19. und 20. Jahrhunderts in ihren positiven und negativen Aspekten von der liberalen und demokratischen Revolution des Jahres 1848 bis hin zum Nationalsozialismus des Österreichers Adolf Hitler beteiligt waren. Die Antwort auf diese Frage bewegt sich in dem Spielraum zwischen zwei sehr unterschiedlichen Positionen, die in der Geburtsstunde der Zweiten Republik durch die Namen des ersten Staatspräsidenten Karl Renner und des ersten gewählten Bundeskanzlers Leopold Figl bezeichnet sind: Renners, der sich als einer der entscheidenden Promotoren des Anschlußgedankens nach dem Ersten Weltkrieg auch nach dem Zweiten Weltkrieg von dieser Geschichte nicht lossagte, aber aus ihrer Erfahrung nun die vorbehaltlose Wendung zur österreichischen Eigenstaatlichkeit vollzog; und Figls, der so weit ging, vor dem Nationalrat zu erklären, daß Österreich niemals ein Teil der deutschen Nation gewesen und auch kein deutscher Staat sei[2]). Inzwischen hat sich zwischen der Bundesrepublik Deutschland und der Republik Österreich eine politisch problemlose Freundschaft entwickelt, die ein solides Fundament in intensiven wirtschaftlichen, kulturellen und wissenschaftlichen Beziehungen besitzt. Als Staat unter Staaten hat sich Österreich für die Neutralität entschieden. Der „österreichische Weg« ist vor der völlig verfestigten Einbindung der Bundesrepublik und der DDR in die rivalisierenden Staats- und Gesellschaftssysteme von nicht wenigen Deutschen als eine positive Herausforderung empfunden worden, nach ähnlichen Möglichkeiten im Spannungsfeld zwischen Ost und West zu suchen, um auf diesem Wege vielleicht die Chancen für die Wiedergewinnung der Einheit der Restnation offenzuhalten. Innere und äußere Zwänge, die Priorität europäisch-freiheitlicher und sowjetisch-sozialistischer Integrationsforderungen gegenüber dem Wunschziel der Einheit ließen aber die Herausforderung des »österreichischen Weges« nicht zu einer praktikablen Möglichkeit werden. Unbeschadet der Unübertragbarkeit des spezifisch österreichischen

Weges auf das übrige deutsch-deutsche Verhältnis behält jedoch der österreichische Staatsvertrag auch im Sinnzusammenhang der deutschen Geschichte seine Bedeutung als reflektierte Absage an nationale Machtpolitik.

Im engeren Sinne betrifft die Frage nach Ende oder Epoche der deutschen Geschichte das Verhältnis zwischen der Bundesrepublik und der Deutschen Demokratischen Republik, und zwar deswegen, weil beide in der Ausgangslage nach dem Zweiten Weltkrieg von einem in diesen beiden Teilen Deutschlands noch unbestrittenen Bewußtsein der fortbestehenden Nation ausgingen. In dem Namen der beiden Staaten, in den beiden Verfassungen des Jahres 1949 und in dem Bekenntnis zur schwarz-rot-goldenen demokratisch-nationalen Tradition fand dies seinen sinnfälligen Ausdruck. Auch in der zweiten Verfassung der DDR vom Jahre 1968 ist der Bezug auf die »ganze deutsche Nation auf der Grundlage der Demokratie und des Sozialismus« und ihre staatliche Wiedervereinigung noch aufrechterhalten[3]). Abgelehnt wurde dementsprechend in der offiziellen DDR-Publizistik sowohl die etwa von Karl Jaspers vertretene These, daß zwei getrennte deutsche Nationen im Entstehen begriffen seien[4]), wie die offizielle westdeutsche These vom Fortbestand der Einheit der Nation. Man sprach statt dessen vom Fortbestehen einer einzigen, jedoch in Klassen gespaltenen Nation und der Berufung der in der DDR staatlich organisierten progressiven Klassenkräfte zur führenden Rolle in ihr[5]). Zu neuen Definitionen führte in seinen Konsequenzen der sogenannte »Grundlagenvertrag« vom 21. Dezember 1972, der nach dem Verständnis der DDR die staatliche Trennung als eine völkerrechtliche Teilung festschrieb. Nunmehr wurden durch die Volkskammer der DDR am 27. September 1974 aus der Verfassung vom Jahre 1968 alle Hinweise auf die deutsche Nation und die Wiederherstellung der Einheit gestrichen. Für den »sozialistischen Staat der Arbeiter und Bauern«, wie er sich jetzt statt der früheren Bezeichnung eines »sozialistischen Staates deutscher Nation« nannte, trat an die Stelle des weggefallenen Verfassungsauftrages, die »der deutschen Nation aufgezwungene Spaltung« zu überwinden, die verfassungsmäßig verankerte Feststellung, daß die Deutsche Demokratische Republik »für immer und unwiderruflich mit der Union der Sozialistischen Sowjetrepubliken verbündet« sei[6]). Dementsprechend wurde in einem weitreichenden, auf wirtschaftliche und politische Integration zielenden »Vertrag über Freundschaft, Zusammenarbeit und gegenseitigen Beistand« zwischen der Sowjetunion und der DDR vom 7. Oktober 1975[7]) im Unterschied zu früheren Verträgen jeder Bezug auf die offene deutsche Frage vermieden. In jenen früheren Verträgen war von der Verwirklichung der »Einheit Deutschlands auf friedlicher und demokratischer Grundlage«[8]) als gemeinsamem Ziel der Vertragspartner die Rede. Immerhin, jene früheren Verträge wurden durch den Freundschaftspakt vom Jahre 1975 nicht aufgehoben, sondern schweigend übergangen, suspendiert[9]). In einer veränderten europäischen Machtkonstellation könnten jene früheren Formeln erneute Aktualität erlangen. Für den Augenblick jedoch lautet die offizielle politisch-ideologische These der DDR, daß es keine offene deutsche Frage mehr gebe. Die Absage an die Nation, d. h. auch die Feststellung des Endes ihrer Geschichte, gibt sich als definitiv.

Im Gegensatz hierzu und trotz der nationalpolitischen Auswirkungen des Integrationsprozesses in Ost und West, der die staatliche Spaltung als nicht mehr aufhebbar erscheinen läßt, halten Parlament, Regierung und Länder der Bundesrepublik in Übereinstimmung mit dem Grundgesetz und mit der durch das Bundesverfassungsgericht am 31. Juli 1973 gegebenen Rechtsauslegung des Grundlagenvertrages an der These vom Fortbestand der Nation und einer allgemeinen deutschen Staatsangehörigkeit, am nichtvölkerrechtlichen Charakter der Anerkennung der DDR und am Verfassungsauftrag zur Wiederherstellung der staatlichen Einheit zwischen den in Bundesrepublik und DDR getrennten Teilen Deutschlands fest. Insofern ist die

Bundesrepublik in ihrem politischen Selbstverständnis derjenige deutsche Staat, der als einziger seinem Namen entsprechend bewußt an einem staatsnationalen Verständnis des Begriffs »Deutschland« festhält. Mit den Worten des Bundesverfassungsgerichts: »Wenn heute von der ›deutschen Nation‹ gesprochen wird, die eine Klammer für Gesamtdeutschland sei, so ist dagegen nichts einzuwenden, wenn darunter auch ein Synonym für das ›deutsche Staatsvolk‹ verstanden wird ... Versteckte sich dagegen hinter dieser neuen Formel ›deutsche Nation‹ nur noch der Begriff einer im Bewußtsein der Bevölkerung vorhandenen Sprach- und Kultureinheit, dann wäre das rechtlich die Aufgabe einer unverzichtbaren Rechtsposition. Letzteres stünde im Widerspruch zum Gebot der Wiedervereinigung als Ziel, das von der Bundesregierung mit allen erlaubten Mitteln anzustreben ist.«[10]) Dennoch versteht sich die Bundesrepublik, die ein deutscher Staat unter anderen ist, nicht mehr als ein »Provisorium«, mit dem sich der Parlamentarische Rat in Erwartung der Wiedervereinigung bei der Schaffung des Grundgesetzes für den Augenblick hatte begnügen wollen, und auch nicht mehr mit der abwägenderen Formulierung des scheidenden Bundespräsidenten Heuß nur als ein »Transitorium«. In der Bundesrepublik entwickelt sich vielmehr, verstärkt seit dem Grundlagenvertrag, ein eigenes spezifisches Staatsbewußtsein. Demgegenüber ist die Wiedervereinigung der Deutschen zu einer Staatsnation eine Zukunftserwartung ohne klare Konturen und auf lange Sicht, gewöhnlich ausgesprochen unter Berufung auf die noch bestehende Einheit der Kulturnation. Die Wartburg und Weimar, Dresden und die Thomaskirche zu Leipzig und das, wofür sie stehen, sind ein allen Deutschen, die aus der Geschichte leben, gemeinsamer Besitz. Die durch den Grundlagenvertrag ermöglichte Steigerung des Reiseverkehrs, der allerdings im wesentlichen nur in westöstlicher Richtung zunahm, hat dazu geführt, daß mehr Deutsche wieder in Beziehung zueinander treten, ein unmittelbarer Informationsaustausch stattfinden sowie verwandtschaftliche und freundschaftliche Verbindungen aufrechterhalten werden können. Dies hat als ein elementarer Vorgang an der Basis des Volkes auch eine kulturnationale Bedeutung trotz der mit dem Grundlagenvertrag einhergehenden verstärkten Selbstprofilierung der DDR als Staat ohne Bezug zur deutschen Nation.

Zum gemeinsamen Erbe der Kulturnation gehört aber gerade auch jener Herausforderer Karl Marx, an dessen Namen sich heute, ähnlich wie im 16. Jahrhundert an dem Luthers, Deutschland spaltete und die Welt entzweite. Es wäre zu einfach, die Auseinandersetzung, die sich an diese Überlieferung knüpft, auf den bloßen Gegensatz von These und Antithese, von Ja und Nein zu reduzieren. Dazu sind der Schulbildungen innerhalb des Marxismus zu viele, und auch von außen her zeigen sich in großer Breite unterschiedliche Deutungsmöglichkeiten seines Werkes, in dessen undogmatischem Charakter sich empirische Wissenschaft und Spekulation verbinden. Es wurde im Verlaufe der Darstellung deutlich, welche verhängnisvollen und lähmenden Wirkungen von einer dogmatisch unbeweglichen Rezeption Marxscher Theorien ausgehen konnten. Da aber heute nun einmal die politisch-gesellschaftliche Ordnung, in der der eine Teil unseres Volkes lebt, an Antworten orientiert ist, die sich auf diesen Namen berufen, so reduziert sich die Frage nach dem Fortbestand der Nation und damit nach dem Weitergang der Geschichte Deutschlands auf die Frage, ob das hüben wie drüben gestellte Problem, wie Freiheit und Gerechtigkeit in der Gesellschaft gleichzeitig zu verwirklichen sei, zu einem offenen Gespräch zwischen Marxisten und Nichtmarxisten auch über die Staatsgrenzen hinweg führen kann. Im Wettbewerb der beiden Sozialordnungen in den getrennten Teilen Deutschlands geht es darum, wer die überzeugendere Antwort auf jene Fragen zu geben vermag. Es ist ein Wettbewerb antagonistischer Systeme, bezogen auf die gleiche Thematik. Sofern es angesichts der einander ausschließenden Grundpositionen in den beiden Systemen dennoch zu einem sachlichen Gedankenaustausch im Hinblick auf eine gemeinsame Thematik kommt, ist ein solches Gesprächsverhältnis als dialektisch zu bezeichnen. In dem Maße, wie sich die Hoffnung erfüllen sollte, daß wir im gespaltenen Deutschland wieder miteinander reden lernten, ließe sich trotz unserer staatlichen Teilung die deutsche Nation daher als dialektische Einheit[11]) begreifen. Die in der Geschichte gewordene deutsche Kulturnation wird von vielen als noch vorhanden empfunden. Ihre politische Wiederverwirklichung als Staatsnation ist in eine nicht sichtbare Ferne gerückt. Die dialektische Einheit der Nation, die von der doppelten Bereitschaft abhängt, aufeinander zu hören, ohne Gegensätze zu verwischen, ist die denkbare Form eines gegenwärtigen Vollzugs. Es ist eine offene Frage, ob sich diese Erwartung erfüllt, ob die deutsche Geschichte noch eine Zukunft hat, abgesehen von der jeweiligen Geschichte ihrer Teilbereiche, ob also das Ende des Reiches und die Begründung der deutschen Teilstaaten zugleich das Ende der Geschichte Deutschlands bezeichnen oder eine Epoche in der deutschen Geschichte.

1) K. H. RITSCHER, Von der Verwirrung der Begriffe. Fragmente zur Frage »Wie deutsch ist Österreich«, Artikelserie in: Salzburger Nachrichten, Nr. 90—99 (April 1973). 2) Rede Figls s. § 107, Anm. 15. 3) Präambel u. Art. 8, Abs. 2; vgl. Kommentar hierzu in: S. MAMPEL, Die sozialistische Verfassung der Deutschen Demokratischen Republik. Text u. Kommentar (1972). 4) K. JASPERS, Wohin treibt die Bundesrepublik? (1966). 5) Vgl. S. MAMPEL, S. 106 ff. 6) Text d. Neufassung EA 29 (1974), D 587 f. 7) Text EA 30 (1975, D 655 ff. 8) Texte: Vertrag vom 20. 9. 1955, EA 10 (1955), S. 8315 ff.; Vertrag vom 12. 6. 1964, EA 19 (1964), D 325 ff. 9) Zur Interpretation der Nichtberührtheitsklausel des Freundschaftspaktes vom 7. 10. 1975 vgl. Th. SCHWEISFURTH, Die neue vertragliche Bindung der DDR an die Sowjetunion, EA 30 (1975). 10) Bd.Verf.Gerichtsurt. v. 31. 7. 1973, in: Archiv d. Gegenwart 43 (1973), S. 18 070—18 074. 11) Zu diesem Begriff: K. D. ERDMANN, Die dialektische Einheit der Nation, in: Die Einheit unserer Nation. Ansprachen zur Feierstunde der Schl.-Holst. Landesregierung am 17. Juni 1973 in Lübeck (1973).

Tabellarischer Anhang

1. Gebiet und Bevölkerung 1910–1955

Deutsches Reich	1910[1]	1910[2]	1919[3]	1925[4]	1933[5]	1938[6]	1941[7]
Fläche 1000 qkm	540,858	–	472,082	468,705	468,787	583,280	680,872
Bevölkerung Mill.	64,93	58,45	59,86	62,41	65,22	78,52	89,94
Einwohner pro qkm	120,0	123,8	126,8	133,2	139,1	134,6	132,1

Westzonen/ Bundesrepublik Deutschland	1939[8]	1946[8]	1950[8]	1955
Fläche 1000 qkm	245,289			
Bevölkerung Mill.	39,34	43,69	47,70	50,32[9]
Einwohner pro qkm	160,4	178,1	194,4	206,0[11]
Sowjetische Besatzungszone / DDR				
Fläche 1000 qkm	107,173			
Bevölkerung Mill.	15,16	17,18	17,20[10]	16,69[10]
Einwohner pro qkm	141,4	160,3	160,0[10]	155,0[10]
Deutsche Ostgebiete				
Fläche 1000 qkm	114,549			
Bevölkerung Mill.	9,56			
Einwohner pro qkm	83,5			
Berlin-West				
Fläche 1000 qkm	0,481			
Bevölkerung Mill.	2,75	2,01	2,15	2,20[9]
Einwohner pro qkm	5718,9	4184,5	4464,0	4583,0[11]
Berlin-Ost				
Fläche 1000 qkm	0,403			
Bevölkerung Mill.	1,59	1,17	1,19[10]	1,140[10]
Einwohner pro qkm	3943,1	2916,0	2951,6[10]	2828,7[10]

1) Statistisches Jahrbuch für das Deutsche Reich, 36. Jg. (1915), S. 1.

2) Bevölkerungsstand 1910 auf dem Gebiet des Deutschen Reiches nach dem Stand vom 30. 6. 1922, Statistisches Jahrbuch für das Deutsche Reich, 42. Jg. (1921/22), S. 1.

3) Bevölkerungsstand am 8. 10. 1919 auf dem Gebiet des Deutschen Reiches nach dem Stand vom 30. 6. 1922, Statistisches Jahrbuch für das Deutsche Reich, 42. Jg. (1921/22), S. 1.

4) Deutsches Reich ohne Saargebiet; Gebietsstand auf Grund neuer Vermessungen. Statistisches Jahrbuch für das Deutsche Reich, 49. Jg. (1930), S. 5.

5) Deutsches Reich ohne Saargebiet; Statistisches Jahrbuch für das Deutsche Reich, 53. Jg. (1934), S. 5.

6) Deutsches Reich mit Österreich und den sudetendeutschen Gebieten, Statistisches Jahrbuch für das Deutsche Reich, 57. Jg. (1938), S. 7.

7) Deutsches Reich einschließlich Österreich, Sudetenland, Danzig-Westpreußen, Wartheland, Memelland, erweitertes Oberschlesien und Ostpreußen, Eupen-Malmedy und Moresnet. Statistisches Jahrbuch für das Deutsche Reich, 59. Jg. (1941/42), S. 7.

8) Bevölkerungsstand 1939 auf dem Gebiet der Bundesrepublik (ohne Saargebiet) nach dem Stand vom 13. 9. 1950, der sowjetischen Besatzungszone nach dem Stand vom 29. 10. 1946 und der Stadt Berlin nach dem Stand vom 13. 9. 1950. Statistisches Jahrbuch für die Bundesrepublik Deutschland 1952, S. 12.

9) Statistisches Jahrbuch für die Bundesrepublik Deutschland 1956, S. 30 (Zahlenangabe vom Ende des Jahres).

10) Statistisches Jahrbuch für die Bundesrepublik Deutschland 1957. S. 575.

11) Stand vom 30. 6. 1956, Statistisches Jahrbuch für die Bundesrepublik Deutschland 1957, S. 39.

2. Verluste an Menschen in den beiden Weltkriegen (in Millionen)

Land	I. Weltkrieg		II. Weltkrieg		
	Soldaten	Zivilbevölkerung	Soldaten	Zivilbevölkerung	
				Bombenkrieg	andere Feindeinwirkung
Deutschland[1] . . .	1,936 897[2]		3,76[3]	0,43[4]	1,2236[5]
Volksdeutsche . . . (ohne Österreich)	–		0,432	–	1,02[6]
Österreich(-Ungarn)[7]	1,0		0,23	0,104[8]	–
Rußland	2,0		13,6[9]	–	7,0
Frankreich	1,14	insgesamt	0,34	–	0,47
Großbritannien . .	1,184	geschätzt	0,326	0,06	–
Italien	0,615	auf	0,33	–	–
Polen[10]	–	0,5 Mill.[11]	0,32	–	4,2
Jugoslawien[10] . .	–		0,41	–	1,28
USA	0,125		0,259	–	–
Japan	–		1,2	0,6	–
Die Gesamtverluste in der Welt, geschätzt (Brockhaus)	10,0		16,0[9]	20–30 Millionen durch Luftkrieg, Massenvernichtung, Partisanenkampf, Flucht usw.	

[1]) Den Zahlen für Deutschland und die Volksdeutschen liegen zugrunde: die gemeinsam mit dem Statistischen Bundesamt erarbeitete Statistik von H. *Arntz,* Die Menschenverluste der beiden Weltkriege, Universitas (1953); Ders. (Hg.), 10 Jahre Bundesrepublik Deutschland (^{5}1959) enthält das amtl. Zahlenmaterial; vgl. ferner Deutsche Bevölkerungsbilanz d. Zweiten Weltkriegs, Wirtschaft u. Statistik NF 8 (1956), S. 493 ff.; nicht eingerechnet sind die Opfer der Verfolgung, vgl. oben §§ 78 u. 82.

[2]) Diese Ziffer ergibt sich aus der Zahl der als gefallen gemeldeten Soldaten zuzüglich der nachträglich an Verwundung gestorbenen gemäß Sanitätsbericht über das deutsche Heer im Weltkrieg, Band 3 (1934).

[3]) Reichsgebiet innerhalb der Grenzen von 1937.

[4]) Durch Luftkrieg 0,41, durch Erdkämpfe 0,02. Zahl enthält nur die Toten in den späteren 4 Besatzungszonen. Bewohner Ostdeutschlands, die auf der Flucht Luftangriffen zum Opfer fielen, nicht eingerechnet.

[5]) Vertreibungsverluste einschl. Luftkriegstote für Ostgebiete des Reiches.

[6]) Verluste bei der Vertreibung 1944–46.

[7]) Hier und für die folgenden Länder nach W. *Köllmann,* Bevölkerung und Raum in neuerer und neuester Zeit (Ploetz, ^{3}1965).

[8]) Gesamtverluste geschätzt, nicht differenziert nach verschiedenen Ursachen, vgl. *Köllmann* S. 200; nach neueren Berechnungen 247 000 Soldaten (einschließl. Angehörige der Waffen-SS), 24 300 Ziviltote, 65 459 getötete Juden und 35 300 NS-Opfer (Widerstand und KZ). Vgl. Österreichische Militärzeitschrift 3 (1974), S. 220.

[9]) Für die Sowjetunion sind die Schwankungen in der Schätzung besonders groß. Abweichend von Köllmann wird die Zahl der gefallenen, vermißten, an Verwundung und in Gefangenschaft gestorbenen Soldaten der Roten Armee in anderen Darstellungen mit 5–7 Millionen angegeben. Die offizielle russ. Geschichtsschreibung rechnet mit ca. 20 Mill. Kriegstoten, davon etwa die Hälfte Zivilpersonen und getötete Kriegsgefangene. A. *Seaton,* The Russo-German War, 1941–45 (London 1971), S. 586, schätzt die russischen Verluste an Soldaten (einschließlich gestorbener Kriegsgefangener) auf etwa 10 Mill. Entsprechend ungewiß ist die Schätzung der Gesamtverluste in der Welt.

[10]) In diesen beiden Ländern sind die Verluste der Zivilbevölkerung besonders hoch (Massenvernichtung, Aufstände, Partisanenkrieg). Nach A. *Gieysztor* / St. *Herbst* / B. *Leśnodorski,* Tausend Jahre Geschichte Polens (Warschau 1959), S. 94, starben 644 000 Polen in Kampfhandlungen und 5,384 Mill. aus der poln. Zivilbevölkerung (davon ca. 3 Mill. Juden): 3,6 Mill. KZ-Opfer und Tote bei Massenhinrichtungen, 1,4 Mill. Tote in anderen Lagern und Gefängnissen, 0,5 Mill. Tote aus anderen Ursachen.

[11]) Nach *Arntz,* Menschenverluste, S. 704.

3. Bevölkerungsbilanz für die Ostgebiete des Deutschen Reiches (Gebietsstand 31. 12. 1937) und die deutschen Siedlungsgebiete im Ausland 1945–1950

Gebiet	Wohnbevölkerung am 17. 5. 1939[1)]		Wehrmachtssterbefälle	Verluste der Zivilbevölkerung	Kriegs- und Nachkriegsverluste insgesamt		Vertriebene im Sept. 1950[4)]		Zurückgebliebene und zurückgehaltene deutsche Bevölkerung (Sept. 1950)
	insgesamt	darunter deutsche Bevölkerung			absolut	in v. H.	Insgesamt	darunter im Bundesgebiet (ohne Saarld.) einschließlich Berlin (W.)[5)]	
Ostgebiete des Deutschen Reiches	**9 620 800**	**9 575 200**	**656 000**	**1 236 400**	**1 892 400**	**19,8**	**7 107 600**	**4 541 300**	**1 101 000**
Ostpreußen	2 488 100	2 473 000	210 000	279 400	489 400	19,8	1 984 400	1 375 500	160 000
Ostpommern	1 895 200	1 883 700	125 000	336 900	461 900	24,5	1 464 600	922 800	55 000
Ostbrandenburg	644 800	642 000	41 000	173 000	214 000	33,3	430 000	152 900	16 000
Schlesien	4 592 700	4 576 500	280 000	447 100	727 100	15,9	3 228 600	2 090 000	870 000
Deutsche Siedlungsgebiete im Ausl.	–	**7 423 300**	**432 000**	**885 900**	**1 317 900**	**17,8**	**4 912 200**	**3 153 200**	**1 452 000**
Baltische Staaten und Memelgebiet	–	249 500	15 000	50 600	65 600	26,3	169 500	109 900	15 000
Danzig	–	380 000	22 000	89 900	111 900	29,4	290 800	230 200	4 000
Polen	–	1 371 000[2)]	108 000	185 000	293 000	21,4	688 000	419 600	431 000
Tschechoslowakei	–	3 477 000	180 000	266 600	446 600	12,8	3 000 400	1 917 800	250 000
Ungarn	–	623 000[3)]	32 000	57 000	89 000	14,3	213 000	178 200	270 000
Jugoslawien	–	536 800	40 000	135 800	175 800	32,7	297 500	148 000	82 000
Rumänien	–	786 000[3)]	85 000	101 000	136 000	17,3	253 000	149 500	400 000
insgesamt	–	16 998 500	1 088 000	2 122 300	3 210 300	18,9	12 019 800	7 694 500	2 553 000

Quelle: Statistisches Jahrbuch für die Bundesrepublik Deutschland, Jg. 1960, S. 79.

1) Für die deutschen Siedlungsgebiete im Ausland bei Kriegsbeginn.
2) Darunter 383 000 Zweisprachige, die zu dem von der Vertreibung nicht betroffenen Bevölkerungsteil gehören.
3) Im Jahr 1940.
4) Einschließlich des Geburtenüberschusses der Vertriebenen seit Kriegsende (insgesamt 289 800).
5) Die Zahl der Heimatvertriebenen in der sowjetischen Besatzungszone (ohne Ost-Berlin) erreichte ihren Höchststand 1948 mit 4,2 Mill. (Bundesrepublik ohne West-Berlin 1948: 7,326 Mill.). Bis 1955 verringerte sich diese Zahl durch Abwanderung in die Bundesrepublik auf 3,56 Mill. (+ 50000 in Ost-Berlin). In Österreich lebten 1955 350000 Heimatvertriebene. Vgl. G. *Reichling,* Die Heimatvertriebenen im Spiegel der Statistik (1958), S. 14 f.

4. Heimatvertriebene und Zugewanderte aus der sowjetischen Besatzungszone bzw. DDR in der Bundesrepublik Deutschland 1946–1961 (in 1000), Fortschreibung[1]

Zeit	Vertriebene[2]	Zugewanderte[3]
1946	6251	1019
1947	6757	1131
1948	7334	1232
1949	7671	1425
1950	7946[4]	1604
13. 9. 1950[1]	8024	1555
1951	8275	1758
1952	8418	1896
1953	8610	2153
1954	8732	2378
1955	8914	2611
1956	9069	2807
1957	9332	3029
1958	9579	3176
1959	9734	3308
1960	9888	3474
6. 6. 1961[1]	8956	3099[5]

Quellen: Die Vertriebenen und Flüchtlinge in der Bundesrepublik Deutschland in den Jahren 1946 bis 1953, Hg. Statistisches Bundesamt, Wiesbaden (1955), S. 13; Vertriebene und Flüchtlinge. Bevölkerungs-, kultur- und wirtschaftsstatistische Ergebnisse 1954 bis 1966, Hg. Statistisches Bundesamt, Wiesbaden (1966), S. 13.

[1]) Zahlen für 1946–1950 vielfach Schätzungen; 13. 9. 1950 und 6. 6. 1961 Ergebnisse der Volkszählung, sonst Fortschreibungsergebnisse zum 31. 12. des jeweiligen Jahres. Angaben für 1946–1949 Bundesgebiet ohne West-Berlin, 1950–1961 einschl. West-Berlin.

[2]) Als Vertriebene gelten alle Deutschen, die am 1. 9. 1939 ihren Wohnsitz in den ehemaligen deutschen Ostgebieten (Gebietsstand 31. 12. 1937) oder im Ausland hatten und diesen im Zusammenhang mit den Ereignissen des Zweiten Weltkrieges durch Flucht oder Vertreibung verloren haben, sowie deren Kinder. Zu dieser Gruppe wurde bis zum 31. 12. 1953 auch das Saarland gezählt.

[3]) Als Zugewanderte gelten alle Deutschen, die nach dem 1. 9. 1939 auf behördliche Anordnung oder aus eigenem Entschluß ihren Wohnsitz aus dem Gebiet von Berlin, der sowjetischen Besatzungszone Deutschlands sowie für die Zeit vom 1. 1. 1954 bis zum 25. 9. 1956 aus dem Saarland nach dem Bundesgebiet verlegt haben und nicht zum Personenkreis der Vertriebenen gehören, sowie deren Kinder.

[4]) Ohne West-Berlin.

[5]) Zugewanderte nur aus der sowjetischen Besatzungszone.

5. Jährliche Zuzüge von Deutschen aus den ehemaligen deutschen Ostgebieten und der DDR sowie Ost-Berlin in die Bundesrepublik (einschließlich West-Berlin) 1950–1974[1)]

Jahr	ehemalige deutsche Ostgebiete	DDR (einschl. Ost-Berlin)
1950[2)]	19 822[3)]	249 243
1951[2)]	7 371	196 325
1952[2)]	1 446	232 100
1953	1 415	408 100
1954	963	295 400
1955	1 588	381 813
1956	12 944	396 334
1957	77 644	384 669
1958	102 951	226 309
1959	26 073	173 847
1960	7 920	225 381
1961	8 003	233 500
1962	8 227	21 500
1963	8 297	47 100
1964	12 280	39 300
1965	13 721	29 500
1966	16 743	24 300
1967	10 350	20 700
1968	8 027	18 600
1969	8 897	20 600
1970	5 218	20 664
1971	22 331	19 876
1972	10 328	19 716
1973	8 238	17 280
1974	7 345	16 159

Quellen: Statistik der Bundesrepublik Deutschland, Reihe: Wanderungen, 1953–1958; Statistisches Bundesamt Wiesbaden, Bevölkerung und Kultur, Reihe 3: Wanderungen 1959–1971. Angaben für 1971–1974 nach Mitteilung des Statistischen Bundesamtes.

1) Die Zahl der aus der DDR zugewanderten Deutschen umfaßt seit 1962 auch die legal eingewanderten Personen (insgesamt bis Ende 1975 196 190 Personen). Die Zahl der seit dem Mauerbau 1961 bis Ende 1975 aus der DDR Geflohenen beträgt 164382. Aus den ehemaligen deutschen Ostgebieten kamen von 1950 bis Ende 1975 392448 Deutsche in die Bundesrepublik. Die Zahl der aus den osteuropäischen Ländern (ohne deutsche Ostgebiete) ausgesiedelten Deutschen betrug im gleichen Zeitraum 361080. Angaben des Bundesausgleichsamtes, Bad Homburg.
2) Angaben für 1951, 1952, 1953 (deutsche Ostgebiete) nach: Statistisches Jahrbuch für die Bundesrepublik Deutschland, Jg. 1952, S. 48; Jg. 1953, S. 70; Jg. 1954, S. 76. Diese Zahlen beziehen sich auf das Bundesgebiet ohne West-Berlin und die DDR ohne Ost-Berlin.
3) Nur teilweise erfaßt.

6. Verteilung der Heimatvertriebenen auf die Länder der Bundesrepublik

Land	Heimatvertriebene am 13. 9. 1950	
	Anzahl[1)]	v. H. der Wohnbevölkerung
Schleswig-Holstein	856 943	33,0
Hamburg	115 981	7,2
Niedersachsen	1 851 472	27,2
Bremen	48 183	8,6
Nordrhein-Westfalen	1 331 959	10,1
Hessen	720 583	16,7
Rheinland-Pfalz	152 267	5,1
Baden-Württemberg	861 526	13,4
Bayern	1 937 297	21,1
Zusammen	7 876 211	16,5

Quelle: G. *Reichling,* Die Heimatvertriebenen im Spiegel der Statistik (1958), S. 17.

1) Einschl. damaliger Vertriebener aus dem Saarland.

7. Soziale Gliederung der Erwerbstätigen 1882–1950 (in Mill.)

	Erwerbspersonen insgesamt	davon weiblich	Soziale Gliederung									
			Selbständige	v. H.	Angestellte und Beamte	v. H.	Mithelfende Familienangehörige	v. H.	Arbeiter	v. H.	Hausangestellte	v. H.
1882	16,89	–	4,76	28,2	1,08	6,4	1,68	9,9	8,02	47,5	1,35	8,0
1895	19,76	–	5,03	25,5	1,97	10,0	1,79	9,0	9,54	48,3	1,43	7,2
1907	25,16	8,50	5,14	20,4	3,16	12,5	3,77	15,0	11,64	46,3	1,45	5,8
1925	32,00	11,48	5,54	17,3	5,27	16,5	5,44	17,0	14,43	45,1	1,33	4,1
1933	32,30	11,48	5,30	16,4	5,52	17,1	5,31	16,4	14,95	46,3	1,22	3,8
1939[1]	34,27	12,70	4,78	14,0	6,48	18,9	5,63	16,4	17,38	50,7	–	–
1950[2]	22,07	7,95	3,26	14,8	4,40	20,0	3,18	14,4	11,23	50,9	–	–

Quellen: Statistisches Jahrbuch für das Deutsche Reich; Statistisches Jahrbuch für die Bundesrepublik.

[1]) Deutsches Reich einschließlich Österreich und Sudetenland.
[2]) Bundesrepublik Deutschland.

8. Die Beschäftigten nach Wirtschaftsbereichen 1910–1959[1] (in 1000)

Jahr	Landwirtschaft, Forsten, Fischerei	Bergbau und Salinen	Industrie und Handwerk	Verkehr	Handel, Banken, Versicherungen, Gaststätten	häusliche Dienste	sonstige Dienstleistungen ohne Verteidigung	Verteidigung	insgesamt
1910	10 542	816	10 184	1048	3216	1570	1364	680	29 420
1	10 627	827	10 550	1077	3292	1569	1404	688	30 034
2	10 663	840	10 818	1116	3371	1567	1453	721	30 549
3	10 701	863	10 857	1174	3474[2]	1542	1493	864	30 968
1924		759	10 845						
5	9 778	743	11 708	1472	3864	1357	1969	142	31 033
6	9 680	690	10 496	1467	3945	(1339)	2092	143	29 852
7	9 590	713	12 320	1487	4178	(1316)	2216	143	31 963
8	9 500	686	12 698	1551	4363	(1293)	2296	144	32 531
9	9 410	688	12 302	1560	4516	(1270)	2375	145	32 266
1930	9 310	619	10 785	1525	4476	(1212)	2411	145	30 483
1	9 220	495	8 995	1436	4241	(1154)	2428	146	28 115
2	9 139	420	7 566	1337	3985	(1096)	2433	146	26 113
3	9 034	429	8 284	1313	3901	1072	2507	147	26 687
4	9 030	462	10 159	1397	3956	1112	2548		
5	9 030	525	11 011	1461	4056	1211	2645		
6	9 020	537	12 048	1518	4174	1255	2710		
7	9 010	607	12 941	1611	4354	1296	2773		
8	9 010	677	13 749	1725	4420	1341	2812		
9	10 855	773	15 454	2078	4936	1522	3139	923[3]	39 680
1950	4 973	578	8 035	1139	2705	570	2036	423	20 459
1	4 799	597	8 529	1180	2944	567	2105	424	21 145
2	4 653	620	8 649	1227	3158	587	2172	388	21 454
3	4 503	637	9 041	1259	3386	627	2239	319	22 011
4	4 368	636	9 547	1287	3545	638	2306	313	22 640
5	4 257	637	10 265	1327	3777	638	2386	303	23 590
6	4 147	648	10 680	1368	3959	631	2477	283	24 193
7	4 077	659	10 889	1379	4234	618	2555	279	24 690
8	3 957	650	11 080	1407	4322	602	2665	262	24 945
9	3 798	600	11 334	1407	4380	580	2826	264	25 189

Quelle: W. G. *Hoffmann*, Das Wachstum der deutschen Wirtschaft seit der Mitte des 19. Jahrhunderts (1965), S. 204 ff.

[1] Die Angaben beziehen sich a) von 1910–1913 auf das damalige Reichsgebiet einschl. Elsaß-Lothringen; b) von 1924 bis 1939 auf das Gebiet des Dt. Reiches, seit 1933 einschl. des Saarlandes, ausschließl. Österreichs und des Sudetenlandes; c) ab 1945 auf das Gebiet der Bundesrepublik Deutschland, ausschließl. des Saarlandes und West-Berlins.
[2] Einschl. des technischen Personals.
[3] Ohne normal dienende Mannschaften [d.h. ohne Wehrdienst u. Freiwillige auf Zeit].

9. Die Entwicklung der Arbeitslosigkeit im Deutschen Reich und in der Bundesrepublik 1928-1940 und 1946-1959[1]

Jahr	Beschäftigte (in 1000)	Arbeitslose (in 1000)	Arbeitslose in v. H. der Arbeitnehmer
1928	17 996	1353	7,0
1929[2]	17 870	1892	9,6
1930	16 515	3076	15,7
1931	14 420	4520	23,9
1932	12 518	5575	30,8
1933	13 432	4804	26,3
1934	15 470	2718	14,9
1935	16 424	2151	11,6
1936	17 592	1600	8,3
1937	18 885	1010	5,1
1938	20 114	750	3,6
1939	20 813	470	2,2
1940	19 604		
1946	10 998	850	7,0
1947	12 685	658	4,6
1948	13 376	591	4,3
1949	13 542	1230	8,3
1950	13 827	1580	10,3
1951	14 556	1432	9,0
1952	14 995	1379	8,4
1953	15 583	1259	7,5
1954	16 286	1221	7,0
1955	17 175	928	5,2
1956	18 056	761	4,1
1957	18 611	662	3,4
1958	18 840	683	3,5
1959	19 399	476	2,4

Quelle: B. *Gleitze* (Hg.), Wirtschafts- und sozialstatistisches Handbuch (1960), S. 45.

[1]) 1928 bis 1940 Reichsgebiet, ab 1946 Gebiet der Bundesrepublik ohne Saarland und West-Berlin. Für die Zeit vor 1928 liegen keine genauen Angaben vor.

[2]) Höchstzahlen der Arbeitslosen während der Weltwirtschaftskrise:

Febr. 1929	3,05 Mill.,
Dez. 1930	4,384 Mill.,
Dez. 1931	5,668 Mill.,
Febr. 1932	6,128 Mill.,
Jan. 1933	6,014 Mill.,
Jan. 1934	3,773 Mill.

Nach E. *Wagemann* (Hg.), Kurven und Zahlen zur Wirtschaftslage in Deutschland ([2]1935), S. 8.

10. Agrarproduktion Deutschlands für wichtige Nahrungs- und Futtermittel (Differenz aus Inlandproduktion und Gesamtverbrauch in Prozenten des Gesamtverbrauchs)

Jahr	Weizen	Roggen	Kartoffeln	Fleisch	Nahrungsfette[4]
1925[1]	−32,0	+ 3,1	−0,6	−10,9	−56,6
1926	−48,0	− 9,7	−1,7	− 9,9	−56,8
1927	−39,4	− 4,0	−1,5	− 9,3	−53,8
1928	−31,6	+17,3	−0,6	− 7,0	−53,1
1929	−34,6	+ 8,5	−1,0	− 6,6	−55,4
1930	−34,5	− 8,9	+0,6	− 5,0	−53,3
1931	−13,0	−10,2	+0,6	− 2,3	−51,6
1932	+ 4,4	+ 2,9	−0,2	− 2,2	−53,1
1933	+21,2	+ 8,9	−0,1	− 1,8	−48,0
1934	− 8,1	+ 1,2	−0,2	− 1,9	−43,7
1935[2]	−12,4	−10,5	−0,2	− 2,8	−43,0
1936	−19,3	− 0,1	−0,2	− 5,9	−42,1
1937	−14,4	+ 5,8	−0,2	− 5,6	−40,2
1938	+ 4,8	+21,3	±0	− 6,4	−42,1
1949/50[3]	−52,8	− 5,9	−0,2	− 7,3	−50,2
1950/51	−48,6	−16,3	+5,4	−10,3	−58,1
1951/52	−41,6	− 5,1	−3,5	− 2,1	−51,9
1952/53	−40,8	− 6,9	−0,5	− 4,3	−55,6
1953/54	−44,4	− 2,6	+1,4	− 6,0	−55,6
1954/55	−49,8	+ 8,4	−0,2	− 6,4	−57,2
1955/56	−42,9	− 1,3	−2,4	− 8,2	−56,4

Quelle: D. *Graße,* Die Nahrungsmittelversorgung Deutschlands seit 1925, (1957), S. 90 f.

[1] Von 1925 bis 1934 Deutsches Reich ohne Saargebiet.
[2] Von 1935 bis 1938 Deutsches Reich (Altreich) mit Saargebiet.
[3] Bundesgebiet mit West-Berlin.
[4] Butter, Schlachtfette und marit. Öle und Fette.

11. Industrielle Produktion Deutschlands

Jahr	Steinkohle Mill. t		Braunkohle Mill. t		Rohstahl Mill. t	
1913	190,10		87,23		16,76	
1913[1]	140,75		87,22		10,92	
1917	167,75		95,54		11,62	
1917[1]	122,55		95,54		8,23	
1924	118,77		124,64		7,83	
1925	132,62		139,72		10,09	
1926	145,30		139,15		9,64	
1927	153,60		150,50		13,09	
1928	150,86		165,59		11,80	
1929	163,44		174,46		13,24	
1930	142,70		146,01		9,70	
1931	118,64		133,31		6,06	
1932	104,74		122,65		3,93	
1933	109,69		126,79		5,25	
1934	124,86		137,27		8,72	
1935[2]	143,00		147,07		12,85	
1936	158,28		161,40		15,30	
1937	184,51		184,71		15,96	
1938[3]	186,40		198,32		18,62	
	Bundesrepublik	DDR	Bundesrepublik	DDR	Bundesrepublik	DDR
1938/36	137,0[4]	3,52[5]	69,0[4]	101,06[5]	17,90[4]	0,20[5]
1948	87,0	–	65,0	–	5,56	–
1949	103,0	–	72,0	–	9,16	–
1950	111,0	2,81	76,0	137,05	12,12	0,34
1951	119,0	3,20	83,0	151,15	13,51	0,34
1952	123,0	2,75	83,0	158,46	15,81	0,66
1953	124,0	2,64	85,0	172,75	15,42	1,08
1954	128,0	2,65	88,0	181,91	17,43	1,32
1955	131,0	2,68	90,0	200,61	21,34	1,52
1956	134,0	2,74	95,0	205,87	23,19	1,57

Quellen: Statistisches Jahrbuch für das Deutsche Reich und für die Bundesrepublik. Zahlen für DDR nach: H. *Kalus*, Wirtschaftszahlen aus der SBZ (1958), S. 32 und 38.

[1]) Innerhalb des Gebietes von Deutschland nach Versailles, ohne Saargebiet.
[2]) Ab 1. 3. 1935 einschl. Saargebiet.
[3]) Einschl. Österreich.
[4]) In dem der späteren Bundesrepublik entsprechenden Gebiet für das Vergleichsjahr 1938.
[5]) In dem der späteren DDR entsprechenden Gebiet für das Vergleichsjahr 1936.

12. Entwicklung des Bruttosozialproduktes 1925–1939 und 1950–1959

a) 1925–1939

Jahr	Bruttosozialprodukt	
	Mrd. RM	1936 = 100
	Reichsgebiet (jeweiliger Gebietsstand)	
1925	59,7	74
1926	61,4	76
1927	67,5	83
1928	70,5	87
1929	70,2	86
1930	69,2	85
1931	63,9	79
1932	59,1	73
1933	62,8	77
1934	68,2	84
1935	74,6	92
1936	81,2	100
1937	90,0	111
1938[1)]	99,2	122
1939[1)]	107,2	132

b) 1950–1959: Bundesrepublik ohne Saarland und ohne West-Berlin

Jahr	Mrd. DM	1950 = 100
1950	113,1	100
1951	125,0	111
1952	135,4	120
1953	145,6	129
1954	156,4	138
1955	174,4	154
1956	186,4	165
1957	196,5	174
1958[2)]	202,0	179
1959[2)]	263,6	189

Quelle: B. *Gleitze* (Hg.), Wirtschafts- und sozialstatistisches Handbuch (1960), S. 148.

[1)] Gebietsstand 31. 12. 1937.
[2)] Vorläufige Ergebnisse.

13. Handelsbilanz des Deutschen Reiches[1] 1880–1940

Jahr	Reiner Warenverkehr Mill. M[2]			Jahr	Reiner Warenverkehr Mill. M			Jahr	Reiner Warenverkehr Mill. M		
	Einfuhr	Ausfuhr	Bilanz		Einfuhr	Ausfuhr	Bilanz		Einfuhr	Ausfuhr	Bilanz
1880	2803	2923	+ 120	1900	5 766	4 611	– 1 155	1920[5]	3 929	3 709	– 220
1881	2962	3029	+ 67	1901	5 421	4 431	– 990	1921[5]	5 732	2 976	–
1882	3098	3224	+ 126	1902	5 631	4 678	– 953	1922[5]	6 290	6 187	– 103
1883	3220	3259	+ 39	1903	6 003	5 015	– 988	1923[5]	4 808	5 338	+ 530
1884	3236	3190	– 46	1904	6 354	5 223	– 1131	1924[5]	6 769	5 134	–1635
1885	2922	2854	– 68	1905	7 129	5 732	– 1379	1925[6]	12 362	9 290	–3072
1886	2873	2974	+ 101	1906	8 022	6 359	– 1663	1926[6]	10 002	10 415	+ 413
1887	3109	3137	+ 28	1907	8 749	6 846	– 1903	1927[6]	14 228	10 801	–3427
1888	3264	3207	– 57	1908	7 667	6 399	– 1268	1928[6]	14 001	12 276	–1725
1889	3990	3165	– 825	1909	8 527	6 594	– 1933	1929[6]	13 447	13 483	+ 36
1890	4146	3327	– 819	1910	8 934	7 475	– 1459	1930[6]	10 393	12 036	+1643
1891	4151	3176	– 975	1911	9 706	8 106	– 1600	1931[6]	6 727	9 599	+2872
1892	4019	2954	–1065	1912	10 692	8 957	– 1735	1932[6]	4 667	5 739	+1072
1893	3962	3092	– 870	1913	10 770	10 097	– 673	1933	4 204	4 871	+ 667
1894	3938	2961	– 977	1914[3]				1934	4 451	4 167	– 284
1895	4121	3318	– 803	1915				1935	4 159	4 270	+ 111
1896	4307	3525	– 782	1916	} 31 800	16 500	–15300	1936	4 218	4 768	+ 550
1897	4681	3635	–1046	1917				1937	5 468	5 911	+ 443
1898	5081	3757	–1324	1918				1938	6 052	5 619	– 433
1899	5483	4207	–1276	1919[4]	6 600	1 700	–4900	1939	5 207	5 653	+ 446
								1940	5 012	4 868	– 144

[1]) Die Handelsstatistik bezieht sich: a) für die Zeit von 1880-1906 auf das „deutsche Zollgebiet“ (deutsches Zollgebiet *ohne* die Freihäfen Hamburg, Cuxhaven, Bremerhaven und Geestemünde, die Insel Helgoland und einige badische Gemeinden an der Schweizer Grenze, doch *zuzüglich* des zum Zollverein gehörenden Großherzogtums Luxemburg und der österreichischen Gemeinden Jungholz und Mittelberg); b) von 1906–1919 auf das Reichsgebiet (ohne Helgoland und die badischen Zollausschlüsse) mit Luxemburg und den beiden österreichischen Gemeinden (Statistisches Jahrbuch für das Deutsche Reich 1913, S. 170); c) von 1920–1934 auf das Reichsgebiet (ohne das Saargebiet) nach dem Friedensvertrag von Versailles, ab 1935 einschließlich des Saargebietes (Statistisches Jahrbuch 1935); d) dem „Reichsgebiet“ („deutsches Wirtschaftsgebiet“) werden zugeordnet: ab Oktober 1938 die sudetendeutschen Gebiete; ab April 1939 das ehemalige österreichische Zollgebiet und das Memelland; ab Ende 1939 die ehemaligen polnischen Gebiete in Oberschlesien, Danzig-Westpreußen und das Wartheland; ab 31. 5. 1940 Eupen-Malmedy und Moresnet; ab 24. 7. 1940 Elsaß-Lothringen (Zollanschluß); ab 15. 8. 1940 Luxemburg (Zollanschluß); ab 1. 10. 1940 das „Protektorat“ Böhmen und Mähren. Statistisches Jahrbuch 1941/42, S. 281; für die Zeit vor 1900 vgl. R. *Arnold*, Die Handelsbilanz Deutschlands von 1889 bis 1900 (1905).

[2]) Die Angaben beziehen sich für die Zeit von 1880–1918 auf die Währungseinheit „Mark“ nach ihrem jeweiligen Kurswert, ebenso für die Zeit von 1925–1940 auf die Währungseinheit „Reichsmark“. Für die Zeit von 1919–1924 siehe weitere Anmerkungen.

[3]) Für die Jahre 1914–1918 liegen keine Angaben vor. Die in die Statistik eingesetzten Werte wurden von der Reichsregierung in der Denkschrift für die Konferenz von Spa angegeben (E. W. *Schmidt*, Die Handels- und Zahlungsbilanz Deutschlands vor und nach dem Kriege (1923), S. 4).

[4]) In Goldmark errechnete Werte für das Jahr 1919. In Papiermark sind angegeben in Milliarden:

	Einfuhr	Ausfuhr	Bilanz
1919	32,6	10,0	–22,6
1920	99,1	69,4	–29,7

Schmidt, Die Handels- und Zahlungsbilanz, S. 5.

[5]) Auf Grund der Einheitswerte von 1913 in „Mark“ errechnet. Ausfuhrwerte liegen für 1921 nur für die Zeit vom Mai bis zum Dezember vor. Statist. Jahrbuch 1926, S. 136.

[6]) Ausfuhrwerte (bis Juni 1932) einschließlich der Sachlieferungen für Reparationen M. *Horlacher*, Die Strukturwandlungen der deutschen Handelsbilanz, in: Allgemeines Statist. Archiv, Band 24 (1934/35), S. 329–346; Statist. Jahrbuch 1937, S. 238.

14. Handelsbilanz der Bundesrepublik 1950–1959[1)]

Jahr	Reiner Warenverkehr Mill. DM		
	Einfuhr	Ausfuhr	Bilanz
1936[2)]	2838	3381	+ 543
1950	11374	8362	−3012
1951	14726	14577	− 149
1952	16203	16909	+ 706
1953	16010	18526	+2515
1954	19337	22035	+2698
1955	24472	25717	+1244
1956	27964	30861	+2897
1957	31697	35968	+4271
1958	31133	36998	+5865
1959	35823	41184	+5361

Quelle: Statistisches Jahrbuch für die Bundesrepublik Deutschland 1960, S. 288.

[1)] Bundesrepublik einschließl. West-Berlin, ab 5. 7. 1959 einschl. des Saarlandes.
[2)] Geschätzte Werte.

15. Indizes der Export- und Importvolumen 1910–1960[1)] (1913 = 100)

Jahr	Export	Import
1910	77,4	88,3
11	83,5	93,8
12	89,7	98,9
13	100,0	100,0
1924	48,7	–
25	66,4	82,3
26	76,7	72,5
27	77,4	105,2
28	87,4	101,7
29	98,0	96,6
1930	92,2	86,0
31	82,7	69,9
32	55,6	62,5
33	50,7	62,8
34	47,1	68,4
35	51,5	60,8
36	56,9	59,8
37	64,2	69,0
38	54,7	74,6
1950	34,3	47,4
51	48,6	48,8
52	53,4	56,9
53	62,3	64,5
54	74,0	80,5
55	85,6	99,4
56	96,5	108,1
57	107,9	122,0
58	108,2	128,6
59	120,6	153,7
1960	137,5	178,4

Quelle: W. G. *Hoffmann*, Das Wachstum der deutschen Wirtschaft seit der Mitte des 19. Jahrhunderts (1965), S. 531 f., 538 f.

[1)] 1910–1913 damaliges Reichsgebiet einschließlich Elsaß-Lothringen; 1924–1938 jeweiliges Reichsgebiet ohne Österreich und Sudetenland, ab 1934 einschließlich Saarland; ab 1950 Bundesrepublik Deutschland, ohne Saarland und West-Berlin.

16. Expansionsquoten für die Industrie in Ost-, Mittel- und Westdeutschland 1936–1944 (1936 = 100)

	Ost-deutschland	Mittel-deutschland	Berlin	West-deutschland	Deutsches Reich
	a) von 1936 bis 1939				
Bergbau und Grundstoffe	+15,5	+29,7	+31,1	+16,5	+20,0
Bau- und Investitionsgüter	+ 3,2	+49,3	+44,9	+34,7	+37,7
Verbrauchsgüter	+26,5	+27,8	+13,1	+15,1	+19,2
Gesamte Industrie	+15,5	+36,7	+34,4	+22,9	+26,8
	b) von 1939 bis 1944				
Bergbau und Grundstoffe	+82,0	+13,1	−25,6	+10,8	+14,1
Bau- und Investitionsgüter	+45,6	+36,9	− 1,3	+27,0	+29,9
Verbrauchsgüter	−19,0	−28,1	−59,6	−24,0	−27,6
Gesamte Industrie	+29,8	+ 8,0	−22,9	+ 6,3	+ 5,7

Quelle: B. *Gleitze,* Ostdeutsche Wirtschaft. Industrielle Standorte und volkswirtschaftliche Kapazitäten des ungeteilten Deutschland (1956), S. 11.

17. Index der industriellen Produktion 1945–1951 (1936 = 100)

	Brit. Zone[1)]	Amerik. Zone[1)]	Bizone[1)]	Franz. Zone[2)]	Sowjet. Zone[3)] bzw. DDR	Bundes-republik[4)]
1945 Sept.	16,6	13				
Dez.	25,4	20				
1946	35,3	37	34		42,1(42)	
1947	38,9	46	40	55	53,7	
1948			60		71,4	63
1949					87,2(70)	89,9
1950					110,6(85)	113,7
1951					135,6(97)	136,0

1) Angaben nach W. *Abelshauser,* Wirtschaft in Westdeutschland 1945–1948. Rekonstruktion und Wachstumsbedingungen in der amerikanischen und britischen Zone (1975), S. 35 f.
2) Aus: Wirtschaftsstatistik der deutschen Besatzungszonen 1945–1948 in Verbindung mit der deutschen Produktionsstatistik der Vorkriegszeit (1948), S. 99.
3) Statistisches Jahrbuch für die DDR, 1955 (Berlin-Ost 1956), S. 154 f. Industrie ohne Bau. In Klammern die davon abweichenden Angaben im Statistischen Jahrbuch für die Bundesrepublik Deutschland 1954 (1955), S.544.
4) Statistisches Jahrbuch für die Bundesrepublik Deutschland 1952 (1953), S. 209. Industrie mit Bau, Bundesgebiet ohne West-Berlin und Saarland.

18. Das Volkseinkommen in Deutschland 1925–1939

Jahr	Bevölkerung[1] (1000)	Arbeitnehmer-einkommen	Vermögens- und Unternehmer-einkommen	Einkommen der privaten Haushalte	Unverteilte Einkommen der Kapital-gesellschaften (Mill. RM)	Öffentliche Vermögens- und Unternehmer-einkommen	Zinsen auf öffentliche Schulden	Volksein-kommen	Volksein-kommen je Kopf (RM)
1	2	3	4	5	6	7	8	9	10
1925	62 411	36 251	18 531	54 782	928	1450	167	56 993	913
1926	62 866	37 705	19 060	56 765	904	2057	630	59 096	940
1927	63 252	42 160	21 045	63 205	1316	2408	710	66 219	1048
1928	63 618	46 386	21 841	68 227	1308	2483	782	71 236	1120
1929	63 958	46 944	21 608	68 552	882	2457	1011	70 880	1107
1930	64 294	43 750	19 361	63 111	400	2318	1240	64 589	1005
1931	64 627	36 964	16 190	53 154	-1000	1218	1306	52 066	806
1932	64 909	28 758	12 973	41 731	- 450	1008	1203	41 086	633
1933	65 218	29 030	13 628	42 658	175	913	1194	42 552	652
1934	65 592	32 614	15 782	48 396	735	976	1154	48 953	746
1935	66 871	36 048	17 954	54 002	1365	1131	1157	55 341	828
1936	67 349	39 186	20 404	59 590	2330	1316	1138	62 098	922
1937	67 831	43 098	23 470	66 568	3000	1520	1201	69 887	1030
1938	68 558	47 465	26 710	74 175	3900	1500	1307	78 268	1142
1939	69 286	51 274	29 440	80 714	4750	1750	1735	85 479	1234

Quelle: W. G. *Hoffmann* / J. H. *Müller*, Das deutsche Volkseinkommen 1851–1957 (1959), S. 56.

[1]) Gebietsstand: 31. 12. 1937; bis 1934 ohne Saarland.

19. Das Volkseinkommen[1] in der Bundesrepublik Deutschland 1950–1957

Jahr	Bevölkerung (1000)	Einkommen der privaten Haushalte aus unselbständiger Arbeit	Einkommen der privaten Haushalte aus Unternehmertätigkeit und Vermögen	Unverteilte Einkommen der Kapitalgesellschaften	Öffentliche Vermögens- und Unternehmereinkommen	Zinsen auf öffentliche Schulden	Volkseinkommen	Volkseinkommen je Kopf (DM)
		(Mill. DM)						
1	2	3	4	5	6	7	8	9
1950	47 060	44 038	26 346	4 880	1430	390	76 304	1621
1951	47 456	53 401	33 375	6 030	1820	520	94 106	1983
1952	47 728	59 443	32 867	6 380	2440	590	100 540	2 107
1953	48 172	65 521	33 531	6 800	2670	660	107 862	2239
1954	48 710	71 737	36 518	7 240	3160	980	117 675	2 416
1955	49 203	81 710	41 314	8 930	4120	1000	135 074	2745
1956	49 800	91 790	44 211	9 700	4400	1100	149 001	2992
1957[2]	50 473	99 940	46 867	10 150	5000	1200	160 757	3185

Quelle: W. G. *Hoffmann* / J. H. *Müller*, Das deutsche Volkseinkommen 1851–1957 (1959) S. 57.

[1]) Von Scheingewinnen unbereinigt.
[2]) Vorläufige Ergebnisse.

20. Index der Bruttowochenverdienste der Arbeiter (1936 = 100)

Jahr	Nominallohn	Reallohn
1928	124,5	102,2
1932	85,8	88,5
1933	87,7	92,5
1934	94,1	96,7
1935	96,4	97,6
1936	100,0	100,0
1937	103,5	103,0
1938	108,5	107,5

Quelle: G. *Stolper* u. a., Deutsche Wirtschaft seit 1870 (1964), S. 175.

21. Wert einer Goldmark in Papiermark Januar - Dezember 1923[1)]

Januar	11 672
Februar	5 407
März	4 997
April	7 099
Mai	16 556
Juni	36 804
Juli	262 034
15. August	643 175
31. August	2 453 595
17. September	31 491 770
28. September	38 114 094
5. Oktober	142 927 853
11. Oktober	1 205 358 227
15. Oktober	895 681 212
19. Oktober	2 858 557 060
31. Oktober	17 270 448 905
5. November	100 049 497 000
7. November	150 074 246 000
19. November	600 296 983 000
20. November	1 000 494 971 000
30. November	1 000 494 971 000
15. Dezember	1 000 494 971 000
27. Dezember	1 000 494 971 000

Quelle: Deutschlands Wirtschaft, Währung und Finanzen, im Auftrage der Reichsregierung den von der Reparationskommission eingesetzten Sachverständigenausschüssen übergeben (1924), S. 59.

1) Die Zahlen stellen den Wert am Ende des betr. Monats bzw. des betreffenden Tages dar; sie wurden gewonnen auf Grund der Markkurse in Berlin.
1 $ = 4,198 Goldmark.

22. Die kriegführenden Mächte 1914–1918[1]

Alliierte und assoziierte Mächte[2]	Mittelmächte: Bulgarien[3]	Mittelmächte: Deutschland[4]	Mittelmächte: Österreich-Ungarn[5]	Mittelmächte: Türkei[6]
1 Belgien		4. 8. 14[7]	*28. 8. 14*	9. 11. 14
2 Bolivien		14. 4. 17[8]		
3 Brasilien		25. 10. 17	12. 9. 18	
4 China		14. 8. 17	14. 8. 17	
5 Costa Rica	24. 5. 18	24. 5. 18	24. 5. 18	24. 5. 18
6 Cuba		6. 4. 17	13. 12. 17	
7 Dominikanische Republik		11. 6. 17[8]		
8 Ecuador		9. 12. 17[8]		
9 England	15. 10. 15	4. 8. 14	13. 8. 14	5. 11. 14
10 Frankreich	16. 10. 15	*3. 8. 14*	11. 8. 14	5. 11. 14
11 Griechenland	25. 11. 16[9]	25. 11. 16[9]	30. 6. 17[8]	2. 7. 17[8]
12 Guatemala	23. 4. 18[8]	23. 4. 18[10]	23. 4. 18	
13 Haiti		16. 7. 18		
14 Honduras		18. 7. 18[8]		
15 Italien	19. 10. 15	28. 8. 16	23. 5. 15	20. 8. 15
16 Japan		23. 8. 14	*27. 8. 14*	
17 Liberia		4. 8. 17		
18 Montenegro		11. 8. 14	7. 8. 14	3. 11. 14
19 Nicaragua	7. 5. 18	7. 5. 18	7. 5. 18	7. 5. 18
20 Panama		7. 4. 17	11. 12. 17	
21 Persien				14. 8. 14[11]
22 Peru		10. 10. 17[8]		
23 Portugal		*9. 3. 16*	14. 3. 16[8]	
24 Rumänien	*1. 9. 16*	*28. 8. 16*	27. 8. 16	*30. 8. 16*
25 Rußland	20. 10. 15	*1. 8. 14*	*6. 8. 14*	1. 11. 14
26 Serbien	*14. 10. 15*	6. 8. 14	*28. 7. 14*	3. 11. 14
27 Siam		28. 7. 17	30. 7. 17	
28 Uruguay		10. 10. 17[8]		
29 USA	10. 4. 17[8]	6. 4. 17	8. 12. 17	
30 San Marino			24. 5. 15	

[1]) Datum in *Normaldruck:* Kriegserklärung durch die betreffende alliierte oder assoziierte Macht. Datum in *Kursivdruck:* Kriegserklärung durch Deutschland und seine Verbündeten.
[2]) Die in den Pariser Vorortverträgen unter den alliierten und assoziierten Mächten aufgeführten Nachfolgestaaten der Donaumonarchie (Serbisch-Kroatisch-Slowenischer Staat, Tschechoslowakei) und Polen sind nicht in die Tabelle aufgenommen worden.
[3]) Im Friedensvertrag von Neuilly-sur-Seine werden außer den in dieser Tabelle verzeichneten Mächten noch Japan, Belgien, China, Cuba, Hedschas, Polen, Portugal, der Serbisch-Kroatisch-Slowenische Staat, Siam und die Tschechoslowakei als Vertragspartner Bulgariens genannt, mithin als seine Kriegsgegner betrachtet.
[4]) Im Friedensvertrag von Versailles werden außer den in dieser Tabelle verzeichneten Mächten noch Hedschas, Polen, der Serbisch-Kroatisch-Slowenische Staat und die Tschechoslowakei als Vertragspartner Deutschlands genannt, mithin als seine Kriegsgegner betrachtet. Costa Rica fehlt. Von den Mächten, die nur die diplomatischen Beziehungen zu Deutschland abgebrochen haben, treten Bolivien, Ecuador, Peru, Honduras und Uruguay als Friedensvertragspartner auf.
[5]) Im Friedensvertrag von St. Germain werden außer den hier aufgeführten Mächten noch Polen, der Serbisch-Kroatisch-Slowenische Staat und die Tschechoslowakei als Vertragspartner aufgeführt. Brasilien, Costa Rica und Guatemala fehlen.
[6]) Im Friedensvertrag von Sèvres werden außer den hier aufgeführten Mächten noch Japan, Armenien, Hedschas, Polen, Portugal, der Serbisch-Kroatisch-Slowenische Staat und die Tschechoslowakei als Vertragspartner der Türkei genannt. Costa Rica und Nicaragua fehlen.
[7]) Abbruch der Beziehungen. Einmarsch deutscher Truppen.
[8]) Abbruch der diplomatischen Beziehungen.
[9]) Kriegserklärung der provisorischen Regierung Venizelos.
[10]) Erklärung, Guatemala nehme dieselbe Haltung wie die USA gegenüber den europäischen kriegführenden Mächten ein.
[11]) Einmarsch türkischer Truppen.

23. Die kriegführenden

Alliierte Mächte	Achsenmächte								
	Albanien[2])	Bulgarien	Burma[3])	China Wang Tsching-Wei	Deutschland	Finnland	Irak	Iran	Italien
Abessinien					1.12.42				1.12.42
Ägypten					26.2.45				
Argentinien					27.3.45				
Australien					3.9.39				3.1.42
Belgien					**10.5.40**				3.1.42
Bolivien					7.4.43				7.4.43
Brasilien					22.8.42				22.8.42
Bulgarien					8.9.44				
Chile[13])									
China (Kuomintang)					9.12.41				9.12.41
Columbien					27.11.43				
Costa Rica					11.12.41				11.12.41
Cuba					11.12.41				11.12.41
Dänemark					**9.4.40**				
Dominik. Republik					11.12.41				
Ecuador					2.2.45				
England	*17.12.41*	*14.12.41*	*1.8.43*	*9.1.43*	3.9.39	6.12.41	3.5.41	25.8.41	*10.6.40*
Finnland					3.3.45[8])				
Frankreich					3.9.39				*10.6.40*
Griechenland	*28.10.40*	*24.4.41*			*6.4.41*				*28.10.40*
Guatemala					11.12.41				11.12.41
Haiti					11.12.41				11.12.41
Honduras					12.12.41				12.12.41
Indien (Brit.)					3.9.39	8.12.41			12.6.40
Irak					16.1.43				16.1.43
Iran					9.9.43				
Island[10])									
Italien					13.10.43				
Jugoslawien		**19.4.41**			**6.4.41**				**6.4.41**
Kanada					10.9.39	8.12.41			11.6.40
Libanon					27.2.45				
Liberia					27.1.44				
Luxemburg					**10.5.40**				3.1.42[5])
Mexiko					22.5.42				22.5.42
Mongol. Volksrepublik									
Neuseeland					3.9.39	8.12.41			11.6.40
Nicaragua					11.12.41				11.12.41
Niederlande					**10.5.40**				3.1.42[5])
Niederl. Indien									
Norwegen					**9.4.40**				3.1.42[5])
Panama					10.12.41				10.12.41
Paraguay					8.2.45				
Peru					12.2.45				
Polen					**1.9.39**				3.1.42[5])
Rumänien					26.8.44				
San Marino					21.8.44				
San Salvador					12.12.41				3.1.42[5])
Saudi-Arabien					28.2.45				
Sowjetunion		5.9.44			**22.6.41**	30.11.39[11]) *25.6.41*		25.8.41	*22.6.41*
Südafrik. Union					6.9.39				12.6.40
Syrien					26.2.45				
Tschechoslowakei	17.12.41	17.12.41	17.12.41	17.12.41	**15.3.39**[12])	8.12.41			17.12.41
Ungarn					31.12.44				
Uruguay					15.2.45				
USA	*17.12.41*	*14.12.41*	*1.8.43*	*9.1.43*	*11.12.41*				*11.12.41*
Türkei					1.3.45				
Venezuela					16.2.45				

[1]) *Daten:* Eintritt des Kriegszustandes; Abweichungen siehe Anmerkungen. *Normaldruck:* Kriegserklärung durch die betr. alliierte Macht. *Kursivdruck:* Kriegserklärung durch die betr. Achsenmacht (Verbündete). *Fettdruck:* Eintritt des Kriegszustandes durch Eröffnung der Kampfhandlungen seitens der betr. Achsenmacht (Verbündete). – *Namen: Kursivdruck:* Exilregierungen der betr. Staaten nach der Besetzung weiter im Kriegszustand (bzw. Kriegserklärung). *Fettdruck:* Während des Krieges zu den Alliierten übergetretene Achsenmacht (Verbündete).

[2]) Regierungserklärung am 16. 6. 40: Kriegseintritt an der Seite Italiens.

[3]) Nach der Besetzung durch Japan Unabhängigkeitserklärung (Burma 1. 8. 43; Philipp. Republik 14. 10. 43) und Bündnis mit Japan.

[4]) Zwischenfall an der Marco-Polo-Brücke: faktisch Kriegszustand.

Mächte 1939–1945[1])

und Verbündete										Alliierte Mächte
Japan	Kroatien	Man-dschukuo	Philip-pinen[3])	Rumä-nien	Slowakei	Sowjet-union	Syrien	Thai-land	Ungarn	
1.12.42										Abessinien
9.12.41										Ägypten
27.3.45										Argentinien
8.12.41										Australien
10.12.41										*Belgien*
7.4.43										Bolivien
6.6.45										Brasilien
										Bulgarien
13.4.45										Chile[13])
7.7.37[4])										China (Kuomintang)
27.11.43										Columbien
8.12.41										Costa Rica
9.12.41										Cuba
										Dänemark
9.12.41										Dominik. Republik
2.2.45[6])										Ecuador
8.12.41	*14.12.41*	*8.12.41*	*23.9.44*	6.12.41	*12.12.41*		5.6.41[7])	*25.1.42*	6.12.41	England
										Finnland
10.12.41							5.6.41[7])	Okt. 40[9])		*Frankreich*
3.6.45[8])										Griechenland
10.12.41										Guatemala
9.12.41										Haiti
9.12.41										Honduras
10.12.41				8.12.41					8.12.41	Indien (Brit.)
16.1.43										**Irak**
1.3.45										**Iran**
										Island[10])
14.7.45										**Italien**
3.1.42[5])									**11.4.41**	*Jugoslawien*
8.12.41				8.12.41					8.12.41	Kanada
27.2.45										Libanon
27.1.44										Liberia
3.1.42[5])										*Luxemburg*
22.5.42										Mexiko
9.8.45										Mongol. Volksrepublik
10.12.41				8.12.41					8.12.41	Neuseeland
8.12.41										Nicaragua
10.12.41										*Niederlande*
8.12.41										Niederl. Indien
3.1.42[5])										*Norwegen*
9.12.41										Panama
8.2.45										Paraguay
12.2.45										Peru
3.1.42[5])						**17.9.39**				*Polen*
									7.9.44	**Rumänien**
										San Marino
9.12.41										San Salvador
1.3.45										Saudi-Arabien
8.8.45				**22.6.41**	*23.6.41*				*27.6.41*	Sowjetunion
10.12.41										Südafrik. Union
26.2.45										**Syrien**
17.12.41	17.12.41	17.12.41	17.12.41	8.12.41	17.12.41			17.12.41	8.12.41	*Tschechoslowakei*
										Ungarn
15.2.45										Uruguay
7.12.41	*14.12.41*	*18.12.41*	*23.9.44*	*14.12.41*	*12.12.41*			*25.1.42*	*14.12.41*	USA
1.3.45										Türkei
16.2.45										Venezuela

[5]) Sechsundzwanzig-Mächte-Erklärung vom 3. 1. 42 in Washington, alle Hilfsmittel gegen die Achsenmächte einzusetzen und keinen gesonderten Waffenstillstand oder Separatfrieden abzuschließen.
[6]) Kriegserklärung rückwirkend ab 7. 12. 1941.
[7]) Aktion gegen Vichy-Truppen.
[8]) Regierungserklärung: Kriegszustand seit 15. September 1944.
[9]) Grenzkonflikt in Indochina.
[10]) Verlassen der Neutralität durch Gewährung von Stützpunkten für US-Streitkräfte (Vertrag vom 11. 7. 41).
[11]) Finnisch-russischer Winterkrieg.
[12]) Erklärung der Exilregierung am 17. 12. 41: Kriegszustand mit allen Staaten, die sich im Krieg mit England und den USA befinden. Mit Deutschland seit dem 15. 3. 39.
[13]) Diplom. Beziehung mit Deutschland aufgehoben 20. 1. 1943.

24. Deutsche Reparationsleistungen nach dem Ersten Weltkrieg[1]

Art der Leistungen	Bewertung in Mill. GM bzw. RM	
	durch Deutsche Regierung 1932	durch Reparations-kommission
A. Bis zum Inkrafttreten des Dawes-Plans am 31. August 1924		
1. Barzahlungen nach dem Londoner Zahlungsplan für 1921 und 1922	1700	1691
2. Rheinlandzölle	3	3
3. Sonstige Barzahlungen	51	16
4. Englische Reparationsabgaben	373	373
5. Kohlen, Koks, Nebenprodukte und Stickstoff	2374	990
6. Farbstoffe und pharmazeutische Erzeugnisse	250	115
7. Vieh	204	147
8. Sonstige Sachlieferungen	406	416
9. Kunstwerke für Belgien	16	2
10. Seeschiffe	4486	712
11. Binnenschiffe	56	50
12. Hafenmaterial	80	–
13. Eisenbahnmaterial	1803	1103
13a. Lastkraftwagen	59	32
14. Nichtmilitärischer Rücklaß an den Fronten	5041	140
15. Privatkabel	78	53
16. Deutsches Privateigentum im Ausland	10 080	13
17. Ausgleichsverfahren	617	–
18. Eisenbahnen, Bergwerke und Lehrinstitute in China	95	3
19. Anteile der abgetretenen Gebiete an der Reichs- und Staatsschuld	657	26
20. Reichs- und Staatseigentum in den abgetretenen Gebieten	9670	2781
21. Arbeit deutscher Kriegsgefangener	1200	–
22. Kriegsmaterial-Schrotterlöse	52	53
23. Abgelieferte Kriegsflotte	1338	–
Summe A	40 689	8719
B. Während der Ruhrbesetzung erzwungene Leistungen	1370	921
C. Leistungen auf Grund des Dawes-Plans	7993	7553
D. Leistungen auf Grund des Young-Plans einschließlich des deutsch-amerikanischen Schuldabkommens und des belgischen Markabkommens	3103	2800
Gesamtsumme 11. November 1918 bis 30. Juni 1931	53 155	19 993

Innere Leistungen Deutschlands in den ersten Nachkriegsjahren:

Art der Leistungen	Bewertung in Mill. Goldmark	
	durch Deutsche Regierung 1932	durch Reparations-kommission
a) Innere Besatzungskosten	2012	788
b) Militärische Abrüstung einschließlich versenkter Flotte	8500	–
c) Kosten der Interalliierten Militärkommission	106	–
d) Industrielle Abrüstung	3500	–
e) Grenzregulierung, Abstimmung, Flüchtlingsfürsorge, Verwaltungskosten	400	–
Summe a bis e	14 518	–

[1]) Die Zahlen dieser Tabelle sind der Schrift: F. *Friedensburg*, Die Weimarer Republik (1946), S. 103–105, entnommen. Die größten Unterschiede zwischen den Angaben der deutschen Regierung und der Reparationskommission finden sich bei der Bewertung der Sachlieferungen. Über die nach dem Zweiten Weltkrieg zu Reparationszwecken aus Deutschland herausgeholten Sachwerte gibt es keine zuverlässigen Schätzungen.

25. Schiffsraumbilanz des Handelskrieges 1914–1918 und 1939–1945[1)]

Jahr	Verlust an U-Booten auf Feindfahrt	Versenkt an Tonnage			Neubauten			Bilanz der alliierten Verluste und der amerikanischen und britischen Neubauten
		gesamt	neutral	alliiert	US	britisch	gesamt	
1914	5	100 383	46 310	54 073	160 000	1 680 000	1 840 000	+1 785 927
1915	19	1 496 457	218 641	1 277 816	160 000	650 000	810 000	− 467 816
1916	22	2 822 532	627 254	2 195 278	380 000	600 000	980 000	−1 215 278
1917	63	9 193 543	1 515 986	7 677 557	820 000	1 160 000	1 980 000	−5 697 557
1918	69	5 113 573	361 972	4 751 601	2 600 000	1 340 000	3 940 000	− 811 601
gesamt	178[2)]	18 726 488	2 770 163	15 956 325	4 120 000	5 430 000	9 550 000	−6 406 325

Jahr				US + brit.	US	brit.	gesamt	Bilanz der US/brit. Verluste und Neubauten
1939 (4 Mon.)	9			810 000	101 000	231 000	332 000	− 478 000
1940	22			4 407 000	439 000	780 000	1 219 000	− 3 188 000
1941	35			4 398 000	1 169 000	815 000	1 984 000	− 2 414 000
1942	85			8 245 000	5 339 000	1 843 000	7 182 000	− 1 063 000
1943	237			3 611 000	12 384 000	2 201 000	14 585 000	+10 974 000
1944	241			1 422 000	11 639 000	1 710 000	13 349 000	+11 927 000
1945 (4 Mon.)	153			458 000	3 551 000	283 000	3 834 000	+ 3 376 000
	782[3)]			23 351 000	34 622 000	7 863 000	42 485 000	+19 134 000

1) Es gibt noch keine systematische, vergleichende statistische Untersuchung des Handelskrieges zur See in den beiden Weltkriegen. Von den nachfolgenden Tabellen stammen die Zahlen zum Ersten Weltkrieg aus A. *Michelsen*, Der U-Bootskrieg 1914–1918 (³ 1925), die Angaben zum Zweiten Weltkrieg aus Encyclopaedia Britannica. Die Versenkungsziffern an Handelstonnage bezeichnen die Gesamtverluste, also auch durch Überwasserstreitkräfte, Bombenwurf, Minen. Im Zweiten Weltkrieg waren die U-Boote an den erzielten Versenkungserfolgen mit ca. 70% beteiligt. – Beide Tabellen lassen erkennen, daß die USA alsbald nach ihrem Kriegseintritt 1917 wie 1941 den Schiffsbau forciert haben und daß hierin neben der Entwicklung verbesserter Abwehrmethoden gegen die U-Boote der entscheidende Faktor in der Wende der Bilanz des Handelskrieges zu Ungunsten Deutschlands zu sehen ist. Jeweils das erste Jahr nach dem Kriegseintritt der USA – 1918 bzw. 1942 – zeigt eine Verringerung der Minusbilanz, im Jahre 1942 trotz des Emporschnellens der Versenkungsziffern. Während der Erste Weltkrieg bereits 1½ Jahre nach dem Kriegseintritt der USA zu Ende ging und das Gewicht der Schiffsneubauten für den Handelskrieg nicht mehr voll zur Auswirkung gelangte, brachte im Zweiten Weltkrieg der Winter 1942/43 die entscheidende Wende: der Neubau an Handelsschiffsraum übertraf von nun an die abfallende Versenkungsziffer, während gleichzeitig die deutschen U-Boot-Verluste emporschnellten.

2) Hinzu kommen: 7 Boote interniert, 14 Boote gesprengt beim Verlassen der Stützpunkte; insgesamt verloren: 199 Boote (*Michelsen* S. 189).

3) Die deutschen U-Boot-Verluste betrugen nach Angaben bei K. *Dönitz*, Zehn Jahre und zwanzig Tage (1958) S. 506 f.: auf Feindfahrt 630, im Heimatgebiet durch Bomben und Minen 81, durch Unfälle 42; insgesamt verloren: 753 Boote. Nach *Lohmann/Hildebrand*, Kriegsmarine, betrugen die Verluste 1914–18: 4744 Männer und 200 Boote; 1939–45: über 30000 Männer und 752 Boote.

26. Kriegswirtschaftliche Kräftebilanz 1939–1944[1)]

Wirtschaftszweig	In der deutschen Wirtschaft beschäftigte Personen[2)]								
	in 1000						in vH		
	1939	1940	1941	1942	1943	1944	1939	1940	1944
I. Produktion u. Verkehr	29 861	27 131	27 499	27 115	28 191	27 807	75,8	75,3	77,8
a) Landwirtsch. Produkt	11 224	10 699	10 734	11 234	11 301	11 185	28,5	29,7	31,3
Landwirtschaft	10 850	10 345	10 360	10 898	10 973	10 862	27,5	28,7	30,4
Forstwirtschaft	295	278	294	255	242	234	0,8	0,8	0,7
Molkereien	71	70	74	74	80	83	0,2	0,2	0,2
See- u. Küstenfischerei	8	6	7	7	7	7	0,0	0,0	0,0
b) Gwbl. Produkt u. Verk.	18 637	16 432	16 765	15 880	16 889	16 622	47,3	45,6	46,5
Industrie	10 945	9 981	10 344	9 943	10 998	10 803	27,8	27,7	30,2
Handwerk	5 336	4 230	4 040	3 504	3 387	3 282	13,5	11,7	9,2
Verkehrswirtschaft .	2 124	2 018	2 170	2 228	2 299	2 334	5,4	5,6	6,5
Energiewirtschaft . .	231	204	210	206	205	203	0,6	0,6	0,6
II. Verteilung	4 603	3 966	3 628	3 323	3 081	2 866	11,7	11,0	8,0
Handel	3 020	2 595	2 331	2 024	1 865	1 721	7,7	7,2	4,8
Fremdenverkehr	844	685	670	669	686	663	2,1	1,9	1,8
Bank. einschl. Reichsbank	221	190	184	179	168	151	0,6	0,5	0,4
Versicherung	109	91	87	83	72	61	0,3	0,3	0,2
Reichsnährstand-Großh.	328	328	281	292	215	204	0,8	0,9	0,6
Milcheinzelhandel . . .	80	77	75	77	76	67	0,2	0,2	0,2
III. Verwaltung	2 677	2 472	2 521	2 641	2 402	2 322	6,8	6,9	6,5
Öffentliche Verwaltung	1 669	1 568	1 621	1 736	1 469	1 451	4,2	4,4	4,1
Gesundheitswesen . . .	536	510	513	553	623	617	1,4	1,4	1,7
Sonstige	472	393	387	352	311	255	1,2	1,1	0,7
IV. Wehrmachtsb.u.Rüst.-Sich.	692	984	1 144	1 131	1 412	1 357	1,7	2,7	3,8
V. Hauswirtschaft	1 582	1 489	1 489	1 461	1 442	1 378	4,0	4,1	3,9
Insgesamt	39 415	36 042	36 281	35 671	36 527	35 730	100,0	100,0	100,0
davon Ausländer einschl. Kriegsgefangene[3)] . . .	300	1 200	3 000	4 200	6 300	7 500			

Quelle: R. *Wagenführ,* Die deutsche Industrie im Kriege 1939–1945 (²1963), S. 139.

1) Nach Unterlagen des Stat. Reichsamts (Abt. VI), abgestimmt von der Reichsgruppe Industrie; Gebietsstand 1. 9. 1939. Stichtag jeweils der 31. Mai.
2) Deutsche, Ausländer und Kriegsgefangene.
3) Diese Zeile nach G. *Stolper* u. a., Deutsche Wirtschaft seit 1870 (1964), S. 194.

27. Produktion wichtigen Kriegsgeräts 1940–1944

Kriegsgerät	Einheit	1940	1941	1942	1943	1944
I. Waffen						
Karabiner insgesamt	1000 Stück	1 352	1 359	1 370	2 244	2 586
autom. Infanteriewaffen	1000 Stück	171	325	317	435	787
Granatwerfer	1000 Stück	4	4	10	23	31
Flak u. aut. Bordwaffen[1)]	1000 Stück	1	23	57	130	320
Geschütze ab 7,5 cm[1)]	1000 Stück	5	7	12	27	41
II. Gepanzerte Fahrzeuge						
leichte Panzerwagen	1000 Stück	0,8	2,3	3,6	7,9	10,0
mittelschwere Panzer	1000 Stück	1,4	2,9	5,6	9,4	12,1
überschwere Panzer	1000 Stück	–	–	0,1	2,5	5,2
alle Panzer (Gefechtsgewicht)	in 1000 t	37	83	140	369	622
III. Flugzeuge[2)]						
Tagjäger	Stück	1 776	2 964	4 476	9 121	20 042
Nachtjäger	Stück	–	–	432	1 066	3 763
Schlachtflugzeuge	Stück	648	696	1 092	2 817	4 971
Kampfflugzeuge	Stück	2 964	3 456	4 428	5 019	2 596
Aufklärer	Stück	990	1 070	980	1 030	1 535
Frontflugzeuge insgesamt	Stück	8 070	9 540	12 950	22 050	34 350
Schulflugzeuge	Stück	1 650	1 090	1 150	2 280	3 215
Kriegsflugzeuge insgesamt (ohne Segelflugzeuge)	Stück	10 250	11 030	14 700	25 220	37 950
IV. Kraftwagen und Zugmittel						
Kettenkrad	Stück	–	420	985	2 450	4 490
Lastkraftwagen	1000 Stück		62,4	78,2	81,9	
Halbkettenfahrzeuge und Zugkraftwagen	1000 Stück	3,2	7,5	10,7	37,4	27,8
V. Munition						
Gewehr- und Pistolenmunition	Mrd. Stück	2,95	1,34	1,34	3,17	5,38
übrige Infanteriewaffenmunition	Mill. Stück	29,4	19,7	40,0	118,4	170,6
leichte Flak- und Bordmunition	Mill. Stück		77	130	196	263
Artilleriemunition ab 7,5 cm	Mill. Stück	27	27	57	93	108
Munition insgesamt	1000 t	865	540	1 270	2 558	3 350
VI. Marine						
U-Boote (Verdräng.-Tonn.)	1000		162	193	221	234

Quelle: R. *Wagenführ,* Die deutsche Industrie im Kriege 1939–1945 ([2]1963), S. 182.

1) Dazu kommen die in Panzer eingebauten Geschütze.
2) Die Summen enthalten mehr Flugzeuggruppen als hier einzeln aufgeführt.

28. Mitgliederentwicklung der Gewerkschaften 1919–1932

Jahr	Dachorganisationen:				Einzelne Verbände:		
	Freie Gewerkschaften (ADGB u. AfA-Bund)	Christlich-nationale Gewerk. (inkl. DHV)	Hirsch-Duncker-sche Gew. (inkl. GdA)	Dachorganisationen insgesamt	VdDB. Buchdrucker im ADGB	DLV. Lederarbeiter im ADGB	DMV. Metallarbeiter im ADGB
1919	6 058 748	1 432 136	451 831¹)	7 942 715	70 428	33 312	1 605 186
1920	8 490 478	1 690 782	487 998¹)	10 669 258	73 002	35 441	1 608 932
1921	8 125 522	1 563 790	524 944	10 214 256	75 547	43 603	1 587 088
1922	8 451 468	1 631 776	523 866	10 616 110	72 976	48 729	1 624 554
1923	7 646 044	1 449 963	479 031	9 575 038	67 477	46 634	1 291 761
1924	4 999 993	1 042 393	410 576	6 452 962	71 924	40 170	710 934
1925	4 502 991	1 012 398	430 587	5 945 976	79 340	38 953	764 609
1926	4 310 062	972 303	439 804	5 722 169	80 477	36 191	675 398
1927	4 482 779	1 074 526	455 772	6 013 077	81 305	38 185	815 838
1928	5 015 084	1 170 279	470 510	6 655 873	83 908	37 540	944 310
1929	5 296 357	1 252 167	488 843	7 037 367	88 573	35 756	965 443
1930	5 220 018	1 273 096	498 730	6 991 844	90 389	34 236	940 578
1931	4 798 548	1 190 023	477 546	6 466 027	88 436	31 426	826 864
1932	3 932 947¹)	1 100 000¹)	450 000¹)	5 482 947	86 495	29 515	690 523
Rückgang Phase I	1920/26 4 180 416 = 49,2%	1920/26 718 479 = 42,5%	1921/24 114 368 = 21,8%	1920/26 4 947 089 = 46,4%	1921/23 8 070 = 10,7%	1922/26 12 538 = 25,7%	1922/26 949 156 = 58,4%
Rückgang Phase II	1929/32 1 363 410 = 25,7%	1930/32 173 096 = 13,6%	1930/32 48 730 = 9,8%	1929/32 1 554 420 = 22,1%	1930/32 3 894 = 4,3%	1927/32 8 670 = 22,7%	1929/32 274 920 = 28,5%

Quellen: Jahrbücher des ADGB (1928–1932); Internationales Handwörterbuch des Gewerkschaftswesens, Bd. 2 (1932); verstreute Angaben und eigene Berechnungen. Unstimmigkeiten gegenüber der Reichsstatistik erklären sich durch abweichende Erhebungsdaten und unterschiedliche Verrechnungsweisen. Auswahl, Zusammenstellung und Schätzung durch G. *Beier,* Kronberg 1974.

¹) Diese Zahlen setzen sich aus geschätzten und überlieferten Werten zusammen.

29. Reichstagswahl[1] vom 12. 1. 1912

Wahlberechtigte	14,4 Mill.
Wahlbeteiligung	84,9 %
Gesamtzahl der gültigen Stimmen	12,2 Mill.

	Mandatszahl	Mandatsanteil in %	Stimmenzahl in Mill.	Stimmenanteil in % der gültigen Stimmen
Christl.-soz. (Dt. Reformpartei)	3	0,8	0,052	0,4
Dt.-Konservative	43	10,8	1,126	9,2
Kons. Reichspartei	14	3,5	0,367	3,0
Nationalliberale	45	11,3	1,663	13,6
Dänen, Polen, Elsaß-Lothringer	28	7,1	0,621	5,1
Welfen	5	1,3	0,085	0,7
Zentrum	91	22,9	1,997	16,4
Fortschrittl. Volkspartei	42	10,6	1,497	12,3
Sozialdemokrat. Partei	110	27,7	4,250	34,8
Sonstige	16	4,0	0,550	4,5
Gesamtzahl der Abgeordneten	397			

Quelle: Statistik des Deutschen Reiches, Bd. 250, Heft 2, (1913).

[1]) Mehrheitswahlsystem mit Stichwahl.

	Nationalvers. 19. Januar 1919		1. Reichstag 6. Juni 1920		2. Reichstag 4. Mai 1924		3. Reichstag 7. Dezember 1924	
Wahlberechtigte in Mill.	34,0 Mill.		35,9 Mill.[5]		38,4 Mill.		39,0 Mill.	
Wahlbeteiligung in %	83,0%		79,2%		77,4%		78,8%	
Gesamtzahl der gültigen Stimmen	30,4 Mill.		28,2 Mill.		29,3 Mill.		30,3 Mill.	
	Anzahl d. Mandate	in % der gült. St.						
NSDAP	–	–	–	–	32	6,5[7]	14	3,0[9]
DNVP	44	10,3	71	15,1	95	19,5	103	20,5
Kons. Volkspartei	–	–	–	–	–	–	–	–
Christ.-soz. Volksd.	–	–	–	–	–	–	–	–
Landbund	–	–	–	–	10	2,0	8	1,6
Christ.-nat. Bauern- und Landvolkpartei	–	–	–	–	–	–	–	–
Dt. Bauernpartei	–	–	–	–	–	–	–	–
Volksrechtpartei	–	–	–	–	–	–	–	–
DVP	19	4,4	65	13,9	45	9,2	51	10,1
Wirtschaftspartei/ Bayer. Bauernbund	4	0,9[2]	4	0,8[6]	10	2,4[8]	17	3,3[10]
Dt.-hann. Partei	1	0,2	5	1,1	5	1,1	4	0,9
BVP	–	–	21	4,2	16	3,2	19	3,8
Zentrum	91	19,7[3]	64	13,6	65	13,4	69	13,6
DDP (seit 1930 Dt. Staatspartei)	75	18,5	39	8,3	28	5,7	32	6,3
SPD	163	37,9	102	21,7	100	20,5	131	26,0
USPD	22	7,6	84	17,9	–	0,8	–	0,3
KPD	–	–	4	2,1	62	12,6	45	9,0
Splitterparteien	2	0,5	–	1,3	4	3,1	–	1,6
Gesamtzahl der Abgeordneten	421[4]		459		472		493	
Quelle:	Vierteljahreshefte z. Statistik des Dt. Reiches, 28. Jg. (1919), 1. Ergänzungsheft (1919)		Statistik des Dt. Reiches, Bd. 291, Heft IV (1923)		Statistik des Dt. Reiches, Bd. 315, Heft I (1925)		Statistik des Dt. Reiches, Bd. 315, Heft III (1925)	

1) 1919–1933 Verhältniswahlsystem. Bei den Wahlen zur Nationalversammlung: feste Zuteilung von Mandaten für Wahlkreise entsprechend Einwohnerzahl. Diese Mandate proportional zu den abgegebenen Stimmen auf die Parteien verteilt. Seit den Reichstagswahlen 1920: Zahl der Mandate abhängig von der Zahl der abgegebenen Stimmen. Auf je 60000 Stimmen ein Abgeordneter. Verteilung der Reststimmen aus den Wahlkreisen über die Reichsliste. Wahlberechtigte und Wahlbeteiligung geben lediglich die Zahlen von 33 der insgesamt 37 Wahlkreise wieder.

2) Bayerischer Bauernbund.

3) Einschließlich BVP und anderer regionaler Zentrumsparteien.

4) Zusätzlich 2 sozialdemokratische Abgeordnete, die von den Soldaten des Ostheeres gewählt wurden.

5) Unter Berücksichtigung der Ergebnisse der Wahlen am 20. 2. 1921 in den Wahlkreisen 1 (Ostpreußen) und 14 (Schleswig-Holstein) sowie der Wahlen am 19. 11. 1922 im Wahlkreis 10 (Oppeln).

1919–1933[1]

4. Reichstag 20. Mai 1928		5. Reichstag 14. Sept. 1930		6. Reichstag 31. Juli 1932		7. Reichstag 6. November 1932		8. Reichstag 5. März 1933	
41,2 Mill. 75,6 %		43,0 Mill. 82,0 %		44,2 Mill. 84,1 %		44,4 Mill. 80,6 %		44,7 Mill. 88,8 %	
30,8 Mill.		35,0 Mill.		36,9 Mill.		35,5 Mill.		39,3 Mill.	
12	2,6	107	18,3	230	37,4	196	33,1	288	43,9
73	14,2	41	7,0	37	5,9	52	8,9[15]	52	8,0[16]
–	–	4	0,8	–	–	–	–	–	–
–	–	14	2,5	3	1,0	5	1,2	4	1,0
3	0,6[11]	3	0,6[11]	2	0,3[11]	2	0,3[11]	1	0,2[11]
10	1,9	19	3,2[13]	1	0,3[14]	–	0,1[14]	–	–
8	1,6	6	1,0	2	0,4	3	0,4	2	0,3
2	1,6	–	0,8	1	0,1	–	–	–	–
45	8,7	30	4,5	7	1,2	11	1,9	2	1,1
23	4,5[10]	23	3,9[12]	2	0,4[12]	1	0,3[12]	–	–
3	0,6	3	0,5	–	0,1	1	0,2	–	0,1
16	3,1	19	3,0	22	3,2	20	3,1	19	2,7
62	12,1	68	11,8	75	12,5	70	11,9	73	11,2
25	4,9	20	3,8	4	1,0	2	1,0	5	0,9
153	29,8	143	24,5	133	21,6	121	20,4	120	18,3
–	0,1	–	–	–	–	–	–	–	–
54	10,6	77	13,1	89	14,5	100	16,9	81	12,3
2	3,1	–	0,7	–	0,1	–	0,3	–	–
491		577		608		584		647	
Statistik des Dt. Reiches, Bd. 372, Heft I u. III (1930/31)		Statistik des Dt. Reiches, Bd. 382, Heft III (1932)		Statistik des Dt. Reiches, Bd. 434, (1935)		Statistik des Dt. Reiches, Bd. 434, (1935)		Statistik des Dt. Reiches, Bd. 434, (1935)	

6) Bayerischer Bauernbund.
7) Dt.-völk. Freiheitspartei.
8) Bayerischer Bauernbund einschließlich Wirtschaftspartei.
9) Nat.-sozial. Freiheitsbewegung.
10) Wirtschaftspartei einschließlich Bayerischer Bauernbund.
11) Bauern- und Weingärtnerbund.
12) Wirtschaftspartei.
13) Deutsches Landvolk einschließlich Sächsisches Landvolk.
14) Deutsches Landvolk.
15) Einschließlich Radikaler Mittelstand.
16) Kampffront Schwarz-Weiß-Rot.

31. a) Wahl des Reichspräsidenten am 29. März und 26. April 1925

	1. Wahlgang am 29. 3. 1925		2. Wahlgang am 26. 4. 1925	
Wahlberechtigte Wahlbeteiligung Gültige Stimmen	39,2 Mill. 68,9% 26,9 Mill.		39,4 Mill. 77,6% 30,4 Mill.	
	Anzahl der gültigen Stimmen	%[1] der gültigen Stimmen	Anzahl der gültigen Stimmen	%[1] der gültigen Stimmen
Hindenburg	–	–	14,656 Mill.	48,3%
Jarres	10,417 Mill.	38,8%	–	–
Held	1,007 Mill.	3,8%	–	–
Ludendorff	0,286 Mill.	1,1%	–	–
Braun	7,802 Mill.	29,0%	–	–
Marx	3,888 Mill.	14,4%	13,752 Mill.	45,3%
Hellpach	1,568 Mill.	5,8%	–	–
Thälmann	1,872 Mill.	7,0%	1,931 Mill.	6,4%
Splitterstimmen	0,026 Mill.	0,1%	0,013 Mill.	0,0%

Quelle: Statistik des Deutschen Reiches, Bd. 321 (1925).

[1]) Prozentzahlen auf Grund eigener Berechnungen.

31. b) Wahl des Reichspräsidenten am 13. März und 10. April 1932

	1. Wahlgang am 13. 3. 1932		2. Wahlgang am 10. 4. 1932	
Wahlberechtigte Wahlbeteiligung Gültige Stimmen	43,9 Mill. 86,2% 37,6 Mill.		44,1 Mill. 83,5% 36,5 Mill.	
	Anzahl der gültigen Stimmen	% der gültigen Stimmen	Anzahl der gültigen Stimmen	% der gültigen Stimmen
Duesterberg	2,558 Mill.	6,8%	–	–
Hindenburg	18,651 Mill.	49,6%	19,360 Mill.	53,0%
Hitler	11,339 Mill.	30,1%	13,419 Mill.	36,8%
Thälmann	4,983 Mill.	13,2%	3,707 Mill.	10,2%
Winter	0,111 Mill.	0,3%	–	–
Splitterstimmen	0,005 Mill.	0,0%	0,005 Mill.	0,0%

Quelle: Statistik des Deutschen Reiches, Bd. 427 (1932).

32. Land- und Stadtkreiswahlen in den Ländern der Westzonen 1946

	Bayern 28. 4. / 26. 5. 1946[7]	Hessen 28. 4. / 26. 5. 1946	Nieder-sachsen 13. 10. 1946	Nordrhein-Westfalen 13. 10. 1946	Rheinland-Pfalz 15. 9. / 13. 10. 1946	Schleswig-Holstein 13. 10. 1946	Württemberg-Baden 28. 4. / 26. 5. 1946[7]			
							Landesbez. Württemberg		Landesbezirk Baden	
Wahlbeteiligung	77,2 %	75,7 %	68,7 %	74,4 %	80,9 %	70,5 %	59,2 %[9]	80,0 %[10]	66,7 %[9]	78,7 %[10]
Gesamtzahl der gültigen Stimmen	2,760 Mill.	1,499 Mill.	7,259 Mill.	16,160 Mill.	1,217 Mill.	2,851 Mill.	0,431 Mill.	0,227 Mill.	0,231 Mill.	0,227 Mill.
	in % der gültigen Stimmen									
CDU/CSU	60,1	36,9	22,5	46,0	54,7	37,3	42,6	26,0	58,4	37,8
SPD	28,1	43,2	42,0	33,4	30,2	42,0	24,6	33,9	29,2	38,1
FDP/DVP	2,3	7,3	7,6	4,3	5,9	6,1	14,1	21,6	4,8	11,0
KPD	4,9	9,3	5,1	9,4	7,6	5,1	7,7	12,3	6,0	13,1
WAV[1]	1,5	–	–	–	–	–	–	–	–	–
AP[2]	–	0,5	–	–	–	–	–	–	–	–
NDP[3]	–	0,8	–	–	–	–	–	–	–	–
Ev. Volksdienst	–	0,4	–	–	–	–	–	–	–	–
Zentrum	–	–	2,1	6,1	–	0,1	–	–	–	–
NLP[4]	–	–	19,8	–	–	–	–	–	–	–
DKP/DRP[5]	–	–	–	0,1	–	1,3	–	–	–	–
RWVP[6]	–	–	–	0,2	–	–	–	–	–	–
Sonstige und Unabhängige	3,1	1,6	0,9	0,5	1,6	8,1[8]	11,0	6,2	1,6	–

Quelle: R. *Schachtner*, Die deutschen Nachkriegswahlen (1956); Wie wählte Württemberg-Baden. Die Ergebnisse der Wahlen des Jahres 1946, hrsg. von den Statistischen Landesämtern Stuttgart und Karlsruhe (Karlsruhe 1947).

1) Wirtschaftliche Aufbauvereinigung.
2) Arbeiterpartei.
3) Nationaldemokratische Partei.
4) Niedersächsische Landespartei.
5) Deutsche Konservative Partei / Deutsche Rechtspartei.
6) Rheinisch-Westfälische Volkspartei.
7) 28. 4. 1946: Wahlen in den Landkreisen, 26. 5. 1946: Wahlen in den Stadtkreisen.
8) Darunter 7,3 % für den Südschleswigschen Verein (SSV).
9) Landkreise.
10) Stadtkreise.

33. Landtagswahlen in den Ländern der Westzonen 1946–1947

	Baden		Bayern[8]		Bremen		Hamburg		Hessen	
	18. 5. 1947		1. 12. 1946		12. 10. 1947		13. 10. 1946		1. 12. 1946	
Wahlberechtigte	0,695 Mill.		4,211 Mill.		0,338 Mill.		0,968 Mill.		2,380 Mill.	
Wahlbeteiligung	67,8 %		75,7 %		67,8 %		79,0 %		73,2 %	
Gesamtzahl der gültigen Stimmen	0,428 Mill.		3,048 Mill.		0,219 Mill.		2,808 Mill.[10]		1,609 Mill.	
	Anz. d. Mand.	in % d. gült. St.	Anz. d. Mand.	in % d. gült. St.	Anz. d. Mand.	in % d. gült. St.	Anz. d. Mand.	in % d. gült. St.	Anz. d. Mand.	in % d. gült. St.
CDU/CSU	34	55,9	104	52,3	24	22,0	16	26,7	28	30,9
SPD	13	22,4	54	28,6	46	41,7	83	43,1	38	42,7
KPD	4	14,3	–	6,1	10	8,8	4	10,4	10	10,7
FDP	9	7,4[7]	9	5,6	15	13,9[9]	7	18,2	14	15,7
DP[1]	–	–	–	–	3	3,9	–	–	–	–
WAV[2]	–	–	13	7,4	–	–	–	–	–	–
SSV[3]	–	–	–	–	–	–	–	–	–	–
DKP[4]	–	–	–	–	–	–	–	0,3	–	–
DRP[5]	–	–	–	–	–	–	–	–	–	–
Zentrum	–	–	–	–	–	–	–	0,7	–	–
RSF[6]	–	–	–	–	–	1,1	–	–	–	–
Splittergruppen	–	–	–	–	2	5,5	–	–	–	–
Unabhängige	–	–	–	–	–	3,1	–	–	–	–
Sonstige	–	–	–	–	–	–	–	0,6	–	–

(Fortsetzung)

	Niedersachsen		Nordrhein-Westfalen		Rheinland-Pfalz		Schleswig-Holstein		Württemberg-Baden		Württemberg-Hohenzollern	
	20. 4. 1947		20. 4. 1947		18. 5. 1947		20. 4. 1947		24. 11. 1946		18. 5. 1947	
Wahlberechtigte	3,957 Mill.		7,861 Mill.		1,668 Mill.		1,595 Mill.		1,875 Mill.		0,616 Mill.	
Wahlbeteiligung	65,1 %		67,3 %		77,9 %		69,8 %		71,7 %		66,4 %	
Gesamtzahl der gültigen Stimmen	2,459 Mill.		5,029 Mill.		1,161 Mill.		1,073 Mill.		1,269 Mill.		0,378 Mill.	
	Anz. d. Mand.	in % d. gült. St.	Anz. d. Mand.	in % d. gült. St.	Anz. d. Mand.	in % d. gült. St.	Anz. d. Mand.	in % d. gült. St.	Anz. d. Mand.	in % d. gült. St.	Anz. d. Mand.	in % d. gült. St.
CDU/CSU	30	19,9	92	37,5	48	47,2	21	34,0	39	38,4	32	54,2
SPD	65	43,4	64	32,0	34	34,3	43	43,8	32	31,9	12	20,8
KPD	8	5,6	28	14,0	8	8,7	–	4,7	10	10,2	5	7,3
FDP	13	8,8	12	5,9	11	9,8[13]	–	5,0	19	19,5[14]	11	17,7[14]
DP[1]	27	17,9[11]	–	–	–	–	–	–	–	–	–	–
WAV[2]	–	–	–	–	–	–	–	–	–	–	–	–
SSV[3]	–	–	–	–	–	–	6	9,3	–	–	–	–
DKP[4]	–	0,3	–	–	–	–	–	3,1	–	–	–	–
DRP[5]	–	–	–	0,5	–	–	–	–	–	–	–	–
Zentrum	6	4,1	20	9,8	–	–	–	0,1	–	–	–	–
RSF[6]	–	–	–	–	–	–	–	–	–	–	–	–
Splittergruppen	–	–	–	–	–	–	–	–	–	–	–	–
Unabhängige	–	–	–	–	–	–	–	–	–	–	–	–
Sonstige	–	–	–	0,3[12]	–	–	–	–	–	–	–	–

Quelle: Statistische Berichte, hrsg. v. Stat. Amt des Vereinigten Wirtschaftsgebietes, Arb. Nr. II/3 v. 27. 5. 1949 (1949); R. *Schachtner,* Die deutschen Nachkriegswahlen (1956); E. *Franke,* Parteien und Parlamente in Wahlrecht und Statistik, (Bonn o. J. [1951]).

1) Deutsche Partei.
2) Wirtschaftliche Aufbauvereinigung.
3) Südschleswigscher Verein.
4) Deutsche Konservative Partei.
5) Deutsche Rechtspartei.
6) Radikalsoziale Freiheitspartei.
7) Demokratische Partei.
8) Nach der bayerischen Verfassung bekamen Parteien, auf die nicht mindestens in einem Wahlkreis 10% der abgegebenen Stimmen entfallen waren, keinen Sitz im Landtag.
9) Bremer Demokratische Volkspartei.
10) Es handelt sich hier um eine Besonderheit des Hamburgischen Wahlrechts; jeder Wähler hatte 4 Stimmen.
11) Niedersächsische Landespartei.
12) Rheinisch-Westfälische Volkspartei.
13) Liberaldemokratische Partei.
14) Deutsche Volkspartei.

34. Zusammensetzung des Wirtschaftsrates des Vereinigten Wirtschaftsgebietes, des Parlamentarischen Rates und des 1. Deutschen Bundestages

	Wirtschaftsrat des Vereinigten Wirtschaftsgebietes 1947/1948[10]	Parlamentarischer Rat 1948[11]	1. Bundestag 14. 8. 1949	
Wahlberechtigte			31,230 Mill.	
Wahlbeteiligung			78,5 %	
Gesamtzahl der gültigen Stimmen			23,732 Mill.	
	Anzahl der Mandate	Anzahl der Mandate	Anzahl der Mandate	in % der gültigen Stimmen
CDU/CSU	40	27(1)[12]	139(2)[13]	31,0
SPD	40	27(3)	131(5)	29,2
FDP	8	5(1)	52(1)	11,9
KPD	6	2	15	5,7
BP[1]	–	–	17	4,2
DP[2]	4	2	17	4,0
Z[3]	4	2	10	3,1
WAV[4]	2	–	12	2,9
DKP/DRP[5]	–	–	5	1,8
RSF[6]	–	–	–	0,9
SSW[7]	–	–	1	0,3
EVD[8]	–	–	–	0,1
RWVP[9]	–	–	–	0,1
Unabhängige	–	–	3	4,8
Gesamtzahl der Abgeordneten	104	65(5)[12]	402(8)[13]	

Quelle: Statistische Berichte, hrsg. vom Stat. Amt des Verw. Wirtschaftsgebietes, Arb. Nr. II/3 v. 27. 5. 1949 (1949) (Wirtschaftsrat); Parl. Rat nach: Jb. d. Öffentl. Rechts d. Gegenwart, NF Bd. 1 (1951), S. 4f.; Statistik der Bundesrepublik Deutschland, Bd. 10 (1952) (1. Bundestag).

1) Bayernpartei.
2) Deutsche Partei.
3) Zentrumspartei.
4) Wirtschaftliche Aufbauvereinigung.
5) Deutsche Konservative Partei / Deutsche Rechtspartei.
6) Radikalsoziale Freiheitspartei.
7) Südschleswigscher Wählerverband.
8) Europäische Volksbewegung Deutschlands.
9) Rheinisch-Westfälische Volkspartei.
10) Wahl durch die Länderparlamente unter Berücksichtigung der letzten Landeswahlergebnisse 1947: 52 Abgeordnete (je 1 Abgeordneter auf je 750 000 Einwohner und auf eine Restzahl von mindestens 375 000 Einwohnern. Mindestens 1 Abg. je Land). 1948: 104 Abgeordnete (unter Zuwahl von 52 Abgeordneten nach dem gleichen Zuteilungsmodus).
11) Wahl der Abgeordneten durch die Länderparlamente auf Grund von Landesgesetzen.
12) In Klammern die Abgeordneten von Groß-Berlin mit beratender Funktion.
13) In Klammern die Abgeordneten von Groß-Berlin mit beratender Funktion.

35. Die Gemeindewahlen in der sowjetischen Besatzungszone vom 1.–15. 9. 1946

	Sachsen 1. 9. 1946	Sachsen-Anhalt 8. 9. 1946	Thüringen 8. 9. 1946	Brandenburg 15. 9. 1946	Mecklenburg 15. 9. 1946	Gesamt-ergebnis
Wahlberechtigte	3,548 Mill.	–	1,775 Mill.	1,620 Mill.	1.159 Mill.	–
Wahlbeteiligung	93,6 %[4]	–	84,0 %[4]	–	84,0 %[4]	–
Gesamtzahl der gültigen Stimmen	2,996 Mill.	2,089 Mill.	1,490 Mill.	1,369 Mill.	0,973 Mill.	8,918 Mill.
	in % der gültigen Stimmen					
SED	53,7	59,1	50,5	59,9	69,6	57,1
LDP[1]	22,4	23,4	25,7	17,3	10,5	21,1
CDU	21,9	15,5	18,2	18,9	16,7	18,8
Bauernhilfe	1,0	1,2	3,5	2,8	1,9	1,8
Frauenausschüsse	0,8	0,8	2,0	1,0	1,3	1,1
Sonstige	0,2	–	0,1	–	–	0,1
FDGB[2]	–	–	–	0,1	–	0,0
FDJ[3]	–	–	–	0,0	–	0,0

Quelle: R. *Schachtner,* Die deutschen Nachkriegswahlen (1956); Die Wahlen in der Sowjetzone, hrsg. vom Bundesministerium für gesamtdeutsche Fragen (1956).

[1]) Liberaldemokratische Partei.
[2]) Freier Deutscher Gewerkschaftsbund.
[3]) Freie Deutsche Jugend.
[4]) Berechnete Werte.

36. Die Landtagswahlen in der sowjetischen Besatzungszone vom 20. 10. 1946

	Sachsen		Sachsen-Anhalt		Thüringen		Brandenburg		Mecklenburg		Gesamtergebnis	
Wahlberechtigte	3,803 Mill.		2,696 Mill.		1,912 Mill.		1,656 Mill.		1,301 Mill.		11,368 Mill.	
Wahlbeteiligung	92,5%		91,6%		90,7%		91,5%		90,1%		91,6%	
Gesamtzahl der gültigen Stimmen	3,252 Mill.		2,324 Mill.		1,657 Mill.		1,459 Mill.		1,107 Mill.		9,799 Mill.	
	Anzahl der Mandate	in % der gült. Stimmen	Anzahl der Mandate	in % der gült. Stimmen	Anzahl der Mandate	in % der gült. Stimmen	Anzahl der Mandate	in % der gült. Stimmen	Anzahl der Mandate	in % der gült. Stimmen	Anzahl der Mandate	in % der gült. Stimmen
SED	59	49,1	51	45,8	50	49,3	44	43,5	45	49,5	249	47,5
CDU	28	23,3	24	21,9	19	18,9	31	30,3	31	34,1	133	24,5
LDP	30	24,8	33	29,9	28	28,5	20	20,5	11	12,5	122	24,6
Massenorganisationen	3	2,8	2	2,4	3	3,3	5	5,7	3	3,9	16	3,4

Quelle: Die Wahlen in der Sowjetzone, Dokumente und Materialien, hrsg. vom Bundesministerium für gesamtdeutsche Fagen (1956); nur geringfügig abweichend vom Statistischen Jahrbuch der DDR, 1. Jg. (Berlin-Ost 1955), S. 87.

37. Die Wahlen zum Dritten Volkskongreß am 15. und 16. 5. 1949

	Sachsen	Sachsen-Anhalt	Thüringen	Brandenburg	Mecklenburg	Sowj. Sektor v. Berlin	Gesamtergebnis
	in Mill. Stimmen						
Wahlberechtigte							13,533
Abgegebene Stimmen							12,887
Gültige Stimmen	3,771	2,660	1,675	1,569	1,240	0,769	12,024
Ungültige Stimmen	0,265	0,092	0,239	0,095	0,059	0,095	0,863
Ja-Stimmen	2,351	1,897	1,044	1,060	0,888	0,447	7,944
Nein-Stimmen	1,420	0,763	0,631	0,509	0,352	0,332	4,080
	in % der gültigen Stimmen						
Ja-Stimmen	62,3	71,3	62,3	67,5	71,6	58,1	66,1
Nein-Stimmen	37,7	28,7	37,7	32,5	28,4	41,9	33,9

Quelle: R. *Schachtner,* Die deutschen Nachkriegswahlen (1956).

38. Die Volkskammerwahlen in der DDR am 15. 10. 1950 (ohne Ost-Berlin)

	Brandenburg	Mecklenburg	Sachsen-Anhalt	Thüringen	Sachsen	Gesamtergebnis
Wahlberechtigte	1,854 Mill.	1,372 Mill.	2,874 Mill.	2,028 Mill.	4,197 Mill.	12,325 Mill.
Wahlbeteiligung	98,64 %	99,21 %	99,00 %	98,16 %	98,12 %	98,53 %
davon gültige Stimmen	99,95 %	99,92 %	99,91 %	99,73 %	99,92 %	99,89 %
für die Kandidaten der Nationalen Front (in % der gültigen Stimmen)	99,92 %	99,89 %	99,85 %	99,12 %	99,77 %	99,72 %
gegen die Kandidaten der Nationalen Front (in % der gültigen Stimmen)	0,08 %	0,11 %	0,15 %	0,88 %	0,23 %	0,28 %

Quelle: Statistisches Jahrbuch für die DDR, 1. Jg. (Berlin-Ost 1955), S. 87.

39. Wahlen in Berlin

	Stadtverordn.-Wahl Groß-Berlin 20. 10. 1946		Stadtverordn.-Wahl West-Berlin 5. 12. 1948		Abgeordn.-Wahl West-Berlin 3. 12. 1950	
Wahlberechtigte	2,307 Mill.		1,586 Mill.		1,664 Mill.	
Wahlbeteiligung	92,3 %		86,3 %		90,4 %	
Gesamtzahl der gült. Stimmen	2,085 Mill.		1,331 Mill.		1,464 Mill.	
	Anzahl der Mandate	in % der gültigen Stimmen	Anzahl der Mandate	in % der gültigen Stimmen	Anzahl der Mandate	in % der gültigen Stimmen
SPD	63	48,7	60	64,5	61	44,7
CDU	29	22,2	21	19,4	34	24,6
FDP/LDP	12	9,3	17	16,1	32	23,0
DP[1]	–	–	–	–	–	3,7
BHE[2]	–	–	–	–	–	2,2
SED	26	19,8	–	–	–	–
Kons. P.[3]	–	–	–	–	–	0,8
USPD[4]	–	–	–	–	–	0,7
FSU[5]	–	–	–	–	–	0,3

Quelle: E. *Franke,* Parteien und Parlamente in Wahlrecht und Statistik, (Bonn o. J. [1951]).

1) Deutsche Partei.
2) Block der Heimatvertriebenen und Entrechteten.
3) Konservative Partei.
4) Unabhängige Sozialdemokratische Partei Deutschlands.
5) Freie Soziale Union.

40. Stadtverordnetenwahl in Berlin am 20. 10. 1946 nach Sektoren

Wahlberechtigte	2,307 Mill.
Wahlbeteiligung	92,3%
Gesamtzahl der gültigen Stimmen	2,085 Mill.

	Wahlbetlg. in %	in % der gültigen Stimmen			
		SPD	SED	CDU	LDP
Groß-Berlin	92,3	48,7	19,8	22,2	9,3
Sowjet. Sektor	93,8	43,6	29,9	18,7	7,8
Amerikan. Sektor	91,8	51,9	12,7	24,8	10,6
Brit. Sektor	90,3	50,8	10,4	27,0	11,8
Franz. Sektor	91,9	52,6	21,2	19,0	7,2

Quelle: Berliner Statistik, Sonderheft 4, Jg. 1947, hrsg. vom Hauptamt für Statistik von Groß-Berlin.

41. Abfolge der Regierungen des Reiches

Staatsoberhaupt	Reichskanzler	Politischer Charakter der Regierung	Grund für Neubildung
Kaiser Wilhelm II.	14. 7. 1909 bis 13. 7. 1917 v. Bethmann Hollweg	In den ersten Jahren des Weltkrieges „Burgfriede" der Parteien; zerbricht im Streit um Kriegsziele 1917	Reichsparteien gegen den Kanzler; Hindenburg und Ludendorff erzwingen seine Entlassung durch Drohung mit eigenem Rücktritt. – S. Text § 20
	14. 7. 1917 bis 1. 11. 1917 Dr. Michaelis	Beginn der Parlamentarisierung der Verwaltung: einige Vertreter der Parteien in höhere Staatsämter (Nat.-Lib., Ztr., Fortschr., Soz.)	Mehrheit der Friedensresolutionsparteien sagt sich vom Kanzler los. – S. Text S. 125
	1. 11. 1917 bis 3. 10. 1918 Graf Hertling, Ztr.	Vereinbarung eines Regierungsprogramms mit Mehrheitsparteien. Weitere Parlamentarier in Staatsämter	Forderung Ludendorffs, sofortigen Waffenstillstand abzuschließen. – S. Text S. 137
	3. 10. 1918 bis 9. 11. 1918 Prinz Max von Baden	Parlamentarisches Regierungssystem. 28. 10. 1918 Verfassungsänderung im Sinne der Parlamentarisierung	Zusammenbruch der Monarchie. Rücktritt. Übergibt das Kanzleramt an Ebert. – S. Text S. 142
10. 11. 1918 bis 10. 2. 1919 Rat der Volksbeauftragten Vorsitz: Ebert SPD und Haase USPD		SPD und USPD. An die Stelle der ausgeschiedenen Unabhängigen treten am 29. 12. 1918 weitere Mehrheitssozialisten	Zusammentritt der Weimarer Nationalversammlung. – S. Text S. 192
Friedrich Ebert 11. 2. 1919 von Nationalversammlung zum vorläufigen Reichspräsidenten gewählt	13. 2. 1919 bis 20. 6. 1919 Scheidemann, SPD	Weimarer Koalition (SPD, DDP, Ztr.)	Unterzeichnung des Versailler Vertrages. – S. Text S. 209
	21. 6. 1919 bis 26. 3. 1920 Bauer, SPD (Ministerpräsident, ab 14. 8. 1919 Reichskanzler)	Weimarer Koalition	Kapp-Putsch. – S. Text S. 223 f.
	27. 3. 1920 bis 8. 6. 1920 Müller, SPD	Weimarer Koalition	Reichstagswahlen 6. 6. 1920. – S. Text S. 227
	25. 6. 1920 bis 4. 5. 1921 Fehrenbach, Ztr.	Bürgerliche Koalition (DDP, Ztr., DVP). Keine parlamentarische Mehrheit	Londoner Ultimatum. – S. Text S. 228

22. 10. 1922 Verlängerung der Amtszeit Eberts bis 30. 6. 1925 durch Reichstagsbeschluß	10. 5. 1921 bis 14. 11. 1922 Dr. Wirth, Ztr., I u. II	Weimarer Koalition Keine parlamentarische Mehrheit	Scheitern des Versuchs zur Erweiterung der Regierung im Sinne einer Grossen Koalition. – S. Text S. 238
	22. 11. 1922 bis 12. 8. 1923 Dr. Cuno, o. P.	Bürgerliche parteilose Regierung von Fachministern	Scheitern des Ruhrkampfes. – S. Text S. 242
	13. 8. 1923 bis 23. 11. 1923 Dr. Stresemann, DVP, I u. II	Große Koalition (SPD, DDP, Ztr., DVP), 3. 11. Ausscheiden der SPD	Reichstag (SPD und DNVP) versagt Vertrauensvotum. – S. Text S. 256 f.
	30. 11. 1923 bis 26. 5. 1924 Dr. Marx, Ztr. I	Bürgerliche Koalition. Keine parlamentarische Mehrheit	Reichstagswahlen 4. 5. 1924. – S. Text S. 271
	3. 6. 1924 bis 15. 12. 1924 Dr. Marx, Ztr. II	Bürgerliche Koalition. Keine parlamentarische Mehrheit	Reichstagswahlen 7. 12. 1924. – S. Text S. 272 f.
28. 2. 1925 Ebert † Paul v. Hindenburg 25. 4. 1925 gewählt als Reichspräsident	15. 1. 1925 bis 5. 12. 1925 Dr. Luther, o. P. I	Bürgerliche Rechtskoalition (Ztr., DVP, DNVP)	Ausscheiden der Deutschnationalen wegen Locarno. – S. Text S. 275
	20. 1. 1926 bis 12. 5. 1926 Dr. Luther, o. P. II	Bürgerliche Koalition. Keine parlamentarische Mehrheit	Durch den Reichstag gestürzt: Mißbilligung der Flaggenverordnung durch Mehrheit der Mittel- und Linksparteien. – S. Text S. 275 f.
	16. 5. 1926 bis 17. 12. 1926 Dr. Marx, Ztr. III	Bürgerliche Koalition. Keine parlamentarische Mehrheit	Durch den Reichstag gestürzt: Kritik der SPD an Verbindung der Reichswehr zur Roten Armee. Mißtrauensvotum der SPD angenommen mit einer Mehrheit aus Soz., Komm., Dt.-nat. und Völk. – S. Text S. 275
	29. 1. 1927 bis 12. 6. 1928 Dr. Marx, Ztr. IV	Bürgerliche Rechtskoalition	Reichstagswahl 20. 5. 1928. – S. Text S. 276
	28. 6. 1928 bis 27. 3. 1930 Müller, SPD II	Große Koalition	Streit um Beiträge zur Arbeitslosenversicherung. – S. Text S. 306 f.

Abfolge der Regierungen des Reiches (Fortsetzung)

Staatsoberhaupt	Reichskanzler	Politischer Charakter der Regierung	Grund für Neubildung
10. 4. 1932 Wiederwahl Hindenburgs als Reichspräsident	30. 3. 1930 bis 30. 5. 1932 Dr. Brüning, Ztr. I u. II	Präsidialregierung aus Angehörigen der bürgerl. Parteien von Dem. bis Volkskons. Nach den Septemberwahlen 1930 toleriert von Reichstagsmehrheit aus diesen Parteien und SPD	Hindenburg entzieht Brüning sein Vertrauen. Grund: „Agrarbolschewismus"; SA- und SS-Verbot; Versuch Schleichers, NSDAP an Regierung heranzuziehen. – S. Text § 48
	1. 6. 1932 bis 17. 11. 1932 v. Papen, Ztr., seit Juni 1932 parteilos	Präsidialregierung vorwiegend aus Angehörigen des konservativen Adels. Mißtrauensvotum des Reichstags	Hindenburg läßt Papen fallen. Grund: Hindenburg schreckt vor Aussicht eines Bürgerkriegs zurück. – S. Text S. 322
	3. 12. 1932 bis 28. 1. 1933 v. Schleicher, o. P.	Präsidialregierung. Versuch zur Gewinnung einer neuen Mehrheit von Gewerkschaften bis linker Flügel der NSDAP	Hindenburg läßt Schleicher fallen. Grund: Versuch Schleichers, neue Mehrheit zu finden, gescheitert. – S. Text S. 325
2. 8. 1934 Hindenburg †	30. 1. 1933 bis 30. 4. 1945 Hitler, NSDAP	Koalitionsregierung NSDAP und DNVP. Parlamentarische Mehrheit der Koalition durch Wahl 5. 3. 1933. Nach Verbot oder Auflösung aller Parteien außer NSDAP Erklärung der Einheit von Partei und Staat 1. 12. 1933	Selbstmord Hitlers. – S. Text S. 590
2. 8. 1934 Adolf Hitler vereinigt als „Führer und Reichskanzler" auf Grund eines am Vortage erlassenen Gesetzes das Amt des Staatsoberhauptes mit dem des Kanzlers			
30. 4. 1945 Karl Dönitz als Reichspräsident von Hitler zu seinem Nachfolger ernannt	3. 5. 1945 bis 23. 5. 1945 Graf Schwerin-Krosigk	Bildung einer geschäftsführenden Regierung im Auftrage von Dönitz	Übernahme der Regierungsgewalt in Deutschland durch die Alliierten. – S. Text § 86

42. Besetzung der Reichsämter 1914–1919

Reichskanzler Theobald v. Bethmann Hollweg (14. 7. 09–13. 7. 17) Georg Michaelis (14. 7. 17–24. 10. 17) Georg Gf. v. Hertling (1. 11. 17–3. 10. 18) Max Prinz v. Baden (4. 10. 18–9. 11. 18)	**Vizekanzler** Clemens v. Delbrück (14. 7. 09–22. 5. 16) Karl Helfferich (22. 5. 16–9. 11. 17) Friedrich v. Payer (9. 11. 17–9. 11. 18)	**Auswärtiges** Gottlieb v. Jagow (11. 1. 13–22. 11. 16) Arthur Zimmermann (25. 11. 16–5. 8. 17) Richard v. Kühlmann (7. 8. 17–9. 7. 18) Paul v. Hintze (9. 7. 18–3. 10. 18) Wilhelm Solf (4. 10. 18–13. 12. 18) Ulrich Gf. v. Brockdorff-Rantzau (20. 12. 18–20. 6. 19)	**Inneres** Klemens v. Delbrück (14. 7. 09–22. 5. 16) Karl Helfferich (22. 5. 16–23. 10. 17) Max Wallraf (23. 10. 17–6. 10. 18) Karl Trimborn (6. 10. 18–9. 11. 18) Hugo Preuß (15. 11. 18–20. 6. 19)	**Reichsschatzamt** Hermann Kühn (16. 3. 12–31. 1. 15) Karl Helfferich (31. 1. 15–22. 5. 16) Siegfried Gf. v. Roedern (22. 5. 16–14. 11. 18) Eugen Schiffer (14. 11. 18–20. 6. 19)
Reichsjustizamt Hermann Lisco (25. 10. 09–5. 8. 17) Paul v. Krause (7. 8. 17–13. 2. 19)	**Reichspostamt** Reinhold Kraetke (6. 5. 01–5. 8. 17) Otto Rüdlin (5. 8. 17–6. 2. 19)	**Reichsmarineamt** Alfred v. Tirpitz (18. 6. 97–15. 3. 16) Eduard v. Capelle (15. 3. 16–7. 10. 18) Paul Behncke (7. 10. 18–Nov. 18) Ernst Ritter v. Mann (Nov. 18–13. 2. 19)	**Reichskolonialamt** Wilhelm Solf (20. 12. 11–13. 12. 18)	**Kriegsernährungsamt** Adolf Tortilowicz v. Batocki-Friebe (26. 5. 16–5. 8. 17) Wilhelm v. Waldow (5. 8. 17–8. 11. 18) Emanuel Wurm (14. 11. 18–13. 2. 19)
Reichswirtschaftsamt Rudolf Schwander (5. 8. 17–20. 11. 17) Hans Karl Frhr. v. Stein zu Nord- u. Ostheim (20. 11. 17–8. 11. 18) August Müller (14. 11. 18–13. 2. 19)	**Reichsarbeitsamt** Gustav Bauer (4. 10. 18–13. 2. 19)			

Reichskanzler	Vizekanzler	Auswärtiges	Inneres
Philipp Scheidemann, SPD, Min.präsident (13. 2. 19–20. 6. 19)	Eugen Schiffer, DDP (bis 19. 4. 19) Bernhard Dernburg, DDP (30. 4. 19–20. 6. 19)	Ulrich Gf. v. Brockdorff-Rantzau, parteilos	Hugo Preuß, DDP
Gustav Bauer, SPD, Min.präsident ab 14. 8. 19 Reichsk. (21. 6. 19–26. 3. 20)	Matthias Erzberger, Z (bis 3. 10. 19) Eugen Schiffer, DDP	Hermann Müller, SPD	Eduard David, SPD (bis 3. 10. 19) Erich Koch, DDP
Hermann Müller, SPD (27. 3. 20–8. 6. 20)	Erich Koch, DDP	Hermann Müller (beauftragt) Adolf Köster, SPD (ab 10. 4. 20)	Erich Koch, DDP
Konstantin Fehrenbach, Z (25. 6. 20–4. 5. 21)	Rudolf Heinze, DVP	Walter Simons, parteilos	Erich Koch, DDP
Joseph Wirth, Z (10. 5. 21–22. 10. 21)	Gustav Bauer, SPD	Joseph Wirth, Z (bis 23. 5. 21) Friedrich Rosen, parteilos	Georg Gradnauer, SPD
Joseph Wirth, Z (26. 10. 21–14. 11. 22)	Gustav Bauer, SPD	Joseph Wirth, Z (bis 31. 1. 22 beauftr.) Walter Rathenau, parteilos (bis 24. 6. 22) Joseph Wirth, Z (ab 24. 6. 22 beauftragt)	Adolf Köster, SPD
Wilhelm Cuno, parteilos (22. 11. 22–12. 8. 23)	unbesetzt	Frederic v. Rosenberg, parteilos	Rudolf Oeser, DDP

Regierungen der Weimarer Republik

Finanzen	Wirtschaft	Arbeit	Justiz
Eugen Schiffer, DDP (bis 19. 4. 19) Bernhard Dernburg, DDP (ab 19. 4. 19)	Rudolf Wissell, SPD	Gustav Bauer, SPD	Otto Landsberg, SPD
Matthias Erzberger, Z (bis 12. 3. 20) danach unbesetzt	Rudolf Wissell, SPD (bis 15. 7. 19) Robert Schmidt, SPD	Alexander Schlicke, SPD	bis 3. 10. 19 unbesetzt Eugen Schiffer, DDP
Joseph Wirth, Z	Robert Schmidt, SPD	Alexander Schlicke, SPD	Andreas Blunck, DDP
Joseph Wirth, Z	Ernst Scholz, DVP	Heinrich Brauns, Z	Rudolf Heinze, DVP
Joseph Wirth, Z	Robert Schmidt, SPD	Heinrich Brauns, Z	Eugen Schiffer, DDP
Andreas Hermes, Z (zunächst beauftragt, am 3. 3. 22 ernannt)	Robert Schmidt, SPD	Heinrich Brauns, Z	Gustav Radbruch, SPD
Andreas Hermes, Z	Johannes Becker, DVP	Heinrich Brauns, Z	Rudolf Heinze, DVP

	Wehr	Post	Verkehr	Ernährung	Kolonien
Scheidemann	Gustav Noske, SPD	Johannes Giesberts, Z	Johannes Bell, Z	Robert Schmidt, SPD	Johannes Bell, Z
Bauer	Gustav Noske, SPD (bis 22. 3. 20), danach unbesetzt	Johannes Giesberts, Z	Johannes Bell, Z	Robert Schmidt, SPD	Johannes Bell, Z 7. 11. 19 aufgehoben
Müller	Otto Geßler, DDP	Johannes Giesberts, Z	Johannes Bell, Z (bis 1. 5. 20) Gustav Bauer, SPD	Andreas Hermes, Z (ab 30. 3. 20)	
Fehrenbach	Otto Geßler, DDP	Johannes Giesberts, Z	Wilhelm Groener, parteilos	Andreas Hermes, Z	
Wirth	Otto Geßler, DDP	Johannes Giesberts, Z	Wilhelm Groener, parteilos	Andreas Hermes, Z	
Wirth	Otto Geßler, DDP	Johannes Giesberts, Z	Wilhelm Groener, parteilos	Andreas Hermes, Z (bis 10. 3. 22) Anton Fehr, Bayer. Bauernbd. (ab 31. 3. 22)	
Cuno	Otto Geßler, DDP	Joseph Stingl, BVP	Wilhelm Groener, parteilos	Karl Müller, Z (bis 25. 11. 22) Hans Luther, parteilos	

Regierungen der Weimarer Republik (Fortsetzung)

Schatz	Wiederaufbau	ohne Geschäftsbereich	Staatssekretär der Reichskanzlei	Pressechef
Georg Gothein, DDP (21. 3. 19–20. 6. 19)		Eduard David, SPD Matthias Erzberger, Z Georg Gothein, DDP	Curt Baake, SPD	Ulrich Rauscher, SPD
Wilhelm Mayer, Z (bis 30. 1. 20. danach unbesetzt)	Otto Geßler, DDP (ab 25. 10. 19)	Eduard David, SPD	Heinrich Albert, parteilos	Ulrich Rauscher, SPD
Gustav Bauer, SPD	unbesetzt	Eduard David, SPD	Heinrich Albert, parteilos	Ulrich Rauscher, SPD
Hans v. Raumer, DVP	unbesetzt		Heinrich Albert, parteilos	Friedrich Heilbron, parteilos
Gustav Bauer, SPD	Walther Rathenau, DDP (ab 29. 5. 21)		Heinrich Albert, parteil. (bis 24. 5. 21) Arnold Brecht, parteilos (beauftr. 24. 5.–3. 8. 21) Heinrich Hemmer, Z (ab 3. 8. 21)	Oscar Müller, parteilos
Gustav Bauer, SPD	unbesetzt		Heinrich Hemmer, Z	Oscar Müller, parteilos
Heinrich Albert, parteilos (1. 4. 23 aufgehoben)	bis 29. 3. 23 unbesetzt, danach Heinrich Albert, parteilos		Eduard Hamm, DDP	Friedrich Heilbron, parteilos (ab 16. 1. 23)

Reichskanzler	Vizekanzler	Auswärtiges	Inneres
Gustav Stresemann, DVP (13. 8. 23–4. 10. 23)	Robert Schmidt, SPD	Gustav Stresemann, DVP (beauftragt)	Wilhelm Sollmann, SPD
Gustav Stresemann, DVP (6. 10. 23–23. 11. 23)	unbesetzt	Gustav Stresemann, DVP (beauftragt)	Wilhelm Sollmann, SPD (bis 3. 11. 23) Karl Jarres, DVP
Wilhelm Marx, Z (30. 11. 23–26. 5. 24)	Karl Jarres, DVP	Gustav Stresemann, DVP	Karl Jarres, DVP
Wilhelm Marx, Z (3. 6. 24–15. 12. 24)	Karl Jarres, DVP	Gustav Stresemann, DVP	Karl Jarres, DVP
Hans Luther, parteilos (15. 1. 25–5. 12. 25)	unbesetzt	Gustav Stresemann, DVP	Martin Schiele, DNVP (bis 23. 10. 25) Otto Geßler, DDP (beauftragt)
Hans Luther, parteilos (20. 1. 26–12. 5. 26)	unbesetzt Otto Geßler, DDP (12. 5.–16. 5. 26)	Gustav Stresemann, DVP	Wilhelm Külz, DDP
Wilhelm Marx, Z (16. 5. 26–17. 12. 26)	unbesetzt	Gustav Stresemann, DVP	Wilhelm Külz, DDP

Regierungen der Weimarer Republik (Fortsetzung)

Finanzen	Wirtschaft	Arbeit	Justiz
Rudolf Hilferding, SPD	Hans v. Raumer, DVP	Heinrich Brauns, Z	Gustav Radbruch, SPD
Hans Luther, parteilos	Josef Koeth, parteilos	Heinrich Brauns, Z	Gustav Radbruch, SPD (bis 3. 11. 23)
Hans Luther, parteilos	Eduard Hamm, DDP	Heinrich Brauns, Z	Erich Emminger, BVP (bis 15. 4. 24) Curt Joël, parteilos (beauftragt)
Hans Luther, parteilos	Eduard Hamm, DDP	Heinrich Brauns, Z	Curt Joël, parteilos (beauftragt)
Otto v. Schlieben, DNVP (bis 26. 10. 25) Hans Luther, parteilos (beauftragt)	Albert Neuhaus, DNVP (bis 26. 10. 25) Rudolf Krohne, DVP (beauftragt)	Heinrich Brauns, Z	Josef Frenken, Z (bis 21. 11. 25) Hans Luther, parteilos (beauftragt)
Peter Reinhold, DDP	Julius Curtius, DVP	Heinrich Brauns, Z	Wilhelm Marx, Z
Peter Reinhold, DDP	Julius Curtius, DVP	Heinrich Brauns, Z	Johannes Bell, Z

	Wehr	Post	Verkehr	Ernährung
Stresemann	Otto Geßler, DDP	Anton Höfle, Z	Rudolf Oeser, DDP	Hans Luther, parteilos
Stresemann	Otto Geßler, DDP	Anton Höfle, Z	Rudolf Oeser, DDP	Gerhard Gf. v. Kanitz, parteilos
Marx	Otto Geßler, DDP	Anton Höfle, Z	Rudolf Oeser, DDP	Gerhard Gf. v. Kanitz, parteilos
Marx	Otto Geßler, DDP	Anton Höfle, Z	Rudolf Oeser, DDP (bis 11. 10. 24) Rudolf Krohne, DVP (beauftragt)	Gerhard Gf. v. Kanitz, parteilos
Luther	Otto Geßler, DDP	Karl Stingl, BVP	Rudolf Krohne, DVP	Gerhard Gf. v. Kanitz, parteilos
Luther	Otto Geßler, DDP	Karl Stingl, BVP	Rudolf Krohne, DVP	Heinrich Haslinde, Z
Marx	Otto Geßler, DDP	Karl Stingl, BVP	Rudolf Krohne, DVP	Heinrich Haslinde, Z

Regierungen der Weimarer Republik (Fortsetzung)

Wiederaufbau	Besetzte Gebiete	Staatssekretär der Reichskanzlei	Pressechef
Robert Schmidt, SPD	Johannes Fuchs, Z (ab 24. 8. 23)	Werner Frhr. v. Rheinbaben, DVP	Wilhelm Kalle, DVP
Robert Schmidt, SPD (bis 3. 11. 23)	Johannes Fuchs, Z	Werner Frhr. v. Rheinbaben, DVP (bis 17. 10. 23) Adolf Kempkes, DVP	Wilhelm Kalle, DVP
Gustav Müller (30. 11. 23–12. 5. 24 beauftragt) 12. 5. 24 aufgehoben	Anton Höfle, Z (beauftragt)	Franz Bracht, parteilos	Karl Spiecker, Z
	Anton Höfle, Z (beauftragt)	Franz Bracht, parteilos	Karl Spiecker, Z
	Josef Frenken, Z (bis 21. 11. 25 beauftr.) Heinrich Brauns, Z (beauftragt)	Franz Kempner, parteilos	Otto Kiep, parteilos
	Wilhelm Marx, Z (beauftragt)	Franz Kempner, parteilos	Otto Kiep, parteilos
	Johannes Bell, Z (beauftragt)	Herman Pünder, Z (ab 20. 6. 26)	Otto Kiep, DVP (bis 4. 11. 26) Walter Zechlin, SPD (ab 14. 11. 26)

Reichskanzler	Vizekanzler	Auswärtiges	Inneres
Wilhelm Marx, Z (29. 1. 27–12. 6. 28)	Oskar Hergt, DNVP	Gustav Stresemann, DVP	Walter v. Keudell, DNVP
Hermann Müller, SPD (28. 6. 28–27. 3. 30)	unbesetzt	Gustav Stresemann, DVP (bis 3. 10. 29) Julius Curtius, DVP (beauftragt, 11. 11. 29 ernannt)	Karl Severing, SPD
Heinrich Brüning, Z (30. 3. 30–7. 10. 31)	Hermann Dietrich, DDP	Julius Curtius, DVP	Josef Wirth, Z
Heinrich Brüning, Z (9. 10. 31–30. 5. 32)	Hermann Dietrich, DDP	Heinrich Brüning, Z (beauftragt)	Wilhelm Groener, parteilos (beauftragt)
Franz v. Papen, Z, ab 3. 6. 32 parteilos (1. 6. 32–17. 11. 32)	unbesetzt	Konstantin Frhr. v. Neurath, parteilos	Wilhelm Frhr. v. Gayl, DNVP
Kurt v. Schleicher parteilos (3. 12. 32–28. 1. 33)	unbesetzt	Konstantin Frhr. v. Neurath, parteilos	Franz Bracht, parteilos

Regierungen der Weimarer Republik (Fortsetzung)

Finanzen	Wirtschaft	Arbeit	Justiz
Heinrich Köhler, Z	Julius Curtius, DVP	Heinrich Brauns, Z	Oskar Hergt, DNVP
Rudolf Hilferding, SPD (bis 21. 12. 29) Paul Moldenhauer, DVP (ab 23. 12. 29)	Julius Curtius, DVP (bis 11. 11. 29) Paul Moldenhauer, DVP (bis 23. 12. 29) Robert Schmidt, SPD (ab 23. 12. 29)	Rudolf Wissell, SPD	Erich Koch, DDP (bis 13. 4. 29) Th. v. Guérard, Z
Paul Moldenhauer, DVP (bis 20. 6. 30) H. Brüning, Z (bis 26. 6. 30 beauftr.) Hermann Dietrich, DDP (ab 26. 6. 30)	Hermann Dietrich, DDP (bis 26. 6. 30) Ernst Trendelenburg, parteilos (ab 26. 6. 30 beauftragt)	Adam Stegerwald, Z	Johann V. Bredt, WP (bis 5. 12. 30) Curt Joël, parteilos (ab 5. 12. 30 beauftragt)
Hermann Dietrich, DDP	Hermann Warmbold, parteilos (bis 6. 5. 32) Ernst Trendelenburg, parteilos (ab 6. 5. 32 beauftragt)	Adam Stegerwald, Z	Curt Joël, parteilos
Johann Ludwig Gf. Schwerin v. Krosigk, parteilos	Hermann Warmbold, parteilos	Hermann Warmbold, parteilos (bis 6. 6. 32) Hugo Schäffer, parteilos (ab 6. 6. 32)	Franz Gürtner, DNVP
Johann Ludwig Gf. Schwerin v. Krosigk, parteilos	Hermann Warmbold, parteilos	Friedrich Syrup, parteilos	Franz Gürtner, DNVP

	Wehr	Post	Verkehr	Ernährung
Marx	Otto Geßler, DDP (bis 19. 1. 28) Wilhelm Groener, parteilos	Georg Schätzel, BVP	Wilhelm Koch, DNVP	Martin Schiele, DNVP
Müller	Wilhelm Groener, parteilos	Georg Schätzel, BVP	Theodor v. Guérard, Z (bis 6. 2. 29) Georg Schätzel, BVP (bis 13. 4. 29 beauftr.) Adam Stegerwald, Z	Hermann Dietrich, DDP
Brüning	Wilhelm Groener, parteilos	Georg Schätzel, BVP	Theodor v. Guérard, Z	Martin Schiele, DNVP, ab 22. 7. 30 Christl. Landvolk
Brüning	Wilhelm Groener, parteilos	Georg Schätzel, BVP	Gottfried R. Treviranus, Kons. VP	Martin Schiele, Christl. Landvolk
Papen	Kurt v. Schleicher, parteilos	Paul Frhr. Eltz v. Rübenach, parteilos	Paul Frhr. Eltz v. Rübenach, parteilos	Magnus Frhr. v. Braun, DNVP
Schleicher	Kurt v. Schleicher, parteilos (beauftragt)	Paul Frhr. Eltz v. Rübenach, parteilos	Paul Frhr. Eltz v. Rübenach, parteilos	Magnus Frhr. v. Braun, DNVP

Regierungen der Weimarer Republik (Fortsetzung)

Besetzte Gebiete	ohne Geschäftsbereich	Staatssekretär der Reichskanzlei	Pressechef	Ostsiedlungs-Kommissar
Wilhelm Marx, Z (beauftragt)		Hermann Pünder, Z	Walter Zechlin, SPD	
Theodor v. Guérard, Z (bis 6. 2. 29 beauftr.) Josef Wirth, Z (ab 13. 4. 29)		Hermann Pünder, Z	Walter Zechlin, SPD	
Gottfried R. Treviranus, Kons. VP (bis 30. 9. 30) 1. 10. 30 aufgehoben	Gottfried R. Treviranus, Kons. VP (ab 1. 10. 30)	Hermann Pünder, Z	Walter Zechlin, SPD	
		Hermann-Pünder, Z	Walter Zechlin, SPD	Hans Schlange-Schöningen, Christl. Landvolk
	Franz Bracht, parteilos (ab 29. 10. 32) Johannes Popitz, parteilos (ab 29. 10. 32)	Erwin Planck, parteilos	Heinrich Ritter v. Kauffmann-Asser, parteilos (3. 6. 32–16. 8. 32) Erich Marcks, parteilos (seit 16. 8. 32)	Magnus Frhr. v. Braun, DNVP
	Johannes Popitz, parteilos	Erwin Planck, parteilos	Erich Marcks, parteilos	Gunter Gereke, Christl. Landvolk; zusätzlich Reichskommissar für Arbeitsbeschaffung

44. Die Zusammensetzung der Regierung Hitler

Reichskanzler	Adolf Hitler, NSDAP (30. 1. 33–30. 4. 45)
Vizekanzler	Franz v. Papen, Wahlblock Schwarz-Weiß-Rot (30. 1. 33–7. 8. 34), seit 7. 8. 34 unbesetzt
Auswärtiges	Konstantin Frhr. v. Neurath, parteilos (30. 1. 33–5. 2. 38)
	Joachim v. Ribbentrop, NSDAP (5. 2. 38–30. 4. 45)
Inneres	Wilhelm Frick, NSDAP (30. 1. 33–24. 8. 43)
	Heinrich Himmler, NSDAP (24. 8. 43–30. 4. 45)
Finanzen	Johann Ludwig Gf. Schwerin v. Krosigk, parteilos
Wirtschaft	Alfred Hugenberg, DNVP (30. 1. 33–29. 6. 33)
	Kurt Schmitt, parteilos (29. 6. 33–3. 8. 34)
	Hjalmar Schacht, parteilos (3. 8. 34–26. 11. 37)
	Hermann Göring, NSDAP (26. 11. 37–15. 1. 38)
	Walter Funk, NSDAP (5. 2. 38–30. 4. 45)
Arbeit	Franz Seldte, Stahlhelm, seit 27. 4. 33 NSDAP
Justiz	Franz Gürtner, bis Ende Juni DNVP (7. 2. 33–29. 1. 41)
	Franz Schlegelberger, parteilos (Febr. 41–24. 8. 42 beauftragt)
	Otto Georg Thierack, NSDAP (24. 8. 42–30. 4. 45)
Wehr (seit 21. 5. 35 Krieg)	Werner v. Blomberg parteilos (30. 1. 33–5. 2. 38) seit 5. 2. 38 aufgehoben
Post	Paul Frhr. Eltz v. Rübenach, parteilos (30. 1. 33–2. 2. 37)
	Wilhelm Ohnesorge, NSDAP (2. 2. 37–30. 4. 45)
Verkehr	Paul Frhr. Eltz v. Rübenach, parteilos (30. 1. 33–2. 2. 37)
	Julius Dorpmüller, NSDAP (2. 2. 37–30. 4. 45)
Ernährung	Alfred Hugenberg, DNVP (30. 1. 33–29. 6. 33)
	Walter Darré, NSDAP (29. 6. 33–23. 5. 42)
	Herbert Backe, NSDAP (23. 5. 42–6. 4. 44 beauftragt, bis 30. 4. 45 als Minister)
Volksaufklärung u. Propaganda (13. 3. 33 neu geschaffen)	Josef Goebbels, NSDAP (13. 3. 33–30. 4. 45)
Luftfahrt (28. 4. 33 neu geschaffen)	Hermann Göring, NSDAP (28. 4. 33–24. 4. 45)
Wissenschaft, Erziehung und Volksbildung (1. 5. 34 neu geschaff.)	Bernhard Rust, NSDAP (1. 5. 34–30. 4. 45)
Forsten (3. 7. 34 neu geschaffen)	Hermann Göring, NSDAP (3. 7. 34–24. 4. 45)
Kirchen (18. 7. 35 neu geschaffen)	Hanns Kerrl, NSDAP (18. 7. 35–13. 12. 41) 14. 12. 41–30. 4. 45 unbesetzt
Ohne Geschäfts- bereich (Bezeich- nung entfällt ab 5. 2. 38)	Hermann Göring, NSDAP (30. 1. 33–28. 4. 33)
	Ernst Röhm, NSDAP (1. 12. 33–30. 6. 34)

Die Zusammensetzung der Regierung Hitler (Fortsetzung)

Ohne Geschäftsbereich (Bezeichnung entfällt ab 5. 2. 38)	Rudolf Heß, NSDAP (1. 12. 33–10. 5. 41)
	Hanns Kerrl, NSDAP (16. 6. 34–18. 7. 35)
	Hans Frank, NSDAP (19. 12. 34–30. 4. 45)
	Hjalmar Schacht, parteilos (26. 11. 37–23. 7. 44)
	Otto Meißner, NSDAP (1. 12. 37–30. 4. 45) (Staatsminister und Chef der Präsidialkanzlei)
	Konstantin Frhr. v. Neurath, parteilos (5. 2. 38–30. 4. 45) (Vors. d. Geh. Kabinettsrats)
	Arthur Seyß-Inquart, NSDAP (1. 5. 39–30. 4. 45)
Munitionsbeschaffung (ab 2. 9. 43 Kriegserzeugung)	Fritz Todt, NSDAP (17. 3. 40–8. 2. 42)
	Albert Speer, NSDAP (8. 2. 42–30. 4. 45)
Besetzte Ostgebiete	Alfred Rosenberg, NSDAP (17. 11. 41–30. 4. 45)
Staatssekretär und Chef der Reichskanzlei (ab 26. 11. 37 Minister)	Hans Heinrich Lammers, NSDAP

45. Zusammensetzung der ersten Regierung der Bundesrepublik Deutschland 12. 9. 1949 – 6. 10. 1953

Bundeskanzler	Konrad Adenauer, CDU	Verkehr	Hans Christoph Seebohm, DP
Vizekanzler	Franz Blücher, FDP	Post und Fernmeldewesen	Hans Schuberth, CSU
Auswärtiges	Konrad Adenauer, CDU (ab 13. 3. 51)	Wohnungsbau	Eberhard Wildermuth, FDP (bis 9. 3. 52)
Inneres	Gustav Heinemann, CDU (bis 9. 10. 50)		Fritz Neumayer, FDP (ab 16. 7. 52)
	Robert Lehr, CDU (ab 11. 10. 50)	Vertriebene	Hans Lukaschek, CDU
Justiz	Thomas Dehler, FDP	Gesamtdeutsche Fragen	Jakob Kaiser, CDU
Finanzen	Fritz Schäffer, CSU	Bundesrat	Heinrich Hellwege, DP
Wirtschaft	Ludwig Erhard, CDU	Angelegenheiten des Marshallplanes	Franz Blücher, FDP
Ernährung, Landwirtschaft und Forsten	Wilhelm Niklas, CSU	Bundeskanzleramt	Walter Hallstein, (25. 8. 50–16. 3. 51)
			Otto Lenz, CDU
Arbeit und Sozialordnung	Anton Storch, CDU		

46. Zusammensetzung der ersten Regierung der DDR 11. 10. 1949 – 8. 11. 1950

Ministerpräsident	Otto Grotewohl, SED	Handel und Versorgung	Karl Hamann, LDP
stellv. Minister-präsidenten	Walter Ulbricht, SED	Aufbau	Lothar Bolz, NDP
	Hermann Kastner, LDP	Arbeit und Gesundheit	Luitpold Steidle, CDU
		Justiz	Max Fechner, SED
	Otto Nuschke, CDU	Post- und Fernmeldewesen	Friedrich Burmeister, CDU
Äußeres	Georg Dertinger, CDU	Verkehr	Hans Reingruber, parteilos
Inneres	Karl Steinhoff, SED	Land- und Fostwirtschaft	Ernst Goldenbaum, Demokr. Bauernpartei
Finanzen	Hans Loch, LDP	Staatssicherheit	Wilhelm Zaisser, SED (ab 17. 2. 50)
Volksbildung	Paul Wandel, SED		
Industrie	Fritz Selbmann, SED	Informationsamt	Gerhard Eisler, SED
Planung	Heinrich Rau, SED	Regierungskanzlei	Fritz Geyer, SED
Außenhandel und Materialversorgung	Georg Handke, SED		

Personenregister

Sachregister